河北财政年鉴

HEBEICAIZHENGNIANJIAN

编好财政年鉴
服务财政工作

辛巳 王加林

河北省人大副主任王加林为本刊题词

河北财政年鉴

2006年卷

河北省财政厅 编

河北人民出版社

图书在版编目（CIP）数据

河北财政年鉴．2006／河北省财政厅编．－石家庄：河北人民出版社，2006．10
ISBN 7-202-04434-X

Ⅰ．河...　Ⅱ．河...　Ⅲ．地方财政－河北省－2006－年鉴　Ⅳ.F812.722-54

中国版本图书馆 CIP 数据核字(2006)第 115936 号

书　　名　河北财政年鉴 2006
编　　者　河北省财政厅
责任编辑　杨永林
责任校对　丁　清

出版发行　河北人民出版社（石家庄市友谊北大街 330 号）
印　　刷　河北省财政厅票证文印中心
开　　本　787×1092 毫米　1/16
印　　张　39.25
字　　数　1135000
版　　次　2006 年 10 月第 1 版
　　　　　2006 年 10 月第 1 次印刷
印　　数　1-2000
书　　号　ISBN 7-202-04434-X/F·463
定　　价　160．00 元

《河北财政年鉴》编纂委员会

河北财政年鉴办公室
地址：石家庄市华安街14号
（省非税收入管理局院办公楼408室）
电话：（0311）87026204
邮编：050051

2005年3月21日，季允石省长到财政厅调研，并就结合共产党员先进性教育活动做好财政工作作了重要指示。

2005年3月21日，季允石省长在齐守印厅长和陈金城副厅长陪同下视察财政厅集中支付中心。

2005年5月16日，郭庚茂常务副省长到财政厅视察指导保持共产党员先进性教育活动和财政工作。

2005年6月17日，省委副书记刘德旺到张家口市财政局视察工作。

2005年6月24日，财政部楼继伟副部长一行9人到河北省财政厅视察指导政府收支分类改革模拟试点工作。

2005年10月9日，财政部纪检组长金莲淑到河北省财政厅考察指导工作。

2005年10月16日，齐守印厅长陪同郭庚茂常务副省长接见世界银行沃尔福威茨行长。

2005年2月1日，省厅召开大会，对开展保持共产党员先进性教育活动进行动员和部署。

2005年2月4日、2月23日、3月2日和3月28日，省厅党组书记厅长齐守印主持召开四次厅党组中心组学习扩大会，学习研究保持共产党员先进性教育问题。

2005年2月16日，省厅召开全体干部职工大会，对2004年度先进集体和个人进行表彰，对做好2005年财政工作进行动员部署。

2005年2月25日，厅党组书记、厅长齐守印为全厅党员上先进性教育专题党课。

2005年3月1日，省财政厅召开共产党员先进性教育学习交流会。

2005年3月5日，省厅邀请中央文献研究室副主任李捷为全厅党员作学习“三个代表”重要思想辅导报告。

2005年3月8日，省厅邀请荣获全国人民满意公务员称号的王韶华和荣获中国杰出青年卫士称号的岳苏霞为全体党员作先进事迹报告。

2005年5月15日，省厅举行学习贯彻党章辅导报告会，邀请中纪委杨小平同志作辅导报告。

2005年6月10日，省厅召开保持共产党员先进性教育活动群众满意度测评大会。

2005年6月23日，省厅召开保持共产党员先进性教育活动总结暨“七一”党员表彰大会。

2005年2月20日，省厅经济建设处党支部全体党员到西柏坡，开展慰问一名老党员，重温一次入党誓词，上一次党课的“三个一”活动。

2005年2月26日，厅国库处党支部全体党员赴邢台县前南峪“抗大”旧址参观学习。

2005年3月2日，省厅组织党员代表到华北烈士陵园，缅怀革命先烈，重温入党誓词，接受革命传统教育。

2005年3月3日，财政部农业司和省厅农业处在石家庄召开共产党员先进性教育惠农政策座谈会。

2005年2月3日，全省财政专项资金监督管理工作会议在省厅网络会议室召开。

2005年2月23日，省厅召开2005年党风廉政建设工作会议。

2005年3月23日，全省扩权县财政工作座谈会在石家庄召开。

2005年3月29日－31日，全省农业财政工作会议在黄骅市召开。

2005年4月8日，在省厅召开网络电视会议，对我省财政收支分类改革模拟试点工作进行部署和培训。

2005年4月19日，全省粮食直补和减免农业税电视电话会议在省厅网络会议室召开。

2005年4月27日，《会计法》发布实施20周年纪念大会在石家庄召开。

2005年5月16日－19日，全省扩权县（市）财政管理与改革培训班在北戴河举行。

2005年5月19日－20日，全省财政国库管理制度改革工作会议在唐山市召开。

2005年5月25日，全省财政系统纪检监察暨民主评议工作会议在廊坊市召开。

2005年6月2日，省厅公共管理与行政能力培训班在国家行政学院举行开学典礼。

2005年7月1日，省会纪念《会计法》颁布实施20周年大会在石家庄人民广场举行。

2005年7月27日，绩效预算管理专题讲座暨国际研讨会在石家庄召开。

2005年8月8日，全省财政工作座谈会在北戴河召开。

2005年8月9日，省财政学会2005年年会暨财政理论讨论会在北戴河召开。

2005年10月22日，省厅召开提高公文写作水平动员大会，并邀请国务院办公厅成小军同志作专题讲座。

2005年11月11日，省注协举办执行环境与行业发展—注册会计师高级论坛。

2005年11月30日，全省企业财务会计培训会议在张家口召开。

2005年12月4日，河北省杰出和优秀会计工作者颁奖仪式在省电视台举行。

2005年2月2日，厅党组书记、厅长齐守印和纪检组长徐立海，代表党组前往平山县龙王庙村看望老党员、老干部、老荣复军人。

2005年5月21日—22日，2005年会计专业技术资格考试如期举行。齐守印厅长和郭秀堂副厅长赴现场进行巡视指导。

2005年3月29日—30日，厅党组副书记、副厅长陈金城带领有关处室同志深入井陉矿区，开展以构建和谐社会为主题的调研活动。

2005年12月23日，厅党组副书记、副厅长左绍伟带领机关部分同志到阜平县贫困山区进行送温暖活动。

2005年3月17日，郭秀堂副厅长带领教科处有关同志赴平山县西岗南村，就“两免一补”等实施情况进行调研。

2005年10月10日，省农开办乔满主任组织有关同志研究拟定粮食丰产区规划。

2005年9月23日，省财政学会、预算会计研究会联合参加省社会科学普及周活动。

2005年3月25日，厅纪检组长徐立海带领厅机关部分同志赴正定滹沱河林场，参加省直“公仆林”植树活动。

2005年12月，省厅开展"冬衣暖人心"募捐活动，共募集捐款2470元衣物910件。

2005年1月21日，省厅在石家庄热海歌剧院举办了2005年迎新春春节联欢会。

2005年5月21日，财政部综合司和省财政厅综合处的同志到石家庄市蟠龙湖开展拓展训练活动。

2005年6月2日—11日，省厅第四期公共管理与行政能力培训班在国家行政学院举办。图为6月5日学员到培训基地进行拓展训练后合影。

2005年部分先进集体奖牌照片

全国农村科普工作先进集体
中国科学技术协会
二〇〇五年十月

人民满意的公务员集体
河北省人民政府

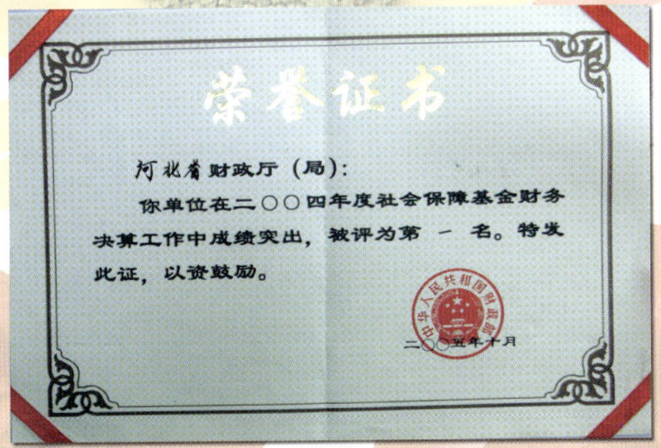
荣誉证书
河北省财政厅（局）:
你单位在二〇〇四年度社会保障基金财务决算工作中成绩突出，被评为第 一 名。特发此证，以资鼓励。
二〇〇五年十月

文明单位
WEN MING DAN WEI
中共河北省委
河北省人民政府
二〇〇四年八月

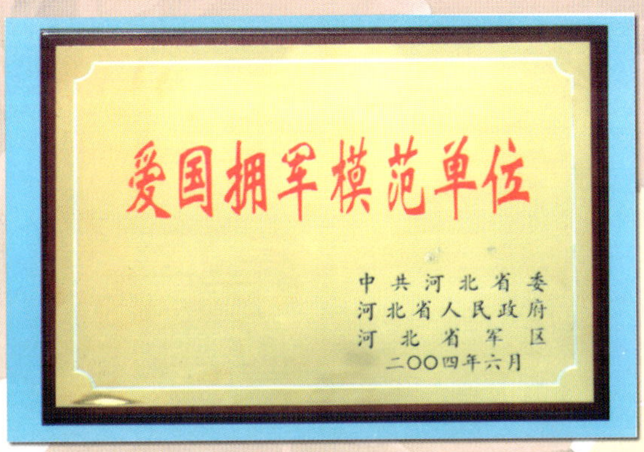
爱国拥军模范单位
中共河北省委
河北省人民政府
河北省军区
二〇〇四年六月

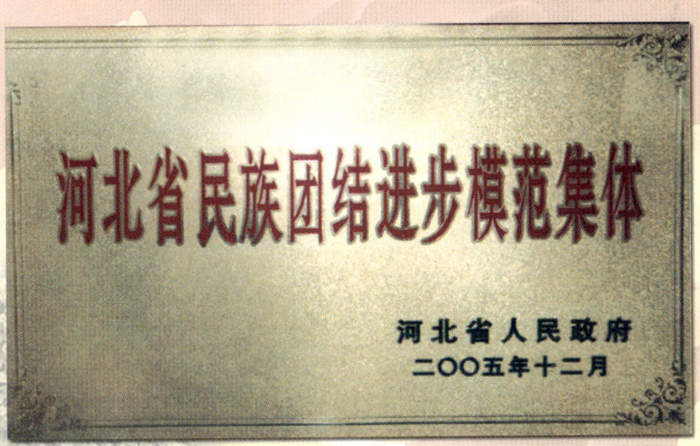
河北省民族团结进步模范集体
河北省人民政府
二〇〇五年十二月

河北省生态家园富民工程建设
先进单位
河北省人民政府
二〇〇五年十二月

河北省消费维权工作
先进集体
河北省工商行政管理局
河北省人事厅
河北省总工会
河北省消费者协会
二〇〇六年五月二十日

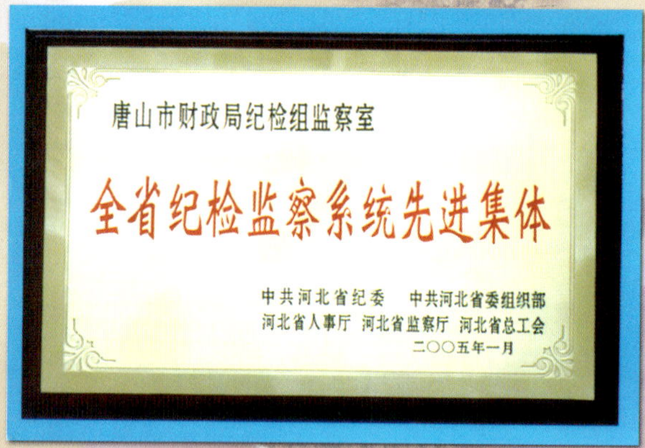
唐山市财政局纪检组监察室
全省纪检监察系统先进集体
中共河北省纪委 中共河北省委组织部
河北省人事厅 河北省监察厅 河北省总工会
二〇〇五年一月

模范职工之家
河北省总工会
二〇〇五年十二月

2005年河北省卫生
先进单位
河北省爱国卫生运动委员会
二〇〇五年十一月

二〇〇四年度金融企业财务决算报表工作
先进单位
财政部金融司
二〇〇五年十一月

2005年部分先进个人照片

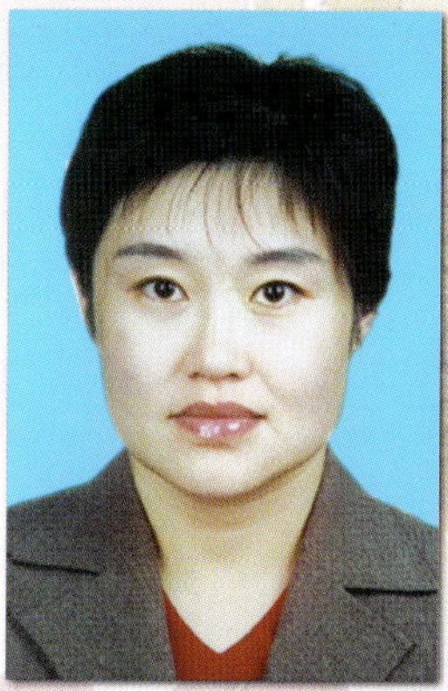

省财政厅 张丽莉
全国军粮供应先进个人

南宫市财政局 张立杭
河北省人民满意的公务员

盐山县杨集乡财政所
河北省人民满意的公务员

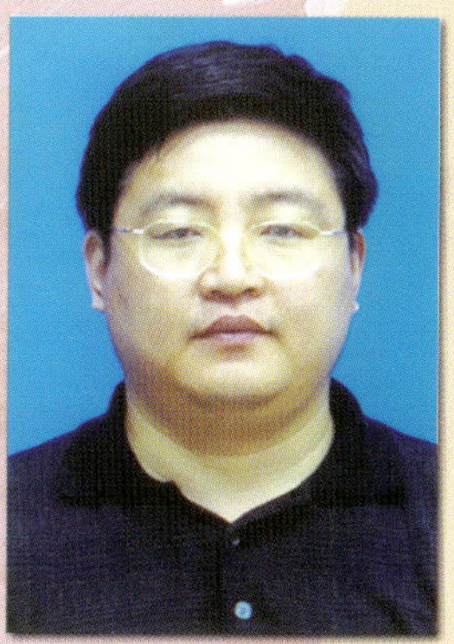

省财政厅 冯建凯
全省老龄工作先进个人

邯郸市财政局 李瑞岭
全省生态家园建设先进个人

围场县财政局 刘柏华
全省民族团结进步模范个人

河北医大第二医院 王四平
河北省杰出会计工作者

石家庄市铁道学院 王耀忠
河北省杰出会计工作者

石家庄常山纺织厂 徐继芳
河北省杰出会计工作者

石家庄钢铁公司 刘贞锁
河北省杰出会计工作者

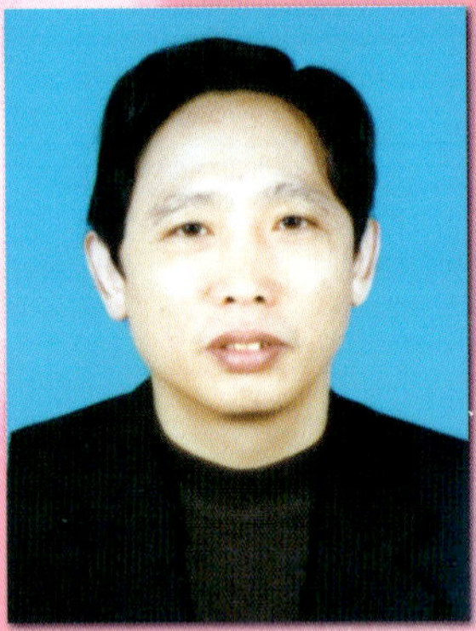
邯郸钢铁公司 郭景瑞
河北省杰出会计工作者

河北仁达会计师事务所 曹忠志
河北省杰出会计工作者

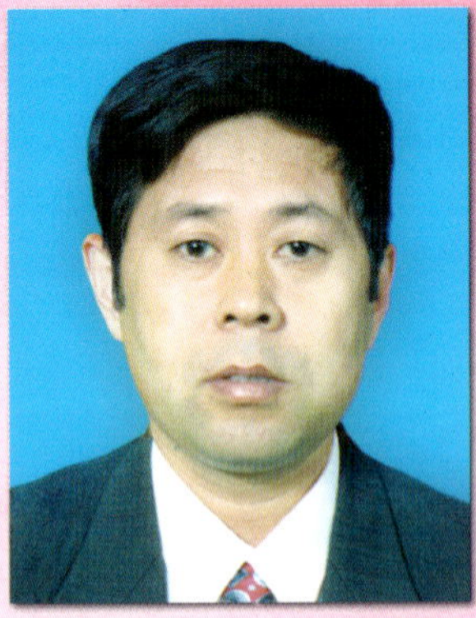
河北省建设投资公司 高栋章
河北省杰出会计工作者

河北宝硕公司 郑建福
河北省杰出会计工作者

河北省食品药品监管局 李增社
河北省杰出会计工作者

中国耀华玻璃公司 刘会玲
河北省杰出会计工作者

河北省历年财政收支统计表

单位：亿元

年份	财政收入	财政支出	年份	财政收入	财政支出
1949	1.5	0.4	1972	24.4	16.6
1950	2.7	0.8	1973	25.8	17.6
1951	3.7	1.1	1974	26.6	19.8
1952	4.4	1.9	1975	30.4	20.9
1953	5.3	3.0	1976	26.9	27.4
1954	6.2	3.2	1977	28.4	31.5
1955	6.5	3.3	1978	38.5	32.4
1956	6.6	6.3	1979	35.2	34.2
1957	6.7	5.1	1980	35.0	28.4
1958	14.8	12.2	1981	34.1	23.4
1959	21.0	13.3	1982	31.8	25.9
1960	22.2	21.7	1983	36.4	28.3
1961	15.2	11.0	1984	39.1	35.9
1962	10.8	5.9	1985	45.2	41.7
1963	8.2	9.1	1986	51.2	53.8
1964	10.8	12.0	1987	57.6	53.3
1965	12.4	9.7	1988	64.8	67.5
1966	13.3	10.0	1989	76.1	77.3
1967	10.8	8.3	1990	81.2	87.3
1968	12.1	7.4	1991	90.7	91.1
1969	14.9	9.8	1992	101.2	101.2
1970	20.6	12.1	1993	144.2	142.3
1971	23.1	14.3			

年份	财政收入	增幅％	全国排位	财政支出
1994	182.2	20.85	10	160.8
1995	214.1	17.54	10	191.2
1996	258.6	20.76	10	231.9
1997	304.6	17.79	9	270.5
1998	341.9	12.25	10	301.6
1999	367.2	7.41	10	350.8
2000	397.6	8.28	10	415.5
2001	448.4	12.79	8	514.2
2002	544.9	12.60	8	576.6
2003	634.9	16.60	8	646.7
2004	778.3	22.60	8	785.6
2005	1035.2	26.90	8	979.2

河 北 太 行 会

董事长、所长、主任会计师　胡志强

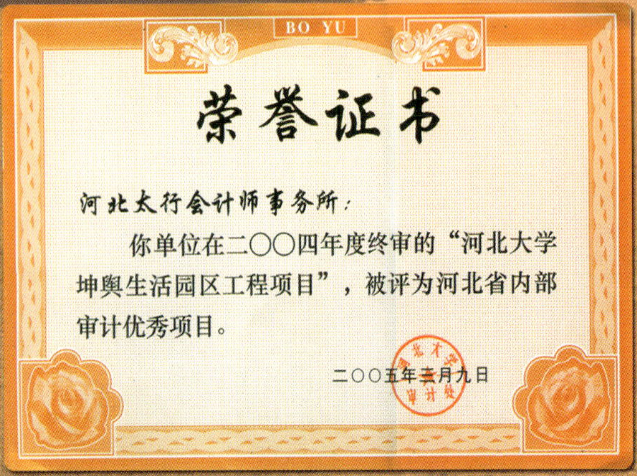

BO YU

荣誉证书

河北太行会计师事务所：

你单位在二〇〇四年度终审的“河北大学坤舆生活园区工程项目”，被评为河北省内部审计优秀项目。

二〇〇五年三月九日

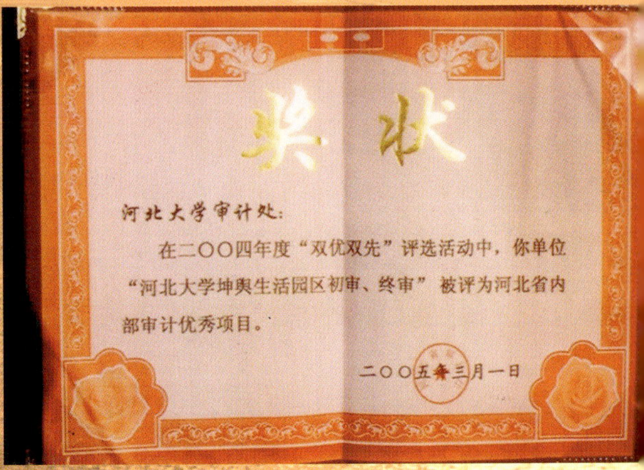

奖状

河北大学审计处：

在二〇〇四年度“双优双先”评选活动中，你单位“河北大学坤舆生活园区初审、终审”被评为河北省内部审计优秀项目。

二〇〇五年三月一日

计师事务所

我所始成立于1988年。1993年邯郸地、市合并后，先后成立了第一、第二、第三审计师事务所。1996年12月，三个所合并成立邯郸审计事务所。1999年9月改制为邯郸太行会计师事务所有限责任公司。2000年11月17日遵照财政部、中注协有关上规模、上水平的文件精神，邯郸太行会计师事务所与邢台牛城会计师事务所合并成立河北太行会计师事务所，总部设在邯郸市，在邢台市设立分所，是冀南地区跨地、市联合，并具有综合实力、全方位经济鉴证和咨询服务能力的会计师事务所。

我所拥有注册会计师法规定的各种审计业务资格；工程造价咨询单位甲级资格；工程招标代理资格；工程货物招标代理资格；资产评估资格；从事金融相关审计业务资格；工程造价、资产评估、财务审计经济案件鉴定资格；注册税务师业务资格等。

发展大事记

1.1999年完成脱钩改制；

2.2000年实现跨地、市联合；荣获《中国质量万里行》信誉单位称号；

3.2001年取得中国人民银行、财政部确认的金融机构及相关业务审计资格；邯郸市人民政府授予"先进中介机构"称号；河北省注册会计师协会授予"会计报表上报评比二等奖"；

4.2002年取得建设部确认的工程造价咨询单位甲级资质证书；河北省注册会计师协会授予"会计报表上报评比一等奖"；中国青少年基金会授予"长城作证、爱心永存"（公益爱心单位）嘉奖；

5.2003年荣获河北省工商管理学会"重质量、守信誉"示范单位称号；取得最高人民法院确认的工程造价、资产评估、财务审计、经济案件鉴定资格；

6.2004年荣获"河北省诚信示范单位"称号；

7.2005年在河北省审计厅组织的"双优双先"评选活动中，本所2004年终审的"河北大学坤舆生活园区工程项目"被评为河北省内部审计优秀项目。

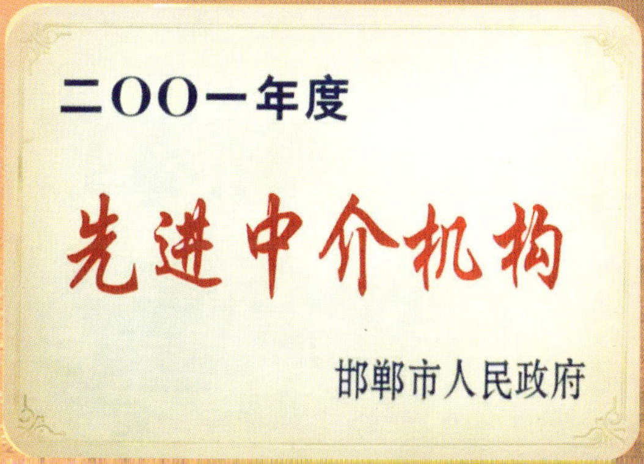

邢台市城市信用社

邢台市城市信用社书记郭路芳

邢台市城市信用社于2001年8月经人行天津分行依法批准成立，具有一级法人资格，是唯一隶属于市政府的股份制金融机构。下设城市信用社直属营业部、中华营业部、郭守敬营业部、冶金营业部、顺德营业部、桥东营业部、华银营业部、环城营业部、北围营业部、钢铁营业部和襄都营业部11个分支机构。

成立以来，所具有的政策优势、本土优势、机制灵活优势、服务超前优势为自身发展注入了勃勃的生机和活力。成立五年来，在领导班子的正确决策和广大员工的辛勤努力下，一年一个新变化，一步一个新辉煌，正在迅速成为邢襄大地上一颗璀璨耀眼的金融明珠。

资产规模逐年扩增，截至今年上半年，资产总额为19.3亿元，较开业前翻了一番，在支持地方经济建设上发挥着越来越重要的作用。开业以来，累计发放各类贷款123.7亿元，为邢台市华龙日清食品集团、邢台市吉泰特钢、邢台市金隆水泥、河北保龙仓超市邢台分公司、邢台市家乐园集团等一大批有发展潜力、有影响力的企业提供了有力的金融支持。

利润大幅翻番，利税逐年递增，2001年开业之初利润为−1534万元；2006年仅上半年就实现净利润1110万元，在实现盈利的同时，利税逐年递增，五年来，共上缴各类税金1172万元，在自身高速发展的同时为国家税收的贡献逐年增加。

近年来，随着科技投入和科技研发力度的加大，一批新业务系统相继上线运行，先后开发了大额支付系统、小额支付系统、签发银行汇票、协议存款、通知存款、承兑汇票等业务品种，综合业务水平显著提高，服务功能更为齐全，服务质量跃上了一个新的层次。

今年初，筹建城市商业银行计划正式启动，目前，组建商行核心指标已全部完成。随着商业银行的组建，将为自身发展带来了前所未有的机遇。各项经营指标进一步优化；股本结构更为合理；公司治理结构更趋严谨完善；业务范围更广泛；业务品种更丰富；核心技术将实现更大发展；公众信誉将会大大提升。随着商业银行的组建，在支持地方经济建设上；在为企业提供信贷支持，融资需求上；为广大客户办理资金汇兑、票据结算、各类存款、中间业务上提供更完备、优质、高效的金融支持。随着商业银行的组建，将更好的诠释其作为“地方银行、市民银行”的深刻内涵，为发展地方经济、造福地方百姓作出更大贡献。

省银监局领导专程到邢台城市信用社调研

目 录

文 献

特 载

法 规 制 度

保持共产党员先进性教育

工 作 概 况

市县财政工作概况

财政大事记

课题成果

理财经验

统计资料

机 构 人 员

荣 誉 专 版

文　献

政府工作报告

——在河北省第十届人民代表大会第三次会议上

河北省省长　季允石

(2005 年 1 月 11 日)

各位代表：

现在，我代表河北省人民政府向大会作工作报告，请予审议。请省政协各位委员和列席会议的同志提出意见。

一、2004 年工作回顾

过去的一年，全省人民在党中央、国务院和中共河北省委领导下，高举邓小平理论和“三个代表”重要思想伟大旗帜，树立和落实科学发展观，高扬“树正气、讲团结、求发展”主旋律，锐意进取，开拓创新，圆满实现省十届人大二次会议确定的各项目标任务。

初步核算，全省生产总值可完成 8836.9 亿元，同比增长 12.9%；全部财政收入完成 781 亿元、增长 23%(按可比口径，可达 839.8 亿元、增长 32.3%)，其中地方一般预算收入 408.3 亿元、增长 21.6%；金融机构各项存贷款余额为 9249.9 亿元和 6152.2 亿元，分别增长 16.2%和 11.4%；全社会固定资产投资完成 3215.3 亿元，增长 28.8%；社会消费品零售总额实现 2522.9 亿元，增长 15.8%；进出口总值完成 135.3 亿美元，增长 50.7%，其中出口 93.4 亿美元，增长 57.6%；城镇居民人均可支配收入 7951 元，增长 9.8%；农民人均纯收入 3171 元，增长 11.1%。城镇新增就业 38.16 万人，城镇登记失业率 4%，控制在预期目标之内。人口自然增长率 5.79‰。科技、教育、文化、卫生、体育等社会事业全面进步。

去年的政府工作，是在国家加强宏观调控、改革发展不断深入的背景下展开并逐步推进的，总体呈现三个突出特点：一是树立和落实科学发展观，思想认识不断深化，自觉性、坚定性不断增强。二是从实际出发，采取积极的、有作为的态度贯彻中央宏观调控政策措施，适时适度，区别对待，标本兼治，不搞“一刀切”，不搞“急刹车”，防止了经济增长出现大幅波动。三是抓住重点工作、重点项目不放松，求深入，讲实效，带动和活跃了经济发展全局。

一年来，我们主要做了以下几方面工作：

(一)加大对“三农”支持力度，促进粮食增产农业增效农民增收

坚持把农业作为安天下、稳民心的战略产业来抓。认真贯彻中央 1 号文件和省委六届五次全会精神，组织 4 万名干部深入农村进行宣讲，使政策迅速转化为促进农村发展的强大动力。

坚决落实“两减免、三补贴”为重点的各项惠农政策，力度之大，农民受惠之多，多年来少有。增加对粮食优势产区的投入，建成国家级粮食生产基地 600 万亩。深化粮食流通体制改革，全面放开粮食收购市场和收购价格。政策好、市场活、人努力、天帮忙，粮食生产出现重要转机，总产量达 2480 万吨，增长 3.9%。

加快农业结构战略性调整，加大优势农产品区域布局规划实施力度，优势产业带和经济区初步形成，优势农产品主产区面积比重达到 80%以上。培育壮大畜牧、蔬菜、果品三大支柱产业，畜产品生产规模扩大，无公害菜、名优特果品比重提高。开通鲜活农产品“绿色通道”，扩大市场购销。制定《河北省发展千万吨奶工程实施规划》，积极推进千万吨奶工程。大力扶持龙头企业和专业合作组织，农业产业化经营率提高 1.5 个百分点。推进全省动物防疫体系建设，成功阻击高致病性禽流感疫情发生，实现

"确保无疫"防治目标。

不断拓宽农民增收渠道。在各种增收因素的共同作用下,全省农民人均纯收入增加318元。实行财政激励政策,重点抓好30个经济强县(市)和30个经济欠发达县,县域经济发展全面提速、后劲增强。

(二)坚持"有保有压"方针,优化投资结构

积极支持符合国家产业政策、有市场有效益的重点项目。61个国家确认的急需建设项目已有42个开工建设。对不符合投资方向的264个项目,分别作出停建、限期整改和取消立项等处理,减少投资498.6亿元。治理整顿土地市场秩序,撤消各类开发区110个,核减规划用地面积6.06万公顷,分别占开发区总数、原有规划面积的61.8%和65.5%。钢铁行业按照抓"品种、质量、整合"的思路进行调整,投资增速明显减缓,产品结构得到改善。基础设施建设进一步加强。高速公路建设势头向好,本届政府计划建成的15条(段)高速公路全部开工,在建里程1205公里。农村公路建设掀起高潮,新修2.4万公里,规模相当于建国以来建设总里程的50%,10345个行政村通上油路。与铁道部签署部省合作纪要,计划建设8个铁路项目,全长1370公里,投资800亿元。电力建设进展喜人,在建电源项目总装机容量892.5万千瓦,电源建设规划通过国网公司审查。通信建设步伐加快,新增电信用户610万户,总数跃居全国第五位。以电子政务112工程为重点的信息化建设进展顺利。包括曹妃甸港区在内的《渤海湾地区港口建设规划》已经国务院审议并原则通过。南水北调中线河北段开工建设。一批装备制造业重大项目建成投产。组织实施60余项产业共性、关键技术研发项目,138个高新技术产业项目列入国家科技产业化计划,规模以上高新技术产业增加值增长23%。改造提升传统产业力度加大。制定实施《河北省服务业振兴计划》,服务业完成增加值2763.2亿元、投资1267.8亿元,分别增长12.5%和30.8%。9家优势企业在境内外资本市场实现首发上市或再融资,直接融资66亿元,增长35.5%。

(三)不失时机地推进改革开放,提高经济运行质量和效益

坚持"两增、两减、两分",以产权制度改革为核心、以职工身份转换为关键、以国资监管到位为保证,强力推进国企改革。6户省属企业整体改制试点取得突破性进展,35户省属企业划转属地管理,30户企业破产终结,64个辅业单位与省属企业分离,101户省直厅局属企业完成改制脱钩。市县属国有企业新改制和二次改制1092家。全省有739户中小企业国有资本全部退出,19.3万名国有企业职工实现身份转换。完成中石化、中石油和铁路系统等中央企业分离中小学、医院接收任务。制定企业国有资产监督管理实施办法,全面开展清产核资,规范改革操作程序和产权交易行为,有效防止国有资产流失。加强经济运行调节,强化电力生产和调度,千方百计搞好运力协调,增加煤炭、油品供应,基本上保证了重点企业、重点用户和居民的生产生活需求。工业经济运行质量和效益进一步提高。与此同时,财税、金融、投资、行政管理体制等各项改革扎实推进。

坚持"六放"方针,毫不动摇地支持民营经济发展。进一步完善扶持政策,在市场准入、土地供应等方面出台11个配套文件。共建立中小企业信用担保机构130家,筹集担保资本金20.2亿元。开展银企对接活动,129家民营企业与银行签订贷款协议102.8亿元。引导民营企业参与国企改革、扶贫开发和产业化经营,重点支持规模型、成长型民营企业加快发展。全省民营经济保持快速健康发展势头,增加值增长15.6%。

全方位扩大对外开放,大力拓展发展空间。优化出口结构,机电产品和高新技术产品出口分别增长59.1%、66.7%,加工贸易、民营企业出口分别增长28.1%和94.9%。创新招商方式,提高招商效率,成功举办香港投资贸易洽谈会等招商活动。实行项目工作责任制,强化协调调度,下大力抓好重大利用外资项目落实。拓宽利用外资渠道,国有企业产权转让和民营企业境外上市融资取得积极进展。全年实际利用外资19.8亿美元,增长27%。实施"走出去"战略,对外投资、工程承包和劳务输出增加。对内开放取得新成效,引进省外资金420.3亿元、技术4600项、人才4.1万名。与内蒙古和国电集团合作建设大型煤电一体化项目,开滦集团与大唐国际集团共同开发蔚州煤电路一体化项目进入实施阶段。积极推进区域合作,成功举办环渤海地区合作论坛和东北亚地区国际合作论坛,高层对话和协作机制初步形成。

(四)坚持统筹兼顾,推进经济社会协调发展

按照"五个统筹"的要求,加强经济社会发展中的薄弱环节,努力实现全面、协调、可持续发展。

坚持以城带乡、城乡互动,全面实施城市化战略。出台《关于实施城市化战略的决定》,修改完善城镇体系规划,编制区域中心城市、省级重点镇、省域综合交通网络等地区规划和专项规划。城市公用事业改革全面启动,城市基础设施建设力度加大。统一城乡就业政策,转移农村劳动力 160.4 万人次,全省城市化率达到 34.5%。按照"经济发展、民主健全、精神充实、环境良好"的总要求,大力开展创建文明生态村活动,村容村貌和群众精神面貌发生可喜变化。

推进区域经济协调发展。提出"加快发展中间一线,积极推进南北两厢"的战略构想。以石家庄、保定、廊坊、唐山、秦皇岛为中间一线,建设经济发展的隆起带;以邯郸、邢台、衡水、沧州为南厢,培育新的经济增长极;以张家口、承德为北厢,加强基础设施建设,提升自我发展能力,实现跨越式发展。完善总体布局,加强区域分工协作,建立特色产业体系。加快实施《张承地区基础设施建设规划》,全年投入达 84.8 亿元。

大力促进社会事业发展。优先发展教育。新增本、专科院校 8 所,地方普通高校招生 22.57 万人。加快推进农村中小学危房改造和布局调整,义务教育阶段收费普遍实行"一费制"。对农民进行实用技术培训 600 万人次,农村劳动力转移培训 120 万人次。推进科技创新,环京津创业带、高新区再造工程、构建区域创新体系等重点科技工作进展顺利。出台实施《关于进一步加强人才工作的若干意见》,人才队伍建设取得新成效。重视文化事业和文化产业发展,加快基层文化设施建设,推出一批反映时代精神、体现燕赵特色的优秀文艺作品,城乡文化生活更加丰富活跃。加强公共卫生体系建设,全省 85% 以上的疾控建设项目已经完成,首批新型农村合作医疗试点取得良好效果,乡镇卫生院标准化建设开始启动。全民健身活动广泛开展,成功举办第 11 届省运会,我省运动员在第 28 届奥运会和第 12 届残奥会上均创历史最好水平。外事、侨务、民族宗教、民兵预备役、妇女儿童、老龄、残疾人、新闻出版、广播影视、文物、社科等工作,都取得新成绩。

加强人口资源环境工作,促进人与自然和谐发展。狠抓城市环境综合治理,全省城市环境空气综合污染指数比上年下降 10 个百分点;省会石家庄二级以上天数达到 280 天,比上年增加 69 天。加强生态环境保护,重点流域水污染防治、京津风沙源治理和退耕还林等工程建设进展良好,完成造林面积 608 万亩。制定实施《资源节约活动方案》,加强资源节约管理。开展农村部分计划生育家庭奖励扶助制度试点,着手治理出生人口性别比例失衡,低生育水平保持稳定。

(五)高度重视民生问题,认真实施"十项民心工程"

从解决人民群众最现实、最关心、最直接的问题入手,实施"十项民心工程",年度目标基本实现。

实行积极的就业政策,就业再就业目标超额完成。做好"两个确保"和城市"低保"工作,推进"三条保障线"的衔接。全省企业离退休人员养老金和国企下岗职工基本生活保障金按时足额发放。筹集 10 亿元用于解决离退休人员养老金历史拖欠问题。企业退休人员基本养老金标准每月人均提高 39.5 元、生活补贴月增 20 元。依法扩大社会保险覆盖面,养老、失业、医疗和工伤保险参保人数分别增加 19 万人、15 万人、88 万人、110 万人。制定出台企业年金政策,推动商业保险发展。调整失业保险金发放标准,人均月增 55 元。应保尽保,分类施保,全省城市低保月人均补助额达到 57 元,比上年增加 13 元。

提高城乡居民生活水平,让发展成果惠及全体人民。职工月最低工资标准由 250—350 元调至 420—520 元,企业工资指导线由 0—17% 提高到 3%—18%。机关事业单位人员职务津贴人均月增 100 元。通过转移支付解决部分困难县前几年两次增资不到位问题,支持贫困县落实去年我省提高职工津贴的政策。提高城市居民住宅取暖补贴标准。坚持开发式扶贫的方针,中央下达和我省配套扶贫资金 12.9 亿元用于扶贫开发,解决了 50 万人的温饱问题。加大济困力度,对特困群众实行定期定量救济制度。投资 2.2 亿元,解决 70 万农村人口的饮水难问题。

坚决纠正农村征地、城镇拆迁、企业重组改制和破产中侵害群众利益问题,清偿拖欠工程款 64.1 亿元、农民工工资 10.3 亿元。历年拖欠的农民征地补偿费全部补偿到位。

与此同时,公共卫生、农村教育、食品安全、治污绿化、文体设施建设、社会安全等民心工程也都取得重要进展。

（六）推进政府职能转变，大力营造良好的发展环境

加强政府自身建设，强化社会管理和公共服务，把政府管理经济职能转到主要为市场主体服务和创造良好发展环境上。

自觉接受人大、政协和群众监督，认真办理人大代表议案、建议和政协委员提案，去年有10名政府组成部门主要负责人接受省人大常委会述职评议；强化政府内部层级监督和监察、审计等专项监督；建立决策咨询委员会和参事工作制度，完善科学民主决策机制；加强政府立法，努力提高立法质量；贯彻《行政许可法》，行政许可项目、规定和实施主体清理基本结束，取消地方设定许可项目253项，取消和拟取消审批项目1302项，占清理项目总数的57.3%；加强廉政建设，严厉查处一批腐败案件，依法行政和民主法制建设进一步加强。

全面落实《关于进一步优化发展环境的若干规定》，完善政务服务中心，实行"一站式"、"一条龙"服务；开展民主评议，加强行政监察，提高行政效能；积极为企业和投资者排忧解难，着力解决外商投资企业历史遗留问题；整顿规范市场经济秩序，开展专项整治，发展环境明显改善。

围绕提高公民素质，加强爱国主义教育基地建设，深化未成年人和大学生的思想道德教育，认真做好"双拥"工作，广泛开展群众性精神文明创建活动。实行安全生产责任制，严肃查处各类安全事故。高度重视信访工作，强化社会治安综合治理，严厉打击各类违法犯罪活动，维护社会稳定。

各位代表，成绩来之不易，这是党中央、国务院和中共河北省委正确领导的结果，是全省各族人民聚精会神搞建设、一心一意谋发展的结果。在此，我代表省人民政府，向广大工人、农民、知识分子、各级干部和社会各阶层的建设者，向人大代表、政协委员，向各民主党派、工商联、无党派人士和人民团体，向驻冀人民解放军、武警官兵，向中直机关驻冀各单位，向关心支持我省发展的香港特别行政区和澳门特别行政区同胞、台湾同胞、海外侨胞、国内外朋友，致以崇高的敬意和衷心的感谢！

各位代表，面对我省当前的好形势，我们也清醒地看到，经济和社会生活中还存在不少矛盾和问题。产业结构偏重、增长方式粗放、体制改革滞后、城乡及地区发展不平衡等深层次矛盾还没有解决。粮食增产农民增收基础不稳固，投资与消费比例不够协调，就业再就业形势严峻，资源特别是水资源约束问题突出，环境压力加大，煤电油运紧张状况尚未有效缓解，重特大安全生产事故时有发生。一些部门和工作人员中官僚主义、形式主义和腐败问题依然存在。对此，必须高度重视而不可回避，认真解决而不可任其发展。

河北必须、也有条件有能力发展得更快一些、更好一些。政府工作任重道远。我们要倍加珍惜难得的发展机遇，倍加珍惜良好的发展局面，倍加珍惜现在的发展环境，居安思危，切实增强责任意识和忧患意识，为加快河北发展竭尽全力，决不辜负人民的期望。

二、2005年主要任务

今年是全面实现"十五"计划目标、衔接"十一五"发展的重要一年，也是实现"第一个翻番"的关键一年，做好今年的工作至关紧要。

今年政府工作的总体要求是：以邓小平理论和"三个代表"重要思想为指导，认真贯彻党的十六大和十六届三中、四中全会及省委六届六次全会精神，紧紧围绕抓住机遇、加快发展这个主题，以科学发展观为统领，以改革开放为动力，落实宏观调控政策，突出结构调整主线，促进增长方式转变，强化重大项目和县域经济两大支撑，深入推进四项重点工作，着力优化发展环境，构建和谐河北，继续把各项工作往深里做、往实里做，实现经济更快更好发展和社会全面进步。

我省今年经济社会发展的主要预期目标确定为：全省生产总值增长10%，全部财政收入可比增长10%以上，城镇居民人均可支配收入增长7%以上，农民人均纯收入增长5%，居民消费价格总水平上涨4%，城镇新增就业36万人，登记失业率控制在4.6%，人口自然增长率控制在6.8‰以内。

全省经济增长预期目标确定为10%，是综合考虑各方面因素提出的，目的是为了更接近实际，也是加快发展的需要。抓住机遇、加快发展是解决河北一切矛盾和问题的关键，是我省相当一个历史时期的主题。不发展不行，用一般速度发展也不行，发展不好更不行。在提高质量和效益的前提下，各地能搞多快就搞多快，但决不要互相攀比。

完成全年目标任务，必须以科学发展观统领全

局，坚持一切从实际出发，因地制宜、因时制宜地把科学发展观贯穿于各个方面，注重解决自身发展中存在的突出矛盾和问题，实现更快更好发展的总目标；必须把加强和改善宏观调控作为新的发展机遇，在调控中发展，在发展中调控；必须以“一条主线、两大支撑”为经济工作的着力点，紧紧抓住结构调整这条主线，切实抓好一批能够影响和带动全局的重大项目，大力发展县域经济；必须以改革开放为动力，破除体制性障碍，力争在一些重要领域和关键环节实现新的突破；必须坚持“以人为本”，落实“五个统筹”要求，更加注重加强“三农”、社会事业和生态环境建设等薄弱环节，维护好、实现好、发展好人民群众的根本利益；必须进一步解放思想、与时俱进，敢于领先、敢为人先，鼓励探索、支持创新；必须坚持任何时候都要在思想上、政治上与党中央保持高度一致，任何时候都要结合河北实际创造性开展工作，干事、创业、为民。

今年要着力做好九个方面的工作。

(一)认真落实中央宏观调控政策，促进经济更快更好发展

坚持积极的、有作为的工作方针，贯彻有抑有扬、有保有压原则，进一步增强调控的针对性和有效性，巩固和扩大宏观调控成果。

坚持依法用地。贯彻落实国务院《关于深化改革严格土地管理的决定》，实行最严格的耕地保护制度，加快国土资源管理体制和土地征收、征用制度改革。深入开展土地挖潜，集中盘活存量土地，推进依法、节约、集约用地，增加建设用地的有效供给。

搞好经济运行调节。加强金融监管，优化信贷结构，继续支持有市场、有效益、有利于增加就业的企业，确保重点项目资金需求。继续搞好重要原材料供需衔接，增加电力、煤炭等生产要素供应，抓好重要物资运输协调，提高运输通达效率，缓解煤电油运紧张状况。加快规划内能源、交通、水利设施建设，保证经济发展需要。

强化市场物价监管。加强对食品等生活必需品和生产资料市场的调控，保持粮食等主要农产品价格基本稳定，抑制生产资料价格持续上涨。认真开展对垄断行业的监督检查，把握公共服务产品价格调整的时机和力度，搞好价格监测、信息发布和政策宣传，正确引导群众的心理预期。

(二)继续把解决好“三农”问题作为重中之重，保持农业农村发展的好势头

坚持统筹城乡发展方略和“多予、少取、放活”方针，稳定、完善和强化各项支农政策，切实加强农业综合生产能力建设，促进粮食稳定增产和农民持续增收。

不折不扣地落实各项惠农政策。深化农村税费改革，加大“两减免、三补贴”力度。农业税税率再降低2个百分点，对40个国家级扶贫工作重点县全部免征农业税，继续增加对种粮农民直接补贴、良种补贴和农机具购置补贴。增加农村“六小工程”投资规模，扩大建设范围，提高工程质量。开辟新的支农资金渠道，形成农业投入稳定增长机制。落实粮食购销市场化改革措施，推进国有粮食购销企业转变经营机制。把提高农业综合生产能力作为重大而紧迫的战略任务，切实加强土地产出和资源综合利用能力建设，加强农业科技创新和应用能力建设，加强农业物质装备建设，加强农民自我发展能力建设，加强农产品加工转化和市场开拓能力建设，加强农业综合支持和服务能力建设，全面增强农业发展后劲。

加快农业和农村经济结构调整。落实优势农产品区域布局规划，促进优势农产品集中连片发展。加快实施千万吨奶工程，壮大畜牧、蔬菜、果品三大支柱产业。增加重大农业技术推广专项补贴，推进农业科技入户，突出抓好以种子、技术、管理为中心的科技服务。建立和完善农业物流中心，发展经纪人代理、农产品拍卖、网上交易等方式，增强交易功能。健全质量标准、检验检测、动物疫病防治和市场信息体系，实施标准化生产，提高农产品质量安全水平。

推进农业产业化经营。实施“龙头工程”，加大对龙头企业的扶持力度，大力发展农民专业合作经济组织和农产品行业协会，推广“公司＋合作组织＋农户”、“订单农业”等经营形式，完善龙头企业与农户的利益联结机制，更好地发挥辐射带动作用，力争农业产业化经营率提高2个百分点。

壮大县域经济实力。坚持农业产业化、工业化和城市化“三化”并举，充分发挥各地优势，培育主导产业，发展特色经济，依靠民营经济带动县域经济加快发展。强化政策扶持，省对市县定额分享、超收全返和超分成增长率全返的财政激励政策，由2005年延至2007年。实行管理重心下移，减少管理层次，选择一些条件较好的县(市)进行试点，扩大管理权

限，增强自主发展能力。坚持“抓两头、带中间”，促进全省县域经济共同繁荣。

（三）加大结构调整力度，转变经济增长方式

保持合理投资规模，优化投资结构，提高投资效益，存量调强、增量调优，推进经济增长方式向集约型转变。

突出抓好重大项目建设。精心组织实施第三个“项目年”活动，集中人力、物力、财力，推进一批“重中之重”项目。抓好200个省重点项目，加快南水北调中线河北段、邯钢冷轧薄板技改等项目建设进度；强化重大项目谋划和前期工作，曹妃甸港区、保定汽车、廊坊通讯设备制造基地等项目取得突破性进展。建立和完善重大项目领导责任制，一级盯一级，及时协调，加强调度，锲而不舍，务期必成。

培育壮大主导产业。制定实施十大主导产业专项规划。把钢铁工业作为突破口，加快企业整合，培育钢铁龙头企业，上品种、上质量、上效益，推动产业优化升级，促进钢铁大省向钢铁强省转变。着眼与京津产业对接，大力发展装备制造业和配套加工业。加快发展高新技术产业，重点加强新医药、半导体材料、软件等基地建设，切实抓好创新能力项目建设。盘活用好存量资产，加大用先进适用技术改造传统产业力度，提高工艺技术和装备水平。大力实施名牌战略，增强产品竞争力。

加快发展服务业。提升商贸流通、运输、邮政等传统服务业，大力发展信息、金融、保险、社区服务和会计、律师、咨询等现代服务业。加快区域性物流中心建设，培育跨区域商贸集团，发展连锁经营、物流配送、电子商务等新型业态和现代流通方式。适应国民经济和社会信息化进程，不断开拓网络、信息技术应用咨询、数据库服务业等信息服务领域。电话交换机增容500万线。积极开发红色旅游、特色旅游、休闲健身旅游，加强旅游景点升级改造。

大力发展循环经济。按照减量化、再利用、资源化的原则，广泛开展建设节约型经济、节约型社会活动。制定《循环经济发展指导意见》，开展循环经济试点，推进资源循环回收利用。落实《资源节约方案》，加快推广节能（水）降耗新技术，发展节水农业，抓好钢铁、水泥、化工、造纸等行业节能节水的技术改造，坚决实行高能耗、高物耗设备和产品淘汰制度。深化水价改革，提高水资源利用率。全面整顿和规范矿产资源开发秩序，制止滥采乱挖和严重浪费现象。推行清洁生产，发展环保产业，降耗、减污，提高环保水平。

努力扩大消费需求。正确处理投资与消费的关系，增强消费对经济的拉动作用。更新消费观念，完善消费政策，改善消费环境，推动消费结构升级。增加中低价位住房供应，开发健康有益大众化的娱乐、健身项目，扩大服务消费领域。积极发展面向生活消费的金融、保险服务，促进即期消费。加强农村市场网络建设，扩大农村消费。

（四）着力推进经济体制改革，加快体制机制创新

当前，深化改革的时机有利。要紧紧抓住国企改革这一中心环节，加大改革力度，积极做好各项改革工作。

坚定不移地推进国企改革。抓重点、攻难点，不回避、不退缩，力争在产权制度改革上有大的突破，在完善法人治理结构上有新的成效，在国有经济布局调整上有明显进展，基本实现“两增、两减、两分”。加快国有大型企业股份制改造，抓好华药、承钢等省属重点企业整体改制，基本完成厅局属企业改制任务，改革不到位的市县属国有企业实施二次改制。加快国有产权流动重组，支持具备条件的企业实现整体上市，做大做强主业，培育发展包括各种所有制在内的50户左右大公司大集团，打造企业“航母”。畅通国有劣势企业退出渠道，一般竞争性领域的国有资本退出60%以上，中小企业的国有资本基本退出。建立规范的现代企业制度，健全公司治理结构，完善激励约束机制，全面实行年度经营业绩责任制和任期经营业绩考核责任制，在公开招聘高级经营管理者方面迈出更大步伐。完善国资监管体系，防止国有资产流失，维护出资人和职工的合法权益。

深入实施投资体制改革。完善和规范固定资产投资项目备案和核准管理办法，确立企业投资主体地位，落实企业投资自主权。动员和引导社会资本投资项目建设。规范政府投资范围和行为，政府投资项目也要引入市场机制，并对投产运营后的绩效进行综合考评，对非经营性政府投资项目推行“代建制”。严格实行投资决策责任制，对政府和国有企业投资因决策不当造成重大损失的，依法追究有关人员的责任。

继续深化财税改革。建立和完善公共财政体制，推进部门预算、国库集中收付、政府采购和“收支

两条线”管理改革，优化财政资源配置，建立支出效益评价、考核监督、责任追究制度。加大转移支付力度，努力缓解县乡财政困难。大力开展增收节支，依法加强税收征管，厉行节约，精打细算，严格控制一般性支出，保证重点支出。加强财政监督，严肃财经纪律。

积极推进农村信用社改革。按照国务院批准的实施方案，抓好管理体制和产权制度改革，一季度完成省联社组建，年底前基本完成农村商业银行、农村合作银行或以县为单位统一法人社组建。加强管理，确保农村信用社在稳定中深化改革、加快发展。

加强现代市场体系建设。健全统一、开放、竞争、有序的现代市场体系，发展资本、产权、土地、技术、人才、劳动力等生产要素市场。加强示范市场建设，做大做强一批农副产品批发市场和大型零售市场等商品市场。按照“自主设立、自我管理、自律运行、自我发展”的思路，认真落实行业协会发展指导意见。整顿和规范市场经济秩序，搞好专项整治，深入开展打击制售假冒伪劣食品、药品、农资商品等违法犯罪活动。加快社会信用体系建设。加大保护知识产权力度，严厉打击侵权违法行为。打击各种形式的商业欺诈。继续打击走私、偷逃骗税、洗钱和非法传销。

全面深化农村各项改革，加快事业单位和县乡机构改革，推进科技、教育、文化、卫生等体制改革。进一步完善分配制度和社会保障制度，注重维护社会公平，合理调整收入分配结构，逐步解决部分社会成员之间收入差距过大的问题。

（五）加大支持力度，推进民营经济快速健康发展

认真贯彻国家鼓励、支持和引导非公有制经济发展的政策，抓紧制定《河北省中小企业发展条例》。进一步放宽市场准入行业和领域，凡法律法规未禁入的，非公有资本均可进入；凡外资可进入的，国内非公有资本均可进入。着力解决民营企业资金短缺、人才匮乏、创新乏力等问题。推进银企合作，加快中小企业信用担保体系建设，扩大规模，规范运作，防范风险。积极探索企业债券、上市融资、股权融资等直接融资方式，帮助有条件的企业上市。继续扶持一批规模型、成长型民营企业，培育一批名牌产品，支持一批中小企业产业集群加快发展。鼓励民营企业通过多种有效形式参与国企改革、扶贫开发和基础设施建设，积极发展民营科技型、外向型、劳动密集型企业。加大治理“三乱”力度，减轻民营企业负担。

引导民营企业适应宏观调控新形势，在企业制度、经营模式、增长方式等方面加快实现转变。加强政策信息和行业规划引导，帮助民营企业把握投资方向，认真执行国家产业政策和技术、环保、质量、安全等市场准入标准。民营企业要依法经营、照章纳税、诚实守信，规范劳动关系，保障职工合法权益。

（六）加快“引进来”、“走出去”步伐，全面提高开放水平

紧紧抓住国际资本向我国转移和国内南资北上的重大机遇，因势利导，积极进取，扩大对内对外开放。

转变对外贸易增长方式。坚持市场多元化、以质取胜和科技兴贸战略，着力优化出口结构，扩大高新技术产品、机电产品和农产品出口，提高传统大宗出口商品质量、档次和售价，增加拥有知识产权和自主品牌的商品出口，减少高耗能、低水平产品出口。加强出口商品基地建设，培育新的出口增长点。大力发展加工贸易，推动加工贸易转型升级。适当扩大急需重要原材料、关键设备的进口，积极引进先进技术、管理经验和高素质人才。贯彻《对外贸易法》，支持各类所有制企业开展对外贸易，壮大外经贸经营主体，推进“大通关”建设。

提高利用外资规模和质量。重视寻找战略合作伙伴，加强与跨国公司特别是世界 500 强和国内大公司、大集团的合资合作，重点引进基地型、龙头型、科技型大项目。大力推动协议利用外资 1000 万美元以上项目的落实，建立和完善外商投诉协调机制。鼓励现有外资企业增资扩股。推进开发区向专业化、特色化发展，发挥吸引外资的聚集、集约和示范作用。改变传统招商方式，继续扩大利用外资规模，更加注重优化结构，鼓励外商投资高新技术产业、先进制造业、现代农业、现代服务业、环保产业和基础设施建设，避免引进资源消耗过高、环境污染严重的项目。

大力实施“走出去”战略。制定《关于实施“走出去”战略的若干政策》。引导和支持优势企业开展对外投资和跨国经营，建立战略资源、紧缺资源供应基地。加强同国外的技术合作，增强企业的技术和市场开发能力。开展境外加工贸易、工程承包和劳务

合作。发挥农业技术和劳动力优势,加快农业"走出去"步伐。加强外派劳务管理和培训,重点培育一批外派劳务基地。

加强区域经济合作。积极参与环渤海地区的统筹规划,配合国家有关部门做好京津冀都市圈区域经济规划编制工作。推进与周边省份特别是资源大省的合作,精心办好首届5·18环渤海国际商务节。发挥环渤海区位优势,加快发展海洋经济和临港产业。加强与沿海发达地区的经济协作。搞好对口支援,参与西部大开发和东北地区等老工业基地振兴。

切实做好加入世贸组织后过渡期的应对工作。从去年12月到明年年底是我国"入世后过渡期"。要把握有利条件,充分估计困难和风险,进一步利用好两个市场、两种资源。切实增强全球战略意识和国际规则意识,更好地适应WTO规则,建立健全预警和应诉机制,趋利避害,做好应对工作。

(七)实施"一线两厢"战略,统筹城乡和区域经济发展

围绕加快发展、缩小差距,积极调整生产力空间布局,促进城乡和地区的良性互动。

加速城市化进程。落实《关于实施城市化战略的决定》,增强大城市综合辐射带动能力,注重形成中小城市比较优势和产业特色,引导小城镇走集约化发展道路,城市化率力争提高1.5个百分点。加强城市发展科学规划,维护城市规划的严肃性和权威性,合理布局,节约资源,保护环境,体现特色。提高产业聚集度,加强基础设施建设,完善公共服务设施,强化城市功能。以综合执法为手段,加强和改善城市管理。加快公交、污水和垃圾处理等市政公用事业改革。搞好城市总体规划和土地利用总体规划修编的衔接,使之相互协调。

精心组织实施"一线两厢"战略。制定《河北省"一线两厢"区域经济发展战略指导意见》。支持"一线"做强现有优势产业,打造带动全省经济发展的战略高地;推进"南厢"结构调整,培育壮大区域特色产业;加大对"北厢"扶持力度,增加基础设施投入,建设生态型产业体系,发挥后发优势,加快发展步伐。完善区域整体布局,谋划建设快速交通体系、能源生产供应体系和水资源调配体系,推进共建共享、互联互通,充分发挥"一线"、"两厢"各自优势,互助互动,实现共同发展。

(八)更加重视发展社会事业,增强可持续发展能力

进一步加快科技、教育改革发展,把经济增长真正转到依靠科技进步和提高劳动者素质的轨道上来。

深化科技体制改革,优化科技资源配置,努力提高自主创新能力。积极开展重大产业科技项目攻关。加强产学研结合,鼓励企业和科研院所、高校联合建设研发机构。改善科技创新条件,新建生态环境监测和资源综合利用等4个省级重点实验室,重点建好115个企业技术中心,促使企业成为技术创新和成果转化主体。充分发挥哲学社会科学在经济和社会发展中的重要作用。

切实把教育放在优先发展的地位,全面实施教育振兴行动计划。巩固"普九"成果,重点抓好农村义务教育。继续实施农村中小学危房改造、布局调整和现代远程教育试点工程。加快普及高中段教育。大力发展职业技术教育,坚持以就业为导向,为现代农业、制造业和服务业培养大批技能型紧缺人才。稳步发展高等教育,加强高水平大学和重点学科建设,提高办学水平。鼓励和规范社会力量办学。做好对农村家庭经济困难学生的资助工作,落实高校国家助学贷款和农村义务教育"两免一补"政策。深入实施人才兴冀工程,努力营造拴心留人的氛围。推动建立学习型社会,大力开发人力资源,推进市域、县域、行业三大人才高峰行动。加强以高层次人才为重点的人才队伍建设,推动京津冀人才开发一体化,促进人才合理流动。

加快文化大省建设,繁荣卫生体育等社会事业。出台文化大省建设《纲要》及相关政策,推进文艺院团等经营性文化单位转制,鼓励社会力量兴办文化产业,培育发展出版、报业等大集团,加快全省广电网络整合,尽快形成文化主导产业。增加文化事业投入,改善文化、体育设施,建设省博物馆新馆。抓好文化精品生产,加强小城镇文化建设,办好第十届中国吴桥国际杂技艺术节。扩大新型农村合作医疗制度试点,启动城市医疗服务体制改革试点。完成全省公共卫生体系建设项目,推进乡镇卫生院标准化建设。落实重大传染病、地方病防治措施。扩大农村部分计划生育家庭奖励扶助试点,抓好出生人口性别比治理,在贫困地区开展"少生快富扶贫工程"试点。坚持人口管理目标责任制,稳定低生育水平。构建全民健身服务体系,做好全国十运会备战

参赛工作，积极申办大型体育赛事，发展体育产业。加强国防教育，抓好民兵预备役工作，推进国防后备力量信息化建设，继续开展“双三好”活动。关心支持妇女儿童、慈善、残疾人和老龄事业，进一步做好外事、侨务、防震减灾、气象、人防、档案、文物等工作。

建设经济社会与生态良性循环的生态河北。出台实施生态省建设规划，加强重要生态功能区、重点资源开发区、生态良好区建设。搞好湿地保护。推进21世纪首都水资源可持续利用、京津风沙源治理等重大生态工程建设。加强环境保护，突出抓好水和大气污染防治。深入开展城市环境综合整治，加快石家庄市生态城市建设，重点在改善空气质量、整顿交通秩序等方面取得明显成效。廊坊、秦皇岛要努力创建国家环保模范城，其它各市争创省级环保模范城。深入开展文明生态村创建活动，是改变农村面貌的一场伟大革命。今年力争把全省10%左右的行政村建成文明生态村，有条件的地方要向乡镇拓展。

（九）坚持以人为本，努力构建和谐河北

构建和谐社会，发展是基础，公平是前提，稳定是保障。坚持把维护好、实现好、发展好人民群众的根本利益作为各项工作的出发点和落脚点。深入实施“十项民心工程”，正确处理各种利益关系，凝聚和激励干部群众共同前进。

继续实施积极的就业政策。坚持在发展中解决就业的原则，逐步确立有利于扩大就业的经济结构和增长模式，注重发展就业容量大的服务业、中小企业和劳动密集型产业，形成更多的就业增长点。促进下岗失业人员再就业，落实财政投入、小额贷款、免费培训和税收减免等政策，推动下岗职工基本生活保障制度向失业保险制度并轨。完善公共就业服务体系，鼓励自主创业。建立劳动就业监测预警体系，强化失业调控。继续做好高校毕业生就业、复员转业军人安置、城镇新增劳动力和农村富余劳动力就业工作。

高度重视群众生产生活问题。健全社会保障体系，巩固“两个确保”，完善城市“低保”，扩大基本养老、基本医疗和失业保险覆盖面，提高非公有制企业职工和灵活就业人员参保率，启动和逐步做实养老金个人账户。完善城镇职工基本医疗保险制度，推行工伤保险和生育保险。鼓励有条件的企业建立企业年金，积极发展商业养老、医疗保险。探索机关事业单位社会保障制度改革，在有条件的地方探索建立农村“低保”。完善城镇最低收入家庭住房保障制度。建立健全城乡社会救助体系。启动第二批重点贫困村帮扶工作，年内解决25万贫困人口温饱和45万人饮水难问题。新增农村沼气50万户，新建农村公路1.8万公里，实现所有乡镇和90%的行政村通油路，95%的行政村通电话。严格控制医药价格和医疗服务收费，缓解群众反映强烈的看病难问题。加强劳动保障监察执法，严格执行职工最低工资标准和工资指导线，督促企业按时足额发放职工工资，严禁拖欠克扣农民工工资。切实解决拖欠工程款问题，坚决防止农村征地、城镇拆迁、企业重组改制和破产中侵害群众利益的行为，解决好失地农民的生活问题。

加强社会主义精神文明建设。以建设“诚信河北”、“和谐河北”为目标，搞好社会公德、职业道德和家庭美德教育，重视未成年人和大学生思想道德教育，营造团结互助、融洽和谐的人际环境，激发全社会的创造活力。以报刊、广播、电视和互联网等为载体，传播先进文化，弘扬优秀传统文化。推进科技、文化、卫生三下乡，深化和拓展文明城市、文明社区、文明小城镇、文明单位创建活动。深入开展“双拥共建”，做好优抚工作。搞好普法教育。普及科学知识，弘扬科学精神，倡导科学、健康、文明的生活方式。加快少数民族地区经济社会发展，维护民族团结。全面贯彻党的宗教工作基本方针，依法管理宗教事务，积极引导宗教与社会主义社会相适应。

努力维护社会稳定。正确处理改革发展稳定的关系，在保持社会稳定中推进改革发展，通过改革发展促进社会稳定。畅通社情民意反映渠道，认真解决涉及群众利益的各种问题，多为群众办实事、办好事。注意维护社会公平，更多关注弱势群体。加强对群众的教育和引导，耐心细致地做好群众的思想工作。建立和完善群体性事件预警机制、矛盾排查调处机制和运转高效的处置工作机制。加强社会治安综合治理，依法严厉打击各种刑事犯罪活动，深入开展同“法轮功”邪教组织的斗争，维护正常社会秩序。

下大力抓好安全生产。采取治本之策，依法进行综合治理。完善安全生产管理体制和机制，严格安全生产责任制，强化对审批和执法部门监督，建立对企业经营者的约束机制。坚决落实责任追究制度。增加安全设施投入，做好基层基础工作，加强对生产过程的监督管理，开展重点领域专项整治，预防和减少重特大事故发生。

在深入调查研究、准确把握省情的基础上，坚持用改革的精神、改革的思路、改革的办法，高质量完成“十一五”规划和2020年远景目标的制定工作。认真搞好第一次经济普查。

三、加强政府行政能力建设

牢记立党为公、执政为民的宗旨，适应新形势新要求，大力推进政府自身建设特别是行政能力建设，切实做到为民、务实、清廉。

提高行政能力，建设法治政府。按照科学行政、民主行政、依法行政的要求，积极推进政府管理理念、管理机制和管理方式创新。完善公众参与、专家论证、政府决策相结合的决策机制和重要决策失误责任追究制度。对涉及经济社会发展全局和群众切身利益的重大事项，广泛征询意见，保证群众依法行使民主参与和民主监督权利。自觉接受人民代表大会及其常委会的监督，接受人民政协的民主监督，认真听取民主党派、工商联、无党派人士及各人民团体意见。接受新闻舆论和社会公众监督，加强政府系统内部监督，支持监察、审计部门依法独立履行监督职责。全面实施依法行政纲要，带头维护宪法和法律权威，严格按照法定权限和程序行使权力、履行职责。加强应对突发事件、保障农民权益、促进就业和完善社会保障等方面的行政立法。严格执法、公正执法和文明执法，认真解决有法不依、执法不公、多头执法和执法扰民等群众反映强烈的问题。

转变政府职能，优化发展环境。深化行政体制改革，推进政企、政事、政资分开，在继续履行好经济调节和市场监管职能的同时，更加注重强化社会管理和公共服务职能，努力建设服务型政府。提高处置自然灾害、事故灾难、公共卫生和社会安全方面突发事件的能力。深入落实优化发展环境的各项政策措施，着力解决思想观念、办事效率、管理公开公正、司法保障及社会诚信等方面的突出问题。推进《行政许可法》贯彻落实，建立健全行政许可统一办理、联合办理、集中办理和听证、公开承诺等制度。积极推行政务公开、厂务公开、村务公开等办事公开制度，深入开展民主评议活动。增强政府工作透明度，让行政权力在阳光下运行。加快电子政务建设，提高行政效率和市场监管、公共服务能力。建立健全发展环境评价考核机制，努力营造创业宽松、社会文明、人居安全和低生产成本、低交易成本、低行政成本的发展环境，把河北建设成为投资置业的热土、美丽和谐的家园。

加强政风建设，深入开展廉政建设和反腐败斗争。树立正确的政绩观，切实做到勤政、廉洁、务实、高效。完善政绩考核办法，探索建立政府绩效评估体系和经济社会发展综合评价体系。以“服务基层、优化环境”为主题，加强机关作风建设，提速工作过程，提高服务质量。坚决压缩会议、文件，减少迎来送往和检查评比活动。深入实际，掌握实情，真抓实干，狠抓落实，务求实效。以开展保持共产党员先进性教育活动为契机，创建学习型机关，加强公务员队伍建设，切实提高公务员政治鉴别、依法行政、公众服务、调查研究、学习创新、沟通协调、处理复杂矛盾等能力。坚持“标本兼治、综合治理、惩防并举、注重预防”的方针，构建与社会主义市场经济体制相适应的教育、制度、监督并重的惩治和预防腐败体系。认真落实廉政建设责任制，严格执行领导干部廉洁自律各项规定。领导干部个人不擅自决定建设项目立项，不授意和内定项目中标对象，不违规干预资金使用。认真开展专项资金综合治理，全面清理、严肃查处违法违纪问题。加强行政监察工作，搞好廉政监察、执法监察和效能监察，着力解决经济管理部门和行政执法部门办事难、环节多、效率低问题，对不作为、乱作为的人和事，坚决查处，决不姑息。

各位代表！我们在全面建设小康社会的征程上迈出了重要步伐。新的一年，改革发展的任务繁重而艰巨，我们的责任重大而光荣。燕赵大地正在崛起，机遇不可错失，形势催人奋进。让我们更加紧密地团结在以胡锦涛同志为总书记的党中央周围，高举邓小平理论和“三个代表”重要思想伟大旗帜，在中共河北省委领导下，进一步唱响“树正气、讲团结、求发展”主旋律，紧紧依靠全省人民，同心同德，艰苦奋斗，解放思想，与时俱进，求真务实，扎实工作，努力夺取河北改革开放和社会主义现代化建设事业新的更大成就！

（原载《河北日报》2005.1.29）

河北省第十届人民代表大会第三次会议关于河北省 2004 年省本级预算和省总预算执行情况及 2005 年省本级预算和省总预算的决议

（2005 年 1 月 15 日河北省第十届人民代表大会第三次会议通过）

河北省第十届人民代表大会第三次会议经过审查并根据省人民代表大会财政经济委员会的审查报告，决定批准省人民政府提出的 2005 年省本级预算，同意省财政厅厅长齐守印受省人民政府委托所作的《关于河北省 2004 年省本级预算和省总预算执行情况及 2005 年省本级预算和省总预算草案的报告》。

（原载《河北日报》2005.1.16）

河北省第十届人民代表大会财政经济委员会关于河北省 2004 年省本级预算和省总预算执行情况及 2005 年省本级预算和省总预算草案的审查报告

（2005 年 1 月 14 日河北省第十届人民代表大会第三次会议主席团第三次会议通过）

河北省第十届人民代表大会财政经济委员会主任委员　王加林

河北省第十届人民代表大会第三次会议审议了省财政厅厅长齐守印受省人民政府委托提交的《关于河北省 2004 年省本级预算和省总预算执行情况及 2005 年省本级预算和省总预算草案的报告》，以及 2004 年预算执行情况和 2005 年预算草案。财政经济委员会综合了代表们的审议意见，进行了审查。现将审查结果报告如下。

财政经济委员会认为，由于经济快速发展、征管部门依法治税管费和财政体制的激励作用，2004 年财政收入超过了省十届人大二次会议批准的预算，增幅达到近年来最高水平。进一步优化支出结构，较好地保障了工资发放和机关运转，法定支出得到了保障，公共支出突出了重点。财政改革稳步推进。资金使用效益明显提高，较好地发挥了财政政策对经济社会发展的调控作用。总的看，预算执行情况是好的。

财政经济委员会认为，2005 年省本级预算及省总预算草案体现了中央和省委的要求，体现了科学发展观和稳健的财政政策。收入安排稳妥可靠。支出安排符合公共财政导向，坚持以人为本，优先安排经常性支出和社会保障资金，农业、科技、教育支出达到法定要求。进一步完善省对市县超收奖励的财政激励政策，加大了转移支付力度。总的看，省政府提出的预算草案是可行的。

财政经济委员会建议，省第十届人民代表大会第三次会议批准省人民政府提出的 2005 年省本级预算草案，同意省财政厅厅长齐守印受省人民政府委托提交的《关于河北省 2004 年省本级预算和省总预算执行情况及 2005 年省本级预算和省总预算草案的报告》。

为确保完成 2005 年预算任务，财政经济委员会建议，各级政府要坚持科学发展观和公共财政原则，依法理财、科学理财、民主理财，深化财政改革，完善财政体制，增加财政收入，优化支出结构，加大对困难县转移支付力度，加强审计监督，严格预算执行，加强“收支两条线”管理，提高财政资金使用效益。

（原载《河北日报》2005.1.15）

关于河北省 2004 年省本级预算和省总预算执行情况及 2005 年省本级预算和省总预算草案的报告(书面)

——2005 年 1 月 11 日在河北省第十届人民代表大会第三次会议上

河北省财政厅厅长　齐守印

各位代表：

受省政府委托，我向大会作 2004 年省本级预算和省总预算执行情况及 2005 年省本级预算和省总预算草案的报告，请予审议，并请省政协各位委员和其他列席人员提出意见。

一、2004 年预算执行情况

2004 年，全省各级各部门高扬“树正气、讲团结、求发展”主旋律，认真落实科学发展观，积极、有作为地贯彻中央宏观调控政策，狠抓各项工作落实，全省预算执行情况良好。

(一)政府收支预算全面完成

省十届人大二次会议批准的 2004 年省本级一般收入预算为 92.13 亿元，执行中，经省人大常委会批准(下同)，省本级一般收入预算调整为 101.21 亿元；据快报统计(下同)，全年完成 105.51 亿元，占调整预算的 104.3%，比上年增长 20.8%。省十届人大二次会议批准的 2004 年省本级一般支出预算为 121.17 亿元，执行中由于上年结转和中央追加专款自然列入、省级收入超收和中央返还增加，省本级一般支出预算调整为 199.07 亿元；全年完成 182.45 亿元，占调整预算的 91.7%，比上年增长 19.4%。

省十届人大二次会议批准的 2004 年省本级基金收入预算为 39.62 亿元，执行中，由于预算科目变化、社会保险基金列入和调增有关基金收入，省本级基金收入预算调整为 101.79 亿元；全年完成 125.19 亿元，占调整预算的 123%，比上年增长 66.9%。省十届人大二次会议批准的 2004 年省本级基金支出预算为 39.62 亿元，执行中，由于上年结转和中央追加专款自然列入、预算科目变化、社会保险基金列入和调增有关基金收入，省本级基金支出预算调整为 97.52 亿元；全年完成 93.18 亿元，占调整预算的 95.5%，比上年增长 37.6%。

报省十届人大常委会备案的 2004 年全省一般收入预算调整为 385.55 亿元，全省一般支出预算调整为 794.94 亿元；全省基金收入预算调整为 213.43 亿元，基金支出预算调整为 232.93 亿元。全年快报完成情况是：全省一般预算收入 408.27 亿元，占调整预算的 105.9%，比上年增长 21.6%；一般预算支出 753.21 亿元，占调整预算的 94.8%，比上年增长 16.5%。全省基金收入 233.68 亿元，占调整预算的 109.5%，比上年增长 47.8%；基金支出 212.91 亿元，占调整预算的 91.4%，比上年增长 38.6%。省本级和省总预算均实现了当年收支平衡(详见附表)(略)。

(二)财政收入增收较多，超收财力提前做了较好安排

各级财税部门在经济快速增长的基础上，切实加强税源监控，依法治税管费，2004 年全省全部财政收入完成 781.03 亿元(按 2003 年口径计算为 839.8 亿元，同比增收 205 亿元)，增长 23%，增幅为 1994 年以来最高。按照现行财政体制测算，省本级一般预算可用财力比年初预算增加 10.5 亿元。经省人大常委会批准，其中专项收入 7822 万元，按规定列收列支，专款专用；其余 96782 万元，主要用于增加农业、科技、教育、国有企业改革、社会保障、出口退税困难县补助、重点公益项目和执法能力建设等支出。

(三)重点支出得到较好保障

一是加大了对“三农”投入。2004 年全省农业支出完成 23.64 亿元，比上年增长 24%，重点支持了农业科技进步、农产品质量检测体系、动植物防疫体系、农业综合开发和农村“六小”工程建设。同时，认真落实中央和省定惠农政策，取消了除烟叶以外的农业特产税，降低农业税税率 3.06 个百分点，农民人均负担比上年又下降 45.8%；筹集兑付粮食直补资金 6.08 亿元，使全省 5300 多万农民受益。

二是突出支持了四项重点经济工作。全省基本建设支出 60.59 亿元，利用国债转贷资金 2.1 亿元，

主要支持了南水北调、大型水库除险加固、京津风沙源治理等重点项目;企业挖潜改造资金支出13.12亿元,重点支持了传统产业技术改造、农副产品加工和高新技术产业的发展;科技支出9.57亿元,重点支持了高新技术研发、重大科技攻关、高新技术园区和重点实验室建设。省对市拨付转移支付资金2.7亿元,支持省属企业分离办社会工作;省级拨付专项资金2.67亿元,争取中央资金3.05亿元,用于国有企业改革;拨付粮食风险金3.76亿元用于国有粮食购销企业布局调整,分流人员5.66万人。全面落实促进民营经济发展的各项政策措施,积极推进中小企业信用担保体系和服务体系建设。认真落实出口退税政策,全省出口退增值税45.77亿元,拨付外贸发展资金2679万元,支持中小企业开拓国际市场,有力地促进了外贸出口,拉动了全省经济增长。

三是切实推进了"民心工程"建设。据统计,通过争取中央支持和省级预算安排,用于"十项民心工程"建设的资金达33.82亿元。进一步完善补助再就业资金与工作实绩挂钩的相关政策,拨付资金7.72亿元用于就业再就业工程;拨付13.35亿元用于农民减负增收工程,重点支持农村公路建设和对种粮农民直接补贴;拨付5.32亿元用于农村教育扶持工程,重点支持了家庭困难学生就学、农村中小学危房改造和布局调整;拨付5.98亿元用于济困助残工程,重点支持城市低保、自然灾害救济和农村医疗救助。

(四)财政改革继续深化,财政管理机制创新迈出新步伐

为切实解决财政资金安排分散、使用效益不高的问题,2004年进一步完善预算决策和管理机制,在省级一些部门和部分项目进行了绩效预算试点;国库集中收付制度改革在省本级全面实行,唐山、保定、秦皇岛、邯郸、邢台等5个试点市改革顺利推进;政府采购规模和范围进一步扩大,节支效果明显。

各位代表,总的看,2004年省本级和省总预算较好地完成了省十届人大二次会议确定的目标任务,但预算执行中仍存在一些不容忽视的问题:虽然财政收入增加较多,但收支矛盾依然突出,财政紧张状况还没有根本好转;各级政府间支出责任不明晰的问题尚需解决,财政支出结构和供给范围仍需进一步调整,对社会事业特别是农村公益事业的支持力度有待继续加大;会计信息失真、偷税漏税、截留挪用专项资金、铺张浪费等问题依然存在。对这些问题,我们将认真对待,采取有效措施,努力加以解决。

二、以科学发展观为指导,统筹安排2005年政府预算

2005年是"十五"计划的最后一年,也是贯彻落实科学发展观、争取我省经济社会更快更好发展的重要一年。今年政府预算安排的指导思想是:以邓小平理论和"三个代表"重要思想为指导,认真贯彻党的十六届三中、四中全会和省委六届六次全会精神,按照"以人为本"、"五个统筹"的要求配置财政资源,集中财力解决影响经济社会发展全局的突出矛盾和问题;继续深化财政改革,努力增收节支,提高资金使用效益,积极促进全省经济和社会发展目标的实现。

根据上述指导思想,遵循积极稳妥和收支平衡的原则,2005年省本级一般收入预算安排110.55亿元,比上年快报完成可比增长7%。其中:增值税35.03亿元,增长9.8%;营业税17.22亿元,增长5.9%;企业所得税22.16亿元,增长11.9%;行政性收费和罚没收入26.28亿元,增长6.4%。按照现行财政体制测算,在省本级一般收入预算基础上,加中央补助84.62亿元和各市上解32.75亿元,减上解中央支出21.98亿元、补助各市支出66.75亿元后,2005年省本级一般预算可用财力为139.19亿元,比上年增加18.02亿元。按照量入为出的原则,相应安排一般预算支出139.19亿元,比上年增长14.9%。2005年省本级基金收入预算安排101.27亿元,同比增长27.7%,相应安排当年基金支出预算101.27亿元,同比增长27.7%。今年省本级一般预算和基金预算均做到当年收支平衡(详见2005年政府预算草案)(略)。

2005年全省一般收入预算安排435.34亿元,可比增长10.7%。按照现行财政体制测算,全省当年一般收入预算,加中央补助收入278.92亿元,减上解中央收入21.98亿元,一般预算可用财力为696.28亿元。按照量入为出、收支平衡的原则,相应安排全省一般预算支出696.28亿元,可比增长29.9%。全省基金收入预算安排187.27亿元,可比增长16.9%,相应安排当年基金支出预算187.27亿元,可比增长16.9%。全省一般预算和基金预算也均做到当年收支平衡(详见2005年政府预算草案)。

需要说明的是,今年预算编制贯彻了以下原则:

(一)财政收入增长和国民经济发展相适应，财政收入指标与经济发展指标相衔接

2005 年全省全部财政收入计划安排 830 亿元，比上年快报完成可比增长 10.3%，其中地方一般预算收入可比增长 10.7%。省本级一般预算收入可比增长 7%。这是根据全省经济继续保持较快增长，充分考虑今年省对市县“四税”定额分享、超收全返或分成增长率又下调 1 个百分点(由去年的 8%下调到 7%)对财政增收的积极影响，以及出口退税翘尾和减免农业税等减收因素(约 31.3 亿元)，经过认真测算确定的，既与全省 GDP 增长 10%基本相适应，也超过了近几年财政收入预算可比增幅，因而是比较积极稳妥的。

(二)坚持以人为本，优先安排与人民群众切身利益密切相关的重点支出

继续加大对“十项民心工程”建设投入，省级共安排资金 39.9 亿元，同比增加近 10 亿元。其中：安排国有企业下岗职工基本生活保障和就业再就业补助 9900 万元，企业退休职工生活补贴 8200 万元，农民工培训资金 1500 万元，支持就业再就业工程建设；安排医疗救治体系建设 4480 万元，农村卫生基础设施建设和新型农村合作医疗补助 4140 万元，疾病预防控制 4270 万元，支持公共卫生工程建设；安排农村公路建设 9.5 亿元，农业和农村基础设施建设 3.4 亿元，扶贫资金 10304 万元，粮食风险金 65420 万元，支持农民减负增收工程；安排农村中小学危房改造和布局调整 8000 万元，义务教育巩固提高补助 6000 万元，贫困生资助 5000 万元，其他中小学教育 11000 万元，支持农村教育扶持工程；安排城镇居民最低生活保障 7000 万元，自然灾害救助 2500 万元，城乡优抚对象抚恤补助 4353 万元，残疾人康复和就业经费 1409 万元，支持济困助残工程；安排绿色生态环境建设资金 8401 万元，污染治理资金 18890 万元，支持治污绿化工程。

(三)坚持依法理财，农业、科技、教育支出达到法定增长要求

省级安排农业资金 7.83 亿元，比上年增加 0.73 亿元，增长 10.84%，超过法定增长率基点(9.8%，下同)1.04 个百分点，主要用于提高粮食生产能力、农业和农村基础设施及动物疫病防治体系建设、农业综合开发、农业产业化和经济结构调整；安排教育支出 12.11 亿元，比上年增加 1.22 亿元，增长 11.26%，超过法定增长率基点 1.46 个百分点，突出支持重点大学和重点学科建设、改善农村及城镇中小学办学条件；安排科技支出 2.89 亿元，比上年增加 2949 万元，增长 11.34%，超过法定增长率基点 1.54 个百分点，主要支持农业科技研究、重大科技创新与产业化和全省科技基础条件平台建设。

(四)坚持有所为有所不为，集中财力办大事

围绕进一步提高集中财力办大事的效果，预算编制改变传统做法，由过去先切资金再定事改为先定大事再切资金，统筹预算内外资金、基金和其他收入等全部可用财力，重点用于加强经济社会发展的薄弱环节。安排资金 5.82 亿元，支持全省重点项目建设、产业结构调整升级、高新技术产业研发、中小企业发展、扩大外贸出口和深化国企改革。安排公检法司安等政法部门业务经费和建设资金 10.8 亿元，主要用于政法机关运转、政法部门基础设施维护和装备购置补助。安排宣传文化及精神文明建设资金 2.86 亿元，主要用于省博物馆、报业大厦、省广电服务楼、图书发行网点、文化信息资源共享工程、基层文化设施建设和微波数字化改造、中波台设备更新。

各位代表，对 2005 年预算编制工作，省委、省人大给予了高度关注和有力支持，省政府反复研究论证，省直各部门做了大量的具体工作。我们向大会提交了政府预算草案，编制了部门预算草案，项目资金尽可能细化到项目。恳请各位代表予以审查，提出意见。

三、扎实工作，确保完成 2005 年预算任务

做好今年的财政工作，不仅关系到“十五”计划的顺利实现，对全面推进小康社会建设也具有十分重要的意义。我们将着重抓好以下几项工作：

(一)大力支持经济发展，不断壮大财源基础。继续坚持积极、有作为地落实国家宏观调控政策，紧紧围绕结构调整这条主线，大力支持四项重点经济工作，培育壮大县域经济，促进全省经济更快更好的发展。一是管好用好省级基建资金、重点项目资本金、企业挖潜改造资金和信息产业发展专项资金，重点支持省委、省政府确定的十大主导产业和五大高新技术产业发展，支持以先进适用技术和高新技术改造传统产业，特别是能够影响和带动全局的重大项目建设，优化产业结构。二是认真落实国家稳健的财政政策，更多争取国家资金支持，切实加强国债

专项资金管理，确保国债项目按时投产达效。三是大力支持国有企业改革和发展。完善和落实促进国有企业改革的政策措施，重点支持国有企业做好“两增、两减、两分”工作，促进国有经济布局和结构调整。四是研究完善促进民营经济发展的财政财务政策，用好中小企业发展专项资金和信用担保资本金，大力支持全省中小企业服务体系和信用担保体系建设，重点支持省委、省政府确定的 100 家民营企业发展。五是大力支持县域经济发展。落实好国家“二减三补”惠农政策，以及中央财政缓解县乡财政困难的“三奖一补”政策；继续实行定额分享、超收（或超分成增长率）全返的激励性财政体制，并将此项政策延续到 2007 年，以促进县域经济的发展。六是以推进“民心工程”为切入点，积极落实财政政策和资金，推进就业再就业、公共卫生体系建设、“两个确保”和“低保”等工作，努力改善人民群众的生产生活条件。

（二）依法加强收入征管，确保完成财政收入任务。继续贯彻“加强征管、堵塞漏洞、惩治腐败、清缴欠税”的方针，坚持依法治税，严格控制减免税，认真清理到期的税收优惠政策，坚决制止和纠正擅自出台“先征后返”等变相税收优惠政策。加大收入征管力度，改进征管手段，严厉打击偷逃骗税行为，做到应收尽收，严禁人为压低或抬高财政收入，全面提高收入质量。加强行政性收费和基金的征收管理，完善国有资源（资产）有偿使用收入、国有资本经营收益、特许经营权有偿出让收入和罚没物品拍卖收入等管理办法，严格按规定纳入预算，实行规范管理。确保完成全年各项收入任务，并力争超收，提高财政收入占 GDP 的比重。

（三）强化支出管理，提高资金使用效益。严格执行经人大批准的年度预算，硬化预算约束，自觉维护预算的严肃性和权威性。对预算安排的经济发展专项资金，凡适宜通过公开招标竞争等方式确定项目的，以效益为标准选择项目承担者；对专项转移支付资金，严格按照规定的方向，采取因素公式法分配。继续弘扬艰苦创业、厉行节约、勤俭办事的作风，对财政资金倍加珍惜，精打细算，妥善使用，严格控制楼堂馆所建设，大力压减会议费、招待费、差旅费和出国培训费等一般性支出，保证重点支出的需要，确保收支平衡。着力加快支出进度，及时发挥资金使用效益，确保全年全省财政支出进度达到 95%以上。

（四）严肃财经纪律，切实加强财政监督。坚持依法理财，对财政资金实行全方位、全过程的有效监督，建立健全包括审计部门、财政部门、主管部门、资金使用单位在内的预算执行监督体系。继续完善预算执行信息监控系统，实行预算执行月报制度和财政监督分析报告制度，在部分省直部门开展财政监察员试点，强化预算执行跟踪监控机制。认真贯彻执行《财政违法行为处罚处分条例》，组织开展财政收入质量、专项资金使用、省直部门预算执行和会计信息质量等专项检查，坚决查处违反财经纪律的行为。加快财政监督规章制度建设步伐，制定出台《河北省省级预算管理规定》和《河北省财政监督管理办法》，为发挥财政监管整体效能、确保财政资金安全规范有效运行提供法制保障。

（五）进一步深化财政改革，努力促进财政管理科学化、规范化、制度化。按照各级政府管理经济社会事务责权合理划分和分级财政原则，尽快明确省以下各级政府间财政支出责任，完善省对市县激励性财政体制，加大对县乡的转移支付力度，缓解县乡财政困难，促进各方面协调发展。继续深化预算管理制度改革，进一步完善预算决策机制，将综合预算、项目预算和标准定额预算做深做细，建立和完善财政支出标准体系、财政预算项目库；加大支出绩效评价工作力度，指导试点部门编制绩效预算和三年滚动预算。继续深化国库集中收付管理制度改革，省级重点完善工作制度，规范流程，并向二、三级预算单位延伸；市级力争全部建立国库单一账户体系，实行零余额清算；县乡两级也要由财政集中收付向国库集中收付模式转换。积极推进政府采购改革，进一步抓规范、上规模、强监管，全省政府采购规模力争达到 80 亿元。

各位代表，完成 2005 年预算和财政工作任务重要而又艰巨。我们一定要以邓小平理论和“三个代表”重要思想为指导，自觉贯彻落实科学发展观，继续高扬“树正气、讲团结、求发展”主旋律，与时俱进，开拓进取，扎实工作，全面完成 2005 年预算任务，为全省经济社会更快更好发展做出新的贡献！

（原载《省人大常委会公报》2005 年第 2 号）

河北省人民政府
关于2004年省本级决算及全省总决算情况的报告

——2005年7月14日在河北省第十届人民代表大会常务委员会第十六次会议上

河北省财政厅厅长　齐守印

主任、各位副主任、秘书长,各位委员:

受省政府委托,现将我省2004年省本级财政决算及全省财政总决算情况报告如下,请予审议。

2004年在省委正确领导和省人大的监督支持下,全省各级政府高扬"树正气、讲团结、求发展"主旋律,认真落实科学发展观,积极、有作为地贯彻中央宏观调控政策,狠抓各项工作落实,全面完成了全年预算收支任务。围绕支持四项重点经济工作,不断加大经济建设支持力度;落实各项惠农政策,加大对"三农"的投入;以推进"民心工程"建设为切入点,着力解决关系人民群众切身利益的重点难点问题;加大教育科技事业投入,促进社会事业协调发展;财政改革不断深化、财政管理日趋规范,较好地完成了省人大十届二次会议确定的各项财政目标。

一、2004年省本级财政决算情况

(一)一般预算收支决算情况

2004年省本级一般预算收入105.3亿元,完成调整预算的104.04%,比上年增长20.5%(详见附表一)(略)。一般预算支出177.4亿元,完成调整预算的79.7%,比上年增长16.2%(详见附表二)(略)。

2004年省本级地方一般预算收入加上中央补助收入275.1亿元,省辖市上解41亿元,上年结余收入26亿元,国债转贷收入、国债转贷资金上年结余及调入资金等2.1亿元,省本级一般预算总收入为449.5亿元。2004年省级一般预算支出177.4亿元,上解中央支出26.6亿元,补助省辖市支出198.3亿元,国债转贷支出1亿元,国债转贷收入结余1.1亿元,省级一般预算收支相抵后,年终结余45.1亿元,这部分资金将全部结转2005年支出(详见附表三)(略)。2004年年终结转资金数额较大,比上年有所增加19亿的主要原因,一是中央补助资金下达较晚,年内难以全部支出。2004年中央下达我省专项资金补助140.4亿元,比上年增加27.4%,其中12月份下达了全年的1/4;同时,中央对省一般转移支付也增加10.5亿元,主要是今年年初和结算后新增的,造成部分资金结转。二是超收资金只能年底或下年支出。2004年省级财政收入超收新增财力13.97亿元,由于超收财力一般只能在年底才能较准确地测算出来,一部分还是在决算后确定下来的,所以使用超收财力安排的支出项目一般只能在2004年年底和今年报省人大常委会审议批准,因而大部分难以在当年支出,形成结转。

(二)政府基金收支决算情况

2004年省级基金收入125.3亿元,完成调整预算的123%,比上年增长67.1%。省级基金支出98.9亿元,完成调整预算的82.72%,比上年增长46.1%。

2004年省级基金收入,加上中央补助收入5.3亿元,上年结余7.1亿元,可用资金为137.7亿元。2004年省级基金支出98.9亿元,补助省辖市支出18.6亿元,收支相抵后,年终结余为20.3亿元(详见附表四)(略),全部结转下年支出。

二、2004年全省财政决算情况

(一)一般预算收支决算情况

2004年全省全部财政收入778.3亿元,完成年初计划的116.5%,比上年增长22.6%,超过全省GDP增幅9.7个百分点,是1994年以来财政收入增长最快的一年。其中:地方一般预算收入407.8亿元,完成调整预算的105.78%(详见附表五)(略),比上年增长21.4%,高于全国地方一般预算收入平均增幅2.7个百分点,比2003年的第22位前移了10位。2004年全省一般预算支出785.6亿元,完成调整预算的88.79%,比上年增长21.5%(详见附表六)(略)。

2004年全省一般预算收入,加上中央补助收入

423.1亿元,免抵未调库归还收入4亿元,上年结余收入67.8亿元,调入资金10.6亿元,国债转贷收入1.7亿元及国债转贷资金上年结余6.1亿元,全省一般预算总收入为921.1亿元。2004年全省一般预算支出785.6亿元,上解中央支出26.6亿元,增设预算周转金0.2亿元,拨付国债转贷资金5亿元,国债转贷资金结余2.7亿元,调出资金0.3亿元。全省一般预算收支相抵后,年终结余100.7亿元,其中:结转下年支出97.7亿元,净结余3亿元(详见附表七)(略)。结余数额较大、增加较多,主要是因为全省地方一般预算超收62亿元,中央结算返还和专款下达较晚,未及在年内支出。

(二)政府基金收支决算情况

2004年全省政府基金收入233.6亿元,完成调整预算的109.46%,比上年增长47.8%。全省政府基金支出219亿元,完成调整预算的85.41%,比上年增长42.6%。

2004年全省基金收入,加上中央补助收入5.3亿元,上年结余18.8亿元,调入资金0.3亿元,基金总收入258.1亿元;2004年全省基金支出219亿元,调出资金0.97亿元。收支相抵后,年终结余为38.1亿元(详见附表八)(略)。

(三)中央对我省及省对市一般转移支付情况

2004年中央下达我省一般转移支付21.5亿元(不含老区补助9500万元),加上2004年省级预算安排对下转移支付资金1亿元和2003年省对下一般转移支付结余资金1.2亿元,2004年省对市一般转移支付可用资金共计23.7亿元,其中:2003年已经预分下达1.7亿元,2004年当年下达13.9亿元,共计下达15.6亿元,尚结余8.1亿元,这部分资金结转2005年统筹用于为落实缓解县乡财政困难而实施的"六奖两补"政策和对市县的一般转移支付补助。

三、2004年财政收支决算简要分析

2004年在中央加强宏观调控的新形势下,省委、省政府坚持积极、有作为的方针,始终突出加快发展这一主题,全省经济持续快速增长,运行质量不断提高,CDP同比增长12.9%,为主体税种大幅增收奠定了基础。同时,各级财税部门严格依法治税管费,加强收入监管,积极清缴各类欠税、缓税,确保了财政收入快速稳定增长。各级财政部门积极深化财政管理改革,不断创新财政管理机制,坚持依法理财,自觉接受人大监督,切实硬化预算约束,努力加快支出进度,根据超收情况及时调整并按程序报批追加预算,较好地保证了重点支出需要,省本级和省总预算均实现了收支平衡。省对下继续实行激励性财政体制,省级分成增长率比上年降低1个百分点,进一步调动了各市加快发展的积极性,11个市全部超额完成年初预算,其中:承德、唐山等7个市增幅分别在30%以上,其余4个市增幅也在20%左右。

2004年全省财政支出保证了各项重点支出的需要,较好地履行了公共财政职能。

(一)围绕四项重点经济工作,大力支持经济增长。全省基本建设支出61.9亿元,利用国债转贷资金5亿元,支持了南水北调、大型水库除险加固、京津风沙源治理等重点项目;企业挖潜改造资金支出14.9亿元,重点支持了传统产业技术改造、农副产品加工和高新技术产业发展;拨付资金3.76亿元用于支持国有粮食购销企业改制,实际离岗分流6.1万人;进一步推进中小企业担保体系建设,2004年底全省筹集担保资金20.2亿元,建立担保机构130家;省级补助2.7亿元解决省属企业分离企业办社会,拨付1.4亿元完成了涞钢、涞铜、红星汽车厂职工安置和破产重组;继续实施省对市激励性财政体制,2004年省财政比原体制增加对市县返还17.4亿元,促进了地方经济发展,缓解了基层财政困难;落实出口退税改革政策,当年出口退增值税46亿元,其中全省财政超基数负担3.2亿元,省财政还筹措拨付1亿元对出口退税超基数负担较重的衡水、石家庄等市进行补助,促进了外贸出口,推动外向型经济发展。

(二)加大对"三农"投入,促进粮食增产、农民增收。2004年全省农业支出58.6亿元,比上年增长91.5%,重点支持了退耕还林、农业综合开发、农业结构调整和产业化、农田水利基础设施建设等;认真落实对种粮农民实行直接补贴、良种补贴和农机购置补贴政策,2004年拨付三项补贴资金6.6亿元;进一步推进农村税费改革,全省农业税税率比上年平均下降3.06个百分点,农民税负减少16.6亿元,有力促进了粮食增产和农民增收。

(三)切实解决关系人民群众切身利益的热点难点问题。一是大力支持"民心工程"建设,促进社会事业协调发展。通过争取中央支持和省级预算安排,直接用于"十项民心工程"建设资金33.8亿元,重点支持就业和再就业、济困助残等工程，重点实施了农村中小学危房改造及布局调整、教育扶贫工程和公共卫生体系建设。二是积极筹措资金，落实“两个确保”和“低保”政策。2004年全省一般预算拨付就业补助和国有企业下岗生活补助资金10.6亿元，保障了国有企业下岗职工再就业及基本生活费的发放；拨付城镇低保资金5.2亿元，保障了全省低保对象近80万人的基本生活需要。三是努力解决公教人员工资收入水平偏低的问题。2004年省财政安排资金15.6亿元用于市县保工资转移支付，基本解决了多年来遗留的国家增资政策不到位的问题，全省公教人员工资水平由2003年底人均883元提高到2004年底1038元。同时，各级财政筹措资金，较好地落实了机关事业单位职工月均提高职务津贴100元的政策。

（四）大力支持教育、科技、文化、卫生等重点社会事业发展。一是2004年全省一般预算教育事业费支出142.4亿元，比上年增长19.6%。其中，义务教育投入94.5亿元，比上年增长17.7%，全省改扩建中小学校舍179万平方米，改造危房194平方米；适应经济发展需要，职业教育投入11.1亿元，比上年增长24.2%。二是全省科技支出9.8亿元，比上年增长21%，重点支持冶金、石化、机械、医药等主导产业技术研发、农副产品加工技术进步、高新技术园区、重大科技攻关和重点实验室建设。三是文体事业费支出19.5亿元，比上年增长14.7%，重点支持了省历史博物馆、河北大戏院、文化资源共享中心、各市图书发行网点等重要公益性群众性文体基础设施建设，开展了太行山革命老区宣传文化工程、百县千乡宣传文化工程，成功举办了第十届省运会。四是积极完善以疾病预防控制和传染病医疗救治两大体系为重点的公共卫生体系。到目前，全省142个疾病预防控制项目94%已经竣工，106个传染病医疗救治体系项目累计开工97%、竣工53%。

四、存在的主要问题和改进措施

从2004年财政预算执行情况看，仍存在一些需要进一步解决的问题：一是财政收入方面，依法征管和防止漏缴、欠缴税款及非税收入工作尚需不断加强，收支脱钩政策还需进一步落实。二是财政预算管理方面，一些部门对早编事业发展规划和项目投资计划重视程度不够，影响了预算资金使用的计划性和预见性；许多部门没有建立起完善的项目论证机制和项目库制度，项目预算编制仍存在零星分散和准确度不高等问题，造成预算调整较多和预算约束软化；不少部门对充分发挥预算资金绩效重视不够；多年存在的预算执行进度慢、中间环节滞留资金等痼疾尚需着力克服。三是日常财务管理方面，部分部门和单位财务管理欠规范，私存私放财政性资金，资产管理存在一定漏洞，违反财经纪律现象时有发生。

针对上述问题，我们将认真查找根源，督促整改，同时将继续深化改革、创新机制和规范管理，从源头上加以防治。一是以科学发展观统领财政工作全局，继续强化公共财政、以人为本、执政为民的理财观念。二是坚持依法理财，认真落实省人大常委会颁布实施的《河北省各级人民代表大会常务委员会预算审查监督条例》，以《河北省省级预算管理规定》规范预算管理行为。三是深入贯彻集中财力办大事的理财思想，不断调整财政支出结构，集中有限财力用于事关经济社会协调发展的薄弱和关键环节。四是继续深化财政管理改革。省级财政将致力于健全和完善项目库，提高预算决策和项目执行的准确性；扩大试行财政支出绩效预算评价，强化部门支出责任；采取具体措施，落实收支脱钩政策；在一级预算部门全面推行国库管理制度改革基础上，积极向基层预算单位延伸；认真实行部门专项资金支出进度通报制度，加快专项资金支出进度等。五是严格执行《财政违法行为处罚处分条例》，不断加强财政财务监管，逐步建立和强化责任追究制，完善监督检查案件移送制度和财政违法行为处罚处分公告制度，确保财政资金在哪一级分配、在哪一级执行，就由哪一级有关部门承担相应的审核、管理和监督责任；在哪一个环节出现问题，就追究哪一环节直接负责人和相关责任人的责任。

近年来财政收支形势持续改善，但收支矛盾依然存在，深化财政改革、加强财政监督的任务仍很繁重。我们将认真践行“三个代表”重要思想，继续高扬“树正气、讲团结、求发展”的主旋律，坚持科学的发展观和正确的政绩观，与时俱进，把各项工作往深里做、往实里做，努力完成省十届人大三次会议确定的各项财政目标任务，不辜负全省人民的重托和期望。

以上报告连同2004年省本级决算及全省总决算，请予审议。

（原载《省人大常委会公报》2005年第5号）

河北省人民代表大会常务委员会关于批准河北省2004年省本级决算的决议

（2005年7月18日河北省第十届人民代表大会常务委员会第十六次会议通过）

河北省第十届人民代表大会常务委员会第十六次会议，听取并审议了省财政厅厅长齐守印受省人民政府委托所作的《关于2004年省本级决算和全省总决算情况的报告》、省审计厅厅长张成起受省人民政府委托所作的《关于2004年度省本级预算执行及其他财政收支情况的审计工作报告》和河北省人民代表大会财政经济委员会提出的《关于河北省2004年省本级决算及省总决算情况的审查报告》，审查了河北省省本级决算草案。

会议决定，批准河北省人民政府提出的2004年省本级决算，批准2004年省本级决算的报告，同意全省总决算情况的报告，同意《关于河北省2004年省本级决算及省总决算情况的审查报告》。

会议要求，省政府要按照科学发展观和公共财政的要求，进一步加强财政管理和监督。对审计出的违规违纪问题，要按照有关规定严肃处理，督促整改，并将整改情况和处理结果向省十届人大常委会第十八次会议报告。财政经济委员会要对省本级结余结转资金使用情况进行跟踪监督。

（原载《河北日报》2005.7.20）

河北省人民代表大会财政经济委员会关于河北省2004年省本级决算和全省总决算情况的审查报告

——2005年7月16日在河北省第十届人民代表大会常务委员会第十六次会议上

河北省人民代表大会财政经济委员会副主任委员
河北省人大常委会财政经济工作委员会主任 杜书箱

主任、各位副主任、秘书长、各位委员：

河北省第十届人民代表大会常务委员会第十六次会议，听取并审议了省财政厅厅长齐守印受省人民政府委托所作的《关于2004年省本级决算和全省总决算情况的报告》和省审计厅厅长张成起受省人民政府委托所作的《关于2004年度省本级预算执行及其他财政收支情况的审计工作报告》，审阅了《河北省人民代表大会财政经济委员会关于河北省2004年决算和2005年预算1－6月执行情况的初审报告》。根据会议审议意见，财政经济委员会进行了审查，现将审查结果报告如下。

省政府提交的2004年决算，全省全部财政收入完成778.3亿元，完成预算的116.5%，决算支出785.6亿元，完成调整预算的88.8%。省本级一般决算收入完成105.3亿元，完成调整预算的104%；决算支出177.4亿元，完成调整预算的79.7%。加上中央对省和省对市转移支付资金后，实现了收支平衡，略有结余。

财政经济委员会认为，2004年省政府在省委的领导下，认真贯彻落实省十届人大二次会议精神，深化财政改革，加强预算管理，依法治税管费，优化财政收入结构，财政收入超收多，增长快，创1994年以来最高增幅，基本实现了财政收入与经济发展的同步增长。财政支出保证了机关正常运转和法定支出的增长，国库集中收付范围进一步扩大，资金使用效益不断提高，支持了全省经济建设和各项事业的发展，较好地完成了省十届人大二次会议批准的预算任务。建议本次会议批准2004年省本级决算，批准省财政厅厅长齐守印受省人民政府委托所作的省本级决算的报告，同意全省总决算的报告。

财政经济委员会还认为，2004 年预算执行过程中也还存在一些不可忽视的问题，主要是：预算执行率偏低，结转资金较多，预算执行严肃性不够；财政资金使用效益和预算的科学性有待进一步提高；财政对部门的财务管理有待进一步加强等。省审计部门依法履行职责，做了大量的工作，对预算执行情况进行了审计。财政经济委员会同意审计报告提出的改进意见，认为财政部门 2004 年严格财政管理，省本级预算执行情况较好，一些基层单位存在的财务违规违纪问题，值得重视。建议省政府对审计出的基层违规违纪问题，要按照有关规定严肃处理，督促整改，并将整改情况和处理结果向省十届人大常委会第十八次会议报告。财政经济委员会将对省本级结余结转资金使用情况进行跟踪监督。

为进一步做好财政预算工作，财政经济委员会提出如下建议：

一、进一步规范预算编制，严肃预算执行。要进一步提高科学理财、民主理财、依法理财意识，提高预算的透明度。认真贯彻落实《河北省各级人民代表大会常务委员会预算审查监督条例》，提高预算编制的科学性，合理确定税费财源，依法组织财政收入。严格按照人大批准的预算，认真组织各项支出，提高预算支出执行率和效益。完善“收支两条线”管理，依法规范预算调整。中央对省、省对市一般转移支付资金，要按国务院有关规定列入预算。预备费和预留配套资金的使用要按有关规定执行。

二、强化公共财政理念，优化支出结构。财政支出要按照科学发展观、实现经济与社会协调发展的要求，坚持公共财政方向，采取积极有作为的财政支出政策，优化和调整财政支出结构，向事关人民群众切身利益的方面倾斜，加大对“三农”、科技、教育、公共卫生、社会保障等公共事业支出的比重。进一步完善财政管理体制，加大转移支付力度，逐步缓解县级财政困难。

三、严格财政资金管理，提高资金效益。要充分发挥财政、审计部门的管理和监督职能作用，加强财政收入和财政资金监管，加大审计力度，保证财政资金安全。抓好会计人员的教育培训工作，加大对《财政违法行为处罚处分条例》的宣传力度，提高部门责任主体的财经法纪意识，提高管理水平。抓好绩效预算试点，探索建立绩效预算评价体系，提高财政资金使用效益。对骗取、套取、截留、挪用财政资金的相关人员要按有关规定严肃处理，追究责任。

以上报告，请予审议。

（原载《河北日报》2005.7.20）

河北省人民政府
关于 2004 年度省本级预算执行及其他财政收支情况的审计工作报告

——2005 年 7 月 14 日在河北省第十届人民代表大会常务委员会第十六次会议上

河北省审计厅厅长　张成起

主任、各位副主任、秘书长、各位委员：

根据《中华人民共和国审计法》和《河北省各级人民代表大会常务委员会预算审查监督条例》的规定，审计厅于 2005 年 3 月至 6 月，对 2004 年度省本级财政预算执行及省财政厅、省地税局等 7 个一级预算单位和 40 个二、三级预算单位部门预算执行和其他财政收支情况进行了审计，并就省级专款延伸审计了 4 个市的 39 个项目单位。现在我受省政府的委托，向省人大常委会作审计工作报告，请予审议。

一、2004 年省本级一般预算和基金预算执行及其他资金情况

（一）省本级一般预算和基金预算执行情况

1. 一般预算执行情况。据省财政厅提供的资料反映，2004 年初省人大批准的一般收入预算为 921300 万元，一般支出预算为 1211694 万元。2004 年底一般预算收入调整为 1012083 万元，实际完成 1052927 万元，占调整预算的 104.04%，较年初预算超收 131627 万元；2004 年底一般预算支出调整为 2224427 万元，实际完成 1773690 万元，占调整预算的 79.7%。

一般预算平衡情况是：当年一般预算收入实际完成 1052927 万元，加上中央补助收入 2710503 万元，免抵未调库归还收入 40000 万元，上年结余收入 259938 万元，省辖市上解收入 409833 万元，调入资金 300 万元，以上收入总计 4473501 万元；当年一般预算支出实际完成 1773690 万元，减上解支出 265633 万元，补助省辖市支出 1983441 万元；收支相抵，一般预算年终结余 450737 万元。

2. 基金预算执行情况。据省财政厅提供的资料反映，2004 年初省人大批准的基金收入预算为 396181 万元（不含社会保险基金收入 439745 万元），基金支出预算为 396181 万元（不含社会保险基金支出 436963 万元）。2004 年底基金收入预算调整为 1017935 万元（含社会保险基金收入），实际完成 1252688 万元，占调整预算的 123.06%，超收 234753 万元；2004 年底基金支出预算调整为 1195493 万元（含社会保险基金支出），实际完成 988916 万元，占调整预算的 82.72%。

基金预算平衡情况是：当年基金预算收入实际完成 1252688 万元，加上年结余收入 71309 万元，减本年基金支出 988916 万元，减补助省辖市支出 132363 万元，年终结余 202718 万元。

（二）其他财政资金收支情况

1. 省本级专用基金情况。2004 年省本级专用基金上年结余 217516.27 万元，本年收入 569550.4 万元，当年列支 511991.11 万元，结转下年 275075.56 万元。主要是：粮食风险金 77269.89 万元、偿债基金 59567.25 万元、医疗保险金 36091.65 万元、重点建设基金 32900.4 万元、附加基金 24816.51 万元、国储粮油利费补贴 18237.83 万元、粮食挂账亏损基金 12409.99 万元等。

2. 省本级人民币周转金基金情况。2004 年底省本级人民币周转金基金为 35301.26 万元。其中：银行存款 26468.26 万元，财政周转金贷款 1195 万元，应收款 7638 万元。

二、对 2004 年省本级预算执行情况的基本评价

2004 年，在省委、省政府的正确领导下，我省财政、税务等各有关部门认真贯彻党的十六大以来的各项方针政策，以科学发展观为指导，不断完善各项财政改革措施，进一步加强收入征管，优化财政支出结构，圆满地完成了 2004 年的各项预算任务。

（一）财政收入快速增长，收入结构进一步优化。2004 年，我省财政收入是 1994 年以来增幅最高、增量最大的一年。省本级一般预算收入完成 105.3 亿元，超收 13.2 亿元，占调整预算的 104.4%，比上年增收 17.9 亿元，增长 20.5%；税收收入占财政收入的比重进一步加大，收入结构优化的趋势比较明显。主体税种大幅增收，全省增值税、营业税、企业所得税、个人所得税、城建税增幅均超过 20%，共增收 52.4 亿元，占地方一般预算收入总增收额的 72.7%，拉动增长 15.6 个百分点。其中：增值税 25%部分完成 83.3 亿元，增长 21.2%；营业税完成 85.5 亿元，增长 30.8%；企业所得税完成 38.1 亿元，增长 32.8%；个人所得税完成 22.2 亿元，增长 22.1%；城建税完成 23 亿元，增长 22.4%。

（二）落实科学发展观，重点支出得到较好保障。一是加大了对“三农”的投入，促进粮食增产、农业增效、农民增收。2004 年全省农林水和气象支出 58.6 亿元，重点支持了农业综合开发、土地治理、退耕还林、水利建设等。认真落实国家惠农政策，筹集和发放种粮补贴资金 6.08 亿元，使全省 5300 万农民受益。二是切实推进“民心工程”建设，促进社会公共事业的发展。通过争取中央支持和省级预算安排，用于“十项民心工程”建设的资金达 33.8 亿元，全省一般预算教育事业费支出 142.4 亿元，支持了重点大学、重点学科建设和农村中小学危房改造、布局调整及农村教育扶贫工程。三是认真解决关系人民群众切身利益的问题。省财政安排了 15.6 亿元资金用于部分经济欠发达市县保工资转移支付，比上年增加 4.6 亿元，基本解决了贫困县多年来遗留的国家增资政策执行不到位的问题。积极促进就业和再就业工作，全省各级财政就业补助支出达 4.1 亿元。认真落实“两个确保”和“低保”政策，全省基本养老保险费支出 109.1 亿元，城市最低生活保障支出 5.2 亿元，为保障全省社会稳定发挥了积极作用。

（三）财政改革继续深化，科学理财水平进一步提高。进一步完善预算编制程序，不断提高财政管理水平，修订了《河北省省级预算管理办法（暂行）》，明确了省政府及省直各部门在预算管理方面的责权配置、管理程序和操作规范；积极探索编制绩效预算和滚动预算，研究制定了《河北省省级绩效预算管理

实施意见(试行)》、《河北省省级三年滚动预算实施意见》等一系列文件，省级选择一些部门和部分项目进行试点，预算编制的科学性、规范性和财政资金使用的责任意识、绩效意识进一步增强；财政国库管理制度进一步完善，省级国库管理制度改革范围由23个部门扩大到省级所有一级预算单位，2004年省级全年共办理财政直接支付14000多笔，资金总额达205.7亿元。上述措施的实施，对我省进一步提高科学理财水平发挥了积极作用。

(四)认真落实省人大常委会决议，审计意见和建议得到较好的落实。根据省十届人大常委会第十次会议《关于对〈河北省2003年度省本级及其他财政收支情况的审计报告〉的审议报告》提出的要求，省政府主要领导做出重要批示，主管副省长分别同分管部门负责人谈话，督导有关单位落实整改。省各有关部门对审计所揭示问题给予了高度重视。省财政厅针对《报告》中提出的预算编制和预算执行中存在的问题进行了认真研究分析，采取多项积极措施加以整改。针对预算编制与执行不一致，部分部门预算编制尚欠科学性问题，印发了《关于进一步做好2005年省级部门预算编制工作的补充通知》，要求各部门在编制2005年部门预算时，必须科学准确地编制收入预算。省地税局十分重视审计报告所反映的问题，及时召开局长办公会研究整改措施，并在有关市县局长参加的全省会议上通报了审计情况，要求各级地税局引以为戒、举一反三，针对薄弱环节制定相应的制度和措施，全面提高我省地税系统征管质量和执法水平。省公安厅、省水利厅、省扶贫办等单位也都积极纠正存在的问题，研究了整改措施，健全了相关制度。

三、预算执行和其他财政收支中存在的问题

(一)预算管理方面存在的问题

1.预算执行进度慢，支出进度不均衡

省财政组织的当年一般预算支出执行率较低，结转下年数额较大，支出进度不均衡。2004年省本级一般预算支出实际执行率为79.7%，比上年下降了5.8个百分点，结转下年支出比上年净增205635万元。2004年大部分资金拨付体现在第四季度，支出金额达1019717万元，占全年预算支出的57.5%，仅12月份即达440301万元，占全年支出的24.82%。

部门项目执行进度慢，造成部分已批复到国库处的指标，当年未能形成实际支付。据国库处提供的资料显示，到2004年底，国库处专项项目资金指标批复1326583.25万元，拨款1266564.19万元，仍有60019.06万元的预算资金未能拨付项目单位使用，其中大部分为中央专款。如：未拨付省检察院使用的资金2496.27万元，占其部门调整预算的46.04%；未拨付河北省文物局使用的资金2366.36万元，占其部门调整预算的42.5%；未拨付省高级法院使用的资金2487万元，占其部门调整预算的36.2%；未拨付省卫生厅使用的资金17156.72万元，占其部门调整预算的28.9%。

造成预算执行进度慢，支出进度不均衡的主要原因：一是中央财政专款下达晚且集中，仅2004年第四季度中央财政下达专款金额即达570328万元，占省本级全年一般预算支出1773690万元的32.15%，这些专款支出集中体现在第四季度；二是2004年省本级超收多达104604万元，经人大批准调整预算后其所形成的支出也集中体现在第四季度，占省本级全年一般预算支出的5.9%；三是由于部分部门和单位年初预算中有些项目预算编制不准确、项目预算细化不够，加大了财政部门对支出项目审核的工作量，客观上也影响了预算资金的支出进度。

2.部分结转下年支出的项目资金不规范，存在连续多年结转的情况

如：连续结转关闭国有小煤矿补助资金80万元、财政部补助2001年地方清产核资工作经费21万元、2001年到2003年的煤炭三产贴息549.78万元、2000年到2003年的特一等伤残义务兵建房补助112万元等，上述结转项目均超过了三年，不符合《河北省省级预算管理办法(试行)》第七十六条“省级预算安排的专项资金，一般不允许连续两年结转”的规定。

3.部分项目预算编制与项目执行关联度差

2004年初省财政厅预算安排省国土资源厅“河北省地质灾害监测、调查”项目资金100万元，省国土资源厅将该项目委托省环境地质勘查院实施。经延伸审计，该院没有按项目独立核算，而是按承担项目单位核算。该院提供的项目总支出为146.98万元，在项目经费中开支不应由该项目经费列支的费用，如：招待费18.09万元，礼品4.32万元及西气东输、南水北调等其他项目的钻探费、材料费、评审费等57.62万元。实际执行中的费用开支项目与预算

中的费用开支项目不一致，项目预算与项目执行关联度差。

（二）财政专项资金管理中存在的问题

1.个别项目单位存在骗取、套取财政贷款贴息资金的问题

经对石家庄、邯郸、保定、衡水等四个市使用省财政专项资金的 39 个单位抽查审计中发现，有 12 个项目单位存在如下问题：

一是按照《河北省农业产业化重点龙头企业贷款贴息管理暂行办法》第四条的规定，申报省级农业产业化重点龙头企业贷款贴息应具备的基本条件是："银行贷款或自筹资金等项资金已落实并投入到更新改造项目上，项目资金的财务核算符合规定，账务齐全，管理规范，获得的银行贷款手续齐备"。同时该办法第五条也规定了各市农业产业化办公室和财政部门有责任对更新改造资金落实情况（如借贷的银行存款、筹措的自有资金和社会投入资金，发生的利息支出等）真实性进行核实。经审计发现馆陶县、涿州市、定州市等县市的三个单位违反上述规定，采取编造虚假贷款合同、贷款证明、借款凭证等手段骗取部门安排的省级财政贴息资金共 247 万元。

二是在没有专项工程项目贷款，更未产生贷款利息的情况下，项目主管单位和财政部门未认真审核，违反规定将技术改造贴息专项资金拨付申报单位。涉及保定市及阜城县、武邑县等市县的三个单位，套取省级财政贴息资金共计 1444 万元。

三是在有的企业贷款为流动资金贷款，不是技改项目贷款，有的企业实际贷款未达到规定贷款额度的情况下，衡水市、保定市、石家庄市共 6 户企业套取省级财政贴息资金共 325 万元。

形成以上问题的主要原因：一是个别项目单位受部门利益的驱动，虚报假材料，骗取财政资金；二是地方政府及主管部门出于地方利益考虑，对造假行为采取默许甚至纵容的不负责任态度，导致上报的假材料顺利签章上报；三是省相关部门审核把关不严。

2.部分财政专项资金未按预算进度执行，影响了资金使用效益

省财政厅 2004 年 6 月拨入省出版集团的文化发展专项资金 5300 万元，到 2005 年 4 月仍有 2200 万元的专款未使用。在对省国土资源厅的延伸审计中发现有 2946.87 万元的专款滞留在主管部门，其中：地质资料整理及设施更新 1000 万元、矿山环境地质遗迹保护工程 316.87 万元、矿山资源勘查及征管补助经费 1630 万元。2003 年省财政将昌黎县华夏葡萄酒有限公司省级示范项目资金 30 万元拨付秦皇岛市财政局，截止审计日仍滞留秦皇岛市财政局未予拨付。

（三）收入管理方面存在的问题

1.税收征收管理有待进一步加强，征管不到位，应征未征、漏缴税金的问题仍然存在

河北金圆大厦有限公司截止 2004 年 11 月底累计欠缴税金及教育附加 690.1 万元；邢钢有限责任公司截止 2004 年 6 月底欠缴税金及教育费附加 7294.63 万元；邢钢股份有限公司欠缴 2003 年所得税及教育费附加 2730.92 万元；河北日报报业集团 2004 年少计少缴税费 569.36 万元，其中：文化事业建设费 566.86 万元。

2.非税性财政收入监管仍需进一步加强，部分单位仍未严格执行"收支两条线"的规定

一是部分部门单位存在应缴未缴政府性基金的现象。如：2003 年邢钢有限责任公司少缴省级河道工程修建维护管理费 102.76 万元、欠缴土地出让金 9949.2 万元，截止审计日该公司仍未上缴。河北冀星高速公路有限公司 1997 年至 2003 年应缴未缴京石高速公路的场地使用费 51791.7 万元；二是部分单位未将收取的行政事业性收费缴入专户管理。省行政学院到 2004 年收取的学费、住宿费应缴未缴财政专户金额为 674.95 万元。河北师范大学财务处和幼儿园 2003 年收取的报名费、教务费、教研费、学位审核费、托费等共计 663.03 万元未缴财政专户。省体育局下属的河北省体育运动技术学校 2001 年至 2003 年培训费收入 239 万元没有按规定上缴财政，直接用于日常的各种支出。河北省人民防空办公室 2003 年将收取的各市上缴的"平战结合"收入 50.6 万元直接存入机关系统账户，未缴财政专户。

3.社会保障基金征收管理尚不到位，部分单位漏缴、欠缴社会保险费

2004 年审计厅审计了 6 户中央企业 2002 至 2003 两个年度职工基本养老保险费缴纳情况，发现中煤第一建设公司等 5 户企业漏缴、欠缴基本养老保险费 279.4 万元，其中：漏缴基本养老保险费 187.79 万元，欠缴以前年度基本养老保险费 91.61

万元。河北省水利水电勘测设计研究院到 2003 年底提取职工养老保险费合计 673.89 万元，在“其他应付款”科目挂账结转下年未上缴。河北冀星高速公路有限公司截止 2003 年底应缴未缴基本养老保险金 239.22 万元、失业保险金 55.54 万元。省安装公司 2003 年度漏缴养老保险费 109.76 万元。

(四)财务管理方面存在的问题

1.部分部门和单位乱收费、私存私放财政资金或其他公款问题依然存在

一是乱收费。如：华北煤炭医学院有关处室及所属单位 2003 年擅自收取定向费、重修费等各种收费共计 147.6 万元。北华航天工业学院(原华北航天工业学院)及其下属处室无证收取学生押金、重修费、考务费、上机费、点招费等共计 590 万元。河北师范大学财务处及下属单位 2003 年无证向学生收取的考务费、体育单招报名费、专升本学生测试费、论文评审费等共计 572.39 万元。河北省体育彩票管理中心 2003 年度违规从佣金中抵扣收取折旧费 268.49 万元。

二是私存私放财政资金或其他公款。如：河北师范大学下属单位 2003 年向学生收取辅导费、考试报名费、上机费、培训费、学费及办报收入、租金等收入不入账，以个人活期存折、定期存单及现金方式私存私放，金额共计 886.29 万元，涉及其下属 24 个单位。省行政学院账外账金额达 64.08 万元，主要是收取的联合办学学费和公务员培训收入等。河北省中医院在 2001 年至 2003 年间收取药品供应商赞助款 534.11 万元未纳入单位财务统一核算。华北煤炭医学院有关处室 2003 年收取报名费、微机上机费、补考费等共计 122.67 万元，收支均未纳入学校财务统一核算。河北医科大学第四医院 2003 年收取的会务费、资料费、捐款和停车费等 88.03 万元未纳入单位财务统一核算。

2.部分单位违规使用大额现金

省安装公司二分公司 2003 年用现金购买奥迪轿车一辆，金额 37.85 万元。河北医科大学第四医院 2003 年共坐支现金 1002.6 万元。河北省道路桥梁维护检测中心 2003 年用大额现金支付工程款、费用、上交设计院利润、购置设备等 42 笔，共计 204.93 万元。河北冀威公路工程咨询有限公司 2003 年度用大额现金支付会议费、购置费、培训费等 14 笔，共计 81.83 万元。

3.部分单位资产管理混乱，形成资产管理漏洞

北华航天工业学院有 83.21 万元的车辆资产未在学院固定资产账反映。省中医院 2003 年少计资产 416.41 万元。河北医科大学第四医院 2003 年拨健康大药房资金 60 万元，健康大药房计入实收资本，而该院未计入长期投资。

4.个别单位财务管理混乱，家底不清，违反财经纪律的现象严重

审计厅今年对河北省盐务局财务收支情况进行了审计，发现该单位存在以下问题：

一是会计报表不真实，少反映资产 9731.1 万元、负债 12636.53 万元，多反映所有者权益 2905.43 万元。主要是省盐务局 2004 年度在财务核算及会计报表中未将其非法人下属单位纳入财务统一核算，也未将其 6 个全资子公司、2 个孙公司会计报表合并，致使会计报表不实所致。

二是国有资产管理混乱，形成大量账外资产。经审计发现该企业仅账外账所涉及的资产金额就达 3150.23 万元。

三是投资缺乏监管，合法收益得不到保障。截止 2004 年底，省盐务局对外投资 16 项，投入资金 4256.87 万元。16 项对外投资中目前有 7 项不能正常经营。省盐务局所有投资均未经国有资产管理部门批准，未按权益法核算，对被投资单位未实行实质性监管，经营状况底数不清，2004 年未取得投资收益。

四是违规出借资金 4755.88 万元。省盐务局内控制度严重不健全，出借资金既无经手人和领导签字，也未与外单位签订借款合同和协议，存在国有资产损失的风险。

五是公款私存 58.25 万元。审计中共发现四个以个人名义办理的存折，截止审计日，存折中共计存入款项 58.25 万元，其中 44.58 万元无法证明其资金来源；支出共计 54.16 万元，无证据能够证明其资金用途。

六是欠缴、偷漏各种税金及附加 3402.76 万元。主要是欠缴 1998 年以前年度税金 2984.54 万元，由于销售收入不开具发票造成漏缴增值税 72.53 万元、城建税 0.73 万元、教育费附加 2.54 万元等。

七是违规集资 986.9 万元。截止 2004 年底，省盐务局及其部分下属单位违反规定向职工集资共计 986.9 万元。其中：省盐务局为河北银港人造板有限

公司集资 11.2 万元，为宁夏京海石油开发公司集资 237 万元；河北冀盐房地产开发有限公司 1996 年至 2004 年共收取职工集资 512.13 万元；河北省银山盐业实业有限公司收取职工集资 226.56 万元。

八是为外单位和其下属单位银行贷款提供担保 10960 万元，其中已形成逾期贷款担保金额共计 1510 万元，由于部分被担保单位经营不善，存在巨额潜在经济损失的可能性。

（五）固定资产投资管理存在的问题

2004 年全省共审计建设投资项目 482 个，审计项目投资总额 438743.31 万元，已完成投资总额 420114.13 万元。通过审计查出违反国家财经法规金额 60078.72 万元，管理不规范金额 29608.86 万元，损失浪费金额 25 万元，应上缴财政 3555.25 万元，应减少财政拨款或补贴 10153.58 万元。如：通过审计核减裕华大酒店装修工程造价 1807.36 万元，审减率为 37.92%。核减河北省发展和改革委员会口岸大厦债务 663 万元。核减张家口盛源集团宣东矿业有限公司宣东二号井工程项目投资 48.17 万元。

四、行业和专项审计调查

（一）对我省尚在执行期的利用国际组织和外国政府援助项目的审计调查

1985 年我省开始正式接受国际无偿援助，截止 2003 年底，共接受国际援助项目 93 个，援助总金额 9087.12 万美元（折合人民币约 75211.37 万元）。目前，正在执行的项目有 16 个，协议援助金额 4051.24 万美元（折合人民币 33530.9 万元），实际到位金额 2326.68 万美元（折合人民币 19257.23 万元）。从审计调查情况看，由于体制不顺、部门条块分割及信息渠道不通、监督缺位等原因，部分国际援助项目尚存在一些不容忽视的问题。

1. 底数不清，监督缺位

由于种种原因，这次审计调查没有一个部门能够提供我省完整准确的外援数据。通过审计调查发现，全省正在执行的项目有 16 个，援助总金额 4051.24 万美元（折合人民币 33530.9 万元）。比省商务厅提供的数据多 1791.12 万美元（折合人民币 14324.32 万元）。导致漏统的主要原因是部门各自为政，致使作为国际无偿援助法定管理部门的省商务厅管理缺位乏力，国际组织或外国社团援助项目直接与国内受援项目管理单位联系，没有向省商务厅登记备案。由于信息渠道不畅通、政府部门与社团组织在体制上的分割，导致全省外援家底不清，统计监测不准，致使审计等部门监督困难。

2. 部分项目财务管理和资产管理薄弱，存在风险隐患

国际援助项目多为临时性项目，项目执行期短则一年，长则五、六年，项目管理和执行单位多挂靠在相关职能处室，对项目的财务管理没有引起足够重视，相对薄弱。同时，由于财务制度不健全，受援项目的资产管理也不严格。从审计调查结果看，部分项目存在配套资金不到位、财务管理不规范、会计基础工作薄弱及资产管理松弛的问题，援助物资和设备的管理水平亟待提高。

3. 存在中方利益受损及信息安全隐患等问题

审计调查发现，有的项目援助资金由援助方单方管理，相关账目中方无权过问，透明度低，援助协议是否忠实履行及履行程度，中方无从知晓。有些项目从立项到实施的整个过程，外方从中方索取大量与项目关联度低的自然、地理、经济、社会和人文等方面的基础数据，而援助效果却不理想，我方存在信息安全隐患等问题。

（二）关于全省部分农村信用社 2003 年度资产质量状况及经营情况的审计调查

为配合我省农村信用社改革，落实省委六届五次全会精神，摸清我省农村信用社资产质量和经营的真实状况，为省领导宏观决策服务，遵照省政府领导批示精神，2004 年 6 月至 7 月审计厅组织 11 个市级审计机关对全省 108 个不同层次的农村信用社 2003 年度资产质量情况及经营状况进行了审计调查。主要存在如下问题：

1. 资产质量差，负债水平高

农村信用社资产质量特别是信贷资产质量差直接影响了我省农村信用社的正常经营和盈利水平的提高。据对 108 个农村信用社资产质量调查结果看，2003 年末账面不良资产 337454 万元，占资产总额的 20.4%。调查核实后不良贷款占贷款总额比重由原来的 45.5%增至 48%，调增 2.5 个百分点。被调查的 108 家农村信用社平均资产负债率高达 101.8%，其中有 75 家信用社已资不抵债，占被调查农村信用社总数的 69.44%。

2. 违规经营严重，造成信贷资金损失和潜在风险

在被调查信用社中均不同程度存在违规投资、高息揽存、账外经营等问题。主要表现：一是违规投资。如保定南大园农村信用社于 1999 年 6 月起分 3 次以代购国债名义拆借给河北证券保定向阳南路营业部资金 900 万元，转入个人账户进行股票买卖，至调查日止，尚欠 600 万元未收回；二是违规拆放资金。如武安市信用社超期限违规拆放资金 1420 万元，其中拆放给永年县金融服务社、邯郸县金融服务社、邯郸市城乡信用社的 740 万元未收回，上述单位已不存在，拆放款项已形成损失；三是违规高息揽存 3710 万元。

3. 随意调整贷款类别，会计信息失真

为完成上级下达的不良贷款清收、农业贷款发放等业务指标，人为调整贷款内容和贷款性质归类，不能真实反映资产质量状况和贷款的真实投向。据对全省 2512 个贷款单位在 108 家信用社各项贷款的审计调查核实结果显示，贷款分类不正确问题普遍存在。一是贷款形态分类失真。此次共调查核实 2003 年末账面贷款余额 698600 万元，核实后余额 698639 万元，其中：应调增不良贷款 17185 万元（主要是调增逾期贷款 4936 万元、调增呆账贷款 26321 万元，调减呆滞贷款 14037 万元），相应调减正常贷款 17146 万元。二是贷款内容分类失真。按贷款内容核实各项贷款余额 725018 万元，核实后余额 725026 万元。其中：应调减农业贷款 63517 万元，占农业贷款的 26.2%；相应调增农村工商业贷款和其他贷款 63525 万元。贷款类别人为的随意调整，导致贷款真实形态被掩盖，会计信息失真。

（三）全省乡镇卫生院审计专项调查

为进一步促进农村医疗卫生体系的建设，加快农村卫生事业的发展，2004 年审计厅组织全省审计机关对 43 个县（市）乡镇卫生院进行了审计调查。此次审计调查以乡镇卫生院为主，以 2001 年至 2003 年财务收支数据为基础，重点调查其建设、管理和职能履行情况。通过对 43 个县（市）377 所乡镇卫生院的审计调查发现以下问题：

1. 收入水平低，经济效益差

（1）收入规模小，人均经营收入水平低，严重影响高素质人才的稳定和工作积极性的发挥。377 所乡镇卫生院中，2003 年总收入 100 万元以上的仅 68 所，而 50 万元以下的有 232 所。2003 年人均经营收入为 18987.52 元。衡水市所调查的 80 所乡镇卫生院中，近四成卫生院年人均经营收入只有 4000 元左右。

（2）经营状况堪忧，半数以上乡镇卫生院亏损。2001 年至 2003 年，377 所乡镇卫生院中亏损的个数依次为 234 所、250 所、239 所，所占比例分别为 62.07%、66.32%、63.40%。

（3）资产质量差。大多数乡镇卫生院资产总值低于固定基金，多项基金为负值，处于吃老本状态。其中有 12 所乡镇卫生院净资产为负值，已经资不抵债。还有相当数量乡镇卫生院负债经营，存在不能在会计报表中反映的隐性负债 6151.24 万元，占净资产总额比例为 40.45%，乡镇卫生院可持续发展能力低。

2. 基础设施设备陈旧落后

所调查的 377 所乡镇卫生院房屋总建筑面积 393064.23 平方米，其中 38.35% 为 1980 年前所建，多数为砖木结构的平房，有的已成为危房，部分乡镇卫生院危房面积达 60% 以上，如：邢台宁晋县乡镇卫生院房屋 1160 间，其中危房 352 间，危房面积占 30%。按卫生部要求的三室隔离标准，有 60% 的卫生院占地面积、卫生条件均达不到要求，甚至有的卫生院没有房屋，如：保定市涞源县烟煤洞卫生院只能靠临时租房开展业务。377 所乡镇卫生院较大型的医疗设备中，有 CT 机 15 台，普及率只有 3.98%；有 742 台 B 超机和 453 台 X 光机，其中 1990 年前购置的分别为 343 台和 107 台，所占比例分别为 46.23% 和 23.62%，老化现象相当严重，不能满足诊治要求。

3. 人员结构不合理，专业技术力量缺乏

主要是：从学历结构看，中专、大专、本科以上人员占人员总数比例依次为 52.43%、14%、1.34%。从职称情况看，具备初级、中级、高级职称人员占人员总数比例依次为 49.49%、6.85%、0.55%。

4. 公共卫生管理职能弱化

现行体制将乡镇卫生院定位为政府管理的事业单位，代行政府对农村公共卫生管理的职能。从审计调查情况看，多数卫生院存在重医疗轻防保，公共卫生管理职能弱化的现象。公共卫生管理职能中，计划免疫和地方病防治工作在上级部门的督导下还能有所开展，而预防保健和卫生宣传工作几乎停滞。所调查的乡镇卫生院中有 43.2% 未达到要求。预防保健费用支出比例极低。377 所乡镇卫生院农村疾病预防、健康教育宣传、妇幼保健等支出平均每所只有几百元。由于机构不健全和受费用困扰，致使坚持以预防为主的方针大打折扣。

5.财务控制管理薄弱

377 所乡镇卫生院中，除少数乡镇卫生院配备了专职会计人员外，其余均为兼职人员，还有相当一部分会计、出纳不相容职务由一人兼职，管理制度执行好坏无人考核。会计核算不规范，账目设置不完备。被调查的大多数乡镇卫生院均不同程度地存在白条入账和固定资产核算不及时形成账外资产问题。此次审计调查发现，乡镇卫生院各类违规资金 589.81 万元，其中：药品超标准收费 113.98 万元，账外固定资产 138.29 万元，大额使用现金 61.38 万元，白条或不合规票据入账 41.52 万元，虚列支出 25.43 万元。

对审计查出的上述问题，审计机关在依照《审计法》及相关法规，对违规资金进行了收缴、罚没、归还原资金渠道等相应处理的同时，并将性质严重、涉嫌触犯政纪及刑律的重大案件线索移送监察和司法机关。

五、建议

综合分析 2004 年度省本级预算执行及其他财政财务收支情况的审计结果，首先应该肯定的是省政府在省委的正确领导和省人大的依法监督和大力支持下，牢牢把握发展这个执政兴国的"第一要务"，在壮大整体经济实力、优化产业结构、依法行政、依法理财方面作了大量卓有成效的工作。省本级财政收支超常规的高速增长，不仅确保了省本级公教人员工资及时足额发放和省级机关的正常运转，而且增加了对弱势产业、社会公共事业投入的力度，加大了对弱势群体及欠发达市县转移支付力度，确保了社会的稳定，促进了"三个文明"建设。但毋庸置疑，本年度审计中发现的问题是不容忽视的，而且有些问题是严重的。这些问题的存在和发生其原因是多方面的，既暴露了现有财政管理体制中所固有的弊端，又暴露了改革中法规制度的滞后和中央、省及市县之间渠道的不畅；既有国家机关及企事业单位领导和财务人员法制观念淡薄、业务素质低、责任心不强的原因，也有个别单位的领导囿于本部门、本单位的局部利益，故意有法不依、有章不循、弄虚作假导致财经违法违规现象屡禁不止。鉴于以上情况，特就加强财政财务管理提出如下建议：

（一）以科学发展观为指导，进一步调整、优化财政支出结构

从近几年我省的财政预算安排看，财政部门积极调整财政支出结构，加大了对经济欠发达地区和社会公共事业发展薄弱环节的保障、支持力度。但由于我省历史欠账太多，再加上总财力有限，有些问题还没有得到很好地解决，如乡镇卫生院经费投入不足，基础设施设备陈旧落后，公共卫生管理职能弱化，农民看病难，因病致贫、返贫的现象仍很突出。为此，建议财政部门按照科学发展观的要求，在财政资金使用中，注重统筹兼顾，进一步调整、优化财政支出结构，使有限的财政资金更多地向社会公共事业、社会弱势群体、基础设施建设倾斜，更好地为加强执政能力建设、保持社会稳定、建设社会主义和谐社会服务。

（二）加强对财政专项资金的监管和跟踪问效

从对专项资金审计发现的问题看，项目主管单位和财政部门对个别专项资金的立项和审批把关不严，跟踪监督不够，是导致骗取、套取、截留专项资金的现象不断发生的重要原因。建议专项资金项目主管单位和财政部门首先要严把立项关，杜绝以虚假立项套取财政资金问题的发生。其次要进一步建立健全相关制度，最大限度地减少立项审批及资金拨付的随意性。第三要切实加强对项目执行单位的监督和跟踪问效，对弄虚作假骗取、套取、截留、挪用专项资金的相关责任人要依法追究责任。

（三）认真学习贯彻《财政违法行为处罚处分条例》，加大问责追究力度

2005 年 2 月 1 日起实施的《财政违法行为处罚处分条例》，不仅对财政资金运行的各个环节、各个方面可能发生的各种违法行为都规定了明确的处理措施，而且最突出的特点是加大了对财政违法行为相关责任人的责任追究力度，对包括国家机关及其工作人员在内的各类财政违法行为主体规定了明确的法律责任。针对目前我省财经领域违规问题还比较普遍，有的单位问题还很严重的现实，各级各部门要在抓好学习教育的基础上，严格对照《财政违法行为处罚处分条例》的有关规定，认真开展自查自纠活动。要针对存在的问题，深刻剖析原因，查找薄弱环节，完善相关管理制度，防患于未然。特别是各级国家机关工作人员要增强法制意识，提高依法行政、依法理财水平。各级财政部门、审计机关、监察机关要严格按照《河北省人民政府关于认真学习贯彻〈财政

违法行为处罚处分条例〉的通知》精神认真履行职责，加大监督检查力度，依法追究相关责任人的责任，切实做到有法必依、执法必严、违法必究，以维护国家财政资金在管理分配使用各个环节的安全性、规范性和有效性。

(四)加强对省垂管系统和行业内部审计机构的建设，加大内部监督力度

根据中央有关行政管理体制改革的要求，地方税务局、质量技术监督局、工商行政管理局、食品药品监督管理局等相关部门实行省垂直管理体制。而按照《审计法》审计管辖权划分的规定，省垂管系统和行业审计均由审计厅负责实施。由于省本级审计力量所限，对省垂管部门市县机构很难覆盖。在外部监督力所不及的情况下，为管好、用好省垂管部门使用的各种资金，进一步健全省垂管系统和行业的内审机构建设，加大内部监督力度显得尤为必要。

主任、各位副主任、秘书长、各位委员：自《审计法》1994 年颁布以来，省人大常委会今年已是第十一次听取审计厅代省政府所作的《关于省本级预算执行及其他财政收支情况的审计工作报告》。本次向省人大常委会的报告也是我就任审计厅长以来的第八个报告。八年来，我深切地体会到省人大常委会对审计工作的高度重视和有力支持。正是有了这种重视和支持，为我省审计机关实施依法监督创造了一个良好的法制环境。在省委、省政府的领导下，全省的审计工作与时俱进，有了今天这样一个大好的局面。按预定任职年龄，我的审计厅长的任期即将结束。在此，我代表审计厅，代表全省审计战线的全体执法人员向省人大，向全省各级人大多年来对审计工作的支持表示衷心的感谢！

(原载《省人大常委会公报》2005 年第 5 号)

河北省人民政府关于 2005 年 1—6 月全省及省本级财政预算执行情况的报告(书面)

——2005 年 7 月 14 日在河北省第十届人民代表大会常务委员会第十六次会议上

省十届人大常委会第十六次会议：

现将 2005 年 1—6 月份全省及省本级财政预算执行情况、存在问题及下一步工作报告如下，请予审议。

一、2005 年 1—6 月份财政预算执行情况

今年上半年，全省各级政府及财税部门认真贯彻落实党的十六大、十六届四中全会和省委六届七次全会及全省经济工作会议精神，牢固树立和落实科学的发展观，积极落实稳健的财政政策，大力开展机关效能建设，深入推进财政改革，规范财政管理，努力发挥财政职能作用，积极支持经济社会协调发展，全省及省本级财政预算执行情况良好。

(一)财政收入持续快速增长，全面超额完成上半年收入任务

1—6 月份，全省全部财政收入累计完成 539.1 亿元，完成年计划的 65%，超时间进度 15 个百分点；同比增收 114.6 亿元，增长 27%，如剔除出口退税和农业税等政策调整因素，可比增幅为 32.9%。其中，地方一般预算收入完成 268.9 亿元，占年初预算的 61.8%，超时间进度 11.8 个百分点；同比增收 55.2 亿元，增长 25.8%，高于全国地方收入平均增幅 4.8 个百分点，可比增长 31.1%。从预算级次来看，中央级收入完成 270.2 亿元，占计划的 68.5%，同比增长 28.2%；省级收入完成 70.6 亿元，占预算的 63.8%，同比增长 23.6%；市及市以下收入完成 198.3 亿元，占预算的 61.1%，同比增长 28.7%。从地方主体税种来看，增值税完成 60.8 亿元，同比增收 10.9 亿元，增长 22%；营业税完成 53.6 亿元，增收 10.7 亿元，增长 24.9%；企业所得税完成 31.3 亿元，增收 10.8 亿元，增长 52.9%；个人所得税完成 14.6 亿元，增收 3.7 亿元，增长 33.3%；城建税完成 16.6 亿元，增收 4.4 亿元，增长 35.7%，全面超额完成了上半年收入任务。

1—6 月份，全省政府基金收入 127.9 亿元，占预

算的68.3%,超时间进度18.3个百分点,同比增长28.5%。省级基金收入完成64.5亿元,占预算的63.7%,同比增长22.6%。其中,工交部门基金收入26.8亿元,增收10亿元,增长59.8%,主要是车辆增加较多,加之今年是汽车养路费省市超收分成政策的最后一年,养路费收入完成25.6亿元,同比增收9.8亿元,增长61.7%;社会保险基金收入23.8亿元,增收3.9亿元,增长19.8%;其他部门基金收入中转让唐津高速公路还贷收费权收入7.9亿元,而上年同期有转让津保高速公路还贷收费权收入9.6亿元,使其他部门基金收入减收1.6亿元,下降16.2%。

财政收入快速增长,主要基于以下几方面原因:

第一,全省经济快速增长、运行质量提高,带动了财政增收。前5个月,我省规模以上工业增加值完成1204.4亿元,增长22.2%;工业经济效益综合指数达179.9%,同比提高14.6个百分点;实现利润244.3亿元,增长32%。城镇固定资产投资总额达到873.5亿元,增长36%;出口总值41.1亿美元,增长38.4%;社会消费品零售总额990.4亿元,增长14.7%。经济的快速增长,拉动了税收收入的快速增长。1—6月份,全省国税和地税共完成税收494亿元(未包括出口退税因素,下同),完成年度计划的64.7%,同比增收125.6亿元,增长34.1%。

第二,民营经济的快速发展,促进了财政增收。近年来,我省民营经济发展较快,企业所有制结构及税收结构发生了较大变化,对财政增收贡献较大。1—6月份,全省股份公司缴纳税款同比增收61.6亿元、增长37.2%,私营企业增收30.1亿元、增长91%,港澳台和外商投资企业增收27.1亿元、增长68.4%。这四种经济类型企业共增收118.8亿元,占财政收入总增收额的87.4%,拉动增长23.6个百分点。

第三,激励性财政体制和大力加强税收征管发挥了重要作用。按照激励性财政体制规定,及时兑现了2004年对各市县的返还政策,省财政比原体制共多返还各市县收入17.4亿元,并决定将激励性财政体制延长至2007年。在此基础上,认真落实好扩权强县有关财政政策,大大促进了市县政府抓经济、促增长的积极性。上半年,市及市以下地方一般预算收入增长28.7%,超过全省增幅2.9个百分点。11个设区市全部实现时间过半、完成任务过半。邯郸、唐山、衡水、张家口、承德、沧州6个市收入进度超过60%;承德、张家口、唐山3市增幅超过40%。22个扩权县地方一般预算收入共完成32.8亿元,占预算的65.1%,同比增长49.4%,有8个县(市)收入增长超过50%。全省财税系统严格依法治税管费,继续大力清缴缓欠税,积极组织所得税汇算清缴,大力推进征管信息化建设,实现了从纳税申报到税款入库的全程监控,堵塞了征管漏洞,保证了税款及时足额入库,有效促进了财政收入增长。

(二)财政支出增长较快,重点支出保障较好

今年以来,省政府采取多项措施,努力加快财政支出进度。一是实行了部门专项资金支出进度通报制度,从4月份开始每月通报各部门专项资金的支出进度;二是财政部门定期召开支出调度会,认真分析专项资金支出情况,积极协调各预算部门加快项目建设和资金支出进度;三是切实加快分配下达市县资金的速度,财政部门会同各部门对应下达市县的中央专款、上年结转等资金及时分配下达,有效加快了省级和全省支出进度,支持了经济建设和社会发展。

1—6月份,全省一般预算支出344.9亿元,占变动预算(即按有关法律法规规定,中央专款、上年结转资金等自然列入后形成的支出预算,下同)的41%,同比增长29.6%,高于全国平均增幅8.7个百分点,居全国第二位。其中,省级支出86.6亿元,占变动预算的47.5%,同比增长48.5%,支出进度同比加快2.4个百分点。如剔除部分中央专款、上年结转资金及年初预留配套资金尚未分配因素,省级预算支出进度可达62.5%。全省基金支出112亿元,完成变动预算的50.3%,同比增长51%。其中,省级基金支出56.3亿元,完成变动预算的49.5%,同比增长84.3%。省级基金中,工交部门基金支出35亿元,同比增长1.7倍,主要是兑现了2004年养路费超收分成9.6亿元,省内公路建设和养护支出16.2亿元;社会保险基金支出20.7亿元,增长20.5%。

财政支出的较快增长,有力保证了全省社会稳定、事业发展,促进了经济健康成长。

1.大力解决社会广泛关注的"三农"问题。一是大力推进农村税费改革,严格按规定核减农业税税率。2005年全省40个国家级扶贫开发工作重点县全部免征农业税,其他县(市、区)农业税率在2004

年的基础上再降低 2 个百分点。二是继续抓好粮食直补工作。按照“大稳定、小调整”的原则,进一步完善直补方案,加大对种粮农民的直接补贴力度。今年共筹措粮食直补资金 6.5 亿元,比上年增加 0.42 亿元。截止 6 月 30 日,188 个实施粮食直补的县已兑付粮食直补资金 5.4 亿元,占应补额的 83%,4339 万种粮农民受益。三是大力支持农业发展和农村建设。在加大农村基础设施、“六小工程”等重点领域投入的基础上,以粮食主产区为重点,着力加强中低产田改造。同时,还通过支持扶贫开发工程、动植物疫病防治体系建设、生态家园工程、农业产业化、良种补贴、农机补贴等措施,促进了农业增产、农民增收。

2.统筹城乡社会保障工作,建立健全社会保障体系。一是稳步推进新型农村合作医疗试点工作,在原有迁安、枣强、曲周 3 个试点县的基础上,2005 年新增 8 个试点县(市),省财政安排专项资金 1600 万元,已下达 1015 万元。11 个试点县(市)已有 314.09 万人参加了合作医疗,人口覆盖率达到 75%。二是大力支持就业再就业工程。通过调整支出结构,压缩一般性支出,省财政按照一般预算收入的 1%专项安排了再就业资金 9900 万元,比 2004 年增加 1500 万元。截止 5 月底,全省城镇新增就业人员 19.83 万人,8.25 万名下岗失业人员实现了再就业,其中,“4050”人员 1.57 万人,分别完成全年任务的 55.1%、45.8%和 52.3%。三是支持了公共卫生工程建设。为提高突发公共卫生事件应急救治能力、加强传染病救治体系建设,今年省级预算安排传染病医院改造补助经费 2500 万元,安排疾控设备、网络及应急卫生救治队伍建设经费 1980 万元和农村卫生基础设施改造补助资金 2000 万元,已按进度支出。四是继续做好“两个确保”工作。各级财政部门多渠道筹措资金,确保了养老金和下岗职工生活费的及时足额发放。截止 5 月底,全省共支出基本养老保险费 49.2 亿元,保证了全省 151.6 万名企业离退休人员养老金按时足额发放;再就业服务中心支出 1.52 亿元,保障了 9.6 万名下岗职工基本生活,在再就业服务中心的国有企业下岗职工基本生活保障率达 100%。

3.积极树立科学发展观,大力支持科技、教育事业发展。认真落实今年省委六届七次全会审议通过的关于加强科技、教育工作的决定,进一步强化了我省科技、教育投入机制。上半年,全省教育事业费支出 74.8 亿元,增长了 25.4%。一是千方百计增加教育投入。省财政从结算资金中安排 4318 万元增加教育专项资金,用于提高大专院校生均公用经费水平。二是认真落实教育阶段贫困生“两免一补”政策。制定了 2005—2007 年分年度资助计划,上半年已下达资金 6539 万元。三是继续搞好中小学危房改造和布局调整工程,并开展了对中小学危房改造和布局调整工程资金的绩效评价。四是继续实施农村中小学现代远程教育工程,促进城乡优质教育资源共享,进一步提高全省农村中小学教育教学质量。上半年,省级科技支出 0.8 亿元,增长 38.9%。按照省委关于加强科技工作的决定,用结算资金追加安排 2000 万元科技专项资金,并筹措 1 亿元增加了科技风险投资公司资本金,重点支持了一批对我省经济发展具有关键性、先导性和示范性的科技项目,实施了制造业信息化、农产品深加工、创新药物与中药现代化、绿色钢铁行动等项目和科技富民工程。对科技专项资金项目试行了招投标管理改革,“重点领域高新技术产品开发”等 5 个重点项目面向社会进行了公开招标。

4.积极优化企业发展环境,大力支持经济发展。一是继续深化收支两条线改革,做好执收执罚部门收支脱钩工作。对省级行政性收费进行了全面摸底调查,正在研究起草行政性收费成本核定办法;制发了《河北省财政厅关于进一步加强执收执罚部门收支脱钩管理工作的通知》,对各市县财政部门认真执行收支脱钩政策提出了更有力度的要求。二是全面落实“两增、两减、两分”的总体要求,积极推进国有企业改革,多方筹措资金,做好分离企业办社会职能工作,妥善解决资源枯竭和困难国有企业职工安置问题。在省属企业关闭破产方面,今年共向财政部申请破产补助资金 9.2 亿元,妥善解决了 2.8 万名职工的安置问题。

5.进一步深化财政支出改革,促进了预算的顺利执行。今年以来,各项财政改革稳步推进,有效提高了财政管理的规范化、科学化水平。一是预算管理进一步规范化、制度化。省政府以〔2005〕第 3 号令正式颁发了全国第一个地方预算管理规章——《河北省省级预算管理规定》,明确了省政府及省直各部门在预算管理方面的责权配置、管理程序和操作规范,使预算管理活动的各个环节都有章可循、有法可依。二是国库管理制度改革进一步深化。在去年改革的基础上，今年将新增一级预算单位和11个预算部门的107个基层预算单位纳入了改革试点范围；加强了对市县改革工作的指导，市县国库管理制度改革稳步推进。三是政府采购规模进一步扩大，管理进一步规范。1—5月份，全省政府采购规模达18.76亿元，同比增长39.68%，节约资金2.57亿元。四是积极推进省直机关公用经费改革。研究拟定了《河北省省级大型活动经费管理办法(试行)》，明确了大型活动经费的管理原则，规范了大型活动经费管理。研究、制定了全省县级公安机关公用经费保障指导标准，在建立县级公安机关经费保障机制方面迈出了一大步。五是农业专项资金公开运行试点工作取得显著进展。通过新闻媒体将项目资金的数额、主要建设任务、主要补助环节、项目实施地点公开，大大提高了支农资金的社会监督力度，规范了资金管理，引起了社会各界的广泛关注。六是我省收支分类改革模拟试点工作进展良好。全面完成了模拟预算编制和执行工作，受到财政部领导的充分肯定和表彰，确定我省作为唯一代表在全国会上介绍经验。此外，财政专项资金综合治理和绩效评价、金财工程建设、政府债务管理等方面都取得了较快进展，为财政预算的顺利执行奠定了坚实基础。

二、财政预算执行中存在的主要问题

1.钢材价格大幅波动，将影响下半年财政收入的较快增长。4月份以前，国内钢材价格一直呈上升趋势，但随着包括取消电价、税收、供地等优惠政策，以及调减出口退税率等新一轮宏观调控政策的出台，尤其是国家近期对房地产出台的一系列调控政策，国内市场钢材价格在4月份出现逆转，螺纹钢、线材等建筑钢材，每吨平均价格下跌了1000多元。钢铁工业是我省重要财源支柱，去年以来，全省财政收入中20%以上的增量来自于黑色金属冶炼及压延加工业。今年第二季度以来钢材价格下跌、生产成本居高不下，将影响钢铁行业生产和利润水平，进而影响下半年全省财政收入稳定增长。据分析，此番价格下跌，除受国家调控政策影响外，产业集中度低也加剧了钢价跌势。大型钢铁企业由于产品新、质量好、附加值高，所受影响不会太大，但中小型钢铁企业由于生产成本高、产品附加值低，将面临亏损局面，所在地区财政收入将受较大影响。

2.工业企业亏损面扩大，亏损额增加较多，将影响财政收入的稳定增长。1—5月份，全省9291户规模以上工业企业中有1898户亏损，同比增加307户，增长13%，亏损面达到20.4%，比上年同期和年初分别扩大0.3和3.7个百分点。亏损企业亏损总额达34.8亿元，同比增长45.9%。部分行业利润下降或增长缓慢，电力热力生产和供应业、非金属矿物制品业利润分别下降41.2%和24.8%，而医药制造和纺织业利润仅分别增长0.4%和6.8%，下半年财政收入的增长将因此受到影响。

3.出口退税促进了我省经济增长，但会影响财政收入增幅。1—6月份，全省出口免抵退增值税27.9亿元，同比净增21.3亿元，影响全部财政收入增幅4.5个百分点，影响地方一般预算收入增幅2.3个百分点。据省商务厅测算，2005年全省共需退税96.4亿元，超基数63.4亿元，我省财力需负担15亿元以上。这将相应影响我省财政收入规模和地方可用财力，特别是一些出口较多的市、县，所受影响将更为突出。

4.受中央专款等因素制约，进一步加快支出进度难度较大。上半年，全省和省本级支出虽然增长较快，但仍低于时间进度，特别是基本建设、企业挖潜改造、科技三项费等建设性项目支出进度偏低。主要是受以下因素制约：一是中央各类专款下达时间较晚，多集中于第四季度，不仅使这些专款支出晚，而且使地方预留与中央专款配套资金支出滞后。二是一些部门预算编制不够详细、准确，执行中细化、调整时间较长，部分主管部门资金使用项目计划下达晚，也影响预算支出的均衡性。

三、全年预计及下半年主要工作

总体来看，今年上半年全省财政预算执行情况良好，为完成和超额完成全年预算打下了坚实基础。初步预计，下半年全省财政收入不仅能够完成全年收入计划，而且会有一定超收，但增幅将有所回落，财政收入增长率将保持在15—20%之间，财政支出也将有较大增长，财政对社会稳定和发展的保障作用将进一步增强。

下半年，全省各级政府及财税部门将在省委的正确领导和省人大的监督支持下，继续以科学发展观指导财政改革与发展，大力抓好增收节支，全面加强财税管理，确保全年预算任务的圆满完成。

1.继续努力抓好增收节支，确保圆满完成全年预算任务。密切关注宏观经济形势变化，认真研究中央宏观调控政策对我省财政经济的影响，超前谋划，积极应对，统筹兼顾，合理安排，努力防止经济的不正常波动。对出口量大、退税较多的市县加大资金调度力度，努力减少出口退税对财政经济运行的负面影响。认真落实加强收入征管的各项措施，严厉打击偷漏骗税行为，确保财政收入依法应收尽收，努力保持财政收入快速增长的良好势头。同时，继续严格控制、压缩一般性支出，优先保障公教人员工资、社会保障、农业、科技、教育等法定支出。进一步加快支出进度，使财政资金尽快发挥应有效益。进一步强化资金监管，确保全年财政收支平衡。

2. 进一步落实各项财政改革措施，推进财政管理监督的科学化和规范化。进一步研究界定省以下各级财政支出责任，完善省以下财政体制，深化县乡财政体制改革；改进预算决策机制，完善集中财力办大事操作办法，进一步解决资金使用"散"和"碎"的问题；完善公用经费定额、专项业务经费支出定额、县乡基本支出保障定额等三大支出标准体系；研究全面建立财政支持经济社会发展专项资金绩效评价体系；继续深化国库集中收付管理制度改革；制定政府采购评标标准，规范招标工作，提高采购效率；研究提出新型农村合作医疗基金筹集、监督管理和风险防范机制，提高农村合作医疗资金管理水平；推进非税收入集中收缴改革，完成行政性收费成本支出核定工作；研究制定《河北省企业国有资本经营收益管理办法》，保证国有资本收益安全；继续完善财政监察组派驻试点的相关工作制度，争取出台《河北省财政监督办法》；完成财政专项资金综合治理和津贴补贴资金来源及支出去向的清理工作；制定出台财政对事业单位经费供给机制改革方案，促进事业单位改革；建立政府投资事前评审、事中监督和项目竣工财务决算审核审批管理机制，提高基建资金使用效益。

3. 充分发挥财政职能作用，大力支持社会经济事业更快更好发展。一是以结构调整为主线，围绕培育十大主导产业，管好用好基本建设、挖潜改造、科技三费、信息产业发展和重点项目资本金等专项资金，发挥财政资金和政策的导向作用，重点支持对经济发展具有支撑和带动作用的重大项目，提升我省产业结构，推进经济增长方式转变。二是大力支持县域经济发展。继续落实好激励性财政体制、扩权强县体制和对财政困难县"六奖两补"政策，加大转移支付力度，缓解县乡财政困难，促进区域协调发展。三是及时拨付"十项民心工程"建设资金，确保年度工程目标的实现；认真落实省委关于促进科技、教育事业发展的各项财政政策措施，加快预算执行，促进"科教兴冀"战略的实施；管好用好环境保护、资源开发和文明生态村奖补资金，促进人与自然的和谐发展。

（原载《省人大常委会公报》2005 年第 5 号）

精心组织　规范操作
把粮食直补和减免农业税政策落到实处

——在全省粮食直补和减免农业税工作电视电话会议上的讲话

河北省副省长　宋恩华

（2005 年 4 月 19 日）

同志们：

这次会议是省政府决定召开的，主要任务是总结去年粮食直补和减免农业税工作，研究部署今年的工作。下面，我讲几点意见。

一、2004 年粮食直补和减免农业税工作取得明显成效

实行粮食直补和减免农业税政策，是党中央、国务院根据我国改革和发展的新形势，着眼粮食增产、农民增收、统筹城乡发展、维护农村社会稳定而做出的一项重大决策。去年，各级各有关部门按照中央和省的决策部署，加强领导、落实责任，精心组织、周密部署，团结协作、扎实工作，在最短的时间，以最快的速度把粮食直补和减免农业税的等政策落实到农民手中，得到了广大农民的普遍欢迎和拥护。据统

计，2004年全省共向种粮农民兑付粮食直补资金6.08亿元，有1370万农户领取了种粮补贴，受益农民达5307万人。全省农业税平均税率降到3.75%，比2003年降低3.06个百分点，比中央要求多降了0.06个百分点。全省农民人均负担农业税及附加比上年减少29.2元，减幅为45.8%，比改革前2001年人均负担降低68%。这些政策的实施，有效地促进了粮食流通体制改革，极大地调动了农民种粮积极性，全省粮食种植面积和粮食总产均实现了恢复性增长。这是各级党委、政府对粮食直补和减免农业税工作高度重视的结果，是各有关部门和广大财政干部艰苦努力的结果，在这里我代表省政府向你们表示衷心的感谢。

我们在看到成绩的同时，还要看到在落实政策和推动工作中存在一些不容忽视的问题。一是个别地方没有严格落实“六个不准”的要求，私自用直补资金抵扣其他款项，没有做到直接到户；没有把政策明明白白的告诉群众、原原本本的交给群众，不同程度地存在暗箱操作的现象。二是有些地方没有严格按照省规定的补贴范围，对经济作物种植面积进行扣除，没有充分体现出中央确定的对种粮农民直补的原则，变相降低了对种粮农民的补贴标准。三是由于各市粮食风险基金是按照1999年粮食库存量计算的，而在筹集粮食直补资金时，则是依据农业税计税总产量确定，造成各市负担水平不均衡，有的市直补资金筹措压力较大。

今年，党中央、国务院和省委、省政府进一步加大了对种粮农民直接补贴和减免农业税的力度。各级各有关部门一定要充分认识实施这两项政策的重大意义，认真总结去年的工作，采取更加有针对性的举措，不折不扣地落实到位，把农民的利益保护好、把农民的积极性调动好。

二、进一步完善粮食直补和减免农业税政策

根据中央1号文件精神和国家财政部等五部委联合下发的《关于进一步完善对种粮农民直接补贴政策的意见》(财建[2005]59号)，经省政府常务会议研究决定，今年我省对种粮农民直接补贴政策要坚持“大稳定、小调整”，继续向粮食主产区和种粮多、产量高的农户倾斜，按照粮食直补面积和资金总额确定补贴标准，主要对种植小麦和玉米及其他应补粮食品种的农户据实补贴。各级各有关部门要按照上述总要求，把握关键环节，进一步完善对种粮农民直接补贴政策，充分发挥政策效应。

第一，加大资金筹措力度。今年省政府决定从粮食风险基金中安排6.5亿元，直接补贴种粮农民，比去年增加4700万元，增长7.8%，平均每亩农业税计税土地面积增加0.5元。各级要按照中央要求，从现行包干的粮食风险基金中优先安排，予以保证。省已向中央财政借款3亿元(含去年借款结转1亿元)，由于其他支出占用，粮食风险基金有缺口的市和扩权县，经市、县政府申请，由省财政给予借款支持，3年后归还。要进一步完善粮食直补筹资方式，解决直补资金负担不均衡问题。今年省里改进了省市两级直补资金筹措方式，一是加大了省级筹资力度，由去年的1.6亿元增加到2.5亿元，筹资比例由26.5%提高到48%，市级筹资比例由44%降到40%；二是统一了各市筹资比例，由去年市级自筹为主、省补助为辅，变为按照省对市包干粮食风险基金40%的统一比例进行筹措，两级筹措的资金由省根据各市所需的直补资金数额统一分配使用。这样就在一定程度上缓解了市级筹资压力，弥补了粮食风险基金包干政策的缺陷。各市要借鉴省里的做法，结合本地实际，进一步完善筹资办法，切实解决有些县存在的筹资难问题。

第二，严格核定补贴面积。财建[2005]59号明确提出，包括河北省在内的全国13个粮食主产省，原则上按种粮农户的实际种植面积补贴，如采取其他方式，也要剔除不种粮的因素，尽可能做到与种粮面积接近。去年我省在实际工作中坚持了这一原则，今年要更加严格地落实这一要求。对退耕还林和不宜种植粮食的区域，种植经济作物的区域，没有种植粮食和种植非补贴品种的区域，要严格限定，一律不得纳入补贴范围，各市在对县计算补贴资金总额时要予以扣除。各地一定要准确把握补贴区域范围，克服怕麻烦、图省事、求简单的思想和做法，严谨细致的核实补贴面积，该剔除一定要剔除，该核准的要核准，切实维护好种粮农民的利益。

第三，坚持现金兑付到户。直补资金到户，是粮食直补的一个重要环节，是一项政策性很强的工作，必须把直补资金到户的政策落到实处。直补资金的兑付方式，既可以采取直接兑付现金的形式，也可以采用“一卡通”或“存折”的形式，但必须做到补贴兑付到户。兑现直补资金可以与农民缴纳农业税同步进行，但要分开操作，缴归缴，补归补，不许采取直接

抵扣农业税的办法，也严禁抵扣其他任何税费。要加强直补资金的监管，确保资金安全运行。要实行专户管理，财政部门要在粮食风险基金专户下单设直补专户，对直补资金进行单独核算。坚决杜绝截留、挤占、挪用补贴资金的现象发生。

第四，继续实行减免农业税政策。根据全国和全省经济工作会议精神，今年减免农业税的具体政策是，全省40个国家级扶贫开发工作重点县免征农业税，其他县（市、区）农业税税率在2004年的基础上再降低2个百分点。有条件的县（市、区）可根据本地财力状况多降税率或免征农业税，同时降低或取消农业税附加。按照上述要求，今年减免农业税后，全省农民负担的农业税及附加为7.2亿元，比上年减少11.3亿元，减幅为61%；农民人均负担水平由改革前2001年的人均108元，将下降到13.6元。如果考虑有的地方可能还会扩大免征范围的因素，全省农民的减负水平可能还会进一步提高。

三、加大各项措施的落实力度

当前，粮食直补和减免农业税的政策已经明确，关键是强化措施，抓好落实。要切实做到"两加快"、"四公开"、"一监督"，把政策不折不扣地兑现给农民，把党的温暖送到农民心上。

"两加快"：一是加快制定实施方案。各市、县要根据省制定的粮食直补办法，结合当地实际，尽快制定具体的实施方案，并及时上报备案。要着重把握好今年的政策要点，解决好实际操作中存在的问题，使办法更具有可操作性，充分反映民意。省明确由市级确定的补贴品种、补贴区域等重大政策问题，各市要结合本地实际研究制定具体落实措施，不得再层层下放。二是加快工作进度。当前，春耕生产已经开始，春玉米播种在即。为不误农时，把政策尽快转变为广大农民的种粮积极性，转变为搞好春耕生产和夏收作物管理的动力，各地要紧急行动起来，及早把直补资金落实到户。资金下达要快。要按照急事急办，特事特办的要求，尽快把直补资金拨付到位。省近日要将直补资金拨付到各市，各市要在4月底之前把直补资金拨付到县。兑付进度要快。播种春玉米较多的唐山、秦皇岛、廊坊三市要力争在5月底前将直补资金兑付到农民手中，张家口、承德两市要在6月15日前把直补资金兑付到农民手中，其他六市要在6月底前把直补资金兑付到农民手中。

"四公开"：要按照公正、公平、公开的原则，规范操作程序，实行阳光操作，做到全过程公开，给广大农民充分的知情权、参与权和监督权，确保农民满意。一要公开补贴方案。各县要将实施方案广贴公告到村，发放明白卡（纸）到户，把补贴政策和补贴标准告之农民，切实做到家喻户晓、人人皆知。二要公开补贴结果。每个农户的补贴面积、补贴标准和补贴金额要在村内张榜公布，取得农户认可，接受群众监督。三要公开发放过程。兑现直补资金要由乡镇领导带队，送钱（一卡通或存折）到村。各村要建立由村干部、群众代表和乡镇财政所工作人员参加的直补小组，向农民公开兑付补贴资金。对两委班子软弱涣散、群众意见比较大的村，县乡要派出工作组，帮助做好兑现工作。四要公开举报电话。各市、县要设立并向社会公开粮食直补工作举报电话，对群众反映的问题，要严肃对待，及时处理，给群众以满意的答复。

"一监督"：要切实加大监督检查力度，严肃查处各种违法、违纪、违规行为。凡贪污、挪用、截留、冒领、克扣补贴资金的，一经查实，对直接责任人要严肃处理，直至开除公职。对玩忽职守、以权谋私，造成重大影响或严重工作失误的，要严肃追究主要领导人和直接责任人的责任。各级监察部门要把对种粮农民直接补贴和减免农业税政策的落实情况，作为当前的一项重点工作，实行全过程监督。省监察厅要对这项工作迅速做出部署。各级财政部门要加强对直补资金的监管，组织专人不定期对粮食直补资金兑付情况进行抽查，发现问题按有关规定及时解决。各级政府和有关部门要认真对待群众来信、来访，做到有举必查、查必有果，不得敷衍塞责、推诿扯皮。

四、切实加强组织领导

落实对种粮农民直接补贴和减免农业税政策，是一项重要而艰巨的任务，必须切实加强组织领导。一要建立健全组织。省已成立了以左绍伟同志为组长的粮食直补工作领导小组，下设办公室，抽调专门人员，集中办公。各市、县要抓紧组建领导机构和办事机构，配备足够人员，迅速开展工作。各市领导机构组成情况要速报省直补办公室。二要明确目标责任。市、县、乡三级政府是这项工作的责任主体。实行行政首长负责制，行政一把手要对这项工作负全责，不能以文件落实文件、以会议落实会议、以讲话落实讲话。要精心组织，周密部署，统筹安排，把各项工作落到实处。主管负责同志要深入一线，靠前指挥，发现问题，及时解决。要落实市包县、县包乡、乡包村的责任制度，责任落实到人。三要强化部门职责。各有关部门要按照职责分工，各负其责，密切配合，共同抓好政策落实。各级政府办公厅（室）要搞好信息简报编发，及时给有关领导通报工作进展情况。各级政策研究室要加强调查研究，为领导决策提供参考依据。财政部门要做好直补资金调度、实施方案制定、直补资金管理和政策解释工作。四要落实配套措施。要立足长远，慎重出台对种粮农民直补和减免农业税的各项政策措施，保持政策的连续性和稳定性。要抓住时机，大力发展订单农业，积极推进粮食产业化经营。加快推进国有粮食购销企业改革和减免农业税配套改革，确保粮食市场繁荣稳定，巩固税费改革成果。五要加强宣传培训。各级政府要组织新闻媒体广泛宣传政策，及时报道先进典型经验，为全面落实政策营造良好的舆论环境。县、乡政府要对有关负责同志和工作人员逐级开展培训，提高政策水平和实际操作能力。

同志们，落实好粮食直补和减免农业税政策，事关农民切身利益和农村稳定。我们要以开展保持共产党员先进性教育为契机，以更加负责的态度、卓有成效的工作，圆满完成两项政策落实。

（原载《河北财政信息网》2005）

把握形势　突出重点
卓有成效地做好新时期的财政工作

——在全省财政工作会议上的讲话

省委常委、常务副省长　郭庚茂

（2005年1月6日）

同志们：

这次全省财政工作会议是经省政府批准召开的一次重要会议。刚才，绍伟同志传达了全国财政工作会议精神；金城同志总结了2004年财政工作，安排部署了2005年财政工作。我都同意。各级各有关部门要认真学习研究，抓好落实。

自2003年以来，我省财政经济一直保持着快速发展的良好态势，主要指标一年一个新台阶，财政经济综合实力不断增强。我认为，看待当前财政经济形势，需要把握以下三点：一是我省财政经济出现了健康、快速发展的好局面。继2003年全省GDP和全部财政收入分别跨过7000亿元和600亿元关口后，2004年这两个指标又分别突破了8000亿元和800亿元（可比口径）大关，增速达到12%和20%以上，GDP增长为1997年以来新高，财政收入为1994年以来新高。随着财政实力的增强，我省财政在支持四项重点工作、民心工程建设，增加城镇低保对象、企业退休人员、农村优抚人员等社会困难群体生活补助，以及提高机关事业单位职工工资、解决困难县工资发放问题等方面投入了大量资金，取得了明显成效。全省财政系统干部职工为此付出了艰辛努力，应该给予充分肯定。在此，我代表省政府向全省广大财政工作者表示衷心感谢和诚挚问候！二是我省财政经济正在进入一个较快发展的重要时期，各方面要增强加快发展的信心。我国自去年起通过实施宏观调控，扩大内需、调整经济结构，经济自主增长能力进一步增强，国民经济进入了新一轮增长周期。我省以积极的、有作为的态度，落实国家宏观调控政策，抓住经济结构调整这条主线，大力抓好项目建设和县域经济发展，将有力地促进经济更快更好发展。预计2005年及今后一个时期，全省财政经济将继续保持良好态势。三是当前我省财政经济发展中依然存在一些比较突出的矛盾和问题。财政增收基础不稳固，减收增支因素多，县乡财政困难，政府债务包袱沉重，收支矛盾仍然突出，财政状况还没有得到根本好转。这几年我省确实发展较快，但与全国先进省市还有相当的差距。去年前11个月，我省地方财政收入增长23.8%，仅高于全国平均增幅3.3个百分点，位居全国第10位。因此，对当前的财政经济发展，我们既要看到成绩，也要清醒认识存在的问题和矛盾，切不可盲目乐观。

2005 年是“十五”计划的最后一年，也是我省经济和社会发展的关键一年。我们要用科学发展观统领财政各项工作，促进全省经济社会健康发展。国家对宏观调控政策做了一些调整，与财政工作有关的主要有：一是继续巩固宏观调控的成果；二是实行稳健的财政和货币政策；三是全国财政工作会议出台了一些新的举措，如为缓解县乡财政困难，实行“三奖一补”政策等。对此，我们要认真领会，准确把握，努力做好各项工作。关于 2005 年的财政工作，我重点讲五个问题。

一、抓好增收节支工作，不断壮大财政实力

（一）加强组织收入工作。这几年，尽管我省财政收入规模总量有了较明显的扩大，形势喜人，但财政收入增长的基础还不够牢固，收入质量还不够高，财政实力还不够强。2004 年我省财政收入大幅增加，一个重要原因是一次性收入较多。初步统计，由于审计部门加大审查力度、财税部门严格依法治税管费，清理以前年度欠税和严格缓税约 50 亿元，占到增收总额的三分之一强。从今后看，这种大量的一次性增收将随着依法治税力度的加强而不复存在。同时，我省财政收入占 GDP 比重低的状况仍没有得到明显改善。2003 年全省地方一般预算收入占 GDP 比重为 8.9%，低于全国平均水平（16.1%）7.2 个百分点。

经济是财政的基础。要把千方百计促进经济更快更好地发展作为增加财政收入的根本性措施，立足于加快发展，壮大财源，解决财政困难。同时，必须抓紧抓好财政收入工作。一是要实事求是地编制好 2005 年收入预算。各级在收入预算安排上，财政收入的增长幅度必须高于 GDP 的增长幅度，这是从我省实际提出的刚性要求，必须坚决贯彻落实。二是加强征管，确保完成收入任务。今年组织收入存在出口退税翘尾和农业税率下调两大政策性减收因素，初步测算将影响收入 31 亿多元。加之去年一次性收入比重偏高，因此，对完成今年收入任务决不可掉以轻心。税务部门要继续加大征管查力度，财政和审计部门要从年初就严密监控，建立财、税、审协同工作机制，定期分析情况，及时研究解决问题，确保应收尽收、不搞虚收。三是改善和优化财政收入结构。努力增加税收收入占财政收入的比重，逐步降低非税收入的比重。

（二）严格控制支出。我省目前整体财政实力还较弱，人均水平处于全国中下游。2003 年全省可用财力总量在全国排第 10 位，按财政供养人员计算的人均财力则排在第 20 位。同时，支持改革、促进发展、维护稳定需要大量的财政投入，财政支出压力会越来越大，收支矛盾紧张的状况将长期存在。因此，全省各级都不能放松对财政支出的控制和管理，并要采取切实有效的改进措施。一是在预算安排上要继续认真贯彻节俭理财的思想。在安排支出预算时仍要按照“两个务必”要求，精打细算，厉行节约，勤俭办事，对会议费、招待费、出国考察费、公务用车等一般性支出要从紧控制。省级在安排今年预算时，除了政策性增支事项外，部门正常公用经费水平都没有提高。二是在预算执行中要严格控制追加。要按照公共财政原则，抓紧界定财政支出范围，明确财政管什么不管什么，将不符合支出范围的事项坚决压下来。要加强制度建设，控制预算临时追加。要明确支出标准，研究和分类制定统一规范，依规操作。要明确审批程序，研究制定预算追加审批制度，严格审查，严格控制，规范报批，严防部门申请追加经常化。同时，要加强事后监督，对省级财政支持的项目资金使用情况，必须形成书面反馈材料报告省财政厅。三是在资金拨付上大力推行财政集中收付和政府采购制度。财政集中收付和政府采购是加强财政资金管理的科学方法，几年来，我省在保证财政资金安全、规范财政支出行为、节约财政资金等方面取得了很大成效。但也有些部门反映这两项改革在实际操作中存在着工作程序繁琐、资金拨付不够及时的问题。对此，财政部门要认真研究完善现行制度，尽力简化程序提高效率。有关部门要协同配合，积极推进。四是下决心控编减员。要按照全省编制工作会议精神，强化责任，多措并举，确保如期实现 3 年内压减 20 万财政供养人员的目标。

二、从理顺体制和完善政策入手，为经济发展创造良好环境

财政要坚持和落实科学发展观，必须坚持以经济建设为中心，把支持经济建设摆到重要位置。

（一）要研究通过完善财政体制来促进经济健康快速发展。2003 年起，省对市采取了“四税定额分享、超收或超增长率收入全返”的激励性财政体制，省级对参与分享的四税，确定一个增长率后，超过增长部分全部返给市县。这种激励性体制极大地调动了各市发展经济、组织收入的积极性,坚定了各市加快发展的信心,实施效果非常明显。2003 年和 2004 年,省财政比原体制多返还市县财政收入 4 亿元和 10 亿元以上,发展越快的市县受益越多。各市、县要充分利用好这一激励机制,加快经济发展。当前,我省正在大力实施城镇化战略,在推进城镇化进程中,打破按项目属地划分县乡收入的财政体制,有助于促进产业向园区、园区向城镇、人口向城镇的"三集中"。财政部门应该很好地研究这个问题,尽快建立完善有利于推进城镇化进程的县乡财政体制。

(二)要研究通过优化外部环境来支持经济发展。在目前阶段,经济发展的外部制约因素较多,束缚着经济发展的活力。消除这些障碍,比政府直接增加投资的效果要好,而这也恰恰是财政的用武之地。这几年,财政投入大量资金,支持了部分企业破产,分离了部分企业办社会职能,妥善安置了国有企业下岗职工生活和再就业,大大减轻了企业负担,增强了国有企业的竞争能力;建立了中小企业担保资金,对民营企业发展一视同仁,促进了民营企业快速发展;省财政通过注入资本金等形式,支持了省建投、科投、农投、经贸投等投资公司发展,通过投资公司市场化运作支持经济建设。目前,我们正在研究支持农村信用社改革,解决"三农"资金需求问题。同时,要加大收支脱钩管理力度,消除执收执罚部门经费与组织收入的利益关系,从根本上遏制"三乱",优化经济发展环境。解决"收支两条线"问题,财政系统责无旁贷,必须上升到服务大局的高度来对待。今年一定要采取切实措施,取得突破性进展。

(三)要研究通过对重点领域和重点行业的财政政策扶持来引导经济发展。财政投入经济建设的资金毕竟有限,不应随意使用,必须研究改进投入的方式、方法,通过政策手段,使其发挥出最大的乘数效应,引导和集聚各方面资金,支持重点领域和重点行业,促进经济结构调整。这方面,省级已经有了较大改进,支持经济建设的资金基本上不再直接投入,而是采取贴息、补助、担保、入股等方式。同时,在投入的领域和方向上,重点支持省委、省政府确定的主导产业的结构调整和技术进步,培育新的经济增长点。全省各级财政要按照市场经济要求,继续研究探索新的方式、方法,并将这些行之有效的做法制度化、规范化。

(四)要研究通过维护社会稳定来保障经济发展。今年,省委明确提出要建设"和谐河北",财政部门在这方面职责重大。要从预算安排上保证政法部门经费,增强其维护社会稳定的能力;要尽力增加对下岗职工、城镇低保对象、优抚救济人员的生活补助,体现党和政府对社会弱势群体的关怀;要加快福利分配制度改革步伐,积极研究通过收入再分配手段,缩小部门间因掌握公共资源不同而造成的福利差距,解决社会分配不公问题,化解社会矛盾。今年省级要重点研究实施福利分配的"阳光政策"。

三、进一步完善预算决策机制和编制办法,努力提高财政支出效益

现行的投入法管理模式,包括正在进行的部门预算改革,在预算编制和监督管理中都没有把财政支出绩效管理摆到首要位置,对预算安排的最终绩效情况关注程度不够。一是对财政投资效果不重视,没有一个评价制度。二是在收支矛盾突出的情况下,财政资金使用散乱,效果不好。三是财政资金的拨付使用程序需要改进。因此,随着财政改革的逐步深入,必须尽快把研究完善财政支出绩效管理提上重要议程,努力提高财政支出绩效。

(一)要坚持正确的导向。在 2005 年预算安排上要很好地体现五个方面的要求。一是体现科学发展观,在统筹兼顾基础上,重点支持事权范围内的薄弱环节。二是体现集中财力办大事,在发展的不同阶段和水平下,因地制宜,实事求是,突出解决主要矛盾和问题。三是体现公共财政,增加政府必要投入,为社会经济发展创造必要的环境和条件。四是体现党的十六届四中全会精神,增加执政能力建设方面的投入。五是强调资金使用绩效和厉行节约。

(二)研究完善预算决策机制,增强预算绩效导向。实践表明,财政支出绩效差的根源往往在于项目。提高财政支出绩效,就必须改变现行的部门报项目、财政编预算、没人管绩效的管理状况,研究建立以绩效为导向的预算决策机制,根据绩效情况来确定项目和编制预算。一是要完善决策程序。政府主要负责同志和分管领导要拿出一定的时间和精力来研究项目、安排预算。特别是对关系本地经济社会发展大局的重大项目,必须对项目的经济和社会预期效益进行认真分析和测算,慎重研究,科学决策。二是要健全决策咨询制度。政府要加强咨询研究部门力量,成立由部门领导、行业专家、研究机构学者等组成的决策咨询机构,对本地中长期发展战略规划和年度发展重点进行专题研究，必要时委托有关专业组织进行评估论证，为政府决策提出咨询意见。三是探索实行听证决策制度。对关系广大群众切身利益的重大项目，政府或有关部门可以举行听证会，直接听取有关方面的意见和建议。

（三）研究完善预算编制方法，集中财力保证重点项目需求。集中财力办大事是提高财政支出绩效的重要举措。我省财政支出整体绩效不高，与财政资金使用分散有直接关系。我们讲协调发展，但也并非要求百业俱兴、齐头并进，而是要集中财力解决现阶段的突出矛盾和问题。解决这个问题，需要从完善预算编制方法入手，改进决策程序。发展性资金要切实体现集中财力办大事要求，首先要从三个层次对大事进行提炼：第一个层次是全局性的大事，可以是跨类跨口的大事；第二个层次是各类各口内的大事，可以是跨部门的大事；第三个层次是部门内部需要解决的大事。在财力分配上，要将新增财力和基数内财力一并考虑，按照三个层次先后顺序安排大事。基于上述考虑，2005 年省级预算安排进行了编制方法创新，概括地讲，就是在预算资金安排上，统筹预算内外资金、政府基金和其他收入，打破传统支出基数，由先切资金再定事改为先定大事再切资金，钱随事走，优先保证大事资金需求。从安排结果看，取得了较好的效果，资金集中程度明显提高，一些事关全省经济社会发展和省委、省政府决策部署的大事优先得到了资金保证。在今年省级专项资金预算安排上，突出支持产业结构调整和高新技术研发，支持与人民群众切身利益密切相关的民心工程和其他急办的公共事业，支持解决制约经济社会发展的体制性障碍，大力改善和加强影响执政能力建设的薄弱环节。市县可根据自己的实际情况来决定预算安排的重点，统筹年度预算财力和上年增收形成的结余财力，真正办些看得见、有影响的大事。

四、下大力缓解县乡财政困难，加快全面建设小康社会进程

近两年来，我省在缓解县乡财政困难方面做了很大努力，县乡公教人员工资得到了基本保障。由于县域经济发展不平衡，财政供养人员增长过快，历史债务沉重，尽管省、市给予了很多转移支付，但部分县财政仍然比较困难。今年，我们要结合国家出台的缓解县乡财政困难的政策，切实采取有力措施，进一步加大工作力度，力争在 3－5 年内较为明显地缓解县乡财政困难。

（一）大力支持县域经济发展，增强县级自我解困能力。缓解县乡财政困难，上级帮助虽不可少，但根本上还在于县域经济的发展壮大。省委从实现全省经济更快更好发展的总目标出发，提出了大力发展县域经济的战略决策。各级政府和财政部门要认真贯彻，大力支持县域经济发展。一是进一步完善省与市、市与县的财政体制，充分发挥财政体制对促进经济发展的激励作用。省委省政府已经做出决定，省对市“四税定额分享、超收或超增长率收入全返”的体制，在原定执行到 2005 年后再延长 2 年。省财政厅要在总结前两年经验的基础上，尽快研究制定 2006－2007 年的体制。市级也要按照让利于县的精神，调整市、县财政体制，增强县级财政实力，壮大县级经济基础。同时，各县要彻底摒弃等靠要的思想，立足自身，千方百计加快发展。应该认识到，省、市通过体制调整和转移支付，对支持县域经济发展已经尽了最大努力，县域经济要想最终发展起来，关键还要依靠自身的努力。二是省财政厅要研究制定省对部分扩权县的财政管理体制，积极支持经济基础较好的县（市）更快发展。为促进县域经济发展，省委省政府正在研究对一部分县（市）扩大权力，纳入扩权范围的县（市）在财政体制、项目立项等方面直接对省。省财政厅在研究制定省与扩权县财政体制时，要本着支持让利的原则，积极培育一批全省领先、全国占位的经济强县。三是以项目建设为依托，选准支持县域经济发展的着力点。发展县域经济，项目建设起着决定性的作用。从一些县（市）的发展经验看，经济的快速发展都离不开重大项目，有时上一、两个立县的大项目就能改变一个县的经济格局。因此，省、市财政部门在支持县域经济发展时，一定要重点扶持几个立县的好项目，将“输血功能”变为“造血功能”。

（二）明确解困工作思路，结合中央和省的扶持政策，研究制定一揽子解决方案。缓解县乡财政困难，是一项复杂的系统工程，必须研究制定一揽子的解决方案。在工作中要注意做到五个结合：一是与中央奖补政策结合起来，省、市要将中央有关奖补政策不折不扣地落实到纳入中央缓解财政困难范围的县，并从本级财力中安排一定资金给予配套。二是与省对下激励性财政体制结合起来，省实行对下激励性财政体制多返还的收入，要纳入省缓解县乡财政困难的财力盘子中，市本级多得的财力要拿出一大部分补助困难县。三是与一般性转移支付补助结合起来，省在测算对下一般转移支付时，要将缓解县乡财政困难作为一个重要因素考虑，加大对困难县的支持力度。四是与支持县域经济发展结合起来，支持县域经济发展的有关政策要向财政困难县倾斜。五是与困难县工作成绩结合起来，省、市对县的支持要与受支持县发展经济、精简机构人员、控制一般性支出等工作挂起钩来，奖优罚劣。各级政府和财政部门要以"五个结合"为切入点，努力做好各项工作，千方百计缓解县乡财政困难。

（三）实行分类指导，严格责任考核奖惩。从目前掌握的情况看，我省纳入中央奖补范围的困难县，少于实际的财政困难县个数。纳入中央奖补范围的困难县，确定实现解困的时限也因各县实际情况而不尽相同。这样，我省缓解县乡财政困难问题，必须因县制宜。省、市两级要根据各县实际，实行分类指导和有计划地扶持。尤其是各市要加大支持力度。由于缓解县乡财政困难事关全局、关系重大，必须建立严格的责任制度并实行考核奖惩。县级班子作为第一责任人，要把如期缓解本县财政困难问题作为党委政府的头等大事紧紧抓住不放，对有关方面实行责任分工，量化考核，严明奖惩，千方百计保证工作顺利推进。省、市两级要确保按要求足额筹措支持资金并及时补助到县，对县级遇到的特殊困难，要在政策、资金等方面尽力给予支持。同时，各级财政部门要与有关部门密切配合，为国家和省市政府决策提供相关的基础数据。要切实加强监督检查工作，以财政部门为主，对各县使用上级补助资金情况开展专项检查，坚决查处弄虚作假、骗取上级补助资金的行为。

五、进一步加强财政监督工作，严肃财经纪律

近年来，我省大力推进各项财政改革，不断加强财政监督，各级各部门依法理财、依法用财的水平明显提高。但财经领域的违规问题还比较多，甚至违法违纪问题还时有发生，不管查到哪个地方或哪类专项资金，都或多或少地存在问题，有些还很严重。究其原因，既有在新旧体制转轨过程中出现的矛盾得不到解决的非正常反映，也确实存在私心作怪，弄虚作假，贪污腐败。因此，解决这些问题，也必须从这两个方面入手，理顺机制，完善政策，严肃财经纪律，加大财政监督力度。

（一）明确监督责任，增强监督合力。各级政府要加强对财政监督工作的指导，组织协调好财政、审计、税务等行政执法部门的监督工作。财政部门主要负责抓好对预算编制的审核监督和对预算执行过程的重点监督；审计部门主要负责抓好对本级各部门和下级政府预算执行情况的监督；税务部门主要负责抓好对纳税义务人执行税法、履行纳税义务的行为进行监督；部门及其所属单位主要负责抓好对本部门和本单位内部监督制度执行和财务收支行为的监督，并对财政资金管理使用的规范性、安全性和效益性负直接监督责任。

（二）改进监督形式，提高监督效果。随着部门预算、国库集中支付和政府采购制度改革的不断推进，财政收支管理的形式发生了很大变化，财政监督应该适应这种变化而随之调整。一是由局部监督向全面监督转变。财政监督的重点要在以往重收入监督转向收支监督并重，并逐步加大对支出管理的监督。同时，要适应部门预算管理改革，将监督延伸到收支预算编制、收入解缴、资金拨付、使用管理等各个环节。二是由事后监督向事前、事中全过程监督转变。财政监督要区别于审计监督，把监督的着力点更多地放在财政管理过程中，突出事前预防、事中控制的财政监督特点，通过监督关口前移，尽量把问题解决在萌芽状态。三是由重点监督向日常监督和重点监督相结合转变。在有针对性地开展一些重点监督工作的同时，要坚持不懈地抓好日常监督工作。特别是财政内部各个部门预算管理处（科），要把对部门收支预算管理的日常监督作为一项重点工作，通过加强对财政日常管理工作的监督检查，发现财政管理过程中存在的问题，提出整改意见，促进财政管理水平的提高。

（三）创新监督管理，加强支出监控。一是实行财政监察员派驻制度。今年省级要选择部分部门进行财政监察组派驻试点，省财政厅和所派驻部门要相互配合，积极稳妥地开展试点工作。二是实行专项资金项目公开制度。将与专项资金管理使用有关的政策依据、资金来源、投资方向、项目确定、项目金额、执行进度和资金使用等信息，以及项目审核、管理、执行的责任人及其责任，通过微机网络等方式逐步予以公开，接受群众监督。三是实行专项资金预算执行情况年度报告制度。各部门要结合年度财务决算工作，向财政部门报送专项资金预算执行及履行本部门监督职责情况的报告。四是实行对下督察制度。省对市、市对县实行逐级对下督察，重点督察财政专项资金管理使用情况，发现问题，及时查处。

(四)依法加强监督，加大查处力度。去年底，国务院颁发了《财政违法行为处罚处分条例》，为加强财政监督提供了法律保障。《条例》对财政违法行为规定得十分具体，处罚和处分裁量明确，尤其是加大了对违法责任人员的处罚力度，具有广泛的约束性和很强的操作性。各级财政部门要认真抓好《条例》的学习宣传，强化依法监督意识，履行应尽职责。财政资金在哪一级分配，在哪一级执行，就由哪一级财政部门和预算部门负相应的审核、管理和监督责任；在哪一个环节出现问题，就追究哪一个环节直接负责人和相关责任人的责任。通过加强监督，追究责任，有效地遏制各种财政违法违规行为的发生。省委决定，今年开展一次对专项资金使用情况的整顿活动，作为加强廉政和反腐败工作的一项重要内容，各级财政部门要积极配合。

同志们，2005年的财政工作任务繁重。希望全省广大财政干部职工乘势而上，求真务实，开拓创新，以更加卓有成效的工作，为全省经济再上新台阶做出新的更大的贡献。

以科学发展观　统领财政工作全局
促进全省经济社会更快更好发展

——在全省财政工作会议上的讲话

河北省财政厅副厅长　陈金城

(2005年1月6日)

同志们：

这次全省财政工作会议的主要任务是，认真贯彻中央、省经济工作会议和全国财政工作会议精神，总结2004年全省财政工作，深入分析当前财政经济形势，以科学发展观为指导，部署2005年财政工作。刚才，左绍伟同志传达了全国财政工作会议精神。一会儿，郭庚茂常务副省长还要作重要讲话，大家要深刻领会，认真贯彻落实。下面，我先讲几点意见。

一、2004年全省财政工作成绩喜人

2004年，全省各级财政部门认真贯彻落实省委、省政府的各项重大决策部署，高扬"树正气、讲团结、求发展"的主旋律，坚持以科学发展观为指导，以积极的、有所作为态度贯彻中央宏观调控政策，狠抓各项工作落实，全省预算执行情况良好，财政各项工作取得了新的进展。总结一年来的财政工作，我们认为有以下几个突出特点：

(一)全省财政收入快速增长，重点支出得到较好保障。2004年面对中央加强宏观调控的新形势，全省各级财政部门及时加强对经济和财政收支形势的分析与监控，狠抓增收节支，积极配合税务部门依法加强收入征管，科学安排支出，严格支出管理。同时，激励性财政体制对市县经济发展和财政增收的激励作用进一步显现，促进了全省财政收入快速稳定增长。据快报统计，全年全省全部财政收入完成781亿元，增长23%(按可比口径，全部财政收入达839.8亿元，比上年增长32.3%)，其中，地方一般预算收入完成408.3亿元，增长21.6%。全部收入全年增收146.1亿元，是1994年以来增量最大、增幅最高的一年。按现行财政体制测算，省本级一般预算可用财力超收10.46亿元，主要用于农业科技教育事业发展、支持国有企业改革、加强社会保障、出口退税困难县补助、重点公益项目和执法能力建设等。全省一般预算支出完成753.2亿元，占调整预算的94.8%，比上年增长16.5%。财政支出中各项重点支出得到了较好保障，其中，农林水利气象支出增长87.2%；社会保障补助支出可比增长5.4%；公检法司支出增长15.3%；教育事业费支出增长12.9%；科学事业费支出增长10.8%，科技三费增长21.8%。

(二)主动服务大局，准确把握和贯彻国家宏观

调控政策。2004年以来,党中央、国务院针对国内经济发展中出现的问题,加大了宏观调控力度。全省各级财政部门按照省委、省政府的决策部署,认真分析和把握形势,坚持积极的、有所作为的方针,在贯彻国家宏观调控中发挥了积极的作用。一是着眼经济社会发展全局,为党委、政府当好参谋。我们利用亚洲开发银行技术援助赠款,组织中外专家完成了《河北省发展战略研究报告》,把目前我省经济界定为"以资源型产业为主的内循环经济",为我省调整产业结构、财源结构和提高经济外向度进一步提供了依据;提出了我省经济发展正处于"由资源推动向投资推动的转换阶段",要结合我省的省情,区别对待、有控有保,不搞一刀切、急刹车地落实宏观调控政策建议,得到了省委、省政府领导的充分肯定。二是紧紧围绕四项重点经济工作,大力支持经济发展。各级财政部门准确把握国家宏观调控政策,在控制部分行业投资过快增长的同时,统筹安排财政各类发展性资金,集中投向技术含量高、符合结构调整要求的项目,保持了投资合理增长和促进了经济结构调整。全省财政基本建设、挖潜改造、科技三项费支出76.2亿元,争取国债资金39亿元,重点支持了南水北调、大型水库除险加固、退耕还林和传统产业技术改造、农副产品加工等项目;投入资金2.12亿元用于信息产业、高新技术产业等项目建设,促进了全省产业、产品结构的改善和升级。大力推进国企改革,安排资金2.67亿元,全面启动了省属企业主辅分离、辅业改制工作,妥善解决了河北红星汽车厂、涞钢、涞铜破产遗留问题,安置职工5700余人。推进粮食流通体制改革,筹措资金3.76亿元用于支持国有粮食购销企业改制,全省粮食购销企业改制和布局调整基本完成,分流人员5.66万人。围绕解决民营企业融资难问题,积极推进中小企业信用担保体系建设,全省共建立担保机构130家,筹集担保资金20.2亿元,其中各级政府出资7.9亿元。切实抓好出口退税改革政策的落实,全年出口退税45.8亿元,促进了全省外贸出口。三是充分发挥激励性财政体制的作用,调整了有关市的省市"四税"分成比例,省级分成增长率在上年的基础上又降低了1个百分点,预计多返还市县财力10亿元,调动了市、县发展经济、增加财政收入的积极性。

(三)加大了对"三农"的投入,促进粮食增产农民增收。制定和实施了财政推进农村小康社会建设的若干政策措施,建立健全农业财政投入的稳定增长机制,2004年全省农业支出23.6亿元,重点支持了农业科技进步、农产品质量检测、动植物防疫体系、农业综合开发和农村"六小工程"。认真落实粮食直补、良种补贴、大型农机补贴等惠农政策,筹集和发放粮食补贴资金6.08亿元,使全省5300多万农民受益,安排良种补贴、大型农机补贴资金1900万元。进一步推进农村税费改革,全省农业税平均税率比上年下降3.06个百分点,全省农民税负比上年减少16.6亿元。农业综合开发工作围绕农业基础设施建设和农业结构调整,强化项目和资金管理,抓好项目建设,取得了新的成绩。2004年财政支农政策措施力度之大、落实措施之快之实、农民受惠之多,是多年来所没有的,极大地调动了广大农民的积极性,有力地促进了粮食增产和农民增收。

(四)注重统筹协调,认真贯彻落实科学的发展观。按照统筹区域以及经济和社会发展的要求,各级财政部门积极调整财政支出结构,加大对经济欠发达地区和社会事业发展薄弱环节的保障、支持力度。一是切实推进"民心工程"建设,促进社会重点事业的发展。通过争取中央支持和省级预算安排,用于"十项民心工程"建设的资金达33.76亿元。全省一般预算教育支出134.4亿元,支持了重点大学、重点学科建设、农村中小学危房改造和布局调整以及农村教育扶贫工程。全省医疗卫生支出36.6亿元,重点支持了省、市、县三级疾病控制和医疗救助项目建设,以及新型农村合作医疗试点。二是促进区域协调发展。加大扶贫开发力度,大力支持县域经济发展,同时激励性财政政策向经济欠发达地区、困难地区倾斜。三是认真解决关系人民群众切身利益的问题。2004年省委、省政府下大力解决我省工资水平偏低和县乡欠发工资问题,在调整最低工资标准和提高城市困难群体低保水平的基础上,适当提高了行政事业单位职工职务津贴标准。同时省财政安排资金15.6亿元用于市县保工资转移支付,比上年增加4.6亿元,基本解决了多年来遗留的国家增资政策不到位的问题。积极促进就业再就业工作,省和市都从一般预算收入中安排不少于1%的资金,专项用于就业再就业,全省各级财政就业补助支出达4亿元。认真落实"两个确保"和"低保"政策,全省基本养老保险费支出87.3亿元,城市最低生活保障支出4.9亿元,全部实现了按时足额发放。

（五）财政管理创新和机制创新迈出新步伐。一是进一步完善预算决策和管理机制。按照省委、省政府集中财力办大事的方针，切实解决财政资金使用“散”和“碎”的问题，资金整合取得了一定成效。二是对省级部分部门和项目开展了绩效评价试点，预算编制的科学性、规范性和财政资金使用的责任意识、绩效意识进一步增强。三是国库集中收付制度改革在省本级全面实行，并向基层预算单位延伸。唐山、保定、秦皇岛、邯郸、邢台等 5 个试点市改革顺利推进。四是政府采购规模和范围进一步扩大，全省政府采购金额将超过 60 亿元，节支效果明显。五是财政监督工作进一步加强，监督机制进一步完善，研究推进了委派部门财政监察员制度试点工作。

这些成绩的取得，是省委、省政府正确决策和领导的结果，也是全省财政战线广大干部职工共同努力的结果。新春将至，在此，我代表财政厅党组，也代表齐守印厅长对大家表示衷心的感谢，并致以节日的问候！在充分肯定 2004 年财政工作成绩的同时，我们也必须清醒地看到，财政运行中还存在一些突出的矛盾和问题：公共财政理念还没有真正树立起来，财政支出范围和结构仍然不尽合理，财政职能缺位与越位并存；财政收支矛盾仍还比较突出，许多亟待加强的薄弱环节保障程度还不够；集中财力办大事的方针还没有完全体现到预算编制中；县乡财政普遍比较困难；多方面风险向财政转移和积聚，防范和化解财政风险的任务非常艰巨；财政资金损失浪费现象还比较普遍，财政监督不力，财政管理水平和财政资金使用效益尚待提高；等等。应该说这些问题从根本上讲是体制转轨过程中出现的，是改革与发展中的问题，也有我们工作指导上的问题。因此，我们必须在深化改革中解决深层次的矛盾，在加快发展和改进工作中解决前进中的问题。

二、坚持以科学发展观为指导，切实做好 2005 年的财政工作

2005 年是“十五”计划的最后一年，也是贯彻落实科学发展观、巩固宏观调控成果、实现全省经济社会更快更好发展的关键一年。2005 年我省经济发展整体环境比较有利。世界经济继续回升，美国、欧盟、日本三大经济体经济复苏形势仍将持续，国际产业加快转移；国内改革全面深化，经济自主增长能力进一步增强，发展势头强劲；我省较好地处理了宏观调控对经济的负面影响，经济结构调整和经济增长方式的转变都有了新的进展，全省民心思进，发展环境明显改善。这些都为做好今年的财政工作奠定了坚实的基础。

2005 年我省财政工作指导思想是：以邓小平理论和“三个代表”重要思想为指导，认真贯彻党的十六届三中、四中全会和省委六届六次全会精神，以科学发展观统领财政工作全局，按照“五个统筹”的要求配置财政资源，集中财力解决影响经济社会发展全局的突出矛盾和问题；继续深化财政改革，切实加强监督管理，努力增收节支，提高资金使用效益，确保圆满完成全年预算任务，积极促进全省经济和社会发展目标的实现。

根据上述指导思想，2005 年全省财政工作主要目标任务是：

——财政收入继续保持快速稳定增长。2005 年财政预算安排是：全省全部财政收入计划安排 830 亿元，可比增长 10.3%，其中，地方一般预算收入计划安排 435.34 亿元，可比增长 10.7%。省本级一般预算收入计划安排 110.55 亿元，可比增长 7%。这是根据全省经济较快增长，充分考虑今年省对市县“四税”定额分享、超收全返或分成增长率再下调 1 个百分点（由去年的 8% 下调到 7%）、加大对县乡财政困难的解决力度等对财政增收的积极影响，以及出口退税翘尾和减免农业税等减收因素（约 31.3 亿元），经过认真测算确定的，既与全省 GDP 增长幅度基本相适应，也超过了近几年财政收入预算可比增幅，因而是比较积极稳妥的。

——调整优化财政支出结构。进一步按照科学发展观和公共财政的要求，调整和优化财政支出结构，有保有压，有促有控，集中财力办大事。围绕四项重点经济工作，大力支持经济建设；围绕构建和谐河北，加大对重点社会事业的投入，大力支持“民心工程”建设；围绕加强执政能力建设，重点解决影响执政能力建设的薄弱环节。

——财政改革取得新突破。在巩固近几年财政改革成果的基础上，全面深化财政体制、预算管理、国库管理制度、政府采购、农村税费、收支两条线管理等项改革，使各项改革的整体效应进一步增强。

为实现上述目标，2005 年突出抓好以下五个方面工作：

（一）狠抓紧增收节支，确保完成财政预算任务。一是坚持依法治税，搞好部门协作配合，严格控制税收减免政策,坚决打击偷逃骗税行为,全面清缴各种欠税,加强对重点行业、重点领域、重点部门、重点税种的监控,努力做到应收尽收,严禁人为压低或抬高财政收入,提高收入质量。二是加强行政性收费和政府基金的征收管理,完善国有资源(资产)有偿使用收入、国有资本经营收益、特许经营权有偿出让收入和罚没物品拍卖收入等管理办法,严格按规定纳入预算,实行规范化管理。三是严格支出管理,维护预算的严肃性和权威性。坚持"一要吃饭、二要建设"的方针,财政支出要保证公教人员工资正常发放,保证法定支出依法增长,保证国家机关正常运转和政法部门执法办案必需的经费。严格控制楼堂馆所建设,大力压减会议费、招待费、差旅费和无实质内容的出国考察培训等一般性支出,遏制花钱相互攀比、办事铺张浪费等不良风气,确保重点支出的需要。要加快财政支出进度,使资金尽快到位达效,确保全年全省财政支出进度达到95%以上。

(二)以"一条主线、两个支撑"作为财政工作的着力点,充分发挥财政职能作用,促进全省经济更快更好发展。白克明书记在全省经济工作会上明确提出,2005 年我省经济工作的着力点就是"以改革开放为动力,抓住结构调整这条主线,促进经济增长方式转变;主要靠一批能够影响和带动全局的重大项目,靠大力发展县域经济这两大支撑。"财政工作要牢牢抓住经济建设这个中心不动摇,把"一条主线、两个支撑"作为财政工作的着力点,综合运用财政政策、资金、体制,不断拓展四项重点经济工作的深度和广度,促进全省经济持续较快发展。一是要把加强宏观调控作为新的发展机遇,促进产业结构调整。围绕培育壮大十大主导产业,用好财政基建支出、重点项目资本金、产业结构调整资金、高新技术产业研发资金、传统产业技术改造资金、信息产业发展资金等,特别是着力支持钢铁、建材等传统行业技术改造、产业升级,促进经济增长方式的转变,把存量做强。二是要优化财政投资结构,促进重大项目建设。认真研究落实、用足用好国家有关政策,发挥财政资金政策引导作用,把握好投资方向,进一步加大投资力度,支持一批对我省经济发展有重要支撑、能够影响和带动全局的战略性项目,把增量做优。三是认真落实国家稳健的财政政策,继续争取国家更多的资金支持,切实加强国债专项资金管理,确保国债项目按时投产达效。四是认真研究和完善促进民营经济发展的财政财务政策,用好中小企业发展专项资金和信用担保资本金,大力支持全省中小企业服务体系和信用担保体系建设,重点支持省委、省政府确定的 100 家民营企业的发展。

(三)支持改革和机制创新,促进完善社会主义市场经济体制。一是大力支持国有企业改革。2005 年是我省国有企业改革的攻坚年,财政部门要把国企改革作为全省经济体制改革的中心环节,以"两增、两减、两分"为主线,加快我省国有经济结构战略性调整步伐。多渠道筹措改革资金,建立包括财政资金、国有资产收益、国有资产产权转让收入等在内的多渠道国企改革资金筹措机制,把国企改革不断地引向深入。二是推进农村信用社改革。认真研究和落实好中央各项支持农村金融和农村信用社改革的财税政策,促进完善农村金融体系,增强农村金融的服务功能,强化对各类金融机构的监管,防范与化解金融风险,使农村金融更好地服务于农村、农业和农民。三是研究收入分配、机关后勤社会化和事业单位改革的政策措施,逐步实现"阳光收入",规范机关事业单位的财政供给政策。

(四)坚持"五个统筹",促进经济社会协调发展,努力构建和谐河北。一是支持社会科教事业加快发展。落实科教兴冀战略,加大对科技、教育的投入,确保法定增长。继续支持农村中小学危房改造、布局调整、义务教育巩固提高、中小学远程教育及师资培训等,落实贫困生"两免一补"政策。大力支持重点大学、重点学科、重点实验室建设以及高层次人才引进,力争用 3—5 年时间在我省塑造出全国知名的高水平大学。加大科技投入,优先支持主导产业调整和高新技术产业研发,支持农业科技研究,提升我省农业科技创新和成果转化能力,加快大型科学仪器、自然科技资源、网络科技环境和科技信息共享等科技基础条件平台建设。支持文化、体育等各项公益事业发展,丰富人民群众精神生活,促进社会和谐发展。二是加大公共卫生资金投入。重点支持疾控预防体系、传染病医疗救治体系、农村卫生基础设施、新型农村合作医疗、乡镇卫生院等重点项目建设,积极支持城镇医疗卫生"三项"改革。三是促进就业再就业,做好"两个确保"和"低保"工作。继续贯彻落实国家和省出台的一系列促进就业再就业的优惠政策,确保与各项优惠政策相关的资金落实到位。进一步完善社保费税务征收体制,加大社会保障基金征缴力度，提高社保资金自求平衡能力。确保离退休人员养老金和国有企业下岗职工基本生活费按时足额发放。四是加大环境和资源保护投入。加强重要生态功能区、重点资源开发区、文明生态村建设，继续支持21世纪首都水资源利用规划、京津风沙源治理等重大生态工程建设。加强环境保护，以改善环境质量为核心，大力支持水、大气污染防治和生态保护，特别要尽快使省会的空气质量有一个明显的改善。

（五）进一步深化财政改革，全面推进依法理财。一是按照各级政府管理经济社会事务责权合理划分和分级财政原则，尽快明确省以下各级政府间财政支出责任，逐步解决财政资金供给的“缺位”和“越位”问题。进一步完善省对市县激励性财政体制，加大省市级财政对县乡的转移支付力度，缓解县乡财政困难。二是继续深化预算管理制度改革，进一步完善预算决策机制，将综合预算、项目预算和标准定额预算做深做细，建立和完善财政支出标准体系、财政预算项目库；加大支出绩效评价工作力度，指导试点部门探索编制绩效预算和三年滚动预算。三是继续深化国库集中收付管理制度改革，省级重点完善工作制度，规范流程，并向二、三级预算单位延伸；市级大力推进建立国库单一账户体系，实行零余额清算；县乡两级也要由财政集中支付向国库集中支付模式转换。四是积极推进政府采购改革，进一步抓规范、上规模、强监管，力争采购规模超过80亿元。五是强化财政监督。完善财政监督职能，逐步形成财政监督机构与各业务机构之间分工明确、协调配合、互相制约、沟通顺畅的工作机制，促进财政监督与财政业务管理的紧密结合，构建系统、全面、有效的动态监督体系。启动并逐步完善派驻部门财政监察员制度，着手建立重大项目、重大支出监督责任追究制度。

三、大力支持县域经济发展，努力缓解县乡财政困难

我省县域经济占全省生产总值的70%，占全部财政收入的40%左右，要实现“翻两番”的奋斗目标，没有县域经济的大发展是不可能的。由于历史的和自然条件的原因，我省县域经济发展缓慢，加上财政供养人员增长过快、省以下财政体制不完善等因素，部分县乡财政较为困难，成为财政经济运行中比较突出的问题。党中央、国务院和省委、省政府对县域经济发展高度重视，社会各界也广为关注。为此，省委、省政府已把发展县域经济作为2005年全省经济发展两个支撑点之一，集合多方面力量给予大力支持。中央财政也将出台缓解县乡财政困难的具体政策。2005年中央财政专门安排150亿元，按照以奖代补、将中央财政奖励与地方工作实绩挂钩的思路，实施“三奖一补”政策。具体地说就是：对财政困难县乡政府增加县乡税收收入和省市级政府增加对财政困难县财力性转移支付给予奖励；对县乡政府精简机构和人员给予奖励；对产粮大县给予奖励；对以前年度缓解县乡财政困难工作做得好的地区给予补助。其基本目标是：引导省市级政府将财力向困难县乡倾斜，保护和调动产粮大县生产的积极性，鼓励县乡增收节支、精减机构和人员，确保县乡机关事业单位职工工资及时足额发放和基层政权的正常运转，保障县乡义务教育和公共卫生等公共财政支出的基本需要，逐步推进基本公共服务均等化进程，为促进城乡协调发展奠定基础。

发展县域经济是一项系统工程，必须统筹考虑，既立足当前，又着眼长远；既突出重点，又兼顾全局。各级财政部门要从实践“三个代表”重要思想、贯彻落实科学发展观和加强党的执政能力建设的高度，充分认识发展县域经济，缓解县乡财政困难的重要性和紧迫性，确保“三奖一补”政策落到实处，促进县域经济的快速发展。

（一）进一步加大对“三农”的支持力度。全面推进农村税费改革，落实好农业税税率降低2个百分点、对34个国家级贫困县全部免征农业税政策。同时，大力推进县乡政府机构、农村义务教育和县乡财政体制等三项配套改革。建立和完善农业投入稳定增长机制，大力支持农业产业化，促进农业区域化、规模化和专业化生产，推进产业向园区集中，园区向城镇集中，农业人口向城市集中。继续实行对种粮农民直接补贴政策，增加良种补贴和农机具补贴，支持粮食生产，提高粮食综合生产能力。加大贫困地区农村人畜饮水、乡村道路等农业和农村基础设施投入，进一步改善农村生产生活条件，以促进县域经济的发展。

（二）加大转移支付力度，继续实施激励性财政体制。省财政将在落实好中央“三奖一补”政策的同时，进一步加大转移支付力度，不断增强困难县的财政保障能力。各市也要积极完善财政体制、调整支出结构，加大对困难县的支持力度。省委、省政府已决定继续实行财政激励体制，这一政策 2005 年继续执行，并在原定三年基础上再延长至 2007 年，以加快缓解县乡财政困难的进程。

（三）改革省对县、县对乡的管理方式。省委、省政府已经决定，将扩大部分县（市）的管理权限。就财政而言，将推行省对这些扩权县财政管理方式改革，在体制补助、税收返还、转移支付、财政结算、专项补助、资金调度等方面直接核定并监管到县，特别是要在中央缓解县乡财政困难奖励补助资金的分配和管理等方面也要直接到县。大力推进乡镇财政管理方式改革试点。对经济欠发达、财政收入规模小的乡镇，探索试行由县财政统一管理其财政收支的办法；对一般乡镇，原则上都要大力推行“乡财县管”财政管理方式，在保持乡镇资金所有权和使用权不变、财务审批权不变的前提下，采取“预算共编、账户统设、集中收付、采购统办、票据统管”等管理方式。

（四）切实强化县乡财政管理。县乡财政资金首先用于保证机关事业单位人员工资发放、社会保障待遇发放和基层政权正常运转需要；其次是安排农业、教育、科技、卫生等事关经济社会发展的支出；然后再根据财力可能办些改善人民生产生活条件的实事。要编制县乡财政综合预算，统筹安排使用县乡政府全部财政性资金；要硬化县乡财政预算约束，没有预算不得随意支出，杜绝各种劳民伤财的“政绩工程”、“形象工程”。要逐步清理和解除县乡政府债务，严格控制新增债务，全面推进深化农村税费改革的三项配套改革工作。

（五）精心组织，狠抓落实。一是要加强组织领导。各级财政部门要积极争取本级党委和政府的支持，把解决县乡困难列入 2005 年财政工作的重要议事日程，制定切实可行的具体实施办法和配套措施，特别是要在 2005 年的预算安排中充分予以考虑。不享受“三奖一补”政策的县（市、区），也要参照政策精神，采取有效措施，使县乡财政有一个更大的发展。二是做好基础工作。市、县财政部门要与人事、编制、农业、统计、粮食等有关部门密切配合，根据财政部确定的困难县标准，全面、真实、准确地核实财政供养人数、基本支出标准、可支配财力等相关基础数据，做好“三奖一补”困难县的申报工作，坚决防止弄虚作假、套取上级资金。三是要跟踪研究，完善政策。各级财政部门要针对“三奖一补”政策实施过程中出现的新情况、新问题，及时研究解决办法，不断完善这一政策措施。

四、着眼于提高依法行政能力，加强干部队伍建设

为完成好各项财政任务，各级财政部门要把干部队伍建设摆到重要位置。要认真学习贯彻党的十六届四中全会和省委六届六次全会精神，围绕公共财政建设和落实科学发展观，更新观念，创新制度，转变作风，全面提高干部队伍整体素质。

（一）大力创建学习型机关，造就一支富有时代精神和创新能力的干部队伍。改革和发展的本质在于创新，创新的基础在于善于学习。一个人的学习能力是唯一持久的竞争力。广大干部职工都应树立终生学习的理念，把学习作为工作之需，作为终身之事。“天行健，君子当自强不息。”“业精于勤荒于嬉，行成于思毁于随。”我们目前的许多改革与管理工作都是前无古人的，即使是一些常规性工作，也面临着不断发展变化的新形势、新问题，一味循规蹈矩、按部就班，靠经验、靠本本都是行不通的。省委把创建“学习型机关、建立高素质的队伍”活动作为今后一个时期的重要工作。我们要通过开展创建“学习型机关”活动，使广大机关干部养成“坐下来读书”、“静下来思考”、“沉下去调研”、“拿起笔写作”的习惯，并持之以恒地把这种习惯保持下去，积铢累寸、积少成多，促进机关干部职工个体素质和干部队伍整体素质的提高，推进以才兴财，打牢干事创业的人本基础。一是要认真学习邓小平理论和“三个代表重要思想，从理论和实践的结合上，增强运用科学发展观指导财政工作、促进经济社会发展的自觉性。二是要加强业务理论知识的学习与培训。要跳出就财政论财政的狭小思维空间，着眼于经济社会发展全局，在学好用好财政、税收、财务、会计知识的基础上，广泛学习哲学、经济学、法学、公共管理学等知识，提高观察问题、分析问题、解决问题的能力。通过不断地学习，解放思想，更新观念，始终保持浩然正气、昂扬锐气和蓬勃朝气，不断实现各项工作的突破和创新。

（二）大力推进依法行政、依法理财。依法行政、依法理财的目标是建设法治财政。各级财政部门要切实提高依法理财的观念和能力，加强对推进依法行政、依法理财工作的领导。一是增强法律意识，提高法律素质。各级财政部门的领导干部要带头学法、用法，要建立领导干部定期参加法律学习制度。

要加大对工作人员法律知识的培训，新录用的工作人员进行岗前培训时，必须学习有关依法行政、依法理财的知识。财政部门执法人员上岗前，必须进行法律法规知识培训，经考核合格后方可上岗。二是要高度重视财政立法工作。根据财政改革与发展的新进展，研究财政立法规划，及时将实践中行之有效的办法和制度上升为规范的财政法律法规，建立健全财政法制体系。要建立健全财政法制机构，培养一支懂财政、通法律、政治强、作风硬的高素质财政法制干部队伍，充分发挥财政法制机构在依法行政、依法理财过程中的参谋、助手和法律顾问作用，三是认真贯彻《行政许可法》，深化行政审批制度改革，认真清理行政审批事项，依法规范理财行为。

（三）毫不放松地抓好党风廉政建设和行风建设。党风、行风、工作作风反映一个单位、一个人的精神面貌和整体素质，体现着工作的水平、质量和效率。精神状态问题，本质上是感情、责任和追求问题，一个人有了对党对人民事业的“感情、责任和追求”，工作就有动力，就会出成果、出成绩。多年来，我省财政系统的党风廉政建设和作风建设是比较好的，特别是近年全省11个市都获得了行风建设第一名的好成绩，财政系统干工作、干事业的氛围比较浓，在各部门中口碑较好。但我们不要满足，作为管钱的部门，我们在党风廉政建设和行风建设上决不能有丝毫松懈，必须做到警钟长鸣，长抓不懈。要加强党风廉政教育，增强贯彻党风廉政建设责任制的自觉性。财政部门一定要坚决刹住送钱收钱、跑官要官、参与赌博和打着领导旗号、利用领导权力办私事等“四股歪风”，做廉政勤政的模范。必须进一步振奋精神，改进工作作风，把财政系统的行风建设往深里做、往实里做，按照省委提出的“严细深实快”要求，突出抓好行风建设向窗口单位和基层站所的有效延伸，树立财政干部良好的形象。

同志们！2005年财政改革与发展的任务相当繁重，使命十分光荣。让我们在省委、省政府的正确领导下，在上级财政部门的指导下，努力开拓创新，坚持与时俱进，更加卓有成效地努力工作，不断开创财政改革与发展工作新局面，为全省经济社会更快更好发展作出新贡献！

特　　载

坚持依法行政　推进依法理财

——为《河北省省级预算管理规定》颁行而作

河北省人民政府省长　季允石

《河北省省级预算管理规定》(以下简称规定)以省政府令的形式，于今年 3 月 1 日起正式颁布实施。《规定》是我省新时期财政预算管理的综合性行政规章，它凝结了我省几年来在建立公共财政体制方面的预算改革成果，在全国首次以地方政府规章的形式确立了与市场经济体制基本相适应的新型预算管理模式，体现了依法行政和依法理财的具体要求。全省各级特别是省直各部门必须认真学习和贯彻落实好这个《规定》，进一步把我省预算改革与管理提高到一个新的水平。

一、充分认识制定和颁发《规定》的重大意义

依法治国、依法行政是我国新时期治国施政的基本方略。财政预算管理作为政府行政工作的重要组成部分，应该也必须贯彻依法管理的基本原则，把各项管理活动纳入法制化轨道。

1994 年我国制定颁行了《预算法》及其《实施条例》，它对我国预算管理的根本制度做出了法律规范，开创了我国依法理财的先河，对于健全国家预算管理，强化预算约束机制，严肃财经纪律，加强国家宏观调控，起到了十分重要的作用。随着我国市场经济体制的逐步推进和公共财政管理机制的不断创新，两个预算法律文件越来越难以涵盖丰富的现实预算管理活动。

从我省实际情况看，经过几年艰苦的改革探索，新的预算管理框架基本构建起来。与《预算法》及其《实施条例》所反映的传统预算管理模式相比，新的预算管理框架主要是适应科学理财、民主理财、规范理财要求，对预算管理的内容、形式、程序和责权配置进行了较大程度的深化和细化，更加突出了预算管理的可操作性。这些改革符合国际预算管理发展方向，并且实践证明行之有效。

在推进改革过程中，我省先后研究制定了一系列的管理制度和方法，为依法理财和规范理财奠定了一定基础。为提升理财境界，实现科学理财基础上的依法理财，省政府投入很大精力，认真总结我省成功的经验做法，着眼于进一步深化改革，研究制定了《河北省省级预算管理规定》。《规定》作为政府行政规章，具有一定的法律效力。它的颁行，从法规层面上肯定了我省的预算改革，确立了新的预算管理模式，有利于统一思想、消除阻力、提高预算管理工作效能，进而加快全省深化预算改革的进程。作为预算管理方面的一个专门法律性文件，《规定》体现了科学的管理思想和先进的管理理念，无疑将极大地推进我省公共财政体制建设。同时，作为全国第一个地方性的预算管理规章，《规定》的出台，不仅丰富了我省财政法制体系，而且对促进全国的财政法制建设也将产生积极的影响。

二、准确把握《规定》所蕴含的法治、科学、民主、规范的理财精神

《规定》作为我省省级预算管理的规章，体现着十分鲜明的法治、科学、民主和规范的时代理财精神。在依法理财方面，它规定省政府和各有关部门必须依法编制、审查、执行、变更预算，明确了有关方面的职责和权限、工作程序和时间要求，对违反规定行为明确了法律责任。在科学理财方面，它把部门预算、综合预算、零基预算、标准定额预算、项目预算、绩效预算、滚动预算、政府采购预算、收支两条线管理、财政集中支付、专项资金分类分口支出限额管理、整合资金办大事等一些与国际接轨和属于国内领先的预算管理理念和做法确立下来，大大提高了预算管理的科学性。在民主理财方面，它明确了政府、财政和部门的预算管理责权，提出了完善预算决策机制的要求，强化了部门的基础作用、财政的综合管理作用和政府的领导与决策作用。在规范理财方面，它规范了收支预算范围、预算管理程序、支出预算安排顺序、预算资金拨付方式，规范了预备费、部门不可预见费、预留配套资金、结余结转资金的使用审批程序，使预算管理模式得到了统一，使各个环节的预算管理活动有了明确的章法。

整体上看，《规定》体现了依法理财、科学理财和民主理财的原则要求，规范了基本的预算管理活动，为进一步推进我省预算改革、提高预算管理水平提供了法律和制度保证。

三、各级各部门必须严格遵照《规定》履职尽责

《河北省省级预算管理规定》虽然标明适用于省级，但对全省各级都有很强的指导意义，全省各级各部门都应该认真学习《规定》，以此推进预算管理改革。

财政是政府施政的主要物质基础，预算是政府每个年度保证公共政策目标实现的财政资金筹措和配置计划。依法行政、科学行政必以科学理财为依托。因此，各级政府必须充分认识到依法科学理财的极端重要性，高度重视和支持财政预算工作。要舍得拿出更多精力深入细致地研究政府预算问题，进一步加强对预算管理的具体指导。要研究改进预算决策机制，合理配置政府公共资源，集中财力优先保证关系经济社会发展的重点事项。要严格要求各部门硬化预算约束，控制预算追加。

各级财政部门要切实发挥好理财的参谋作用，按照科学发展观和公共财政要求，研究提出收支预算安排建议，做好预算审查、编制、执行、监督等项具体工作。同时，增强改革创新意识，探索更多的科学先进的预算管理方式方法，不断提高我省预算管理水平。当前，还要下大力抓好对《规定》的宣传和培训工作，使各级领导和有关方面了解《规定》，自觉按《规定》行事。

使用财政资金的各个部门必须增强责任意识和预算意识，积极履行好预算管理职责，发挥好在部门预算编制方面的基础作用，按照国家大政方针和省委、省政府决策部署，结合本部门、本行业发展规划，认真筛选论证项目，按要求建立预算项目库，编制好收支预算建议计划。要严格执行各项预算管理规定，使用好各项财政资金，杜绝各种违纪违规行为，确保财政资金使用安全、规范、高效。

四、进一步把深化预算改革推向深入

深化预算改革作为我国经济体制改革的重要组成部分，已经成为党中央和国务院的重大决策部署。我省预算改革既已在全国率先启动并已取得较大的进展，理应进一步加快改革步伐，继续走在全国的前列。按照《规定》提出的改革目标，当前要着力抓好五项工作。

第一，进一步完善预算决策机制。抓紧研究完善部门建议、财政审核、专家论证、公众参与、党委政府集体决策和人大批准相结合的科学民主的预算决策制度，努力做到依法决策、科学决策、民主决策。加强项目规划工作，探索采取专家论证、咨询论证、中介机构论证、听证论证等形式和项目招投标等方法，促进预算决策的科学化与民主化。

第二，进一步探索绩效预算改革。切实树立绩效管理理念，研究建立绩效评价办法和评价指标体系，在整体预算安排和具体项目选择上，以绩效目标为导向进行预算决策。对跨年度的重大项目，要与经济社会中长期发展规划紧密结合起来，围绕绩效目标探索编制项目滚动预算。建立绩效评价与财政资金管理、预算编制相结合的有效机制。

第三，进一步提高集中财力办大事水平。研究制定集中财力办大事的可操作办法，明确“大事”内涵；完善整合财力办大事的实现途径和衡量标准，为办好大事奠定制度基础。加强国民经济和社会发展中长期规划工作，有计划地筛选、提炼关系全省经济社会发展大局的重大项目，并进行严密的科学论证。加大专项资金整合力度，统筹预算内外和基金等各种政府公共资源，优先保证重大项目资金需要。对“大事”项目预算执行情况实行全程跟踪问效管理，防止截留、挪用资金等问题的发生，确保实现预期绩效目标。建立责任追究制度，明确有关方面在决策立项、预算编制、资金管理使用等各个环节的职责，对达不到预期目标或出现问题的，严肃追究部门和个人责任。

第四，进一步加快预算执行管理改革步伐。积极推进财政集中支付改革，逐步扩大零余额账户管理范围，提高财政资金运行的安全性和效益性，为实行国库单一账户管理奠定基础。扩大政府采购项目和规模，改进政府采购工作程序，提高采购效益和效率。深化收支两条线改革，实行非税收入罚缴分离，对执收执罚部门实行更加严格的收支脱钩管理。

第五，进一步加强预算管理制度建设。根据《规定》确立的理财思想、原则和制度框架，全面修订和完善我省已经制定出台的各项预算管理制度和办法、使之与《规定》相衔接、相一致。同时,根据《规定》提出的新目标和新要求,研究制定一系列新的预算管理办法,进一步丰富我省预算管理制度体系,努力做到各项预算管理活动都有章可循、规范有序,为全面提升我省预算管理水平奠定坚实的制度基础。

(原载《河北日报》2005.5.15)

论现代理财的六大原则

河北省财政厅厅长 齐守印

财政既是国家行使职能的物质基础,又是现代民主政治活动的三大基本内容之一,因而是所有现代国家最重要的一项政务,也是我们党执政最重要的领域之一。财政部门应当通过认真贯彻执行现代理财的六大原则,不断提高科学理财能力来体现党和党员的先进性。

贯彻执行现代理财原则

一是为民理财。这是我们党执政为民原则在财政工作方面的具体体现。各级财政部门安排预算收支、研究制定财政政策、处理各项财政事务,都必须从增进广大人民群众利益、满足广大人民群众共同需要出发,想人民群众之所想,急人民群众之所急,努力通过做好财政工作,千方百计地解民困、足民愿、增民利,为人民办实事。如果不是这样,而是从别的出发点去处理财政问题,那就毫无疑问地偏离了社会主义公共财政轨道。人民群众利益在现实中区分为根本利益与具体利益、长远利益与眼前利益、全局利益与局部利益以及不同地区、不同阶层和不同群体的利益等,需要按照通盘考虑、统筹兼顾的原则加以正确处理。要把为民理财原则贯穿于财政资金配置和管理的全过程。任何部门、单位和个人都不能从狭隘的私利出发,在人民群众最紧迫的吃、穿、住、行、学、医等基本需要没有解决之前,使用财政性资金举办非必需的建设、购置事项。

二是民主理财。这是我们党民主执政原则在财政工作方面的具体要求。实行民主理财既是公共财政的题中应有之义,更内含于民主政治制度之中。民主理财的深层本质在于财政资金的安排使用要最大限度地体现民意、满足民愿。要做到这一点,必须有一定的制度、措施作保证。我国法律规定,各级政府财政预算必须经过一年一度的同级人民代表大会审议批准,然后视同法律严格执行,执行过程和执行结果也要接受权力机关和广大人民群众的监督。这是当今世界所有民主国家普遍采用的理财制度。但要保证其运作效果,必须有两个前提条件:一是预算草案应当编制得尽可能详细、具体;二是审议者应当具备较高的政治、思想、品德、文化乃至理论素质。

实行民主理财,需要从多方面做出努力,改革财政管理机制是其中的基础环节。1998年以来河北省率先进行的一系列探索,自始就以实现民主理财作为重要着眼点之一。这些改革对实现民主理财的意义在于:通过实行部门预算和细编预算提高财政预算的透明度和可审性,通过国库集中收付提高预算执行过程的透明度,通过政府采购提高直接支出的透明度,方便省人民代表大会、人大常委会、人大财经委和有关专门机构审查监督。问题在于,由于多种因素的制约,旨在实现民主理财的各项财政管理改革还远未到位,尚需深化。

除了最高层次的民主理财之外,为了集思广益提高预算的科学性,在预算草案编制过程中,不仅需要从基层编起,而且要在财政部门内部就预算草案进行不同层次的集体讨论和论证;总预算草案提交政府后,应当经过政府全体会议认真细致地审议讨论和修改完善。这些过程尽管相对于人民代表大会的审议而言,只能算做民主理财的补充部分,但也是十分必要和有益的。

贯彻民主理财原则,需要经过众多程序,也会带来很多前所未有的争议。我们必须以极大决心和毅力将与此有关的各项财政管理改革进行到底。

三是依法理财。这是在财政领域贯彻我们党依法治国方略和依法执政原则的具体表现。这里所说的法律、法规和规章,不仅包括像《预算法》、《会计法》、各项税法及税收条例、《财政违法处罚处分条例》、会计准则等直接关于财政、财务的法律文件,也包括那些对财政收支作出相关规定的法规,如《农业法》、《教育法》、《科技进步法》、《国土资源法》、《矿产资源法》等。需要明确,依法理财不仅是财政部门的事,也不仅仅是各级政府及其主管部门的事,而是党政军民学和所有使用财政性资金的部门、单位无可推卸的责任。就财政部门来说,贯彻执行依法理财原则,目前的主要任务在于三个方面:(1)严格依照有关法律、法规和规章规定的要求和程序编制预算草案;(2)严格依法批复和执行预算,依法接受人大和审计监督,依法执行财政、财务、会计等监督管理职能;(3)加强有关财政法规规章的调研起草工作,以期进一步健全财政法制,为依法理财提供更为完备的法律依据。

四是规范理财。这是依法理财原则的进一步延伸。规范理财与依法理财似乎相近,但又处于不同层次。总的讲,依法理财是较高层次的规范理财,而在依法理财基础上的规范理财,则是指具体财政、财务管理过程中较深、较细层次的规范操作要求。总之,要使理财行为从大到小、方方面面都做到规定明确、有章可循,而且要有章必循、违章必纠,以此防止财政、财务管理过程中的随意性和权力滥用。这些年来,河北财政着眼于规范理财,研究制定了一系列财政管理制度,但按照规范理财要求来衡量,差距还相当大,建立健全和认真执行各个环节、各个层面理财制度规范的任务还十分繁重,我们需要继续进行艰苦努力。

五是高效理财。这是建设效能政府对财政工作的要求。所谓高效理财,主要是指财政资金分配使用高效益和财政管理工作高效率两个方面。

首先,要千方百计提高财政资金分配使用效益。就财政工作而言,实现财政资金运用的高效益,一靠科学地编制预算,实现财政资源配置的优化;二靠预算资金的及时、准确拨付,加快预算执行进度,减少年终结转;三靠加强财政监管和绩效评价,减少资金使用方面的跑冒滴漏。

其次,要努力提高财政管理工作效率。高效率的标准可以概括为用最少的人力、物力、财力投入,高质量、高速率地实现既定的财政工作目标。实现高效率的条件是各层次的财政管理者具有高度的事业心、责任感和理论业务技术素质,财政机关内部职能配置合理、管理机制健全、管理方法科学。

六是廉洁理财。这既是为民理财原则的延伸,也是建设廉洁政府对财政工作的要求。财政部门管钱有权,但要时刻牢记我们所管的是公共之财、所掌的是公共之权,必须做到情为民所系、权为民所用、利为民所谋,决不能用公权谋私利、徇私情,包括不能近水楼台先得月,对本机关和所属事业单位在用钱上大手大脚,在财务管理上放宽要求。河北财政系统在廉洁理财的总体状况是好的,但也并非没有发生过和不存在问题,必须通过开展先进性教育进一步提高廉洁理财水平。

上述六项理财原则各有独立意义,又是互相依存的。从另一个角度说,这些理财原则执行得如何,时刻检验着财政系统广大党员的先进性水平。

着力提高科学理财能力

所谓科学理财,就是严格按照与财政相关的客观规律实施财政管理。具体包括:(1)理财思路科学化。首先,要充分认识财政在国家政治、经济、社会生活中的重要地位,正确把握不同历史时期和社会经济条件下财政应担负的职能,善于从宏观上、战略上准确把握财政工作的大方向、总任务,并用以指导当前的各项具体财政工作。其次,要正确认识和处理生财、聚财、用财的关系,善于巧用聚财、用财的各种手段促进生财,有效地实现财政与经济的良性循环。再次,在有限财力的配置和财税政策的运用上,要处理好保证重点与兼顾一般、满足当前与放眼长远等重大关系,集中财力办大事。(2)理财方法科学化。从大的方面说,从生财、聚财到用财,从财政预算的编制、执行到监督,在方法上都需要科学化。实现理财方法科学化,从根本上讲,就是要从凭经验理财转变为依理性分析理财,从粗放理财转变为精细理财,从单纯的定性分析方法转变为定性与定量相结合的方法。在财政管理的各方面要运用运筹学、信息论、控制论等先进的管理方法。(3)理财手段现代化。在财政管理工作中必须广泛使用计算机、先进通讯工具、信息网络系统等手段,不断提高分析、预测的准确性和指令发布、信息收集、加工反馈的速度,增加财政管理工作的现代科技含量。

提高科学理财能力,最根本的条件在于与理财有关的各方面人员特别是各层次财政管理工作者具备较高的政治、业务素质。显然,为了提高科学理财水平,财政工作者特别是作为其主体和骨干的广大党员干部必须具备高尚的理想信念、精神境界、道德情操和高超的理论政策水平、业务技能。这与保持共产党员先进性和创建学习型机关的要求是完全一致的。

总之,模范地贯彻执行六项理财原则,不断提高科学理财能力,是财政战线共产党员保持先进性在职业道德和从政本领方面的基本要求,是财政战线党员干部在具有共产党员一般品质基础上应当具备的特殊品质。

(原载《中国财经报》2005.3.22)

落实科学发展观
着眼构建和谐河北
着力提升各级财政改革与发展水平

——在全省财政工作座谈会上的讲话

河北省财政厅厅长　齐守印

（2005 年 8 月 8 日）

同志们：

这次会议是在全省上下认真落实科学发展观、齐心协力建设和谐河北的新形势下召开的。本次会议的一个新现象，是与会人员增加了 22 个扩权县的局长，这在历年召开的全省财政工作座谈会历史上还是第一次。这是省委、省政府实行扩权强县改革、推进全省经济发展这一重要举措在财政领域的具体体现。会议的主要任务是，学习贯彻全国财政厅（局）长座谈会和省委常委扩大学习会暨全省市委书记市长会议精神，总结今年以来的财政改革与发展情况，部署今后几个月的财政工作，结合落实科学发展观和构建和谐河北，研究"十一五"期间财政改革与发展的基本思路和工作着力点。

7 月 12 日—13 日，财政部在烟台召开了全国财政厅（局）长座谈会。会上，金人庆部长就上半年财政经济形势和下半年走势，出口退税负担机制改革，下半年财政工作，以及财政"十一五"规划编制等问题作了重要讲话。他指出，当前和"十一五"时期的财政工作要以科学发展观为统领，以推动全面建设小康社会和构建社会主义和谐社会为目标，以多种财税政策工具为手段，充分调动各级财政的积极性，进一步健全和完善公共财政体系，积极主动地发挥好公共财政的职能作用。他强调，下半年各级财政部门要继续抓好增收节支、财政支农、作风建设和廉政建设等工作，落实好稳健财政政策、深化农村税费改革、税制改革、财政管理改革、出口退税机制改革等措施，推进县乡财政解困和教育、科技等社会事业发展，切实把全年预算和财政工作做好。

7 月 18 日—8 月 4 日，省委在北戴河召开常委（扩大）学习会，其中最后四天同时召开市委书记市长会议。会议以研究谋划构建和谐河北的大政方针和"十一五"期间实现河北更快更好发展的思路举措为主要内容，深入学习了有关构建社会主义和谐社会的重要文献，讨论完善了省委关于构建和谐河北的指导意见和关于编制我省"十一五"规划的建议，总结了上半年各方面工作，分析了全省当前经济社会发展面临的形势，部署了下半年重点工作。克明书记和允石省长等领导同志做了重要讲话。克明书记在第一阶段学习结束时的讲话中指出：构建和谐社会是我党对执政理念的重大创新，具有重大意义。能否有效地实现构建和谐社会的目标，是对各级党委政府的重大考验，各级领导干部必须努力提高科学执政、依法执政、民主执政的能力，必须加快提高社会管理水平。同时，必须认识到，构建和谐社会必须与生产力发展水平、经济体制、文化基础等主客观条件相适应，是一项长期的历史任务，是一个不断奋斗、长期积累的过程。对如何构建和谐河北，克明书记主要讲了四个观点：第一，建设目标必须与我省现阶段经济、文化基础条件相适应，不能定得过高，防止急于求成、欲速不达。第二，在实施这项庞大的系统工程过程中，必须紧紧抓住努力破解影响社会和谐的主要矛盾和重大因素来推进。主要是控制和缩小城乡差距、地区差距、收入差距，协调经济社会发展，正确处理工业化、城市化过程中遇到的各种利益关系，协调人与自然的关系。第三，始终坚持以经济建设为中心不动摇，为实现"五个统筹"奠定物质基础；同时，要抓好民主法治建设，加强广大群众道德文化素质教育，强化社会综合治理，搞好党委政府机关和干部队伍建设。第四，要以多给人民群众实惠为基本出发点，把握全局、求真务实、统筹兼顾，全面推进改革、发展、稳定工作。允石省长在第三阶段小结时的讲话中强调，下半年全省各项工作要突出"四抓"，即抓既定部署，抓关键举措，抓突出问题，抓薄弱环节。讲话围绕全省经济社会发展中的 12 个重点问题进行了分析和阐述，包括农民增收、县域经济发展、区域协调发展、投资结构调整、农村和国有企业等各项改革、优化出口结构、运用价格杠杆促进循环经济发展、建立健全社会保障体系、人口资源环境工作、和谐社会建设、"十一五"规划编制、政府职能转变。关于财政工作，他在讲话中强调，农村综合改革是一件大事，要积极稳妥地推进试点；要深化财政改革，落实部门预算、综合预算、零基预算，集中财力办大事，倾斜性地支持"三农"、欠发达地区、社会事业发展和生态环境建设；要切实抓好税收征管和财源培植工作,注重结构财源和效益财源建设。

这两次会议都非常重要,为全省财政改革与发展进一步指明了方向,拓宽了思路,是指导我们这次全省会议的中心思想。我们一定要深入领会财政部和省委的会议精神,把科学发展观落实到财政工作的各个方面,把推进和谐河北建设体现到财政工作的各个环节,高站位、谋大事,准确定位财政职能,不断拓展理财思路,进一步提升理财境界。

下面,我围绕这次会议的主要任务,先就三个方面问题讲一些情况和意见。

一、上半年各项工作进展顺利,全省财政运行良好

今年以来,在省委、省政府的正确领导下,各级财政部门以深入开展保持共产党员先进性教育活动为契机,继续高扬"树正气、讲团结、求发展"的主旋律,以科学发展观统领财政工作全局,围绕"抓住机遇、实现更快更好发展"这个主题,大力推进机关效能建设,努力把各项工作往深里做、往实里做,年初确定的各项工作任务进展顺利,全省财政运行良好,有些方面还实现了创新和突破,为完成全年目标奠定了坚实基础。

(一)财政收入持续快速增长,各设区市和扩权县收入增长迅猛。一是上半年财政收入超额完成任务。全省全部财政收入完成 539.1 亿元(按可比口径完成 564.2 亿元),占年计划的 65%,增长 27%(按可比口径增长 32.9%)。其中,地方一般预算收入完成 268.9 亿元,占年预算的 61.8%,同比增长 25.8%,高于全国地方收入平均增幅 4.8 个百分点,增幅居全国第 5 位。全省政府基金收入完成 127.9 亿元,占预算的 68.3%,同比增长 28.5%。二是各设区市地方收入全部实现"双过半",平均增长 28.7%,超过全省平均增幅 2.9 个百分点。邯郸、唐山、衡水、张家口、承德、沧州 6 个市收入进度超过 60%,承德、张家口、唐山 3 市增幅超过 40%。三是 22 个扩权县地方收入增长迅猛,完成 32.8 亿元,占预算的 65.1%,平均增长 49.4%,超过全省平均增幅 23.6 个百分点,其中 4 个县同比翻番,8 个县增幅超过 55%。

(二)财政支出增长较快,支出结构进一步优化,各项重点支出得到较好保障。全省一般预算支出完成 344.9 亿元,占调整预算的 41%,增长 29.6%,高于全国平均增幅 8.7 个百分点,增幅居全国第 2 位。全省基金支出完成 112 亿元,占调整预算的 50.3%,同比加快 17 个百分点。在全省一般预算支出中,社会保障补助支出增长 1.5 倍,政策性补贴支出增长 79.8%,专项支出增长 64.2%,医疗卫生支出增长 33.5%,教育事业费支出增长 25.4%,林业和水利气象支出增长 25.5%。支出进度加快,提高了资金使用效益,有力支持了"三农"、基础设施、企业技术改造升级、教育科技文化事业发展、民心工程等重点方面,对保证运转、推进改革、促进发展、维护稳定发挥了积极作用。

(三)财政支农力度进一步加大,中央和省定惠农政策得到严格落实。一是进一步深化农村税费改革,40 个国家级扶贫开发工作重点县全部免征农业税,其他县(市、区)农业税税率在 2004 年的基础上再降低 2 个百分点,全省减征农业税及附加 11.5 亿元。二是认真落实对种粮农民直接补贴政策。筹措粮食直补资金 6.5 亿元,比上年增加 4200 万元,实行专户管理、封闭运行,目前补贴兑付工作已基本完成。邢台市提前落实直补资金 6610 万元,使 520 万农民受益。三是建立健全农业投入稳定增长机制。全省农业支出完成 7.6 亿元,同比增长 17%,重点支持了扶贫开发、动植物疫病防治体系建设、生态家园工程、农业产业化、农业综合开发等。同时,积极探索财政支农资金管理的新路子,实行农业专项资金公开运行试点,通过《河北日报》将项目资金数额、目标任务等予以公示,加强了对支农资金的社会监督。石家庄市安排农业支出同比增长 16.3%,支持农田水利基础设施建设、农业综合开发等。保定、邯郸还推行支农资金县级财政报账制管理办法,强化了资金使用监督。

(四)财政支持经济发展力度加大,经济发展环境不断优化,财政经济步入良性循环轨道。一是积极支持重点项目建设,促进全省经济增长和结构调整。全省财政基本建设支出完成 15.6 亿元,同比增长 24.2%,争取国家国债专项资金 13.1 亿元,重点支持了农村水利、城市基础设施、县域电网改造、交通道路、企业技术改造升级等项目。二是积极推进国有企业改革。进一步完善和落实支持国企改革的各项政策措施,积极筹措增加并及时审核、拨付国企改革专项资金,协调做好破产项目的申报和资金争取工作,支持分离企业办社会职能,妥善解决资源枯竭和困难国有企业职工安置问题。向财政部申请破产补助资金9.2亿元并及时拨付相关企业，解决了省属关闭破产企业2.8万名职工的安置问题。秦皇岛市通过预算安排、资产变现、政府举债等渠道筹措资金近9亿元，支持国有企业改革。三是积极促进县域经济发展。省厅研究制发了《关于扩大部分县(市)管理权限后财政体制有关问题的通知》等文件，并将属于非贫困县的17个扩权县分成增长率降低到5%，经过省市县各级共同努力，目前已基本调整理顺了扩权县财政体制。同时，着眼于破除县域经济财政发展和推进城镇化建设的体制障碍，省厅研究拟定了《河北省深化县乡财政体制改革指导意见》、《缓解县乡财政困难奖励和补助办法》，拟对乡(镇)因地制宜、分类指导，分别实行统收统支加激励和比较规范的分税制两类财政体制；认真贯彻落实财政部缓解县乡财政困难的部署，研究提出了我省“六奖二补”的方案，加大激励力度，着力缓解县乡财政困难。目前，省委省政府已经批准这个方案，文件即将下发。四是设法解决出口退税政策执行中的问题，促进外贸出口。针对2004年出口退增值税超基数问题，省财政在超基数负担1.28亿元的基础上，筹措安排资金1亿多元对超基数负担重的市县予以补助，近期再次筹资1亿元分配用于解决与省级“四税”返还相关联的市县超基数负担问题。五是深化收支两条线管理改革，优化经济发展环境。省厅研究制发了《关于进一步加强执收执罚部门收支脱钩管理工作的通知》，明确政策措施，促进收支彻底脱钩。石家庄、邯郸、沧州、承德、廊坊等市积极落实“收支两条线”管理规定，加强了执法监督检查工作。

(五)财政支持社会事业发展效果显著，人民群众切身利益得到较好保障，促进了和谐河北建设。一是认真落实省委六届七次全会两个《决定》，大力支持教育、科技事业发展。全省教育事业费支出完成74.8亿元，同比增长25.5%，重点支持了高校双重工程、中小学危房改造、布局调整工程和农村中小学远程教育工程；省财政从结算资金中安排4318万元，用于提高大专院校生均公用经费标准，将去年地方教育附加超收资金3000万元全部用于资助农村义务教育阶段家庭经济困难学生“两免一补”。全省科技支出完成3.3亿元，省财政从结算资金中安排2000万元增加科技专项资金，分别筹措资金1亿元和5000万元充实省科技风险投资公司和信息产业投资公司资本金，重点支持了科技富民工程、制造业信息化、农产品深加工、创新药物与中药现代化等项目。二是积极促进就业再就业工作，落实好“两个确保”和“低保”政策。全省再就业资金支出1.2亿元，同比增长50%，促进了就业再就业目标的实现。支出养老保险费61.3亿元、下岗职工基本生活费1.75亿元，发放城镇居民低保资金3亿元，基本保证了全省152.1万企业离退休人员养老金和9.6万国有企业下岗职工基本生活费按时足额发放，实现了对城镇贫困人口最低生活需要动态管理下的应保尽保。对19.1万企业离退休人员补发养老金8.5亿元，基本解决了我省积欠养老金问题。承德市认真做好三条保障线与再就业政策的衔接，建立和完善了社会保障与就业的良性互动机制，积极稳妥推进国有企业下岗职工基本生活保障向失业保险并轨。三是积极促进公共卫生体系建设。全省医疗卫生支出16.7亿元，同比增长33.5%，重点支持了疾病预防控制和医疗救治项目、农村卫生基础设施等工程建设。目前全省142个疾控项目中，131个县级项目已全部完工；106个医疗救治体系项目竣工率达52.8%。新型农村合作医疗试点工作扎实推进，试点县由3个扩大为11个，有314万人参加了合作医疗。张家口市安排并下达试点县新型农村合作医疗补助资金105万元，保证了试点工作顺利进行。四是大力支持宣传文化事业发展。全省文体广播事业费支出8.6亿元，同比增长20.2%，重点支持了爱国主义教育基地、村村通广播电视、文化资源共享、文明生态村等项目。

(六)财政改革进一步深化，体制机制创新迈出新步伐，为财政资源安全高效运用提供了制度保障。一是预算管理改革进一步向纵深发展。省政府以[2005]3号令正式颁布实施了《河北省省级预算管理规定》，成为全国第一部预算管理方面的地方政府规章，为规范预算管理、深化预算改革提供了新的法制保障。省厅拟定了《关于进一步推进省级财政集中财力办大事的指导意见》和《河北省财政支出绩效评价试行方案》，研究开发了省级预算项目管理系统，对项目的提出、论证、决策、评价标准等加以规范，在进一步整合资金、集中财力办大事，切实提高项目预算、绩效预算、滚动预算的编制质量方面进行了新的探索与实践。同时，按照财政部的要求，积极开展政府收支分类改革模拟试点(包括省本级、邯郸、廊坊、秦皇岛三市和秦皇岛海港区、邯郸涉县、廊坊三河市),我省模拟预算编制工作较好完成,模拟预算执行工作正在进行,得到了财政部领导的充分肯定。保定市对16个土地整理项目进行了可行性论证,对13个项目开展了绩效评价。二是财政国库管理制度改革进一步深化。在去年省级107个一级预算单位和38个基层预算单位试点的基础上,今年又选择11个政府组成部门的107个基层预算单位进一步扩大试点,唐山、秦皇岛、保定、邢台、邯郸、廊坊等6个试点市进展顺利。三是政府采购改革重点放在规范管理、扩大采购规模、提高采购效率、最大限度节约财政资金上。全省政府采购金额达27.15亿元,节约资金3.66亿元。其中,各市采购金额占92.3%。唐山、石家庄采购额超过5亿元,位居全省前列,沧州也达到1.43亿元,较往年有了大幅度增长。衡水市积极推行"管办分离",政府采购改革迈出坚实步伐。四是切实加强财政监督工作,积极探索财政监督方式创新。经省政府批准,在省交通、国土资源、教育、林业四部门试行财政监察组委派制度试点,受到财政部的积极关注和肯定。配合监察、审计部门开展专项资金综合治理,重点清理"七种资金"项目6901个,涉及金额39.5亿元,查出存在不同程度问题资金0.8亿元。全省评审财政性投资建设项目金额47.68亿元,审减3.8亿元。省厅和邢台、秦皇岛、承德、邯郸等市认真学习贯彻《财政违法行为处罚处分条例》,着力提高财政监督执法能力和财务管理水平。邢台和廊坊市积极探索,大力推广"村财乡代管"模式,加强村级财务管理,得到了多方面的积极评价。五是省厅调研拟定了《河北省省直事业单位财政供给政策改革方案》,主要内容是按公共财政原则重新界定财政供给范围,对财政继续供给的事业单位变"以钱养人"为"以钱办事",以增强事业发展活力。六是配合各项财政改革深入进展,财政信息化建设的技术支撑作用不断增强。预算编审、指标管理、集中收付、总会计、工资发放等核心业务软件的整合完善工作以及财政监督、非税收入、契税收入等管理信息系统的开发工作进展顺利,受到财政部领导的肯定。七是积极推进机关经费管理改革。为规范大型活动经费管理,省厅制定了《省级大型活动经费管理办法(试行)》;石家庄市实行定点办会,对机关文印费等实行大包干管理;廊坊市对会议费实行定额包干、超支不补、节余留用的管理办法,有效节约了经费。

(七)财政系统机关建设力度加大,干部职工精神面貌和机关形象进一步提升。一是扎实开展保持共产党员先进性教育活动。省厅和各市县财政局按照同级党委的要求和部署,较好地完成了学习动员、分析评议、整改提高三个阶段的各项目标任务,达到了提高素质、改进作风、促进工作的目的。允石省长对省厅先进性教育活动给予了亲切指导和很高评价。张家口市财政局的先进性教育活动被市委树为典范,受到刘德旺副书记的充分肯定。二是认真实施"双提"工程,大力加强机关效能建设。省厅开展了创建服务型、高效型、廉洁型、学习型、创新型、和谐型机关的活动;修订了《河北省财政厅工作规则》,完善了督查督办和政务协调工作制度,工作效率和质量有了新的提高。三是以贯彻落实中央《建立健全教育、制度、监督并重的惩治和预防腐败体系实施纲要》为重点,坚持抓好机关民主评议政风、行风建设工作,严格落实党员干部廉洁自律各项规定,全系统的党风廉政和反腐败工作扎实推进。四是积极开展调查研究,各级财政干部谋大事能力不断提高。省厅围绕财政改革与发展中的重点难点问题,开展了多层次的调研活动。同时,加强干部培训,拓宽财政干部知识面,提高财政干部的理论素质和研究处理问题的能力。

二、围绕构建和谐河北,着力推进"十一五"财政改革与发展

构建社会主义和谐社会,提高构建和谐社会的能力,是我们党十六大以来根据对社会主义社会本质的认识和对新时期国内外形势的判断,并基于党所肩负的历史使命提出的一项重大任务和战略举措。建设和谐河北,是省委深入贯彻党的十六大和十六届四中全会精神,推动全省经济社会更快更好发展的一项重要战略部署。构建社会主义和谐社会,建设和谐河北,关系到最广大人民群众的根本利益,关系到巩固党执政的社会基础、实现党执政的历史任务,关系到全面建设小康社会的全局,关系到党的事业兴旺发达和国家的长治久安。要实现这一任务,必须协调推进物质文明、政治文明、精神文明、生态文明建设,是一项艰巨复杂的系统工程,需要各有关方面持续不断地密切配合、协同努力、扎实推进,才能取得预期成效。在我国,财政是国家履行职能的主要物质基础,是党实现执政兴国历史使命的重要政策手段,因而,财政必须而且能够在建设和谐河

北过程中发挥积极作用。

今年是“十五”计划的最后一年。“十五”时期，各级财政部门知难而上，真抓实干，开拓创新，在自身改革与建设取得突出业绩的同时，立足全省，服务大局，积极发挥职能作用，为全面建设小康社会做出了重要贡献，也为“十一五”时期更好地发挥财政职能，推动和谐河北建设奠定了坚实基础。“十五”以来，财政收支规模不断扩大，财政运行质量不断提高，为财政职能的发挥提供了较为雄厚的物质基础。“十五”以来，我省各级财政部门充分运用体制、政策和资金配置等各种手段，有力地支持全省经济发展、推动经济结构优化升级和促进经济增长方式转变，全省国民经济快速健康发展，社会主义市场经济体制更加完善，初步形成了财政经济良性循环的宏观基础。“十五”以来，我省各级财政部门坚持以人为本、统筹兼顾，千方百计筹措安排资金，较好地解决了公教人员工资发放问题，有力地推动了就业再就业和社会保障体系建设，倾斜性地支持了农村经济和社会事业发展，在促进和谐社会建设方面创造了良好开端。“十五”以来，各项财政改革创新步伐不断加快，创新领域不断拓宽，从财政体制、预算编制、支付方式、监督机制各方面都融入了新的理财观念和管理思路，财政发挥公共管理职能的制度基础在实践中得以构建并不断完善。在这个过程中，我们也锻造了一支甘于奉献、勇于创新、团结拼搏的干部队伍。尤为重要的是，省委、省政府高度重视财政工作。克明书记和允石省长来河北工作当月，就听取了财政工作的汇报，并分别做出了语重心长的重要指示。克明书记指出“财政工作是政府工作的重中之重”，允石省长指出“做好财政工作，是各级党委、政府的主要任务之一”。省委省政府主要领导高度重视、十分关心、大力支持、悉心指导财政改革与管理工作，为我们不断深化财政改革、加强财政监管创造了得天独厚的良好环境。2003 年，从落实省委、省政府决策部署的高度出发，省厅党组研究确定了“讲科学、求规范、重创新，兴财政、促发展、为人民”的基本理财思路。这一理财思路鲜明地体现了立党为公、理财为民的根本宗旨，体现了以促发展为第一要务的指导思想，体现了理性执政、科学理财的先进理念，也体现了求真务实、开拓创新的进取精神，得到克明书记的充分肯定。两年来的实践证明，这一基本理财思路是正确的，我们应该认真坚持而不要偏离，不断发展而不要固守。所有这一切，为“十一五”时期我省财政工作贯彻落实科学发展观、推动和谐河北建设提供了思想上、政治上、制度上、技术上和人才上的保证。

同时，我们还要看到“十一五”财政改革与发展所面对的一系列挑战和困难。世界经济发展的不确定性和经济社会转型期的各种矛盾对财政发展提出了更大的挑战；落实科学发展观、建设和谐河北，对财政提出了更高要求；半数以上县乡财政相当困难，全省财政收支矛盾比较尖锐的状况短期内难以根本改变；公共财政制度和机制建设仍处于初期阶段，一些部门公共财政理念、集中财力办大事观念和艰苦奋斗思想远未树立；多方面风险有向财政转移的趋势，防范和化解财政风险的任务非常艰巨。

面对新形势、新要求，我们在“十一五”财政改革与发展基本思路和工作着力点的把握上，必须始终坚持“四种理财观念”，认真贯彻“五项指导原则”，着力抓好“六个重点方面”，不断改革创新公共财政体制和管理机制，强化公共财政职能，在积极促进和谐河北建设的伟大征程中，勇于创造更加辉煌的新业绩。

第一，必须始终坚持“四种理财观念”。一是坚持为民理财的观念，在预算安排上优先解决关系人民群众切身利益的问题，使广大人民群众从改革和发展中得到更多实惠。二是坚持公共财政观念，正确把握财政的公共性内涵，合理安排支出顺序，优先履行好财政的公共服务和保障职能。三是坚持科学理财观念，无论是制定财政政策、谋划财政改革还是安排财政预算、实施财政监管，都要探索规律、遵循规律，始终以科学理性为指导。四是坚持依法理财观念，始终做到依法聚财、依法用财、依法管财，注重财政法制建设。

第二，必须认真贯彻“五项指导原则”。一是立足全局，统筹兼顾。财政具有极强的全局性。无论财政政策和体制制定还是财政预算安排，都必须从经济社会发展全局出发，通盘运筹，总体安排，统一平衡，照顾到各种矛盾的处理和各种关系的协调，既要突出重点，又要照顾一般，不可偏废。在研究每一项体制、政策时，都要防止就事论事，偏执一端，不虑全局。二是力促公平，兼顾效率。在整个社会分配中，要坚持效率优先、兼顾公平的原则。作为社会再分配主渠道的财政，应当贯彻以维护社会公平正义为主的原则。同时，也不能不兼顾效率，特别是从机制上不能损害效率。三是尽力而为，量力而行。加快经济社会发展、建设和谐河北，对财政资金的需求量极为巨大，而一定时期的财力供给却是有限的。政府财政既要找准位置、尽力而为，又要求真务实、量力而行，决不能超越财政承受能力提脱离实际的过高指标；否则，只能失信于民，造成被动，加剧矛盾，欲速不达。四是区分轻重缓急，集中财力办大事。坚持有所为、有所不为，集中财力办大事，而不能面面俱到、平均分散地使用财力；否则，年复一年，劳民伤财，徒劳无功，什么事情也办不成。五是厉行节约，高效用财。必须牢记"两个务必"，始终坚持艰苦奋斗、厉行节约，高度重视通过科学安排预算和严格预算执行，提高财政资金的配置效益和使用效益，不断加强和改善财政、财务监管，确保把每一块钱都花到刀刃上并且花出效益。

第三，必须着力抓好"六个重点方面"。建设和谐社会，必须以科学发展观为统领。财政促进和谐河北建设，必须更加注重发展，坚持以经济建设为中心；必须更加注重统筹，把实现"五个统筹"体现到财政工作的各个环节；必须更加注重兼顾，通过发挥财政职能作用，协调好方方面面的利益关系。为此，"十一五"期间财政发挥职能要着力抓好以下六个重点方面。

（一）积极促进经济发展，不断壮大和优化财源基础。保持经济持续快速协调健康发展，不断做大财政经济"蛋糕"，是构建和谐社会的物质基础。经济决定财政。只有不断做大经济财政"蛋糕"，才能满足改革发展稳定各个方面对财政资金的需要，才能满足人民群众日益增长的物质文化需求。要结合省情、市情，发挥好财政职能，通过体制调节、政策引导等多种手段，努力促进科技创新、经济增长方式转变和经济运行质量提高。要认真分析财源结构，支持产业产品结构优化升级，壮大效益财源基础，提高财政收入占 GDP 的比重。在经济持续健康发展的基础上，各级都要依法做好收入组织工作，规范各种财政收入管理，做到应收尽收，并不断提高收入质量。

（二）大力支持"三农"，促进农业增产、农民增收和农村发展。河北是农业大省，没有农业农村的发展和农民的增收，就不能实现统筹城乡发展的目标，和谐河北建设就会成为空话。要认真落实"两减免、三补贴"政策，着力推进农村综合改革，巩固农村税费改革成果。要积极探索深化县乡财政体制改革，破解阻碍资源合理配置和城镇化进程的体制障碍，引导县乡增强自我发展能力，促进县域经济发展。要建立和完善农业投入稳定增长机制和有效使用机制。农业投入点多面广，必须研究探索整合支农资金发挥整体效益问题，促进不同地区发挥比较优势，发展特色农业。省市两级财政要加大对县乡的转移支付力度，教育、科技、卫生、文化等支出要向农村倾斜，支持农村社会事业发展，积极推进农村社会保障体系建设。

（三）发挥财政的资源配置功能，统筹区域协调发展。缩小地区差距，实现区域协调，是落实科学发展观、全面建设小康社会的战略任务。要继续落实好"一线两厢"战略和激励性财政体制，在保护好先进地区更快更好发展积极性的同时，重点支持落后地区加快发展。省市财政要加大对落后地区的转移支付力度，缓解落后地区财政困难，增强落后地区政府提供公共物品和公共服务的能力。

（四）围绕"四个着力点"，促进和谐社会建设。扩大就业、完善社会保障体系、理顺分配关系、加快社会事业发展这四个方面，既是广大人民群众热切关注的焦点，也是构建和谐社会的重点。要通过税费优惠、财政补贴、财政体制等手段的运用，促进非农产业发展，加快城镇化进程，扩大市场，增加就业。要充分发挥财政职能，增加投入，加强管理，进一步完善社会保障体系，逐步扩大社会保障的覆盖面。要落实和运用好各项税收政策，适时研究制定财政支出调节政策，将不同阶层收入差别和生活水平控制在社会公正允许的范围内。要积极调整财政支出结构，加大对社会公共事业发展的投入力度，并通过科学合理的资金和经费供给机制，促进社会公共事业富有活力和效率地发展，以此实现人的全面发展。

（五）积极发挥财政调节职能，促进人与自然和谐发展。推进生态省、节约型社会建设，促进经济发展与人口、资源、环境相协调，是建设和谐河北的重要内容。要通过财政支出支持少生优育，通过财政补贴支持技术改造促进节能降耗，通过税收优惠促进资源节约和循环经济发展，通过税费征缴和财政补贴防治环境污染，通过财政支出保护和改善生态环境。

（六）不断深化财政改革创新，实现财政自身的内涵发展。深化财政改革,推进财政创新,形成公共资源配置的规范制度和高效机制,是财政发挥好职能促进和谐河北建设的内在条件。要继续探索完善财政体制,合理界定财政支出范围,规范公共收支责权在政府部门间的横向配置,合理划分各级财政支出责任,相应调整和规范各级财政收入划分格局,逐步建立科学、规范、合理的地方政府间转移支付制度。要继续深化预算管理、国库收付、政府采购、收支两条线管理和财政监督机制改革,形成适应市场机制和公共财政要求的资源安全高效配置机制。同时,要始终不渝地高扬"树正气、讲团结、求发展"的主旋律,与时俱进地加强财政机关建设和财政干部队伍政治业务素质建设。

总之,在谋划编制"十一五"财政规划、确定"十一五"财政工作总体思路当中,各级财政部门一定要把认真落实以人为本、全面协调可持续的科学发展观,与发挥财政职能积极促进和谐社会建设内在地结合起来,既注重保障政权运转和支持经济建设,又注重促进全面协调可持续发展,由过去的"一要吃饭,二要建设"的"两位一体",逐步走向"一要吃饭,二要建设,三要科学发展"的"三位一体",在落实科学发展观、推进和谐河北建设过程中发挥重要的保障、支撑和调控作用。

三、再接再厉,狠抓落实,确保高质量地完成全年财政工作任务

今年是"十五"最后一年,圆满完成今年后几个月各项工作任务,非常重要。各级财政部门都要为此加倍努力。这里,我突出强调以下六个方面。

(一)抓收入组织,争取超收,并及时正确使用好超收资金。一是要坚持依法治税管费,强化收入征管,努力实现应收尽收,避免虚收空转,反对有税不收。各级都要积极会同税务、审计等有关部门,密切关注经济走势,强化税源监控和各项财政收入征管,严厉打击各种偷、漏、骗税行为,坚决制止违规减免、退库,力争多超收。二是及早测算超收额度,根据超收形成的财力,及时制定追加预算方案,按照规定程序审批使用,以尽早发挥资金使用效益。初步预计,按可比口径,全省全年全部财政收入有可能突破1000亿元大关,比年初计划超收100亿元以上,由此形成50亿元以上的可用财力。为了减少年终过多结余结转,各级超收财力,都要按照落实科学发展观和构建和谐河北的要求,继续坚持集中财力办大事,主要用于支持"三农"、社会事业发展和国企改革、环境保护、社会保障等方面重点项目,解决事关人民群众切身利益的难点问题。

(二)抓支出进度,促进经济社会更快更好发展。要及时花好用好各项财政资金,有效促进经济社会发展和民心工程目标的实现。各级财政部门都要继续实行部门预算支出进度每月通报制度,加强日常督促,会同各部门采取切实措施,确保全年全省和省级预算支出进度分别达到90%和95%以上;对没有正当理由结转的一般财政资金,以及年初预留与中央专款配套资金未能用于配套的,都要坚决收回。同时,要严格预算约束,坚决制止无视预算严肃性、花钱大手大脚、花完再要、甚至先支后报的行为。

(三)抓体制机制改革,促进县域经济发展,缓解县乡财政困难。一是继续落实好激励性财政体制和扩权强县财政体制,尽快落实对财政困难县的奖补政策,加大转移支付力度,缓解县乡财政困难。同时,要加强对奖补资金的管理和监督检查,确保奖补和一般转移支付资金用于落实公教人员工资津贴政策、补发2000年底以前积欠工资、保障基层政权运转等基本公共支出需要。省厅将加强对转移支付资金使用绩效的监控,对未能实现要求目标的地方,将采取扣减下年转移支付的方式加以惩戒。二是认真贯彻农村税费改革试点工作会议精神,切实抓好农业税减免政策的落实,进一步减轻农民负担,及时下达专项转移支付奖金,确保县乡机构和村级组织正常运转。省和试点县所在市都要认真做好以乡镇机构、农村义务教育体制、县乡财政管理体制为主要内容的农村综合改革试点有关准备工作,年内开始试点。

(四)抓预算编制,以科学发展观和构建和谐河北为统领,进一步整合资金、集中财力办大事。各级都要督促部门把2006年预算建议计划编好,力争在提高预算编制质量和预算资金配置效益上取得新突破。一是要按照"一条主线、两大支撑"的经济工作思路,编好2006年经济发展性资金项目预算,切实发挥财政资金的杠杆作用,有效弥补市场机制不足,促进经济结构调整升级和经济增长方式转变,提高经济发展质量。二是认真落实"五个统筹"原则,切实贯彻省委省政府关于加强教育科技工作和建设文化大省的部署,在2006年预算资金配置上进一步体现对支持"三农"、改善民生和社会事业发展的倾斜。

三是切实落实各项预算改革措施，进一步加大资金整合力度，集中财力办大事。为此，要增强零基预算观念，克服每项资金都要求基数加增长的思维惯性。要站在经济社会发展全局考虑大事，按照科学发展观和构建和谐河北的指导思想谋划大事，根据轻重缓急的权衡筛选大事，依照从全局到局部的优先顺序安排大事项目。在具体预算项目编制中，要进一步着力解决"散"和"碎"的问题，特别是解决将"散、碎"项目简单打捆包装成"大事"的问题，提高财政资金配置效益。四是加强督导，切实推进项目库建设工作。要坚持按统一标准进库，先进库再列预算。不符合规定要求的项目，不能进入项目库、不能编入预算。建立项目论证和决策咨询制度，借助专家和咨询研究机构的力量，促进项目遴选科学化。建立从部门到政府和党委不同层次的集体研究决策制度，促进项目审定民主化。各市和扩权县在这方面也要积极探索实施。五是增强绩效预算观念，强化绩效约束。所有预算项目都要明确绩效目标，预算执行完毕要进行绩效评价和审计，切实改变重投入、轻效果的状况。

与此同时，要进一步深化国库管理制度改革。省级要在继续扩大基层预算单位试点范围的基础上，加强制度建设，规范操作程序，提高工作效率。市级要全面实施国库集中支付改革，已经启动改革试点的市，要继续扩大试点范围；没有启动的市，要抓紧制定切实可行的方案，于年内正式启动改革。各级都要继续扩大政府采购范围和规模，实现全年80亿元的规模目标，同时做好2006年政府采购预算及政府采购计划的编制工作。落实好出口退税负担新机制，从财政工作角度保障及时足额退税，促进外贸出口稳定增长。继续做好政府收支分类改革试点工作。

（五）抓资金监管，继续做好专项资金综合治理等财政监督管理工作。各市、县要针对专项资金综合治理中发现的问题，认真查找分析原因，结合当地实际，研究制定加强专项资金管理的制度办法，建立专项资金安全规范运行的长效机制。要继续完善财政监察组委派制度工作机制，按计划抓紧各项工作，确保年内抓出成效。要按照中央和省委省政府部署，保时保质地认真搞好清理津贴补贴工作，为改革公务员和事业单位职工工资制度、规范公职人员收入分配秩序奠定基础。

（六）抓机关建设，切实把"六型"机关和行风建设抓出成效。要狠抓政治业务理论教育，培养提高财政干部的政治素质、理论思维和业务能力。要进一步加强财政机关效能建设，健全各项规章制度，提高机关运转效率。继续抓好"金财工程"建设。切实巩固和扩大先进性教育活动整改成果，着力建立起先进性教育的长效机制。要坚持不懈地抓好党风廉政建设和行风建设。要注重财政政策调研和财政理论研究工作，提高财政干部谋事创新能力。有重点地加强财政宣传，为推进财政改革、加强财政监管创造良好的外部环境。

同志们，今年还剩不到五个月的时间了，财政改革与发展任务依然繁重。我们要始终坚持落实科学发展观，始终保持奋发有为、开拓进取的精神状态，着眼建设和谐河北，同心同德，再接再厉，真抓实干，确保圆满完成全年财政预算和各项工作任务，为促进全省经济社会更快更好地发展做出新的贡献！

（原载《河北财政信息网》2005.）

提高认识　完善措施
加快财政国库管理制度改革步伐

河北省财政厅副厅长左绍伟在全省财政国库管理制度改革会议上的讲话（摘要）

2005年5月19日

全省财政国库管理制度改革进展顺利、成效显著。一是财政国库集中支付制度改革取得较大进展。省级财政国库集中支付制度改革全面展开，省厅从2003年10月开始，对省级23个一级预算单位实行国库集中支付改革试点，在此基础上，2004年进一步扩大省级改革试点范围，将正常经费由省级财政性资金保障的其余84个预算单位纳入改革试点范围，到2004年底，省级107个一级预算单位全部实行了国库集中支付改革。与此同时，改革试点工作向纵深推进，选择了省农业厅、民政厅、科技厅和审计厅四个部门的38个二级预算单位纳入改革范围，各项改革的政策措施也不断完善。市级改革稳步推进，目前，全省已有6个市正式启动了改革试点，纳入改革范围的市直预算单位达到212个。二是国库集中支付改革成效显著，增强了财政部门资金调控能力，提高了财政资金使用监督的时效性，提高了财政资金的运行效率，增加了预算执行信息的透明度，规范了预算单位财务管理行为，促进提高部门预算编制水平。

今年财政国库管理制度改革要明确目标、把握原则，努力完成全年财政国库改革工作任务。今年财政国库改革的目标与任务是：省级改革要进一步深化，继续选择一部分预算部门向基层预算单位延伸，切实加强国库集中支付改革相关制度建设，规范操作程序，整合业务流程，提高工作效率；市级要全面实施财政国库集中支付改革，已经启动改革试点的市，要继续扩大试点范围，没有启动改革试点的市要抓紧制定切实可行的改革方案，最迟不晚于今年四季度正式启动改革；省、市两级财政部门要加强对县级实施国库集中支付改革的指导，积极启动县级国库集中支付改革试点，探索由财政集中支付、会计集中核算向以国库单一账户体系、国库集中支付和零余额清算为特征的规范模式转轨的有效方式，为合理衔接、平稳过渡创造条件。

要进一步推进市县财政国库管理制度改革，市县财政国库管理制度改革必须坚持国库集中支付的基本原则，建立统一规范的基本程序。市级城市功能强，财政资金量大，管理基础好，全面推行规范的改革模式的条件比较成熟，所以市级必须全面推行国库集中支付改革。同时，市级要因地制宜地制定和完善相关制度与办法。随着省市国库改革工作不断推进，县级国库改革已逐步提上了议事日程。原则上讲，国库改革从基层做起比较简单，但前一阶段县级大都实行了财政集中支付或会计集中核算等不同形式的改革，而且取得了一定的成效，所以最初对县级改革我们没有搞一刀切，也没有规定时限目标，而是从省向下层层推进，逐步展开。但不设定时限不等于不推进改革，财政部明确提出国库改革的目标是建立以国库单一账户体系为基础、零余额清算为主要方式的国库集中收付制度，这也是县级国库改革的最终目标，不推进改革最终目标就不能实现。考虑到县级国库管理实际情况，现阶段县级国库改革总的要求是结合本地实际，有重点、有步骤地适时推进国库集中支付改革。市级要积极指导县级明确改革目标，做好改革规划，落实改革措施，在今年要选择部分县进行国库集中支付改革试点，并逐步扩大改革范围，力争二到三年内使县级国库管理走向规范模式。现阶段县级改革不强求一下子实现统一模式，但从制度、方案上要早做准备。资金量较大、管理基础较好的县在改革中要起表率作用，积极启动改革；实行财政集中支付的县，机构设置和运行程序与国库集中支付模式有较多的共通之处，要积极创造条件推行改革；实行会计集中核算的县，要积极采取过渡性措施向国库集中支付模式转轨。

要提高认识，切实解决改革面临的问题。一是努力提高对国库改革可行性和必要性的认识，切实加强组织领导，国库改革作为建立现代财政管理制度的一项重要举措多次写入党的重要文件，列入政府工作安排，国务院《全面推进依法行政实施纲要》对此也有明确规定，这都充分说明，推进国库改革不仅仅是从源头上治理腐败的现实性要求，当前全国财政国库管理制度改革已经全面展开，改革步伐不断加快，全省各级财政部门尤其是国库管理部门必须认清形势，统一思想。二是进一步完善操作程序，优化业务流程，提高工作效率，国库管理制度改革的根本目的是加强财政监督，提高财政资金使用效益。规范的操作程序和简捷的业务流程，为预算单位提供更为便利的服务，是实现改革目标的基础。事实证明，如果改革后效率提高、程序简捷，预算单位就会愉快地接受改革，支持改革；如果预算单位感到不方便，就会增加改革的阻力。所以，各级财政国库部门要及时解决在改革试点过程中发现的问题，要结合本地实际，对预算单位用款计划申报、财政直接支付流程、财政授权支付流程等相关内容进行规范和优化，在技术和流程层面上进一步提高工作效率，保证财政资金支付的及时、安全、准确、高效，方便预算单位用款，确保改革的顺利实施。三是继续规范财政专户和预算单位银行账户管理，规范银行账户管理，建立国库单一账户体系，将所有财政性资金纳入国库单一账户体系管理，是财政国库管理制度改革管理工作的基础性工作。全省各级财政国库部门要按照《关于严格控制和规范管理财政资金专户的通知》(财办库[2001]44 号)的有关规定进一步清理、规范各类财政资金专户，对政策执行期届满的财政专户要及时撤销，将各类财政专户归口纳入财政国库账户体系管理，彻底解决多头开户，管理分散的局面。继续开展清理整顿预算单位银行账户工作，严格控制预算单位特设专户的开设。四是继续加强全省国库管理信息系统建设，信息系统建设是财政国库管理制度改革必不可少的技术支撑。在改革进程中，信息系统建设将直接关系到改革的进程和效果。现阶段在信息系统建设问题上，总体上要根据改革要求，在确保系统稳定性、实用性的基础上，增强系统的灵活性和可扩展性，提升系统管理功能。省厅国库处要会同信息技术部门继续加强全省财政国库支付系统的研制和开发。本着"规范业务流程、严格操作管理、建立制约机制、充分利用系统资源"的原则，对"国库集中支付系统"进行进一步的优化和完善，在原有功能的基础上，增加年初预算与年终决算等业务功能，增加年初控制预算数、年终结转、预拨资金和扣款等功能，使其更贴近各地国库改革业务，研究实现授权支付程序的无纸化操作的有效办法，为财政集中支付改革建立起更为有力的技术支撑体系。五是加大督促和指导工作力度，国库改革是规范性、科学性、程序性很强的管理制度改革，特别是在各地相关管理体制和制度改革不完全到位的情况下，改革中的问题往往一时比较复杂。因此，各级财政主管领导和国库部门要按照改革总体部署和统一要求，抓住影响改革进程的难点问题，加大督促和指导工作力度。省厅国库处要加强对市、县财政国库改革的业务指导，督促市、县加快改革步伐。各市财政部门要督促县级积极制定改革实施方案，力争使县级改革有新的进展。六是着力提高工作质量和服务水平，推行新的财政国库管理制度，实施支付方式改革，是为了规范财务管理，提高资金使用效益，更好地促进各项事业的发展。改革能否顺利推进，改革的目标能否实现取决于财政部门和政府各预算单位的共同努力。各级财政部门要加强对政府各预算单位的宣传教育工作，使大家认识到改革不仅要有利于财政部门加强管理，也要有利于预算单位的管理。从一定意义上讲，这也是改革能否最终取得成功的关键。对于新的支付制度，参与改革的部门总体上都是积极支持的，但也有某些单位反映运作的效率在某些方面还比较低。对于这个也希望大家高度重视。改革的目的之一，就是要建立规范、快捷的支付方式，提高资金使用效率。所以，今后要把能否提高预算执行效率，作为衡量财政国库管理制度改革成效的一项重要内容。七是加强机构建设，提高干部素质，财政国库系统是一个年轻的机构。机构新、队伍新、人员新，但工作繁重、任务艰巨。如果队伍素质不过硬，就很难履行使命。目前，全省财政系统基本成立了国库管理机构，同时又相应设置了国库执行机构。总体看，全省财政国库管理机构和执行机构的设置基本上有三种模式：一是两块牌子一套人马，工作和人员是融合在一起的；二是机构分设，但国库管理机构的领导兼任执行机构的领导；三是机构和领导分别独立分设。无论哪种模式，机构设置都要达到两个目的。第一，要提高工作效率，有利于推进改革。第二，工作中要注意统一协调运作，以保证国库改革和其他各项工作的有序进行。

（原载《财政工作简报》2005.17）

狠抓落实　加大投入 促进我省科技教育事业更快更好发展

河北省财政厅副厅长　郭秀堂

省委、省政府关于加强科技教育工作的两个《决定》，在客观、准确、全面分析了我省科技教育事业发展现状和面临任务的基础上，提出了加强科技教育工作的指导思想、基本思路、发展目标和主要措施，体现了省委、省政府对科技教育工作的高度重视，必将对深入实施"科教兴冀"战略，实现全省经济社会全面发展，起到强有力的推动作用。全省财政系统同志必须认真学习贯彻落实好两个《决定》的各项要求。

一、认真全面领会《决定》精神实质，提高贯彻落实的自觉性和紧迫感

我省科技教育两个《决定》的出台，是省委、省政府全面贯彻"三个代表"重要思想，坚持科学发展观，着眼全省经济社会发展全局所做出的重大决策，各级财政部门必须把工作的指导思想统一到《决定》上来，牢牢把握《决定》的精神实质，增强工作的自觉性和紧迫感。

近年来，在全省各级财政部门共同努力下，我省科技教育投入不断增长，基本保证了科技教育投入的法定增长要求。据统计，2000 年至 2004 年我省预算内教育经费年均增长 17.6%，高于同期财政经常性收入 13.45%的年均增长率。在保证法定增长的同时，落实了"以县为主"的义务教育管理体制，基本实现了"保工资、保运转、保安全"。2002 年全省教职工工资已全部上收到县级统一管理，2004 年实现了按国家标准发放，教职工工资水平逐年增加。2001 年开始实施中小学危房改造和布局调整工程以来，全省共投入资金 27.6 亿元，改造危房 325 万平方米，新建校舍 565 万平方米，撤并中小学 1.8 万所，大大改善了农村中小学办学条件。努力开辟多种渠道增加义务教育投入，开征地方教育附加后，每年新增义务教育投入 2 亿多元，并从税费改革专项资金中安排资金专项用于中小学危房改造和布局调整工程，促进了农村义务教育的发展。从政策与资金两个方面支持高等教育重点大学、重点学科建设，加快人才培养，提升科研能力，使我省高等教育事业实现了超常规发展，办学水平不断提高。科技创新能力不断增强，初步形成了创新主体多元化、创业活动市场化的新局面。科研院所体制改革初战告捷，原有 55 个省属院所改组为 25 个非营利性科研机构和 44 个转制科技型企业。

在充分肯定成绩的同时，我们必须认识到我省目前科技教育发展的现状与经济社会发展和人民群众的迫切要求，还有很大差距。突出表现在：一是科技进步和教育发展的总体水平仍相对落后，综合科技进步水平远远落后于经济发达省份。高等教育办学规模不断扩大。但办学质量亟待提高，农村义务教育财政保障机制还没有真正建立起来，教学条件需要进一步改善和提高。二是科技教育事业投入不足和资金使用效益低的问题并存。三是科技教育管理体制和运行机制还不能适应改革和发展的要求，在很大程度上影响各方面发展的积极性。

针对以上情况，全省各级财政部门必须从践行“三个代表”重要思想、贯彻落实科学发展观和加强党的执政能力建设的高度，充分认识加快发展科技教育事业的重要现实意义和深远历史意义，充分发挥财政职能作用，真正把《决定》确定的各项目标任务和责任落到实处。一是各级财政部门的主要领导要带头学好两个《决定》，思想认识要到位，要以立党为公、执政为民的高度责任心和使命感支持科技教育事业发展。二是要认真分析本地科技教育发展和财政投入政策方面的现状和问题，对照《决定》找差距。三是要按照公共财政要求，在安排财政预算和各项财政工作时，切实把科技教育事业放在财政优先发展的战略地位，不断加大对科技教育的投入，进一步改革和完善科技教育投入机制，为科技教育事业发展提供强有力的财力支撑。

二、认真编制和执行好年度预算，切实把《决定》的各项要求落到实处

省委六届七次全会通过的《决定》，对我们财政工作提出了更高的目标和要求，全省各级财政部门要着力做好以下几项工作：

1.按照《决定》和有关政策要求，确保科技教育预算安排达到法定增长。财政预算体现着党和政府的方针政策，是财政收支的主要依据。科技教育财政投入是科技教育发展的重要物质基础。在目前各级财政还比较困难，增支压力很大的情况下，我们更要从长远的战略眼光看问题，要强化责任意识，千方百计支持科技教育事业发展。各级在编制预算时必须要依法落实财政教育拨款的“三个法定增长”和财政科技拨款的法定增长，要体现支持科技教育事业改革和发展的要求。专项项目预算要体现集中财力办大事的原则，努力提高资金使用效益。

《决定》提出了省本级财政一般预算科技教育经费拨款的增长不仅要高于本级财政经常性财力增长，而且要高于 2 个百分点以上。目前，省本级已将此项政策基本落实。各市要按照《决定》要求，并比照省级财政做法，编制好年度预算，财力较好的地方可以高于省级的这个增长比例。

2.预算执行中的财政超收资金要按比例增加科技教育投入，确保实现法定增长。各级财政在年度预算执行中超收所形成的财力，要按年初预算同比例用于科技教育，确保全年本级预算实际执行结果实现一般预算科技教育经费拨款的增长高于财政经常性财力的增长，这是一项硬任务。对预算已确定的项目要分解落实，同时要加快支出进度。对科技教育专项资金要按规定实行政府采购和集中支付，最大限度地发挥财政资金的使用效益。

3.不断完善以政府投入为主的义务教育经费保障机制。要切实加大对义务教育的经费投入，进一步完善义务教育经费保障机制。特别是要优先加大农村中小学财政投入，各级财政新增教育事业发展经费，要有 70%以上用于农村教育。一是确保农村中小学教职工工资按照国家标准按时、足额发放。二是要逐步落实预算内生均公用经费。目前这项工作各地进展很不平衡，希望各市、县按照财政体制抓紧落实好。对财力确有困难的扶贫开发工作重点县和财政困难县，在认真核实其财力的基础上，实行先市后省通过转移支付予以补助。三是要建立健全资助义务教育阶段贫困生制度。资助农村义务教育阶段家庭经济困难学生"两免一补"(免费提供教科书、免杂费、补助寄宿贫困学生生活费)是党中央、国务院提出的又一项重大惠民政策。省政府已做出了资助规划,各市、县也要加大资助力度,确保到2007年,使全省农村义务教育阶段贫困家庭学生都能享受"两免一补"。

4.坚持资金投入和政策支持相结合,规模服从质量,促进高等教育发展。《决定》提出,为全面提高我省高校办学质量和水平,要逐年增加普通高校生均预算内公用经费,力争到2010年达到全国平均水平。为达到这一目标,各级财政部门要从资金和政策上支持发展高等教育。一是要不断加大对高等教育的投入。省本级2005年已按普通高校在校学生每人增加100元调整了年度预算,各市也要逐步增加高等教育投入,促进高校发展。二是各级财政部门要密切配合教育部门,探索实行高校综合定额加增长的财政政策,在保证国家需要、学校发展、分配合理的前提下,探索高校财政综合拨款的改革路子,促进高校内部人事、分配制度改革。三是集中财力,对重点学校和重点学科予以倾斜支持,调动高校自身的积极性和创造性,争取通过几年不懈努力,建成一批全国重点学科和2—3所高水平大学。

5.发挥财政科技投入的引导作用,支持科技创新。要集中财力支持全省和本地区主导产业发展和解决发展"瓶颈"问题。要加强科技资金整合,财政专项资金要集中投入科技成果向生产领域转化项目和重点科技攻关项目,有计划地支持公共性的科研项目。对开发型科技项目投入,要运用市场规律,实行政府引导、公开竞标、公开运作等办法,增强财政资金"四两拨千斤"的作用。

三、充分发挥财政职能作用,建立科技教育投入的财政监督机制

我省科技教育发展和投入方向已经确定,关键是抓好落实。各级财政部门要在当地党委和政府的领导下,制定切实可行的投入规划,把科技教育事业放在优先发展的战略地位予以重点支持。省厅从今年起将建立三项制度,确保《决定》落实到位。一是建立全省科技教育财政资金年度通报制度,每年初通报上一年度各市科技教育资金安排和实际执行情况。二是在省级建立财政科技教育资金的绩效评价制度,深化激励机制,将评价结果与部门预算分配挂钩,对没有实现目标的单位要相应扣减专项资金。对各市中小学危房改造和布局调整资金、义务教育资助贫困生"两免一补"专项资金实行"以奖代补"的管理方式改革。加快研究出台防范高校贷款风险及规范内部分配机制的财务管理办法,促进我省高等教育健康发展。三是要建立科技教育投入和重大投资项目的定期检查制度,加强专项资金的监督检查,规范管理,努力提高资金使用效益。

科技教育事业功在当代,利在千秋,各级财政部门要以保持共产党员先进性教育活动为契机,将教育活动的成果落实到推进科技教育事业发展上来,扎扎实实做好工作,认真完成《决定》的各项任务,为实现我省科技、教育事业更快更好发展做出更大贡献。

(原载《河北财政》2005.6)

以提高农业综合生产能力为重点推动全省农业综合开发工作再上新台阶和新水平

河北省农业开发办公室主任乔满在全省农业综合开发工作会议上的讲话(摘要)

(2005年3月17日)

今年,党中央、国务院继续加大对"三农"工作的支持力度。中央一号文件的主题就是加强农业综合生产能力建设,提高农业生产效率和竞争力,并强调中央和省级财政要较大幅度增加农业综合开发投入,新增资金主要安排在粮食主产区,集中用于中低产田改造,建设高标准基本农田。中央、省农村工作会议和财政工作会议都明确强调,要进一步加强农业综合开发工作。做好今年的农业综合开发工作,要全面贯彻落实中央一号文件,中央、省农村工作会议、财政工作会议精神,按照国家办的总体工作部署和要求,牢固树立和全面落实科学的发展观,以提高农业综合生产能力为首要任务,以粮食主产区为重点,着力加强中低产田改造,改善农业生产基本条件,建设高标准基本农田,提高农业综合生产能力,特别是粮食生产能力,积极推进农业结构调整,扶持农业产业化经营，把提高农业综合生产能力与促进粮食生产和农民增收紧密结合起来；增加投入，突出重点，全面提高项目建设质量和水平，进一步完善和创新机制，加强项目和资金管理，推动全省农业综合开发工作再上新台阶和新水平。

2005年全省农业综合开发目标任务是：财政总投资62743万元，其中中央财政资金4.28亿元，地方财政配套1.99亿元(其中省级配套1.6亿元)，加上项目单位和群众自筹3.46亿元，今年全省农业开发总投入达9.73亿元。其中土地治理项目总投资5.1亿元，财政资金34841万元，改造中低产田90万亩。产业化经营项目投资3.26亿元，其中财政资金1.73亿元，扶持有无偿项目31个，参股经营项目4个。坝上生态农业项目投资8250万元，其中财政资金5625万元，进行生态综合治理10万亩。专项科技示范项目投资1400万元，其中财政资金1000万元，继续实施三河农业现代化示范项目。配合农口有关部门安排建设好农业开发部门项目，预计中央农发资金投入4000万元，实施大中型骨干水利工程、太行山绿化、名优经济林、土地复垦、草场改良、秸秆养畜、良种繁育和菜篮子工程等项目。

2005年农业综合开发工作要着重抓好以下几个方面：

一、把加强农业综合生产能力建设作为首要任务

提高农业综合生产能力是确保国家粮食安全的核心，是增加农民收入的必然要求，是农业现代化建设的重要内容，是今年整个农业农村工作的重点和关键。是党中央、国务院赋予农业综合开发的首要任务，也是农业综合开发的立足之本和重要评价标志，必须坚定不移地把提高农业综合生产能力作为农业综合开发的首要任务。否则，农业综合开发就会成为“无源之水”、“无本之木”，就失去了立足的基础和存在的必要。加强农业综合生产能力建设，包括土地产出和资源综合利用能力建设，农业科技创新和应用能力建设，农业物资装备能力建设，农民自我发展能力建设，农产品加工转化和市场开拓能力建设，农业综合支持服务能力建设，使农业基础设施和生产条件明显改善，农业机械化和农业科技进步明显加快，农业抗御自然灾害和市场风险的能力明显增强，农业农村经济结构明显优化，农产品的质量效益和市场竞争力明显提升。因此，无论是土地治理项目，还是产业化经营项目，都要把目标瞄准在提高农业综合生产能力建设上。土地治理项目重点抓好中低产田改造，建设高标准基本农田，这是改善农业生产条件、提高农业综合生产能力的一项主要措施，是农业综合开发的重中之重。全省统算平原土地治理项目用于中低产田改造的财政资金不得低于90%。产业化经营项目能够加强农产品加工转化能力建设，能够加强市场开拓能力建设，要紧紧围绕加强农业综合生产能力建设优选项目。积极扶持辐射带动作用强、科技含量高的农业产业化龙头企业，立足资源优势重点支持发展农产品加工业特别是以粮食为主要原料的加工业，增强粮食等农产品加工转化能力和对优质农产品基地的带动作用。科技项目要围绕农业优势产业和农产品基地建设，积极引进推广优良品种和先进技术。加强项目区农业科技创新和应用能力建设，加快农业科技进步步伐。

二、继续推进农业结构调整

抓好农业结构调整是农业和农村经济工作的重大战略问题和长期任务，也是农业开发的重要任务。省委农村工作会议提出农业结构调整的目标是，把布局调优、产业调强、规模调大、质量调高，坚持走“特色＋规模＋品牌＋产业化”的路子，推进区域化布局，标准化生产，产业化经营，品牌化销售，社会化服务，提高农业的市场竞争能力。农业开发推进农业结构调整要重点抓好以下几个方面：一是以实施“龙头工程”为重点，进一步提高农业产业化经营水平。龙头企业是农民走向市场的重要依托，对促进农业结构调整和农民增收起着至关重要的作用。目前，我省700多个农业产业化龙头企业，年销售额一亿元以上的不足5%，仅有10%左右的农户生产的农产品由龙头企业收购。龙头企业加工档次比较低，大多数农产品仍以初加工为主，知名品牌少，市场竞争力弱，直接影响着农业产业化和农业结构调整的进程。要把推进农业产业化作为农业开发工作的重要任务来抓，要以农产品加工业为主攻方向，以提高竞争力和带动力为目标，加大扶持力度。要围绕区域农业特色主导产业，统筹规划，集中资金，连续扶持，促进龙头企业在现有的基础上有一个大的发展。二是抓好基地建设。要充分发挥各地自然条件和生物资源优势，培育区域特色主导产业、优势产品，促进优势农产品和特色农产品向优势产区集中，逐步形成具有较强国际国内竞争力的农业产业带和产品群，形成带动当地经济发展的支柱产业。要把突出特色、扩大规模、提高质量水平作为主攻方向，要重点围绕区域布局规划抓好省政府提出的八大优势农产品基地建设，壮大畜牧、蔬菜、林果三大特色主导产业。在太行山前平原以石家庄为中心建设优质专用小麦基地，在京广、京山沿线建设优质专用玉米基地，在坝上地区、冀东环京津、冀中南地区建设无公害蔬菜基地，在环京津环省会和张承地区建设奶牛基地，在沧州、廊坊、衡水和张承地区建设肉牛、肉羊基地，在三河、高碑店、玉田、安平建设瘦肉型生猪基地，在冀中平原建设沙地梨基地，在太行山、燕山山区和丘陵区建设大枣、板栗、苹果等优质果品基地，在张家口东部和秦皇岛西部建设葡萄基地，在宁晋、平泉建设食用菌基地。这其中，要把那些基础好的、积极性高的、发展潜力大的列为重点，优先扶持。各市要按照一县一个主导产业的要求，规划建设一批基地，在标准化生产、产业化经营和社会化服务方面取得突破，形成区域特色明显的优势农产品集中产区。三是完善对农民合作专业经济组织的扶持政策，适当加大扶持力度，拓展产业链条，有效地解决产品与市场对接问题。

土地治理项目要围绕农产品基地建设，加强农业基础设施建设和科技推广。一是在优势农产品基地优先安排中低产田改造项目。二是按优势农产品基地建设的需要规划设计和建设项目。三是在优势农产品基地推广优良品种和先进技术。产业化经营项目，要扶持农业产业化龙头企业和基地建设，扶持农民专业合作经济组织。山区生态类项目要和发展山区优质果品结合。通过农业综合开发，进一步推进我省农业结构调整和农民增收。

三、进一步解决开发面铺得过大的问题

省委省政府领导多次强调，要集中财力办大事，在财力有限的情况下，突出重点，集中投入，是进一步提高农业综合开发效益的重要措施。为此，要继续抓好以下几个方面。一是严格控制开发范围。我省农业开发项目县多，是个现实问题，一下子很难减下来，按照国家办项目县管理的有关规定，要进一步加强和规范项目县管理，严格控制开发范围。国家办给我省核定的开发县总数不能突破，要坚持总量控制，有退有进。对暂停县，一年内整改不到位的取消立项资格；对发生严重违规违纪问题的县，撤消立项县资格；对已经没有开发潜力的和缺乏继续开发积极性的县，要适时退出开发范围；对申请新进入开发县的，要按有关程序和要求严格评估，严格把关。调整开发县，原则上要坚持以市为单位，进一退一，力争多退少进，按国家办规定，今后退场后不能进县。二是按照一批一批抓县的思路，要继续抓好去年确定的 24 个重点县和坝上 2 个重点示范区，对重点县要实行倾斜性投入，扩大开发规模，提高建设标准，重点县投资规模达到县均投资规模的 150% 以上。要加强对重点县的管理和考核，对工作上不去的要及时撤换。要通过农业开发的扶持，把重点县建成农业综合生产能力增强、经济结构优化、农民收入增加、项目和资金管理规范、工作先进的农业综合开发示范县和样板县，农业开发工程成为样板工程和示范工程。坝上项目要继续抓好示范区建设，把示范区建成精品项目和亮点工程。三是减少项目个数，扩大项目规模。土地治理项目财政资金 500 万元以下的县只能安排一个项目，单个土地治理项目原则上平原区不低于一万亩，丘陵山区不低于 5000 亩。四是产业化经营项目要集中扶持畜牧、蔬菜、林果优势主导产业，集中扶持龙头企业和重点项目。五是土地治理科技项目要按照省办制定的科技项目管理办法，集中安排，重点用于优势农产品基地新品种、新技术的引进、示范和推广。在抓重点的同时，也要兼顾一般，不能只抓重点县和重点项目，一般县和一般项目就放手不管，对一般县也要加强指导，严格要求，要使点上工程建精品、树样板，面上工程上质量、上水平，从而达到以点带面、点面结合、带动全局的效果，实现全省农业综合开发工作整体水平的全面提高。

四、不断完善和创新开发机制

为了适应新阶段农业和农村经济发展的需要，建立适应社会主义市场经济体制、公共财政管理体制和农村改革要求的农业开发管理体制，提高农业开发工作水平和整体效益，必须继续完善和创新农业开发机制。去年省办下发了创新农业综合开发机制指导性意见，在机制创新方面取得了较好的成效，但任务还很艰巨，今年要重点完善和创新以下几个方面的机制。一是实行项目县动态管理机制。坚持总量控制、有退有进、违规淘汰、末位暂停、奖优罚劣、动态管理的原则。实行开发县的动态管理是调动项目县进一步做好农业开发工作积极性的有效措施，各市要在抓落实上下功夫，对各项目县要进行严格认真的检查和考核，该暂停的坚决暂停，该取消立项资格的坚决取消，该退出开发范围的适时退出，不要袒护。对具备开发条件的县，在指标允许的情况下，要积极申报。动态管理，关键是有进有出动起来。今后，开发县多的市每年力争都要有进有出，开发县少的市，每两、三年最少要有一次进出，这将作为省对市工作考核的一项重要内容。二是多元投入机制。除积极争取国家农发资金更多地支持我省外，要切实落实地方财政配套资金，对仍不能足额落实的市要扣减中央、省投资规模。今后，对各市配套情况实行严格考核，凡配套完不成的或以短期借款形式配套的，要加大力度扣减中央、省投资规模。要完善以农民为主体的开发机制，以农民要办为前提，充分尊重农民意愿，充分调动农民筹资投劳的积极性。要积极探索定额补助、以奖代补、拍卖产权和单项工程业主负责制等多种有效形式，不断完善以农民为主体的投入机制。继续做好投资参股经营试点工作，完善试点办法，加强在建投资参股经营项目监管工作。同时，要进一步研究多元投入机制，积极开展招商引资活动。利用财政资金的引导作用，通过入股、补贴、贴息等方式，鼓励和支持企业、民间、信贷等社会各方面资金投入农业综合开发，逐步形成多元化、多层次、多渠道农业开发投入格局。要继续探索农发资金与其它支农资金配合使用的模式。各市今年可配合有关部门开展试点，试点中要坚持以县为基本单元，坚持统筹规划，统筹安排，各项资金使用范围和投资方向不变，各记其功、相互补充、相互配合的原则。不得以此为借口，互相抵顶项目，挪用专项资金或改变专项资金使用政策。三是竞争选项择优立项机制。省办已出台了产业化经营项目竞争立项办法，省级已形成了竞争选项、择优立项的机制，部分市还未开展竞争选项，2006 年产业化经营项目各市要全部实行竞争选项。不得知道那个项目就报那个项目，那个项目找的紧就报那个项目。报省项目时，要同时上报竞争选项的情况，否则，省办不再受理上报项目。土地治理项目在规划区域内乡镇村之间实行竞争立项，已有不少成功经验，今年要全面推开。要妥善解决好规模开发与竞争立项的关系问题，规划区域内也可采取大连小不连的做法，对没有积极性的乡村先甩开，有积极性的优先立项。四是项目运行机制。土地治理项目要推行以明确工程产权和使用权为主的运行管护机制改革，做到使用管护和维修相统一，责权利紧密结合。无论采取哪种形式都要有利于工程的管护和利用，并保障项目区农民应得的利益。五是激励和约束机制。要继续坚持对年度计划的执行落实情况进行检查和考核，并依据检查考核结果进行奖优罚劣，要进一步完善检查考核办法，切实做到检查办法科学合理，检查活动严密规范，检查结果客观公正。要加大社会中介机构参与监督检查的力度，对检查本身也要实行有效监督，省市都要不断完善检查考核办法、奖惩办法，并严格兑现奖惩，真奖真罚，促进农业开发工作的良性发展。六是建立责任追究机制。各级农业开发办内部都要细化分工，明确职责范围，实行逐级负责制。对项目和资金管理各阶段、各环节的工作都要实行管理责任制，把管理责任落实到人，建立责任追究制度，确保项目和资金管理的各项工作落到实处。

五、严格项目管理，不断提高项目建设质量和管理水平

加强项目管理，提高农业综合开发工作水平和项目建设质量，是落实“三个代表”重要思想的具体体现，是农业综合开发工作再上新台阶的必然要求，要充分认识到加强项目管理是关系到农业综合开发事业前途和命运的大事。近两年，我们下大力加强项目管理提高项目建设质量收到明显成效，但绝不能满足现状，要看到项目管理中还存在的许多问题和不足。要保证农业综合开发事业不断健康发展，就必须进一步加强项目管理。省办决定 2005 年开展农业开发项目建设的“质量年”活动，各级要牢固树立质量意识，围绕提高项目建设的质量，研究办法，制定措施，抓实、抓好、抓出成效来，抓出亮点来，抓出样板来，抓出新的起色来。土地治理项目首先要认真做好项目前期科学立项工作。其次是强调计划的严肃性。项目计划一经确定，不得随意变更，要严格按计划和设计施工。有充分理由确需变更的，必须按照《项目变更规定》及时报批，对越权擅自变更的要按违规违纪问题进行处理。第三要坚持高标准、高质量建设项目，确保立项一处，建设一处，发挥效益一处。要采取切实有效的工程技术措施，确保工程建设质量。要加强施工质量的监督检查和验收评比，推行工程质量监理制和项目公示制，杜绝华而不实的“形象工程”、“虚假工程”和“政绩工程”，坚决杜绝“豆腐渣”工程，项目区各类工程都要做到设计科学、布局合理、质量合格、标准规范、使用方便、适用实效。第四项目建成后，要及时明确产权、落实管护责任，保证项目正常运行，发挥效益。各类项目都要把质量放在项目建设的首位，做到科学设计，高标准、高质量建设。第五要加强内业建设，规范内业管理，各类项目档案都要做到资料齐全，数据清楚，装订整齐，存放有序，查阅方便，管理科学。

六、强化资金管理，确保资金安全运行

农业综合开发资金是财政支农资金的重要组成部分，是国家安排用于农业基础设施建设和产业化经营项目建设的专项投入。近年来，我省农业综合开发的财政资金大幅度增加，特别是在各级财政都困难的情况下，确保了农业开发资金投入的增长，这是党中央国务院和各级党委政府对农业综合开发工作高度重视的体现。管好用好农发资金既是农业综合开发项目顺利实施的前提，也是农业综合开发项目资金管理工作的重中之重。省委、省政府决定，今年由省纪委牵头，有关部门参加，要对财政专项资金进行检查，这是今年我省党风廉政建设和反腐败工作的重点之一，这说明省委、省政府对财政专项资金的使用管理非常重视。我省农发资金有比较严格的管理制度和办法，全面推行了县级财政报账制，特别是近两年经过了严格的项目和资金的专项检查和整改，农发资金管理总体是比较好的。但也绝不能估计过高，必须高度重视，加强管理，扎扎实实做好农发资金的管理工作，确保万无一失。一是切实落实“专款专用，专账核算、专人管理”的规定，认真落实财政部农发资金财务管理办法和新的会计制度。二是进一步完善县级财政报账制，规范报账办法和程序，严禁大额现金支付和白条入账，坚决杜绝挤占、挪用农发资金，杜绝虚列支出，套取财政资金，空转财政资金等严重违规违纪问题的发生。对报账票据的真实性要进行认真核实，严格把关，严防假票据假支出入账，套取农发资金问题的发生。第三按规定时限及时拨付资金，不得滞留和延期拨付，不得用当期财政资金抵顶以前年度到期有偿资金。第四全面推行大宗物资集中采购，千方百计节约资金。第五要加大有偿资金管理力度。有偿资金管理是整个农发财政资金管理中的重点和难点之一。为了促进农发有偿资金的良性循环，扩大农业综合开发投入规模，必须进一步加强有偿资金的管理。各市在选择产业化经营项目时，要严格把握选项立项关，要严格资产审计，认真考核所选企业的经营状况和信用等级。项目确定之后，要进行风险抵押和担保，真正实现用得好、收得回、见效益。各市县要加强有偿资金专户管理，没有实行专户管理的市县，要研究解决农发有偿资金国库统一管理的实际问题，有条件的市县要建立专户，切实用好、管好有偿资金。第六加大监督检查力度，监控农发资金运行的全过程，及时发现解决存在的问题，坚决查处违法违纪问题。第七积极探索农发资金绩效考评办法。第八积极争取解决市县农发部门经费不足的问题，国家办即将出台的资金和项目管理办法中恢复和增设了项目管理费，只限定县级提取使用，出台后可以缓解县级农发部门经费不足的困难，但市级经费问题尚未提出好的办法，今年要在解决市级农发部门事业费方面，采取点措施，积极争取早日解决。第九做好农业综合开发资金决算编报工作。资金决算编报是农业开发财务管理的一项重要基础性工作，决算编报质量直接关系到资金和财务管理信息的真实性和准确性，要加强基础工作，不断提高农发资金决算水平。

七、进一步抓好宣传和调研工作

宣传调研工作是总结工作经验，扩大农业开发影响，发现和分析工作中存在问题，促进农业开发事业发展的长效机制。各地要切实加强宣传调研工作的领导，加大工作力度，研究具体办法，制订可行措施，把今年的宣传调研工作再提高到一个新水平。一是抓好系统内宣传。要积极向《农业综合开发杂志》、《农业综合开发简报》和国家办、省办及时提供信息和稿件。二是抓好利用国家和地方报刊、电视等新闻媒体的对外宣传工作。既要下力抓好在国家级报刊电视等新闻媒体的宣传，也要抓好在省内和本地新闻媒体的宣传。各地宣传工作开展情况要及时向省办报告，省办将在年终对各市宣传工作进行考评，并作为资金分配因素之一。同时，要加强调查研究工作，调查研究要结合工作实际，着重研究事关农业综合开发工作中带有全局性、战略性和前瞻性的问题，要增强调研的针对性和实效性，选准调研课题，撰写高质量、高水平，对目前农业开发工作确实有指导意义的调研文章，这也是省办对今年调研文章评奖的重要标准之一。

八、加强自身建设，转变工作作风

提高农业开发系统干部队伍素质，转变工作作风，是做好新时期农业综合开发工作的有力保障。

全省各级农业开发干部特别是党员干部，要紧密结合当前开展的“保持共产党员先进性教育活动”，更好地践行“三个代表”重要思想，强化宗旨意识，增强党性观念，坚持立党为公，执政为民，实实在在地为项目区农民办好事、办实事。一是继续完善各项制度。近几年，按照国家办有关规定，结合我省实际，省办陆续制定下发了一系列管理制度，较好地规范了项目和资金的管理，要认真贯彻执行，并不断完善。今年要继续抓好制度建设，全面实行农发资金和项目管理权力运行的规范、透明和有效监督，促进农业开发事业的健康发展和农业开发干部队伍的党风廉政建设。二是加强业务培训。国家办即将出台新的《农业综合开发资金和项目管理办法》，省办制定下发了一系列制度和管理办法，省市都要认真组织学习和培训，全面提高全省农业开发干部的业务素质和管理水平。要适当安排出国出省培训学习，开阔眼界，增长见识，增强做好工作的本领。三是转变工作作风，加强廉政建设。各级农业开发干部都要坚持求真务实，树立正确的政绩观，不做表面文章，不搞“形象工程”。更多地深入基层，虚心听取项目区干部群众的意见和建议，扎实做好项目建设工作，通过开发项目的实施，体现开发队伍作风的转变和党性观念的增强，真正把保持共产党员先进性教育的成果体现在农业开发工作实践中和农业开发干部的作风上。

准确理解　细致操作
高质量地做好政府收支分类
改革试点工作

高志立副厅长在政府收支分类改革模拟试点工作动员会上的讲话

（2005 年 4 月 8 日）

同志们：

为全面、准确地反映政府收支活动，促进各项财政改革不断深化，进一步提高财政管理的科学性、规范性和透明度，财政部在借鉴国际经验，广泛征求中央部门和地方意见的基础上，初步拟定了《政府收支分类改革方案》，并决定今年选择包括我省在内的部分省市和中央部门进行模拟试点。这是财政部高度重视的一项财政管理改革。今天请大家来，就是要学习研究收支分类改革方案的基本框架和内容，部署我省的改革试点工作。下面，我先谈几点意见，供大家参考。

一、要准确把握政府收支分类改革及试点工作的基本内容

政府收支分类是按照一定的原则和方法对政府收入和支出项目进行类别和层次划分，以便客观、全面准确地反映政府活动的一项财政基础性工作。政府收支分类改革的目的是适应市场经济条件下转变政府职能、建立公共财政体系的总体要求，逐步形成一套既适合我国国情，又符合国际通行做法的较为规范合理的政府收支分类体系。财政部自 1999 年底开始研究新的政府收支分类以来，至今已有 5 年多的时间。2004 年 12 月 14 日，金人庆部长主持召开财政部部长办公会议，审定并原则通过了《政府收支分类改革方案》。

财政部在政府收支分类改革方案的设计过程中，遵循了三个基本原则：一是公开透明。确保按新科目编制的预算符合市场经济条件下公共财政的基本要求，既要让我们自己说得明白，也要让一般老百姓看得懂。二是中西结合。既要合理借鉴国际经验，实现与国际口径的有效衔接与对比，又要充分考虑我国目前的实际情况，尽可能满足各方面的管理需要。比如说，在支出功能分类总体框架与国际通行做法基本一致的情况下，根据我国科教兴国战略发展情况和有关方面的实际管理需要，单设了一个“科学技术”大类科目。这是国外没有的。三是便于操作。进行政府收支分类改革的目标之一就是要提高财政资金管理的效率和效益，不搞繁琐哲学。

按照上述原则和国际通行做法，财政部构建了新的政府收支分类体系，具体由“收入分类”、“支出功能分类”、“支出经济分类”三部分构成。相应地，政府收支分类改革主要包括三项内容。

首先是对政府收入进行了统一分类，全面、规范、明细地反映政府各项收入来源。收入分类主要反映政府收入的来源和性质。与原收入分类类、款、项三级相比较，新的收入分类设类、款、项、目四级，多了一个层次。四级科目逐级细化，以满足不同层次的管理需求。6 个类级科目包括税收收入、社会保险基金收入、非税收入、政府间转移收入、贷款回收本金收入、债务收入。与现行收入分类相比新分类主要有三个变化：一是增加了财政预算外收入和社会保险基金收入，从而形成了完整、统一的政府收入分类；二是从大的分类框架上采用了国际通行做法，规范了分类标准；三是对一些收入按具体税目设置明细科目，从而为强化税源分析创造了更为有利的条件。

第二项改革内容，就是确立了新的政府支出功能分类，以便清晰反映政府职能活动的支出总量、结构与方向。支出功能分类设类、款、项三级。类级科目综合反映政府职能活动，如国防、教育、医疗卫生、农林水事务等；款级科目反映为完成某项政府职能所进行的某一方面的工作，如“教育”类下的“普通教育”；项级科目反映为完成某一方面的工作所发生的具体支出事项，如“水利”款下的“抗旱”、“水土保持”等。与原支出类、款、项级科目相比，新的支出功能分类主要有5个特点：一是分类范围完整。即涵盖预算内外所有政府支出；二是分类标准规范。即统一按支出功能分类，确保集中、直观反映政府职能活动。三是科目设置明细，充分体现预算细化、透明的要求。比如，210类“医疗卫生”下设置了“医疗服务”、“疾病预防控制”、“妇幼保健”、“农村卫生”等款级科目；在款级科目“疾病预防控制”之下又设置了“疾病预防控制运行”、“重大疾病预防控制”、“突发公共卫生事件应急处理”等社会各方面普遍关注的支出事项。四是充分考虑国情。比如，为了适应科教兴国战略要求，同时考虑目前我国科技经费管理的特殊需要，单设了“科学技术”类科目。这些特殊处理确实能给有关方面的管理与改革提供较大便利。五是与国际口径衔接，便于比较交流。

第三项改革内容，就是确立了新的政府支出经济分类，明细反映政府各项支出的具体用途。支出经济分类科目设类、款两级。类级科目具体包括：工资福利、商品和服务支出、对个人和家庭的补助、转移支付、资本性支出等。款级科目是为适应部门预算编制和单位财务管理要求对类级科目作的进一步细分，如资本性支出进一步细分为房屋建筑物购建、专用设备购置、大型修缮、土地资源开发等款级科目。与原支出目级科目相比，新的支出经济分类主要具有3个特点：一是自成体系。新的支出经济分类除将原目级科目的人员支出、公用支出两大块进一步充实、细化，还补充了资本性支出、债务支出等内容，形成了一个完整的体系，可以独立反映所有政府支出活动。二是比较细化。支出经济分类的款级科目设计成82个，可满足细化预算编制、加强预算单位财务核算和经济分析等方面的要求。三是反映全面。新的支出经济分类涵盖所有政府支出。所以，原目级科目不能反映的基建支出、债务支出也能通过新科目得到明细反映。

另外，各试点单位在试点过程中可以提出增设相关科目建议，经政府收支分类改革领导小组办公室同意后执行。

由于这项改革牵涉面很广、操作繁杂，在正式改革之前，财政部本着既积极又稳妥的原则，先试点模拟新科目在实际预算编制和执行环节的使用情况，总结模拟情况完善改革方案并向国务院报批后，计划于2007年在全国全面推行使用新的政府收支分类科目。根据全国各省及中央部门财政（财务）管理和信息网络建设等情况，财政部确定了5个地区和6个中央部门进行试点模拟。考虑我省部门预算管理比较完善，各项财政改革推进的比较快，积累了一定改革经验，将我省确定为全国五个试点省份之一。财政部对我省试点模拟工作寄予厚望，楼继伟副部长准备要亲自来我省检查试点工作情况。

按照财政部统一安排，从现在开始到6月底，试点工作主要模拟《政府收支分类改革方案》所设分类科目在预算编制和执行等环节的运行情况。我省具体模拟各级政府预算（包括部门预算）的编制、汇总和报送人大审批情况以及预算执行情况。为确保高质量地完成财政部分配我省的试点模拟工作任务，在向季允石省长和郭庚茂常务副省长汇报了有关情况后，确定省直所有部门和秦皇岛市、邯郸市、廊坊市三个市以及秦皇岛市海港区、涉县、三河市三个县（市、区）作为试点部门和地区。省本级和试点市县要按照新的收支分类科目重新编制2005年部门预算和政府功能预算，并报本级政府和本级人民代表大会征求意见。省国防科学技术工业办公室、省检察院、省民政厅、省林业局、省体育局、省外事办公室和省环保局等7个部门还要以本部门2005年5月实际开支为基础，按日根据新的政府收支分类，逐笔模拟财政拨款的申请、审核、支付过程以及财政总预算会计、单位预算会计核算情况，并编制支出旬报和月保。

试点的目的是检验改革方案的可行性和操作性，因此要求各试点地区和部门，认真、细致地分析运行情况，结合实际提出完善改革方案的意见和建议。

二、要充分认识政府收支分类改革和模拟试点的重要意义

政府收支分类是财政管理的基础。进行政府收支分类改革，可以从财政收支方面清晰地反映政府职能活动，对全面促进部门预算、收支两条线、国库集中收付、政府采购等其他方面的改革，对进一步提高财政管理水平和财政资金使用效益，对逐步完善与社会主义市场经济相适应的公共财政管理框架，促进政府职能转换，以及促进国际交流都具有十分重要的意义。一是有利于公共财政体系的建立。在市场经济条件下，政府的一项重要职责，就是要弥补市场缺陷，满足社会公共需要。公共财政是政府活动的财力保障，就是要用公众之财办公众之事。所以，公共财政最重要的一个特点就是“阳光财政”，就是政府预算必须反映政府职能，反映公共需求，必须强化公共监督。党的十四届三中全会提出建立社会主义市场经济体制的要求以来，随着政府职能的转换，我国财政管理模式也逐渐由计划经济时期的生产建设性财政向公共财政转变。但是，用我们现有预算科目编制的政府预算就很难满足这个要求。我国现行支出科目是按经费性质进行分类的，把各项支出划分为行政费、事业费、基建支出等等。这种分类方法使得政府究竟办了什么事，在科目上根本看不出来，很多政府重点工作的支出如农业、科技、教育等都分散在各类科目中，形不成一个完整的概念。我们搞部门预算改革，虽然从技术层面上实现了一个部门一本预算，但通过部门预算改革反映政府意图，反映政府职能活动的目标却没有实现。新的政府收支分类改革方案通过 6 类收入分类完整地反映了政府收入的来源和性质，通过 17 类政府事务科目清晰地反映了政府活动的不同功能和政策目标。通过 11 类支出经济分类科目明细地反映了政府支出的经济性质和具体用途。这次政府收支分类改革将有力地促进政府职能的转变，为我国公共财政模式的建立构筑坚实的基础条件。二是有利于深化财政预算管理改革。

按照党中央、国务院的总体部署，这些年财政管理方面进行了一系列重大改革并取得显著成果。通过 1994 年的分税制改革形成了一个较好的财政收入增长机制。1998 年我省在全国率先探索实行了部门预算管理改革，随后这项改革在中央和全国推行。其他各项改革，如收支两条线、国库集中收付、政府采购等多项改革也同时整体稳步推进，在预算编制、执行、监管各个环节的各项改革都取得了明显突破。通过科学编制基本支出预算和项目支出预算，突破沿用多年的“基数法”，逐步引入了零基预算、标准定额预算、项目预算、绩效评价等先进的预算管理理念。但是，受老的科目体系的限制，部门预算改革并没有使政府预算不具体、不明晰的问题得到很好解决，影响了各项改革的顺利进行。新的政府收支分类科目的设计充分考虑了部门预算改革和深化改革的需要，收入分类、支出功能分类和支出经济分类对所有政府的收支活动进行科学划分和合理细化，满足了部门预算改革、细化预算编制的要求，同时也满足了国库制度改革和政府采购改革的要求，更重要的是支出功能分类为进一步的绩效预算管理改革奠定了基础。三是有利于科学、民主决策。完善预算决策和管理制度，是党的十六大报告和十六届三中全会《决定》明确提出的要求。但没有一个全面、清晰反映政府收支活动的收支科目，政府预算就不透明，不清晰，“外行看不懂，内行也说不清”，就很难为省委、政府和人大决策提供全面、翔实、准确的数据支持。随着民主科学决策意识的逐步提高，人大代表和社会各界对这个问题的反应越来越强烈。新的分类体系与部门分类编码和基本支出预算、项目支出预算相配合，在财政信息管理系统的有力支持下，可对任何一项财政收支进行“多维定位”，清清楚楚地说明政府的钱是怎么来的，最终用到了什么地方。改革后的政府收支分类可以为政府决策者、政治家、人大代表、经济学家和政府政策制定者提供更多、更系统、更准确的决策基础信息，以及经济分析数据资料和信息。这是科学、民主决策的基础和前提，也是推行政务公开、接受审计监督、社会监督必要条件。四是有利于国际比较与交流。由于国民经济核算体系已于 1992 年按国际通行标准作了改革，而政府预算收支科目体系一直未作相应调整，财政部门和国家统计部门每年要作大量的口径调整和数据转换工作。尽管如此，还是难以保证有关数据的准确性以及与其他国家之间的可比性。这样既不利于财政经济分析与决策，也不利于国际比较与交流。按国际货币基金组织发行的《政府财政统计手册》框架和国际通行做法，政府收支分类体系一般包括部门分类、功能分类和经济分类。新的政府收支分类改革方案是在充分借鉴市场经济国家的通行做法的基础上，结合我国具体情况设计的。改革后的我国政府收支分类体系可以实现与国际做法接轨，方便了国际比较和交流。

对政府收支分类改革工作，各级人大、政府以及社会各界都给予了高度关注，多次要求或呼吁加快现行预算科目改革步伐，进一步提高预算透明度，使预算“看得懂，说得清”，真正成为反映政府职能活动的一面镜子。1999 年，李岚清副总理曾明确提出，“要着手进行政府收支分类改革，建立科学规范的政府收支分类，为细化预算编制、推行集中收付和政府采购制度创造有利条件。”2004 年 6 月，全国人大财经委在《关于 2003 年中央决算的审查报告》中特别指出，“科学规范的政府预算科目体系，对于加强预算管理具有重要意义”，并建议“抓紧制定并推行新的政府预算收支科目体系”。2004 年 9 月，人大预工委要求专门听取预算科目体系改革汇报，并提出希望 2006 年能使用新的科目编制预算。

按照国务院和全国人大的要求，财政部从 1999 年底开始启动此项改革的研究工作，经过反复征求各方面意见、反复修改，最终于去年底完成了现在的《政府收支分类改革方案》模拟试点稿。为积极稳妥地做好改革工作，确保改革的顺利开展和成功，财政部决定今年先选择部分省市和中央部门进行模拟试点。

模拟试点工作开展得如何对整个政府收支分类改革关系重大。通过模拟运行，可以了解实施新科目后预算编制、执行、决算和财政统计各个预算管理环节的实际运行情况，做到心中有数，在思想上有所准备；通过模拟运行，可以发现问题，并针对出现的问题提出解决方案，总结方法，积累经验，以进一步完善改革方案，确保方案的可行性和改革的稳妥性；通过模拟运行，我们可以根据模拟的结果对改革进行总体评价，供国务院决策时作参考；模拟试点本身也是对这项改革的宣传、推动，可以促进各个地区、各个部门加强学习、交流，为下一步实施这项改革积累经验，创造条件。各试点市县和省直部门要充分认识模拟试点的重要意义，既要把试点工作当成检验方案、完善设计的重要环节，更要把模拟运行作为熟悉新科目体系、做好新旧科目衔接、提高财政管理水平的大练兵。

三、确保模拟试点工作取得预期效果

按照财政部统一部署，今年在中央和地方同时进行政府收支分类改革模拟试点。为确保这项工作在我省顺利开展并取得明显成效，我提几点要求：

第一，思想上要高度重视。这次政府收支分类改革是一项涉及全面的基础性制度改革，试点工作直接关系到这项改革能否顺利出台。做好这项改革试点工作意义重大、责任重大。同时，这项工作时间紧、任务重、难度大。对此，各部门和各试点市县务必高度重视，要有充分的思想准备。这次试点全部工作从现在起 6 月份止，共 2 个多月时间，在这么短的时间内保质保量的做好模拟运行是有难度的，肯定会遇到不少困难。特别是对参与试点的市来说，除了需要 在本级进行模拟试点外，还要求选择一些县进行模拟，工作难度更大。如果我们思想准备不充分，对困难估计不足，很可能对模拟过程中出现的问题不能及时加以解决，势必影响模拟工作的进程。也很可能在运行分析时提不出问题，影响试点质量。考虑到各单位领导同志工作非常忙，这次只请省直各厅局财务处长和主要业务人员到场参会，市县财政局有关同志通过网络参加会议。请参加会议的同志们回去一定要向单位主要领导汇报这次会议的精神，争取领导对这项工作的重视，加强对这项工作的领导。希望试点省直部门领导和市县财政部门对这项工作给予特别的重视和关注，并把这项工作作为今年的一件大事来抓。财政厅内各处也要统一思想，主动参与，密切配合，在这次模拟试点工作中要发挥好组织者的作用。

第二，模拟前的准备工作要做得充分。为了保证模拟试点顺利进行，目前省财政厅主要做了以下几项工作：一是根据财政部、中国人民银行、国家税务总局“关于进行政府收支分类改革模拟试点的通知”要求，拟订了我省模拟试点实施方案，同时又印发了“河北省进行政府收支分类改革模拟试点的通知”，明确了组织领导、责任分工、试点范围和试点内容，确定了技术实现方案、试点工作程序和时间安排，并对试点工作进行了详细部署，明确了试点工作的具体要求。二是按照《政府收支分类改革方案》(征求意见稿)中支出功能分类和经济分类做出支出新旧科目对照表，并选择典型部门，由财政编审人员进行模拟编制测试，查找科目使用中存在的问题，积累试点经验。三是拟定了模拟运行中需要的各种报表。包括2005年部门预算编制的报表体系,逐级进行汇总的功能预算报表,预算执行中的旬报、月报等。四是研究制定了计算机技术支持方案。我省模拟试点运行需要预算编报系统、预算指标管理系统、国库集中支付系统、总预算会计核算系统等4个软件系统支持。上述软件均由我厅统一开发,各系统软件尽量维持目前框架,按试点要求进行了初步修改完善。上述准备工作为模拟试点打下了一个好基础。但是开始进行模拟试点,还有很多准备工作要做,任务十分紧迫,有关工作已进入倒计时阶段。参加试点部门和市县一定要尽快研究制定好模拟试点的具体实施方案,明确组织领导、责任分工、试点内容、工作程序和时间安排。

第三,上下左右工作要协调。政府收支分类改革模拟试点工作涉及到预算编制和执行的方方面面,是一项技术要求高,工作难度大,涉及面广的系统工程。参加试点的各级各单位之间加强沟通、密切配合是确保模拟试点工作扎实有效地推进并取得成功的关键。一是各试点单位内部处室之间的工作要协调。各级试点单位内部要组织成立模拟试点领导小组,并发挥组织领导作用。要切实明确内部各个相关单位处室的分工和责任,并建立沟通协调机制,有关工作和问题要及时与部门领导小组报告,省财政厅内部处室发现的问题要及时与厅模拟试点办公室沟通。二是上下级财政部门之间、财政部门与试点单位之间的工作要协调。省财政厅需要把试点的情况及时向财政部报告,市县试点部门和省直部门需要向省财政厅及时反馈有关情况,各试点单位要严格按时间和质量要求做好各个阶段的工作。省财政厅将根据情况加强对部门和各市县的指导,各试点市财政部门也要充分发挥在模拟试点中的主导作用,认真组织,积极督促,主动上门,确保试点县的模拟试点工作有条不紊,井然有序。三是财政部门与政府、人大沟通汇报工作要协调。各级试点财政部门要采取多种形式,多向人大沟通汇报、听取意见。模拟编制的本级政府预算草案,要向本级人大常委会汇报并听取意见。试点部门要分别向财政部门提交各自的部门预算大本,并达到提交人大审查对格式和内容的要求。

第四,工作要严细。在具体工作中要做细四方面的工作。一是要把实施方案做细。每个市县每个部门都要有细致的实施方案,要做到每一阶段的任务有明确的要求,每一个阶段要有切实的工作成果。二是把每一笔业务做细。虽然模拟试点是“虚转”,但也要把工作做实做细,不能简单地走过场,只有工作做细了才能发现问题。无论是预算编制,还是预算执行,都要按部就班,层层把关、层层落实。特别是新旧口径的对接和转换要尽量准确。试点部门、试点市县要严格按照部门预算编制“两上两下”的程序,用新科目模拟编制2005部门预算;试点部门要向财政部门提交各自的部门预算大本,试点市县的本级预算要逐级上报,省级财政部门要审核并汇总编制省级总预算;省、市、赤字县模拟编制的本级政府预算草案,要报本级政府和本级人大常委会听取意见。预算执行模拟要结合重点保证收入上交、划分、报解以及支出的拨付、记账、核算和分析各环节都能走通。三是把每个阶段的分析做细。对模拟试点的每一个阶段都要做详细的分析,要善于发现问题,并提出解决问题的意见和建议,能否发现问题是检验试点质量、水平的重要标志。对模拟工作中遇到的困难和问题,不能坐等观望,要积极查找原因,主动研究解决办法。四是要把总结工作做细。试点工作结束后,各试点部门和市县要对试点情况进行全面总结,大家要早做准备,勤加思考,注意积累。总结材料要全面细致有深度,既要客观全面地反映经验和问题,也要积极主动地提出建议和办法,特别是要对改革方案提出具体明确的修改意见,以便为改革的顺利推进创造有利条件。

(原载《河北省财政信息网》)

以公共为准绳　创财政新行风

河北省财政厅纪检组长、监察专员　徐立海

自2002年年初河北省开展民主评议行风活动以来,全省各级财政部门积极参与,在近两年的民主评议行风活动中,省财政厅、各市财政局均获得了本级政府各部门行风评议的第一名,全省财政部门从2004年还获得了免评两年的好成绩。在成绩和荣誉面前,如何探索建立一套切合财政发展、切合财政工作实际的行风建设长效机制,已经成为整个河北省乃至全国财政部门的一个迫切需要回答的问题。

笔者认为，要赋予财政系统行风建设以新的内涵，不只是要解决"门难进、脸难看、事难办"的作风问题，也不只是体现为提高工作效率、改进服务态度等若干方面，而必须把行风建设放在推进民主理财、推进依法理财、推进科学理财的公共财政制度建设的大环境下，看作是加强财政管理、深化财政改革、推进财政全方位建设的综合载体和平台，着力以行风建设加强公共财政制度建设，以公共财政制度建设提升财政系统行风建设和党风廉政建设。

以加强公共财政制度建设为主要内容，创新经济社会发展新形势下的财政行风建设，必须把行风建设作为财政制度建设的坐标，始终按照中共中央关于加强党的执政能力建设的决定要求，把国家和人民的利益放在首位。以公共财政制度建设升华财政系统行风建设，必须把公共财政制度建设贯穿于行风建设的全过程；必须通过公共财政的制度完善与管理改革，充实行风建设的内容，提升行风建设驾驭财政全局发展的能力。

以公共财政建设提升行风建设能力，必须普遍树立公共财政思想。财政机制的运行不单是财政一家之事，而涉及经济社会公共事务的各个方面和财政资金运行的角角落落，在全社会树立公共财政思想，提高财政资金分配使用的规范性、安全性和有效性，确保政府各部门、各单位正确履行相应的财权，应当是财政系统行风建设的重要内容。

以公共财政建设提升行风建设能力，必须坚持不懈地推进公共财政改革与发展。要以提高财政资金配置效益为核心目标，以改革预算编制方法，完善预算决策机制，探索编制绩效预算、滚动预算，逐步建立支出绩效评价、考核监督、责任追究制度等为基本内容，进一步深化预算管理改革。要按照"分步实施、扎实推进、逐步深化"的总体部署，继续完善相关制度办法，抓好扩面延伸工作，进一步深化国库管理制度改革。要把各项财政改革措施和财政业务工作作为行风建设的核心内容，通过对各项改革措施落实情况的督导和考核，推进有财政特色的行风建设。

以公共财政建设提升行风建设能力，必须坚持财政资源配置的科学化。公共资源配置是财政的最基本职能。承接于国家机器的强制力，财政必须科学配置财政物质资源，以有限的财力办好关系经济社会发展的公共事业；承接于资源的市场配置力，财政必须科学配置财政政策资源，以公平的宏观调控政策促进市场经济的进一步发育和区域社会的协调发展。坚持财政资源配置的科学化，必须努力打造集中财力办大事的机制。对那些属于重点领域和重要方面，事关全省、全市经济社会发展全局，或对解决全局性问题起到关键作用的"大事"项目，必须完善决策程序，明确绩效目标，确保资源配置合理。集中财力办大事，核心是通过财政资源的集中配置或重组来形成合力推动经济社会事业建设。财力能不能集中，大事能不能明确，关键要看行风建设的一个重要方面——一个系统、一个单位的创新能力。因此，坚持财政资源的科学配置观，是提升财政系统行风建设能力的重要基础。

以公共财政建设提升行风建设能力，必须坚持依法行政和科学理财，规范财经秩序。财经领域出现的一些违规违纪甚至是违法问题，发生的原因虽然是多方面的，但同财政监督机制不健全、监督乏力也密切相关。必须研究造成违纪、违规问题的制度缺陷，切实加强制度建设，建立以资金运行为主线，将事前审核、事中监控和事后检查评价有机结合的财政监督制度体系，从源头上预防和制止违法违纪问题的发生。

（原载《中国财经报》2005.3.29）

加快我省资产评估行业发展建设

河北省财政厅助理巡视员尹立敏在全省资产评估管理工作会议上的讲话

（2005 年 1 月 6 日）

同志们：

新年伊始，全省各资产评估机构的负责同志欢聚一堂，共商行业发展大计，无疑具有重要意义。刚才，李建设副秘书长传达了中评协"两会"精神，郭志军秘书长代表协会总结了过去一个时期全省资产评估工作，部署了今后工作任务，我都同意。下面，我就行业发展建设问题讲几点意见：

一、当前行业面临有利的发展机遇

当前，我国社会主义市场经济体制初步形成，经济持续稳定发展，各项改革全面展开，资产评估业面临良好的发展机遇。

首先，党中央、国务院十分重视资产评估等社会中介组织的发展和建设。党的十六届三中全会通过的《关于完善社会主义市场经济体制若干问题的决定》指出，要"积极发展独立公正、规范运作的专业化市场中介服务机构，按市场化原则规范和发展各类行业协会、商会等自律性组织。十六届四中全会提出"发挥社团、行业组织和社会中介组织提供服务、反映诉求、规范行为的作用。"今年国务院《关于推进资本市场改革开放和稳定发展的若干意见》指出，要"加强对会计师事务所、律师事务所和资产评估机构的管理，提高中介机构的专业化服务水平。"特别值得一提的是，2003 年 12 月，国务院办公厅以 101 号文转发了财政部《关于加强和规范资产评估行业管理的意见》，对如何加强和规范资产评估行业的管理提出了全面、明确、具体的要求，这充分表明了中央推进市场经济体制改革的决心，以及对资产评估行业的重视。党和国家对社会中介机构的重视支持，为资产评估行业的健康、快速发展奠定了坚实的政治基础和强有力的政策保障。

其次，市场经济体制改革的不断深化为资产评估事业的发展提供了广阔的市场空间。党的十六大明确提出了我国本世纪头二十年的发展目标和主要任务。我省也相继提出了国民经济跨越式发展和全面建设小康社会的奋斗目标。这一时期是我国、我省必须抓住并且可以大有作为的重要战略机遇期。为了实现上述目标，全省上下努力工作，各项改革全面展开：财税体制改革逐步完善，增值税转型开始试点，财产税开征问题正在研究；新的国有资产监管体制已经建立，新一轮国企改革、上市公司并购重组业已开始；国有资产重组、国有产权交易活动更加频繁，监管更加规范；资产管理公司处置不良资产任务日益增多等等，都为资产评估行业的发展提供了广阔的市场空间。另外，随着行政审批事项的减少，市场化程度的提高，众多的市场定价都将需要资产评估的服务来完成。所有这些，既为资产评估事业的发展提供了良好机遇，同时对资产评估机构提出了更高要求。

第三，资产评估行业自身发展为更好的服务于全省经济建设打下了基础。根据国务院清理整顿经济鉴证类社会中介机构领导小组和财政部有关文件精神，我省注册会计师协会和原资产评估协会按照"一个协会、一套班子、一套机构，两种资格并存，两个行业统一管理"的原则，于 2000 年 6 月 12 日实现正式合并、统一管理。几年来，在各级财政部门的监督指导下，经过省注协及全省广大执业人员的共同努力，我省资产评估队伍从小到大、由弱变强，形成了目前 130 家专、兼营机构、700 名注册资产评估师和近 3000 名从业人员的规模。这些资产评估机构及其从业人员，经过脱钩改制的洗礼，经过企业资产重组、改制上市等资产评估实践的锻炼，执业水平和职业道德水准大大提高，服务意识和市场意识明显增强，已经成为维护我省市场经济秩序，深化国有企业改革，促进国有资产保值增值以及培育和发展资本市场的重要依靠力量。

二、当前行业存在的突出问题

不难看出，资产评估行业的发展面临许多机遇，但也存在许多突出问题和实际困难，我们必须高度重视，认真理性地加以应对。

首先，资产评估法制环境不完善，资产评估行业法律地位不健全。一直以来，我国开展资产评估业务可以参照的法规制度除十多年前制定的《国有资产评估管理办法》即国务院第 91 号令外，仅有一些各行政主管部门制定的规章制度。资产评估法制建设与资产评估业务、资产评估队伍建设的需要相比还有很大差距。突出表现在资产评估法制体系不完善，资产评估法律级次偏低，资产评估法制建设滞后于资产评估业务的发展速度等等。所有这些，既限制了资产评估行业的发展空间，也不利于资产评估行业的自我规范。

其次，资产评估资格林立，评估市场秩序紊乱。目前，评估行业资格比较多，被 2003 年国办发 101 号文确定的评估资格就有注册资产评估师、房地产估价师、土地估价师、矿业估价师、旧机动车估价师、保险公估人员等 6 种之多，且这些资格分属财政、建设、国土资源、商务、保监会等不同政府部门管理。根据国务院清理整顿经济鉴证类社会中介机构领导小组的指示精神，我省虽然于 2000 年对资产评估等社会中介行业进行了清理整顿，但中介市场多头管理、部门分割、行政权力渗透等混乱局面并未得到根本扭转。现在行政干预评估中介市场的现象甚至有变本加厉、愈演愈烈之势。所有这些，不但不利于政府职能的转变，不利于统一的评估中介服务市场的建立，而且加重了企业负担，影响了评估行业的健康发展。

第三、资产评估业的内部问题阻碍了行业的良性发展。一是机构规模较小，竞争实力不强。从我省资产评估行业的发展现状看，全省有专、兼营评估机构 100 余家，但注册资产评估师只有 700 多名，平均每家机构不到 7 人。以如此弱小的规模实力与省外、境外大的评估公司竞争往往处于劣势。二是业务结构单一，恶性竞争问题严重。资产评估业自产生以来，其执业范围就仅限于企业合资、上市、改制等政府强制性业务。由于业务结构过于单一，一旦传统业务减少了，就势必给机构的生存和发展带来压力，势必在行业内产生压价竞争、回扣分成等恶性竞争行为，执业质量最终难以得到保障。三是执业机构人员基础不牢，内部治理结构不完善。按照国务院 101 号文件精神，我省也于去年对全省资产评估行业进行了全面检查。检查中发现，一些诸如存在兼职、挂名人员，办所条件不够，执业质量不高，内部治理结构不健全、不完善等共性问题在我省同样存在，在一些机构中有的还相当严重。对于其中问题严重的机构和个人，省财政厅已经分别做出处理。加大对上述问题的清理整顿和查处打击力度仍将是今后省厅和协会的工作重点。

三、几点要求

首先，要大力加强行业诚信建设。市场经济是以诚信为基础的法治经济，信用是中华民族的传统美德，更是注册会计师、注册资产评估师的安身立业之本。因此，资产评估行业要牢固树立诚信为本、操守为重的职业理念，全面推进行业诚信建设和职业道德建设，积极维护市场经济秩序和社会公众利益，努力赢得政府、公众和市场的充分信赖。

其次，要大力加强人才队伍建设。人才是行业发展的根本，是事业兴衰成败的关键。经过十几年的发展，我省已经拥有了一支具有一定规模和实力的资产评估队伍。但是，相对于我们肩负的重任，相对于全省市场经济建设的要求，我省资产评估专业人才无论从数量上还是质量上，都还远远不够。因此，一定要高度重视并下大力气抓好行业的人才建设，不断提高行业人才队伍素质和执业质量。要以人才建设为突破，全面提高我省资产评估行业的核心竞争力。

第三，要大力加强行业协会自身建设。建设好一支队伍，发展好一个行业，注册会计师协会的作用十分重要。要按照市场化原则，积极规范和加强行业协会的发展，逐步建立符合行业规律和特点的自律管理体制，充分发挥其对广大会员的自律管理与服务作用，不断提高行业的执业规范化水平和自律水平，为行业的健康发展提供有力的组织保障和体制保障。

全省财政收入首次突破千亿元

胡宝民　赵志东　王玉亮

临近岁末，从省财政厅传来喜讯，截至 12 月 20 日，全省全部财政收入首次突破千亿元大关，完成 1005.7 亿元，剔除出口退税和农业税政策调整等因素，可比增长 27.6%，其中，地方一般预算收入达到 493 亿元，可比增长 26.3%，均实现了历史性突破。

“十五”期间，尤其是党的十六大以来，全省各级各部门在省委、省政府的正确领导下，认真学习实践“三个代表”重要思想，坚持以科学发展观为统领，围绕四项重点经济工作和“一条主线、两大支撑”的经济工作思路，狠抓各项工作的部署和落实，全省经济始终保持平稳较快增长的好势头，财政收入总量连年迈上新台阶，实现了持续 3 年的较快增长。2003 年和 2004 年，全省全部财政收入分别突破 600 亿元和 800 亿元，今年到 12 月中旬，又突破 1000 亿元。我省财政实力迈上了一个新台阶，不仅为“十五”画上了一个圆满的句号，而且为“十一五”实现更快更好发展和建设“和谐河北”奠定了坚实的物质基础。

3 年来，围绕科学发展观，全省重点支出得到较好保障。各级政府及财政部门采取积极、有作为的态度，在促进经济发展、缓解县乡财政困难、解决公教人员工资发放、社会保障体系建设、公共卫生体系建设、推动国企改革和投融资体系建设、加大农业科技教育投入等方面，集中财力办了一些多年想办而没有办成的事情。

在财政管理改革方面，预算管理在全国率先突破，国库集中支付、政府采购和“收支两条线”等项改革始终走在全国前列，初步建立起适应社会主义市场经济要求的公共财政体制框架。

财政收入实现快速增长，与我省经济形势整体向好密切相关。全省经济整体平稳较快发展、运行质量提高，是财政增收的主要动力。在全省主要税源行业中，对税收增长贡献最大的是钢铁、采矿、商业、电力、房地产和建筑六大行业。1至11月份，六大行业税收共增收124.4亿元，占税收增收总额的54.8%。

“一线两厢”发展战略有力地促进了全省经济协调发展，“一线两厢”格局发生可喜变化，“一线”仍是支撑和带动全省收入增长的主力，“南厢”四市收入增长平稳，“北厢”成为新的收入增长点。

3年来，我省分税制财政体制进一步完善，实行了激励性财政体制，并在今年开始试行县乡财政体制改革，为经济发展提供动力支持。激励性财政体制实行3年，极大调动了市、县增收的积极性。省政府及时兑现省内激励性财政体制政策，2003、2004两年，省财政比原体制共多返还各市县收入21.8亿元，并决定将激励性财政体制延长至2007年，同时将扩权县分成增长率降低到5%，进一步增强了市县抓经济、促增长的积极性。

（原载《河北日报》2005.12.7）

我省财政全力支持和谐河北建设

胡宝民　赵志东

公共财政的本质在于取之于公众、用之于公益、定之于公决、受之于公众监督，把财政政策的制定和实施、财政资源的筹措和运用与增进人民群众的公共福利紧密结合在一起，在日益提高的水平上解决人们难以通过市场实现的公共需求问题。落实科学发展观、构建和谐河北，与公共财政职能之间具有内在的本质一致性，他们都服务于一个共同目的：满足人们的物质文化需要，促进人的全面发展。

党的十六大以来，在省委、省政府的正确领导下，按照科学发展观的要求，全省各级财政集中财力办大事，为更好地实现全省经济社会全面、协调、可持续发展做出了积极努力，有力地促进了和谐河北建设。

着眼于解决城乡发展不协调的矛盾，切实加大对“三农”的投入

全面落实科学发展观，构建“和谐河北”，必须统筹城乡发展，更多关注农村、关注农业、关注农民，坚持“多予、少取、放活”的方针，财政政策更多地向“三农”倾斜，努力实现粮食稳定增产、农民持续增收，促进农村经济社会全面发展。2003年以来，全省各级财政部门按照统筹城乡发展的要求，认真落实中央和省定惠农政策，切实加大对“三农”投入力度。一是建立健全财政农业投入的稳定增长机制。2003—2004两年全省农业支出完成89.2亿元，重点支持了农业科技进步、退耕还林、农业综合开发、农业结构调整与产业化、农田水利基础设施建设等项目。今年1—10月份，全省农业支出完成36.4亿元，同比增长24.8%，重点支持了扶贫开发、动植物疫病防治、生态家园工程、农业产业化和农业社会化服务体系建设等项目。

二是严格按规定核减农业税税率、取消农业特产税。2004年，全省农业税税率平均降低3.06个百分点；2005年对40个国家级扶贫开发工作重点县全部免征农业税，其他县（市、区）农业税税率在2004年的基础上再降低2个百分点。两年累计，全省农业税及附加减少近50亿元，减幅达到86.8%，农民人均减负94元。

三是认真落实对种粮农民实行直接补贴、良种补贴和农机购置补贴政策。2004年，省财政拨付三项补贴资金6.6亿元，2005年，这三项补贴资金又增加5300万元。同时，采取招标选项、资金专户管理、报账制等方式，切实强化资金管理，目前三项补贴资金已全部到位。

四是积极支持农村公路建设。2003年以来，省级整合交通建设资金22亿元，争取国债投资补助18亿元，新建改建农村公路3万公里，新增通油路行政村1.17万个。2005年，省级财政安排农村公路建设资金高达10.57亿元，上半年全省农村公路通车里程达5085.2公里，新增通油路的村1879个，年内将实现乡乡通公路、85%的行政村通油路和水泥路。到2007年底，我省农村公路通车里程将达到91000公里，基本实现村村通油路和水泥路。同时，积极支持农村科技、教育、文化、卫生等公益事业的发展。据调查统计，2004年全省涉农资金支出达到254.6亿元，比2003年增长59.1%。

着眼于解决不同区域发展不协调的矛盾，更多地向贫困地区倾斜

缩小地区差距、实现区域协调发展，是落实科学发展观、全面建设小康社会的战略任务。解决区域发展不协调的矛盾，就要更多地支持贫困地区的发展，帮助贫困地区和贫困群众尽快改变贫穷落后面貌。2003年以来，我省财政部门统筹区域发展，围绕落实省委、省政府确定"一线二厢"区域发展战略，在资金和政策上更多地向贫困地区倾斜。

一是激励性财政体制对贫困地区发展的促进作用日渐显现。激励性财政体制规定，对张、承两市和其他市所属 34 个省以上扶贫重点县实行省级四税（增值税、营业税、企业所得税、个人所得税）"定额分享、超收全返"的优惠政策。实施两年来取得了明显成效，张、承两市与原体制相比多得财力 27576 万元（张家口 13275 万元、承德 14301 万元），极大地调动了两市发展经济、增加财政收入的积极性，成为财政收入增长最快的地区，有效缓解了财政困难，增强了保工资、保运转的能力。据统计，今年 1－10 月份，张家口地方一般预算收入完成 17 亿元，占年预算的 99.4%，可比增长 32.5%；承德市地方一般预算收入完成 14 亿元，占年预算的 108.3%，可比增长 52.4%。

二是大力支持张、承两市基础设施建设。2003 年以来，省级财政共筹措拨付张、承两市基础设施建设专项资金达 56.9 亿元，用于农业、水利、城建、交通、教育、卫生和生态工程等基础设施建设。

三是积极促进县域财政经济发展。县级财政是国家财政的基石，也是目前财政困难的重点。认真落实扩权强县财税政策。今年，根据省委、省政府扩权强县的要求，省财政厅研究制发了《关于扩大部分县(市)管理权限后财政体制有关问题的通知》等五个配套文件，完善扩权县财政体制，并将属于非贫困县的 16 个扩权县省分成增长率降低到 5%，较快地理顺了扩权县财政体制。同时着眼于破除县域经济财政发展和推进城镇化建设的体制障碍，研究制定了《河北省深化县乡财政体制改革试点工作指导意见》，拟对乡(镇)因地制宜、分类指导，分别实行统收统支加激励和比较规范的分税制两类财政体制；认真贯彻落实财政部缓解县乡财政困难的政策，研究制发了《2005 年缓解县乡财政困难奖励和补助办法》，将财政部提出的"三奖一补"政策扩展为"五奖二补"，除下达中央奖补资金 6.9 亿元外，省级增加奖补资金 3.5 亿元，着力缓解县乡财政困难。

四是加大财政扶贫投入力度。按照《河北省农村扶贫开发规划(2001－2010)》要求，2003 年以来，累计筹措资金 17 亿元，重点用于改善贫困县农业生产条件，解决农民行路难、饮水难、用电难、通信难问题，实施了"周转畜"、"周转棚"、劳务输出和移民搬迁四大扶贫重点项目，为解决贫困人口温饱问题、加快贫困地区发展起到了重要的支撑作用。目前，我省贫困地区生产生活条件得到明显改善。截至 2004 年底，全省新、改建乡村公路 16600 公里，解决了 5615 个村行路难、276 个村生产用电难、382 个村通信难和 2741 个村饮水难问题。

着眼于解决经济建设与社会事业发展不协调的矛盾，积极促进社会事业发展

经济与社会发展不协调的矛盾，突出表现在社会事业发展相对滞后。要解决这一矛盾，就要更加重视加快各项社会事业的发展。2003 年以来，我省财政部门积极支持社会保障、科技、教育、文化、卫生等社会重点事业发展，不断提高公共服务水平，增强可持续发展能力，满足人民群众多层次多方面需求，促进人的全面发展。

一是积极支持教育事业发展。认真落实《教育法》和省委六届七次全会精神，健全农村义务教育经费投入机制。2003 年以来，省级财政投入教育专项资金 16.6 亿元，重点支持中小学危房改造、布局调整工程、高校"双重工程"和省委党校综合楼建设，改扩建中小学校舍 386 万平方米，改造危房 231 万平方米，撤并农村中小学 5606 所，省级大学重点学科由 50 个增加到 75 个，国家级重点学科增加到 4 个。特别是今年以来围绕落实河北省委六届七次全会《关于加强教育工作的决定》，对教育事业的支持力度进一步加大，省级确保财政一般预算教育经费拨款的增长高于本级财政经常性财力增长率 2 个百分点以上。今年 1－10 月份，全省教育事业费支出完成 123.1 亿元，同比增长了 21.4%，其中省财政连同中央补助共下达资金 2.1 亿元用于资助农村义务教育阶段家庭经济困难学生"两免一补"。

二是大力支持科技事业发展。2003 年以来，投入专项资金 5.3 亿元，重点支持农副产品加工、制造业信息化、创新药物、中成药现代化、高新区再造和构建区域创新体系。今年以来，围绕落实省委六届七次全会《关于加强科技工作的决定》，省财政追加 2600 万元科技专项资金，同时分别筹措资金 1 亿元和 5000 万元充实省科技风险投资公司和信息产业投资公司资本金。

三是重点支持公共卫生体系建设。2003 年以来，省财政通过本级安排和争取中央补助 5.88 亿元，支持疾病防控和传染病救治项目建设，提高了应对突发性公共卫生事件的能力;新型农村合作医疗试点县(市)由 2004 年的 3 个扩大到 2005 年的 11 个,省、市、县财政合作医疗资金全部拨付到位,覆盖农村人口 418.7 万人,197 万人次享受了合作医疗补偿。

四是大力支持公益性文化基础设施建设。全省各级财政部门围绕省委、省政府确定的 2007 年“县县有文化馆、图书馆,乡镇有综合性宣传文化站”的目标,多方筹措资金,加大基层公益性文化基础设施的投入力度,列入 2004—2005 年国家规划的 41 个文化馆、图书馆工程建设进展迅速。2003 年以来,省级财政安排拨付资金 5.1 亿元,用于爱国主义教育基地、村村通广播电视、送书下乡、文化资源共享、文明生态村、新华书店网点改造、省美术馆、省博物馆等文化设施建设。

通过全省各级财政部门加大投入,我省科技、教育、文化、卫生等重点社会事业落后状况逐年改变,在经济发展取得重要成就的同时,人民群众生活质量得到明显提高。

着眼于解决不同利益群体不协调的矛盾,更多地扶持弱势群体

当前,我省正处于“黄金发展期”和“矛盾凸显期”交织并存的关键时期。在此期间,社会不同群体之间的收入差别容易拉大,由此引发各种矛盾。为化解这类矛盾,2003 年以来,全省各级财政贯彻以人为本、为民理财的方针,以实施“十项民心工程”为切入点,更加注意解决好弱势群体的实际困难,财政资金和政策更多地向弱势群体倾斜。

一是努力支持“十项民心工程”建设。这是省委、省政府为认真践行“三个代表”重要思想,从解决人民群众最现实、最关心、最直接的问题入手,推动我省经济社会协调发展的重大举措。2004 年,省财政通过争取中央支持和本级预算安排,用于“十项民心工程”建设的资金达到 33.8 亿元。今年为保证民心工程加快实施,仅省本级安排用于该项工程的财政性资金就达 32.3 亿元。二是积极促进就业再就业工作,落实好“两个确保”和“低保”政策。2003—2004 年,省财政筹措拨付资金 15.39 亿元,保障了 26.45 万下岗职工基本生活需要,促进了城镇就业再就业工作目标的实现;拨付省本级养老金 68.3 亿元,城市居民最低生活保障资金 13.1 亿元,基本保证了省级负担的 33 万企业离退休人员养老金按时足额发放,实现了对 80 万城镇贫困人口最低生活费动态管理下的应保尽保,同时对 19.1 万企业离退休人员补发养老金 8.4 亿元,基本上解决了我省参统企业拖欠养老金问题,并且量力而行地调高了退休职工养老金和城镇贫困居民低保标准。今年以来,相关资金支出数进一步增长,保障能力和保障水平有了新的提高。三是努力提高公教人员工资发放水平。2003 年以来,省财政筹措拨付资金 58.3 亿元用于市县保工资转移支付,基本解决了多年来遗留的国家增资政策不到位问题,各县(市)全部落实了国家工资标准,县乡公教人员月均工资由 2002 年底的 810 元提高到 2004 年底的 1038 元;与此同时,设法筹措资金使机关事业单位职工职务津贴月均提高 100 元。四是大力支持济困助残工程。2005 年,省财政安排 1.3 亿元资金用于济困助残工程巩固和完善农村五保户供养制度,加快农村敬老院基础设施建设,努力提高五保对象集中供养率;同时推进建立农村低保制度,对农村特困户实行定期定量救济,对因灾造成临时困难的家庭通过临时救济方式给予救助。

着眼于解决人与自然环境不协调的矛盾,积极支持资源合理开发利用和生态环境保护

人口、资源和环境问题已成为全球性的问题,对经济社会发展的影响日益显现,也是我国现代化建设中一项重要的瓶颈制约。统筹人与自然和谐发展的实质,是保持人口适度增长、资源永续利用和保持良好的生态环境。2003 年以来,全省各级财政部门按照统筹人与自然和谐发展的要求,多方筹措资金,大力支持计划生育事业的发展,支持资源消耗低、环境污染少、效益高的新型产业发展、支持资源合理开发利用和生态环境治理。

一是坚持计划生育基本国策,支持计划生育事业发展。2003 年以来,全省拨付计划生育事业费 0.9 亿元,重点支持了基层计划生育服务站建设、计划生育手术费和计划生育信息平台等项目建设;2005 年筹措拨付资金 4540 万元,实行农村部分计划生育家庭奖励扶助制度,奖励扶助人数达 7.6 万人,有力地促进了计划生育政策的落实,控制了人口增长。

二是大力支持传统产业技术改造和高新技术产业的发展,促进企业节能降耗。2003 年以来,省财政筹措拨付企业挖潜改造资金和科技三费 14.5 亿元,采取贴息和补助方式，着力支持水泥、钢铁、建材、食品、纺织服装等行业的技术改造和产品结构调整；支持我省有一定基础和优势的生物技术与新医药、电子信息、新材料、先进制造业、现代农业等 5 大高新技术发展，支持发展循环经济，提高资源利用率，减少环境污染。

三是大力支持生态建设。2003 年以来，投入国债资金 19.8 亿元，重点支持了防护林、退耕还林、京津风沙源治理、首都 21 世纪水资源可持续利用和 23 个污水处理厂等项目建设。这些项目的建成，大大改善了生态环境，提高了城市污水处理水平。

四是加大环境治理投入。2003 年以来，省财政拨付环境和污染防治资金 5.7 亿元，重点支持了装机 30 万千瓦以上电厂脱硫除尘、重点流域或区域污染治理，其中整合 1.2 亿元用于实施石家庄省会城市生态环境保护工程，使重点区域或流域污染加剧的趋势得到有效遏制，省会城市环境质量明显提高。

五是支持资源合理开发利用。2003 年以来，省财政通过本级预算安排和争取中央补助投入资金 3.84 亿元用于土地开发整理，增加耕地面积约 14 万亩，实现全省总量占补平衡；同时筹措拨付专项资金 5982 万元，加大矿产资源勘查力度，为全省经济可持续发展奠定基础。

回眸“十五”，成绩来之不易；展望“十一五”，任务艰巨而光荣。在全面建设小康社会的历史进程中，未来五年是承上启下的关键时期。在省委、省政府的正确领导下，全省财政工作的思路与措施将继续以科学发展观为统领，坚持集中财力办大事，为“和谐河北”建设再做新的更大的贡献。

（原载《河北日报》2005.11.16）

看我省如何缓解县乡财政困难（上）

赵志东　杨　冰

草枯叶落，时至初冬，记者来到冀北采访。然而，从渤海明珠唐山到塞外山城张家口、承德，记者所走之处，眼见耳闻，感受的却是融融暖意：“对我们这个国家级贫困县来说，五奖二补政策就是雪中送炭。”“不仅没有拖欠工资，而且今年所有公教人员还有了每月 100 元的津贴。”“经济得到了发展，百姓得到了实惠。”“这是树立科学发展观，建设和谐河北的具体体现。”……百姓由衷的表达，可以说是对我省缓解县乡财政困难工作所取得的成果的最好体现。

公教人员工资得不到及时发放，机关正常运转经费无力保障，县乡财政困难这道难题如何破解颇为棘手。近年来，我省从加大转移支付力度等方面入手，不断完善转移支付制度，找到了解决难道的有效突破口。

“‘卖豆腐喽。卖豆腐喽。’走村穿乡，老人一路走，一路大声地吆喝，可是快到镇政府的时候，他却突然没了声。为啥？怕那里出来的人买了豆腐给不起钱。”说起过去因乡镇财政困难而出现的尴尬事儿，滦平县财政局长赵继承的表情很复杂，“不怪人家不想卖，都是咱没钱。那时好的乡镇一年最多能发 9 个月的钱，一些地方甚至只能发 3、4 个月的，有个镇党委书记为给大伙多发点工资，把自己家的房子做了抵押，结果因为不能及时还银行钱，当了被告。”

2000 年以前，诸如赵继承所说的尴尬事儿在我省许多地方都曾经发生。由于经济基础相对薄弱、县域经济不够发达，财政收入少，支出多，入不敷出，我省相当多的一部分县乡财政困难，公教人员工资仅靠本级财力难以保障、保正常运转所需经费不能落实。“没钱，自己养家糊口都难，哪里还有心思去想工作，更别说什么发展经济了。”

往事不堪回首。回首已成往事。

“那种日子已经一去不复返了。现在不仅全县公教人员的工资都能按时发放，而且机关正常运转的经费也有了保证。这，全得益于上边儿的政策。”赵继承发自内心地说。

赵继承说的政策，其一指的就是我省近年来为缓解县乡财政困难而逐年加大实施力度的转移支付政策。党的十六大以来，我省将解决县乡公教人员工资发放作为财政工作的重中之重，建立了“上级补助、县级统管、银行发放、专户管理、网络监控”为核心的工资发放保障机制。以设立“工资专户”为突破口，积极筹措资金，确保了各市工资直发工作按进度、按要求全面推开。各市根据当地实际情况，通过财政与国库部门的积极协调配合，在市、县、乡各级建立“工资资金专户”。在此基础上，推行“工资上卡”,对行政、政法机关人员、财政全额负担的事业单位在编职工以及上述单位的离退休人员,全部实行工资上卡发放。同时,在预算安排和资金调度上,坚持“先工资、后其他,先教师、后其他”的支出序列,突出重点,优先保障。此外,为彻底解决拖欠教师工资问题,各县都先将农村中小学教师工资统一上收县级管理,实行教育经费“集中统一管理、打捆统一使用、定额定项安排”。2003 年以来,省级财政共对困难县市安排一般转移资金达 41.7 亿元,有效地增强县级财政实力,促进了县乡公教人员工资发放问题的较好解决。到 2004 年底,全省 136 个县市全部落实了国家统一增资政策,公教人员工资水平有了显著提高,月均工资到 2004 年底已达到 1038 元。

保工资、保运转、保稳定、促发展。为切实缓解县乡财政困难,我省把财政部的“三奖一补”政策扩充为“五奖二补”,并为此拿出了总额达 104664 万元奖补资金。在强大的奖补政策面前,县乡财政困难的坚冰在渐渐融化。

机关事业单位工资发放问题,只是县乡财政困难的一个突出表现。除此以外,还有许多涉及县乡财政困难的问题需要解决。

今年 1 月 17 日,为缓解县乡财政困难,增强基层执政能力建设,财政部制定印发了《关于切实缓解县乡财政困难的意见》,要求各省(区、市)结合本地实际,狠抓贯彻落实,确保缓解县乡财政困难工作取得实效。其具体内容就是“三奖一补”。而我省,在考虑各方面因素后,又把这一奖补政策扩充为“五奖二补”:对财政困难县税收收入增长给予奖励;对财政困难县提高经济增长质量给予奖励;对县乡政府精简机构和控制人员给予奖励;对产粮大县给予奖励;对财政困难县得到上级财力性转移支付给予奖励。对设区市合理安排财力布局、控制县域之间人均财力差距做得好的市给予补助;对以前年度机构精简进度较快、财政供养人员控制有力的县(市)给予一次性补助。经测算,全省有 125 个县区不同程度得到了奖励和补助,占全省县区总数(187 个)的 67%,省对市县“五奖二补”资金总额达 104664 万元。

这是一道财政困难的缓解之令。其补助面之宽、受益县市之多让人深感政府解决问题的决心之大,力度之强。

省委省政府主要领导对奖补资金使用非常关注,要求要切实管好用好,发挥奖补资金使用效益。省委书记白克明批示“对奖补资金的用法要加强管理和监督,对违规的要严肃处理,决不能姑息”,省长季允石批示“各县在使用这笔资金时,要向重点领域倾斜,并按照集中财力的原则,力求办成点事,解决一些急需解决的实际问题”。

“8 月中旬,我们接到省财政厅通知,一下子拿到 2004 年度奖补资金 1685 万元,”谈到“五奖二补”政策时,承德县财政局局长孙德功说,“按照省财政对‘五奖二补’的分配和使用‘要向重点领域倾斜、向乡镇倾斜、向急需解决的关键问题倾斜’的要求,我们拿这些钱解决了欠发退休教师两贴安排 150 万元,偿还乡镇‘普九’欠账安排 120 万元,解决破产企业职工安置问题 435 万元……对我们来说,这个奖补不是锦上添花之策,而是雪中送炭之举。”

雪中送炭,乡镇干部的感受可能最深。赤城县雕鹗镇镇长路太忠指着会议室那台炉子告诉记者:“从小处说,有钱,今年冬天这屋里就能暖和些,大伙干活就不用再缩手缩脚;从大处看,有钱,我们的办公经费宽裕了,也可以出去找点项目,让镇里的经济有个起色。”

为了使这项政策更好地发挥作用,在逐年加大转移支付力度的同时,今年我省又提出了一般转移支付的主要目标:一要确保县乡机关事业单位职工工资按照国家统一标准及时、足额发放,并用增量资金补发一部分 2000 年以前的陈欠工资。二是积极落实我省机关事业单位工作人员职务津贴等工资政策。已落实国家统一工资政策的县(市),要统筹财力,落实 2004 年省定提高职务津贴政策,有条件的地方也可逐步落实误餐补贴政策。三是提高县乡财政保障党政机构正常运转的能力,稳固执政基础,逐步克服财政困难县乡机关公用经费安排水平过低导致的行政行为扭曲问题。四是增强县乡财政对基础教育、公共卫生、农村社会保障等事业的经费供给能力。五是逐步化解县乡财政隐患,有计划地分步解决普九达标、农村基金会借款等公共支出性负债问题。

落实科学发展观,建设和谐河北。省委省政府目标明确。保工资、保运转、保稳定、促发展。财政部门措施得力。让公共财政的阳光温暖县乡。好政策一路走来,好日子就在眼前。

(原载《河北经济日报》2005.12.15)

看我省如何缓解县乡财政困难(中)

赵志东　杨　冰

削减多余的财政供养人员,支持县乡政府转变职能,压缩行政成本,并减轻县乡政府因精简机构和机关事业单位人员成本较高而带来的财政压力,这是缓解县乡财政困难的又一有力举措

对于一个成熟的市场经济国家来说,财政供养人员占总人口的比重应当是一个相对稳定的指标。然而在我国,财政供养人口却过于庞大,这也是导致县乡财政困难的一个重要诱因。由于种种原因,我省县乡财政供养人员在前几年连年递增,从实行分税制的 1994 年到 2003 年,10 年间县乡财政供养人员增加人数已大大高于全省财政供养人员的增幅。

一方面是供养人员的不断增多,另一方面是县乡财政困难难以缓解。在此情况下,需要多个部门采取措施痛下决心。

省财政厅积极行动,根据市场经济条件下公共财政保障范围的有关要求,一是按照省委、省政府严格控制事业单位机构编制和人员增长的精神,合理界定事业单位财政供养范围,逐步将有条件的事业单位推向市场;二是配合农村税费改革,不断深化预算管理改革,促进县乡机构改革、乡镇职能界定和精减分流人员工作;同时通过财政转移支付体现控编减员的正确导向;并加强财政供养人员信息系统管理,澄清全省财政供养人员底数。

减员治困。减员增效。

张北县财政局办公楼一楼大厅,在最显眼的地方贴着一张《张家口市清理"吃空饷"工作的通知》。通知写道:为了使这项工作取得成效,经市委、市政府批准,建立财政供养人员工资发放公示制度制度和举报奖励制度,以发动社会力量对"吃空饷"情况进行动态监督。通知同时规定了清理范围和内容,包括违反规定停薪留职人员,脱产学习到期未归人员、在非本级财政供养单位借调人员、人已调动仍在调出单位领取工资人员等 15 种情况皆被列为"吃空响"之列。发动社会力量进行监督与举报,清理决心可见一斑。

"过于肥胖的人势必会影响健康。"张北县财政局局长李勇的话耐人寻味,"由于机构臃肿,人员众多,有些地方为解决经费不得已乱收滥罚;有些地方则是人浮于事,办事效率低下。所以,必须减肥。"

张北的"肥"是这样减的:撤并乡镇机构、清理合同制、清理"吃空饷"人员。"去年减全县减了 568 人,省里给了 168 万元的奖补,今年我们还可以再减掉 400 多人。"李勇信心十足。

减肥的又何止一个张北。

"我们早就开始了这项工作。""今年我们的精简力度会更大。"在乐亭、在赤城在记者采访的每一个县乡,精简财政供养人员已成为当地有关部门工作的一项重点。

"对财政供养人员进行削肿,支持县乡政府转变职能,压缩行政成本,并减轻县乡政府因精简机构和机关事业单位人员成本较高而带来的财政压力,目的是鼓励县乡政府从'做小分母'角度来缓解县乡财政困难。"省财政厅一位工作人员如是认为。

建立县乡财政基本支出保障机制,按照不同体制模式,合理确定县乡财政支出责任,宜统则统、宜分则分,提高县乡财政基本支出保障能力,不仅利于缓解县乡财政困难,更有利于促进乡镇政府职能转变和城乡社会经济协调发展

目前,我省县与乡财政关系比较复杂,体制形式多样。多数地区长时间延续实行各种形式的财政包干制,或实行划分税种、核定收支、分级包干,或实行核定收支、总额包干。少数地方实行统收统支或分税制财政体制,但是具体操作不规范,其中包干成分较重。县与乡财政体制的缺陷,对财政职能发挥和县域经济协调发展产生了一定的制约作用,也使根本缓解县乡财政困难遭遇了瓶颈。

"对我们这样既无企业又无资源,年财政收入只有 20 万元的乡镇来说,如果不是实行'统收统支'政策,不仅工作难以为继,就是公教人员的工资发放也是个问题。"赤诚县雕鄂镇负责人这样介绍他们的情况。

"我们是资源型乡镇,前几年上了个钢厂,今年的财政收入预计能达到 2 个亿。所以分税对我们镇的发展可能会更有利。"迁安县赵店子镇负责人言语中肯。

"建立县乡财政基本支出保障机制,按照不同体制模式,合理确定县乡财政支出责任,宜统则统、宜分则分,提高县乡财政基本支出保障能力,缓解县乡财政困难,促进乡镇政府职能转变和城乡社会经济协调发展。"今年 10 月,省政府办公厅转发《省财政厅关于深化县乡财政体制改革试点工作指导意见的通知》中这样强调。

统收统支加激励。这种体制模式,是基于所适用乡镇自我发展、自我保障能力差的现实设计的,它强化了县级财政的主体地位,有利于县级政府引导投资方向,对县域经济进行整体协调,减少乡镇间的盲目竞争;有利于县级统筹安排预算资金,增强困难乡镇基本支出保障能力,缓解县乡财政困难,维护社会稳定;有利于减轻困难乡镇财政平衡压力,集中精力提高社会管理和公共服务水平。

相对规范的分税制。赋予乡镇财政较充分的自主权,充分调动乡镇发展经济的积极性,有利于乡镇政府根据本地实际情况,因地制宜地调整支出结构,促进经济和各项事业的发展。通过放权,壮大乡镇财政实力,加强城镇基础设施建设,提高公共服务水平,以吸引生产要素的集聚,促进优势产业发展,形成经济发展与城镇建设的良性循环,加快县域经济和农村城镇化发展步伐。

"我们已经把隆化县确定为县乡财政体制改革的试点县,明年开始,宜统则统,宜分则分。"承德市财政局副局长张树民告诉记者。

"我们虽然不是试点县,但明年也想找几个乡镇尝试一下。"承德县财政局亦跃跃欲试。

"不同乡镇不同对待,这个体制不仅稳定了人心,更给了我们发展的信心。",在不同的县乡,记者听到了相同的回答。

(原载《河北经济日报》2005.12.23)

看我省如何缓解县乡财政困难(下)

赵志东　杨　冰

县域经济发展缓慢是县乡财政困难的主要原因,县乡财政困难又成为制约县域经济发展的重要因素。以激励性财政机制等体制改革和体制创新来调动县乡加快发展的积极性,增强自身造血机能,是缓解县乡财政困难的根本所在

输血可解一时之忧,增强自身的造血功能才是治本之举。造血就是引导县乡增强自我发展能力,促进县域经济发展,增强县级财力。

近年来,我省始终注意不断改革和完善财政体制,以体制改革和体制创新来调动县乡加快发展的积极性,从根本上解决县乡财政困难。

激励性财政体制就是其中十分奏效的一招。

2003 年,经省委、省政府批准,省财政厅研究制定了完善县以下财政收入体制方案,按照体现激励、重点扶持的原则,在取消原定集中各市县"四税"(增值税、营业税、企业所得税、个人所得税)增量 50%的同时,以 2002 年为基数,对张、承两市和其他市所属 34 个省以上扶贫开发工作重点县实行省级四税"定额分享、超额全返"的优惠政策,对其他市县实行"超分成增长率收入全返"的体制。

"当时心里不太平衡,认为这个政策有点强人所难。因为这里面有考核制约措施,一是凡享受工资性转移支付的市、县(区),每年"四税"增长率不得低于 5%;对不能积极发展经济、组织收入,'四税'收入增长率低于 5%的,相应扣减转移支付资金;二是对上年超过分成增长率、得到超收全返的设区市(含所属县、市、区),当年'四税'收入增长不得低于上年度增长率的 80%,增长率绝对值不低于 9%,否则,相应扣减当年基数返还;三是对由于主观原因没有完成'四税'考核目标的,要在全省范围内通报批评。贫困县已经习惯了靠上级扶持,现在要按规定完成基数拿奖,心里没底。"说起当初对这项政策的看法,赤诚县财政局副局长孟建军至今还有些不好意思。

也许是因为有些不太情愿,也许是因为多年的贫困而缺乏自信,2003 年,赤诚县因为没有完成基数,被扣了 209 万。

抱怨不能解决问题,抱怨也无法扭转困境。思想通了,思路顺了,效益就来了。"2003 年我们县的财政收入是 6085 万元,去年就到了 10085 万元。一下子拿到四税返还 860 万。今年全县的财政收入到 2 个亿没有一点问题。"孟建军毫不掩饰自己的兴奋,"收入上去了,就有能力推进县乡公共服务和各项事业的发展,就有更多的钱为百姓做更多的事。现在,我们真正体会到了这项政策的良苦用心,也真正从这项政策中得到了实惠。”

以扶持保维持，以奖励促发展。让每个市县自觉行动，培植财源，增加收入，做大财政“蛋糕”，用心良苦，亦卓见成效。

“过去找钱发工资，现在招商找税源。”这一句顺口溜含义深刻。

激励性财政体制运行两年来，有力地调动了各地加快发展、增加收入的积极性，我省连续两年实现了财政收入的较快增长，2004 年全省财政收入达到 778.3 亿元，同比增长 22.6%，增速达 1995 年以来最好水平。今年前三季度，全省市及市以下一般预算收入完成 290.3 亿元，占预算的 89.4%。11 个设区市收入全部超过时间进度，均实现了两位数增长。尤其以张、承为主的“北厢”成为新的收入增长点，“北厢”两市财政收入增长 42.5%，比全省平均可比增幅高 16.6 个百分点，是增长最快的地区，其对地方收入增长的贡献率由上年的 6%提高到 10.2%。经济的发展、财政收入的增加有力地增强了市县特别是困难地区保工资、保运转的能力，对缓解县乡财政困难起到了积极的促进作用。

为进一步发挥体制激励作用，促进和加快发展、进一步缓解县乡财政困难，省政府已将激励性财政体制执行期限延长至 2007 年，这对于缓解县乡财政困难将起到关键性作用。

在某种程度上，“扩权强县”就是通过在财政层面上确认和扩大县（市）的经济管理权和社会管理权，促使县域经济得到快速发展，以做大财政“蛋糕”，进而形成对整个区域经济的带动和促进作用

10 月 14 日，承德县财政局收到省财政厅关于申报农业立县重点项目的通知，16 日，他们上报了项目书，一周后就收到了省里的资金文件。从这个项目的申报审批过程看，项目审批速度之快、办事效率之高，完全得益于今年我省正在进行的“扩权强县”行政体制改革。承德县是第一批 22 个扩权强县试点县之一。

对这 22 个扩权县（市），省政府赋予了与设区市相同的部分经济和社会管理权限。而财政直接结算，应该说是“扩权强县”改革中重要的一步。《意见》明确规定，从今年 1 月 1 日起，设区市不再分享扩权县（市）收入，扩权县（市）收入除按现行财政体制上缴中央、省部分外，其余全部缴入本级金库；扩权县（市）财政体制直接对省。涉及扩权县（市）体制上解（补助）基数、体制改革收支基数的核定，税收返还，转移支付，财政补助，资金调度等事项，由省财政直接对扩权县（市）办理。

“在某种程度上，‘扩权强县’就是通过在财政层面上确认和扩大县（市）的经济管理权和社会管理权，促使县域经济得到快速发展，让县（市）增强自身的造血机能，做大财政‘蛋糕’，从根本上缓解财政困难。”一位多年从事财政工作的干部如是理解。

事实亦是如此。

在承德县，记者了解到，扩权县改革前后财政体制一个突出的变化就是，在扩权前，按分税制财政体制，承德县资源税分享 50%，但扩权后，省里按去年承德县完成基数，今年乃至以后年度超出部分全部属县收入，也就是说，按照新体制预计，今年他们可以由此增加几百万的受益。对于有太多事情要做的贫困县财政来说，其作用不言自明。

缩小城乡差距，实现区域协调，是落实科学发展观、全面建设小康社会的战略任务。对我省来说，扩权强县充分考虑了县域经济发展水平和区域布局结构，一方面是让目前经济发展水平不高，但发展潜力大的县（市），要发挥产业特色和资源优势，进行深度开发，尽快发展壮大；另一方面则是让综合实力较强的县（市），逐步成为区域性中心县（市），形成区域经济新的增长极。

综合经济实力连续 3 年位列我省 30 强县（市）之首的迁安市通过“扩权”，在全力打造“公共财政向农村倾斜、基础设施向农村延伸、城市文明向农村辐射、社会保障向农村覆盖”四位一体式城乡发展体系的同时，精心谋划建设能够带动区域发展的重大项目，推动产业结构优化升级，预计到 2007 年，迁安将成为全国最大的地毯生产基地、北方最大的彩印包装生产基地、化肥生产基地和电线电缆基地。那时，迁安对区域经济的带动辐射作用将更加明显。

从“加大转移支付力度”到“五奖二补”、从“精减财政供养人员”到“深化县乡财政体制改革”、“从激励性财政机制实施”到“扩权强县”，在每一项政策中，我们都读出了这样的内容：解乡镇困难，活县域经济，富千万百姓。

（原载《河北经济日报》2005.12.26）

法 规 制 度

国 务 院
关于完善企业职工
基本养老保险制度的决定

国发[2005]38号　　2005年12月3日

各省、自治区、直辖市人民政府，国务院各部委、各直属机构：

近年来，各地区和有关部门按照党中央、国务院关于完善企业职工基本养老保险制度的部署和要求，以确保企业离退休人员基本养老金按时足额发放为中心，努力扩大基本养老保险覆盖范围，切实加强基本养老保险基金征缴，积极推进企业退休人员社会化管理服务，各项工作取得明显成效，为促进改革、发展和维护社会稳定发挥了重要作用。但是，随着人口老龄化、就业方式多样化和城市化的发展，现行企业职工基本养老保险制度还存在个人账户没有做实、计发办法不尽合理、覆盖范围不够广泛等不适应的问题，需要加以改革和完善。为此，在充分调查研究和总结东北三省完善城镇社会保障体系试点经验的基础上，国务院对完善企业职工基本养老保险制度作出如下决定：

一、完善企业职工基本养老保险制度的指导思想和主要任务。以邓小平理论和"三个代表"重要思想为指导，认真贯彻党的十六大和十六届三中、四中、五中全会精神，按照落实科学发展观和构建社会主义和谐社会的要求，统筹考虑当前和长远的关系，坚持覆盖广泛、水平适当、结构合理、基金平衡的原则，完善政策，健全机制，加强管理，建立起适合我国国情，实现可持续发展的基本养老保险制度。主要任务是：确保基本养老金按时足额发放，保障离退休人员基本生活；逐步做实个人账户，完善社会统筹与个人账户相结合的基本制度；统一城镇个体工商户和灵活就业人员参保缴费政策，扩大覆盖范围；改革基本养老金计发办法，建立参保缴费的激励约束机制；根据经济发展水平和各方面承受能力，合理确定基本养老金水平；建立多层次养老保险体系，划清中央与地方、政府与企业及个人的责任；加强基本养老保险基金征缴和监管，完善多渠道筹资机制；进一步做好退休人员社会化管理工作，提高服务水平。

二、确保基本养老金按时足额发放。要继续把确保企业离退休人员基本养老金按时足额发放作为首要任务。进一步完善各项政策和工作机制，确保离退休人员基本养老金按时足额发放，不得发生新的基本养老金拖欠，切实保障离退休人员的合法权益。对过去拖欠的基本养老金，各地要根据《中共中央办公厅 国务院办公厅关于进一步做好补发拖欠基本养老金和企业调整工资工作的通知》要求，认真加以解决。

三、扩大基本养老保险覆盖范围。城镇各类企业职工、个体工商户和灵活就业人员都要参加企业职工基本养老保险。当前及今后一个时期，要以非公有制企业、城镇个体工商户和灵活就业人员参保工作为重点，扩大基本养老保险覆盖范围。要进一步落实国家有关社会保险补贴政策，帮助就业困难人员参保缴费。城镇个体工商户和灵活就业人员参加基本养老保险的缴费基数为当地上年度在岗职工平均工资，缴费比例为20%，其中8%记入个人账户，退休后按企业职工基本养老金计发办法计发基本养老金。

四、逐步做实个人账户。做实个人账户，积累基本养老保险基金，是应对人口老龄化的重要举措，也是实现企业职工基本养老保险制度可持续发展的重要保证。要继续抓好东北三省做实个人账户试点工作，抓紧研究制订其他地区扩大做实个人账户试点的具体方案，报国务院批准后实施。国家制订个人账户基金管理和投资运营办法。实现保值增值。

五、加强基本养老保险基金征缴与监管。要全面落实《社会保险费征缴暂行条例》的各项规定，严格执行社会保险登记和缴费申报制度，强化社会保险稽核和劳动保障监察执法工作，努力提高征缴率。

凡是参加企业职工基本养老保险的单位和个人，都必须按时足额缴纳基本养老保险费；对拒缴、瞒报少缴基本养老保险费的，要依法处理；对欠缴基本养老保险费的，要采取各种措施，加大追缴力度，确保基本养老保险基金应收尽收。各地要按照建立公共财政的要求，积极调整财政支出结构，加大对社会保障的资金投入。

基本养老保险基金要纳入财政专户，实行收支两条线管理，严禁挤占挪用。要制定和完善社会保险基金监督管理的法律法规，实现依法监督。各省、自治区、直辖市人民政府要完善工作机制，保证基金监管制度的顺利实施。要继续发挥审计监督、社会监督和舆论监督的作用，共同维护基金安全。

六、改革基本养老金计发办法。为与做实个人账户相衔接，从 2006 年 1 月 1 日起，个人账户的规模统一由本人缴费工资的 11% 调整为 8%，全部由个人缴费形成，单位缴费不再划入个人账户。同时，进一步完善鼓励职工参保缴费的激励约束机制，相应调整基本养老金计发办法。

《国务院关于建立统一的企业职工基本养老保险制度的决定》(国发[1997]26 号)实施后参加工作、缴费年限(含视同缴费年限，下同)累计满 15 年的人员，退休后按月发给基本养老金。基本养老金由基础养老金和个人账户养老金组成。退休时的基础养老金月标准以当地上年度在岗职工月平均工资和本人指数化月平均缴费工资的平均值为基数，缴费每满 1 年发给 1%。个人账户养老金月标准为个人账户储存额除以计发月数，计发月数根据职工退休时城镇人口平均预期寿命、本人退休年龄、利息等因素确定。(详见附件)

国发[1997]26 号文件实施前参加工作，本决定实施后退休且缴费年限累计满 15 年的人员，在发给基础养老金和个人账户养老金的基础上，再发给过渡性养老金。各省、自治区、直辖市人民政府要按照待遇水平合理衔接、新老政策平稳过渡的原则，在认真测算的基础上，制订具体的过渡办法，并报劳动保障部、财政部备案。

本决定实施后到达退休年龄但缴费年限累计不满 15 年的人员，不发给基础养老金；个人账户储存额一次性支付给本人，终止基本养老保险关系。

本决定实施前已经离退休的人员，仍按国家原来的规定发给基本养老金，同时执行基本养老金调整办法。

七、建立基本养老金正常调整机制。根据职工工资和物价变动等情况，国务院适时调整企业退休人员基本养老金水平，调整幅度为省、自治区、直辖市当地企业在岗职工平均工资年增长率的一定比例。各地根据本地实际情况提出具体调整方案，报劳动保障部、财政部审批后实施。

八、加快提高统筹层次。进一步加强省级基金预算管理，明确省、市、县各级人民政府的责任，建立健全省级基金调剂制度，加大基金调剂力度。在完善市级统筹的基础上，尽快提高统筹层次，实现省级统筹，为构建全国统一的劳动力市场和促进人员合理流动创造条件。

九、发展企业年金。为建立多层次的养老保险体系，增强企业的人才竞争能力，更好地保障企业职工退休后的生活。具备条件的企业可为职工建立企业年金。企业年金基金实行完全积累，采取市场化的方式进行管理和运营。要切实做好企业年金基金监管工作，实现规范运作，切实维护企业和职工的利益。

十、做好退休人员社会化管理服务工作。要按照建立独立于企业事业单位之外社会保障体系的要求。继续做好企业退休人员社会化管理工作。要加强街道、社区劳动保障工作平台建设，加快公共老年服务设施和服务网络建设，条件具备的地方，可开展老年护理服务，兴建退休人员公寓。为退休人员提供更多更好的服务，不断提高退休人员的生活质量。

十一、不断提高社会保险管理服务水平。要高度重视社会保险经办能力建设，加快社会保障信息服务网络建设步伐，建立高效运转的经办管理服务体系，把社会保险的政策落到实处。各级社会保险经办机构要完善管理制度，制定技术标准，规范业务流程，实现规范化、信息化和专业化管理。同时，要加强人员培训，提高政治和业务素质，不断提高工作效率和服务质量。

完善企业职工基本养老保险制度是构建社会主义和谐社会的重要内容，事关改革发展稳定的大局。各地区和有关部门要高度重视，加强领导，精心组织实施，研究制订具体的实施意见和办法，并报劳动保障部备案。劳动保障部要会同有关部门加强指导和监督检查，及时研究解决工作中遇到的问题，确保本决定的贯彻实施。

本决定自发布之日起实施，已有规定与本决定不一致的，按本决定执行。

附件：个人账户养老金计发月数表

附件：

个人账户养老金计发月数表

退休年龄	计发月数
40	233
41	230
42	226
43	223
44	220
45	216
46	212
47	208
48	204
49	199
50	195
51	190
52	185
53	180
54	175
55	170
56	164
57	158
58	152
59	145
60	139
61	132
62	125
63	117
64	109
65	101
66	93
67	84
68	75
69	65
70	56

劳动和社会保障部
财　政　部

关于切实做好国有企业下岗职工基本生活保障制度向失业保险制度并轨有关工作的通知

劳社部发[2005]6号　　2005年2月24日

各省、自治区、直辖市劳动和社会保障厅(局)、财政厅(局)：

为贯彻落实中央经济工作会议有关并轨工作的要求，2005年底要基本实现国有企业下岗职工基本生活保障制度向失业保险制度并轨(以下简称“并轨”)，现就有关问题通知如下：

一、统一思想，充分认识并轨工作的重要性和紧迫性。2005年底基本实现并轨是中央总结国有企业下岗职工基本生活保障和再就业工作实践，总揽全局，审时度势做出的重大决策，事关改革、发展、稳定大局。1998年以来实行的国有企业下岗职工基本生活保障制度，对于推动国有企业改革脱困，维护社会稳定起到了重要作用。目前，在再就业服务中心的国有企业下岗职工大都协议期已满，应按规定实现由国有企业下岗职工基本生活保障制度向失业保险制度的并轨，并妥善解决好并轨人员的再就业、社会保险关系接续、劳动关系处理和生活保障等问题。这对于进一步深化国有企业改革和完善城镇社会保障体系，建立市场导向就业机制具有重要意义。各地区和各有关部门都要充分认识做好这项工作的重要性，增强紧迫感和责任感，将思想和行动统一到中央的部署和要求上来，努力克服困难，确保并轨任务的顺利完成。

二、加强组织领导，确保社会稳定。尚未完成并轨工作的地区，劳动保障、财政部门要主动争取当地党委、政府对这项工作的重视和支持，牵头成立由各相关单位共同参与的并轨工作小组，明确责任，精心组织，周密安排，严格程序，积极稳妥地推进并轨工作。要加强政策宣传，把握正确的舆论导向，指导和帮助企业深入细致地做好并轨人员的思想工作。对工作中可能出现的矛盾和问题，要预先研究制定周密的应对预案和具体措施,确保企业和社会的稳定。

三、明确工作目标,实行分类指导。2005年底,原则上停止执行国有企业下岗职工基本生活保障制度,企业按规定关闭再就业服务中心。并轨人员和企业新裁减人员通过劳动力市场实现再就业,没有实现再就业的,按规定享受失业保险或城市居民最低生活保障待遇。尚未完成并轨工作的地区,要以目前在再就业服务中心的下岗职工为重点,采取切实有效的措施确保2005年底基本完成并轨工作。并轨人员的具体范围和政策措施,由各地结合本地实际自行确定。在推进并轨工作中,要紧密结合国有企业改革、改制等项工作,注意政策衔接配套,根据不同地区、不同企业和不同群体的具体情况,区别对待,分类指导。

四、多渠道筹集资金,严格按政策规定管好用好资金。要充分考虑企业、职工、政府和社会保障的承受能力,指导和督促企业多渠道筹集资金,妥善处理好国有企业下岗职工出再就业服务中心解除劳动关系的经济补偿和各种债务问题。各级财政原来安排用于国有企业下岗职工基本生活保障的资金规模不减,尚未完成并轨工作的地区,要将基本生活保障资金(含历年结余部分)主要调整用于对困难企业依法与国有企业下岗职工解除劳动关系所需经济补偿金的补助,以推进并轨工作。同时,要切实加强对国有企业下岗职工基本生活保障和再就业资金的管理,防止虚报冒领、挤占挪用,确保资金规范合理使用。

五、加大再就业工作力度,认真做好再就业与社会保障的衔接工作。各地要紧密围绕促进再就业开展并轨工作,把促进并轨人员的再就业作为工作重点,切实落实各项再就业扶持政策,加强就业服务,进一步规范劳动合同管理和用工秩序,帮助他们尽快实现再就业。同时,注意做好再就业与各项社会保障的衔接工作,切实帮助并轨人员解决实际困难,努力消除他们的后顾之忧。

六、抓紧制定和组织实施并轨工作计划,定期报告工作进展情况。尚未完成并轨工作的地区,要抓紧制定2005年底前基本实现并轨的工作计划,对目标任务、工作责任和措施、工作进度和步骤等做出详细安排。工作计划报省级政府审定后抓紧组织实施,并于3月底前报劳动保障部、财政部备案。实施过程中,要在每季度后两周内向劳动保障部、财政部报告并轨工作进展情况,重大问题要及时报告。

财　政　部
民　政　部
关于印发《军队移交政府离退休人员安置经费使用管理办法》的通知

财社[2005]52号　　2005年7月1日

各省、自治区、直辖市、计划单列市财政厅(局)、民政厅(局),财政部驻各省、自治区、直辖市、计划单列市财政监察专员办事处:

现将《军队移交政府离退休人员安置经费使用管理办法》印发给你们,请结合当地情况认真贯彻执行。执行中发现的问题,请及时反馈财政部、民政部。

附件:军队移交政府离退休人员安置经费使用管理办法

军队移交政府离退休人员安置经费使用管理办法

第一条　为加强军队移交政府离退休人员安置经费的管理,提高资金使用效益,切实保障军队移交政府离退休人员生活待遇政策的落实,根据国家有关法律法规规定,结合移交安置工作实际情况,制定本办法。

第二条　军队移交政府离退休人员安置经费,是指由各级财政部门和军队安排的、用于保障军队移交政府离退休人员生活待遇及相关管理工作的经费。

第三条　本办法所称离退休人员,包括军队和武警部队移交政府安置的离休干部、退休干部、退休士官(退休志愿兵,下同)和无军籍退休退职职工、职员。

第四条　安置经费的使用必须坚持专款专用原则,有利于提高服务管理质量,促进服务管理社会化。

第五条　安置经费来源包括:

(一)各级财政部门安排的财政补助经费;

(二)由军队负担的经费,包括离退休人员移交当年剩余月份离退休经费、退休干部和士官部分定期增资经费、离退休干部和士官调整生活待遇当年经费以及国务院、中央军委有关部门规定的其他经费；

（三）其他收入。

第六条 安置经费支出包括离退休人员经费支出和服务管理机构经费支出。

（一）离退休人员经费支出范围：

1. 基本离退休费，指发给军队离退休人员的基本离退休费。

2. 生活补助，指发给军队离退休人员个人的各项生活补助。

3. 医疗费，指离退休人员和离退休干部无经济收入家属、遗属医疗保障和医疗补助经费。包括已参加基本医疗保险按规定向社会保险经办机构缴纳基本医疗保险费和对退休干部个人自付医疗费较多部分的补助，以及未参加基本医疗保险的离退休人员和离退休干部无经济收入家属、遗属按规定准予报销的医疗费用。

4. 离休干部特需费，指国家定额补助、服务管理机构集中用于解决离休干部特殊困难和必要的活动经费开支。

5. 福利费，指服务管理机构按规定比例从离退休人员基本离退休费提取的，专项用于离退休人员各项福利的经费。

6. 家属、遗属生活补助费，指发放给离退休干部和士官的无经济收入家属、遗属个人的生活补助费。

7. 其他费用，指按规定开支的其他费用。

上述第4款、第2款和第6款发给个人的经费要逐步通过银行发放，第3款中参加医疗保险和公务员医疗补助代缴经费要及时代缴，其他费用由服务管理机构统一掌握，按规定开支。

（二）服务管理机构经费支出范围：

1. 基本支出，指人员经费和日常公用经费。

2. 项目支出，指离退休干部住房维修、机构开办费等经财政部门批准的项目经费支出。

第七条 地方各级民政部门和服务管理机构，每年应会同同级财政部门对军队移交政府离退休人员情况进行审核，并逐级汇总上报。省级民政部门会同财政部门应于每年2月底前将本地区上一年度新接收安置军队离退休人员情况、已接收人员变化情况审核汇总后上报民政部、财政部。

第八条 中央财政按照民政部汇总上报的各地接收军队移交政府离退休人员情况和有关政策规定，安排中央补助地方军队离退休人员经费。

地方财政根据有关政策规定，按照民政部门汇总的实际接收人数和经费需要，在本级预算中安排经费。

第九条 服务管理机构为地方管理的民政事业单位，各级地方财政应将其开展工作所需支出纳入本级财政预算，按照同类事业单位并结合上级补助经费核定基本支出和专项支出，统筹安排同级服务管理机构经费预算，保障服务管理工作的正常开展。

中央财政根据移交安置计划，按照规定标准对各地服务管理机构给予经费补助。

第十条 地方各级财政部门要保证中央财政和本级财政安排的安置经费及时、足额到位。对军队划拨的经费以及其他收入要严格纳入部门预算管理。

第十一条 地方各级民政部门和服务管理机构要严格按照本办法规定的开支范围执行。离退休人员经费和服务管理机构专项经费结余报经同级财政部门确认后，可结转下一年度继续使用。

第十二条 服务管理机构的固定资产要按国家有关规定进行分类登记入账，加强日常管理。

第十三条 离退休人员经费和服务管理机构经费必须分别建账、分账核算，任何地区、部门、单位和个人不得挤占、挪用、混用。对安置经费的使用管理要定期进行自查，做好决算工作。省级财政部门会同民政部门应于每年3月底前将本地区上一年度安置经费的使用情况汇总后上报财政部、民政部。

第十四条 对各地军队移交政府离退休人员变化、经费安排使用和服务管理等情况，财政部、民政部将定期或不定期进行监督检查。同时，各级财政、民政部门也要自觉接受审计等其他部门的监督检查。对检查出来的问题要及时处理，严重的要追究有关人员的责任。

财政部驻各地财政监察专员办事处负责对当地军队移交政府离退休人员变化、经费安排使用和服务管理等情况实施事前、事中、事后监督，具体办法另行制定。

第十五条 本办法自发布之日起施行。以往发布的有关规定与本办法不符的，以本办法为准。

第十六条 本办法由财政部、民政部负责解释和修订。

中共河北省委办公厅
河北省人民政府办公厅
转发省直机关事务管理局
省发展和改革委员会《关于加强省直机关资源节约工作的实施意见》的通知

冀办字[2005]67号　　2005年12月28日

各市委，各市人民政府，省直各部门，各人民团体：

省直机关事务管理局、省发展和改革委员会《关于加强省直机关资源节约工作的实施意见》已经省委、省政府领导同志同意，现转发给你们，请认真贯彻执行。

关于加强省直机关资源节约工作的实施意见

（2005年12月28日）

根据《国务院办公厅关于开展资源节约活动的通知》（国办发[2004]30号）、《国务院关于做好建设节约型社会近期重点工作的通知》（国发[2005]21号）精神，按照《河北省人民政府关于做好建设节约型社会近期重点工作的实施意见》（冀政[2005]72号）要求，在统计分析省直各部门填报的"河北省省直机关2002年至2004年资源消耗情况统计表"内容的基础上，结合我省省直机关实际，现就省直机关加强资源节约工作，努力建设节约型机关，提出如下实施意见。

一、充分认识机关开展资源节约活动的重要意义

当前，我省经济社会发展中面临着资源短缺、利用效率低下、污染严重等问题，在社会各个方面，不同程度存在着资源浪费。省直机关同样存在着浪费资源的现象，如：长流水、长明灯、长开空调习以为常；机关用车用油控制不严，办公用品大手大脚，汽车消费追求豪华型、大排量，办公楼追求豪华装修和大面积等。这些必须引起我们高度重视。经过对省直机关118个部门2002年至2004年机关能耗、水耗等情况的问卷调查统计，除去不可比因素，省直机关2002年至2004年年人均耗水202吨、耗电2574度、耗油496升，办公用品开支2245元、办公耗材开支1198元、车辆维修开支2510元、固定电话开支1843元。其中，2004年人均耗水189吨、耗电2518度、耗油529升、办公用品开支2315元、办公耗材开支1276元、车辆维修开支2293元、固定电话开支1824元。省直机关资源节约潜力很大。

省直机关深入开展资源节约工作，是降低机关运行成本、建设节约型机关的重要举措；是加强政府自身建设、改善政府形象的重要内容。同时对推进全省建设节约型社会有着非常重要的示范带动作用。省直各部门要从落实科学发展观的战略高度，充分认识做好资源节约工作的重要性和紧迫性，率先垂范，带头做好节约工作，努力建设节约型机关，在建设节约型社会中走在全省前面。各级领导干部和公务员要牢固树立节约资源的观念，厉行节约，反对浪费，自觉做节约资源的表率，为扎实推进我省节约型社会建设做出贡献。

二、省直机关2006年资源消耗的主要指标

按照省政府《关于做好建设节约型社会近期重点工作的实施意见》（冀政[2005]72号）的要求，力争2006年省直机关人均资源消耗较2004年下降10%，即2006年省直机关年人均水耗应低于170吨、电耗应低于2266度、油耗应低于476升、办公用品开支应低于2084元、办公耗材开支应低于1148元、车辆维修费开支应低于2064元、办公固定电话费开支应低于1642元。凡2004年各种消耗指标已经低于省直机关规定指标的部门，2005年要在本部门2004年基础上再降低5%左右。建筑物节能比例以1980年建筑能耗为基准，新建居住建筑能耗降低50%，有条件的单位能耗降低65%；已有建筑的节能改造参照新建建筑执行。

2007年及以后省直机关能耗、水耗等年人均指标根据我省经济社会发展情况和省直机关实际消耗情况再做适当调整。

三、机关资源节约重点工作

（一）加大宣传力度，提高节约意识

省直各部门要结合国家和我省对资源节约工作的要求，组织开展形式多样的宣传教育活动，提高广大干部职工的资源忧患意识和节约意识，树立科学的消费理念，增强资源节约的紧迫感和责任感，养成健康的工作、生活方式，做到人人崇尚俭朴节约，形成浪费可耻、节约光荣的良好风尚。要从节约一度电、一滴水、一滴油、一张纸、一分钱做起，勤俭办一切事，反对铺张浪费，努力把省直机关建设成节约型机关，作全省节约资源的表率。

(二)突出当前重点，抓好节约用电

一是节约照明用电。办公室、会议室等要尽量采用自然光，不用或少用照明灯，并做到出门随手关灯。缩短办公区内庭院灯的开启时间，走廊、通道等照明需求较低的场所，尽量设定隔盏开灯，减少灯管数或安装自动控制开关。新办公楼办公室照明灯要安装分路开关，根据需要开启照明灯，公共区域的照明灯要安装自动控制开关，防止“长明灯”现象发生。大力推广使用节能灯具。

二是节约空调用电。办公室、会议室等办公区域夏季使用中央空调制冷要按天气温度变化随时调整，并尽量减少使用时间。夏季空调温度不低于摄氏 26 度，并做到无人办公时关闭空调。开空调时关闭门窗，提倡在下班前半小时关闭空调；冬季取暖温度一般不得高于摄氏 20 度。冬季取暖一般不准使用电暖器采暖设备。

三是节约电热水器、电梯及办公设备用电。使用电热水器供水的，不使用时由专人负责关闭电热水器电源，每天分两次定时供应开水。有多个电热水器的，晚间只保留一个电热水器供值班、加班人员饮水使用。提倡三楼以下尽可能不搭乘电梯，减少电梯使用。尽量减少开启和使用计算机、打印机等办公设备，办公设备停用半小时以上时，要关闭设备电源，减少办公设备电耗和待机能耗。下班时关闭办公设备电源总开关或拔下电源插头。

四是合署办公及独院办公的机关、下属单位、对外出租房屋用电，要安装单元电表，实现使用单位独立计量和支付电费，不得无偿使用和实行包费制。

五是指定专人负责节电工作。安排专人对办公区用电等情况进行巡视监督，针对用电浪费现象，及时采取有效的节电措施。办公室、会议室、楼道等公共场所要设置节约用电的明显标志。

(三)加强日常管理，抓好节约用水

一是加强用水设备的日常维护管理。及时更换已经老化的供水管线，推广使用节水型用水器具，严禁“跑冒滴漏”，坚决避免“长流水”现象的发生。

二是养成良好习惯，节约饮用水。工作人员每天根据需要装灌适当开水，参加会议时要将喝剩的矿泉水带走，杜绝饮用水的浪费。机关办公楼在适当的区域放置盛放暖壶和茶炉等隔夜水的器皿，作为冲洗墩布等的保洁用水。

三是充分利用各种水资源，逐步降低城市自来水消耗。单位内部绿地用水和景观环境用水要科学使用雨水和符合用水水质要求的再生水，尽可能利用废水养护绿地，积极应用“中水”技术，提高水资源利用率。严格执行园林绿化灌溉制度，大力推广喷灌、微灌、滴灌等节水灌溉方式，禁止用自来水涌灌，提高绿化用水效率。大力推广感应式水龙头、6 升以下抽水马桶等节水型用水器具，降低水资源消耗。严禁使用高压清洁水冲洗车辆。

四是合署办公及独院办公的机关、下属单位、对外出租房屋用水要增装单元水表，实现使用单位独立计量和支付水费，不得无偿使用和实行包费制。

五是办公室、会议室、洗手间等公共场所要设置节约用水的明显标志，在洗手间设置报修电话牌。

(四)合理利用资源，抓好办公用品节约

一是从严从紧配置办公设备。办公设备配置要坚持厉行节约、保障工作的原则，要严格规范办公用品的配备、采购、领用。设立办公用品和办公耗材分类账目。

二是加强办公用品采购与发放管理。引入采购竞争机制，保证质优价廉。严格采购入库和领用发放手续，完善办公用品管理有关制度。

三是结合电子政务建设，充分发挥网络作用，减少纸质文件的印制。尽量在电子媒介上修改文稿，减少重复打印次数。在条件允许的情况下，实行公文、报送稿件网上无纸化传输。

四是加强办公用品的循环使用，提高办公用品的重复使用率。提倡双面用纸，提倡对已使用过的旧信封再利用。打印机、复印机的墨粉用完后，要利用墨粉盒重装墨粉后再次使用。提倡使用钢笔书写，减少圆珠笔或其他一次性签字笔的使用。单位内部开会提倡自带水杯，减少使用一次性纸杯和瓶装纯净水。

五是打印机、复印机旁设置节约办公用品的明显标志。

(五)多措并举，推进公务用车节约

一是从源头抓起，严禁配备高耗油车辆。省直公务用车配备要严格执行中共中央办公厅、国务院办公厅《关于调整党政机关汽车配备使用标准的通知》(厅字[1999]5号)和省委、省政府办公厅《关于全省党政机关事业单位小汽车编制管理暂行规定》(冀办字[1997]32号)的有关规定，严禁配备高耗油车辆，严禁超编、超标准配备公务用车，机关用车要以节能、低耗、环保型车辆为主。

二是加快淘汰老旧车辆，在省直开展报废机动车辆专项治理工作。按照国家《关于发布〈汽车报废标准〉的通知》(国经贸经[1997]456号)、《关于调整汽车报废标准若干规定的通知》(国经贸经[2000]1202号)及省直机关事务管理局关于印发《河北省省直单位汽车报废实施办法》(冀直管[2000]13号)的通知要求，根据车辆使用年限及时报废环保不达标、油耗高的车辆，降低油耗和维修费用。

三是推行车辆加油、维修定点制度。实行车辆定点定车加油、维修、保险和登记单车燃油消耗，加强车辆日常维修和保养，降低维修费用。

四是促进车用乙醇汽油推广工作。根据国家、省和石家庄市的有关规定，省直公务用车要逐步实现乙醇汽油替代常规汽油。

五是加强车辆的使用和管理。实行用车登记制度，科学调度，降低车辆空驶率，并严格控制私事用车。外出开会，要尽量乘坐火车，人员较多时尽量使用面包车。公务活动尽可能乘坐公交车辆，集体公务活动不得分散使用多辆小轿车。实行车辆夜间召回制度，防止公车私用。

六是实行严格的车辆杂费报销制度。长途出车费用严格实行“一次一报”，非长途出车费用要及时报销，无特殊情况要坚持每周一报，并由车辆管理人员核准出车去向、派车情况，不得报销违章罚款等不合理开支。

七是加强驾驶人员教育培训，不断提高驾驶人员的业务操作技能和车辆保养的自觉性。积极组织驾驶员节油技术竞赛等活动，评选节油和车辆保养技术能手。

八是加大公务用车改革探索力度，用改革的办法解决目前存在的问题。

(六)多措并举，压缩办公电话费开支

一是加强省直固定电话专网建设。为充分发挥专网内部通话免费的优势，省直机关固定电话分阶段纳入专网，到2006年底力争全部并入省直固定电话专网。省直机关通信服务中心要从宏观上对省直机关通讯网络资源进行统一规划和优化配置，进一步降低通讯费用。

二是省直机关的长途电话要采用IP长途功能，减少长途电话费开支。

三是树立节约电信资源意识，长话短说，电话通知要提前拟好稿，禁止电话聊天及用办公电话办私事，严禁用办公电话拨听电话信息台。

四是建立月话费通报制度，完善监督管理机制。

(七)严格标准，抓好建筑节能

一是抓好新建建筑节能设计综合评审和节能全过程监管工作。严格执行《民用建筑节能设计规程》和《公共建筑节能设计标准》，把好建筑设计关。逐步建立和完善省直机关建筑设计、施工、调节、运行、维护各阶段全过程节能跟踪管理体系。

二是逐步对已有建筑进行节能改造。对已有建筑进行节能诊断，抓好办公区中央空调系统、照明、办公用电设施及采暖等系统节能工作，对不符合节能要求的，要进行节能改造并加强运行管理，努力降低能耗。

三是积极推广和应用节能降耗新技术、新产品、新材料，倡导使用新能源和可再生能源。省直各部门新建、扩建、维修、改造办公和业务用房时，要进行资源节约可行性研究，注重引进新技术、新材料，充分利用现代科技成果节约资源。广泛采用外墙保温、多层玻璃等节能技术和新型墙体材料，禁止使用粘土实心砖，降低冬季采暖、夏季降温的能耗；加快供热体制改革，凡是使用集中供热设施的新建建筑，必须设计、安装具有分户计量和室温调控功能的采暖系统，逐步取消按面积计收供热费，推行供热计量收费；推广使用太阳能，减少供热锅炉、空调系统的能耗。

(八)规范程序，抓好政府节能采购

一是严格执行《节能产品政府采购实施意见》(财库[2004]185号)。进一步扩大节能产品政府采购种类和范围，在技术、服务等指标同等条件下，要优先采购《节能产品政府采购清单》中的产品。采购人在政府采购招标文件中必须载明对产品的节能要求、合格产品的条件和节能产品优先采购的评审标准，并将有关条款在招标文件中着重标明。采购《节能产品政府采购清单》之外的产品时，应当在招标文件及评标办法中规定对提供节能产品的企业给予加分或优先考虑授予合同。

二是建立统一的节能产品政府采购管理网络平台，提高政府采购工作透明度，把好耗能产品入口关。在节能产品政府采购过程中，严把节能产品的有效时间关，并对国家认证证书进行确认，确保节能产品的准确性、有效性。优先采购经国家认证的节约型设备和产品，杜绝采购国家明令禁止使用的高消耗、低效率的设备和产品。

四、推进机关资源节约工作深入开展的保障措施

(一)制定资源节约近期工作目标和中长期规划。省直各部门要结合实际，每年提出本部门资源节约目标及配套措施。同时，在制定近期的资源节约工作目标、节约规定和实施方案的基础上，围绕建设节约型机关的目标任务，以提高资源利用效率为核心，以节电、节水、节油及节约办公耗材等为重点，制定本部门资源节约中长期规划，保证资源节约工作持续、深入地开展。

(二)建立健全资源消耗统计制度。省直各部门无论是独院办公还是合署办公、租房办公，从2006年起都必须建立独立的详实的水耗、电耗、热力消耗、车辆油耗、办公用品消耗等基础台账，对各种消耗情况认真登记。各部门每半年要和省直机关规定的消耗指标进行比较，对超过规定指标的要分析原因，并采取措施予以改进；各部门每年的一月底前要将本部门上一年度资源消耗情况，按照《河北省省直机关××××年度资源消耗情况统计表》的要求认真填写后报省直机关事务管理局。

省直机关事务管理局将各部门资源消耗情况建成系统、完整、动态、详实的基础资料库，在分析研究社会经济发展和省直部门实际资源消耗情况的基础上，挖掘资源节约潜力，制定新的资源消耗标准，扎实有效地推动省直节约型机关建设。

(三)建立严格的检查考核制度。2007年初，省直机关事务管理局根据各部门的2006年度资源消耗自报情况，对省直各部门节约水、电，热力、汽油、车辆维修、办公用品的制度建设及资源消耗进行单项考核和综合考核。各部门通过自身比较看资源消耗同比是否降低，高于省直机关平均指标的要说明原因。省直机关事务管理局对考核中发现的问题，及时通报有关部门采取措施整改；对资源节约工作成效显著的单位和个人予以表彰。

2006年在省直机关开展创建节约型机关活动，对资源节约成绩显著的，颁发“节约型机关”奖牌，并给予适当奖励。之后，要形成制度，每年进行检查考核，扎实推进省直节约型机关建设深入开展。

(四)建立健全资源节约责任制。省直各部门要明确责任，切实加强对资源节约工作的组织领导。主要领导亲自抓、负总责，建立健全资源节约工作责任制。明确一名领导同志分管资源节约工作，把资源节约纳入各项工作的职责之中，纳入本部门日常管理和工作考核之中，做到层层有责任，逐级抓落实。

(五)抓好资源节约工作管理人员的培训。定期组织对省直各部门负责资源节约工作的相关人员进行业务培训、参观学习和经验交流，掌握和积累资源节约的相关知识，不断提高他们对资源节约工作的管理水平，推动省直各部门的资源节约工作深入开展。

附：河北省省直机关2006年度资源消耗情况统计表(略)

河北省人民政府
关于深化农村税费改革试点工作的通知

冀政[2005]81号　　2005年9月23日

各设区市人民政府，各县(市、区)人民政府，省政府各部门：

为贯彻落实《中共中央国务院关于进一步加强农村工作提高农业综合生产能力若干政策的意见》(中发[2005]1号)、《国务院关于2005年深化农村税费改革试点工作的通知》(国发[2005]24号)和全国农村税费改革试点工作会议精神，做好2005年深化农村税费改革试点工作，现就有关问题通知如下：

一、深化农村税费改革试点工作的指导思想和主要任务

全省深化农村税费改革试点工作的指导思想是：以“三个代表”重要思想为指导，全面贯彻党的十六大精神，围绕进一步解放和发展农村生产力的目标，坚持科学发展观，深化改革，建立精干高效的农村行政管理体制和覆盖农村的公共财政制度，促进农村经济社会全面进步。

主要任务是：按照不断深化、综合配套、巩固完善、探索创新、有所突破的思路，继续推进以农村税费改革为主要内容的农村综合改革，包括乡镇机构改革、农村义务教育体制改革、县乡财政体制改革等各项配套改革。

二、建立农村经济社会发展新机制

按照"工业反哺农业、城市支持农村"的方针，加大支持"三农"工作的力度，强化各级政府提供农村公共服务的职能，形成在政府投入带动下、社会力量广泛参与的农村基础设施建设和社会公共事业投入稳定增长的机制。各级政府要切实增加小型农田水利设施和农村教育、卫生、文化、计划生育等社会事业的投入。

要充分调动广大农民群众的积极性，严格区分加重农民负担与农民自愿投工投劳改善自己生产生活条件的政策界限，在切实加强民主决策和民主管理的前提下，本着自愿互利、注重实效、控制标准、严格规范的原则，通过政府适当补助引导农民对直接受益的农村生产公益项目投工投劳。进一步完善村内"一事一议"筹资筹劳制度，探索建立兴办农村公益事业的激励机制，促进农村公益事业的健康发展。

三、建立健全防止农民负担反弹长效机制

各级各有关部门要坚持和完善减轻农民负担主要领导亲自抓、负总责的工作制度和专项治理的部门责任制度，抓紧制定并认真落实减轻农民负担的考核办法。继续抓好涉农税收价格收费"公示制"、农村订阅报刊费用"限额制"、农村义务教育收费"一费制"和涉及农民负担案(事)件"责任追究制"的落实。要加强对农村税费改革的督查工作，及时解决改革中出现的突出矛盾和问题，严肃查处损害群众利益的行为，确保各项改革政策的全面落实。深入治理农村教育、计划生育、用水用电、修建道路、农民建房、农民外出务工等领域的乱收费、乱罚款和各种摊派行为；加强对农业生产资料价格的监管，坚决抑制农业生产资料价格过快上涨；加强对"一事一议"筹资筹劳、村级转移支付资金和对农民补贴的专项审计和监督检查，及时纠正存在的问题；要严格按照有关法律规定，对农村集体经济组织内部家庭承包方式承包的农村土地，不准收取承包费。要健全群众信访反馈监察制度，对农民上访比较集中、反映问题比较突出的地区，及时派出调查组进行核实处理。对违反规定加重农民负担、造成恶劣影响的案(事)件，要追究有关负责人和直接责任人的责任，并在新闻媒体上予以曝光。

四、推进农村综合改革工作要坚持试点先行

各级各有关部门要认真贯彻落实全省农村税费改革试点工作会议精神，结合实际，积极稳妥地推进以乡镇机构改革、农村义务教育体制改革、县乡财政体制改革为重点的农村综合改革。

(一)大力推进乡镇机构改革。切实转变乡镇政府职能，适当调整乡镇经济管理职能，把工作重点从招商引资、生产经营等具体事务转变到对农户和各类经济主体进行示范引导、提供政策服务和营造发展环境上来，加强社会管理和公共服务功能，努力建立服务型、法治型政府。各试点县(市)要依据人口、面积、区位特点和经济社会发展水平等因素，探索对不同类型的乡镇确定不同的机构和岗位设置形式，积极探索公益性职能的有效实现形式，将财政拨款逐步由"养人"为主向"办事"为主转变。积极探索推行乡镇领导班子成员交叉任职的形式，增强乡镇领导班子的活力和整体功能。改变工作方式，规范办事程序，切实提高乡镇工作效能。

推进乡镇机构改革要坚持先行试点，探索路子，积累经验。前期试点中各设区市除确定的试点县(市)外，不宜再把面铺得过宽，把试点单位搞得过多。当前要集中精力重点抓好试点县(市)的改革工作，待试点取得经验后再逐步推开。不搞试点的县(市、区)要认真贯彻落实严格控制乡镇机构和人员编制的有关政策，做好控编减员工作，妥善安置分流人员。

(二)切实加快农村义务教育体制改革。认真贯彻落实省委六届七次全会《关于加强教育工作的决定》精神，进一步明确各级政府对义务教育的保障责任，巩固和完善财政分级投入的义务教育经费保障机制，多渠道筹措教育经费，加强对教育经费的管理和监督，加快农村义务教育体制改革。

强化各级政府对教育投入的责任，落实《中华人民共和国教育法》关于"三个增长"的规定。各级财政一般预算收入超收所形成的可用财力，按年初预算同比例用于教育，确保全年本级预算执行结果实现一般预算教育经费拨款的增长高于财政经常性收入的增长。全省财政新增教育事业发展经费，70%以上用于农村教育。农村税费改革专项转移支付资金，各县(市、区)要确保不低于20%的比例用于农村中小学改善办学条件及补充公用经费。省和设区市要进一步增加转移支付，重点向贫困地区和财政困难县倾斜，增强农村义务教育的财政保障能力。农村中小学教职工工资、学校公用经费要按标准全部纳入县级财政预算，对财力不足、保障确有困难的县，由省和设区市两级通过转移支付予以补足。中小学校舍维护、改造和建设纳入县级社会事业发展和基础设施建设规划，所需经费列入县级财政预算。新增危房主要由县(市、区)、设区市政府负责统筹安排资金予以解决，省通过以奖代补的方式予以补助。对农村中小学远程教育工程建设所需资金，以县(市、区)、设区市为主，省级予以适当补助。要落实“两免一补”政策，免费提供教科书所需资金已由国家负担；免杂费所需资金，国家和省级扶贫开发重点县全部由省级负担；扩权县(国家和省级扶贫开发重点县除外)由省级和县级共同负担；其他县由设区市和县(市、区)两级负担。

各试点县(市)要积极推进农村教育机构改革，建立和完善以县为主的教育人事管理体制，推进中小学人事制度改革。撤销乡(镇)教育行政管理机构，科学设置学校内部机构，打破中小学校长终身制，全面实施教师全员聘用和资格准入制度，严格中小学编制管理，精简和压缩非教学人员。鼓励和引导城镇教师到乡村执教，优化农村中小学教师队伍。制定新的中小学布局调整规划，加快调整步伐，积极推进规模化、标准化办学，促进农村义务教育均衡发展，确保农村义务教育质量明显提高。

(三)改革完善县乡财政管理体制。各市要结合本地实际，根据财权和事权相统一的原则，完善县乡财政管理体制，确保乡镇必要的支出需要，促进县域经济更快更好地发展。要创新县乡财政管理机制，鼓励县乡增收节支、精简机构和人员。要规范财政转移支付制度，完善缓解县乡财政困难的办法。省、设区市两级安排转移支付资金要向财政困难县乡倾斜，确保财政困难县乡工资的及时足额发放和基层政权的正常运转。进一步调整财政支出结构，增加公共产品和服务的支出比重，新增财政支出和固定资产投资要重点向农村倾斜，加大对农村教育、道路、供水、卫生、文化、计划生育等事业的投入。积极稳妥地推进新型农村合作医疗试点，建立健全农村医疗救助制度，逐步改善农村卫生医疗条件。积极推进农村居民最低生活保障制度，进一步完善农村五保供养制度，保障农村五保供养对象的基本生活，确保供养经费。

各试点县(市)要积极探索试验县乡财政体制分类改革。对于经济发展水平和非农产业聚集度低、缺乏主体税源、短期内不能成为区域经济发展中心、财政收入规模较小的乡镇，实行“收支统管，核定收支、超收奖励、节支留用”的统收统支加激励的财政体制，把乡镇作为县财政的预算单位，由县财政对乡镇收支实行分户核算，保障乡镇人员经费和公用经费。对于经济发展水平和非农产业聚集度较高、财政收入规模较大的乡镇，实行“分级管理、支出定责、收入分享、责权统一”的分税制财政体制，扩大乡镇财政收入来源，明确乡镇政府的支出责任，健全乡镇财政职能，提高乡镇财政保障水平，发挥乡镇财政对城镇化建设的促进功能。各扩权县(市)要积极自主试行县乡财政体制分类改革，试行方案报省财政部门审核。

各试点县(市)制定的综合改革试点方案由设区市审定，报省农村税费改革领导小组备案。

五、切实抓好当前各项工作

(一)做好今年农业税减免工作。2005年全省40个国家扶贫开发工作重点县实行免征农业税试点；其他县(市、区)农业税税率在2004年基础上再降低2个百分点，农业税附加随正税同步减征或免征。国有农垦企业以及有农业收入的其他农业税纳税单位，执行所在地农业税减免政策。各级各有关部门要周密部署，广泛宣传，规范操作，确保2005年减免农业税政策的全面落实。进一步降低农业税税率的县(市、区)要按照已经确定的计税面积、常年产量和降低后的税率，重新核定农民2005年应缴纳的农业税及其附加额，并张榜公布，取得农民认可。要加强对减免农业税的督导检查，确保全面兑现，不折不扣地将减免农业税的好处落实到农户。免征农业税的地方，要做好农业税征管基础资料的清理归档等善后工作。要认真做好转移支付资金补助工作，确保转移支付资金落实到基层。

(二)深化国有农场改革。2005年，国有农场农业税要按所在地政策同步减免。同时，要按照中央部署，逐步将农场土地承包费中类似农村“乡镇五项统筹费”的收费全部减除。各市和省主管部门要抓紧研究制定深化农场管理体制改革方案，推动农场实现政企分开，剥离企业办社会职能，减少管理层次，按市场经济要求实行产业化、集团化、股份化经营管理。

(三)坚决制止乡村发生新债。要采取切实措施，坚决制止发生新的乡村债务。各地一律不得给乡镇下达招商引资指标，乡镇政府和村级组织一律不得为经济活动提供担保，一律不得举债搞建设。要建立健全新债责任追究和乡村干部离任债务审计制度。对违反规定发生的新债，按照"谁签字、谁负责"的原则，由签字人负责偿还，并追究主要负责人的责任。对历史上形成的乡村债务，要以县为单位抓紧清查核实，摸清底数，加强审计，明确责任，分类登记，并结合当地实际，区分性质、类别，制定分阶段化解乡村债务的目标和步骤，积极开展乡村债务清理化解工作。要加强债权管理，依法积极清理回收，但不得激化矛盾，不能发生恶性案件和群体性事件，不能影响农村稳定。要把制止新债、化解旧债作为考核乡镇干部任期目标和工作实绩的重要内容。要建立民主决策机制，实行乡村级债务债权公开，接受群众监督。

六、开创农村税费改革工作新局面

深化农村税费改革试点工作由各级政府统一领导，农村税费改革领导小组具体组织，领导小组办公室统筹协调，各职能部门分工负责抓好落实。乡镇机构改革由编制部门牵头负责，人事、财政等有关部门配合；农村教育布局调整和义务教育体制改革由教育部门牵头负责，编制、财政部门配合；县乡财政体制改革由财政部门负责；加强农民负担监督管理，防止农民负担反弹工作由农民负担监督领导小组办公室(农业行政部门)负责；乡级债务清理化解工作由财政部门负责，村级债务清理化解工作由农业行政部门负责；深化国有农场改革由农业部门牵头负责，有关部门配合。此外，涉及农村的其他改革如粮食流通体制、农村金融、供销社体制改革等，要纳入主管部门日常工作，由主管部门继续扎实推进。

各级各有关部门要充分认识农村税费改革的艰巨性、复杂性和长期性，切实加强组织领导，坚持主要领导亲自抓、负总责，层层落实领导责任制；健全办事机构，调剂落实必要编制，配备专职人员，完善职能，稳定队伍，明确目标和任务；落实部门责任分工，强化政策指导，督促改革政策和措施的实施；加强对农村相关重大问题的调查研究，及时发现和解决改革中出现的矛盾和问题。

各设区市要在年底前将本地 2005 年深化农村税费改革试点工作情况向省政府报告。

河北省人民政府令

[2005]第 9 号　　2005 年 9 月 30 日

《河北省人民政府关于修改〈河北省契税实施办法〉的决定》已经 2005 年 9 月 23 日省政府第 50 次常务会议通过，现予公布，自 2005 年 11 月 1 日起施行。

河北省人民政府
关于修改《河北省契税实施办法》
的决定

河北省人民政府决定对《河北省契税实施办法》作如下修改：

一、第六条第一款修改为："契税税率为百分之四。但是，个人购买自用普通住房的，税率为百分之三。"第二款修改为："国家另有规定的，按规定执行。"

二、第七务增加一款，作为第三款："契税征收机关可以委托房地产估价机构对土地、房屋权属承受者所承受的土地、房屋价格进行评估。"

三、将第八务中的"契税应纳税额，根据本办法第五条、第六条规定的计税依据和税率计算征收。"修改为："契税应纳税额，根据本办法第六务、第七条规定的计税依据和税率计算征收。"

四、第九条第一项修改为："(一)国家机关、事业单位、社会团体、军事单位承受土地、房屋直接用于办公、教学、医疗、科研及军事设施的，免征契税。

用于办公的，是指办公室(楼)、公用仓库、车库、职工食堂等直接用于办公或者直接为办公服务的土地、房屋。

用于教学的，是指教室(教学楼)、图书馆、操场、食堂、学生宿舍、办公室、校内实习场地等直接为教学服务的土地、房屋。

用于医疗的，是指门诊、病房等直接用于医疗的土地、房屋。

用于科研的，是指科学试验场所、库房等直接为科研服务的土地、房屋。

用于军事设施的，是指地上和地下军事指挥作战工程；军用机场、港口、码头；军用库房、营区、训练场、试验场；军用通信、导航、观测台站以及其他直接用于军事设施的土地、房屋。”

五、将第九条第一项中的“经县级以上人民政府教育行政主管部门或劳动行政主管部门批准的社会力量办学，包括单位办学、私立学校等，比照国办全日制学校直接为教学服务的土地、房屋权属转移，免征契税。”作为第九务第二款，并修改为：“经县级以上人民政府教育行政主管部门或者劳动和社会保障行政主管部门批准的民办学校，比照国办全日制学校直接为教学服务的土地、房屋权属转移，免征契税。”

六、第十一条修改为：“对符合法律、法规和规章规定的减免税，由纳税人提出减免申请，计税金额不足五千万元的，报县级契税征收机关批准，计税金额五千万元以上、不足一亿元的，报设区的市契税征收机关批准；计税金额一亿元以上的，报省契税征收机关批准。契税征收机关应当自批准之日起三十日内报上一级契税征收机关备案。”

七、删除第二十条。

同时，对条文的顺序和部分文字作了相应调整。

本决定自 2005 年 11 月 1 日起施行。

《河北省契税实施办法》根据本决定作相应的修改，重新公布。

河北省契税实施办法

（2002 年 9 月 10 日河北省人民政府令第 14 号公布
根据 2005 年 9 月 23 日《河北省人民政府关于修改〈河北省契税实施办法〉的决定》修订）

第一条 根据《中华人民共和国契税暂行条例》（以下简称《条例》）和《中华人民共和国契税暂行条例实施细则》（以下简称《细则》）及有关法律、法规，结合我省实际，制定本办法。

第二条 在本省行政区域内承受转移土地、房屋权属的单位和个人为契税的纳税人，应当按照本办法的规定缴纳契税。

本办法所称承受，是指以受让、购买、受赠、交换等方式取得土地、房屋权属的行为。

本办法所称土地、房屋权属是指土地使用权、房屋所有权。

第三条 本办法所称土地、房屋权属转移是指下列行为：

（一）国有土地使用权出让。即土地使用者向国家交付土地使用权出让费用，国家将国有土地使用权在一定年限内让予土地使用者的行为。

（二）土地使用权转让。即土地使用者以出售、赠与、交换或者其他方式将土地使用权转移给其他单位和个人的行为，不包括农场，林场内部国有土地承包经营权和农村集体土地承包经营权的转移。

（三）房屋（包括在建房屋）买卖、赠与、交换。房屋买卖是指房屋所有者将其房屋出售，由承受者交付货币、实物、无形资产或者其他经济利益的行为。房屋赠与是指房屋所有者将其房屋无偿转让给受赠者的行为。房屋交换是指房屋所有者之间相互交换房屋的行为。

第四条 契税征收机关为土地、房屋所在地的各级财政部门。

第五条 土地、房屋权属以下列方式转移的，视同土地使用权转让、房屋买卖或者房屋赠与，征收契税：

（一）以土地、房屋权属作价投资、入股。

（二）以土地、房屋权属抵债。

（三）以获奖方式承受土地、房屋权属。

（四）以预购方式或者预付集资款方式承受土地、房屋权属。

第六条 契税税率为百分之四。但是，个人购买自用普通住房的，税率为百分之三。

国家另有规定的，按规定执行。

第七条 契税的计税依据是：

（一）国有土地使用权出让、土地使用权出售、房屋买卖，为成交价格。

（二）土地使用权赠与、房屋赠与由契税征收机关参照土地使用权出售、房屋买卖的市场价格或者评估价格核定。

（三）土地使用权交换、房屋交换、土地使用权与房屋所有权之间相互交换，为所交换的土地使用权、房屋价格的差额，由多支付货币、实物、无形资产或者其他经济利益的一方缴纳契税。交换价格相等的，免征契税。

(四)以划拨方式取得土地使用权的，经批准转让房地产时，应当由房地产转让者补交契税。其计税依据为补交的土地使用权出让费用或者土地收益。

本办法所称成交价格，是指土地、房屋权属转移合同确定的价格，包括承受者支付的货币、实物、无形资产或者其他经济利益。成交价格明显低于市场价格并无正当理由的，契税征收机关可以参照评估价格或者市场价格进行核定。

契税征收机关可以委托房地产估价机构对土地、房屋权属承受者所承受的土地、房屋价格进行评估。

第八条　契税应纳税额，根据本办法第六条、第七条规定的计税依据和税率计算征收。应纳税额计算公式是：

应纳税额＝计税依据×税率

应纳税额以人民币计算。转移土地、房屋权属以外汇结算的，按照纳税义务发生之日中国人民银行公布的人民币市场汇率中间价折合成人民币计算。

第九条　符合下列条件之一的，可以减征或者免征契税：

(一)国家机关、事业单位、社会团体、军事单位承受土地、房屋直接用于办公、教学、医疗、科研及军事设施的，免征契税。

用于办公的，是指办公室(楼)、公用仓库、车库、职工食堂等直接用于办公或者直接为办公服务的土地、房屋。

用于教学的，是指教室(教学楼)、图书馆、操场、食堂、学生宿舍、办公室、校内实习场地等直接为教学服务的土地、房屋。

用于医疗的，是指门诊、病房等直接用于医疗的土地、房屋。

用于科研的，是指科学试验场所、库房等直接为科研服务的土地、房屋。

用于军事设施的，是指地上和地下军事指挥作战工程；军用机场、港口、码头；军用库房、营区、训练场、试验场；军用通信、导航、观测台站以及其他直接用于军事设施的土地、房屋。

(二)城镇职工按规定第一次购买公有住房，经县级以上人民政府批准，在国家规定标准面积以内的，免征契税。超过国家规定标准面积的部分，应当按照规定缴纳契税。

(三)纳税人用国家征用、占用其土地、房屋的补偿费、安置费，重新承受土地、房屋权属的，其重置价格没有超过土地、房屋补偿费、安置费的，免征契税；超出补偿费、安置费的部分应当缴纳契税。

(四)因不可抗力灭失住房而重新购买住房的，准予减征或者免征契税。

(五)纳税人承受荒山、荒坡、荒丘、荒滩土地使用权，用于农、林、牧、渔业生产的，免征契税。

(六)依照我国有关法律以及我国缔结或者参加的双边、多边条约(协定)的规定，应当予以免税的外国驻我省领事馆、联合国驻华机构及其外交代表、领事官员和其他外交人员承受土地、房屋的，经外交部确认，可以免征契税。

(七)国家规定的其他减征、免征契税的项目。

经县级以上人民政府教育行政主管部门或者劳动和社会保障行政主管部门批准的民办学校，比照国办全日制学校直接为教学服务的土地、房屋权属转移，免征契税。

第十条　纳税人符合减征或者免征规定的，应当自签订土地、房屋权属转移合同之日起十日内，向土地、房屋所在地的契税征收机关申请办理减征或者免征契税手续。

法律、法规、规章未明确规定减征、免征的项目，任何单位和个人不得擅自减免。

第十一条　对符合法律、法规和规章规定的减免税，由纳税人提出减免申请，计税金额不足五千万元的，报县级契税征收机关批准；计税金额五千万元以上、不足一亿元的，报设区的市契税征收机关批准；计税金额一亿元以上的，报省契税征收机关批准。契税征收机关应当自批准之日起三十日内报上一级契税征收机关备案。

第十二条　契税的纳税义务发生时间为纳税人签订土地、房屋权属转移合同的当日，或者纳税人取得其他具有土地、房屋权属转移合同效力的契约、协议、合约、单据、确认书等凭证的当日。

第十三条　纳税人应当自纳税义务发生之日起十日内，向土地、房屋所在地的契税征收机关办理纳税申报，并在契税征收机关规定的期限内缴纳税款。超过纳税期限的，契税征收机关应当根据国家有关法律规定加收滞纳金。

纳税人因特殊困难，不能按契税征收机关规定的纳税期限缴纳税款的，由纳税人提出缓缴申请，报省契税征收机关批准，可以延期缴纳应交的税款，但最长不超过三个月。对经批准延期缴纳税款的纳税人不加收滞纳金。

第十四条 契税征收机关进行纳税鉴定应当查验纳税人前手契税完税凭证，未缴纳契税的，应当由土地出让人、房屋出售人先补缴税款。

第十五条 纳税人因改变土地、房屋用途应当补缴已经减征、免征契税的，其纳税义务发生时间为改变有关土地、房屋用途的当日。

第十六条 契税征收机关在纳税人办理纳税事宜后，应当及时向纳税人开具由省契税征收机关统一印制的契税完税凭证，并在土地、房屋权属转移合同上加盖契税征收机关印章予以确认。

第十七条 纳税人应当持契税完税凭证或者减征，免征手续到土地管理部门、房产管理部门办理有关权属转移登记手续。土地管理部门、房产管理部门办理有关土地、房屋权属变更登记手续时，纳税人未出具契税完税凭证和加盖契税征收机关印章的土地、房屋权属转移合同的，不得办理有关土地、房屋的权属变更登记手续。

土地管理部门、房产管理部门应当向契税征收机关提供有关资料，并协助契税征收机关依法征收契税。

第十八条 纳税人已缴纳契税，但未履行所签订土地、房屋权属转移合同，申请退税的，经契税征收机关审核确认后，准予退税。

第十九条 契税征收机关可以对契税的纳税人依法实施稽查，纳税人应当提供账簿、纳税记录、交易手续等有关资料，有偷、逃、欠税行为的，由契税征收机关追缴其欠缴的税款、滞纳金；构成犯罪的，依法追究刑事责任。

第二十条 契税的征收管理，依照《条例》、《细则》和本办法及有关法律、行政法规的规定执行。

第二十一条 本办法自2002年10月1日起施行。

河北省人民政府办公厅关于印发《河北省省直机关事业单位职工购房补贴发放实施细则》的通知

冀政办[2005]24号　　2005年9月30日

省直各部门：

省直机关事务管理局、省财政厅制定的《河北省省直机关事业单位职工购房补贴发放实施细则》已经省委、省政府研究同意，现印发给你们，请遵照执行。

河北省省直机关事业单位职工购房补贴发放实施细则

河北省省直机关事务管理局
河　北　省　财　政　厅

第一章　总　则

第一条 为进一步深化省直住房制度改革，做好职工购房补贴发放工作，制定本细则。

第二条 本细则的政策依据为《河北省人民政府关于深化城镇住房制度改革加快住房建设的通知》（冀政[1998]45号）、河北省省直住房制度改革领导小组《关于省直单位购房补贴核定办法》（冀直房改[1999]4号）和《关于省直单位专业技术干部和技术工人购房补贴有关问题的通知》（冀直房改[1999]7号）、《石家庄市人民政府办公厅转发市房改办等四部门关于发放机关、社会团体、事业单位职工购房补贴的实施办法的通知》（市政办[2000]97号）等有关文件。

第三条 本细则适用于省直机关、社会团体、事业单位。参加省直房改的企业和驻石中直机关、社会团体、事业单位可参照本细则执行。

第四条 河北省省直住房制度改革领导小组办公室（以下简称省直房改办）、省财政厅是省直发放购房补贴的主管部门，分别负责省直购房补贴的核定和发放工作。

第二章　购房补贴发放对象

第五条　购房补贴的发放对象为 1998 年 12 月 15 日(含,下同)前参加工作并在册的无房职工和现住房面积未达到购房补贴面积标准的职工(含离退休、下岗、提前离岗、退养、停薪留职人员,下同)。

无房职工是指夫妇双方(含在异地)未按房改政策以标准价或成本价购买公有住房和现租住不可售公有住房的职工。

职工现住房包括职工夫妇双方(含在异地)按房改政策以标准价或成本价购买的公有住房、租住的可售公有住房。

1998 年 12 月 15 日后参加工作的职工,不实行购房补贴办法,按照有关规定采取提高住房公积金缴存比例的办法实行住房分配货币化。

第六条　夫妇双方的购房补贴,根据各自的行政职务(技术职务、技术等级)、工龄分别核定,分别由其所在单位发放。

第七条　省内驻石家庄市以外的省直单位职工的购房补贴,按照属地政策进行计算,经当地房改部门签署意见,报上级主管部门审核、省财政厅复核无误后,比照本细则进行发放。

第八条　驻省外的省直单位职工的购房补贴政策另行制订。

第九条　1999 年度军队转业干部及复员退伍人员,其夫妇双方无房或现住房面积未达到省直确定的购房补贴面积标准并且未在部队领取购房补贴的。由接收单位核定发放购房补贴。2000 年度及以后转业或退伍的,由部队发放购房补贴。

第十条　1998 年 12 月 15 日前去世的职工,不再核定发放购房补贴;1998 年 12 月 15 日后去世的职工,由其合法继承人申请并领取相应的购房补贴;没有继承人的,不再核定发放购房补贴。

第十一条　1998 年 12 月 15 日后调动工作的职工,由新工作单位按 1998 年 12 月 15 日的行政职务(技术职务、技术等级)和现住房面积核定发放购房补贴。

第十二条　异地或回原籍安置的离退休(含退职)人员所发放的购建房补贴(含安家费、安置费)超过此次核定的购房补贴的不再核定发放,不足部分予以补差。

第十三条　民政部门代管的离退休干部和部队移交地方政府安置的离退休干部的购房补贴,按照国家有关部门的规定执行。

第十四条　1998 年 12 月 15 日后失业(终止或解除劳动关系、开除、除名、辞退)、辞职、自谋职业的人员,仍以 1998 年 12 月 15 日的职务(职称)所对应的购房补贴面积标准核定购房补贴。此后来参加工作的,由原单位发放;此后又参加工作的,由新单位发放。1998 年 12 月 15 日后判刑、劳教等人员暂不发放购房补贴,待服刑期满或解除劳教再就业后,建立住房公积金制度之前的工龄可纳入核定购房补贴的范围,由接收单位发放购房补贴。

第十五条　擅自离职人员不发放购房补贴。

第三章　购房补贴面积标准

第十六条　行政干部购房补贴面积标准为正厅级 120 平方米、副厅级 110 平方米、正处级 100 平方米、副处级 90 平方米、正科级 80 平方米,副科级 70 平方米、科员 60 平方米(截止 1998 年 12 月 15 日,25 年以上工龄的科员比照副科级)。

第十七条　专业技术干部购房补贴面积标准为正高级技术职务 110 平方米、副高级技术职务 95 平方米、中级技术职务 80 平方米、初级技术职务及其以下 65 平方米。1983 年职称改革之前获得的正高级技术职务 120 平方米、副高级技术职务 110 平方米,中级技术职务 95 平方米、初级技术职务及其以下 80 平方米。

第十八条　省直机关、社会团体、事业单位的工勤人员购房补贴面积标准为高级技师 90 平方米、技师 80 平方米、高级工 70 平方米、中级工 65 平方米、初级工及其以下 60 平方米(截止 1998 年 12 月 15 日,25 年以上工龄的普通工人比照中级工)。

第十九条　各级别技术职务必须是在 1998 年 12 月 15 日前经工作单位予以聘任的,方能享受相应的购房补贴面积标准。具有技术职务任职资格,但未被单位聘任的专业技术干部,其购房补贴面积标准为正高级技术职务 100 平方米、副高级技术职务 90 平方米、中级技术职务 75 平方米。

第二十条　具有专业技术职务并兼任行政职务的专业技术人员,可选择购房补贴面积标准较高的规定执行。军队转业干部及复员退伍人员购房补贴面积标准可选择部队职务和地方职务中较高职务核定。

第二十一条　具有专业技术职务任职资格的国家公务员(含参照执行)依照行政职务确定购房补贴面积标准。

第二十二条　职工的购房补贴面积标准按 1998 年 12 月 15 日的行政职务(技术职务、技术等级)核定。

第二十三条　1998 年 12 月 15 日之前已离退休人员的购房补贴面积标准按离退休时的行政职务(技术职务、技术等级)核定。

第二十四条　现住房面积计算办法按《河北省省直成本价出售公有住房暂行办法》(冀直房改[1997]2 号)规定执行。

第四章　购房补贴计算

第二十五条　购房补贴由面积补贴和工龄补贴两部分构成。面积补贴标准为每平方米 333 元,年工龄补贴额为每平方米 4.8 元,再分别加计 25%公摊面积调节系数。

第二十六条　建立住房公积金制度前的工龄包括 1991 年底前的工龄、参加工作前的全日制大中专及以上学历毕业生在 1991 年底前在校学习期间的学龄和特殊岗位加计的工龄。

第二十七条　购房补贴额＝333 元/平方米×(本人购房补贴面积标准—夫妇双方现住房计价面积)×(1＋25%)＋4.8 元/平方米·年×建立住房公积金制度前本人工龄×(本人购房补贴面积标准－夫妇双方现住房计价面积)×(1＋25%)。

第二十八条　职工所购公有住房已经上市交易或产权变更、转移的,按照住房上市前或产权变更、转移前的住房面积核定发放购房补贴。

第二十九条　职工离异没有再婚的,本人按离异前的住房状况核定发放购房补贴。

再婚的职工,再婚前各自已按房改政策购买或租住可售公有住房的,再婚后购房补贴按再婚前个人住房面积分别核定发放;若再婚后双方又按房改政策购买公有住房的,再婚前和再婚后所购住房面积应合并计算。

第五章　购房补贴资金的筹集和来源

第三十条　省直机关、社会团体、事业单位的职工购房补贴按照国家、单位合理负担的原则,由单位筹集,财政适当补助,主要资金来源:

(一)单位自管公房出售收入(按规定扣除维修基金后剩余的部分,下同);

(二)有预算外资金收入或其他收入的单位每年按照本单位购房补贴需安排的资金;

(三)省直统管公房出售收入;

(四)省直公房出售收入的增值收益;

(五)单位利用自有土地建设经济适用住房回收的地价款;

(六)已购公房和经济适用住房上市交易收取的土地出让金;

(七)仍有不足部分的,凡有财政补助经费的省直机关、社会团体、事业单位,省级财政按政策从预算安排的购房补贴专项资金中给予适当补助。

第三十一条　省级财政统筹以下资金用于省直机关、社会团体、事业单位发放购房补贴:

(一)由财政供养但没有发放购房补贴任务的机关、社会团体、事业单位的售房收入;

(二)单位发放购房补贴后剩余的售房收入;

(三)省直统管公房出售收入;

(四)省直统管公房售房收入、单位售房收入和其他住房资金(不含住房公积金)形成的增值收益。

第三十二条　参加省直房改的驻石中直机关、社会团体、事业单位发放购房补贴所需资金,由中央财政和本单位共同筹集解决。

第三十三条　参加省直房改的企业职工购房补贴资金,按财政部《关于企业住房制度改革中有关财务处理问题的通知》(财企[2000]295 号)规定管理使用。

第六章　购房补贴发放方式及期限

第三十四条　购房补贴一次性发放给个人。

第三十五条　按照无房、缺房状况,分年度、分批发放。

第三十六条　从本细则执行之日起,原则上不超过五年完成省直单位职工购房补贴发放。

第七章　购房补贴审核发放程序

第三十七条　单位在申报购房补贴前,应建立本单位职工住房档案并存入软盘上报省直房改办。

第三十八条　符合购房补贴条件的职工首先向单位提出申请,如实申报夫妇双方现住房状况、本人工龄、工作变动履历(由相关单位证实)等情况。

第三十九条 单位对本单位职工所申报的情况进行调查、审核，并向全体职工张榜公示，公示期不少于十五个工作日。

第四十条 职工申报情况经公示无异议后，单位将填写好的《河北省省直职工购房补贴核定表》、《河北省省直单位购房补贴汇总审核表》和《河北省省直单位职工购房补贴清册》(由省直房改办另行下发)，送主管部门进行核实后，以正式文件形式向省直房改办报送“关于发放购房补贴的申请”(附有关表格)，省直房改办审核并签发意见，再报省财政厅审核。

第四十一条 省财政厅对单位报送的有关购房补贴情况及可利用资金情况进行审核，确需省级财政补助资金的，将视财力逐年解决。实行工资银行化财政统一发放单位的职工购房补贴，由省财政厅通过银行卡发放，已实施财政国库集中支付制度改革、尚未实行工资银行化财政统一发放单位的职工购房补贴，由省财政厅下达授权支付额度，单位负责发放；未实行财政国库集中支付制度改革且未实行工资银行化财政统一发放单位的职工购房补贴，由省财政厅拨付到单位，单位直接向职工发放。

第四十二条 单位应建立购房补贴发放情况备查登记制度，将《河北省省直职工购房补贴核定表》存入个人档案，职工调动工作时，随职工人事、工资关系调转，作为新工作单位发放购房补贴的依据。

第四十三条 有下列情况之一的暂不批准发放购房补贴：

(一)没有进行住房调查并建立职工住房档案的；

(二)职工购房补贴核定过程中弄虚作假的；

(三)单位和职工购房补贴填报手续不完善的；

(四)房改政策规定不准发放的。

第八章 工作纪律

第四十四条 单位应当加强购房补贴申请、审核、公示和发放的监督管理，明确负责的机构和人员，做好停止住房实物分配与实行住房分配货币化的衔接工作，制定本单位购房补贴政策实施方案和办法。

第四十五条 为严肃房改纪律，加强监督检查，对不如实申报住房状况、售房收入、无房和未达标职工人数的单位，依照有关法规追究有关人员和领导的责任。对弄虚作假，故意隐瞒本人和配偶现住房状况，骗取购房补贴的人，除令其退出多占住房和退回全部购房补贴外，同时将具体事实向省纪检监察部门通报，省纪检监察部门根据情节轻重给予职工个人、住房情况证明机构及其负责人相应处分；构成犯罪的，依法追究刑事责任。

第九章 附 则

第四十六条 本细则由省直房改办、省财政厅负责解释。

第四十七条 本细则自印发之日起执行，以往文件规定与本细则不一致的，以本细则为准。

河北省人民政府
关于进一步推进省级财政集中财力办大事的指导意见

冀政[2005]86号 2005年10月12日

省直各部门：

2003年以来，省委、省政府将集中财力办大事作为新时期重要的理财方略，提出了明确要求，作出了全面部署。在省直各部门共同努力下，通过整合资金支持了一批事关全省经济社会发展的重大项目。但由于有关方面对整合资金办大事的内涵、方式、途径等方面的把握程度不一，一些资金使用和项目安排尚未完全体现整合资金办大事的要求。为从根本上提高财政资金配置效益，更好地实现办大事目标，特提出以下指导意见。

一、充分认识集中财力办大事的重要意义

集中财力办大事，是省委、省政府立足我省实际，着眼于全省经济社会更快更好发展而提出的一项重要措施，具有十分重要的意义。一是有利于落实科学发展观，推进和谐河北建设。相对于统筹经济社会协调发展对财政资金的巨大需求而言，我省各级财力将长期处于紧缺状态。只有集中有限财力重点用于解决影响发展的突出矛盾，才能落实科学发展观，有效实现全省经济社会协调发展和促进和谐河北建设。二是有利于解决影响河北经济发展全局的突出问题和薄弱环节。只有抓住全省经济发展的关键，利用有限的财力，重点支持、引导经济结构调整，推动重点项目建设，促进县域经济发展，才能有效促进全省经济更快更好发展。三是有利于更好地履行政府公共服务职能。集中财力办好各项公共事业发展中的重大事项,才能履行好政府的公共服务职能。近年来我省财政收入增长较快,但收支矛盾仍很突出,能否区分轻重缓急,选好、选准"大事",善于集中有限财力办大事,在很大程度上检验着政府执政理财的能力。省直各部门一定要按照"树正气、讲团结、求发展"的要求,树立正确的政绩观,站在讲政治、顾大局的高度,充分认识集中财力办大事的重要性,切实树立"有所为有所不为"的理财理念,统一思想,提高认识,从预算安排上选好"大事",通过认真执行预算干好"大事",努力推进我省改革、发展、稳定工作,让广大人民群众看到公共财政资金安排使用的明显成效。

二、准确把握"大事"的内涵和基本特征

集中财力办大事,就是要集中使用政府财力兴办对国民经济和社会事业发展具有重大影响作用的事项。集中财力办大事,一定要正确理解"大事"的内涵,准确把握"大事"的基本特征。其基本特征是:

(一)事关经济社会发展全局。列为"大事"的事项必须与全省经济社会发展或某一行业发展战略紧密相关,具有广泛的经济社会影响,为人民群众所关注,或者属于重点领域和重点方面,或者对重大问题的解决能够起到关键的促进作用,或者属于能够影响全局、办不好可能造成重大损失或重大影响的急事、难事、要事。

(二)鲜明地体现政府职能。"大事"与政府不同时期的职能紧密相联。在社会主义市场经济条件下,政府主要履行经济调节、市场监管、社会管理和公共服务职能。"大事"应当充分体现政府的职能,满足社会保障、公共卫生、公共安全、公共设施、国民教育等公共事务方面的需要。在经济建设领域,"大事"应当用于解决制约全省经济发展的具有公共性的关键领域、关键环节和关键技术问题,以改善经济结构,优化经济环境,提升经济运行质量。

(三)具有更高的绩效要求。讲求绩效是财政资金使用的根本要求,所有财政支出项目都应有明确的绩效目标。"大事"的绩效目标应当更加突出、鲜明、量化,预期经济社会效益更高,对经济社会发展的影响程度更深,广大人民群众从中得到的实惠更多。

三、进一步明确集中财力办大事的基本要求

集中财力办大事,要以科学发展观为指导,以促进和谐社会建设为目标,体现以下基本要求:

(一)坚持"以人为本"。要从维护最广大人民群众的根本利益出发,着力举办与人民群众利益密切相关的重大事项,切实解决人民群众最关心的重点问题。

(二)坚持统筹协调发展。预算安排要统筹经济和社会事业协调发展,统筹城乡协调发展,统筹区域协调发展,财政资金尽可能向"三农"倾斜、向欠发达地区倾斜、向社会事业倾斜、向生态环境建设倾斜,统筹兼顾不同社会群体的利益关系,促进和谐社会建设。

(三)坚持公共财政原则。凡能够通过市场运作的事项都要通过市场配置资源,预算项目安排要与政府公共职能相一致,"有所为、有所不为"。要进一步调整财政对经济领域投入的方向、方式和方法,主要采取杠杆调节引导方式。

(四)坚持依法理财。预算的安排、"大事"的确定要遵循有关法律法规,经过科学民主的决策程序,坚决避免"一言堂";"大事"的组织实施要依法规范运作。

(五)坚持局部服从全局。部门利益必须服从全局利益,部门"大事"必须服从全省"大事"。

四、切实掌握集中财力办大事的衡量标准

评判财政功能预算和部门预算安排是否体现了集中财力办大事原则,要从以下五个方面进行衡量:

(一)预算安排的"大事"应与经济社会事业中长期发展规划相符合。各类专项资金的具体项目安排,要与国民经济和社会事业发展中长期规划的战略目标和重点相一致。

(二)预算安排的"大事"应当有明确的年度绩效目标。各类发展性资金预算安排都应明确年度整体绩效目标,"大事"项目要逐项制定出预算年度所应达到的经济或社会绩效目标,包括解决哪些问题,取得哪些成效,产生哪些影响等,并尽可能量化,以便考核。

(三)项目安排体现突出重点、要事优先、急事快办。围绕省委省政府工作部署,突出重点,确保重点,体现对重点项目、重点行业和重点区域的倾斜。关系全省的"大事"必须在预算中落实,做到不甩不漏。

(四)重点项目资金集中度较高。发展性专项资金应按照集中财力办大事的原则安排项目，尽力避免偏离重点的“散”项目和资金量过小、形不成规模效益的“碎”项目。对重点项目的预算安排要切实集中有关资金，保证项目需要。各类各口专项资金安排的“大事”项目，其预算数额占本类本口专项资金安排的“大事”项目，其预算数额占本类本口专项资金限额比例一般不应低于70%。

(五)资金整合效果较好。重点项目的预算安排，确实做到了将同类(口)中的预算内、预算外和政府基金整合使用，将分散在不同部门管理的相关资金整合使用。

五、完善集中财力办大事的管理措施

(一)改革和完善预算决策机制。科学的政府预算决策是确保实现集中财力办大事的重要前提。要切实贯彻零基预算原则，彻底打破传统支出“基数”，在省政府和省直部门两个层次都采取集中研究定事、依事安排资金的方法，建立部门建议、财政审核、专家论证、公众参与、党委政府集体决策和人大批准相结合、科学民主的“大事”预算决策制度。对关系全省经济和社会发展的重大项目，先由省委、省政府主要领导和综合经济部门主要负责人，根据全省经济社会发展全局需要和省委、省政府重大决策部署，对部门建议进行初步审查，认为符合“大事”范畴的，交付财政及有关方面进行深入研究论证，论证之后提交省政府常务会和省委常委会研究审定并在资金切块时优先保证，然后报省人大按法定程序审查批准预算。对关系本部门、本行业长远发展的重点和重大项目，由部门集体研究确定，再交由具体处室进一步研究论证。同时，要加强三项制度建设。一是决策咨询制度。成立由有关部门负责同志、行业专家、研究机构学者等组成的决策咨询机构，对全省战略发展规划和年度发展重点进行专门研究，必要时委托有关专业组织进行评估论证，为省政府决策提出咨询意见。省直部门可以比照这种形式，设立内部决策咨询组织。研究提出本部门、本行业发展规划和年度预算安排意见。二是听证决策制度。对关系广大群众切身利益的重大项目，省政府或有关部门可以举行听证会，听取有关方面的意见和建议。三是审查监督机制。省委、省政府主管领导对分管部门编制的预算进行审查，省政府常委会对省财政厅汇总提交的专项资金预算进行审查，层层把关，对不符合集中财力办大事要求的退回部门重新编制。

(二)改革和规范项目的产生机制。集中财力办大事的根本依托在于项目，建立规范完善的项目产生机制是保证“大事”项目及时列入预算的重要条件。一是加强项目规划工作。要在政府和部门两个层次上研究编制项目指南。各部门要在政府中长期规划和本部门(行业)中长期规划框架下，直接由部门决策层研究重大项目，筛选“大事”。二是改进项目筛选论证办法。“大事”项目都要经过科学论证。各部门都应成立相关项目论证组织，对本部门所负责的专项资金预算安排项目进行审核论证，采取专家论证、咨询论证、中介机构论证、听证论证等形式和项目招标方法，充分体现科学与民主决策要求。三是建立完备的项目储备库。所有项目首先由有关立项主管部门和预算部门经过严密筛选论证后存入相关的项目库中，预算安排时原则上从项目库中按轻重缓急提取。

(三)加强部门中长期发展规划和滚动预算编制工作。中长期发展规划是编制项目预算的基础依据。针对当前我省部门(行业)中长期规划工作相对薄弱的现状，必须将其摆到各个部门的重要工作日程。各部门要抽调精干力量，结合国家和全省经济社会发展中长期规划和省委、省政府重大战略部署，抓紧研究制定相关社会事业及经济行业的中长期发展规划，明确中长期发展目标、重点方向、重点领域和重点项目，以及分年度实施的计划，将其作为编制“大事”预算的指南。在此基础上，探索编制好中长期滚动预算，将关系本部门(行业)中长期发展“大事”纳入滚动预算管理，以增强预算安排的预见性。

(四)加强绩效评价和管理。绩效预算管理是以追求预算资源使用绩效最大化为核心的一种预算管理形式，与集中财力办大事的出发点和根本目标相一致。强化绩效管理理念，在整体预算安排和“大事”项目选择上，以绩效为导向，从源头上控制没有绩效和低绩效的项目。同时，抓紧研究建立绩效评价办法和评价指标体系，对“大事”项目预算执行情况进行考核评价，并依据评价结果对项目执行部门(单位)进行奖惩，促进集中财力办大事绩效水平的提高。

(五)切实将资金整合工作落到实处。实行专项资金整合使用是实现集中财力办大事的重要途径。各类各口资金都要按照《河北省省级专项资金整合使用管理办法》，整合用于“大事”范围的重点领域、重点项目和重点地区，各类各口下各项支出都要统筹安排，非经省政府批准，不得为某个事项单独设立专项资金，防止肢解财政，弱化资金使用合力。要切实将同一使用方向的预算内外资金和政府基金统筹安排用于“大事”项目，特别要加强预算外资金管理，严格执行有关经费政策和标准，减少一般性支出，增加事业发展投入。要打破部门界限，将分散在不同部门管理的同类同口资金，按项目进行整合，涉及的有关部门要增强全局意识，相互积极配合。其中，省财政性资金安排的重大基本建设类项目、科技三费项目、信息产业和信息化建设项目，分别由省发展和改革委员会、省科技厅、省信息产业厅会同相关部门，根据全省经济社会发展规划和省委、省政府重大决策部署，按照轻重缓急原则，通过组织专家论证，广泛征求社会各界意见后研究提出资金整合意见。要真正按照零基预算要求，在各类各口专项资金限额内，打破部门内部各单位和某类事项的支出“基数”，调整支出结构，集中财力安排“大事”项目。

（六）认真编好“大事”项目预算。编制科学的项目预算是落实集中财力办大事的重要措施。一是对发展性资金项目要进行合理分类。在分类分口的前提下，对部门管理的发展性专项资金，要根据使用的主要投向、领域或计划解决的突出问题等情况，将同一性质的具体预算项目加以科学归类，以便更清晰地体现部门年度预算安排所要办的大事。切忌不讲次序，简单罗列项目。二是规范“打捆”项目。“大事”项目都应是实实在在的项目，原则上不允许将零星散碎的项目打捆，以一个大的名称和较多的资金量包装成“大事”。对于同一项目在不同区域分散实施或同一项目由几个紧密相关的具体项目组成的，可以按照项目实施的整体绩效目标打捆成一个项目。这样的打捆项目必须具有实质内容和具体实施规划，项目预算要明确列示具体承担单位项目和资金数额，不得在项目内留有机动资金。三是规范项目预算编制。所有发展性资金均应按规范格式和要求编制预算。

（七）硬化预算执行约束。硬化预算执行约束是确保集中财力办大事成效的重要环节。“大事”项目预算确定后，没有特殊原因、非经法定程序不得调整。预算执行中要采取集中支付等方式，努力加快支出进度，保证“大事”资金需求。项目执行单位对“大事”项目要单独进行会计核算，按期向省财政部门和主管部门报送项目资金使用管理情况。“大事”项目实施过程中要加强监督管理，防止截留、挪用资金等问题的发生。重大公益性基本建设项目一般实行代建制，交付专业机构统一组织实施，资金直接拨付专业机构，切实防止项目概算超支。同时，要对“大事”项目预算执行实行全程跟踪问效管理，项目完成后要向省财致部门和主管部门报送项目资金支出决算和使用绩效报告，确保实现预期绩效目标。

（八）建立责任追究制度。对决策立项、预算编制、资金管理使用以及跟踪问效等各个环节，都要明确有关方面职责，财政和审计部门要加强监督考核，达不到预期目标或出现问题的，要追究部门和个人责任，从制度上保证政府集中财力办大事。

（九）加强对年度预算集中财力办大事及其整体绩效情况的评价和监督。年度终了后各部门要组织自评，写出自评报告报送省主管领导和财政、审计部门。审计部门要会同财政部门进行抽查和综合审查评价，并向省政府汇总报告。

六、规范集中财力办大事的工作程序

根据现行预算编制工作规定，要按如下程序开展省级集中财力办大事工作：

（一）一季度，省政府或授权省财政部门布置下年度预算编制工作，明确提出集中财力办大事的预算安排要求。

（二）8月底前，省政府各部门根据国民经济和社会事业发展规划，以及省委、省政府重大决策部署情况，修订本部门、行业中长期发展规划，按照集中财力办大事要求，组织筛选和论证下年度各个层次的“大事”项目，提出绩效目标，编制项目预算建议计划。

（三）9月底前，省财政厅审查各部门提出的“大事”项目，提出省级年度预算需要集中财力安排的关系全省经济事业发展全局的重大项目建议以及分类分口集中财力办大事的重点项目和重点投向建议，测算保证“大事”项目的资金需求，并据此提出分类分口专项资金切块限额意见，报省政府常务会议研究确定。

（四）10月15日前，省政府各部门根据省政府常务会议研究确定的专项资金切块限额、全省和部门“大事”，调整部门专项资金预算建议计划，把“大事”落实到具体项目，并编制具体的项目预算草案，报省财政厅。

（五）10月底前，省财政厅组织有关方面，对各部门报送的专项项目预算按照本指导意见审查集中财办大事落实情况，对不符合集中财办大事要求的，商项目主管部门进行修改调整，对意见不一致的随分类分口项目审查意见一并报主管副省长审定。

（六）11月20日前，省财政厅将各位主管省领导审定的部门专项资金预算分别编入政府功能预算和部门预算草案，报省政府常务会议和省委常委会议审定后报省人大常委会审批。

河北省人民政府办公厅转发省财政厅关于深化县乡财政体制改革试点工作指导意见的通知

冀政办[2005]25号　　2005年10月17日

各设区市人民政府，各县（市、区）人民政府，省政府各部部门：

《河北省财政厅关于深化县乡财政体制改革试点工作指导意见》已经省政府同意，现转发给你们，请认真贯彻执行。实施过程中的有关问题请向省财政厅反馈。

河北省财政厅关于深化县乡财政体制改革试点工作指导意见

为了充分发挥财政体制的调节和引导作用，巩固农村税费改革成果，确保乡镇政权机关和农村公益事业正常运转，促进县域经济增长方式转交和农村城镇化进程，加快城乡经济社会协调发展和农村小康社会建设，现就县乡（其中县包括县级市、辖乡镇的市辖区，乡包括镇，下同）财政体制改革试点工作提出如下意见。

一、进一步改革县乡财政体制的必要性

财政体制是确定各级政府间财政分配关系的根本制度，是政府实施宏观调控的重要手段，对于经济社全发展特别是区域间协调发展具有重要的引导作用。目前，我省省与市、市与县间的财政体制实行较为规范的分级分税财政体制，按既定支出责任分级负担支出，财政收入划分基本实行主体税种比例分享、其他收入以不同方式分享，打破了按企业隶属关系划分收入的做法。但是，县与乡财政体制关系比较复杂，体制形式多样。多数地区长时间延续实行各种形式的财政包干制，或实行划分税种、核定收支、分级包干，或实行核定收支、总额包干。少数地方实行统收统支或分税制财政体制，但是具体操作不规范，其中包干成份较重。县与乡财政体制的缺陷，对财政职能发挥和县域经济协调发展产生了一定制约作用。突出问题表现在：一是规范性较差。收支划分格局千差万别，包干形式五花八门，有的收入划分随意性大，缺少科学合理的规则，导向机制错乱，不利于乡镇经济持续发展。二是稳定性较差。多数地方收支基数一年一定，变动频繁，收入计划变成乡级政府的硬性行政任务，造成乡镇政府管理行为短期化，收过头税等。三是乡级财政保障职能较差。在基数核定、收入划分等方面，县级集中乡级收入过多，乡级财政难以保证基层政权机构和农村基本公益事业正常运转的起码支出需要。四是影响县域经济集约发展。特别是包干财政体制，刺激、甚至逼迫乡镇政府不顾一切地办企业、上项目，导致低水平重复建设、盲目竞争，乡镇间相互封锁，生产要素难以流动，造成资源浪费和环境破坏严重，阻碍非农产业生产要素向小城镇集聚，对推进农村城镇化战略和实现县域经济集约发展形成了一定制约。因此，改革县乡财政体制，推动县域非农产业生产要素向城填集聚，加快县域经济增长方式转交，是推进农业产业化和农村工业化、城镇化的迫切要求。

从县乡财政发展形势看，随着深化农村税费改革、提高个体增值税起征点以及农村义务教育、公共卫生管理体制调整和社会保障体制改革等，乡级财政收入增长受到影响，乡级财政支出范围明显缩小，进一步改革县乡财政体制成为巩固农村税费改革成果的紧迫课题。农村税费改革使农民得到了实惠，但乡级财政收支矛盾和困难问题也更加突出。因此，深化县乡财政体制改革，理顺县与乡财政分配关系，保障乡镇政权机关和农村基本公益事业正常运转的基本支出需要，也是建立农民增收减负长效机制，有效防止农民负担反弹，实现城乡经济社会协调发展的重要措施。

二、县乡财政体制改革的目标和基本原则

（一）改革目标。

一是建立县域生产要素优化配置、合理布局机制。根据乡镇的经济发展基础，实行不同的财政体制，促进产业、人员、信息等非农产业生产要素向优势地区、向小城镇集聚，推进农村城镇化进程，促进县域经济增长方式转变，加快县域经济整体发展。

二是建立增收节支激励约束机制。充分发挥财政体制作用，调动乡镇当家理财、发展经济、增收节支的积极性，增强乡镇自我发展能力。

三是建立县乡财政基本支出保障机制。按照不同体制模式，合理确定县乡财政支出责任，宜统则统、宜分则分，提高县乡财政基本支出保障能力，缓解县乡财政困难，促进乡镇政府职能转变和城乡经济社会事业协调发展。

四是建立相对规范、统一的县乡财政体制。取消各种包干财政体制，适应县乡经济社会发展需要，建立统分适度、科学合理、规范统一的县乡财政体制模式。

（二）基本原则。

一是促进发展，有利公平。财政体制要有利于非农产业生产要素优化配置、资源合理流动和市场正常竞争机制发挥调节作用，促进有条件的乡镇更快发展，加快农村城镇化进程。同时，按照公共支出均等化要求，保证乡镇财政基本支出需要，缩小乡镇间基本公共服务能力的差距。

二是关系简明，相对稳定，县与乡镇财政体制设计要力求简明，体制算账简便，容易执行和操作，并在一定时期内保持相对稳定。

三是因地制宜，分类确定。要从乡镇实际出发，根据不同乡镇经济状况和发展潜力、财政收入和财力水平、乡镇人口和地域面积等因素，分别实行不同的财政体制。

三、县乡财政体制模式

根据我省实际情况，按照改革的目标和原则，县乡财政体制主要推行以下两种模式。

（一）相对规范的分税制。

1. 基本内容是分级管理、支出定责、收入分享、责权统一。具体做法：

(1)分级管理——县与乡镇财政收支实行分级管理，健全乡镇财政职能，单独设立乡镇金库。

(2)支出定责——合理划分县与乡镇财政支出责任，分级负担，各负其责。明确界定县与乡镇政府的支出责任，行政管理费分别由各本级负担，县派出机构经费由县财政负责；根据有关政策要求，乡镇教师工资、公共卫生、计划生育、社会保障、乡村道路建设等支出以县级财政为主；乡镇财政自行安排经济发展（包括农业生产）、城镇建设、社区服务支出，并按规定分担乡镇教育、卫生、文化及其他事业发展支出，补助村级支出等。

(3)收入分享——收入划分着眼于加快县域经济发展、促进小城镇建设和乡镇政府职能转变。一是辖区内与经济发展密切相关、经济调节作用强的主体税种原则上作为县乡共享收入，按比例分享，主要包括增值税、营业税、企业所得税，个人所得税、资源税也可作为共享收入。二是与城镇发展、社区服务直接相关的收入原则上作为乡镇共享收入，主要包括城市维护建设税、城镇土地使用税、土地增值税、土地出让金、城镇建设配套费，以及房产税、车船使用和牌照税、印花税、耕地占用税、契税等。三是县乡（镇）分别组织的行政事业性收费、罚没收入、专项收入及其他各项收入，按组织收入主体划分，分别作为县级和乡镇固定收入。四是县城所在建制镇，由于税源大户比较集中，县级财政可将位于县城所在建制镇地域内部分重点企业缴纳的税收收入作为县级财政专享收入。乡镇收入实行属地征收、分级入库、分级管理。

(4)责权统一——在合理划分县与乡镇收支范围基础上，合理调整县与乡镇财力分配关系，按照财力与支出责任相统一的原则，确保各级政府有相对稳定的财力来保证其职能的顺利实现。原体制关系经测算后以基期年为基数，并按照向乡镇适当倾斜的原则，作定额上解或补助处理，之后按新体制认真执行县与乡镇收支划分规定，县级财政不能在体制外再集中乡镇财力。

2. 适用范围。经济发展水平和非农产业聚集度较高，财政收入规模较大（一般的，目前乡镇全部财政收入高于500万元），自有财力较强（目前本级一般预算收入加上级税收返还一般在200万元以上），除满足乡镇正常经费开支和社会事业基本支出外，有一定规模的资金可用于经济发展、城镇建设，具有较强的城镇化发展潜力，通过自主发展和自我积累，能够成长为对周边区域具有较强吸附和辐射带动作用的乡镇。

3. 体制功能。赋予乡镇财政较充分的自主权，充分调动乡镇发展经济的积极性，有利于乡镇政府根据本地实际情况，因地制宜地调整支出结构，促进经济和各项事业的发展。通过放权，壮大乡镇财政实力，加强城镇基础设施建设，提高公共服务水平，以吸引生产要素的集聚，促进优势产业发展，形成经济发展与城镇建设的良性循环，加快县域经济和农村城镇化发展步伐。

（二）统收统支加激励。

1. 基本内容是收支统管、核定收支、超收奖励、节支留用。具体做法：

（1）收支统管——县级政府作为县乡财政主体，对适用范围内的乡镇财政收支实行统一管理，乡镇作为县财政的预算单位，主要负责收入征收和乡镇财务管理；乡镇财政收入由国税、地税、财政部门负责按属地原则组织征收，集中上缴县金库，不再设立乡镇金库；乡镇开支由县财政统一审核，统一拨付。

（2）核定收支——县财政对乡镇收支进行分户核算；乡镇机关事业单位职工、离退休人员的个人经费支出，由县财政根据标准核定，直接拨付，在适用范围内实行统一政策；乡镇机关和公益事业单位运转经费支出，由县财政按规定标准核定，包干使用；乡镇计划生育、公共卫生、乡村道路、补助村级支出和社会保障性支出，由县财政根据政策规定统一核定；农业生产、农田水利等经济社会发展支出，根据有关政策，由县财政视财力情况统筹安排，列入财政预算，努力实现各乡镇间大致均等的社会服务水平。

（3）超收奖励——县财政根据乡镇经济发展实际，核定乡镇收入计划，对于年度内组织收入超过核定计划的乡镇，按超收额的一定比例给予奖励，用于增加公用经费或事业发展支出。县财政在保证乡镇公用经费基本支出的基础上，还可以对公用经费实行“分档动态管理”办法。即对乡镇按其组织的财政收入进行分档，不同档次适用不同的公用经费标准，每年根据上一年组织收入情况重新确定档次，“进档提高标准”，“退档降低标准”，适度调动乡镇发展经济、组织收入的积极性。

（4）节支留用——对乡镇核定支出后，乡镇通过压减人员、厉行节约节省下来的支出留给乡镇自主支配使用。

2. 适用范围。经济发展水平和非农产业聚集度低，缺乏主体税源，短期内不能成为区域经济发展中心，财政收入规模较小（一般的，目前乡镇全部财政收入低于 500 万元），自有财力薄弱（目前本级一般预算收入加上级税收返还一般在 200 万元以下），除满足乡镇正常经费、社会事业基本支出外，可用于经济发展、城镇建设的资金较少或没有的乡镇。

3. 体制功能。此种体制模式，是基于所适用乡镇自我发展、自我保障能力差的现实设计的，强化了县级财政的主体地位，有利于县级政府有效地引导投资方向，对县域经济进行整体协调，减少乡镇间的盲目竞争；有利于县级统筹安排预算资金，增强困难乡镇基本支出保障能力，缓解县乡财政困难，维护社会稳定；有利于减轻困难乡镇财政平衡的压力，集中精力提高社会管理和公共服务水平。

县乡财政体制原则上应当按以上两种模式加以规范，尤其是对县域内重点建制镇应当实行相对规范的分税制财政体制，对多数非农产业聚集度低的乡镇实行统收统支加激励的财政体制。随着县域经济整体发展水平的提高，农村中城镇数量将逐步增加，适用分税制财政体制的范围应当逐步扩大。鉴于我省各地乡镇数量众多、具体情况千差万别，完全实行以上两种体制模式可能产生某种不适应性，因此。允许并鼓励各市县按照“三个有利于”的原则因地制宜地创造其他更适宜的过渡性乡镇财政体制模式。

对现有城镇规模已经相当大的重点独立建制镇，设区市可比照省扩权强县的改革措施，试行给这些镇以县一级经济社会管理权限的办法，涉及经济社会发展的重要公共事务管理由试点镇直接对设区市。其具体体制内容，由设区市参照省扩权强县改革办法和本指导意见关于相对规范的分税制体制确定。

四、其他相关问题

（一）加强对县与乡镇财政体制改革的领导，先行试点，分步推行。各级政府要充分认识县乡财政体制改革的重大意义，切实加强组织领导，积极稳妥地推进改革工作。各设区市政府要按照本指导意见，认真分析辖区内县乡经济、财政发展状况，研究制定辖区县乡财政体制改革的具体指导意见。各设区市选择的农村综合改革试点县（市、区）在 2005 年底以前完成改革方案制定和各项准备工作，从 2006 年正式实施新的财政体制，其他县也可以参照本指导意见自主进行试点，扩权县（市）应当积极试行。

为了防止改革过程中出现上级政府过度集中乡镇财力和财政收入划分规则紊乱所产生的负效应，

县乡财政体制改革方案要报上一级政府财政部门审核后执行。县级政府要按照省市指导意见，具体研究制定本县改革方案，征求设区市财政部门意见；扩权县（市）财政体制改革方案直接征求省财政部门意见。设区市选择规模较大的重点建制镇进行扩权强镇试点方案，要报省财政部门审核。

（二）改革后，县与乡镇财政体制要保持相对稳定，原则上要一定三年以上。实行统收统支加激励财政体制的乡镇，具备实行分税制条件后，应适时转为实行分税制财政体制。

（三）实行统收统支加激励体制的乡镇预算定位问题。此次改革后实行统收统支加激励体制的乡镇，从财政方面已经变为县政府的一个预算单位，负责按计划组织收入和管理乡、村支出。这类乡镇财政所可以划归县（市、区）财政局直接管理，承担相应职能，按照县财政核定的收支数编制所在乡镇的预算，并向乡镇人大报告预决算。

（四）妥善处理乡镇政府债务问题。要以县为单位做好乡村债务清理工作，核实债权债务，分清债务性质。属于政府外债、农村金融风险专项借款、财政周转金等债务，县财政要摸清底数，妥善安排，防止上级财政扣款冲击预算平衡。对其他债务，分清责任，分类处理、作出安排、逐步消化。同时要加强乡镇政府债务管理，严格防止乡村两级发生新债。

（五）认真落实财政供养人员总量控制工作，严格控编减员。县乡财政体制改革要与财政供养人员总量控制工作相结合。深化县乡机构改革，规范机构设置，合理确定乡镇行政和事业编制，严格控制人员；推进事业单位清理整顿工作，积极探索多种分流人员方式，努力减轻县乡财政负担。

（六）积极推进预算管理改革，加强财政支出管理。深化部门预算、综合预算、国库集中收付和政府采购制度等项改革，探索支出绩效考核方法，提高县乡财政管理水平、促进县与乡镇财政体制改革目标的实现。

河北省人民政府关于建立和完善农村居民最低生活保障制度的通知

冀政[2005]40号　　2005年5月17日

各设区市人民政府，各县（市、区）人民政府，省政府各部门：

为进一步完善社会救助体系，维护和保障农村居民的基本生活权益，推进我省全面建设小康社会步伐，根据《中共中央国务院关于促进农民增加收入若干政策的意见》（中发[2004]1号）和省委六届六次会议精神，现就建立和完善我省农村居民最低生活保障制度通知如下：

一、指导思想

以“三个代表”重要思想和党的十六大精神为指导，以促进农民增加收入，保障低收入农民的基本生活权益，建立和谐社会为目标，因地制宜，建立规范、完善的农村居民最低生活保障制度，促进城乡社会经济协调发展。

二、保障原则

农村居民最低生活保障制度，是指政府对家庭年人均纯收入低于当地最低生活保障标准的农村常住户口居民实行救助的制度。农村居民最低生活保障制度要遵循以下原则：

（一）保障基本生活。农村居民最低生活保障以确保农村居民衣、食、住等基本生活需求为目的。

（二）政府保障与劳动自救相结合。农村居民最低生活保障制度实行各级政府负责制，市、县两级政府是农村居民最低生活保障制度的责任主体。有劳动能力的保障对象应当发展生产、艰苦奋斗、自食其力，通过劳动增加收入，逐步改善生活状况，发挥家庭保障的作用。

（三）属地管理。农村居民申请和享受最低生活保障待遇应按照户籍所在地的具体政策执行，由户籍所在地民政部门负责管理。

（四）动态管理。对符合低保条件的困难家庭要及时纳入保障范围，并根据收入变化适时调整保障水平。对已不符合低保条件的，要及时停止其低保待遇。

(五)公开、公平、公正。农村居民最低生活保障制度做到保障对象、保障资金和保障标准三公开。

三、保障范围

凡共同生活的家庭成员年人均纯收入低于户籍所在地农村低保标准、持有本地居民常住户口的农村居民均属保障范围。无当地常住户口的人员不享受当地农村低保待遇(不含已迁往学校的大中专在校学生)。

家庭成员是指具有法定赡养、扶养或抚养关系的人员,主要包括:祖父母(外祖父母)、父母(岳父母或公婆)、配偶、子女、孙子女(外孙子女)以及其他具有法定赡养、扶养或抚养义务关系的直系亲属。

农村低保对象的具体资格条件由县(市、区)民政部门会同财政等有关部门制定,报同级政府批准。

四、保障标准

农村低保标准,由各县(市、区)民政部门会同财政、物价、统计等部门,根据当地维持农村居民基本生活所必需的衣、食、住费用,适当考虑用电、取暖、未成年人义务教育等所需费用确定,经同级政府批准后执行。农村低保标准要根据当地经济发展水平、财政负担能力、农村居民生活水平、物价指数等因素的变化适时调整。

五、保障方式

(一)对低保对象按照其家庭年人均收入低于当地农村低保标准的部分,予以补助;

(二)农村最低生活保障金由乡(镇)政府以货币形式发放,有条件的地方要采取社会化发放。

六、收入计算

(一)农村居民家庭收入是指共同生活的家庭成员全年的货币收入和实物收入的总和。主要包括:

1. 从事农副业生产的劳动收入;

2. 外出务工、自谋职业等获得的劳务、经营、管理等收入;

3. 出租或变卖家庭财产获得的收入;

4. 法定赡养人、扶养人或抚养人应当给付的赡养费、扶养费或抚养费。

5. 依法继承的遗产或接受的赠与;

6. 受灾户领取的救济款(物);

7. 其他应计入的收入。

(二)以下内容不计入家庭收入:

1. 优抚对象按照国家规定享受的抚恤金、优待金等;

2. 对国家、社会和人民做出特殊贡献,由政府给予的奖金及市级以上劳动模范享受的荣誉津贴;

3. 为解决在校学生就学困难,由政府和社会给予的补助金;

4. 因意外伤亡获得的护理费、丧葬费和一次性抚恤金等;

5. 独生子女费;

6. 参加新型农村合作医疗享受的医疗费;

7. 农村贫困家庭大病救助费;

8. 其他按规定不应计入的收入。

七、申请、审批程序

(一)申请:凡申请享受农村低保待遇的,应按照属地管理原则,以家庭为单位,由户主或委托村民小组向户口所在地的村委会提出书面申请,填写《农村居民最低生活保障待遇申请书》,同时提交居民户口本、居民身份证、收入证明以及其他相关证明材料。

贫困户所在村的村民委员会每年向乡(镇)政府出具申请低保待遇贫困户的收入及其他证明。

(二)受理:村民委员会对申请人的家庭收入和实际情况进行调查、核实,提请村民代表会议评议,经评议符合低保条件的申请对象,在村务公开栏公示7日以上,对无异议和虽有异议但经村委会复审确认符合条件的,在《农村居民最低生活保障待遇申请书》上签署意见,同时将所有相关证明材料报乡(镇)政府。对经评议或公示后复审不符合低保条件的,要在其《农村居民最低生活保障待遇申请书》上签署意见后备案,并将所有证明材料退还申请专本人,同时要做好解释工作。

(三)审核:乡(镇)农村低保评审小组要通过入户调查核实,邻里走访及家庭收入计算等办法,在10个工作日内完成申请人基本情况和相关证明的审核和报批工作,对符合条件的要在《农村居民最低生活保障待遇申请书》上签署意见,并填写《农村居民最低生活保障待遇申请人员家庭情况调查表》,同时将相关证明材料报县(市、区)民政部门审批。经评审不符合低保条件的,要在其《农村居民最低生活保障待遇申请书》上签署意见,登记后将《农村居民最低生活保障待遇申请书》及其所有证明材料返回村委会,做好解释和答复工作。

(四)审批:县(市、区)民政局要在10个工作日内完成对乡(镇)政府报批的农村低保对象材料的审核,符合低保条件的,核定其享受低保待遇标准,并委托村委会再次公示3日。经公示无异议的，填写《农村居民最低生活保障待遇审批表》，发放《农村居民最低生活保障金领取证》；不符合低保条件的，要在其《农村居民最低生活保障待遇申请书》上签署意见，登记后将《农村居民最低生活保障待遇申请书》及其所有证明材料返回乡（镇）政府。

八、资金的筹集、管理、发放

（一）资金来源

1. 财政预算资金：农村低保所需资金主要由市、县（市、区）财政承担，省级对困难地区给予适当补助；

2. 农村低保资金财政专户所形成的利息收入；

3. 社会捐赠资金；

4. 按规定可用于农村低保的其他资金。

（二）资金管理

低保资金以县（市、区）为单位统一核算和管理。市、县（市、区）财政每年将农村低保资金列入财政预算，具体数目由民政部门会同财政部门确定，报同级政府和人民代表大会批准后执行；省、市、县（市、区）财政预算资金要定期拨付；市、县（市、区）民政部门要定期向同级财政部门和上级民政部门报送预算执行情况。

（三）资金发放

农村低保资金发放方案由县（市、区）民政部门会同财政部门制定。县（市、区）财政部门要按年度农村低保资金发放方案将低保资金拨付到乡（镇）政府，由乡（镇）政府按季发放到低保对象手中；实行社会化发放的地方可以自县（市、区）财政按照低保户名单直接划拨经办金融机构设立的低保对象个人账户；对行动不便的低保对象，可由乡（镇）政府送达或委托邮局发放。

九、管理和监督

（一）各地各有关部门要高度重视农村低保工作，切实加强领导，采取有效措施，确保2005年年底前各市、县（市、区）基本建立农村居民最低生活保障制度。要做好政策宣传工作，积极动员社会力量捐赠，支持农村低保工作。

（二）各县（市、区）政府要成立由民政、财政、农业、物价、统计、审计等部门组成的农村居民最低生活保障管理和监督委员会，负责有关组织、协调、管理和指导工作，民政部门负责具体业务工作；乡（镇）政府成立由政府主管负责同志及民政、财政等部门和群众代表组成的农村低保评审小组，负责农村居民最低生活保障的审核和相关管理工作；村民委员会受县（市、区）、乡（镇）政府委托，承担本村低保对象的申请和初审、日常管理等工作。

（三）各级民政部门要认真调查研究，精心组织，严格审批，规范管理，完善程序，确保农村低保制度落到实处。

（四）各级财政部门要制定农村低保资金管理办法，及时审核民政部门报送的用款计划，根据审核确定的用款计划及时将低保资金拨付到位。

（五）各地要公布享受农村低保的范围、申请条件、补助标准等，采取张榜公布等措施，定期公布低保资金的具体收支、使用情况，接受群众监督。

（六）县（市、区）农村最低生活保障管理和监督委员会以及各级财政、审计部门要定期检查、监督、审计农村居民最低生活保障资金使用和管理情况，确保低保资金按时拨付和合理使用，杜绝挤占挪用等现象的发生。对虚报数字骗取上级补助的，除责令立即纠正，追究有关单位和人员的责任外，将根据情况减拨或停拨上级补助资金。采取虚报、隐瞒、伪造等手段，骗取享受低保待遇的由县（市、区）民政部门给予批评教育和警告，并在有关部门的协助下追回冒领的款物。对为申请享受农村低保待遇对象出具虚假证明的有关单位人员，单位和上级主管部门要视情节轻重给予批评教育或行政处分。

河北省人民政府
关于建立健全城乡社会救助体系的意见

冀政[2005]44号　　2005年5月24日

各设区市人民政府，各县（市、区）人民政府，省政府各部门：

为进一步建立健全我省城乡社会救助体系，保障困难群众的基本生活，现结合实际，提出如下意见。

一、增强建立健全城乡社会救助体系工作的紧迫感

经过多年的发展，我省广大群众的平均生活水平有了较大幅度地提高。但是，由于自然条件、天灾人祸等原因，尚有不少特困人口基本生活难以保障。

特别是近几年，随着改革的深入和利益关系的调整，困难群众面临的问题逐渐呈现多元化趋势，在基本生活之外，医疗、住房、子女教育等困难进一步突出，农村社会救助工作力度明显不足，城乡差别进一步加大。因此，建立健全覆盖全省城乡的新型社会救助体系势在必行。各级各有关部门要充分认识做好城乡社会救助工作的重要性和紧迫性，开拓创新，扎实工作，不断提高全省城乡社会救助能力和水平。

二、总体思路和基本原则

（一）建立城乡新型社会救助体系的总体思路：坚持以邓小平理论和"三个代表"重要思想为指导，牢固树立"以民为本，为民解困"的工作理念，按照全面建设小康社会、统筹城乡经济社会发展的要求，从解决困难群众最关心、最迫切的问题入手，创新工作模式，完善救助政策，整合救助资源，规范救助行为，协调救助行动，逐步构建以城乡居民最低生活保障和农村五保供养为基础，以医疗、教育、住房、法律等专项救助为辅助，以其他救助和社会帮扶为补充的，与社会经济发展水平相适应的新型城乡社会救助体系，实现救助工作城乡一体化、组织网络化、管理法制化、服务社会化。

（二）坚持的基本原则：一是政府主导、社会参与。加强社会救助工作是各级政府履行职责的重要内容，也是一项涉及全社会的系统工程。各级各有关部门要加强领导，确保必需的投入，积极动员全社会力量参与和支持城乡社会救助体系建设。二是制度统一、标准有别。社会救助体系的建立要着眼于社会救助制度的长期性、稳定性和持续性。充分体现公民权益的平等，使各类救助对象都能得到应有的救助。在具体实施中，可以针对不同地区、不同时期、不同群体实行不同的救助标准。三是依法救助、管理规范。积极推进制度创新，加强各项制度之间的配套与衔接，提高工作效能。救助工作要依法行政，规范程序，做到公正、公平、公开。四是城乡统筹、协调发展。统筹规划，统一部署，促进城乡社会救助体系建设协调发展。既要考虑城乡共性又要突出各自特点，既要考虑资源共享又要适当向农村倾斜。

三、建立健全各项制度

（一）健全城乡居民最低生活保障制度。进一步完善城市低保制度，逐步提高保障的针对性和有效性。一要科学调整救助水平。根据物价上涨指数、最低工资标准提高等因素，通过科学测算，实事求是地调整保障标准，做到既能满足低保对象的基本生活需要，又能促进有劳动能力的低保对象自主创业。二要推行分类施保。对低保对象中大病、重残、单亲家庭、子女上学等特殊困难家庭给予政策倾斜，适当提高补助水平，帮助解决实际困难。三要实行动态管理。对符合低保条件的困难家庭及时纳入保障范围，对不再符合低保条件的，要及时停止其低保待遇。尽快建立规范、统一的农村低保制度，将符合条件的农村特困群众全部纳入保障范围，有条件的地方可逐步实施城乡低保一体化。

（二）进一步巩固和完善农村五保供养制度。妥善解决农村税费改革后五保供养经费来源问题，加大财政投入力度，积极鼓励和引导社会力量参与，逐步建立起多元化投入、多形式供养的保障机制。要积极整合社会资源，加大资金投入和政策扶持力度，加快农村敬老院基础设施建设，努力提高五保对象集中供养率。

（三）全面实施城乡特困居民医疗救助制度。进一步巩固和完善农村医疗救助制度，加大资金投入，扩大救助范围，提高救助水平。积极配合新型农村合作医疗制度的实施，帮助农村困难群众解决医疗难的问题。积极推进城市医疗救助制度建设，搞好调查测算，制定审批程序，公正合理地确定医疗救助对象，使患有重大疾病的特困群众得到及时有效的救助。

（四）逐步完善特困群众住房救助制度。加快建立城镇最低收入家庭住房保障制度，对符合城镇最低生活保障条件且住房困难的家庭，提供基本的住房保障。住房保障方式以发放租赁住房补贴为主，实物配租、核减租金为辅。以财政预算资金为主，多渠道筹措资金，形成稳定规范的住房保障资金来源。鼓励社会组织和个人为住房保障事业进行捐赠。同时，力争每年帮助农村困难群众建设和修缮一批住房，逐步缓解其住房困难。

（五）大力开展城乡教育救助工作。进一步完善义务教育阶段家庭经济困难学生资助体系，到2007年，使全省农村义务教育阶段贫困家庭学生都能享受"两免一补"（即免费提供教科书、免杂费和补助寄宿贫困学生生活费）。继续做好"希望工程"、"春蕾计划"、慈善捐助等专项救助工作。完善高等学校资助政策体系，大力推行国家助学贷款和生源地助学贷款工作，积极实施勤工助学和爱心助学等资助措施。充分动员社会力量，调动企业、经济实体及个人捐赠教育的积极性，帮助贫困群众子女完成学业。

（六）不断完善法律援助制度。认真贯彻落实国务院《法律援助条例》，健全县级和县级以上法律援助机构，建立以财政为主渠道的法律援助经费保障体系，切实保障困难群众的合法权益，使符合条件的困难群众及时获得法律帮助，维护社会公平和正义。

（七）积极实施就业援助。积极支持和鼓励困难群众就业，优先落实各项帮扶政策，免费提供就业培训和职业介绍，帮助尽早实现就业再就业。将低保对象和低保申请人优先纳入就业服务范围。加强低保和就业政策的有机衔接，推进特困人群就业岗位的开发和就业服务体系的建设。

（八）建立应急救助机制。一是做好突发困难的临时救助工作。各级政府每年要安排一定的资金，并吸收社会捐款，主要用于解决困难群众因重大疾病、天灾人祸等造成家庭突发性、临时性生活困难。救助对象主要包括已经得到救助、但仍然十分困难的城乡低保对象和虽然不符合低保条件，但确因上述原因造成严重困难的“边缘户”家庭。二是做好重大自然灾害的紧急救援工作。要制定工作预案，在灾害发生后及时做好灾民转移安置，确保灾民吃、穿、住、医等基本生活需要，组织好灾区的恢复重建工作。

（九）建立和完善社会帮扶、捐助制度。鼓励社会力量积极参与社会救助，坚持和完善机关、企事业单位帮扶贫困户活动，并形成制度；积极开展社会捐助活动，实现捐助活动经常化；组织广泛的社会互助活动，帮助贫困群众解决日常生活困难。

四、合力推进城乡社会救助体系建设

（一）建立政府领导、归口管理、部内协作、社会参与的社会救助工作管理体制。各市、县（市、区）要建立由政府主管负责同志任组长、有关部门参加的社会救助体系建设工作领导小组。民政部门主要负责城乡低保、五保供养、城乡医疗救助、灾民救助工作；财政部门负责社会救助资金的预算安排，对资金的管理、使用进行监督；卫生部门负责医疗费用减免政策的制定和落实；建设部门负责困难群众的住房援助工作；教育部门负责教育救助政策的制定和落实；司法部门负责法律援助；劳动和社会保障部门负责就业援助；审计、监察部门负责救助款物的审计、监察工作。

（二）落实社会救助必需的资金。各地要按照建立公共财政的要求，加大财政支出结构调整力度，将各项社会救助所需资金列入同级财政预算，保证各项社会救助工作的落实。

（三）加快建设基层社会救助管理和服务网络。要加强社会救助工作队伍建设，选配优秀干部充实社会救助工作队伍，按照分级负责的原则及时开展培训，提高社会救助工作队伍的业务素质。要转变工作作风，改进工作方式，进一步增强广大社会救助工作者的“亲民、爱民、为民”意识。加快研制社会救助信息网络管理系统，及时、准确地汇集城乡各类困难群众的信息，为做好社会救助工作提供基本依据和技术保障。

（四）加强社会救助工作的监督管理。要深入调查研究，制定科学、严密的工作程序，确保社会救助工作公开、公正，提高救助效果，逐步完善社会救助公示制度。要定期组织专项检查，加强审计监督和舆论监督，推进社会救助工作的健康发展。

河北省人民政府印发《关于进一步完善城镇职工基本医疗保险制度的意见》的通知

冀政[2004]149号

各设区市人民政府，各县（市、区）人民政府，省政府各部门：

《关于进一步完善城镇职工基本医疗保险制度的意见》已经省政府第38次常务会通过，现印发给你们，请认真贯彻落实。

关于进一步完善城镇职工基本医疗保险制度的意见

各设区市人民政府，各县（市、区）人民政府，省政府各部门：

《国务院关于建立城镇职工基本医疗保险制度的决定》（国发[1998]44号）和《河北省人民政府关于印发〈河北省建立城镇职工基本医疗保险制度总体

规划〉的通知》(冀政发[1999]12 号)下发以来,各级各有关部门积极推进医疗保险制度改革,初步建立了新型城镇职工基本医疗保险制度,参保职工总量过半,基金收支基本平衡,初步建立起公务员医疗补助、企业补充医疗保险、大额医疗保险等办法,较好地保障了不同层次参保人员的医疗待遇。为了进一步完善我省城镇职工基本医疗保险制度,不断提高医疗保障水平,提出如下意见:

一、进一步扩大医疗保险覆盖面

2005 年全省医疗保险参保人数达到 500 万人,2006 年达到 520 万人。

没有启动实施医疗保险制度的县要抓紧出台方案,在 2005 年 3 月前务必组织实施。

抓好经济效益好的企业职工参保工作。各级各部门一定要高度重视,通过政策引导、劳动监察、舆论监督和思想政治工作等,督促其做好参保工作。驻冀中央和省属单位要按照属地化管理的原则,积极参加当地的基本医疗保险。

抓好混合所有制企业和非公有制经济组织从业人员的参保工作。坚持权利与义务相对等、缴费与待遇挂钩的原则,把有一定规模、劳动关系规范、经营稳定的企业纳入基本医疗保险范围;对规模不大、经营不稳定、人员流动快的企业及个体经济组织,可以在明确雇主责任的前提下,先参加统筹基金支付范围的医疗保险和大额医疗费用补助。

积极探索解决农村进城就业人员的医疗保障问题。原则上与用人单位建立劳动关系的,可按单位参保的办法纳入医疗保险统筹范围;不具备参加单位医保条件的,可按灵活就业人员参保办法解决。

二、加快建立和完善多层次医疗保障体系

各统筹地区要在实施城镇职工基本医疗保险制度的基础上,尽快建立包括国家公务员医疗补助办法、企业补充医疗保险、职工大额医疗费用补助办法、社会医疗救助制度等多层次的医疗保障体系。

已经实施城镇职工基本医疗保险制度但还没有实行国家公务员医疗补助的,要按照《河北省人民政府办公厅印发省劳动和社会保障厅、省财政厅关于实行国家公务员医疗补助的意见的通知》精神,尽快把国家公务员医疗补助政策落实到位。医疗补助的水平要与当地经济发展水平和财政负担能力相适应,并随经济发展逐步提高,保证国家公务员原有医疗待遇水平不降低。公务员医疗补助经费主要用于基本医疗保险统筹基金最高支付限额以上,符合基本医疗保险支付范围的医疗费用补助和个人自付超过一定数额的医疗费用补助及医疗照顾对象的医疗费用。

督促有条件的企业和实行企业化管理的事业单位建立企业补充医疗保险。企业补充医疗保险可以由单位自行管理,也可委托医疗保险经办机构代管。提取额在工资总额 4%之内的,直接从成本费用中列支。补充医疗保险不得划入个人账户,主要用于患重病、大病个人经济负担比较重的职工、劳动模范、科技和经营管理骨干的医疗费补助。

建立和完善职工大额医疗费用补助办法。在基本医疗保险缴费以外,向用人单位、参保职工和退休人员筹集少量资金,设立大额医疗费用补助金,单独列账管理,用于补助超过基本医疗保险封顶线以上部分的大额医疗费用。鼓励有条件的单位和职工在参加城镇职工基本医疗保险的基础上,自愿参加商业医疗保险。

做好城镇特困群体的医疗保障工作,尽快建立社会医疗救助制度。对无力缴纳医疗保险费的困难单位职工和退休人员、享受城镇最低生活保障的居民、因患大病个人经济负担较重的参保职工实施医疗救助。社会医疗救助所需资金可以通过各级财政在预算内适当安排一部分、开展献爱心活动筹集一部分、社会各界募捐一部分等多种渠道筹措。医疗救助的方式,可以由社会医疗救助资金直接为救助对象支付部分医疗费用,也可以由非营利性医疗机构提供部分免费或减费医疗服务。各级政府要加强对社会医疗救助工作的领导和组织协调,民政、财政、卫生、审计、劳动和社会保障等有关部门和工会组织要按照职责分工,密切协作,共同做好救助工作。

三、认真研究解决困难企业职工参保问题

根据困难企业经济承受能力差异较大的实际情况,采取分类指导的办法逐步解决。

对于具有一定缴费能力的困难企业,通过降低缴费率,采取只缴纳统筹基金和职工大额医疗费用补助,暂不建立个人账户等办法参加医疗保险。

对于关闭破产或改制企业,按照国家有关规定执行,其国有资产变现、土地出让所得优先用于支付退休人员医疗保险费用,不足部分按隶属关系由同级政府从国有企业改革专项资金中补足。

对实施基本医疗保险制度前已关闭、破产企业的退休人员,按照当地退休人员的实际医疗费用水平及城镇居民平均寿命,由同级人民政府多渠道筹集资金,参照基本医疗保险的办法解决。

各统筹地区要积极探索和实施多渠道的筹资办法,解决好困难企业和退休人员较多的单位职工参保问题。可根据当地经济发展水平、职工收入和医疗费消费状况,相应调整单位缴费率。

四、切实做好离休干部、二等乙级以上革命伤残军人等人员的医疗保障工作

按照"单位尽责,社会统筹,财政支持,加强管理"的原则,建立和完善离休干部医药费保障机制和财政支持机制,确保离休干部医药费按规定据实报销,不发生拖欠。

二等乙级以上革命伤残军人的医疗费用按原资金渠道解决,确保其医疗待遇不变。对安置在乡镇的二等乙级以上革命伤残军人,县(市)政府要切实负起责任,妥善解决其医疗问题。离休人员医疗费管理职能和机构未划转劳动和社会保障部门的市、县(市、区),应尽快按有关规定划转到劳动和社会保障部门。

对原劳动人事部劳人险[1983]3号文件规定退休的建国前参加工作的老工人医疗待遇,由各设区市政府参照当地离休干部医疗水平确定。

五、进一步完善和加强医疗保险管理

加大基金征缴和基数稽核力度,确保基金的到位率。各级财政要足额安排应由财政负担的医疗保险费。为防止发生拖欠行为,机关事业单位的医疗保险费,应按照有关规定向经办机构缴纳。加强医疗保险基金管理,完善医疗费用结算办法和医疗保险诊疗项目及服务设施标准;加强医疗保险门诊慢性病的认定、费用支付的管理工作;严格基金财务管理制度,严禁挤占挪用;各地要形成基金使用情况报告分析制度和预警制度。

完善医疗服务管理制度。通过有效的协议管理办法和定点医疗机构、药店分类管理和信誉等级制度等,使医疗保险管理服务更规范、更有效。搞好医疗保险管理基础建设。简化办事程序,公开办事规则,继续推行经办服务规范化,树立良好的行业服务形象。加强队伍建设,搞好业务培训,充实具有一定专业水平和业务能力的人员,不断提高经办能力。

六、继续深化城镇职工基本医疗保险制度等三项改革

城镇职工基本医疗保险制度改革的核心是建立医疗费用分担机制,医疗机构和药品生产流通体制改革的核心是引入竞争机制。发展改革、劳动和社会保障、财政、卫生食品药品监管、物价等有关部门要加强协调,研究制定深化三项改革的有关政策。

打破区域、行业隶属、营利性和非营利性等界限,扩大医疗保险定点医疗机构和药品零售药店范围,建立和完善准入定点和退出定点机制,促进医疗机构之间、医疗机构药房和零售药店之间、零售药店之间的公正、公平竞争。督促医疗机构深化内部改革,实行医药分开核算、分别管理,降低医疗服务成本,改进服务态度,提高医疗服务效率和质量。

加强对药品生产流通的管理和基本医疗保险药品目录内药品价格的调控,大力推行药品集中招标采购,让利于患者。各级审计部门要加强对参保单位资金使用和缴费情况的审计。对有能力而拒不参保的单位,各级各部门可以在评先、奖励及调剂养老金和再就业基金等方面督促其参加职工基本医疗保险;新闻媒体要充分发挥舆论监督的作用,对有能力而拒不参保的典型案例要予以曝光。

河北省人民政府关于建立城市医疗救助制度的实施意见

冀政[2005]50号　　2005年6月1日

各设区市人民政府,各县(市、区)人民政府,省政府各部门:

为贯彻落实党的十六大和十六届三中全会确定的社会保障体系建设目标和《国务院办公厅转发民政部等部门关于建立城市医疗救助制度试点工作意见的通知》(国办发〔2005〕10号)精神,进一步健全和完善我省城市医疗保障体系建设,切实保障城市贫困群众基本医疗得到救助,现结合我省实际,就建立城市医疗救助制度提出如下实施意见:

一、指导思想、工作目标和基本原则

(一)指导思想:以邓小平理论和"三个代表"重要思想为指导,贯彻落实党中央、国务院关于改革和完善城镇社会保障制度的有关精神,从实际出发,通过多种渠道筹措资金,在全省范围内逐步建立城市医疗救助制度，使城市贫困群众在就医方面的困难得到及时救助。

（二）工作目标：2005 年选取 64 个县（市、区）（名单附后）进行试点，并从中选取 4 个县（市、区）（名单附后）作为全省示范点，重点探索城市医疗救助的管理体制、运行机制和资金筹措机制。试点县（市、区）要在 2005 年 8 月底前出台实施办法或细则并组织实施，10 月底前确保城市医疗救助资金发放到位；其他县（市、区）要在 2006 年年底前全部建立起管理制度化、操作规范化的城市医疗救助制度。

（三）基本原则：1. 实事求是，因地制宜。建立城市医疗救助制度，要从实际出发，医疗救助水平既要与当地经济社会发展水平和财政支付能力相适应，又要尽量帮助城市贫困群众解决最基本的医疗困难。2. 分类救助，区别对待。城市医疗救助要从城市居民中最困难的人员和最急需的医疗支出中开始实施，并随着经济发展逐步完善，在实施过程中要坚持做到公开、公平、公正。3. 多方筹资，形式多样。通过发动社会力量资助、城市医疗救助基金适当补助和医疗机构自愿减免有关费用等多种形式对救助对象实施救助。

二、救助对象

城市医疗救助对象包括下列人员：

（一）城市居民最低生活保障对象中未参加城镇职工基本医疗保险人员；

（二）城市居民最低生活保障对象中已参加城镇职工基本医疗保险但个人负担仍然较重，造成家庭生活困难的人员；

（三）当地政府规定的其他需要医疗救助的特殊困难群众。

三、救助方式

（一）医疗救助实行为救助对象直接发放救助金和减免部分医疗费用相结合的方式。一是将救助资金直接发放给救助对象；二是用医疗救助资金为救助对象支付部分医疗费用；三是可以由政府举办的非营利性医疗机构减免部分医疗费用。

（二）申请城市医疗救助的对象应在医疗保险定点医院或规定的定点医院进行诊治，在核定医疗救助金额时，应剔除下列费用：

1. 城镇职工医疗保险规定可支付部分的费用；

2. 患者所在单位为其报销的医疗费用；

3. 参加各种商业保险赔付的医疗保险金；

4. 职工单位或相关部门补助的费用；

5. 社会各界互助帮扶给予的救助资金；

6. 医疗单位减免的费用。

（三）享受医疗救助的病种、救助标准和全年累计最高救助金额由民政部门会同卫生、劳动保障和财政等部门根据财政状况、居民医疗水平和筹措资金情况具体规定。对于特别困难的人员，可适当提高救助标准。

为当地救助对象提供的医疗救助服务，参照河北省城镇职工基本医疗保险用药目录、诊疗项目和医疗服务设施目录制订医疗救助对象医疗服务标准。

四、申请、审批和发放

（一）申请。因患重大疾病造成生活困难的居民，申请医疗救助时，由救助对象本人持相关材料向户籍所在地社区居委会提出书面申请，由社区居委会组织人员对其患病情况及家庭收入、生活状况进行核实后，报街道办事处（乡镇政府）。

（二）审核。街道办事处（乡镇政府）接到申请材料后，要及时对申请者家庭情况进行复查、审核，为符合救助条件的，上报县级民政部门审批。

（三）审批。县级民政部门对上报的申请作出批准或不批准的意见，并书面告之街道办事处（乡镇政府）。

（四）发放。医疗救助资金由街道办事处（乡镇政府）至少每半年发放一次。也可由县级民政部门直接发放，有条件的地方可实行社会化发放。

（五）申请者需提供的相关材料：

1. 户籍簿、身份证复印件、家庭收入证明；

2.《最低生活保障金领取证》；

3. 医院诊断书和需救助病种医疗费用收据及必要的病史材料；

4. 患者所在单位为其报销的医疗费用，患者参加医疗保险、商业保险报销的医疗费用或得到的医疗赔付证明；

5. 所在单位或相关部门、社会扶贫帮困资助情况的证明。

五、资金渠道

通过财政预算拨款、专项彩票公益金和社会捐助等渠道筹集城市医疗救助资金，建立城市医疗救助基金，并纳入社会保障基金财政专户，专项管理，专款专用，不得提取管理费或列支其他任何费用。

（一）各市、县（市、区）财政部门每年安排一定的医疗救助资金，列入年度预算；

（二）省级财政安排一定数量的专项医疗救助资金，对财政困难地区进行适当补助；

（三）本级专项彩票公益金中安排一定数量的救助资金；

（四）上级拨付的专项资金；

（五）社会各界捐助的资金。

六、组织领导和部门职责

开展城市医疗救助工作，是切实保障城市困难群众基本医疗，健全和完善社会保障体系的一项重要举措，也是一项复杂的系统工程，涉及面广，政策性强。各级政府要高度重视，切实加强组织和领导，成立由当地政府主管领导任组长，民政、卫生、劳动保障、财政等部门负责同志参加的城市医疗救助工作协调领导小组，负责指导和协调城市医疗救助工作。各有关部门要积极配合，各负其责，共同抓好落实。

民政部门要牵头研究拟定城市医疗救助政策，建立健全城市医疗救助管理有关规章制度，将医疗救助制度与城市居民最低生活保障制度结合起来，认真组织实施。要做好医疗救助政策的宣传工作，实施医疗救助公示制度，广泛接受社会和群众监督。

卫生部门要尽快确定承担医疗救助任务的定点医院，并制定定点医院救助管理办法，加强医疗服务行为监管，督导各相关医疗机构加强规范化管理，提高服务水平，鼓励医疗机构提供免费或减费医疗服务。

劳动保障部门要配合做好城市医疗救助制度与城镇职工基本医疗保险制度的有关衔接工作。配合民政部门核实医疗救助对象享受基本医疗保险、补充医疗保险等医保费用的报销凭证及相关证明材料，杜绝虚报、冒领现象的发生。

财政部门要研究制定城市医疗救助基金管理办法，加强对医疗救助基金管理和使用情况的监督检查。

各试点县（市、区）要抓紧做好调研和论证工作，研究制定城市医疗救助实施办法，按时组织实施运作。已经开展城市医疗救助的县（市、区）要继续抓好制度的规范和完善工作。2005 年底，各试点县（市、区）要对医疗救助试点情况进行总结，并由各市民政部门会同卫生、劳动保障、财政等部门汇总后报省民政厅、省卫生厅、省劳动和社会保障厅、省财政厅。

河北省城市医疗救助示范点名单

石家庄市：桥西区
唐 山 市：路北区
保 定 市：高碑店市
邯 郸 市：邱县

河北省城市医疗救助试点县（市、区）名单

（64 个）

石家庄市（5 个）

长安区、桥东区、桥西区、新华区、裕华区

承德市（4 个）

双桥区、双滦区、兴隆县、宽城满族自治县

张家口市（4 个）

桥东区、桥西区、蔚县、沽源县

秦皇岛市（4 个）

海港区、山海关区、北戴河区、抚宁县

唐山市（14 个）

路北区、路南区、开平区、古冶区、丰润区、丰南区、玉田县、遵化市、迁西县、迁安市、滦县、滦南县、乐亭县、唐海县

廊坊市（5 个）

广阳区、安次区、大厂回族自治县、香河县、文安县

保定市（5 个）

北市区、高碑店市、望都县、涞水县、蠡县

沧州市（5 个）

新华区、运河区、青县、南皮县、任丘市

衡水市（5 个）

桃城区、冀州市、安平县、景县、饶阳县

邢台市（6 个）

桥东区、桥西区、巨鹿县、柏乡县、内丘县、沙河市

邯郸市（7 个）

邯山区、丛台区、复兴区、馆陶县、邱县、曲周县、涉县

河北省人民政府
关于进一步深化城市医疗服务体制改革的指导意见

冀政[2005]69 号　　2005 年 8 月 18 日

各设区市人民政府，各县(市、区)人民政府，省政府各部门：

为加快建立适应社会主义市场经济体制、适应我国经济发展水平、适应人民健康需求的城市医疗服务体系和管理体制，为群众提供优质、便捷、廉价的基本医疗服务，不断满足多层次、多样化的医疗服务需求，促进医疗卫生事业全面、协调、可持续发展，推动城镇职工基本医疗保险和药品生产流通体制改革，现就进一步深化城市医疗服务体制改革提出如下意见。

一、指导思想和基本原则

以邓小平理论和“三个代表”重要思想为指导，贯彻落实党的十六大和十六届三中、四中全会精神，树立和落实科学发展观，坚持以人为本，坚持走适合我国国情的发展道路不变，坚持卫生事业为人民健康服务的宗旨和公益性质不变，坚持政府承担公共卫生和维护居民健康权益的责任不变，以实现好、维护好、发展好人民群众健康权益为出发点，通过深化改革，加快发展，构建投资多元、配置合理、服务规范、管理科学的城市医疗服务体系和管理体制。

(一)统一规划，合理布局。实施区域卫生规划，完善医疗机构设置规划和分类管理，大力发展社区卫生服务，构建新型城市医疗服务体系，实现城市医疗卫生资源的优化配置。

(二)坚持政府主导与引入市场机制相结合。遵循医疗卫生事业发展的内在规律，落实政府在提供基本医疗服务中的职责，完善医疗机构经济补偿政策，满足人民群众基本医疗服务需求；引入市场机制，充分发挥市场机制在医疗卫生资源配置、调节等方面的作用。

(三)拓宽筹资渠道，改善办医环境。积极引导社会资源进入医疗服务领域，促进医疗卫生事业的发展，提高服务和运营效率，满足人民群众多层次、多样化的医疗服务需求。

(四)转变政府职能，加强行业监管。完善医疗机构的宏观管理体制和内部运行机制，运用政府监管和市场调节等手段，规范服务行为，促进医疗机构的有序竞争与协作，提高服务质量和技术水平。

(五)维护群众利益，保护医疗机构、医务人员合法权益。既要保障基本医疗服务需求，控制医药费用不合理增长，减轻群众医疗费用负担，又要保护医疗机构、医务人员的合法权益，维护正常的医疗秩序。

二、实施区域卫生规划，优化医疗资源配置

实施区域卫生规划是政府调控医疗服务发展，合理配置医疗卫生资源，控制医疗费用增长的重要手段。

(一)制订并实施规划。各设区市要依据《医疗机构管理条例》、《医疗机构设置规划指导原则》、《关于开展区域卫生规划工作的指导原则》和《河北省卫生资源配置标准》从当地社会经济发展状况、群众健康水平和就医需求出发，按照属地化原则，制订并实施区域卫生规划和医疗机构设置规划。要明确城市医疗资源总规模、不同所有制、不同类别医疗机构布局、数量以及不同层次医务人员数量等，将辖区内不同隶属关系、不同所有制形式和不同管理类别的医疗机构(包括医院、社区卫生服务机构等)，全部纳入规划，实行统一管理。

(二)调整医疗服务资源配置。设区市要以规划为指导对现有医疗资源存量进行调整，通过改组、改造、兼并、划转等多种形式，对区域内现有同类型重复建设、服务效率低下的政府所属医疗机构进行布局和结构调整，将其转为专科医院、社区卫生服务机构或加入大型优势医疗集团，不断优化资源配置。

(三)严格准入管理。设区市卫生行政部门要定期向社会公布医疗机构设置和资源调整等相关信息，按照区域卫生规划和医疗机构设置规划，对医疗机构设置和资源调整进行严格管理。新设立医疗机构和购置大型医疗设备，必须符合规划要求，并按有关准入标准管理。

区域卫生规划由设区市人民政府制定，报省人民政府原则同意后组织实施。医疗机构设置规划由设区市卫生行政部门制定，经上级卫生行政部门审核，报经当地人民政府批准后组织实施。

三、实行医疗机构分类管理，落实相应管理政策

按照医疗机构的经营目的、服务任务和社会功能,将城市医疗机构划分为非营利性和营利性医疗机构,分别实行不同的经济政策和管理方式。政府不举办营利性医疗机构。

(一)非营利性医疗机构是指为社会公众利益服务,不以营利为目的而设立和运营的医疗机构,按规定享受相应的税收优惠政策。非营利性医疗机构又分为政府所属医疗机构和社会非营利性医疗机构。

1、政府所属医疗机构是指政府投资建立、主要提供基本医疗服务、代表区域水平、对医疗市场具有调节和主导作用并完成政府交办的其他任务的医疗机构。其基本功能除了向群众提供基本医疗服务外,还承担突发事件的应急处置,贫困人口医疗救治,社区卫生服务,传染病、精神病、职业病防治、妇幼保健,医疗支边、支农、援外,医学教育、科研,继承和发展传统医药学等任务。政府所属医疗机构执行政府规定的医疗服务收费项目和确定的价格,以确保其公益性质。其收支结余只能用于改善医疗服务条件、提高医疗技术和人员培训等。政府所属医疗机构为群众提供基本医疗服务、承担政府赋予任务所需的经费由政府财政合理安排。

2、社会非营利性医疗机构是指社会投资或参与投资举办、主要提供基本医疗服务的医疗机构。其功能是向群众提供基本医疗服务,有条件的也可承担医学教育、科研、社区卫生服务和其他公益性任务。社会非营利性医疗机构执行政府规定的医疗服务收费项目和确定的价格,其收支结余只能用于医院自身发展。利用银行贷款或社会融资投资的,可按一定比例在医疗机构管理费用中列支用于还本付息。社会非营利性医疗机构执行政府指令性任务时,政府财政给予相应的补助。

(二)营利性医疗机构是指社会投资、自主确定医疗服务价格的医疗机构。其所得收益可用于投资者经济回报,在核准的诊疗科目和医疗服务项目范围内,根据市场需求自主确定医疗服务项目的价格,依法自主经营,履行纳税义务。社会营利性医疗机构执行政府指令性任务时,政府财政给予相应的补助。

(三)当发生重大灾害、事故、疫情等特殊情况时,各类医疗机构均有义务执行政府指令性任务。

(四)设区市卫生行政部门按照医疗机构分类原则和医疗机构设置规划,根据当地社会经济状况和群众基本医疗需求,对市区内医疗机构逐一核定管理类别,分别确定政府所属医疗机构、社会非营利性医疗机构和营利性医疗机构的规模、数量,落实有关政策,并严格实施监管。

(五)为保障群众的基本医疗服务需求,设区市在实施分类管理时,政府所属医疗机构和社会非营利性医疗机构应成为城市医疗服务体系的主体。

四、调整城市医疗服务结构,大力发展社区卫生服务

调整城市医疗服务结构的重点是大力发展社区卫生服务,构建城市医院与社区卫生服务机构分工合理、配合密切、互为补充、双向转诊的新型城市医疗卫生服务体系。

(一)加大城市医疗卫生资源调整力度。按照社区卫生服务的要求,对现有城市一级和部分二级公立医院(即政府所属、部门所属和国有企业所属的医疗机构)逐步进行结构调整和功能改造,原则上每个街道或每3—5万人口设立一所公立社区卫生服务中心。建立城市大中型医疗机构与社区卫生服务机构在技术指导、诊疗服务、人员培训、双向转诊等方面的有效合作机制,提高社区卫生服务机构的服务能力和技术水平,方便群众就医,降低医疗费用。

(二)完善社区卫生服务管理体制。社区卫生服务机构由设区市卫生行政部门统一规划,区级政府属地管理。社区卫生服务发展规划要纳入城市社区建设总体规划,统筹协调实施。卫生行政部门行使辖区内社区卫生服务管理职能,其他有关部门要各负其责,制定支持社区卫生服务机构发展的各项政策和措施,为社区卫生服务发展提供良好的环境。区级政府和街道办事处协调辖区内各方面力量,为社区卫生服务机构开展工作提供必要的条件。

(三)落实支持社区卫生服务发展的有关经济政策。各级政府要加大对社区卫生服务的投入,加强政府所属社区卫生服务机构的基础设施建设,改善服务条件,并对其开展基本医疗服务、公共卫生服务和人才培养所需经费给予必要支持。

(四)卫生部门要会同有关部门制定医院与社区卫生服务机构之间的双向转诊制度。劳动社会保障部门应把符合条件的社区卫生服务机构纳入基本医疗保险定点范围,规定医疗保险基金应支付的社区卫生服务项目;参保人员在社区卫生服务机构就诊费用自付比例应低于二、三级医院。

五、发挥政府主导作用,推进政府所属医疗机构

管理体制改革

为人民群众提供基本医疗服务,保障和维护广大人民群众的健康权益是政府卫生工作的重要职责。

(一)增加政府投入,完善补偿政策。在城市医疗服务体制改革中,要充分发挥政府的主导作用,加大对政府所属医疗机构的支持力度。要逐步调整医疗机构补偿结构,增加基本医疗服务的投人,大力支持社区卫生事业发展,保障基本医疗服务供给;要认真落实《关于河北省卫生事业补助政策的实施意见》,进一步完善财政补助政策,逐步提高对政府所属医疗机构的补助水平。

(二)创新管理体制。卫生行政部门要按照"管办分离"的原则,积极探索建立权贵明晰、富有生机的医疗机构组织管理体制。省和设区市可探索设立由政府授权的医院资产运营管理中心,监管政府所属医疗机构的资产运营。

(三)推进人事制度改革。改进医疗机构管理者选拔任用办法和管理方式,建立任期业绩评价和激励约束机制。积极推进以人员聘用和岗位管理为主要内容的人事制度改革,按照公开招聘、择优聘用、平等自愿、协商一致的原则,通过单位与职工签订聘用合同,明确单位与被聘用人员的责、权、利,保证双方的合法权益。打破行政职务、专业技术职务终身制,实现由身份管理向岗位管理的转变。疏通单位人员出口,建立解聘、辞聘制度,对未聘人员可由人才交流服务机构实行集中管理。

(四)深化内部分配制度改革。按照按劳分配和生产要素参与分配的原则,加大医疗机构内部分配自主权,探索试行岗位工资与绩效工资相结合的分配制度,完善多劳多得、优劳优酬的分配机制,合理拉开分配档次,向优秀人才和关键岗位倾斜,规范收入分配办法,调动医务人员积极性。

(五)医疗机构要坚持以病人为中心,不断完善"病人选择医生"、"医疗费用清单制"等服务措施,改善服务态度,提高医疗质量,满足病人需求;继续推进后勤服务社会化改革,建立适合医疗机构工作需要的后勤管理模式,降低成本,规范服务。

(六)要进一步强化公立医疗机构的公益性,坚持把社会效益放在首位,防止和纠正内部运行机制中单纯追求经济利益的倾向。

六、稳妥推进公立医疗机构改制,提高服务水平和运营效率

各设区市选择1－2所规模较小或经营发展有困难,对满足群众基本医疗影响不大的公立医疗机构(即政府所属、部门所属或国有企业所属的医疗机构)进行产权制度改革试点。试点单位的确定由各设区市政府批准并报省卫生行政部门备案。正确引导社会资源通过委托经营、合作制或股份制改造等方式参与公立医疗机构的改制。代表区域水平、群众认可的公立医疗机构暂不进行改制试点,以保障群众基本医疗服务需求和政府公共卫生职能的履行。

(一)规范改制程序。公立医疗机构改制必须按照公开、公平、公正的原则,有组织、有计划、按程序进行。公立医疗机构改制方案由医疗机构、社会出资人共同制订,并经医疗机构职工代表大会讨论通过,经主管单位(部门)、卫生、发展改革、财政和国有资产管理部门审核并报同级人民政府批准后实施。

(二)规范资产和资金管理。公立医疗机构改制要认真做好清产核资、财务审计、产权界定、资产评估等各项基础工作,加强对国有资产处置的监督管理,防止国有资产流失。公立医疗机构出让国有资产置换的资金,首先用于安置职工,剩余资金用于医疗卫生事业发展,不得挪用,也不得抵顶财政安排的卫生经费拨款。现有政府所属医疗机构改制为营利性医疗机构的,其国有资产应整体退出;改制后为混合所有制非营利性医疗机构的,其国有资产依法享有相应的资产权益。

(三)维护职工合法权益。公立医疗机构改制或向社会转让过程中,要注意妥善安置医疗机构原有职工。职工安置方案必须经职工代表大会通过,维护职工合法权益,确保社会稳定。要依法转换职工的劳动关系,其经济补偿、退休标准、社会保险衔接及经费保障等可参照当地事业单位改制的有关政策执行。对改制过程中的分流人员,按有关规定予以妥善安置。改制时已离退休人员原有待遇不变。

(四)中医(民族医、中西医结合)医疗机构改制,要确保其中医(民族医、中西医结合)服务功能不变。

七、鼓励社会资源投入,发展壮大卫生事业

社会组织或个人用资金、实物、土地使用权、知识产权及其他财产(以下统称"社会资源")作为投资,举办社会非营利性医疗机构或营利性医疗机构,有利于改善医疗服务条件和促进医疗机构之间的合理竞争,提高医疗机构的服务效率,满足群众多层次、多样化的医疗服务需求。

(一)设区市在制定区域卫生规划和医疗机构设置规划时,要充分发挥社会资源在医疗服务领域中的重要作用,促进医疗卫生资源结构的合理调整。在规划实施过程中,要引入市场机制,鼓励社会资源公平参与竞争。

(二)设区市要制定优惠政策,积极鼓励社会资源以独资或合作举办等多种形式投资医疗服务领域。鼓励社会资源以多种形式举办或参与举办社区卫生服务机构;鼓励社会资源到医疗资源相对薄弱、贫乏的地区投资举办医疗机构。基大中城市重点引导社会资源举办具有较高水平、较大规模的综合性或专科医疗机构,不断满足人民群众日益增长的医疗服务需求。

(三)社会资源举办的医疗机构,其设立条件、资质审核、审批程序等与政府所属医疗机构相同。在人才引进、技术职称评定、参加学术组织及学术活动、政策知情等方面,享有与政府所属医疗机构同样的待遇,并履行相应的社会义务。各级卫生行政部门对社会资源申请设置医疗机构的审批要提供方便、及时、有效的服务,不得自行设置前置或附加条件,不得拖延,更不得歧视和刁难。

八、控制医疗费用不合理增长,减轻居民费用负担

按照总量控制、结构调整的原则,改革医疗机构补偿机制,控制医疗费用过快增长。

(一)实行总量控制。卫生行政部门要根据政府所属医疗机构的功能和服务量的变化情况,科学核定其业务收入增长幅度和药品收入占总收入的比例,并严格管理。

(二)降低药品价格。对由省级定价的药品,省物价部门要严格核定药品的成本,合理确定最高零售限价。卫生行政部门要法同食品药品监管部门继续完善医疗机构药品集中招标采购工作,降低药品生产和流通环节的费用水平。

(三)控制医疗费用。设区市卫生行政部门要建立和完善临床合理用药的科学评价制度,规范医疗机构用药行为,促进医院合理用药,控制药品费用不合理增长;完善大型设备诊疗规范,合理调整大型设备检查费用;通过集中招标采购,降低高价医用耗材费用。省物价和卫生行政部门要积极探索按病种或服务单元收费的方式,在严格执行《河北省医疗服务价格手册》规定项目的基础上,科学合理确定单病种收费限额,控制医疗费用过度增长,减轻群众负担。设区市可选择一所医疗机构,确定5—10个病种,试行按单病种收费。

(四)适当提高体现医务人员技术价值的医疗服务价格。在控制医药费用过快增长的同时,省物价和卫生行政部门要按照国家医疗服务价格方针政策、作价原则,适当调整医疗机构诊疗、手术等费用,体现医疗服务的技术价值。

九、关注弱势群体的医疗保障,推动医疗保险和药品流通体制改革

关注和保障城市弱势群体的医疗需求、体现社会公平是政府的责任。各设区市要在推进城镇职工基本医疗保险和药品生产流通体制改革的同时,支持和建立多种形式的居民医疗保险制度,降低群众医药费用风险和负担,建立弱势群体的大病互助办法和医疗救助制度。

(一)建立城市医疗救助制度。通过财政预算拨款、专项彩票公益金、社会捐助等渠道建立城市医疗救助基金。地方财政每年安排城市医疗救助资金并列入同级财政预算,省级财政对困难地区给予适当补助。主要对城市居民最低生活保障对象中未参加城镇职工基本医疗保险人员、已参加城镇职工基本医疗保险但个人负担仍然较重的人员和其他特殊困难群众实施医疗救助。医疗救助的方式,可以由社会医疗救助资金直接为救助对象支付部分医疗费用,也可以由政府所属医疗机构和非营利性医疗机构减免部分医疗费用。

(二)卫生行政部门要积极组织实施“医疗惠民工程”,鼓励、支持政府所属和社会非营利性医疗机构采用多种形式自愿减免医疗救助对象的医疗费用。有条件的医疗机构要开设扶贫门诊和扶贫病房,对享受“低保”并持有县级以上民政部门相关证件的住院患者,实行医疗费用减免优惠政策。

鼓励支持各类慈善组织举办或资助医疗机构,为贫困人口提供免费或低价医疗服务。

(三)劳动社会保障部门要通过调整单位缴费率、多渠道筹资、分类指导等办法,研究解决困难企业职工的参保问题;食品药品监管部门要积极推进药品生产流通体制改革,保障人民群众用药安全有效、方便及时、价格合理;民政部门要会同卫生行政等部门探索通过社区卫生服务机构实行贫困居民医疗救助办法。

十、转变政府职能，加强全行业监管

政府有关部门要转变职能，综合运用法律、行政、信息发布等手段，加强对城市医疗卫生事业发展的宏观调控和医疗服务的监督管理。卫生行政部门对辖区内各级各类医疗机构，不分隶属关系、所有制形式，依法实行全行业监管。

（一）强化政策调节和信息服务。各级政府要落实相关政策，严格实施管理，为各类医疗机构平等竞争创造良好的环境。卫生行政部门要强化面向社会的信息服务职能，建立医疗服务信息公示制度，及时发布各类医疗机构的服务功能、服务项目、收费价格、服务质量和管理信息，引导群众自主择医。

（二）强化医疗机构服务行为和医疗质量的监管。卫生行政部门依法对辖区内医疗机构执业行为和医疗质量进行监管，加强医疗机构、人员、技术准入管理，打击各种非法行医、违法行为和不正当竞争，维护医疗服务市场秩序，保障人民群众就医安全。要完善医疗机构行业评价、群众评议办法，探索建立医疗机构服务质量、行为、管理、经济运行的综合性评价制度。

（三）加强医疗机构财务和价格监管。各级卫生、财政、物价等部门要按照财政部、卫生部颁布的《医院财务制度》和《医院会计制度》等有关政策规定，各负其责，对政府所属和社会非营利性医疗机构资产运营、服务价格、收入支出、收益分配等实施经常性监督检查，定期考核、公布。对医疗机构违反国家有关经济政策和价格政策，损害群众利益的乱收费行为进行严肃查处。

（四）工商行政管理部门要加强对营利性医疗机构的工商登记监管，加大医疗、药品广告的监管力度，规范医疗、药品广告行为。卫生部门要与新闻单位及时联系沟通，切实加强对深化城市医疗服务体制改革的宣传和引导。新闻媒体主管部门要加强对媒体发布医疗、药品广告的管理，督促新闻媒体增强自律意识，把好医疗、药品广告关。政府相关部门要针对卫生改革与发展过程中出现的新情况、新问题，深入调查研究，完善相关规章制度，加快医疗卫生法规建设步伐，依法规范医疗服务行为。

十一、加强组织领导，积极稳妥地推进改革

（一）深化城市医疗服务体制改革关系到广大人民群众的利益和医疗卫生事业的发展，涉及面广，是一项艰巨复杂的工作。各级政府要以对人民高度负责的精神，切实加强组织领导，完善有关政策措施，积极稳妥推进改革。

（二）设区市政府要组织发展改革、财政、卫生、劳动社会保障、食品药品监管、人事、民政、物价、工商、中医药等部门，依据本《意见》，研究制定当地改革具体实施方案。要及时总结经验，改革中的新情况、新问题要及时向省政府报告。

（三）政府相关部门要发扬求真务实的工作作风，深入医疗机构和社区调查研究，加强部门沟通协调，组织广大医务人员积极投身改革，扎扎实实做好工作，确保城市医疗服务体制改革工作取得实效。

河北省财政厅
关于印发《河北省财政厅 2005 年工作要点》的通知

冀财办[2005]3 号　　2005 年 1 月 27 日

厅内各处室、单位：

《河北省财政厅 2005 年工作要点》已经 2005 年 1 月 22 日厅党组会议研究通过，现印发给你们，请认真抓好落实。

河北省财政厅 2005 年工作要点

2005 年是"十五"计划的最后一年，也是贯彻落实科学发展观，巩固宏观调控成果，实现全省经济社会更快更好发展的关键一年。按照省委"往深里做、往实里做"的工作要求，体现"讲科学、求规范、重创新，兴财政、促发展、为人民"的理财思想，2005 年财政工作指导思想是：以邓小平理论和"三个代表"重要思想为指导，认真贯彻中央和省经济工作会议精神，以科学发展观统领财政工作全局，按照"以人为本"、"五个统筹"的要求配置财政资源，集中财力解决影响经济社会发展全局的突出矛盾和问题；继续深化财政改革，努力增收节支，切实加强监督管理，提高资金使用效益，确保完成全年预算任务，积极促进全省经济和社会发展目标的实现。

根据上述指导思想，2005 年财政工作主要目标任务是：

——财政收入实现较快增长,收入质量进一步提高。2005 年全省全部财政收入 830 亿元,增长 10.3%,其中,地方一般预算收入 435.34 亿元,增长 10.7%,省本级一般预算收入 110.55 亿元,增长 7%。

——调整优化财政支出结构迈出新步伐。按照集中财力办大事的要求,大力支持四项重点经济工作,培育壮大县域经济;加大对重点社会事业的投入,大力支持"民心工程"建设;围绕加强执政能力建设,重点解决影响执政能力建设薄弱环节的资金投入。

——财政改革实现新突破。在巩固近几年财政改革成果的基础上,全面深化财政体制、预算管理、国库管理制度、政府采购、农村税费、收支两条线管理等项改革,使各项改革的整体效应进一步增强。

——加大财政监督力度。建立健全内部监督和外部监督、日常监督和专项检查相结合的多层次、全方位的监督检查机制,财政监督的整体效能得到进一步发挥。

——加强机关队伍建设。着力创建服务型、高效型、廉洁型、学习型、创新型和谐型机关。

为实现上述目标,2005 年重点抓好以下八个方面工作:

一、以增收节支为重点,确保 2005 年政府预算顺利执行

一是依法组织财政收入,确保财政收入平稳快速增长。密切关注财政经济形势,坚持依法治税管费,努力做到应收尽收,严禁人为压低或抬高财政收入,努力提高收入质量。二是严格执行人大批准的政府预算,硬化预算约束,维护预算的严肃性和权威性。凡没有列入年初预算的一般支出事项,原则上不安排或追加预算。三是加强支出控制管理。继续弘扬厉行节约、艰苦奋斗、过紧日子思想,严格控制楼堂馆所建设,大力压减会议费、购车费、接待费、大型活动费、一般性出国考察费等一般性支出,研究制定《河北省省级大型会议活动经费管理办法》,从源头上解决大型活动经费控制难的问题。四是加快支出进度。督促部门及时申领或下达资金,实行预算执行月报制度和部门收支进度通报制度,努力实现均衡支出,及时发挥资金效益,确保全年全省财政支出进度达到 90%以上。凡到年底未支出的项目资金,原则上不再结转下年。

二、围绕"一条主线、两个支撑",充分发挥财政职能作用,促进全省经济更快更好发展

2005 年全省经济工作的着力点是"以改革开放为动力,抓住结构调整这条主线,促进经济增长方式转变;主要靠一批能够影响和带动全局的重大项目,靠大力发展县域经济这两大支撑。"财政工作要牢牢抓住经济建设这个中心不动摇,围绕"一条主线、两个支撑",综合发挥财政政策、资金、体制作用,促进全省经济更快更好的发展。

(一)以加强宏观调控为契机,促进产业结构调整。用好财政基建资金、重点项目资本金、产业结构调整资金、高新技术产业研发资金、传统产业技术改造资金、信息产业发展资金等,促进我省产业结构调整,培养壮大十大主导产业,特别是着力支持钢铁、建材等传统行业技术改造、产业升级。同时研究制定相应的财政财务政策推动重点行业整合和劣势企业退出市场,促进经济增长方式的转变,把存量做强。

(二)多措并举,促进重大项目建设。认真研究落实、用足用好国家有关政策,在切实加强国债专项资金和重大项目资金管理的同时,发挥财政资金政策引导作用,把握好投资方向,进一步加大投资力度,支持一批对我省经济发展有重要支撑、能够影响和带动全局的战略性项目,把增量做优。

(三)采取有力措施,大力支持县域经济发展,进一步解决"三农"问题。一是落实好中央财政缓解县乡财政困难的"三奖一补"政策,并制定我省相应的配套措施;二是继续实行定额分享、超收(或超分成增长率)全返的激励性财政体制,并将此项政策延续到 2007 年;三是建立和完善农业投入稳定增长机制,大力支持县域经济发展。认真贯彻落实 2005 年中央 1 号文件精神,进一步加大对农业的财政投入,在确保法定增长的基础上,当年预算安排的文化、教育、卫生事业发展新增资金的 70%要用于农村。结合我省对部分县(市)放权,开展整合县域支农专项资金试点,研究制定资金整合的具体方案和办法,统筹调控安排资金,减少管理成本,提高资金使用效益。进一步加强农业综合开发,以粮食主产区为重点,着力加强中低产田改造,改善农业生产条件,稳步提高农业综合生产能力。积极扶持农业产业化经营和农业服务体系建设,促进农业区域化、规模化和专业化生产,推进产业向园区集中,园区向城镇集中,农业人口向城市集中;四是继续实行对种粮农民直接补贴政策,增加良种补贴和农机具补贴,支持粮食生产；突出重点，加大农业生产结构调整力度；五是加大扶贫、农村公路、动物疫病防治体系和农业农村其他基础设施投入，进一步改善农村生产生活条件。

（四）大力支持民营经济发展。认真研究和完善促进民营经济发展的财政财务政策，用好中小企业发展专项资金和信用担保资本金，大力支持全省中小企业服务体系、创业辅导体系和信用担保体系建设，重点支持省委、省政府确定的100家民营企业的发展。

（五）积极促进外资引进和外贸出口。认真落实好国家和我省吸引外资的财税政策，用好招商引资和外贸发展专项资金，努力开辟国际金融组织和外国政府贷款融资渠道。巩固和发展出口退税机制改革成果，足额安排出口退税资金，研究建立出口退税风险负担和保障机制，支持推进外贸体制改革。

三、支持改革和机制创新，促进完善社会主义市场经济体制

（一）大力支持国有企业改革。2005年是我省国有企业改革的攻坚年，针对当前国企改革中的突出矛盾和问题，以“两增、两减、两分”为主线，强化财政政策支持，多渠道筹措改革资金，建立包括财政资金、国有资产收益、国有资产产权转让收入等在内的多渠道国企改革资金筹措机制，加快我省国有经济结构战略性调整步伐。研究制定《河北省企业国有资本收益管理办法》，保证国有资本收益安全和高效。认真做好煤炭、有色金属等中央下划企业关闭破产以及解决军工等困难企业职工生活问题。支持国有粮食购销企业改革，整合企业现有的粮食仓储、加工、运输设施等资源，加快培育一批具有国内、国际竞争力的国有大型粮食企业。

（二）防范化解金融风险，支持农村信用社改革。认真研究和落实好中央各项支持农村金融和农村信用社改革的财税政策，会同有关部门做好全省农村信用社清产核资，推动信用社增资扩股工作，使其资本金充足率达到专项票据的发行条件，审核信用社实付的保值贴补息，争取国家补贴资金，促进完善农村金融体系，增强农村金融的服务功能。强化对各类金融机构的监管，建立和完善各项管理制度，及时监控地方金融机构的财务状况，防范与化解金融风险。研究制定《河北省出口企业信用保险扶持发展资金管理办法》，保障出口企业收汇安全。

（三）研究事业单位改革和党政机关通讯工具等项改革的政策措施。研究对事业单位财政供给方式的改革，按照由“养人”向“办事”转变的原则，分类研究制定事业单位财政供给政策，支持和促进事业单位发展。对省级党政机关通讯工具配备状况进行摸底，研究论证改革方案，加快改革进程。配合省政府驻外办事机构改革和省级接待机构整合，做好财务资产清查核实、界定调配、收益核定等工作。

四、坚持“五个统筹”，促进经济社会协调发展，努力构建和谐河北

（一）支持科教等社会事业加快发展。落实科教兴冀战略，确保法定增长。继续支持农村中小学危房改造和布局调整，改善农村义务教育，加大力度落实贫困生“两免一补”政策。大力支持以重点大学和重点学科为核心的高等教育发展，力争用3—5年时间在我省塑造出1－2所高水平大学。加大科技投入，创新科技资金管理机制，深化科技体制改革，优先支持主导产业调整和高新技术产业研发，支持农业科技研究，加快大型科学仪器、自然科技资源、网络科技环境和科技信息共享等科技基础条件平台建设。支持文化、体育等各项公益事业发展，丰富人民群众精神生活，促进社会和谐发展。

（二）加大公共卫生资金投入。重点支持疾病控制预防体系、传染病医疗救治体系、农村卫生基础设施、新型农村合作医疗、乡镇卫生院等重点项目建设，积极支持城镇医疗卫生“三项”改革。

（三）促进就业再就业，做好“两个确保”和“低保”工作。继续健全和完善社会保障预算编制体系，提高预算编制的准确性、严肃性和预算执行的约束性。继续贯彻落实国家和省出台的一系列促进就业再就业的优惠政策，确保各项优惠政策落实到位。进一步完善社保费税务征收体制，加大社会保障基金征缴力度，提高社保资金自求平衡能力。确保离退休人员养老金和国有企业下岗职工基本生活费按时足额发放，实现城市低保人员应保尽保的目标。

（四）加大环境和资源保护投入。加强重要生态功能区、重点资源开发区、文明生态村建设，继续支持21世纪首都水资源利用规划、京津风沙源治理等重大生态工程建设。加强环境保护，以改善环境质量为核心，大力支持水、大气污染防治和生态保护，特别要尽快使省会的空气质量有一个明显的改善。

（五）保障政权机关正常运转。重点解决政法部门和政务运行管理等影响执政能力建设比较突出的薄弱环节。研究制定县级公安机关公用经费保障标准，着力从机制上解决基层公安机关长期以来基本经费保障不力的问题。加大对县乡财政转移支付力度，增强基层政权的行政能力。

五、进一步深化财政改革，促进财政管理科学化、规范化、制度化

（一）进一步研究和完善省以下财政体制改革。按照公共财政体制要求，研究并提出界定省以下各级财政支出责任的具体方案，逐步建立分工明确、相互补充的一般和专项转移支付制度，形成各级政府责权合理配置、有效实现财力分配纵向和横向平衡的分级财政体制框架。合理调整县乡收入划分体制，界定乡级支出责任和范围，分类制定县乡财政体制改革方案，促进县域经济发展和城镇化战略的实施。继续实施和完善激励性财政体制，调动各级政府增收的积极性。

（二）深化预算管理改革。以整合资金集中财力办大事，提高财政资金配置效益为目标，建立和完善部门建议、专家论证、党委政府集体决策和人大批准相结合的科学民主的预算决策机制；建立和完善公用经费定额、专项业务经费支出定额、县乡基本支出保障定额等三大支出标准体系；切实安排好2006年预算，要在集中财力办大事、收支脱钩、项目管理、量化绩效目标和预算编制整体规范性等方面实现新的突破；继续推进绩效预算和三年滚动预算试点；完善财政支出绩效评价制度，扩大专项资金绩效评价范围，探索绩效评价与部门预算相结合的管理机制，并指导市级开展财政支出绩效评价。

（三）继续深化财政国库管理制度改革。省级积极向二、三级预算单位延伸，并进一步完善工作制度，规范和简化工作流程，提高资金拨付效率；大力推进市级改革，力争在绝大部分市本级建立以国库单一账户体系为基础，资金缴拨以国库集中收付为主要形式的财政国库管理制度；推动县乡两级由财政集中支付向国库集中支付模式转换。

（四）进一步推进政府采购改革。继续贯彻落实《政府采购法》，按照抓规范、上规模、高效率的要求，全面推进政府采购改革，进一步加强政府采购预算编制工作，研究制定政府采购招标文件范本和评标标准，规范政府采购招标工作。加强对市县政府采购工作的指导，2005年全省政府采购规模力争达到80亿元。

（五）深化收支两条线改革。进一步研究和探索综合预算编制方法，规范预算外资金收支管理，开展行政性收费成本支出核定工作，研究制定收支脱钩管理的政策措施，公平部门间支出水平。2005年研究提出可行的方案和保障措施，并在编制2006年预算时实施。

（六）全面推进农村税费改革。落实好农业税税率降低2个百分点、对国家级贫困县全部免征农业税政策，同时，大力推进县乡政府机构、农村义务教育和县乡财政体制等三项配套改革。

六、进一步加强财政监督，全面推进依法理财

一是尽早出台《河北省财政监督办法》和《河北省省级预算管理规定》，为发挥财政监督整体效能提供法制保障。二是认真贯彻执行《财政违法行为处罚处分条例》，配合省纪检等有关部门搞好专项资金综合治理，组织开展对财政收入质量、专项资金使用情况和省直部门预算执行等专项检查，坚决查处财政违法行为。三是启动并逐步完善派驻部门财政监察员制度，完善相关工作制度办法。着手建立重大项目、重大支出监督责任追究制度，对部分农业专项资金实行政策公开和项目公示试点。四是充分发挥财政投资评审的职能作用，研究制定政府投资项目全过程管理制度，做好财政投资基建项目的跟踪评审工作。五是加强会计信息质量的监督检查，进一步整顿和规范会计秩序。继续宣传贯彻《会计法》，狠抓会计基础规范和会计职业道德教育，推进会计诚信建设，加强注册会计师行业行政管理和自律管理。

七、以构建完善的财政信息管理系统为目标，进一步加强“金财工程”建设

一是信息技术在财政业务中的应用力度实现新突破。建立财政监督管理信息系统，实现财政资金运行全过程的实时动态监管；建立非税收入管理系统，为全省非税收入改革的深入推进提供技术支持；谋划建设绩效评价管理系统，加快建立财政资金绩效评价体系，形成财政资金规范、安全、高效运行的机制。二是软件开发整合与应用实现新突破。继续做好预算编制、预算执行、财政监督、财政发展等各系统的有机整合，进一步完善数据库建设，强化信息分析检索功能，打造完善的省级财政管理信息系统平台。三是网络性能与安全建设实现新突破，采取多种网络防范措施，保障全省财政网络安全稳定运行。四是信息资源开发与利用实现新突破。拓宽信息采集渠道，提升信息支持力度，致力于将信息网站建成内容丰富、浏览方便、喜闻乐见的综合信息服务平台。

八、着眼于提高行政能力，加强财政干部队伍建设

认真贯彻落实十六届四中全会和省委六届六次全会精神，围绕公共财政建设和落实科学发展观，深入开展调查研究，不断更新观念，注重制度创新，大力转变作风，全面提高干部队伍素质。一是加强干部队伍思想建设、作风建设。按照中央和省委的部署，深入开展保持共产党员先进性教育活动，继续唱响“树正气、讲团结、求发展”的主旋律。坚持科学的发展观、人才观和政绩观，深化干部人事制度改革，形成团结奋进，昂扬向上的精神风貌。二是大力开展创建“六型”机关活动，即：对外树立服务型、高效型、廉洁型机关形象，对内创建学习型、创新型、和谐型机关。通过创建活动，使财政干部队伍始终保持浩然正气、昂扬锐气和蓬勃朝气，解放思想，更新观念，不断实现各项工作的突破和创新，达到外树形象，内强素质的目标。三是大力推进依法行政、依法理财。强化法律知识学习与培训，提高干部法律素质；加强财政立法工作，根据财政改革与发展的新进展，研究财政立法规划，及时将实践中行之有效的办法和制度上升为规范的财政法律法规，建立健全财政法制体系。四是坚持不懈地抓好党风廉政建设，全面落实党风廉政建设责任制，建立健全教育、制度、监督并重的惩治和预防腐败体系，增强拒腐防变能力。坚决刹住送钱收钱、跑官要官、参与赌博和打着领导旗号、利用领导权力办私事等“四股歪风”，做廉政勤政的模范。进一步振奋精神，改进工作作风，把行风建设往深里做、往实里做，树立财政干部良好形象。

河北省财政厅关于印发《河北省财政厅2005年二十项突破性业务工作》的通知

冀财办[2005]4号　　2005年1月31日

厅内各处室、单位，农开办：

《河北省财政厅2005年二十项突破性业务工作》已经2005年1月22日厅党组会议研究通过，现印发给你们，请认真抓好落实。

近几年，厅党组每年谋划确定几项具有创新性和突破性的业务工作，通过抓改革创新，抓重点难点，有力地推进了财政改革与发展，带动了财政整体工作水平的提高。2005年突破性业务工作的确定侧重于对财政工作全局有较大影响、在解决重点难点问题方面有较大突破或在上年工作基础上有较大创新和提高的业务工作。能否抓好这二十项工作，不仅关系到财政全局工作的顺利推进，而且也反映出各处室单位改革和创新能力、谋事和干事水平的高低。为抓好2005年各项突破性业务工作的落实，提出以下要求：

一、每项突破性业务工作的相关责任处室单位，特别是牵头处室要针对工作内容制定切实可行的落实方案，每项工作都要分解提出具体的或量化的工作目标、落实措施和时间要求，确定责任人。各有关处室单位的工作方案要经主管厅长审定后，于2月5日前报厅办公室汇总。

二、各有关处室单位在时间安排上要合理摆布工作进度，各项工作要抓早、抓紧，避免前松后紧；要及时反馈工作进度，各有关处室单位要于每个季度最后一个月的20日前，向主管厅长和厅办公室书面报送工作进展情况。

三、厅办公室要抓好督办。厅办公室要把二十项突破性业务工作作为2005年督办工作的重要内容，督促各有关处室单位的工作进度。原则上厅办公室每个季度要调度一次，特殊情况可随时调度。厅办公室每个季度要向全厅通报一次突破性业务工作的进展情况。

（厅办公室联系人：刘清亮，电话：6303）

河北省财政厅 2005年二十项突破性业务工作

1. 进一步研究省以下各级财政支出责任，改革和完善省以下财政体制。按照公共财政体制要求，研究并提出界定省以下各级财政支出责任的具体方案，逐步建立分工明确、相互补充的一般和专项转移支付制度，形成各级政府责权合理配置、有效实现财力分配纵向和横向平衡的分级财政体制框架，逐步解决政府间责权不清晰的问题，提高政府资源的配置效益。

分管厅领导：齐守印、高志立

责任处室：预算处牵头，科研所及各有关处配合

2. 改进和完善预算决策机制。进一步提高集中财力办大事的效果，建立和完善部门建议、专家论证、党委政府集体决策和人大批准相结合的科学民主的预算决策机制，切实解决资金使用"散"和"碎"的问题。

分管厅领导：齐守印、高志立

责任处室：预算处牵头，预算编审委员会及各有关处配合

3. 建立和完善财政支出标准体系。财政支出标准体系是进一步规范部门预算编审、均衡部门支出水平、节约财政资金、提高资金使用效益的基础，对进一步完善和深化预算管理改革，规范省级支出预算管理具有重要意义。2005 年要在已建立的预算管理制度体系和技术规范标准体系的基础上，逐步建立和完善公用经费定额、专项业务经费支出定额、县乡基本支出保障定额等三大支出标准体系。

分管厅领导：齐守印、高志立

责任处室：预算处（预算编审中心）

4. 广泛开展财政支出项目绩效评价。2005 年要在总结 2004 年财政支出绩效评价试点经验的基础上，进一步完善教科文支出绩效评价体系，研究建立财政支持经济社会发展专项资金绩效评价体系，要在建立绩效评价与财政资金管理、预算编制相结合有效机制方面取得新突破，切实提高财政资金使用效益。

分管厅领导：齐守印、陈金城、左绍伟、郭秀堂、高志立、尹立敏

责任处室：预算处牵头，教科文处、农业处、经济建设处、社保处、行政政法处、企业处、涉外处、投资评审中心分别承担

5. 继续深化国库集中收付管理制度改革。2005 年要在前几年改革的基础上，省级重点完善工作制度，规范和简化工作流程，提高资金拨付效率，并向二、三级预算单位延伸；市级重点推进市本级建立以国库单一账户体系为基础、资金缴拨以国库集中收付为主要形式的财政国库管理制度；县乡两级重点推动由财政集中支付向国库集中支付模式转换，推动国库管理制度改革向纵深发展。

分管厅领导：左绍伟

责任处室：国库处

6. 进一步加强政府采购预算编制，在提高政府采购效率方面实现新突破。政府采购预算是政府采购工作的关键环节，2005 年省级要进一步完善政府采购预算编制和审核程序，增强政府采购预算的计划性和可操作性，研究制定政府采购招标文件范本和评标标准，规范政府采购招标工作，提高采购效率。

分管厅领导：高志立

责任处室：采购办

7. 实行部分农业专项资金公开公示制度试点。按照省委、省政府打造"阳光政府"的要求，财政专项资金分配、使用和管理工作要进一步公开、透明，2005 年先对省级预算安排的部分农业专项投资实行政策公开，相应安排的项目在实施区域实行项目公示试点，接受社会监督，切实解决专项资金截留、挤占、挪用、私分等问题。

分管厅领导：左绍伟

责任处室：农业处

8. 进一步健全和完善社会保障预算编制体系，提高预算的科学性、准确性、严肃性，使社保预算编制体系更加科学规范。研究提出新型农村合作医疗基金筹集、监督管理和风险防范机制，探索农税等部门代收、代理银行专户储存、经办机构审核费用、财政部门复核开单、代理银行直拨医疗机构的收、管、审、核、付相分离的基金管理模式，提高农村合作医疗资金管理水平。

分管厅领导：郭秀堂

责任处室：社保处

9. 创新教育、科技财政投入机制，试行部分财政投资项目的"奖补结合"和招投标管理改革。通过创新和改革，充分体现公平、公正和高效，将管理水平作为资金分配的重要因素，提高项目管理水平和专项资金使用效益。

分管厅领导：郭秀堂

责任处室：教科文处

10. 研究解决省级大型活动经费控制问题。省级大型活动一般是由省委、省政府、省人大、省政协等领导机关组织举办的，长期以来，大型活动经费难以事前确定和控制，为解决这个老大难问题，按照省委、省政府主要领导同志的批示要求，2005 年要专门

研究制定《河北省省级大型活动预算管理办法》以省委、省政府名义印发，大型活动实行标准定额管理，规范大型活动预算的申报程序、强化预算约束，严格控制支出，实现省级大型活动节俭、高效的目标。

分管厅领导：高志立

责任处室：行政政法处

11. 解决基层公安机关基本经费保障不力的问题。公安机关经费保障是各级政府长期以来一直未能解决好的问题，也是导致滥收滥罚、转嫁支出、乱拉赞助、钱权交易的重要原因。2005 年要研究制定全省县级公安机关公用经费保障标准，有效解决县级公安机关经费困难问题，提高基层公安机关基本经费保障水平。

分管厅领导：齐守印、高志立

责任处室：行政政法处、预算处

12. 深化收支两条线改革。进一步研究和探索综合预算编制方法，规范预算外资金收支管理，推进非税收入集中收缴改革，开展行政性收费成本支出核定工作，研究制定收支脱钩管理的政策措施，公平部门间支出水平。2005 年研究提出可行的方案和保障措施，并在编制 2006 年预算时实施。

分管厅领导：齐守印、左绍伟

责任处室：预算处、综合处、收费局

13. 研究提出加强河北省企业国有资本收益管理的新措施。2005 年是我省国有企业改革的攻坚年，财政部门要多渠道筹措改革资金，建立包括财政资金、国有资产收益、国有资产产权转让收入等在内的多渠道国企改革资金筹措机制，研究制定《河北省企业国有资本收益管理办法》，加强国有资本收益管理，保证国有资本收益安全和高效，为国企改革提供必要的资金保障。

分管厅领导：陈金城、尹立敏

责任处室：企业处

14. 积极稳妥地开展财政监察组派驻试点工作，完善相关工作制度办法。着手建立重大项目、重大支出监督责任追究制度。出台《河北省财政监督办法》，明确各级各部门的监管职能和责任，为发挥财政监督整体效能提供法制保障。

分管厅领导：郭秀堂、徐立海

责任处室：监督处（监督局）

15. 进一步深化农村税费改革。落实好农业税税率降低 2 个百分点、对国家级贫困县全部免征农业税政策，同时，大力推进县乡政府机构、农村义务教育和县乡财政体制等三项配套改革。

分管厅领导：左绍伟

责任处室：综合处

16. 根据农村税费改革后县乡收入变化及农业税收征管职能、任务的变化，分类制定县乡财政体制改革方案，完善激励性财政体制，落实好中央财政缓解县乡财政困难的“三奖一补”政策，缓解县乡财政困难，促进城镇化战略的实施和县域经济的发展。

分管厅领导：齐守印

责任处室：预算处

17. 理顺政府性基本建设资金管理程序，建立政府投资事前评审、审查，事中监督和事后项目竣工财务决算审核审批管理机制，完善基本建设资金管理操作规程，硬化财政预算约束，提高基建资金使用效益，从根本上解决政府性基建投资项目“三超”问题。

分管厅领导：陈金城

责任处室：经济建设处、投资评审中心

18. 构建完善的省级政府财政管理信息系统平台，全方位支撑财政改革与财政各项事业发展。按照政府收支分类改革要求，整合现有的预算编审、集中支付、总会计等核心业务系统，开发非税收入、财政监督管理、契税征管等几个新系统，进一步完善数据库建设，强化信息分析检索功能，做好系统间的相互关联，建立起覆盖预算编制、预算执行、财政监督等环节，集业务处理、财政管理、数据分析、信息服务等职能的功能齐全、协调高效、资源共享、安全稳定的省级政府财政管理应用平台。

分管厅领导：左绍伟、高志立

责任单位：信息中心

19. 农业综合开发要坚持创新机制，突出重点，加强项目和资金管理，以粮食主产区为重点，着力加强中低产田改造，改善农业生产条件，扶持农业产业化经营，稳步提高农业综合生产能力。

分管领导：乔满

责任单位：农开办

20. 切实做好厅属企事业单位改革。按照省委、省政府的统一部署，结合控编减员，搞好事业单位改革，完成厅（办）属国有企业改革工作。

分管领导：陈金城、乔满、尹立敏

责任单位：人教处、农开办、机关后勤服务中心

河北省财政厅
关于印发《河北省财政厅财政监察组工作规则(试行)》的通知

冀财办[2005]19号　　2005年4月6日

厅内各处室、单位:

《河北省财政厅财政监察组工作规则(试行)》已经2005年3月22日厅长办公会研究通过,现印发给你们,请认真抓好落实。

河北省财政厅财政监察组工作规则(试行)

第一章　总　则

第一条　为了加强财政监察组工作,规范监督检查程序,根据省政府办公厅印发的《河北省财政厅向省直部门委派财政监察组工作办法(试行)》,制定本工作规则。

第二条　财政监察组依据《中华人民共和国预算法》、《中华人民共和国会计法》、《财政违法行为处罚处分条例》等法律、法规,省政府《河北省省级预算管理规定》等财政规章,省财政厅《河北省财政监督办法》等财政监督管理制度办法,实施对派驻部门的财政监督工作。

第二章　监督职责和监督内容

第三条　财政监察组是经省政府批准,由省财政厅委派到省直部门专司财政监督职责的工作机构。

财政监察组的职责是:监督派驻部门(包括所属二级单位,下同)贯彻执行财政法律、法规和财务会计制度;预算编制的程序和内容;财政收入的征收、缴纳和财政性资金的管理、使用;财务管理、会计核算和各项财政、财务制度执行;预算执行结果和专项资金使用绩效情况;及时向省财政厅报告监督检查中发现的问题,提出意见和建议。

第四条　财政监察组对派驻部门的下列事项进行监督:

(一)贯彻执行财政法律、法规、财务会计制度和地方性财政法规、规章及制度情况;

(二)预算编制的程序和内容;

(三)财政资金拨付、项目安排实施和财政专项资金使用绩效情况;

(四)非税收入征收、缴纳和管理情况;

(五)预算执行结余和结转资金使用情况;

(六)财务管理、会计核算和内控制度执行情况;

(七)执行集中支付、政府采购及招投标制度情况;

(八)厅领导交办的其他监督事项。

第五条　财政监察组负责了解情况和问题,并向省财政厅报告,不干预派驻部门的财政、财务管理活动。厅内部门预算主管处的监督管理职责不变。

第三章　工作方式和程序

第六条　财政监察组对派驻部门进行经常性监督,也可根据实际需要,对派驻部门包括专项资金项目执行单位进行重点检查。

第七条　经常性监督和重点检查采取以下方式:

(一)根据工作需要列席派驻部门研究部门预算编制、预算执行和财务管理方面的党组会、办公会等有关会议,参与专项资金项目立项、论证、实施及绩效评价等有关活动;

(二)调阅派驻部门印发的与部门预算编制、预算执行、专项项目执行有关的文件、资料,调阅、检查派驻部门的会计凭证、会计账簿、财务会计报告和其他会计资料;

(三)向派驻部门工作人员了解与财政、财务工作有关的情况,向与派驻部门有资金往来的相关单位查询有关情况,向金融机构查询派驻部门的存款;

(四)对派驻部门专项资金使用管理情况和重点项目执行情况进行跟踪检查;

(五)经过批准,组织其他人员参加集中性重点检查。

第八条　财政监察组对派驻部门进行经常性监督和重点检查,执行定期报告和专题报告制度。

(一)定期报告。财政监察组根据对派驻部门经常性监督情况包括对派驻部门财务管理经验做法的评价情况,定期作出工作报告。定期报告由监察组组长签字,于每季度末了10日内和每年度末了15

日内作出，经部门预算主管处会签后，报主管财政监督工作的厅领导，同时抄送财政监督处(局)。

(二)专题报告。财政监察组在经常性监督和重点检查中，发现派驻部门存在财政违法行为、财政财务管理问题或者苗头性问题，应当提出意见和建议，并及时作出专题报告，发现重大问题应当立即作出专题报告。专题报告由财政监察组组长签字，经部门预算主管处和财政监督处(局)会签，报主管财政监督工作的厅领导。如遇特殊或紧急情况，不便于作出书面报告时，可先采用电话等形式直接向主管财政监督工作的厅领导报告，之后再补交书面报告。

第九条 财政监察组需要抽调其他人员参加检查或者需要聘请专业人员对检查事项进行鉴定的，由财政监察组提出意见，经财政监督处(局)会签，报主管财政监督工作的厅领导批准后实施。

第十条 对财政监察组依据《财政违法行为处罚处分条例》提出的对派驻部门财政违法行为进行处理、处罚的意见和建议，由财政监督处(局)会同厅条法处提交厅内财政检查审理委员会进行审理，经审理后按照程序报经厅长批准后作出处理、处罚决定。依据《财政违法行为处罚处分条例》应当对财政违法行为的有关人员给予行政处分的，由财政监督处(局)会同条法处及时移交监察机关或者其任免机关。

第四章 组织领导和工作协调

第十一条 财政监察组实行组长负责制，副组长协助组长工作。财政监察组组长对厅长负责。

第十二条 财政监督处(局)负责财政监察组工作的协调。

第十三条 部门预算主管处和其他有关处室，在规定职责范围内负责配合财政监察组的监督检查工作。

(一)厅内涉及派驻部门的有关会议，要安排财政监察组成员参加；

(二)厅内涉及派驻部门的有关文件、资料，要及时抄送财政监察组，有关要求和意见要及时告知财政监察组；

(三)需要厅内有关处室办理和协助办理的事项，有关处室要按要求及时办理，并反馈情况；

(四)需对派驻部门进行监督检查工作，要与财政监察组协商，由财政监察组牵头组织实施，部门预算主管处和其他有关处室可派员参加。

第十四条 财政监察组工作实行联席会议制度

(一)根据财政监察组工作需要适时召开联席会议；

(二)联席会议由主管财政监督工作的厅领导主持，财政监督处(局)负责召集，厅办公室、人教处、预算处、国库处、部门预算主管处等处室负责同志和财政监察组成员参加，必要时可请派驻部门有关人员参加；

(三)联席会议主要研究财政监察组工作计划，听取财政监察组工作汇报，沟通监督管理工作信息，研究提出加强监督管理的措施和意见；

(四)联席会议的内容和确定事项要形成会议纪要印发厅内各处室，需要执行的事项要明确责任，并分口抓好贯彻落实。

第五章 日常管理

第十五条 财政监督处(局)负责财政监察组成员的日常管理，财政监察组成员按要求参加厅内统一组织的会议、政治理论学习、业务培训及其他各项活动。

第十六条 财政监察组成员的轮岗按照厅内统一规定执行。

第十七条 对财政监察组成员的考核工作按照厅内统一安排进行。

第十八条 财政监察组成员要依法监督，忠于职守，监督检查工作成效显著，符合下列条件之一的，由省财政厅给予表彰奖励：

(一)及时反映派驻部门财政资金项目投资决策失误，避免造成重大经济损失的；

(二)及时发现、反映派驻部门财政违法行为，避免造成严重后果的；

(三)对派驻部门预算执行和财务管理提出合理化建议，取得显著成效的；

(四)对厅内预算管理和财务管理提出合理化建议，取得显著成效的。

第十九条 财政监察组成员有下列行为之一的，由省财政厅追究责任或者给予行政处分：

(一)发现派驻部门重大财政违法行为隐匿不报或者严重失职的；

(二)与派驻部门串通编造虚假检查报告的；

(三)违反纪律的。

第二十条 财政监察组工作所需经费由省财政厅专项安排,纳入省财政厅部门预算。经费支出由财政监察组组长签字,经财政监督处(局)负责人审核后,按照《河北省财政厅厅内事业单位财务监管办法》及相关制度规定办理。

第六章 廉政纪律

第二十一条 财政监察组成员要严格遵守以下纪律:

(一)不准利用职权在派驻部门及所属单位谋取私利;

(二)不准在公务活动中索取或接受礼金、各种有价证券和贵重物品,无法拒收的应按规定上缴;

(三)不准参加可能对执行公务有影响的宴请;

(四)不准参加用公款支付的高消费娱乐活动;

(五)不准领取派驻部门的工资、奖金和补贴、津贴,不准享受派驻部门的福利;

(六)严格遵守其它各项廉政规定。

第七章 附 则

第二十二条 本办法自印发之日起试行。

河北省财政厅关于印发《河北省政府收支分类改革模拟试点实施方案》的通知

冀财预[2005]25号 2005年4月7日

省直各部门,邯郸市、廊坊市、秦皇岛市、涉县、三河市、秦皇岛市海港区财政局:

为了做好政府收支分类改革模拟试点工作,我们制定了《河北省政府收支分类改革模拟试点实施方案》,现印发给你们,请按照执行。

附件:河北省政府收支分类改革模拟试点实施方案

附件:

河北省政府收支分类改革模拟试点实施方案

根据财政部《关于进行政府收支分类改革试点的通知》(财预[2005]41号)要求,我省作为试点地区,从今年2月份到6月份,要按照新的政府收支分类科目进行模拟2005年预算编制和执行过程。为使这次试点工作顺利进行,按时完成试点工作任务,制定本实施方案。

一、模拟试点工作目标和原则

(一)模拟试点工作的目标:在模拟过程中发现和解决新的政府收支分类设计方案以及预算编制、执行中存在的主要问题,对改革方案设计及实施步骤等提出有价值的意见和建议;积累经验,为2007年全面推行新的政府收支分类打下理论和实践基础。

(二)模拟试点工作的基本原则:坚持"两个不变、三个全面"的原则。

"两个不变",即保持预算编制的基本流程和预算管理模式不变和保持现有的预算平衡口径、基金预算、预算外资金以及社会保险基金等预算管理方式不变的原则。

"三个全面",即编制预算的部门要全,省、市、县所有纳入预算管理的部门都要模拟编制预算;预算编制的程序要全,要按照"二上二下"的程序模拟编制预算;预算编制的内容要全,所有资金形式和项目都要反映在模拟编制的预算中,不留死角。

二、试点地区和部门

(一)试点地区。除省本级外,根据对各市预算管理、预算编制软件使用等情况的了解,确定秦皇岛市、邯郸市、廊坊市三个市和秦皇岛市海港区、涉县、三河市三个县(市、区)为试点地区。

(二)省级试点部门。

预算编制试点,包括省直所有预算部门。

预算执行试点,选择7个有代表性的部门:省国防科学技术工业办公室、省人民检察院、省民政厅、省林业局、省体育局、省政府外事办公室、省环境保护局。

三、试点内容

在预算编制的基本流程和预算管理模式保持不变的情况下，模拟《政府收支分类改革方案》收支分类科目在预算编制和执行等环节的使用情况。主要模拟各级政府预算（包括部门预算）的编制、汇总和报送人大审批情况以及省级支出预算执行情况。模拟中，预算平衡口径、基金预算、预算外资金以及社会保险基金等预算管理方式不变。具体内容如下：

（一）按新的分类科目编制 2005 年省、试点市、县本级政府预算（包括部门预算）。试点市、县编制的本级政府预算逐级上报，由省级财政部门汇总编制总预算。总预算以及省、市、县各级预算，一并报送财政部。模拟预算编制工作，一律以各级人大批准的 2005 年预算数为基础。

（二）省、市、县模拟编制的本级政府预算草案，按预算管理程序报本级政府和本级人民代表大会常务委员会征求意见。

（三）模拟预算执行工作，对试点的省级 7 个部门以 2005 年 5 月实际开支为基础，根据按新的政府收支分类编制的预算，逐笔摸拟财政拨款的申请、审核、支付过程以及财政总预算会计、单位预算会计核算情况，并编报支出旬报和月报。

四、组织领导和内部分工

为了便于协调工作、提高工作效率、顺利完成试点工作任务，我省成立了政府收支分类改革试点工作领导小组，负责试点改革工作的组织领导，检查各单位、试点市、县工作进度，协调工作中遇到的重大事项。领导小组下设办公室，由省财政厅预算处（预算编审中心）、国库处（支付中心）、信息中心，试点市、县财政局为成员单位。主要负责试点工作的日常组织、协调、指导省直部门和市、县试点工作，了解掌握试点工作进展情况，总结经验和存在问题，向领导小组、财政部汇报试点工作情况，提出解决问题的意见和建议。

五、技术实现方案

本次试点工作需要预算编报系统、预算指标管理系统、国库集中支付系统、总预算会计核算系统等 4 个软件系统支持。以上软件由省财政厅开发，有关试点单位统一使用。

（一）省财政厅在征求各部门和单位意见的基础上，按照《政府收支分类改革方案》要求，建立统一的收支分类科目代码库。收入分类科目采用“3－2－2－2”分段编码格式，支出功能分类科目暂采用“2－2－2”分段编码格式，并确保与“3－2－2”格式的一一对应关系，支出经济分类科目仍采用“3－2－2－2－2”分段编码格式。各系统软件尽量维持目前框架，按试点要求修改完善。

（二）预算部门和单位可依据实际情况提出科目调整的建议，特别是重点研究支出功能分类的“项”级科目，可根据部门职能和我省实际，提出增设科目的意见建议，由省财政厅研究决定后添加在科目代码库中。

（三）试点模拟工作结束后，按财政部具体要求，省财政厅组织有关技术和业务人员，微调报表格式，并将支出功能分类科目更换成“3－2－2”编码格式。

六、试点工作程序和时间安排

试点工作分四个阶段进行：

第一阶段（2 月中旬至 4 月上旬）：布置、动员、准备阶段。

（一）2 月中旬至 3 月上旬，研究制定试点实施方案。

（二）2 月中旬至 3 月中旬，分别按支出功能分类和支出经济分类做出科目对照表。

（三）2 月中旬至 4 月中旬，对预算编报系统进行修改并测试完毕。

（四）3 月中旬至 3 月底，财政部门选择典型部门先行模拟编制部门预算，查找问题，积累经验。

（五）3 月底前，印发通知，部署试点工作。

（六）4 月上旬，组织参与试点工作的单位、试点市、县进行试点工作动员和业务培训。

第二阶段（4 月上旬－5 月）：模拟预算编制、布置预算执行阶段。

（一）4 月 8 日－4 月 15 日，省直部门研究新的收支分类科目，并按要求对照新科目对 2005 年预算项目数据进行拆细分解，15 日前向省财政厅部门预算主管处报送科目调整的意见，部门预算主管处审核后报领导小组办公室。

（二）4 月 15 日，省非税收入管理局对非税收入科目提出意见和建议并报领导小组办公室。

（三）4 月 20 日，省财政厅下达补充科目的批复。

（四）4 月下旬，省财政厅召集省直部门集中使用预算编报软件模拟编制 2005 年部门预算，财政厅相关业务处进行现场指导。

（五）5 月 8 日，省直部门按省财政厅审核意见对部门预算修改后上报财政厅预算编审中心，包括部门收支建议计划表(一式两份,不包括政府采购预算)、使用统一软件制作的数据软盘(一式一份)以及模拟预算编制工作总结。

(六)5月12日,省财政厅汇总部门预算并编制省本级政府预算草案。

(七)4月上旬—5月上旬,试点市、县财政局布置模拟试点工作,并按新的科目编制本级部门预算和政府预算草案,经本级政府和人大常务委员会同意后逐级上报。5月15日前,试点市财政局将本级部门预算报表和政府预算以及试点县(区)的部门预算报表和政府预算(一式两份,软盘一份)一并报送到省财政厅预算处;5月底前,将试点工作总结材料报送到省财政厅预算处。

(八)5月20日,省财政厅组织召开政府收支分类改革方案论证会,邀请省委、省政府、省人大、发改委、税务局、国资委、统计局等有关部门参加,研究讨论政府收支分类改革方案及形成的部门预算和政府预算,并征求意见和建议。

(九)5月下旬,省财政厅将汇总的省级政府预算草案报省政府和省人大常委会征求意见,并模拟批复部门预算。

第三阶段(5月至6月上旬):按新的科目模拟预算执行阶段。

(一)5月份,省财政厅预算处按照新的收支分类科目模拟2005年5月预算执行试点部门预算调整情况;省财政厅国库处设计单位预算会计科目。

(二)5月—6月,7个试点部门将按新的分类科目编制的预算作为部门预算执行的基础(如果1—5月部门预算出现调整或追加时,也要按新分类科目调整过来),将2005年5月份部门实际发生的业务事项作为模拟操作的具体事例(包括一级预算单位及所有下属单位与财政请拨资金所有事例)。

模拟内容包括部门对资金支出计划申请、部门预算主管处审核、国库处审核、部门对支出计划的接收及具体业务支出申请、支付中心对资金的拨付等过程,以及财政总预算会计记账、编制支出旬报和月报。

(三)7个试点部门各选择一个预算单位,按新收支科目的经济分类"款"级科目建账(新旧科目记两套账),从2005年5月份开始,模拟一个月的单位预算会计核算。

(四)6月中旬,7个试点部门将其所属试点单位5月份的预算会计核算模拟结果和部门模拟执行工作的总结,统一报送省财政厅国库处。

第四阶段(6月至7月中旬):总结汇报阶段。

总结模拟试点总体情况、遇到的问题,提出意见和建议,并将试点工作总结和编制的预算报表一并报送财政部。

七、试点工作要求

(一)各级部门要加强领导,精心组织,积极创造条件,保证各项模拟试点工作顺利进行。

(二)在模拟试点工作中,领导小组要加强对试点地区、试点单位的工作指导和培训,准确把握新的收支分类科目。及时研究、处理、解决在试点过程中遇到的问题。

(三)要及时联络沟通,通过省财政厅内外网建立的试点工作信息平台,随时将问题和建议反馈上来。联系方式:财政系统内部通过省厅财政信息网专栏"政府收支分类改革";省直部门通过外网邮箱:szfl@hebcz.gov.cn。

(四)上报的试点总结材料要求内容客观、具体。既要全面反映试点工作情况,又要对政府收支分类改革方案的设计及实施步骤等提出明确的意见和建议。

(五)有关部门要密切配合、不怕困难,确保政府收支分类改革模拟试点工作取得良好效果。

河北省民政厅
河北省财政厅
关于提高部分优抚对象抚恤补助标准的通知

冀民[2005]77号　　2005年7月18日

各市、县(市、区)民政局、财政局:

根据民政部、财政部《关于提高部分优抚对象抚恤补助标准的通知》(民发[2005]52号)和民政部、财政部《关于提高回乡务农抗战老战士等在乡复员军人生活补助标准和维修抗日烈士纪念设施等工作的通知》(民发[2005]54号)精神,决定提高残疾军人、伤残人民警察、伤残国家机关工作人员、伤残民兵民工的残疾抚恤金,提高烈属、因公牺牲军人遗属、病故军人遗属的定期抚恤金和在乡退伍红军老战士的生活补助、在乡复员军人的定期定量补助标准。现就具体事宜通知如下：

一、从 2004 年 10 月 1 日起，提高残疾军人（含伤残人民警察、伤残国家机关工作人员、伤残民兵民工）的残疾抚恤金、烈士遗属（含因公牺牲军人遗属、病故军人遗属）的定期抚恤金和在乡退伍红军老战士的生活补助标准，所需经费由中央财政负担。具体标准见附件 1、2、3。

二、从 2005 年 1 月 1 日起，解放战争时期入伍、建国后入伍在乡老复员军人定期定量补助，在原有基础上每人每年提高 500 元，所需经费由中央财政核拨。抗日战争时期入伍在乡老复员军人定期定量补助，在原有基础上每人每年提高 1000 元，其中每人每年提高 860 元所需经费由中央财政解决；每人每年 140 元，所需补助资金由省市县按照比例分担。

提高抗日战争时期入伍的在乡老复员军人每人每年 140 元所需经费，2005 年不再由市、县承担。从 2006 年起，国家级扶贫开发重点县和省级扶贫开发重点县所需经费，省市县按照 5∶4∶1 比例分担；其它县按照省市县 3∶4∶3 比例分担；扩权县中的扶贫开发重点县，省县按照 9∶1 比例分担；扩权县中的非扶贫开发重点县，省县按照 7∶3 比例分担，省市县财政按照上述比例将此项资金列入年度财政预算。

各地应不折不扣地足额兑现提高在乡复员军人标准，调整后每人每月的定期定量补助标准，一般抗日战争时期入伍的应不低于 225 元，解放战争时期入伍的应不低于 180 元，建国后入伍的应不低于 175 元。具体标准见附件 4。

三、上述对象抚恤补助标准调整后，具有双重身份的优抚对象，按照就高不就低的原则，享受标准较高的抚恤补助标准。补足差额所需经费，由市、县财政解决。

四、各地要根据河北省人民政府《关于建立优抚对象抚恤补助标准与人民生活水平同步提高的自然增长机制的通知》（冀政函[2002]94 号）精神，参照当地上年度职工平均工资，制定当地具体标准。高于省定标准所需经费，由市、县财政解决，确保优抚对象的生活水平不低于当地居民平均生活水平。

各级民政、财政部门要加强对抚恤补助专项经费的管理，足额落实 1984 年（含 1984 年）以前县级财政抚恤补助包干经费和 1986－2005 年在乡复员军人补助经费，保证及时、准确、足额地把抚恤补助款发放到优抚对象手中。

提高抚恤补助标准经费省级财政预算安排资金，已由省财政厅、省民政厅以冀财社[2005]18 号文件下达；中央财政下达的抚恤事业费已以冀财社[2005]38 号文件下达；2005 年提高抗日时期入伍的在乡复员军人每人每年 140 元所需补助经费省级承担部分另行下达，其余从已下达资金中解决。

附件：1、伤残人员抚恤金标准表

2、烈属、因公牺牲军人遗属、病故军人遗属定期抚恤金标准表

3、在乡退伍红军老战士生活补助标准表

4、在乡复员军人定期定量补助标准表

附件 1：

残疾军人、伤残人民警察、伤残国家机关工作人员伤残民兵民工残疾抚恤金标准表

（从 2004 年 10 月 1 日起执行） 单位：元/年

残疾等级	残疾性质	抚恤金标准
一级	因战	11200
	因公	10800
	因病	10440
二级	因战	10080
	因公	9600
	因病	9200
三级	因战	8960
	因公	8400
	因病	7800
四级	因战	7280
	因公	6600
	因病	6000
五级	因战	5600
	因公	5040
	因病	4560
六级	因战	4480
	因公	4200
	因病	3600
七级	因战	3360
	因公	3000
八级	因战	2240
	因公	1920
九级	因战	1680
	因公	1440
十级	因战	1120
	因公	960

附件 2:

烈士遗属、因公牺牲军人遗属病故军人遗属定期抚恤金标准表

(从 2004 年 10 月 1 日起执行) 单位:元/年

标准 / 对象 / 居住地	烈属	因公牺牲军人家属	病故军人家属
城镇	4320	4020	3720
农村	2640	2520	2340

附件 3:

在乡退伍红军老战士生活补助标准表

(从 2004 年 10 月 1 日起执行) 单位:元/年

在乡退伍红军老战士
9600

附件 4:

在乡老复员军人定期定量补助标准表

(从 2005 年 1 月 1 日起执行) 单位:元/月

在乡复员军人		
抗日战争时期	解放战争时期	建国后
不低于 225	不低于 180	175

河北省财政厅 河北省民政厅 关于印发《河北省城市医疗救助基金管理办法》的通知

冀财社[2005]55 号 2005 年 9 月 5 日

各市财政局、民政局,各扩权县(市)财政局、民政局:

为了加强城市医疗救助基金管理,根据财政部、民政部《关于加强城市医疗救助基金管理的意见》(财社[2005]39 号)和《河北省人民政府关于建立城市医疗救助制度的实施意见》(冀政[2005]50 号)及有关规定,结合我省实际,制定了《河北省城市医疗救助基金管理办法(试行)》,现印发给你们,请遵照执行。执行中遇到问题,请及时报告给我们,以便适时修订。

河北省城市医疗救助基金管理办法(试行)

为了加强城市医疗救助基金管理,保证基金的合理筹集和有效使用,根据财政部、民政部《关于加强城市医疗救助基金管理的意见》(财社[2005]39 号)和《河北省人民政府关于建立城市医疗救助制度的实施意见》(冀政[2005]50 号)及有关规定,特制定本办法。

第一条 城市医疗救助基金是通过政府拨款和社会各界自愿捐助等多渠道筹集的,用于城市贫困群众医疗救助的专用基金。

第二条 城市医疗救助基金的筹集、管理和使用,遵循“公开、公平、公正,专款专用、量入为出、收支平衡”的原则。

第三条 县(市、区)级人民政府建立独立的城市医疗救助基金。

第四条 基金来源:

(一)财政部门根据本地区开展城市医疗救助工作需要和财政支付能力,在年度预算中安排的城市医疗救助资金。

(二)民政部门从留归本部门使用的彩票公益金中提取一定比例或一定数额的城市医疗救助资金。

(三)社会各界自愿捐赠的城市医疗救助资金。

(四)城市医疗救助基金形成的利息收入。

(五)按规定可用于城市医疗救助的其他资金。

县级以上财政部门对实行城市医疗救助制度的经济困难地区给予适当补助。省财政、民政部门对中央补助、省级预算安排、省级福利彩票公益金安排的城市医疗救助资金,根据困难地区城市医疗救助人数和财政状况以及工作成效等因素确定补助资金数额。

第五条 城市医疗救助基金必须全部用于城市贫困群众的医疗救助。基金必须专款专用,不得提取管理费或列支其他任何费用。

第六条 城市医疗救助基金年度收支计划的制定。县(市、区)民政部门要在编制下年度财政预算前,根据本年度城市医疗救助基金的执行情况和下年度基金收支预测,提出本级城市医疗救助基金安排意见,制定基金年度收支计划,商财政部门同意后报同级人民政府批准执行。民政部门定期按规定向同级财政部门和上级民政部门报送收支计划执行情况。

第七条 城市医疗救助基金实行财政专户管理,实行专账核算,专项管理,专款专用。县(市、区)财政部门在社会保障基金财政专户中建立城市医疗救助基金专账(以下简称"城市医疗救助基金专账"),用于办理资金的汇集、核拨、支付等业务。民政部门也应设立城市医疗救助辅助专账,用于办理基金的核拨、支付和发放业务。

第八条 预算和预算外补助资金确定后,财政部门应按规定及时将资金从国库或相关的预算外财政专户转入社会保障基金财政专户。县(市、区)财政预算安排的资金按季或按月划拨至本级财政部门"城市医疗救助基金专账";每年 6 月底前应将年初预算安排的资金全部拨入社会保障基金财政专户。经批准用于城市医疗救助的彩票公益金应及时由财政专户划拨至"城市医疗救助基金专账";补助下级的预算资金全部通过国库划拨,预算外资金的划拨按相关规定办理。县(市、区)财政部门收到上级补助资金之后,应及时全额划拨至"城市医疗救助基金专账";社会各界的捐款及其他各项资金按属地化管理原则及时交存财政部门"城市医疗救助基金专账"。

第九条 城市医疗救助基金财政专账利息收入直接记入城市医疗救助基金财政专账,民政部门城市医疗救助基金专账利息收入应定期转入财政专账。

第十条 县(市、区)民政部门要会同卫生、劳动保障、财政等部门对本地区救助对象上一年度或前三年医疗费用实际支出情况进行认真分析测算,科学合理确定城市医疗救助标准,并可根据城市医疗救助基金实际收支情况对救助标准适时进行调整。

第十一条 在扣除各项医疗保险可支付部分、单位应报销部分以及社会互助帮困等费用后,救助对象个人负担超过一定数额的医疗费,由城市医疗救助基金给予一定比例或一定数量的补助,对于特别困难的救助对象医疗费用和当地政府规定的特殊病种医疗费用可适当提高补助标准。

第十二条 城市医疗救助由个人向属地社区居民委员会提出书面申请,并提供有关证明材料;街道办事处(乡镇人民政府)对上报的申请表和有关证明材料进行审核;县(市、区)民政部门对街道办事处(乡镇人民政府)上报的有关证明材料进行审批,并报同级财政部门复核。

第十三条 城市医疗救助补助资金由县(市、区)民政部门委托给街道办事处(乡镇人民政府)发放,或由县(市、区)民政部门通过银行、邮局等直接支付给救助对象。有条件的地方,应按有关规定逐步实行国库集中支付。

第十四条 城市医疗救助基金必须全部用于城市医疗救助对象的医疗费用补助,可结转下年度使用,任何单位和个人不得截留、挤占、挪用。发现虚报冒领、挤占挪用、贪污浪费等违纪违法行为,按照有关法律法规予以处理。对虚报情况骗取上级补助的,上级财政、民政部门应根据情况减拨或停拨补助资金。

第十五条 城市医疗救助基金的筹集、管理和使用情况,以及救助对象、救助金额等情况应通过张榜公布等方式定期向社会公布,接受社会监督。民政、财政部门要对城市医疗救助基金的使用情况进行监督检查,发现问题应及时纠正,并及时向当地人民政府和有关部门报告。

第十六条 县(市、区)财政、民政部门可根据实际情况,制定本地城市医疗救助基金筹集、管理和使用的具体办法。

第十七条 本办法自发布之日起执行。由省财政厅、省民政厅负责解释。

河北省财政厅 河北省民政厅 关于印发《河北省农村居民最低生活保障资金财务管理办法(暂行)》的通知

冀财社[2005]86 号　　2005 年 11 月 14 日

各市财政局、民政局,各扩权县(市)财政局、民政局:

为了加强农村居民最低生活保障资金管理,确保农村居民最低生活保障制度的顺利实施,根据河北省人民政府《关于建立和完善农村居民最低生活保障制度的通知》(冀政[2005]40 号)精神和有关财务制度的规定,制定了《河北省农村居民最低生活保障资金财务管理办法(暂行)》,现印发给你们,请遵照执行。执行中有何问题,请及时反馈,以便进一步修订和完善。

河北省农村居民最低生活保障资金财务管理办法(暂行)

为了加强农村居民最低生活保障资金(以下简称农村低保资金)管理,确保农村居民最低生活保障制度的顺利实施,根据河北省人民政府《关于建立和完善农村居民最低生活保障制度的通知》(冀政[2005]40 号)精神和有关财务制度的规定,特制定本办法。

第一条　农村低保资金是为了保证农村居民最低生活水平,由政府建立的专项资金,用于家庭人均收入低于当地农村居民最低生活保障标准的救助对象基本生活(以下简称农村低保对象)。

第二条　农村低保资金的筹集、管理和使用,遵循"公开、公平、公正和专款专用、量入为出、收支平衡"的原则。

第三条　农村低保资金由市、县(市、区)人民政府按照属地管理的原则负担,并纳入同级财政预算。

第四条　农村低保资金来源

(一)财政预算资金:农村低保所需资金主要由市、县(市、区)财政承担,省级对财政困难地区给予适当补助;

(二)农村低保资金财政专户所形成的利息收入;

(三)社会捐赠资金;

(四)按规定可用于农村低保的其他资金。

第五条　县(市、区)民政部门在每年年底前,根据核定的保障对象人数和补差金额编制下一年度低保资金预算,经财政部门审核,列入财政年度预算草案,报同级政府和人民代表大会批准后执行。县(市、区)民政部门应按照批准的农村低保资金预算,编制用款计划。

第六条　县(市、区)民政部门在执行年度预算过程中,若遇到政策调整等非正常因素,需增加农村低保资金的,应根据实际需要,编制预算调整方案,经同级财政部门审核,按规定程序批准后,追加预算。

第七条　农村低保资金实行财政专户管理。县(市、区)财政部门应设立"财政社会保障资金财政专户"——农村低保分户,用于办理资金的汇集、核拨、支付等业务。县(市、区)民政部门也应设立农村居民最低生活保障资金辅助专账,用于办理资金的核拨、支付和发放业务。

第八条　县(市、区)财政部门应根据支出进度定期将预算安排的农村低保资金转入财政专户;上级财政补助的农村低保资金,应在 5 个工作日内全额划拨至财政专户;农村低保资金专户利息收入直接记入财政专户;民政部门农村低保资金专户利息收入应定期转入财政专户;其他农村低保资金收入,原则上应在 5 个工作日内交存财政专户。当年农村低保资金的结余,可结转下年度继续使用。

第九条　农村低保资金由个人或委托村民小组向户口所在地的村民委员会提出书面申请,并提供当地有关部门规定的证明材料,村民委员会对申报情况进行调查、核实,提请村民代表会议评议,乡(镇)农村低保评审小组对上报的申请表和有关证明材料进行审核;县(市、区)民政部门根据县级人民政府的具体规定进行审批。上报和审批后的情况要张榜公布。

第十条　县(市、区)民政部门要认真核实低保对象家庭的实际收入,严格按当地低保标准与低保家庭收入的差额发放低保资金,不得降低标准或平均发放。

第十一条 县(市、区)、乡镇人民政府管理农村低保资金的有关部门、机构应健全财务管理制度，对农村低保资金实行专项管理，专账核算，并设立农村低保对象个人台账，确保农村低保资金的安全和发放。

第十二条 农村低保资金经办机构应每月向县(市、区)财政和民政部门报告低保资金发放情况；设区市、县(市、区)财政和民政部门应每季度向上级财政和民政部门报告农村低保资金筹集、使用和管理情况；年终时应及时编制低保资金决算。决算应在对全年收入和支出核对的基础上进行，各项数据必须真实、完整，不得虚报虚列，严禁随意调整收支数据，转移农村低保资金。

第十三条 农村低保资金必须全部用于农村低保对象的生活费补助，任何个人或部门不得从低保资金中列支其它费用。坚持专款专用，严禁挤占和挪用。

第十四条 为保证农村居民最低生活保障制度的实施，县(市、区)财政部门应根据需要安排低保资金发放、审核等方面必要的业务经费。

第十五条 县(市、区)财政部门要按年度农村低保资金发放计划和有关申请将低保资金及时拨付到乡(镇)政府，由乡(镇)政府按季发放到低保对象手中；实行社会化发放的地方可以由县(市、区)财政按照低保户名单直接划拨经办金融机构设立的低保对象个人账户；对行动不便的低保对象，可由乡(镇)政府送达或委托邮局发放。

第十六条 农村低保资金的筹集、管理和使用情况，以及低保对象、补助标准、补助金额等情况应通过张榜公布等方式定期向社会公布，接受群众监督。财政、民政等部门要定期或不定期对农村低保资金的使用情况进行监督检查，发现问题及时纠正，并及时向当地人民政府和有关部门报告。

第十七条 发现虚报冒领、挤占挪用、贪污浪费等违纪违法行为，严格按照《财政违法行为处罚处分条例》等有关法律法规进行严肃处理。对故意虚报有关数字和情况骗取上级补助的，除责令其立即纠正，并按规定追究有关单位和人员责任外，将根据违纪情节减拨或停拨上级补助资金。

第十八条 各县(市、区)可根据本办法，结合当地实际，制定农村低保资金筹集、管理和使用的具体实施办法。

第十九条 本办法自发布之日一个月后施行。由省财政厅负责解释。

河北省财政厅　河北省卫生厅
关于印发《河北省新型农村合作医疗基金财务管理办法(修订)》的通知

冀财社[2005]88号　　2005年11月14日

各市财政局、卫生局，各扩权县(市)财政局、卫生局：

为规范和加强新型农村合作医疗基金的财务管理，保证基金的安全运行和使用效益，根据《国务院办公厅转发卫生部等部门关于进一步做好新型农村合作医疗试点工作指导意见的通知》(国办发[2004]3号)，并参照《社会保险基金财务制度》，我们对《河北省新型农村合作医疗基金财务管理办法(试行)》(冀财社[2004]38号)进行了修订，现印发给你们，请遵照执行。执行中有何问题，请及时反馈，以便进一步修订完善。冀财社[2004]38号同时废止。

河北省新型农村合作医疗基金财务管理办法(修订)

第一章　总　则

第一条 为规范和加强新型农村合作医疗基金(简称合作医疗基金，下同)财务管理，保证基金安全运行，充分发挥基金的使用效益，保障合作医疗制度稳定运行，根据国务院办公厅转发卫生部等部门《关于进一步做好新型农村合作医疗试点工作指导意见的通知》，参照《社会保险基金财务制度》，制定本办法。

第二条 本办法适用于河北省行政区划内，由县级人民政府举办的合作医疗基金的财务管理。

第三条 县级合作医疗管理委员会下设的合作医疗经办机构，为合作医疗基金的管理机构。

第四条 合作医疗基金的会计核算，按照省财政厅、卫生厅印发的《河北省新型农村合作医疗基金会计核算办法(修订)》执行。

第五条 合作医疗基金是指由参加农村合作医疗农民缴纳的保费、政府资助及集体扶持等多方筹集的，专门用于对参加新型农村合作医疗农民基本医疗费用进行补偿的资金。

第六条 合作医疗基金纳入财政专户管理。合作医疗试点县的财政部门应在县级合作医疗管理委员会确定的信誉好的商业银行(代理银行)设立合作医疗基金专用账户。合作医疗基金应单独核算、专账管理。

第七条 合作医疗经办机构应配备具有会计资格的专职财会人员承担财务管理工作。财会人员必须严格执行《会计法》及国家、省的有关规定，认真做好合作医疗基金的核算和管理等工作，确保合作医疗基金合理使用、安全运行。财会人员发生变更时，必须按照有关规定认真做好财务手续交接工作。

第八条 合作医疗基金会计档案要按照档案管理的有关规定及时归档，妥善保管，保持完整，按时移交。

第二章 基金预算

第九条 合作医疗基金预算是合作医疗经办机构根据当年筹资能力及合作医疗支出水平，编制的合作医疗基金财务收支计划。

第十条 预算的编制、审批和执行

(一)合作医疗经办机构应按照“以收定支，收支平衡，略有结余”的原则，根据上年度基金预算执行情况和本年度基金收支预测，编制合作医疗基金预算草案。

(二)编制合作医疗基金年度预算草案，应按照财政和卫生行政部门规定的时间及编制要求进行。

(三)合作医疗基金预算由县级财政、卫生行政部门按规定时限审核，并报县级合作医疗管理委员会批准。

(四)合作医疗经办机构按照合作医疗管理委员会批准的预算管理和使用基金。在预算执行中，遇特殊情况需要调整时，应由合作医疗经办机构编制调整方案，经县级财政、卫生行政部门审核，报合作医疗管理委员会批准后实施。

(五)合作医疗经办机构应每月向县级财政和卫生行政部门报告基金筹集及使用情况；每季度向合作医疗管理委员会、监督委员会报告基金筹集及使用情况。市、县级财政和卫生行政部门应每季向上级财政和卫生行政部门报告基金筹集及使用情况。

(六)财政、卫生行政部门要对合作医疗基金财务报告进行审核分析，发现问题及时核实、纠正。

第三章 基金筹集

第十一条 合作医疗基金实行个人缴费、政府资助和集体扶持相结合的筹资模式。

第十二条 合作医疗基金收入由个人缴纳的参合资金收入，乡镇企业单位缴纳的参合资金收入，政府资助收入，农村集体经济组织扶持资金收入，医疗救助基金资助收入，利息收入和其他收入组成。

(一)个人缴纳的参合资金收入是指农民自愿向合作医疗经办机构缴纳的参加合作医疗的资金收入。个人缴纳参合资金的标准原则上每人每年不低于10元，具体标准由县级合作医疗管理委员会根据当地社会经济发展水平和农民的承受能力确定。

(二)乡镇企业单位缴纳的参合资金收入是指乡镇企业向合作医疗经办机构缴纳的单位职工的参合资金收入。乡镇企业单位为职工缴纳参合资金的标准，原则上不低于各级财政对参加合作医疗农民的补助和农民个人缴纳参合资金之和，具体缴纳标准由当地合作医疗管理委员会确定。

(三)政府资助收入是指中央和省、市、县级财政资助合作医疗的资金收入。

(四)农村集体经济组织扶持资金收入是指农村集体经济组织扶持合作医疗的资金收入。

(五)医疗救助基金资助收入是指民政部门利用农村医疗救助基金资助农村五保户和县级人民政府规定的贫困农民参加合作医疗，代其向合作医疗经办机构缴纳的参合资金收入。

(六)利息收入是指合作医疗基金存入财政专户的利息收入。

(七)其他收入是指社会募捐、捐赠、资助等。

第十三条 农民参加合作医疗的参合资金必须在上一年的年底前筹集完成，具体筹集时间和办法由县级合作医疗管理委员会确定。

第十四条 政府资助资金在个人参合资金收缴完成后，按县(市、区)、设区市、省的顺序逐级申报，依次经同级或上级财政部门对个人参合资金收缴和下级财政补助资金到位情况进行审核确认，各级审核确认时间应在7个工作日内完成，审核确认后的7个工作日内完成资金下拨。地方财政补助资金到位后，由省级财政和卫生行政部门按照规定程序，向中央财政申请合作医疗补助资金，并于中央补助资金到达后 7 个工作日内下拨。

第十五条　收缴新型农村合作医疗基金，必须开具省级财政部门统一印制的收费凭证。

第四章　基金支付

第十六条　合作医疗基金实行大病统筹与家庭账户相结合的补偿方式。家庭账户基金只能用农民个人缴费部分建立，个人缴费划入家庭账户的比例由县级合作医疗管理委员会确定，用于支付门诊医疗费用。大病统筹基金由个人缴费的其余部分和各级财政补助资金及其他渠道筹集资金建立，用于参加合作医疗农民的大额或住院医疗费用的补偿。

第十七条　为防范合作医疗基金超支风险，合作医疗基金实行风险基金管理制度。其管理使用按照《河北省新型农村合作医疗风险基金管理办法（试行）》执行。

第十八条　合作医疗基金支出应按县级合作医疗实施办法规定的报销范围和补偿比例支付。具体报销办法由合作医疗管理委员会根据当地实际确定。

第十九条　合作医疗基金支出项目可分为医疗基金支出和风险基金支出。

（一）医疗基金支出指按照规定的补偿比例和限额，用合作医疗基金支付医疗费用的支出，包括家庭账户基金支出与大病统筹基金支出。根据不同的补偿方式可分为门诊医药费用支出和住院医药费用支出，还可以进一步将门诊和住院的医药费用分为医疗费支出和药费支出。

（二）风险基金支出指按照规定，用于弥补因当年大病人数异常增多等因素致使合作医疗基金超支的支出。

第二十条　严格合作医疗基金支付审批程序。合作医疗基金支付必须经医疗卫生机构申请，由经办机构根据补偿规定审核，交由财政部门审核开具支付凭证，提交代理银行办理资金结算，代理银行将资金直接拨付给医疗卫生机构。县外就诊病人的医疗费用报销，由就诊病人申请，经办机构审核，开具支付凭证，由就诊病人直接到代理银行支取，经办机构定期报财政部门审核。

第五章　基金结余

第二十一条　合作医疗基金结余是指基金收支相抵后的余额，包括家庭账户基金结余与大病统筹基金结余。大病统筹基金结余转入历年结余，只能用于弥补合作医疗基金超支，不得挪作他用。家庭账户基金结余，转入下年度继续使用。

第二十二条　合作医疗基金在实施年度内出现亏损时，合作医疗经办机构应及时向同级财政、卫生行政部门报告；出现重大亏损时，应及时向合作医疗管理委员会报告，并按照第二十三条规定的程序妥善解决。

第二十三条　合作医疗基金当年入不敷出时，按下列顺序予以解决：

（一）经合作医疗管理委员会批准动用历年滚存结余；

（二）调剂后仍存在不足的，可由同级财政部门给予适当支持；

（三）在财政给予适当支持的同时，由县级合作医疗管理委员会按国家和省有关规定，对合作医疗实施方案中的筹资标准、补偿比例等进行适时调整，并按照规定程序报批后实施；

（四）因当年大病人数异常增多等因素，造成的合作医疗基金非正常超支，按照《河北省新型农村合作医疗风险基金管理办法（试行）》规定的程序，报请省财政、卫生部门动用风险基金调剂解决。

第二十四条　合作医疗管理机构和经办机构应制定和完善基金管理制度和办法，加强对合作医疗基金使用的监管，严格控制医疗费用，保证合作医疗基金的有效合理使用。

第六章　资产负债

第二十五条　资产是指合作医疗基金筹集、使用过程中形成的财政专户存款、暂付款等。

第二十六条　财政部门和合作医疗经办机构应按有关规定建立健全内部控制管理制度。

第二十七条　合作医疗经办机构应按照《河北省新型农村合作医疗基金会计核算办法（修订）》的规定，及时办理合作医疗基金存储手续，按月与开户银行、财政部门对账，保证账证、账账、账表、账款相符。

第二十八条　负债是指在合作医疗基金筹集、

使用过程中，所发生的暂收款和临时借款等，应定期清理，及时偿还。

第七章　基金决算

第二十九条　合作医疗经办机构于年度终了后，按省财政厅和卫生厅印发的《河北省新型农村合作医疗基金会计核算办法（修订）》统一规定的报告时间和编制要求，编制合作医疗基金年度财务会计报告。编制年度财务会计报告应做到数字真实、计算准确、内容完整、报送及时。

第三十条　合作医疗经办机构应按照会计核算制度的规定，按时向县级合作医疗管理委员会和县级财政和卫生行政部门报送合作医疗基金财务会计报告。扩权县财政、卫生行政部门报送的合作医疗基金财务会计报告要同时上报省、市两级财政、卫生行政部门。市级财政、卫生行政部门负责向省级上报全市合作医疗基金财务会计报告[含扩权县(市)]。基金财务会计报告包括合作医疗基金收支表、资产负债表和有关附表及财务情况说明书。财务情况说明书主要包括合作医疗基金的财务收支情况，对本期或下期财务状况发生重大影响的事项及需要说明的其他事项。

第三十一条　合作医疗经办机构编制的年度财务会计报告，经县级财政、卫生行政部门审核，审计部门审计后，报合作医疗管理委员会批复。经审核批准的合作医疗基金年度财务会计报告为基金决算。合作医疗基金年度决算应向社会公布，主动接受社会和参加合作医疗农民的监督。

第八章　监督检查

第三十二条　合作医疗经办机构要建立健全合作医疗基金内部管理制度、控制制度和核算制度，加强基金管理，定期向社会公布合作医疗基金的筹集和使用情况，接受社会和参合农民监督，同时接受人大、财政、审计及合作医疗监督委员会的监督检查。

第三十三条　县级合作医疗经办机构在收到审计报告后，应针对审计报告反映的问题及时研究制定整改措施，认真解决基金管理中存在的问题，同时将审计报告和整改措施及结果报同级和上级财政、卫生行政部门备案。

第三十四条　合作医疗监督委员会应定期和不定期地对合作医疗基金筹集、使用情况等进行监督检查。发现违纪或违法行为按规定及时处理。

第三十五条　下列行为属于违纪或违法行为：

（一）截留、挤占、挪用、贪污合作医疗基金；

（二）违背合作医疗实施办法、章程和制度，擅自改变补偿项目或补偿比例；

（三）未将合作医疗基金及利息等收入存入合作医疗基金财政专户；

（四）其他违反国家法律、法规、规章及规定的行为。

第三十六条　属于第三十五条所列行为，应限期纠正，并作相应的追回、退还等处理。对违反国家财经纪律和合作医疗管理规定的主管人员和直接责任人，按照规定严肃处理。对触犯刑律的移交司法机关，依法追究刑事责任。

第九章　附　　则

第三十七条　各县（市、区）卫生、财政部门应根据本办法的规定，结合当地实际制定实施细则，并报省、市卫生和财政部门备案。

第三十八条　本办法由省财政厅负责解释。

第三十九条　本办法二〇〇六年一月一日起执行。

河 北 省 财 政 厅
河 北 省 卫 生 厅
关于印发《河北省新型农村合作医疗风险基金管理办法（试行）》的通知

冀财社[2005]89号　　2005年11月14日

各市财政局、卫生局，各扩权县（市）财政局、卫生局：

为进一步加强新型农村合作医疗基金管理，防范合作医疗基金超支风险，保证合作医疗基金安全运行和新型农村合作医疗制度持续稳定发展，根据《财政部、卫生部关于建立新型农村合作医疗风险基金的意见》（财社[2004]96号）和《河北省新型农村合作医疗基金财务管理办法（修订）》（冀财社[2005]88号）要求，制定了《河北省新型农村合作医疗风险基金管理办法（试行）》，现印发给你们，请遵照执行。执行中遇到的问题，请及时反馈，以便进一步修订完善。

河北省新型农村合作医疗风险基金管理使用办法(试行)

第一条 为进一步加强新型农村合作医疗基金管理,防范和规避合作医疗基金超支风险,保证合作医疗基金安全运行和新型农村合作医疗制度的持续稳定发展,根据财政部、卫生部《关于建立新型农村合作医疗风险基金的意见》(财社[2004]96号)和《河北省新型农村合作医疗基金财务管理办法(修订)》(冀财社[2005]88号)的规定,结合我省实际,制定本办法。

第二条 本办法适用于经省政府批准开展新型农村合作医疗试点工作的县(市、区)。

第三条 新型农村合作医疗风险基金(以下简称"风险基金")主要是用于弥补合作医疗基金非正常超支的专项储备资金,其管理原则是:分年提取、总量控制、集中管理、分县核算、专户储存、专款专用。省财政厅在信誉好的商业银行开设"合作医疗风险基金财政专户",风险基金全部存入风险基金财政专户。

第四条 风险基金由试点县(市、区)分年度从筹集的合作医疗基金中按比例提取。原则上,第一年按筹资总额的4%提取,第二年、第三年分别按筹资总额的3%提取。风险基金的规模应保持在年筹资总额的10%左右。风险基金达到规定的规模后不得再继续提取。风险基金规模应根据每年筹资总额的变化适时调整,使风险基金保持应有的规模。

第五条 每年在农民缴费和各级财政补助资金到位后,合作医疗经办机构要按照筹资总额、规定的提取比例和风险基金规模,提出风险基金提取方案,报试点县(市、区)新型农村合作医疗管理委员会审批。

第六条 试点县(市、区)财政局应根据合作医疗管理委员会批准的风险基金提取方案,在合作医疗基金中提取风险基金,并于中央财政补助基金到位后的20个工作日内,将提取的风险基金直接汇缴省"合作医疗风险基金财政专户"。试点县(市、区)(包括扩权县、市)财政局、卫生局要同时将汇缴情况报省辖市财政局、卫生局。

第七条 各试点县(市、区)上缴的风险基金及其利息的所有权和使用权不变,由省财政厅按试点县(市、区)分别进行核算管理,不得挪用和改变用途,也不得在试点县(市、区)之间调剂使用。

第八条 试点县(市、区)因当年大病人数异常增多等因素,导致按规定应由合作医疗基金支付的医疗费用大幅度增加,合作医疗基金超支时,可申请使用风险基金。

第九条 合作医疗基金正常情况下的超支,按照《河北省新型农村合作医疗基金财务管理办法(修订)》第二十三条规定的解决顺序办理。

第十条 试点县(市、区)申请使用风险基金,由县级合作医疗经办机构提出申请,报合作医疗管理委员会审核同意,而后由试点县(市、区)人民政府报告所在省辖市财政局、卫生局;省辖市财政局、卫生局审核后,报送省财政厅、卫生厅。扩权县(市)可直接报省财政厅、卫生厅,同时报省辖市财政局、卫生局备案。省财政厅、卫生厅收到动用风险基金的申请后应及时审核,将核定的风险基金直接由风险基金财政专户拨付到提出申请的试点县(市、区),并将拨付情况通报所在省辖市财政局、卫生局。

第十一条 试点县(市、区)申请使用风险基金的额度,不得突破本试点县(市)风险基金的总额度。

第十二条 试点县(市、区)必须按照规定提取、汇缴、使用风险基金。省辖市财政局、卫生局负责风险基金的监督管理工作。

第十三条 风险基金在使用时并入大病统筹基金,仅限于试点县(市、区)参合农民符合新型农村合作医疗政策规定的医疗费用补偿。

第十四条 试点县(市、区)动用风险基金后,下一年度要按照风险基金的动用额度和风险基金的提取规定及时足额补充。对动用额度超过风险基金总额50%的,可分两年度提取补充。

第十五条 风险基金是专项应急储备基金,任何单位和个人不得以任何理由挤占、截留、挪用风险基金。

第十六条 各试点县(市、区)财政、卫生行政部门可根据本地实际情况制定实施细则,报省、市财政和卫生行政部门备案。

第十七条 本办法由省财政厅负责解释。

第十八条 本办法自二〇〇六年一月一日起施行。

河北省财政厅 河北省卫生厅 关于财政资助农民参加新型农村合作医疗制度补助资金拨付有关问题的通知

冀财社[2005]108 号　　2005 年 12 月 12 日

各市财政局、卫生局，各扩权县（市）财政局、卫生局：

为做好新型农村合作医疗财政补助资金的申报、拨付工作，促进新型农村合作医疗制度的顺利实施，根据财政部、卫生部《关于中央财政资助中西部地区农民参加新型农村合作医疗制度补助资金拨付有关问题的通知》（财社[2003]112 号）、《关于完善中央财政新型农村合作医疗补助资金拨付办法有关问题的通知》（财社[2004]37 号）的要求，现就我省财政资助农民参加新型农村合作医疗制度补助资金的申报、拨付、监督检查等有关问题通知如下：

一、补助范围和标准

2005 年前中央及地方财政每年对中西部地区除市区以外的参加新型农村合作医疗制度的农民按人均各 10 元标准补助资金（以下简称“补助资金”）。从 2006 年起，中央及地方财政补助资金在目前人均各 10 元的基础上再各增加 10 元，人均达到 40 元。地方财政补助 20 元，省、市、县（市、区）财政分担比例为：扩权县（市）中的扶贫开发重点县（包括国定、省定扶贫开发重点县，下同），省级负担 17 元，市级不负担，县级负担 3 元；扩权县（市）中非扶贫开发重点县，省级负担 14 元，市级不负担，县级负担 6 元。非扩权县（市）中的扶贫开发重点县，省级负担 11 元，市级负担 6 元，县级负担 3 元；非扩权县中非扶贫开发重点县省级负担 8 元，市级负担 6 元，县级负担 6 元。从 2006 年起，中央及地方财政将把农业人口占多数的市辖区纳入补助范围，具体办法待国家明确后执行。

二、申请补助资金的程序

建立新型农村合作医疗制度的市财政局和卫生局应联合向省财政厅、卫生厅提出申请并附相关材料，经两厅审核同意后，核拨省级补助资金，并经财政部驻河北省财政监察专员办事处审核后向财政部、卫生部申请中央补助资金。

（一）申报材料

1. 申请报告。包括本市建立新型农村合作医疗制度的准备和开展情况、制度设计和参加新型农村合作医疗农民缴费及县、市财政补助资金到位情况、制度启动和实施情况、工作中存在的问题和有关政策建议等。

2. 有关附表。附表 1 为已开展新型农村合作医疗制度实施情况表，包括新型农村合作医疗制度的筹资标准、地方各级财政负担比例、管理方式、统筹级次、支付范围、合作医疗资金筹集和支出情况及已享受合作医疗补助人数等；附表 2 为已开展试点县申请上级财政新型农村合作医疗制度补助资金表，包括已参加合作医疗农民人数、农业人口数、农民个人缴费和县、市财政补助资金到位情况及应申请上级财政合作医疗补助资金数额等；附表 3 为新型农村合作医疗制度扩大试点县（市）情况表，包括已参加合作医疗农民人数、农业人口数、农民个人缴费和县、市财政补助资金到位情况及申请上级财政合作医疗补助资金数额等。

3. 其他资料。包括市、县级补助资金到位证明（拨款单、银行对账单以及其他有效证明文件等）；参加新型农村合作医疗制度农民人数及缴费情况的核定材料；市级财政、卫生部门对县级财政、卫生部门上报申请材料审核情况的说明。

申报材料应于每年 2 月 15 日以前上报（附表数据截止到上年末），附表必须加盖市级财政、卫生部门的公章，以及填报人、审核人、负责人的签字。对申报材料不齐全的，省级财政、卫生部门不予核拨上级补助资金，并要求在不超过 2 个工作日内予以补充。

（二）材料审核

上级财政、卫生部门应加强对下级财政、卫生部门上报申请材料的审核，有关人员和领导要承担相应的审核责任。扩权县（市）应按规定将县级申报材料同时上报市、省级财政、卫生部门，市级财政、卫生部门要审核扩权县申报材料并向省级报送审核说明。

省级财政、卫生部门对各市申报材料主要进行书面审核，必要时采取实地检查、访问等其他方法进行核查。省级财政、卫生部门主要审核市级申请材料的完整情况、符合规定情况、有关数据准确情况、基础要素的真实情况等内容。每年 3 月的第 1 个工作日之前(最迟不超过第 6 个工作日),省财政、卫生部门向财政部驻河北省财政监察专员办事处报送全省申请材料。在此期间,财政部驻河北省财政监察专员办事处将提前介入审核工作,并深入部分县(市、区)进行实地核查验证。实地核查验证主要涉及以下方面:(1)统计确认已参加新型农村合作医疗的农民人数情况;(2)统计确认已参加新型农村合作医疗的农民个人实际缴费情况;(3)省、市、县(市)级财政补助资金已拨付到财政专户的情况;(4)农村合作医疗资金管理制度的建立情况;(5)农村合作医疗资金实际管理及使用情况;(6)需重点关注的其他情况。

(三)资金拨付

参合农民个人缴费工作完成后,县(市)财政部门要对农民个人缴费情况进行审核确认,审核确认后的 7 个工作日内将县级财政补助资金拨入新型农村合作医疗财政专户。县级财政补助资金到位后,由县级财政和卫生行政部门按照规定程序,向市级财政、卫生部门申请市级合作医疗补助资金,市级财政、卫生部门在 14 个工作日内对县级申报材料及县级财政补助资金到位情况进行审核确认并下拨市级财政补助资金,同时向省级财政、卫生部门申请省级合作医疗补助资金。省级财政、卫生部门对各市申报材料进行审核汇总后,通过财政专项转移支付,核拨各市年度补助资金。对扩权县(市)补助资金由省直接下拨到扩权县(市),同时抄送设区市财政、卫生部门。

中央财政将在当年上半年根据省上报的参加新型农村合作医疗的人数及农民缴费、地方财政补助资金到位等有关情况和上年已拨付补助资金,按照多退少补原则结算上年应补助资金,并根据上年已启动的合作医疗试点县和当年扩大试点县截止上年底农民缴费人数等情况,按照 75% 的标准预拨当年补助资金。县级财政、卫生部门收到上级补助资金后 7 个工作日内要将资金拨入新型农村合作医疗财政专户。各县(市、区)要于每年 11 月底完成农民缴费核定工作,12 月中旬将县级财政补助资金拨付到财政专户,次年 1 月中旬完成市级财政补助资金拨付到县级财政专户,3 月底完成省级财政补助资金拨付到县级财政专户。三、监督检查补助资金必须专款专用,任何地区、部门、单位和个人不得截留、挤占、挪用。卫生、财政等部门要定期或不定期对农村合作医疗资金的使用和结余等情况进行监督检查,发现问题及时纠正,并及时向同级政府和上级有关部门报告。卫生部、财政部根据需要,也将对各地合作医疗资金使用管理情况进行抽查。发现虚报冒领、挤占挪用、贪污浪费等违纪违法行为,将按照国家有关法律法规严肃处理。对故意虚报参加合作医疗人数骗取上级补助的,除责令其立即纠正,并按规定追究有关单位和人员的责任外,将据实减拨财政补助资金。

附件:1、河北省　　市　　扩权县　　年度新型农村合作医疗实施情况表

2、河北省　　市　　扩权县申请　　年度新型农村合作医疗补助资金表

3、新型农村合作医疗制度扩大试点县(市)情况表

河北省财政厅
河北省物价局
关于《河北省行政事业性收费项目目录》的公告

河北省行政事业性收费项目目录

序号	部门	收费项目	资金管理方式	收费及资金管理文件依据
一	财政			
		1. 珠算技术等级鉴定收费	缴入财政专户	冀财综[1996]3号
二	测绘			
	▲	2. 测绘基础设施费	缴入财政专户	冀价涉费字[1992]179号
三	出版			
	▲	3. 印刷经营许可证	缴入财政专户	冀财综[2002]50号、冀价行费字[2002]42号
四	法院			
	▲	4. 法医检验鉴定费	缴入国库	冀价行费字[1997]76号
五	法制			
		5. 行政执法证工本费	缴入国库	省政府令(1993)第88号,冀财规[2001]25号,冀财综[2005]3号,冀价行费字[2005]14号
		6. 行政执法监督证工本费	缴入国库	省政府令(1993)第88号,冀财规[2001]25号

序号	部门	收费项目	资金管理方式	收费及资金管理文件依据
六	发展改革委			
	▲	7. 节约能源监测费	缴入财政专户	省政府 52 号令，冀计经能[1991]36 号
	▲	8. 护路联防和道口安全管理费	缴入财政专户	省委、省政府批准，冀财综字[1996]78 号，冀价行费字[1996]226 号
	▲	9. 食品生产许可证	缴入财政专户	省政府[90]50 号令，省经贸委、物价局、财政厅冀食[1990]52 号
	▲ 10. 新扩改和技改工程项目劳动安全卫生评价费	缴入财政专户	冀价涉费字[1992]248 号，冀财税[1999]35 号	
		11. 饮食服务业技术等级考核费	缴入财政专户	冀价涉费字[1989]13 号，冀价涉费函字[1991]66 号，冀价涉费字[1992]13 号
七	工商			
	▲	12. 著名商标评审费、公告费	缴入国库	《河北省著名商标认定和保护条例》，冀财综[2000]7 号
八	公安			
		13. 微机办理户籍收费	缴入国库	冀财预字[1994年]119 号，冀价行费字[1996]92 号
	▲	14. 技术鉴定收费	缴入国库	冀价涉费字[1989]3 号，冀价涉费字[1993]183 号，冀价涉费字[1997]76 号
	▲	15. 计算机信息系统安全管理费	缴入国库	冀财综字[1998]47 号
		16. 违章机动车驾驶员考试收费	缴入国库	冀财规[2001]61 号，冀价行费字[2001]31 号
		17. 强制戒毒费(石家庄市强制戒毒所)	财政专户	冀财综字[2003]72 号
九	广播电视			
	▲	18. 卫星电视广播地面接收设施管理费	缴入财政专户	冀财综字[1996]61 号，冀价行费字[1996]161 号
		19. 石家庄电视塔登塔收费	缴入财政专户	冀财综字[2001]46 号
十	国土资源			
		20. 宅基证工本费	缴入财政专户	省政府 73 号令，冀价经费字[2001]33 号
十一	红十字会			
		21. 卫生救护培训费	缴入财政专户	冀财综字[2003]52 号，冀价涉费字[2003]54 号
十二	计划生育			
		22. 计划生育手术费	缴入国库	省计生委、卫生厅、财政厅、物价局冀育联字[2002]2 号
		23. 病残儿鉴定费	缴入国库	省计委生、卫生厅、财政厅、物价局冀育联字[1992]2 号，冀价行费字[1997]37 号
		24.《生育证》工本费	缴入国库	省计生委、物价局冀育联字[1992]6 号，冀财预字[1996]第 119 号，冀价行费字[1996]44 号
十三	技术监督			
	▲	25. 游乐设施和燃油加油机整机防爆安全检验收费	缴入财政专户	冀价行费字[2002]59 号，冀价行费字[2004]62 号
十四	交通			
	▲	26. 公路运输单证工本费	缴入财政专户	省交通厅、物价局、财政厅冀交运字[1991]14 号，冀价行费字[1997]219 号
	▲	27. 车辆通行费票据工本费	缴入财政专户	冀财综[2002]23 号、冀价行费字[2002]26 号
	▲	28. 公路工程定额编制管理费	缴入财政专户	冀财规[2000]41 号
	▲	29. 水运工程定额编制管理费	缴入财政专户	冀价行费字[1995]131 号
	▲	30. 水运工程质量监督费	缴入财政专户	冀价行费字[1995]131 号
	▲	31. 公路设施损坏补偿费	缴入财政专户	冀交公路[1989]16 号或[1998]48 号
十五	教育			
		32. 研究生学费	缴入财政专户	冀价行费字[1999]12 号，冀价行费字[2000]18 号
		33. 民办公助二级学院学生学费、住宿费	缴入财政专户	冀价行费字[2001]32 号
		34. 高校招生报名考务费	缴入财政专户	冀财综[1999]88 号，冀价行费字[2001]2 号
		35. 普通高等学校专接本学生学费	缴入财政专户	冀财规[2000]9 号

序号	部门	收费项目	资金管理方式	收费及资金管理文件依据
		36. 电大普通班学费	缴入财政专户	冀教计[1992]50号，冀价行费字[1997]122号
		37. 电大教学业务管理费	缴入财政专户	冀教计[93]37字号，冀价行费字[1997]122号
		38. 电大考试费	缴入财政专户	冀价行费[1997]122号
		39. "两沟通"教育收费	缴入财政专户	冀财综字[1998]34号，冀财综字[1999]88号
		40. 电大开放教育收费	缴入财政专户	冀财规[2000]36号
		41. 电大普通高职班学费、住宿费	缴入财政专户	冀价行费字[2001]24号
		42. 自学考试报名考务费	缴入财政专户	冀教计字[1989]1号，冀财综字[1999]88号，冀财规[2000]34号，冀价行费[2004]17号
		43. 部门委托自学考试报名管理费	缴入财政专户	冀财规[2000]34号，冀价行费[2004]17号
		44. 自学考试毕业审定费	缴入财政专户	冀教计[1995]81号，冀财综字[1999]88号，冀价行费[2004]17号
		45. 高考远程录取院校档案邮寄费	缴入财政专户	冀财规[2001]40号
		46. 中师毕业生学历提高班培养费	缴入财政专户	冀教计[1994]49号
		47. 成人本科学位外语考试考务费	缴入财政专户	冀财综[2003]18号
		48. 成人专升本报名考务费	缴入财政专户	冀价行费[1997]41号，冀财综字[1999]88号，冀价行费[2004]17号
		49. 成人中专、专科报名考务费	缴入财政专户	冀价行费[1997]41号，冀财综字[1999]88号，冀价行费[2004]17号
		50. 成人中专高考免试生报名费	缴入财政专户	冀教计字[1994]12号，冀价行费[1997]41号，冀财综字[1999]88号
		51. 成人专科二学历招生费	缴入财政专户	冀教计字[1994]12号，冀价行费[1997]41号，冀财综字[1999]88号
		52. 学历文凭认定考试报名考务费	缴入财政专户	冀财规[2000]35号
		53. 中小学取暖费（仅限高中）	缴入财政专户	河北省人民政府令[1997]182号，冀发[1999]33号，冀价行费[2004]41号
		54. 高中计划外生培养费	缴入财政专户	冀政办传[1996]113号，冀价行费字[1997]19号，冀发[1999]33号
		55. 高中毕业会考报名考务费	缴入财政专户	冀教计字[1993]7号，冀价行费字[1997]19号，冀财综字[1999]88号，冀价行费字[2001]3号，冀价行费字[2004]56号
		56. 初中毕业生中考报名考务费	缴入财政专户	冀价行费字[1997]19号，冀财综字[1999]88号，冀价行费字[2003]8号
		57. 幼儿保育费、杂费、取暖费	缴入财政专户	冀价涉费字[1988]13号，冀价行费字[2000]24号
		58. 寄宿制幼儿园寄宿费	缴入财政专户	冀价涉费字[1988]13号，冀价行费字[2000]24号
		59. 招生费	缴入财政专户	冀教计[1994]12号，冀教计[1994]18号，冀财综字[1999]88号
		60. 报到证补发手续费	缴入财政专户	冀教计字[1992]13号，冀价行费字[1999]18号
		61. 毕业生培养费（部分已取消）	缴入财政专户	冀教学[1992]13号，冀价行费字[1999]18号，冀政[2003]1号
		62. 中小学教师继续教育培训费	缴入财政专户	冀财综字[1999]10号、冀价行费字[1999]4号
		63. 教学仪器站损耗运杂费	缴入财政专户	冀教仪[1991]17号
		64. 高水平运动员资格认定报名考务费	缴入财政专户	冀财综字[2000]44号
		65. 教育干部培训收费	缴入财政专户	教人[1990]018号，教人[1995]109号；冀财综字[1999]42号
		66. 专接本考试收费	缴入财政专户	冀财综[2002]51号，冀价行费字[2002]33号

序号	部门	收费项目	资金管理方式	收费及资金管理文件依据
		67. 中外合作办学学费	缴入财政专户	冀价行费字[2002]44号
十六	检察			
	▲	68. 技术鉴定服务费	缴入财政专户	冀价涉费字[1993]183号,冀价行费字[1997]76号
十七	建设			
	▲	69. 城市路桥车辆通行费	缴入财政专户	省政府冀政[1992]53号,省建委、财政厅、物价局冀建计字[1994]141号
	▲	70. 城市基础设施配套费	缴入财政专户	冀政办函[1991]1号,省政府冀政[1992]53号,冀价经费字[2001]32号,冀价经费字[2002]29—33号,冀价经费字[2003]8、9、11—13、23号
	▲	71. 城市旧区改革费	缴入财政专户	冀政办函[1999]1号,省政府冀政[1992]53号,冀价经费字[2001]32号
	▲	72. 市政公用设施有偿使用费	缴入财政专户	冀政办函[1999]1号,省政府冀政[1992]53号,冀价经费字[2001]32号
	▲	73. 城市绿化用地补偿费	缴入财政专户	《河北省城市绿化管理条例》,省建委、财政厅、物价局冀建城[1995]174号
	▲	74. 绿化用地临时占用费	缴入财政专户	《河北省城市绿化管理条例》,省建委、财政厅、物价局冀建城[1995]174号
		75. 城市垃圾处理费	缴入财政专户	冀财[2000]112号,冀价经费字[2000]21号
		76. 注册建筑师等考试收费	缴入财政专户	建综经[2000]116号,建注[2000]14号,冀财规[2001]38号
		77. 犬类登记注册费、年检费(廊坊、邯郸市)	缴入财政专户	冀财综字[1999]62号,冀财综字[2003]26号
十八	科技			
	▲	78. 专利纠纷调处费	缴入财政专户	冀政[1987]142号,冀价行费字[1999]11号
十九	劳动社保			
		79. 技术工人档案保存管理费	缴入财政专户	省劳动厅、财政厅、物价局冀劳培字[1991]150号
		80. 企业流动人员档案保存管理费	缴入财政专户	省劳动厅、档案局、财政厅、物价局冀劳力[1993]54号
		81. 企业伤病职工劳动能力鉴定费	缴入财政专户	冀价行费字[2005]2号
		82. 技工学校收费	缴入财政专户	省教委、劳动厅、财政厅、物价局冀教计字[1992]4号,冀价涉费字[1994]152号
		83. 职业技能考核鉴定收费	缴入国库	冀财综字[1995]77号,冀价行费字[1997]87号,冀价行费字[1998]65号,冀介行费字[1999]15号
		84.《职工劳动手册》工本费	缴入财政专户	冀价行费字[1996]191号
		85. 高、中级技师评审费	缴入财政专户	冀价行费字[1998]65号,冀价涉费字[1994]152号
		86. 技师职业资格证书工本费	缴入财政专户	冀财综字[1995]77号,冀价行费字[1998]65号
	▲	87. 职工医疗保险证、IC卡工本费	缴入财政专户	冀财综字[1998]27号、冀价行费字[1998]70号
		88. 就业前培训费	缴入财政专户	冀劳服[1993]111号
		89. 住外联络机构劳动服务费	缴入财政专户	冀财综字[1994]164号
二十	粮食			
	▲	90. 信息咨询服务费	缴入财政专户	冀财综字[1994]162号
二十一	旅游			
		91. 导游员资格、等级报名考务费	缴入财政专户	冀财规[2001]68号,冀价行费字[2002]11号
二十二	民政			
	▲	92. 老年优待证工本费	缴入财政专户	冀财综字[1998]第89号、冀价行费字[1998]第251号
		93. 华北烈士陵园骨灰存放收费	缴入国库	冀价行费字[2003]第49号
		94. 火化证工本费(限于向殡仪馆、火葬场单位)	缴入国库	冀财综[2003]第80号、冀价行费字[2004]第1号
		95. 骨灰安放证工本费	缴入国库	冀财综[2003]第80号
二十三	农业			

序号	部门	收费项目	资金管理方式	收费及资金管理文件依据
		96. 农业广播电视学校学费	缴入财政专户	省财政厅、物价局、农业厅冀农广字[1991]5 号，冀价行费字[1999]12 号
	▲	97. 农作物种子管理费	缴入国库	冀价涉费字[1992]131 号，[1996]冀财预字第 119 号
	▲	98. 农业承包合同仲裁收费	缴入财政专户	省农业厅、物价局、财政厅冀农经字[1994]6 号
	▲	99. 海蛰资源费	缴入财政专户	省财政厅、物价局、畜牧局冀牧渔(管)字[1991]390 号
	▲	100. 冻精收费	缴入财政专户	省畜牧局、财政厅冀牧监（牧）[1989]102 号
	▲	101. 权属调查费	缴入财政专户	省农业厅、物价局、财政厅冀农经字[1994]6 号
	▲	102. 黄牛改良费	缴入财政专户	省畜牧局、物价局、财政厅冀牧渔(牧)[1989]302 号
	▲	103. 内陆渔业资源增殖保护费		冀牧渔字[1992]110 号
	▲	104. 引进国外农作物种苗疫情监测费	缴入财政专户	冀农植保字[1993]4 号
		105. 小拖驾驶培训费	缴入财政专户	省农业厅、财政厅冀农机监字[1988]1 号
二十四	人防			
	▲		缴入财政专户	冀人防办字[1991]37 号
		106. 人防工程项目预决算审核收费（非涉企）	缴入财政专户	冀人防办字[1993]17 号
	▲	107. 人防工程使用费	缴入财政专户	冀政办[1993]9 号
	▲	108. 人防工程建设费	缴入财政专户	冀政办[1996]23 号，冀财综字[1996]118 号，冀价行费字[2005]45 号
二十五	人事			
		109. 伤残鉴定费	缴入财政专户	冀价行费字[2000]40 号
		110. 专业技术职务任职资格评审费	缴入财政专户	冀价行费字[2000]40 号，冀价行费字[2001]16 号
		111. 专家评审费	缴入财政专户	冀价行费字[2000]40 号
		112. 房地产估价师执业资格考试收费	缴入财政专户	冀财综字[1995]63 号，冀价行费字[1999]1 号
		113. 职称计算机应用能力考试报名费、考务费	缴入财政专户	冀价行费字[2000]10 号
		114. 机关事业单位工人技术等级考核收费	缴入财政专户	冀价涉费字[1995]87 号
		115. 招考公务员考试收费	缴入财政专户	冀财综字[1996]96 号，冀价行费字[1999]30 号
		116. 公务员计算机应用能力等级考核收费	缴入财政专户	冀财综字[1998]61 号、冀价行费字[1998]133 号
		117. 公务员英语等级报名考试费、工本费	缴入财政专户	冀财规[2000]69 号
		118. 继续教育证书工本费	缴入国库	冀价涉费字[1992]193 号，冀财预字[1994]第 79 号
二十六	水利			
	▲	119. 白洋淀水面有偿使用管理费	缴入财政专户	省政府[1989]45 号通知，省财政、物价、水利冀水管字[1993]18 号
二十七	司法			
		120. 司法考试费	缴入财政专户	冀财综[2002]25 号、冀价行费字[2002]10 号
二十八	外事			
	▲	121. 代办去往国家（地区）签证收费	缴入财政专户	省财政厅、物价局、外办、侨办冀价涉费字[1993]200 号，冀价行费字[1999]29 号
二十九	卫生			
	▲	122. 医学鉴定收费	缴入财政专户	冀财综字[2000]47 号、冀价行费字[2000]13 号
	▲	123. 临床检验质控成本费	缴入财政专户	冀财综字[1998]78 号，冀价行费字[1998]210 号
		124. 卫生技术中级资格计算机临床技能测评考务费	缴入财政专户	冀财综字[1998]32 号
	▲	125. 机动车驾驶员卫生救护训练收费	缴入财政专户	冀价涉费字[1991]147 号
		126. 医疗机构审批和执业管理费	缴入国库	冀财综[2003]24 号

序号	部门	收费项目	资金管理方式	收费及资金管理文件依据
		127. 中医医疗性保健按摩上岗资格报名考务费	缴入国库	冀价涉费字[2004]46号
三十	文化			
		128. 音像制品经营许可证工本费	缴入国库	冀财综字[2003]67号
三十一	文联			
		129. 乐器演奏(业余)考级收费	缴入财政专户	冀财规[2001]37号
三十二	文物			
		130. 文物鉴定费	缴入财政专户	冀财综字[2003]30号,冀价行费字[2003]66号
三十三	物价			
		131. 收费许可证工本费、审验费	缴入财政专户	冀财综[2003]17号
	▲	132. 价格鉴定及咨询服务收费	缴入财政专户	冀价行费字[2000]6号

注:1. 加▲号的项目为涉及企业负担的项目。

2. 公派出国人员行前教育收费等32项第一批取消的行政审批收费项目,按照《河北省财政厅　河北省物价局关于取消我省设立的行政审批收费项目的通知》(冀财综[2005]4号)执行。

3. 土地登记证工本费等4项行政事业性收费项目,按照《河北省财政厅　河北省物价局关于取消部分涉企行政事业性收费项目的通知》(冀财综[2005]35号)执行。

4. 所列收费项目,为截至2005年9月底的行政事业性收费项目。

保持共产党员先进性教育

把取得实效贯穿先进性教育的始终

——季允石省长在省财政厅视察时的讲话(摘要)

一、财政厅的先进性教育活动抓得紧抓得实,有了一个良好的开局

在全党开展以学习实践"三个代表"重要思想为主要内容的保持共产党员先进性教育活动,是党中央作出的一项重大决策,是加强党的执政能力建设的一项重大基础工程,也是我们贯彻落实党的十六大和十六届三中、四中全会精神的一项重大措施,事关我省改革开放和现代化建设全局。全省开展先进性教育活动以来,省财政厅认真贯彻中央和省委的要求与部署,紧密联系本单位实际,广泛动员,精心组织,周密安排,狠抓落实,先进性教育活动深入开展,学习动员阶段的各项工作正在健康有序地进行,取得了阶段性成果。感到有这样几个特点:

一是厅党组高度重视。守印同志和厅领导班子成员身体力行,率先垂范,充分发挥了表率作用,做到了"五带头"。不仅认真负责地抓好全厅的教育活动,而且以受教育者的身份带头集中学习,带头上好党课,参加所在支部的学习交流,增强了全厅广大党员投身教育活动的积极性和主动性。

二是学习培训扎实深入。广大党员认真学习必读书目,做到了党员学习有笔记,支部学习有记录,集中学习有考勤,并结合思想和工作实际,广泛深入地开展学习交流,共撰写体会文章 580 篇。结合财政战线的实际,提炼出了符合时代特征、体现自身特点的共产党员保持先进性的六项具体要求。在认真做好"规定动作"的基础上,结合实际创新"自选动作",使学习培训开展得有声有色。

三是联系实际改进作风。认真落实边学边查、边学边改的要求,把提高思想理论水平同改进机关作风紧密结合起来,把党员先进性体现在践行党的宗旨、推进各项工作的实践中。紧紧围绕深化财政改革的重点难点问题深入进行调查研究,及时按进度要求拨付资金,服务意识进一步增强。特别是春节期间,开展了多种形式的访贫问苦、扶危济困活动,为人民群众办了一批好事实事,把学习成果化作了改进作风、推动工作的内在动力,化作了服务基层、服务群众的实际行动。

四是做到了两不误、两促进。1—2 月份,全部财政收入完成 182.2 亿元,占年计划的 22%,同比增长 40%;地方一般预算收入完成 84.4 亿元,占年初预算的 19.4%,同比增长 38%;完成地方一般预算支出 71.2 亿元,同比增长 27%。

总的看,财政厅的先进性教育活动有了一个良好的开局,但对目前的成绩还不能估计过高。省委要求,全省学习动员阶段要持续到 3 月 25 日左右。要把有限的时间充分利用好,在继续深入抓好学习培训的基础上,认真组织好"回头看",查找薄弱环节,圆满完成学习动员阶段的各项任务。充分运用好学习动员阶段的成果,打牢开展分析评议的基础。

二、认真学习贯彻胡锦涛总书记"关键要取得实效"的要求,把取得实效贯穿先进性教育的始终

胡锦涛总书记最近在贵州考察期间强调:开展先进性教育活动关键是要取得实效。要"提高认识、端正态度,摆正位置、自觉投入,找准问题、认真整改,完善制度、健全机制"。通过这次教育活动,努力做到在对党的先进性建设的思想认识上有新提高,在解决一些党员和党组织存在的突出问题和影响改革发展稳定,涉及群众切身利益的实际问题上有新进展,在坚持党要管党、从严治党方针,建立新形势下广大党员长期受教育、永葆先进性的长效工作机制方面有新收获,切实把党的执政能力建设同先进性建设推向前进。我们要深刻领会,坚决贯彻。具体来讲,学习动员阶段取得实效,就是要紧密结合实际,真正统一思想,提高认识;分析评议阶段取得实效,就是要真正找准突出问题,边议边改;整改提高阶段取得实效,就是要解决突出问题,加强制度建设,特别是建立健全党员教育管理常抓不懈的工作机制。

不管哪个阶段,要取得实效,都要注意下功夫解决好六个方面的共性问题:一是坚定理想信念,引导党员坚定不移地为建设中国特色社会主义而奋斗,努力成为"三个代表"重要思想的坚定实践者。二是牢固树立和认真落实科学发展观,引导党员用科学发展观来建章立制。三是坚持党的根本宗旨,引导党员牢固树立立党为公、执政为民思想,心里始终装着人民群众,做到权为民所用、情为民所系、利为民所谋。四是引导党员立足本职岗位,提高本领,尽职尽责地勤奋工作,兢兢业业地创造一流业绩。五是自觉遵守党的纪律,身体力行地维护好党的团结统一,自觉与以胡锦涛同志为总书记的党中央保持高度一致。六是坚持"两个务必",发扬党的优良传统和作风,求真务实,廉洁自律,永葆共产党人的政治本色。财政厅在学习动员阶段取得了比较好的成绩,希望在分析评议阶段、整改提高阶段做得更好,确保整个先进性教育活动达到预期的目的,真正取得实效。

三、以先进性教育活动的新成效,推动财政工作提高到新水平

党的十六大以来,我省经济保持了良好的发展势头,连续两年主要经济指标都达到了近年来的最好水平,全省经济平稳较快增长,质量和效益明显提高,提前一年实现"翻两番、三步走"的第一步目标。财政收入连续两年实现了快速增长,2004 年全部财政收入完成 778.3 亿元,同比增长 22.6%。成绩来之不易,财政系统做了大量艰苦细致的工作,为全省的改革发展稳定作出了重要贡献。借此机会,向同志们表示诚挚的感谢!

今年是全面完成"十五"任务、为"十一五"发展打好基础的关键一年。全省财政工作要坚持以科学发展观为统领,紧紧围绕"抓住机遇、实现更快更好发展"这个主题,深化财政改革,狠抓增收节支,壮大财政实力,加强监督管理,继续把各项工作往深里做、往实里做,促进全省经济更快更好发展和社会全面进步。具体讲,着力抓好六个方面的工作:

(一)严格依法组织收入,确保财政收入稳定增长。尽管近两年我省的财政收入有了较快增长,但增长的基础还不够牢固,收入质量还不够高,财政实力还不够强。我们一定要居安思危,切实增强紧迫感和责任感。要立足于加快发展,壮大财源,把千方百计促进经济更快更好发展作为增加财政收入的根本性措施。加强征管,努力做到依法应收尽收。坚持实事求是,既不要惜收,也不要瞒报。要再接再厉,抓紧抓细抓实,继续保持当前财政收入快速增长的良好势头,确保全年财政收入任务的圆满完成。

(二)充分发挥财政职能,促进全省经济更快更好发展。牢固树立支持生产发展的观念,紧紧围绕全省的中心任务来展开工作。优化财政投资结构,发挥财政资金政策引导作用,支持一批对我省经济发展有重要支撑、能够影响和带动全局的"重中之重"项目,把增量调优。围绕培育壮大十大主导产业,用好产业结构调整资金、高新技术产业研发资金、传统产业技术改造资金,促进产业结构优化升级和经济增长方式转变,把存量调强。要结合中央有关支持政策,进一步完善激励性财政体制,加大转移支付力度,缓解部分县乡财政困难,搞好扩权强县政策的衔接,加快县域经济发展。

(三)认真落实好各项惠农政策,进一步加大对"三农"的支持力度。解决好"三农"问题,是我们全部工作的重中之重。要认真贯彻工业反哺农业、城市支持农村的方针,更多地支持农业和农村发展。认真贯彻今年中央一号文件精神,在不折不扣地落实好中央和省出台的对农业扶持政策的同时,抓紧研究建立农业财政投入稳定增长机制,不断提高农业综合生产能力,促进粮食稳定增产和农民持续增收。明年将全部取消农业税,要认真调研,提早做好准备。

(四)坚持"五个统筹",努力构建和谐河北。更加重视和加强社会事业发展,把更多的财力物力向科学、教育、文化、卫生、体育等领域倾斜。大力支持"一线两厢"战略的实施,促进区域经济协调发展。整合和集中使用各类环保和资源开发资金,加大生态环境保护力度,加快建设生态河北。积极调整和优化财政支出结构,保障十项民心工程的顺利实施,着力解决好与人民群众切身利益相关的突出问题,让人民群众得到更多的实惠。

(五)深化财政改革,加强财政监督。温家宝总理在全国十届人大三次会议上指出,健全公共财政体制,完善省级以下体制,深化预算管理制度改革。我们要结合河北实际,抓好贯彻落实。进一步推进依法理财,围绕推进行政权力公开透明运行,完善国库集中收付、政府采购和“收支两条线”等财政管理改革，优化财政资源配置，建立支出效益评价、考核监督、责任追究制度，探索绩效评价与财政资金安排挂钩的有效形式，把绩效评价结果作为今后预算安排的重要依据。厉行节约，坚持反对铺张浪费，绝不能因为财政收入形势相对好一些而忽视了勤俭节约。加强对超收返还激励性财政政策的追踪问效。认真贯彻国务院《财政违法行为处罚处分条例》，以省委、省政府确定的开展专项资金的综合治理为重点，加强财政监督，严肃财经纪律，严厉查处各种铺张浪费、大手大脚花钱的行为，把钱花在急需处，把钱花出效益来。

（六）加强财政部门自身建设，提高行政能力。牢记立党为公、执政为民的宗旨，坚持“两个务必”，加强财政部门自身建设特别是行政能力建设，切实做到为民、务实、清廉。以“服务基层、优化环境”为主题，实施“双提”工程，提速工作过程，提高服务质量，寓管理于服务之中，更好地为基层、企业和社会公众服务。以改革和制度建设为重点，加强廉政建设和反腐败斗争。加强对财政干部队伍的教育、管理和监督，努力建设一支人民满意的财政干部队伍。进一步唱响“树正气、讲团结、求发展”的主旋律，大力营造“干事、创业、为民”的浓厚氛围，卓有成效地做好财政工作，为实现河北经济社会更快更好发展，实现从经济大省向经济强省的跨越，建设和谐河北，实现全面建设小康社会的宏伟目标做出新的贡献！

（原载《河北财政》2005.4）

深入开展　务求实效
扎扎实实地推进我厅保持共产党员先进性教育活动

——河北省财政厅党组书记、厅长齐守印在省厅开展保持共产党员先进性教育活动动员大会上的讲话

（2005 年 2 月 1 日）

同志们：

1 月 5 日，中央召开了保持共产党员先进性教育的工作会议，曾庆红、贺国强同志都作了重要讲话，对教育活动进行了总动员、总部署。省委 1 月 24 日召开动员大会，对我省开展保持共产党员先进性教育活动作了部署和动员。按照中央精神和省委要求，我们今天召开动员大会，全面发动和部署我厅党员先进性教育活动。下面我就组织和开展好这次教育活动讲几点意见。

一、要充分认识开展先进性教育活动的重大意义，切实提高思想认识

对于开展先进性教育活动，一定要充分认识其重要性和必要性，高度重视，自觉地将思想和行动统一到中央和省委的战略部署上来。

（一）在全党开展保持共产党员先进性教育活动，是党中央审时度势作出的一项重大战略决策。党的十六大明确提出了开展共产党员先进性教育活动的任务，党的十六届四中全会又从加强党的执政能力建设的高度进一步作出了在全党开展党员先进性教育活动的决定。这是党中央坚持实事求是、与时俱进，立足新时期、新阶段、新任务对党的建设提出的要求；是着力解决党组织和党员队伍中存在的问题，提高党的执政能力、推进各项事业发展的重要举措。1 月 14 日，中央召开先进性教育专题报告会，胡锦涛总书记作专题报告，就共产党员保持先进性问题作了全面、深刻的论述。中央政治局常委对教育活动精心指导、周密部署，率先垂范，带头参加，并向全国派出 58 个督导组、300 多人的督导人员，设立了 80 多人组成的领导小组办公室，这充分体现了党中央对这项工作的高度重视和巨大决心。在省委召开的动员大会上，白克明同志作了重要讲话，对开展先进性教育活动的重大意义讲的非常深刻、透彻。省委通过认真研究、制发实施方案，对教育活动进行了部署，决定从 2005 年 1 月开始至 2006 年 6 月，在全省范围内分三批进行先进性教育活动，省市县党政机关及直属事业单位安排在第一批进行，从 2005 年 1 月开始到 5 月中旬结束。党政机关开展党员先进性教育，基层单位和党员群众都十分关注，社会各界也寄予厚望，因此，我们一定要以高度的责任感、严肃的态度和饱满的热情，抓紧时间，认真地投入到先进性教育活动中去，切实将这次先进性教育活动搞好，达到目标，取得实效。

（二）开展党员先进性教育活动是我们党所处政治地位的内在要求。巩固党的执政地位，提高党的执政能力，必须依靠党的先进性来保证。国际共产主义运动史上正反两个方面的经验都证明了这一

点。作为一个有着83年历史、执政55年的大党，我们党之所以能够始终走在时代前列而不落伍、保持生机活力而不僵化，根本原因就在于她代表社会前进的方向，反映广大人民群众的愿望，与时俱进地发展理论，从而保持了自己的先进性。国际上执政多年的党的正反面历史经验表明，只有保持党的先进性才能巩固和加强党的执政地位。党的先进性是我党存在价值之所系，要靠各级党组织和广大党员的先进性来实现。总的看，我们党的各级组织和党员队伍是符合先进性要求的。但同时也存在着许多与保持先进性要求不相适应、不相符合的问题，如一些党员理想信念动摇、党员意识和执政意识淡薄、事业心和责任心不强、思想作风不端正、工作作风不扎实、理论政策水平和业务技能素质不高，等等。如果不能及时认真克服这些问题，势必严重影响党的先进性，影响党同人民群众的血肉联系，损害党的形象和威信，威胁党的执政地位。因此，必须将这项教育活动抓好、抓实，抓出成效。

（三）开展党员先进性教育活动必将促进我省财政改革与发展、更好地服务全省经济发展大局。财政在全面建设小康社会、落实科学发展观、促进经济社会发展中占有举足轻重的地位。省委六届三次全会提出了“翻两番、三步走”的发展战略，在落实这项战略中，财政部门担负着重要的职能任务。为此，我厅制定了财政五年发展纲要，提出了“讲科学、求规范、重创新，兴财政、促发展、为人民”的理财思想。经过两年的努力，我省财政工作取得了喜人的成绩，在促进经济社会较快发展方面作出了积极贡献。今年省委、省政府提出了更快更好发展和建设和谐河北的目标以及“一条主线、两大支撑”的经济工作思路，厅党组据此确定了以“一个思想、五项目标、八项措施”为基本内容的工作重点，拟定了20项突破性业务工作。“千古兴业，关键在人”。目标任务已定，关键在于贯彻落实。开展保持共产党员先进性教育活动的实质，就是要提高党员的觉悟和能力，增强党组织的凝聚力和战斗力。认真开展好这次教育活动，必将为进一步提高全省财政工作水平提供思想上和组织上的保证。

（四）开展党员先进性教育活动有利于解决当前我厅机关存在的一些突出问题。教育活动必须紧密结合实际、有的放矢，才能收到实效。就主流而言，我厅党员干部队伍的思想觉悟、精神状态和工作作风是好的，是有战斗力的，绝大多数同志在各自工作岗位上开拓创新、团结奋进、兢兢业业、扎实工作，为推进全省财政改革、实现财政发展发挥了积极作用。但是，也存在一些不容忽视的问题。主要有两类：一类是“不适应”问题，主要表现：一是部分同志事业心、责任感不强，精神不振奋，有些处级干部推着走，一般干部跟着转，工作拖拉，不讲效率，只求过得去，不求做的好、过得硬。二是有些同志能力不强、本领不大，有些党员干部不读书、不看报、不研究、不思考，有的党员干部只会算死账，只热衷于分钱，对国内外先进的财经理论不甚了了，对全省全国经济社会政治动态关注不多，政策理论水平不高，难以适应财政改革与发展的需要。三是部分同志开拓创新精神不足，有些干部缺乏争先创优精神，对工作谋划力度不够，安于现状，业绩平平，缺乏朝气和活力。另一类是“不符合”问题，即同党的性质、宗旨不符合、相违背，主要表现：一是思想作风不端正，有的党员干部不专心于干好工作，而是热衷于吃喝玩乐、喝醉酒后胡言乱语；有些党员干部不比贡献大小、能力高低，只比升得快慢、福利多少；个别党员干部缺乏正义和良心，不想干事专整人，无中生有，捕风捉影，热衷于散布小道消息。二是个别党员干部不讲原则、不讲正气，或好人主义严重、不辨是非，对错误行为包庇纵容，或以人划线、亲亲疏疏、拉帮结派、排斥异己，不讲五湖四海，不讲团结。三是有些党员干部不能坚持立党为公、执政为民，在资金分配上不讲公平、不讲规范，优亲厚友、人情至上，甚至违反程序、给犯罪行为以可乘之机。四是有的党员干部忘记“两个务必”，不讲艰苦奋斗、勤俭节约，相互攀比、奢侈浪费；个别党员干部对内对外不讲服务、不讲协作、牛气霸气，甚至以权谋私、吃拿卡要。这些不符合党性原则的现象虽属支流、发生在少数单位和少数人身上，但其影响极坏、腐蚀作用极强，必须通过深入开展先进性教育活动着力加以解决，以利于改善机关作风和形象。对前述三个方面不适应的问题，也亟须通过先进性教育活动，提高认识，努力克服，以利于增强党员的先进性和党组织的凝聚力、战斗力，推进观念创新、管理创新、体制机制创新，提高理财从政能力。

二、要明确先进性教育活动的目标、任务，扎扎实实地搞好每阶段的教育活动

按照省委要求，教育活动以支部为单位，统一行动，分步实施，整体推进，大致利用四个月左右时间，在全体党员范围内全面开展。厅级干部在搞好班子教育活动的同时，还要指导分管处室、单位的教育活动，并参加所在支部教育活动。整个教育活动分三个步骤进行，厅党组制定的实施方案已经做出具体安排，各支部要按照要求扎实推进，坚持原则不走样，循序渐进不简化，突出重点不偏离。整个活动要以增强党性、促进工作为目标，以提高贯彻落实"三个代表"重要思想的自觉性和体现科学发展观的理财能力为重点，以解决突出问题为突破口，切实提高教育质量、强化活动效果。要重点把握好以下几个问题：

一是要把握关键不放松。为使教育活动搞得深入健康，要按照中央要求始终抓住学习实践"三个代表"重要思想这条主线，把握保持共产党员先进性这个主题，明确提高党的执政能力这个着眼点，坚持党要管党、从严治党这个方针；要按照省委要求把学习教育活动同提高党的执政能力紧密结合起来，同树立和落实科学发展观紧密结合起来，同加强党的基层组织建设紧密结合起来，同推进各项工作紧密结合起来。贯彻落实好中央的"四个一"和省委的"四个结合"要求，是开展好活动的关键。在整个教育活动中，我们要深刻领会，牢牢把握，始终坚持。

二是要狠抓突破口不手软。目前我厅存在的那些问题，偏离了党员先进性的标准，是同我厅担负的重要职能和财政改革发展大局不相适应、不相符合的。能否有效解决这些问题是衡量教育活动质量高低、成效大小的重要标志。教育活动中，全体党员和党支部要本着实事求是的原则，着力解决好三个问题，即：把增强立党为公、执政为民意识放在突出位置，解决好为谁掌权、为谁服务的问题；把提高领导水平、执政能力放到突出位置，解决好干事、创业、为民的问题；把改进作风放在突出位置，解决好工作质量、工作效率的问题。统一思想，端正态度，认真查摆问题，剖析原因，明确责任，坚决整改。要做到不护短、不遮掩，并自觉接受群众的评议和监督，决不能说空话、走过场，更不能不避重就轻、避近说远。每个党员都要明白，党组织绝不会跟个人过不去，而是希望自己的党员都是合格的、先进的。人非圣贤，孰能无过？知错就改，明智之举！固执错误，不思悔改，则会走向危险边缘。

三是要围绕目标不偏离。理财促发展、兴财为人民。深化财政改革，推进财政创新，更有效地发挥财政职能，提高财政干部队伍执政为民的能力和水平，是财政部门开展先进性教育活动的重要目标。要通过开展教育活动，提高思想觉悟，强化理想信念，进一步唱响"树正气、讲团结、求发展"的主旋律，增强"兴财政、促发展、为人民"的责任感和紧迫感，把心思、精力和聪明才智用在提高素质水平、争创一流业绩上，用在推进财政改革与发展上，用在谋事、干事、创业、为民上，不断开创财政工作新局面，努力为河北经济社会更快更好发展和构建和谐河北作出更大的贡献。

三、要严格按照教育活动的基本要求，推进教育活动的健康发展

这次先进性教育活动持续时间长，工作量大，思想性、政策性强。我们要按照教育活动的指导思想和四条具体目标要求、五条指导原则，高标准、高质量地完成教育活动，确保不走过场，确保不偏方向，确保取得实效。

第一，要抓住"主线"，深入学习。党员的先进性主要体现在思想政治素质上。开展先进性教育活动必须紧紧围绕学习贯彻"三个代表"重要思想这条主线，将坚持学习、提高认识贯彻始终。学习的重点要放在三个方面：一是深入学习"三个代表"重要思想，进一步加深对"三个代表"重要思想精神实质的认识；二是深入学习党的优良传统，如理论联系实际、密切联系群众、批评与自我批评和不骄不躁、艰苦奋斗等，通过学习，再次接受党的优良传统教育，进一步改进作风；三是深入学习党的组织纪律，既要学习党的纪律处分、党内监督等规定，明确"八个坚持、八个反对"，还要学习财经纪律，明确行为界限，增强遵纪守法的自觉性。学习中要沉下身、静下心，逐字逐句地将《保持共产党员先进性教育读本》通读一遍。通过学习，一要掌握"应知应会"的东西，知道哪些该做，哪些不该做；二要掌握保持共产党员先进性的基本要求，明确先进性的内涵；三要理解"三个代表"重要思想的实践意义，结合我厅财政工作实际、结合个人思想实际，按照"三个代表"要求改进工作、改造思想，坚持边学习、边思考、边对照、边改进，切实做到真学、真懂、真信、真用，努力把"三个代表"重要思想转化为财政工作的指针，转化为行为准则和价值尺度，最终转化为我们的理想信念。

第二，要准确把握政策，坚持正面教育。在教育的方式、方法上，要以正面教育、自我教育为主，以相互批评帮助为辅，着重进行干部的思想、作风和理想信念教育，立足调动党员主观能动性，着眼党员解决自己的问题，坚持用发展统一思想，用事业凝聚力量，不搞人人过关，不搞揭发批判，不搞群众运动。通过教育，广大党员要在思想认识上有新的提高，在精神状态上有新的振奋，在作风上有新的改进。因此，每个党员都要将注意力主要集中于自我学习提高和对自身严格解剖上，既不能两眼盯着别人、不看自己，也不能对人严、对己宽，批评别人要出以公心、待以诚恳、与人为善、有理有据，绝不允许造谣中伤、捕风捉影和借机发泄私愤。同时，也要坚决反对好人主义、搞无原则的一团和气。同志之间要少说奉承话、恭维话、感谢话，多讲真话、讲实话、讲心里话，彼此见思想、相互见真诚，通过教育达到自我教育、通过批评达到自我批评的目的，将民主生活会开出质量、开出实效。各支部主要负责同志要切实负起责任，把握好政策，教育大家既要认真查找自己和其他同志的问题，又要坚持正面教育为主，相互批评要坚持"团结—批评—团结"的正确公式。在干部考核任用等方面，厅党组将更加注重全面考察，肯定不会惟选票论英雄，并且要把每个党员干部在这次教育活动中的实际表现作为重要参考依据。

第三，要充分发扬民主，坚持群众路线。活动中党员领导干部要广泛征求一般党员群众意见，自觉接受监督，虚心听取评价；一般党员要征求其他党员和群众的意见，接受他们的监督和评价。要闭门自省、开门整改，疏通渠道、广开言路，采取调研、谈心、座谈、意见箱等方式广泛听取群众意见。听到别人的批评意见时，要抱以"言者无罪，闻者足戒"的态度，切实以"有则改之、无则勉之"的豁达心态对待批评意见。每位党员都要通过自己找、群众提、大家议，深刻分析党性状况，写出党性分析材料。活动结果要置于群众监督之下。教育活动结束之前，厅领导小组要对各支部的教育活动开展情况进行群众满意度测评；多数群众不满意的，要及时进行"补课"。走过场或弄虚作假的要追究责任。

第四，要区别情况，分类指导。作为国家机关，我厅党员的主要差异是职级不同和在职与不在职之别。实施方案已根据这些差异提出不同的要求。厅领导班子及成员重点解决科学理财、民主理财、依法理财、勤政廉政以及落实科学发展观等方面的问题，提高在财政领域的执政能力，以实现执政兴财、发展为民的目标；处级及以下党员干部要着重解决好精神状态、履行职责能力、服务意识、工作作风、廉洁自律和党性观念方面的问题，振奋精神，锐意进取，开拓创新，提高工作能力，增强党性观念，发挥先锋模范作用，推动各项财政工作不断上台阶，各项财政改革不断取得新成效。离退休干部同样要保持先进性。离退休党员当中也存在一些问题，主要是个别同志在离开工作岗位以后余热发挥不够。通过教育活动，要使离退休的党员同志做到人退觉悟不退、党性不衰、奉献精神不减，充分发挥经验丰富、善于调查研究的优势，当好财政改革与发展的参谋和支持者。

第五，要围绕中心，统筹安排。按照省委要求，我厅教育活动安排近 4 个月时间，这需要花费一些时间和精力。但是，先进性教育活动与财政业务不是两件孤立的事情，它们是相互联系、相互促进的。教育活动本身不是目的，目的是促进各项工作，使"三个代表"重要思想和科学发展观在财政工作中得到更好地贯彻落实，是为了不断开创财政工作新局面。因此，教育活动和日常工作在本质上是一致的、不矛盾的。深入开展先进性教育活动与全面推进财政工作不仅可以有机结合起来，而且必须有机结合起来，这样才能收到好的效果。当前，财政工作任务很重，业务繁忙，必须妥善处理好开展先进性教育活动和做好各项工作的关系，切实做到两手抓、两不误，相互促进、共同提高，既不能敷衍了事、借口工作忙而不认真负责地抓教育活动，也不能因为开展教育活动而延误各项业务工作的开展。

四、切实加强对教育活动的组织领导，确保教育活动取得实效

先进性教育活动是当前省市县党政机关政治生活中的头等大事，要高度重视、加强领导，精心组织、周密安排，确保教育活动领导有力、组织到位、措施得当、效果明显。一是加强领导。为了加强对先进性教育活动的领导，党组决定成立先进性教育活动领导小组，由我任组长，金城同志和绍伟同志任副组长，其他厅领导为成员。下设以绍伟同志为主任、立敏同志为常务副主任的办公室，机关党委、人教处、纪检组、办公室为成员单位，办公室综合组设在机关党委，负责日常总的协调工作，同时在厅办公室设宣传组、在人教处设督导组。二是实行责任制。我作为全厅教育活动的第一责任人对全厅教育活动负总责，绍伟同志牵头协调组织日常工作，其他厅领导分工负责，具体指导抓好分管处室的教育活动。厅领导班子成员还要实行联系点制度，在搞好自身先进性教育的同时，参加联系点教育活动，负责调查研究和督导检查。各支部书记为本支部第一责任人，负责本支部教育活动任务的落实。要形成一把手负总责、一级抓一级、一级带一级、层层抓落实的工作格局。要集中精力搞好学习教育活动，全厅党员特别是处级以上干部，在集中学习期间，除特殊情况经批准外，一律不许外出。三是领导带头。厅级干部在以普通党员身份参加所在支部活动的同时，还着重开展“八好”活动，即：做好学习交流、上好党课、搞好调查研究、走好群众路线、写好党性分析材料、开好民主生活会、抓好联系点、制定好整改措施。各支部班子成员在加强自身教育的同时，要发挥示范作用，带头学习，带头剖析，带头开展批评与自我批评，带头整改，扎扎实实地抓好每一个环节，高质高效地开展好活动。四是把握好进程。活动中要注意调查研究，及时总结经验、发现和推广典型，及时发现问题和偏差，及时引导和纠正，推动教育活动健康顺利开展。集中教育活动结束后，从5月中旬到7月中旬，我们还要安排2个月时间，对整改措施的落实情况进行一次回头看，对评议出来的优秀党员和先进基层党组织进行表彰，对不符合党员条件的进行处理，巩固和扩大教育活动的成果。

同志们，我厅党员先进性教育活动已正式开始。我们深信，在省委的正确领导和省委驻我厅督导组指导帮助下，经过全厅党员的共同努力，这次教育活动一定能够取得良好的效果：全厅党员一定会精神更加振奋，理想信念更加坚定，正风正气得到弘扬，各项改革和管理工作开创出新局面！

保持共产党员先进性要从现在做起，动员会后很快就要过春节，节日期间要按照中央保持共产党员先进性领导小组关于做好春节期间先进性教育活动的通知要求，利用节日搞好自学，把规定书目通读一遍；认真帮助群众解决实际困难，开展好送温暖活动；广泛听取群众意见，主动听取群众对先进性教育的建议，找准存在的突出问题，并及时向党组织报告；坚持清正廉洁，自觉移风易俗，严格遵守中央和中纪委的有关规定，使广大群众感受到今年的春节有新气象。

在省财政厅党员先进性教育活动整改提高阶段动员大会上的讲话

左绍伟

（2005年5月17日）

同志们：

今天这次会议的主要任务是，总结分析评议阶段的工作情况，部署安排整改提高阶段的工作。刚才陈厅长通报了厅领导班子民主生活会的情况，立敏同志宣读了我厅《先进性教育活动整改提高阶段实施方案》，一会儿省委督导组组长王洪生同志还要作重要讲话，请各处室、各单位和全体党员认真学习领会，一并抓好落实。

我厅保持共产党员先进性教育活动自3月27日转入分析评议阶段，一个多月来，在省委的正确领导和驻我厅督导组的有力指导下，厅党组、全厅各基层党组织和全体党员高度重视，认真落实各项规定，按照“关键要取得实效”的要求，积极查找存在的突出问题，深入开展批评与自我批评，坚持边议边改，顺利完成了分析评议阶段的各项工作，取得了较好的阶段性效果。前一阶段的工作主要有这么几个特点：

一是高度重视，领导带头。全厅党员对分析评议阶段的活动十分重视，以严肃认真的态度对待这一阶段的工作，一方面帮助厅领导班子和所在处室领导班子及其成员查找问题和不足，同时还主动查找自身存在的突出问题，做到了不怕露思想，不怕丢面子，查找问题不怕丑，深刻剖析不怕疼。厅级和处级领导班子成员自觉发挥表率作用，在精心组织和加强指导的同时，带头征求党员、群众意见，带头开展谈心活动，带头开展批评与自我批评，带头进行自我剖析，带头边议边改，以实际行动为广大党员做出了表率，为找准突出问题、挖深挖透思想根源、保证取得实效起到了关键性作用。

二是广开言路，深查真找。厅先进性教育活动办公室统一向124个省直部门发出征求意见函，向各市政府及市财政部门发出征求意见函的同时，党组成员还分头向11个市财政局打电话，直接征求各市财政局并通过他们向各市政府征求了意见。包括各支部在内,全厅共发征求意见函 3477 份,走访党员群众 1288 人,召开座谈会 195 次,诚恳征求有关部门、单位和党员群众的意见和建议。其中,厅党组分别于 4 月 1 日、4 日和 5 日召开了正处级干部座谈会、一般党员代表座谈会和群众代表及民主党派人士座谈会,虚心听取大家的意见和建议。与此同时,设置意见箱 20 个,征求不愿当面提的意见;厅领导班子成员还通过参加所在支部和分管处室的活动,并到农村、企业和省直部门以调研的方式听取各方面的意见和建议。各支部之间主动上门征求意见,询问不足。通过这些活动,厅领导班子共征求到意见和建议 141 条,经过梳理,按职责分工分解落实到有关厅级干部个人,明确了问题的责任归属。各支部共征求意见 770 条,也都进行了认真研究和梳理、归纳,并落实到人头。

三是敞开心扉,深入交流。从 3 月 28 日到 4 月 5 日,全厅党员广泛开展了谈心活动。厅领导班子成员之间开展了一对一的谈心、交心,厅领导班子成员同所在支部和分管处室之间、各支部主要负责同志同党员之间、一般党员相互之间也都广泛开展了谈心活动。许多同志白天没有时间就利用晚上,工作日没有时间就利用周末,尽可能扩大谈心面。据初步统计,全厅谈心人数达 500 多人。绝大多数同志能够做到敞开心扉、推心置腹、以诚相见,从而沟通了思想,找到了问题。结合查找到的问题,全厅党员对自己的党性状况进行了认真分析,对问题根源进行了深刻剖析,明确了努力方向,在此基础上,除部分老同志因健康原因未能撰写外,全厅党员都认真撰写了党性分析材料。

四是放下包袱,认真批评。从 4 月 11 日起,全厅各级党组织先后召开了专题民主生活会和组织生活会。生活会上,同志们认真剖析个人的党性情况,本着对党、对事业、对自己高度负责的精神,开展了批评与自我批评,重点分析在理想、信念、宗旨、作风、纪律、精神状态、廉洁自律等方面的不足,对存在问题的根源进行剖析,并明确了个人的努力方向。生活会上,全厅党员能够正确运用批评与自我批评这个武器,客观实在、坦诚直言,既量人短,又回头自量,做到了不文过饰非、不回避矛盾,既不夸功又不整人,使大家进一步明确了自身存在的问题和不足,进一步明确了努力方向。按照有关规定,生活会情况和组织对个人的评议意见都在一定范围内进行了通报,保证了广大党员和群众的监督。

五是边议边改,初见成效。本着边查找、边分析、边评议、边整改的原则,对于能够立即解决的问题,有关处室和党员立即进行了解决,有些问题将在整改阶段解决。从全厅情况看,主要是制定了落实理财原则、提高科学理财能力、创建"六型"机关的意见。修订了我厅《工作规则》,充实了科学决策的有关内容。制定了《关于开展机关效能建设,实施"双提"工程的意见》,明确了"提速工作过程,提高工作质量"的总体目标。制定了开展调查研究的方案,明确调研课题,促进了工作作风的转变。

"五一"以后,我们利用一周时间,按照十个方面的要求逐一进行了"回头看",厅先进性教育活动办公室也组织力量对分析评议情况进行了全面检查。总体来看,我厅分析评议阶段的工作是顺利的,达到了这一阶段的目标要求。这是全厅党员共同努力的结果。在这期间,省委督导组对我厅活动一如既往地给予了认真指导、严格把关,保证了我厅教育活动各项任务的顺利完成,对此我代表厅党组对他们表示诚挚的谢意。经省委督导组审查同意,我厅已经具备了转段条件,从今天起转入整改提高阶段。下面,就整改提高阶段的工作,我再讲几点意见:

一、充分认识做好整改提高阶段工作的重要性

先进性教育活动的三个阶段是一个互相关联的整体,思想发动是基础,分析评议是关键,整改提高是目的。整改提高阶段就是在前两个阶段工作的基础上,集中时间、集中精力进行整改、抓好落实的阶段。胡锦涛总书记多次强调,开展先进性教育活动关键是要取得实效,要让先进性教育活动成为群众满意工程。能否达到这两项要求,能否实现预期目标,关键在于整改工作是否深入扎实。对于我厅来说,搞好整改提高的重要性还在于可以巩固我厅多年来形成的求真务实、昂扬进取、锐意创新的良好风气和谋事、干事、创业、为民的健康氛围,可以进一步提高党员的党性修养。我厅在统一思想、提高认识和找准问题、边议边改上取得了较好的效果,全厅各基层党组织和全体党员一定要十分珍惜前两各阶段取得的成果。"行百里路半九十"。整改提高阶段是最关键的一步,这最后"十里"走不好就会前功尽弃。因此要善始善终,继续以饱满的政治热情、良好的精神状态、务实的工作作风,扎实深入地搞好整改,力戒松懈思想和厌战情绪,防止虎头蛇尾、有始无终。

二、突出重点，明确目标，扎扎实实地搞好整改

整改提高阶段包含制定整改措施和整改方案、整改、公布整改情况等三个环节，初步安排一个月左右的时间，大致到6月中旬结束。这一阶段时间紧、任务重，有大量的工作要做，特别是对一些涉及全省经济社会发展，涉及财政改革与发展的重大问题，整改过程中，需要深入研究，认真谋划，制定切实可行的方案，作出制度安排和机制创新。因此要抓住主要矛盾，集中精力解决好这些突出问题。

一是制定切实可行的整改方案。根据中央和省委要求，领导班子、各级党组织要制定整改方案，党员个人要制定整改措施。党员个人要结合党组织的评议意见，对存在的问题作进一步反思，认真修改党性分析材料，制定出符合自己实际的整改措施。领导班子和党组织要围绕存在的突出问题，广泛开展调研，多方征求意见，认真研究制定整改方案。对于整改方案或措施，要按照我厅教育活动《实施方案》规定的权限审查把关。对于整改目标不够明确、整改措施不够具体的，有关责任人要及时指出，帮助修改、完善。制定整改方案或措施时，要把握好以下几点：一要明确具体、可操作性强。整改措施要针对查找出来的突出问题制定，要明确具体，具有可操作性。不能过于模糊、过于抽象，不能无从下手、无法执行，更不能泛泛而谈，搞“空对空”。二要重点突出。整改的重点要结合工作实际中的重大问题确定，特别是要认真贯彻落实郭省长昨天在全厅干部大会上的讲话精神，体现识大体、顾大局、抓大事的思想，围绕破解影响河北经济更快更好发展与构建“和谐河北”的体制性障碍来确定，围绕促进全省财政改革与发展乃至公共财政的构建的重大问题来确定。党员个人也要把重点放在解决影响全省改革与发展大局的思想观念、工作作风、宗旨意识和精神状态等关键问题上。总之，这次整改工作要着眼于全省经济社会发展的大局，下大功夫抓大事、解决大问题，不要追逐细枝末节。三要根据各单位工作职能特点，有针对性。我们厅各类单位较多，既有行政处室，又有事业单位；既有综合性较强的处室，又有分管某一方面工作的处室，担负着不同的工作任务，既有共性问题，又有个性问题。各单位要结合本部门的特点去认真思考，制定整改方案，不要搞成千人一面。否则，就不会有针对性，整改方案也就失去了意义，整改也就可能走过场。四要切实可行。整改措施既要讲前瞻性和合理性，又要讲可行性。既要解决必须解决而又能解决的问题，同时又不能脱离实际，提出一些不切实际的、口号式的、不解决问题的措施和办法。同时要充分考虑解决问题的轻重缓急和难易程度，既有近期目标，又有中长期安排，既要尽力而为，又要量力而行，围绕最突出的问题去集中解决。

二是下大力量认真整改。整改工作仍然要坚持把学习实践“三个代表”重要思想作为主线贯穿始终，本着“提高党员素质、加强基层组织、服务人民群众、促进各项工作”的目标要求，高扬“树正气、讲团结、求发展”的主旋律，按照经审核的整改措施扎扎实实地进行整改。一要严肃认真，切实整改，不许摆花架子，不做表面文章。二要明确整改时限。具备条件的要立即改，经过努力能够解决的限时改，对一时无法解决的，也要抓紧调查研究，积极创造解决条件；对于涉及多个处室（单位）的问题，有关处室（单位）要加强沟通，需要协调的，厅办公室要抓紧协调，以求使问题尽快解决。三要明确责任。领导班子和党组织的整改，要分解整改任务，明确责任人，确保落实。党员个人的整改要同落实我厅党员保持先进性的标准和履行岗位职责结合起来，自觉发挥主动性和创造性，努力提高整改效果。

三是坚持开门整改。整改工作要发扬党内民主，坚持群众路线。一要民主制定整改措施。要主动请广大党员群众积极参与整改措施的制定，领导班子的整改方案要在广泛深入地听取党员群众意见的基础上，集体研究审定。党员个人制定整改措施要主动听取其他党员和群众的意见。二要公开整改情况。集中整改阶段工作基本结束时，党员要在支部生活会上汇报个人整改的情况；党支部整改的情况，要向本处室（单位）全体职工公布；厅领导班子整改的情况，要在全厅范围内公布，自觉接受群众监督。三要进行群众满意度测评。按照中央和省委要求，整改提高阶段结束后，以整改情况为重点，对整个先进性教育活动进行满意度测评，多数党员群众不满意的，还要进行“补课”。

四是建立长效机制。要注意把落实整改措施与建章立制结合起来，建立起解决问题的长效机制，从制度上堵塞漏洞，把整改措施制度化。要立足当前，着眼长远，把落实整改措施与推进河北经济社会加快发展结合起来，与推动全省财政事业长远发展结合起来，与加强党的基层组织建设结合起来，与建立健全“让党员受教育，使群众得利益”的长效机制结合起来。在解决存在的现实问题的同时，要总结运用先进性教育活动的经验，创新工作思路和工作机制，建立健全促进财政改革与发展和加强基层组织建设与党员教育管理的规章制度，建立全面的加强领导班子建设及机关建设的长效机制。

三、明确各自职责，加强组织领导

当前，各项工作十分繁忙。各党组织要精心组织、加强领导，坚持“两手抓、两不误”，采取有效措施，确保“两促进、两提高”。各级基层党组织要增强搞好整改提高的主体意识、责任意识和创新意识，充分调动大家的积极性，群策群力搞好整改；要在抓好自身整改的同时，加强对党员个人整改的指导和督促检查。党员领导干部要切实履行自己的责任，对整改阶段的工作认真研究，有计划、有组织地抓好落实；党员领导干部还要带头制定整改措施，带头进行整改，自觉接受监督，在转变作风、改进工作、提高效率方面做出表率。厅先进性教育活动办公室要统筹安排好工作，并注意上下联系、左右沟通，发现新情况，研究新问题，制定新措施，把握进程、加强督导，确保整改提高工作沿着正确的方向顺利推进。

同志们，我厅先进性教育活动整改提高阶段的工作任务更关键、要求更严格，做好了效果就会更加明显。在随后的一个月里，我们要以饱满的政治热情、高度的政治责任感，把这次先进性教育活动不断引向深入，确保教育活动取得实实在在的效果，真正成为“群众满意工程”。

在省财政厅保持共产党员先进性教育活动总结暨“七一”党员表彰大会上的讲话

齐守印

（2005年6月23日）

同志们：

今天召开这次会议，主要任务是对我厅保持共产党员先进性集中教育活动进行总结，对巩固和扩大整改成果工作进行部署，同时，结合“七一”党建活动，对我厅2004－2005年度的先进党支部、优秀共产党员及优秀党务工作者进行表彰。刚才，厅党组副书记、副厅长左绍伟同志宣读了中共河北省财政厅机关委员会的表彰决定，一会儿，省委督导组组长王洪生同志将作重要讲话，我们要认真学习领会，抓好贯彻落实。下面，我代表厅党组对我厅的先进性教育活动作总结报告。

一、我厅先进性教育活动的简要回顾

根据省委决定，我厅先进性教育活动自2月1日开始至今近5个月来，在省委教育活动领导小组和省委驻我厅督导组的正确领导下，全厅各支部及广大党员干部，认真贯彻中央和省委的要求，精心组织、周密部署、大胆探索，圆满完成了教育活动的各项工作任务。经6月14日先进性教育活动满意度测评，我厅教育活动的总体测评满意度为100%，教育活动达到良好预期目标。鉴于我厅教育活动情况已在测评会议上进行了详细总结，现就活动开展情况作一简要回顾。

（一）领导重视、发动及时，形成了积极开展先进性教育活动的浓厚氛围。活动效果好不好，关键在领导。正是基于这样一种认识，先进性教育活动开展伊始，我厅便把这项工作纳入“一把手”工程，以党员先进性教育统领财政工作全局。按照省委的要求，我厅迅速成立了由党组一把手任组长，厅领导班子全体成员参加的教育活动领导小组、制定了《教育活动实施方案》，并于2月1日及时召开党员大会，对全厅教育活动进行动员部署。活动期间，围绕“关键要取得实效”的基本要求，厅党组书记作为第一责任人，率先垂范、以身作则，其他厅级领导分工协作、各尽其责，全体党员积极参与、密切配合，并严格落实教育活动责任制，坚持一级抓一级，层层抓落实。由于领导重视、发动及时、组织周密，在我厅迅速掀起了开展保持共产党员先进性教育活动的高潮，形成了先进性教育党组统一领导、责任明确、指标量化、逐级负责、全员参与的良好局面。另外，为保证教育活动扎实开展、不走过场，我们以制度作保障，制定了领导干部教育活动日公布制度、领导干部联系点制度、支部联络员制度、领导小组和办公室例会制度等组织督导制度。这些强有力的措施增强了教育活动的主动性和规范性，保证了活动的健康开展。

（二）突出主题、学教结合，努力夯实先进性教育活动的理论基础。正确把握先进性教育活动的主题思想和目标要求，读懂吃透先进性教育活动的理论文献，是教育活动得以顺利开展并取得实效的基础。为此，在学习动员阶段，我厅按照省委的要求，紧紧抓住学习实践“三个代表”重要思想这条主线，牢牢把握保持共产党员先进性这个主题，紧密联系财政工作实际，采取集中学习与个人学习相结合的方式，开展了以“领导讲、党员学，党员问、领导答、相互议”为主要形式的“双教双学”活动，系统学习了教育活动要求的必读文献和领导讲话精神。同时，通过列专题形式，深入开展了专家作专题报告、典型事迹报告、接受革命传统教育、警示教育以及慰问老党员、老革命和访贫问苦等系列活动，进一步丰富了学习内容，加深了党员对党及党员先进性的认识。在学习过程中，厅党组充分发挥模范带头作用，党组书记及其他党组成员带头学理论、带头讲党课、带头受教育、带头搞调研，带动和激发了全厅党员干部旺盛的学习热情。各支部书记切实发挥基层党组织的领导核心作用，引导和带领本支部党员积极开展各种形式的学习教育活动，既完成了学时要求，又保证了学习效果。预算处（预算编审中心）党支部以列专题形式详细制定学习计划，既保证了政治学习与业务工作忙而不乱，又提高了学习的针对性和实效性，围绕促进县域经济发展开展调研，加快了深化县乡财政体制改革方案的制定；农业处党支部创新调研方式，省部联手，问计“三农”；企业处党支部深入井径矿区，认真调研困难国有企业的扶持政策；老干部处、信息中心党支部分别采取有效措施，确保离退休、提前离岗党员和聘用党员的全员教育；省注协党支部认真开展“七个一”专题活动，学习教育有新意、见实效；政府采购办、投资评审中心党支部学习内容把握一个“深”字，不仅“知其然”，而且“知其所以然”。国富集团党委开展学习教育“八好”活动，教育质量高、学习效果好；尤其需要指出的，我厅广大离退休老党员、老干部，“离岗不离心、退休不褪色”，积极参加并完成教育活动的各项规定动作，表现出空前的参与热情，他们的行动令人鼓舞，让人钦佩。

（三）广开言路、深查不足，找准党员自身及财政工作存在的突出问题。为了使教育活动取得实效，在分析评议阶段，我们以查找党员自身和财政工作中影响河北经济社会更快更好发展以及涉及群众切身利益的突出问题为重点，采取了发放征求意见函、组织民主生活会、谈心交流、上门走访、电话征询等多种形式，坚持边议边改，认真进行党性分析，深入开展批评和自我批评。经过对所征 911 条意见和建议的分析梳理，全厅共在落实科学发展观、财政体制改革、财政管理机制创新以及机关队伍建设等方面查找出四个层次、八个方面的突出问题。这些问题抓住了症结，为后期整改奠定了基础，也为活动取得实效提供了保证。在分析评议过程中，厅党组书记及其他党组成员，带头进行党性分析、开展批评和自我批评，带头进行边议边改，带头制定个人的整改措施，真正起到引导、督促、示范作用。各处室负责人也在本支部做到了以身作则，率先垂范。在厅处两级领导干部的直接带动下，全厅党员的活动热情十分高涨，评议效果非常明显。科研所党支部在分析评议中“三查三看三比”，真诚谈心交心，有力增强了支部的凝聚力和战斗力；纪检组党支部立足本职工作，积极探索先进性教育和警示教育活动有机结合的新途径；经济建设处党支部对党员干部提出有为、善学、畅言、慎行、补位的具体要求，进一步明确了整改方向；教科文处党支部走访贫困山区，深入调研农村义务教育“两免一补”政策、计划生育家庭奖励扶助政策的落实情况，并会同财会杂志社党支部开展捐资助教活动；行政政法处党支部实地走访对口服务部门，诚恳征求意见，从不同角度深挖细挖存在的问题；综合处、农税处党支部认真开展“一对一”谈心活动，党员之间加深了了解，增进了团结；会计服务中心（函校）党支部利用业余时间，本着“四见”原则，深入开展谈心活动，谈出了干劲，凝聚了人心；省农开办党总支除积极参加全厅的教育活动外，还具体组织、指导了所属各支部完成教育任务，工作开展得有声有色、扎扎实实。

（四）积极稳妥、注重实效，切实做好整改提高工作。为了推进厅党组整改工作，提高整改质量，经过认真研究，我厅及时制定了《先进性教育活动整改方案》，抓住重点、分清难易，在五个方面狠抓问题的整改和提高。一是围绕促进全省经济更快更好发展，着力解决涉及财政的体制、政策和机制问题；二是围绕构建“和谐”河北，着力促进经济社会协调发展；三是围绕集中财力办大事和财政管理改革，着力解决提高财政资金使用效益问题；四是围绕加强领导班子建设，着力解决提高谋大事、抓大事的能力问题；五是围绕提高机关效能和科学理财能力，着力推进“六型机关”建设。同时，我们对整改措施进行了责任分解，将整改任务落实到每一位厅级干部及相关责任处室，确保了整改工作的针对性和实际效果。截止目前，在厅党组和各支部查出的363个具体问题中，已经整改219个，正在整改的144个。活动期间，全厅各支部都紧密结合自身实际，开展了卓有成效的整改提高工作。办公室党支部围绕“双提”工程的总体目标，及时修订了我厅工作规则，起草了《加强督查督办工作的意见》和《加强政务协调工作的规定》，规范了理财行为，提高了工作效率和质量；人教处（培训中心）党支部围绕“六型”机关建设，认真开展“三心型”处室创建活动，使全体党员明确了努力方向，给先进性教育注入了新鲜活力；社保处（社保中心）党支部结合全厅“六型”机关创建活动，率先制定并有效实施了“六型”处室建设方案；国库处（支付中心）党支部研究制定了进一步推进市县财政国库管理制度改革的指导意见，加快了市县国库体制改革进程；机关服务中心党总支制定措施，精打细算，厉行节俭，努力降低机关服务成本；财政监督处（监督局）党支部创新财政监督机制，积极推进财政监察组委派制度试点工作；税政处、条法处党支部深入研究财税政策，为全厅依法理财把好政策关口，为领导部门决策当好法律参谋，加大财政立法和普法工作力度；涉外处（外债中心）党支部进一步加大国外贷款工作力度，促进全省涉外财政工作再上新台阶；会计处党支部会计管理各项工作时刻体现“便民、利民”原则；省非税收入管理局党支部深入一线调查研究，制定和推行更加科学的征缴管理程序。

二、我厅先进性教育活动取得的显著成效

在先进性教育活动过程中，全厅各支部及广大党员干部，按照省委的统一部署，认真贯彻“三个代表”重要思想，坚持边学边改、边议边改、边整边改，保证了教育活动的扎实推进，取得显著成效。

（一）思想认识得到明显提高。通过先进性教育，全厅广大党员深刻理解了教育活动的理论基础和重要意义，进一步明确了党及党员先进性的基本内涵和根本要求，理财为民的宗旨意识显著增强，永葆先进性的理想信念更加坚定。党员干部的精神面貌在三个方面得到明显改善：以业为重、踏实肯干，有着强烈的事业心和责任感的同志多了，无所事事、工作拖沓，见困难绕道走，遇矛盾就上交的少了；敢于负责、勇挑重担，顾大局、讲奉献的同志多了，拈轻怕重、推诿扯皮，图实惠、讲“价钱”的少了；比学赶帮、不甘人后，人心思干、人心思进的同志多了，得过且过、自甘落后，不思进取、安于现状的少了。

（二）工作作风有了进一步转变。通过加强“六型”机关建设，全厅党员干部的服务意识和服务水平明显提高，工作作风在四个方面进一步转变。一是进一步从一般服务向热情服务转变。热情贯穿于工作的始终。二是进一步从被动服务向主动服务转变，主动深入基层和对口服务部门了解情况，帮助解决实际问题的现象蔚然成风。三是进一步从任意服务向规范服务转变。通过建立健全规章制度，财政管理日趋制度化和规范化，理财行为得到进一步规范。四是进一步从普通服务向优质高效服务转变。勤政、廉洁、优质、高效已经成为全厅党员干部工作中恪守的基本宗旨。

（三）财政工作得到有力促进。一是加强协调调度，大力增收节支，全省预算执行情况良好。1至5月份，全省全部财政收入完成444.7亿元，超过时间进度11.9个百分点，同比增长29.4%。全省一般预算支出262.3亿元。二是全面落实科学发展观，按照公共财政的基本要求，着力理顺财政体制，创新管理机制，财政预算编制、国库集中收付制度、政府采购、出口退税机制、收入分配制度等项改革稳步推进，有了新的创新和突破。三是提升谋大事、抓大事的理财境界，本着集中财力办大事的原则，加大了全厅20项突破性业务工作的落实力度。四是按照“党员受教育，群众得实惠”的基本要求，涉及全省广大人民群众切身利益的粮食直补资金已全部下达到位，加大并加快了社会保障补助支出、教育事业费支出和医疗卫生支出的力度与进度。同时，公教人员工资发放、“两个确保”、城市低保等人民群众普遍关心的财政热点、难点问题得到较好解决，真正使先进性教育活动成为群众满意工程。

总之，按照省委的要求，我厅顺利完成了先进性集中教育活动的各项工作，取得了一定成绩，获得了一些经验。我们深知，以上成绩的取得，是省委先进性教育活动领导小组正确领导的结果，是省委督导组关心指导的结果，是社会各界大力支持的结果，更是全厅各级党组织及广大党员干部共同努力、辛勤工作的结果。在此，我代表厅党组向省委领导特别是省委督导组领导表示衷心的感谢！向积极参加教育活动的全厅广大党员干部，特别是认真做好教育活动组织工作的党务工作者和优秀党员表示亲切的慰问！

三、巩固和扩大先进性教育成果是党建工作的长期任务

保持党和共产党员的先进性，是对各级党组织以及每位党员干部的基本要求，是一项需要长期坚持的政治任务。我们应当看到，集中教育活动取得的成效仅是初步的，巩固和扩大整改成果的任务还十分艰巨。按照省委的要求，在集中教育活动基本结束后，从 6 月下旬至 9 月下旬，利用三个月时间，切实做好巩固和扩大整改成果工作。

（一）继续抓好整改方案和整改措施的落实工作。按照省委的要求，我厅已经制发了《先进性教育活动整改方案》及《整改措施责任分解》。在整改方案和整改措施中，既有能够在较短的时间内解决的问题，也有需要制定中长期规划，分步骤加以整改的问题，不可能在集中教育活动中毕其功于一役。因此，我们必须在今后的工作中进一步加大整改措施的落实力度。

一要全面落实整改工作责任制。要按照我厅整改方案和责任分解的要求，进一步明确和细化整改责任。厅党组书记作为第一责任人，对全厅的整改工作负责，并直接督促厅党组的整改落实情况；各位厅领导班子成员对分管处室（单位）整改落实情况负责，并及时进行督导；各支部书记对支部及本支部党员的整改情况负责，并进行督导。在巩固和扩大整改成果期间，厅先进性教育活动办公室继续保留，重点抓好整改方案和整改措施的督促、检查和落实工作。

二要对存在的问题继续下大力抓整改。要对存在的问题和整改措施作进一步检查梳理。对在教育活动期间已经解决了的问题，要做好巩固工作，防止出现反弹；对正在解决和能够解决的问题而尚未解决的问题，要集中力量切实解决；对暂时不具备解决条件的问题，要积极创造条件，探索解决问题的办法和途径，争取尽快解决。

三要建立健全规章制度。要在充分调查研究的基础上，进一步健全规章制度，对已经整改的问题，实践证明措施可行，方法有效，可以长期坚持的，要以规范的制度固定下来，并在工作中认真贯彻落实，确保问题得到根本性解决。

四要坚持做到边改边查。在落实整改措施的同时，要进一步查找随时出现的新问题，并按照问题的轻重缓急，认真加以整改。

五要认真搞好追踪问效。建立定期汇报制度，厅领导班子个人和各处室（单位）负责人要按月向厅党组和教育活动办公室汇报整改进展情况；每个党员要随时向本支部汇报整改情况；厅教育活动办公室将定期公示全厅整改措施的落实情况。

（二）建立和完善保持共产党员先进性长效机制。在总结分析前期教育活动成功经验的基础上，要按照“坚持有效的、完善不足的、补充需要的”和“科学、管用、长效”的原则，探索建立新形势下“党员长期受教育、永葆先进性”的工作机制，用制度和机制巩固教育活动成果，使广大党员干部切实做到“六个模范”。

一是建立健全党员学习教育机制。要结合创建学习型机关，将党员学习教育的时间、内容、形式能固定的固定下来，能量化的要量化，逐步形成完善的学习教育制度。厅党组带头搞好学习教育活动，做到每年集中学习不少于 4 次，学时不少于 12 天。各支部除按机关党委的统一要求完成学习任务外，要结合自身特点，强化自我教育。建立学习教育考核制度，党员的学习结果将作为干部提拔使用的重要参考依据。

二是建立健全党员激励约束机制。要认真执行《党章》和党内有关法规，进一步完善党员考核、表彰、奖励制度，营造学先进、赶先进、争先进的良好氛围；强化党员意识、责任意识，建立党员定期向党组织汇报勤政廉政情况、对发现不良倾向的党员进行戒勉等约束制度，激发每个党员更好地发挥先锋模范作用。

三是建立健全党员监督管理机制。要认真执行《党内监督条例》，重点抓好党的组织制度、党员思想汇报制度、党内谈心制度、党性分析制度和党员监督制度的建立和落实，确保每一个党员都不游离于党的监督管理之外。

四是建立健全党员联系群众机制。要认真总结教育活动的实践经验，拓宽党员联系群众的渠道。重点根据党员岗位职能，尤其是厅级领导干部，每人都要确定一个基层联系点，每年至少一次深入基层调查研究，听取群众意见，帮助解决实际困难。处级干部要结合实际搞好基层联系点工作。

五是建立健全党内民主参与机制。要认真执行《党员权利保障条例》，坚持民主集中制原则，进一步完善预算安排、大额资金分配、人事任免、机构设置等重大问题党组集体决策程序，以及支部、总支、党委党务公开制度，落实党员的知情权、参与权、选择权和监督权。完善民主生活会、党支部组织生活会制度，健全党的组织生活，增强党组织和党员解决自身问题的能力。

六是建立健全党员发展和处置机制。要认真贯彻“坚持标准，保证质量，改善结构，慎重发展”的方针，进一步完善入党积极分子的培养、发展对象的选优、入党公示等制度，切实把好党员的入口关。坚持和完善民主评议党员制度，严格按照《中国共产党纪律处分条例》，合理处置不合格党员。

同志们，在财政发展与改革正处于关键时期的今天，建设一支政治坚定、作风优良、廉洁高效的财政干部队伍显得尤为迫切和重要。让我们认真贯彻“三个代表”重要思想，全面落实科学发展观，以饱满旺盛的政治热情，奋发有为的精神状态，求真务实的工作作风，进一步巩固和扩大先进性教育活动成果，为我省全面建设小康社会及努力构建和谐社会做出新的更大贡献。

中共河北省财政厅党组关于印发《河北省财政厅关于深入开展保持共产党员先进性教育活动的实施方案》、《河北省财政厅厅级领导开展保持共产党员先进性教育活动安排》和《河北省财政厅保持共产党员先进性教育活动机构及职责》的通知

冀财组[2005]6号 2005年2月1日

各党支部、党总支、党委，厅内各处室、单位：

现将《河北省财政厅关于深入开展保持共产党员先进性教育活动的实施方案》、《河北省财政厅厅级领导开展保持共产党员先进性教育活动安排》和《河北省财政厅保持共产党员先进性教育活动机构及职责》印发给你们，请结合实际，认真贯彻落实。

附件1：河北省财政厅关于深入开展保持共产党员先进性教育活动的实施方案

附件2：河北省财政厅厅级领导开展保持共产党员先进性教育活动安排

附件3：河北省财政厅保持共产党员先进性教育活动机构及职责

附件1：

河北省财政厅
关于深入开展保持共产党员先进性教育活动的实施方案

根据中央关于在全党开展以实践“三个代表”重要思想为主要内容的保持共产党员先进性教育活动的意见和省委保持共产党员先进性教育活动领导小组的总体部署，从2005年1月下旬到2005年5月中旬，在全厅开展保持共产党员先进性教育活动，为搞好这次教育活动，结合我厅实际，制定如下方案：

一、开展先进性教育活动的指导思想和原则

（一）开展先进性教育活动的指导思想

以邓小平理论和“三个代表”重要思想为指导，认真学习贯彻党的十六大和十六届三中、四中全会精神，树立和落实科学发展观，按照立党为公、执政为民的要求，坚持党要管党、从严治党这个方针，紧紧围绕我省改革、发展、稳定的大局，密切联系财政工作实际和我厅机关党的组织建设和党员队伍现状，以学习实践“三个代表”重要思想为主线，以保持共产党员先进性为主题，以提高党的执政能力为着眼点，认真解决党员和党组织在思想、组织、作风以及工作方面存在的突出问题，切实提高全体党员的思想政治素质和党组织的凝聚力、战斗力，为我省财政改革与发展提供坚强的组织保证。

（二）开展先进性教育活动要遵循的原则

为保证先进性教育活动始终坚持正确的方向，并取得扎扎实实的成效，我们必须坚持“六个贯彻始终”。

1、坚持把不断提高党员思想认识贯彻始终。这次教育活动要始终以中央、省委关于开展先进性教育活动的要求统一思想，教育和引导全体党员充分认识开展先进性教育活动的重要性和必要性，增强

搞好先进性教育活动的责任感和使命感。把解决党员的思想认识问题同解决党员的实际问题结合起来，做好党员的思想政治工作。有针对性地解决好先进性教育活动每个阶段出现的思想认识问题，努力做到先进性教育活动向前推进一步，党员的思想认识提高一步。

2、坚持把充分发挥领导干部示范带头作用贯彻始终。各位厅处级领导干部要在抓好全厅、本处室（单位）先进性教育活动的同时，都要以普通党员身份参加先进性教育活动，带头参加学习，带头给党员讲党课或作专题报告，带头查找问题，带头开展批评与自我批评，带头制定和落实整改措施。党员领导干部尤其要认真解决理想信念、廉洁从政、求真务实、联系群众等方面存在的问题。厅党组成员要在参加党组专题民主生活会的同时，参加所在党支部专题组织生活会，真正过好双重组织生活。

3、坚持把发扬党内民主、走群众路线贯彻始终。在教育活动中，要充分尊重党员的民主权利，充分相信和依靠群众，认真听取党员和群众的意见和建议，激发党员和群众参与教育活动的热情，要引导党员积极主动听取各方面意见，正确对待和真诚接受群众的评议和监督。

4、坚持把正面教育为主，认真开展批评与自我批评贯彻始终。要在活动的各个阶段，树立和宣传先进典型，采取正面教育、典型引路的方法，用身边的典型现身说法，大力宣传优秀共产党员和先进事迹，用先进典型来教育和激励广大党员。坚持集中教育与自我教育相结合，理论灌输与主题教育相结合，正面教育与警示教育相结合，提高教育效果。组织党员深入开展批评与自我批评，认真听取各方面意见，引导党员主动查找和切实解决自身存在的问题，互相帮助，共同进步。

5、坚持把着力解决群众反映强烈的突出问题贯彻始终。要引导党员结合思想工作实际，对照党章找不足，对照先进典型找差距，对照先进性标准明确努力方向，集中力量采取有力措施，扎扎实实地解决好可能在党性观念、精神状态、履行职责的能力、执政为民和服务群众以及艰苦奋斗和廉洁自律等方面存在的问题，切实落实"为民、务实、清廉"的要求，使党风、政风、行风明显改进，工作效率和工作水平显著提高，党群、干群关系进一步密切。

6、坚持把推动财政各项工作贯彻始终。开展先进性教育活动要紧紧围绕财政工作如何牢固树立和认真落实科学发展观来进行，紧紧围绕如何为加强党的执政能力建设服务来进行，紧紧围绕如何推动财政改革与发展这个中心来进行。要把学习的收获和教育的成果，转化为全体党员履行职责、做好财政工作的实际行动；要把教育活动中焕发的热情，转化为促进财政改革的精神动力；要把是否理清理财思路、增强服务意识、推进财政改革创新、促进经济社会发展作为衡量教育活动成效的重要标准。切实把这次教育活动落实到提升财政工作水平上来，做到教育活动和业务工作"两手抓、两不误、两促进、两提高"。

（三）开展先进性教育活动的范围

按照省委要求，结合我厅实际，这次先进性教育活动在全厅范围内进行，凡是组织关系在我厅的党员（包括离退休党员和提前离岗党员）都要参加教育活动。

二、开展先进性教育活动的总体目标

按照中央和省委要求，开展这次先进性教育活动的总体目标是，提高党员素质，加强基层组织，服务人民群众，促进各项工作。厅各基层党组织要按照这一要求，认真抓好教育活动各个阶段的落实，把学习教育活动同提高党的执政能力紧密结合起来，同树立和落实科学发展观紧密结合起来，同加强党的组织建设紧密结合起来，同推进全厅各项工作结合起来。要以强化立党为公、执政为民意识为重点，以改进工作作风为突破口，在解决问题上下功夫。要重点解决在党性观念、精神状态、履行职责的能力、执政为民和服务群众以及艰苦奋斗和廉洁自律等方面存在的突出问题。厅机关要重点解决一些党员党性观念不强，服务质量不高，精神状态不佳，心浮气躁，工作不认真、不负责，不重学习、不思进取、得过且过，谋划力度不够，参谋意识不强，创新精神不足，资金分配不规范，以及保密意识不强，反映问题不实事求是，大手大脚、铺张浪费，过度关注个人升迁和增加福利等突出问题；厅属事业单位还要重点解决一些党员组织纪律观念淡薄，全局意识、市场意识、竞争意识不强，服务本领不高，法律知识缺乏以及个别单位正气不足等问题；离退休和提前离岗党员要重点解决如何发挥好余热、老有所为问题。要通过这次教育活动，发现什么问题就解决什么问题，什么问题突出就着力解决什么问题。要通过教育活动，使全厅党员的精神状态更加饱满，理想信念更加坚定，工作作风更加扎实，党的基层组织战斗力更强，各项工作不断开创新局面，着力建设服务意识强、工作效率高、清正廉洁的学习型机关、创新型机关、和谐型机关。

三、先进性教育活动的主要任务、步骤和方法

集中学习教育活动从2005年1月下旬开始至5月中旬结束，历时近4个月，分为三个阶段。教育活动要坚持时间服从质量，每个阶段都要以保证质量、取得实效为前提。

(一)学习动员阶段(2005年1月下旬至3月中旬)

本阶段主要任务是思想发动、组织学习、提高认识、明确党员先进性的具体要求。

1.学习内容。认真学习《保持共产党员先进性教育读本》，重点学习党章。同时还要组织学习胡锦涛等中央领导同志和省委书记白克明同志近期就先进性教育活动发表的重要讲话。

2.学习时间。学习培训时间不少于40个学时，各支部每周要拿出两个半天集中学习培训，各离退休党员支部可以根据党员身体状况合理安排，党组成员除按中心组学习计划单独组织学习外，还要参加所在党支部组织的集中学习。

3.目的要求。通过学习，使全体党员进一步明确开展保持共产党员先进性教育活动的重要意义，明确新时期保持共产党员先进性的基本要求，进一步深化对邓小平理论和“三个代表”重要思想的理解，深化对党的十六大和十六届三中、四中全会精神的理解，增强实践“三个代表”重要思想、贯彻科学发展观和提高执政能力的自觉性、坚定性。

4.活动安排：

(1)召开全厅动员大会，进行思想发动，由厅党组书记齐守印同志进行动员部署，结合实际讲清我厅开展保持共产党员先进性教育活动的重大意义和中央、省委的要求；宣布我厅开展先进性教育活动的实施方案；

(2)各党支部要制定学习计划，并组织全体党员原原本本地学习《保持共产党员先进性教育读本》以及中央、省委同志就先进性教育活动发表的重要讲话；

(3)组织优秀党员先进事迹报告会或以“三个代表”重要思想、党的优良传统、党的组织纪律观念为主题的专题报告会；

(4)组织以“党员领导干部的先进性与科学执政、民主执政、依法执政”为主题的党课；

(5)组织学习体会交流演讲会，厅领导班子成员除参加所在支部组织的专题学习活动外，还要结合中心组理论学习，进行专题学习交流。

(二)分析评议阶段(2005年3月中旬至4月中旬)

本阶段主要任务是征集意见、查找不足、深挖根源、撰写党性分析材料。

1.征求意见。采取召开座谈会、个别访谈、问卷调查、设置意见箱、公开电话等形式，广泛征求党内外群众对党员和党组织的意见、党员群众对厅处领导班子和班子成员的意见，并将征求到的意见如实向党员本人和党组织转达。党员个人也要主动征求和听取群众的意见，党员领导干部要征求普通党员的意见。

2.谈心活动。各支部要认真发动和引导，在党员之间、党员和党外群众之间、党员领导干部之间广泛开展谈心活动，沟通思想，相互提醒，增进了解和团结。

3.撰写党性分析材料。根据征求到的意见，对照党章规定的党员义务和党员领导干部的基本条件，对照我厅少数人存在的不正之风，认真总结自己近年来的在思想、工作和作风等方面的情况，重点检查存在的问题，从世界观、人生观、价值观上剖析思想根源，厅、处级领导干部还要从权力观、地位观、利益观方面进行剖析，形成党性分析材料。

4.开好专题生活会。每一个党员都要按照准备好的党性分析材料，进行对照检查、自我批评，党员之间进行相互评议、开展批评。党员要根据评议意见，认真修改好自己的党性分析材料。

5.组织评议。各党支部召开支委会，根据民主评议的情况、征求到的群众意见和党员的一贯表现，提出对每个党员的评议意见。党组成员除参加所在支部专题生活会外，还要组织召开党组专题生活会。

6.向党员本人和厅先进性教育活动领导小组办公室反馈意见。各党支部要向党员本人反馈评议意见，指出存在的问题。对不履行党员义务、不具备党员条件的党员，要进行批评教育，帮助认识问题，要求其认真改正，有关评议情况要向厅活动领导小组办公室反馈。

7.通报评议情况。各党支部要采取一定方式，向群众通报民主评议党员的情况。

8.目的要求。通过广泛征求意见、党员党性分析和党内互相帮助，使每一名党员找准自己在保持党员先进性方面存在的差距和突出问题，分析原因，明确努力方向，边查边改。

(三)整改提高阶段(2005 年 4 月中旬至 5 月中旬)

本阶段主要任务是制定整改方案、对整改情况进行公布。

1.制定整改方案。针对征求到的意见和民主评议中反映的问题，党员个人、各基层党组织、厅党组要分别制定整改措施，明确整改重点，确定整改时限，落实整改责任。

2.认真进行整改。建立健全保障党员权利、充分反映党员和党组织意愿的党内民主制度，对那些需要解决而又能够解决的突出问题，要集中时间进行整改。

3.向群众公布整改情况。党员个人和各基层党组织要将制定的整改措施和整改情况进行公布，党员个人情况要在所在支部公布，厅党组和各支部情况要在全厅范围内公布，充分听取群众意见，自觉接受群众监督。

4.目的要求。通过整改，进一步提高党员思想政治素质、转变机关作风、服务人民群众、促进各项工作。通过建章立制，构建党员经常受教育、始终保持先进性的工作机制。

上述三个阶段，每个阶段结束后，都要进行小结，厅先进性教育活动领导小组要分阶段听取各支部阶段情况总结汇报，并向省委督察组和省委先进性教育活动领导小组报告我厅活动总结。

(四)巩固扩大整改成果(2005 年 5 月中旬至 7 月中旬)

先进性教育活动基本结束后，各支部要利用 2 个月的时间，对整改情况进行回头看，进一步巩固和扩大整改成果。

1.对整改情况进行检查落实。对应当解决而没有解决的问题，要集中力量切实解决；对暂时解决不了的问题，要作出说明；整改效果不好、多数群众不满意的，要重新整改。

2.表彰优秀党员和先进基层党组织。“七一”前后，结合机关党建工作，对在这次教育活动中，表现突出的优秀党员、优秀党务工作者和先进党支部进行表彰。对经教育不改、不符合党员条件的党员以及党组织，由厅机关党委根据党章和有关规定，按照有关程序进行处理；对违纪党员，要按照《中国共产党纪律处分条例》有关规定，给予纪律处分。

3.认真总结经验，搞好建章立制。各支部要通过这次教育活动，建立健全党员教育管理常抓不懈的工作机制，巩固扩大先进性教育活动成果。

4.进行满意度测评。召开先进性教育活动支部书记汇报会，通报本支部先进性教育活动开展情况，并采取民主投票方式，对各支部的先进性教育活动进行满意度测评，凡满意度达不到 2/3 的，要进行“补课”。

四、加强先进性教育活动的领导和督查

(一)成立我厅保持共产党员先进性教育活动领导机构和工作机构

成立厅保持共产党员先进性教育活动领导小组，由党组书记、厅长齐守印任组长，党组副书记、副厅长陈金城、左绍伟任副组长，厅党组成员、副厅长郭秀堂、乔满、高志立、徐立海和厅助理巡视员尹立敏、郭长悟为小组成员，负责领导全厅先进性教育活动的思想发动和组织领导，并组织好自身的学习教育活动。领导小组下设办公室，机关党委、人教处、办公室、纪检组为成员单位，其工作人员从以上成员单位或厅内其它单位抽调，主要负责全厅先进性教育活动的日常组织协调、综合宣传和检查督导，了解掌握全厅教育活动进展情况，总结推广经验，发现问题向厅党组和教育活动领导小组提出解决意见和建议。

各党支部书记是各处室(单位)先进性教育活动的直接责任人，并确定一名教育活动联络员。在先进性教育活动期间，除厅领导参加省委省政府安排的会议和活动外，各处室、单位一般不安排外出活动。

(二)建立领导干部联系点制度

每位厅级领导干部都要确定一个支部为先进性教育活动联系点，并参加联系点每一个阶段的活动，深入调查研究，督促、检查和指导，帮助联系单位查找工作差距，理清工作思路，解决实际问题，努力把联系点办成先进性教育活动的示范点；并及时发现先进性教育活动中带有共性的问题，总结成功经验，用以指导全厅先进性教育活动的开展。

（三）加强督导、检查

在先进性教育活动中，厅先进性教育活动领导小组办公室将不定期、不定时地对各支部开展先进性教育活动情况进行督导、检查、听取汇报，及时了解和掌握各支部先进性教育活动的进展情况，总结和推广经验，发现问题，督促解决。要把各支部开展先进性教育活动情况作为考察班子和干部工作实绩的重要内容。

（四）认真接受党员群众监督评价

各党支部在制定先进性教育活动方案时，要广泛征求党员群众意见，把事关公共和党员群众反映强烈的问题，作为先进性教育活动重点解决的问题，认真接受党员群众的监督和评价。

（五）搞好先进性教育活动宣传

充分利用机关内网等媒体，大力宣传开展先进性教育活动的重大意义，宣传中央和省委关于开展先进性教育活动的一系列指示精神，宣传党员和党员领导干部中的先进典型，报道各支部先进性教育活动的做法、经验和成效，为我厅先进性教育活动营造良好的舆论氛围。

附件 2：

河北省财政厅厅级领导开展保持共产党员先进性教育活动安排

根据中央和省委关于开展保持共产党员先进性教育活动的统一部署，按照省委关于开展保持共产党员先进性教育活动的《实施方案》要求，厅级领导同志要带头参加教育活动，既要抓好厅内教育活动，又要积极接受教育，为此作出如下安排：

一、总体要求

按照“四个一”（即“一条主线、一个主题、一个着眼点、一个方针”）和“五个坚持”（即“坚持理论联系实际、务求实效，坚持发扬党内民主、走群众路线，坚持领导干部带头、发挥表率作用，坚持区别对待、分类指导”）要求，切实提高思想认识，切实找准并解决好领导班子当中存在的突出问题，在抓全厅教育的同时充分发挥领导干部的示范带头作用，确保全厅教育活动不走过场、不走偏方向、取得实效。

二、工作任务

厅领导的教育活动要严格按照省委要求开展，扎扎实实地开展好每阶段的教育活动。

（一）学习动员阶段

1. 组织开好全部的先进性教育活动动员大会。齐守印同志代表厅党组作动员部署，全体厅领导参加。

2. 搞好学习交流。每周集体学习两个半天（其中一个半天参加联系单位），主要是认真学习《保持共产党员先进性教育读本》，在此基础上开展一次学习体会交流会。

3. 上好党课。由齐守印同志为全厅党员上一次党课，并作为 2005 年党组中心组第一次学习的主题发言，厅领导班子和全体党员参加。

4. 中心组集中学习交流 1—2 次。

5. 厅领导分别参加所在支部的学习交流，给所在支部或联系点单位讲党课。

（二）分析评议阶段

1. 广泛征求意见。分别召开处级干部和处级以下干部职工 2 个座谈会，直接征求对厅领导班子和班子成员的意见。

2. 搞好调查研究。围绕财政部门党员先进性问题，每位厅领导确定一个专题，深入联系点调查研究，并提出指导性意见。

3. 开展谈心活动。厅领导之间相互开展谈心活动，并与所在支部和所分管单位同志谈心。

4. 撰写党性分析材料。在学习提高和广泛征求群众意见的基础上，厅级领导干部认真分析自身党性状况，写成党性分析材料。

5. 参加所在支部的专题组织生活会。领导班子成员要按照准备好的党性分析材料，在支部专题组织生活会上进行对照检查、自我批评，并接受党员的评议、开展批评。根据评议意见，认真修改自己的党性分析材料。

6. 开好民主生活会。认真组织召开以保持共产党员先进性为主题的民主生活会，班子成员逐个进行对照检查、自我批评，并相互交换意见、开展批评。根据评议意见，再次修改自己的党性分析材料。

（三）整改提高阶段

1. 制定个人整改措施。针对查找出来的突出问题，制定个人整改措施。

2. 研究制定领导班子的整改措施。

3.指导联系点单位搞好整改。

4.召开党员大会,对集中教育活动进行总结。全体厅领导参加。

三、组织领导

为领导并开展好先进性教育活动,成立厅保持共产党员先进性教育活动领导小组,负责领导全厅先进性教育活动的思想发动和组织领导,并组织好自身的学习教育活动,组长:齐守印,副组长:陈金城、左绍伟,成员:郭秀堂、乔满、高志立、徐立海、尹立敏、郭长悟;下设领导小组办公室,左绍伟任主任,负责教育活动的日常组织协调、综合宣传和检查督导。

每位厅级干部确定一个支部为教育活动联系点,教育活动各阶段,厅级干部都要参加联系点的一些活动,并搞好调查研究和具体指导。具体联系点分工如下:

齐守印:预算处、预选编审中心支部

陈金城:涉外处、外债中心支部

左绍伟:农税处支部

郭秀堂:教科文支部

乔　满:农开办资金办支部

高志立:行政政法处支部

徐立海:纪检组支部

尹立敏:机关服务中心支部

郭长悟:人教处、培训中心支部

实行领导负责制,齐守印同志对全厅教育活动负总责,并抓好预算处支部的教育活动,其他厅领导分工负责,具体抓好分管处室的教育活动。

附件3:

河北省财政厅保持共产党员先进性教育活动机构及职责

为加强对我厅保持共产党员先进性教育活动的领导,按照省委保持共产党员先进性教育活动领导小组的通知要求,厅党组决定,成立我厅保持共产党员先进性教育活动领导小组,成员如下:

组　长:齐守印(厅党组书记、厅长)

副组长:陈金城(厅党组副书记、副厅长)

左绍伟(厅党组副书记、副厅长)

成　员:郭秀堂(厅党组成员、副厅长)

乔　满(厅党组成员、副厅长)

高志立(厅党组成员、副厅长)

徐立海(厅党组成员、副厅长)

尹立敏(厅助理巡视员)

郭长悟(厅助理巡视员)

领导小组下设办公室,成员单位包括机关党委、人教处、办公室、纪检组,并从厅内抽调工作人员组成我厅先进性教育活动办公室,按照先进性教育活动工作任务并结合成员单位职能,组成综合组、宣传组、组织组三个工作组。

主任:左绍伟(厅党组副书记、副厅长)

常务副主任:尹立敏(厅助理巡视员)

副主任:郝炳新　王秋民　杜彦卿

综合组:组长:郝炳新

工作人员:郭荣华　王书江　李殿往　贺志马树凯

宣传组:组长:王秋民

工作人员:刘清亮　史胜国　吕俊宏　焦玉广

组织组:组长:杜彦卿

工作人员:赵新海　刘丁雷　唐玉华

综合组具体职责:

1.负责教育活动的组织、指导和管理工作;

2.制定教育活动阶段工作方案;

3.起草各阶段工作总结及汇报材料;

4.组织召开机关动员大会;

5.负责与省先进性教育活动领导小组办公室及其派出督导组的联系;

6.做好厅先进性教育活动文件及教育参考资料的印发等工作;

7.领导交办的其他工作。

办公地点:机关党委1001房间

联系电话:7010222内线7001

宣传组具体职责:

1.起草领导讲话;

2.及时了解并掌握学习教育情况,引导推动学习教育的深入开展;

3.负责对内对外宣传,发现和宣传好的典型;

4.领导交办的其他工作。

办公地点:办公室303房间

联系电话:7010220内线6303

组织组具体职责：

1.负责厅教育活动的督促检查工作；

2.组织召开各层次座谈会，广泛征集群众意见建议；

3.汇总分析群众建议意见，了解并核查有关情况；

4.组织对教育活动满意度测评工作；

5.推动整改措施的落实，促进建章建制，巩固整改成果；

6.领导交办的其他工作。

办公地点：人教处 910 房间

联系电话：87010214 内线 6910

征求意见公开电话：87010214 内线 6910

中共河北省财政厅党组关于印发《河北省财政厅关于建立保持共产党员先进性长效工作机制的意见》的通知

冀财组[2005]32 号　2005 年 9 月 2 日

各党支部、党总支，投资公司党委，厅内各处室、各直属事业单位、农开办：

为建立健全新形势下"党员受教育，永葆先进性"的长效工作机制，把机关党的建设纳入规范化、民主化、科学化的轨道，厅党组研究制定了《河北省财政厅关于建立保持共产党员先进性长效工作机制的意见》，现印发给你们，请认真组织学习，并结合自身实际，抓好贯彻落实。同时，为保证落实效果，请及时将长效工作机制的建设情况向机关党委反馈，厅机关党委将适时进行检查。

附：河北省财政厅关于建立保持共产党员先进性长效工作机制的意见

河北省财政厅关于建立保持共产党员先进性长效工作机制的意见

为建立健全新形势下"党员受教育，永葆先进性"的长效工作机制，把机关党的建设纳入规范化、民主化、科学化的轨道，促进财政各项工作任务的圆满完成，按照省委的要求，结合我厅实际，就建立我厅保持共产党员先进性长效工作机制提出如下意见：

一、指导思想和目标要求

以邓小平理论和"三个代表"重要思想为指导，按照保持共产党员先进性的具体要求，结合我厅实际，以提高履行岗位职责能力为重点，以制度建设为基础，以作风建设为保证，坚持从严治党，强化党员教育、管理和监督，实现机关党建工作观念创新、方法创新和机制创新，为财政各项工作任务的完成提供强有力的政治保证和组织保证。

通过坚持不懈地开展保持共产党员先进性教育和实践活动，大力加强"六型"机关建设，把我厅各级党组织建设成为贯彻"三个代表"重要思想的组织者、推动者和实践者，更好地发挥战斗堡垒作用；使每位党员都能做到政治坚定，学习勤奋，作风扎实，工作一流，廉洁自律，真正成为"六个模范"，在各项财政工作中更好地发挥作用。

二、长效工作机制的具体内容

(一)党员学习教育机制

根据形势的需要，结合创建学习型财政机关，确定学习教育内容，创新学习教育方法，强化学习教育措施。坚持集中学习与自我学习相结合，形成党员经常性的教育管理机制。坚持理论联系实际的学风，注重解决思想和工作中的实际问题。深化学习教育效果，不断提高党员的政治理论素养，始终保持思想上的先进性和政治上的坚定性。

1.学习重点。马列主义、毛泽东思想、邓小平理论和"三个代表"重要思想；《党章》、党的基本理论、基本纲领、基本路线；党的重要会议精神、党内有关规章制度；《公务员法》、《公民道德建设实施纲要》等法律法规和职业道德规范；与业务工作相关的经济、政治、文化、法律、科技、管理等知识。

2.教育重点。理想信念教育，党性观念教育，党的宗旨教育，世界观、人生观、价值观教育，组织纪律教育，党的优良传统教育，形势任务教育。

3.自我教育。强化终身学习意识，每个党员都要有计划、有安排地搞好自学。

4.集中教育。利用"三会一课"、到党校短期轮训等党的组织活动进行集中学习教育。厅党组带头搞好学习教育，做到每年集中学习不少于 4 次，学时不少于12天。利用河北财政信息网(内网)机关党建和保持共产党员先进性教育活动专题网页的有关内容进行理想信念教育。不定期组织党员到爱国主义教育基地、艰苦贫困地区、改革开放前沿地区,进行革命传统教育、宗旨观念教育和改革创新意识教育。不定期邀请优秀共产党员、先进模范人物和专家、学者来我厅作报告,进行世界观、人生观、价值观教育和形势任务教育。

5.保障措施。进一步坚持和完善厅党组中心组理论学习制度、年初理论学习安排制度、年中检查制度和年终考核制度。

(二)党员激励约束机制

坚持和完善党员考核、表彰、奖励制度和戒勉约束制度,营造学先进、赶先进、争先进的良好氛围。以岗位责任制、考核制、奖惩制为一体,结合开展机关效能建设、实施"双提"工程和公务员考核,认真开展民主评议党员工作,进一步激发每个党员更好地发挥先锋模范作用。

1.各支部要根据党员的不同岗位、职务,把《党章》规定的党员义务、河北财政系统共产党员保持先进性的基本要求及各支部具体要求加以细化,结合"六型"机关建设,明确每一名党员的岗位职责。

2.各支部每半年对党员岗位责任落实情况进行一次检查,年终进行考核评比。考核评价采取定性考核与定量考核相结合、平时考核与年终考核相结合。人教处、机关党委适时对考核情况进行抽查。考核结果作为评选优秀党员和先进党支部的参考依据。

3.建立党员定期思想汇报制度。党员每半年向党组织进行一次思想汇报。实施党员戒勉谈话,对发现苗头性的问题,各级党组织负责人要及时进行谈话,预防和控制问题的发生。

4.民主评议党员每年开展一次,与民主评议党支部一并进行,由机关党委统一部署,以支部为单位组织实施。党员对照党员保持先进性的基本要求和民主评议党员的要求,总结一年来的思想、工作、学习等方面的情况,认真进行党性分析,形成书面党性分析材料。党支部组织全体党员及群众代表,对每个党员进行民主测评,对优秀党员进行表彰,对不合格党员按照有关规定进行处理。

(三)党员监督管理机制

认真贯彻落实《中国共产党党内监督条例(试行)》,建立健全有效的监督约束体系。通过党内监督、群众监督等形式,改进监督办法,拓宽监督渠道。加强事前防范,前移监督关口,对党员实行全过程、全方位、多层次的有效监督。

1.监督内容

(1)检查党员遵守党的政治纪律、组织纪律、法律法规和财政厅各项规章制度的情况。

(2)落实各项廉政规定的情况。

(3)执行领导干部收入申报制度、收受礼品登记制度、重大事项报告制度的情况。

(4)加强对权力运行的监督。主要包括预算安排、大额资金分配、人事任免、机构设置等重大决策。

2.监督形式

(1)党内监督。认真开好领导干部民主生活会和党支部组织生活会,积极开展批评和自我批评,强化党员干部之间的相互监督;全面落实党风廉政建设责任制,进行目标分解,实行评估考核,强化责任追究,确保监督措施和责任落实到位。

(2)群众监督。坚持定期或不定期地开展民主测评;认真处理和解决群众普遍关心的财政热点、难点问题;推行政务、党务公开,接受广大党员和群众的监督。

(3)其他监督。党员领导干部任期考核监督、离任审计监督,对拟提拔党员干部的任前考察、公示监督。

(四)党员联系群众机制

发扬密切联系群众的优良传统,拓宽党员联系群众的渠道,明确联系群众的要求和任务,深入基层、深入群众,改进机关作风,做服务基层和群众的表率。

1.党组成员联系分管处室(单位)、对口部门和基层单位

(1)厅党组成员按照分工,随时掌握分管处室(单位)的动态,经常走访对口服务部门。

(2)及时向分管处室(单位)传达上级的重大决策,通过开展谈心活动,了解干部职工的思想、学习、工作和生活情况;每年用不少于两个月的时间到对口服务部门特别是基层调查研究,至少撰写一篇调研报告。

2.支部书记联系党员

(1)支部书记与本支部的党员每年至少进行一次谈心交流,听取意见和建议,对党员的工作进行指

导。

(2)及时向党员宣传党的路线方针政策,了解党员思想、学习、工作和生活情况,广泛听取党员对支部工作的意见和建议;教育引导党员发挥先锋模范作用,争创一流工作业绩。

3.党员联系群众

(1)厅级领导干部每人确定一个基层联系点,每年至少一次深入基层调查研究,听取群众意见,帮助群众解决生产生活困难,处级干部可根据处室(单位)工作性质确定一个基层联系点。

(2)各级党组织根据党员岗位职能和工作实际,每年组织一次访问农村、企业、学校等基层单位活动,为有困难的党员、群众解决一些生产生活当中的困难和问题,使他们感受党的关怀和组织的温暖。

(3)各级党组织要结合厅内外各种具体情况,适时组织一些捐资助教和献爱心活动,尽最大努力减少贫困学子因家庭生活困难而辍学、致盲等现象。

(五)党内民主参与机制

认真贯彻《中国共产党党员权利保障条例》,发扬党内民主,健全党内生活,进一步坚持民主集中制原则,增强党的生机活力,落实党员的知情权、参与权、选择权和监督权,保障党员权利的正常行使和不受侵犯。

1.强化权利保障

(1)积极开展党员权利教育,使党员了解党员权利的内容、目的,增强民主意识,提高行使权利的主动性和对党的事业的责任感,实现和维护合法权利。

(2)厅党组、机关党委和党支部要认真贯彻《中国共产党党员权利保障条例》规定的保障措施,重大决策要征求党员的意见,保证党员享有的八项权利不受侵犯。

(3)对侵犯党员权利的行为,依据《中国共产党党员权利保障条例》和《中国共产党纪律处分条例》的规定给予责任追究和处分。

2.严格组织生活

(1)机关党员代表大会。每四年召开一次机关党委换届大会,审议和通过厅机关党委工作报告;讨论机关党建的重要工作并作出决议;选举产生新一届机关党委,选举产生出席上级党代表大会的代表。

(2)“三会一课”制度。根据工作需要,适时召开支部党员大会、支委会、党小组会,分别按规定程序和规定内容研究解决有关事宜。每年厅党组书记、机关党委书记或邀请专家学者为全厅党员上一至两次党课,厅党组成员和支部书记为所在支部党员上一次党课。

(3)党日活动制度。党支部每周五下午确定为党员活动日,结合政治理论学习,开展党员教育,组织内容丰富的党日活动。

(4)党员组织生活制度。支部生活会每半年召开一次,党员在会上汇报思想、工作情况,注重解决实际问题。

(5)党员领导干部双重组织生活制度。领导干部民主生活会,每年至少召开一次。同时党员领导干部都要以普通党员身份参加所在党支部召开的组织生活会。

(六)党员发展和处置机制

认真贯彻“坚持标准,保证质量,改善结构,慎重发展”方针,进一步完善入党积极分子的培养、发展对象的选优、入党公示等制度,切实把好党员的入口关,确保新党员的质量。严格执行《中国共产党纪律处分条例》,严肃党的纪律,纯洁党的组织,按程序处置不合格党员。

1.党员发展机制

(1)党支部在申请入党的同志中,要把拥护党和国家的路线方针政策,在学习、工作中表现突出,积极要求进步的同志确定为入党积极分子。按照《党章》规定的党员标准,对入党积极分子重点进行一年以上的培养、教育和考察。

(2)按照发展党员的组织程序,支委会在认真听取党内外群众意见的基础上,确定发展对象,严格进行审查,经支委会表决通过后,由机关党委集体审批,发展为预备党员。

(3)做好对预备党员的教育、管理和考察转正工作。

2.党员处置机制

(1)正确处理不合格党员,坚持思想教育和组织处理并重,贯彻“惩前毖后、治病救人”的方针,坚持标准,严格要求,立足教育,慎重处理。

(2)对不合格党员区别不同情况作出处理。凡是不合格党员又不愿意改正的,劝其退党,劝而不退的,予以除名;虽然不合格,但愿意改正并有决心按照党员标准要求自己的,采取限期改正的办法,继续帮助教育,到期不改的,予以除名;凡是本人要求退党的,应予批准。

(3)对违纪党员，按照《中国共产党纪律处分条例》的规定，给予纪律处分。

三、组织领导

建立健全保持共产党员先进性长效工作机制，是新形势下加强机关党的建设的一项重要内容，是完成财政各项工作任务的重要保证。各级党组织要高度重视，统筹安排，精心组织，切实把保持共产党员先进性长效工作机制落到实处。

(一)明确领导责任

厅党组书记负总责，厅党组副书记(机关党委书记)协助，机关党委具体抓，各级党组织负责人是本处室(单位)的直接责任人。切实加强组织领导，形成一级抓一级，一级带一级，层层抓落实的工作格局。

(二)创新工作形式

各级党组织在坚持长效工作机制要求的前提下，要结合“六型”机关建设和本处室(单位)实际，积极探索，大胆创新，运用行之有效的活动方式和载体，丰富长效工作机制的内容，强化长效工作机制的效果，使长效工作机制体现时代性，进一步调动党员的积极性，推进机关党建工作观念创新、方法创新和机制创新。

(三)强化督促检查

机关党委负有组织、协调各级党组织对全厅党员进行教育、管理和监督的责任，加强对实施长效工作机制的指导、督促和检查，深入实际，加强调查研究，及时发现、总结和推广经验，根据处室(单位)业务性质不同，实行分类指导，抓好长效工作机制的落实，努力把机关党建工作提高到一个新水平，真正发挥好各级党组织的战斗堡垒作用和党员的先锋模范作用。

精心组织　提高认识　改进作风

河北省财政厅保持共产党员先进性教育办公室

省委关于开展保持共产党员先进性教育活动动员大会后，河北省财政厅采取有力措施，积极动员部署，扎实开展保持共产党员先进性教育活动，目前已取得阶段性成果。

一、提高思想认识，加强组织领导

开展保持共产党员先进性教育活动，是一次旨在提升执政能力、纯洁党员队伍、促进工作开展的政治教育活动，是中央作出的一项重大战略决策。我厅十分珍惜这次有利时机，决心借此机会对全厅党员进行一次思想教育和作风整顿。通过教育活动，切实将党员思想统一到省委、省政府的工作部署上，统一到谋事、干事、创业、为民的目标要求上，统一到创造一流的工作业绩上。为此，省财政厅将这次教育活动定位为“以增强党员党性、加强组织建设、促进财政工作为目标，以解决基层党组织、党员思想作风和工作作风方面存在的突出问题为突破口，以提高贯彻‘三个代表’重要思想的自觉性和落实科学发展观、提高理财能力为重点”，努力把这次教育活动组织好、开展好。

(一)加强领导，建立制度。为了强化组织领导，省委动员大会后，我厅及时成立了教育活动领导小组，厅党组书记、厅长齐守印任领导小组组长；并从全厅选调 17 名人员组成了教育活动办公室，由党组副书记、副厅长左绍伟同志和助理巡视员尹立敏同志分别任活动办公室主任和副主任，负责具体抓好这次教育活动。经省委督导组同意，我厅于 2 月 1 日召开了党员大会，对全厅教育活动作了动员部署。随后召开了支部书记会议，对支部书记进行了入门培训，首先使支部书记弄清、弄懂开展这次教育活动的重要性、必要性，掌握这次教育活动的目的意义、方法步骤和有关原则。支部书记是这次教育活动最基层的组织者和领导者，这就为搞好活动打下了良好的基础。为保证教育活动扎实开展、不走过场，我厅依靠制度作保障，制定了领导干部教育活动日公布制度、领导干部联系点制度、支部联络员制度、领导小组和办公室例会制度等项组织督导制度，利用制度保证了活动的健康开展。

(二)加强督促，注重引导。为了促进教育活动的顺利开展，动员大会后，我厅先后召开了四次教育活动汇报会、支部书记和支部联络员会议，掌握不同阶段每个支部组织开展学习的情况；各位厅干级干部既参加所在支部的学习，又对联系点和分管支部进行了检查指导。通过这些活动，主要解决了教育活动开始时存在的四个方面的问题：一是党员认识不深、重视不够问题，及时纠正了党员认识上的偏差，把活动引导到正确的轨道上来。二是学习重点不明确问题，通过督导，明确了学习重点是学习实践

“三个代表”重要思想，深刻理解党员先进性的内涵。确保党员达到学习时间要求，全面学习规定内容，做到真知、真懂、真信。三是学习质量问题，通过检查保证了学习扎扎实实、不走过场，使党员认识提高、学有所获。四是教育活动与工作的关系问题，要求学习要紧密联系实际，利用列专题等方式，结合工作开展学习，切实增强学习的针对性、现实性。

二、突出活动重点，力求取得实效

为了出色地完成学习任务，我厅坚持突出学习重点，带着目标、有针对性地学，按照中央要求，在学习中“抓住学习实践‘三个代表’重要思想这条主线，把握保持共产党员先进性这个主题”；紧密联系实际，主要开展了三方面的学习。

第一，紧紧扣住主题，认真把握党员先进性的基本要求。明确新时期党员先进性的具体要求，是开展党员先进性教育活动的一项重要任务，也是保证以后两个阶段活动顺利、健康开展的基础。只有明确了标准，才能使分析评议有标尺，整改有方向，日常工作行为有准则。为此，我们首先强化了对党员先进性内涵的学习教育，开展了以“领导讲、党员学，党员问、领导答、相互议”为主要形式的“双教双学”活动，以确保党员对先进性的内涵有全面、深入、系统地理解。党组先后进行了五次集中学习，齐守印同志首先在厅领导班子中讲了党课，其他班子成员也分别进行了体会交流。2月25日，齐守印同志为全厅党员上了党课。之后，9位厅级干部整理了在中心组学习会上的发言材料，在分管支部上了党课。全厅52位支部书记结合自己的心得体会，在本支部讲了党课。党课会上，党员们提出疑问，并相互回答、相互议论，较好地掌握了党员先进性的内涵。与此同时，我厅还举办了各种专题辅导、体会交流。3月1日，组织了学习交流会，选择了部分支部书记做了典型发言；3月5日，邀请了中央文献研究室副主任李捷同志为全厅党员作了题为《学习实践“三个代表”重要思想是新时期共产党员保持先进性的根本要求》的专题讲座。为了体现“两促进、两不误”要求，我们还把一些专题讲座、专题报告等影视资料上到机关网页上，供大家自由学习。各支部按照厅里的部署，组织了形式多样的辅导交流活动，有的支部请专家进行专题辅导，有的集体观看了辅导光盘，有的与其他厅局对口处室进行了联合学习，这些活动有力地促进了党员对学习内容的深刻理解。在把握党员先进性内涵的基础上，结合实际在全厅范围开展了新时期保持共产党员先进性标准的大讨论，经过提炼概括，制定了符合党章要求、时代特征和财政特点的党员保持先进性的基本要求。

第二，紧紧围绕目标，结合工作实际，有针对性地学习实践“三个代表”重要思想。学习“三个代表”重要思想只有同工作实践结合起来，才能使学习具体生动，才能掌握它丰富的实践含义。教育活动中，我厅坚持理论学习同河北经济社会发展大局相联系，把先进性教育活动与推动各项财政工作紧密结合起来，有针对性地学习了“三个代表”重要思想。一是学好基本原理。坚持用好不少于40学时的学习时间，沉下心通读，静下心思考，坐下来讨论，每位党员都撰写了学习笔记和体会文章。二是结合专题搞调研。党组成员结合分管工作，每人都确定一个课题，到基层学习调研。三是利用专题搞讲座。多数支部都结合工作确定专题、利用讲座开展学习，由处级干部主讲，讲解在工作中如何贯彻落实“三个代表”重要思想，深化党员对“三个代表”重要思想的理解。

第三，紧紧把握关键，通过开展思想教育活动，从心灵深处学。党员先进性教育活动实质上是一次思想政治教育活动，不仅要使党员“明理”，还要通过感性教育使党员“笃信”。我厅在紧抓理论学习的同时，开展了大量现身教育，通过这些教育活动广大党员净化了心灵，坚定了信念，增强了党员意识。一是以坚定理想信念为目标开展了革命传统教育。3月3日厅领导班子和部分党员代表到华北革命烈士陵园瞻仰革命烈士，缅怀了烈士的英勇事迹。各支部组织党员分别到了西柏坡、129师司令部旧址、冉庄地道战旧址、狼牙山等革命教育基地，听取事迹报告，重温入党誓词，深化了对“入党为什么，当了干部做什么，将来身后留什么”的理解。二是以强化发展意识为目标深入开展责任感、使命感教育。3月4日，组织部分党员到井陉矿区调查了解破产企业的情况和困难职工的生产生活状况，并参观了万人坑；3月11日，组织党员到灵寿调研，了解这些贫困农村农民的生产生活状况；春节期间绝大多数党员回到老家调查了普通群众的生产生活状况；部分支部还召开了各种形势报告会，并到石家庄市的下岗职工低保人员家里进行了慰问调研。这些活动，深深地触动了广大党员的心灵，使大家切身感受到发展是执政兴国的第一要务的深刻含义，切实增强了振兴河北、为河北经济社会发展贡献力量的责任感和使命感。三是以增强党性为目标积极开展作风教育。春节前，组织了党风廉政教育；3月8日，邀请了灵寿县常务副县长、全国人民满意的公务员王韶华同志和鸡泽县财政局长、全国杰出青年卫士岳苏霞同志作了先进事迹报告，以身边的典型加强对党员的宗旨教育和爱岗敬业教育。有些支部还请了一些老党员、革命老前辈讲党史，讲革命史，讲党的优良传统。这些活动，使我厅党员保持先进性的自觉性进一步得到增强。

经过深入学习，全厅广大党员的思想认识有了较大提高。一是明白了开展党员先进性教育活动的理论基础和现实意义。大家一致认为，开展党员先进性教育活动，是党中央审时度势作出的一项重大战略决策，十分必要，十分及时。这既是作为马克思主义执政党加强自身建设的内在要求，也是解决党内存在问题的重要举措。财政部门开展党员先进性教育，将有利于解决当前我厅党员队伍中存在的“不适应”、“不符合”问题，增强党员践行“三个代表”重要思想的能力，提高贯彻执行省委“三步走、翻两番”发展战略的积极性，以更加端正的态度、优良的作风和较高的效率推进财政工作，促进我省经济更快更好发展和“和谐河北”的建设进程。二是理解了党的先进性和党员先进性的基本内涵。大家认识到，先进性是马克思主义政党的根本特征，是党的生命所系、力量所在。我们党之所以能够始终保持先进性，是由于党的组成人员是革命群众中的先进分子，随着形势的变化能够制定出符合社会发展规律的理论、路线、纲领和方针政策，并且党员以实际行动表现出了高度的思想觉悟和奉献精神。大家认识到，党员的先进性由党的先进性所规定，实质就是体现时代要求，符合党章规定，自觉践行“三个代表”重要思想。三是清楚了保持党员先进性的基本要求。通过学习，大家对新时期保持党员先进性的基本要求有了较深刻的理解，在大讨论的基础上，形成了财政部门保持共产党员先进性的基本要求，就是要在认真履行党章规定的八项义务基础上，做到六个模范：一是模范地贯彻执行中央的路线方针政策和地方党委、政府的工作部署，自觉增强大局意识和政治意识，牢固树立科学发展观，通过出色完成财政工作，促进先进生产力、先进文化、民主政治、和谐社会和全面建设小康社会各项目标的实现。二是模范地贯彻为民理财、民主理财、依法理财、规范理财、高效理财、廉洁理财原则，倡扬优良作风，努力提高工作效率，提升服务质量，严守公仆之德，绝不以公权谋私利。三是模范地学习经济社会发展理论、公共财政理论、现代管理知识与技能，学以致用、学用相长，积极推进财政、财务、会计管理创新，不断提高科学理财能力。四是模范地执行和维护国家财经法纪，努力健全地方财政财务管理制度，力保财政资金安全、规范、有效运行。五是模范地贯彻“两个务必”要求和艰苦奋斗、勤俭办一切事业的方针，不断降低财政管理成本。六是模范地履行岗位职责，兢兢业业、恪尽职守，求真务实、开拓进取，互相支持、团结协作，争创一流业绩，争做创建服务型、高效型、廉洁型、学习型、创新型、和谐型机关的先锋。

三、坚持边学边改，切实促进工作

教育活动中，我厅一边努力学习“三个代表”重要思想和新时期保持党员先进性的基本要求，一边以学习内容为标准，对照查找工作中的不足，借以改进作风，促进工作。

在改进作风方面，一是加紧完善计划，加速工作进程。全厅党员按照先进性和“严细深实快”的要求，进一步完善工作安排，加快研究落实措施，加快拨付涉及群众直接利益的资金。社保处在春节前预拨了低保资金，并对资金的落实情况进行了检查；农业处研究了改善乡村生产条件的措施，按程序加快了涉农资金的拨付进程，并对“两减三补”等惠农政策的落实情况进行了检查；经济建设处春节前及时拨付了水库移民口粮和赵家蓬地区群众购粮补贴3000多万元，并深入基层了解群众对粮食直补政策的意见；教科文处提前拨付了贫困生资助资金，抓紧落实农村中小学危房改造部署；农税处、综合处对农税减免和农村税费改革有关政策进行了专项检查。各有关处室正在对专项资金进行全面的清理和自查自纠，针对管理中存在的薄弱环节，制定了一系列加强专项资金管理的规章制度，如农业处制定了农业专项资金公开公示制度，已经拟定了项目公示实施方案，初步确定了进行公示的农业项目。二是加强党风廉政建设。春节期间，全厅党员严格遵守“六不准”、“三禁止”规定，按照党员先进性要求约束了自己。齐守印同志作为廉政建设第一责任人同各处室、各下属单位签订了责任状，进一步强化了廉政建设责任制。三是切实关心贫困地区和弱势群体。春节前齐守印同志到阜平进行了走访慰问,左绍伟同志率队到赞皇县、尹立敏同志率队到井陉矿区进行调查慰问;机关党委、机关妇委会和各支部,分别组织党员到贫困农民、下岗职工、老党员和患病职工等家中看望慰问,并为他们和贫困学生、失学儿童自愿捐款、捐物。这些党员以实际行动体现了"党员受教育,群众得实惠"的要求,使自己的党性修养得到了进一步锤炼。

在促进工作方面,一是围绕全面落实科学发展观、实现全省经济更快更好发展和构建"和谐河北"的总体目标,明确了以科学理财为灵魂的六项现代理财原则,即:为民理财、民主理财、依法理财、规范理财、高效理财和廉洁理财,按照这"六项原则",并结合河北财政经济和社会发展的形势,制定了今年的财政工作总体思路,拟定了包括改革和完善财政体制在内的20项突破性业务工作。二是围绕树立科学的执政理念、提高党的执政能力,将工作重点放在了提升财政的"六种能力"上,通过提升财政调控能力、财政支持经济发展能力、财政公共服务能力、财政创新能力、依法理财能力和为民理财、创业干事能力,要进一步提高财政的服务水平,切实为"一条主线、两大支撑"和构建"和谐河北"作出贡献。三是围绕加强党员的先进性建设、优化财政干部队伍,我们着力开展了"六型机关"的创建活动,通过创建服务型机关、高效型机关、廉洁型机关、学习型机关、创新型机关与和谐型机关,切实提高财政厅机关的工作效能。这"六项原则"、"六种能力"、"六型机关",是我厅党员先进性教育活动中联系实际的核心内容,并以此制定了财政部门党员保持先进性的具体要求。

(原载《河北财政》2005.4)

加强组织领导 密切联系实际

石家庄市财政局

保持共产党员先进性教育活动开展以来,石家庄市财政局紧密结合财政工作实际,及早谋划,精心组织,扎实推进,在促进机关工作作风转变的同时,促进了财政各项工作的深入开展。

一、统一思想,加强领导,精心组织先进性教育活动。石家庄市财政局对先进性教育活动抓得早,抓得紧。2月3日全市动员大会后,2月5日局党组就召开会议,结合实际,专题研究谋划财政部门的先进性教育活动。为了加强对教育活动的领导,组建了先进性教育活动领导机构,制定了开展先进性教育活动的《实施方案》,明确提出财政系统开展先进性教育活动要围绕"提高党员素质、加强基层组织、服务人民群众、促进各项工作"四项目标要求,在落实党员先进性"六个坚持"基本标准的基础上,制定出财政部门党员先进性的具体要求和岗位规范,推进机关作风和干部精神面貌有一个大的转变。春节上班后第一天,局党组即组织班子成员和各处室负责人召开先进性教育座谈会,座谈学习先进性教育活动的重要意义,首先统一了党员干部的思想认识。在此基础上,召开了全局动员会,局党组书记、局长赵悦贞同志亲自作动员讲话,对先进性教育活动进行了安排部署,动员会后又两次组织局先教办人员研究第一阶段学习培训计划,要求教育活动严格按规定步骤进行,不能走过场;在完成好规定动作的基础上,选定并做好自选动作。先进性教育活动开展不久,石家庄市委副书记艾文礼到该局就开展好教育活动进行了调研,对财政部门如何结合行业特点、岗位特点,开展好先进性教育讲了重要意见,要求财政部门在教育活动中发挥表率作用。按照市委领导的要求,石家庄市财政局领导班子和领导干部迅速行动,率先垂范,在全局教育活动中先行一步,努力走在市直部门教育活动的前列。一是该局在制定活动实施方案中,专门制定了局党组理论学习组参加教育活动的方案。要求每位班子成员着重开展"八好"活动,即:做好学习交流、上好党课、搞好调查研究、走好群众路线、写党性分析材料、开好民主生活会、抓好联系点、制定好整改措施。在学习培训第一阶段,每个党组成员要做到"四个一",即在阅读指定书目、参加所在党小组活动的基础上,撰写一篇有份量、高水平的学习体会文章;到各自联系点上讲一次有针对性的党课;明确一个自己先进性岗位标准;主动与一名贫困大学生结穷亲。二是局领导班子成员带来参加学习培训,严格落实第一阶段的"规定动作"。党组书记、局长赵悦贞作为局先进性教育活动第一责任人,在组织开展好全局活动的同时,利用党组理论学习组集中学习和业余时间,通读《先进性教育读本》,并根据自身学习体会,要求党组成员和全局党员在认真阅读规定学习篇目的同时,重点抓好《党章》等篇目的学习,并提醒全局党员,在学习培训中注意防止两种倾向,一种是对学习培训不下功夫,急于联系实际去解决问题。局领导班子成员反复阅读指定书目,深入思考,结合自身的思想、工作实际,指导撰写了体会文章,进行了学习交流。根据学习培训计划安排,局领导班子成员目前正在征求党员干部的意见,着手准备党课内容。在局领导的带动下,先进性教育活动以支部为单位迅速在全局开展起来。各支部严格落实考勤制度、落实学习时间、落实学习内容,坚持集中学习与自学相结合,学习与讨论相结合,保证了学习教育活动的扎实开展。不截至目前,全局党员对指定书目进行了通读,并认真做了读书笔记,广泛开展了学习讨论,在此基础上撰写了心得体会。到目前,全局党员共写出体会文章近100篇。

二、反复讨论,广泛酝酿,明确了财政部门党员先进性具体要求。先进性教育活动开展以来,石家庄市财政局就把制定共产党员先进性具体要求作为教育活动的重要任务,市财政局党组结合财政部门的具体实际,提出制定财政局党员先进性具体要求,重点把握三个方面:一是把增强"立党为公、执法为民"意识放在突出位置。进一步树立理财为公、理财为民的思想;二是把提高领导水平、执政能力放在突出位置,提高理财能力;三是把改进作风放在突出位置。努力增强服务意识,改进服务质量,提高工作效率。该局先进性教育活动领导小组办公室根据局党组研究的意见,将先进性具体要求把握的重点交由各支部进行广泛讨论。局党组书记、局长赵悦贞以普通党员身份也参加了所在党支部的讨论。通过多方征求意见,全局党员干部对先进性具体要求的思想一步步得到深化,对先进性具体要求标准的意见渐趋统一。在3月初召开的全市财政局长座谈会上对先进性具体要求又向各县(市)区财政局征求了意见。在此基础上,市财政局再次进行了修改完善,形成了不同层次的共产党员先进性的行为准则,提出了党员领导干部先进性的具体要求:一是支持理财为民,树立五种观念:科学发展观念、公共财政观念、依法理财观念、艰苦奋斗观念、实事求是观念。二是提高理财能力,达到四项要求:熟悉政策,精通业务;调查研究,联系群众;立足大局,统筹兼顾;当好参谋,服务经济。三是保持良好形象,倡导六种作风:团结协作,民主集中;求真务实,贴近群众;艰苦奋斗,不怕牺牲;坚持原则,服务热情;高效快捷,雷厉风行;严谨细致,精益求精。四是严格从政行为,完善十种机制:健全民主理财、确保廉洁从政、规范工作程序、落实逐级负责、加强跟踪问效、增强监督制约、实行责任追究、严格处罚激励、坚持政治学习、搞好业务培训。五是做好财政工作,实现四项目标:收入稳定增长,实力明显增强;优化支出结构,保障开支重点;壮大财源基础,促进经济发展;改革有所突破,监督明显改善。为了易学易懂易记,石家庄市财政局对适合全体党员的先进性要求还编成了"四字歌":对党忠诚,信念坚定,理财为民,依法行政,好学肯干,业务精通,团结协作,纪律严明,服从指挥,雷厉风行,以人为本,贴近群众,艰苦奋斗,不怕牺牲,坚持原则,服务热情,求真务实,精益求精,淡薄名利,廉洁干净。目前广大党员正结合全局党员标准,对照自身工作实际,制定本职岗位的具体标准。

三、创新载体,体现特色,把先进性教育活动引向深入。为使先进性教育活动基础环节取得实效,连日来,石家庄市财政局采取多种形式进行学习培训。一是在财政局信息网设立先进性教育专栏。先进性教育专栏设有"上级部署、本局安排、活动动态、交流园地"等栏目,党员干部职工通过网上浏览信息,参与先进性教育活动。同时,该局还通过设立意见箱,广泛征求党员和群众的意见,建立先进性教育橱窗,进行学习心得交流。二是积极开展"结穷亲、送温暖"活动。局党组成员主动与贫困大学生结对子,每名党组成员资助一名大学生完成学业。局其他党员干部踊跃捐款,有的捐资助教,有的慰问农村孤寡老人等。三是开展以"弘扬西柏坡精神,树立新时期党员形象"为主题的保持革命传统教育活动。3月3日市财政局组织全局240多名党员,听取了市社科院院长肖力教授作的《弘扬西柏坡精神,保持共产党员先进性》的专题辅导报告。3月4日该局领导班子成员集体参观了西柏坡纪念馆和党的七届二中全会旧址,重温了毛泽东同志关于"两个务必"的论述和入党誓词。局领导班子成员紧紧围绕如何保持共产党员先进性这个主题,联系全市财政改革和发展的实际,谈了自己的学习体会。大家纷纷表示,要从自己做起,大力弘扬以"两个务必"为核心内容的"西柏坡精神",在先进性教育活动中,学习领袖风范，发扬革命传统，充分发挥党员干部的先锋模范作用，争做新时期优秀党员的代表。要保持良好的精神状态，为把石家庄市建设成为全省“首善之区”，实现小康社会目标做出应有的贡献。

四、联系实际，注重实效，促进财政干部作风的转变和财政工作的扎实推进。先进性教育活动一开始，石家庄市财政局就将教育活动与财政工作紧密结合起来，把主要心思用在促进发展、搞好服务上，真正把先进性教育活动作为转变作风、深入基层、服务群众的切实行动，变成整改问题、促进各项工作开展的切实行动。该局结合财政工作实际，提出今年围绕“突出一个主题，做好两篇文章”的财政工作思路。突出一个主题，就是突出保持共产党员先进性这个主题，扎扎实实地开展好先进性教育活动。做好两篇文章，就是做好财政收支这两篇文章。在收入工作中，针对今年1－2月份财政收入完成情况，该局就促进财政增收、把财政收入蛋糕做大进行了专题讨论，并召开了财税部门联席会和全市财政局长座谈会，达成了先进性教育活动“是否有成效，关键看增收”的共识，研究制定了包括规范征收，严格减免；加强协调，强化督导；坚持抓重点、抓大户；完善激励政策，调动增收积极性；大力开展财政收入上台阶活动；实行全局上下齐抓共管等内容的促进财政收入增长的六项具体措施。确保财政收入首季开门红，确保全年收入目标的圆满实现。为解决公教人员工资问题，市财政提前向县（市）区预拨一季度工资性转移支付资金2.4亿元，向困难县借款1800多万元，保证了工资的及时足额发放。在解决企事业单位离休干部“两费”、建国前老工人及企业离休人员提高职务津贴、退休人员增加生活补贴问题时，市财政局组织有关人员反复测算，多方筹集，在今年预算尚未落实前，就拨付3900万元，保证了去年补贴资金和今年一、二月份资金及时发到离退休人员手中，同时在企业统筹资金尚未到位前，市财政垫付资金600多万元，解决了企业离退休干部1月份的医药费，维护了稳定。先进性教育活动的开展，促进了财政干部作风的转变，进一步贴近了群众要求，提高了工作效率和工作质量，促进了财政工作扎实有效的推进。

（原载《河北财政》2005.4）

深入细致开展先进性教育活动

承德市财政局

承德市财政局保持共产党员先进性教育活动，以提高教育活动计划性、广泛参与性、针对性和实效性为重点，在活动安排上，突出“三个确保”。即确保教育活动用书及时到位，学习资料完备齐全；确保足够的学习时间，做好规定动作，不走过场；确保活动有组织、有计划、有的放矢，并在促进和推动财政工作上收到实效。在学习形式上，采取先总后分、统分结合的方式展开。先开展全局集中学习，并由党组书记集中为全局党员干部讲党课，后支部和理论中心组学习；在交流、讨论方式上，采取自下而上方式进行。先以支部为单位组织全体党员开展大讨论，交流学习心得和学习体会，后由各支部选派党员代表在全局党员大会上做交流发言。全局交流讨论大会发言代表涵盖党员干部的各个层面。既有处级、科级干部也有一般党员干部，既有党龄30多年的老党员也有刚刚入党的新党员，既包括在职的党员干部也包括离开工作岗位多年的离退休老干部。通过广泛发动，深入学习，充分讨论交流，真正把市委保持共产党员先进性教育活动“四个必须”落到了实处，初步达到了“提高党员素质，促进各项工作”的预期效果。我们的主要做法：

一、精心制定学习阶段日程安排，提高“先教”活动的计划性。2月2日全局党员干部动员大会后，市财政局“先教”工作领导小组先后召开3次专题会议，研究制定学习阶段工作计划和工作安排。确定全局党员干部集中学习1.5天，支部组织学习2天，党组书记上党课0.5天，局领导中心组封闭学习1天，支部交流讨论0.5天，全局党员干部大会交流讨论0.5天的学习阶段工作日程，并全力抓好落实。从而提高了学习活动的计划性，确保“先教”活动覆盖面达到100%（包括离退休党员干部），学习时间达到40个小时以上，确保了“上一堂党课，将学习材料和学习篇目通读一遍，每人写一篇学习体会，开展一次大讨论”工作要求的全面落实。

二、开设“先教”活动网页，提高干部职工参与的广泛性。市财政局以财政信息网为依托，开设“保持共产党员先进性教育活动网页”，对全局“先教”活动的组织领导、工作要求、工作部署、工作安排、工作动态进行及时的宣传报道，使全局党员干部对“先教”活动有了全面、深入的了解和认识。同时，在财政信息网上开设“先教论坛”，把全局党员干部代表的学习心得和学习体会在局域网上公开交流，为大家提供一个广泛参与、互动交流的平台。

三、上好一次党课，提高“先教”活动的针对性。3月1日，局党组书记、局长宋玉君同志为全局党员干部上了一堂生动、深刻的党课。宋玉君同志联系财政实际，从六个方面阐述了共产党员先进性：一是把共产党员的先进性体现到为建设和谐承德奋斗的共性中；二是把共产党员的先进性体现到以人为本的人的基本性中；三是把共产党员的先进性体现到以加快发展为主题的时代性中；四是把共产党员的先进性体现到干部开拓进取的个性中；五是把共产党员的先进性体现到财政工作的特殊性中；六是把共产党员的先进性体现到财政实际工作的创造性中。

四、组织好“先教”活动的学习讨论，提高学习活动的实效性。按照学习阶段工作总体安排，3月1日以来，我局重点开展支部集中学习、学习心得支部交流与讨论、全局党员干部代表交流讨论。3月3日上午，全局12个支部分别召开了学习心得、学习体会讨论交流会，全体党员干部分别在所在支部做了交流发言。在交流发言中，每个党员都分别结合岗位工作要求，提出了1项最具先进性的工作目标，并明确了确保完成工作目标的具体保障措施。3月3日下午，全局12个党支部的12名党员干部代表在全局大会上做了交流发言。通过集中学习、交流、讨论，使全局党员、党员干部在为什么开展新时期保持共产党员先进性教育活动、什么是共产党员的先进性、本单位党员先进性存在哪些突出问题、先进性教育要达到怎样的成效等问题上，有了明确的认识和深刻体会，从而进一步把全局党员干部的思想统一到树立和落实科学发展观，全面提高到党执政兴国的工作大局上来，统一到奋发图强、开拓进取、务实创新、促进承德财政经济实现跨越式发展上来。

（原载《河北财政》2005.4）

紧扣主线　把握方向　求真务实

张家口市财政局

在全党范围内开展保持共产党员先进性教育活动，是新时期加强和改进党的建设的一项重大举措。按照市委的统一部署，局党组精心组织，周密部署，全体党员干部以高度的政治责任感，积极向上的精神状态，勤奋务实的工作作风，积极投身到第一阶段的各项工作中，夯实了思想基础，确保了学习效果。

一、紧扣一条主线，确保学习教育高起点。为扎实开展保持共产党员先进性教育活动，确保先进性教育活动的高起点、高质量，我们牢牢抓住实践“三个代表”重要思想这一主线，紧紧围绕实现全市经济社会跨越式发展这一主题，通过系统、深入、扎实、有效的理论学习，找准实践“三个代表”重要思想和保持党员先进性的结合点和切入点，切实提高广大党员践行“三个代表”重要思想的自觉性和坚定性，使全体党员进一步认清形势，直面挑战，振奋精神，有所作为，为实现财政跨越式发展进而推动全市经济社会跨越式发展建功立业。

二、突出两大主题，把握教育活动的正确方向。开展先进性教育活动的根本目的，就是加强党的建设，充分发挥基层党组织的战斗堡垒作用和共产党员先锋模范作用。局党组经过多次认真研究、客观分析我局实际，明确了在学习教育阶段的两大主题就是突出提高党员干部的思想认识和财政干部如何在思想上将保持共产党员先进性真正转化为实现跨越式发展的强大动力。一是把思想发动和激发党员的自觉性作为学习教育的首要任务。通过信息网开设共产党员先进性专题、转载和印发试点地区的经验做法、召开支部会议、学习先进典型等形式，做好先进性教育活动的先期动员准备，营造学习的浓厚氛围。二是通过召开动员大会和支部会议等形式组织党员学习有关文件精神，明确教育活动的重要性，激发党员的自觉性。三是结合财政工作实际，按照市委提出的“经济要跨越，财政就必须跨越”的要求，在全体党员中要求思想进一步解放，观念进一步更新，真正把先进性体现到推动经济社会发展的具体实践中，把智慧和力量凝聚到实现跨越式发展的奋斗目标上，在实践中增强党性，提高素质，促进发展，回答好我“怎么办、怎么干”这一现实课题。

三、抓住三个环节，推动学习的扎实开展。引导党员把保持先进性教育活动落实在行动上，必须严格落实第一阶段的工作安排，突出抓好“三学三抓三深入”三个环节，环环相扣，逐步深入，稳步推进。一是落实“三学”，即学理论、学典型、学市情，进一步提高党员的思想境界和知识层面。认真学习《保持共产党员先进性教育读本》、文件精神、领导讲话等，武装自我；学习高翠英等先进典型事迹，激励自我；学习市情、现代前沿知识，充实和完善自我，在有效的时间内，极大地提高了党员干部素质。二是落实“三抓”，即抓联系点、抓先进典型、抓民主生活会，进一步提高学习质量。我们认真落实局领导班子成员联系点制度，每位班子成员都能够做到每周至少深入联系点三次，督促学习，解决问题，提出要求。严格年度民主评议党员程序和要求，隆重表彰优秀共产党员，树身边看得见、摸得着、感悟深的典型。落实民主生活会制度，召开一次生活会，开展批评与自我批评，达到了共同进步、共同提高的效果。三是落实“三深入”，即深入基层听民意、深入基层办实事、深入现场解决难题，着力提高党员干部解决实际问题的能力。引导党员干部带着课题学、现场办公学、解决问题学，把学习教育及时转化为实际工作能力。初步统计，我局党员干部深入基层听取意见 85 人次，深入基层办实事 25 件，深入现场解决难题 10 件。

四、落实四项举措，确保学习教育质量。为防止学习教育走过场，确保学习教育质量，局党组研究制定了严谨周密、可操作性强的具体措施，并狠抓落实。一是构建先进性教育组织领导机制。1 月 29 日全市动员大会后，局主要领导当日就召集有关人员，研究我局的具体贯彻意见。31 日上午召开局党组会议进行研究部署，成立了领导小组，抽调了 12 名同志脱离原工作岗位组建了局先进性教育办公室，研究了局先进性教育活动实施意见，局领导班子成员参加教育活动实施方案以及办公室工作职责制定等事项，并于 2 月 1 日在全市率先召开了动员大会。各支部积极行动，相继成立了组织机构，为教育活动的开展奠定了坚实的组织基础。二是明确领导带头，率先垂范。为充分发挥党员领导干部的导向作用，局党组要求每位班子成员要以身作则，在教育活动中始终做到“十个带头”。即：带头学习理论，带头交流体会，带头理论研讨，带头讲党课，带头深入基层，带头学习先进，带头联系实际，带头开好民主生活会，带头指导实践，审视工作，带头遵守学习纪律，并以普通党员的身份参加所在支部的各项活动，以良好的姿态接受群众监督。局领导班子成员积极主动，身体力行，切实做到了“六个不缺席”：集体学习不缺席，讲授党课不缺席，深入基层不缺席，民主生活会不缺席，学习典型不缺席，检查督导不缺席。三是确立了“四明确、四对照、四检查”的工作机制。要求每一位党员干部在学习教育中，明确开展保持共产党员先进性教育活动的重大意义、指导思想、目标要求和方法步骤，对照党性原则查思想，对照第一要务查工作，对照宗旨观念查作风，对照党纪条规查纪律，真正使教育活动做到站位高远，主题明确，纪律严明，取得实效。四是细化具体要求。要求学习教育活动始终做到“五到位”。明确局先进性教育领导小组及办公室、各支部职责，责任到位；每周下发学习、活动计划，学习安排到位；保证学习时间、内容，撰写心得和体会文章，交流学习体会，先进性教育知识测试，开展学习到位；及时调度、加强沟通，督导检查到位；人员外出进行补课，非在职党员采取发放《教育读本》、《实施意见》等方式进行学习教育，人员到位。

五、坚持“五个结合”，实现“五个目标”。为圆满实现学习教育活动的各项工作目标，真正把学习教育活动开展得有新意、有办法、有深度、有效果，把保持共产党员先进性的基本要求同促进我局各项工作紧密结合起来。增强学习教育活动的针对性和创造性，我们始终坚持“五个结合”，努力实现“五个目标”。一是坚持与领导班子建设相结合，实现班子团结、坚强、务实、奋进。开展保持共产党员先进性教育活动的一个重要目的就是切实加强和改善党的领导，不断提高党的执政能力。因此，我们紧紧抓住保持先进性教育活动这个契机，通过党员特别是党员领导干部的先进性不断增强领导班子的凝聚力、向心力、号召力。局领导班子成员始终坚持以普通党员的身份参加学习教育活动，以党员先进性的要求对照检查自身的工作、生活和学习，查找不足，完善自我。通过学习教育活动，达到了班子成员的党性观念更强，理论水平更高，班子集体的合力更大，为民理财的意识更牢，实现财政跨越的目标更加明确。

二是坚持与创建学习型机关相结合，增强党员参加学习教育活动的积极性和主动性，实现干部队伍整体素质的提高。创建学习型机关是我局基础性建设的主要内容，而学好理论、领会精神正是学习型机关建设的一个基本前提。在学习教育活动中，全局党员把增强党员的先进性与推进学习型机关建设紧密联系，努力做到既提高党员的思想认识和理论水平，又千方百计地以浓厚的学习氛围和党员的先锋模范作用感染和引导全局干部职工提高学习理论的积极性和主动性，激发大家的学习热情。截至目前，全局党员干部累计学习时间已达 48 小时，每人撰写至少两篇心得体会，人人都做了学习交流发言，学习参加率一直保持在 100%，其中在全局学习交流会上，10 名同志作了典型发言。与此同时，党小组、党支部及全局组织参观了董存瑞烈士纪念馆、晋察冀司令部旧址、华北地区第一个农村党支部—察哈尔农民协会旧址、驻张部队军史馆、慰问市福利总院等形式多样的教育活动，进一步增强了学习效果。三是坚持与党风廉政建设和行风评议相结合，实现机关建设的不断加强。我局把学习教育活动与党风廉政建设和行风评议活动结合起来，通过学习高翠英、学习局先进典型、观看电影《张思德》等一系列鲜明、生动、直观的教育活动，推进了机关建设的进一步深入。四是坚持与机关规范化管理相结合，实现干部队伍管理的规范、高效、严谨、有序。“抓学习、抓基础、抓规范”是我局加强自身建设的主题。我们在教育活动中从细微处入手，从言行中规范。通过学习教育活动的扎实开展，不仅使机关管理进一步到位，也为实现局党组确定的全年工作目标进一步明确了奋斗方向。五是坚持与财政业务工作相结合，实现财政服务全市跨越式发展能力的提高。全局保持先进性教育活动的最终落脚点是增强全局干部职工在财政事业上立足本职、努力工作、勤于奉献、再创辉煌。为此，紧密围绕实现全市经济和社会跨越式发展的总体目标，全方位审视财政各项工作，进一步明确了当前和今后一个时期财政工作重点，把学习教育活动与促进全局干部职工业务能力的提高结合起来，着力实现财政服务全市跨越式发展能力的提高。

（原载《河北财政》2005.4）

突出五个注重　扎实开展先进性教育活动

秦皇岛市财政局

秦皇岛市财政局从实际出发，按照市委、市政府的要求，深入扎实开展先进性教育活动。在具体实施过程中，突出五个注重，取得初步成效。

一、注重突出先进性教育活动的重要性。局党组对开展保持共产党员先进性教育活动高度重视，对全局如何开展好这项工作进行了反复研究，及时做出部署，迅速成立了局先进性教育活动组织机构，并在认真做好准备工作的基础上召开了全局先进性教育活动动员大会，为全局开展这项活动提供了组织保证和思想保证。

二、注重主动性。局先进性教育活动工作主动性强，从制定方案到各项工作的落实抓得紧，局中心组及各党支部精心组织，深入学习，增强了党员主动学习的自觉性。

三、注重特色性。在完成好“规定动作”的同时，注重强调结合财政工作实际，坚持“边学习、边实践、边总结、边整改、边提高”的原则，解决全局党员在先进性上的思想观念和工作实践问题，重点做好 10 项“自选动作”。一是办动态宣传展牌，开设网络学习专栏。广泛宣传和深入及时报道先进性教育活动进展情况、推广先进典型和好的经验及积极发挥群众、社会、党内对活动开展的监督作用。二是局党组成员带队分四组到局帮扶村、“驻访帮解”村和全市文明生态村回访，倾听村干部、农民的心声，了解掌握帮扶措施落实及收效如何，为今年更好地带动他们克服困难、发家致富掌握一手资料。各支部实施帮扶社会弱势群体工程。以支部为单位组织全局党员、积极分子和一般同志捐款（4600 元）、捐衣物（400 余件），帮扶 8 户社会特困家庭、资助 19 名特困学生。三是请市委党校专家教授来局进行宣讲辅导。四是规定局领导上党课要以不断提高党性认识，加强党性修养为主要内容，帮助党员提高认识，坚定理想信念。五是开展学习体会交流和大讨论活动。为检验每名党员在思想认识上的提高与否，每个党员必须撰写一篇学习体会文章，至少为财政改革发展献一计，在学习讨论中确定具体题目："按照'三个代表'重要思想，财政部门党员先进性标准和具体体现是什么?"、"我为财政发展与改革做什么?""我局在保持党员先进性上存在哪些突出问题"，要求全体党员牢固树立"全局意识、发展意识、服务意识"和"谋全局、抓大事、议大事"的宏伟理想。讨论以召开座谈会、开展征文活动等载体形式开展。每个支部选出1－2名党员代表在全局做专题发言。六是树立身边优秀党员典型，开展向典型学习活动。选树5名先进个人典型，举办典型事迹报告会，利用各种媒体广泛宣传，在全局形成弘扬正气、弘扬先进、推崇先进、后进赶先进的局面。七是开展"学先进、比干劲、做贡献"岗位建功活动。以先进性教育活动开展为契机，开展向身边选树的先进典型学习，要求每名党员从本职工作入手，争做勤于学习研究、业务精良的先锋模范，为出色完成财政各项工作任务做贡献。八是以改进机关工作作风为着力点，巩固我局民主评议行风成果，做好民主评议行风"回头查"工作。九是开展党员干部下基层活动。班子成员率先垂范，带头深入分管工作的基层单位中，对财政工作中遇到的重点、难点问题进行调研，准确及时了解基层现状，以实际行动切实担负起为民解决实际困难和办实事的责任。十是组织党员到党史教育基地参观学习。

四、注重实践性。将先进性教育活动与财政工作实际相结合。广大党员干部联系工作实际，树立科学发展观，对财政资金从做好预决算编审、加强财政监督、为民办实事、优化服务环境、促进财政改革与发展等五方面进行认真检查对照，切实做到为民理财。

五、注重实效性。在第一阶段中，从实际出发，狠抓教育不放松，取得了四大收获。即：使党员进一步增强党性、坚定理想信念，增强了为党旗添光彩的决心和信心；使党员对"三个代表"重要思想和先进性教育活动重要意义有了深刻认识；增强了工作主动性和创造性。一是积极主动做好财政各项工作，确保完成财政收入增长14％的目标任务。二是保重点支出，切实解决好群众关心的热点、难点问题。努力把取之于民的财政问题收入高效率、高效益地用于全心全意为人民服务的事业中去，优先保障事关人民生活的重点支出的需要。保公教人员工资足额发放，决不能出现新的拖欠。加大筹资力度，保证国有企业下岗职工基本生活费和企业离休人员养老金按时足额发放。全力做好对种粮农民直接补贴，及时将全市粮补资金不出任何纰漏全额拨付各县区粮补专户。稳步推进农村税费改革，在去年将全市农业税平均税率降低3个百分点的基础上再降低2个百分点。三是努力服务于经济和社会事业发展，提高广大人民群众生活水平。转变支持经济发展的方式。充分发挥财政政策"四两拨千斤"的作用，推进国有企业改革，支持非公有经济发展，壮大市场经济主体实力。兑现鼓励、支持和引导民营经济发展的各项政策，努力把经济"蛋糕"做大，把财政"蛋糕"做大。大力支持农村经济发展，有效增加农民收入。从财政体制、资金、政策等方面引导社会资源向农业和农村倾斜。优化财政支农资金投入结构，重点支持水利、林业、畜牧等农业基础设施、生态工程、农业社会化服务体系建设。坚持农业产业化方向，强龙头、建基地、连农户，拓宽农民增收渠道。多方筹措资金，加大城市基础设施建设。争取国债转贷项目资金，集中用于人民广场、市政道路、污水处理、垃圾处理等方面建设，人民群众生活环境和质量得到明显改善。

（原载《河北财政》2005.4）

开局良好　进展顺利

唐山市财政局

开展保持共产党员先进性教育活动，是中央作出的一项重大决策，是全党当前的一项重要政治任务。唐山市财政局认真落实中央和省、市委关于开展保持共产党员先进性教育活动总体部署，在充分征求党支部书记、党小组长和基层党员代表意见的基础上，结合财政工作实际，全面系统地制定了教育活动实施方案，2月6日，召开全体党员大会进行了动员部署。全局上下迅速行动起来，统一认识，细化措施，狠抓落实，确保了教育活动全面开展。

一、提高认识，切实做好基础工作。基础工作是开展好教育活动的重要保障。唐山市财政局从制度入手，进一步明确责任，营造氛围，强化监督，确保活动扎实推进。一是建立目标责任制度。坚持书记负责制，书记对党组和支部学习效果负总责，成立了先进性教育活动领导小组，负责组织督导，抽调 5 名同志，开设了办公房间，配备办公设施，强化了日常组织协调；各支部委员分工负责，建立每周例会制度，并确定联络员，定期反馈工作进展，形成了一级抓一级、逐级抓落实的工作格局。二是建立领导干部联系点制度。7 名党组成员按业务分工，分别负责 7 个支部教育活动，帮助支部进一步分解和细化活动安排，联系工作实际，重点将教育活动与业务工作结合起来，做到任务、措施、要求三落实。三是建立宣传制度。在市督导组的帮助指导下，张贴了横幅标语，建立了宣传栏，设立了内部网络宣传，刊发简报 6 期，活跃了学习氛围，使全体党员同志在浓厚的舆论氛围中自觉接受教育和熏陶。四是建立督查制度。坚持定期检查学习计划、支部活动记录、党员学习笔记制度，先后对 7 个支部进行全面检查，对 150 名党员笔记进行抽查，对 5 名因故未能参加集中学习的党员进行了补课，确保了学习制度落实。五是建立群众监督制度。严格落实开门搞教育，设立了征求意见箱和公开电话，主动邀请 8 名非党人士，从服务单位聘请了 16 名监督员，监督教育活动，评议学习效果，目前已召开座谈会 2 次，收集反馈意见 12 条，促进了活动的深入开展。

二、精心组织，认真抓好学习培训。学习培训是教育活动的重要阶段。学习效果直接关系到后两个阶段能否顺利开展和整个教育活动质量。局党组认真谋划，统筹安排，着力解决“为什么学、学什么、怎么学”的问题，提高思想认识，激发内在动力，打牢理论基础，坚定理想信念。一是明确学习目标。联系工作实际，局党组确定了学习活动总体目标和分层面具体目标。总体目标是通过学习，使全体党员进一步深化对邓小平理论和“三个代表”重要思想的理解，深化对党的十六大和十六届三中、四中全会精神的理解，提高对加强党的执政能力建设的认识，明确新时期保持共产党员先进性的基本要求。三个分层面的目标是：班子成员把提高领导水平、行政能力放到突出位置，通过学习，重点解决好为谁理财、为谁服务问题；党员干部把改进作风放在突出位置，通过学习，重点解决好服务意识和服务效能问题；普通党员把提高宗旨意识放在突出位置，通过学习，重点解决好理想信念和先锋模范作用问题。离退休党员要发挥好余热，在社区党建工作中发挥积极作用，宣传党的路线、方针、政策和取得的光辉业绩，维护市委、市政府的重大决策。二是突出学习重点。首先坚持学好必读书目。组织学习《保持共产党员先进性教育读本》以及胡锦涛等中央领导同志的讲话和有关文件，深化对“三个代表”重要思想的理解。其次聘请专家就落实科学发展观进行专题辅导，促进党员干部树立和巩固构建和谐社会意识。局党组成员率先垂范，撰写学习体会，推动全局学习教育活动全面开展。再次坚持正反结合，警钟长鸣，观看了《草原第一贪》警示录像片，增强了廉洁从政意识。三是强化组织管理。坚持做到“四集中、四统一、四落实”。“四集中”即集中人员、集中精力、集中时间、集中地点；“四统一”即统一领导、统一组织、统一安排、统一要求；“四落实”即学习时间、学习人员、学习内容、学习效果必须落实，并努力实现两个确保。一方面确保学习时间不少于 40 个学时。目前已经组织全体党员干部集中封闭学习 6 天，累计达 48 小时。为提高学习效果，学习期间实行封闭管理，全体同志都按要求关闭手机，设一部专用联系电话，由学习教育办公室人员负责联络接听，减少外界干扰，保证学习时间落实。另一方面确保党员 100% 的参学率。落实一个不漏、一个不少、一个也不能走过场的要求，各党支部建立了党员学习教育档案，严格请销假制度，严格事后补课规定，对 3 名行动不便的离退休党员，做到送学到人。

三、学以致用，确保活动取得实效。解决实际问题是活动的出发点和落脚点。局党组引导广大党员从理论走向实践，学有所思、学有所用、学有所获，确保学习活动不走过场，努力实现学习工作两促进、两提高。总的讲，着重落实好“五个结合”。一是坚持与支持经济加快发展相结合。通过学习，广大党员认识到“三个代表”重要思想的精髓是发展这一第一要务，财政是经济社会发展的保障，在加快发展中起着重要作用。在支持农业发展、推进重点项目建设、深化国企改革等方面，还需要加大财政支持力度。农开办党支部围绕支持农业农村发展，准备组织党员深入乐亭、玉田等县区调研，积极谋划农业开发项目。经建处围绕支持重点项目建设，提出将着力谋划资金整合方案，积极参与曹妃甸项目建设。企业处围绕支持民营经济发展，加大财政信用担保政策宣传，谋划支持创业辅导体系和技术创新服务体系建设措施，努力支持民营企业做大做强。二是坚持与构建和谐社会相结合。通过学习广大党员认识到科学发展观的实质是努力构建和谐社会。财政是社会分配的重要手段,要着力提高薄弱环节保障能力,进一步健全完善社会保障体系。一要完善就业服务体系。加强标准化社区建设,强化社区服务功能,完善就业服务平台,积极开发政府公益性岗位,引导区街发展以服务业为主的劳动密集型产业,提高城市吸纳就业能力。二要健全社会保障机制。支持下岗职工出中心向失业保险的并轨,解决好并轨过程中资金管理的新问题,实现"三条保障线"紧密衔接。三要完善社会救助体系。进一步完善城镇居民低收入家庭廉租房改革,完善农村低保制度,改善农村五保户生活保障,提高城市最低生活保障水平,实施特困群体医疗救助制度,努力构建全方位社会救助体系。三是坚持与创新管理相结合。通过学习,广大党员认识到保持党员的先进性就必须与时俱进,不断创新。在工作上要重点深化三项改革:一要继续深化财政管理改革。进一步完善预算、国库集中支付、政府采购和收支两条线改革,建立多层次、全方位、全过程财政资金管理体系,着力提高资金运行质量。二要继续深化财政体制改革。进一步完善市以下财政体制,落实扩权强县规定,支持县域经济加快发展。三要继续完善农村税费改革。落实降低农业税税率政策,全面深化配套改革,建立农民减负增收长效机制。四是与提高服务水平相结合。通过学习,广大党员进一步增强了全心全意为人民服务的宗旨意识。要结合财政工作实际,把服务意识更加具体化,更加有效地服务发展、服务部门、服务基层、服务群众。重点是规范服务程序,严格落实《首问负责制》,建立党员责任区和党员示范岗,推行"一站式"办公,简化工作程序,在支付中心、契税征收、审批中心、政府采购、产权交易5个窗口单位推行窗口受理、网上运行、内部传递、限时办结,努力提高服务水平。五是与党风廉政建设相结合。通过学习,广大党员认识到廉洁从政是党员先进性的重要体现。要继续完善领导干部"一岗双责"制度,明确领导干部党风廉政建设责任分工,落实重大事项报告制度,落实定期廉政谈话。落实领导干部廉洁自律"四大纪律八项要求",狠刹四股歪风,坚决制止奢侈浪费。进一步完善"诺廉、述廉、评廉、考廉"工作机制,落实廉洁自律承诺,主动接受监督。

(原载《河北财政》2005.4)

深入扎实　效果明显

廊坊市财政局

中央和省、廊坊市委对保持共产党员先进性教育活动作出部署后,廊坊市财政局结合本局和财政工作实际,迅速传达贯彻有关会议精神,精心设计教育活动的形式,统筹安排教育活动的环节和进程,确保先进性教育活动取得实效。

一、教育学习要求一个严字。一是学习制度严。在第一时间召开了动员大会,对先进性教育活动进行了安排部署,成立了李春山同志任组长的先进性教育活动领导小组,为先进性教育活动的深入开展奠定了良好的组织保障。对学习动员阶段的任务进行深入部署,制定了学习计划,做到了时间确定、地点确定、组织者确定,使各党支部对学习活动安排一目了然,心中有数。在此基础上,紧跟中央精神步伐,实现先进性教育活动超前运作。迅速召开了紧急会议进行了贯彻落实,要求各党支部及时调整学习计划,把认真开展好新时期保持共产党员先进性具体要求的大讨论作为学习动员阶段的重要内容,切实抓紧抓好。二是学习标准严。为使广大党员在分析评议时有具体标尺,在整改提高时有明确方向,在日常工作中有行为准则。局党组在经过几天的自学后,统一思想,趁热打铁,提前调整了工作安排,集中精力进行了为期两天的封闭学习,对党章及其他必读书目进行了认真研读,每一位干部都做了大量的读书笔记。并且集思广益,精心提炼,初步提出了《廊坊市财政局保持共产党员先进性的八条具体要求》,即:坚定理想信念,树立科学的理财观;勤奋学习、精通业务,努力掌握构建和完善社会主义公共财政的本领;理财为公、理财为民,强化党的宗旨观念;立足本职、勤奋工作,创造一流的财政工作业绩;学法懂法,自觉守法,牢固树立依法理财意识;高效服务、作风过硬,树立崇高的党员形象;遵守党的章程,履行党员义务;坚持"两个务必",清正廉洁,永葆共产党员本色。该要求目前已经印发各党支部,目前正由各支部组织党员进行讨论、修改、完善。三是考勤制度严。综合运用学前考勤、学中考勤、学后考勤等多种方式,进一步加大党员学习活动考勤力度。

并将考勤结果与科室(单位)和个人年度考核挂钩，定期进行通报，有效杜绝了学习走过场。制定了先进性教育活动宣传工作办法，对各支部的宣传工作实行量化考核、积分奖励，充分调动了广大党员和党支部深入开展宣传的积极性和主动性。支部学习活动实行“四有”制度，即做到活动有记录、个人有笔记、讨论发言有提纲、缺课漏课有补课，确保学习时间、内容、人员、效果四落实。对年老体弱、行动不便的党员，实行了“送学”制度，专人负责送学上门，确保学习时间不缩水、活动步骤不省略、学习效果不打折，使每一名党员都参加到先进性教育活动中来。

二、学习形式突出一个新字。一是组织形式新。为了确保教育活动与财政工作相得益彰，确定了以主管局长所分管科室为支部，以各支部为学习教育单位，支部书记为第一责任人的组织形式，对学习活动与财政工作同部署、同落实、同检查，与“两不误，两促进”的要求合拍。二是自选动作新。将科室年度工作目标和个人岗位责任目标提交支部大会讨论通过，确保年度工作目标有新标准，工作绩效有新起色。坚持做好规定动作，创新自选动作，广大党员积极对待参加学习培训，出全勤、学满点、按时参加支部组织的学习，记了大量的学习笔记，撰写了学习心得体会，因工作需要，临时请假的同志，事后也都及时补了课。三是学习载体新。针对学习阶段时间紧、任务重的实际，各党支部结合本部门思想和工作实际，通过党组成员上党课、专题辅导、专家讲座、读书会、技能竞赛、知识竞赛等多种丰富多彩的学习形式，实现了教育活动与改进工作的有机结合。同时在完成好“规定动作”的基础上，紧密结合各自实际，采取行之有效的活动方式和载体，做好“自选动作”，增强教育效果。3月7日，局机关部分党员赴乐亭参观李大钊纪念馆，缅怀革命先烈，接受革命传统教育。3月11日上午举行了优秀共产党员先进事迹报告会，由6名在学习、工作等不同方面作出突出成绩的党员为全局做了一次生动感人的事迹报告，进一步增强了全体党员树典型、立标兵，学先进、找差距，比贡献、创一流的积极性和主动性，掀起了保持共产党员先进性教育活动的新高潮。四是学习内容新。重点做到“八个一”，即：每名党员要认真学习一个读本，即：《保持共产党员先进性教育读本》；开好一次学习交流会；每人撰写一篇深刻的学习体会文章；组织一次测验；党组成员分别为所在党支部上一次党课；组织一次全体党员参加的先进事迹报告会；由党组书记给全体党员上一次党课；组织一次扩大的党组中心组封闭式学习。

三、转变作风强调一个改字。按照上级边学边改的要求，局党组将提高党员自身素养、规范机关管理、推动财政工作上档与学习教育活动紧密结合，使机关整体面貌和党员干部的精神面貌焕然一新。机关20多名党员干部积极参加全市义务献血活动，为缓解用血困难献上了一份爱心。一位女党员本来在新疆休假，当她得知单位搞保持共产党员先进性教育活动后，立即提前结束了休假，主动投入到先进性教育活动中来；在北京上学的两名研究生，利用节假日休息时间主动参与所在支部的学习；机关第二党支部所属的大部分科室正处于年初预算的编制、下达工作，白天工作十分繁忙，但为了保证学习、工作两不误，他们利用节假日或晚上时间进行集中学习，体现出了高昂的学习热情。入党积极分子严格按照党员的标准要求自己，积极参加先进性教育活动，做到与正式党员干部同学习、同进步，进一步拓展了先进性教育活动的覆盖面。按照市委的要求，春节期间封存所有公务用车，不搞拜年走访，迅即召开了先进性教育活动领导小组办公室会议，针对机关管理不甚规范的问题，局党组专门召开党组会进行研究，进一步完善了机关值班制度，进一步提升了机关效能和突发性事件处理能力，确保了机关正常运转和全局政令畅通。为弘扬中华民族敬老爱老的优良传统，强化我局离退休干部管理工作，使之更好地发挥余热，出台了《关于做好离退休干部服务工作的暂行规定》，进一步规范了老干部管理机构，健全了局领导探望制度，认真落实相关待遇，真正让老同志们老有所养，老有所乐。针对去年省审计中发现的各种问题，及时剖析，认真整改，并于近期开展了为期一个月的财政机关内部审计，对各项财政财务政策、法规报告情况进行严格审查，杜绝“灯下黑”等现象的发生。

四、促进工作做到一个实字。财政部门作为广泛联系群众的党的基层组织，把维护和实现好最广大人民群众的根本利益体现在财政工作的方针政策中去，深入调研，努力解决事关群众切身利益的实际问题，用推动各项工作的实际成果来衡量和检验先进性教育活动的成效。不断强化各项保障措施，加大资金调整力度，为解决事关群众切身利益的工资发放问题起到积极作用；认真贯彻中央1号文件精神，落实各项惠农政策。重点放在支持农业综合生产能力建设和农业基础设施建设，使广大农民群众切实感受到公共财政的阳光；为了让离休老干部过一个安乐祥和的晚年，市财政局领导和社保科积极筹措财政资金，加班加点，认真核算，确保资金拨付进度，为市本级行政事业单位和国有企业解决离休老干部公费医疗欠费404万元，并拨付企业基本养老基金2894万元，用于补发历史拖欠企业离退休人员养老金，使广大离退休人员得到实惠。自实施"三项民心"工程以来，我局教科文科积极做好资助农村中小学贫困生工作，加大对农村中小学贫困生资助力度，启动"两免一补"即免费提供教科书、免杂费和补助寄宿学生生活费，2005年准备为全市50067名贫困生免费提供教科书，市级安排资金242万元，专项用于免除贫困生的杂费，让贫困生都完成义务教育。通过努力解决这些突出问题，极大地推动我局的思想、组织、作风建设。为下一步工作的顺利开展奠定了良好基础。

（原载《河北财政》2005.4）

出实招 下真功 把先进性教育引向深入

保定市财政局

按照市委统一部署，保定市财政局紧密结合财政工作实际，统筹安排教育活动的环节和进度，环环相扣，扎实推进，不走过场，务求实效。

一、突出五个特点。快。全市动员大会后，该局立即制定了实施方案，组建了领导机构，2月1日上午正式启动了教育活动。细。对学习内容、学习形式、目标要求、方法步骤，都作出了详细规定，明确了责任人和完成时限。新。既有规定动作，又有自选动作，活动形式丰富多彩，寓教于乐。严。坚持原则不变，步骤不减，标准不降，重点不偏，时间服从质量。实。实化教育内容，强化督导落实，确保取得实效。紧紧围绕学习实践"三个代表"重要思想这条主线，以作风建设为突破口，切实解决突出问题，改进工作。

二、丰富教育内容。立足规定动作高标准，自选动作求活跃，多在自选动作上下功夫，做文章。组织党员参观白求恩纪念馆、三十八军军史馆、冉庄地道战遗址、留法勤工俭学纪念馆，集中收看牛玉儒先进事迹报告会、观看《雷锋》等影片，到工厂参观，与农民座谈，举行了拔河比赛和庆"三八"妇女干部座谈会等。开展了四项活动：重温誓词。使广大党员更加牢固树立宗旨意识，铭记党员标准，维护党员形象，为党旗添光彩。知识竞赛。以《教育读本》为主要内容，组织各支部开展知识竞赛，检验学习成果。结对学习。局党组成员、各支部委员、党小组长分别与非党员干部职工结成学习对子，开展"一帮一，争先进"活动。岗位创先。深化教育理念，争创示范岗位，把共产党员的先进性融人工作实际之中。

三、严格质量要求。全市动员大会后，我局立即采取了一环扣一环的严紧动作，对学习内容、形式、目标、方法步骤作出了详细规定，明确了责任人和完成时限，并根据实际需要，及时调整计划，补充内容，丰富形式，保证教育活动协调有序地运行。严密组织。坚持原则不变，步骤不减，标准不降，重点不偏，时间服从质量。中心组带头学习，班子成员上党课；支部按计划学习，座谈讨论；党小组以集中和自学相结合，完成规定动作。为便于学习，我们坚持了"三个一、三个有、三查三看"（即每个党员一本书、一套学习材料、一个专用笔记本；教育全过程有制度、有考勤、有记录；查思想，看认识是否到位，查工作，看干事创业的劲头足不足，查实效，看各项工作是否有起色）。严格要求。要求每个党员牢记十条标准（即牢固树立共产党员的远大理想、坚定中国特色社会主义的信念、自觉实践"三个代表"重要思想、理财为公，执政为民、勤奋学习，勇于实践，掌握过硬本领、立足本职，勤奋工作，创造一流业绩、牢固树立依法行政意识、自觉履行党员权利和义务、自觉维护党的团结统一、坚持"两个务必"，永葆共产党人的政治本色）。严肃查改。通过多种渠道，广泛征求意见，并进行了认真梳理，要求局领导班子及成员重点解决财政政策和发展上、工作标准及思想上、作风上等方面的问题。科级及以下党员干部着重解决精神状态、履行职责能力、服务意识、工作作风、廉洁自律和党性观念方面的问题。离退休干部做到人退觉悟不退、党性不衰、奉献精神不减。在整改过程中，对存在的问题进行了再梳理，制定了相关措施，明确了目标要求，确保整改收到实效。严格督导。坚持每周汇报，分工督导支部，及时调度。

四、构建发展平台。我们把先进性教育与财政业务工作有机结合，提出了“更快、更高、更好”，把财政工作新平台建设得更加坚实稳固的总体要求。开展教育活动，构建党建平台。坚持“五个结合”(即与经常性党建工作结合，与财政改革、发展结合，与创建学习型机关结合，与加强行风建设结合，与实现依法科学理财、增强执政能力建设结合)。坚持以人为本，稳固行风平台。坚持依法行政，创造公开、公平、透明的财政政策环境；继续深化行风建设，完善 AB 工作法。创新管理机制，提升改革平台。进一步完善市对县奖励性财政体制，缓解县乡财政困难。进一步完善预算决策机制，加强支出绩效评价，探索编制绩效预算和滚动预算。进一步推进集中支付改革，实行零余额清算，并向县乡延伸。进一步推进政府采购改革，抓规范，上规模，强监管。进一步落实好各种惠农政策，全力支持“三农”工作。做大财政“蛋糕”，夯实收入平台。坚持依法治税管费，严控税费减免，加强对重点行业、重点企业、重点税种的监控，做到应收尽收，不断提高税收占财政收入的比重。对县级收入继续实行“双挂钩”，用足用好省级财政对市县的支持政策，充分调动县级增收的积极性，提高县级收入占财政收人的比重。加强行政事业性收费和政府基金的征管，完善国有资产有偿使用收入、国有资本经营收益和罚没物品拍卖收入等管理办法，严格实行综合预算，进一步优化收入结构，提高收入质量。讲求资金效益，完善支出平台。严格支出顺序和范围，全力保障公教人员工资发放、机关正常运转和社会保障等重点支出需要；规范预算调整、国债转贷、财政担保、税费减免的审批程序，严格按权限和程序审批资金；硬化预算约束，按计划按进度拨付资金；大力压减一般性支出，勤俭办一切事业。维护财经秩序，筑牢监督平台。建立完善日常监督与专项监督并重，内部监督与外部监督结合，涵盖事前审核、事中监控、事后评价、跟踪反馈全过程，构建分工明确、沟通顺畅、配合协调、相互制约的系统、全面、有效的动态监督机制，切实做到监督跟着政策走，跟着改革走，跟着资金走。

(原载《河北财政》2005.4)

把握五个环节
推进先进性教育活动

沧州市财政局

党的十六届四中全会决定，在全党开展以实践“三个代表”重要思想为主要内容的保持共产党员先进性教育活动。这是进一步加强党的执政能力建设，确保党始终走在时代前列，更好地推进党的各项建设事业的重要举措。沧州市财政局结合时代发展和社会进步的新要求，围绕加强党的执政能力建设，联系当前财政改革和发展的新形势，牢牢把握“五个环节”，深入研究，积极践行，强力推进先进性教育活动。

一、突出组织领导这个前提。为切实加强组织领导，把先进性教育活动的各项要求真正落到实处。一是实行严格的责任制。局党组对本次活动全面负责，党组主要负责同志当好第一责任人，以高度的政治责任感亲自抓好这项工作。分管领导具体抓，其他党员领导干部结合分工协助抓，形成一级抓一级、一级带一级、层层抓落实的良好局面。二是建立领导机构和工作机构，建立健全有效的工作保障机制。三是畅通信息渠道，加强督导检查，抓住重点，破除盲点，解决难点，确保高质量、高标准地抓好教育活动的每项工作，推动教育活动健康深入开展，并收到实实在在的效果。

二、夯实学习培训这个基础。抓学习，是我们党历次教育活动成功的重要经验，同样也是这次活动的第一位工作。我们牢牢抓住学习实践“三个代表”重要思想这条主线，切实加大对共产党员的学习培训力度，采取坚强有力的措施，确保学习培训时间，将学习培训覆盖全体党员，并结合学习培训的不断深入，开展如何保持先进性的大讨论，进一步明确对共产党员先进性的认识，以达到转变党员作风，提高理财能力和水平，促进财政事业健康发展的预期目的。在学习培训中，我们重点明确三点：一是贯彻和体现“三个代表”重要思想的要求，用“三个代表”重要思想武装党员头脑。切实做到“三个增强”，即：增强宗旨意识、增强党的意识、增强执政意识。二是注重学习方式、方法。结合自身特点，精心组织、周密安排第一阶段的学习活动，在方式上，采取请专家、学者上党课、作形势报告;请老干部、老模范进行革命传统教育;搞学习经验交流会、征文比赛等多种形式,确保取得良好效果。在方法上,按照“三个统一、三个灵活”的原则,抓好学习。即统一学习培训,灵活安排交流研讨;统一学习内容,灵活运用学习方法;统一骨干指导,灵活掌握过程检查。重点做好各党支部书记的培训指导,确保学习活动中程序规范、工作到位、防止偏差。每个党员都对学习教育的效果进行自我检查,各党支部对每个党员的学习体会和自我总结分别撰写学习评语和鉴定意见。三是注重学习效果。每个党员干部坚持每天学习一篇文章,每学习一篇文章,都要结合自身的思想和工作实际,撰写一篇学习笔记和心得体会,从而达到思想认识上明显提高、工作作风上明显改进,以高标准、高质量的工作更好地服务大局、服务社会。

三、抓住领导带头这个关键。坚持领导干部带头,发挥表率作用,是中央规定的开展保持共产党员先进性教育活动的重要指导原则,也是确保活动取得成效的关键。在这次活动中,我们要求领导干部:一是必须以普通党员的身份,积极参加教育活动,并做到先学一步,学深一点,多学一些,充分展示学习和实践“三个代表”重要思想的自觉性和坚定性。二是带头查摆自己的突出问题,带头搞好整改,要求党员学习的,领导干部首先学好;要求党员做到的,领导干部首先做好;要求党员不做的,领导干部首先不要做。三是带头开展批评和自我批评。党员领导干部要坚持讲党性、讲原则,严肃认真地开展批评和自我批评。既要勇于进行真诚的自我批评,又要敢于批评错误的思想和行为,还要能够虚心接受别人的批评。要认真开好民主生活会,使民主生活会真正起到“互相帮助、互相监督、共同提高”的作用。

四、加强纪律约束这个保证。加强纪律约束,是贯彻党的路线、方针、政策,维护党的团结统一和社会稳定,完成财政工作各项目标任务的重要保证,是当前社会转型期从严治党、从严治政、深入开展反腐倡廉工作的迫切要求,同时,也是保持党的先进性和纯洁性的重要条件。针对目前局内存在的各种不良现象,各项纪律不仅不能放松,反而更要加强。一是严格先进性教育活动工作纪律。凡是两次以上不参加集中活动的,在全局进行通报批评;经常不参加活动的,在查摆问题和整改阶段要严肃处理。确保先进性教育活动取得扎实成效。二是加强党风廉政建设,提高党员干部的拒腐防变能力。认真落实党风廉政建设责任制,加大责任追究力度;加大监督力度,发现问题,及时解决,防患于未然,确保党员队伍的先进性和纯洁性;搞好制度建设,规范权力运行,铲除腐败滋生、蔓延的土壤和条件。三是加强财经纪律,明确行为界限,不断增强依法理财和规范理财的自觉性。

五、明确“四个明显”这个目标。按照上级要求,对这次先进性教育活动,我们明确提出要达到四项目标要求。一是党员素质明显提高。切实解决好党员思想方面存在的突出问题,使党员的思想觉悟不断提高;切实解决好党员工作方面存在的突出问题,使党员的工作本领不断提高;切实解决好党员作风方面存在的突出问题,使党员在广大人民群众心目中的形象不断提高。二是基层党组织建设明显加强。切实解决好基层党组织建设中存在的与新形势、新任务要求不相适应的突出问题,使党组织的创造力、凝聚力、战斗力不断增强;抓住当前党员教育管理和基层党组织建设的重点、难点和薄弱环节,在探索建立新形势下广大党员长期受教育、永葆先进性的长效工作机制方面有新收获。三是为人民服务的宗旨观念有明显增强。要把开展先进性教育同解决群众反映强烈、迫切需要解决的实际问题结合起来,用清正和廉洁去赢得民心,用正确的政策去安抚民心,用热忱的关心去感召民心,用健全的民主去理顺民心。四是各项工作得到明显促进。要围绕中心,统筹安排,切实做到两手抓、两不误、两促进、两提高。

(原载《河北财政》2005.4)

科学安排
积极开展先进性教育活动

衡水市财政局

开展以实践“三个代表”重要思想为主要内容的保持共产党员先进性教育活动,是党中央在深入研究新形势、新任务和党员队伍状况基础上作出的重大决策。衡水市财政局对这项活动高度重视,精心组织,科学安排,严格要求,认真抓好四种形式的学习,扎实推进这一活动向纵深发展。

该局党组在总结以往理论学习成功经验的基础上，在学习阶段采取"党组议学、个人述学、集体评学、组织考学"的学习方法，改变了以往少数党员重业务轻学习的不良习惯，由被动的组织要求学习转变到了自己愿学、想学，使全局的先进性教育活动走向了规范化、制度化的轨道，不断地将先进性教育活动推向深入。

搞好党组议学，切实增强对先进性教育指导的有效性。主要采取定期议学、专题议学和随机议学的形式，加强对学习的组织指导。坚持做到每周进行一次议学，分析学习形势，总结经验，查找不足，研究制定改进措施；围绕一个阶段的学习计划进行专题议学，对主要学什么，采取什么形式学，着重解决什么问题等，进行认真研究安排，保证每个阶段的学习都有所提高；每当上级对学习提出新的要求，作出新的部署，都及时议学，认真学习领会上级的指示精神。通过组织议学，使党组对学习做到了形势发展一步，指导跟进一步，推动学习深入一步。

搞好个人述学，不断激发广大党员刻苦学习的自觉性。局党组规定，每个党员在第一阶段的学习中必须述学，对理论学习情况进行认真总结，向党组织作出详细汇报。汇报要着重讲清对学习的认识和态度，讲清落实学习计划、坚持学习制度情况，讲清学习的主要体会和收获，讲清运用理论改造思想、指导工作取得的成效，讲清学习存在的问题和今后的打算。从制度上把学习纳入到广大党员的工作和职责范围，促使大家不断强化学习意识，努力养成自觉学习的习惯。

搞好集体评学，营造比学赶帮的良好氛围。一是每个党支部成员互评。组织相互评学，取长补短，促进共同提高。二是群众评议。经常征求广大群众对学习的建议，虚心接受群众监督。党小组会上，每个党员要定期汇报学习情况，听取群众对自己学习的反映。三是书记讲评。每个学习步骤结束时讲评学习情况，对学习先进典型，通过多种形式大力宣扬和表彰；对学习落实不好、问题较多的同志，进行严肃批评，从而使学习好的受到鼓舞，学习差的受到震动，形成学习先进典型光荣、向先进典型学习的良好氛围。

组织考学，确立检验和衡量理论学习效果的硬指标。考学主要采取查阅学习记录和读书笔记、个别交流和座谈汇报的形式。考核中，既看学习时间、内容的落实情况，又看对规定学习内容的理解和掌握情况，更看运用所学理论改造思想、指导工作取得的实际效果。

（原载《河北财政》2005.4）

联系实际　突出特色

邢台市财政局

为把保持共产党员先进性教育活动引向深入，邢台市财政局从财政部门实际出发，把这项教育活动作为当前我们政治生活的头等大事，加强领导，突出重点，统筹安排，扎实推进，取得了明显的阶段性成效。我们的主要做法是：

一、做到"四个到位"。思想认识提高到位。根据中央、省、市委开展先进性教育活动的精神，及时制定方案，召开动员大会，明确教育活动的指导思想、目标任务、基本要求，迅速将广大财政党员干部的思想和行动统一到中央、省市委的决策部署上来，以高度的政治责任感，积极投身这次教育活动。组织保证到位。为确保教育活动顺利开展，成立了由局"一把手"任组长的先进性教育活动领导小组，各党支部由支部书记负责的健全组织体系。明确责任人到位。坚持"一岗双责制"，各支部和党小组（科室）先进性教育活动的开展情况直接纳入年度党建考核，实施"一票否决"，逐级负责，一抓到底。督促检查到位。局领导带队定时或不定时对集中学习、交流、记录等情况进行监督检查，确保时间、人员、内容、效果的四落实。

二、强化"四个认识"。即：充分认识开展保持党员先进性教育的重大意义，充分认识教育活动学习阶段的重要作用，充分认识学习过程中应把握的重点和解决的问题，充分认识自身的职责和努力的方向。通过学习，进一步教育引导党员真正弄清"三个什么"（党员先进性的内涵是什么，党员先进性的标准是什么，党员先进性的要求是什么），明确"三个怎么做"（按党章要求怎么做，按履职尽责怎么做，推进财政更快更好发展怎么做），妥善处理教育活动和财政工作的关系，做到统筹兼顾，注重结合，确保教育活动取得实效、财政工作再上新台阶。

三、坚持"六个带头"。"欲政之速行，莫若以身先之。”实践证明，凡事领导带头，就好发动、好推进，就容易形成同频共振、上下一心的局面。在这次先进性教育活动中，我们特别强调党员领导干部要发挥好表率作用，坚持“六个带头”，即：带头坚定理想信念，践行“三个代表”重要思想；带头勤奋学习、提高素质；带头立党为公、理财为民；带头敬业爱岗、开拓创新；带头遵纪守法、维护团结；带头牢记“两个务必”、保持本色。通过“六带头”，有效地发挥了党员领导干部的示范表率作用，在全局营造了浓厚的教育氛围。

四、开展“十个一”活动。即：创办了一个“党员先进性教育”专报，开设了一个先进性学习交流专栏，印发了一本包括中央、省、市和局有关先进性教育的综合学习资料，在财政系统局域网上开通了一个先进性教育网页，局党组成员到临城东贾村进行了一次基层调研和扶贫慰问，局党组书记、局长崔尽忠给全体党员上了一次题为“以党员的先进性推进财政改革和发展”的党课，在全市财政系统开展了一次“我与先进性同行”的征文比赛，举办了一次党校教授辅导、党员先进典型发言的先进性教育辅导班，在局机关全体党员中开展了一次党员先进性教育答题知识竞赛，组织部分党员赴红色圣地进行了一次革命传统教育。通过一系列学习教育活动，有效地激发了广大财政党员干部的学习积极性，有力地推动了教育活动的深入开展。

五、统筹安排教育活动。邢台市财政局从财政部门实际出发，根据不同层次、不同岗位党员保持先进性的要求，分别制定下发了《邢台市财政局关于深入开展保持共产党员先进性教育活动实施方案》、《邢台市财政局处级党员领导干部保持共产党员先进性教育活动实施方案》、《邢台市财政局保持党员先进性教育活动第一阶段实施方案》、《邢台市财政局学习动员阶段保持共产党员先进性教育活动日程安排》等文件，努力做到学有目标、干有方向、安排科学、组织严密。学习中，我们先后在市党校举办了局机关处级干部和科级干部保持共产党员先进性教育专题研讨班，聘请市委党校教授、先进人物进行辅导和做典型事迹报告，每位局领导和科级党员干部都进行了学习体会交流。在局内以各党支部为单位分组进行了多次集中学习和交流，副科级以下党员干部在局机关进行了学习交流。在认真完成市“先教”办各项规定学习内容外，局主要领导先后两次给机关全体干部职工上党课，对这项工作进行辅导，其间认真学习了齐厅长在省厅机关所作的《深刻理解党和党员的先进性，提高科学、民主、依法理财能力》的讲话，特别对讲话的第四部分财政部门党员保持先进性应当模范地贯彻执行现代理财原则，努力提高科学理财能力，及“为民理财、民主理财、依法理财、规范理财、高效理财、廉洁理财”进行了专题讨论。并提出市局机关“先教”活动要努力做到“四个结合”，即：努力把学习教育与推动工作相结合，做到学习工作两不误，双丰收；努力把关门学习与开门整改相结合，注重实效；努力把理论学习与实际行动相结合，防止空对空；坚持规定动作与自选动作相结合，通过扎实开展教育活动，让群众看到变化、看到实效。

六、注重解决实际问题。全局建立了领导干部联系点制度，每位处级党员领导干部确定一个支部为先进性教育活动联系点，并参加联系点每一个阶段的活动，深入调查研究，帮助查找差距，解决实际问题，努力把联系点办成先进性教育活动的示范点，及时发现共性问题，总结成功经验，用以指导全局先进性教育活动的开展。2 月 27 日，市财政局党组书记、局长崔尽忠带领局领导班子成员，利用星期日休息时间，深入局创建文明生态村帮扶点一临城县东贾村进行调查研究，指导帮助工作。调研中，局领导班子成员会同临城县政府领导及有关部门负责同志，听取了东贾村党支部书记王贵喜关于该村 2004 年工作特别是创建文明生态村规划落实情况的汇报，研究了该村的发展问题和具体分解办法，并深入到该村小学看望了在校学生特别是家庭困难的学生，给他们送去了书包、文具盒等学习用品，勉励孩子们“好好学习，天天向上，早日成才，建设国家”；还饶有兴致地加入到群众自发组织的文化活动中，和村民一起扭秧歌、共贺鸡年新春；带着慰问品深入该村特困户家中问寒问暖，鼓励他们在村两委班子带领下，振作精神，增长志气，自力更生，艰苦奋斗，争取早日脱贫，过上幸福生活。

（原载《河北财政》2005.4）

高标准落实
先进性教育活动的各项要求

邯郸市财政局

在先进性教育活动的学习培训阶段，我们按照“抓住重点、学深悟透、提高素质、改进工作”的思路，以《保持共产党员先进性教育读本》和市《保持共产党员先进性教育活动资料汇编》为基本教材，深刻领会“三个代表”重要思想的丰富内涵，坚持在“真学、真信、真懂、真用”上下功夫，严密计划，扎实开展，圆满完成了学习培训阶段的所有规定内容，取得了很好的教育效果。

一、领导重视。组织严密，教育起步工作扎实有序。市先进性教育活动任务部署后，我局上下立即行动。一是领会精神，周密计划。1月29日，市动员大会的第二天，我局立即召开了党组会议，认真学习领会省、市领导的指示精神，党组成员一致认为，第一批教育活动单位，肩负积累成功经验，树立良好示范的重任，必须从加强执政能力建设的高度，来认识这项活动，作为一项政治任务，下大力抓细、抓实、抓好。在市领导的指导下，研究制定了财政局“保持共产党员先进性教育活动实施方案”、财政局“保持共产党员先进性教育活动学习阶段实施意见”，以及学习阶段安排意见，并报市先教办审批；研究制定了书记负总责的考勤登记制度，具体抓落实的支部书记联席会议制度，值班制度等，确保教育活动正规有序；购置了学习书籍，印制学习材料，保证了每名党员学有内容。二是建立组织，加强领导。按照上级指示精神，我局成立了以党组书记、局长李少波为组长，各位党组成员为副组长，各支部书记为成员的教育活动领导小组，抽调机关处室的精干人员组成教育领导小组办公室，并分工党组成员、副局长阎国玺担任办公室主任，各支部也成立了相应组织，明确党组书记为第一责任人，各支部书记为直接责任人，一级抓一级，层层抓落实，确保教育不留空挡。切准脉搏，深入发动。在充分征求听取党员和群众意见基础上，党组共同研究确定动员报告的内容，李少波局长亲自撰写报告文本，报市委批准后，于2月1日上午，在市二招召开了全局保持共产党员先进性教育活动动员会，局党组成员及所属7个党支部（包括：在职、离岗、离退休）共258名党员参加了会议。局长李少波针对局所属党员的思想表现和当前工作实际，结合国际共产主义运动的经验教训，深入浅出地阐明了持续开展先进性教育的历史和现实意义，激发了大家参加教育、搞好教育的自觉性。

二、领导带头，干部表率。教育各项要求得到很好落实。为了保证教育内容的落实，局领导率先垂范，模范带头，最突出的有三点：一是按要求完成规定动作。除市领导和省厅召开的会议，局内部一切会议、活动安排服从于学教活动；党组成员要带头参加支部、小组的活动，带头上党课，局长李少波分别在全体党员大会上和副处级以上党员会上讲了三次党课，共讲了五个多小时，每个党组成员都在自己的所属支部讲了1—2次党课；坚持自己动手记笔记、写体会，每位党组成员笔记都在57篇以上，写体会文章10篇以上。二是坚持以一名普通党员的身份参加教育。带头遵守学习制度，自觉参加考勤登记，主动汇报学习心得，坚持保质保量地参加支部和小组的各项活动，不搞特殊，不把行政身份带到组织中来。在局领导班子的带动下，局内党员共撰写读书笔记1150多篇，上交体会文章200多篇，春节前后三次考勤抽查包括春节上班后抽查，干部职工出勤率达到100%，反映了教育活动的扎实效果。三是能够带领党员队伍在学教活动与促进工作的结合点上寻求突破。党组成员，根据市场经济对财政工作的要求，按照市委、市政府2005年的工作部署，针对目前财政工作的主要矛盾，经过反复讨论一致认为，应该把实现财政工作规范化，作为教育活动的坚实基础，促进财政工作上台阶。一方面我们局成立了由局党组书记、局长李少波直接牵头的工作小组，专门负责这项工作；另一方面党组成员按照各自分工，正在做基础方面的各项准备；同时，在全局进行了激励动员，要求党员、群众积极行动起来，为实现规范理财谏言献策。

三、方法多样，方式灵活，促进了教育效果的提高。第一阶段的学习培训，时间紧，任务重，对教育的组织工作提出了更高的要求，对此我们进行了认真筹划。一是采取科学合理的学习方法。坚持辅导学与自学相结合，以自学为主，局大集中与支部小集中相结合，以支部集中学习为主，全局集中学习为辅，使教育时间达到了45个小时。二是对学习安排实施分类指导。我们针对离退休老党员和在职党员的不同情况,实行分类指导,对离退休老党员,以自学为主,坚持送学上门;对在职党员,严格标准,严格考勤,保证参加所有规定动作。三是采取灵活多样的学习方式。通过党课辅导、组织知识竞赛、到革命圣地接受革命传统教育、开设网上专页、编发教育活动简报、组织体会交流等多种方式,配合促进教育内容的落实和消化吸收。目前,我局已经组织党员到涉县 129 师进行了革命传统教育,网上播放影视片 4 部,完成了"党在我心中"知识竞赛试卷的回收和市委组织的知识竞赛答题卡的上送,并将每位党员的体会文章辑印成册,供大家交流学习,使其成为一种不评比的评比,激励党员积极认真地参与到教育活动中来。

(原载《河北财政》2005.4)

工 作 概 况

2005 年河北省财政厅工作概况

2005 年，在省委、省政府的正确领导下，财政部门广大干部职工认真贯彻落实党的十六大、十六届五中全会和省委六届七次、八次全会精神，牢固树立和落实科学发展观，高扬“树正气、讲团结、求发展”的主旋律，紧紧围绕抓住机遇、实现更快更好发展这个主题，以深入开展共产党员先进性教育活动和加强机关效能建设为契机，大力抓好组织财政收入工作，积极支持全省经济社会协调发展，继续深化财政改革，推进集中财力办大事，各项工作都取得了新的成绩。

一、努力做好组织收入工作，财政收入保持较快增长

2005 年，全省各级财税部门充分利用经济快速发展的有利形势，加强协调配合，严格依法治税管费，认真解决征管中存在的问题，大力清缴陈欠和缓征税款，坚决制止越权减免税，严厉打击偷税、逃税和骗税行为，努力做到应收尽收。同时，继续实行激励性财政体制和政策措施，对市县经济发展和财政收入的激励作用进一步显现，促进了全省财政收入快速稳定增长。全年全省全部财政收入完成 1035.2 亿元，占年计划的 124.7%，可比增长 33%。其中，中央四税收入完成 519.5 亿元，占年计划的 131.8%，增长 40.4%；地方一般预算收入完成 515.7 亿元，占调整预算的 100.8%，增长 26.5%。全省一般预算支出完成 962.2 亿元，占调整预算的 91.1%，增长 22.4%。全省政府基金预算收入完成 266.2 亿元，占调整预算的 102%，比上年增长 14%；政府基金预算支出完成 275.5 亿元，占调整预算的 91.4%，增长 25.6%。全省财政实现了当年收支平衡。

二、财政支农力度进一步加大，中央和省定惠农政策得到全面落实

落实“多予、少取、放活”的方针，继续加大对“三农”的投入。一是减免农业税政策得到全面落实，农村综合配套改革试点工作稳步推进。40 个国家级扶贫开发重点县按国家规定免征了农业税，加上自主决定免征农业税的 39 个县（市、区），全省免征农业税的县（市、区）达到 79 个，其他地区降低农业税税率 2 个百分点，农业税附加随农业税同步减免，全省共减免农业税及附加 12.4 亿元。及时下达农村税费改革转移支付补助资金，保证了乡村组织运转和农村义务教育的正常需要。确定鹿泉、涿鹿等 12 个农村综合改革试点县（市），制定了《关于深化农村税费改革试点工作的通知》、《关于坚决制止发生新的乡村债务有关问题的通知》、《关于深化县乡财政体制改革试点工作指导意见的通知》、《关于健全农民负担监督管理机制、防止农民负担反弹的意见》等文件，就进一步深化农村税费改革，特别是进行乡镇机构、农村义务教育体制和县乡财政体制改革试点提出了原则性要求。二是认真落实对种粮农民直接补贴政策。按照省政府部署，各级财政部门精心组织实施，向种粮农民兑付补贴资金 6.5 亿元，全省 5065 万农民从中受益，经过检查验收和问卷调查，农民满意率达到 98%。另外，发放良种补贴 1.6 亿元、农机具补贴 2650 万元。通过年初预算安排、年中追加，用于防治禽流感资金 7000 多万元。三是建立健全农业投入稳定增长机制。全省农业支出完成 31.6 亿元，同比增长 30.4%，重点支持了农业服务体系、粮食安全和综合生产能力、农业和农村基础设施、农业产业结构调整、农业产业化经营、绿色生态环境治理、扶贫开发和农业科技推广等八大工程项目建设。整合交通建设资金 12.7 亿元，争取国家投资补助 9.8 亿元，积极支持农村公路建设，新建改建农村公路 1.95 万公里，新增通油路村 3300 个。

三、支持经济发展力度进一步加大，财政经济步入良性循环轨道

一是积极支持重点项目建设，促进全省经济增长和结构调整。全省财政基本建设支出完成69.4亿元,同比增长12.3%,争取国家国债专项资金22亿元,重点支持了农村水利、城市基础设施、县域电网改造、交通道路、企业技术改造升级等项目。通过倾斜性安排省级重点项目资本金、公路养路费超收返还、取消资源税定额上解等措施,集中资金3.9亿元,突出支持了曹妃甸工业区建设。积极利用国际金融组织贷款,争取财政部对国外贷款项目政策补贴1.4亿元。共提贷款9618万美元,河北城市环境、石家庄城市交通、海滦河流域污染治理等大项目进展较快。二是积极推进国有企业改革。基本完成了驻冀中央企业分离办社会职能的相关工作;妥善解决了省属企业分离办社会遗留问题;积极推动省属企业主辅分离、辅业改制工作,在15户企业所属102个单位中,有63个辅业单位完成了改制工作,涉及资产23亿元,职工2.5万人。向财政部申请破产补助资金5.7亿元,妥善解决了1.6万名职工的安置问题。三是积极促进县域经济发展。继续实施激励性财政体制,并将这一体制延长至2007年,2005年省多返还市县财力22亿元,有效调动了市县发展经济、增加财政收入的积极性。贯彻落实省委、省政府扩权强县的战略部署,研究制发了《关于扩大部分县(市)管理权限后财政体制有关问题的通知》等文件,并将属于非贫困县的16个扩权县分成增长率降低到5%,基本调整理顺了扩权县财政体制。同时,着眼于破除县域经济发展和推进城镇化建设的体制障碍,省政府办公厅转发了《河北省财政厅关于深化县乡财政体制改革试点工作指导意见》,提出按照因地制宜、分类指导的原则,对乡(镇)分别实行统收统支加激励和比较规范的分税制两类财政体制。认真贯彻落实财政部缓解县乡财政困难的部署,研究制定了《2005年缓解县乡财政困难奖励和补助办法》,提出了我省"五奖二补"的方案,除下达中央奖补资金69319万元外,省级增加奖补资金35345万元,着力缓解县乡财政困难。同时,2005年省对市一般转移支付总规模达31.7亿元,比上年增加16.1亿元。四是大力支持中小企业信用担保体系建设,促进民营经济发展。截至2005年底,全省共建立担保机构206个,到位担保资本金34.6亿元,有效缓解了中小企业融资难问题。五是完善政策,促进外向型经济发展。根据中央出口退税负担机制的政策调整,相应调整我省负担机制,对于地方负担的7.5%部分,省级负担4.5%、市县负担3%,全省负担出口退税超基数资金3亿元,其中省级1.8亿元。研究制定了《河北省出口企业出口信用保险扶持发展资金管理办法》,鼓励企业开拓国际市场。六是深化收支两条线管理改革,优化经济发展环境。从省级垂直管理部门入手,积极开展行政性收费成本核定工作。研究起草了《关于进一步加强执收执罚部门收支脱钩管理工作的通知》,明确政策措施,促进收支彻底脱钩。

四、大力支持"和谐河北"建设,社会事业加快发展,人民群众切身利益得到较好保障

一是认真落实省委六届七次全会两个《决定》,大力支持教育、科技事业发展。全省教育事业费支出完成168.3亿元,同比增长18.2%,重点支持了高校双重工程、中小学危房改造、布局调整工程和农村中小学远程教育工程;省财政拨付7182万元,用于提高省属高校生均公用经费标准及职业教育,连同中央补助共下达资金1.3亿元用于资助农村义务教育阶段家庭经济困难学生"两免一补"。全省财政科学事业费支出完成3.5亿元,比上年增长16.3%,重点支持了科技平台和重点实验室建设、制造业信息化、农副产品加工、创新药物、中成药现代化、高新区再造和构建区域创新体系等项目。省财政从结算资金中安排2000万元增加科技专项资金,分别筹措资金1亿元和5000万元充实省科技风险投资公司和信息产业投资公司资本金。二是积极促进就业再就业,落实"两个确保"和"低保"政策。全省财政再就业资金支出4.9亿元,同比增长21.7%,促进了就业再就业目标的实现。养老保险费支出131亿元、下岗职工基本生活费支出7.1亿元,发放城市居民低保资金6.1亿元,基本保证了全省145万名企业离退休人员养老金和9.6万名国有企业下岗职工基本生活费按照足额发放,实现了对81万城镇贫困人口最低生活保障动态管理下的应保尽保。三是积极促进公共卫生体系建设。全省财政医疗卫生支出44.4亿元,同比增长26.5%,重点支持了疾病预防控制和医疗救治项目、农村卫生基础设施等工程建设。新型农村合作医疗试点工作扎实推进,试点县由3个扩大为11个,各级财政补助资金5610.6万元,123.3万人享受了合作医疗补偿,报销总费用5118.1万元,农民"因病致贫、因病返贫"问题得到进一步缓解。四是大力支持宣传文化事业发展。全省文体广播事业费支出 24.9 亿元,重点支持了爱国主义教育基地、村村通广播电视、文化资源共享、文明生态村等项目。在 11 个设区市全面推开了农村部分专项计划生育家庭奖励扶助制度,发放奖励扶助资金 4550 万元。

五、财政改革进一步深化,体制机制创新迈出新步伐

一是预算管理改革进一步深化。省政府以[2005]3 号令正式颁布实施了《河北省省级预算管理规定》,成为全国第一部预算管理方面的地方政府规章,为规范预算管理、深化预算改革提供了新的法制保障。省政府印发了《关于进一步推进省级财政集中财力办大事的指导意见》,对项目的提出、论证、决策、评价标准等加以规范,在进一步整合资金、集中财力办大事,切实提高项目预算、绩效预算、滚动预算的编制质量方面进行了新的探索与实践。同时,按照财政部的要求,较好地完成了政府收支分类改革模拟试点。二是继续推进财政国库管理制度改革进一步深化。省级财政国库管理制度改革向基层预算单位延伸,初步建立了以国库单一账户体系为基础、资金拨付以国库集中支付为主要方式的财政国库管理制度。在 2004 年省级 107 个一级预算单位和 38 个基层预算单位试点的基础上,又选择 11 个政府组成部门的 107 个基层预算单位进一步扩大试点。11 个设区市全部正式启动改革试点,纳入改革范围的市直预算单位超过 300 个,唐山、秦皇岛两市已经将改革扩展到市直所有一级预算单位。三是政府采购改革重点放在规范管理、扩大采购规模、提高采购效率、最大限度节约财政资金上,取得了明显成效。初步统计,2005 全省实现政府采购 85.1 亿元,较上年增长 18%,比预算节约资金 11.4 亿元,资金节约率为 11.8%。四是创新财政监督机制,切实加强财政法制工作。在省交通、国土资源、教育、林业四部门试行财政监察组委派制度试点;配合监察、审计部门开展专项资金综合治理,对 11 个市 37 个县 130 个单位七项资金治理工作进行了检查,针对存在的问题,提出了加强管理、建立监督管理长效机制的措施,研究起草了《河北省财政专项资金监督管理办法》。加强《财政违法行为处罚处分条例》宣传与培训,提高财政工作人员的依法理财、依法行政能力。共评审财政投资项目 1058 个,送审金额 37.1 亿元,审定金额 34.2 亿元,审减金额 2.9 亿元,平均审减率为 8%。认真开展会计师事务所年度检查工作,促进会计信息质量的提高。

六、以先进性教育活动为契机,加强干部队伍建设,大力提高机关效能

结合先进性教育活动和机关效能建设,认真实施"双提"工程。以提高干部素质、增强队伍活力为目标,大力加强干部队伍建设,加大干部教育培训力度,努力提高为民理财、创业干事的能力和水平。结合财政工作实际制定了财政机关共产党员先进性标准,提出了创建"六型"机关的要求和实施意见。认真落实"双提"工程的要求,大力加强效能建设,制定了《关于开展机关效能建设、实施"双提"工程的意见》,明确了"提速工作过程,提高工作质量"的总体目标、工作重点和配套措施,相应修订了《河北省财政厅工作规则》,制定了《加强督查督办工作的规定》和《加强政务协调工作的规定》等制度,提高了工作效率和质量。

(厅办公室供稿)

2005 年办公室工作概况

一、综合材料起草工作质量和效率明显提高

2005 年,省、部领导对财政工作高度重视,对财政工作调度更加频繁,财政工作大的活动多、会议多、汇报多、时间紧、任务重,相关的综合材料起草工作比往年工作量进一步加大。如两次全省财政工作会议、省委常委(扩大)学习会议、省政府全体会议、省人大工作会议、季允石省长两次来我厅进行先进性教育活动调研讲话、郭庚茂常务副省长来我厅调研讲话、财政部楼继伟副部长、金莲淑专员来我厅检查指导工作、厅主要领导在人大述职报告、省委办公厅、省政府办公厅要求的经常性汇报材料、厅领导在一些专业工作会议的讲话等,另外还有像《河北省财政厅建设服务型财政机关意见》、《河北省财政厅建设高效型财政机关意见》等大量的常规性综合材料,工作量确实很大,只能依靠加班加点来保证按时保质完成,一年中基本上没有休过星期天,绝大部分时间处于加班状态。2005 年办公室起草各类综合性材料约 130 多篇,文稿质量不断提高。

二、信息宣传工作力度进一步加大

全年编发《河北财政工作简报》40 多期,向财政部报送信息160余条，被财政部采用20余条，向省委、省政府报送信息400余条，被省委《河北信息》、《每日重要动态》、《情况交流》等采用70余条，被省政府《昨日要情》、《河北政务信息》、《专报信息》、《上报国办信息专刊》等采用50余条，有些专报信息还得了省领导的充分肯定。

一年来，我们与人民日报、中央电视台、中国财经报、河北日报、河北电视台、河北广播电台密切合作，充分发挥各方面的积极性，积极撰写财政宣传稿件，邀请记者深入财政改革和工作第一线，开展了较大规模的宣传活动。充分发挥记者站在我省的窗口和阵地作用，立足河北，面向全国，积极宣传我省财政改革和财政工作情况，扩大了我省财政影响。2005年我厅在省级以上新闻媒体刊发稿件约200篇，为领导了解财政，社会各方面关注、理解和支持财政，起到了很大作用。对刊发的财政新闻宣传稿件经过筛选，组织专家进行了评议，得到各位专家的高度赞扬。

三、督查督办工作质量进一步提高

督查督办工作以抓落实为重点，为全面落实领导决策和各项工作措施，提高办事效率，确保政令畅通发挥了积极作用。制发了《加强督查督办工作的意见》，全年办理督查、督办事项200余份(件)，承办省人大代表建议和省政协委员提案273件，做到了按时办理，主办件的办结率、走访率、满意率均达100%，承办工作在省政府评比中继续保持先进。

四、做好综合协调和服务工作，机关正常运转得到了较好保障

(一)做好综合协调是保障机关正常运转的重要环节。在年度工作运行中，办公室的重要工作是下力气抓好工作思路和重点工作的落实。抓落实最重要的是协调好各方面力量，形成齐心协力干好工作的合力，正确处理好各方面的矛盾和利益关系，减少内耗，提高工作水平和效率。我们重新修订了《河北省财政厅工作规则》，制定了《加强政务协调工作的规定》、《关于开展机关效能建设实施"双提"工程的意见》，在政务工作运行中，十分注重做好综合协调工作，特别是对于省委、省政府的重要决策部署和省领导的重要指示，对于厅长办公会、厅务会议定事项和厅领导批办的事项，积极协调有关处室、单位按期保质落实。当有些工作需要多个处室参与时，我们不推诿、不回避，集处室之共同意见，求大同存小异，使工作得到妥善处理，保证领导和有关方面满意。

(二)认真做好文件流转和档案管理等保障机关正常运转的基础性工作。为提高公文办理的质量和效率，制定了《加强机关公文办理工作提高公文运转效率的规定》，严格要求所有公文从起草、核稿、签发到印发必须按规定程序办理，对所有需要办理的公文区别轻重缓急、明确职责，规定时限，及时催办。一年来，全厅核发、流转公文上万件，基本做到了件件无差错，实现了收发文顺畅流转。档案管理工作，全年接受文件存档7000余件，做到了资料齐全、装订规范、全部目录实行微机管理，查阅方便，被省政府办公厅评为档案管理先进单位。

(三)做好机关保密工作，是保障机关正常运转不可忽视的重要工作。我们加强了密码机、密码电报的管理，严格遵守各项保密制度，日常管理规范，密码通信安全畅通。全年接收机要件和明传特、密码电报1000余件，做到了及时批阅、传阅无差错，确保文件、电报安全，广大干部职工保密意识进一步增强，被省委、省政府评为机要和保密工作先进单位。

(四)积极做好安全保卫、信访和应对突发性事件等保障机关正常运转的事务性工作。行政管理工作事关机关正常运转，千头万绪。一年来，我们抓住主要环节，修订完善了管理制度，对于机关正常运转起到了较好保障作用。一是认真执行厅机关值班管理制度，配备了必须设备，保证了工作时间以外不断岗、不断线。二是完善了信访接待制度，对来人来访、来信来访等问题作了明确规定，保证遇到信访问题及时处理。三是制订了应对突发事件的处理程序，保证了遇有突发事件能快速报告，稳妥处理。四是保证机关工作秩序，兼顾广大干部职工实际情况，发布整治有关工作和生活秩序的告示，使机关工作秩序和环境得到了进一步改善。

(五)积极做好机关财务管理工作，是保障机关正常运转的财力基础。一是按照厅部门预算的有关规定，及时、认真、合理编制厅机关部门预算。二是确保批准的年度部门预算顺利执行。三是切实加强财务管理，规范资金开支行为，经省审计厅审计，对机关财务工作给予了较好评价。四是加强财会人员培训，对厅所属事业单位的财会人员进行了培训，会计基础工作和财会人员的业务素质得到提高。

五、强化办公室窗口服务意识，树立崭新形象。

(厅办公室供稿)

2005 年人事教育工作概况

一、认真督导检查，促进了全厅先进性教育活动的顺利开展

在组织好本支部教育活动的同时，积极与省委督导组沟通，及时汇报我厅进展情况和好的经验做法，得到了省委督导组的肯定。针对教育活动每一阶段的不同特点，分别制定了详细的督查工作方案并认真落实，一方面采取定期报送信息、随机抽查等方式随时了解各支部活动开展情况，掌握总体动态；另一方面组织人员对全厅 46 个支部进行了三次全面检查。针对发现的问题，及时采取有效措施，明确专人督促有关支部立即解决，为全厅先进性教育活动顺利转段奠定了基础。认真组织了厅党组征求处级党员干部、普通党员、民主人士及群众三个座谈会，汇总梳理群众意见和建议 182 条，为厅党组制定整改方案提供了参考。认真组织召开了满意度测评大会，群众满意和基本满意率为 100%。通过积极有效的督导，促进了全厅先进性教育活动的顺利开展。

二、狠抓整章建制，进一步完善了人教管理制度体系

按照"坚持有效的、完善不足的、补充需要的"原则，对现有人教管理制度进行了全面清理，修订《处级干部任免工作规定》、《事业单位专业技术职务聘任管理办法》，制定《进一步完善人事工作谈话制度的规定》，进一步完善了公开公正、竞争择优的选人用人机制；制定《年度考核实施办法(试行)》，明确了考核内容，确定了考核标准，规范了考核程序，采取定性与定量考核相结合，提高了年度考核的科学性；制定《干部教育培训工作管理办法》、《财政系统教育培训工作考评办法》，促进了培训管理与考核的规范化、科学化。此外，还研究制定了《编制外用人管理办法(试行)》和《出国(境)人员审查与证件管理暂行规定》。共修订或新订人教管理制度 8 个，初步形成了新的人教管理制度体系。

三、加大工作力度，进一步规范了干部人事管理

一是认真组织我厅事业单位清理整顿工作，积极与省总控办协调沟通，反复研究制定了厅属 22 个事业单位的清理整顿方案，逐一对每个单位的职责、编制、领导职数、名称等重新进行了确定，经厅党组审定后报省总控制办审批。为了争取方案能被顺利批准，我们十多次专门到总控办向领导和主管同志汇报，反复解释，努力争取，一个编制一个编制地谈，一个职数一个职数地争，从最近总控办提出的初步意见看结果比较理想，绝大多数事业单位编制未减，有些单位职责有新拓展，处级领导职数也有所增加。二是在目前全省行政机构和编制基本冻结的情况下，积极与省编办协调沟通，成立了税改办，增加行政编制 3 名、处级领导职数 2 名。在《公务员法》实施前暂停审批公务员管理单位的情况下，积极争取省人事厅支持，千方百计做工作，最终批准支付中心列为依照公务员管理单位，并在很短时间内完成了人员过渡，核定了非领导职务设置。三是狠抓《编制外用人管理办法(试行)》的落实，认真组织了编外人员清理整顿，反复与有关单位面对面交换意见，研究提出了清理整顿意见及进一步规范编外人员管理的思路。四是认真组织全厅专业技术职务岗位聘任，对 7 个事业单位的 22 个高、中级岗位竞聘方案进行了审核，与厅纪检组一起对各单位竞聘会进行了现场监督，研究提出拟聘意见报厅党组研究后，认真完成了公示、报批等工作。五是按照公开公正、竞争择优的原则，通过笔试、面试招录(聘)国家公务员 3 人、事业单位工作人员 2 人，进一步充实了人员力量。六是认真分析我厅干部队伍结构，从年龄、学历、能力结构等方面全面查找存在的问题，研究提出了进一步优化干部队伍结构的对策措施，为厅领导决策提供参考依据。

四、精心组织实施，圆满完成了 2004 年度考核工作

根据省人事厅要求，结合我厅实际，制定了详细的年度考核工作安排意见。积极向省人事厅争取，将年度考核优秀等次比例由 10% 提高到 15%。认真组织述职测评大会，对 31 个单位及其主要负责人进行了民主测评。根据各单位推荐和民主测评情况，研究提出了年度考核等次意见报厅党组审定。精心组织召开 2004 年度总结表彰及 2005 年工作动员大会，对先进集体和先进个人进行了表彰。配合省委组织部认真组织了省管干部 2004 年度考核，对厅领导班子和厅级省管干部进行了年度考核民主测评，组织了对农开办省管处级干部的民主测评。根据厅党组研究的意见，完成了省管干部年度考核结果的沟通呈报工作。

五、坚持以人为本，不断提升劳资管理水平。一是针对近几年厅内人员变动大、工资调整次数多的实际情况，对全厅500余名干部职工的工资逐人进行了分项核对，进一步健全了工资管理台账，确保执行政策准确无误；及时准确办理各类人员工资调整手续250余人次。二是认真学习领会《公务员法》有关精神，全面梳理了厅内人员职级工资情况，为下一步工资结构调整打下了基础。三是严格落实《出国（境）人员审查与证件管理暂行规定》，按照规定程序，认真及时办理出国（境）政审127人次，对个人持有的出国（境）证件实行了统一管理。四是为保护全厅干部职工身心健康，印发了2005年年休假通知，不少处室、单位在做好本职工作的前提下分期分批安排了人员休假。

六、强化培训管理，干部培训的针对性和实效性得到进一步增强。一是狠抓培训质量，成功举办了扩权县（市）财政管理与改革培训班、公共管理及行政能力高级培训班和绩效预算国际研讨会，均收到良好效果。二是加大学习型机关建设力度，年初制定了《建设学习型机关工作计划》，建立健全了干部培训台账和学习培训档案，印发《建设学习型机关简报》19期，配合有关处室举办了法律知识、国际形势等专题讲座。三是加强技能培训，研究制定了《提高干部公文写作水平的实施意见》，组织召开全厅提高公文写作水平动员大会，邀请国务院秘书一局成小军副局长做了公文写作专题讲座，成功组织了第一期公文写作专题培训班。四是加强培训基础工作，进一步规范了培训班立项、考试考核、效果评估的管理工作；加快干部培训系列教材的出版，2005年正式出版印刷11本；与中央党校实现了远程联网。五是强化培训考核，认真落实《河北省财政系统教育培训工作考评办法》，建立有效的激励和约束机制，较好地调动了财政系统干部培训工作的积极性。

（人教处、培训中心供稿）

2005年预算管理工作概况

一、坚持公共财政原则，进一步完善和深化预算管理改革

一是从推进依法理财着眼，认真研究制定《河北省省级预算管理规定》，2月份以省政府令（2005年3号令）正式颁发，在全国首次以地方政府规章形式确立了与市场经济体制基本相适应的新型预算管理模式，使我省预算管理改革有了法律依据。同时，起草了季允石省长和齐守印厅长的署名宣传文章，在河北日报发表，并在《河北财政》刊发了辅导讲座文章。二是从科学理财着眼，研究起草了《关于进一步推进省级财政集中财力办大事的指导意见》，以省政府文件（冀政[2005]86号）印发执行，对指导省级预算编制、提高财政资金整体配置效益发挥了重要作用。《意见》中提出的建立“部门建议、财政审核、专家论证、公众参与、党委政府集体决策和人大批准相结合、科学民主的预算决策制度”，成为我省预算决策机制改革的方向。三是完善了财政支出标准体系。研究制定了《构建省级财政基本支出标准体系工作纲要》，在对现有支出标准和项目进行整理分类基础上，完善了省级个人经费、正常公用经费支出标准体系。起草了《省直机关网络运行维护费支出标准》、《省直单位公务员（工作人员）培训经费支出标准》，研究提出了县级财政基本支出保障标准的初步框架，正在全省开展调查摸底工作。配合政法处研究制定了《县级公安机关公用经费分类保障指导标准》。四是积极开展预算绩效评价工作。选择省农林科学院和文物局两个部门试编了2005年部门绩效预算，配合有关处对部分专项资金实施了绩效评价。成功组织了赴澳大利亚绩效预算管理培训班，研究起草了《省级财政支出绩效评价暂行办法》和《省级财政支出绩效评价实施方案》，为全面推行绩效评价做好制度准备。五是积极推进非税收入预算管理改革。从省级垂直管理部门入手，选择部分项目进行成本分解，积极开展行政性收费成本核定工作。对省直部门2002年－2004年行政性收费收支情况进行了调查摸底，并对收费项目进行了整理、分析和分类。研究提出了执收执罚部门收支脱钩的具体预算管理措施，应用于垂直管理部门2006年预算编制工作。

二、坚持以体制改革促发展，积极稳妥地推进财政体制改革

一是进一步深化省以下各级财政支出责任划分的研究工作。通过认真调研学习，按照市场经济体制下的政府职能，初步清理归纳了十六个方面的政府职能和财政支出责任，提出了各级政府支出责任划分初步意见。二是提出了改革完善县乡财政体制的意见。为充分发挥财政体制的调节和引导作用，破除体制障碍，加快县域经济社会发展，推进农村城镇化进程和农村小康社会建设，起草并由省政府办公厅转发了《关于深化县乡财政体制改革指导意见》。三是进一步完善激励性财政体制。将扩权县、大厂民族县分成增长率调低为5%。2005年省级对市县比原体制预计多返还20多亿元，有力地支持了市县经济发展，促进了财政收入较快增长，预计全省全部财政收入增长25.6%。四是研究调整了对扩权县(市)的财政体制。根据扩权强县改革精神，明确了省与扩权县的财政体制，制定出台了一系列相关管理制度和措施，给予扩权县更多的体制照顾。五是完善出口退税负担机制。

三、坚持制度创新，全面推行缓解县乡财政困难工程

一是研究制定了《河北省财政厅关于促进县域经济发展切实缓解县乡财政困难的意见》，为从根本上促进县乡财政困难解决提供了制度保障，得到财政部的充分肯定，金人庆部长在年底全国财政工作会议讲话中予以提名表扬。二是研究制定了《河北省2005年缓解县乡财政困难奖励和补助办法》，创造性地落实中央"三奖一补"政策，对125个县市实行"五奖二补"政策，筹措奖补资金10.5亿元。三是进一步完善省对下转移支付制度。进一步规范转移支付办法，增强科学性。加大对财政困难地区一般转移支付力度，筹措资金31.7亿元，比2004年增加16.1亿元，并规定了资金使用方向，明确了转移支付目标，进一步增强了县乡财政保工资、保运转、促发展的能力。四是按照财政部要求，完成了全省财政供养人员信息系统构建工作，为转移支付测算工作提供了可靠的数据基础，也为加强我省财政供养人员管理、做好控编减员工作创造了有利条件。

四、落实科学发展观，做好预算编制和执行工作

一是认真做好2005年预算执行工作。及时将124个部门预算批复执行。在今年形势好、超收多的情况下，及早进行科学预测，调整收支预算，确保年度预算收支平衡。合理安排超收财力，重点用于教育、科技、农业、公共卫生、公共安全、安全生产、国企改革、文体设施、历史债务等方面，解决了一批历史遗留问题。二是认真编制好2006年预算。进一步改进和完善预算编制方法，在集中财力办大事、收支脱钩、项目管理、量化绩效目标和预算编制整体规范性等方面实现新的突破，得到了省委、省政府和省人大的充分肯定。省人大财经委初审认为："2006年预算编制质量和水平较往年有了较大提高。收入预算安排考虑了国家和我省经济形势、政策变化等因素的影响，收入结构进一步优化；支出预算体现了公共财政理念，体现了构建和谐社会和以人为本的要求；预算编制工作和预算草案文本逐年科学、规范。"三是认真做好财政发展"十一五"规划编制工作。在厅领导直接指导和各处室大力协助下，我们研究制定了详细的工作方案和规划提纲，完成了《河北省财政发展"十一五"规划和2020年远景目标》初稿，并经厅长办公会原则通过。四是开展建设节约型社会相关工作。制定印发了《关于改进财政财务管理、建设节约型财政财务的通知》，在全省财政系统和省直各部门启动了建设节约型社会工作。在今年预算执行和2006年预算编制中认真贯彻节俭原则，严格控制一般性支出增长，严禁铺张浪费行为。五是多方运筹资金，努力谋划提高机关事业单位职工工资水平。针对我省机关事业单位职工工资水平偏低的实际，向省委、省政府提出提高职务津贴的建议。在国家要求各地停止新出台津贴补贴后，牵头组织省纪委等部门以及我厅部分处室有关人员，连续工作两个多月，如期保质完成了津贴补贴清理填报任务，代省政府向国务院写出了报告，如实反映了我省津贴补贴发放水平和收入水平较低的问题，提出合理核定我省地方津贴补贴标准的建议。同时，通过整合相关资金，多方筹措工资改革资金14亿元，做好了落实国家工资改革的资金准备工作。

五、强化制度和技术支撑，全面规范财政预算管理

一是研究开发了省级预算项目管理系统，制定了《省级预算项目库管理规范(试行)》，对省级预算部门和各市、扩权县财政部门进行了业务操作及软件培训，对列入2006年预算项目全部导入数据库进行规范管理。二是制定印发了有关文件，首次规范了我省全部财政收入、地方财政收入、经常性财政收入、一般预算财力的统计口径以及财政预决算报告制度，增强了预算管理的规范性和的完整性。三是进一步完善部门预算编报、预算编审和预算文本自动生成系统，提高了部门预算编制的规范性和准确性，自动化水平进一步提高。四是开展了政府收支分类改革研究分析和模拟工作。作为五个地方试点省市之一，在三个市、三个县和省直部门按新科目进行了预算编制的模拟工作，较好地完成了试点工作任务。财政部楼继伟副部长专程到我省视察试点工作并给予了充分肯定，我厅作为唯一单位在全国财政工作会议上作了典型发言。五是根据我省取消控购审批的新形势，研究了新的公务车辆管理办法，提出主要通过编制、标准、预算、资金和资产等手段对公务车辆购置、处理进行严格管理的思路，得到省政府肯定，保证了公务车辆管理工作的正常运行。

六、加强学习教育，不断提高预算干部综合素质。

（预算处、编审中心供稿）

2005年财政监督工作概况

一、积极服务财政管理和改革，扎实开展财政系统专项资金综合治理工作

围绕服务财政管理和改革这一中心工作，2005年，全省各级财政部门以全面落实省委、省政府专项资金综合治理工作为重点，加强财政收支监督，工作思路更加清晰，重点更加突出，效果更加明显。按照省委、省政府部署，我厅精心组织，周密安排，及时召开全省财政系统专项资金监督管理工作网络会议，成立专项资金综合治理工作领导小组，明确分工、强化责任、突出重点、讲求方法，在对2003年以来全省经济和社会发展类专项资金进行了全面清查的基础上，对扶贫、救灾救济、农村中小学危房改造和布局调整、公共卫生防治体系建设、计划生育药具、农村劳动力转移培训、农村人畜饮水等与农村基层群众生活密切相关的专项资金（以下简称“七项资金”）进行了重点清理检查。据统计，全省财政监督系统共派出280个检查组、检查人员1902人次，累计检查项目4976个，清理检查2003—2004年经济和社会发展类专项资金总额519.8亿元，清理检查“七项资金”总额39.1亿元。通过检查，发现有问题资金4亿元，追回被挤占挪用资金2596万元，对违规单位进行罚款273万元。省专项资金综合治理办公室对我厅专项资金综合治理工作给予了高度评价。

二、创新财政监督方式，稳妥实施财政监察组委派制度试点工作

为了进一步落实省委省政府领导关于加强财政监督工作的批示精神，经省政府批准，从2005年4月18日开始，我厅向省交通厅、国土厅、教育厅和林业局四个部门派驻了财政监察组。近一年来，在派驻部门的配合支持下，财政监察组按照“从清理2004年底以前各类结转资金入手，监督2005年预算执行，旁站参与2006年预算编制”的工作思路，先后对4个派驻部门、46个二级单位（比例约为三分之一）以及355个账户进行了核实清理摸底调查；深入到11个市及所属24个县（区），对相关单位2005年度非税收入征缴、下拨，专项资金管理、使用等进行了跟踪监督；对交通厅高速公路管理运营和省属十所重点高校的财务状况进行了专项调研；通过列席相关会议的方式对部门2006年预算编制进行了旁站监督。财政监察组以其独特的视角和方式，较好地弥补了财政管理的缺位，财政监督实效性进一步增强，部门预算编制、预算执行与财政管理得到明显改进。此外，财政监察组对目前体制管理中存在的深层次问题进行了认真分析，提出了相关建议，得到厅领导和派驻部门的充分肯定。

三、强化会计监督，深入开展会计信息质量检查和会计师事务所执业质量检查

2005年，全省各级财政部门围绕促进注册会计师行业健康发展的目标，深入开展会计信息质量检查和会计师事务所执业质量检查，强化会计监督。根据财政部财监[2005]62号通知精神，我省2005年8月中旬至10月中旬组织了2005年会计信息质量检查和会计师事务所执业质量检查工作，除按照财政部要求对房地产、金融等行业进行检查外，还配合全省专项资金综合治理工作，重点对使用财政资金较多的部门和单位进行了检查，全省共完成了369个企业、行政事业单位和21个会计师事务所的检查工作，责令补交税金1859万元，对3家会计师事务所进行了行政处罚。

四、财政监督法制建设明显加快，财政监督行为日益规范

一是财政监督法制建设取得新突破。《河北省财政监督规定》于2005年底提交省法制办，已经2006年1月17日省政府第59次常务会议通过，自2006年3月1日起施行；在财政监察组派驻方面，省政府印发了《河北省财政厅向省直部门委派财政监察组工作办法（试行）》，我厅印发了《河北省财政厅财政监察组工作规则》；在专项资金监督方面，我厅起草了《河北省财政专项资金监督管理办法》，张家口市和承德市人民政府印发或转发了财政专项资金监督管理办法，邯郸市、秦皇岛市财政局印发了《关于加强财政专项资金监督管理的意见》。二是积极宣传《财政违法行为处罚处分条例》。以省政府办公厅名义向各市、县人民政府和省政府各部门印发了《关于认真学习贯彻〈财政违法行为处罚处分条例〉的通知》，采取编印学习材料、举办培训班、加强媒体宣传等方式，扩大《条例》的影响力和社会认知度。

五、各项基础管理进一步加强，推动监督工作深入发展

一是省厅初步建立了财政监督管理信息系统。通过与厅内各业务处室和厅属独立核算单位联网，实现了财政业务数据共享，初步实现了对财政资金来源、拨付及使用进度的动态监控，以及对厅属单位财务收支、会计信息质量的日常监控。二是财政监督机构和队伍建设进一步加强，干部素质得到提高。一年来，全省财政监督机构不断得到加强，人员不断得到充实。据统计，全省县级以上财政部门共设置财政监督专职机构 170 个，其中 11 个市中副处级专职监督机构 4 个，191 个县区中正科级专职监督机构 12 个、副科级专职监督机构 21 个，全省财政监督系统共有财政监督专职人员 674 人。2005 年，全省财政监督系统累计举办培训班 285 次，累计培训时间 963 天，累计培训 16282 人次。三是加强财政监督信息宣传力度，大力开展理论调研工作。2005 年，先后在《中国财经报》、《河北日报》、《财政监督》、财政部《财政监督检查简报》、《河北财政》以及《财政工作简报》等媒体刊发财政监督信息数十条；完成调研课题 85 项，共完成论文 148 篇，在省级以上刊物发表 25 篇，获奖 4 项。

（财政监督处、财政监督局供稿）

2005 年国库管理工作概况

一、开拓创新，财政国库管理制度改革取得新突破

（一）省级财政国库管理制度改革向基层预算单位延伸，初步建立了以国库单一账户体系为基础、资金拨付以国库集中支付为主要方式的财政国库管理制度。省级国库管理制度改革范围进一步扩展。将当年新增一级预算单位——新闻出版局纳入改革范围，使省级一级预算单位全部纳入了国库管理制度改革范围。不断加大改革向基层预算单位推进力度，在去年 38 个基层预算单位进行改革试点的基础上，从 7 月 1 日起将 11 个预算部门的 107 个基层预算单位纳入改革范围，省级进行改革试点的基层预算单位增加到 145 个。

（二）市级财政国库管理制度改革试点工作全面推开。一年来，全面加强了对市县财政国库管理制度改革的指导。组织召开了全省财政国库管理制度改革工作会议，同时积极深入市、县开展调查研究，帮助解决改革中出现的实际困难。在广泛调研的基础上，制发了《关于进一步推进市县财政国库管理制度改革的指导意见》，提出了今后几年我省市县财政国库管理制度改革的总体要求和指导原则，明确了改革的目标模式和基本框架，促进了市县改革向制度化、规范化方向发展。截止目前，11 个设区市已全部正式启动改革试点，纳入改革范围的市直预算单位超过 300 个。

（三）加强宣传与培训，切实保障改革顺利进行。一是有针对性地开展了业务培训。重新编写了《财政国库管理制度改革培训教材》，举办 5 期培训班，分别对新增改革试点单位的财务人员和代理银行业务人员进行业务培训，使相关人员及时了解改革政策和内容、熟悉资金申报程序、掌握软件操作技能，为改革的顺利进行打下了良好的基础。二是着力加大国库管理制度改革宣传力度，使国库集中支付制度改革的指导思想、主要内容、相关措施深入人心。

（四）健全机制，强化对代理银行的监督考核。2 月 21 日，与人民银行石家庄中心支行共同印发了《河北省省级财政资金支付管理制度改革代理银行考核办法（试行）》（冀财库[2005]3 号），对省级代理财政直接支付、授权支付及预算外资金清算业务的各商业银行进行百分制考核测评，严格奖惩。有效规范了各商业代理银行的支付与清算行为，进一步改善了对预算单位的服务态度，提高了服务质量，办理业务的时效性、规范性大大增强，提高了资金运行效率，保障了省级国库管理制度改革的顺利进行。

二、加强协调，全面做好预执行与分析工作

（一）认真研究加快省级预算支出进度问题，建立了专项资金支出进度通报制度。为进一步规范资金管理，加快省级财政专项资金支出进度，提高资金使用效益，针对近年来专项资金支出方面存在的上报计划不及时、支出进度慢、年终结转较多等问题，印发了《关于建立省级专项资金支出进度通报制度的通知》，规定省财政厅每月对预算部门专项资金执行进度情况进行通报，并上报省委、省人大、省政府有关领导及相关工作部门。从4月份起我处定期分析通报了预算单位的专项支出进度，引起了领导和预算部门的高度重视。同时，多次召开由部门预算主管处负责人参加的预算执行分析调度会，通报支出进度情况，分析存在问题，提出加快支出进度的意见。通报制度的建立和实施，有效促进了省级部门预算的顺利执行，提高了支出进度。

（二）切实加强预算执行分析工作，努力提高分析水平。在全面、及时、准确完成旬月报统计报告工作的基础上，进一步加强与国税局、地税局、统计局、发改委、人民银行、商务厅等综合经济部门的联系，不断扩大视野，密切关注国家宏观调控政策变化，深入研究重点税源行业走势，将财政收支放在全省、全国宏观经济运行的大背景下进行研究分析，定性与定量分析相结合，财政预算执行分析水平有较大提高，成为各级领导研究财政经济工作不可缺少的重要资料。8月份，我处撰写的《2005年上半年我省财政收入与经济增长的关联分析》，在全省市委书记市长会议上作为我厅汇报材料的附件印发，受到省委书记白克明同志的表扬。10月份举办了全省预算执行分析培训班，请统计局同志讲授了经济形势分析方法，取得了较好效果，促进了市县预算执行分析水平的提高。

（三）加强对财政经济运行重点难点问题的调研。

三、克服困难，高质量完成了2004年财政总决算和部门决算编审工作

为确保决算工作圆满完成，我们克服时间紧、任务重、人手少、经验不足的巨大困难，发扬“吃苦耐劳，甘于奉献”的精神，按照“真实、准确、全面、及时”八字方针，在短时间内认真组织部门与预算会计、预算会计与指标管理、与支付中心各种账目的对账工作，审核、收集、汇总了省级财政决算和部门决算，组织了全省财政总决算和部门决算的汇审汇编，高质量地完成了决算汇审汇编工作，按时向财政部上报了两套决算。同时，认真开展对决算资料的开发利用，将有关资料进一步分析整理，撰写了《2004年河北省财政总决算报告》，编印了《河北省2004年财政经济运行情况》，使各级领导和部门及时掌握决算数据，为正确决策提供了大量有价值的参考依据。我省决算及分析上报及时、数据准确、分析全面，受到财政部好评，总决算获全国财政总决算评比优胜奖，这是我省财政总决算自2003年以来连续第三年受到财政部表彰。

四、精心组织，圆满完成政府收支分类改革预算执行环节模拟试点工作

（一）认真做好模拟运行的各项准备工作。

（二）集中力量搞好模拟运行的业务培训。我们多次召开由财政和人民银行相关人员参加的座谈会，把培训和学习座谈结合起来，加深了对改革方案的理解和认识。并对参与预算执行模拟试点的省直7个部门和实施会计核算试点的7个基层预算单位有关人员进行了专门培训，使大家系统地掌握了政府收支分类改革的具体内容、意义和支付业务操作规程，明确了工作任务。

（三）成功模拟了科目改革后的预算执行工作。在模拟工作中，采取实验室模式，通过搭建模拟环境，对预算执行的各个环节进行角色设置，在试点部门、信息中心、人行国库的密合配合下，对试点部门5月份实际发生的业务数据，按照新的政府收支分类科目，认真模拟了财政拨款的申请、审核、支付、清算、核算过程，完成了支出数据的科目转换和单位会计核算模拟工作，达到了预期目标，为我省科目改革试点的成功做出了贡献。

五、提高效率，全面做好财政集中支付和工资银行化发放

（一）大力提升财政支付软件功能。一是完成了财政预拨资金软件的设计、应用工作，改变了往年一季度预拨资金不能列支、不能下达额度的状况；二是根据财政部对集中支付结余资金账务处理规定，修改了集中支付软件，使结余、结转资金账务处理规范化；三是完成了人行国库支付资金清算计算机审核软件的开发工作，大大提高了资金清算工作效率和准确性，为下一步财税银横向联网打下了较好基础。

（二）进一步做好财政集中支付工作。明确了试点单位直接支付和授权支付范围，简化并规范了资金用款计划申报、资金支付申报审核、会计核算处理和资金清算程序；及时下达改革试点单位直接支付计划和授权支付额度；认真受理、严格审核各项支付申请,及时准确拨付资金,努力做好与代理银行和人民银行的资金清算等工作。定期同试点部门的财务人员和代理银行召开座谈会,深入调查,及时解决改革中存在的问题,使财政资金支付流程进一步规范,支付效率进一步提高。到11月底,共办理财政直接支付18000多笔,资金总额达213.03亿元(包括一般预算、基金和预算外),其中,人员和正常经费支出61.7亿元、政府采购资金支出2.71亿元、其他专项资金支出139.43亿元;财政授权支付8.38亿元。

(三)认真做好工资银行化发放工作。对纳入银行化统发工资的省级单位进行分类整理,重新界定了财政统发工资范围,并认真研究工资账户实行零余额管理的实施办法和业务操作流程,提高了效率、方便了部门。2005年省级财政统发工资单位234个,44314人,其中在职28979人,离退休11646人,1—11月份累计支出9.19亿元。

六、强化服务,认真开展保持共产党员先进性教育活动。

(国库处、支付中心供稿)

2005年行政政法财政工作概况

一、着眼于保运转、保稳定,在集中财力办大事上下功夫,行政政法经费保障水平不断提高

第一,围绕保障行政政法机关的正常运转进一步提高了经费投入水平。2005年行政政法部门经费投入水平进一步提高,有力地保证了行政政法单位职能的履行。

第二,坚持集中财力办大事,较好地解决了行政政法机关的急办事项和重点问题。一是加大对政法机关业务技术用房维修和改善办公办案及装备的投入,为全省政法机关提高侦查能力和办案质量提供了有力的财力支持。二是加大对监狱布局调整、狱政设施维修和改进技术装备的投入,用于劳教所设施维修、改善装备和推进4个省所及石家庄市劳教所管理模式改革。三是少数民族发展和扶贫资金重点用于全省52个扶贫开发县与少数民族集中市县的修路、打井、改善办学条件、改善医疗卫生条件等项工程,较好地解决了少数民族和民族地方行路难、人畜饮水困难、就学难、就医难等问题。四是根据我省旅游发展整体规划,与有关重点建设项目资本金、国债转贷资金、扶贫资金、公路建设资金统筹起来,重点支持了旅游景区、景点的基础设施和环境建设。

第三,着眼于维护社会稳定,企业军转干部解困工作力度不断加大。会同省企业军转工作办、省劳动和社会保障厅对省直企业原解除劳动关系的军转干部的解困问题进行了研究,及时分配了中央和省财政安排的企业军转干部解困资金。

二、立足于加强支出控制,积极推进经费支出标准化、货币化,行政政法支出管理改革不断深化

第一,加强了对省级大型活动经费的管理。针对长期以来,省级大型活动经费支出约束软化的问题,在充分酝酿和反复研究的基础上,研究制定了《河北省省级大型活动经费管理办法(试行)》,为规范省级大型活动经费管理,节约经费支出,提高资金使用效益提供了制度保证。

第二,积极推进了行政政法经费支出标准化建设。一是为解决县级公安机关经费保障不够问题,与省公安厅共同研究制定了县级公安机关公用经费保障指导标准,在建立县级公安机关经费保障机制方面迈出了重要步伐。二是提高了省人大代表会议、省政协委员会议的伙食标准。三是为规范省第三届职工运动会的经费管理,会同省总工会研究制定了《河北省第三届职工运动会经费开支标准暨财务管理办法》。

第三,改革了省直机关公务移动通讯费用补贴办法。为规范省直公务移动通讯费用管理,控制经费支出,促进机关党风廉政建设,我们对省直机关通讯工具配备现状进行了进一步的摸底调查,并了解了全国31个省(市、自治区)的公务移动费用补贴改革实施情况,与省监察厅共同制定了《关于改革省直机关移动通讯工具管理和定额发放公务移动通讯费补贴的意见》。

第四,实施了文稿集中起草场所定点管理。为保证省委、省政府大型重要会议文稿集中起草工作按时保质完成,规范运转集中起草的管理,节约经费支出,在征求有关部门意见的基础上,研究制定了《省级大型重要会议文稿集中起草工作管理办法(试行)》。

第五,在全省政法系统综合信息通信网络改造方面进行了市场化运作的探索。为解决全省政法网络建设需要与政府投入不足的矛盾,跳出政府投资建设的单一模式,遵循市场经济规律,提出了“走市场化运作之路，省政府统筹线路租费，电信运营商投资建设，网络建设统一领导、统一规划、统一实施、同步建设、一步到位”的思路和建议，这个建议已经省政府批准同意，正在积极组织实施。

三、围绕维护国有资产的安全与完整，夯实基础工作，明确管理责任，省直行政事业单位国有资产管理得到加强

第一，进一步加强了国有资产管理的基础工作。为加强全省行政事业单位国有资产管理，在全省组织开展了 2004 年度全省行政事业单位非经营性国有资产产权登记年度检查工作。

第二，圆满完成了省政府驻外办事处改革中的国有资产清查界定和国有资产收益核定工作。会同省直机关事务管理局、省政府办公厅对省政府五个驻外办事处及其所属宾馆（饭店、招待所）的国有资产、债权债务问题进行清查核实。为加强省政府驻外办事处所属宾馆（饭店、招待所）的国有资产收益管理，研究拟订了《河北省驻外办事处所属宾馆（饭店、招待所）国有资产收益收缴管理办法（试行）》。

第三，推进资产管理与预算管理相结合，加强了对省级大型活动及有关临时性办公室形成的资产的管理。在审核省级大型活动、省有关临时性办公室经费预算时，对其申请购置的固定资产提出了明确的管理要求。

四、规范经费审核，强化监督检查，专项资金管理力度不断加大

第一，进一步规范了经费审核行为。继续推行经费审核“细目审核法”，对部门申请的资金问题，按有关政策和标准逐项认真审核，减少了资金审核中的随意性，进一步规范了经费审核行为。

第二，认真开展了行政政法专项资金监督检查。根据全省财政专项资金监督管理会议精神，认真组织实施了行政政法专项资金监督检查。

第三，进一步完善了行政政法专项资金管理制度。一是为规范政法系统牺牲、伤残、特困干警资助资金的管理，研究制定了《河北省政法系统牺牲、伤残、特困干警资助资金财务监督管理办法（试行）》，对资助资金的使用范围、发放标准、发放对象以及资助资金的申报和审批程序等进行了明确规定。二是与省民宗厅共同研究制定了《关于增强少数民族发展资金管理透明度的实施意见》，对项目申报、资金分配、资金使用监督等进行了明确规定。三是认真编制并组织实施了中央政法专款第二个三年规划，同时进一步加大了监督检查力度。

五、以开展保持共产党员先进性教育活动为契机，整章建制，处室自身建设得到加强

第一，认真组织开展了保持共产党员先进性教育活动。根据厅党组和机关党委的统一部署，我们认真按照《河北省财政厅关于深入开展保持共产党员先进性教育活动的实施方案》的要求，一丝不苟地完成规定动作，认认真真落实自选动作。

第二，整章建制，狠抓处室基础管理。为规范工作行为，修订和完善了《行政政法处工作规则》。为提速工作过程，提高工作质量，研究制定了《行政政法处关于加强处室效能建设的意见》。

（行政政法处供稿）

2005 年教科文财政工作概况

一、抓住机遇，从政策上促进教科文事业快速发展

一是参与主要文件起草，把好财政政策关。通过对近十年我省财政科技、教育和文化投入情况进行多项指标的比较和分析说明，提出了改进管理和增加投入的建议，多数被采纳并写入决定和纲要。

二是积极落实《决定》和《纲要》。增加科技、教育专项资金 9782 万元；增加科技风险投资公司资本金 1 亿元；向全省财政系统下发了《关于认真学习贯彻省委六届七次全会精神的通知》，要求各级财政部门结合本地实际，对照现状找问题，制定贯彻落实措施。由于落实两个《决定》速度快、措施实，使我厅工作受到省委、省政府主要领导的肯定和表扬。

三是抓住机遇，加大宣传力度。加强财政支持科技、教育事业发展的宣传工作，分别在河北日报、河北电视台和中国财经报等宣传媒介对我省财政支持教科文事业发展情况进行了宣传报道。

二、加强管理，努力改进和提高理财水平

一是积极推进支出管理改革。起草了《省直事业单位改革财政供给改革方案》和《关于对部分高校实行财政拨款综合定额的办法》，得到省政府领导的批示，对推动政策和发展起到了重要作用。抓好突破性业务工作。试行了农村义务教育财政投资项目的“奖补结合”和科技资金的招投标管理改革，创新教育、科技财政投入机制，收到良好效果。

二是深入开展财政教科文绩效考评。年初拟定了 2005 年教科文绩效评价扩大试点计划，确定义务教育两项工程、省级重点学科、科技省级重点实验室建设、科技型中小企业创新资金和文化信息资源共享资金等五项教科文专项资金，作为当年评价项目。通过制定评价指标体系，召开评价鉴定会，推进了部门对项目的科学管理，并将考评结果作为一项重要因素运用到了 2006 年部门预算编制中。

三是集中财力办大事。首先，加大协调力度。将省委宣传部管理的"宣传文化专项资金"、"文化事业建设费"与部门预算同步进行，提前细化，解决了多年难题。其次，加强省级科技资金集成，下大力解决科技资金项目"小"和"散"的问题。2006 年省科技厅预算项目个数比 2005 年减少了 20 项，总体预算资金 88%的资金用于支持事关我省主导产业发展的关键技术、可持续发展的公益性研究领域、曹妃甸循环经济系统关键技术研究及太行山农业科技富民等重点工程等。

四是增强预算安排的公开、透明度。年初按照省人大要求，积极组织有关材料，测算相关数据，筹备召开首次 2005 年省本级教育部门预算草案审查听证会，就省级教育经费预算合理性、支出结构科学性进行了听证，取得了较好的效果，河北日报等各大新闻媒体进行了宣传报道。

三、坚持以人为本，全力推进"民心工程"

一是千方百计解决资助贫困生就学难问题，起草制定了 2005—2007 年全省分年度资助规划。2005 年省级落实免杂费资金 8000 万元，用于支持部分困难县资助农村义务教育阶段家庭困难学生免除杂费；力争中央补助我省免费教科书资金 1.3 亿元，全省 133 万名中小学家庭贫困学生拿到了免费教科书，并免除学杂费。获得中央奖励资金 3700 万元，提前实现救助目标。为保证贫困家庭大学生顺利完成学业，建立了高校国家助学贷款的风险补偿金，并继续实行奖、补、贷相结合的大学生资助体系。

二是开创计划生育管理新机制。在去年承德市实行计划生育奖励扶助制度试点的基础上，2005 年我省在 11 个省辖市推开了试点工作。当年共拨付奖励扶助专项资金 4550 万元，其中争取中央级资金支持 2300 万元，全省农村有 75843 名实行计划生育的群众受益，每人每年拿到奖扶资金 600 元。

三是推进"两项工程"。2005 年，中央和省共投入中小学危房改造和布局调整工程资金 33400 万元，其中中央资金 13900 万元。截止到年底全省两项工程中央、省共投入 13 亿元，其中中央资金 6.55 亿元，新建、改扩建校舍 565 万平方米，消除 D 级危房 277 万平方米，撤并中小学校和教学点 18492 所(个)。按照国家统一部署，我省自 2004—2007 年开始实施农村寄宿制建设工程。2005 年补助我省建设资金 4000 万元，规划建设学校 39 所，规划建设面积 7.47 万平方米。

四是丰富群众文化生活。为让人民群众享受经济社会发展的成果，经过几年的努力，今年省会又有省美术馆、河北大戏院、省文艺家活动中心、省科技馆等 4 个大型公益文化、科技场所建成并陆续对外开放。一年中我处协调解决省科技馆投资问题；省科技馆、美术馆运行问题；建设科普长廊；红色旅游等等。做好省图书馆整旧复新和历史博物馆、体育中心等一批公益文化工程的前期准备和开工建设。推动广播电视"村村通"工程信息资源共享和红色旅游点建设。当年有 2407 个自然村通了电视，使全省广播、电视综合覆盖率达到 98.4%。配合有关部门进行了多次研究，修订了"河北省红色旅游发展总体方案"，目前全省已有 7 个红色旅游点在建设中，已争取财政部拨付专款 2270 万元。

四、加强资金监督，确保资金安全高效运行

"两项工程"专项资金和"计划生育药具经费"纳入我省 2005 年专项资金综合治理工作。我们配合有关部门和厅监督处专门下发了《关于教育专项资金综合治理工作的紧急通知》，要求各市、县进一步规范资金账目、档案及支出管理，对 2001 年以来的教科文专项资金进行全面检查。与其他部门联合组织有关人员于 5 月 12 日—25 日对全省 11 个市进行了抽查，发现的诸如擅自调整项目、配套资金不到位、账务处理不规范等问题。逐县、逐项目进行核实，制定纠正措施，确定改正时间计划。同时，为进一步规范对下教育专项资金的管理，制定下发了《河北省地方教育专项资金管理暂行办法》。四季度国家审计署对我省就中小学危房改造和布局调整工程进行的审计调查，认为我省管理此项工作走在全国前列。

五、坚持"一岗双责"，搞好处室效能建设。

（教科文处供稿）

2005 年社保财政工作概况

一、以建立社保资金的有效管理机制为目标，进一步健全和完善社会保障预算编制体系

在 2004 年编制社保预算的基础上，为提高社保预算的科学性、严肃性和准确性，使社保预算编制体系更加科学规范，我们在对各市和省直有关部门提出明确要求的同时，组织有关人员对影响预算的各项因素认真进行分析、测算，在此基础上，通过“两上两下”的程序，编制完成了 2005 年全省社会保障预算。由于我省社会保障预算编制工作比较全面、规范、科学、真实，走在全国前列，财政部社保司全体同志到我省专题研究我省社会保障预算管理体系，并给予了高度评价和充分肯定。10 月份，我们代财政部起草了《全国编制社保预算管理办法》。同时，我们根据 2006 年政府预算科目，对我省社会保障预算编制体系进行了重新修订，财政部准备以我省社会保障基金预算编制体系为基础，进行社保基金预算编制试点工作。

二、以公共卫生建设和新型农村合作医疗试点工作为重点，做好卫生财务管理工作

在公共卫生建设方面，各级财政部门根据疾控机构和医疗救治体系建设规划及资金需求，积极调整财政支出结构，认真落实配套资金并按工程进度足额拨付到位，保证了项目的顺利实施。省财政安排配套资金 2500 万元，并及时拨付下达。同时，加强对项目资金的监督和管理，所有项目县都开设了“国债专项资金”账户，实行专户管理。另外，我们还对省级 2004 年度卫生支出项目进行绩效评价，取得阶段性成果。厅党组书记、厅长齐守印同志批示：“积极探索财政资金使用绩效评价，发现了不少问题，这本身就是很好的成绩。”截至目前，全省共筹集疾病预防控制项目建设资金 4.4 亿元，全省 142 个疾控项目中竣工 139 个，竣工率为 97.9%；筹集医疗救治体系项目建设资金 5 亿多元，全省 106 个医疗救治体系建设项目中，竣工 97 个，竣工率为 91.5%；筹集了农村卫生服务体系建设资金 42211 万元，改造农村卫生基础设施建设项目 576 个，其中乡镇卫生院 539 个。在新型农村合作医疗试点方面，根据国家统一部署，我们认真贯彻全国新型农村合作医疗试点工作会议精神，在继续抓好迁安、枣强、曲周三县试点的基础上，经上报省政府批准，确定了 2005 年新增 8 个试点县(市)，争取中央专款补助 2423 万元，同时，省财政相应安排配套资金 1600 万元，有力地支持了这项工作开展。为加强基金管理，我们经过深入基层、摸清底数，研究参考其他省份合作医疗资金管理经验，并结合我省实际情况，与省卫生厅联合修订下发了《河北省农村合作医疗基金财务管理办法(修订)》和《河北省农村合作医疗基金会计核算办法(修订)》，制发了《关于财政资助农民参加新型农村合作医疗制度补助资金拨付有关问题的通知》、《河北省新型农村合作医疗风险基金管理办法(试行)》等项制度，从制度上抓起，规范管理、加强监督，确保基金安全。2005 年，我省 11 个试点县(市)共有农业人口 418.76 万人，有 314.08 万人参加了合作医疗，人口覆盖率达到 75%。省市县三级财政补助资金 3187.58 万元已全部拨付到位，133.37 万参保农民享受了合作医疗补偿，报销总费用为 6842.16 万元，农民“因病致贫、因病返贫”问题得到进一步缓解。

三、以并轨为中心，统筹做好就业再就业资金管理工作

国家提出，到 2005 年年底基本实现国有企业下岗职工基本生活保障制度向失业保险制度并轨，这是我国社会保障制度的一项重大变革。为保证我省并轨工作的顺利完成，我们把并轨作为就业再就业资金管理的中心工作抓紧抓好。在资金安排上，按照从经常性一般预算收入中安排不少于 1% 的资金专项用于促进再就业的政策，2005 年省级财政安排再就业资金 9900 万元，比 2004 年增加 1500 万元，增长了 18%。同时，努力争取中央财政支持，全年争取中央转移支付资金 8.03 亿元。在分配资金时，把各市并轨工作任务作为一项重要因素，对国家的下岗再就业专项转移支付资金统筹安排。按照今年年初对各市 2004 年再就业资金使用情况的清算结果，对完成工作任务效果好的市增加了资金补助，对效果差的市进行了相应核减，调动了各市增加投入、加强管理的积极性，形成了资金分配和使用效果结合的资金分配制度。我们还会同省劳动保障厅对我省并轨工作情况进行了全面分析，在学习借鉴安徽省并轨工作经验的基础上，紧紧围绕促进再就业研究措施，坚持把促进下岗失业人员再就业作为并轨主渠道，制定了全省并轨工作方案。根据我省下岗职工多、职工与企业债权债务短期难以彻底解决的情况，有针对性地提出增加协保的社会保险费财政补贴政策。这项资金政策得到省政府的肯定，作为并轨政策纳入全省并轨工作方案，下发各市执行，不仅维护了下岗职工权益，加快了并轨工作进度，而且缓解了财政支出压力。从目前情况看，在不增加财政预算资金压力的情况下，到年底 9.6 万名下岗职工出中心，全省基本实现并轨。此外，认真做好农村劳动力转移培训阳光工程资金管理工作，拟定了 2005 年省级资金分配方案，确保了阳光工程的顺利实施。通过各级各方面的共同努力，全省全年城镇新增就业 46 万人，25.65 万名下岗失业人员实现了再就业，其中，“4050”人员 6.25 万人，分别完成省政府确定的全年任务的 128%、143%和 208%。

四、以调度、协调为手段，加快资金筹集和支出进度

一是，充分发挥财政部门组织协调的职能，在全省养老金和失业保险金征收计划尚未下达的情况下，多次协调税务、劳动保障等部门，加强社保费的税务征收工作，加快收入进度。全省全年征收养老金 129.7 亿元，比上年同期增长 19%；失业保险金征收 10 亿元，比上年同期增长 21%。二是，下决心扭转预算执行进度偏低、制约社会经济发展和社会稳定的问题。按照厅里的安排，我们在去年编制部门预算的基础上，对打捆项目进行了进一步细化，并协调省直有关部门加快了专项资金支出进度。专门召开了两次省直分管厅局财务处长会议，提出了按照预算和省厅规定的支出进度制定按月、季支出的项目、金额计划，除政策特殊规定外，省级专项资金预算在 10 月底前完成；对中央转移支付资金，需经省政府批准的，最多在 15 个工作日内审批下达。三是，确保养老金、下岗职工生活费和城镇居民最低生活保障资金的及时足额发放。全省全年共支出养老保险金 131 亿元，保证了全省 152 万企业离退休人员养老金按时足额发放；再就业服务中心共支出 2.85 亿元，保障了 9.6 万名下岗职工基本生活。在再就业服务中心的国有企业下岗职工基本生活保障率为 100%；城镇低保资金支出 5.1 亿元，保障了全省 35.7 万户、80 多万低保对象低保金的发放，全省人均补差 65 元，基本做到了动态管理下的应保尽保，按月足额发放。四是，完成了补发企业历史拖欠养老金工作。在摸底调查的基础上，拟定了补发养老金工作预案，报经省政府批准后执行。到今年 4 月底，补发工作全面完成。这次补发工作涉及 149 个市县区，占全省总数的 81.4%；涉及企业 4175 户，占参保企业总数的 14%；涉及离退休人员 19 万多人，其中已经死亡的离退休人员 32465 人，补发资金 8.4 亿元，人均补发 4392 元，其中拖欠时间最长的达 12 年之久，补发拖欠最多的达 3.9 万元。至此，我省参统企业历史拖欠统筹内养老金问题基本解决，这一做法，劳、财两部给予了高度评价，中央电视台、新华社等新闻机构进行了专题报道。

五、以制度建设为主要内容，支持建立农村社会保障体系

在制定政策时，我们积极协调有关部门，从财政管理的角度提出意见和建议，政策出台后，我们以一切从实际出发的科学态度和勇于探索的开拓精神，攻坚克难，加快推进工作的开展。通过广泛调查研究，掌握第一手资料，按照建立公共财政的要求，进行资金整合和合理配置，科学测算、合理确定资金分担比例，确保了资金筹措渠道畅通。同时，由于农村社会保障体系建设还处在起步阶段，为从开始就使资金步入规范管理的轨道，我们在确保资金筹集的前提下，把更多的精力放在研究政策、制定相关资金管理办法和财务管理规定方面。先后下发了《农村医疗救助基金管理试行办法》、《农村居民最低生活保障资金财务管理办法》，从制度上规范资金运作程序，确保财政社保资金的安全运行。全省已有 162 个涉农县（市、区）建立了农村低保制度，保障 24.1 万户、54.2 万人，发放保障金 6812 万元。全省共发放救灾资金 7580 万元，救济灾民 51 万多人，维护了受灾群众的基本权益，保障了灾区的社会稳定。

六、加强政策研究，强化财政监管

今年国家和省新出台的社会保障政策多，加大了资金管理难度。我们从政策研究和财政监管这一“虚”一“实”入手，虚实结合，促进了财政社会保障工作的开展。

（社保处、社保资金管理中心供稿）

2005 年农业财政工作概况

一、完善一个体系

就是完善动物疫病防治体系。投资 2500 多万元,用于省级27个测报站、51个公路测报站建设,续建850个、新建19个乡镇动物防疫防检站,形成了分布全省、功能完备、信息快捷的动物疫病防控网络。

二、构筑五大工程

--是农业结构调整、农业产业化工程。突出支持畜牧、林果、蔬菜三大主导产业。2005年省级财政对三大产业共投人资金10850万元。重点支持了畜牧良种繁育,推广良种胚胎移植技术。采取招标技术单位方式在全省实施胚胎移殖4000枚。在10个县建设羊改良点100个。投资200万元进口良种奶牛冻精50000支,并在全国采取招标方式,购人优质冻精400000支,大面积提高奶牛单产;调整林果结构,实施提质增效工程,支持发展高接换头等新技术100多万亩,并着力发展林果优势特色品种,我省板栗、枣、鸭梨年产量分别达到9.32万吨、89.12万吨、313.3万吨,都位居全国第一。大力发展设施蔬菜、错季蔬菜,新增设施蔬菜种植面积20万亩,总数达到280万亩。三大主导产业占农林牧渔业总产值的比重达70%。2005年,省级投人资金3800万元支持龙头企业和农业成长型企业进行改扩建,支持企业80多家,撬动社会资金7亿多元,农业产业化率达48.5%,比上年增长2个百分点。二是农业农村基础设施建设工程。2005年投入资金21500万元,重点支持了岗南水库除险加固、节水灌溉、小型水利设施、人饮安全工程。解决了45.3万人的农村饮水问题。发展节水灌溉面积148.3万亩,更新机井24661眼,修旧井29283眼,建设小型蓄水工程23811处,增加蓄水能力226万立方米,新增旱涝保收面积30.1万亩。投人资金1000万元进行生态家园富民工程建设,发展沼气50万户,全省累计突破150万户。三是绿色生态环境工程。省级投人资金8400万元,重点支持太行山绿化、省会周围绿化、绿色通道。人工造林17万亩、飞播造林15万亩、封山育林172万亩。四是农业科技创新与推广工程。投入资金3000多万元,推广先进适用农业技术,新建设科技进村服务站1500个,覆盖全省20%行政村。完善提高农技电波入户113个示范县。投入695万元进行重点实验室建设和重点农业科技项目研究推广。五是扶贫开发工程。投入资金5.48亿多元,支持“周转畜”、“周转棚”、劳动力转移和移民搬迁四大扶贫项目,发展周转羊13.5万只、周转猪7.66万头、周转牛2.84万头、周转禽195.5万只,覆盖1463个重点村,涉及贫困和低收入人口47.8万人;发展“周转棚”2.23万个,覆盖重点村626个,涉及贫困人口31万人;转移培训劳动力34.7万人;完成搬迁任务4717人。

三、狠抓两项改革

一是,农业专项资金政策公开透明运行试点。今年以来,先后研究制定了试点工作计划、农业处行政权力公开运行试点实施方案、农业财政专项资金公开运行试点暂行管理办法(逐一展示),明确了工作的指导思想、基本原则、目标任务、公开内容,并对公开的范围、实施时间和公开载体进行了全面安排。为确保农业项目公开的效果,与各农口部门进行了认真磋商,确定了节水浇灌、小型水利公益、水土保持项目、设施农业、渔业资源增殖放流等15个农业项目(展示各项目图片),通过《河北日报》(逐版展示)将公开项目资金数额、主要建设任务、主要补助环节、项目实施地点等向社会公布,引起社会广泛关注,大大提高了支农资金的社会监督力度,规范了资金管理。同时政策的公开对吸引社会资金投资农业产生了良好效果。受到了有关部门和社会各界的广泛好评。

二是,绩效预算编制。我们在农口部门选择了一个项目和一个单位进行试点。一个项目是水土保持项目,完成了《河北省水土流失综合治理绩效评价指标体系研究》,建立了水土流失综合治理绩效评价的指标体系,并且组织专家对试点地区进行初步评价。一个单位是农林科学院,编制完成了院编绩效预算(展示预算、成果图片)。每一个项目,都采取竞争和专家论证方式决定,并且由省农林科学院主要负责人与项目责任人签订专项绩效目标责任书,确保项目预算执行好,实现绩效目标。

四、推进三项创新

为提高农业资金的安全性和使用效益,一是抓管理方式创新。将部分专项资金,如扶贫资金、抗旱资金等不再确定具体项目,把项目决定权下放到基层,使农业项目更加符合当地实际情况。改革农业贴息资金的审核办法,由原来让当地委托会计事务所改为省级统一安排,大大提高了审计核实结果的可靠性,共审计核实贴息项目85个,发现并剔除不合格项目13个,占15.3%。各地申报投资16.5亿元,审核确认实际投资10.2亿元,发现并剔除虚报或错报投资6.3亿元,占申报投资总额的38.1%。

二是抓管理制度创新。为实现农业财政管理规范化和科学化，制定了包括农业成长型企业贴息资金管理办法、林业治沙贷款贴息管理办法、节水灌溉贷款贴息管理办法、林业有害生物防治资金管理办法等12个制度和办法，为加强农业专项资金管理提供了制度保障。三是抓管理手段创新。为提高管理效率，在全省全面推行了财政扶贫资金管理信息监测，利用我省财政信息网络，对扶贫资金实施全过程监督，加大了管理和监督力度。

五、四项工作取得较大进展

一是认真落实中央惠农政策。筹措良种补贴1300万元、农机补贴资金1400万元，分别比上年增长30%和56%。加上中央补助，今年共发放良种补贴1.59亿元，比去年增加4倍，补助覆盖面由33个县扩展到115个县(区)。为提高资金效益，按照公开透明的原则，采取全省招标方式确定供种单位，降低了成本，全省1000多万农民受益；为切实加强农机补贴资金管理，制定了《河北省省级农业机械购置补贴专项资金使用管理暂行办法》，加强监督，严格管理，确保资金确实到位，发放农机补贴2650万元，比去年增长130%，支持农民新购置农机具3811台。我省农民得到了更多实惠。

二是支持高致病性禽流感防治工作。针对高致病性禽流感防治工作面临的严峻形势，按照中央和省委、省政府的部署，迅速研究制发了《关于认真做好高致病性禽流感防治资金安排工作的紧急通知》、《高致病性禽流感经费补助政策和管理办法》、《河北省防治高致病性禽流感物资储备工作意见》，并且紧急拨付防控资金4000多万元，用于防控工作，并且急事急办，特事特办，为确保防控工作的顺利进行提供了强有力的支持和资金物资保障。

三是加强农业专项资金的监督检查。组织开展了全省农业专项资金专项检查。共检查资金38.2亿元，查出有问题资金1.57亿元，发现了滞留、截留、挪用农业财政专项资金等五个方面的问题(展示报告)，对发现的问题进行了深入的分析，并相应研究提出了改进措施和意见。

四是切实加强队伍建设。一是认真落实党风廉政建设责任制。严格执行“四大纪律八项要求”和领导干部廉洁从政行为准则。结合农业财政工作特点，明确要求全处同志要做到“八个不准”。二是结合开展党员先进性教育，认真查找工作和管理方面问题，并相应提出20多条具体措施，狠抓落实，收到较好效果。三是为全面加强效能建设，制定了农业处内部工作规则、公文办理程序、议事程序，规范了处内工作程序。研究制定了《农业处六型处室建设实施方案》，明确提出了建设服务型、高效型、廉洁型、学习型、创新型、和谐型处室的指导思想、具体措施，并对处内每位同志提出了具体要求(展示方案)。四是加强干部培训和调研，组织了全省农业财政工作培训班；组织了两次省外考察学习活动，组织了2次专家讲座。全处撰写调研报告7篇，锻炼了队伍，促进了干部素质的提高。

(农业处、农研会供稿)

2005年经济建设财政工作概况

一、落实科学发展观，促进经济社会和谐发展

认真谋划，精心组织争取国家国债专项资金36.35亿元，重点支持了防护林、退耕还林、京津风沙源治理、首都21世纪水资源可持续利用等项目建设，极大改善了我省生态环境。通过财政对预算的调整和压减非建设性支出政策等手段，集中财政资金3.5亿元，重点支持了以曹妃甸港建设为重点的一批立省项目建设，全力推进我省经济结构战略性调整，支持了医药、石油化工、装备制造、建材等主导产业的结构调整和优化升级。2005年安排农村公路等建设资金35亿元，确保我省“民心工程”、城市化战略等省委、省政府关注的重点工程和重点工作顺利完成。

二、认真落实粮食直补政策，促进粮食购销企业改革

按照省政府统一部署，认真研究制定方案，省、市县财政部门精心组织实施，共向种粮农民兑付补贴资金6.5亿元，共有5065万农民从中受益。直补办同志们实行无假日办公，随时处理来访，发现问题及时纠正，期间组织全省重点抽查和全省性核查三次，确保发放工作平稳有序进行，整个工作得到了财政部肯定和省政府主管省长的表扬。

为推进国有粮食购销企业改革，完成省委、省政府对国务院承诺的目标和任务，我们一方面会同省审计厅、省粮食局等部门积极组织国有粮食购销企业审计工作,抓好政策性财务挂账剥离工作。另一方面制定相关配套政策,推动产权制度改革和人员分流工作。针对改革中人员变动,资金缺口大,改革停滞的问题,我们多次深入基层调查研究,并协调各有关部门,建设性的提出变通解决政策改革资金的建议,得到省政府领导的肯定,并付诸实施,截止到目前全省大多数县(区)已基本完成了产权制度改革任务。

三、积极推进政府投资体制改革,规范政府基本建设管理

认真贯彻落实《国务院关于投资体制改革的决定》,基本理顺了省级政府性基本建设资金管理程序。一是基本理顺了与省发改委就财政性基建资金项目管理的职责。对使用省级财政性基本建设资金的项目,由发改委提出初步项目建议计划,商财政厅共同研究提出拟建项目及资金安排意见,联合上报省政府审定。二是理顺了省级公益性建设项目“代建制”的财政财务管理体制。实行“代建制”的工程预算资金,由省公益项目建设中心按照有关规定使用管理。三是进一步规范省级基本建设项目资金的监督管理。制发《河北省基本建设项目竣工财务决算审批办法(试行)》和《河北省省级基本建设项目资金监督管理厅内操作规程》。

四、大力推进预算管理改革

一是在充分调研论证的基础上,编制了《2006 年经济建设资金预算编制指南》,明确了预算编制指导思想、原则、依据、要求及编制程序,对各口资金支持重点、支持方式等做出了明确规定。二是按照“政府购买服务”的方式,通过对财政资金分配方式调整,整合电子政务网络,建设统一的政务平台,项目完成后预计每年可节约运行费 5000 万元。三是认真开展财政专项绩效评价。我们先后制定了省级环保、信息等专项资金绩效评价和项目绩效评价指标体系 5 个办法,组织实施了省级环保、信息专项资金绩效评价工作,其中对省级环保专项资金评价项目 127 个,项目总投资 12.9 亿元进行了全面评价。

五、加强财政监督和管理

一是认真开展专项资金综合治理工作。年初我们就下发了《关于开展经济建设财政专项资金检查的通知》,针对管理中问题主动开展自查,随后我们又从各市抽调业务骨干,进行了重点检查。二是抓好制度建设,针对检查中发现问题和管理改革要求,今年以来我们制发了综合和专项资金管理办法,有效规范了经建资金管理。同时,我们还积极配合省财政驻部门监察组,通过制定制度,建立协同机制,有力支持了这项改革试点工作。三是为促进省直部门科学规范管理,召开了省直经济建设财政财务管理工作经验交流现场会。

六、把握主动性,提高理财水平和能力

一年来我们始终重视了解和学习国家各项重大经济方针和政策,研究把握财政经济建设工作的主线和规律。针对国家宏观调控政策变化,为及时研究制定相应对策,为领导当好参谋,我处加强对财政经济运行情况研究,按季撰写《河北省财政经济形势分析》,所提分析和建议,得到各级领导和综合部门高度重视。提出的很多政策和建议被省委、省政府领导肯定并采纳。

七、认真抓好党风廉政建设

一年来,我们根据厅党风廉政建设工作责任分解任务,认真研究制定了切实可行的方案,结合经建处工作特点,把八项任务分解,按照“谁主管,谁负责”的要求,明确了责任人、工作目标和要求。年度中我们还对有的重点工作进行调度检查,到年底全面完成了目标任务。

从审计反映的情况看,有个别专项资金使用还存在一些问题,需要我们进一步加强监督,把财政经建工作提高到一个新水平。

(经济建设处供稿)

2005 年涉外财政工作概况

一、圆满完成 G20 会议各项服务工作

20 国财长和央行行长会议,是 2005 年我国财政外交工作的一件大事。由于会议在我省境内召开,省委省政府专门成立了由省领导挂帅、12 个厅局单位参加的联席会议。作为联席会议办公室,我处在厅领导的直接指挥下,团结一致、多方协调、做了大量工作,受到大会组委会的表扬和省政府及我厅的通报表彰。

二、利用国外贷款工作取得新突破

一是我厅利用亚行赠款 60 万美元完成的河北省发展战略研究,荣获亚洲开发银行与财政部共同颁发的技术援助实施奖、国务院发展研究中心“第六届中国发展研究奖”一等奖。二是积极争取财政部对国外贷款项目的补贴，减轻基层单位的债务负担。全年共得到财政部政策补贴 1.4 亿元，加上省、市配套措施，总共为基层农户和县乡财政减轻国外贷款债务负担 2.52 亿元。三是努力拓宽贷款合作渠道。新申报荷兰政府贷款引进医疗设备等外国政府贷款项目 13 个，申报金额 1 亿美元；节水灌溉二期等利用国际金融组织贷款项目正在申报、审批过程中，涉及金额 1.6 亿美元；积极参与国际金融组织赠款和技术援助项目的申报工作，“衡水湖湿地可持续发展战略规划研究及自然资源可持续利用示范项目”被列入世界银行第五期技援计划；结合亚行贷款白洋淀生态建设与环境综合治理项目，向财政部申报了全球环境基金赠款 350 万美元，亚行对该项目 50 万美元的项目技术援助赠款已经启动；利用荷兰政府贷款引进医疗设备项目中赠予成份达 35%，约合 500 万美元。四是做好列入规划项目的前期准备工作。在亚行贷款方面，经多方努力，白洋淀生态建设与环境综合治理项目前期技术援助工作已经启动；在外国政府贷款方面，为察北管理区退耕还草示范基地等 4 个项目办理了担保手续，完成了石家庄市中医院等 2 个项目商务合同的签署，为成安蔬菜等 4 个项目办理了贷款证明；日元贷款人才培养及教育项目顺利通过日本国际协办银行的预评估。五是做好执行中项目的业务指导和监督检查。结合国际金融组织贷款项目年度审计中发现的问题，有针对性地提出限期整改措施和要求。配合世、亚行项目官员的半年督导工作，加大对项目实施情况的检查力度。六是认真做好债务管理工作，认真催收贷款。1—12 月份偿还国际金融组织贷款本息费 9501 万美元；配合财政部和转贷银行做好拖欠项目的还款工作；为规范政府外债管理，避免财政风险，下发了《小规模肉牛项目提前回收资金使用问题的通知》，转发了《关于外债风险管理工作有关问题的通知》和《外国政府贷款项目采购公司招标办法》。七是落实省政府扩权强县政策，认真核实扩权县国外贷款和中央专项借款债务。

三、加强中央专项贷款管理工作

一是加强债务核算，及时与人民银行核对债务，做到债务清晰，数字准确；二是积极与财政部有关司局沟通情况，反映我省还款工作中的困难和问题。三是在摸清底数的情况下，对扩权市、县的债务进行了分割，进一步完善了中央专项借款台账。

四、涉外财政财务管理工作进一步加强

一是起草了《省级省校科技合作开发资金绩效评价实施方案（试行）》，并对 2004 年省校科技合作开发资金项目绩效进行了评价。二是 2005 年预算执行和 2006 年预算编制工作进展顺利。积极支持和参与了河北（香港）投资贸易洽谈会、韩国、印尼专题招商等重大招商活动；为规范和加强华侨事业费的使用、管理，与省外侨办联合印发了《关于加强华侨事业费管理的通知》；及时拨付 2005 年省校科技合作开发资金，协调、拨付省级援藏资金和省级援助丰都县移民工程项目建设资金，协调、落实了 2006 年省级援藏资金和援助丰都县移民工程项目建设资金。三是对我厅 1993 年至 1999 年所借国际农发基金周转金和旅游周转金使用、回收、归还等情况逐笔进行清理、核对，并将结果书面上报财政部国际司。四是起草、印发了《关于开展财政涉外专项资金检查的通知》，安排各市对 2001 至 2004 年省财政下达的涉外专项资金管理、使用情况进行检查，并责成各市对检查发现的问题进行了整改。

五、积极做好厅内出国审批和非贸易用汇管理工作

全年办理 150 个省直出国团组人民币费用审核，280 个省直临时出国团组，约 1800 人次的外汇审核，全年完成用汇额度 5600 万元人民币。

六、深入开展调查研究，加强成果使用

在认真研究分析、广泛征求意见的基础上，制发了《河北省政府外债危机应急预案》。结合财政“十一五”规划的制定，完成了财政利用外资“十一五”规划和财政风险防范与化解“十一五”规划两个课题。与河北大学合作开展了“河北省利用国外贷款项目的效益评价及评价指标体系研究”。在该项研究成果基础上，我处开发了评价指标体系的计算机模型，为我省国外贷款项目评价提供指标框架和管理平台，目前软件已进入测试阶段。

（涉外处供稿）

2005 年企业财政工作概况

一、依法规范了国有资本经营收益管理

撤销了省国资委违规设立的国有企业改革资金账户，收回资金 2656 万元。起草了《河北省省级国有企业改革专项资金管理实施意见》和《河北省省级国有资本经营收益管理办法》，将国有资本经营收益纳入预算管理。

二、加强国有企业改革财政财务管理，支持和推动国有经济结构调整

一是抓好中央驻冀企业分离办社会职能工作，共涉及26户中央企业，115个社会职能机构，职工7302名，经费10309万元。二是认真调研，妥善解决省属企业分离办社会遗留问题，省属企业分离办社会工作全面完成。三是积极推动省属企业主辅分离辅业改制工作，会同有关部门对有主辅分离辅业改制工作任务的15户省属企业的改制方案进行了研究论证和集中联审，完成了63个辅业单位的改制工作，涉及资产23亿元，职工2.5万人。四是认真贯彻落实国务院《关于解决国有困难企业和关闭破产企业职工基本生活问题的若干意见》，做好省属企业关闭破产工作，向财政部争取到位破产补助资金17.6亿元，妥善解决了邯郸矿务局康城煤矿等8户企业2万余名职工的安置问题。

三、围绕解决民营企业融资难问题，积极推进了中小企业信用担保体系建设

一是积极督导落实担保机构资本金，规范担保机构财务管理。截至2005年底，全省共建立担保机构195家，到位担保资本金29亿元，完成担保额31.2亿元。二是为引进外省资金和先进的管理经验，激活我省担保市场，积极推动深圳中科智集团和我省共同出资组建了"河北中科智信用担保投资有限公司"。三是研究制定了支持中小企业融资的财政政策，促进了我省担保体系健康发展。

四、积极支持我省商贸、外资企业发展，为企业创造良好的投资环境

一是会同有关部门认真研究德国无偿援助的中德合作食品项目，提出了配套资金的筹措规划，得到了郭庚茂常务副省长、宋恩华副省长和才利民副省长的肯定。二是制定了《省级生猪活体储备补贴资金使用管理办法》，为生猪市场安全提供了保障。三是支持农产品、机电产品出口企业境外开拓市场，促进老旧汽车报废，争取中央资金10733万元。四是为有效防范出口收汇风险，制定了《河北省出口企业出口信用保险扶持发展资金管理办法》。五是对煤矿企业安全费用的提取和使用情况进行了检查，省政府办公厅将检查结果在全省进行了通报。

五、积极推进农村信用社改革

一是会同有关部门对全省2830家农村信用社进行了清产核资，积极推动信用社增资扩股。二是向财政部争取亏损信用社保值储蓄补贴资金16.1亿元，今年已到位5.4亿元，郭庚茂常务副省长给予了高度赞扬。三是研究制定了《河北省农村信用社风险调节资金管理办法》等，为深化农村信用社改革提供了政策保障。

六、建立和完善企业财务信息体系，加强企业财务信息分析利用

一是圆满完成了全省国有及国有控股企业和城镇集体企业、金融企业、外商投资企业和境外企业2004年度决算工作，其中国有及国有控股企业和金融企业的决算工作受到了财政部的通报表彰。二是按照财政部的要求，圆满完成了1至12月份企业财务快报的编报工作和全省国有金融企业2004年度国有资产产权登记年检工作。三是加强企业财务信息管理，相关数据和分析资料得到了省政府领导的肯定，信息库建设受到了财政部的通报表扬。

七、认真执行廉政建设规定，落实"一岗双责"责任制

一是对全省财政企业类资金管理和使用情况进行了专项检查。对中央财政拨付的18个破产项目和49个中小企业国际市场开拓项目资金41亿元使用情况进行了检查；对14个出口研发项目和技改贷款贴息项目进行了验收，保证了资金使用的安全性和有效性。二是对全省党政机关和事业单位用公款为职工购买商业保险的情况进行了清理和清退。应清退资金156.4万元，已全部清退完毕。

八、加强政治理论学习，提高党员素质

一是认真学习了党的十六届五中全会和省委六届八次全会精神。二是积极开展了保持共产党员先进性教育活动，提高了党员素质，增强了党性观念，改进了工作作风。三是扎实搞好民主集中制学习教育活动，增强了处领导班子成员执行民主集中制各项制度的自觉性，提高了凝聚力和战斗力。四是严格落实支部"三会一课"制度和民主生活会制度，全年共召开民主生活会8次，并针对民主生活会反映出的问题，制定了相应的整改措施。五是以保持共产党员先进性教育活动为契机，深入困难企业开展调查研究。

（企业处供稿）

2005 年综合财政工作概况

一、深化农村税费改革，加大农业税减免力度，积极稳妥推进农村综合配套改革

(一)农业税减免和粮食直补政策已全部落实到位。截止目前，我省 40 个国家级扶贫开发重点县已按国家规定免征了农业税，唐山、石家庄、邯郸、邢台等 8 个市的 39 个县(市、区)自主决定免征农业税，承德市在全市范围内免征农业税。全省免征农业税的县(市、区)达到 79 个，其他地区降低农业税税率 2 个百分点，国有农场农业税随当地减征或免征，农业税附加随农业税同步减免。全省共减免农业税及附加 12.5 亿元，其中自主减免 1.2 亿元。全省农民人均新增减负 23.5 元。到 10 月底，全省农业税征收工作已基本完成，共计入库农业税 5.1 亿元。2005 年全省农民人均负担 11.5 元，与改革前全省农民人均负担 108 元相比，下降 96.5 元，减幅达到 89.3%。

(二)农村税费改革转移支付补助资金全部下达到位。对各地按中央部署减免农业税而减少的收入，中央和省财政全额给予了补助。省于 8 月底前将转移支付资金下达到了各设区市。各市制定了规范的农村税费改革转移支付资金分配办法，将资金分配并下达到县(市、区)，落实到乡镇和村级组织。自主决定免征农业税的县(市、区)，通过调整支出结构，加强收入征管，已全部落实了资金来源，对乡、村全部给予了补助。农村税费改革转移资金的及时足额到位，保证了乡村组织运转和农村义务教育的正常需要。

(三)农村综合配套改革试点稳步推进。一是确定了试点目标。随着农村税费工作的不断深入，免征农业税的地方，工作重点转向以农村税费改革为主要内容的乡镇机构、农村义务教育体制、县乡财政体制的农村综合改革试点。全省确定鹿泉、涿鹿、隆化、抚宁、滦县、大厂、涞源、徐水、景县、盐山、巨鹿、魏县等 12 县(市)为农村综合改革试点县。并制定了配套改革试点方案。隆化、滦县、大厂、涿鹿 4 个县的试点方案经县委常委会和县政府常务会讨论通过，已按要求上报设区市审批；其他试点县的改革方案仍在广泛征求意见，进一步修改完善成熟后报市审定。二是制定了有关规定。为规范试点工作，先后出台了《关于深化农村税费改革试点工作的通知》(冀政[2005]81 号)、《关于坚决制止发生新的乡村债务有关问题的通知》(冀政办[2005]23 号)、《关于深化县乡财政体制改革试点工作指导意见的通知》(冀政办[2005]25 号)、《关于健全农民负担监督管理机制防止农民负担反弹的意见》(冀办字[2005]19 号)等一系列政策规定，就 2005 年乃至今后一个时期深化农村税费改革，特别是开展乡镇机构改革、农村义务教育体制改革和县乡财政体制改革试点等提出了原则性要求，为今后探索改革指明了方向。三是积极推进国有农场管理体制改革，完善和规范管理区行政管理职能，剥离农场办社会职能。同时，对农场农工负担情况开展了全面调查，基本上摸清了农工负担底数，为下一步深化国有农场税费改革奠定了基础。四是贯彻落实《国务院办公厅关于坚决制止发生新的乡村债务的通知》，认真执行“约法三章”和“两项制度”，坚决制止发生新的债务。以县为单位对历史上形成的乡村债务进行了登记核实，研究了化解乡村债务的思路和方法。部分县(市、区)开展了乡村历史债务的化解试点。

二、加强收费和基金管理，促进收支两条线规定的落实

一是清理整顿收费项目。取消 32 项行政审批收费项目；取消和降低 8 项涉企行政事业性收费项目。二是清理整顿现有行政事业性收费项目、健全和完善项目档案。三是研究草拟了《河北省非税收入管理办法(征求意见稿)》。

三、认真做好有关住房、土地政策的研究制定工作

(一)积极推进住房货币化改革政策及配套政策的实施。2005 年是完成住房货币化分配任务较重的一年。我处制定印发《关于省直机关事业单位职工购房补贴发放实施细则》，研究拟定了《关于省直机关、全额财政拨款事业单位公有住房出售收入实行统筹使用的通知》，并以省政府办公厅的名义转发。进一步明确了购房补贴资金筹集、使用、管理政策规定。为建立政府购房补贴资金的来源渠道，科学筹集所需补贴资金，合理安排发放进度，保证机关事业单位职工购房补贴资金按计划落实打下了良好的基础。

(二)做好购房补贴的发放工作。按照《购房补贴发放办法》要求，我们把做好购房补贴的发放列为工作重点，会同房改部门研究确定15个部门作为试点单位。查清、核实省直机关事业单位无房和住房面积不达标职工及所需购房补贴资金。并建立了职工住房不达标情况及所需购房补贴资金数据库，逐步实现财政对购房补贴对象基础情况的动态管理、为明年住房补贴的具体发放工作打下了坚实的基础，推动住房货币化分配的全面铺开。

(三)加强住房公积金监督管理。按照国务院关于全面推行和不断完善公积金制度的要求，强化住房公积金的管理，建立了住房公积金报表制度，定期对住房公积金进行检查。会同有关部门拟定了《河北省住房公积金业务管理工作目标考核办法》，建立激励机制，提高住房公积金管理机构工作绩效，确保住房公积金安全有效的运作。

(四)按时拨付单位职工住房公积金补贴，并对补贴资金的落实情况及使用情况进行跟踪检查，规范公积金的收支行为。

(五)深入开展新增建设用地土地有偿使用费征收使用管理专项检查工作。会同有关部门制定印发了《关于开展新增建设用地土地有偿使用费征收使用管理情况专项检查的实施方案》，确保国有土地收入及时足额上缴财政。

(六)积极配合有关部门检查组来我省检查工作。

四、加强彩票市场监管和资金管理，支持社会公益事业发展

(一)规范制度，严格管理。认真贯彻执行财政部制定的各种规范性文件，规范各项管理制度，加强对彩票业务的监管，保证各级彩票发行和销售机构认真贯彻落实彩票管理的各项规章、制度。

(二)加强彩票市场监管，积极稳妥地拓展彩票市场。

(三)认真审核，严格资金管理。加强对彩票发行机构财务收支计划审批、发行费拨付审核和对财务决算的审核，保证了彩票发行经费的合法合理使用。加强对彩票资金"收支两条线"管理，严格资金审批，保证彩票公益金的合理合法使用。

(四)积极筹集彩票公益金，支持社会公益事业的发展。在公益金分配使用上，及时按规定上缴中央财政和下拨各市彩票公益金，逐年扩大公益金的使用范围，重点支持青少年校外活动场所项目、全民健身项目、奥运争光项目建设，支持民政部门实施农村医疗救助，城市医疗救助，实施"老年星光计划"，修建养老院、福利院，资助困难家庭学生，还拨付专项资金，支持全省残疾人危房改造，受到了广大残疾人的赞扬。

(五)加强督导，加快解决青少年校外活动中心项目建设。严格按照工程进度及时拨付资金，监督资金使用，确保专款专用。在做好在建项目的同时，积极向国家争取到22个新建项目，资金为3960万元。

(综合处、税政办供稿)

2005年农税征管工作概况

一、继续完善和深化农村税费主体改革，加大农业税减免力度，进一步减轻农民负担

(一)进一步降低农业税税率。一是组织各级农税干部立即投入到农业税率调整和免征国家级扶贫开发重点县农业税工作中，尤其在降低农业税率的地方，认真安排力量，切实做好降低税率相关基础工作，如实核定农民应缴纳的农业税及其附加额，确保降低农业税税率政策不折不扣地落实到户。二是免征农业税的地区，按照规定对农业税有关征管基础资料中账簿、法律文书及已使用的农业税完税证等进行整理归档并妥善保管，将尚未使用的农业税完税证按照我省《农业税收票证管理办法》的有关规定进行缴销。三是建立农业税免征情况报告制度。及时收集、汇总、上报各县(市、区)免征农业税情况。及时与兄弟省市进行沟通交流，了解其他省市的做法和动态，为领导提供决策参考。

通过以上工作，2005年全省征收农业税地区农业税平均税率为1.75%，比上年再降低2个百分点。同时，在2004年有11个县(市、区)自主免征农业税的基础上，2005年又有34个县(市、区)自主决定免征农业税。包括40个国家级扶贫开发工作重点县在内，2005年全省实际全部免征农业税的县(市、区)为85个，农业税减免政策得到较好落实。

(二)严格落实农业税减免政策，切实保护农民利益。一是省、市、县三级对2004年农业税灾歉减免资金落实情况进行了专项检查，确保2004年农业税灾歉减免资金发放到受灾农户手中。从检查结果看，全省共计落实农业税减免资金1.57亿元，超额落实中央分配我省农业税减免指标0.1亿元，减免资金已经全部按照要求落实到户。二是认真做好2005年农业税灾歉减免准备工作。多次向国家报告我省受灾情况，争取农业税灾歉减免指标9940万元，其中：中央财政补助资金5960万元，省级专项安排配套资金1500万元，现已全部分配到各受灾县（市、区）。三是认真落实农业税社会减免工作，体现党中央对贫困农民的照顾，我省共落实农业税社会减免1036万元。

（三）坚持依法治税，规范征收，保护农民合法权益不受侵犯。一是严格征管制度，规范征收程序，使农业税收征管有法可依、有章可循，促进了农业税征管工作的正常开展。二是加强农业税收政策宣传。为了确保将农业税收政策原原本本地交给广大群众接受监督，利用电视、电台、报纸等多种宣传形式，大力宣传讲解农业税收政策。三是建立信访机制。公布信访热线电话，设专人负责群众信访接待，对群众信访、上访坚持认真登记、督办、调查处理、反馈等项工作。一年来，仅省厅就接待群众上访或政策咨询80多起，直接督办7起，做到了上访群众满怀希望而来、满意而归。

二、大力组织收入，抓好契税、耕地占用税两个增长点，为地方发展提供财力保证

（一）组织农业税收入不放松。一方面坚决落实减轻农民负担、降低农业税率，另一方面依法组织收入，坚持依法征管不松懈，较好地贯彻了农业税收政策。

（二）大力加强契税、耕地占用税征管工作。在契税征收管理中，实现征管方式、征管制度和征管手段的创新。首先，抓征管方式创新，一方面督导各地取消委托代征，实现征收机关直接征收契税，目前，全省11个市全部成立契税征收机构，并建立了征收大厅。另一方面切实加强与土地、房管部门的协调配合，坚持“先交税，后办证”制度，做好税收源头控制工作。其次，抓征管制度创新。根据国家房地产的宏观调控政策，积极调整我省契税税收政策，修订了《河北省契税实施办法》，并以省政府令颁布施行。再次，抓征管手段创新。按照国家税务总局“金税工程”和我省“金财工程”的要求，开发了适应我省的《河北省契税征收管理系统》软件，大部分市县已经应用并取得良好的效果，基本实现了契税征管微机化。

在耕地占用税征收管理中，结合国家实行严格的耕地保护政策，耕地占用税税源不足的实际，加大源头控制，确保新批占地不发生新欠，大力清理耕地占用税尾欠，防止行政干预造成违规减免。通过以上措施，堵塞了税收漏洞，基本做到了应收尽收，提高了征管效益，确保圆满完成了农业四税收入任务。

三、加强征管基础工作，确保征收工作顺利开展

（一）强化税源管理，做到有的放矢。结合降低农业税率和农税工作重心向契税、耕地占用税转移，开展了农业税、契税、耕地占用税税源基础数据和资料的重新核定工作，对台账进行了全面清理核实，建立了新的农业税收征收台账。在此基础上，在契税、耕地占用税征管上，又重点推行了掌控税源“源头治理”、“基准地价”和“专业评估”办法。所谓“源头治理”，一是坚持“先交税、后办证”制度，没有完税证，土地、房管部门不予办理土地证、房产证；二是对开发商建立开发档案，每开发一处房产都将其有关土地、房屋资料列入档案，做到有案可查，及时征收契税。所谓“基准地价”就是根据土地、房管、统计、物价部门的有关数据，对城区范围内不同位置、结构、朝向、用途的房屋设立房屋基准地价，对二手房交易以基准地价作为计税价格，防止二手房交易中故意瞒报计税价格的行为。所谓“专业评估”就是对土地、房屋计税价格明显低于市场价的，由具有专业评估资格的机构进行评估，按评估价格计税。这些办法的推行，对有效掌控税源和征收税款起到较好作用。

（二）改善征管条件，提高征管效率。一是根据国家关于全部实现契税直征的要求并结合我省工作重心向契税、耕地占用税的转移，指导各地成立机构，配备人员，建立征管场所，购置必要的征管用微机、打印机等，实现契税的直接征收。二是推进税收管理信息化建设。开发了《河北省契税征收管理系统》软件并在全省予以培训、推广，在全省采用机打税票，机打纳税申报表，基本实现了契税征管微机化。三是加强了农业税收票证管理。印制了新的完税证、纳税通知书、退税凭证等票据，并在农业税夏征前按进度发放到位，保证了征收工作的需要。四是严把报表质量关，对农业税收决算报表，农业税收月度报表从表内、表间数据关系到数据本身的逻辑性、与政策的协调一致性等多方面进行了审查，认真编写了决算说明，确保农业税收决算报表数据准确无误，以便于更好地分析情况和指导工作。全省农业税收决算报表做到了数据准确，上报及时，质量较高，被国家税务总局评为全国农业税收决算第一名。

四、管理、培训、调研并重，加强农税队伍建设

按照中央部署，农业税明年即将退出历史舞台。值此关键时期，为保持全省农税队伍人心不散、不折不扣地落实中央政策，完成工作任务，一是加强工作指导。于2005年4月份，组织召开了全省农村税费改革暨农业税收工作座谈会、全省农税科长座谈会和全省农业税收工作会议，通过会议学习和交流，全省农税干部进一步认清了形势，统一了思想，增强了做好农税工作的政治责任感和使命感，做到对待农税工作税减心不减，量小力不减。二是加强业务培训。于7月份举办了80人参加的契税征管软件培训班。三是加强调研，谋划长远。随着农村税费改革的进一步深化和2006年全部免征农业税政策的实施，农税工作面临新的工作任务，选择了一些调研题目，如农业税免征后农业税收征收机构如何转轨及农税工作应如何为农村公共财政建设服务；研究如何进一步做好契税和耕地占用税征管等。通过调查研究，提高了干部队伍研究、解决和谋划工作的能力。

（农税处供稿）

2005年会计管理工作概况

一、进一步认真贯彻实施《会计法》，加大监督检查力度

（一）周密安排，继续有重点的开展《会计法》执行情况检查。

（二）召开了《会计法》发布实施20周年纪念大会。

（三）组织参加《河北省第三届社会科学普及周》活动。

（四）举办《会计法》实施20周年宣传活动。

（五）组织参加财政部会计司、中国会计学会、中国财经报主办的纪念《会计法》实施20周年有奖征文和摄影比赛活动。

（六）举办了河北省杰出和优秀会计工作者电视颁奖活动。

（七）完成了《河北省会计诚信问题与对策研究》课题。

二、清理整顿注册会计师行业秩序，贯彻落实《注册会计师法》

（一）省财政厅、工商局、注协联合组成清理整顿办公室，共同完成清理整顿任务。

（二）及时处理清理整顿问题。通过对全省会计师事务所办所资格情况检查，结合群众举报，经详细核实，共有24家事务所达不到法定的办所条件。根据《注册会计师法》、《会计师事务所审批和监督暂行办法》等有关规定，先后下发了8个文件，要求限期整改。截止到目前，已有15家整改完毕，5家正在整改中，2家整改后已经终止办所，2家未能达到法定设立条件，省财政厅撤回了对两所的行政许可，收回了会计师事务所执业资格证书。另外，还有5家整顿后达不到到办所条件自行决定终止。2005年我省对不符合现行法律法规规定的16家原批准的会计师事务所办事处进行了清理，目前已有8家办事处摘牌停业，对余下的8家下达了限期摘牌通知。

（三）认真处理群众来信来访。

（四）做好财政部材料报备工作。

（五）做好省政府部署的服务业统计工作。

三、认真贯彻落实《行政许可法》，做好行政审批的各项工作

（一）对财政部发布《会计师事务所审批和监督暂行办法》，我省认真组织学习、讨论、研究，并以冀财会[2005]18号转发，对我省现行的涉及会计师事务所设立、合并和内部事项变更、设立分所的文件进行了全面清理，对不符合国家有关法律和财政部文件精神的文件予以废止，同时根据财政部文件规定，印发了会计师事务所设立、合并和内部事项变更、设立分所的文件，有关申报表格发布在互联网上，以满足日常管理工作和公众的需要。

在具体工作中，一是严格行政审批。为认真贯彻落实《注册会计师法》和24号部长令，我们严把市场准入关，严格会计师事务所有进有出制度。2005年全省新批会计师事务所41家，其中有限公司20家，合伙所16家，分所5家，全年受理备案事务所名称、股东、法人等内部事项变更105项。在办理会计师事务所设立审批工作中，我们按照办理规定、办理程序、办理时间办理注册会计师行政审批事项、严把市场准入关，对不符合条件、存有疑问的我们除告知进行补充外，还就有关问题进行大量调研，确保新批所规范设立。二是按照财政部文件规定，下发文件进一步明确了事务所变更备案的有关程序，即减少了审批环节，又避免了在事务所执业资格管理方面“前紧后松”“前严后宽”问题。细化了事务所设立审批和变更的具体办事程序、工作各阶段的办结时间要求、办事人员各自的分工和责任。

（二）认真贯彻《代理记账办法》，清理整顿代理记账机构。《代理记账办法》下发后，我们认真组织贯彻学习、讨论、研究，并制定了行政审批代理记账机构程序，同时下发了《关于清理整顿代理记账行业的通知》，对全省代理记账行业的市场秩序进行了清理整顿。基本摸清了全省 173 户代理记账机构的底数，收回了 6 户不符合设立条件的资格证书，对 12 户限期整改，对擅自变更设立条件的，要求针对变更事项重新备案。

（三）认真贯彻《会计从业资格管理办法》，严格会计人员“准入”管理。按照行政许可法，我们重新梳理了以往不符合新办法的工作程序，规定了具体各环节的办事职责、操作规程、办结时间，严格了行政审批制度。

（四）充实了财政部门的内外网“会计管理”专栏内容，定期将有关公众应知晓的信息上网公布。

四、继续抓好会计基础工作和会计电算化工作，规范会计工作秩序

省财政厅对省科技厅等 10 余个省直单位、系统的会计基础工作进行了重点检查、指导，重点检查单位的会计基础工作、会计人员持证上岗、内部控制制度建立实施及执行国家统一会计制度等情况。还对省直 100 多个部门单位的会计基础工作进行了评比，评选出省教育厅等 22 个会计基础工作先进单位，并予以大会表彰，省人大副主任韩葆珍、厅长齐守印、副厅长高志立等领导同志为这些单位颁发了奖牌。承德市会计科与监督、国库科联合组成检查组，对全市 12 个县区财政部门的 97 个建账的股、室的账、证、表和档案保管等逐户检查，针对查出的问题提出了整改建议。衡水市对 60 多个单位进行了会计基础工作规范化复查，复查率达到 30%。张家口市组织全市会计基础工作规范化展示会，共设 21 个展区，展出各类会计资料 3780 多册，3500 多人参加了观摩学习。

五、认真贯彻新的会计制度和会计准则，积极推进会计改革

（一）召开研讨会，学习和讨论财政部拟出台的会计准则。

（二）积极宣传、贯彻新近发布的《投资企业会计核算办法》、《小企业会计制度》、《民间非营利组织会计制度》、《村集体经济组织会计制度》等新会计制度。

（三）开展会计调研和技术服务工作。

六、加强会计人员管理，提高会计人员素质

（一）一是下发了《关于贯彻财政部〈会计从业资格管理办法〉的通知》，转发了财政部的新办法，根据我省实际对会计从业资格的取得、管理、持证人员继续教育管理以及证书发放程序做出明确规定。二是研究、开发并应用会计从业资格管理网络系统和会计电算化考试管理系统。三是及时办理会计从业资格证书。

（二）做好会计专业技术资格考试、会计从业资格考试、高级会计师资格考试和高级会计师评审工作。

（三）完善和改革会计人员继续教育办法，下发了加强会计人员继续教育实施意见，制订 2005 年度全省会计人员继续教育计划，继续组织了较高层次的师资培训，2005 年全省有 43 万人次参加了继续教育培训。

（四）积极组织全国高级会计人才培训选拔工作。

（五）圆满完成了财政部布置的《会计从业资格管理问题研究》调研课题，调研课题的质量、水准较高，得到了财政部的好评。

（会计处、会计学会、珠算协会供稿）

2005 年条法工作概况

一、财政立法工作进展快、质量高、效果好

（一）《河北省省级预算管理规定》已于 2005 年初以省政府规章形式公布施行；

（二）《河北省财政监督规定》，经过反复修改、调研，目前省法制办已报省政府，2006 年初将以省政府规章的形式公布施行；

（三）《河北省非税财政收入管理条例》起草件已报省政府，争取列入省人大 2006 年立法计划。

二、审查会签文件工作效果明显

条法处全年审查会签文件148件，其中厅内规范性文件63件，省政府、人大及财政部文件85件。保证了财政政策的正确统一和依法行政的落实。有的文件经多次修改、协调，都认真提出了修改意见。全年为有关处室和全省财政系统提供法律咨询87次。

三、正确处理投诉、申辩案件，参与行政处罚

全年受理投诉、申辩案件4件，对投诉、申辩案件进行了认真处理。参与了监督处、会计处、注协等单位对违规、违纪案件的行政处罚。既维护了法律的严肃性，又保护了当事人的利益。

四、法制宣传教育工作常抓不懈

（一）举办了3期《财政违法行为处罚处分条例》培训班。

一是举办了全厅干部参加的培训讲座。齐厅长主持，其他厅领导及全体人员参加了培训；二是举办了全省财政系统《条例》培训班，各市财政局长、条法科长、监督科长参加了培训；三是经省政府领导批准，举办了省直《条例》培训班，省直各厅、局主管财务的厅、局长和财务处长参加了培训。

（二）组织了全省范围的《财政违法行为处罚处分条例》等法律、法规知识竞赛，全省3.1万名财政、财会人员参加，是历年最多的，及格率达到76%。

（三）除做好日常法制宣传外，在12.4全国法制宣传日（是个星期天），我处5位同志一早就赶到省会法律广场，宣传财政法规政策，受到省人大、政府领导表扬，省电视台报道了有关宣传情况。

五、制度建设进一步完善

（一）制定了《河北省财政厅行政执法过错追究办法》，完善了我厅行政执法责任制配套措施。

（二）整理、编印了《河北省财政干部常用法律法规制度汇编》。做到一书在手，法律、法规尽在掌握之中。

（三）清理了建国以来河北省财政厅制定的规范性文件，待清理结束后向社会公布，向省政府备案。

六、完成了我厅2004－2005年规范性文件的公布、上网及向省法制办备案工作

七、对11个市和22个县财政局“四五”普法工作进行了验收检查

财政部对我省财政“四五”普法工作进行验收检查时对我省工作给予了充分肯定。

八、加大执法监督检查力度

重点是对《财政违法行为处罚处分条例》、《行政许可法》、《河北省省级预算管理规定》及配套制度的贯彻落实情况进行了检查。

九、汇总编制《河北省财政厅行政执法责任制实施方案》

十、队伍建设进一步加强

通过“保先教育”和我厅开展的创建“六型机关”活动，处党支部和每个同志都认真查找了思想、工作、作风方面存在的问题和不足，制定了整改措施，并落实在行动上。重新修订了条法处工作规则，规范了工作责任和内部管理，思想政治工作和制度规范收到了好的效果。队伍的战斗力、凝聚力进一步增强，同志们讲团结、讲责任、顾大局、努力学习，积极工作，遵纪守法，勤政廉政，工作效率、工作质量明显提高，为我处高质量的完成工作任务打下了好的基础。在党风廉政建设方面，全处同志能够做到警钟长鸣，防微杜渐，遵纪守法，勤政廉洁。条法处没有发生违反纪律的问题。

（条法处供稿）

2005年税政工作概况

一、以科学发展观为指导，积极做好有关税收政策的调整完善工作

（一）2005年白克明书记在市县调研时，民族自治县反映了新办企业所得税“三免三减”政策带来的一些问题，对此齐守印厅长高度重视，通过及时了解情况，分析问题，并积极与省国税局进行协商，根据实际情况，按照科学发展观的要求，很快提出调整意见，并提交省政府。省政府已于10月份下发文件，对原来政策进行了调整。

（二）针对目前煤炭资源税税额偏低，与省地税局一起调查了解情况，向省政府提交了有关建议。根据郭庚茂、付双建两位省领导的批示，并联合有关各方召开了政策调整论证会，达成一致意见，经省领导审定，最终使这项政策得以调整。

（三）对省政府批转河北省电力公司《关于协调解决农电建设基金缴纳企业所得税问题的请示》，联合省国税局和省电力公司多次召开座谈会，了解相关情况，并积极与国税局进行协商，达成一致意见，目前该件已上报省政府。

二、及时贯彻落实国家税收政策规定，促进经济和社会事业发展

今年以来，为调控和促进经济社会事业发展，财政部、国家税务总局制定和调整了许多税收政策，对此，我们积极与省国税局、地税局、海关等部门协调，及时研究贯彻意见，认真落实。同时，结合我省实际，在国家规定税收权限内，研究促进我省地方经济发展的政策措施。为了支持我省行业协会充分发挥在促进产业调整、发展河北经济方面的作用，我们积极研究，制定了《关于支持和促进我省行业协会发展的税收政策意见》，提交省政府审定后印发各地实施。

三、认真开展企业所得税税源调查工作

为了给改革税制、制定税收政策提供情况依据，为掌握税源和收入能力服务，我们按照财政部要求，对2260户企业的基本财务状况、收入情况、成本费用、企业相关情况和企业所得税纳税申报、汇算清缴等5个大类的780多个指标进行调查。目前数据和分析材料都已上报财政部，调查数据质量和综合分析受到财政部税政司的肯定。

四、认真组织开展重点产品的国际竞争力调查工作

为了科学制定、调整关税和进口环节税收政策，发挥关税在保护国内相关产业和市场、实施宏观调控等方面的作用，我们选择包括各种类型企业在内的161户出口企业的935个重点产品进行调查，对企业的40项主要财务指标、重点产品产销能力的29个指标、重点产品的主要原材料或零部件采购情况进行详细调查，向国家提出了相关关税政策调整建议。

五、认真做好有关方面拟定法规中涉税政策的审核把关和修改完善工作

2005年税政处新设时间短，努力克服工作职能新，政策业务生，人员力量少等困难，较好地完成了职责。制发了109个税收政策和税政管理文件，开展了5项专题税源调查，对29个涉税法规性文件提出了修改完善意见。例如省直有关部门为了本行业的发展，在拟定的由省委、省政府和省人大出台的法规规定中，提出了许多要求提供税收政策支持的内容。对这项政策性很强的工作，我们都十分认真地进行研究，反复进行推敲，严格审核把关，提出修改意见和相应的情况说明、政策依据，做到了既维护国家税收政策的严肃性，又结合河北实际，依据税收管理权限规定，努力通过税收政策，促进经济和社会事业的发展。

六、积极研究和谋划工作思路，指导和推动市县开展好税政工作

税政处成立之初，为了推动各地税政工作的深入开展，我们在及时学习掌握税收政策和业务，了解情况，认真分析地方税政工作性质、特点的基础上，经过认真思考和反复研究，从四个方面提出了进一步加强和做好税政工作的指导意见，经厅领导审定后印发各地。一是引导市县财政部门提高认识，促进各地了解和重视税政工作，为切实开展好税政工作打下思想基础；二是推动各地充实人员力量，加强领导和工作支持，促进各地充分发挥税政职能作用；三是从六个方面明确税政工作职责任务，推动各地认真履行各项职责，切实做好税政工作；四是从学习掌握税收政策业务和工作技能，分析研究经济、税收情况，维护税收政策严肃性，搞好上下左右协作配合等四个方面，推动各地加强税政基础建设，促进税政工作开展。

（税政处供稿）

2005年机关党建工作概况

一、加强组织协调，圆满完成我厅先进性教育活动任务

按照厅党组要求，机关党委负责先进性教育活动日常组织协调。为确保教育活动顺利开展，取得实效，我们认真谋划、精心组织。一是周密部署教育活动。在认真组织学习，深刻领会中央和省委有关教育活动精神，准确把握教育内容、目标和要求的基础上，紧密联系财政工作，及时制定了教育活动总体实施方案、三个阶段的具体实施方案和巩固扩大教育成果的具体实施意见，按时召开各阶段的动员大会和活动情况通报会，确保了我厅教育活动健康有序开展。二是健全教育活动制度。制定并实施了领导干部教育活动日公布制度、领导干部联系点制度、各支部联络员汇报制度、领导小组和办公室例会制度等组织督导制度，确保了我厅教育活动扎实开展、不走过场。三是积极沟通协调。坚持定期向厅先教活动领导小组和省委督导组请示、汇报，认真听取各支部的意见和建议，及时将省委、厅先教活动领导小组的意见向各支部传达，指导各支部教育活动，较好地发挥了桥梁纽带作用。四是认真组织先进性标准大讨论。结合财政工作，积极开展党员先进性标准大讨论，制定了全省财政系统保持共产党员先进性基本要求，并适时开展了党的先进性建设理论研讨。五是认真整改。广泛征求厅内外意见，认真查找“不适应”、“不符合”和在机制、体制方面存在的问题，制定了切实可行的整改方案，并督促各级党组织进行整改。六是认真总结教育成果。坚持对全厅教育活动每周小结，阶段总结，及时将教育活动中的好做法、好经验在全厅宣传、推广，促进了支部交流，形成了整体合力。据统计，活动期间我们共起草领导讲话、总结、汇报等材料近10万字，向省委及督导组汇报30余次，整理归档文件资料近1000件，组织编印了《河北省财政厅保持共产党员先进性教育活动学习材料》(上、下两册)和《永葆先进性、理财为人民》教育活动成果汇编。在全厅党员的共同努力下，我厅先进性教育活动圆满完成，达到了预期目的，取得了较好成效，得到了省委督导组的充分肯定和季允石省长的好评。

二、强化政治理论教育，切实提高党员政治素质和理论水平

结合先进性教育活动，我们将提高党员政治素质和理论水平作为工作的重中之重，紧密围绕财政工作实际，以正面教育、自我教育为手段，多措并举，取得了较好成效。一是围绕中心工作安排党组中心组学习。按照省委要求，党组中心组结合财政工作，围绕“党的先进性内涵”、“如何保持党的先进性”、“如何发挥财政职能，促进社会主义和谐社会建设”、“制定我省财政发展‘十一五’规划和2020年远景目标”等9个专题，集中学习了7次(共15天)，收到了良好效果。对此，省直工委给予了充分肯定，并在全省中心组学习经验交流会上做了书面发言，介绍了经验。二是深入推进全厅政治理论学习。积极组织全厅党员干部认真学习加强和改进党的执政能力建设、“三个代表”学习纲要和科学发展观等理论，把学习贯彻落实“三个代表”重要思想和科学发展观不断引向深入。同时，为配合全厅中心工作，我们编辑印制了《河北省财政厅指导文件汇编》，突出学习重点，增强了学习的针对性。三是丰富创新学教形式。积极开展了以“领导讲、党员学，党员问、领导答、相互议”为主要形式的“双教双学”活动，厅领导及多数支部书记主动在全厅、支部讲党课，有力地调动了党员学习积极性。同时，围绕财政工作，组织了形势教育报告会、先进事迹报告会、革命传统教育、基层调研、访贫问苦等一系列丰富多彩的学教活动，提高了学习教育效果。为此，我厅被评为全省理论教育工作先进单位、全省机关党建理论研究工作先进集体、全省机关党建信息工作先进单位。

三、着力组织和制度建设，我厅党建工作取得新进展

根据新时期对党的建设提出的新要求，我们把加强组织和制度建设作为党建工作的核心来抓，使我厅各党支部的创造力、凝聚力、战斗力得到进一步提高。一是健全制度。结合先进性教育活动中查找出的问题，按照“坚持有效的、完善不足的、补充需要的”和“科学、管用、长效”的原则，相继代厅党组起草并印发了“关于建立保持共产党员先进性长效工作机制的意见”、“关于进一步加强思想政治工作的意见”、“关于建设和谐型财政机关的意见”，对党员在日常工作和生活中如何发挥先锋模范作用提出了具体要求。同时，进一步制定完善了“党员发展工作程序”、“党费收缴、管理和使用办法”和“党支部和党员考核评比办法”等长效机制配套制度，确保了保持共产党员先进性长效机制有效运行。二是认真开展民主评议。结合先进性教育，组织各支部及全厅党员在广泛征求意见、相互谈心交心、批评和自我批评基础上，评选出78名优秀共产党员和16名优秀党务工作者，16个支部被评为先进党支部，并召开大会总结表彰。三是慎重发展党员。按照“坚持标准、保证质量、改善结构、慎重发展”原则，坚持成熟一个发展一个，确保了新党员的质量，全年共发展党员9人。

四、充分发挥群团组织作用，积极推进和谐机关建设。

一是鼓励干部职工积极开展合理化建议活动。据统计，全厅干部职工提合理化建议、调研课题170多个，有19人被省直工会评为合理化建议积极分子。二是积极开展丰富多彩的文体活动。组织了2005年春节联欢会、乒乓球比赛、摄影知识讲座等文体活动，陶冶了情操，提高了身体素质，为机关注入生机和活力。组织干部职工参加了省直新世纪第二届运动会，取得了好成绩，同时还成功地承办了厅局长以上领导干部比赛项目，受到省直工委充分肯定，获得运动会特别贡献奖和组织奖。三是关心职工身体健康。积极开展“工间操”健身活动，为全厅女职工及男职工家属办理了六大疾病保险，充分体现了厅党组对全厅干部职工的关怀，进一步增强了机关的凝聚力。四是大力开展献爱心活动。组织为海啸灾区、失学女童、残疾事业和我厅困难职工累计捐款8万多元，捐物1010件，走访困难户6家，看望住院病人7人次。通过充分发挥工青妇群众组织的积极作用和全厅干部职工的共同努力，我厅文明办被评为全省文明办系统先进单位，机关团委被评为省直“先进团委”，机关工会被评为省级“模范职工之家”，支付中心被评为省直“青年文明号”，非税收入管理局被评为省直“先进职工小家”。

（机关党委供稿）

2005年纪检监察工作概况

一、认真做好对全厅党风廉政建设和反腐败工作的组织协调

一是及时向厅党组汇报中央、省委、省政府领导有关党风廉政建设的讲话精神以及省委、省政府、财政部等上级机关召开的纪检监察工作会议精神，并结合我厅实际情况制定出具有针对性的贯彻落实意见。二是抓好贯彻党风廉政建设责任制的总结和动员，召开了2005年厅机关党风廉政建设工作会议和全省财政系统纪检监察工作会议，认真总结了全厅2004年的党风廉政建设工作，传达了省纪委六次全会和全国财政系统纪检监察工作会议精神，并对2005年党风廉政建设和反腐败工作进行了部署。三是研究制发了《财政厅党组关于2005年党风廉政建设工作责任分解的通知》，按照“谁主管、谁负责”的原则，明确了厅领导和各处室党风廉政建设和反腐败工作任务及完成时限，特别强调厅领导一班人在落实“一岗双责”方面的责任，即：党组一把手对全厅党风廉政建设工作负总责，其他厅级领导对所分管的单位负直接领导责任，处室单位各负其责。各处室、单位根据工作分工，进一步将任务分解、落实到具体岗位和人员，充分调动了全厅党员干部落实党风廉政建设责任制的积极性。四是积极谋划，切实将责任分解、任务考核及责任追究落到实处。2月3日，作为全厅党风廉政建设和反腐败工作大会的重要议程，厅党组成员、副厅长高志立同志向全厅400多名党员干部职工，宣读了党风廉政暨效能建设责任书具体内容，党组书记齐守印同志逐一与各处室（单位）一把手签订了《党风廉政建设暨效能建设责任书》，责任书从三个方面进一步明确厅党组、各处室主要负责人在党风廉政建设方面的主要职责，考核办法以及追究措施。通过这种形式，使大家共同体验到了其中的压力、责任和动力。从目前检查情况看，各处室承担的任务进展顺利，效果比较理想。五是抓好对责任制落实情况的督导和汇报。多次深入重点处室调研督导党风廉政建设责任制落实情况，根据调研结果，就财政改革进展情况、存在问题及建议，纠风工作及学习教育开展情况等多次向省委、省纪委和财政部进行汇报。

二、探索创新廉政宣传教育工作新路子，努力提高党员干部的思想政治素质

一是组织全厅50多名处级以上干部到石家庄北郊监狱实地接受警示教育。使每个接受教育的干部在心灵上受到了强烈震撼，真实感受到经济违法犯罪带来的现实后果和沉痛教训，取得了很好的警示效果。二是在全省财政系统开展了一次征集廉政警语警句、编印河北省财政系统廉政日历活动。这次活动从7月12日开始历时3个月，厅领导带头，首先从一把手做起，省、市、县三级财政干部结合财政工作实际，认真思考，积极行动。到9月底，共征集到紧贴财政工作实际，内涵深刻，警示作用好的各类廉政警语警句450多条，其中：省厅100多条，市、县财政部门350多条。在思考、撰写警语警句过程中，全系统干部职工的廉洁自律意识得到了一次升华，有的市局还对所辖县局警语警句收集情况进行评比，使广大干部职工自我廉洁教育活动掀起一个高潮，收到了积极的教育效果。我们从中整理出水平相对较高的警语、格言365条，印制了2006年财政系统廉政台历，11月底发至全省财政系统干部职工手中。这项活动受到财政部金莲淑部长的好评。

三、致力于规范财权的正确行使，强化制度反腐的重要作用

制度建设始终是做好反腐倡廉工作的重要保证，今年，我们结合贯彻落实《实施纲要》，重点从建立健全内部管理和财政专项资金制度入手，完善党风廉政建设制度，年初就对加强厅机关制度建设工作进行了具体部署，明确了任务和目标，同时注重做好协调工作，狠抓落实。10月份以厅党组名义印发了《中共河北省财政厅党组关于建设廉洁型财政机关的意见》，明确了党政齐抓共管，全面落实党风廉政建设责任制等六项工作为建设廉洁型财政机关的主要任务，并制定了加强组织领导，落实工作责任等三项工作措施。

四、突出财政工作特点，继续做好民主评议行风工作

一是严格按省行风办的部署完成各项规定动作，履行了行风评议的各项程序。在全省财政系统纪检监察建设工作会上，总结2004年民主评议行风工作，并对2005年全省财政系统民主评议行风工作进行动员并做出部署。结合财政部门工作实际，制定和完善了2005年省厅民主评议行风工作实施方案。推进政务公开，就群众普遍关心的问题坚持实行公开承诺，认真践诺，自觉接受社会各方面的监督。二是积极参与“阳光热线”活动，为老百姓解决实际问题。今年由厅领导带队，已参与了4次由省纪委与省电台联合组织的“阳光热线”活动，对群众提出的所有问题基本都作到了当天调查，当天反馈，部分问题还到邯郸、衡水等现场办公，就地解决。三是做好对系统民主评议行风工作的督导检查工作，今年共对全省11个市的行风工作开展情况进行了检查督导，使全系统民主评议行风工作向深层次推进。据统计，今年全省各级财政部门聘请行风监督员4616人，设立热线电话257部，受理咨询及投诉6019个，制定整改措施1533条，制定优化环境、便民服务措施1306项，编发工作简报1880期。

五、下力气抓好党员和干部廉洁自律各项规定的落实

一是为确保我厅广大干部职工过一个文明、节俭、祥和、欢乐的“两节”，针对“两节”期间易发生不廉洁行为的实际情况，我们以党组名义印发了《中共河北省财政厅党组关于2006年元旦、春节期间严格遵守廉洁自律有关规定反对铺张浪费的通知》，对厅内各处室、厅属事业单位及全体党员干部提出明确的具体要求，并对违反领导干部廉洁自律规定的行为提出处罚措施。二是会同有关部门认真做好党政领导干部拖欠公款清缴工作。与监察厅联合下发了《关于认真做好党政领导干部拖欠公款清理工作的通知》、《关于清缴领导干部拖欠公款工作的紧急通知》，对全省党政领导干部拖欠公款或利用职权将公款借给亲友的问题进行了全面清理和清缴。截止2005年11月30日，拖欠公款涉及党政领导干部600人，拖欠公款764.15万元，2004年、2005年已偿还及核销670.93万元，未偿还93.22万元，比2004年底减少43.78万元，比2005年上半年减少36.54万元。目前，各单位对未归还部分已做出了详细的还款计划。三是根据《关于清理纠正国家机关工作人员和国有企业负责人投资入股煤矿问题的实施意见》，印发了《关于清理纠正国家机关工作人员和国有企业负责人投资入股煤矿问题的通知》，发至厅机关、所属事业单位工作人员和企业负责人手中，逐人进行了调查、清理；根据《关于清理纠正国家机关工作人员和国有企业负责人投资入股煤矿有关问题的补充规定》的要求，又对我厅新列入清理纠正范围的人员进行了清理，据清理结果统计，我厅没有此类问题。

六、强化源头预防和治理腐败，进一步推进体制机制改革与创新

一是多次深入到市县和厅内有关业务处室调研各项财政改革情况，就我省财政体制、预算管理、“收支两条线”管理、财政集中支付、政府采购、农村税费、政府投资体制等项改革的进展情况、存在问题等写出调研报告向财政部、省纪委的领导进行了汇报。二是多次召开专题座谈会，召集有关业务处室负责同志就财政各项改革进展情况向省纪委汇报和沟通，有力地推动了财政改革向纵深发展。三是配合厅监督处积极开展财政系统专项资金综合治理工作；以厅农业处为试点，积极推进我厅行政权力公开透明运行工作。

七、认真作好信访工作，强化对党员和干部的监督。

（纪检组供稿）

2005年离退休干部管理工作概况

一、采取有效措施，全面落实老干部政治、生活两项待遇

（一）坚持集中学习日制度。全年集中学习24个学习日，重点抓了保持共产党员先进性教育活动。为使每位老党员都受到教育，我们将学习资料及时送到长期有病在家休养、分散居住乡下、受聘外地工作的同志手中。学习后，多数同志都撰写了学习体会，并选了22篇在厅局域网上交流。全员教育经验在我厅和省老干部局简报上刊登。

（二）抓好老干部支部建设，加强政治思想工作。针对退休干部支部人太多不易管理和工人支部人太少活动不起来的实际，对老干部党支部及时进行了充实和调整。并配合老干部各支部采取座谈、家访等形式认真抓了老干部的政治思想工作，使老干部心情舒畅。

（三）关心老干部生活，组织开展各项活动

1. 组织完成了各种慰问工作。一是1月份由厅长带队，对我厅离休干部和退休厅级干部及外地遗属等49人到家进行了慰问，对全体老干部通过召开春节茶话会的方式进行了集体慰问；二是在8月份纪念抗战胜利60周年之际，由徐厅长带队到家和医院逐一看望了抗战时期参加工作的7名老同志。

2. 对老干部的生活进行了多方面的关照。一是对需住院的病号及时联系床位，并及时到医院看望；对长期卧床的老病号经常到家中探望。一年来共计到医院、家中看望病号60多人次。二是及时将厅发的各种物品为老干部送到院中、家中。

3. 召开老干部座谈会。1月和7月分别组织召开了由厅长主持的老干部座谈会。齐厅长、左厅长向老同志们介绍了全省财政收支、全国全省宏观经济形势等情况。认真听取并研究解决了老干部们提出的意见和建议。

4. 组织老干部外出参观，游览祖国的大好河山和改革开放的大好形势。6、7月先后两次组织退休干部共82人到辽宁参观了工农业生产项目。4、5月份，组织离退休干部参观了“河北书画展”；到赵县、柏乡等地参观了农业生产项目；组织离休干部参观了省民俗和“艺术河北”展览；组织退休干部参观了神威药业滦城制药厂、石家庄市经济开发区。

5. 开展有益于老干部身心健康的活动。4月份组织了象棋、跳棋比赛；组织了老干部春、秋季趣味性运动会和“重阳节”登高活动；举办了三期保健知识讲座。通过活动，活跃了老干部的业余生活。

二、强化处内自身建设，提高为老干部服务的质量

（一）建立健全老干部工作的各项规章制度。在原有规章制度的基础上，又新制定了《加强机关效能建设工作方案》、《工作规则》、《经费使用规定》等制度，从而提高了工作效率和质量。

（二）学习业务知识提高工作水平。重点抓了公文写作等知识的学习。在厅局域网中建立了老干部管理网页，这项工作在省直单位处于领先，省老干部局组织省直单位到我厅学习。利用电子邮件形式向省委老干部局报送工作信息、统计报表等工作在全省名列第二。离休干部信息库建设，得到了省委老干部局的好评。

（三）热情为老干部搞好各项服务。对老干部的事情立即办不推拖。为老干部服务不分昼夜，建立24小时值班制度，做到随叫随到。老同志到北京看病跟人服务，得到了老干部们的称赞。

（四）强化车辆管理，责任到人，确保了全年行车安全无事故。

（老干部处供稿）

2005年政府采购管理工作概况

一、完善制度，规范政府采购管理

一是制定评标标准。在深入调研、认真测算的基础上，我们制定了《河北省政府采购货物项目综合评分法评分标准》。评分标准的出台和实践，大大增强了采购招标综合评分中的规范性和可操作性，有效遏制了评标过程中出现的“高价中标”问题，相关投诉明显减少，受到广泛好评。二是制定招标文件范本。在多次和广泛征求各市财政部门、采购代理机构及政府采购专家和法律专家意见的基础上，反复修改完善，我们制发了《河北省政府采购货物招标文件范本》。招标文件范本对招标文件应包含的主要条款进行了细化，特别规定了技术指标选取要求，规范了政府采购招标文件的编制工作。我省制定的评分标准和招标文件范本，在全国范围内属于首创，受到了兄弟省市的广泛关注，也使我省政府采购招投标管理迈上了新的台阶。三是加大对公共工程项目政府采购管理力度。与省监察厅、审计厅联合制发了《关于财政投资工程建设项目实行政府采购有关事项的通知》，对财政投资工程建设项目范围、各部门在政府采购管理工作中的职责进行了规定；制发了《河北省中小学危房改造工程项目政府采购实施办法》，对中小学危改工程实施政府采购进行规范，有效保障了这一民心工程的实施。四是对政府采购进口货物进行规范。制定了《河北省财政厅关于规范省级行政事业单位政府采购进口货物管理的通知》，规范了进口货物采购行为，简化了操作手续，提高了采购效率。五是认真落实国家节能政策。与省发改委转发了财政部、国家发改委《节能产品政府采购实施意见》、《关于调整节能产品政府采购清单的通知》，努力通过政府采购工作，促进节能产品的推广和使用，发挥了政府采购的政策功能。六是制定《河北省政府采购信息公告实施办法》，通过对信息公告各个环节进行规范，明确信息公告标准格式，提高了信息发布质量。

二、抓好源头，确保政府采购规模不断扩大

一是严格审核 2005 年部门政府采购预算。省政府采购办公室集中力量，加班加点，对省级部门 2005 年的政府采购预算进行了两轮审核。通过审核把关，政府采购预算资金达到 15.98 亿元，是审核前 3.5 亿元的 4.5 倍，有效保证了政府采购项目的应纳尽纳和采购规模的持续增长。二是制定政府采购预算编制办法。我们在总结 2005 年政府采购预算审核情况的基础上，积极与厅内有关处室协调，率先制定《河北省省级政府采购预算编制管理办法（试行）》，对省级政府采购预算的布置、编制、汇总、审查、批复行为进行规范，保证政府采购预算与部门预算编制实现“五统一”，促进政府采购预算编实、编细，深化了政府采购预算管理。三是对部门政府采购预算进行分类管理。部门政府采购预算批复后，我们在汇总项目的基础上，按照项目性质将政府采购预算项目划分为属地采购项目、政府集中采购项目、部门集中采购项目和协议供货项目，进行分类管理，既增强了政府采购预算的计划性和可操作性，又促进了采购效率和效益的提高。四是督导各市政府采购预算编制工作，建立市县政府采购预算编制备案制度，促进市级政府采购预算编制工作水平进一步提高。2005 年全省共完成政府采购金额 852778.44 万元，较上年增加 128231.13 万元，增长 17.7%，比预算节约资金 114639.07 万元，资金节约率为 11.85%。

三、夯实基础，加强政府采购配套设施建设

一是广泛征集政府采购评审专家，加强专家库建设。随着政府采购范围不断扩大，政府采购评审专家数量少、标准不统一等问题成为影响政府采购评标质量的瓶颈。为此，我省加大了专家库建设工作力度，一方面扩大库容，在全省范围内广泛征集专家，另一方面对专家进行分类、动态管理。二是加强透明度建设，实现信息共享。2005 年，我省开发使用了新的“河北省政府采购网”，实现了省、市、县政府采购信息同步共享，并向社会公开，为社会各界了解河北省政府采购动态、供应商及时获得政府采购信息提供了保障。三是认定采购代理机构，加强管理。2005 年经严格筛选，确认了 42 家机构的政府采购业务代理资格。按照部门集中采购的管理要求和各代理机构的基本情况，对代理范围进行了分类，核发了代理机构资格证书。

四、多举并施，高效地处理政府采购供应商投诉

一是制定制度、办法，硬化约束、完善细节、规范运行。完善的政府采购制度体系是减少政府采购供应商投诉的治本之策。2005 年省级相继出台了 14 项监管制度，促进了依法行政、依法采购，减少了供应商投诉。二是悉心解答供应商的各种疑问。政府采购在我国还属于新生事物，部分供应商对政府采购制度不熟悉、不了解，甚至有误解。通过了解，我们发现各级财政部门在政府采购供应商投诉处理工作中，承担了大量的政策解释工作。通过政府采购工作人员向投诉供应商大量的解释工作，并就有关问题进行的悉心解答，消除了他们的疑虑、增进了认识。三是制作“政府采购供应商投诉书”范本。我省按照《政府采购供应商投诉处理办法》（财政部令第十八号）的有关规定制作了“政府采购供应商投诉书”范本，既方便投诉人制作符合规定的投诉书，使投诉人理清投诉思路，也提高了投诉处理的效率。四是完善内部投诉处理流程，明确办事人员的责任和时限。对每一项投诉，我们都坚持公开、公平、公正的原则，指派专人依法进行处理。经过努力，2005 年省级接到的 13 项投诉中，有关各方对投诉处理结果都表示满意，没有出现行政复议或行政诉讼的情况。

（政府采购办公室供稿）

2005 年非税收入管理工作概况

一、增强服务意识，强化征管措施，确保政府非税收入及时足额入库

一是积极宣传政策。通过媒体或及时深入执收执罚部门、单位，认真宣传党和政府关于政府非税收入管理的政策规定，确保各项政府非税收入征缴政策落实到位。二是提高服务质量。进一步增强服务意识，强化"窗口"观念，积极与执收执罚部门、单位沟通情况，了解信息，及时发现并解决工作中存在的问题，征得有关部门的理解和支持，实行和谐征管。三是强化征管。全体征管人员进一步强化任务观念，及时深入到执收执罚部门、单位，清缴催缴，堵漏增收，努力实现"应收尽收不乱收，应缴尽缴不截留"，确保各项非税收入及时解缴入库。全年全省共组织政府非税收入入库 444 亿元，完成年收入计划的 143.2%，同比增长 28.7%，其中省本级组织政府非税收入入库 220.3 亿元，完成年收入计划的 123.9%，同比增长 7.3%。

二、首次完成了全省政府非税收入统计汇总工作，强化了政府非税收入管理的基础信息建设

一是认真研究，反复修改、设计报表格式；二是会同信息中心联合开发了相关报表处理软件；三是召开了报表部署会和报表汇审会，对 2004 年全省非税收入汇总工作认真研究部署和审核汇总。这项工作的圆满完成，为领导或部门决策提供了参考依据；为提高下年度收入预算编制工作质量奠定了基础。

三、完善财政票据管理，强化源头控制

首先对现有的财政票据印刷企业认真进行清理，重新核发"财政票据准印证"，保证了财政票据印制质量，强化财政票据管理的政府行为；二是按照国家相关法规并参考其他省的相关法规及做法，在广泛征求省直有关部门和各市非税收入管理机构意见的基础上，对我省现行的财政票据管理办法进行了修改。《办法》中就财政票据的种类、适用范围、管理权限、违规处罚等作了相应规定，待条件成熟时，以规范性文件发布实施；三是对票据仿伪水印纸的供货采购，按照政府采购管理办法，实行了公开、公正、公平的招标，确保了货源可靠、价格公正和质量。

四、完善稽查制度，强化监督稽查

按照规定程序，认真筛选监督稽查项目，有计划的组织监督检查，充分体现了监督检查工作的计划性、程序性和依法检查的原则，提高了稽查工作效果和各执收执罚部门、单位贯彻执行政策规定的自觉性；针对近年来我省监督稽查证件管理和监督稽查工作欠规范的情况，制定印发了《河北省非税收入监督稽查证管理办法》，对在全省范围内开展稽查工作，提出了具体要求，进行了规范。在此基础上，经过资格审查，为全省非税收入征管人员换发了监督稽查证件，为依法监督稽查，规范监督稽查程序奠定了基础。

五、完善机关制度建设，实现规范管理

一是为节约开支，规范接待工作，制定了《河北省非税收入管理局接待管理办法》；二是修订了《河北省非税收入管理局工作规则》，对职责分工、岗位责任、协调机制、会议制度、文件收发、情况报告、资料归档、考勤管理、财务管理、固定资产管理、接待管理、车辆管理、保密制度等都作了明确规定，并认真贯彻落实，从而进一步规范局机关的各项内部管理工作。

六、突破性工作完成情况

（一）继续深化"收支两条线"改革，扩大和完善了行政事业性收费"票款分离"和罚没收入"罚缴分离"的征管范围和措施。今年以来，我们利用贯彻实施《行政许可法》和中央、省相继公布取消部分行政事业性收费项目，以及换发省本级"票据购领证"等工作契机，对省本级保留的行政事业性收费（含基金、专项）、罚没项目，全部建立健全项目档案。并在此基础上，对所有项目（特殊情况除外）全部实行了"票款分离"和"罚缴分离"的征管措施，从源头上有效地遏制了截留、挪用、坐支和私设小金库等违反财经纪律行为及"三乱"（乱收费、乱集资、乱罚款）现象的发生。

（二）努力提高 2006 年政府非税收入预算编制工作质量。在认真总结近几年预算编制工作经验的基础上，对《河北省省级行政事业单位组织收入建议计划表》提出了四条修改意见；下大力量组织人员，深入到部门、单位，沟通、了解非税收入的增减变动因素，特别是对收入数额较大的项目，进行反复论证，确保不漏报、不虚报；科学分析经济发展形势，合理预测增长幅度，进一步增强收入计划编制工作的科学性、严肃性和可操作性，全面提高了 2006 年政府非税收入预算编制质量。

（三）完善了高校收费制度改革。随着我省大专院校办学和招生规模不断扩大，原有的学费、住宿费收取方式已不能适应收费环境和缴费人缴费需要，我们本着简捷方便的原则加以改进，印发了《关于改进省属院校收费实施"票款分离"流程的通知》，通知的实施既方便了学生缴费，又降低了收缴的劳动强度，得到了学校和学生的认可，提高了政府非税收入征管工作质量。

（四）积极稳妥地推进政府非税收入征缴网络建设。政府非税收入征缴网络是“金财工程”的重要组成部分。我们按照“缩短非税收入资金在途时间，提高财政资金使用效益”的总原则，结合我省政府非税收入征管工作实际，与厅信息中心密切协作，对财政部新版政府非税收入收缴管理系统软件进行了部分修改，使其更适合我省工作实际需要，现已进入试运行阶段。

（非税收入管理局供稿）

2005年《河北财会》编辑部工作概况

一、以班子建设为先导，充分发挥战斗堡垒作用

首先是班子成员自觉加强理论政治和专业知识的学习，不断提高自身的政治和业务素质。我们结合保持共产党员先进性教育活动，带头认真学习邓小平理论和“三个代表”重要思想，学习省委、省政府有关文件精神，对党和党员的先进性有了进一步的理解和认识，对党在新时期的各项方针和理论政策，有了更加全面和深刻的理解，提高了自身的思想政治素质。同时班子成员还带头学习财政综合业务和期刊业务知识，有的还系统地学习相关的专业书籍，提高了自身的业务素质和水平。

其次是加强了民主集中制建设，使领导班子真正成为团结战斗的堡垒。班子成员经常开会，学习和贯彻党的民主集中制原则，讲政治、讲团结、讲协作，工作上即分工负责，又团结协作。在决策上我们坚持了遇事多勾通，大事集体研究决定，在班子内部做到了民主决策和科学决策。一年来，杂志社的班子做到了不乱、不散、不软，团结协作，具有一定的战斗力。

第三是班子成员率先垂范，要求别人不做的自己首先不做，需要别人做到的自己首先做到。无论是在学习和工作中都起到了模范带头作用。

第四，认真抓了班子的廉洁自率，班子成员认真执行党风廉政建设的有关规定，自觉接受群众监督，保证了班子的廉洁自律。

二、以党员教育和思想政治工作为重点，努力提高干部素质

一是狠抓党员的政治理论学习，结合保持共产党员先进性教育活动，认真组织了政治理论学习活动，使广大党员干部的政治理论素养有了很大的提高，这也使我们所办的期刊的政治导向始终保持了正确的方向，没有出过政治导向的问题。

二是根据中宣部和新闻出版署等部门的要求，认真开展了以“三个代表”重要思想，马克思主义新闻观，新闻出版职业道德为主要内容的教育培训活动，明确了自己肩负的职责，提高了专业水平。

三是鼓励大家自学专业技术知识，经过大家艰苦的努力，到目前我社已有三名同志取得了编审（正高级）专业技术职务的任职资格，其余同志都取得了副高级专业技术职务任职资格，并被聘任。不少同志还写了大量的论文公开发表，体现了其政治和业务水平的提高。此外我社还有4名同志被新闻出版局评为优秀编辑，一篇文章被评为优秀论文。通过政治思想和业务教育，增强了干部职工的事业心和责任感，提高了工作质量和效率。与此同时我们还加强了干部的思想政治工作，关心职工的思想、工作和生活，主动为他们解除后顾之忧。我们实行了慰问探视制度，凡是职工家里有突发事或困难，都到家中慰问。我们还注重了解和解决职工思想问题，特别是报刊治理整顿以后，刊物的发行遇到很大困难，收入也大幅减少，一些职工思想有些被动，我们及时了解和掌握动态，解开思想疙瘩，引导他们安心工作，做到思想不散，劲头不减。一年来全体同志立足本职、团结协作、勇于奉献，确保了杂志社各项工作任务的完成。

三、以精神文明促业务，业务工作取得了较好的成绩

（一）围绕财政中心工作，大力强化财政宣传。作为财政宣传的喉舌，在办刊过程中我们始终坚持贴近和服务财政、贴近和服务读者的宗旨，力求确保宣传的政治性、实用性、针对性和及时性。一是突出政治性。始终坚持以“三个代表”重要思想和科学发展观总体要求来总揽杂志社的工作，力求在稿件观点新颖的同时，始终以“三个代表”思想衡量稿件质量。二是突出针对性和实用性，我们根据不同时期厅内的重点工作，确定每期的宣传重点，有针对性的组织稿件，一系列鲜明的主题，极大地提高了宣传效果。

（二）坚持高标准，不断提高办刊质量。首先是进一步严格了审校制度。根据现代媒体发展的新要求,以“三审三校”为基础,对杂志社原有的审校制度进行了修订,从稿件收集、筛选、审核、编辑、校对等全过程进行规范,进一步提高了稿件质量,减少了差错率,《河北财政》今年被评为省会优秀内部期刊。

(三)着眼于经济效益,努力抓好经营管理。报刊治理整顿以来,刊物的经营遇到了很大困难,经营收入大幅下滑,也使杂志社面临很大的增收节支的压力。在困难面前,我们千方百计想办法增收节支。一是加强财务管理,按照厅机关财务的要求,对社内的财务管理制度进行了规范,清理了支出范围和审批权限,努力节约开支。二是抓好燕山图片公司的经营管理。从经营方略、财务管理、人员培训等各方面给予支持。公司也不断拓展业务范围,目前公司的经营业绩不断上升、效益不断提高。今年计划首次上缴 25 万元,已上缴 10 万元,其余年底前上缴,大大缓解了杂志社的支出压力。三是积极争取多方支持,增加收入。今年财务收支能够做到收支平衡,略有结余。

(四)强化服务意识、认真为厅内及各处室服好务。我们深知,杂志社的生存与发展,离不开厅内各处室的支持,为厅内服好务是我们义不容辞的责任。因此,我们要求全社同志务必树立强烈的服务意识,认真做好厅领导和厅内有关处室委托的每一项工作。一年来我们为厅内出增刊一期,为厅内处室拍摄各类宣传图片 200 多幅,为厅保先办公室做展版两次,受到了厅内有关处室的好评。

(《河北财会》编辑部供稿)

2005 年财政科研工作概况

一、抓实全厅先进性教育活动的宣传工作

从 3 月底到 9 月中旬,按照厅里统一安排,科研所承担全厅党员先进性教育活动的宣传和对部分处室党支部的督导检查工作。从注协、厅办公室、信息中心抽调部分工作人员与我所部分干部组成宣传组,专职负责编发简报、网站专栏维护、对外宣传、重大活动摄像摄影以及对厅部分党支部活动情况进行督导检查等项工作。在整个活动期间,共编发简报 75 期(其中省委快报、省委先进性教育活动简报编发 5 篇),省电视台播报活动信息 5 次,累计在河北日报、河北经济日报、河北省委快报与情况交流、中国财经报等媒体刊登信息或文章 15 篇。形成了以厅活动简报、网站专栏为主,以省级新闻媒体及省委省政府简报、快报为辅的立体式宣传网络,为促进我全厅党员先进性教育活动的开展发挥了积极作用。

二、抓深科研所先进性教育活动的开展

一是按照厅总体部署和统一要求,认真开展了党员先进性教育活动。组织开展和参加厅的学习教育活动 17 次累计 52 个小时,编发 19 期科研所党支部《情况反馈》,及时向厅领导和厅先进性教育活动领导小组通报科研所活动开展情况。二是制定实施了科研所党支部《开展保持共产党员先进性教育活动的实施方案》,明确了开展教育活动的组织领导和具体目标,详细规定了每一阶段的学习任务和活动安排。按照从群众中来到群众中去的原则,开展了党员先进性标准大讨论,制定了科研所党支部保持共产党员先进性的具体要求。三是围绕作风、学风、文风建设,开展了批评与自我批评和谈心活动。共召开学习会、专题民主生活会等集体活动 10 多次,每位党员干部针对自身存在不足普遍进行了认真查摆和自我解剖,提高了党性认识。通过教育活动,科研所正气进一步树立,干事求发展的氛围进一步浓厚。我支部被厅机关委员会评为 2004—2005 年度先进党支部。

三、抓细科研组织工作

围绕厅党组年初确定的 20 项突破性任务,以为中心服务、为领导决策服务、为全系统服务为宗旨,努力突出应用性研究和重点课题的调研。一是确定了领导层次、系统层次、科研所层次的调研课题。在先进性教育活动中,厅党组成员率先垂范,围绕 7 项重大课题进行调研。全系统上报并确定了百余项课题。科研所围绕扩权强县经济效应研究等 11 项课题进行调研。二是完成厅领导批办的重要事项 4 项。主要是承办省政府批件“我省居民收入偏低问题”研究,形成《关于进一步提高城镇居民收入缩小与全国差距的初步意见》并上报省政府;起草了《河北省财政厅关于推进诚信财政建设的实施意见》、《关于创新型机关的实施意见》,经厅长办公会研究通过后下发全系统执行;配合预算处研究起草了《河北省财政发展“十一五”发展规划和 2020 年远景目标》提纲并组织撰写《公共财政支出体系建设》分报告。三是参加了省委组织部组织的“城市社区党建

工作调研”活动，研究起草了《关于加强社区工作者队伍建设的意见》；参加了《政府工作报告》的起草撰写工作，承担了涉及财政部分的文稿撰写工作并参与了全文的讨论。四是研究起草了《河北省财政厅财经研究类稿件奖励暂行办法》，经厅长办公会研究通过后下发执行，以调动厅内各单位财政科研的积极性与创造性。五是完成了“地方财政支持五个统筹”的全国财政协作课题研究与撰写任务，各位研究人员承担的主研课题预计年底前能够形成初步成果。六是通过主动向厅内处室约稿，编发《财经决策参考》10期。另外，组织开展了2004年度全省财政调研课题成果评审，以评委无记名投票方式对144项财政调研课题成果确定了获奖等次。

四、抓活学会工作

组织召开了财政学会年会暨财政理论讨论会，进行了省财政学会的换届工作，以评委无记名投票表决方式对第九届财政理论优秀研究成果进行了获奖等次的确定，并邀请财政部科研所王朝才副所长、白景明副所长两位财政专家作了专题报告。积极参加了省社科联举办的社科宣传周活动，在省博物馆广场设立了省财政学会咨询服务宣传台，积极宣传我省的财政改革与发展情况；在河北大学举办了学术报告会，邀请财政部科研所金融室主任赵全厚研究员、厅预算处赵文海处长作了专题报告。这些活动的开展，受到了省直有关部门的好评。

五、抓勤外部联系与沟通

积极与省社科院、省社科联、省委社科规划办、省科技厅等部门加强沟通与合作，争取对财政科研的支持。据不完全统计，在上述有关单位组织评审确定的2005－2006年度科研计划中，我厅立项15项左右。参加财政部《公共财政》书稿的审改工作，对其中的“预算管理”、“预算管理制度改革”两章10万多字的书稿进行了审定。积极与财政部科研所、中央财经大学等中直单位加强沟通，达成了进一步合作的多个意向。积极与新闻单位加强联系，努力营造一个良好的财政科研外部环境。围绕“三农”和社保问题与中国财经报记者一起进行了调研与报道，发出三篇系列报道文章；围绕乡镇财政管理问题，对邢台市“村财乡代管”的做法，组织了全国著名财政专家出席的小型研讨会议，人民日报、经济日报、经济参考报、河北日报等有关新闻媒体进行了宣传，得到了邢台市委、市政府的好评。

六、抓严内部管理

一是加强思想作风建设。通过开展党员先进性教育活动，增强了凝聚力，科研所人心思进、干事创业的氛围进一步浓厚，各项工作出现了良好的发展势头。二是加强学风与文风建设。进一步树立了为厅中心工作做好全方位科研服务的意识，在财政文件的起草与制发、各类报告的撰写等多种文体的写作上有了长足进步；围绕中心、立足实践、深入调研的良好风气进一步形成；认真把握科研规律，努力思考前沿性问题，积极探索可行性对策措施，促进了良好科研与写作观的进一步确立。三是严格财务管理。认真执行有关财务会计法律、法规和政策规定，严格审批制度，坚决杜绝不合理开支。及时盘点固定资产，认真清查账目，配合做好财务审计，努力做好会计工作基础规范。

（科研所、财政学会供稿）

2005年财政信息化工作概况

一、按照厅《2005年二十项突破性工作业务》要求，以构建完善的政府财政管理信息系统为目标，全力推进“金财工程”建设

（一）强化财政业务系统开发整合与应用，为财政改革的顺利推进提供强有力的技术支撑

一是完成预算编审、指标管理、集中收付、总会计、工资发放等核心业务软件的系统整合工作。围绕财政改革的新形势、新要求，我们积极会同预算处、国库处（支付中心）等相关处室，大力开展核心业务软件系统的应用整合工作，历经3个多月的艰苦奋战，通盘合理地对预算编审、指标管理、总会计、工资发放等核心业务软件进行了系统设计，使各核心业务软件构成一个有机整体，在业务功能、模块风格、账号管理、界面布局、安全运行等方面真正做到无缝连接，数据信息实时、高效共享，有力地支持了政府收支分类改革。2005年6月24日，财政部楼继伟副部长来我省考察，对我省财政业务系统给予充分肯定，指出业务系统对财政改革的支撑作用十分明显，走在了全国的前列。

二是开发完成“财政监督管理信息系统”，实现了财政资金运行全过程的实时动态监管。年初，按照厅党组提出的建立健全财政分配、执行、监督相互

分离相互制约的财政运行机制和强化对财政收支监管的要求，我们积极配合厅监督处开发完成了“财政监督管理信息系统”。通过系统实施，着力构建财政资金运行全过程的监督机制，基本达到了“财政资金走到哪里，监督就要同步跟踪到哪里”的目标要求，形成财政资金运行全过程的实时动态监管体系。

三是开发完成契税征管系统，进一步提高了全省契税征管工作的信息化水平。配合农税工作重点由农业税转为契税，我们着手开发契税征管系统，以覆盖全省的信息网络为依托，实现网上纳税申报、征收减免、票据管理等多项功能，逐步建立起覆盖全省的契税征管信息平台，可实时掌握各地房屋土地交易情况，规范全省契税征管行为，为实现全省契税的科学动态管理提供了有力的技术支撑。

四是配合非税收入改革的深入推进，完成财政部非税收入管理系统的移植开发工作。立足我省财政收入收缴制度改革实际，我们以财政部非税收入软件系统为基础，移植开发并进一步完善了非税收入管理系统，在财政、银行和执收单位之间，实现网络数据传输、转账、记账和结算等功能，逐步形成适应公共财政要求的非税收入管理体系，为预算外资金和纳入预算管理的其它非税收入进行规范管理创造了条件。

（二）优化网络性能，加强安全管理，为财政业务网上运行创造安全稳定的硬件环境

一是进一步完善网络基础建设。从提高网络性能和方便网络维护入手，重新调整规划了厅局域网194个办公区的网络布线，对网络标识进行了系统的梳理和规范，并完成了整条线路的带宽扩容，使带宽由2G升级为4G。

二是加强全省网络管理与安全防范体系建设。一方面从管理入手，提高安全意识，制定并完善网络操作人员岗位和安全管理责任制，实行分级授权和责任追究制度，强化网络安全运转；另一方面要按照省厅统一部署，从加大病毒防范力度、设置并不断完善升级防火墙、入侵检测、漏洞扫描等多种网络防范措施入手，有力地保证了全省财政业务数据安全畅通运行。

（三）狠抓制度建设，建立健全“金财工程”制度保障体系

一年来，在贯彻执行《河北省财政系统“金财工程”建设实施方案》的基础上，结合全省“金财工程”建设进程，我们狠抓“金财工程”制度建设，分别从业务层面、技术层面和中心行政管理层面入手，研究制定出《2005年全省“金财工程”建设实施意见》、《河北省“金财工程”建设管理办法（试行）》、《河北省财政系统业务软件管理办法（试行）》、《河北省财政系统网络运行管理办法（试行）》、《业务流程代码标准》、《基础信息代码标准》、《信息中心岗位规范》等规章制度，不断建立健全“金财工程”管理办法、运作制度与标准体系，运用制度手段将“金财工程”的成果固定下来，使“金财工程”建设在稳定、连续的基础上逐步实现规范化、制度化和科学化，以更好地服务财政工作。

（四）协助市县做好财政核心业务软件的推广应用工作

一年来，我们积极配合市县财政部门，狠抓财政核心业务软件的推广应用工作。截止目前，已有“人事编制工资管理系统”、“指标管理系统”、“总会计系统”、“集中支付系统”、“预算编审系统”等五大核心财政业务软件在全省11市、180个县（区）全面运行，且反响良好，为各项财政改革的深入推进提供了强有力的技术支撑。

二、加大信息采集及服务力度，推动信息网站建设再上新台阶

一是充分利用网站载体，把理论学习办出特色。在今年先进性教育活动中，信息网站被厅“先进性教育办公室”列为重要宣传窗口之一。为切实融入教育活动的核心宣传工作，我们充分利用网络优势，在信息网站开辟了“保持共产党员先进性教育”专页，并合理设置了“工作动态”、“辅导讲座”、“学习体会”等专栏。仅上半年，网站采编便随同厅领导深入教育活动调研一线6次，采集编报厅内各种相关会议活动20余次，先进性教育专页已经刊发厅内各处室先进性教育信息1300多条，图片新闻突破500篇，对于传达厅先进性教育活动精神、宣传教育活动开展情况、加强全厅党员互动交流学习方面发挥重要作用。

二是进一步完善信息网站建设。一年来，结合财政工作特点，我们不断更新网站栏目，新增加了政策信息、图书馆、国研网信息、中经网深度论文、文化期刊等内容。如今，网站的信息日更新量逾3000条，日均点击量达5000次以上，信息存储量突破1000个G，真正成为广大财政干部了解系统信息、交

流工作业务、查询财经资料必不可少的窗口。

三是配合处室做好业务上网工作。

三、增强服务意识,搞好全厅的维修维护工作

一是做好厅内机器设备的日常维修维护工作。一年来,共为各处室维修计算机设备 3000 多次,其它外设(打印机、扫描仪、传真机等)800 余次;安装新机器 50 台次;收回旧机器并加以维修 40 余台,对全厅大面积拉网式检查 3 次,大面积杀毒 3 次;全年办公耗材配送 3500 多次,有力地保证了全厅机器设备的正常运转。

二是加大管理力度,确保网络电视会议正常运转。针对部分市县电视会议使用中由于责任心不够、技术掌握不熟练等原因造成的掉会现象,研究制定了《全省电视会议管理办法》和《使用手册》,每次会议结束后都通报各市电视会议运转情况,不断加大各市检查考核力度,使全省电视会议应用效果得到明显改善。一年来共召开电视会议 16 次,其中省级会议 3 次,没有发生任何故障。

四、不断加大信息技术培训力度,全面提高财政业务人员和技术人员的业务素质和技术水平

一年来,配合全省"金财工程"建设进程,我们不断加大信息技术培训力度。一是今年 8 月,我们在秦皇岛进行了 11 个市局 30 多名技术骨干的网络管理与安全培训,进一步提高了各市财政局计算机管理人员的网络管理与安全防范水平;二是配合各市软件应用,我们多次选派技术骨干深入到唐山、承德、张家口等市手把手指导各地软件应用工作,在财政系统内部广泛普及信息技术和信息管理知识,增强信息化意识。基层技术力量进一步的壮大,为财政信息化建设的快速发展奠定了坚实的人力基础。

五、以保持共产党员先进性教育为契机,强化队伍建设。

(信息中心供稿)

2005 年中华会计函校工作概况

一、采取有力措施,圆满完成省直、中直驻石单位会计人员继续教育任务

(一)召开座谈暨表彰会。为了促进省直单位会计继续教育工作健康发展,于 3 月 4 日在汇源大酒店召开了 2005 年省直、中直驻石单位的会计继续教育座谈暨表彰会,各单位的财务处长、主管会计培训的 99 名同志参加了座谈,主管厅长郭秀堂同志出席会议并讲话,厅会计处副处长卢金霞参加了大会,并就 2005 年新颁布的会计从业资格管理规定和继续教育培训内容做出了具体指导和说明。郭厅长代表省财政厅向在 2004 年会计继续教育工作中成效显著的 18 个单位颁发了奖牌及证书。

(二)加强教学的组织与管理。每期都安排专职班主任负责不定期点名,克服了学员请假、迟到、早退等缺勤现象,对不能出全勤者,安排免费参加下期培训。培训结束时,按规定进行结业考试,并对培训班的组织工作及教师授课水平进行认真的评估。

(三)创新培训方式。针对学员需求,将培训与考察有机结合。根据驻石省直、中直单位的要求,我校于 2005 年 6 至 8 月份陆续举办了 10 期会计人员继续教育省外培训班,有关单位的 492 名会计人员到厦门国家会计学院进行了参观和考察,受到很大启示,取得了很好效果。2005 年,共组织会计继续教育培训班 122 期,培训会计人员 14737 人次。

二、精挑细选,认真审核,编辑出版我省会计人员继续教育培训教材

为了配合 2005 年的继续教育工作,我们从去年下半年开始通过各种渠道搜集资料,根据会计人员的需求和继续教育工作的需要,在征求厅内有关处室意见的基础上,对选定材料认真审校,严格把关,编辑出版了《行政事业单位现行财会制度汇编(二)》及《公司企业现行财会制度汇编》两本教材,满足了我省会计人员继续教育的需求,受到广泛好评。

三、精心组织,周到服务,成功举办高级会计师考前培训班

为配合高级会计师资格考试,提高参考人员的考试通过率,2005 年 7 月分别在河北省电力培训中心、廊坊市政府招待处举办了两期高级会计师考前辅导班。全省各地的 291 名学员自愿报名参加了培训。其中 181 人及格,通过率达到 72.4%。

四、优化师资,严格管理,稳定和扩大兼职教师队伍

(一)充实师资队伍。在原有兼职教师的基础上,2005 年,我们又从省委党校和有关厅局聘请具有丰富会计专业教学经验的辅导教师 3 名,除保留厅内 14 位业务处室的兼职教师外,又增加了 3 名,尤其是后半年特邀省政协委员、我厅副厅长陈金城同志为省直单位财务负责人举办的两期高级财会人员培训班做了精彩的经济形式报告，赢得了全体学员的一致好评。

(二)加强组织管理。每次财政部或省厅组织师资培训班，我们都安排兼职教师参加，补充新知识，开阔新思路。同时，在教学工作中引入竞争机制，优胜劣汰。经过考评，今年又辞退一名兼职教师。

(三)组织教学研究活动。2005先后召开两次教学研讨会，征求教师和省直有关部门的意见，适时调整课程。

五、善始善终，做好会计专业学历教育工作

今年还有最后一届中专在校生。学生人数虽然减少，但教学管理工作不能放松。至今年9月，最后746名中专生从我校顺利毕业，为我校的中专学历教育划上了圆满的句号。

联合办学工作在原有基础上继续稳步推进。今年联办大专班新招学生345人，目前共有两个年级的在校大专生627人。我们采取全省统一命题、统一考试的做法，有效地提高了考试的权威性，达到了检验学习效果的目的。

六、抓住机遇，开创会计从业资格考试工作新局面

近几年，我校一直组织省直的会计从业资格考试，每年的考试规模均在1000人左右。根据财政部意见，会计从业资格考试自2005年3月1日实行"凡进必考"，并将"一年一考"改为"一年两考"。新政策的实施对我们来说既是机遇也是挑战，我们认真谋划，采取各种措施，做好宣传发动工作，报名人数实现历史性突破，省直考区2005年4月报名人数达到6310人，11月份报名人数又上升到了8311人。此处，为配合会计证考试，2005年我们组织5647人参加了会计电算化考试。

七、开展单位财务负责人及高级会计人员专项培训

为落实分级分类实施会计人员继续教育的原则，我校于2005年10月和11月相继举办了两期省直、中直驻石单位财务负责人培训班，共有来自64个单位的125位财务负责人、高级会计师参加了培训。为分类进行会计教育创造了经验，迈开了高级会计人员继续教育培训的第一步。

(省函校、会计人员服务中心供稿)

2005年国富农业投资公司工作概况

一、集中精力，稳步推进农业投资业务

(一)克服困难，"三大工程"平稳运行

1、奶牛养殖小区：克服突发疫情的不利影响，严抓生产管理、积极开辟销售渠道。7个已完成建设小区共有存栏奶牛5100余头，吸收养殖户317户。2005年产鲜奶约1.2万吨，较去年增长60%，实现收入2350万元，带动农民增收240万元。同时，完成新建小区3个，在建小区2个。销售方面，实现了所有小区均与三鹿、伊利、蒙牛等乳业集团建立了稳定的供货关系。

2、良繁项目：积极进行胚胎移植商业化生产技术及转基因牛、克隆牛胚胎移植技术的研究。截至2005年底，公司存栏受体牛1232头，存栏犊牛152头，存栏孕牛250头；2005年共出生犊牛850头，销售犊牛662头；同时，克隆牛、转基因牛相继繁育成功。

3、草业公司：积极谋划产品结构升级，向精饲料加工方向转型。产品销售在覆盖上海、南京、杭州及京津唐地区的同时又新增阿联酋、泰国等地。

(二)国家农业开发投资参股经营试点项目取得新进展

韩雪面粉、梅花味精、玉峰淀粉、安国制药、明慧种猪繁育五个省内龙头企业相继签约，资金已全部拨付到位，有力的支持了企业产品升级，扩产达能。

(三)中法葡萄酒种植与酿造示范农场、华风超细毛羊繁育两个项目也在公司的积极推动下，取得了较大进展。

二、完善担保风险防范体系，谨慎操作，确保资金安全

一是根据国家信贷政策调整压缩担保规模。二是对部分反担保措施的运用和严密性进行了重新规定。三是进一步加强项目经理对在保项目监管力度。四是开发了农业产业化龙头项目担保和工程担保业务，在同等收益的情况下，相对风险降低。

三、其他非农业务稳步开展

恒实房地产公司平山桃花城、涿州国富嘉园二期、沧州幞园新村二期相继开工，并取得了较好的销售效果。3302项目于9月份正式开工建设。厅团购住房建设工作，成立筹建小组并有序开展了工作。天翼和承天冀公司完成了房态产品的产品化工作，蓄电池监控仪的产品化工作将于近期完成。恒银期货公司新增辽宁盘锦营业部，同时主营业务收入较去年同期有了一定的增长。集团逾期欠款清收工作2005年，共回收资金145万元。

四、千方百计融通资金，保证重点项目资金需求。

一是积极争取银行授信。二是利用国债等有价证券寻求向资本市场融资。三是组织完成了集团职工的二次集资。四是努力向政府寻求资金支持。

五、探索管理创新，加强集团内部建设

一是积极研究资本退出机制。二是推行集团经营风险自查自纠与重点抽查相结合的内控制度。三是对集团制度进行了全面梳理、修订。四是引入工作流平台，积极推行无纸化办公。

六、以“保先教育”为契机，抓好思想教育和党风廉政建设

一是按照省财政厅党委的总体部署，集团深入开展了“保先教育活动”。二是严抓党风廉政建设，做到警钟长鸣。三是注重理论学习和思想政治教育，通过对党章、三个代表、十六大精神的不断学习，使员工的理论修养有了全面提高。

（国富投资公司供稿）

2005年省注协工作概况

一、认真开展保持共产党员先进性教育活动，大力加强“六型”协会建设

按照厅机关党委的统一部署，协会党支部紧紧围绕“关键要取得实效”的总体要求，及时发动、认真组织，扎实有效地开展了保持共产党员先进性教育活动。学习动员阶段，紧密结合行业管理实际，做到了四个结合，认真开展了“七个一”专题活动，从根本上提高了全体党员的思想认识；分析评议阶段，对征求到的130多条意见和建议进行了认真分析、梳理，并有针对性地加大了问题整改力度；巩固提高阶段，作为先进性教育活动的重要成果之一，结合“六型机关”建设，研究出台了《关于建设和谐型协会的意见》和《关于建立保持共产党员先进性长效工作机制的意见》。同时，认真坚持民主集中制原则，秘书处重大事项和重要工作，均通过处务会议集体研究确定。工作中，时刻做到警钟长鸣，认真搞好机关和个人的党风廉政建设，按照省政府的“双提”要求，积极抓好机关效能建设。

二、稳步推进执业环境治理工作

制止行业不正当竞争、净化执业环境是协会2005年重点突破性工作。首先，善制度措施。相继制发了《关于制止行业不正当竞争行为的暂行规定》及其《实施方案》，并通过报纸、杂志、协会网站等专业媒体加大宣传力度，营造舆论氛围。其次，强部门协调。在与厅会计处、监督处和省工商局充分沟通的基础上，代两部门起草了《关于清理整顿注册会计师行业执业环境的通知》，并联合开展了行业清理整顿工作。既达到了良好的综合治理效果，也大大减轻了执业机构的受检负担。第三，较好完成年度检查任务。8、9月份，分三个组对石家庄、邢台、邯郸三市54家会计师事务所的执业质量、会计基础工作、内部管理等情况进行了实地检查。期间，抽查年度审计报告192份，验资报告156份。根据检查结果，对8家不符合设立条件或业务质量问题较严重的事务所，移交财政厅监督局调查处理。对38家存在问题比较严重的事务所给予了通报批评、限期改正、谈话提醒等行业惩戒，对其余29家事务所下发了风险提示函。另对54名注册会计师进行了行业惩戒。

三、不断加强行业监管与维权工作

协会推行的区域性自律公约试点初见成效，邢台市试点去年行业业务收入比全省平均水平高出20个百分点，同时有效遏制了不正当竞争行为。2005年继续加大推广力度，年底前张家口市顺利纳入试点范围，保定市正在积极地酝酿准备之中。

进一步加强监管基础工作，丰富业务报备软件功能，做到了对机构、个人的适时监控以及对行业潜在隐患的风险预警。

加强了与省高院、国资、工商、物价等部门协调沟通，做好行业维权工作，为行业发展创造良好的外部环境。

四、圆满完成“两师”年检和注册审批工作

改进年检办法，采取资料检查和实地抽查相结合的方式，全省应检注册会计师2472人，实际年检2407人，通过年检2405人；全省应检注册资产评估师为742人，实际年检696人。同时做好年检公告和上报工作。

全年受理申报注册会计师 517 人、注册资产评估师 87 人，审批注册会计师 376 人、注册资产评估师 37 人，审批“两师”非执业会员 176 人；办理注册会计师、注册资产评估师转所、转会 600 人次；受理举报材料 45 份、举报电话 47 个，都已按程序处理完毕。

同时，加强了对非执业会员的管理，起草了《非执业会员管理暂行办法》。不断强化行业诚信监督管理，为每个执业会员建立了诚信档案。

五、有效开展“两师”后续教育工作

创新培训手段，进一步完善了上级培训、省级培训和执业机构自主培训相结合的三级培训管理体系。加大培训力度，全年举办脱产培训班 10 期，培训 2377 人次；岗前培训班 2 期，培训 79 人；自主培训单位 9 所，培训 600 人；组织参加中注协、中评协培训 98 人次，总计培训 3154 人次。会员培训覆盖率 100％。

六、周密组织“两师”全国统一考试工作

全省注册会计师考试报名 25534 人，49980 人科，参考 26422 人科。考试组织严密细致，确保了万无一失。同时举办各类考前辅导班 34 期，组织培训 2000 余人，保证了参考水平。

积极与省、市人事局考试中心协调，组织全省并具体实施石家庄辖区 2005 年度注册资产评估师考试报名的资格审核、考试用书发放等工作。

七、认真做好行业党建和人事代理工作

积极探索非公经济行业党建工作的新途径，年初经批准成立了省注协行业党委。目前下辖 19 个基层党支部，接收 190 多名党员。在做好日常管理工作的同时，按上级要求，认真组织了行业保持共产党员先进性教育活动，组织行业党员爱心捐款 17000 元。另外，积极做好石家庄辖区全部 57 家执业机构的人事代理工作。

八、规范财务会计工作，加大舆论宣传力度

严格执行国家各项财务管理制度，坚持收支两条线，做到了增收节支，各项收支零预算管理。同时加强了对执业机构财务工作的监督指导。

立足专业品位，不断丰富会刊内容，提高内文质量；及时进行协会网站的更新和维护，增强对外宣传和提高工作效率的双重功能。同时，配合财政部评选表彰杰出会计工作者工作，在全行业评选出 21 名全省优秀注册会计师、5 名全省优秀注册资产评估师。在 21 名优秀注册会计师中，1 名同志被评为全省杰出会计工作者，4 名同志被评为全省优秀会计工作者。充分展示了我省注册会计师、注册资产评估师的良好职业形象。

我处被省财政厅评为 2005 年先进单位，获中国注册会计师协会 2005 年度综合评比一等奖，获财政部考办“2004 年注册会计师全国统一考试组织管理工作一等奖”，获中注协“2004 年会计师事务所执业质量检查特别优秀奖”。

（省注协秘书处供稿）

2005 年财政投资评审工作概况

一、明确目标，精心谋划，狠抓落实，圆满完成了两项突破性业务工作

2005 年共评审种类财政投资项目 1058 个，送审金额达 371061 万元，审定金额 341972 万元，审减金额达 29089 万元，平均审减率为 8％。年初，我厅二十项突破性业务工作确定后，中心领导班子集中对领导讲话和有关文件进行了认真学习，对如何完成涉及我中心的开展财政支出项目绩效评价和加强政府性建设资金管理这两项突破性业务工作进行了研究，对落实和完成两项突破性业务工作进行了认真谋划，理清了工作思路，明确了工作方向，制定了“沟通协调、同步推进、重点突破，逐步完善”的落实措施。积极主动得与有关处联系，就两项突破性业务工作的分工方案和落实措施以及量化目标等进行深入讨论，最终达成一致意见。据此，中心制定了切实可行的实施方案，对每项工作都提出了具体的量化工作目标、落实措施和时间要求，明确了责任人、主办人和承办人。

（一）明确了开展财政投资项目绩效评价工作的实施方案。今年，通过对财政投资项目进行系统、客观的分析，分析项目建设内容是否真实，预算编制是否准确合理，项目管理是否规范，投资预期目标是否达到，项目的主要绩效指标是否实现，了解财政投资支出在相关区域、相关行业所起的作用；并通过及时有效的信息反馈，对被评价项目实施过程中出现的问题提出改进建议，为未来项目投资决策提供参考依据。通过开展财政支出项目绩效评价，提高财政投资决策水平，调整财政投资方向，提高财政资金使用效益，形成从预算编制、预算分配，预算执行到绩效评价完整的管理体系。

（二）建立健全财政投资项目管理制度体系。一年来，本着“往深里做，往实里做，往细里做”的要求，通过对财政投资项目进行事前、事中、事后全过程评审和评价，积极研究财政投资评审工作的新思路、新举措，不断创新财政投资项目的监管手段，强化财政预算约束，提高财政资金使用效益，建立健全财政投资项目全过程监管体系，从根本上解决政府性基建投资项目“三超”问题。

二、突出重点、理清思路，促进财政投资评审工作全面、协调发展

（一）明确目标、突出重点，积极谋划财政投资评审工作的新思路、新举措。一年来，财政投资评审工作在不断创新财政投资项目监督管理的运行机制，丰富财政监督管理手段，促进财政投资评审工作全面、协调发展，在节约财政资金和提高财政资金使用效益方面取得明显效果。

一是突出重点，加大财政投资项目预算评审工作力度，使财政投资评审工作关口前移，把项目预算评审作为工作的重点，变事后监督为事前控制，有效遏制项目“三超”。截至目前，中心共评审预算项目40个，送审金额53287.7万元，审定金额31532.29万元，审减金额7146.08万元，审减率达13.41%，平均每个项目审减178万元，审减的资金真正的留在了国库中，可以说是实实在在的审减。不但提高了财政投资项目预算编制的真实性和准确性，而且硬化了项目预算约束，提高了资金使用效益。

二是采取有力措施，积极为政府工程项目采购服务。我们与采购办进一步加强配合，加大评审力度，扩大评审范围，对纳入政府采购的基本建设、内外装修项目招投标标底、施工图预算由评审中心进行评审，通过评审看项目预算是否控制在财政部门批准的预算之内，在批准预算之内的方可进行招标采购，对超出批准预算的责成其修改设计图纸，使项目预算严格控制在财政部门批准的预算之内，有效遏制项目马拉松、投资无底洞现象的发生。到目前，共评审政府采购项目12个，送审金额4148.53万元，审定金额3848.25万元，审减金额300.28万元，审减率达7.24%。通过评审这个环节，有效滤除了项目的水分，为财政真正节约了资金。

三是基本建设项目决算批复工作是财政的一项重要职能，做好基建项目决算评审是评审中心的重要工作之一。加大财政投资项目决算评审工作力度，做到事前、事中、事后全过程监督，即事前预算控制，事中跟踪检查，事后竣工决算评审。截至目前，中心共评审决算项目1017个，送审金额317774.03万元，审定金额310440.28万元，审减金额7333.75万元，平均审减率达10.66%。项目决算评审难度较大，但是通过我们全面细致的工作、科学合理的结论，使被评审单位心悦诚服，真正为财政项目支出把好最后一道关口。

四是积极扩大评审范围，为各处室提供全方位服务。根据预算处的安排对2000年以来纳入石家庄市集中供热的驻石省直单位供热面积进行了核查。涉及驻石省直用热单位142家，214个项目单位，用热单位申报用热面积共计470.58万平方米。经核实2000年—2004年集中供热总面积为432.13万平方米，核减38.45万平方米。按每平方米18.4元计算每年可减少财政补贴款707万元。在此基础上又对2005年—2006年新增的22万平方米的供热面积进行了核实确认。同时又将评审范围扩大到大型活动预算和工程概算调整的评审。通过评审既强化了预算约束，又便于考核项目绩效。

五是攻难点，解难问题，为领导决策提供可靠依据。今年以来，中心多次接受历史遗留项目的评审，在评审过程中克服资料不全、原项目管理人员变化大等困难，及时准确地做出评审结论，为领导决策提供了真实可靠的依据。根据厅领导的批示，我中心对省直某厅培训中心项目的投资情况进行了核实。该项目1998年开工建设2000年交付使用，为做好此次核实工作，我们以国家政策和工程技术规范为尺度，以实事求是，客观公正为准则，深入现场进行实地丈量，查阅凭证，走访原来管理人员核实基本情况。经评审，认定该项目应到位资金7808.24万元，实际投资为7667.04万元，核减不应列入培训中心的投资1365.13万元，其中因本单位违违规纪罚款金额就达300多万元。由此做出了财政不应承担的结论。

（二）优质高效完成中央级项目，扩大我省评审工作在全国范围的影响。今年，在做好省本级项目的同时，多次承接财政部专项资金核查任务，涉及河南、山西等省共计1566个项目。项目总投资8.8亿元，审定金额 8.6 亿元，为国家挽回了 2000 多万元损失。一是对河南省 2005 年使用中央财政车辆购置税安排的农村公路项目建设情况进行了专项核查，涉及项目 995 个。二是对山西省 2003、2004 年农村沼气国债项目建设情况进行了专项核查及追踪问效。涉及山西省 29 个县，890 个村，3122 户。这些项目足迹遍布河南、山西两省所有的地市，而且全部分布在农村。评审人员历尽千辛万苦、踏遍千山万水、深入千家万户，不怕吃苦，带病坚持工作。我们的工作作风和工作精神受到了当地群众和政府的一致好评。所接受的评审任务全部在规定时间内向财政部上交了有比较、有图片、有数据、针对性强的高质量、高标准的评审报告，从而进一步巩固了我省评审工作在全国的领先地位，得到了财政部的肯定。向财政部提出了多条合理化建议，得到财政部的肯定和采纳。并争取到财政部一百多万元的评审经费，弥补了我省评审经费不足的困难，同时也支持了全厅各项事业的发展。

三、紧密结合保持共产党员先进性教育活动，围绕财政中心工作抓党建，促工作。

（评审中心供稿）

2005 年外债管理工作概况

一、积极开展保持共产党员先进性教育活动，高度重视党风廉政和效能建设工作，进一步统一了思想、提高了认识，明确了思路、振奋了精神，增进了团结、鼓舞了干劲，有力的促进了各项工作的开展。

本着不走过场，切实取得实效的指导思想，认真学习讨论，广泛征求意见，抓住突出问题，坚决搞好整改。把党风廉政和效能建设作为一项重要内容。加强制度建设，堵塞各种漏洞，努力建立党风廉政和效能建设的长效机制。建立了经常性的学习制度、规范的内部管理制度、正常的沟通交流制度、具体的调查研究制度。争创服务型、高效型、廉洁型、学习型、创新型、和谐型单位，努力营造团结向上的氛围。严格履行与厅党组签定的党风廉政和效能建设责任书有关职责，没有发生违法、违纪问题。

二、扎扎实实做好本职工作，各项工作又迈上新台阶。

第一、利用世界银行贷款河北城市环境项目取得显著进展，41 个合同包全部完成招标采购，主体工程基本上全部完工，邯郸污水、邯郸供水、唐山污水子项目已正式运行，比预定计划提前 1－2 年完成，各项指标均达标。石家庄污水、唐山供水也已进入调试、试运行阶段，预计 2006 年 5 月可投入运行。全年共报账提款 40 多次，报回 4100 多万美元。

第二、利用亚行贷款海滦河水污染防治项目进展顺利，47 个合同包，有 31 个合同包已完成招标采购。5 个子项目中，张家口和宣化污水处理厂及配套管网已全部完工，正在进行调试及试运行阶段，工期提前了一年多，其余 3 个子项目进展正常。全年共报账提款 35 次，报回 1600 多万美元。

第三、积极谋划利用国际金融组织我省中小城镇基础建设项目，已收集项目 145 个，总投资 19.35 亿美元，申请利用国际金融组织贷款 9.65 亿美元。正在与省发改委进一步筛选之中。

为保证项目的顺利实施，重点做了以下几项工作：

1、根据与世行、亚行签定的《项目协定》和《信贷协定》，按时提交各种报告。一是完成了各子项目的征地拆迁和移民安置年度监测报告；二是对世行、亚行两个项目 10 个子项目建立了绩效评价体系；三是对所有在建项目制定了项目环境管理计划；四是完成了 10 个子项目的年度财务预测报告；五是协助各子项目完成了供水、污水处理费调价申请报告，唐山污水处理公司已顺利完成调价工作；六是完成项目季度报告；七是完成项目年度财务决算报告。上述各项工作得到了世行、亚行监督团的高度评价。

2、加强对项目的组织与协调，及时解决征地、拆迁和移民安置等重点、难点问题，保证项目顺利实施。

3、加快报账提款进度，保证项目建设资金的需要。

4、加强对招投标工作管理，严格执行合同。

（外债中心供稿）

2005 年农业综合开发工作概况

一、加强农业基础设施建设，提高项目区农业综合生产能力

2005 年我们继续坚定不移地把提高农业综合生

产能力作为农业综合开发的首要任务。各类项目都把目标瞄准在提高农业综合生产能力建设上。土地治理项目突出中低产田改造，在平原项目区以建设节水农田为重点，控制打新井、打深井和超采地下水，充分利用现有水源和地上水资源，大搞农田防渗，全面推行管网式输水，既节约了农业用水，保证了农田灌溉，又解决了明渠漏水占地问题。在水资源较丰富的地方，坚持科学规划，合理开采，节水措施同步到位。在山区丘陵区和坝上地区，农业开发与小流域治理、生态建设相结合，走区域连片开发、综合治理的路子。在东部沿海和黑龙港地区，实行生物措施和工程措施相结合的办法，改土肥田，治理盐碱地，发展苜蓿种植、旱作农业和枣粮间作。农业开发改造后的中低产田基本成为田成方、树成行、路相通、井渠管道连成网，旱能浇、涝能排的高产、稳产、高效、节水农田，农业生产能力明显提高。产业化经营项目围绕提高农产品加工转化能力和市场开拓能力，积极扶持辐射带动作用强、科技含量高的农业产业化龙头企业，重点支持发展农产品加工业，特别是以粮食为主要原料的加工业，进一步提高项目区粮食等农产品加工转化能力和对优质农产品基地的带动能力。科技项目围绕农业优势产业和农产品基地建设，积极引进推广优良品种和先进技术，加强了项目区农业科技创新和应用能力建设，加快了农业科技进步的步伐。

二、扶持农业特色主导产业和优势农产品基地，推进农业结构调整

紧紧围绕畜牧、林果、蔬菜三大特色主导产业来安排产业化经营项目，实施"龙头工程"，进一步提高农业产业化经营水平。集中资金，对带动能力强、发展前景好的龙头企业进行重点扶持和连续扶持，经过扶持的龙头企业都有了较大发展，如三河、高碑店、玉田等生猪企业，经过扶持已成为北京活储基地，乡谣奶制品加工、沙河旭瑞乳品加工、青县小洋人、宁晋国宾食用菌以及冀东、魏县、怀来果菜市场都已经成为全省重点龙头企业，有效地带动了当地特色主导产业的发展和农民增收。在抓龙头企业的同时，进一步加强优势农产品基地建设。充分发挥自然条件和生物资源优势，培育区域特色主导产业、优势产品，促进优势农产品和特色农产品向优势产区集中，逐步形成具有较强竞争力的农业产业带和产品群，形成带动当地经济发展的支柱产业。通过不同方式支持建设了优质专用小麦基地；优质专用玉米基地；无公害蔬菜和错季蔬菜基地；奶牛养殖基地；肉牛、肉羊基地；瘦肉型生猪基地；平原沙地梨基地；山区和丘陵区大枣、板栗、苹果等优质果品基地；葡萄基地和食用菌基地等十大基地。

三、突出开发重点，集中资金投入，进一步提高农业开发成效

坚持突出重点，集中投入，充分发挥规模效益。重点抓了以下三个方面：首先，严格控制开发范围。按照国家办项目县管理的有关规定，对申请新进入开发范围的县按有关程序和要求严格评估把关。调整开发县坚持进一退一，力争多退少进。其次，抓重点县建设。按照一批一批抓县的思路，对全省已经选择确定资源条件好、产业优势突出，区位优势明显，开发工作基础比较好的24个县，作为第一批重点县，进行投入倾斜和连续扶持，重点县投资规模达到了县均投资规模150%以上，并加强了对重点县的管理和考核。第三，减少项目个数。较好地执行了土地治理项目财政资金500万元以下的县只安排一个项目，单个土地治理项目原则上平原区不低于1万亩，丘陵山区不低于5000亩的原则性规定。产业化经营项目以畜牧、蔬菜、林果等优势产业为重点，重点扶持了以奶牛、肉牛、肉羊和生猪为主的畜牧业，突出扶持市场前景好、带动作用大、农民受益多的龙头企业。2005年全省扶持产业化经营项目平均每个项目财政资金330万元，初步改变了产业化经营项目小而散的问题。通过坚持抓重点、抓示范，进一步提高了整体开发水平，出现了一批水平高、质量优、效益好的开发典型县和典型项目，为农业开发宣传领导、示范群众增了光、添了彩，抓重点、抓示范，对推动全省工作健康发展作用相当明显。

四、创新开发机制，增强开发活力

在创新机制方面继续进行了积极的探索和实践。在项目县动态管理机制上，坚持总量控制，有退有进，违规淘汰，末位暂停，奖优罚劣，动态管理。在多元投入机制上，按国家办要求，确保地方配套资金足额落实；坚持农民要办为前提，充分尊重农民意愿，调动了农民筹资投劳的积极性，推行单项工程业主负责制和定额补助，拍卖产权等形式，有效地解决了自筹资金和管护机制问题。同时，利用财政资金的引导作用，引导企业、民间、信贷资金投入农业综合开发，逐步形成了多元化、多层次、多渠道进行农业综合开发的投入机制。在竞争选项、择优立项机制上，我们制定了产业化经营项目竞争立项办法，省市农发办筛选申报的项目都是经过竞争产生的。土地治理项目在规划区域内乡镇村之间实行竞争立项。在项目运行机制上，推行了以明确工程产权和使用权为主的运行管护机制改革，做到了责权利紧密结合，使用、管护、维修责任主体统一，保证了所建工程正常运行。在激励和约束机制上，坚持对年度项目计划执行情况进行了检查考核，并依据考核结果进行奖罚，有效地调动了市县农发部门和项目区干部群众争先创优的积极性，促进了农业开发工作的健康发展。在责任追究机制上，各级农发部门内部细化分工，明确职责，实行逐级负责，对项目和资金管理各阶段、各环节的工作实行责任制，把管理责任制落实到人，做到了谁考察、谁负责，谁审查、谁负责，谁验收、谁负责，逐步建立责任追究制度。

五、投资参股经营项目试点工作稳步推进，处于全国先进行列

2004 年我省安排了 4 个参股经营项目，2005 年又实施了 3 个项目。按照《公司法》和国家办《暂行办法》，结合我省实际，制定了《河北省参股经营试点管理暂行办法》，拟定了投资参股经营项目《委托经营协议》，授权 2 家资产经营公司代表国家到企业参股。省办对资产经营公司、对参股企业进行监督。由于选项比较准确，监管比较得力，参股项目整体运行较好，试点工作进展顺利，在成都会议和烟台会议上均作了典型发言，受到国家办领导和与会同志的好评。不少省(市)的同志让我们专门寄送参股经营方面的材料，有的还专程来学习考察。

六、严格项目管理，不断提高项目建设质量和水平

在项目前期工作上，土地治理项目在实地勘察和征求群众意见的基础上，编制项目建议书和进行扩初设计，产业化经营项目全部由省组织专家进行评估论证。强化了项目计划的严肃性，减少了项目计划的随意变更，严格按计划和设计建设项目。在项目建设中，采取有效的工程技术措施，加强施工质量的监督检查和验收评比，推行了工程质量监理制和项目公示制，确保了建一处，成一处，实实在在地让农民受益一处，不搞“形象工程”、“政绩工程”。各类工程都按照设计科学，布局合理，质量合格，标准规范，使用方便，适用实效的要求进行规划设计和建设。为了真正做到激励先进，鞭策后进，进一步加强了中期检查和竣工验收。把平时工作掌握的项目和资金管理中存在问题较多的县和项目单位，确定为重点检查对象，其它县和项目实行随机抽查。在检查过程中，按照项目年度检查评比办法，主要对项目计划执行、建设质量、运行效益、各级财政资金配套、使用和管理等项内容进行详细检查，并依据检查结果确定奖惩。根据年度检查，开展争先创优，实行奖优罚劣。通过检查评比，客观公正地确定各项目市县的位次，并坚持按照基数加因素的方法来确定各市投资规模，逐步加大了因素分配资金规模的比例。为了促进相互学习，取长补短，提高整体水平，10 月份组织各市办主任，用半月时间，对 9 个市 20 个县的 2004、2005 年度 49 个土地治理项目和 9 个产业化经营项目建设情况进行了现场观摩。参加观摩的同志进一步解放了思想，开阔了眼界，交流了经验，找到了不足，明确了努力方向，增强了紧迫感，有力地推动了全省抓重点、抓示范项目建设。

七、加强资金管理，保证农发资金的安全运行

资金管理工作进一步得到加强，认真落实了国家办制定的农发资金管理办法和会计制度，实行专款专用，专账核算，专人管理。继续坚持实行县级财政报账制，规范报账办法和报账程序，大额现金支付和白条入账明显减少，严防挤占挪用、虚列支出、套取财政资金和空转财政资金等违规违纪问题的发生。在资金拨付上，按规定时限及时拨付资金，努力做到不滞留，不延期拨付，不抵顶债务。在物资采购上，农业开发大宗物资实行集中采购，节约了资金，降低了成本。为了确保放得出，收得回，全省采取了立项前对企业资产财务情况进行严格审计，放款时办理抵押担保，回收同投资规模挂钩的办法，基本做到了按时回收，并按时归还了国家到期有偿资金。2005 年有偿资金回收是最好的一年，除大名县以外，各市及扩权县均完成当年回收任务的 100%。在农发资金使用管理中，加强监督检查。2005 年省级检查时，聘请了会计师事务所的注册会计师参加，加强对农发资金的监督检查力度，实行检查验收工作责任制，对检查验收结果实行全程责任追究，监控农发资金运行的全过程，及时发现、纠正存在的问题，及时查处违规违纪问题。

八、进一步加强了宣传和业务培训。

（农开办供稿）

2005年机关服务中心工作概况

一、夯实基础，建立有效的良性运转机制

（一）重新修定完善中心的管理制度和办法。全年共修定机关服务中心工作规则、机关服务中心财务管理办法、接待工作管理办法、车辆管理办法等十几项制度规定，基本建立起一整套奖励惩罚分明、监督与约束有力，能充分调动和发挥每个同志积极性的既科学、规范又公平、公正的管理制度和管理办法，明确了各岗位的职责分工和工作程序，建立了责任分工体系和权利运作与制衡体系。

（二）狠抓各项规章制度的落实，建立责任追究制度，对违规违纪的人和事从严查处，决不姑息迁就。针对各岗位的工作质量及各项内部纪律的执行情况进行全面、彻底的督查4次，有针对性的专项督查4次，每周都调动专人个别巡查，确保了中心各项工作的落实和高质、高效。

（三）严格考核。中心每一项工作最终体现在推进工作的力度上，体现在实实在在的工作成效上。按照中心考核奖惩办法，考核标准主要是完成任务和实现目标情况，主要看是否促进了各项工作的完成，重点看全厅干部群众的满意程度，考核结果是作为奖惩的重要依据。

二、求真务实，整体服务工作迈上新台阶

（一）干大家之所盼。抽调骨干力量，集中全力抓好我厅团购住房工作。目前团购住房工作已取得实质性进展。

（二）急大家之所急，把干部职工关注的难点、热点作为工作的重点。一是进一步改善职工就餐环境，改造了机关食堂微机售饭系统。同时，还经常派人到外省市和附近郊县学习地方特色菜，学为己用，形成了机关食堂特色菜品。按季召开民主伙食座谈会，虚心听取干部职工的意见，深化、细化了服务项目，把食堂建成了中心的文明示范窗口。二是加强各宿舍区的物业管理，提高干部职工的生活质量和改善生活环境。三是加强了理发室、医务室管理。四是帮助解决了80名子女入学、入托问题，解除后顾之忧。对各处室单位的报纸、信件、包裹、印刷品、书籍等邮件实行了送件上门服务，对机要文件和挂号信件实现了数据库管理，并要求对邮件在第一时间送达。五是广泛征求厅干部职工对机关服务工作的意见和建议。

（三）干大家之所想，确保机关有序、高效运转。一是房产维修突出抓安全运行、预防性维修，保证了机关电力、热力、煤气、水四大能源系统全部正常运行。二是既抓车辆调度，又抓车辆管理，使车辆管理逐步规范。三是充分发挥窗口、桥梁和媒介作用，全力做好财政部领导、外省市财政系统较大型考察团体的重大接待工作。四是卫生管理工作实现了新突破。我厅办公区的卫生管理工作多年如一日实行日查、周查制度，使我厅在各级卫生部门的评比中连续4年被市爱卫会评为卫生管理先进单位。

三、积极防范，消除隐患，确保全厅安全稳定

（一）严格落实各项安全保卫制度。在人员管理上，做到严格要求、赏罚分明，提高了保卫人员的岗位责任心，增强了大家的安全防范意识。加强机关消防系统检测与管理，确保时时处于良好工作状态，严防事故发生。

（二）着力提高消防保卫人员的业务能力。

（三）进一步完善各项安全设施。

（四）进一步完善各项管理措施。

（五）做好机关人员的值班安排和管理工作。

（六）防控结合，以防为主，杜绝交通事故、工伤事故、食物中毒的发生。

四、深化管理，节支服务，把“两个务必”落在实处

（一）抓好重要环节和重点部位的管理工作。一是严格执行预算加强收支管理。以降低预算缺口为重点，加强预算管理，不断增强预算约束意识。划清支出责任，促进科学管理、精打细算，有效控制费用支出。加强支出和审批管理，实行经费支出逐级报批和重要事项集体研究，增加支出审批透明度。二是认真落实各项法规政策。按照政府采购法律法规和有关规定，做好设备资产、大宗货物、修缮工程、商业保险、各种服务的组织采购工作，强化招投标程序约束，保证采购质量，节约采购资金，堵塞管理漏洞；按照我省财政投资项目评审管理办法的规定，做好中心承办维修工程的评审工作。按照《会计法》及财务规章制度的规定认真组织财务会计工作，严格会计核算，完善财务监督。三是严格控制能源和资源消耗。从可持续发展和建立节约型社会的高度，降低水、电、燃油、热力等能源资源消耗；明确公共部位节能责任人；对燃油消耗的控制实行单车核算，进行比较分析和定量考核，严格车辆定点加油，从严控制定点外加油；对热力消耗的控制要求，根据气温和季节的变化合理调节冷暖强度，进一步减少无效消耗和浪费性消耗。四是规范住宅物业管理。对各宿舍区发生的支出实行单独核算和明细核算。严格落实已经出台的取暖费补贴和收费管理规定，宿舍取暖费的收支与单位的公用经费核算分离核算；完善水、电、气消耗的分部、分户计量，全年为住户安装各种水电表 600 多块。

（二）有效控制重点经费支出。一是推广普及系统网络电话，压缩办公电话费用支出；从严控制办公电话和值班电话的国际国内长途功能；二是加强办公用品采购与发放的管理，增强办公用品采购的计划性，有效控制办公费支出。三是严格控制接待费用支出。制定了诚信、金海园两基地会议培训接待费用审核结算管理办法。四是压缩交通费用支出。在保证安全、保持车况经常处于良好的状态的前提下，强化单车核算，降低维修费用支出、节约油料消耗，严格车辆费用审核报销，突出保障重点，压缩一般性公务用车。五是从严控制维修经费支出。六是规范和精简编制外用工，进一步精确了岗位设置和用工计划，有效地控制人员经费支出和劳务服务支出。

（三）建立健全厉行节约的长效机制。建立健全了厉行节约的责任机制。对于各项节约措施，都有明确的工作内容和责任人，各责任人结合工作职责认真抓好督导检查和落实。

五、规范经营，注重效益，强化服务性事业单位管理

（一）制定厅内服务性事业单位管理暂行办法。使中心对三个服务性事业单位的管理有据可依，有章可循，确立了科学、规范的管理框架。

（二）妥善解决各服务性事业单位多年来形成的历史遗留问题。

（三）积极为各服务性单位的生产经营提供服务。一是协助各单位清收账务和资金，提高工作效率；二是协助各单位落实拨款和补助，为各单位解决更多的实际问题；三是帮助各单位建立规章制度、结算手续，提高管理水平。四是严格执行并贯彻落实好《管理办法》的有关规定，对本年度北戴河基地和涿州基地上报的基建维修项目先审核后上报。特别是在北戴河基地的维修项目中，中心聘请投资评审专业人员对投资项目进行了预算评审，并在此基础上提出了意见。对涿州基地维修客房楼、公寓楼的请示，中心认真进行核实论证，向厅领导提出了可行的建议。

（四）协调各服务性事业单位为全厅干部职工做贡献。较好地完成了全厅各项会议、培训和接待任务，为省、部及兄弟省市提供了优质服务。

（机关服务中心供稿）

市县财政工作概况

2005年石家庄市财政工作概况

一、财政收入超额完成了预算任务

各级把促进财政收入增长作为全年工作的首要任务，普遍加大了对收入工作的协调力度，采取多方面措施解决组织收入中存在的突出问题，努力化解政策性减收等多种不利因素的影响。财税部门密切配合，认真落实综合治税各项措施，实行收入增长激励和奖励政策，调动了县(市)区发展经济、增加财政收入的积极性。加大财源支持力度，对重点财源实行重点帮扶、重点监控。一批生产建设项目的投产见效，为财政收入增长提供了有力支撑。全市全部财政收入达到165.64亿元，比年初目标超收6.52亿元，其中一般预算收入完成65.88亿元，超收2.82亿元。城区以外的18个县(市)区全部财政收入均超过1亿元，其中藁城、平山、鹿泉、辛集4个县(市)达到5亿元以上，正定、井陉、晋州、栾城超过3亿元。一般预算收入超过1亿元的县(市)区达到11个，市县收入规模进一步扩大，财政整体实力进一步增强。

二、事关稳定和社会发展的重点支出得到了较好保障

全市财政支出完成106.85亿元，比上年增长14.93%。公教人员工资问题得到较好解决。各县(市)区做到了按实际执行标准不欠发当年工资，县乡公教人员工资收入水平有了较大幅度的提高。努力增加社会保障投入。全市安排养老保险基金16.4亿元，保证了21.9万名企业离退休人员基本养老金的按时足额发放。用于下岗职工基本生活和再就业资金达2.2亿元；落实补助资金，支持了下岗职工基本社会保障向失业保险的并轨。保障了7.4万名城镇低收入居民的基本生活需要，补助标准有所提高。对全市13.7万名农村家庭困难学生义务教育实行了“两免一补”。认真落实各项惠农政策，全市共发放粮食补贴和农机具补贴、良种补贴资金1.2亿元。在2004年7个区免征农业税的基础上，又有5个县(市)全部免征了农业税，12个县(市)下调农业税税率2个百分点，维护了农民利益。努力增加教育、科技、政法等事业投入，去年用于教育方面的支出达到23.97亿元，增长17.39%。

三、支持城市建设和经济发展的力度进一步加大

市级多渠道筹集城建资金30.1亿元，支持了城区主干道改造、滹沱河生态环境综合治理、绿化美化等城市项目建设，保证了火车站广场改造、中山路大修、槐安路高架桥建设、裕华路拓宽改造等重点项目的如期完工。着力发挥财政资金的引导和调控作用，重点支持了五大主导产业、企业改制、结构调整和增长方式转变，全市财政直接用于经济发展的投入达到13.7亿元。完善出口退税负担机制，为企业办理退税25亿元，促进了外贸出口企业的发展。筹措资金1.2亿元，支持了12个县(市)的骨干财源项目建设。市级财政安排贴息、奖励等资金3400万元，吸引社会投资9.5亿元。加快中小企业担保体系建设，全年累计为中小企业担保贷款5.3亿元。对县(市)区实行了“五奖二补”政策，理顺了扩权县(市)的财政政策和体制。取消涉企行政审批收费项目135项，优化了经济发展环境。

四、财政管理改革取得新成效

完善了预算管理制度，启动了以单一账户体系为基础的财政国库管理制度改革试点工作。建立了政府采购关联信息公开和收集制度，扩大了政府采购规模，全市政府采购额完成12.83亿元，比上年增加4.42亿元，节支2亿元。有5个县(市)政府采购额达到3000万元以上，其中鹿泉、赵县分别达到6900多万元。市级建立和完善了政府投资预决算评审机制和评审流程，确保了评审工作的规范性。全年共审核项目586个，审核资金24.26亿元，审减投资3.64亿元。探索实行了农业专项资金项目安排和资金使用公开运行试点，主动接受社会监督。支持粮食流通体制、农村信用社改革等方面工作也取得了重要进展。认真贯彻国务院《财政违法行为处罚处分条例》，对扶贫、救灾等 7 项直接关系人民群众生产、生活、生命安全的专项资金进行了专项检查，维护了财经秩序。

五、财政机关队伍建设进一步加强

市县财政部门按照同级党委的部署，认真开展了保持共产党员先进性教育活动。组织党员干部参加了助贫、助残活动，密切了与人民群众的联系。结合“双提三效”活动的开展，进一步完善了服务承诺，规范了工作程序。市局提出了“诚信、本分、敬业、有为”的“八个字”要求。结合行风评议，狠抓机关作风建设、效能建设和廉政建设，积极参加“阳光投诉”和“行风热线”活动。成功举办了全市财政系统干部职工运动会，增强了凝聚力和战斗力。

（石家庄市财政局供稿）

2005 年辛集市财政工作概况

一、用好用活财政政策，圆满完成 2005 年预算任务

2005 年全市预算总收入实际完成 56000 万元，占年任务的 105.26%，按可比口径比上年（下同）增长 22.28%。其中，中央收入完成 28196 万元，同比增长 19.92%；省级收入完成 5424 万元，同比增长 27.20%；地方一般预算收入完成 22380 万元，同比增长 24.20%。

二、坚持以科学发展观指导全局工作，促进财政收入目标完成和收入质量提高

2005 年，面临出口退税、农业税免征和筹款还债等不利因素，我们按照公共财政的要求，在保工资、保稳定的基础上，把着眼点放在改善经济环境和项目建设上，拨付奖励、贴息和项目建设资金 1800 万元，使财政收入既保持了较高增幅，又提高了收入效益和质量。财政总收入比 2004 年增加 8920 万元，增速高于石家庄市平均水平近 8 个百分点，高于同期 GDP 增速 5.7 个百分点。其中：国税部门收入增长 22.16%，地税部门收入增长 18.80%，财政部门收入增长 30.23%。财政收入占 GDP 的比重为 4.41%，比上年提高 0.32 个百分点；税收收入占财政收入的比重为 88.02%，比上年提高 0.7 个百分点。

三、积极抢抓扩权强县机遇，千方百计向上争取政策和资金支持

2005 年，我市被列入 22 个扩权县之一，我们抓住机遇，加快对接，加大资金和优惠政策的跑要力度。争取出口退税补助和未调库资金 2892 万元，用于公教人员工资发放和经济建设；争取上级企业养老金 3968 万元，并列入省级重点监控县，解决了企业离退休人员待遇缺口问题；争取支农资金 1589 万元，实施了农民专业合作组织建设、中低产田改造、农业产业化经营、新型农民培训和农业立县重点项目等；争取信用社保值储蓄补贴 2671 万元，已到位 890 万元，主要用于解决农村信用社 1994 年—1997 年期经费亏损问题；争取国家开发银行贷款额度 1.81 亿元，已到位 4000 万元，支持了“教育大道建设”和“城市道路改造”两个城建项目。

四、按照构建和谐社会的要求，保障热点、难点和重点支出

一是优先保证公教人员工资。全年工资性支出达到 21000 多万元，兑现了机关事业单位工作人员年终一次性奖励和离退休人员年终一次性生活补贴，筹资 820 万元兑现了省政府出台的调整职务津贴政策，公教人员待遇人均年增加 1700 多元。二是保障社保资金支出。社保资金支出 12238 万元，落实了企业离退休人员、再就业人员、复退军人、城镇低保、困难群众救助等项政策，为全市改革和稳定大局发挥了重要作用。三是加大对教育、科技和卫生事业的投入。教育支出 16228 万元，完成了 12 所小学的危房改造、布局调整和农村中小学远程教育“校校通”工程；为 6773 名贫困学生落实了“两免一补”政策。科技支出 566 万元，支持农副产品加工、主导产业技术改造、应用技术研究与开发、环保技术开发和全市物流系统网络信息化建设。拨付卫生资金 300 万元，用于疾控中心、乡镇卫生院和公共卫生项目建设。四是认真落实各项惠农政策。2005 年我市实现免征农业税，共减轻农民税负 3517 万元；认真落实“三补贴”政策，发放粮食直补资金 744.3 万元，发放良种补贴 250 万元，发放农机具补贴 60 万元，把党和政府对农民的关心落到实处；对 2000 个农村计划生育家庭发放奖励扶助资金 120 万元，落实独生子女奖励 118 万元，发放农村计生小组长工资 30 万元；筹措资金 282 万元，支持 36 个文明生态村进行道路整修绿化、厕改水、沼气池建设和购置图书、健身器材。五是保证了偿债资金。偿还农村基金会借款2578万元,水处理中心借款1122万元。六是加大了对基础设施的投入。基本建设和城市维护费支出4627万元,用于污水处理、城区绿化和农村道路等重点项目建设。

五、进一步深化财政改革,有效实施财政管理体制创新

一是积极推进预算管理改革,进一步强化预算内外资金管理,增强财政资金调控能力和集中财力办大事能力,全年集中财力2000多万元,重点支持了天王线和衡井线改造等一批事关全市经济社会发展和利市利民的重大事项。二是财政集中支付实行正常经费和专项经费分户管理,有效防止了专项资金的截留和挪用。三是完善政府采购信息网络发布体系,实现政府采购预算与部门预算同步编制,将工程建设和服务纳入了采购范围。全年采购额完成4300万元,节约资金700万元。四是财政监管机制不断完善。通过专项资金检查和"收支两条线"检查,查处违纪资金443万元,有效促进了财政管理的制度化、规范化、科学化。

(辛集市财政局供稿)

2005年平山县财政工作概况

一、2005年预算执行情况

全年全县财政总收入完成68170万元,占调整预算的100.25%,按可比口径计算,比上年增收17607万元,增长55.9%。其中,县级地方预算收入完成23861万元,上划中央收入完成38299万元,上划省级收入完成6010万元。按征收部门划分:国税局完成50100万元,占调整预算的100%,同比增收2766万元,增长5.84%;地税局完成10602万元,占调整预算的100.02%,同比增收2228万元,增长26.61%;财政局完成7468万元,占调整预算的102.31%,同比增收5133万元,增长219.73%。

2005年县级分享收入加上级补助收入,一般预算的可用财力为43417万元,基金预算的可用财力为6405万元。财政预算支出情况是:一般预算支出43417万元,基金预算支出6405万元,一般预算和基金预算均实现了收支平衡。

在一般预算支出中,上级给予的专项资金支出10127万元,占总支出的23.32%;县内财力安排的支出33290万元,占总支出的76.68%。在县内财力安排的支出中,个人部分支出19226万元,占57.75%,比上年增支3079万元;正常公用经费支出7381万元,占22.17%;事业发展及专项资金支出6683万元,占20.08%。

二、主要工作及措施

(一)强化各项征管措施,财政收入保持稳定较快增长。财税部门内部进一步完善了目标责任考核机制,明确责任,严格奖惩。对乡镇的工商税收完成情况继续进行考核,并实行一票否决,调动乡镇组织收入的积极性。财税部门之间实行定期联系制度,定期召开协调会,分析收入形势,共同研究解决征管中出现的问题。对重点税源加强监控,严格依法征收;强化收入稽查,重点税种管好,小税种不放过,从而保障了各项税收的及时足额入库。

(二)强化支出管理,保证重点需要。支出安排上坚持"有先有后,有保有压"的原则,统筹兼顾,突出重点,首先保证公教人员工资及时发放和机关正常运转,其次是解决事关全局的重点、热点和难点问题,一般性支出实行零增长。1—12月份我们做到了月月按承诺时间发放工资,不拖不欠。在支出预算的执行中,既严格把关,防止了虚报、挪用现象,又科学调动,及时拨付,提高了资金使用效益。在支出管理上,严格执行县内统一规定的开支政策,要求任何单位都不得擅自提高开支标准,增加开支项目,扩大开支范围;严格控制临批预算,今年我局仅集中研究了一次临时追加预算,而从各支出大类实际支出情况看,均未超出年初预算数。

(三)强化职能作用,支持经济社会协调发展。按照科学发展观的要求,在确保公教人员工资及时足额发放的前提下,大力推进各项事业健康发展。2005年用于支持经济和各项事业发展的资金达6683万元。其中,用于农林水事业发展的资金330万元,比年初预算增长32%;用于教育事业发展的资金899万元,基本达到了"两个比例"和"三个增长"的法定要求;用于计划生育事业发展的资金400万元,除按人均7.5元的标准足额安排计划生育经费外,又按规定落实了四术费、育龄妇女小组长工资和农村计生户奖励资金县级配套等项费用。用于公共卫生事业发展的资金 133 万元；用于城建基础设施建设资金 1468 万元；用于旅游路建设资金 1010 万元；用于对村级组织补助资金 590 万元。此外，还筹集资金支持了县城集中供暖、民营经济发展等。

（四）强化改革意识，积极探索新形势下的财政工作新思路。根据扩权强县后的财政工作新形势，积极探索财政工作新思路，经过与有关部门座谈、深入乡镇调研，撰写出了调研文章《抓住扩权强县机遇，努力做好新形势下的财政工作》，对今后一个时期的财政改革与发展工作进行了认真探讨并提出了很好的指导性意见。适应取消农业税后新形势的需要，认真研究乡财政工作新思路。有关股室深入各乡镇调研，与部分乡镇长座谈，并到兄弟县（市）取经，在此基础上形成了《关于进一步加强乡镇财政工作的意见》和《关于在乡镇实行集中核算的意见》，主要内容就是转变乡镇财政职能，从契税征收、公用经费、站所收支、专项资金、国有资产、人员工资等六个方面加强管理；借鉴兄弟县市经验，结合我县实际，在乡镇建立会计核算中心和农村财务服务中心，对乡镇及所属部门和村级财务收支实行集中核算。上述两个“意见”已经县政府审批，我局正在谋划实施。与此同时，我们按照部门预算、综合预算的要求，不断完善预算管理，规范预算运行。财政结算中心进一步规范了运作程序，服务质量和办事效率明显提高，得到了部门和单位的好评；对全县所有收费和罚没项目进行了清理和规范，对乱收、乱罚现象进行了严肃查处，优化了经济环境；按照省市要求全面实施对种粮农民直接补贴政策，到 6 月底将直补资金全部发放到农民手中。对社保资金实行“专户储存，封闭运行，专款专用，银行代发”的形式，有效地堵塞了资金管理上存在的漏洞，基本上实现了养老、失业保险面的全覆盖。

（平山县财政局供稿）

2005 年承德市财政工作概况

一、抓收入，财政收入实现高增长

全市各级财税部门依法强化征管，挖潜增收，清欠增收，堵漏增收，应收尽收，通过抓目标，抓协调，抓督导，抓税源，抓体制，实现了财政收入的高速增长。全市各级次各部门均完成了收入任务，收入额度、增长率幅均创历史最好水平。2005 年实现 45.3 亿元，比 2004 年增长 54.8%。其中，中央级收入完成 23.3 亿元，增长 70%；省级收入完成 4.7 亿元，增长 77.4%；地方一般预算收入完成 17.3 亿元，增长 43.8%。基金收入完成 7832 万元。在收入保持高速增长的同时，收入质量进一步提高，全部财政收入占 GDP（GDP 为预计实现数）的比重为 12.9%，比上年提高 3.1 个百分点。

二、抓发展，财政发展步伐加快

财政部门始终把发展作为第一要务，谋好项目促发展，用好政策促发展，优化结构促发展，并始终把争取资金作为财政的重要工作，敏锐把握国家政策动向，认真研究稳健财政政策的支持导向，有针对性地谋划项目，千方百计内引外联，工作力度不断加大，2005 年共争取上级各类资金 23.5 亿元，有力地支持了全市经济和社会事业发展。2005 年，全市建设性支出 13.5 亿元，占全部支出的比重为 27.8%，与 2000 相比年均递增 36.1%。

三、抓保障，重点支出需要得到保障

2005 年全市财政总支出完成 510371 万元，增长 27.6%。

第一，全市各级全部出台了国家统一工资政策标准，做到了按时足额发放，同时保证了政权机关的正常运转。

第二，积极推动社会事业发展，促进和谐社会建设。一是加大社会保障力度，维护社会稳定。2005 年社会保障性支出 9.9 亿元，比 2004 年增长 17.9%。认真贯彻和执行了两个“确保”、一个“低保”的政策，基本做到了动态管理下的应保尽保，努力做好扩大社会保险费及医疗保险覆盖面、救灾救济、优抚等项工作，维护了社会稳定。二是积极支持教育事业发展。2001 年启动“农村中小学危房改造工程”和“农村中小学布局调整工程”以来，抓住“筛选项目、筹措资金、保证质量”三个环节，使 279 所学校的 24041 平米危房得到改造；争取布局调整资金 3620 万元，使 167 所学校布局得到趋于合理的调整。三是积极支持公共卫生事业建设。加大了对乡镇卫生院的改造，改善农村居民基本医疗卫生服务。四是多方筹措资金，支持文化体育事业建设。进行了剧场改造维修、群艺馆多功能厅建设、图书馆维修改造购置、修建体育场等。

第三，加大对“三农”的支持力度，落实各项惠农政策。一是2005年投入支农资金3.2亿。主要用于基础设施建设、农业结构调整、农业产业化、农业综合开发、扶贫等重点工程项目建设。二是推进农村税费改革。农村税费主体改革政策全面落实，改革取得了重要的阶段性成果，农民负担明显减轻，全市农民实现了税费零负担，人均减负89.6元。初步建立了规范的转移支付制度，保证了乡镇机构、村级组织的正常运转和农村义务教育等社会事业的健康发展。三是做好粮食直补工作。2005年补贴153个乡镇，补贴耕地178.19万亩，补贴农户54.4万户，受益人数达186.31万人。粮补资金已全部兑付到应补贴农民手中。四是认真落实农村部分计划生育家庭奖励扶助政策。2004年和2005年，5621名农民享受到每人每年600元的奖励扶助金。五是做好农村中小学贫困生“两免一补”工作，按标准界定贫困生，做到准确无误，同时，积极筹措配套资金，做到及时足额发放。2005年，全市209513名学生享受到国家优惠政策，全市享受“两免一补”学生占农村中小学生的28%。

第四，加大对科技、教育、公检法投入力度，保法定支出需要。从2000年到2005年，年均增长率分别为14.4%、23.1%、19.5%。编报了两个政法系统基础建设维修三年规划，维修改造了314个派出所、基层法庭、看守所等项目，维修改造面积34500平方米。

四、抓改革，财政运行进一步规范化

一是财政预算管理体制改革进一步深化。积极推进预算管理改革，实行早编、细编、综合、零基、部门预算，更新了部门基础资料数据库，提高了预算文本的编制水平，建立了财政供养人员信息管理系统，实现了预算管理体制创新。二是财政国库管理制度改革取得较大进展。全市所有一、二级预算单位全部纳入财政集中支付管理；全市“工资发放银行化”工作全部实行了财政集中支付管理。财政集中支付实现了规范化、制度化。三是政府采购改革力度不断加大。完善了政府采购信息网络体系，建立了供应商信息库、专家库、档案信息库，拓展了政府采购范围，扩大了政府采购规模，达到了政府采购工作执行有目录，操作有程序，监督有办法的目标。2005年实现政府采购金额4.4亿元，节约财政资金3900万元，比上年增长40.5%，节约率为8.9%。四是在非税收入的管理上建立了比较完善、系统的收费、罚没收入收缴体系，行政事业性收费、政府性基金、罚没收入已实现了“单位开票、银行代收、财政统管”的目标。“票款分离”面达98%，“罚缴分离”面达95%。建立并完善了资金缴、拨程序，资金的拨付处于相互监督之下，体现了公开、公正、安全、高效的原则。加强了收费项目管理，实现在物价部门颁发的《收费许可证》上加盖“财政部门收费项目审核专用章”制度。共取消收费项目154个，转经营47个。五是完善财政监督机制，加大监督力度。制发了《承德市财政收入监管办法》、《承德市财政局事业单位财务管理的具体规定》等七项制度，2005年开展的专项资金检查工作，全市共清理涉及财政专项资金总额456442万元，清理出有问题资金为6531万元。

另外，在国有资产管理、支农资金及城建资金等财政专项资金管理、政府债务管理、收费管理、医疗费用管理、会计管理、机关规范化管理等方面建立和完善了各项工作制度和管理制度，各项管理工作趋于制度化、规范化和科学化，理财水平进一步提高，促进了各项财政工作任务的圆满完成。

五、抓队伍，树立了良好的财政形象。

（承德市财政局供稿）

2005年承德县财政工作概况

一、以公共财政理念为指导，促进了财政经济的协调发展

一是按照县委、县政府确立的“工业立县、产业富民”的发展思路，正确定位财政在支持经济发展中的角色和职能，通过财政资金和财政政策的双重引导，不断推进产业结构调整，在全县形成了以铁选冶金、针织服装、制酒、建筑建材等几大主导产业为支撑的财源新格局，财源结构进一步趋于合理，为财政收入的快速增长提供了强有力的经济支撑，提高了县域财政经济运行质量。二是支持农业综合生产能力建设，认真抓好扶贫开发项目、农业综合开发项目、退耕还林、京津风沙源治理、土地治理、集雨工程等基础项目建设，为农业结构调整和产业化经营创造了条件。

二、超额完成财政收入目标任务，收入增量和增幅再创历史新高

全年全部财政收入累计完成 3.2 亿元，比上年增加 8500 万元，完成年初预算的 106%，同比增长 36.2%。各级次收入增量和增幅再创历史最好水平，特别是乡镇组织收入力度明显加大，乡级收入完成 14414 万元，同比增加 5731 万元，增长 66%。财政收入超千万元乡镇达到 5 个，比上年增加两个。2005 年全部财政收入占 GDP 的比重达到 9.25%，比上年提高 1.06 个百分点，收入质量进一步提高。

三、财政保障能力进一步增强，有力地促进了和谐社会建设

一是确保了全县公教人员及离退休人员工资的及时足额发放。二是累计拨付城镇低保资金 388.3 万元，社会保障工作力度进一步加大。三是进一步增加对教育的投入，推进了科教兴县战略。2005 年，全县共落实补助资金 238.8 万元，资助贫困生 16556 名。四是加快公共卫生和医疗保障体系建设。重点是积极推进新型农村合作医疗改革。全年共到位财政资金和农民缴费资金 743 万元，对县合管中心和乡镇合管办运行经费予以了重点保障。五是筹措资金为全县农村育龄妇女进行了免费健康检查，积极落实农村计划生育奖励扶助等计划生育各项政策。

四、关注和支持“三农”，党的惠农政策得到全面落实

一是积极推进农村税费改革，比国家要求提前一年全部免征了农业税，减轻农民负担 240 万元，从 2005 年起，全县农民从事农业生产实现了税费零负担。二是严格落实各项涉农补助政策，确保补助资金及时发放到农民手中。2005 年全县粮食直补标准由上年的每亩 7 元提高到每亩 8 元，共兑付直补资金 278.6 万元，比上年增加补贴 17.3 万元；兑付良种补贴 50 万元、农机具补贴 60 万元、退耕还林补助资金 4415 万元、禁牧舍饲补助资金 147 万元。三是筹措和争取资金 160 万元对“村村通”工程建设予以了补助，进一步改善了农村交通条件。

五、财政各项改革扎实推进，财政管理水平进一步提高

（一）提前谋划，认真部署，“扩权强县”改革进展顺利。在时间紧、任务重的情况下，认真研究实施办法，对新体制下税收收入缴库工作做了详细安排。从 2005 年 5 月份开始，财政收入按新的财政收入体制确定的各级财政分享范围和比例，分别缴入了中央、省级和县级国库，新的财政收入体制顺利运转。

（二）政府采购扩面增量和制度体系建设取得新进展。一是积极探索了适合我县的公开招标、邀请招标、竞争性谈判、询价等多种采购方式，努力降低采购成本，提高工作效率。二是通过延伸采购单位、扩大采购管理区域、扩展采购品种等措施，进一步扩大了政府采购的覆盖面。2005 年，共依法组织开展政府采购 89 批次，采购预算金额达到 4050 万元，同比增长 36%，节约资金 258 万元，节支率达 6.37%。

（三）财政集中支付制度改革进一步深入。全县纳入财政集中支付管理的单位共 88 个，建立基本账户 116 个，专户 18 个，2005 年累计支付资金 13005 万元，拒付和纠正不合理开支 113 笔，金额达 122 万元，有力地规范了部门和单位财务管理，保证了财政资金的合理、有效使用。

（四）“收支两条线”管理力度进一步加大，收缴分离领域得到拓宽。将全局分散在各股室的专项收入全部归并到收费局专户管理，把收缴分离管理办法拓展到全部非税收入。一是将乡镇所在地的信用社作为收缴分离管理的代收网点，对各派出所的行罚收入实行收缴分离，从根本上杜绝了派出所截留、挪用、坐支行罚收入等违法违纪的问题发生；二是将五所县城外国办中学的收费收入实行收缴分离、收支两条线管理，增强了收支的透明度。

（五）成立了专门机构，契耕两税征收管理工作进一步加强。

（六）积极探索乡镇管理财政体制改革。根据国家和省有关要求，提前谋划和探索以乡镇机构、农村义务教育体制、化解乡村债务问题、县乡财政管理体制等为主要内容的农村综合改革。学习借鉴外地改革经验，并结合本县实际，研究起草了乡镇财政管理体制改革实施方案。

2005 年，局共获县以上表彰奖励 32 项，全体干部职工以过硬的工作作风、较高的整体素质和优质高效的服务树立了良好的财政形象。

（承德县财政局供稿）

2005 年丰宁满族自治县财政工作概况

一、财政收入实现快速增长，再创历史新高

2005 年全年实现财政收入 24321 万元，超收

10241 万元，占预算的 172.73%，比去年增收 12303 万元，增长一倍。增收数额之多、增长幅度之大、收入质量之好，均创历史最好水平，使我县的财政收入跨上了一个新台阶。主要采取了以下措施：

一是加强政策激励。年初，县政府出台了“十强乡镇”、“十强企业”激励政策，重新调整了县乡财政体制，有效调动了乡镇抓项目、抓财源、抓收入的积极性。全年乡镇财政收入完成 16862 万元，占全部财政收入的 69.3%，其中：十强乡镇实现财政收入 14819 元，占全部财政收入的 60.9%。

二是搞好税源调查，加强税源监控。实行班子成员及股室联系乡镇和重点企业制度，年初，财政局抽调骨干力量，组成六个税源调查组，由领导班子成员带队，深入乡镇企业进行详细调查，掌握了第一手资料，为政府下达财政收入任务提供了可靠的依据。在搞好税源调查的基础上，建立税源监控台账，对纳税百万元以上的企业实施动态监管。在矿产资源较多的重点乡镇，抽调相关人员，组成协税护税小组，建立了“政府主导、税务主抓、司法保障”的税收征管机制。

三是完善征管措施。在认真调研的基础上，县政府出台了《关于进一步规范矿山企业有关税收政策的管理办法(试行)》，有效控制了所得税流失。在具体管理中，坚持国有经济和民营经济一起抓，中央、地方收入一起抓，县乡两级收入一起抓，税收收入与非税收入一起抓，加快收入进度与提高收入质量并重。

四是加强非税收入的征管。坚持服务全县经济，优化发展环境的原则，不断完善行政事业收费和罚没收入“收支两条线”管理体制，认真清理收费项目，加大监督稽查力度，规范执收执罚行为，建立与综合财政管理相适应的政府非税收入征管模式，确保各项非税财政收入及时缴入国库或财政专户。全年缴入预算罚没收费收入 1701 万元，占预算的 283.5%，基金收入 245 万元，占预算的 245%。

五是建立部门联席会议制度。

二、财政支出稳定增长，各项事业得到较好保障

预计全年财政支出完成 49731 万元，占调整预算的 100%，比上年增支 14200 万元，增长 28.6%。

财政收入快速增长，可用财力增加，确保了全县财政支出较大幅度的增长。全县公教人员工资及时足额发放，农林水利、文教广播、抚恤救济、社会保障、公检法、城市维护等重点支出得到较好保障，确保了党政机关正常运转，维护了社会稳定，促进了各项事业发展。

三、争取资金，支持经济和社会事业发展的力度不断加大

按照自有资金保工资、保运转，争取资金促发展的原则，利用扩权强县的契机，加强与省厅对口衔接，与有关部门一起积极向上争取资金。全年共争取资金 2.2 亿元，重点支持了防沙治沙、一退双还、宏森木业、黄旗镇和黑山咀镇土地整理、检察院技术办案用房、外沟门中学和万胜永小学、大河西小学危房改造和教学楼建设、公共卫生和动物防疫体系建设、乡村道路、农村电网改造等项目，加强了基础设施建设，促进了县域经济发展。

四、财政资金的监管不断加强

一是重点开展了专项资金综合治理。成立组织，抽调专门人员，对全县 2001 年—2004 年各类专项资金管理使用情况进行了自查和检查。共检查各类专项资金 1.3 亿元，对检查发现的问题提出了整改意见，并向县政府做了专题汇报，对违纪违规问题进行了及时纠正和整改。顺利通过了省审计厅、省财政厅对扶贫资金、救灾资金、教育布局调整和危房改造资金等专项资金的检查审计。二是加大财政法规的宣传贯彻力度。我们聘请财政部条法司领导就贯彻落实《财政违法行为处分处罚条例》作了专题报告，还聘请中央财经大学博士生导师王雍君教授作了《做好财税工作，促进公共管理》专题讲座。

五、积极做好扩权强县各项工作

六、财政改革进一步深化

一是积极推进契税征管改革。为适应市场经济发展和房地产交易日益活跃的新形势，切实加强契税征管，防止税源流失，制定了《丰宁满族自治县契税征收管理办法》，成立了契税征管中心，加强了契税征管力量。契税征管中心成立以来，打击房地产非法交易，减少税收流失的作用已初步显现，全年征缴契税 126 万元，比去年同期增收 40 万元，增长 46.5%。

二是会计电算化改革进一步推进。在去年 22 个行政事业部门实行会计电算化的基础上，今年又有 10 个乡镇、20 个县直行政事业单位实行会计电算化，采用我县教育局开发的金盾财务管理软件，分两期对实行会计电算化单位的财会人员进行了培训，提高了全县的会计核算和财务管理水平。

三是积极推进政府采购改革。制定下发了《政府采购实施办法》和《关于加强政府采购工作的通知》，编制了《政府采购目录》，开展了公务用车定点保险、办公用品定点采购和土地开发治理项目招标工作，节约资金 55 万元，为政府采购工作全面开展打下了较好基础。

四是农村税费改革进一步深化。全面取消了农业税，减轻农民负担 734 万元。发放粮食直补资金 279 万元，落实一退双还现金补助 4361 万元，舍饲圈养粮食补助金 802 万元。农民减负增收计 6176 万元，人均增收 187 元。同时，加大财政对“三农”的支持力度，争取农业项目资金 1650 万元，支持了一批种植业、养殖业项目，加快了农业产业化结构调整步伐。

五是国有资产管理改革进一步推进。制定了《行政事业单位国有资产管理实施办法》，规范了国有资产审批、购置、处理等环节的管理。开展了全县行政事业单位资产年检工作，核准登记国有资产 2.75 亿元，并建立了台账，进一步加强了国有资产的监管。积极参与国有企业改革，由国资办牵头，组织有关部门制定了《粮食企业改制资产处置方案》，并对改制企业进行了资产评估，加快了企业改制步伐。

七、机关效能建设和党风廉政建设不断加强。

（丰宁县财政局供稿）

2005 年张家口市财政工作概况

一、突出跨越主题保增收，财政收入实现新突破

一是完善收入增长的激励机制，激发活力。继续完善市对县区激励性财政体制，兑现各县区奖励和返还资金 5.48 亿元，比去年增加 2.68 亿元。着力落实扶持产业发展的财税政策，推行非税财政收入“一册式”管理，加大行政事业单位收费的监管力度；为符合政策规定的改制企业减免契税、返还土地出让金 5288 万元。认真研究制定促进增收的奖励措施，促使各产业、行业、税种同步快速增长，尤其是县区财政收入增长势头明显加快，收入过亿元的县区达到了 13 个，比上年增加了 4 个。二是强化收入征管的保障措施，夯实基础。下大力加强收入的协调督导，及时对县区收入进行调度，保证了全年财政收入实现 70 亿的突破。下大力加强财源监控体系建设，全市纳入财源监控的企业达到 576 户，税收收入占到全市税收收入的 85.7%，位列全省第一。下大力挖掘自身增收的潜力，全年完成非税收入 101318 万元，同比增长 65%；全年完成契税收入 13950 万元，比 2004 年增长 75.1%。三是增加财源建设的资金投入，增强后劲。着力支持农业产业化建设，全市完成农业支出 3 亿多元，重点扶持了一批农业产业龙头企业建设和农村基础设施建设。着力支持“百家企业振兴”工程，市本级安排落实 8795 万元国企改革资金，支持了 3 户捆绑破产企业的清算终结，推动 13 户企业实现了彻底改制，帮助 15 户商业企业解除金融债务近亿元。着力支持第三产业发展，筹资 1200 万元，支持了冬运会申请、旅游设施改善及历史文化保护等项目。安排资金 1000 万元，完善了一批物流设施的服务功能。安排资金 1000 万元，支持建设“数字张家口”。市财政配套资金 1023 万元，支持了农村信用社改革。

二、优化支出结构促和谐，财政保障取得新进展

一是稳步提高财政基本保障水平，把“以人为本”落到实处。首先是保工资发放。加大对县区保工资的转移支付力度，县区人均财力水平平均提高了 4800 元，消化以前年度陈欠工资 6700 多万元。其次是保社保支出。筹集企业养老金和下岗职工基本生活费 10.5 亿元，争取城市低保补助资金 7822 万元，筹措再就业资金 1970 万元，争取省补助资金 1.27 亿元，有力地确保了各项社会保障的支出需要。第三是保困难群众生活需要。及时清理历年城建项目欠款 5280 万元，解决农民工工资拖欠问题；为城市最低收入家庭落实租赁住房补贴、核减房租 330 万元。二是全面落实党的惠农政策，促进城市和农村的和谐发展。积极推进农村税费改革，全市 11 个县区免征农业税，农业税较上年减少 6488 万元。加大农村基础设施建设力度，筹措资金 12071 万元，建设和改善水浇地 34.6 万亩，解决了 111 个村 8.2 万人的饮水安全问题。加快完善农村社会救助体系，筹集资金 746 万元，加快推进新型农村合作医疗试点工作；筹集资金 515 万元，全面开展农村医疗救助工作；筹集自然灾害救济补助费 1549 万元，受灾群众得到了及时救助。加大农村社会事业的投入，落实配套资金 500 万元，实施了中小学危房改造和布局调整；筹集资金 2732 万元，为 13.5 万名贫困农村中小学生落实了“两免一补”政策；落实市本级配套补助资金 1000 万元，支持了“农村中小学现代远程教育工程”；投入资金 301 万元，实施了农村计划生育家庭奖励扶助。三是大力支持各项社会事业建设，促进了经济与社会的和谐发展。支持教育事业发展，为两所省属院校扩建和市属三所学校基本建设贷款提供了财政贴息。支持文化事业发展，筹措资金 2500 万元，支持了文化信息资源共享、市电视演播大厅、报业大厦等工程。支持科技事业发展，落实科技三项费 380 万元，优先扶持了高新技术产业。支持城市建设，会同有关部门争取国家开发银行贷款授信 100 亿元，支持了市主城区 12 个大型市政项目及部分县基础设施建设；筹资 1030 万元，完成了部分街巷改造和主干道绿化。支持生态建设，及时拨付生态建设资金 5.65 亿元，并安排资金 700 万元支持了“通道绿化”和“增绿添彩”工程建设。

三、深化各项改革抓规范，财政管理水平得到新提升

一是进一步深化了财政改革，市直部门实行了财政“零余额”授权支付试点，推行了乡镇资金纳入县级财政集中支付的改革。完善了政府采购管理制度和办法，全年完成政府采购 5.4 亿元，节约资金 7000 万元。二是进一步强化了财政监督职能，组织全市各级财政部门对 8 项重点资金进行了内部自查和对外检查，对查出的问题及时进行了处理。三是进一步完善了财政管理工作，制定了《张家口市财政局财政资金局内拨付及审批规程》等各类资金管理办法 10 多个，使财政资金的管理进一步规范化。三是推进信息化建设。加强“金财工程”业务系统应用，研发运行了局内办公自动化系统。四是推进会计管理，积极开展《会计法》实施二十周年系列纪念活动，在市直部门创建了会计信息管理平台。五是认真开展了工资和“吃空晌”清理工作，全市共清查出各类涉嫌“吃空晌”人员 1941 名，同时开展了全市行政事业单位的津贴补贴清理工作，使清查工作取得了较好效果。

四、坚持不断创新和突破，机关队伍建设迈出新步伐

一是党员先进性教育取得了实效。把党员思想教育和机关建设有机结合起来，促使学习动员“入心入脑”，分析评议“触及灵魂”，整改提高“追求实效”。省委副书记刘德旺来局视察后，给予了“有声色、有起色、有特色”的高度评价。二是继续推进了抓基础、抓规范活动。完善财政集中支付“一站式、全过程”服务制度，大力推行财政票据规范化管理，率先在全省实现了常年窗口式供票；规范了局内督查督办制度，全年承办各类领导批件及代表建议、委员提案 777 件，赢得了领导和群众的肯定。三是不断提升学习型、研究型机关建设的层次。开展了 8 个主题的“周末课堂”学习活动，并到国家行政学院举办了全市财政系统领导干部公共管理培训班，促进了干部职工全面素质的提高。历时半年组织开展了全市“十一五”财政跨越式发展研究，为财政经济跨越式发展提供了理论支撑；并对市财政学会、市预算会计研究会、市会计学会和市珠算协会理事会进行了换届改选。五是不断开创精神文明建设的新途径。举办了春季运动会及迎新春、会计之歌等文艺活动，活跃了干部职工精神文化生活。六是坚持不懈地抓好党风廉政建设。建立了科级干部廉政档案，实行了廉洁自律承诺书等制度；在全局范围内进行了大范围的集中轮岗，从干部管理机制上防范不廉洁行为的发生。

（张家口市财政局供稿）

2005 年张北县财政工作概况

2005 年，是我县列入扩权强县的第一年，全县上下团结拼搏，积极进取，全县财政经济实现了突破性进展。全县财政收入累计完成 1.1 亿元，比上年增收 2989 万元，增长 37.31%，比“九五”末（2000 年全年 3818 万元）增长 188.11%。财政支出也随之呈现较大幅度增长，全县全部财政支出 30381 万元，较上年同期增长 28.4%，增支 6720 万元。

一、加大组织收入力度，财政收入实现了稳步快速增长

一是充分用足用活财政政策。认真研究分析省“五奖二补”和省、市四税的“定额分享、超收全返”的激励性政策以及扩权县财政体制直接对省的政策机遇，结合全县实际，进一步完善了财政收入奖励机制，调动了各级各部门抓收入的积极性，为财政经济跨越式发展奠定了基础。二是切实加强源头控管和税收征管。建立并完善了财源监控体系，加强了对重点行业、重点领域、重点部门、重点税种的监控，下大力清理欠税，不断夯实税收增长的管理基础。据决算显示，中央级收入增长 60.88%，省级收入增长 51.97%、县级一般预算收入增长 26.29%，增幅均创近年同期最好水平。三是下大力挖掘契税税源。紧紧抓住我县房地产市场良好的增长势头，加大契税征收力度，全年入库契税 350 万元，较上年增收 100 万元。四是加强非税财政收入管理。进一步完善了非税财政收入会计核算办法、程序，规范票据使用制度，严格执行“收支两条线”、“票款分离”、“罚缴分离”的收缴制度，政府非税收入完成 3435 万元，较上年同期增长 23.5%，增收 653 万元。

二、以人为本，切实解决好与人民群众密切相关的热点、难点问题

一是强化资金调度和管理，确保了重点支出需要。今年我县被列为扩权强县后，市级分享收入全部下划，省厅对我县的补助资金直接到位，全县可用财力在收入大幅度增长的支持下有了一定的增长，财政支出增幅达到了历年最高，工资按现行工资标准按月发放，专款支出也能根据项目进度拨付资金。

二是多方筹措资金，两个确保和各项社会保险待遇得到全面落实，维护了社会稳定。初步建立起符合本地财政经济状况的养老、失业等社会保险基金的自我平衡机制，全县筹集征缴各项社保资金 3524 万元，累计发放各项保障金 3140 万元，确保了各项社会保障资金落实到位。

三、完善制度措施，各项财政改革扎实推进

一是进一步完善财政体制。我县被列入扩权强县后，财政体制发生了重大转变，我们按照“扩权后有关预算管理问题”的文件要求，积极与市局就新体制与旧体制衔接中的有关基数进行了确定，合理划分双方既得利益，使基数划转工作顺利完成，确保了省扩权强县改革的顺利实施。

二是进一步深化预算管理改革。全面推进了以零基预算、综合预算为基础的部门预算管理。在程序上，实现了以规范的文本和标准自下而上编制、自上而下审核，两上两下的编制办法；在机制上，建立起编制、执行、管理“三分离一监督”的预算管理运行机制；在内容上，逐步开始编制综合预算，研究探索绩效预算和滚动预算编制方法，使预算管理的外延不断扩大。

三是切实推进国库收付改革。基本建立起“以财政集中支付制度为基础、以强化账户管理为保障、最终实现国库单一账户支付体系”的改革模式。建立并规范了财政集中支付工作规程和内部审核制度，不合理票据明显减少，全年支付资金达 7580 多笔，金额达 11540 万元；拒付资金 320 笔，涉及金额 450 多万元，有效地节约了财政资金。

四、加大投入力度，有效发挥财政支持经济发展的作用

一是积极申报项目，多渠道争取财政支农资金。配合有关部门完成了 2005 年扶贫发展、以工代赈和坝上农业生态项目申报工作，争取各类支农资金 3000 多万元；为民营企业争取成长型贷款贴息资金及新型农民科技培训资金 158 万元。

二是不断加大对出口企业的政策扶持力度。结合中央和省出口退税政策改革措施，将出口退税政策规定如数落实到位，今年以来，已为 2 家企业办理出口退税 172 万元。

三是认真做好对种粮农民直接补贴和退耕还林禁牧舍饲兑付工作。全县共发放直补资金 190 万元，受益农民 27 万人。同时，坚持“专款专用、专户储存，专账管理、封闭运行，兑付到户”的资金管理原则，共向农民兑付退耕还林禁牧舍饲资金 6463.19 万元，受益农民 27.7 万人。

五、结合扩权强县要求，切实提高执政理财水平

一是建立学习型财政。局内制定了严格的学习制度和人事任用制度，全局 34 名在职干部中有 8 名同志取得了本科学历、21 名同志取得了专科学历，全局专科以上学历人员由 10.5%提高到 87%，初级职称以上人员达到了 63%，干部队伍的知识结构得到了显著提高。

二是建立规范型财政。修订完善了 5 大类 20 多项包括机关党务、政务、事务类工作制度，结辑成《张北县财政局规章制度选编》。同时结合行政权力公开，确定了 6 项 30 条行政权力公开项目。设立了政务公开栏，设置了局长信箱，安排专人负责接待办理信访工作。

三是建立开放型财政。全局干部共撰写各类文章信息 250 多篇，被省厅网采用理论文章 12 篇，采用信息 130 条信息工作，获得全省财政系统信息工作优胜单位。

四是建立绩效型财政。机关工作效率有了很大提高,资金报账程序多、环节多问题得到了有效解决,民主评议工作获得了优秀单位。

(张北县财政局供稿)

2005 年怀来县财政工作概况

一、狠抓增收节支,确保全年预算顺利执行

2005 年,财政收入首次突破 4 亿元大关,创历史最高水平。全县全部财政收入完成 40188 万元,比上年增收 8674 万元,增长 27.53%。我们采取有力措施,密切与税务部门的协调配合,强化收入分析和调度,开展税源调查,对重点行业、重点企业加大监控力度,堵漏增收;逐月掌握和分析全县经济运行及收入入库情况,做到底数清、情况明、决策有据、征管有力,通过健全完善收入保障机制和努力工作确保财政收入稳定增长;进一步强化预算约束,严格预算执行,按照建设节约型财政要求,重点确保工资发放及机关正常运转、科教文化等公共事业,严格一般性支出,将有限的财政资金用在刀刃上;加强税费征管力度,严格执行收支两条线管理,强化财政票据源头控制,全面推进票款分离,推行"一册式"阳光服务收费管理,做到票款同行,以票治费,使财政票据管理工作和非税收入管理工作步入了规范化管理轨道。今年全年完成各项非税性收入 8943 万元,较去年同期增长 205%,其中预算外收入 4609 万元,行政性收费 485 万元;抓住房地产开发的机遇强化契税征管,主动协调有关部门,契税收入不断提高,全年契税收入完成 500 万元,增加了地方可用财力。

二、抓财政改革,不断创新管理体制

加强组织协调,推进扩权强县改革。我县是全省首批 22 个扩权县市之一,年初,我们把这项工作列入重要议事日程,做好各项衔接工作,按时完成了扩权县财政体制改革各项工作。扩权管理后省财政在资金调度上给予了大力支持,支出进度明显加快,专款拨付率达 95%以上,各项重点支出得到较好保障。进一步完善预算编制体系,充分体现集中财力办实事原则。按统一格式编印了部门预算文本,进一步完善了《怀来县综合财政预算管理办法》及《怀来县综合财政预算实施细则》。建立了县直事业单位人事工资信息数据库和部门预算编报基础数据库,严格执行《怀来县预算资金拨付管理办法》,规范各项财政支出内容。进一步落实减轻农民负担政策,健全农民负担监督体系和农业税收征管体系。在去年取消了王家楼、孙庄子、瑞云观乡和存瑞镇 10 个贫困村农业税的基础上,今年其余乡镇农业税税率又下调 2 个百分点,并争取省厅农业税因灾减免 135 万元,减轻农民负担 500 万元;对我县 17 个乡镇 265 个行政村和国有农场种粮农民直接补贴,受益农民达到 69330 户、23.6 万人,补贴资金 281.19 万元。结合农村税费改革,做好我县乡镇财政体制等综合配套改革,进一步落实了减轻农民负担政策。整体推进财政集中支付改革。在完善集中支付制度和强化服务意识的前提下,扩大支付范围,规范了支出管理,将原来实行财政集中核算的 31 户县直事业行政单位改为财政集中支付,由单位自行核算。目前,全县已纳入财政集中支付的县直行政事业单位达 60 户,全年财政集中支付资金达 2.23 亿元。同时做好国库改革的信息网络技术支撑。政府采购力度加大。今年共完成政府采购项目 23 项,采购金额 1687.10 万元,比上年增长 29.2%,节约资金 161.88 万元,节约率 8.75%。进一步完善社保资金征收管理体制。逐步完善了税务征收社保资金体制,提高养老金、失业金的征缴水平,扩大养老保险覆盖范围;2005 年共完成社保基金收入 3556 万元,其中:养老保险基金收入 3368 万元,失业保险基金收入 188 万元;社保支出管理严格执行"收支两条线",实现了"两个确保",确保了机关、企事业离退休人员基本养老金按时足额发放。

三、抓项目建设,增强发展后劲

充分发挥财政职能,加大项目争取力度,今年我县在财力紧张的情况下,积极筹措资金 1296 万元,重点支持了县城北环路、工业街、燕京路等市政工程建设项目。同时,向开行争取低息长期贷款 1.5 亿元注册成立"怀威资产经营投资有限公司",目前已到位资金 5800 万元。这些资金的使用和项目的实施,促进了全县经济社会快速发展。

加大对"三农"的投入。县财政为禽流感防治工作筹措资金 16 万元;为官厅水库库营农作物受损赔偿 300 万元,确保社会稳定;发放救济、优抚等各类社会救助资金 240 万元。总投入 510 万元对东花园、小南辛镇 0.86 万亩中低产田改造;在去年投入 300 万元扶持佳盈奶牛养殖小区一期工程建设的基础上，今年又申报 280 万元产业化项目实施佳盈二期工程建设，投入 20 万元补助优质奶牛冻精项目；争取资金 168 万元支持下枣沟村打井、坊口村引水等工程；向省争取 50 万元食用菌基地菌种繁育资金，向市争取 30 万元南山堡食用菌大棚建设资金，为我县食用菌规模种植打下坚实基础；投入 20 万元果树结构调整资金，建设无公害出口创汇示范基地 0.5 万亩；县拿出 16 万元对草庙子“果光”苹果包装、杏林堡柴鸡养殖进行贷款贴息，增强农产品市场竞争力。今年补助 50 万元玉米良种推广资金，种植优良品种，增加产量。

加大对生态建设项目的投入。2005 年退耕还林项目总投资 180 万元，退耕设计面积 3.6 万亩；京津风沙源项目总投资 915 万元，到目前，已预付项目 166 万元，大部分工程已通过县级初步验收。争取京西蔬菜批发市场二期工程国债资金 179 万元。

四、抓财政监督，推进依法理财

在抓好日常监督工作的同时，把专项资金综合治理作为工作的重点，成立“怀来县财政专项资金清理检查工作领导小组”，划分责任、明确分工，注重协调财政部门内部、财政与资金使用单位、财政与其他相关部门之间的关系，使各方面形成合力，共同做好综合治理工作。今年，重点对 2003 年—2004 年扶贫救灾、农村中小学危房和布局调整、公共卫生防治体系建设、计划生育药具专款经费等 10 多项专项资金进行检查。注重违纪问题的纠正和整改落实工作，使专项资金综合治理能力达到预期的效果，在财政资金检查过程中：财政内部自查资金总额为 17987.6 万元，通过自查共发现 6 个问题，有问题资金 91 万元，对这些问题全部进行了处理和纠正，并顺利通过省市各项资金检查，同时开展了会计信息质量检查，对《财政违法行为处罚处分条例》进行了宣传和培训，纠正违规行为，确保依法行政理财。

五、抓队伍建设，提高干部素质。

（怀来县财政局供稿）

2005 年秦皇岛市财政工作概况

一、继续深化财政改革，完善公共财政体制

（一）坚持公共财政原则，突出集中财力办大事。调整优化支出结构，进一步解决资金散、碎问题。全年市本级共计安排支出 10.68 亿元，其中专项项目支出占 57%，在保障公教人员工资发放和机关单位正常运转的基础上，重点向解决三农问题、社会保障和事关全市经济社会发展的民心工程倾斜，支持生态文明村、村村通油路、企业改制等项目。同时进一步完善预算编制管理体系，建立了预算编审标准参照体系和审核依据文件库，夯实预算编制基础。根据财力状况和单位的需求，适度调高了单位经费定额补助标准和单位燃油、车修费用标准，保证机关事业单位的正常运转和办公条件的逐步改善。

（二）完善和规范财政管理体制。一是向省申请港务局财政收入下放我市。2002 年港务局下放地方后，但省未将港务局直接下放到我市，特别是将其财政体制留省，每年定额补助我市 8000 万元，我市财力被省集中十分明显。随着近年来港务局企业改制，实行股份制管理体制，我市成为最大股东，争取港务局财政财务管理体制下放的时机更加成熟。上半年启动了争取港务局财政收入下划市级的工作，提出三种下划方案，并积极向市政府领导进行汇报和向省政府、省财政厅汇报、申请工作。二是认真做好扩权县财政体制直接对省工作。本着“公平公正，不挤不占，协商一致，双方认可”的原则来处理省、设区市、扩权县三方面的财政利益关系，积极做好财政体制基数划分、专款补助基数的核定，并就非税收入下划和债权债务及扩权改革后的财政管理等项工作认真清理、研究，提出意见，向市政府进行汇报。三是在市国税部门配合下，积极开展出口退税调查。基本摸清了我市出口商品结构和出口增长的主要原因，对出口退税造成财政减收和财力减少情况进行了预测，提出了应对措施，主要是加强对出口退税的预算管理，积极呼吁国家改善出口退税负担机制。四是布置“十一五”期间财政体制研究工作，准备数据，收集有关资料，为下一步的研究测算奠定基础。

（三）积极推进财政国库管理制度改革。按照公共财政框架要求，积极推进财政国库管理改革向制度化、规范化方向发展。在市本级一级预算单位全面实行国库集中收付制度的基础上，制定了《关于在市本级二级预算单位全面推行国库管理制度改革实施意见》，目前正向二级预算单位和各县区推进。

（四）进一步推进政府采购改革。贯彻《政府采购法》，全面推进政府采购改革。认真落实全市政府采购工作会议精神，进一步提高社会各界对政府采购工作的认识，加强政府采购预算的编制工作，提高政府采购的计划性和监督的有效性。严格政府采购范围，进一步扩大政府采购规模。严格政府采购程序，保障采购行为和采购结果的合法性。2005年，全市共采购1076次，采购预算总资金33093.07万元；完成政府采购合同金额28948.64万元，节约资金4144.43万元，节约率为12.52%。

（五）继续规范完善产权交易操作行为。通过政府采购招标的形式完成了电子显示屏工程，实现产权交易电子信息化。为完善产权交易市场职能，拓展产权交易业务范畴，组建河北省大众拍卖有限责任公司秦皇岛办事处。严把改制企业的产权转让关，确保产权交易主体合格、程序规范，有效地解决了国有资产的流失问题。加大资产收益的收缴力度，加强改制资金的专项管理。累计完成产权交易项目165宗，成交金额2.82亿元，盘活存量资产14.22亿元，分别完成年计划的120%。其中市本级完成产权交易82宗，成交金额2.15亿元，盘活存量资产13.44亿元；县区完成产权交易83宗，成交金额0.67亿元，盘活存量资产0.78亿元。全市完成改制项目37宗，成交金额1.95亿元。

二、保重点支出，支持经济社会发展

一是严格预算执行，保障公教人员工资按时发放和机关正常运转必要经费的正常需求。特别是积极落实全市稳定工作会议精神，为保暑期稳定，为政法委、公安局、信访局、北戴河318办事处、市稳定办等安排保稳定经费325万元。

二是保证了社会保障支出需要。全市养老金、失业金征收再创新高，征收企业基本养老金46835.9万元，完成全年计划数41000万元的114%；征收失业保险金8574万元，完成全年计划数8500万元的101%；确保了支出，企业基本养老金支出50900万元，失业保险金支出4016万元，城市低保支出4618万元。市本级医保基金支出19814.74万元，离休干部公费医疗支出1773.66万元。

三是确保农村义务教育阶段贫困家庭学生“两免一补”政策落实到位。制定下发了我市“两免一补”工作的实施意见和规划目标，市级负担的非贫困县免杂费资金80万元，已全部下达相关县。

四是确保新开工的9条城市道路改造工程的资金需要。制定并下发了《关于2005年城市重点道路建设资金管理办法》，重点对贷款资金的使用原则、资金拨付程序进行了明确，同时按照国库管理的要求，将建设资金统一纳入国库管理，共拨付资金24761万元。

五是做好粮补资金的发放，制定《2005年秦皇岛市对种粮农民直接补贴办法》。全市粮食直补资金1206万元全部发放到位，共涉及全市7个县区（不含昌黎扩权县）的63个乡镇，对160.22万亩种粮面积发放了补贴，受益农户达43.58万户。

六是多方筹集资金，支持国企改革。为解决我市企业改制资金严重不足问题，不断加大资产变现力度，积极清收、回收各项资金，为最大限度的节约资金，提高资金使用效益，全年共计审核拨付省水运、海运、市木材、百货、供销社系统、中小企业局系统、旅游局系统等60余户企业改制费用1.1亿元。

三、加强财政监督，推进依法理财

一是按照省、市委的要求，在全市范围内开展专项资金综合治理工作，成立专门机构，加强组织领导，集中人员力量，积极协调，合理安排，组织了对各级财政部门内部专项资金的分配、管理、拨付等情况的梳理自查，针对检查中发现的滞留资金、擅自变更项目、改变资金用途、挪用挤占、财务核算不规范等问题进行及时整改。同时积极配合市纪检、审计部门搞好专项资金综合治理工作，抽调5名同志，参加市纪检会组成的检查组分赴四县三区及市直有关部门进行督导检查。

二是不断完善投资评审办法，扩大投资评审范围，规范投资评审行为。截止2005年12月底，我市累计完成评审项目646个，报审金额37亿元，审减资金4.2亿元，审减率为11.53%。

三是继续扩大会计委派范围，对政府投资的重大项目，直接派驻财务机构，一般临时性较大支出项目派人现场执行，逐步实现财政性投资项目会计委派范围的全面覆盖。今年我们又向市一中、市劳技迁建工程和市老干部活动中心项目委派了财务机构。

四是配合省审计厅、国家审计署、内蒙古特派办等几个上级检查组对我市预算执行、专项资金等检查工作。

四、创新理财思路，不断加大支持县（区）域经济发展力度

（一）在财政资金管理方面，严格遵循管好上面的，用活本级的，调动下级的资金的原则，突出重点，积极平衡。2005 年市财政预算安排支农资金 1 亿多元，比去年增长 1300 万元，市本级农业发展专项资金安排 6800.9 万元，比上年增长 17 个百分点。争取 2005 年度农业开发土地治理项目省以上资金 964 万元，产业化经营项目省以上资金 868 万元。以教育、卫生为突破口，支持农村社会发展，积极落实“新增教育、文化、卫生支出主要用于农村”的政策，加大对农村基础教育、农村公共卫生的支持力度。稳步推进农村税费改革，逐步解决突出问题，确保 2006 年我市各县区全部取消农业税。积极参与农村信用社改革，完成了 94—97 年亏损的农村信用社保值贴补息测算工作，经上报财政部驻河北省专员办审核后，争取国家补助资金 1.2 亿元。同时落实各项优惠政策，对农村信用社改革中亏损信用社股金分红补贴、营业税返还等优惠政策提出意见。

（二）在项目建设方面，从市级财政做起，注重项目工作，建立项目库。相关业务科室分别就农业、教育、科技、卫生、政法、社保等方面工作，建立项目库，积极筹措和争取国债等专项资金、国际金融组织和外国政府贷款。凡需建立项目库的业务科室当年新储备项目不少于 10 个。通过各种渠道争取资金，上述科室至少每年跑成 1—3 个项目。同时制定争取项目资金的考核机制，对完成任务的或超额完成任务的科室进行表彰奖励。

五、精心筹划，周密部署，深入开展保持共产党员先进性教育活动。

（秦皇岛市财政局供稿）

2005 年昌黎县财政工作概况

一、落实扩权政策，增强财政实力

（一）扩权政策实施后，认真核定财政体制基数，妥善处理与省、市财政的关系，得到了省、市两级财政的大力支持，省厅给予我县预留 42%的库款，有效缓解了财政资金调度紧张的状况。

（二）重点加强了营业税、房产税、个人所得税等地方税种的征管，全县地方一般预算收入增长幅度达到 15.6%，创近年来最高水平。

（三）财政系统调整了税费征收重点，提高了行政性收费及罚没收入、基金收入、专项收入、海域使用费收入及耕、契两税征管水平，累计增收额达 856 万元，弥补了因农业税税率下调而形成的收入缺口。

经过几年的艰苦工作，全县财政收入 2005 年突破 4 亿元大关，在“十五”期间以平均每年 6000 万元的速度持续增长，财政实力不断壮大。

二、完善县乡体制，巩固诚信财政

2005 年，继续完善了“核定基数、经费包干、超收分成、欠收自补”的县乡财政管理体制，乡镇经费总额在 2004 年的基础上增长 7%，并实现了按月拨付乡镇经费。全年按时拨付转移支付资金 1822 万元，保证了乡镇基层政权的正常运转，提高了乡镇创收、增收的积极性。乡镇财政收入完成 13543 万元，比上年增收 3516 万元，增长 35%，拉动了全县财政收入的增长，标志着我县乡镇财政工作进入一个新阶段，诚信财政初步形成。

三、科学安排资金，确保重点支出

（一）继续把确保公教人员工资发放作为财政支出的重点，积极筹措资金，落实调资政策（晋升晋级职务工资、上调职务津贴），努力提高公教人员工资水平。2005 年公教人员人均月工资额为 1117 元，比 2004 年增加 144 元，全年工资性支出 16794 万元。

（二）为全县公教人员缴纳养老保险金、医疗保险金分别为 4020 万元、1110 万元；农村义务兵、军转干部三费、退伍军人安置支出 245 万元。

（三）大力支持经济建设及公益事业，全年支持企业发展支出 1275 万元，抚恤救灾、城市维护、文化卫生等公益性支出 2605 万元，公检法司、交通支出 1318 万元，离休、伤残公费医疗支出 650 万元。

（四）全力支持县域经济发展，落实各项专款指标，当年各项专款按项目进度到位 4945 万元，同时安排以前年度累欠专款 3125 万元。

四、规范财政秩序，健全财政职能

（一）认真落实“收支两条线”管理办法，加强财政票据的管理和使用，从源头上充分发挥了对非税收入的控制作用。制定了《昌黎县非税收入管理暂行办法》、《昌黎县罚没物资管理暂行办法》、《昌黎县财政投资评审管理暂行办法》，为非税收入征管提供了制度保障。

（二）严格产权交易操作规程，充分体现公开、公平、公正的原则，防止了国有资产流失；加强政府采购环节的管理、监督、检查，规范了采购行为；深入进行了《会计法》执行情况监督检查，对进一步健全我县民营企业会计制度起到了积极作用；集中开展了专项资金清理检查，对发现的问题限期纠正、整改，取得了实效；严把集中支付报销关口，确保了财政资金安全运行。

五、提高支农水平，切实为民办事

(一)继续推进农村税费改革，下调农业税税率2个百分点。2005年农民人均负担为17.9元，比2004年减负23.8元。

(二)认真落实粮补政策，684万元的粮补资金全部发放到位。

(三)申报财政支农项目36个，资金总量1260万元，获得批复34个，资金1131万元。中低产田改造农业开发项目建设规模9600亩，完成投资392.8万元。

(四)投入资金170万元，支持文明生态村创建工作。

(昌黎县财政局供稿)

2005年唐山市财政工作概况

一、大力依法治税管费，财政收入实现高速增长

2005年全市财政部门认真坚持从经济到财政、再从财政到经济的理财思路，求真务实，扎实工作，财政收入实现快速增长。全年完成全部财政收入226.4亿元，占预算的99.8%，同比增长41.5%，总量继续位居全省各地市首位。其中：中央级收入125.5亿元，占预算的99.3%，同比增长43.8%；省级收入23.3亿元，占预算的98.7%，同比增长45.3%；地方一般预算收入77.6亿元，占预算的101.0%，同比增长33.5%。基金收入27.7亿元，占预算的103.9%，同比增长36.6%。

市本级全部财政收入72.6亿元，占预算的98.3%，同比增长33.0%。其中，中央级收入41.7亿元，占预算的95.5%，同比增长38.2%；省级收入8.0亿元，占预算的106.4%，同比增长40.4%；一般预算收入22.9亿元，占预算101.1%，同比增长22.4%。基金收入10.2亿元，占预算的105.4%，同比增长16.5%。

全市一般预算支出127.8亿元，占预算95.8%，同比增长35.9%。基金支出27.5亿元，占预算的88.8%，同比增长38.0%。市本级一般预算支出31.8亿元，占预算的93.3%，同比增长39.1%。基金支出10.2亿元，占预算的97.5%，同比增长23.4%。市本级预算和全市总预算均实现了收支平衡。

二、有效整合财力资源，促进经济加快发展

全市整合预算内资金11.5亿元。一是加大资金投入。全市预算内基本建设资金6.8亿元，支持大唐王滩热电和曹妃甸工业区等80个重点项目。科技投入1.5亿元，支持了钢铁产业化基地和农业科技园区等52个项目，完成14个新产品开发项目。二是拓宽资金渠道。争取国债资金9237万元，重点支持了农村饮水、退耕还林等13个项目。积极争取外国政府、国际金融组织贷款，支持市中心区供水、西郊污水处理二厂等项目。三是放大融资功能。市城建投资公司参股1.1亿元，吸引省投资公司2.3亿元，其它社会资金1亿元，解决曹妃甸供水工程资金缺口；市本级和丰南等7个县市区成立了中小企业信用担保中心，办理担保业务752笔，金额4.5亿元。

三、全面落实惠农政策，促进城乡协调发展

落实"三农"政策投入8.6亿元。一是促进农业增效。全市支农投入65892万元，重点支持了农业基础设施、农业产业化经营和农业科技示范园区等项目建设。二是支持农村发展。落实文明生态村镇建设补助资金7480万元，调动社会投入4.7亿元，建设文明生态村镇718个；落实畜禽疫病防控资金1034万元，完善了市县乡三级防控体系；支持农村劳动力转移"阳光培训"工程，培训农民9.6万人。三是促进农民增收。降低农业税税率两个百分点，减轻农民负担1.36亿元，全市农民人均减负45元，迁安、丰南等7个县市区实现农民税赋零负担；发放种粮直补资金6387万元；拨付农民选购良种和购置大型农机具补贴270万元；落实农村贫困生"两免一补"资金635万元，受益学生1.5万人。

四、强化分配保障职能，促进社会和谐稳定

社会保障投入24亿元。一方面，努力提高社保水平。市区低保标准由205元提高到225元，县由156元提高到170元，救助贫困居民达68万人次；推行全市统一的农村低保制度，按照每人每年800元的标准，救助贫困农民72万人次；投入1100万元，改造了 30 所敬老院。另一方面，全面落实就业政策。投入资金 1326 万元，培训下岗失业人员 2.5 万人次，帮助 6388 名下岗失业人员实现再就业；为 600 名下岗失业人员办理小额担保贷款 1152 万元；为 4000 名从事个体经营的下岗失业人员减免税费 1500 万元。

五、优化公共资源配置，促进社会事业发展

社会事业投入 38.5 亿元。一是大力支持义务教育。全市义务教育支出达 13.2 亿元，保证了教学活动的正常开展；投入 1.68 亿元，重点支持了 311 所中小学危房改造和布局调整，改造面积 25.8 万平方米，落实了农村校校通工程。二是切实改善就医条件。投入 3931 万元，实施了 135 所乡镇卫生院达标改造工程；落实资金 163 万元，支持迁安市新型农村合作医疗试点，丰南、开平也启动了试点工作。三是努力提升城市文化底蕴。投入 1000 万元，重点支持了首届国际皮影展演和第四届社区文化艺术节。四是促进全民健身活动开展。投入 4000 万元，重点支持体育场馆改造，为承办省十二届运动会做好准备。五是着力改善城市人居环境。城市建设维护投入 10 亿元，新建、改造和翻修道路 56.5 万平方米，改造旧小区 10 个，新增绿地 106 万平方米。

六、完善财政运行机制，不断提高理财水平

一是深化财政体制改革。认真落实“扩权强县”政策，迁安、遵化两市可用财力位居全省第 1 位和第 4 位。二是深化财政制度改革。推行财政重大事项集体决策制度，试编了三年滚动预算；政府采购规模不断扩大，全年采购金额 12 亿元，同比增长 62%；开展了绩效评价工作，试评了北部山区集雨水窖和中小学危房改造项目；推行了项目投资评审，评审项目 160 项，审减 3197 万元。三是深化财政管理改革。市本级 244 个预算单位全部实行“零余额”账户管理，6 个县区的乡镇试行了集中支付。

七、坚持以人为本，大力提升队伍素质

按照免评不免建的要求，进一步“建一流队伍，创一流业绩”，认真开展保持共产党员先进性教育活动，切实加强队伍建设，财政队伍素质进一步提高，被中央文明委评为“全国文明单位”。

（唐山市财政局供稿）

2005 年迁安市财政工作概况

一、始终坚持以组织收入为重点，积极加强收入征管，实现了财政收入的新突破

一年来，坚持一手抓支持经济发展不动摇，一手抓组织收入不放松，加大收入监控力度，依法严格征收管理，努力实现应收尽收，促进了财政收入的快速增长。2005 年，全市累计完成全部财政收入 336745 万元，同比增长 58.9%。完成地方财政收入 161458 万元，同比增长 60.4%，其中一般预算收入完成 105754 万元，同比增长 92.4%，基金预算收入完成 55704 万元，同比增长 92.4%。全部财政收入和地方财政收入继续位居全省首强。

二、始终坚持发展第一要务，促进了全市经济持续高速发展

按照建设“钢铁迁安、中等城市”的要求，全面贯彻经济决定财政的原则，积极调整产业结构和布局，投入企业挖潜资金 15851 万元，重点支持了企业结构调整和技术创新，解决企业改制遗留问题，落实企业优惠政策，为中小企业贷款和农户小额信用提供担保，扩大涵养税源，使我市主要税源行业和骨干企业发展势头迅猛，一大批新上项目陆续投产达效，推动了全市经济的快速发展。在城市建设方面，坚持集中财力办大事，累计投入重点项目建设资金 59000 万元，全力支持了滦河生态工程、行政办公中心、黄台山公园、集中供热、城市道路扩建改造以及创建国家级卫生城等项目，推动了中等城市建设步伐。

三、始终坚持为民理财理念，促进了社会事业全面发展

在资金安排使用过程中，始终优先保证了公教人员工资发放和政权机关正常运转，支出社会保障资金 19815 万元，全力落实了“三条保障线”和失业保障等支出，维护了社会稳定。加大对教育、卫生、文体广播等社会事业投入力度，支出科技三项费 1500 万元，教育事业费 19990 万元，卫生经费 4317 万元，文体广播事业费 2180 万元，在此基础上，支出中小学危房改造资金 600 万元，支出远程教育工程资金 370 万无，一中二期、二中整合、第三高中、建昌营高中等学校建设资金 9370 万元，广电大厦资金

150万元,促进了社会各项事业的快速发展。

四、始终坚持全面协调可持续的科学发展观,推进了城乡一体化进程

按照“公共财政向农村倾斜、基础设施向农村延伸、城市文明向农村辐射、社会保障向农村覆盖”的思路,着力解决“三农”问题。支出农村税费改革转移支付资金4747万元,保证了乡村两级政权组织的正常运转。继续加强农业基础设施建设和农业产业化经营,市本级投入支农资金1500万元,争取上级资金1321万元,大大改善了农业生产条件,促进了我市农业和农村经济的发展。在继续免征农业税的基础上,支出种粮农民补贴资金492万元,支出文明生态村建设资金3000万元,支出乡村道路建设资金13000万元,支出乡镇卫生院建设资金1160万元,支出新型农村舍作医疗资金1122万元,促进了城乡经济统筹协调发展。在加大对农业和农村投入的基础上,坚持投入开发并重,拨付资金480万元用于土地治理、多种经营项目等,推动了农村经济发展。

五、始终坚持科学理财观念,深化了财政各项改革和监督

一是继续深化财政集中支付制度改革,推行了乡镇财政集中支付制度,有效地规范了乡镇财政财务行为。二是政府采购进一步扩大了范围和规模,2005年,进行采购913次,采购金额18989万元,比预算节约资金2647万元,节支率达12.23%。同时积极谋划了乡镇政府采购制度,乡镇政府采购实施办法已下发执行。三是认真执行“收支两条线”规定,落实“票款分离”、“罚缴分离”,杜绝了私设“小金库”等违反财经纪律行为发生。四是进行了财政支出绩效评价体系建设,推行了财政支出绩效评价制度。五是不断加大财政监督检查力度,开展了财政专项资金综合治理工作,集中精力对2003年以来财政专项资金使用情况进行了全面检查,并顺利通过了省和唐山市的验收,得到了上级的充分肯定;开展了行政事业单位国有资产清查工作,对于检查出来的问题,都给予了严肃处理,有力地维护了全市财经秩序。

六、始终坚持“以人为本”,加强财政队伍建设,促进了精神文明建设再上新台阶。

(迁安市财政局供稿)

2005年遵化市财政工作概况

一、进一步强化税费征管,财政收入实现持续快速增长

一是加强对重点行业、重点税源的征收管理。紧紧抓住冶金矿山业快速发展的良好机遇,加大对钢铁及采选矿业税收的征管力度,强化了对增值税、营业税、所得税等重点税种的征收,以重点行业和纳税大户来确保财政收入大局的稳定。二是积极与国、地税部门密切配合,确保财政收入及时、足额入库。三是加大了对零散税收的征管。四是继续开展了税费专项治理活动。组织开展了矿山企业所得税、资源税、营业税、城建收费、土地收费等税费专项治理活动,严肃了税收征管秩序,制止了跑冒滴漏行为发生。五是强化财政性税费征管,财政性税费大幅度增长。六是大力组织国有资产收益收入。

二、分发挥财政职能作用,全力支持经济快速发展

一是加大资金投入。投入2400万元,重点支持了工业小区基础设施建设,为钢制易拉罐、HAN防爆器材等一批重点项目入区建设创造了条件;投入1.48亿元,重点支持了二环路改造、华明路南通、汤泉旅游路、龙门口水库续建等一批城乡基础设施项目建设,城乡基础条件和投资环境进一步改善。二是拓宽筹资渠道。落实国家开发银行授信贷款5亿元,年内到位0.95亿元,保证了重点工程建设的需要;争取国债及上级专项资金6400万元,落实配套资金590万元,支持了退耕还林、人畜饮水等一批项目建设;争取产业化经营资金585万元,支持了栗源、蓝猫、长城科贸、广野等一批龙头企业的发展。三是放大融资功能。拨付中小企业信用担保基金840万元,为富山化纤等6家企业提供担保贷款1006万元,为民营中小企业发展提供了有效支持,促进了民营经济发展。

三、整优化支出结构,财政保障作用进一步增强

按照“保工资、保运转、保重点、保急需”的要求,大力优化支出结构,科学合理调度资金,有效保证了各项重点支出的需要。

四、全面落实惠农政策,促进了城乡经济社会协

调发展

一是认真落实各项惠农政策。全面取消了农业税，实现了农民税赋零负担，减轻农民负担 1720 万元；继续落实粮食直补政策，发放粮食直补资金 639.4 万元，使 17.5 万户农民从中受益；发放良种和购置大型农机具补贴 220 万元，全市农民人均减负增收 42.3 元。二是加大财政支农力度。全年投入资金 4055 万元，重点支持了农田水利基础设施建设、农业结构调整、文明生态村镇和村村通等重点工程建设，进一步改善了农村生产生活条件，促进了农业增效和农民增收。三是加强农村卫生和社会保障体系建设。投入农村卫生院改造资金 310 万元，保证了乡镇卫生院改造按计划完成；安排拨付农村最低生活保障金 56.6 万元，对农村特困人群实现了应保尽保，全市纳入农村低保人数达到 8681 人；投入畜禽疫病防控资金 72 万元，健全了防治体系，完善了疾病防治装备，增强了畜禽疾病防控能力。四是支持农村社会事业发展。投入文明生态村镇建设及村村通工程资金 1970 万元，吸引社会投资 8200 万元，新建沼气池 8700 个，创建文明生态村 149 个；投入安全饮水工程资金 670 万元，解决了 30 个村 2.3 万人饮水问题；投入农村卫生院改造资金 310 万元，保证了乡镇卫生院改造按计划完成；投入小城镇建设资金 405 万元，支持了党峪、马兰峪、建明等小城镇建设，农村人居环境明显改善，加快了农村小康建设进程。

五、进一步加大公共事业投入，促进社会事业全面发展

一是大力支持教育。投入资金 4629 万元，重点支持了新一中、高级中学等学校的基础设施建设、农村中小学危房改造及布局调整和农村远程教育工程；投入“两免一补”资金 132 万元，救助贫困学生 8298 人。二是完善公共卫生体系。投入 380 万元，重点支持了市传染病分院建设和乡镇卫生院建设，保证了市乡村三级疫情监控网络的有效运行。三是促进广电文体事业发展。投入资金 1100 万元，支持广电中心建设，支持举办了第四届社区文化艺术节和第二届全民运动会，丰富了城乡群众精神文化生活。四是大力支持其他社会事业发展。累计投入政法、科技、计生、民政、环保、人防、交通等事业发展资金 6800 多万元，促进了全市各项社会事业的健康快速发展。

六、积极推进财政管理改革，科学理财水平进一步提高

一是顺利完成了扩权强县后财政体制与省对接工作。二是进一步深化预算管理改革。对重点项目进行了筛选论证，提高了预算编制的准确性和科学性。三是深化政府采购管理改革。全年政府采购总额 1.2 亿元，节约资金 2336 万元，节支率 19.5%。四是进一步完善集中支付制度。规范了集中支付工作程序和运行规则，全市 98 个单位全部实行了集中支付，全年办理业务 6500 多笔，支付资金 11 亿元，拒付不合理开支 120 多万元，财政资金的运转效率和使用效益得到进一步提高。同时，探索了乡镇集中支付管理办法，努力提高集中支付的覆盖面。五是进一步强化了工程造价编审制度。全年对财政投资的 167 项城市建设工程预算进行了造价编审，编审金额 9000 万元，核减工程造价 1813 万元，节支率为 20.1%。

七、不断强化财政监督，财经秩序进一步规范

在认真贯彻落实《财政违法行为处罚处分条例》的同时，进一步加强了财政监督，依法理财水平得到明显提高。一是认真组织开展专项资金检查。按照省、市统一部署，组织力量对 2003 年以来的 296 项涉及教育、扶贫、农业等方面的上级专款 12235.9 万元进行了集中检查清理和整改，确保了专项资金的依法合规使用。二是扩大监督检查范围。积极开展了全市会计信息质量、收支两条线执法情况检查和乡镇财政 2004 年以来的财务收支情况的审计工作，对发现的问题及时进行了纠正和处理，对规范财经秩序发挥了重要的作用。三是加强了对重点工程、重点项目资金使用情况的跟踪检查。按照“提前介入、事中参与、事后监督”的原则，及时对财政投资 1400 万元的 9 项重点工程和项目进行了跟踪检查，最大限度地提高了资金使用效益。同时，对涉及人民群众切身利益的支持产改资金使用情况进行了重点检查，共查出追缴违规资金 14 万元，维护了职工的权益，保障了产权制度改革的顺利进行。四是深入探索研究了专项资金管理新办法。研究了加强项目资金双向管理的新办法，初步制定了一部弥补空白、管理规范、内容全新的《遵化市市本级发展性资金管理办法》。

八、加强体制激励和管理，乡镇财政建设取得新进展

一是积极探索了市乡财政体制改革。研究探索了以分税制和收支包干加激励的乡镇财政体制新模式。二是加大对乡镇财政转移支付力度。对乡镇特别是困难乡镇在体制内给予支持,不断支持了乡镇的小城镇建设、项目建设和基础设施建设,促进了乡镇经济的进一步发展,乡镇财政实力进一步增强。2005年,乡镇财政收入完成7.78亿元,占全市财政收入的42.4%,比上年增长17.8%,其中:遵化镇、建明镇、苏家洼镇、候家寨乡、崔家庄乡等5个乡镇财政收入均超过亿元。

九、坚持以人为本,大力加强财政干部队伍建设。

(遵化市财政局供稿)

2005年廊坊市财政工作概况

一、认真实践"两抓一上"工作思路,综合运用财政杠杆,助推全市经济实现快速发展。一是放大财政体制激励作用,统筹区域经济发展。结合中央、省"三奖一补"政策,进一步完善分税制财政体制,制定了均衡性、激励性和政策性转移支付办法,切实增强县乡财政保工资、保运转的能力。二是加大资金投入力度,全力推进项目建设。进一步完善"大项目引进财政支持"机制,设立了1000万元的重点项目建设专项资金,用于项目工作专项经费支出和对招商引资工作的奖励;集中资金1610万元,对扩大开放、信用体系建设、服务业发展引导、优秀旅游城市推介及旅游咨询服务中心建设等项目给予了重点支持。三是积极改善软硬环境,搭建经济发展平台。取消和降低了公安、教育、农业、交通等18个部门的32项行政审批收费项目以及清理整顿部分政府性基金,在预算安排上重点保障了公、检、法、司系统执法办案经费的需要,维护了健康有序的经济环境。

二、坚持依法治税管费,做大财政蛋糕,财政收入再攀新高。努力克服各种减收因素的不利影响,强化征管措施,与税务、银行等部门密切配合,通力合作,加强收入分析,搞好区域间、税种间的收入调度,形成了齐抓共管抓收入的强大合力。进一步加快了"金财工程"建设,促进财政收入征管工作的信息化和规范化。全面提高收入质量,不断优化税收结构,做到应收尽收不虚收,实现了收入质量与规模齐头并进,地方可用财力与财政收入同步增长。截至12月31日,全市财政收入完成58.5亿元,占全年任务的107.8%,同比增长27.1%。通过加大对罚没收入、土地出让金、教育收费、车辆通行费、城市规划配套费等重点收入的征管力度,使全市非税财政收入做到了应收尽收,全年累计完成145656万元,占全年任务的158%。

三、坚持以人为本,提高保障能力,社会事业实现和谐发展。按照集中财力办大事的原则,整合资金,加大对各项事业发展的投入力度,解决了一批关系人民群众生产生活切身利益的重点难点问题。一是社会保障水平明显提高。启动了离休干部医药费统筹管理制度,大幅度提高了大病医疗保险和公务员医疗补助标准,增加了企业退休人员生活补贴及红军时期和抗战前参加工作的离休人员职务津贴标准,解决了30家特困企业的107名离退休干部"两费"拖欠问题。二是教育事业不断进步。深入推进农村中小学"两项工程",改造危房面积36330平方米;对农村义务教育阶段家庭经济困难学生实行"两免一补",解决了50067名农村经济困难学生上学难问题;集中资金1413万元,解决了"一院三校"迁建问题,并为全市1275所学校提供远程教育配套资金。三是民心工程建设成效明显。投入3289万元,重点支持了乡镇卫生院改造、农村合作医疗、疾病控制中心建设及改水降氟、育龄妇女生殖健康检查等,大大增强了疾病防治能力和应对突发卫生事件的能力。

四、继续加大涉农投入,统筹城乡协调发展,农民得到了更多实惠。按照"多予、少取、放活"的原则,不断加大涉农投入,有力地支持了全市农业农村的发展。一方面认真落实各项惠农政策。在全省率先完成了粮食直补工作,累计向种粮农民兑付直补资金4066万元,惠及全市282万种粮农民。深入推进农村税费改革,人均减负17.8元。同时,整体推进乡镇机构改革、农村教育体制改革等综合配套改革,建立防止农民负担反弹长效机制。另一方面增强农村发展动力。投入建设性专项资金4329.6万元,对人畜饮水工程、生态环境建设、防汛、农业综合开发等项目进行了重点保障。全力支持农业社会化服务体系建设,投入822万元,重点支持了畜产品水产品检测中心、禽流感防治、林木病虫害防治、自然灾情预测及防护控等项目，为农业经济的可持续发展增添了活力。

五、继续深化财政改革，提高管理效率，公共财政体系日臻完善。一是预算管理改革继续向纵深发展。启动了政府收支分类改革试点，按照《政府收支分类改革方案》所设分类科目，模拟市本级政府预算的编制、汇总和报送人大审批情况，为全市深入实施绩效预算、国库集中收付制度奠定了坚实基础。二是国库管理制度改革稳步推进。积极谋划国库集中收付管理改革，进一步巩固了"零余额"账户支付清算试点成果，在市本级选取了 20 个单位进行"零余额"账户支付清算试点。三是政府采购规模不断扩大。制定出台了《政府采购评标现场管理办法》，对评标原则、评标责任和评标纪律做出了明细规定。进一步拓展采购范围，将城建、市政、水利、交通、绿化等工程项目纳入政府采购目录。2005 年，全市共完成政府采购资金 5.59 亿元，节约资金 0.75 亿元。

六、牢牢坚持依法理财，拓展财政职能，财政监督力度进一步加大。一是财政投资评审实现新的突破。继续完善"收、法、审、评、馈、存"评审工作流程，不断提高投资评审质量。2005 年，共审核概、预(结)算 9.75 亿元，审减资金 1.38 亿元。二是委派财务总监制度更加健全。研究制定了《基建办公室会议制度》、《基建办公室廉政制度》、《基建工程拨款审批程序》等 15 项制度，对项目资金的拨付使用实施全程监控。三是财政监督检查更加严格。在对局内 22 个涉及财政财务收支管理职能的科室单位进行了内审检查的基础上，认真开展对市规划局、老干部局、党校、妇幼保健中心等 63 个单位的重点检查，共查处违纪资金 6674 万元。同时，对国债资金使用、国土资源专项资金管理、流动人口管理费等七大项专项资金进行了清理检查。

(廊坊市财政局供稿)

2005 年三河市财政工作概况

一、拓展职能助经济，发展实现新跨越

一是充分发挥职能，为全市经济发展融通资金。结合市政府年初确定的重点建设投资规划，年内累计争取低成本信用资金 2.34 亿元，同时获得了国家开发银行 7 亿元的大额授信。这是国家开发银行在全国范围内第一次对县(市)级给予大额授信，对于我市打造"诚信政府"、推动全市经济与各项社会事业的健康发展将发挥重要作用。二是支持重点企业发展，运用地方财源建设基金 1200 万元对富士星光、神威药业、福成五丰等重点骨干企业进行了扶持，帮助企业进行产业升级和技术革新。三是支持中小企业发展，积极运作中小企业担保基金，着力解决中小企业贷款难、融资难的问题。截止目前，已到位担保基金 5000 万元，担保能力达到 2 亿元以上。

二、公共财政惠农村，支持三农显实效

按照统筹发展、建设和谐社会的要求，让公共财政的支出方向更多地向农村倾斜。一是加大对农业生产基础设施的投入力度，改善农村生产条件。全年共安排资金 2104 万元，用于农村道路、供水、生产桥和农业综合开发项目。二是支持农村社会保障及公益事业发展，改善人居环境。累计投入资金 406 万元，启动了新型农村合作医疗制度，在全市农村建立起了疾病防控体系，加快全市文明生态村建设步伐。三是落实好各项惠农政策，支持农业产业化进程。安排良种补贴资金 107 万元，安排农机具补贴资金 45 万元，发放直补资金 469 万元，安排农业产业化贴息资金 88 万元，筹措资金 50 万元用于奶牛养殖的产业化示范建设，促进了农业产业化的健康发展。

三、关注民生促和谐，集中财力办大事

按照"以人为本"的发展理念，筹资解决人民群众关心的热点问题。在教育事业发展方面，累计安排资金 1858 万元，用于 11 所农村中小学改造项目。并适当提高中小学生均公用经费标准，控制教育收费规模，减轻农民负担。在卫生及计划生育事业发展方面，安排政策性贴息资金 185 万元，支持市医院基础设施改造，并投资 321 万元完成了市疾病控制中心、生殖健康服务中心工程建设；安排支出 380 万元，用于农村计划生育奖励机制的建立。在维护弱势群体利益方面，全面推行了农村低保、落实了城乡困难居民取暖补贴，及时按承诺兑现关停破产企业职工补偿，启动了农村敬老院改造工程，促进了社会稳定和协调发展，体现了党和政府的关怀。在提高公教人员收入水平方面，足额兑现了提高职务津贴政策，建立了住房公积金制度，确保全市公教人员收入水平随着我市经济的发展不断提高。

四、规范管理出效益，改革迈出新步伐

按照公共财政的要求，从预算编制与执行两个环节入手，不断强化财政管理机制。遵循"大综合"思路，预算编制方面实现了新的突破。与往年相比，2005年财政预算盘子实现了对所有财政性资金的综合反映和统筹安排，形成了统一的、全面的综合预算，实现了"所有的财政性支出均编列预算、所有的预算编列项目均有财政资金保障"的目标。并出台了《关于强化财政管理机制的实施意见》、《关于财政性建设资金管理的暂行规定》等多个政策文件，使加强财政管理有制可依，各项管理手段的运用有章可循。新的财政管理运行机制的不断健全，使财政支出管理水平和资金使用效益显著提高。集中支付、政府采购、财政投资评审等多个管理举措运行稳定，全年共为财政节支2900万元。

（三河市财政局供稿）

2005年霸州市财政工作概况

一、财政收入快速增长，财政实力明显增强

在全市经济平稳较快增长和运行质量不断提高的基础上，积极组织财政收入，协同税务部门，努力做到应收尽收、不虚收，实现了财政收入快速稳定增长。2005年财政收入完成7.5亿元，占全年任务的107%。

围绕市委、市政府确定的经济工作发展思路，多措并举，通过"源头征收，税费共管，部门协作"等措施，切实加强了我市地方税费的征管，2005年通过抓收入质量增加地方可用财力5480万元，主要是强化了契税、城建税、地方小税、教育费附加、企业收费等收入项目的管理，收入结构逐步优化，收入质量逐步提高。

二、财源建设和立项引资等多措并举，确保了我市经济的可持续发展

按照我市经济发展的总体思路，有关部门积极配合，通力协作，全年预算内累计支付经济建设资金1.5亿元，利用开行贷款2亿元，有力地支持了我市公共设施建设、市乡道路修建等多项重点工程的顺利实施，改善了我市的经济发展环境，为财政收入持续、快速、稳定增长打下了坚实的基础。以中小企业信用担保中心为载体，为梅花味精公司、三利木业、第二食品厂等企业争取资金5130万元，支持了企业的发展，培植了财源。

三、社会事业投入不断增加，有力促进"和谐霸州"建设

一是通过制度规范，解决了全市公教人员工资发放和三项保险问题。按照国家调资政策，及时的为公教人员调整了工资，解决了全市部分乡镇拖欠工资问题，市、乡两级统一实施了社会保险、医疗保险和失业保险，2005年仅此三项保险支出达4328万元。二是关心弱势群体，做好社会保障工作，2005年社会保障支出2797万元，为城镇4643名职工发放了最低生活保障，为7666名抚恤和社会救济对象发放生活补助，为10个企业1341名职工进行了安置，为930名农村大病患者解决了医疗难问题，为89名下岗特困职工发放了生活补助，对1446名下岗失业人员进行了职能培训，对166名"4050"人员给予了社保、岗位补助。三是投入15125万元积极支持了教育、文化、科技事业的发展。2005年投资1600万元，完成了全市中小学远程教育网络建设、危房改造和布局调整等项目建设，新建校舍31848平方米，改造修缮危房7700平方米；落实农村中小学"两免一补"政策，为7652名学生减免了费用。投资200多万元兴建了霸州书画院及部分公共健身场地建设。四是增加了农业、林业、畜牧、水利等事业的投入。2005年投资3535万元，比上年增长15.1%，为1.2万户农民进行了良种补贴，为3200人次农民进行了技能培训，为211户造林户发放了政策性补贴，为11.8万农户发放了种粮农民直接补贴资金533万元，修建沼气池815个，修建了六郎桥等一批水利设施，这些事关农民增产增收的措施收到了良好的效果。

四、各项财政改革取得了显著的成效

一是实行投资评审和建设资金报账制，2005年全市审定政府性投资项目92个，审减额7200万元，审减率21.7%，节约了资金，提高了财政资金的使用效益。二是完善财政集中支付制度改革，全年拒付不合理开支230万元，切实保障了财政资金使用的规范性。三是扩大政府采购范围，全年采购额9154万元，节约资金1122万元，资金节约率10.9%。四是通过收支两条线管理，非税财政收入得到了有效的控制，实现了科学化、规范化管理。五是建立国有

资产运营中心，一方面避免了国有资产流失，另一方面为筹集各项资金搭建了融资平台。

五、严格财政监督检查，提高全市财政规范化管理水平

一是做好日常监督检查工作。今年以来，我们坚持内部监督和外部监督并举，局机关组织了对全市乡镇财政所 2004 年度的财政检查，并提出了整改建议，确保了监督检查效果。二是相继对国土资源局、广播局、房地产管理局和霸州市报社有经营性收费收入的单位进行了摸底检查，并出台了相应管理办法，使财政监督的广度和力度进一步加强。三是切实加强了会计管理监督工作，会计工作质量有所提高。组织了两批《小企业会计制度》培训班共计 208 人次，完成了市一小等 6 家单位《会计法》执法情况检查和会计基础工作规范化验收工作，共组织了中级电算化培训班 4 期，有效的提高了全市财会人员工作素质，保证了《会计法》的贯彻执行。

（霸州市财政局供稿）

2005 年保定市财政工作概况

一、财政收入实现新跨越

截至 12 月 31 日，全市财政总收入完成 101.2 亿元，增长 17.1%，增收 14.8 亿元，其中，地方一般预算收入完成 37 亿元，增长 14.1%，增收 4.6 亿元。为确保收入的平稳增长，我们进一步完善了四项机制：一是健全了目标责任制。坚持一级带一级，一级保一级，以日保旬，以旬保月，以月保季，以季保年，责任到人。二是落实了奖惩机制。继续执行县级地方一般预算收入进度与转移支付、资金拨付“双挂钩”机制。三是完善了调度机制。定期分析收入形势，加强宏观指导；财税、银行等部门密切配合，加强调度，随时监控收入形势，定期通报进度，同心联手抓收入。四是强化了督导机制。因地制宜，分类指导。对进度快的，力促多超做贡献；正常的，充分挖掘税源，促其超收保大局；进度慢的，帮其找准问题，制定措施，弥补短收赶进度。

二、保障能力得到新提高

2005 年，政策性减收增支因素多，理财难度进一步加大。一是农业税减免，影响收入 1.2 亿元；出口退税翘尾，影响收入 2700 万元，国有资产经营收益、土地有偿使用等一次性收入，减收 2 亿元。二是 2004 年提高职务津贴翘尾 1500 万元，企业离退休和民政优抚生活补贴增支 3339 万元，其他增支 1897 万元。三是企业分离办社会、社会保障、“三农”问题、文明生态村建设、公益事业发展等都需要财政拿钱扶持，收支矛盾异常尖锐。面对巨大压力，在市委、市政府的正确领导下，我们认真落实科学发展观，齐心协力攻难点，拓宽思路抓改革，千方百计保稳定，集中财力促发展，确保了财政平稳运行。一是多措并举保工资。严格资金拨付顺序，坚持预算编制不留缺口，控编减员堵住进口，专户管理把住关口，集中支付规范出口，优先保工资；同时，积极争取上级转移支付资金 21.9 亿元，往来资金 31.6 亿元，支持县级工资发放。二是千方百计保运转。严格预算约束，按照部门预算和时间进度均衡拨付经费，确保了机关的正常运转；在上级农村税费改革转移支付补助未到位前，我们通过预拨补助，确保了乡村政权的正常运转。三是精心调度保稳定。拨付社会保障资金 8 亿元，保障了企业离退休、失业、下岗和低保对象的支出需要；拨付再就业资金 1 亿元，用于国有企业下岗失业人员再就业工作。拨付稳定经费、大要案准备金、企业军转稳定等经费 2341 万元，维护了社会稳定。

三、支持经济取得新突破

投入支农资金 20963 万元，重点支持了种植、林果、畜牧养殖三大特色主导产业发展，扶持龙头企业做大做强，提升了全市农业产业的竞争力，促进了农业增效，农民增收。安排科三费、企业生产发展专项资金等 6315 万元，重点支持了天威集团、天威英利、宝硕等重点企业的生产发展。争取国债资金 1.8 亿元，支持了重点流域水污染治理、白洋淀蓄滞洪区等建设项目。安排国土资源类专项资金 1.2 亿元，重点支持了耕地开发整理、城区地籍更新调查和矿山环境治理，确保了城市建设与发展等建设项目用地和资源可持续利用。安排环保治理资金 2200 万元，重点支持了保定热电厂南煤厂封闭工程等建设项目，加大了污染源防治力度，改善了区域环境质量。

四、支持社会事业发展取得新进展

按照公共财政的要求，适时调整市级财政补贴及专项资金投向，把支持重点放在与人民生活密切相关的项目上。投入教育专项资金和教育费附加

8116 万元，支持了教育事业的发展，保证了农村贫困学生“两免一补”政策的落实。投入文化事业发展资金 1008 万元，促进了文化建设。投入体育事业费 296 万元，支持了体育事业发展。安排卫生专项资金 622 万元，重点支持了疾控中心建设、传染病院改扩建等医疗卫生设施和卫生体系建设。安排粮食、副食品基地建设资金 500 万元，重点支持了大众厨房和市场建设中心绿色无公害农副产品市场建设。安排城市公用企业补贴资金 3200 万元，重点支持了燃气、公交、排水等城市公用事业的发展。

五、财政改革迈出新步伐

部门预算编制进一步细化、规范化，支出标准公开，增强了预算编制的公开性和透明度。

集中支付改革进展顺利。“国库单一账户体系，零余额清算方式”改革试点市本级运行正常，走在了全省的前列，市级财政预算资金全部通过国库支付系统拨付，实现了财政对资金运行的实时监督，保证了资金安全运行。政府采购规模和范围进一步扩大，程序进一步规范，完成采购额 5.6 亿元，同比增长 9.8%，节约资金 7439 万元。农村税费改革稳步推进。农业税率由 2004 年 3.634%调整为 2005 年的 1.627%，下降了 2.007 个百分点，减轻农民负担 1.6 亿元，人均减负 17.5 元，亩均减负 15 元。粮食直补圆满完成。筹集、发放粮食直补资金 9530 万元，903 万农民得到了实惠。新型农村合作医疗试点运行良好。涞源作为全省首批试点县，参合农民 167318 人，农民个人筹资 167 万元，财政补助 302 万元，农民因病返贫，因病致贫现象得到了有效缓解。

六、先进性教育结出新成果

认真开展了保持共产党员先进性教育活动，通过学习思考、自我剖析和整改提高，党员干部受到了教育，基层组织得到了加强。一是学习风气浓厚了。主动学理论，自觉学业务的风气正在形成。有的说：不加强学习，提高综合素质，必然“代表不了”，“代表不好”，有愧于党员称号。有的说：作为共产党员，要在待遇和工作条件上“知足”，在学习和工作上“知不足”，在事业上永远“不知足”。二是机关形象巩固了。大多数同志礼貌待人，热情服务，当好第一接待人，落实文明办公“五部曲”，主动为基层服务，为企业解难题，为群众办实事。三是管理制度健全了。编发了《机关工作人员依法理财手册》，加上 2002 年编发的《机关工作人员行为规范手册》，进一步健全了依法科学理财，民主文明行政的制度体系。

七、优化环境再创新佳绩

及时为市社会福利院、聋哑学校等 8 家企事业单位办理减免或退费 2855 万元；对全市行政事业性收费和罚没项目进行了认真清理，取消了不合理收罚项目，提高了收费政策透明度；统一收费进厅，实现了一个窗口收费；坚持文明办公五部曲、第一接待人、挂牌上岗、AB 工作法和限时办结制，做到了效率高，作风优，服务周。

八、行风建设得到新加强

以“建一流班子、带一流队伍，树一流行风，创一流业绩”为目标，实行了干部全员述职、公开竞职上岗、定期岗位交流和中层干部离任审计等管理办法；健全了党风廉政建设责任网络和系统抓、抓系统的行风建设机制，积极创建“三型”机关。

通过抓学习、抓管理、抓服务，干部综合素质明显提高，业务管理进一步规范。2005 年，我局共获得各种奖励 96 项，其中，国家级 4 项，省级 38 项，市级 54 项。我们已连续十年被评为实绩突出单位，连续四年获优化环境金玉兰杯，连续三年获行风评议第一。

（保定市财政局供稿）

2005 年涿州市财政工作概况

一、抢抓机遇，狠抓收入，确保全年财政收入任务圆满完成

一是将收入任务科学合理地分解、落实到各乡镇各部门，建立目标责任制，认真考核，严格奖惩。各乡镇各部门将任务目标细化到月、到旬，层层分解落实到人，做到了征管到位，不留死角。二是搞好税源调查，努力培植财源。深入研究收入的变化态势，对政策性因素和社会经济形势变化对财政收入的影响进行追踪调查。另外，不断提高财政收入质量，注重加强契税的征收与管理。三是加强与国地税、银行等部门的协调配合。

截止 12 月底，全市财政总收入完成 82612 万元，完成年初预算 61896 万元的 133.47%，同比增长 52.64%，完成调整预算 82031 万元的 100.71%。其中：一般预算收入完成 27755 万元，完成年初预算

26105 万元的 106.32%,同比增长 18.03%。

二、抓住重点,强化保障,合理支出财政各项资金

一是坚持保工资、保运转、保重点的顺序,千方百计筹集资金支持市里确定的"实事要事"、重点项目和文明生态村建设。对工资性支出全力保证,认真落实上级转移支付补助,继续完善工资统发机制,确保按照实际执行标准不拖不欠,按照月人均增加职务津贴 130 元的标准,调整了全市公教人员工资,全市 10151 人月增资 138 万元。积极筹集资金 264 万元支持文明生态创建活动,支持乡镇畜牧兽医站建设、防控禽流感支出 298 万元、支持旅游局永济桥等文物挖掘保护经费 264 万元,积极筹措建设资金 3300 多万元用于长琉路、荷花路、影视城路、华阳路、公厕和小街巷改造、体育场等公共设施建设项目和城市总体规划设计。另外,从严控制公用经费支出,大力压缩会议费、招待费等支出,把各项节支措施切实落到了实处。二是推进教育事业发展。建立与完善农村义务教育保障机制,落实"一费制"后农村中小学生均公用经费标准,保证了财政投入按标准足额落实,不断解决农村税费改革后教育投入不足的矛盾。继续抓好中小学危房改造工程和布局调整工程,拨专款 370 万元用于中小学校舍新建及维修。同时,继续做好资助中小学贫困生工作,筹措资金 142 万元落实"两免一补"政策(免费提供教科书、免杂费和补助寄宿贫困学生生活费),资助贫困生 4263 人。三是强化社会保障能力。进一步完善社保费税务征收体制,协调有关部门加大社会保障基金征缴力度,对社会保障支出足额安排,社会保障支出占财政支出的比重逐步提高,对离休干部"两费"进行统筹管理,进一步提高企业离休人员生活待遇,保证"两个确保"、城市低保、再就业、公共卫生等各项重点支出的需要。

三、统筹管理,深入推进财政体制改革

一是研究和探索综合预算编制方法。规范预算外资金收支管理,推进非税收入集中收缴改革,开展行政性收费成本支出核定工作,研究制定收支脱钩管理的政策措施。2005 年研究提出可行的方案和保障措施,并在编制 2006 年预算时实施。二是大力实施阳光工程,开展政府采购工作。2005 年完成采购任务 330 次,实际支出资金共计 1588.1 万元,节支 224.71 万元,综合节支率为 12.10%。三是搞好财政集中支付工作。目前,全市已实行财政集中支付的单位达到 25 个,其中代理记账单位 9 个。四是完善乡镇财政体制。在充分调研和论证的基础上和兼顾公平与效率的前提下,对原有的乡镇财政体制进行了调整,实行规范的分税制和统收、统支加激励的财政体制。对开发区、松林店镇实行分税制财政体制;对其他 13 个乡镇、办事处实行统收、统支加激励财政体制,增加了经费 568 万元。

四、规范收费行为,强化"收支两条线"管理

截止到今年 12 月底共完成财政收入 10956 万元,其中:罚没收入 650 万元,预算内行政收费 1017 万元,预算内基金 419 万元,预算外事业性收费 8870 万元。在工作中,我们以"加强收费管理,规范经济秩序"为主线,进一步规范收费管理,优化经济环境。

五、积极落实中央政策,切实减轻农民负担

一是推进农村税费改革,农业税夏征工作顺利完成。仅用了一周时间全市的农业税征收工作顺利完成,共完成入库 485 万元。同时,根据 2004 年乡镇受灾情况,拨付并落实了 2004 年农业税灾欠减免资金 136 万元。二是严格执行粮食直补管理办法,全市共发放补贴 408 个村,10 万户,已领补贴的收益农民 40 万人,对种粮农民直接补贴每亩 10.2 元,补贴总额 572 万元。三是对麦收前夕遭受风雹灾害后小麦、春玉米等农作物造成的减产损失及时下乡察看,并将受灾情况及时向省厅和保定报告,争取上级在资金上的支持。四是在千家万户工程中,严格兑现了财政照顾减免资金。

六、加大力度,积极协助市委、市政府部门工作

一是努力争取上级资金。以促进招商引资工作为重点,千方百计争取上级资金支持,加强扶植龙头产业项目,充分利用财政局域网掌握上级资金导向,向有关单位提供信息,截止 12 月底,积极帮助建设局、教育局、卫生局、土地局、水利局、农业局、畜牧局、司法局等部门申报项目,共争取到位资金 2488 万元。同时,财政部门争取上级专项资金 1627 万元。二是圆满完成市委确定的 76 件实事。完成农业综合开发各项工作任务。1、完成了 2004 年度农业综合开发土地治理项目。共改造中低产田 2.05 万亩,项目区包括孙家庄乡的孙家庄、兴盛屯等 10 个行政村,开发面积 1.35 万亩;另外还包括中国农业大学涿州实验场第一分场,开发面积 0.7 万亩。6 月底接受了省级验收,得到了上级领导的肯定。2、完成了2005年度农业综合开发土地治理项目申报。规划改造中低产田1万亩,涉及高官庄镇的五兴庄等8个行政村。目前,项目计划已完成上报,项目修路、植树任务已基本完成,框架工程建设高标准完成,包括:规划方田36块,修路16条30公里,植树5万株。其他项目工程正按计划进行建设。我市2005年农业综合开发产业化经营项目——远大奶牛产业有限公司奶牛养殖小区扩建项目已完成选址、规划和部分基础设施建设,其他工程正在施工中。行政事业单位办公区调查。对全市党政机关的房地产进行全面的清理。经清理评估,25个单位共拥有国有房地产总价值7775万元,其中占有土地172.3亩,价值4296万元;办公用房74656平米,价值3479万元。三是谋划编制财政"十一五"规划。

七、下大力抓好企业改制工作

一是做好第二批中央企业分离办社会职能工作。二是完成了中小企业市场开拓资金项目的申报和资金拨付工作。按照省厅文件要求,我市2005年上报中小企业市场开拓项目和贷款贴息项目6个,共计支持资金46万元。

八、发挥监督职能,做好财政资金的监督检查

一是广泛宣传贯彻《财政违法行为处罚处分条例》。专门印制了条例张贴版发放到有关单位公开张贴上墙,并在《今日涿州》等媒体公开登载条例进行宣传。同时,对全市的财务人员进行培训,共培训行政事业单位财务人员500余人次。二是开展财政专项资金清理检查。重点对2003、2004年两个年度的公共卫生防治体系建设资金、中小学布局调整资金、中小学危房改造资金、人畜饮水资金、农村劳动力转移培训资金、计划生育药具资金、救灾款等项专项资金进行了检查。三是积极开展了会计信息质量检查。按照上级会计信息质量检查重点选取房地产企业和地方金融机构的要求,于8月底对桃园信用社和豆庄信用社进行了重点检查。四是进行内部审计。对本局内部的农税科、收费局及其他有关科室进行了内部审计,从而进一步加强财政内部监督,逐步建立长效的财政内部预防机制和自我纠正机制。

九、搞好窗口服务,做好会计工作。

十、积极组织,深入开展先进性教育活动。

(涿州市财政局供稿)

2005年定州市财政工作概况

一、圆满完成了全年各项任务目标。一是组织财政收入82636万元,增长44.7%。二是确保了公教人员工资正常发放、党政机关正常运转及其他重点支出,解决了一系列历史遗留问题,维护了全市改革发展稳定大局。三是党建、精神文明建设取得新成绩,被定州市委、市政府评为实绩突出单位、先进基层党组织、保持共产党员先进性教育活动先进单位、精神文明建设先进单位、维护稳定工作先进集体、支持教育工作先进单位、农业产业化工作先进单位、支持公路建设先进单位、文明生态帮建工作先进单位、计划生育工作先进单位、社区建设先进单位、纪检工作先进单位;民主评议行风继续保持免排荣誉;被保定市社区建设指导委员会评为共驻共建工作先进单位、文明生态小区;财政信息、非税收入征管和粮食直补工作获得省财政厅的通报表彰。

二、坚持发展第一要务,支持经济加快发展。筹措资金5400多万元,支持了定州电厂、长安工业园、伊利液态奶、107国道等重点项目建设;安排资金1168万元,支持了乡村路桥建设;支出287万元,支持了城市规划修编和招商引资;为企业办理退税6900万元,支持了出口企业加快发展;筹措资金2786万元,支持了企业分离办社会改革和解决职工安置问题;严格落实"收支两条线"制度,清理整顿收费罚没秩序,优化了经济发展环境。

三、坚持依法征税管费,努力实现应收尽收。严格收入目标责任制,实行精细化征收管理,强化收入进度督导协调,加强非税收入"收支两条线"管理,组织收入工作再创佳绩,创造了定州市财政收入增收最多、增幅最大的历史新纪录。

四、坚持优化结构保重点,支持和谐定州建设。认真贯彻"有保有压、确保重点"的理财原则,科学合理安排配置财政资金,落实了全市公教人员误餐补贴、年终一次性奖金、住房公积金等政策,提高了公教人员收入水平;支持解决了"6·11"案件、信访、军转干、经企部门拖欠工资等一系列热点难点问题,维护了社会稳定;加大了对农村计生、教育、社会保障、再就业、文明生态村(社区)等社会事业的支持力度,促进了全市经济社会协调发展。

五、坚持改革创新，规范财政管理机制。深化预算编制改革，提高了预算编制水平；进一步扩大政府采购范围和规模，取得明显的节支效果，节约财政资金 330 万元；全面落实减免农业税和粮食直补政策，农民负担比去年减轻 1980.7 万元，向种粮农民兑付补贴资金 1092.5 万元，全市 24.8 万户、100.7 万农民受益；落实"统收统支加激励"的市乡财政管理体制，有力地调动了乡镇发展经济、增收节支的积极性；深化乡镇工资发放银行化改革，乡镇财政供养人员工资按时足额发放得到有效保障。

六、坚持依法规范理财，维护正常财经秩序。制定《定州市财政专项资金管理规定》，财政专项资金管理走上制度化、规范化轨道；对机关事业单位工资外津贴补贴进行清理，为明年的公务员工资制度改革奠定了坚实基础。制定《定州市离休干部医药费管理实施细则》，规范了离休干部医药费管理；狠抓"收支两条线"制度落实，维护了正常的收费罚没秩序；狠抓国有资产产权和资产处置监管，维护了国有资产的安全和完整；狠抓《会计法》落实的监督，维护了正常的财经秩序。

七、坚持以才兴财，加强队伍素质建设。

（定州市财政局供稿）

2005 年安国市财政工作概况

一、多措并举抓收入，确保全年任务完成

2005 年，全市财政收入完成 18744 万元，平均增速 8.2%。完成我市调整计划的 100.6%。其中，地方一般预算收入累计完成 8940 万元，完成我市调整计划的 101.4%，可比增长 7.7%。

虽然"扩权强县"改革为我市发展带来了难得的机遇，但改革真正带来的实惠，我市还不能充分享受，收入结构不合理，收入规模小，缺乏税源大户等问题时刻困扰我市的财政运行。因此，面对严峻的收入形势，我们采取有效措施，严格征管，力促增收。一是当好参谋，搞好协调。深入基层开展摸底调查，对税源变化及时掌握情况，认真分析收入形势，及时向主管领导汇报，积极出谋划策，制定措施。通过努力，国税部门扭转了多年来的短收局面，地税一直保持了增收态势，全市收入达到时间进度。二是加强管理，及时入库。严格执行票款分离、收支两条线等财政管理制度，对各单位的收费情况动态掌握，及时督导，确保了各项收入及时足额上缴入库。三是抓小税种，做大文章。在搞好农业税征收的同时，下大力搞好契税和耕地占用税的征收。截止 10 月底，全市契税累计征收 80 万元，耕地占用税 30 万元，契税征收提前实现了年初确定的目标。四是盘活资产，化解矛盾。今年以来，我们与土地等部门一道，对供销合作社、液化气公司、电影公司等国有闲置资产进行了拍卖，共变现资金 1980 万元，妥善解决了破产企业的职工安置，化解了群众矛盾，缓解了财政支出压力，维护了全市的稳定。

二、严格预算控支出，确保各项重点工作正常开展

2005 年，全部财政支出累计完成 23637 万元，完成变动预算的 98%（上级专款进入后形成的预算），同比增长 3%。2005 年底财政直接供养人员 8719 人，在实现"三个确保"的基础上，兑现了包括政法干警特岗津贴调标、计生岗位津贴、省出台的国家机关事业单位退休人员职务津贴调标（生活费），落实了国家机关工作人员级别工资正常晋级；整合财力重点支持了西环公路、药王庙大街、中药材交易大厅广场和药物公园的改造和维修；通过国有资产置换，完成青少年宫主体工程建设；通过上级争取和本级安排，确保了禽流感防治、文明生态村建设、"三农"等大事、要事重点支出需要。

三、严格政策抓落实，切实加大财政支农力度

一是进一步深化农村税费改革，严格落实中央、省制定的各项惠农政策，全市的农业税税率在去年降低三个百分点的基础上，再次降低了二个百分点，人均税负为 20 元，亩均税负为 16.20 元。与 2002 年税改初期相比全市农民负担降低了 1733.3 万元，降幅达 72%。人均负担降低了 50 元，降幅达 72%。

二是认真落实对种粮农民直接补贴政策。我们采取专户管理，封闭运行的管理办法，全部完成了 2005 年的粮食补贴兑付工作，共落实粮食直补资金 440 万元，比上年增加 35 万元，受益农民达到 35 万人。

三是建立农业投入增收长效机制。2005 年，支农资金投入达到 690 万元，同比增长 35.6%，达到了《农业法》规定的要求。

四是积极争取上级支农资金。

四、统筹资金促稳定，增进社会事业和谐发展

一是大力支持教育事业发展。2005年，安排资金66.4万元用于农村义务教育阶段家庭经济困难学生"两免一补"政策的落实，为3803名贫困学生减免书费36.4万元，为1331名贫困中小学生减免杂费27.6万元，为49名贫困寄宿生补助生活费2.5万元；申请上级补助资金160万元，县级配套资金28万元，用于中小学布局调整工程项目；"一费制"以来，由于教育经费不足，我市安排资金79.2万元，用于保证教育部门的正常运转，也确保了生均公用经费的落实。

二是积极促进就业再就业工作。今年以来，支出资金5.2万元，办理了13期农村劳动力转移免费培训工作；支出社保补贴5.5万元，岗位补贴5.4万元，补贴培训费5.3万元，组织下岗失业人员培训8期，安置了65名下岗失业人员进入了"公益性岗位"；支出资金89.2万元，为2100名城市低保人员发放了城市居民最低生活保障资金。

三是严格落实计划生育奖励扶助政策。2005年支出资金35.1万元，对全市585名农村60岁以上计划生育人员，实行了奖励扶助，充分体现了党对这一特殊群体的关爱，促进了全市计划生育工作的开展。

四是保护弱势群体，实行农村贫困人群最低生活保障制度。

五、内外并重强监督，确保财政资金安全运行

一是强化财政资金使用的跟踪问效机制。二是加大对财政违法行为的查处力度。我们会同监察、审计部门，对省政府确定的七项专项资金落实情况进行了专项检查，对单位的违纪行为进行了纠正和查处，并顺利通过了省厅及保定市专项资金检查组对我市的审查。三是加强对国务院出台的《财政违法行为处罚处分条例》的学习和宣传。

六、招商引资上项目，促进全市经济快速发展

一是为药都集团争取GAP中药材种植基地项目。该项目总投资3200万元，争取国家资金1500万元，该项目已经国家财政部批准立项，资金计划已下达。

二是2004年度中低产田改造项目始终坚持高标准、严要求，彻底打了一次农开翻身仗，并顺利通过了省级年度验收。2004年度中低产田改造规模0.7万亩，总投资245万元。工程建设以高标准、高质量、高效益赢得了省、市农开办领导的充分肯定，顺利通过了省市年度验收，并获得省级农业开发"红旗县"称号。

三是在做好项目工作的同时，我们充分发挥财政职能，促进发展环境的优化。协同监察、审计、优化办等部门对全市现行收费项目进行了清理，下发了明白手册，并在显著位置进行公示，增加了收费的透明度；针对全市企业会计，组织开展了二次会计培训，提高了我市企业会计信息质量，规范了会计行为，促进了企业健康发展。

七、强化人员素质，不断加强机关建设。

（安国市财政局供稿）

2005年沧州市财政工作概况

一、财政收入实现新跨越

一是积极稳妥地测算落实全年收入计划。按照市十一届人大二次会议批准的2005年度财政预算，会同税务部门在认真分析我市财政经济发展状况和政策性增收、减收因素的基础上，将2005年全年财政收入计划按项目及时落实到征管部门和县（市）区，明确了征管目标，落实了征管责任，并进一步完善考核奖惩机制，加强督导检查，确保收入预算的正常执行。二是加强收入调度，强化激励机制。在预算执行中，坚持与国税、地税部门联系沟通，多次召开财税收入调度会议，共同分析组织收入工作中出现的问题。同时，完善考核奖励办法，更加有效地调动了财税部门增收的积极性。三是强化对非税收入和预算外资金的监督管理，严格执行"收支两条线"制度，做到依法征收、及时入库。四是积极落实农业税收各项政策法规，推进征管体系改革，实现契税直征，认真组织开展契税、耕地占用税执法大检查工作，努力实现农业税收征管法制化、执法规范化、管理信息化。经过全市财税部门的共同努力，2005年，全市全部财政收入完成829231万元，占预算的112.6%，同比增长27.3%。其中，地方一般预算收入完成310638万元，占预算的112%，同比增长25.7%。与此同时，收入质量明显提高，税收收入保持较快增长，主体税种增收明显。

二、支出管理开创新局面

一是切实做好保工资发放工作。继续把保工资发放作为财政管理工作的重中之重来抓，通过对人事编制工资网络系统进行实时监控、加强工资专户管理、加强预算往来资金调度等多项措施，确保了市本级和所有县(市、区)公教人员工资按时发放。据统计，全年市对县工资专户资金累计拨付总额达到69501 亿元，市财政先后 30 多次调度往来资金，累计拨付往来资金总额达 109595 亿元。二是发挥公共财政管理功能，切实做好党政机关和政法部门的经费保障工作。对单位重点支出项目，做到事先调研，事后跟踪问效，提高了资金使用效益。同时，对大案要案资金做到了按预算要求，给予适时的保障，为促进社会稳定提供了有力的资金支撑。三是抓好教育资金管理。今年以来，我们会同有关部门，在深入调查研究的基础上，对教育资金做到积极争取、科学管理和有效使用。市本级安排配套资金 100 万元，有力地促进了教育"两项工程"建设；及时落实了"两免一补"资金，2005 年上级下达我市"两免一补"专项补助资金 2161 万元，市、县两级安排配套资金 333 万元，共资助免费发放教科书的贫困生 131883 名；布置下达了农村中小学公用经费标准，较好地解决了实行"一费制"后，农村教育经费不足的问题。四是全力做好社会保障工作。为搞好"两个确保"和低保工作，我们不断加大再就业资金和低保资金的筹措力度。并积极调度资金，确保广大离退休人员、下岗职工按时足额领到了养老金、生活费。为推进和完善城镇职工基本医疗保险制度，我们按规定积极扩展覆盖面，使参保人数达到 347782 人。与市直有关部门联合下发了《沧州市 2003－2010 年新型农村合作医疗实施进度安排》，并将青县作为农村合作医疗试点县，确保了试点工作的全面启动。

三、支持经济建设能力得到新提高

一是大力拓宽筹资渠道。主动与有关部门协调配合，深入搞好项目论证，精心研究相关政策，加班加点赶制各类文本 200 多份，确保了 11.43 亿元贷款的及时到位，有力支持了我市国企改革、城市基础设施和港口码头群建设。同时，进一步加大经济建设专项资金的筹措力度，共争取中央、省级财政基建专款 12269 万元，其中国债资金 10234 万元，预算内基建资金 2035 万元。争取土地整理开发资金等其他资金 2958 万元。在每批项目下达后，我们都认真核对、深入调研，以最快的速度将资金拨付项目单位，并做好监督工作，对我市的经济建设起到了较大的拉动作用。二是大力支持城市建设。找准切入点，实施重点突破，严格工程预决算审查，并经常深入工程建设第一线，及时掌握工程进展情况，确保城建资金的使用效益。全年拨付城建资金 6127 万元，确保了城建工程建设的顺利进行。三是积极支持外向型经济发展和对外开放工作。为全力支持外向型经济发展，认真落实各项税收优惠政策，全年出口退税总额达 3.9 亿元。同时，加大对各驻外办事处的支持力度，既做到了多办事，办好事，又提高了效益，节约了支出。四是加快推进国有企业改革。确保了中央、省级企业分离办社会职能资金 2.1 亿元及时到位达效。同时，不断规范财政和财务管理制度，积极筹集建立企业改革专项资金 400 多万元，用于国有企业改革的资金支出达 2.2 亿元，有力地推进了国企改革进程。五是积极落实国家支持"三农"的各项优惠政策。首先，全力做好粮食直补工作。在市委、市政府的领导下，制发了《沧州市对种粮农民补贴实施方案》，成立直补工作督导组，多次召开专题调度会，及时协调解决工作中存在的问题。在人员少、任务重的情况下，全力以赴，夜以继日，深入基层，直面群众，加强宣传，直接督导，及时化解矛盾，解决问题，做了大量艰苦细致的工作，使我市粮食直补工作得到平稳有效的实施。全市共发放补贴 6844 万元。其次，积极落实农业税税率降低 2 个百分点、对国家级贫困县全部免征农业税政策，仅此一项，全市农民减轻大约 1.6 亿元的负担，200 万名农民与"缴纳农业税及附加"告别，人均负担水平下降到了不足 20 元。

四、各项财政改革实现新突破

一是稳步推进预算编制改革。首先，进一步细化预算编制内容，重新修订完善了机关事业单位分类分档支出定额标准，在继续编制城建、政法专项预算的基础上，提前编制了政府采购、支农、教育费附加、科技三费专项支出预算，将能落实到部门的支出项目提前落实到有关部门。其次，继续加大综合预算改革力度，重点是降低执收执罚部门收支挂钩的关联程度，财政对单位罚没收入的统筹比例由 25% 提高到 50%。同时，尽力将使用方向相同或相近的资金整合起来安排支出，体现了对有限的财政资金统筹安排、打捆使用、集中财力办大事的要求。第三,强化部门预算编制的计算机技术支持。对市直各单位分期分批进行了部门预算编报软件培训,大大提高了工作效率。二是积极推进国库制度改革。我们按照省厅统一部署,认真规划,精心组织,继续深入推进国库管理制度改革,及时成立了改革领导小组,具体负责工作协调、方案制定和实施等相关事宜,并着手国库零余额账户在市本级的试点工作,确保了我市国库管理制度改革实现良好开端。三是大力推进政府采购改革。

五、财政监督与服务功能得到新拓展

一是大力开展财政专项资金清理检查。及时成立领导机构,下发多个指导性专件,多次召开专题会议,组成88个专业清理小组和21个自查自纠小组,对全市2003年一2004年财政专项资金进行了历时70多天的清理检查。针对专项资金检查中发现的一些共性问题,坚持做好边查边改和建章立制工作,着手建立严格的项目立项审核制度和资金审批制度,对项目实施事前考察,事中监督,事后考评,对资金建立严格的审批和拨付手续,并对其使用情况进行经常性的监督检查、追踪问效,以进一步提高财政专项资金分配管理使用的安全性、规范性和有效性。二是加大对“小金库”的清理检查力度。4月下旬,我们组成4个联合检查组,对市县89个行政事业单位进行了检查,对查出的有问题资金及时进行了清理和纠正。三是认真搞好财政投资评审工作。为提高公共投资决策的科学性、预算编制的准确性、基建程序的规范性,今年我们全面启动了财政投资评审工作。共评审项目21个,审查金额21485万元,审减金额3639万元,从而有效地节约了财政投资,改进了项目管理和财务管理。四是认真组织罚没财物专项检查工作。

六、机关和队伍建设取得新成效。

(沧州市财政局供稿)

2005年任丘市财政工作概况

一、财政收入持续快速增长,财政实力进一步增强

一是提前2个月财政收入超额完成任务。1—12月份,全市全部财政收入完成260406万元(不含基金收入9950万元),占年计划的100%,增长24%。其中,地方一般预算收入完成70617万元,占年预算的101%,同比增长17%。全市政府基金收入完成9950万元,占预算的115%,同比增长66%。二是乡镇地方一般收入增长较快,同比平均增长24%,超过正常进度2个百分点。19个乡镇收入超额完成了全年征收任务,2乡镇收入增幅接近20%。

二、财政支出增长较快,支出结构进一步优化,各项重点支出得到较好保障

1—12月份,全市一般预算支出累计完成53412万元,占调整预算的96%,增长26%。按照《预算法》和市人大六届三次会议上确定的财政支出原则,在全市一般预算支出中,社会保障补助支出增长1.7倍,政策性补贴支出增长2倍,基本建设支出增长2.5倍,抚恤和社会福利救济支出增长95%,教育事业费支出增长14%,林业和农业支出分别增长23%和18%。支出进度加快,提高了资金使用效益,有力支持了“三农”、基础设施、教育科技文化事业发展、民心工程等重点方面,对保证运转、推进改革、促进发展、维护稳定发挥了积极作用。

三、财政支农力度进一步加大,党的惠农政策得到严格落实

一是农村税费改革进一步深化。在2004年的基础上再降低2个百分点,全市减征农业税及附加1600万元。二是认真落实对种粮农民直接补贴政策。筹措粮食直补资金796万元,比上年增加46万元,实行专户管理、封闭运行,到6月底补贴兑付工作圆满完成,全市56万农民受益。三是建立健全农业投入稳定增长机制。全市农业支出完成2392万元,同比增长18%,重点支持了扶贫开发、动植物疫病防治体系建设、生态家园工程、农业产业化、农业综合开发等。同时,积极探索财政支农资金管理的新路子,实行农业专项资金公开运行试点,通过对项目资金的数额、目标任务等进行公示,加强了对支农资金的社会监督。同时还积极推行支农资金县级财政报账制管理办法,强化了资金使用监督。

四、财政支持经济发展力度加大,经济发展环境不断优化,财政经济步入良性循环轨道

一是积极支持重点项目建设,促进全市经济增长和结构调整。全市财政基本建设支出完成3708亿元,同比增长253%,争取国家国债专项资金2398万元,重点支持了乡村人畜饮水、退耕还林和城市污水处理厂建设等项目。二是积极推进国有企业改革。进一步完善和落实支持国企改革的各项政策措施,积极协调做好破产项目的申报和资金争取工作,支持分离企业办社会职能,妥善解决了困难国有企业职工生活问题。三是积极促进乡镇经济发展。研究制发了《关于任丘市扩大权限后乡镇财政体制有关问题的通知》等文件,已基本调整理顺了扩权后乡镇财政体制。同时,对乡(镇)因地制宜、分类指导,分别实行统收统支加激励和比较规范的分税制两类财政体制;认真贯彻落实上级缓解县乡财政困难的财税政策,着力缓解县乡财政困难。四是较好地解决了出口退税政策执行中的问题,促进了外贸出口。

五、财政支持社会事业发展效果显著,人民群众切身利益得到较好保障,促进了和谐任丘建设

一是围绕市委、市政府中心工作,大力支持教育、科技事业发展。全市教育支出完成 13734 万元,同比增长 9%,重点支持了中小学危房改造、布局调整工程;财政安排资金 169 万元,用于资助农村义务教育阶段家庭经济困难学生"两免一补",使全市 6364 名贫困学生顺利完成了学业。二是积极促进就业再就业工作,落实好"两个确保"和"低保"政策。全市再就业资金支出 32 万元,促进了就业再就业目标的实现。支出养老保险费 4960 万元、下岗职工基本生活费 136 万元,发放城镇居民低保资金 389 万元,基本保证了全市企业离退休人员养老金国有企业下岗职工基本生活费按时足额发放,实现了对城镇贫困人口最低生活需要动态管理下的应保尽保。并为全市 7000 多名下岗职工接续了养老保险,并对新近出现的贫困人口及时登记造册,尽力纳入低保范围,充分发挥了财政维护社会稳定的作用。三是积极促进公共卫生体系建设。全市医疗卫生支出 3372 万元,同比增长 4%,重点支持了疾病预防控制和医疗救治项目、农村卫生基础设施等工程建设。四是自然灾害救助支出 121 万元,全市 8797 人受灾群众及时得到政府救助。五是大力支持宣传文化事业发展。全市文体广播事业费支出 1397 万元,同比增长 26%,重点支持了爱国主义教育基地和文明生态村等项目。

六、财政改革进一步深化,体制机制创新迈出新步伐,为财政资源安全高效运用提供了制度保障

一是预算管理改革进一步向纵深发展。二是财政国库管理制度改革进一步深化。三是政府采购改革重点放在规范管理、扩大采购规模、提高采购效率、最大限度节约财政资金上。全市政府采购金额达 2237 万元,节约资金约计 130 万元。四是切实加强财政监督工作,积极探索财政监督方式创新。通过开展专项资金综合治理,对违纪问题均按政策进行了认真处理。五是积极推进机关经费管理改革。

七、财政系统机关建设力度加大,干部职工精神面貌和机关形象进一步提升。

(任丘市财政局供稿)

2005 年黄骅市财政工作概况

2005 年是我市财政经济全面提速提质的一年。一年来,在省厅和市委、市政府的正确领导下,我局以科学发展观为指导,以扩权强县政策实施为契机,抢抓机遇,狠抓落实,在壮大财政实力、增强保障能力、深化财政改革、提高服务水平等方面都取得较好成绩,有力促进了全市大发展、快发展。全市全部财政收入完成 51288 万元,占调整预算的 101%,同比增长 34.2%,增收 13065 万元,其中地方一般预算收入完成 20878 万元,同比增长 35%。全年财政总支出完成 36543 万元,占调整预算的 100.8%,同比增长 28.6%。

一、做大做好财政收入蛋糕,提前两个月超额完成全年收入任务

确保了全市财政收入始终保持高速增长的良好态势。全部财政收入到 10 月份就超额完成全年任务,全年累计完成 51288 万元,同比增长 34.2%,增收 13065 万元,增量和增幅均创历年最高水平,全部财政收入迈上 5 亿元新台阶,实现了历史性跨越。

二、积极发挥财政职能,促进全市经济更快更好发展

一是加强财政扶持引导。安排纳税大户奖励、市长特别奖、招商引资奖励等基金 390 万元,激励企业发展创税,支持全市开放招商各项活动。认真落实上项目财政优惠政策,支持了台湾工业园、市经济技术开发区模具城等重点项目建设。筹措资金 156 万元,支持了黄骅冬枣节成功举办,促进了冬枣优势产业进一步做强做大。二是优化发展环境。认真落实出口退税政策,安排出口退税资金 4312 万元,同比增长 212.7%。严格审核职能部门进企收费、罚款行为，清理取消收费项目 24 个，降低收费标准 4 个，年减轻企业及社会负担 280 万元。安排资金 40 万元，支持吸引人才战略实施。三是支持城市化建设。围绕建设现代化滨海中等城市目标，整合预算内外资金 1370 万元，用于 205 国道市区段、北环等城市道路改造和绿化亮化，支持了旧城改造、水厂等建设，使城市发展竞争力进一步增强。四是把握扩权机遇，积极争取了上级支持。

三、解决事关群众切身利益问题，支持和谐黄骅建设

一是努力提高干部职工收入水平。二是进一步做好社会保障工作。安排资金 190 万元，落实了 4278 名企业退休人员养老金人均月补助 20 元政策；筹措资金 111 万元，提高了 934 名在乡优抚对象和 3557 名城镇低保对象补助标准；落实公益岗位补贴 23 万元，使 185 名下岗职工重新得到就业安置；对城镇最低收入家庭落实住房补贴优惠政策，205 人次受益；筹集企业老干部医疗费基金 14.8 万元，较好保证了企业老干部就医治病需要。全年社会保障方面支出 2215 万元，同比增长 21.6%。三是支持“三农”工作。认真落实农业税税率下调 2 个百分点政策，减轻农民负担 583 万元。向农民群众发放粮食直补资金 470 万元、优质小麦良种推广补贴 100 万元、退耕还林粮食补助 320 万元。认真落实对农村贫困学生“两免一补”政策，6275 名农村中小学贫困生受到资助。继续支持渔民转产转业，拆解渔船 191 艘，落实补贴资金 865 万元。四是筹措资金 1310 万元，支持了骅西小学、三中、实验小学、市疾控中心、博物馆等社会事业项目建设。2005 年成为我市历史上解决工资欠账力度最大、干部群众从发展中受益最多的一年。

四、加快推进财政改革创新，进一步提高理财效益

一是从进一步激发乡镇增收节支积极性、规范乡镇财务收支管理出发，推进了以分税制为主要内容的市乡财政体制改革。二是按照预算内外统筹、集中财力办大事原则，深化部门预算改革，在提高财政资金配置效益上迈出新的步伐。三是实现了财政集中支付向国库集中支付转换，建立了国库单一账户体系。四是扩大政府采购规模。全年完成采购金额 2087 万元，同比增长 35.7%，节约资金 308 万元。五是按照“乡收市管、监督防范、集中支付、综合预算、指标控制、财权不变”的原则，全面规范了乡镇非税收支管理。六是规范行政事业单位国有资产管理，以市政府名义制定出台《黄骅市行政事业单位国有资产管理办法》、《黄骅市公务车辆资产管理办法》。七是改革契税征管模式，实现了财政直接征收。

五、坚持依法理财，强化财政监督

一是加强财经法规学习培训。二是积极规范财政自身理财行为。三是加强专项检查。按照省厅统一部署，认真对 2003、2004 年度扶贫等专项资金进行清理自查，顺利通过上级检查验收；会同监察、审计部门，对全市 88 个市直单位和 5 个乡镇 2004 年度财务收支情况进行检查，整顿了财经秩序；开展房地产企业会计信息质量抽检，查处违规资金 338 万元。

六、推进学习型机关创建活动，建设高素质理财队伍。

（黄骅市财政局供稿）

2005 年衡水市财政工作概况

一、突出抓好财政收入组织工作，预算执行情况较好

全市财政系统立足于全市发展的战略高度，千方百计谋划应收尽收，坚持“两手抓”，努力为全市经济和社会发展提供坚实的财力保障。一手抓财源建设，打造体制环境，促进可持续发展。认真落实激励性财政体制，合理划分各级政府的支出责任和收入范围，深入研究做大财政蛋糕的政策措施。进一步加大财政转移支付力度，及时缓解了基层财政的紧张状况，充分调动了县乡两级增收节支的积极性。一手抓收入征管，深挖增收潜力，实现跨越式发展。各级财税部门量化责任目标，严格督导检查，使财政收入在保证质量的前提下呈现出快速、均衡、稳健的增长态势。积极推进“金财工程”，依法严格税费征管，确保及时足额入库。认真开展税源调查，及时发现和纠正存在的问题，查找税收征管中的薄弱环节，据实制定征收措施，在全力抓好主体税种、税源大户和大额清欠的同时，进一步强化零散税收的征管。

全市全部财政收入累计完成 311748 万元，占任务的 113.4%，同比增长 30.8%（按可比口径）。其中，地方一般预算收入完成 133188 万元，占任务的 115.6%，同比增长 30.1%（按可比口径）。

二、坚持发展第一要务，促进全市经济加快发展

着眼于“以工强市”战略的实施，充分发挥财政的职能作用，对县域经济在财政体制上尽力给予倾斜，对招商引资和中小企业社会化服务体系建设所需经费重点予以保障，进一步增强了经济发展的内在动力。建立健全财政投融资机制，在积极储备项目、加强前期论证的同时，千方百计争取支农和经济建设类专项资金 32000 万元，重点支持了骨干企业的做大做强。认真落实国家出口退税政策，调整出口退税负担机制，积极促进对外开放，发挥外资和外贸对全市经济的拉动作用。大力支持软硬环境改造工程，强化财政资金、域外资金、社会资金的整合利用，保证了城市建设远期规划、市区道路及管网改造、污水处理厂等重点工程的顺利推进，促进了人才高地、政务服务中心等软环境平台的上档升级，认真清理了部分行政事业性收费，严格执行收支两条线管理，进一步巩固和扩大了我市的环境优势。

三、突出以人为本，财政保障职能进一步强化

一是抓好工资发放，切实提高干部群众的生活水平。积极筹集安排资金 34000 万元，加大转移支付力度，全市工资发放水平逐步提高。二是加强社会保障体系建设的支持力度，全市在社会保障方面的支出达 48000 万元，确保了国有企业下岗职工基本生活费和离退休人员养老金的及时足额发放，实现了城镇贫困人口最低生活保障动态管理下的应保尽保，促进了就业再就业目标的实现，较好地落实了企业军转干部政策。加大对农村困难家庭的救助力度，发放救灾款 750 万，困难和受灾群众基本生活得到较好安排，初步建立了农村最低生活保障制度。三是围绕“和谐衡水”建设，大力推进“民心工程”建设，集中财力重点支持了一批事关全市经济社会发展、利市利民的重大事项，为全市和谐社会的顺利推进给予了最大限度的财力支持。全市一般预算教育支出完成 64335 万元，支持了市区中小学建设、农村中小学危房改造和布局调整以及农村教育扶贫工程，累计完成医疗卫生支出 9915 万元，重点支持了县级综合医院装备改造、乡村卫生院和社区卫生网点标准化建设、疾病控制和医疗救助项目建设。

四、深化财政改革，公共财政体系建设日益完善

预算管理改革进一步深入，围绕提高财政资金使用效益，着力推进集中财力办大事的理财方略，取得了较为明显的效果。国库管理改革取得新进展，全市一级预算单位基本都纳入集中支付范围，并探索向“以国库单一账户体系为基础，资金缴拨以国库集中收付为主要方式”的现代国库管理模式的转变，市本级改革试点正式启动，运转情况良好。政府采购制度改革积极推进，实现了政府采购预算与部门预算同步编制，采购规模和范围不断扩大，实现了规范化、制度化管理，全年共完成政府采购金额 36000 万元，资金节约率达 11.30%。“金财工程”进展顺利，财政管理信息系统得到进一步完善，为深化财政改革、加强财政管理提供了有力的技术支持。财政监督不断强化，探索实行农业专项资金公开运行试点，主动接受社会监督，相继开展了财政专项资金监督检查、会计信息质量检查，清理“七项资金”涉及金额 24000 万元，完善了专项资金管理制度。随着各项改革的不断深入，财政运行机制日趋科学完善，逐步形成了一套符合衡水实际的公共财政管理体制，依法理财、科学理财的水平明显提高。

五、坚持城乡协调发展，大力支持新农村建设

坚持“多予、少取、放活”和“工业反哺农业，城市支持农村”的方针，对“三农”支持力度进一步加大。2005 年全市财政农业支出 31500 万元，对人畜饮水、节水灌溉、小型涵闸等农田水利基础设施项目优先予以支持，对乡镇畜牧兽医站、防治禽流感等农业社会化服务体系项目及时提供资金保障，进一步强化了农业综合生产能力。各项惠农政策得到较好落实，加大农业税减免力度，继续深化农村税费改革，全市农业税比上年减少 13000 万元，减幅为 62%，同时扎实推进农村教育布局调整、乡镇人员分流等配套改革，严格规范面向农民的收费管理，有效地促进了农民减负增收；落实粮食直补、良种补贴和农机具购置补贴政策，兑付资金 9552 万元。农村各项事业得到长足发展，安排“村村通工程”建设专项资金 2377 万元，完成农村公路 1038 公里；落实文明生态村试点建设专项资金 300 万元，促进了农村生产生活环境的积极改善；扎实推进新型农村合作医疗试点工作，拓宽了报销项目，提高了补偿比例，提高了农民医疗保障水平；积极做好农村计划生育家庭奖励扶助工作，为 4768 人发放补助资金 267.7 万元，促进了基本国策的顺利开展。

六、抓好队伍建设，全面提升财政部门形象

扎实开展保持共产党员先进性教育活动，并将教育成果转化为实实在在的工作成绩，下大力解决了一批群众关心、政府关注的难点、热点问题。深入开展创建“学习型”机关活动，把提高全员素质作为做好工作的着力点，坚持以全员学习为基础，以提高岗位技能为目标，以一系列行之有效的措施活动为保障，加大了干部培训力度，干部队伍的政治业务素质显著提高。坚持标本兼治，纠建并举，狠抓党风廉政和机关效能建设，工作效率和服务质量有了明显转变，在社会上树立起良好的财政部门形象。

（衡水市财政局供稿）

2005年安平县财政工作概况

一、财政收入保持高速增长，创“十五”同期最高水平

一是财税干部队伍建设进一步加强。二是努力提高科学管理水平。不断完善企业监控制度，完善户籍档案，实行专人管理，定期检查，对年销售收入达到一定数额的纳税人实行重点管理，大力推行查账征收，继续实行“以电控税”、“以台定税”等科学的征管办法，严格依率计征，做到了公平税负，确保了税源稳定。三是创造性地执行出口退税政策。四是深化体制创新和制度创新。下发了《关于改革和完善乡财政体制的意见》，适应农村税费改革后农业税征收额度迅速减少直至停收的新形势，确定了对乡镇“收支统管、超奖节流、公用包干、激励发展”的新机制，进一步规范和加强了乡镇财政管理，为乡镇实现和谐发展提供了体制保障。

二、财政支出增长较快，重点支出以及“民心工程”建设得到较好保障

一是保工资取得新进展。首先采取向上级财政争取资金、合理安排支出顺序、硬化工资专户、规范转移支付资金的使用等手段，确保了公教人员工资按时足额发放。其次根据我县新增财力情况，及时兑现了省政府出台的增资政策。第三做好清理津贴、补贴和工资人事数据摸底工作，共清理各种补贴、津贴37项，澄清公教人员职务、级别底数，努力为从2006年开始的工资人事制度改革工作做好准备。二是切实推进“民心工程”建设，促进社会重点事业的发展。首先，社会保障类支出快速增长，低保动态管理机制正在逐步建立。我县较好地落实了“两个确保”和“一个低保”政策。2005年我们努力向上级争取专项转移支付补助和基本养老金调剂金补助达1800多万元，保证了企业离退休养老金按时发放，保证了下岗职工和城镇贫困人口最低生活需要。加大了对农村弱势群体的扶持救助力度。既形成了对全县农村优抚对象定期定量补助自然增长机制，又把分布在全县240多个行政村的1200多家农户纳入最低保障范围，使党的有关政策在农村弱势群体和低收入群体中得到了充分体现。其次切实加大教育投入力度，全县一般预算教育支出完成6315万元，支持了全县中小学建设、农村中小学危房改造和布局调整以及农村教育扶贫工程，为5千多名农村中小学贫困生提供了“两免一补”资助，即免杂费、免教科书费、补助寄宿制学生生活费，此举对于减轻农村贫困家庭负担和普及九年义务教育影响深远。第三继续完善公共卫生体系，累计完成医疗卫生支出960万元，重点支持了县级综合医院装备改造、乡村卫生院标准化建设、疾病控制和医疗救助项目建设；第四根据组织部门的安排部署，对全县农村两委班子466名农村党支部书记和村委会主任落实了补贴。它对稳定农村基层组织、巩固农村基层政权发挥了重要作用。三是加大重点项目的支出力度。我们牢固树立艰苦奋斗的作风，认真落实“除法定和政策规定的重点支出外，其它支出一律零增长”的精神，大力压缩一般性支出，保障重点支出。大力支持文明生态村、农村水利、城市基础设施、城乡交通道路、企业技术改造升级等项目，促进了全县经济结构调整和全县各项社会事业发展。

三、多措并举，行政性收费和罚没收入征管步入良性轨道。

四、深化管理，全面加强基础会计工作

一是强化企业会计管理，不断加强会计行业的职业道德教育，教育广大会计人员提高法律意识和责任意识，认真如实的登记好企业账目，对于会计造假、偷逃税款的企业，一经查实，严肃处理。同时为严肃会计制度，防止以权谋私、营私舞弊现象的发生，我县明确规定禁止国家公务员到企业兼职会计，已经进入的限期撤出。这对于防止内外串通和税款流失发挥了应有的作用。二是加大建账监管力度。我们对全县所有行政事业和 80%以上的国有、集体、合资和私营企业所有制单位实行了建账监管。有效监管对于全面贯彻新《会计法》,巩固会计基础地位,规范会计工作秩序发挥了积极作用。三是加强对实用型会计人才的培养。四是全面开展会计人员从业资格考试,大力推行会计人员准入制度。

五、加大“三农”支持力度,惠农政策得到全面落实

2005 年我们以高度负责的态度高标准、高质量地完成了农业税减免和粮食直补资金发放的繁重任务。公平合理地把 477 万元粮补资金直接发放到 8 万多农户手中,全县 28 万农民直接受益,人均增收 12 元。同时在去年降低农业税税率 3 个百分点的基础上今年再降 2 个百分点,农民人均税赋从 41 元降到 16 元,人均减负达 35 元。

2005 年继续深化农村税费改革试点。按照中央一号文件关于农业税税率再下调 2 个百分点的要求,对全县 8 个乡镇、230 个行政村、8 万多农户的应缴税额一一进行了调整。同时,我们编制下发了《2005 年农业税征收程序》,建立并严格实行了农业税征收机关负责征税、聘请协税员协税的农业税征管制度;全体农税征收人员持证上岗、挂牌征税制度;规范了纳税通知制度、完税证制度和依法治税制度,真正用制度规范了农业税征管行为。为了抓好落实,我们实行了包乡包村目标责任制,组成了由局党组成员带队的农村税费改革督查指导小组。工作小组以求真务实的工作态度深入基层,深入乡镇,全程指导税费改革实践,积极做好调查研究、政策咨询、问题处理和农业税征收工作,共同推进了改革进程。既完成了县委、县政府制定地降低农业税税率,减轻农民负担 735 万元的工作目标,又全部完成了 428.6 万元的农业税征收任务。

六、切实加强财政监督工作,建立监督管理长效机制

一是加强《财政违法行为处罚处分条例》宣传与培训。二是加强对行政事业单位资金使用情况的监督和审核。三是开展依法治税、打击各种偷逃税行为、优化税收环境专项整治活动。从 2005 年 4 月 1 日起,对全县 35 家利税大户和出口企业进行了税源调查,基本摸清了我县税收结构、税源底数、税收增长点、征管情况以及特色行业生产经营纳税情况。在税源调查的基础上,对这些企业进行了财税执法检查,共查拖欠、偷漏税金等违纪资金 1079 万元,入库 378 万元。四是开展专项资金综合治理活动。按照省委、省政府工作部署,我县把 2005 年确定为专项资金综合治理年,把救灾救济、危房改造、学校布局调整、人畜饮水等七项资金作为全年综合治理的重点。全年共清理检查各项专项资金 3811 万元,针对检查中发现的问题进行了处罚整改,共收缴入库违规违纪资金 23 万元。

七、加强机关干部队伍建设,大力提高机关效能。

(安平县财政局供稿)

2005 年冀州市财政工作概况

一、多措并举,攻坚克难,确保财政收入持续增长

2005 年冀州市全部财政收入完成 21619 万元,可比增长 12.6%。其中财政系统完成 3216 万元,可比增长 58.3%。基金收入完成 1989 万元,同比增长 28%。财政收入做到了收入实、质量高、结构优,实现了持续稳定增长。

二、财政支出保障能力实现历史性突破

(一)坚持为民理财,切实解决事关人民群众切身利益的热点难点问题。一是努力提高公教人员工资发放水平。千方百计筹措资金,先后落实了职务津贴、误餐补助、年终一次性奖金等增资政策,提高了取暖补助标准,确保了国家和省出台的各项增资政策全部落实到位。2005 年全市公教人员人均增资 4000 多元,使我市成为衡水市工资收入水平最高的县市。二是大力推进社会保障工作,认真落实了“两个确保”和“低保”政策。三是正式启动了行政事业单位住房公积金制度。

(二)认真落实各项惠农政策,继续加大“三农”投入力度。一是建立健全财政农业投入稳定增长机制。全市农业支出完成 2082 万元,重点支持了农业综合开发、人畜饮水、农业科技进步、救灾救济等项目。二是严格执行农业税税率调减政策。将农业税税率下调 2 个百分点,进一步减轻了农民负担。三是认真落实粮食直补政策。采取“农户申报、乡村核实、张榜公示、财政审定、逐户发放”的办法，逐级审核确认每个农户的实际种粮面积，将730万元直补资金全部兑付到76000多个农户手中。以上两项惠农政策使全市农民直接减负增收2050万元。四是大力促进农村劳动力转移培训“阳光工程”。筹集资金51.5万元，积极支持农村富余劳动力职业技能培训和农业科技培训，有效改善了农村劳动力素质状况，解决了制约劳动力转移的“瓶颈”因素。

(三)统筹社会各项事业发展，切实提高公共财政保障能力。一是积极支持教育事业发展。争取危房改造和教育布局调整资金584.7万元，改善了15所农村中小学校舍状况；市本级安排和争取上级补助96.6万元，认真落实了国家“两免一补”政策。二是加快推进公共卫生体系建设。筹集资金44万元，支持了农村育龄妇女计划生育“民心工程”；拨付资金55.92万元，启动了农村部分计划生育家庭奖励扶助制度，932名符合条件的农民享受到每人每年600元的奖励扶助金；争取资金64.5万元，支持了市医院医疗设备购置、乡镇卫生院基础建设、卫生防疫和农村卫生改厕，进一步改善了全市医疗卫生条件。三是大力促进县乡公路建设。争取交通建设资金300万元、“老区”补助资金106万元，支持了赵南线公路建设和危桥改建。四是努力加强政法部门硬件建设。争取资金116万元，支持政法部门购建技术装备，补充办案经费，完善了4个派出所、2个基层法庭的基础设施建设。五是提高市区公用事业保障能力。市财政筹措资金340万元，用于集中供热管网改造和市区供水系统改造，充分体现了财政支出的公共效益。

(四)运用财政利好政策，助力企业快速发展。一是充分利用财税优惠政策，加大对企业帮扶力度，先后为7家企业办理政策性退税703.4万元；二是加大对骨干企业投入力度。共争取科技三项费、环保专项治理、技术创新贷款贴息和国际市场开拓等专项资金110万元，有力地支持了骨干企业技术创新和新产品开发；三是认真落实出口退税政策，先后为6家出口产品企业办理免抵调减和增值税退税1193万元，增强了企业的发展后劲。

三、深化财政改革，财政管理机制得到进一步创新和完善

(一)加快建立国库集中收付制度。在财政集中支付制度的基础上，将财政内部各科室分散管理的资金账户，全部纳入国库单一账户体系，并对各类专项资金和政府采购资金实行直接支付，对部门一般公用经费实行授权支付，初步形成了国库集中收付框架。

(二)创新专项资金管理方式。制定《冀州市财政专项资金拨付管理有关规定》，区分资金性质，相应实行了县级报账制支付、国库直接拨付、支付中心专项支付等三种管理方式。在支付中心设立专项资金会计，开设专项支付账户，将部门专项资金和公用经费分户单独管理，业务科室对口监督使用，分类分项独立运行，彻底解决了部门专项资金和其他资金混合管理、不易监督的问题，形成了科学严密的专项资金管理拨付程序。

(三)改进政府采购管理，大大降低行政成本。一是进一步规范定点单位优惠率确认机制。通过社会公开招标，重新确定了行政事业单位办公用品、大宗印刷以及机动车辆保险、维修定点单位。对日常采购量大、涉及面广的19类29种主要商品实行最高限价，平均采购价格比上年下降35.6%，机动车辆保险优惠率达到42%。二是加大集中采购力度，凸显了节支成效。先后组织办公空调、微机和电子防盗系统安装等集中招标采购11批次，询价采购20批次，节约资金308万元。三是建立政府采购监督员制度、检查制度和举报制度。

(冀州市财政局供稿)

2005年邢台市财政工作概况

一、财政收入继续快速增长，全市全部财政收入突破60亿元

2005年，全市全部财政收入完成600619万元，占年初任务的116.4%，同比增长29.3%，可比增长25.2%。其中，地方一般预算收入完成218518万元，占年初任务的116.2%，同比增长21.4%，可比增长24.0%。9个县市区收入超亿元，收入进度和质量创历史同期最好水平。

二、优化支出结构，重点支出得到了较好保障

据快报统计，全市财政支出完成49.3亿元，确保了公教人员工资发放、机关正常运转和重点项目资金的需要，重点解决了一些社会事业发展中的突出矛盾。

(一)全市全部兑现了国家出台的工资政策,并消化了大部分工资陈欠。截止 2005 年底,全市公教人员月人均工资达到 1120 元,其中,市本级达到 1480 元,县级达到 1070 元。今年县级共补发 2000 年以前欠发的公教人员工资 1.2 亿元,占工资陈欠总额的 70%以上,维护了公教人员队伍的稳定。

(二)积极筹措社会保障资金,各项保障政策得到较好落实。2005 年,全市社会保障资金支出 9.3 亿元,保障了全市 7 万多名企业离退休人员、2000 多名下岗职工、近 1.3 万名失业人员、6 万多名城镇低保对象按时领取了生活救助。

(三)加大了对农业、教育、科技等投入力度。2005 年,全市农业支出 31597 万元,增长 37.3%;教育支出 113643 万元,增长 13.4%;科技支出 4883 万元,增长 74.6%,加大了对农业、教育、科技的支持力度。有效促进了全市经济和社会的和谐发展。

三、用足用好上级政策,大力支持经济发展

(一)制定优惠政策,全力支持企业改革与发展。积极配合市国资委完成了冶金厂主辅分离改革,分离出 9 户辅业公司。

(二)积极支持全市中小企业和金融企业发展。2005 年,向中小企业担保中心新注入资金 1100 万元,使其规模达到 2600 万元,为中小企业进一步发展提供了资金保证。

(三)围绕全市"项目建设年"活动,多措并举,促进大项目建设。积极争取上级国债等专项资金 15822 万元,重点支持了县域供水设施建设、城市给水管网改造工程、水污染综合治理项目等。

四、认真落实惠农政策,农民负担进一步减轻

(一)精心组织测算降低农业税税率方案。2005 年,全市共减免农业税 1.2 亿元,减幅为 61.3%;农民人均负担水平由税改前的 l03 元,下降到 18 元;亩均负担水平由税改前的 59 元下降到 11.2 元。7 个县区 148 万农民实现零税负,农民负担进一步减轻。

(二)认真搞好粮食直补工作。2005 年,我市粮补资金总额为 6610 万元,比上年增加近 600 万元。全市 21 个县市区全部按规定完成了兑付工作,受益农民达到 130 万户、520 万人。

(三)切实做好禽流感防治工作。多方筹集资金 615 万元,购置疫苗及防护、防疫、消毒和封杀用品,保障了禽流感防治工作的顺利开展。

五、完善内部机制,各项财政改革进展顺利

(一)进一步完善了财政体制。按照省厅要求,进一步研究制定了县乡财政体制改革方案,完善了激励性财政体制。

(二)加强乡村财务管理,大力推广南和县"村财乡代管"运作模式。截止 2005 年底,全市已有南和、沙河、柏乡、新河、临西、任县等 7 个县及其它县的 76 个乡镇实行了"村财乡代管"。

(三)推进了国库集中收付制度改革。研究制定了《邢台市集中收付制度改革实施细则》等 4 个文件,完善了自动拨款系统和银行辅助核算系统,目前,市直第一批 10 个试点单位完成了以零余额为主要形式的国库集中收付制度改革。

(四)政府采购范围进一步拓宽,管理进一步规范。2005 年,全市完成政府采购额 5.9 亿元,节约资金 7460 万元,节约率 11.1%。

(五)推进涉企收费改革,优化经济发展环境。"一口收费"的企业在上年减负 6000 多万元的基础上,今年可再减负 3175 万元。

六、推进依法理财,财政监督工作扎实有效

(一)认真开展专项资金清理工作。重点检查了扶贫、救济救灾、农村中小学危房改造和布局调整、公共卫生防治体系建设、计划生育药具专项经费、农村劳动力转移培训和人畜饮水等七项专项资金。共查出有问题资金 2338 万元,主要是项目申报、审批程序违规以及挤占挪用、变更项目、财务管理不规范等问题。截止目前,已纠正违纪违规资金 2218 万元,剩余的 120 万元正在纠正中。我市的专项资金清理工作被省财政厅评为先进单位。

(二)认真开展了会计信息质量和《会计法》执法情况检查。重点对企事业单位的会计信息、资料的真实性、合规性、完整性和会计基础工作规范、会计电算化开展情况等问题进行了检查。

(三)认真开展了财政周转金清理回收工作。按照市人大常委会对财政周转金清理回收工作的决议和市政府关于财政周转金清理工作实施方案的要求,通过艰苦细致的工作,清理工作达到了预期目标。截止目前,已清理回收资金 279.38 万元。其中,奔驰轿车一部(评估价 13 万元)、服装 8 万元,对欠款单位经过多方做工作,重新签定了分期还款协议,保全了法律诉讼时效,强化了借款单位的还款意识。

七、实施人本战略,提高了财政干部整体素质

扎实开展了共产党员先进性教育活动。根据市委统一部署,各级财政部门从实际出发,高标准谋划、高水平运作、高质量落实,全市财政系统共产党员先进性教育活动取得阶段性成果。扎实开展民主评议行风工作。我局在 2004 年和 2005 年连续获得免评奖励的基础上,由于免评期间工作业绩突出,2006 年又获得了增加免评一年的奖励;全市 21 个县市区财政局也全部获得了免评奖励,并被中央精神文明指导委员会授于"全国文明单位"称号。

(邢台市财政局供稿)

2005 年清河县财政工作概况

一、财政收入方面,挖潜力,增后劲

2005 年,全县完成地区生产总值 79.2 亿元,实现财政收入 41608 万元,全社会固定资产投资达到 23.8 亿元,分别比上年增长 21%、30.6%和 32%,增幅均创 1997 年以来最高水平。

(一)理性分析、科学调研,增强工作的预见性。我局成立了"财税政策研究小组",该小组的六名成员来自局内主要股室的业务骨干,基本职能是充分研究上级有关财税政策,深刻领会科学发展的时代内涵,立足全省放眼长远为我县的经济发展提供决策参考,也为县委、政府主要领导提供了重要的决策依据。

(二)优化结构、涵养税源,培育新的税收增长点。通过强化税务稽查、纳税申报管理、严把发票关口等措施,做到准确掌握税源,确保应收税款全额入库,有力地促进了收入任务的完成。顺利实现了契税由财政部门直接征收,实行税收源头控制,堵塞了契税在征收环节的漏洞。截止 10 月底已完成契税征收近百万元,入库 89.2 万元,比去年全年增长近一倍。

(三)效益优先、兼顾公平,实施新的考核奖励办法。为确保机构改革后的镇、站正常运转,并为今后全县经济稳定发展奠定基础,制定出台了《关于规范镇站财政财务管理的意见》,从工作运行程序、财政收入的解缴、资金支出的确定和机构设置等方面都作了明确的规定,为经济的平稳运行奠定了坚实的基础。

二、预算支出方面,讲科学,求规范

一是确保工资兑现。通过预算专列、资金专户、直达个人、督办检查等措施确保了公教人员工资发放;对农村税费改革后的中小学教师工资,实行了全额纳入预算并实行县级管理和财政统发,确保了教师待遇和学校运转,巩固了农村税费改革的成果。二是保正常运转。千方百计筹措资金,在保工资的同时,确保党政机关、公共事业部门的正常运转;继续深化财政体制、预算管理、国库管理制度、政府采购、农村税费、收支两条线管理等项改革,全面推进依法理财。三是积极推进养老、失业、医疗等各项社会保障制度改革,加大财政支持和管理力度,保障低收入群体基本生活。

三、财政政策方面,深领悟,严落实

(一)不折不扣地落实农业税减免政策,减轻农民负担。全年农业税率下调 2%,全县征收农业税 358.7 万元,入库 298.9 万元,征收、入库率均达 100%,比上年减少 49.95%,为农民减负 298.3 万元。农业税税率降低后全县农民人均负担 12 元,与去年比减少 11.1 元,降幅达 48%;亩均负担 7.8 元,与去年比减少 9.8 元,降幅 55.7%。

(二)扎扎实实地做好"直补"工作,增加农民收入。

(三)合理调配财政转移支付资金,继续向农村倾斜,优先保证乡村组织运转和农村义务教育的正常开展。

(四)严格落实增资政策。

四、财政监督方面,内公开,外透明

(一)对内实施权力公开。通过完善软、硬件设施,大力开展以网络建设为主要内容的现代化机关创建活动,使各股室业务上网、制度上网、目标上网、计划上网、成绩上网,真正实现了"阳光办公"、"透明办公"。不仅大大提高了工作效率,而且节约了办公资源,使各项工作都步入了快速发展的轨道。

(二)对外实行透明采购。我县政府采购公共工程项目(四条乡级道路、五条市政道路、园林绿化、污水处理厂、森林公园、三羊盖被、羊绒园区道路等工程),通过公开招标和邀请招标的采购次数为 12 次,采购金额为 2314 万元,比预算价 3101 万元节约资金 787 万元,节约率为 25.4%。

(三)大力加强财政监督。一是清理收费项目。

和物价部门联合对全县 115 个单位的收费项目进行清理审核，对该取消的项目涉及 12 个单位 25 个项目进行注消，对该降低标准的项目逐个进行核减。二是开展专项资金检查。从年初开始，安排对 2003 年以来的专项资金进行摸底检查，共涉及专项资金项目 84 个、财政投资 3882 万元，同时对 2003 年、2004 年七个重点资金项目的管理和拨付进行了全面检查，各股室负责逐项清理登记，逐笔核对，确保了专项资金检查工作稳步推进。

五、事业建设方面，高起点，新形象。

（清河县财政局供稿）

2005 年宁晋县财政工作概况

一、财政收入继续攀高，预算执行比较正常

2005 年全县财政收入完成 40266 万元，占年初任务 33668 万元的 119.6%，占调整任务 4 亿元的 100.7%，同比增长 33.9%。

2005 年，全县财政支出累计完成 41831 万元，占调整预算的 100%，同比增长 33.6%。其中，县本级支出 26468 万元，乡级支出 15363 万元。确保了公教人员工资按时发放和机关正常运转，同时还有力保障了重点支出需要。

二、严细措施，惠农政策得到全面落实

一是农业税“两减免”工作圆满完成。2005 年全县社会减免指标核定为 21.9 万元，严格按标准、按程序实施了减免。农业税税率降两个百分点，农民人均负担水平比上年降低 51.6%，亩均负担水平降低 51.1%。二是粮食直补工作顺利完成。已按时将 896 万元直补资金全部发放到农民手中，全县直接受益户数 15.1 万户，受益农民 63.7 万人。上述两项工作共计减轻农民负担 2305 万元，受益农民达到 128 万人次。

三、精心运筹，招商引资支持经济和事业发展全面开花

2005 年，财政部门从多方面加大对全县经济建设和事业发展的支持力度，财政支持全县经济建设资金达 12963 万元。一是用于产业技术改造、环保污染治理、企业挖潜等项目资金 1065 万元，并为 1 家企业引进流动资金 1000 万元。二是争取国债项目资金 1336 万元，主要用于农村卫生服务体系建设、农村人畜饮水安全、农村公路、污水处理厂及县职教中心建设等项目。三是用于支农项目资金达 3335 万元，主要用于农村合作医疗、农业综合开发配套、农村卫生基础设施、优质小麦良种推广、标准粮田配套等。四是投入城市建设资金 4949 万元，主要用于原物资局家属院拆迁、凤凰路北延、图书馆建设、西关街拓宽拆迁、污水处理厂建设、宁晋宾馆征地、民乐园拆迁等城市公共设施建设。五是争取乡村道路建设资金 731 万元，主要是司荆线、安新线、革命老区等道路建设。六用于其他事业建设支出 547 万元。

四、着眼大局，社会保障能力不断提高

进一步完善社保费税务征收体制，协调有关部门加大社会保障基金征缴力度，努力做到应收尽收，促进社会保险费稳定增长，提高自求平衡能力。2005 年，共征收各类社保基金 3642 万元，支付 3865 万元，确保了社保资金的按时拨付，促进了社会稳定。

五、以改革增活力，各项改革有序推进

（一）2005 年，在深刻领会省、市有关乡镇财政体制改革精神实质的基础上，认真分析我县乡镇实际，确定了我县乡镇财政实行“分税制财政体制和统收统支财政体制”并行的基本指导思想，并经过反复测算、论证，七易改革方案，最终确定了 10 个乡镇实行“分税制财政体制”，5 个乡镇实行“统收统支财政体制”。

（二）积极参与粮食企业产权制度改革，目前改革已全部完成。根据省、市要求及我县实际，按照规模、地域、经营等因素，对 44 家国有粮站进行了撤并、关停等形式的产权制度改革。

（三）农村合作医疗工作有序展开。省确定我县为试点县以来，经过大量扎实有效的工作，已取得阶段性成果，全县参加合作医疗农民达 29.2 万人，占全县农民人口 58 万人的 50%，参加农民缴款 291.7 万元。按照省农村合作医疗基金管理办法，省市县按 3:3:4 比例的原则，县财政应配套资金 117 万元。2005 年，共筹集农村合作医疗基金 813 万元，支出 358 万元。

（四）加快事业单位改革步伐。按照事业单位改革的基本要求，2005 年对卫生事业单位的经费管理进行了改革。取消县医院、二院的差额补贴；对有事业收入的财政全额供给单位——妇幼院改为差额补贴，从2005年4月份起，从工资发放银行档案库中扣除妇幼院全部财政供养人员的"两项津贴"，由单位从业务收入中补足。

六、进一步优化发展环境，为全县经济建设服务

(一)进一步优化发展环境，按照规定取消行政审批等收费项目135项，重新审核确定2005年重点保护企业，由2004年的52家增加到目前的57家，并对13个重点建设项目实行挂牌保护。此外，切实规范罚没物资的管理，及时取消不合理收费项目。有效遏制了"三乱"行为，优化了经济发展环境。

(二)严格审核每笔票据，拒付不合理开支，维护财经纪律严肃性。2005年，共支付资金18258万元，办理业务5556笔，拒付不合理票据320张，节支120万元。

(三)切实加大财政监督力度，对2003年以来，中央、省、市财政部门下达的各类专项资金进行清理检查。共清理检查2003年财政专项资金项目96个，合计金额4229.58万元。对清理检查存在的问题按规定进行了纠正和处理，并提出了整改建议。

(四)2005年，共实现政府采购活动202次，政府采购预算额4721.02万元，同比增长10.5%；合同采购额4118.25万元，同比增长20%，比预算节约资金602.77万元，节支率12.77%。

(五)大力开展违纪购买小汽车检查，共查出违纪车辆8辆，按照有关规定进行了罚款处理，违纪车辆的纠正手续已办理。此外，严控小汽车报批，严格按照有关规定，共报批小汽车16辆，采购金额218.5万元，节约资金4.8万元。

七、以人为本，财政队伍建设进一步加强。

(宁晋县财政局供稿)

2005年邯郸市财政工作概况

一、财政实力进一步增强

2005年全市全部财政收入完成121.1亿元，占年计划的116.2%，可比增长31.3%，其中全市一般预算收入完成43.21亿元，占调整预算的109.7%，可比增长30.9%；全市一般预算支出完成83.84亿元，占调整预算的92%，比上年增长31.7%。全市基金收入完成12.85亿元，占调整预算的111.9%，增长21.7%，全市基金支出完成13.7亿元，占调整预算的83.7%，增长23.3%。

二、积极支持县域经济加快发展

2005年，我市在创造性落实省激励性财政体制的基础上，制定了支持县域经济发展的配套政策。对东部6个非贫困县实行与贫困县相同的"四税"增量全返政策；对高开区和马头工业城实行定额分享、市级"四税"增量全返政策；对市内三区新上工业项目年缴纳增值税、企业所得税超过100万元的，原市专享税收部分实行市与区对半分成，全面落实扩权强县政策。通过体制激励，调动了县(市、区)加快发展、组织收入的积极性。

2005年拨付一般性转移支付和调整工资转移支付11.63亿元，确保了东部财政困难县公教人员工资按国家统一标准及时、足额发放；拨付资金1.05亿元，落实了中央缓解县乡财政困难"三奖一补"和省"五奖二补"政策；拨付农村税费改革和农业税减征转移支付资金5.42亿元，弥补了因实施农村税费改革造成的县乡财力缺口。

三、重点支出得到了较好保障

拨付基本建设、挖潜改造、科技三费9.77亿元，比上年增长50%，重点支持了国企改革、民营经济、对外开放和重点项目建设，改善了基础设施条件，促进了全市产业、产品结构的优化升级，补充了市级中小企业信用担保资本金，拓宽了中小企业融资渠道，支持了办公自动化耗材基地、空气净化器、陶瓷等一批科技含量高、发展前景好的重点项目。

拨付"三农"资金4.57亿元，比上年增长49%。重点支持了农业综合开发、百万吨奶业工程、农产品质量检测体系、绿色通道、退耕还林、水土保持、节水灌溉等项目建设，改造中低产田12.02万亩，山区造林6.95万亩、退耕还林28.78万亩，完成水土保持治理面积156.26平方公里，新增节水灌溉面积30万亩。发放种粮直补资金7880万元，受益农民160万户；发放良种补贴资金2400万元，58万农户受益；发放农机具补贴资金90万元，新增大型农机具158台(套)。拨付扶贫资金4041万元，发放"周转畜"2.9万头、扩大灌溉面积4150亩，帮助8万名贫困人口脱贫。大力推进农村税费改革，大名、魏县、广平和涉县4个国家级扶贫开发重点县免征农业税，武安市、峰峰矿区等8个县(市、区)自主免征农业税，其他 9 个县农业税税率降低 2 个百分点，农民人均负担降至 7.7 元。

拨付社会保障支出 17.64 亿元，比上年增长 25.9%，其中一般预算支出 7.09 亿元，社保基金支出 10.55 亿元。保证了企业离退休人员养老金按时足额发放，并补发了以前年度拖欠的养老金，保证了 1.1 万名国有企业下岗职工的基本生活需要，确保了 13.1 万名城镇低保对象最低生活保障金发放，救助了 8.6 万名农村低保对象，解决了市直部门 2001 年医改前发生的医疗费拖欠问题，为 9.5 万名企业退休人员增加了生活补贴，为 2.7 万名“三属”、“三红”等优抚对象按时足额发放了抚恤金，保障了 53 万名受灾群众的基本生活，促进了社会和谐。

拨付市本级城建、环保资金 2.37 亿元，比上年增长 55.8%，是城建资金投入最多的一年。主要支持了梦湖景区、主城区东北部、两河综合整治等规划编制；完成了中华大街改造，改建新建了铁西大街等 33 条城市道路，改善了市区主干道交通环境；实施了城市绿化、亮化工程，完成了龙湖公园一期建设；支持两河综合整治工程和输元河桥、支漳河桥等 6 座干道桥梁；归还政府工程欠款 5200 万元；支持了马头电厂、热电厂、印染厂等企业废水、废气、废物环境治理。

大力支持教育、文化、卫生等各项社会事业发展。全市教育支出 17 亿元，比上年增长 22.5%，支持了 100 多所农村中小学和主城区 24 所中小学危房改造和教育布局调整；拨付“两免一补”资金 3362 万元，使 18.2 万名贫困生免费领到了教科书，2967 名贫困生领取了生活补助，为 3.5 万名贫困生免除了杂费；支持了主城区五所中学拆迁扩建和 9 所中小学的冬季集中供热改造；改造扩建了 72 所乡镇卫生院和 11 个社区卫生服务中心、44 个服务站。对农村 7813 名 60 岁以上计生户进行奖励扶持，为 100 万名农村已婚妇女开展了免费健康检查。

四、稳步推进各项财政改革，努力提高财政管理水平

一是普遍实行了早编细编预算、综合预算和零基预算，市本级实现了预算编制、指标管理软件、总会计、国库集中支付软件间相互衔接。二是建立了政府采购公开透明运行网络，率先在全省实现了政府采购电子化，实施政府采购 1383 批次，采购金额达 8 亿元，节约资金 1 亿元，节资率 11.17%。三是全市共有 2102 个一级和二级预算单位纳入集中支付范围，纳入率达 95%；市本级专项资金基本上实行了直接支付。四是企业集中收费改革扩大到 500 多户企业，出台了《邯郸市行政事业性收费票款分离办法》，对 50 元以下的收费也实行“票款分离”。五是建立了产权交易经纪网和产权交易公开透明运行网，完成了棉机等 15 家企业产权、股权转让工作，盘活资产 4.47 亿元，实现国有资产变现收益 7139.81 万元，保障了企业改制规范进行。

（邯郸市财政局供稿）

2005 年武安市财政工作概况

一、财税协手抓税源，确保收入足额入库

一是财税部门紧密协作，克服冶金钢铁行业受国家宏观调控政策影响，积极为我市经济主导产业健康运行出谋划策，创造良好的经济发展环境，带来了较为充足的税源；二是财税部门坚持依法治税管费，跟踪重点税源摸清底数，确保应收尽收，足额入库，使财政收入保持了较快增长。三是狠抓契税征收。我局根据国务院有关文件精神，制定了《武安市契税直接征收办法》，对契税实行直接征收，并在市房产交易所、国土资源局设立了契税所，加大对房屋契税和土地契税的征收力度。同时，我局联合市房产交易所、国土资源局等单位在全市范围内开展契税稽查清欠大检查，收到了很好的效果。全年，共完成契税收入 330.9 万元，占任务的 551.5%，同比增长 451.5%。四是全市以成为扩权强县为动力，调动了各征收部门的征收积极性。五是充分发挥市中小企业担保机构职能，解决中小企业融资难的问题，使武安中小企业逐步壮大，进一步涵养了财源，为可持续发展奠定了坚实的基础。

二、合理统筹财力，确保重点支出

随着我市经济快速发展，财政收支矛盾得到一定缓和，我市财政已由“吃饭”财政转为公共财政。今年以来，我局本着“一要吃饭、二要建设、三要和谐”的原则，首先确保公教人员工资和离退休人员两费足额按时发放和机关的正常运转。其次，对一般性支出财政则扎紧“钱带子”，围绕“建设节约型财政”这一精神，勤俭办一切事业，日常经费坚持按预算、按进度、按用途拨款，不花过头钱；统筹“散、碎”

资金，集中财力用于涉及群众切身利益和社会事业发展的全市重点工作和民心工程上去。其中拨付3300万元用于塔西路改造，拨付13390万元重点支持了一中、五中新校区建设，拨付1000万元对乡镇卫生院升级改造，支出再就业、低保、养老保险费等资金3487万元，极大地提高了群众的文化生活水平，提升了城市形象品位。三是充分发挥财政监督职能，与监察、审计部门相配合，对近两年的专项资金监管、使用情况展开专项检查，共查处违纪资金769.8万元，依据相关规定对违纪问题严肃处理，维护了财经纪律。

三、深化财政改革，公共财政框架初步形成

一是不断完善预算编制水平，继续推行部门预算、综合预算，深化预算编制层次，细化预算项目，逐步提高预算编制的科学性和合理性，扩大部门预算公开范围，由原来的5个部门扩大为公安、劳动、民政、卫生、水利等10个部门，提高了部门预算水平。同时，针对我市部门预算编制水平参差不齐，硬件建设滞后的实际情况，财政出资39万元为市直有关部门配备了57台电脑和打印机专门用于编制年度预算，并组织了三期预算编制培训班，讲解预算编制方法和相关业务软件知识，提高了部门预算编制人员素质，改善了部门硬件环境；二是扩大“收支两条线”成果，在对全市所有执收执罚单位实行“票款分离”，纳入财政专户的同时，规范其运作程序，实行“五统一”管理，即统一收罚项目和范围，统一收罚票据，统一开户和收款，统一支出和管理，统一监督和检查。三是核算中心继续加强单位核算，减少资金拨付中间环节，加强资金的源头监督，铲除滋生腐败的土壤。全年，共审核出不合理开支300多笔，资金400多万元；拒付非政府定点采购或应由政府采购统一采购而擅自购买的违规支出200多万元；四是政府采购进一步拓宽采购范围，不断探索节支增效的新领域，在年初推行的公务用车保险定点采购，变分散投保为集中投保，取得了良好效果。全年累计采购5240批次，累计采购金额达8476万元，较预算价10717万元，节约财政资金2241万元，平均节资率20.9%。

今年是我市成为扩权强县的第一年，为了尽快适应工作需求，局领导带领主要科室负责人到三河、迁安、遵化三个扩权县进行实地考察学习借鉴外地县市成功经验的基础上，我局经市委、市政府同意，出台了多项深化财政改革，加快社会各项事业发展的改革举措：一是成立财政投资项目评审中心，对全市所有由财政投资建设的项目，提前审核其项目建设的可行性报告和投资预算，而后根据财政投资评审中心的审核意见列入预算执行，达到少花钱、多办事，既可以为国家节约大量的建设资金，同时也为反腐倡廉起到了积极的促进作用。截止目前，已对4个项目开展了评审。审结项目两个，送审金额31.8万元，审定金额27.8万元，审减4万元，平均审减率12.6%。二是成立汽车租赁服务有限公司，新增公务用车由汽车租赁公司统一管理，此举的出台将有效缓解频繁更换新车、任意变卖公车、车随人走等造成国有资产流失的问题。三是成立国有资产经营有限公司，将全市国有资产纳入该公司经营管理，并以该公司为平台，与开发行和商业银行合作，引资用于全市各项公益事业，花“明天”的钱办“今天”的事，解决了制约事业发展的资金“瓶颈”。

四、财政管理工作日益科学、规范

一是为加大《会计法》宣传力度，在《会计法》颁布实施20年之际，我局局长高举良同志在《邯郸日报》刊登了题为《强化培训，立足服务，打造高素质的会计从业队伍》文章。为提高我市会计队伍素质，我局专门聘请有实际工作经验，专业知识过硬的老师，对我市2477名会计从业者进行了会计继续教育培训，提高了我市会计队伍的业务素质和职业道德水平。二是加大社保资金管理力度，紧抓“两个确保”和“三条保障线”工作，确保社保资金准确、及时、足额到位，维护了社会稳定。三是推进国企改制，严防国有资产流失。为摸清我市国有资产底数，我局对全市150个行政事业单位进行了资产清查。通过清查截止2005年8月31日，我市资产总额为150218万元，负债18069万元，净资产为132149万元。在做好资产清查的同时，我局配合有关部门，完成了对电力物资有限公司、五金交电公司、交通工程公司和粮食局系统12户企业的改制工作，并对已完成改制但由于某种原因未注册的烟酒公司、饮食服务公司进行了重新核准。四是清欠办以回收财政周转金和农村基金会借款为目标，积极想办法，定措施，抓落实，全年共回收财政周转金借款68.47万元，农村基金会借款36.57万元，两项资金共计105.04万元。

五、创建学习型机关，建高素质队伍。

（武安市财政局供稿）

2005 年大名县财政工作概况

一、狠抓收入，确保了财政收入均衡入库

2005 年，我县全部财政收入累计完成 7008 万元。为确保完成收入任务，我局始终把组织收入做为财政工作的第一要务。一是及早下达收入计划，对任务进行层层分解，及时把握工作主动权；二是对收入工作实行目标管理，明确任务，压死责任，严格奖惩，调动了各级各部门抓收入的积极性；三是加大税收征管力度，充分挖掘税收潜力，努力提高收入质量，有效地杜绝了税收过程中的跑、冒、滴、漏，为圆满完成收入任务提供了有力保障；四是加强预算外资金管理，严格"收支两条线"，完成了预算外资金征收和调控任务。五是全面开展税源大普查，对全县重点企业进行了调查摸底，有效防止了偷漏税行为。

二、严格支出顺序，重点支出得到保障

2005 年，通过加大组织收入，严格控制支出等措施，始终坚持适度从紧的支出政策，把一般性支出和公用经费压到最低限度，杜绝一切不必要的开支，不乱花一分钱。一是继续执行工资专户，强化工资网络管理，保证了全县公教人员工资足额发放；二是严格执行《预算内资金支付管理办法》，把工资外的支出压到最低限度，集中财力保证了机关工作正常运转和重点支出需要；三是严格执行财政预算，确保了教育、卫生、社会保障等重点支出需要。

三、财政改革稳中求进，逐步向纵深发展

一是财政集中支付制度进一步完善。2005 年，县财政集中支付中心共受理业务 5100 多笔，支付资金 17050 万元，纠正不合理票据 670 多张，涉及金额 560 多万元，在很大程度上规范了单位的会计核算和财务行为，财政资金得到了有效监控；二是扩大政府采购范围，严格采购程序，2005 年，共采购物品涉及金额 489 万元，节约财政资金 65 万元，节资率 13.3%；三是对专项资金继续执行报账制度，并对报账程序进一步规范化、严格化，确保了专款专用。

四、全部取消农业税，对种粮农民继续进行了补贴

2005 年，按照上级政策，我县全部取消农业税，农民负担彻底减轻。与此同时，2005 年对全县种植小麦和玉米的种粮农民继续进行了现金补贴。按照每亩 10 元的标准，共补贴资金 948 万元，惠及全县 651 个行政村，15 万户，69 万农民，增加了农民的收入，调动了农民种粮积极性，提高了我县粮食综合生产能力。

五、健全机制，财政监督力度进一步加大

2005 年，全面贯彻落实《财政违法行为处罚处分条例》。一是坚持财政日常监督，对财政资金编制、执行、监督相互分离、相互制约，变事后监督为事前测算、执行过程、落实情况的全方位监督，保持了财政监督的连贯性和经常性；二是开展了各项专项资金的监督检查，重点对专项资金和重点项目资金加大了监督力度，充分发挥财政部门的监督职责，严防了各类财政资金截留、挤占、挪用，维护了财经纪律的严肃性；三是大力开展了《会计法》执法检查工作，提高了会计信息质量，规范了全县财经秩序；四是加大了对违反财经纪律的处罚力度，对发现的问题依照《条例》进行了处罚，确保了财政资金安全运行。

（大名县财政局供稿）

财政大事记

2005 年河北省财政厅大事记

一 月

1 月 6 日　全省财政工作会议(网络会议)召开。会议由省政府副秘书长刘印楼主持,省委常委、常务副省长郭庚茂出席大会并作了题为《创新体制机制　完善财政政策　努力促进全省经济社会更快更好发展》的讲话,厅党组副书记、副厅长陈金城作了题为《以科学发展观统领财政工作全局　促进全省经济社会更快更好发展》的报告。省委副秘书长刘忠昌、省人大财经工委主任杜书箱、副主任孔庆芝出席了会议,省直各部门主管财务工作的负责同志和财务处长、厅机关副处级以上干部在主会场参加了会议,各市主管财政工作的副市长和各县(市)财政部门负责人在各分会场参加了会议。

会议传达了全国财政工作会议精神,总结了 2004 年全省财政工作,研究部署了 2005 年财政工作。

会议认为,2004 年全省各级财政部门认真贯彻省委、省政府各项重大决策部署,高扬"树正气、讲团结、求发展"的主旋律,狠抓各项工作落实,全省预算执行情况良好,圆满完成了全年各项目标任务。据快报统计,全省全部财政收入完成 781 亿元,增长 23%(按可比口径,全部财政收入达 839.8 亿元,比上年增长 32.3%),其中,地方一般预算收入完成 408.3 亿元,增长 21.6%。全部收入全年增收 146.1 亿元,是 1994 年以来增量最大、增幅最高的一年。

2005 年是"十五"计划的最后一年,也是贯彻落实科学发展观、巩固宏观调控成果、实现全省经济社会更快更好发展的关键一年。2005 年我省财政工作指导思想是:以邓小平理论和"三个代表"重要思想为指导,认真贯彻党的十六届三中、四中全会和省委六届六次全会精神,以科学发展观统领财政工作全局,按照"五个统筹"的要求配置财政资源,集中财力解决影响经济社会发展全局的突出矛盾和问题;继续深化财政改革,切实加强监督管理,努力增收节支,提高资金使用效益,确保圆满完成全年预算任务,积极促进全省经济和社会发展目标的实现。

同日　全省资产评估管理工作会议在石家庄召开。会议传达了财政部全国资产评估行业全面检查工作总结会议和中评协地方协会秘书长工作会议精神;总结了 2004 年度全省评估行业工作,通报了 2005 年的工作思路。全省资产评估机构负责人参加了会议。郭秀堂副厅长、尹立敏助理巡视员参加会议并作了重要讲话。

1 月 9 日　厅党组研究决定:邢永春同志任省财政厅税政处处长,免去其省财政科学研究所所长职务;刘崇玲同志任省财政厅税政处调研员,免去其省财政厅原统计评价处调研员职务;杨绍军同志任省财政厅经济建设处副处长,试用期一年,免去其省财政厅经济建设处助理调研员职务;薛忆萍同志任省财政厅企业处副处长,试用期一年,免去其省财政厅企业处助理调研员职务;潘建国同志任省财政厅条法处副处长,试用期一年,免去其省财政厅条法处助理调研员职务;黄振平同志任财政监察组第一组组长(正处级),试用期一年,免去其省财政厅农业处副处长职务;吴建明同志任财政监察组第二组组长(正处级),试用期一年,免去其省财政厅财政监督处副处长职务;宋华同志任财政监察组第一组副组长,试用期一年;解建国同志任财政监察组第二组副组长,免去其省财政厅经济建设处副处长职务;任同肖同志任省政府采购办公室副主任,免去其省财政厅机关服务中心副主任职务;刘运通同志任财政监督检查局助理调研员,免去其省非税收入管理局助理调研员职务;段国旭同志任省财政科学研究所所长,试用期一年,免去其省财政厅办公室副主任职务;孟占起同志任省财政厅机关服务中心副主任,免去其省政府采购办公室副主任职务。以上同志任职时间自 2004 年 12 月 8 日算起。

同日　召开了部分干部调整任用集体谈话会,

厅领导和新近提拔、调整的16名干部及有关处室、单位的负责同志参加了会议。厅党组书记、厅长齐守印就加强学习，努力提高工作能力和领导水平作重要讲话，殷切希望大家带头学习、带头研究、带头实践，在建设学习型机关活动中当表率、做模范。

同日

经厅党组研究，报省人事厅批准：王新庄同志任财政监督检查局调研员；马杰同志任省财政厅社会保障处助理调研员；郑桂媛同志任省政府采购办公室助理调研员。以上3名同志任职时间自2004年12月20日算起。

1月11日　厅党组书记、厅长齐守印受省政府委托，向省十届人民代表大会第三次会议提交了《关于河北省2004年省本级预算和省总预算执行情况及2005年省本级预算和省总预算草案的报告》，会议审议批准了《2005年河北省省级及全省政府预算(草案)》。

1月11日—15日　财政部农业司褚立明副司长到我省张家口市张北县、蔚县就退耕还林工作进行调研，左绍伟副厅长及农业处有关同志参加了调研。

1月18日　厅党组书记、厅长齐守印主持召开厅务会议。会议主要内容：各处室、单位负责同志对2004年工作进行总结述职并测评；部署春节前后的机关党风廉政建设工作；强调厅机关建设工作。厅领导陈金城、左绍伟、郭秀堂、徐立海、尹立敏出席了会议，各处室、单位负责同志参加了会议。

1月18日—22日　郭长悟助理巡视员带领由财政厅、劳动和社会保障厅、建设厅组成的督导组赴衡水市就清理拖欠建设领域工程款和农民工工资工作进行督导检查。

1月19日　厅党组书记、厅长齐守印主持召开厅老干部各党支部委员和离退休厅级干部参加的座谈会。党组副书记、副厅长陈金城、监检组长、监察专员徐立海、助理巡视员尹立敏参加了会议。座谈会上，齐守印厅长、陈金城副厅长向老同志介绍了我省经济形势、财政状况以及热点问题，并就如何进一步做好老干部工作进行了座谈。

1月21日　省厅举办2005年迎新春联欢会。厅领导齐守印、陈金城、左绍伟、郭秀堂、乔满、高志立、徐立海、尹立敏、郭长悟与全厅干部职工和离退休老干部代表欢聚一堂，共庆新春佳节。

1月22日　厅党组书记、厅长齐守印主持召开党组会。会议研究确定了2005年财政工作要点；根据2004年考核情况，确定2004年先进集体和个人。党组成员陈金城、左绍伟、郭秀堂、乔满、高志立、徐立海同志参加会议，有关处(室)负责同志列席了会议。

同日　厅党组书记、厅长齐守印主持召开厅长办公会。会议研究通过了《河北省省级财政投资项目评审管理办法》，讨论了老干部活动经费和用车等问题。厅领导陈金城、左绍伟、郭秀堂、乔满、高志立、徐立海、尹立敏参加会议，有关处室负责同志列席会议。

1月26日—31日　春节前夕，厅领导齐守印、陈金城、左绍伟、郭秀堂、乔满、高志立、徐立海、尹立敏、郭长悟，分别带领厅办公室、机关党委、人教处、离退休干部管理处的负责同志，对厅离休干部、退休厅级干部、厅级干部遗属和异地安置的老干部进行了慰问。

1月31日　厅党组书记、厅长齐守印主持召开党组会。主要内容：1. 通过《河北省财政厅关于深入开展保持共产党员先进性教育活动的实施意见》，成立厅保持共产党员先进性教育活动领导小组，齐守印厅长任组长，陈金城、左绍伟副厅长任副组长，其他厅领导为成员。下设领导小组办公室，左绍伟副厅长任主任，尹立敏助理巡视员任常务副主任。机关党委、办公室、人教处、纪检组、科研所抽调人员分别组成综合组、宣传组、督导组；2. 传达省纪委六次全会精神，研究我厅贯彻落实意见。党组成员陈金城、左绍伟、乔满、高志立、徐立海参加会议，厅领导尹立敏、郭长悟及有关处室负责同志列席了相关议题。

同日　经厅党组研究，报省纪委批准：薛国军同志任省纪委驻省财政厅纪检组、省监察厅驻省财政厅监察专员办公室副处级纪检监察员，任职时间自2005年1月19日算起。

二　月

2月1日　召开厅机关保持共产党员先进性教育活动动员大会。厅党组副书记、副厅长陈金城主持会议，厅党组书记、厅长齐守印作了动员讲话，厅党组副书记、副厅长左绍伟宣读了《河北省财政厅关于深入开展保持共产党员先进性教育活动实施方案》，省委督导组王洪生组长出席大会并对厅保持共产党员先进性教育活动提出要求。厅领导郭秀堂、高志立、徐立海、尹立敏、郭长悟及省委督导组成员出席了会议，全厅党员和群众代表参加了会议。

同日 举办厅离退休干部春节茶话会。厅领导齐守印、陈金城、郭秀堂、乔满、高志立、徐立海出席了茶话会，厅办公室、机关党委、人教处、预算处、机关服务中心、离退休干部管理处等处室负责同志也参加了茶话会。

2月2日 在法定时间内全部批复了省直124个部门2005年部门预算。

同日 召开全厅支部书记会议。厅党组副书记、副厅长左绍伟针对先进性教育活动需要掌握的政策和解决的问题作了讲话，并对先进性教育活动进行了再动员。

2月3日 召开先进性教育活动领导小组办公室工作人员会议。会议由厅党组副书记、副厅长、领导小组副组长左绍伟主持，会议进一步明确领导小组办公室人员职责，并就如何组织好、谋划好教育活动的各项工作进行了具体安排。厅助理巡视员、领导小组办公室常务副主任尹立敏参加了会议。

同日 召开全省财政专项资金监督管理工作网络会议。会议由厅党组副书记、副厅长陈金城主持，党组书记、厅长齐守印作了重要讲话，副厅长郭秀堂就贯彻落实会议精神提出了具体要求，有关处室介绍了开展财政专项资金监督检查的经验做法。各市县财政局局长、监督检查机构人员和业务科(股)室负责人在各分会场参加了会议。

2月4日 厅党组书记、厅长齐守印主持召开厅党组中心组理论学习扩大会——保持共产党员先进性教育活动专题。集体学习《党章》、《保持共产党员先进性教育学习读本》。厅领导陈金城、左绍伟、乔满、高志立、徐立海、尹立敏、郭长悟参加学习，有关处室负责同志列席。

同日 厅党组书记、厅长齐守印主持召开党组会，研究了有关问题。党组成员左绍伟、郭秀堂、乔满、高志立、徐立海参加了会议，厅领导尹立敏、郭长悟及有关处室负责同志列席了会议。

2月16日 召开厅机关2004年度工作总结表彰暨2005年度工作动员大会。大会由厅党组副书记、副厅长陈金城主持，厅党组书记、厅长齐守印作了重要讲话，厅党组副书记、副厅长左绍伟宣读了《河北省财政厅关于表彰2004年先进集体和先进个人的决定》，授予厅办公室、人教处(培训中心)、预算处(编审中心)、国库处(支付中心)、行政政法处、经济建设处、社会保障处(社保中心)、机关党委、离退休干部管理处、土地治理项目处、信息中心、省注协秘书处、投资公司、财政投资评审中心、农发项目评审中心(农业投资公司)15个单位“先进集体”称号。

授予武炜、孟吉清、吴红智、周永贵4名同志优秀公务员称号，并记三等功。

授予厅机关和农开办正处级领导干部王秋民、杜彦卿、赵文海、刘洪林、高景良、高云霄、徐联中、石树鹏、李博、张安生10名同志和李毅、刘启生、安瑞艳、赵新海、赵宏亮、车殿宝、刘振芳、朱彦彬、吴鸾、张振川、刘宝贤、张会军、赵晋进、张烈、祝永革、白鹤天、邢秋洁、吴国起、王拥军、智荣卿、孙国良、潘建国、贺志、薛国军、郭顺、马驰、李香玉、王寅、赵振全、李楠30名同志优秀公务员称号，并给予行政嘉奖；给予张兰君、王静、王占军同志行政嘉奖；授予陈焕忱、张灿欣同志优秀工作人员称号，并给予行政嘉奖。

授予厅和农开办直属事业单位主要负责人王洪卫、郭志军、徐洪杰3名同志和王建平、张歆蕊、李振江、杨世英、刘丁雷、张宪宁、岳有志、李明、田满立、吴堃、任同肖、刘福生、王鑫、李彦林、刘根全、吴志刚、崔青山、吴会香、刘姗、蔡笑腾、赵瑞清、闫国英、张玫、冀平、孟丽萍、董津环、王正、刘晓平、于怀水29名同志优秀工作者称号，并给予嘉奖奖励；给予潘玉欧、刘福盈、谢银起、何文志4名同志嘉奖奖励。

2月18日 厅党组书记、厅长齐守印主持召开党组会。会议传达了省政府第三次廉政工作会议精神，研究了厅贯彻落实意见。根据工作需要调整部分厅领导分工：左绍伟副厅长分管税政处，不再分管条法处；郭秀堂副厅长分管条法处，不再分管财政监督处(监督检查局)；徐立海专员分管财政监督处(监督检查局)；其他厅长分工不变。党组成员陈金城、左绍伟、乔满、高志立、徐立海参加会议，厅领导尹立敏、郭长悟及有关处室负责同志列席了相关议题。

2月21日 郭秀堂副厅长主持召开了省会部分会计师事务所和资产评估机构负责人座谈会。

2月23日 厅党组书记、厅长齐守印主持召开厅党组中心组理论学习扩大会——保持共产党员先进性教育活动专题。厅领导左绍伟、郭秀堂、乔满、高志立、徐立海、尹立敏、郭长悟参加学习并谈了学习体会。

同日　召开河北省财政厅 2005 年党风廉政建设工作会议。厅机关全体党员干部、事业单位处级以上干部参加了会议。会议由厅党组成员、纪检组长徐立海主持，厅党组成员、副厅长郭秀堂传达省纪委第六次全会、省政府第三次廉政工作会议精神，徐立海同志总结厅机关 2004 年工作、部署 2005 年党风廉政建设和反腐败工作，厅党组成员、副厅长高志立宣读《河北省财政厅 2005 年党风廉政暨效能建设责任书》，厅党组书记、厅长齐守印作重要讲话，并与厅机关处室、厅属企事业单位负责人签订《河北省财政厅 2005 年党风廉政暨效能建设责任书》。

2 月 25 日　厅党组书记、厅长齐守印以《深刻理解党和党员的先进性，提高科学、民主、依法理财能力》为题，为全厅党员上先进性教育专题党课，党课活动由厅纪检组长、监察专员徐立海主持，省委督导组王洪生组长等出席。

2 月 26 日　省政府[2005]第 3 号令颁布施行《河北省省级预算管理规定》。

三　月

3 月 1 日　召开全厅支部书记集中学习和体会交流会。集中学习了《党章》和开展先进性教育活动的重要性和必要性以及共产党员先进性内涵等，社会保障处支部等七位支部书记和两位离退休支部书记交流了学习体会。厅党组书记、厅长齐守印，厅党组副书记、副厅长左绍伟，助理巡视员尹立敏参加了会议并分别讲话。

3 月 2 日　厅党组书记、厅长齐守印主持召开厅党组会。主要内容：1、传达省专项资金综合治理电视电话会议精神，研究确定了我厅贯彻落实意见，成立河北省财政厅专项资金综合治理工作领导小组，组长：左绍伟，副组长：郭秀堂、徐立海，成员：财政监督处、企业处、教科文处、纪检组负责同志，专项资金综合治理领导小组办公室设在财政监督处。2、传达省深入推进行政权力公开透明运行试点工作会议精神，研究部署了我厅贯彻落实意见：成立河北省财政厅深入推进行政权力公开透明运行试点工作领导小组，组长：左绍伟，副组长：高志立、徐立海，成员：办公室、人教处、农业处、纪检组、机关党委负责同志。领导小组办公室设在厅纪检监察室。确定农业处为厅试点单位，要求领导小组办公室进一步提出具体实施意见。3、传达了全省保密工作和密码通信工作会议精神。4、推荐了 2005 年“全国劳动模范和先进工作者”及第九届“河北省五四奖章”候选人人选。

同日　厅党组书记、厅长齐守印主持召开厅党组中心组理论学习扩大会——保持共产党员先进性教育活动专题。厅领导陈金城、左绍伟、郭秀堂、乔满、高志立、徐立海、尹立敏、郭长悟参加学习并结合学习谈了体会，有关处室负责同志列席了会议。

同日　省厅组织党员到华北烈士陵园发展革命传统教育活动。厅党组书记、厅长齐守印代表全厅党员向革命英雄纪念碑敬献了花圈，参加活动的全体党员重温了《入党誓词》，聆听了革命英烈马本斋光荣事迹的报告，参观了国际共产主义战士白求恩纪念馆和印度援华医疗队纪念馆，并拜谒了白求恩烈士墓。厅领导陈金城、郭秀堂、乔满、徐立海、尹立敏及全厅 70 多名党员代表参加了活动。

3 月 3 日　财政部农业司丁学东司长到省委党校通过座谈会形式调研惠农政策情况，齐守印厅长、左绍伟副厅长参加了会议。

同日　由厅助理巡视员尹立敏带队，厅部分处室党员一行 23 人到井陉矿区参观了万人坑纪念馆并慰问了破产企业困难职工。

同日　召开学习保持共产党员先进性教育活动专题报告会。邀请中央文献研究室副主任、中国国史研究会副会长、清华北大兼职教授、研究员李捷以《学习实践“三个代表”重要思想是新时期共产党员保持先进性的根本要求》为题作了专题报告，报告会由厅党组书记、厅长齐守印主持，全厅党员参加了报告会。

3 月 8 日　厅党组书记、厅长齐守印主持召开厅党组会。会议传达了省保持共产党员先进性教育活动电视电话会精神；研究了有关干部人事问题。党组成员陈金城、乔满、徐立海参加了会议，有关处室负责同志列席了会议。

同日　召开保持共产党员先进性教育活动先进事迹报告会。邀请曾荣获全国人民满意公务员称号的王韶华同志和曾荣获中国杰出青年卫士称号的岳苏霞同志作了先进事迹报告。厅领导齐守印、陈金城、徐立海及全厅党员参加了报告会。

同日　厅党组研究决定：李建设同志任中共河北省注册会计师协会委员会书记，免去其省人才交流服务中心流动人员党委注协党总支书记职务；郭志军同志任中共河北省注册会计师协会委员会副书记。

3月9日　在邢台召开县乡财政体制改革座谈会。齐守印厅长参加会议并作了重要讲话，厅预算处和部分市县县长、财政局长及部分乡镇负责人参加了座谈。会议期间，齐守印厅长带领预算处有关同志到邢台县、南和县开展了调研活动。

3月10日　厅党组研究决定：范海秀同志任省财政厅综合处副处长，免去其省财政厅农业处副处长职务。

同日　召开全省财政专项资金清理检查工作进展情况汇报会。会议由厅党组成员、纪检组长、监察专员、省财政专项资金清理检查领导小组副组长徐立海主持，厅党组副书记、副厅长、省专项资金清理检查领导小组组长左绍伟作了重要讲话。厅农业处、教科文处、社保处、经济建设处、监督处（局）、纪检组，各市负责专项资金清理检查工作的财政局长、监督科长参加了会议。

同日　厅党组副书记、副厅长陈金城带领企业处、涉外处（外债中心）党支部部分党员赴狼牙山接受党的优良传统和爱国主义教育，并结合实际讲了党课。

3月11日　左绍伟副厅长赴赞皇县进行先进性教育活动征求意见和"三农"调研。农业处、经建处、综合处、厅先进性教育活动办公室同志参加了调研。

3月13日　邀请财政部条法司副司长许大华就如何贯彻落实《财政违法行为处罚处分条例》作了专题报告，报告会由齐守印厅长主持，副厅长陈金城、郭秀堂和监察专员徐立海参加了报告会。

3月17日　省委督导组到省厅督查先进性教育活动学习动员阶段教育情况，厅助理巡视员、先进性教育活动领导小组办公室常务副主任尹立敏陪同督查。省委督导组以座谈会形式听取了人教处（培训中心）等六个党支部书记的汇报，并实地检查了人教处、预算处两个支部的教育活动开展情况。

同日　厅党组成员、副厅长郭秀堂带领教科文处支部党员到国家扶贫开发重点县平山县开展调研。

3月18日　召开先进性教育活动学习动员阶段转段征求意见座谈会。厅领导高志立、尹立敏和厅30名党员、群众代表参加了座谈会。

同日　厅党组书记、厅长齐守印主持召开厅党组中心组理论学习扩大会——保持共产党员先进性教育活动专题。厅领导在自学基础上，集体再学习了《保持共产党员先进性教育读本》中的六个章节内容，研究确定了省厅保持共产党员先进性的六项基本要求，并谈了学习体会。

同日　厅党组成员、副厅长郭秀堂带领教科文处同志赴平山县、岗南革命老区访贫问苦。

3月21日　季允石省长到省厅调研先进性教育活动情况。听取了厅党组书记、厅长齐守印和省委督导组组长王洪生关于省厅开展保持共产党员先进性教育活动情况的汇报，对省厅先进性教育活动的开展给予了充分肯定，就结合开展先进性教育活动做好新形势下的财政工作作了重要指示。

然后，季允石省长在齐守印厅长、陈金城副厅长陪同下到支付中心视察。

3月22日　厅党组书记、厅长齐守印主持召开厅长办公会。主要议题：1、研究了扩权强县有关财政政策问题，原则通过了《河北省财政厅关于扩大部分县（市）管理权限后有关财政管理问题的意见》；2、研究通过《河北省财政厅财政监督组工作管理规则（试行）》；3、根据工作需要，研究确定了2005年出国组团计划；4、研究通过《河北省财政厅服务性事业单位管理办法》；5、听取并研究了机关服务中心对涿州培训基地、北戴河培训基地和票证文印中心基本建设情况及资产形成等问题。厅领导陈金城、左绍伟、郭秀堂、乔满、高志立、徐立海、尹立敏等参加会议，有关处室负责同志列席了会议。

3月24日　厅党组书记、厅长齐守印主持召开厅党组会。主要内容：1、研究省厅保持共产党员先进性教育活动学习动员阶段总结和分析评议阶段实施方案；2、研究通过了《河北省财政厅党组关于出国（境）人员审查与证件管理暂行规定》、《河北省财政厅编外用人管理办法（试行）》；3、研究了干部人事问题。党组成员陈金城、乔满、高志立、徐立海参加了会议，有关处室负责人列席会议。

3月27日　召开厅保持共产党员先进性教育活动分析评议阶段动员大会。厅党组副书记、副厅长、先进性教育活动领导小组副组长陈金城主持会议，并传达了省委动员会精神和季允石省长视察省厅时的重要指示，助理巡视员、先进性教育活动领导小组办公室常务副主任尹立敏宣读了省厅分析评议阶段教育活动实施方案，党组书记、厅长、先进性教育活动领导小组组长齐守印总结了省厅学习动员阶段的活动情况，并就如何搞好分析评议阶段的工作作了重要讲话，省委督导组王洪生组长对省厅分析评议阶段活动提出要求。厅领导郭秀堂、乔满、高志立、徐立海和全厅党员、群众代表参加了会议。

同日　经考核试用期间表现，厅党组研究决定：李毅同志任省财政厅办公室副主任；李杰刚同志任省财政厅预算处副处长；闫振武同志任省财政厅经济建设处副处长；冯鸿雁同志任河北财政干部培训中心副主任；高志勇同志任省财政厅机关服务中心副主任。李毅、闫振武、冯鸿雁3名同志任职时间自2004年2月27日算起，李杰刚、高志勇2名同志任职时间自2004年3月12日算起。

3月29日—30日　厅党组副书记、副厅长陈金城、助理巡视员尹立敏带领企业处、预算处、社保处、经建处、涉外处部分党员干部到井陉矿务局及所属一矿、三矿、临城矿、元氏矿开展调研和传统教育，了解枯竭矿山转轨及井下矿工生产生活状况，并帮助解决一些实际问题。

3月31日　召开省直财政财务管理暨部署2006年预算编制工作会议。厅党组书记、厅长齐守印作重要讲话，省人大财经工委主任杜书箱、省政府董经纬副秘书长出席会议。

四　月

4月1日—5日　在保持共产党员先进性教育活动中，厅党组召开了处级干部、一般党员代表、群众代表及民主党派的三次征求意见座谈会，围绕财政改革与管理、机关作风建设、干部队伍建设、离退休及提前离岗人员管理、后勤服务等方面工作，面对面征求对党组和党组成员的意见和建议。厅党组书记、厅长齐守印主持了三次座谈会，厅领导陈金城、左绍伟、高志立、徐立海、郭长悟、尹立敏参加了座谈会。

4月7日　省政府召开了财政监察组委派制度试点工作会议。会议由省政府董经纬副秘书长主持，厅纪检组长、监察专员徐立海宣读了《河北省人民政府办公厅关于印发〈河北省财政厅向省直部门委派财政监察组工作办法（试行）〉的通知》，齐守印厅长就如何抓好财政监察组委派制度试点工作作了主题发言，董经纬副秘书长对积极稳妥开展试点工作提出了总体要求。省交通厅、省国土资源厅、省教育厅和省林业局的领导参加了会议，并作了表态发言，一致表示坚决拥护省政府决策部署，积极支持和主动配合财政监察组工作。这次会议标志着我省在省直部门实行财政监察组委派制度试点工作正式启动。

4月12日　20国集团财长及央行行长会议筹备工作河北省政府第一次联席会议在石家庄召开。省委常委、常务副省长、联席会议召集人郭庚茂主持会议并讲了重要意见。厅党组副书记、副厅长、联席会议副召集人陈金城作了筹备工作汇报。会议讨论了20国集团财长及央行行长会议河北省筹备工作方案，对下一步工作进行了部署。

4月13日　厅党组书记、厅长齐守印主持召开厅务会。会议传达了省委六届七次全会精神、省政府第七次全体会议精神和省政府召开的全省加快推进国有企业改革工作会议精神，研究了省厅贯彻落实意见。总结了一季度全厅工作，对下一阶段工作进行了安排部署。厅领导陈金城、高志立、徐立海、尹立敏出席会议，各处室负责同志参加了会议。

4月14日　厅党组成员、纪检组长、监察专员徐立海，厅党组成员、农开办主任乔满带领厅机关及所属企事业单位43名处级干部，赴省北郊监狱参加“现身说法”警示教育活动。

4月15日　徐立海专员主持召开了河北省财政厅委派财政监察组工作第一次联席会议。会议议定了两个监察组的工作方案，提出了工作考核标准和对厅内各有关处室的要求。

4月18日　财政监察组正式进驻省交通厅、省国土资源厅、省教育厅、省林业局，开展财政监督工作。

4月19日　按照省纪委、省委组织部要求，召开厅领导班子民主生活会。厅领导齐守印、陈金城、左绍伟、郭秀堂、乔满、高志立、徐立海、尹立敏、郭长悟参加会议，大家全面总结分析了自己近年来的思想、工作和作风等方面情况，从世界观、人生观、价值观方面剖析思想根源，从权力观、地位观、利益观方面进行了对照检查，敞开思想，认真开展了批评与自我批评。省委督导组组长王洪生、省纪委监察室李夫岭、省委组织部韩龙出席会议，厅有关处室负责同志列席了会议。

同日　2005年全省粮食直补和减免农业税工作电视电话会议在省厅召开。宋恩华副省长出席会议并作了重要讲话，厅党组副书记、副厅长左绍伟参加了会议。

2004年粮食直补和减免农业税工作取得了明显成效。据统计,2004年全省共向种粮农民兑付粮食直补资金6.08亿元,1370万农户领取了种粮补贴,受益农民达5307万人。全省农业税平均税率降到了3.75%,比2003年降低3.06个百分点,比中央要求多降了0.06个百分点。

4月20日—21日 郭秀堂副厅长带队赴邢台、邯郸开展事业单位财政供给政策改革等内容调研活动。

4月22日 厅党组书记、厅长齐守印主持召开厅长办公会。主要议题:1、研究并原则通过《河北省财政厅关于开展机关效能建设实施“双提”工程的意见》、《河北省财政厅省级农业财政资金管理公开透明运行试点实施方案》;2、为进一步规范做好厅内重要会议的有关工作,强调做好厅党组会议、厅长办公会议、厅务会议有关工作;3、研究同意成立厅团购住房办公室;4、研究了规范机关工会和各学会会费管理等问题。厅领导左绍伟、高志立、徐立海、尹立敏、郭长悟参加了会议,有关处室负责同志列席了会议。

4月27日 在石家庄市召开《会计法》发布实施20周年纪念大会。省直各部门、中直驻石各单位主管财务的领导和财务负责人参加会议,省人大副主任韩葆珍、省厅厅长齐守印、副厅长高志立出席会议并为省教育厅等22个会计基础工作先进单位颁发了奖牌,齐守印厅长作了题为《进一步宣传贯彻〈会计法〉加大会计改革力度促进全省经济社会协调健康发展》的讲话。

4月29日 厅党组书记、厅长齐守印主持召开厅长办公会。会议传达了河北省创建文明生态村建设经验交流会精神,提出了省厅贯彻意见;研究通过《河北省财政厅工作规则》。厅领导陈金城、左绍伟、高志立参加会议,有关处负责同志列席了会议。

3月—4月 厅领导齐守印、陈金城、左绍伟、郭秀堂、高志立、徐立海、尹立敏、郭长悟分别深入到处室单位参加支部专题学习讨论和分析评议活动,征求意见,开展谈心活动,了解工作情况,指导开展保持共产党员先进性教育活动。

五　月

5月13日 厅党组书记、厅长齐守印主持召开党组会。会议传达了省保持共产党员先进性教育活动电视电话会精神以及全国财政系统纪检监察工作会议精神,研究了省厅保持共产党员先进性教育活动整改阶段工作方案。党组成员陈金城、左绍伟、郭秀堂、乔满、徐立海参加了会议,有关处室负责同志列席会议。

同日 厅党组书记、厅长齐守印主持召开厅长办公会。主要内容:1、传达全省财政供养人员总量控制工作会议精神,提出了厅贯彻落实意见;2、传达全省深入推进行政权力公开透明运行试点工作和专项资金综合治理工作会议精神,提出厅贯彻落实意见;3、传达了省政府召开的“十一五”规划编制工作领导小组第一次会议精神,安排部署全省财政“十一五”发展规划编制工作;4、研究通过《河北省改革省直机关移动通讯工具管理和定额发放公务移动通讯费用补贴的意见》。厅领导陈金城、左绍伟、郭秀堂、乔满、徐立海、尹立敏参加会议,有关处室负责同志列席了会议。

5月16日—19日 在北戴河培训基地举办了扩权县(市)财政管理与改革培训班。全省22个扩权县(市)的主管财政副县(市)长、财政局局长、预算股长参加了培训。厅党组书记、厅长齐守印作了题为《深化公共财政改革缓解县乡财政困难促进县域经济发展》的专题讲座,助理巡视员郭长悟参加了培训班。

5月16日 省委常委、常务副省长郭庚茂到省厅调研保持共产党员先进性教育活动情况,并结合先进性教育活动,就如何适应新的形势,把财政工作提高到一个新的水平作了重要讲话。厅领导齐守印、陈金城、左绍伟、郭秀堂、乔满、高志立、徐立海、尹立敏及全厅干部职工参加了会议。

5月17日 召开保持共产党员先进性教育活动整改提高阶段动员大会。厅党组成员、副厅长郭秀堂主持会议,厅党组副书记、副厅长陈金城通报了厅领导班子民主生活会情况,厅党组副书记、副厅长左绍伟作了整改提高阶段动员讲话,厅助理巡视员尹立敏宣读了厅先进性教育活动整改提高阶段实施方案,省委督导组王洪生组长对整改提高阶段工作提出了要求。全厅党员、群众代表参加了会议。

5月19日 省财政厅、审计厅、监察厅联合举办《财政违法行为处罚处分条例》培训班。邀请财政部条法司许大华副司长作专题讲座,齐守印厅长等厅领导及省直各厅、局主管财务的负责人及财务处长参加培训。

5月19日—20日　省财政国库管理制度改革工作会议在唐山市召开。各市财政局主管局长、国库科长和支付中心主任参加了会议。会议总结了我省财政国库管理制度改革的经验和成效，安排部署了2005年财政国库管理制度改革工作的具体任务，研究讨论了《关于进一步推进财政国库管理制度改革的指导意见》。厅党组副书记、副厅长左绍伟作重要讲话。

5月20日　厅党组副书记、副厅长陈金城率领预算处、企业处、经建处到辛集市辛化集团和东明制革集团进行工作调研，并就国企改革和发展地方经济等问题与当地领导进行了座谈讨论。

5月20日—21日　全省财政系统2005年纪检监察工作会议召开。11市财政局纪检组长、监察室主任参加会议。厅纪检组长、监察专员徐立海作了题为《贯彻落实〈实施纲要〉全面推动我省财政系统反腐倡廉工作》的讲话。

5月21日—22日　全国2005年会计专业技术资格考试如期举行。齐守印厅长和郭秀堂副厅长分别担任省考试工作领导小组组长和副组长，并参加了考场巡视和监督指导。

5月23日　厅党组副书记、副厅长陈金城带领监督处、经济建设处的负责同志到省国土资源厅、交通厅向两厅领导和财务部门的同志反馈在保持共产党员先进性教育活动中对我厅所提意见和建议的整改情况，同时看望了财政监察组的同志们，听取了财政监察组工作汇报。

5月23日—28日　省厅将公益性较强、投资面较大的节水浇灌、小型水利公益、水土保持项目、设施农业、渔业资源增殖放流、农机补贴、良种补贴、生态家园富民工程、畜牧良种繁育体系建设、林果结构调整等15个农业项目及其投资建设任务、财政补贴环节、补助标准、资金具体分配情况和项目实施地点等情况在《河北日报》刊登向社会公布，标志着省厅公共权力公开运行试点工作取得显著进展。

5月25日　厅党组书记、厅长齐守印主持召开厅长办公会。会议研究通过《河北省县乡财政体制改革指导意见》、《河北省2005年缓解县乡财政困难奖励和补助办法》、《河北省财政厅促进县域经济发展切实缓解县乡财政困难的意见》、《河北省财政厅财政新闻宣传稿件奖励稿酬办法》。厅领导陈金城、左绍伟、郭秀堂、高志立、尹立敏参加会议，有关处负责同志列席了会议。

5月26日　厅党组书记、厅长齐守印主持召开厅党组会。会议内容：1、传达了省直效能建设座谈会精神；2、研究通过《河北省财政厅党组保持共产党员先进性教育活动整改方案》；3、研究了有关干部人事问题。党组成员陈金城、左绍伟、郭秀堂、乔满、高志立参加了会议，有关处室负责同志列席会议。

5月27日　省厅就保持共产党员先进性教育活动开展情况向季允石省长书面汇报，季允石省长批示：

看了你们的汇报很高兴，感到财政厅的先进性教育活动进展是扎实、健康、有效的。厅党组高度重视，领导干部率先垂范，学习动员扎实有效，征求意见深入广泛，问题查得深找得准，民主生活会质量高，坚持边议边改，取得了比较好的效果。

目前先进性教育活动正处于整改提高阶段。这是集中时间、集中精力解决问题，抓落实、见成效的阶段。希望财政厅党组进一步突出学习实践“三个代表”重要思想这条主线，紧紧围绕“抓住机遇，实现更快更好发展”制定措施，集中力量解决突出问题，在取得实效和群众满意上下功夫，促进财政工作提高到新水平。

要把加强机关作风建设作为整改提高阶段的重要工作来抓。财政厅要在全省加强机关效能建设、实施“双提”工程中充分发挥模范带头作用，进一步强化宗旨观念、公仆观念、权为民用观念、和谐平等观念和人民是我们工作价值的最高裁决者的观念，让群众切实看到教育活动带来的新变化，使先进性教育活动真正成为群众满意工程。

同日　召开了政府收支分类改革方案研讨会。高志立副厅长主持会议，省委办公厅、省政府办公厅、省人大财经委、省政协办公厅、省发改委、省国税局、省地税局、省统计局等部门应邀参加了研讨会。

5月30日　齐守印厅长主持召开党组会，研究了有关问题。党组成员陈金城、左绍伟、郭秀堂、高志立、徐立海参加了会议，有关处负责同志列席了会议。

同日　召开全省财政专项资金综合治理领导小组办公室工作网络会议。省财政专项资金综合治理领导小组办公室通报了全省财政系统专项资金综合治理工作开展情况，部署了即将开展的全省财政系统专项资金综合治理重点检查工作，厅纪检组长、监察专员、专项资金综合治理领导小组副主任徐立海对重点检查工作提出了具体要求。各市财政局专项资金综合治理领导小组办公室成员和监督机构人员在分会场参加了会议。

六　月

6月2日—3日　在全国财政监督工作会议上，齐守印厅长作了题为《完善财政监督机制　创新财政监督方式　努力做好财政监督组委派制度试点工作》的大会发言。财政部党组成员、纪检组长金莲淑充分肯定了我省的经验，财政部财政监督局耿虹局长认为，河北的做法是财政监督工作的突破，是总结借鉴国内外财政监督先进经验后的探索和创新。

6月2日—11日　在国家行政学院举办了第四期公共管理与行政能力培训班。厅内41名处级干部和部分主任科员参加了培训。厅党组书记、厅长齐守印看望了培训班全体学员，并对参训人员提出了殷切希望和要求。厅党组副书记、副厅长左绍伟参加了开班仪式并作重要讲话，助理巡视员郭长悟对培训班进行了全程指导。

6月6日—7日　全国农村税费改革试点工作会议在北京召开。季允石省长、郭庚茂常务副省长、宋恩华副省长及有关部门负责同志参加了会议，省厅齐守印厅长参加了会议。

6月7日　省直工委组织召开省直部门党组(党委)抓党建座谈会。会议由省直工委常务副书记杨振田主持，省委常委、省委秘书长、省直工委书记张力作了重要讲话。陈金城副厅长代表齐守印厅长作了《高度重视，强化管理，精心指导，认真抓好机关党建工作》的发言。

6月7日—9日　召开了全省2004年度外商投资、境外企业财务会计决算暨扩权县(市)财政政策培训工作会议。各设区市主管科长及主管决算人员、各扩权县企业股(科)负责同志参加了会议。厅党组副书记、副厅长陈金城到会讲了重要意见。

6月9日　齐守印厅长向省委常委会汇报全国农村税费改革试点工作会议精神及我省贯彻意见。

6月9日—10日　厅党组副书记、副厅长陈金城到邯郸、武安、涉县调查了解粮食直补工作。听取了市、县、乡政府汇报，查看了乡村直补资金的发放现场，询问和了解农民对粮食直补政策的意见和建议。

同日　召开厅保持共产党员先进性教育活动群众满意度测评大会。厅党组副书记、副厅长左绍伟主持会议，厅党组书记、厅长齐守印通报了厅保持共产党员先进性教育活动的有关情况和整改成果，省委督导组王洪生组长作了重要讲话。厅领导郭秀堂、高志立、徐立海、尹立敏、郭长悟及全厅党员和群众代表参加了会议。

6月15日　省政府召开省农业和农村税费改革工作座谈会。季允石省长、郭庚茂常务副省长和宋恩华副省长就贯彻落实全国会议精神及我省农业和农村下一步工作讲了具体意见。齐守印厅长参加会议并发言。

6月17日　厅党组书记、厅长齐守印主持召开厅长办公会。主要议题：1、传达全国农村税费改革试点工作会议精神，提出我省贯彻落实意见；2、传达省委、省政府召开的建设文化大省工作会议精神，提出省厅贯彻意见；3、传达了财政部召开的全国财政监督工作会议精神，提出省厅贯彻意见；4、通报了1—5月份预算执行情况，对加快预算执行进度工作进行具体部署；5、通报了省审计厅在我厅例行审计的情况，就发现的问题提出整改要求；6、总结了1—5月份财政工作，对当前工作进行部署。厅领导左绍伟、乔满、高志立、徐立海参加会议，各处室负责同志列席了会议。

6月19日　召开全厅支部书记党建工作和保持共产党员先进性教育活动成果汇报会。会议由厅助理巡视员、先进性教育活动领导小组办公室常务副主任尹立敏主持，厅党组书记、厅长、先进性教育活动领导小组组长齐守印就如何加强基层党组织政治思想工作作了重要讲话。

6月20日　厅党组书记、厅长齐守印主持召开厅党组会。主要议题：1、传达了省保持共产党员先进性教育总结大会精神，研究通过了《河北省财政厅巩固和扩大保持共产党员先进性教育活动整改成果实施意见》；2、根据省厅保持共产党员先进性教育活动整改事项，研究通过《河北省财政厅加强机关公文办理工作，提高公文运转效率的规定》；3、会议研究，党组书记齐守印不再担任机关党委书记，党组副书记左绍伟担任机关党委书记，尹立敏不再担任机关党委副书记；4、会议还研究了有关干部人事问题。党组成员陈金城、左绍伟、郭秀堂、乔满、徐立海参加了会议，尹立敏助理巡视员、有关处室负责同志列席了会议。

同日 河北省人民政府决定：免去郭长悟的河北省财政厅助理巡视员职务，退休。

6月22日 召开厅保持共产党员先进性教育活动总结暨“七一”党员表彰大会。厅党组副书记、副厅长陈金城主持会议，厅党组书记、厅长齐守印对我厅保持共产党员先进性教育活动进行了总结，并对扩大和巩固整改成果工作进行了部署，省委督导组王洪生组长作了重要讲话，厅党组副书记、副厅长左绍伟宣读了《中共河北省财政厅机关委员会关于表彰2004－2005年度先进党支部、优秀共产党员、优秀党务工作者的决定》，对全厅2004－2005年度的16个先进党支部、78名优秀共产党员及16名优秀党务工作者进行了表彰。厅领导郭秀堂、乔满、高志立、尹立敏及全厅党员参加了会议。

同日 齐守印厅长主持召开省农村税费改革领导小组办公室会议，传达了省领导对全省农村综合配套改革工作的批示，研究了全省农村税费改革试点工作会议准备工作。

6月24日 财政部楼继伟副部长一行9人来石家庄，视察我省政府收支分类改革模拟试点工作。齐守印厅长、左绍伟副厅长、高志立副厅长陪同视察，并分别就我省财政管理、政府收支分类改革、金财工程等有关问题做了汇报。楼继伟副部长对我省政府收支分类模拟试点工作给予充分肯定，并对我省财政工作作出重要指示。他说，在此次模拟试点工作中，河北做了大量工作，模拟工作取得很大成绩。整体上，河北省的预算管理改革和信息化建设工作都走在全国前列，较有特点，一是有一个好的核心，即河北省在改革精神的贯彻和改革发展中，组织管理方面的内部整合较好；二是预算管理改革具有一定的超前性，比如率先提出绩效预算等等；三是有一个非常好的基础，即各级领导都非常重视和支持改革工作；四是在此次模拟试点工作中，信息化管理体系建设较早地实现了基层整合，业务系统间的一致性、完整性很好，接近了预先的设计目标。他还就我省模拟试点工作需完善的方向和下一步工作重点提出建议，并希望河北财政部门再接再厉，争取使预算管理改革一直走在全国前列。

同日 召开省直经济建设财政财务管理工作经验交流现场会。厅党组副书记、副厅长陈金城到会并讲话，省直经济建设部门财务计划处长和主管人员共45人参加了会议。

6月29日 厅党组副书记、副厅长左绍伟向省人大财经委汇报了2004年全省和省级财政决算及2005年1－5月预算执行情况。

同日 省属高校财务管理工作会议在石家庄召开。各高校校长和财务处长参加会议，龙庄伟副省长作了重要讲话，郭秀堂副厅长作了大会发言。

6月30日 省政府在河北会堂召开了“河北省降低孕产妇死亡率和消除新生儿破伤风项目”启动电视电话会议。郭秀堂副厅长作了题为《加大投人，统筹规划，提高妇幼保健专项资金使用效益》的发言。

七 月

7月1日－15日 厅党组副书记、副厅长陈金城率领世行贷款河北城市环境项目管理体制及经营管理考察团一行9人，就水行业立法、管理体制、污水处理、社会服务等内容，对瑞士、肯尼亚和南非进行了考察。

7月2日 省政府冀政办函[2005]30号文件调整河北省农村税费改革领导小组，郭庚茂常务副省长和宋恩华副省长分别任组长和副组长，齐守印厅长为成员。领导小组办公室设在省财政厅，齐守印厅长兼任办公室主任，左绍伟副厅长兼任副主任。

7月4日 郭庚茂常务副省长主持召开省农村税费改革领导小组会议。通报全国会议精神及省委常委会通过的我省贯彻意见，审议通过了全省农村税费改革试点工作会议方案，研究了《关于2005年深化农村税费改革试点工作有关问题的通知》、《乡镇机构改革试点工作指导意见》等8个拟提交全省会议讨论的文件。齐守印厅长、左绍伟副厅长参加会议，左绍伟副厅长汇报了《县乡财政体制改革指导意见》。

7月6日 经省直工委批准，厅党组副书记、副厅长左绍伟任厅机关党委书记。

7月8日 厅党组书记、厅长齐守印主持召开厅长办公会。会议研究通过《河北省财政厅关于扩权强县有关财政政策督察工作方案》，提出了具体要求；研究了教科文处提交的《省直事业单位财政供给政策改革方案》，要求进一步完善后征求省编办意见；研究通过《河北省财政厅财政研究类稿件奖励办法》。厅领导郭秀堂、高志立、徐立海参加会议，有关处室负责同志列席了会议。

7月12日 厅党组书记、厅长齐守印主持召开党组会。会议传达了省委召开的党员领导干部会议精神，提出了省厅贯彻落实意见。党组成员左绍伟、郭秀堂、乔满、徐立海参加了会议，有关处室负责同志列席了会议。

7月12日—13日　全国财政厅(局)长座谈会在山东召开。会议研究了出口退税工作，介绍了全国政府收支分类改革试点情况，金人庆部长到会讲话。省厅高志立副厅长及办公室、预算处参加了会议，高志立副厅长作了题为《精心谋划　细致操作　高质量地做好政府收支分类改革试点工作》的专题发言。

7月12日—13日　全省农村税费改革试点工作会议召开。郭庚茂常务副省长、宋恩华副省长出席会议并讲话。会上印发了季允石省长6月15日在农村税费改革学习座谈会上的讲话。各设区市分管副书记、副市长和税改办、财政、编办、教育、农业部门和省直有关部门的主要负责人参加会议。齐守印厅长、左绍伟副厅长参加了会议，齐守印厅长作了《关于县乡财政体制改革指导意见的说明》的发言。

7月14日　厅党组书记、厅长齐守印受省政府委托，在省十届人大常委会第十六次会议上作了《关于2004年省本级决算及全省总决算情况的报告》，省人大常委会予以审议批准。

同日　《河北省省级大型活动经费管理办法(试行)》，经6月13日省政府常务会、7月14日省委常委会正式讨论通过，以省委办公厅、省政府办公厅名义联合印发。

7月16日　厅党组书记、厅长齐守印主持召开厅长办公会。会议听取有关处室、单位围绕我省“十一五”规划加快财政改革和发展的意见和建议；传达了省政府第八次全体会议和全国财政厅(局)长座谈会议精神，提出贯彻落实意见；安排部署了第三季度的主要工作。

7月21日　省厅向省政府报送了《河北省2005年缓解县乡财政困难奖励和补助办法》和《河北省财政厅2005年缓解县乡财政困难奖励和补助资金安排意见》。省委书记白克明、省长季允石做出重要批示。白克明书记批示：对奖补资金的用法要加强管理和监督，对违规的要严肃处理，决不能姑息。季允石省长批示：各县在使用这笔资金时，要向重点领域倾斜，并按照集中财力的原则，力求办成点事，解决一些急需解决的实际问题。

同日　高志立副厅长主持召开厅预算编审委员会会议，调度省级预算编制进度情况，研究部署了下一步预算编制重点工作。会后，印发了《2006年省级预算编制指导意见》。

7月22日　厅党组成员、纪检组长、监察专员徐立海主持召开厅老干部座谈会，厅党组副书记、副厅长左绍伟介绍了当前全国经济和河北省经济形势、财政状况以及发展中的热点问题。厅办公室、人教处、离退休干部管理处、预算处、社保处、机关服务中心、农开办的负责同志参加了座谈会。

同日　召开财政专项资金综合治理工作汇报会。厅专项资金综合治理领导小组成员单位负责人参加了会议，领导小组组长、副厅长左绍伟和领导小组副组长、厅纪检组长、监察专员徐立海出席会议并作重要讲话。

7月25日　厅党组书记、厅长齐守印主持党组中心组理论学习扩大会，专题学习了《构建社会主义和谐社会》有关内容。党组成员陈金城、左绍伟、郭秀堂、乔满、高志立、徐立海和助理巡视员尹立敏及各处室负责同志参加了学习。

7月27日　举办绩效预算管理专题讲座暨国际研讨会。邀请世行业务评价局高级评价官Rist先生就如何做好项目绩效评价、建立科学合理的绩效监测评价体系以及编制绩效预算等相关问题进行了讲解。省人大副主任王加林、省政府副秘书长董经伟、省人大财经工委主任杜书箱、齐守印厅长和陈金城副厅长一同参加了研讨。

7月28日　厅党组书记、厅长齐守印主持召开厅党组理论中心组扩大学习会，党组成员陈金城、左绍伟、高志立分别就“如何发挥财政职能，促进社会主义和谐社会建设”谈了个人体会，有关处室负责同志列席了会议。

同日　省政府在秦皇岛山海关召开了全省公共卫生项目建设工作调度会。孙士彬副省长对如何做好公共卫生项目建设工作，确保全面按期完成项目建设进行了部署；郭秀堂副厅长作了题为《充分发挥财政职能作用，积极推进公共卫生项目建设》的发言。

7月29日—31日　部分省市财政社会保障研讨会在秦皇岛市召开。北京市、天津市、山西省、内蒙古自治区、安徽省财政厅(局)，我省各设区市、三个扩权县参加会议。会议就健全城镇社会保障体系，探索建立农村社会保障体系的一些热点难点问题进行了研讨。郭秀堂副厅长主持研讨会并讲话。

八 月

8月4日 召开厅机关效能建设工作会议，研究部署下一步厅机关效能建设工作，高志立副厅长出席会议并作重要讲话。

8月5日—8日 在张家口赤城举办了利用亚行贷款河北污水管理项目"项目绩效评价和机构加强"培训班。副厅长、省项目办主任陈金城到会并作了重要讲话，美国CDM国际咨询公司专家组麦克斯·克拉克等国内外咨询专家分别作了专题讲座。

8月8日 全省财政工作座谈会在北戴河召开。会议内容：传达全国财政厅（局）长座谈会精神；各市、各扩权县财政局汇报上半年财政经济运行、财政改革工作进展情况以及下半年工作思路。齐守印厅长、陈金城副厅长、左绍伟副厅长、郭秀堂副厅长参加了会议，齐守印厅长作了题为《落实科学发展观 着眼构建和谐河北 着力提升各级财政改革与发展水平》的重要讲话。

8月9日—10日 河北省财政学会2005年年会暨财政理论讨论会在北戴河召开。齐守印厅长和高志立分别作了重要讲话，中国财政学会常务理事、著名财政专家、财政部科研所王朝才、白景明副所长分别作了学术报告。会议总结第六届理事会四年来的工作情况，选举产生省财政学会第七届理事会。

8月11日 季允石省长在张家口市阳原县主持召开张家口、承德地区基础设施建设调度会。厅党组副书记、副厅长陈金城参加会议并作了题为《充分发挥财政职能，大力支持张承地区基础设施建设》的发言。

8月12日 厅党组书记、厅长齐守印主持召开党组会。会议学习省委《关于做好下半年工作的几点意见》，提出我厅落实意见；研究通过《河北省财政厅关于推进诚信财政建设的实施意见》、《河北省财政厅党组处级干部任免工作规定》、《河北省财政厅事业单位专业技术职务聘任实施办法》、《河北省财政厅年度考核实施办法（试行）》、《关于进一步完善人事工作谈话制度的规定》、《河北省财政厅厅属事业单位清理整顿方案》。党组成员左绍伟、郭秀堂、高志立、徐立海参加了会议，有关处室负责同志列席了会议。

同日 按照省领导关于审计整改的批示要求，齐守印厅长主持召开了省直有关项目主管部门督办审计整改工作会议，就认真落实省领导批示要求，切实抓好审计整改的督办工作提出了五条原则意见：一是统一思想，高度重视；二是明确分工，抓好落实；三是分清问题性质，认真纠正处理；四是认真查找自身原因，完善项目管理制度；五是及时下发通知，限期整改反馈。

8月13日 郭秀堂副厅长到省直考区（函校组织）督导检查会计从业资格考试工作，并看望了参与监考和巡视的工作人员。省直考区2005年报名人数达到14598人，是去年报名人数的10倍。

8月16日 经考核试用期间表现，厅党组研究决定：李新同志任省财政厅预算编审中心副主任，任职时间自2004年6月10日算起。

8月17日 厅党组副书记、副厅长陈金城陪同省委常委、常务副省长郭庚茂到亚洲开发银行驻中国代表处出席"河北省经济发展战略研究"新闻发布会。郭庚茂常务副省长回答了记者提问，全国近30家新闻媒体参加会议，并在互联网上对项目成果进行了广泛报道。

8月19日 厅党组副书记、副厅长左绍伟到省林业局看望厅驻省林业局监察组。他对监察组前一阶段的工作给予充分肯定，指出向部门派驻财政监察组是强化财政日常监督、经常性监督的有益探索，是建立和完善财政监督运行机制的有力保障和必然选择。省林业局党组书记、局长武国堂也充分肯定了监察组工作，认为监察组对资金管理运行中的关键问题抓得准，工作作风过得硬，规范管理的意见建议诚恳，实事求是，对于今后林业部门不断提高财务管理和政策水平有很大促进作用。

8月24日—12月10日 按照中纪委、中组部、监察部、财政部、人事部、审计署六部委统一要求，我省开展了行政事业单位清理津贴补贴工作，成立了"省改革公务员工资制度和规范公务员收入分配秩序领导小组"，省长季允石任组长，省委副书记刘德旺、常务副省长郭庚茂、省委组织部长付志方任副组长，郭庚茂常务副省长负责日常管理，省直有关部门为成员单位。领导小组下设"规范公务员收入分配秩序和清理规范津贴补贴办公室"，具体负责全省清理津贴补贴工作。办公室主任由厅党组书记、厅长齐守印兼任，厅党组成员、纪检组长、监察专员徐立海具体负责办公室日常工作。8月24日召开了全省动员部署大会。12月10日，我省圆满完成了中央布置的有关津贴补贴数据收集、整理、上报、核查、调研等各项任务，按时上报了有关资料。

8月24日　省专项资金综合治理工作检查组一行4人，到省厅对专项资金综合治理工作进行巡查督导。厅党组副书记、副厅长陈金城向检查组汇报了省厅专项资金综合治理工作情况。省检查组对省厅专项资金综合治理工作给予了高度评价，认为省厅第二阶段自查自纠工作取得了很大成效，领导重视，组织得力，紧密围绕工作目标，积极采取措施，在资金量大、时间紧、任务重的情况下，做了大量耐心细致的工作，研究问题多，制度办法多，工作扎实、深入有效，下一步要继续做好专项资金的整章建制工作。

同日　2005年减免农业税转移支付补助工作座谈会在涿州财政干部培训中心召开。各设区市及各扩权县(市)财政局主管局长、税改办负责人、农税科(处)长及厅有关处室负责人参加会议。会议通报了2005年核定农村税费改革转移支付的原则和方法，研究了各县(市、区)转移支付的特殊问题。左绍伟副厅长出席会议并讲话。

8月25日　厅党组书记、厅长齐守印主持召开党组会，会议研究了有关问题。党组成员左绍伟、郭秀堂、乔满、高志立参加了会议，有关处负责同志列席了会议。

8月26日　省委批准：免去陈金城同志的河北省财政厅党组副书记职务。

8月28日　在石家庄召开省农村中小学现代远程教育工程会议，龙庄伟副省长作重要讲话，高志立副厅长参加会议并发言。

8月31日　齐守印厅长到阜平参加晋察冀边区纪念馆揭幕仪式，并看望省厅在阜平开展扶贫工作的同志。

九　月

9月1日　厅党组书记、厅长齐守印主持召开党组会。会议传达了全省领导班子民主集中制建设经验交流会精神，研究通过了《河北省财政厅关于建立保持共产党员先进性长效工作机制的意见》、《河北省财政厅关于建设和谐型财政机关的意见》、《河北省财政厅关于加强和改进思想政治工作的通知》。党组成员陈金城、左绍伟、乔满、徐立海参加了会议，有关处室负责同志列席了会议。

9月5日　全国高级会计师资格考试如期举行。我省成立了考试工作领导小组及其办公室，厅党组书记、厅长齐守印任组长，副厅长郭秀堂和人事厅副厅长赵继春任副组长，齐守印厅长、陈金城副厅长到考场巡视。

9月6日—13日　省委书记白克明赴承德、张家口、保定就县域经济发展进行调研，齐守印厅长随同参加。调研结束后，齐守印厅长就调研过程中部分县提出的要求财政解决的问题，落实督办，于16日向白克明书记进行书面汇报，白克明书记批示：财政厅工作很主动。

9月6日—11月17日　国家审计署驻京津冀专员办审计调研组对我省5年来教育专项资金进行了两个多月的审计调研，期间，郭秀堂副厅长、徐立海专员分别参与交换意见。

9月13日—14日　国务院在江西省南昌市召开全国新型农村合作医疗试点工作会议。吴仪副总理作了重要讲话，会议主要精神及要求：一是继续扩大试点覆盖面；二是提高财政补助标准；三是扩大中央财政的补助范围。郭秀堂副厅长参加会议。

9月22日—24日　在石家庄市举办了全省财政投资评审业务培训班。来自全省11个市、22个扩权县和部分成立评审中心的县主管副局长和评审中心主任、业务骨干，以及省直有关单位共200余人参加了培训班。财政部评审中心副主任王淑荣、省厅郭秀堂副厅长到会并讲了话。

9月23日　厅党组书记、厅长齐守印主持召开厅长办公会。会议传达了省纪委省监察厅召开省直派驻机构统一管理工作会议精神；研究了2006年厅部门专项经费预算安排情况；通报了2006年部门预算建议计划集中会审情况；研究通过了《河北省财政应急保障预案》；通报了近期有关工作进展情况。厅领导左绍伟、郭秀堂、乔满、徐立海、尹立敏等同志参加了会议，有关处室负责同志列席了会议。

同日　省政府第50次常务会议通过《河北省人民政府关于修改〈河北省契税实施办法〉的决定》。修改后的《河北省契税实施办法》于2005年9月30日由省长季允石签发河北省人民政府[2005]第9号令正式发布，并于2005年11月1日起施行。

9月23日—28日　陈金城副厅长赴廊坊、唐山、承德及部分县调研"村村通公路"资金落实和建设进度等情况。

9 月 26 日—28 日　郭秀堂副厅长带队，率领由财政厅、人民银行石家庄中心支行、省清欠办组成的督查组对保定市清理拖欠工程款和农民工资工作进行了督查，并向省政府写出了专题汇报。

9 月 28 日—29 日　省厅举办 2005 年新招录人员和军转干部培训班。厅党组书记、厅长齐守印在开班仪式上作重要讲话。

9 月 29 日　厅党组书记、厅长齐守印主持召开党组会。会议安排布置了省厅国庆期间安全防范工作，研究通过了《河北省财政厅党组关于建设高效性财政机关的意见》。党组成员左绍伟、郭秀堂、乔满、高志立、徐立海参加了会议，有关处室负责同志列席了会议。

9 月　宋恩华副省长在省厅报送的《关于 2005 年度全省对种粮农民直接补贴工作的总结报告》上批示：对种粮农民直补工作量大面广、政策性强。省、市、县直补办的同志们认真负责，精心组织，及时发现和解决出现的问题，顺利完成了全省今年直补工作任务。望再接再厉，总结经验，改进方式，为明年直补工作做好各项准备。

十　月

10 月 8 日　河北省人民政府 2005 年 9 月 27 日决定：免去陈金城的河北省财政厅副厅长职务。

10 月 9 日—26 日　受省政府委托，陈金城同志带领财政、农业、教育、水利、国税部门组成的检查组，对丰宁、承德、昌黎、遵化、三河、迁安、霸州等 7 个扩权县的“一县一策”落实情况进行督导检查。

10 月 9 日　厅党组书记、厅长齐守印主持召开党组会。会议研究了 2005 年省本级超收财力安排意见及 2006 年财政收入计划和支出安排意见，研究了有关干部人事问题。党组成员左绍伟、郭秀堂、乔满、徐立海出席会议，有关处室负责同志列席了会议。

10 月 10 日　财政部党组成员、纪检组长金莲淑一行到我省考察。专门听取了厅党组书记、厅长齐守印工作汇报，厅纪检组长、监察专员徐立海对财政监督以及纪检工作的汇报。对我省财政改革与管理、财政监督以及纪检工作给予了充分肯定，认为河北财政监督工作起点高、抓得紧、有特色、有成效。在省委、省政府组织开展的“七项资金”的清理检查中财政部门做了大量工作，特别是学习借鉴法国财政监督模式，开展向省直部门委派财政监察组试点工作，这是对财政监督方式的创新和突破，关键是把财政监督关口前移，参与事前审核，加强事中监控，突出体现了财政管理特色，在全国走在了前列。

10 月 11 日　经厅党组研究决定：范国锋同志任省农业开发办公室土地治理项目处副处长，免去其省农业开发办公室外资和多种经营项目处副处长职务；赉育同志任省农业开发办公室外资和多种经营项目处副处长，免去其省农业开发办公室土地治理项目处副处长职务。

10 月 12 日　省政府印发了《关于进一步推进省级财政集中财力办大事的指导意见》，明确了“大事”的内涵、基本特征、衡量标准，以及集中财力办大事的具体管理措施和工作程序。《指导意见》的印发为集中财力办大事的落实提供了制度保证。

10 月 15 日　厅党组书记、厅长齐守印向郭庚茂常务副省长汇报了 2005 年预算调整、预算结余资金安排情况及 2006 年省级预算安排基本思路。

10 月 16 日　由财政部主办的第七届 20 国集团财长和央行行长会议（简称“G20 会议”）在我省香河“第一城”圆满结束。本届会议主席，财政部部长金人庆主持了闭幕式，来自 20 国集团成员的财政部长、央行行长，以及世界银行行长、国际货币基金组织总裁等 200 多名代表参加了会议。我省作为会议的主办地，省领导十分重视，成立了由郭庚茂常务副省长为召集人及相关部门参加的联席会议，联席会议办公室设在省财政厅，原党组副书记、副厅长陈金城，厅党组副书记、副厅长左绍伟先后任办公室主任。从 2005 年年初开始，按照财政部要求和省领导指示，由省厅具体落实，多次召开了由相关部门参加的联席会议，协调问题，落实任务，起草方案。齐守印厅长多次就落实省领导指示，做好相关工作作出批示，左绍伟副厅长代表省政府联席会议，专门就任务落实情况检查督导，把各项任务落到了实处。相关部门各司其职、通力合作，圆满完成了包括省领导出席会议活动及大会的各项组织服务工作，得到了大会组委会、财政部领导的高度赞扬。

同日　齐守印厅长随同郭庚茂常务副省长，在香河会见并宴请了参加 G20 会议的世界银行行长沃尔福威茨一行。郭庚茂常务副省长代表省政府，介绍了我省经济发展及利用世界银行贷款情况，并就今后如何更好地加强我省与世界银行之间的合作进行了交谈。随后，陪同沃尔福威茨行长一行，到香河县及廊坊市开发区，实地考察了我省利用世行贷款小规模肉牛发展项目和新奥集团与国际金融公司合作项目。

10月17日　省政府办公厅以冀政办[2005]25号文件转发了省厅起草的《河北省财政厅关于深化县乡财政体制改革试点工作指导意见》，提出了我省县乡财政体制改革目标、基本原则、体制模式及相关问题。《指导意见》的印发对于充分发挥财政体制的调节和引导作用，巩固农村税费改革成果、深化农村综合改革，促进乡镇政府职能和县域经济增长方式转变，加快县域经济社会协调发展，推进农村城镇化进程和农村小康社会建设将起到积极的推动和促进作用。

10月20日　厅党组书记、厅长齐守印主持召开厅务会议。会议传达了省委六届八次全会精神和省政府第九次全体会议精神，提出了贯彻意见；总结省厅前三季度工作，对第四季度工作进行了部署，并要求认真谋划好2006年财政工作。厅领导左绍伟、郭秀堂出席会议，各处室、单位负责同志参加了会议。

10月22日　省厅召开提高公文写作水平动员大会。厅党组书记、厅长齐守印作重要讲话，国务院办公厅秘书一局成小军副局长作公文写作专题讲座。

10月25日　郭秀堂副厅长带领厅教科文处同志到省科技厅就2006年科学事业口如何集中财力办大事、科学安排预算等情况进行座谈调研。

10月26日　省厅成功地承办了省直新世纪第二届运动会的省、厅级领导干部定点投篮和托网球跑项目比赛。左绍伟副厅长代表省厅向参赛运动员致辞，并为获奖运动员颁奖。齐守印厅长、郭秀堂副厅长、乔满主任参加了比赛，省厅获得了运动会特别贡献奖和组织奖。

10月31日　厅党组书记、厅长齐守印主持召开厅长办公会。听取厅团购住房办公室工作进展情况的汇报，研究了厅机关公务移动通讯费补贴发放意见。厅领导郭秀堂、徐立海、尹立敏同志参加了会议，有关处室负责同志列席了会议。

同日　厅党组书记、厅长齐守印在省政府第51次常务会上汇报了《2006年省级预算编制纲要》。经会议研究通过后，11月7日印发省直各部门执行。

十一月

11月1日　为表扬在第七届20国集团财长和央行行长会议服务工作中做出的贡献，省政府通报表彰省厅及有关单位。

11月3日　厅党组书记、厅长齐守印主持召开党组会，研究了有关问题。党组成员左绍伟、郭秀堂、乔满、徐立海参加了会议，有关处室负责同志列席了会议。

11月4日　经省编委研究，同意在财政厅设立河北省农村税费改革工作办公室，为处级规格，负责省农村税费改革领导小组日常工作。

11月8日　厅党组书记、厅长齐守印主持召开厅党组中心组理论学习扩大会。会议认真学习了《中共中央关于制定国民经济和社会发展第十一个五年规划的建议》、《关于制定国民经济和社会发展第十一个五年规划建议的说明》、《中共河北省委关于制定国民经济和社会发展第十一个五年规划的建议》、《中共河北省委关于构建“和谐河北”若干问题的指导意见》。厅领导左绍伟、郭秀堂、乔满、徐立海、尹立敏及有关处(室)负责同志参加了学习。

11月10日　财政部人教司李復副司长一行三人到省厅调研财政人才队伍建设情况。厅党组书记、厅长齐守印，厅纪检组长、监察专员徐立海介绍了近年来省厅人才队伍建设情况，有关处室负责同志参加了座谈。

11月11日　厅党组书记、厅长齐守印主持召开厅党组中心组理论学习扩大会。会议围绕学习党的十六届五中全会和省委六届八次全会精神，研究省厅2006年工作要点和突破性工作，制定我省财政发展“十一五”规划，推进当前各项财政工作谈了个人体会，厅领导左绍伟、郭秀堂、乔满、徐立海、尹立敏及有关处室负责同志参加了学习。

同日　财政部信息网络中心刘祝余主任一行来到省厅，专程检查指导我省财政信息化建设工作。厅党组书记、厅长齐守印，党组副书记、副厅长左绍伟等会见了刘祝余主任一行。

11月21日　厅党组书记、厅长齐守印受省政府委托，在省十届人大常委会第十八次会议上作了《关于2005年省级预算调整方案(草案)的说明》，省人大常委会予以审议批准。

11月25日　厅党组书记、厅长齐守印在省委常委会上汇报了《2006年省级及全省预算政府编制草案》，常委会予以原则同意。

同日　受厅党组书记、厅长齐守印委托，陈金城同志参加了在北京举行的首届亚洲开发银行咨询性技术援助获奖项目颁奖仪式。该奖项是由亚洲开发银行驻中国代表处和财政部国际司联合组办，我省实施的“河北省发展战略研究”作为唯一的省级项目荣获技术援助实施奖。陈金城同志代表省厅和项目办领奖，并回答了记者提问。亚洲开发银行驻中国代表处首席代表涩市御、财政部国际司司长朱光耀出席会议。

11月26日—29日　全省高级会计师评审工作会在石家庄举行。郭秀堂副厅长担任评委会主任出席会议并作重要讲话。

11月29日　左绍伟副厅长带领预算处、经济建设处、省农发办、农业处等有关处室参加了省人大组织的农口部门预算听证会。

11月30日　厅党组书记、厅长齐守印向省人大财经委汇报了《关于2005年预算执行和2006年安排情况的报告》。

11月　截止10月底，我省财政收入提前两个月完成年初计划任务，全省全部财政收入完成892.4亿元，占年初计划的107.5%，超过时间进度24.2个百分点，同比增长31.7%。

十二月

12月1日　全省农村税费改革试点工作座谈会在黄骅市财政干部培训中心召开。各设区市、综合改革试点县(市)财政局主管局长、税改办负责同志参加会议，会议听取了各设区市和各综合改革试点县2005年农村税费改革情况汇报，研究了2006年深化改革的意见。左绍伟副厅长出席会议并讲话。

12月2日　国有农(牧)场税费改革工作座谈会在黄骅市财政干部培训中心召开。省农垦局和芦台、汉沽、唐海、临港、南大港、大曹庄、察北、塞北、御道口管理区(开发区、农牧场)的主管区(场)长、财务科(处)长，有关设区市、县(市)财政局主管局长、预算科(股)长参加会议。会议听取了各管理区2005年落实国有农场税费改革进展情况，研究了分离农场办社会问题。左绍伟副厅长出席会议并讲话。

12月3日—6日　以教育部财务司副司长田祖荫为组长的国务院农村税费改革工作小组检查组一行5人对我省2005年农村税费改革工作进行了检查。左绍伟副厅长向检查组汇报了全省农村税费改革工作情况，听取了检查组对我省工作的评价和建议。

12月4日　在河北电视台举办了河北省杰出和优秀会计工作者电视颁奖活动。全省10名杰出会计工作者、73名优秀会计工作者和全省各行各业的280名会计人员参加了颁奖活动。省人大财经工委主任杜书箱和省厅副厅长郭秀堂、高志立、纪检组长徐立海、助理巡视员尹立敏出席并为获奖者颁奖。颁奖活动分两次在河北电视台卫视频道向全国播出。

12月8日　厅党组书记、厅长齐守印主持召开党组会。主要议题：1、研究确定2006年工作要点和突破性业务工作；2、研究通过《河北省财政厅关于建设创新型财政机关的意见》、《河北省财政厅关于建设服务型财政机关的意见》、《河北省政府投资项目竣工财务决算审批办法》、《河北省财政厅事业单位领导班子和领导干部进行年终考察的实施方案》；3、研究了有关干部人事问题。党组成员左绍伟、乔满、徐立海参加了会议，尹立敏助理巡视员和有关处室负责同志列席会议。

12月9日　厅党组书记、厅长齐守印主持召开了以“领导干部应树立什么样的政绩观”的主题的民主生活会，厅领导左绍伟、乔满、高志立、徐立海、尹立敏参加了会议。

同日　省政府召开全省新型农村合作医疗试点工作会议。左绍伟副厅长作了题为《加大支持力度，强化监督管理，积极推进新型农村合作医疗制度健康发展》的发言。

2006年我省新增新型农村合作医疗试点县(市、区)25个，总数达到36个，占我省县(市、区)总数的26%。

同日　召开全省财政收支调度电视电话会。厅各业务处负责人、各市财政局局长和业务科室负责人参加了会议。左绍伟副厅长通报了1—11月份全省财政收支执行情况，要求在全年最后一个月继续抓好收入组织工作，严禁虚收冒收，大力加快支出进度。同时，继续推进重点工作，确保取得实效。

12月12日　召开厅落实党风廉政建设责任制考核大会。以省委常委、常务副省长郭庚茂为组长的省委考核组，对省厅党组及厅领导班子成员落实党风廉政建设责任制情况进行考核。考核组对省厅的工作及领导班子廉政情况给予了高度评价。

12月14日　省专项资金综合治理办公室检查组对省厅专项资金综合治理工作进行了检查验收。

厅党组成员、纪检组长、监察专员徐立海主持了专项资金综合治理工作汇报会。省检查组对省厅专项资金综合治理工作给予了高度评价。认为省厅专项资金综合治理工作取得了很大成效,领导重视,组织得力,工作扎实,效果显著。

12月19日 全国杰出和优秀会计工作者表彰大会在北京召开,郭秀堂副厅长参加会议。

12月19日—20日 全国财政工作会议在北京召开,金人庆部长作了重要讲话。会议回顾总结了“十五”时期财政工作特别是近三年本届财政部党组提出的“一、二、三、四”工作思路的落实情况,研究探讨“十一五”时期财政工作的主要任务,安排部署2006年的财政收支计划和重点工作。省厅党组书记、厅长齐守印带领办公室、预算处参加了会议。

12月20日 全省农垦改革工作座谈会在石家庄市召开。会议总结了原省属国有农(牧)场管理体制改革工作,研究进一步深化改革的意见。宋恩华副省长出席会议并讲话,左绍伟副厅长就深化国有农垦企业管理体制改革,分离国有农(牧)场办社会作了大会发言。

12月21日 厅党组成员、纪检组长、监察专员徐立海代表厅党组,到巨鹿县慰问省厅执行第三批共产党员先进性教育宣讲任务的同志。

12月23日 为落实省委、省政府关心困难群众,多为群众办实事、办好事的精神,厅党组副书记、副厅长左绍伟代表厅党组,到阜平县黑崖沟村和龙门村进行走访慰问,亲切看望了特困户,送去了棉被、棉衣等慰问品。

12月28日 厅党组书记、厅长齐守印主持召开厅长办公会。会议研究并原则同意《河北省财政厅2006年工作要点》、《河北省财政厅2006年突破性工作》、《河北省财政厅第十一个五年规划纲要》、《河北省财政厅行政执法过错责任追究制办法》;讨论了齐守印厅长在全省财政工作会议上的讲话;部署了元旦前预算执行、机关安全保卫、廉政、保密、值班等有关工作。厅领导左绍伟、郭秀堂、乔满、徐立海参加了会议,有关处室负责同志列席了会议。

同日 齐守印厅长参加省政府常务会。会议研究了省厅起草的《省直事业单位财政供给政策改革方案》,议定方案总体方向符合改革要求,成熟一批推进一批。

(河北省财政厅办公室供稿)

2005年石家庄市财政大事记

1月4日 2004年全市全部财政收入实际完成145.29亿元,增长17.71%,其中地方一般预算收入实际完成58.79亿元,增长23.34%。

1月5日 省政府对我市城市建设有关政策问题进行了批复,其中为支持石环公路建设,从2005年起,上缴养路费以2003年的5.9亿元为基数,超收部分全返,一定三年。

1月15日 市委常委会听取了我市2004年市本级预算及市总预算执行情况和2005年市本级预算及市总预算(草案)的报告。会议对报告中提出的大力抓收入、树立“过紧日子”思想给予高度评价,同时对改善军分区办公条件、支持精神文明建设等资金安排提出了调整意见。

1月20日 市人大、政协“两会”召开。赵悦贞局长被增选为市政协常委。人代会通过了市局受市政府委托所作的《关于2004年市本级预算及市总预算执行情况和2005年市本级预算及市总预算(草案)的报告》。

2月4日 省召开扩权强县工作会议。按照责权统一、重心下移的原则,在全省范围确定了第一批22个扩权管理试点县,其中包括我市的辛集市、平山县。试点县将享受计划直接上报、财政直接结算、经费直接安排、税权部分调整、项目直接申报、用地直接审批、证照直接发放、部分权价下放、统计直接发布、政策直接享有、信息直接获得等11个方面62项目权限。

同日 局机关2004年度总结表彰暨干部职工联欢大会在信息工程学院举行。

2月5日 局党组会专题传达贯彻市委“保持共产党员先进性”教育动员大会精神,部署市局教育活动。研究制定了市局开展保持共产党员先进性教育活动的实施方案。成立了局保先教育领导小组及办公室。党组书记赵悦贞担任领导小组组长,党组副书记赵志卿、李和平,党组成员、纪检组长郭怀备,党组成员杜占贞担任副组长,成员有徐树兵、王彦勤、王铁英、王秋旺、赵汉增、王志强、王志宽、田卫东、李月华、刘伟报、戚忠奎。领导小组日常工作由郭怀备同志负责。领导小组下设办公室，赵汉增任主任，王志强、李月华、田卫东、刘伟报、陈艳萍为副主任。

同日　市局成立专项资金检查领导小组，组长由党组书记、局长赵悦贞担任，党组成员、纪检组长郭怀备，党组成员、副局长王铁英任副组长，成员有：王志宽、许彦珍、刘生彦、李广胜、耿砚雪等。领导小组下设办公室，王志宽兼任办公室主任。

2月18日　市局召开了保持共产党员先进性教育活动动员大会，对全局党员开展保持共产党员先进性教育进行了安排部署。会议提出要围绕保持共产党员先进性这个主题，做好如何把财政收入蛋糕做大、如何通过落实科学发展观管好财政支出两篇文章，努力把先进性教育产生的积极效果落实到工作当中，推动全市财政工作再上新台阶。

3月2日　全市财政工作会议在辛集市召开。会议主要听取县(市)区2005年主要指标安排情况汇报，对2005年全市财政重点工作做出安排部署。参加范围为各县(市)区财政局局长、市局各处室、单位主要负责人。

3月3日　邀请市社会科学院院长肖力为全体党员干部上了《弘扬西柏坡精神，保持共产党员的先进性》的专题党课。次日，局党组成员集体到革命圣地西柏坡重温入党誓词，接受了以“两个务必”为核心内容的西柏坡精神的革命传统教育。

3月15日　组织召开了市财政、国税、地税三长协调会，市委常委、常务副市长马静参加了会议。会议要求，一季度，地税部门在收入完成进度的基础上，力争多超收一些，国税、财政部门组织的收入要赶上时间进度，坚定不移地实现收入首季开门红。为此，要进一步明确收入目标，落实收入目标责任制，加强收入分析调度，明确征管重点，实行区别对待，加大税收稽查力度，抓住项目建设不放松，为财政增收创造有利条件。

4月11日　局先教办代表局领导班子和各班子成员向各党小组征求了书面意见，经过认真梳理和汇总，形成了机关党员群众对领导班子和各班子成员的意见和建议。对此，局党组书记赵悦贞进行了逐条通报，要求各班子成员正确认识和认真对待大家提出的意见或建议，切实做好工作。

4月21日　省财政厅召开粮食直补和农业税减免工作会议。要求今年粮食直补资金务于6月底前全部补发到农民手中。农业税税率在去年基础上再下降2个百分点。

4月25日　落实市纪委行政效能监察暨专项资金检查工作会议精神，局长碰头会明确行政效能监察有关工作由郭怀备同志负责，行政权力公开透明工作由王铁英同志负责，监督处牵头承办。进一步加强机关作风建设，工作日中午严禁饮酒，处长以上中午因公接待必须报经一把手批准。同时严格执行请休假制度，机关干部外出必须按权限报批。

4月28日　常务副市长朱浩文莅临市局听取工作汇报。

5月10日　就两个扩权县有关基数划转问题与辛集、平山财政部门进行了研究磋商。随同市领导赴平山县进行了实地工作考察，市局提出四点意见：(1)在基数划转问题上，凡是省规定划转的必须全部划转，凡是没有明确规定划转的一律不作划转。(2)划转必须以2004年为基数，关于西柏坡电厂基数问题，可以具体商量。(3)平山县仍为石家庄下辖的一个县，在专项资金及一次性资金支持和安排上，仍要纳入范围统筹考虑。(4)发挥好市、县两级积极性，向省及国家争取更多的建设资金。

5月20日　省财政厅陈金城副厅长带队来我市调研，就财政部门贯彻科学发展观，积极探索新的方式方法，多渠道支持经济和社会发展提出了意见和要求。先后深入到市直企业、平山、辛集实地进行了考察了解。

5月21日—22日　组织完成了全市会计资格考试工作。

5月24日—25日　省财政厅在廊坊香河召开全省财政系统纪检监察工作会议。会议主要传达了全国财政系统纪检工作会议精神，对行评工作进行了总结表彰。市局作了典型发言。

5月26日　石家庄市市委组织部发文任命李和平同志任石家庄市财政局党组书记(组干字[2005]108号文件)。

次日，石家庄市第十一届人民代表大会常务委员会第十次会议任命李和平为石家庄市财政局局长。吴振华书记、艾文礼副书记分别与李和平同志进行谈话，就进一步做好财政工作提出了希望和要求。

同日　省南水北调工作会议召开。根据会议精神，工程中线主干河北段全长462.4公里，其中我市辖区内123.5公里，途经高邑、赞皇、元氏、鹿泉、桥西、新华、正定、新乐 8 个县(市)区。主干投资中央负担 30%,地方基金负担 25%,其余 45%银行借款。当前已进入征迁安置准备阶段,麦收后全面展开征迁安置工作,占地补偿标准按土地前三年平均产值的 16 倍执行。

5 月 30 日　对于辛集、平山两个扩权县提出的基数划转问题,经市领导研究确定以下原则:两县基数划转必须严格按省文件规定进行,部分专款今后可继续纳入范围予以考虑。西柏坡电厂以 2004 年为基数划转后,2005 年、2006 年收入达不到基数部分,按照不影响平山财力的原则,由市里进行弥补。对于平山县原执行的林业专款补助,原则按计划继续给予落实。

5 月 31 日　市委组织部张树清副部长、刘力处长到市局宣布了市委关于李和平同志担任石家庄市财政局党组书记、局长的任命。赵悦贞同志不再担任财政局党组书记、局长职务,改任财政局调研员。

6 月 1 日　王刚副市长到元氏县调研教育系统危房改造和布局调整工作,强调财政部门切实加大教育投入,除保障正常的工资支出和运转经费外,每年的教育费附加要全部用于教育,城建税的 7%—10%要用于教育,税费改革转移支付资金的 20%要用于教育。

6 月 4 日　市委常委会传达了温家宝总理一行到我市座谈考察"三夏"及农村税费改革工作有关情况。温总理在座谈会上围绕农村税费改革提出了农村债务、农业税征收尾欠、农村基层政权运转等七个方面的问题。温总理指出:农村税费改革是一次深刻的社会变革,其意义不亚于前两次土地革命。农村税费改革也不是一免了之,会有这样那样的问题出现,要认真加以研究。中央也不会以谁先免掉农业税来评价税费改革工作的好坏,还是要留下一两个省来作为参照系,要把各个方面的问题处理好。当前重点要做好"三夏"工作,保护好农民利益,做到颗粒归仓。

6 月 6 日　市长碰头会要求财政、国税、商务等部门联合对我市出口退税企业情况进行摸底调查,按企业隶属关系分门别类提出意见并报市政府。

同日　全市"双提三效"动员大会召开。按照会议和有关文件要求,及早安排筹划市局具体的实施意见。此项工作由郭怀备同志负责。

6 月 13 日　市长碰头会要求由财政局牵头,联合国税、地税部门对中直省、直纳税企业情况认真调查分析,凡在我市行政辖区范围内的中直、省直纳税企业,尽量把能交到我市的收入交到我市,能拿回来的收入拿回来,逐户企业搞调查,逐家解剖拉清单,年底前搞完。同时,积极支持文化建设,各县区、生活小区都要建图书馆,财政要支持。石家庄日报销售价格财政可适当给予补贴,让老百姓都能看到报。

6 月 16 日　全市财政系统纪检监察工作会议召开。会议传达了上级有关会议和文件精神,并结合开展"双提三效"活动和专项资金检查工作,对全市财政系统进一步做好纪检监察工作提出了要求。

6 月 20 日　局长碰头会议研究并原则通过了办公室起草的《关于每月报送主要工作完成情况及工作计划的通知》和《关于进一步明确局长碰头会议制度的意见》,修改完善后印发执行。另外,确定了《石家庄市财政志》编纂委员会名单,李和平局长任主任,各副局长任副主任,各处室、局属各单位(不含筹建单位)主要负责人任委员。

6 月 23 日　先后召开了全局保持共产党员先进性教育活动总结和开展"双提三效"活动动员大会。先进性教育总结会议由郭怀备同志主持,赵志卿同志作了总结报告,市委第九督导组组长李振歧提出了评价意见。之后召开"双提三效"活动动员大会,李和平局长作了动员讲话。

同日　在市政府第一会议厅召开了财政、国税、地税"三长"联席会。朱吉文副市长参加会议,要求财税部门密切合作,严征细管,加快进度,确保实现半年收入目标。

6 月 24 日　市政府召集旅游、财政、发改委、工商等部门专题研究了全市旅游规划、旅游产品的开发与销售、旅游景点改变面貌升级服务等问题,要求财政部门拿出一定资金用于景点基础设施的改造和完善。

6 月 25 日　市纪委部署清理党政领导干部拖欠公款工作,要求市财政局牵头,会同市监察局按时完成清理工作。

7 月 15 日　全市经济形势分析会召开。吴振华书记、吴显国市长分别讲话。市局在会上作了重点发言,在对当前财政经济运行情况认真分析的基础上,围绕确保完成全年收入目标,实现财政收入快速增长,提出了建议和措施。

7 月 19 日　经局长碰头会研究明确,根据 2003

年局党组决定和工作需要，投资办副主任赵汉增同志仍在局机关工作，协助李和平局长侧重管理局办公室、老干部处、机关服务中心和财政信息中心。

7月27日—28日　市局在赞皇财政干部培训中心召开2005年上半年财政工作汇报会。会议逐个听取了各处室、局属各单位上半年工作汇报和下半年工作安排。李和平局长就进一步贯彻落实全市经济形势分析会精神，发挥中层干部的骨干带头作用，采取有效措施，确保全年各项指标任务的完成做出安排部署，提出了具体要求。

8月1日　局长碰头会听取了监督检查办公室关于省检查组对我市七项资金检查情况进行抽查，以及我局行政权力清理情况的汇报。要求监督检查办公室根据省检查组提出的整改要求，认真做好有关县存在问题的核实和督促纠正工作。在条法处人员未调剂到位前，暂由王志宽同志具体负责有关业务工作的开展。

8月12日　市委、市政府召开联席会，朱浩文副市长汇报了我市财政运行和项目建设情况。吴振华书记在讲话中强调，税收工作不能手软，必须做到应收尽收，依法严格治税。要研究新的税收工作考核办法，加强税收稽查监督工作，切实强化税收征管，确保收入增长。

8月15日　全市党政负责干部会议召开。吴振华书记提出今年全市财政收入要达到18—20%的增幅。

8月16日　经局长碰头会研究确定，将全市综合治税办公室工作职责落实到财政监督检查办公室。由王志宽同志召集有关业务处室研究提出综合治税的具体办法和措施。

8月25日　市人大第19次常委会议召开。市局在会上作了2004年市本级决算情况及2005年1—6月份预算执行情况的报告。

8月30日　全市行政机关事业单位津补贴清理工作动员大会召开。

8月31日　全市综合治税工作会议召开。市委书记吴振华、常务副市长朱浩文分别作重要讲话。

9月1日—2日　在机场宾馆召开了全市财政局长座谈会。会议传达贯彻了省市有关会议精神，就确保完成全年目标任务提出要求。

9月6日—16日　由赵志卿同志带队，分赴呼和浩特、太原、郑州、济南四省会城市学习考察了财政收入等工作。

9月26日　局党组召开扩大会议，专题研究了我市"十一五"财政发展规划和行政事业单位国有资产管理问题。

10月15日　在信息工程职业学院成功举办了全市财政系统第二届秋季运动会。

10月17日　参加了在藁城市召开的环省会文明生态圈建设对口帮扶动员大会。会议明确市局的对口帮扶对象为藁城市的黄庄村。

11月2日　组织人员参加了市直部门"清风颂"歌曲比赛活动。

11月7日　陪同省财政厅齐守印厅长到鹿泉、平山调研了农村税费改革和乡镇财政体制改革工作。

11月9日　市长吴显国、副市长朱浩文、马玉文、蒋洪江、李文起、张发旺，以及市政府秘书长李天印、副秘书长齐惠明一行八人来市局进行工作调研。市局全体党组成员、各处室(单位)负责人和国税、地税局的主要领导参加了调研活动。在听取了市局工作汇报后，吴显国市长讲了重要意见，要求财政部门树立"大财政"观念，强化科学理财、依法理财、为民理财，当好参谋，服务于经济发展、服务于社会进步、服务于部门工作，为构建和谐石家庄做出更大贡献。

11月10日　经市政府批准，市局牵头在无极县召开了全市综合治税工作现场经验交流会，对无极、新华、鹿泉、桥西等县区在综合治税方面好的经验和做法进行总结和推广，促进了全市综合治税工作的有效开展。市县两级财政、国税、地税部门的主要负责人参加了这次会议。会议由市政府副秘书长齐惠明主持，市财政、国税、地税局分别就深入开展综合治税，确保完成全年税收收入任务提出工作要求。

10月8日—11月18日　王铁英同志随同市委组织部公共管理培训班赴加拿大四十天，圆满完成了各项学习任务。

11月16日—26日　由李和平局长带队赴昆明、贵阳、成都等省会城市学习考察了财政工作。

11月29日　市委七届九次全委会召开。会议通过了全市"十一五"规划建议和构建和谐石家庄的意见。按照全市"十一五"规划，全市GDP年均计划增长12%左右，要求财政收入逐年高于GDP增长比例。

12月4日　市局与省财政厅、桥西区财政局在西清公园联合举行法制宣传活动,印制散发了财政法规、规章宣传品,收到较好地社会效果。

(石家庄市财政局供稿)

2005 年承德市财政大事记

1月5日　承德市财政局财会干部培训中心负责组织的会计专业技术资格培训工作正式开始。

1月17日—18日　举办《民间非赢利组织会计制度》培训班,并进行考试。

1月21日　下午召开全市财政工作会议。

1月28日　在乾阳酒店四季厅召开 2004 年目标奖励大会,同时举办春节联欢会。

1月,市局在 2004 年民主评议行风和优化发展环境"最满意单位"评选活动中取得经济管理序列"最满意单位"第一名,同时还获得全市民主评议行风经济管理序列优秀单位第一名,并获两年免评资格。承德财政系统被评为优秀系统。

年初,市财政局公费医疗管理办公室,聘请有多年临床经验的医疗界专家 6 名,组建了市直离休干部医疗评审专家库,主要负责评审离休干部在住院期间的治疗过程。

2月2日　召开"保持共产党员先进性教育活动"动员大会,全局 150 多名党员干部参加了会议。

2月24日　召开 2005 年责任目标签订大会。市局各科室及事业单位主要负责人与宋玉君局长、分管副局长分别签订了责任目标书。

1—2月份,监察室与监督科配合进行 2005 年内部预审工作。

3月1日　下午召开财政专项资金监督检查工作网络会议。

同日　丁贺琴任命为收费管理局实职副局长。

同日　晁凤荣任命为收费局征收科科长。

3月15日　上午在九楼大会议室举办书画笔会。

同日　就专项资金清理检查工作召开会议进行布署,全市财政专项资金清理检查相关工作人员 50 余人参加了会议。

3月18日　召开财务总监座谈会。

继续对市直行政事业单位公务车辆保险进行政府采购,保险期限为 2005 年 3 月 18 日至 2006 年 3 月 18 日。

3月23日　召开财政综合工作座谈会上。

3月24日　财政部批准市中心医院利用荷兰贷款项目列入国家 2005 年度第二批利用外国政府贷款项目计划,由市局为其提供担保,贷款额度为 245 万欧元,按二类项目管理,由建设银行转贷。

同日　承德市利用世界银行和英国政府赠款结核病控制项目(简称卫十项目),在市中心广场举办了"3.24 世界防治结核病日"大型宣传活动。市项目办的有关人员和承德医学院同学参加了现场宣传。

3月30日　承德市召开全市农业综合开发会议,确定了全市农业开发三大目标任务。

3—5月、7—9月　分别对局机关行政科室和局属事业单位及其下属二级单位的所有银行账户 2004 年度财政财务收支、2005 年度上半年财政财务收支情况进行了审计,并对以前年度内部审计中提出的整改意见的落实情况进行再监督。共审计出应缴未缴预算收入、应缴未缴预算外收入、基础管理工作薄弱等有问题资金 15577 万元。

3月,制定《承德市农业综合开发土地治理项目竞争招标管理办法》和《承德市农业综合开发土地治理项竞评分标准》,进一步完善《承德市农业综合开发土地治理项目资金规模分配及奖惩办法》。

3月,全市农业综合开发工作会议在德汇宾馆召开。

3月1日起,取消行政事业单位小汽车控购审批,由县、区控办申报,市控办审核,审核的重点是单位小汽车定编情况、配车标准、资金来源、采购预算等内容。符合要求的,方可列入承德市行政事业单位政府采购公务车采购计划,按照规定的采购方式进行采购,车管部门凭承德市行政事业单位政府采购公务车采购计划表上照。

4月1日　市局与交通局共同组织开展全市交通系统会计基础工作评展活动,邀请了相关部门的专家评委对会计机构和会计人员、会计核算、内部会计控制制度建设等方面进行重点评审,并设奖鼓励。共计 86 个单位参加展评,310 多会计人员观摩学习。

4月4日　上午,在市纪委五楼会议室召开共产党员先进性教育分析评议阶段征求意见座谈会,会议由党组书记宋玉君主持,纪检组长尹云峰出席会议,市纪委廉政办、纠风办和社会各界行风监督员参加了座谈。

4月，开展全市专项资金内部检查清理工作。截止到4月12日全市财政专项资金内部检查清理自查工作结束。共清理2003－2004年度专项资金总额501871万元，清理出有问题资金7028万元，占清理资金总额的1.4%。其中：项目资料不齐全1266万元，拨付资金不及时476万元，滞拨资金3428万元，变相调整资金34万元，其它问题资金1824万元。

开展补发企业历年所拖欠的养老金工作，截止到2005年4月底此工作基本结束，全市共计补发拖欠企业283家，离退休人员15237名，补发历年拖欠养老金总额8368万元。

4月，监察室与监督稽查局协作进行内审。

4月，农业开发办公室胡光辉同志撰写的《新时期农业综合开发如何更加有效地促进农民增收》一文被《中国农业综合开发》杂志刊发。

5月7日　局领导就如何全面学习、贯彻和落实好《财政违法行为处罚处分条例》接受了记者的采访，并利用电视、广播、报刊等媒体及财政系统网络系统广泛进行宣传。

5月12日　印发《承德市财政局2005年行风建设工作实施方案》。

5月12－13日　河北省企业所得税税源调查布置暨软件培训会在我市召开。

5月13日　制定印发《关于做好2005年党风廉政建设工作的意见》、《承德市财政局领导班子2005年党风廉政建设责任及专项治理任务分解表》和《承德市财政局领导班2005年党风廉政建设责任制落实任务表》。

5月15日　参加财政部监督检查局在北京召开的全国内部审计工作会议，财政部监督检查局特约承德市财政监督稽查局参加会议，并作了典型发言。

5月23日　上午，承德市污水处理工程CDC4、CDC5土建开标会议在北京中化建国际招标公司举行。会议由中化建国际招标公司总经理廖仁兴主持，11家单位参加了投标。市局与建设局、发改委等单位派出代表13人组成监督领导小组，参加招投标的全过程。

5月26－28日　以麦克斯（美籍）为组长的亚行咨询专家一行5人，在省外债中心兼项目办靳海增主任的陪同下，到我市指导污水处理项目建设问题。

截止到5月底，承德市争取首批财政扶贫资金总规模达4100万元，比上年同期的2833万元增加1267万元，增长44.7%，投入规模创历史同期最高水平。

5月，我市2005年度农业综合开发土地治理项目扩初设计通过专家审定。

5月，组织成立验收组，对2004年度土地治理项目进行检查评比。

5月，在离退休人员生活补贴发放问题方面，针对离退休人员牺牲病故年终发放一次性生活补贴问题采取了如下措施：离退干部如在年内去世，每年以12月份为在册人数增发生活补贴。离休人员牺牲、病故可按当月的基本离休费标准年终发给一次性生活补贴，退休人员牺牲病故的可按省级1000元、厅局级（教授级）700元、县处级（副教授）500元，科级（中职）以下300元年终时发给一次性生活补贴。

5月，在城市居民最低生活保障制度方面建立一整套较行为规范的工作程序，对低保资金实行专户管理，资金封闭运行，实施分类施保，做到应保尽保，加强低保资金的监督检查力度。

5月29日至6月6日　承德市财政局农业开发办公室组织人员对全市2004年度三大项目进行了检查验收评比。验收组深入围场等六县区、御道口牧场及平泉润龙公司进行检查验收。验收采取了听汇报，实地抽查测量，群众访谈，查看资金账目及内业等形式，从资金管理、工程建设计划完成情况、标准质量、效益发挥、开发机制等方面内容对各项目进行了全方位验收打分。

6月6日　召开全市财政专项资金清理检查工作会议，市财政局财政专项资金清理检查领导小组成员、业务科室负责人、财政监督稽查局全体人员及各县、区负责财政专项资金清理检查的负责人、监督检查机构负责人共40余人参加了会议。

一月起首次对机关、全额事业单位职工实行取暖费补贴政策。截止到6月10日对应享受取暖费补贴政策的单位职工应享受取暖费补贴数额进行了具体测算并发文追加单位经费预算，由单位统一发放。以后年度将根据文件要求把应由财政负担的取暖费补贴纳入单位年度经费预算，由单位逐月发放。

6月18日　上午在山庄宾馆六楼会议室召开"新任领导干部廉政谈话暨家庭助廉大会"。市局司瑞安、张建军同志携配偶准时参加并签廉政承诺书。市委副书记、市纪委书记张古江同志进行集体廉政谈话。

同日　上午纪检组长尹云峰带队，7个科室共12人参加了市纠风办组织的“阳光服务”活动，作为公开承诺的一种形式，将今年向社会的承诺以制作展牌等多种形式集中公示和宣传。宣传本单位在政风行风建设中所提出的新思路、采取的新措施、达到的新目标、取得的实际效果。接受企业和群众的咨询，解答企业和群众提出的问题。受理群众和企业的投诉、举报等。

4月底开始，为确保粮食直补工作资金及时、准确足额发放，承德市成立了以景春华市长为组长，常务副市长袁福和主管农业的副市长于明为副组长，财政、发改委、监察、农业、统计、粮食、农发行、物价、农工委等部门主要负责同志参加的粮食补贴工作小组，统一协调和组织全市的粮食补贴工作。领导小组下设“对种粮农民直接补贴工作小组办公室”，办公室设在财政局，由财政局主管领导任主任、农业局主管领导副主任，由财政、农业、农工委、监察等部门抽调专人，具体负责全市的对种粮农民直接补贴的政策解释、基数测算、资金拨付、进度督导等工作。截止到6月18日全市对种粮农民直接补贴工作基本结束。我市对种粮农民直接补贴共涉及9个县（区）（承德县、丰宁县除外）、153个乡镇，补贴耕地178.19万亩，补贴农户54.4499万户，受益人数达186.31万人，粮食补贴资金1337万元，现已全部兑付到应补贴农民手中。

6月，与市纪检监察局联合对市直执收执罚单位2004年度行政事业性收费项目、标准执行及资金上缴、使用、管理等情况进行了为期20天检查，涉及劳动、教育、农业、建设、城管、房管、公用事业、林业、公安等32个单位。

6月，会同地税稽查局对平泉县、隆化县、营子区的12户房地产开发企业2003年、2004年的纳税情况进行了调查，查出企业欠缴税款129.1万元，协同税务部门制定了《加强税务检查收入管理意见》，加大对税务检查和收缴力度，做到财政收入应收尽收，堵塞漏洞。

7月4日　局党组副书记尹云峰、行政监察室主任王志光前去平泉南五十家子乡财政所对基层所站创建和“百姓评议村官”活动明察暗访，督导整改措施的落实。

7月18日　全省票据管理工作会议在承德召开。

7月20日　市局组织相关科室参加市纠风办与承德人民广播电台联合局举办的“百姓热线聚焦行风”节目。

7月22日　印发关于学习宣传贯彻《建立健全教育制度监督并重的惩治和预防腐败体系实施纲要》的通知。

7月23日至8月12日　按照省厅要求，征集财政系统廉政警语警句108条，并录入局域网警示窗；报省厅33条。

7月23日　承德市中小企业信用担保服务有限公司注册成立，在市财政注入资金的基础上，吸纳民营和社会资金，共注册资金3000万元。截至10月份，累计办理担保业务23笔，担保贷款7920万元，担保费收入30万元，通过担保业务的开展，可增加就业500多人，增加利税1000多万元。担保公司为兴隆县12家果品加工企业解决担保贷款1250万元。

7月25日　印发《承德市财政局推进行政权力透明运行工作实施意见》。

7月，会同市地税稽查局组织力量开展了对采矿、选矿等矿山相关企业的税收情况的检查工作。

7月，举办了学习贯彻《财政违法行为处罚处分条例》培训班。对市、县（区）主管财政监督工作的领导、监督干部53人进行了培训。

7月，抽调5名检查人员组成2个检查组，对10个单位2004年度执行《会计法》、会计制度情况，单位会计信息质量的真实性、可靠性、完整性，有无虚假报表及单位财务管理、会计核算、会计基础工作规范化等进行检查。查出虚列、多列成本和费用、漏缴税款、固定资产不计提折旧等有问题资金457.9万元，催缴入库税款155.6万元。

8月2日　全省非税收入征管工作会议在承德召开。

8月4—8日　全省公费医疗工作会议在我市召开。

8月11日　市行政权力公开透明督导组到市局对行政权力公开透明工作进行督导检查。

8月，抽调人员与物价局、教育局联合对医学院、油专、师专、承德卫校等八所大中专学校的收费项目、收费标准、票据管理、资金支出等情况进行了为期半个月的专项调查。

8月，国家办土地处吕彤轩处长、省办土地处领导来我市调研。

8月，省农开办主任乔满在市农开办主任姜凤祥的陪同下，先后到承德县、宽城县、平泉县、营子区和双滦区调研农业综合开发工作。乔满一行考察了承德县老牛河流域生态综合治理项目、宽城县峪耳崖镇农业生态综合治理项目、平泉县沙坨子镇中低产田改造项目、双滦区偏桥子镇中低产田改造项目以及营子区怡达果品加工、平泉县的山庄酒业全价饲料的参股经营项目和平泉县绿源、润隆食用菌加工产业化经营项目，详细询问了项目建设和管理情况，并仔细了解各县区和建设单位的农业综合开发规划情况。

8月下旬，市收费局组成三个调查组，本着“边调查、边清理、边规范、边纳入”的原则，对本级150个单位的行政事业性收费、国有资产有偿使用收入、以政府名义接受的捐赠收入、主管部门集中收入、政府财政资金产生的利息收入等政府非税收入情况进行深入细致地调查清理。经过前期培训、进户调查、总结分析等阶段工作，截止10月下旬调查活动圆满结束。通过调查，共计清理政府非税收入12937.42万元，其中：行政事业性收费收入12366.39万元；固定资产出租、出售收入190.75万元；主管部门集中收入65.04万元；以政府名义接受的捐赠收入96.74万元；停车泊位收入67万元；利息收入6.1万元；其他收入145.4万元。在此次调查中，共清理出应缴政府非税收入1126.03万元，现已催缴入库政府非税收入628.36万元，其中：行政事业性收费收入555万元；固定资产出租、出售收入51万元；以政府名义接受的捐赠收入22.36万元。

8月16日　组织全体党员干部参加《实施纲要》和《学习纲要》知识竞答活动。

8月中旬，省财政厅验收组对承德市“四五”法制宣传教育工作进行了全面验收，验收期间检查了市局普法档案管理、并组织了市局副科级以上人员考试、听取了承德市财政局“四五”普法工作汇报、召开了执法科室负责人座谈会，同时省验收组还对承德、宽城两县普法工作进行了检查验收。

8月22日　市局派4名同志到双滦区部分企业进行了暗访式检查。督导组先后对承德三丰矿业有限公司的铁选厂、双塔山镇爆破物品管理服务站、大庙镇北梁凤民采矿、大庙镇10号矿井等单位进行了暗访式调查。

8月24日　河北电视台《反腐警示》中播放市局机关效能建设和首问接待专题片。

8月30日—9月2日　全省农业财政业务管理水平的全省农业财政业务管理培训班在我市召开。

9月上旬，市验收组一行三人对市财政局“四五”普法工作进行了全面验收，验收组听取了市财政局“四五”法制宣传教育情况汇报，详细检查了“四五”法制宣传教育档案。验收结束后，对市财政局“四五”普法工作给予了充分肯定。

9月，在河北省农业综合开发2004年度土地治理项目评比中，双滦区喜获“红旗县”称号，且在全省128个开发县(区)中评出的15个“红旗县”中名列第二。此外，承德县在全省19个扩权县的评比中名列第三名，同时获得“红旗县”称号。

9月18日　参加市纠风办今年第二次组织的以“优化经济发展环境，加强机关效能建设”为主题的“阳光服务”活动。

9月21日　利用日元贷款23890万日元(折合人民币1670万元)，用于承德市疾病预防控制中心购置检测设备，和承德市第三医院购置医疗设备及人员培训。

9月22日　承德市为加快推动“金财工程”建设，提高网络管理人员业务素质，安排部署下一步财政信息化建设工作重点，召开了全市信息和信息化工作培训会议。

9月25日　清理市局副处以上领导干部投资入股煤矿问题，24名领导干部中，无一人投资入股煤矿。

9月，纪检组与监督科协调配合进行内部审计工作。

9月，市财政局与市科技局联合制定并下发了《承德市应用技术研究与开发专项资金管理暂行办法》和《承德市科技型中小企业技术创新基金项目管理办法》两个科技资金管理办法，对项目的立项和确立、资金的拨付和使用及项目的验收、资金的检查进行了严格的规定。

截止到9月底，全市企业养老保险扩面人数达8282人，完成了养老保险全年扩面任务6000人的138%，市本级及八个县全部提前超额完成了全年扩面任务。

10月8日　参加全市机关效能建设经验交流大会，市局作典型发言：《以“首问责任制”为切入点推

进机关效能建设》

10 月 12 日　承德市财政局召开了推进机关效能建设工作会议，传达了 10 月 8 日市委、市政府召开的全市推进机关效能建设工作会议精神和赵文鹤书记、张古江副书记的讲话，并对我局的机关效能建设做了几点强调。

10 月 13 日　召开落实审计整改意见工作协调会，强调了加强财政基础工作、规范财政财务管理、强化财政监督、提高理财水平等问题。

10 月 17 日　下午市纪委对市局检查机关效能建设工作进行检查。

市截止到 10 月底，市本级政府非税收入累计完成 27907 万元，完成年度收入计划的 174.5%，较上年同期增长 16.3%，增收 3919 万元，其中：纳入预算管理的政府非税收入完成 1961 万元，完成年度计划的 174.2%；罚没收入完成 5516 万元，完成年度计划的 351.3%；预算外管理的政府非税收入完成 20430 万元，完成年度计划的 153.6%。

10 月，收费管理局对市直罚没收入在 10 万元以上的 19 户重点单位进行了专项检查，检查的重点是：罚没收入管理情况、罚没物资管理情况、票据使用情况。此次检查共查出欠缴罚没收入 368.9 万元，一台罚没车辆未按规定程序办理手续，以及 5 家单位在票据使用中存在问题。检查结束后，逐一写出被查单位检查报告，并对检查出的违纪问题限期整改，目前已催缴入库罚没收入 125.7 万元。

10 月，采取公开征集、推荐与自我推荐相结合的方式，在全市范围内开展了征集工程、货物、服务等方面的技术专家达 189 人。其中工程类 117 人，货物类 37 人，服务类 35 人。经“河北省政府采购评审专家资格管理小组”的认定，有 158 人被聘为河北省政府采购评审专家，统一颁发了《河北省政府采购评审专家证书》，并纳入了“河北省政府采购评审专家库管理”，

10 月，主持召开市直有关综合经济部门统计分析工作座谈会。市统计局、发改委、国税局、地税局、人民银行等部门具体负责统计分析工作的领导和同志参加了会议。

10 月，我市已全部为财政供养人员建立了住房公积金制度，住房公积金制度的普及面达到 100%。最低缴存率为 2%。

10 月，承德市人民政府办公室批转市财政局、民政局、市城市公用资产管理局《关于解决市辖三区低保居民取暖费用的意见》的通知，采取提高低保居民低保补助标准，将资金直接补贴给低保居民的办法，对市辖三区内具有常住户口并持有《城市居民最低生活保障金领取证》的居民每人每月提高低保标准 10 元，从 2005 年 1 月开始发放。对一人户低保居民在每人每月提高低保标准 10 元的基础上，再每年增加 70 元取暖费补助。供热企业核减取暖费用，由供热企业在其住房控制面积标准内按建筑面积每平方米 2.7 元减收取暖费，超面积部分由居民个人全额负担。

11 月 1 日—3 日　以项目官员王建国为代表的亚行中期检查团一行 5 人，在省项目办靳海增主任和咨询专家的陪同下，到我市检查“污水收集和处理项目”进展情况。

11 月 8 至 9 日　中国进出口银行转贷部项目官员张杰先生到承德调查了解正在执行的外国政府贷款项目运行情况。在听取承德市财政局就利用外国政府贷款项目总体情况后，到承德德厦建材公司检查国外设备运行情况，对承德利用外国政府贷款工作给予了肯定，与市局共同研究探讨，进一步解决破产企业包装工贸公司和工具厂拖欠外债问题的办法。初步协商本级财政一次性偿还外债本息，中国进出口银行豁免罚息的意见。

11 月 12 日　上午市局相关科室在承德人民广播电台“聚焦行风百姓热线”栏目中为社会各界提供咨询服务，次日，又于此栏目中解答所提出的问题。

11 月 18 日　荷兰发展银行官员马丁·普鲁斯先生和乔治·布克瑞先生代表荷兰政府，在财政部、省财政厅、省卫生厅、建行省直属支行领导及飞利浦(中国)投资有限公司医疗系统负责人的陪同下，来到承德市中心医院，就引进医疗设备项目进行实地考察。

11 月，依据《预算法》、《会计法》，对隆化县、宽城县、围场县及 3 个乡镇 2004 年财政预算执行情况进行了审计，共审计出应缴未缴预算收入、虚列支出、对非预算单位拨款等有问题资金 15146 万元。

11 月，拟定《关于对市直机关事业单位职工实行取暖费补贴的办法》、《市属企业离休人员和建国前退休老工人取暖费补贴办法》及《关于解决市辖三区低保居民取暖费的意见》，报经市委、市政府同意批转执行。截止目前，市财政共拨付供热补贴资金

1000余万元，其中，市本级财政全额拨款的机关事业单位在职及离退休人员的取暖补贴已全部拨付到位，市属困难企业离休人员和建国前退休老工人的取暖补贴落实到位，市辖三区低保居民取暖补贴已拨付到区财政。

11月，在2004年度坝上生态项目省级检查验收中，我市滦平县因资金管理规范，工程标准质量高，工程量饱满，种植结构调整到位，农民增收显著而被省办评为河北省坝上生态"创业杯"县。这是自开展坝上项目"创业杯"评比活动以来，我市连续十年获此殊荣，累计获得奖励资金1000余万元。

11月，与市中级人民法院财会计划处一道联合对部分县区法院收费管理、票据使用、执行"收支两条线"规定等情况进行了调查了解，我市法院系统受费管理基本规范。

11月，精选20年来不同年度、不同宣传形式等法制宣传图片，共选取了12.4宪法宣传日财政部门领导和同志们一起上街宣传财政法律法规和政策咨询、财政部门上街参加市科普宣传周宣传、财政部门纪念《会计法》颁布实施20周年知识竞赛、市财政举办《财政违法行为处罚处分条例》讲座、省市普法验收组听取汇报、召开法制座谈会、全局职工参加各级组织的法律法规知识考试等24幅生动地普法宣传图片，制作了20年普法成果展板。

11月29日—12月3日　参加全市在市纪委会议室举办的20周年普法成果展，12月4日在市中心广场继续向社会进行展出。财政局选取的图片及制作的展板得到了参观群众和市领导的好评。

11月，根据《中共承德市委关于进一步加强和改进公安工作的意见》和《河北省财政厅、河北省公安厅关于制发全省县级公安机关公用经费保障指导标准的通知》，结合我市县级财政保障现状，经市财政局、市公安局研究，并报请市委、市政府批准，确定我市各县区公安机关公用经费保障标准，即市开发区公安机关公用经费执行一类标准，年人均2.8万元；双桥、双滦、宽城公安机关公用经费执行二类标准，年人均2.3万元；营子、兴隆、平泉、滦平、隆化、围场、丰宁、承德县公安机关公用经费执行三类标准，年人均1.8万元。

11月，出台《承德市生态建设资金报账制管理办法》和《承德市生态建设资金验收管理办法》。

12月5日　市财政局召开了财政支出进度调度会。

12月7日　参加财政部监督检查局在天津召开的部分省、市财政监督工作座谈会，并作了典型发言。

12月19日　制定并出台了《承德市政府外债危机应急预案》。本预案适用于承德市财政局对政府外债危机的预防、预警及应急处理工作。

12月1日起　契税征管中心在市直范围内开展契税纳税情况检查。此次检查范围：市直范围内国有土地使用权出让，土地使用权转让，房屋买卖、赠与、交换承受的单位和个人。检查内容：2005年12月1日以前签订土地、房屋权属转移合同其承受土地、房屋的单位和个人的契税纳税情况。重点是检查各企事业单位购买房地产时纳税情况；政府划拨给企事业单位无偿使用的土地，在改变土地用途时应补交契税的纳税情况和开发公司承受土地的纳税情况。

在深入调查研究、全面总结分析财政专项资金监督管理中存在的问题及产生的原因的基础上，拟定《承德市财政专项资金监督管理办法》，已于2005年12月13日经市政府批转印发，自2006年1月1日起施行。

12月16日　召开各区及市直相关单位参加的全市2005年度教科文事业费预算执行分析工作布置会。自此，财政部为了解、掌握全国教科文事业费预算支出情况，加强教科文事业财政资金管理，研究制定支持教科文事业发展财政政策，于今年始通过自下而上、层层汇总的形式在全国进行教科文事业费预算执行分析工作已在我市铺开。

12月26日　召开承德市财政局述廉大会，宋玉君局长代表局党组作述廉报告并个人述廉。

12月，拟定《承德市行政事业单位国有资产管理实施办法》，经市政府2005年第28次常务会议讨论通过，市政府以承市政[2005]140号文件印发，于2006年1月1日起正式执行。

12月，完善并改进市直离休干部管理办法，并以市委、市政府名义（承办字[2005]113号文）下发文件《关于进一步做好离休干部医疗费保障工作的通知》，离休干部医药费得到及时报销。

12月，承德市财政局针对实行扩权县体制、市本级及各县区陆续进入农业综合开发有偿资金还款高峰，以及农发资金管理新形势的要求，市财政局采取措施认真对农发有偿资金债务进行全面清理，对农发有偿资金进行回收，对扩权县原有债权债务进行重新划分，与丰宁、承德两县分别签订了相关协议，账面余额也作了相应的调整。

12月，承德市财政局面对因政策性利率下调等因素给住房公积金保值增值带来的压力，敢于承担风险和责任，积极谋划和运作，大力支持住房公积金管理中心软硬件建设。在资金严重短缺的形势下，市财政局根据住房公积金管理中心的工作需要，追加专项经费300多万元，对我市住房公积金管理中心的财务管理软硬件设备、省级网络监督系统、信用监督系统及办公设施进行更新改造和完善，同时租赁一条互联网VPN专线，实现了与省级住房公积金监管系统的对接，大大提升了我市住房公积金财务管理的技术支持水平，业务管理水平和防范风险的能力。

12月，《承德市财政国库管理制度改革实施方案》经市委常委会审议通过并印发。

12月，承德市被评为“河北省农业综合开发土地治理项目建设先进市”，并受到省办通报表彰。

2005年，继普宁寺等4个单位推行内部会计控制规范管理试点之外，今年又积极与文物局联系，将该单位下属的避暑山庄管理处和外八庙管理处纳入内控制度管理范围。

2005年，相继组织开展了财政专项资金综合治理、会计信息质量检查、财政系统内部审计、对县区财政预算执行及其他相关财务收支审计等项监督检查工作，全年查出各类有问题资金18392万元，追缴入库8584万元，纠正违规金额9808万元，收缴罚款70万元。

2005年年底，根据国务院和省市两级政府要求及相关法律规定，撤销承德金山岭长城旅游发展有限公司，承德金山岭长城划归文物部门管理，承德光大财政投资有限责任公司不再负责金山岭长城的经营管理。

2005年，全面免征农业税，全市农民实现了税费零负担。城、平泉等6个国家级扶贫开发工作重点县，按照国家和省统一政策，全部免征农业税；其他5个县区，按照国家和省统一政策，应降低农业税税率2个百分点，但是经这些县区委、政府研究决定，也都自主免征农业税。我市比国家和省提前一年全部免征农业税。全市农民人均税收负担比上年减少19.1元，减轻21.3%。

2005年，完善市与双滦区、营子区契税征管及收入体制。制定市与双滦区、营子区“属地征收，定额上解”的契税征管及收入体制，从2005年起，双滦区每年定额上解168万元，营子区每年定额上解8万元，暂定三年，三年后按照上级有关政策调整。

2005年，顺利开展农村已婚育龄妇女生殖健康检查免费服务，全市投入资金230万元，其中市本级50万元，县乡配套180万元，为531500名农村已婚育龄妇女进行了生殖健康检查，占全市农村已婚育龄妇女的82.3%。

2005年，争取国家支持610万元，新建青少年活动中心，改造体育馆；投入40万元对市图书馆进行维修，50万元建立市文化共享工程中心，250万元进行剧场改造，投资450万元建集8000平米草坪、400米塑胶标准跑道及12000平米塑胶铺设场地为一体的崭新体育场。

2005年，先后采取协议、拍卖等方式对营子区胜利煤矿、承德市教育局、承德民族师范高等专科学校、承德市砖厂等13家企业的产权进行转让，交易总额14323万元；成立了双滦、双桥区、营子区三家产权中心办事处。

（承德市财政局供稿）

2005年张家口市财政大事记

1月1日 怀安县、万全县、阳原县、宣化县、察北管理区、塞北管理区等6个县区实现由征收机关直接征收契税，至此，全市所有县区全部实现了契税直征。

1月5日 市财政局党组书记李雪荣主持召开2005年第1次局党组会议，传达学习市委书记刘永瑞同志在市委八届五次全会上的讲话；研究2004年科室和工作人员考核工作；研究体育局健身中心二楼工程事宜；通报近期人事任免的批复；部署近期的相关工作。

1月6日 李雪荣局长主持召开2005年第1次局务会议，听取办公室关于起草局2004年度工作总结情况的汇报；听取预算科关于2005年全市及市本级财政收支预算安排意见的汇报。

1月8日 市财政局召开2004年度全局科室总

结考评大会，各科室负责同志以演示幻灯片的形式，逐一汇报本科室一年来的工作；全局干部职工参加会议，并以无记名投票的方式现场打分，依此作为2004年优秀科室的非量化测评成绩。

1月10日　李雪荣局长主持召开2005年第1次局长办公会议，听取预算科关于财政周转金清理情况的汇报；听取涉外科关于2003年前市局世界银行贷款账簿整理核对情况的汇报；听取企业科关于农村信用社改革有关情况的汇报。

1月11日—15日　财政部农业司褚利民副司长率财政部、国家林业局调研组一行10人，在省财政厅左绍伟副厅长、省林业局闫铁龙副局长等领导的陪同下到张家口市，就如何巩固退耕还林成果、建立扶贫绩效考核制度、解决扶贫资金到位晚和退耕还林与扶贫相结合等问题进行专题调研。王大鹏副局长参加座谈会并陪同调研。

1月12日　市委组织部考核组到市财政局对局领导班子2004年工作进行考核。李雪荣局长代表局领导班子作述职报告。全局干部职工参加会议，并进行了民意测验。

1月12日—14日　市人大财经委组织部分市人大常委会组成人员、人大代表和各界专家，对2005年市本级部门预算进行了初审。李雪荣局长代表财政部门作汇报。经过三天紧张工作，初审组成员一致认为2005年市本级部门预算在去年的基础上有了进一步完善和规范，同时对下一年度部门预算编制工作提出了意见和建议。

1月13日　徐受棠常务副市长主持会议，召集财政、国税、地税部门研究分配2005年财税收入任务。李雪荣局长参加会议。

1月14日　按照市政府对退耕还林、禁牧舍饲粮食补助资金兑付工作的安排部署，由市财政局牵头，会同市林业局、畜牧局和张家口银行监督分局信用合作办公室，抽调干部深入县区进行督导，解决存在的问题，推动资金兑付工作的全面进行。

1月17日　李雪荣局长携有关科室负责人到市广播电视局，就该局协助拍摄财政专题片《跨越》表示感谢。

1月18日　李雪荣局长主持召开2005年第2次局长办公会议，研究"两节"期间对困难群众及离退休干部进行送温暖走访慰问活动方案；研究2005年局迎新春联欢会及老干部春节团拜会预案；通报近期人事任免事项。

1月19日　市民营经济工作考核组来市财政局考核支持民营经济发展工作情况。

1月24日　李雪荣局长主持召开2005年第2次局务会议，研究张家口市财政局2005年工作要点；通报近期有关人事任免和调整事项。

1月25日　市财政局召开局老干部和离岗人员迎新春茶话会。财政局离退休、离岗老同志60多人和局副科以上干部欢聚一堂，共迎新春。李雪荣局长代表局领导班子向老同志致新春贺辞，并组织观看了本局制作的专题片《跨越》和文艺演出。

1月26日　尚义县委、县政府领导为张家口市财政局送来写有"发展之魂，保障之本"的落地瓷瓶，感谢市财政部门给予的支持。

1月28日　市财政局举办2005年迎新春团拜会。徐受棠常务副市长应邀出席团拜会，与财政干部共迎新春佳节。局干部职工表演了精心排练的文艺节目。

1月31日　张家口市财政局党组书记李雪荣主持召开2005年第2次局党组会议，传达全市保持共产党员先进性教育活动动员大会精神；研究成立市财政局保持共产党员先进性教育活动领导小组事宜；研究本局保持共产党员先进性教育活动实施意见；研究局班子成员参加先进性教育活动的实施方案和李雪荣在全局动员大会上的讲话；研究2004年度局优秀科室评选事宜。

1月底，按照省财政厅周转金清理工作"只收不贷、核实账目、逐步清理"的精神，市财政局对1999年至2004年的财政周转金账簿、凭证基本清理完毕。到2004年底，省财政厅累计扣张家口市财政周转金2895万元，省市财政周转金已无债权债务关系；本市共回收财政周转金2928万元，同时按照规定向县区移交债权8074万元。

2月1日　李雪荣局长向市委书记刘永瑞、市长高金浩、常务副市长徐受棠汇报2004年财政决算和2005年财政预算(草案)情况。市领导对财政工作做出重要指示。

同日　市财政局组织召开保持共产党员先进性教育活动动员大会，贯彻落实中央、省委、市委保持共产党员先进性教育活动动员大会精神，对本局开展保持共产党员先进性教育活动进行安排部署。会议由王大鹏副局长主持，李雪荣局长和市委督导组组长张志军分别讲话，局机关党委专职副书记陈志、局纪检组长梁大维分别宣读《关于开展保持共产党员先进性教育活动的实施意见》和《关于局领导班子成员参加保持共产党员先进性教育活动的实施方案》。

2月2日 十一届市人大常委会第12次会议，听取并批准了李雪荣局长所作的《关于2004年预算调整情况的报告》。

2月3日 市人大财经委组织部分人大常委会委员及部分人大代表审议《张家口市2004年市本级预算及全市总预算执行情况和2005年市本级预算及全市总预算(草案)的报告》，经与会人员认真审议，"报告"顺利通过了人大初审。

2月4日 李雪荣局长主持召开2005年第3次市财政局局务会议，传达市委、市政府主要领导对财政工作的重要指示；研究《关于张家口市2004年市本级预算及全市总预算执行情况和2005年市本级预算及全市总预算(草案)的报告》。

同日 北京市财政局企业处汪钢处长一行5人来到张家口市财政局，代表北京市财政局领导和干部职工给张家口财政同仁拜年，并赠送电脑10台。

2月5日 市财政局党委书记李雪荣主持召开2005年第1次局机关党委会议，研究2004年度局优秀共产党员评选事宜；研究局2004年度工会积极分子评选事宜；研究局2005年迎新春团拜会优秀文艺节目评选事宜。

2月6日 市财政局党组书记李雪荣主持召开2005年第3次局党组会议，传达全省财政专项资金自查自纠和强化财政监督管理工作会议精神，研究贯彻落实意见；研究2004年度公务员考核优秀等次人员推荐和奖励意见；通报2004年度机关党委发展党员、优秀共产党员评选和评选工会活动积极分子情况。

同日 市财政局召开张家口市各民主党派财务工作座谈会。民革、民建、民盟、民进、农工及九三学社等六个民主党派的驻会主委参加会议，李雪荣局长通报全市财政收支及各项改革进展情况，认真听取各方的意见建议，并提出今后财政部门在各民主党派财务管理工作上的努力方向。

2月17日—20日 市政协九届三次会议召开，在17日的开幕式上，王大鹏副局长代表市财政局接受了"2004年度承办政协提案先进单位"奖牌。

2月18日—21日 市十一届人大三次会议召开，市政府向大会提交《关于张家口市2004年市本级预算及全市总预算执行情况和2005年市本级预算及全市总预算(草案)的报告》。今年财政预算报告的形式由口头报告改为书面报告。

2月21日 市十一届人大三次会议闭幕后，市人大常委会召开"双优双先"表彰大会，授予市财政局"先进承办单位"奖牌。

同日 市财政局召开全市财政专项资金清理检查和强化财政监督管理紧急动员会议。李雪荣局长作题为《加强财政专项资金监督管理刻不容缓》的讲话，王大鹏副局长宣读《张家口市财政局财政专项资金清理检查工作实施方案》。

2月24日 市财政局隆重召开2004年度总结表彰大会，对2004年度优秀科室、先进个人、优秀共产党员、工会积极分子及迎新春团拜会优秀节目进行表彰，李雪荣局长作《细节关乎成败》的讲话。

3月1日 全市财政工作会议召开。市政府秘书长张世林主持，徐受棠常务副市长出席会议。总结2004年全市财政工作，安排部署2005年财政工作。徐受棠常务副市长作了题为《以跨越式发展统领财政工作，切实提高全市财政经济运行的质量和水平》的重要讲话。

3月2日 徐受棠常务副市长主持召开全市强县扩权试点工作会议，王小军副局长参加会议。

3月3日—5日 李雪荣局长赴北京参加张家口市政府召开的东花园发展工作会议。

3月3日 市财政局举办"学习张思德，全心全意为人民服务"主题教育活动。李雪荣作了题为《追求平凡中的伟大》的讲话，全局干部职工重温毛泽东的光辉著作《为人民服务》，观看革命历史故事片《张思德》。

3月7日 李雪荣为张家口市财政局全体党员作题为《振奋精神有所作为，在全市跨越式发展中建功立业》专题党课辅导。

3月9日 李雪荣局长、局纪检组长梁大维、局机关党委专职副书记陈志参加了市2004年度民主评议行风免评单位听证质询会，认真听取对财政工作的意见和建议。

12日 按照市保持共产党员先进性教育活动的总体安排，市委常委、常务副市长徐受棠到市财政局向全体干部职工作题为《保持先进性，实现新跨越》

的主题宣讲报告。

同日 市财政局局党组书记李雪荣主持召开2005年第4次局党组会议，传达市纪委五次全会精神；听取纪检组《关于落实市纪委五次全会精神，做好2005年纪检监察工作安排意见》的汇报；听取监察室《关于政务公开工作的实施意见》的汇报；研究《张家口市财政局关于实施政务公开工作的规定》；研究《张家口市财政局科级干部廉政档案制度》。传达市委先进性教育活动领导小组《关于对第一批先进性教育学习动员阶段工作进行"回头看"的通知》，听取局先进性教育活动工作情况的汇报。

3月12—13日 市财政局党组书记李雪荣主持召开2005年第5次局党组会议，进行局党组中心组（扩大）学习。局党组成员交流学习体会，学习《保持共产党员先进性教育读本》，观看爱国主义影片《野火春风斗古城》。

同日 市政府召开参加省第十一届运动会表彰大会，王小军副局长代表财政局领取了"参加河北省第十一届运动会突出贡献单位"锦旗。

同日 在全市档案工作暨表彰会议上，市财政局领取了省档案局颁发的"全省档案工作优秀集体"奖牌。

3月18日 市财政局局长李雪荣主持召开2005年第4次局长办公会议，听取财政投资评审中心工作汇报；研究2005年局学习型机关建设意见；听取办公室关于2004年局机关财务运行情况和2005年财务收支计划的汇报，研究机关财务工作；听取后勤中心2004年工作情况及2005年重点工作安排意见的汇报。

同日 全局干部职工通过网络可视会议系统，集体收看了由省财政厅组织，陆军参谋学院情报所教授、博士王建华主讲的"保持共产党员先进性教育活动——国际形势、台海局势专题讲座"。

3月19日 作为局保持共产党员先进性教育活动及局"请专家学者进机关"活动的内容之一，市财政局邀请中央党校哲学研究部主任、博士生导师韩庆祥教授来局作了题为《以人为本与当代中国发展》的主题报告。

同日 作为全市第二轮"千村经济振兴"活动的组成部分，按照市委、市政府的统一要求，市财政局助理调研员姚溢带领工作组进驻宣化县李家堡乡李家堡村开展工作。

21日 按照省财政厅的统一部署和市财政局具体工作方案，市财政局对2003、2004年中央、省下达和张家口市安排的财政专项资金进行的全面清理自查工作全部结束。清理检查1058个项目，涉及资金16.96亿元。

3月22日—24日 李雪荣局长赴石家庄参加省财政厅扩权强县工作座谈会。

3月22日 市财政局助理调研员姚溢带领工作组进驻康保县康保镇二十三顷村开展工作。

3月23日—25日 省扩权强县督导组来张家口市并赴怀来县、张北县进行工作督导。

3月25日 市财政局党组书记李雪荣主持召开2005年第6次局党组会议，听取局保持共产党员先进性教育活动办公室关于学习动员阶段工作情况的汇报；传达市保持共产党员先进性教育办公室关于做好第一批先进性教育活动分析评议阶段工作的通知；听取局保持共产党员先进性教育活动办公室关于分析评议阶段工作计划的汇报；研究李雪荣在市财政局保持共产党员先进性教育活动分析评议阶段动员大会上的讲话；传达市民主评议办公室关于认真做好政风行风建设"公开承诺"的通知。

3月27日 市委副书记、组织部长郑雪碧同志，市委常委、市委农工委书记周林同志带领市委组织部、市委农工委班子成员到市财政局调研指导工作。先后考察了局集中支付中心、契税所、档案室、信息中心、图书资料室和党员先进性教育办公室，听取了党员先进性教育活动、农业财政工作及财政全面工作的汇报，对市财政局各项改革、管理、机关建设给予了高度评价。

28日 张家口市财政局召开保持共产党员先进性教育活动分析评议阶段暨2005年民主评议活动动员大会。

同日 市委督导组组织11个市直单位在市财政局召开现场会，参观考察保持共产党员先进性教育活动情况。

同日 市财政局印发《张家口市财政局关于政务公开工作的实施意见》和《张家口市财政局建立科级干部廉政档案制度》。

3月30日 在市委先进性教育办公室有关领导的陪同下，省委先进性教育办公室检查组莅临市财政局进行检查指导，听取党组情况汇报，查看相关资料，观看有关幻灯片，对张家口市财政局开展先进性教育活动给予充分肯定。

4月3日　李雪荣局长主持召开2005年第5次局长办公会议，研究张家口市财政局民主评议公开承诺书；研究2005年全局重点工作；听取财政监督科关于《我局2004年对外检查实施情况和2005年对外检查计划》、《财政专项资金清理检查自查阶段工作情况和督查工作实施意见》、《2004年内部监督实施情况和2005年内部监督实施意见》的汇报。

4月4日　张家口市财政局领导班子召开征求意见座谈会，征求各县区财政局对市局领导班子的意见建议，拉开了市财政局先进性教育活动分析评议阶段10个类型征求意见座谈会的序幕。雪荣局长主持，全市20个县区的财政局长参加会议。

4月4日—8日　由市财政局与市会计学会联合组织举行市会计基础工作展评活动。有百余人参加的开幕式上，李雪荣局长致开幕词，市局领导班子成员带头在“纪念《会计法》实施20周年，争做学法、懂法、守法楷模”的宣传横幅上签名。市直和各县区共设置展区21个，189个行政事业单位，共展示各类会计资料3780多册(本)。

4月7日　市财政局党组书记李雪荣主持召开2005年第7次局党组会议，通报局民主推荐后备干部情况，研究确定局后备干部。

同日　李雪荣局长主持召开2005年第6次局长办公会议，听取2005年度局机关经费支出预算方案的汇报；听取2004年度局帮扶工作情况汇报、研究2005年度帮扶工作；听取赤城培训中心关于北楼与游泳馆整修改造实施方案的汇报。

4月8日　市财政局召开第二批中央企业分离办社会涉及区县工作会议。

4月11日　市财政局先后举行了“大家都来提意见”活动，全局(含市农开办)在职干部职工和离退休干部、离岗干部将自己的书面意见建议投到“保持共产党员先进性意见箱”中。

4月13日　市财政局党组书记李雪荣主持召开2005年第8次局党组会议，通报局保持共产党员先进性教育活动分析评议阶段征求意见情况，研究部署下一步局保持共产党员先进性教育活动。

4月14日　市财政局与市房管局、市国土资源局联合印发了市辖区《房屋土地完税办证清理方案》。

4月20日　李雪荣局长主持召开2005年第4次局务会议，传达市政府第5次全体会议精神；通报一季度全市经济运行情况；通报一季度全市财政运行情况；通报全市会计基础展评工作情况；五、听取全市财政系统领导干部培训班筹备情况汇报。

4月21日　省委督导组组长栾松江在市委副书记、市委组织部长郑雪碧的陪同下莅临市财政局，检查指导党员先进性教育活动情况，对财政局的教育活动给予充分肯定并作重要指示。

同日　市财政局助理调研员马福海参加全市信访工作会议。会上，市财政局作为2004年度全市信访工作先进单位受到市委、市政府表彰。

4月23日—28日　举办张家口市财政系统领导干部公共管理培训班。开班典礼由李雪荣局长主持，市委常委、常务副市长徐受棠，国家行政学院党委委员、人事局局长杨文明，培训中心副主任邵文海，王大鹏副局长出席了开班典礼。

4月28日　在市委、市政府召开的庆“五一”暨首届职工“五一”劳动奖章颁奖大会上，李雪荣局长代表市财政局从市委刘永瑞书记手中接到河北省总工会授予的河北省“五一”劳动奖状。

4月29日—30日　王大鹏副局长参加全市文明生态村创建工作现场经验交流会，并代表市财政局接受了市领导颁发的先进帮扶单位奖状。

29日　全市保持共产党员先进性教育活动现场观摩暨分析评议阶段“回头看”工作会议在市财政局召开。

5月7日　市财政局党组书记李雪荣主持召开2005年第9次局党组会议，研究局领导班子保持共产党员先进性教育民主生活会；徐受棠常务副市长及市委保持共产党员先进性教育督导组成员对财政局保持共产党员先进性教育活动开展情况的汇报；通报《张家口市财政局保持共产党员先进性教育活动征求意见和建议》；班子成员开展批评与自我批评；研究《张家口市财政局保持先进性教育活动整改方案》。

5月8日　落实市委、市政府关于把加快信息化建设作为“四个加强”的重点工作部署，充分发挥专项资金的使用效益，市财政局与市信息化领导小组办公室联合印发《张家口市信息产业专项资金管理暂行办法》和《张家口市信息化建设专项资金管理暂行办法》。

10日　市财政局召开保持共产党员先进性教育

活动分析评议情况通报大会，局领导班子成员及全局干部职工参加了大会。会后，对群众满意度进行民主测评。

5 月 13 日　李雪荣局长主持召开 2005 年第 7 次局长办公会议，听取社保科关于全省国有企业下岗职工基本生活保障制度向失业保险制度并轨工作会议情况的汇报；听取经建科关于全省粮食直补及农业税减免工作会议情况的汇报；听取会计科关于开展纪念《会计法》实施 20 周年系列活动有关情况的汇报；研究确定市财政局非行政许可审批项目。

5 月 14 日　市财政局党组书记李雪荣主持召开 2005 年第 10 次局党组会议，研究王效林同志任职和秦贵同志免职事宜；研究保持共产党员先进性教育转向下一阶段事宜；研究有关科室及人员调整事宜。

5 月 16 日　市财政局召开保持共产党员先进性教育活动整改提高阶段动员大会，总结先进性教育活动分析评议阶段工作，对整改提高阶段工作进行部署要求。

5 月 17 日　作为市财政局先进性教育活动中涌现出的优秀典型，市财政局优秀共产党员代表康三平参加了市直机关系统“党员风采”主题演讲会。

5 月 21 日—22 日上午　全国 2005 年度会计专业技术资格考试举行。本次考试，张家口考区共 2626 名考生报名，其中报考初级资格 908 人，实际参考 572 人，报考中级资格 1718 人(4392 科次)，实际参考 2078 科次；共设张家口市职教中心、市第二中学、市第五中学三个考点 82 个考场。考区总巡视为常务副市长徐受棠，考区主任为市财政局长李雪荣，考区总监考为市人事局王发局长。

5 月 30 日　鹤壁市财政局杜国庆局长带领该局办公室、预算科、国库科负责人来张家口市财政局考察市区分税制财政体制等情况，李雪荣局长携有关科室负责人与客人举行座谈。

同日　市委宣传部召开 2004 年度社科优秀成果表彰大会，《张家口财政年鉴》被市社科联评为市第四届社科优秀成果(著作)一等奖。

6 月 1 日　为完善非税收入征收管理，张家口市开始在市直单位全面推行“一册式”管理，将原《行政事业性收费管理手册》和《收费票据准购证》二证合一，并建立单位基本情况台账和档案。

6 月 3 日　市财政局召开全市财政系统“讲身边事，学身边人”主题报告会，李雪荣局长主持报告会，市先进性教育活动办公室、市委督导组、市直机关党工委、市总工会和市委宣传部领导应邀参加，来自市局及沽源、阳原、崇礼、涿鹿、蔚县、康保、怀安等七个县区共 10 名财政党员干部作了先进事迹报告。市、县、乡财政干部职工 1500 余人在现场或通过网络系统收听收看报告会。

6 月 8 日　财政部驻河北监察专员办圆满结束了对张家口市亏损农村信用社保值储蓄贴补实付情况的审核调查。专员办对张家口市 1994—1997 年期间发生亏损的涉及 16 个县区 788 家的农村信用社及其网点，进行了实地审核与调查。对张家口市有关工作给予充分肯定。

6 月 9 日—11 日　市财政局机关党委专职副书记陈志携有关科室负责同志到河南省鹤壁市财政局考察学习该市经济建设开发投资总公司的运营做法。

6 月 10 日　市财政局召开先进性教育活动群众满意度测评大会，市委督导组成员列席会议，全局干部职工参加大会。

6 月 12 日　市财政局召开先进性教育活动总结大会，全面总结局先进性教育活动，并就如何把先进性教育成果落实到今后的具体工作实践中提出要求。

6 月 13 日　李雪荣局长主持召开 2005 年第 8 次局长办公会议，研究《张家口市财政局领导干部深入基层工作制度》、《张家口市财政局调查研究工作制度》、《张家口市财政局对外接待制度》、《张家口市财政局固定资产管理办法》、《张家口市财政系统职工行为规范》、《张家口市财政系统干部培训管理暂行办法》、《张家口市财政局关于机关干部职工休假考勤制度的若干规定》等七项制度；研究更换部分公务用车事宜。

6 月 17 日　省委副书记刘德旺在市委书记刘永瑞、市长高金浩、市委副书记郑雪碧、市委常委常务副市长徐受棠、市委常委市委秘书长李建举的陪同下，视察张家口市财政局开展共产党员先进性教育活动的整体情况和机关建设、财政工作。李雪荣局长作了《在创新和落实中求突破》的工作汇报。刘德旺对市财政局先进性教育活动给予充分肯定，并就张家口市财政工作作了重要指示。

6 月 20 日　经 2005 年第 8 次局长办公会议研究通过，张家口市财政局以内部通报形式印发了《张家口市财政局关于机关干部休假考勤制度的若干规定》、《张家口市财政局干部职工行为规范》。

22 日　贵州省遵义市财政局胡小远副局长一行到张家口市财政局学习考察部门预算等工作，王小军副局长携有关科室负责同志与来宾进行座谈。

同日　市财政局制定印发了《政府采购财政内部运行规程》，对市本级财政内部政府采购活动行为加以规范。

6 月 30 日　全市庆祝建党八十四周年暨“一先双优”表彰大会隆重召开，张家口市财政局作为先进基层党组织受到市委表彰。

7 月 1 日　高金浩市长对张家口市财政局上报的 1—5 月份全市财政预算执行分析报告做出重要批示：“财政形势很好，保持清醒头脑。全力支持发展，搞好社会协调。落实征免政策，监督检查有效。”

7 月 4 日　中共张家口市委副书记、组织部长郑雪碧就市财政局迅速落实全市人工增雨工作会议精神，制定印发的张财字[2005]215 号文件，做出批示：“市财政局从全市农业大局出发，从农业增产农民增收着想，迅速下发文件，督促增雨资金的落实，这是落实市委八届五次会议精神，把工作往实里做，往快里做的具体体现。近日，永瑞书记指出：‘抓具体就是进步’，财政局这一举措就是求真务实的工作作风。我们大家如果都把各项工作扎扎实实落到实处，那么我市的跨越式发展的目标一定能够实现。”

同日　经 2005 年第 8 次局长办公会议研究通过，市财政局以内部通报形式印发《市财政局机关固定资产财务管理办法》。

7 月 5 日　市人大副主任卢永庆率领人大财经委主任吴伊丽等，到市财政局听取市财政 2004 年市本级决算、2004 年非税收入完成情况及预算外资金收支情况的汇报。王小军副局长携有关科室作汇报。

7 月 12 日　市委召开常委会议，听取清理“吃空晌”工作情况汇报，李雪荣局长参加会议。

17 日　李雪荣局长主持召开财政跨越式发展座谈会，围绕市委、市政府大发展、快发展、跨越式发展的战略，集中讨论了在全市跨越式发展中如何做出财政人的积极贡献、如何实现财政的跨越式发展等问题。市财政局 18 个业务科室负责同志参加座谈。

18 日—19 日　市十一届人大常委会举行第十五次会议，听取和审议了市财政局局长李雪荣受市政府委托所作的《关于张家口市 2004 年市本级财政决算（草案）的报告》、市审计局局长申兰旺受市政府委托所作的《关于 2004 年张家口市本级预算执行和其他财政收支情况的审计工作报告》、市人大常委会财经委主任吴伊丽所作的《关于张家口市 2004 年市本级财政决算（草案）的初审报告》，审议通过了《张家口市人大常委会关于批准张家口市 2004 年市本级财政决算的决定》。

19 日　市委书记刘永瑞对上半年全市财政经济运行情况做出重要批示：“上半年财政经济喜人，既得益于结构调整和发展力度的加大，亦得益于财税部门同志们的创新工作和科学管理，辛勤劳动。实践证明市委、市政府的工作思路和一系列方针政策是正确的。下半年，财税部门的所有同志都要牢记：开源节流原则，在任何时候任何情况下都要如此。鼓励一切能增加财政收入、增加就业和人民收入的行业、产业的发展，特别是物流业，潜力巨大。要支持各县区多上大、新项目，为我市财政状况的根本好转而努力。”

同日　市委副书记陈贵在李雪荣局长的陪同下到“千村经济振兴活动”市财政局帮扶村——涿鹿县保岱镇上洪寺村检查指导工作。陈贵对财政局帮扶工作给予肯定。

21 日—22 日　市财政局举办契税征管软件培训班，17 个契税直征县区的有关人员参加培训。8 月 1 日前，全市将统一正式启用该套契税征管软件。

7 月 22 日　市财政机关党委局印发《关于在全局党员干部中开展权力观教育活动的通知》，从 7 月份开始，利用半年的时间，在全局党员干部中开展权力观教育。

7 月 26 日　省青联副主席、省财政厅副厅长高志立到张家口市参加张家口市青年联合会第十三届一次全委会议。会后，在李雪荣局长和王小军副局长的陪同高志立副厅长等到沽源县、崇礼县就粮食直补等工作进行了专题调研。

同日　按照市委、市政府“百企振兴”活动的部署，经过一年的不懈努力，市财政局帮扶的对口协调督导企业——原张家口市玻璃厂，以民营租赁形式改制重组的张家口市汇垣玻璃制品有限公司正式开工生产。市人大副主任郁成俊、副市长唐树森、市国资委主任贾云龙及市财政局局长李雪荣、助理调研员姚溢参加开工仪式。

27 日　市委副书记、组织部长郑雪碧对市财政局落实人工增雨财政资金情况再次做出重要批示："对市财政局真抓实干的工作作风和想民为民的高尚品质给予表扬。如果全市各部门都有这样一种境界和精神，我市跨越式发展指日可待。"

7 月 27 日—28 日　省财政厅专项资金综合治理工作简报以"张家口市人民政府推出加强财政专项资金监督管理十项举措"为题，全文登载了张家口市以张政[2005]15 号文件制定印发的《关于进一步加强财政专项资金监督管理的意见》，齐守印厅长和左绍伟副厅长先后做出重要批示。

7 月 28 日　市委、市政府召开全市扶贫开发工作暨表彰会，市财政局机关党委专职副书记陈志代表市财政局领取了"扶贫开发工作先进单位"奖牌。

本月，自 5 月份开始的由市财政局牵头，联合市房管局、市国土资源局，对 2004 年以前单位和个人购买的房屋、承受的土地完税办证情况进行的清理工作全面完成第一阶段任务。对市区内 14 个办事处、二个镇辖区内所有机关、事业、团体、各类企业法人单位进行了拉网式清理，共检查走访单位 1382 个，清理税源 1052.8 万元，追缴入库 100 余万元。

8 月 1 日　市财政局局长李雪荣主持召开 2005 年第 5 次局务会议。通报上半年经济运行和财政收支情况；听取全年重点工作目标完成情况的汇报；听取第二批中央企业分离办社会工作情况的汇报；听取关于清理"吃空晌"工作进展情况的汇报；听取 2004 年市财政工作十件大事和十项成果入编年鉴事宜的汇报；对近期工作进行安排部署。

同日　局纪检组长梁大维参加"张家口党风廉政建设网"开通仪式并代表"张家口财政信息网"主办单位致贺词。

8 月 2 日　市财政局对全市粮食直补工作进行的检查验收顺利完成。全市直补资金于 7 月 10 日前全部兑付到种粮农民手中。共发放补贴资金 2114.9 万元，实际补贴耕地面积 506.9 万亩。直补工作共涉及 18 个县区、管理区，174 个乡镇，4077 个村；受益农户 72 万户，受益农民 245.2 万人。

8 月 4 日—5 日　沧州市财政局农税科王志斌科长率献县、黄骅市、东光县、孟村县一行 6 人来张家口市考察学习契税征管工作。市财政局有关科室负责人与来宾进行了座谈交流并实地参观考察。

8 月 5 日　市财政局邀请外交学院副院长、博士生导师曲星教授来局作国际形势与中国对外关系主题报告。

同日　王大鹏副局长就我市政府采购工作接受了河北省财政厅《公共支出与采购》杂志的专题采访。

同日　邢台市财政局崔尽忠局长率办公室、预算科一行 6 人来张家口市财政局参观调研。李雪荣局长、王小军副局长携本局有关负责同志与来宾进行座谈。

8 月 13 日　2005 年度河北省会计从业资格统一考试举行。张家口市设 2 个考点，63 个考场，全市报考人数 1868 人，实际参考 1724 名，参考率 92%。

8 月 14 日　市财政局党组书记李雪荣主持召开 2005 年第 11 次局党组会议，传达市委、市政府关于王效林同志任职和免去秦贵同志职务的通知；研究局领导班子成员分工调整事宜；研究成立财政投资公司事宜；研究成立"会计服务中心"和将"统计评价科"转为"行政事业资产管理科"事宜；研究选拔任用部分科级非领导职务干部事宜；研究新增人员安排和干部轮岗事宜；通报借调人员情况。

8 月 15 日　市财政局召开全局干部会议，对干部轮岗和选拔任用非领导职务干部工作进行安排部署。李雪荣局长作重要讲话。此次干部岗位轮换，涉及科员 26 人、科级干部 6 人，是本局继 2002 年机构改革干部轮岗以来第二次大范围轮岗，按照国家公务员条例，全局达到规定年限的人员全部实现了轮岗。

8 月 16 日　市财政局局长李雪荣主持召开 2005 年第 9 次局长办公会议，听取关于张家口市杰出会计工作者评选情况的汇报；听取关于改革市直行政事业单位职工取暖费补贴办法的情况汇报；听取关于《张家口市财政跨越式发展研究报告》起草情况的汇报；传达全省财政工作座谈会精神。

同日　局纪检组长梁大维参加了桥东区委、区政府在水泉景区举行的"增绿添彩"工程表彰大会，并代表市局领取了"特别贡献奖"。

8 月 17 日　市财政局党组书记李雪荣主持召开 2005 年第 12 次局党组会议，研究科级干部（实职）轮岗、转任、拟任人选事宜；研究确定科级非领导职务推荐情况。

8 月 18 日—22 日　按照 8 月 1 日施行的新《会计从业资格管理办法》"初级会计电算化为取得会计

从业资格证书的考试科目之一”的规定，市财政局在市职教中心首次举办会计电算化统一考试。全市报考人数 1456 人，实际参考人数 1249 人，参考率 85.8%。

8 月 21 日 召开全市财政工作座谈会，分析当前财政形势，研究“十一五”期间财政改革与发展的基本思路和工作重点。徐受棠常务副市长出席会议并讲话，李雪荣局长讲话，其他局领导就分管工作进行部署。

8 月 22 日 市财政局党组书记李雪荣主持召开 2005 年第 13 次局党组会议，专题研究推荐副处级职务人选事宜。

8 月 23 日 山西省大同市财政局董斌局长等一行 5 人到张家口市财政局考察调研部门预算及机关建设情况。李雪荣局长携有关科室负责同志与来宾进行座谈。

同日 市人大副主任卢永庆率领人大财经委主任吴伊丽及有关同志，到市局听取上半年预算执行情况汇报。王效林副局长携有关科室作汇报。

8 月 29 日 市财政局李雪荣局长主持召开 2005 年第 10 次局长办公会议，传达全省改革公务员工资制度和规范公务员收入分配秩序工作会议精神；听取本局所属事业单位清理整顿核定编制的情况汇报。

8 月 30 日 李雪荣局长主持招开 2005 年第 11 次局长办公会议，听取市直行政事业单位会计信息化工作开展情况的汇报。

8 月 31 日 贯彻落实中纪委第五次全会和国务院第三次会议精神，切实解决群众反映强烈的教育乱收费问题，新学期伊始，张家口市财政局会同市教育局在市直 20 所学校首先建立起收费公示制度，明确收费标准，规范收费行为，实行“明白公示，阳光收费”。

9 月 1 日 市财政局印发《关于深入开展财政跨越式发展课题研究的通知》，在全市财政系统深入开展“十一五”期间财政跨越式发展子课题研究工作。

9 月 3 日 市财政局组织 60 余名干部职工到察北管理区进行社会实践活动，考察了察北牧场圣元乳业有限公司、察北草原乳业有限公司（蒙牛）、草原牧野兴和食品有限公司三家骨干企业。

9 月 4 日—16 日 李雪荣局长参加省财政厅组织的政府投融资及公共项目监督管理体制考察团，前往法国等欧洲国家进行了考察。

9 月 13 日 张家口市财政局召开全市财源监控工作调度会，各县区、管理区财政局汇报了财源监控工作进展情况，王效林副局长出席会议并就有关工作提出要求。

9 月 22 日 张家口市财政局在市文化广场隆重举行纪念《会计法》施行 20 周年大型主题宣传活动。市人大副主任王淑弟、市政府法制办主任石海、市财政局局长李雪荣等部门领导向现场群众散发了宣传资料，工作人员进行了会计知识现场释疑，市直部门财会人员和桥东区、桥西区、高新区的会计人员进行了诚信守法签名活动。发放宣传材料 12000 余份，现场解答群众咨询 286 条。各县区同步举行了宣传活动。

9 月 23 日 张家口市财政局和市委宣传部，市人大内司委、财经委，市法制局，市文化局，市广播电视局在市工人文化宫联合举办了纪念《会计法》施行 20 周年专场文艺晚会，对全市评选出的先进会计工作者进行了隆重表彰。市政府常务副市长徐受棠，市委宣传部部长王亮，市人大常委会副主任王淑弟、卢永庆，市政协副主席侯志诚等领导同志，中国财经报陈清清主编、省财政厅贾秀申处长专程出席了晚会。晚会节目精彩，掌声不断。

9 月 26 日 市人大举行法制讲座，李雪荣局长就张家口市财政预算管理情况作了报告。讲座由市人大主任张宝义主持，市人大常委会全体委员、市人大机关副处级以上领导干部、县区人大负责同志参加讲座。

9 月 27 日 李雪荣局长向市十一届人大常委会第 16 次会议就张家口市 2005 年上半年财政预算执行情况作了报告。

9 月 30 日 市财政局党组书记李雪荣主持召开 2005 年第 14 次局党组会议，通报市政府关于宋文胜同志任职的决定；通报市编办关于我局所属事业单位清理整顿核定编制的意见；通报市编办关于我局统计评价科更名的决定；研究科级干部任免职及其他有关人事事宜。

同日 《中国财经报》财会世界周刊以半个版面配图刊登该报记者陈涵采访撰写的稿件《张家口：金秋会计大收获》、《塞上欢唱会计歌》，全面报道了张家口市财政局宣传推广《会计法》的系列活动及市局会计管理工作的经验做法。

10月1日　市财政局在部分市直预算单位正式启动了财政集中支付零余额清算改革试点工作。

10月7日　张家口市召开地方金融企业工作会议，会上，市财政局李雪荣总结了近年来财政部门支持地方金融企业改革和发展的成就，就加大对地方金融企业的支持，加强对地方金融企业的监管提出了明确要求。

10月8日　李雪荣局长主持召开2005年第6次局务会议，安排部署本年后三个月工作。会上，李雪荣局长作了题为《用统一思想来凝聚力量》的讲话。

同日　根据上级部门精神，结合张家口市实际，市财政局与人民银行张家口市中心支行制定印发《张家口市财政国库管理制度改革实施方案》。

同日　市财政局邀请中国教育电视台研发部主任、播音指导闻闸教授来局就言语表达艺术作了主题讲座。

10月9日　市财政局长李雪荣到中国人民大学参加省委组织部举办的为期3个月的"加强执政能力建设"中青年干部培训班。

10月10日—30日　审计署驻京津冀特派办对张家口市2001至2005中小学危房改造项目资金进行了审计调研，重点抽查了阳原县、赤城县、万全县危改项目资金的使用情况，实地抽查了42个项目学校，5个项目库内未改造项目和5个库外核增项目，涉及中央专款1802万元，占全市中央专款5732万元的31.4%，并调查了3个县的县级财力状况。通过审计调研，审计署对张家口市的中小学危房改造项目建设所做的工作给予充分肯定，特别是对本市14个项目县(区)中的10个国家级贫困县积极筹措资金，超额完成危改任务给予高度评价。

10月12日　根据省有关文件精神，张家口市财政局与市扶贫办、市发改委、市民宗局、市统计局联合印发《关于推行使用财政扶贫资金管理监测信息系统的通知》，在市直及县区相关部门开始全面试用、推行"财政扶贫资金管理监测信息系统"。

10月14日　市财政局纪检组长梁大维为全局干部职工作了题为《建立健全教育、制度、监督并重的惩治和预防腐败体系实施纲要》的辅导报告。

10月18日　根据省财政厅、省公安厅有关通知精神，张家口市财政局会同市公安局印发了《关于制发县(区)级公安机关公用经费保障标准》，明确了县级公安公用经费保障的范围，并按各县区财力水平划分不同的保障标准，力争三年内实现。

10月21日　市财政局王大鹏副局长主持召开2005年第7次局务会议，学习《中共中央关于制定国民经济和社会发展第十一个五年规划的建议》；安排部署市局"提升服务水平，展示文明形象"活动。

同日　市政府召开"十一五"规划领导小组工作会议，王小军副局长参加了会议。

10月24日　王大鹏副局长主持召开2004年第12次局长办公会议，研究财政学会、预算会计研究会、会计学会、珠算协会换届事宜；研究市人大常委会对李雪荣局长进行述职评议的准备工作。

10月27日　市财政局举办了首期市级行政事业单位政府采购业务培训班，市级国家机关、事业单位、社会团体以及省属驻张行政事业单位办公室主任、财务科长共200多人参加了培训。

10月31日　市财政局召开2006年市级部门预算编制会议，74家市级部门财务领导和预算编制人员近150人参加了会议，2006年部门预算编制工作全面启动。

11月3日　由市人大常委会副主任卢永庆一行10人组成的市人大常委会述职评议工作组进驻市财政局，对局长李雪荣进行述职评议。上午召开了述职评议动员大会，李雪荣局长从依法履行职责情况、任职三年多来的体会和感受、存在问题和整改意见三个方面进行了述职，全局在职干部职工、局离退休干部代表、各县区财政局局长参加大会并认真填写了述职评议民主测评表。下午，市人大常委会述职评议工作组分成3组召开各县区财政局局长座谈会，对市财政局局长依法履职情况进行了解和调查。

11月4日　经市政府同意，张家口市财政学会、预算会计研究会、会计学会、珠算协会四个学术团体隆重召开换届大会。徐受棠常务副市长作了题为《理清思路，开拓创新，认真做好新形势下的财政科研工作》的重要讲话。在全体与会代表的共同努力下，换届大会圆满完成各项预定任务。学会换届筹备组邀请国务院政策研究室宏观经济司丛明司长为与会同志作了题为《我国的宏观经济形势和"十一五"规划》的学术报告。

11月6日　市财政局机关党委书记李雪荣主持召开局机关党委会议，研究支部换届及调整支部设置有关事项和研究各支部培养的重点发展对象。

7日—10日 市人大常委会述职评议工作组分成3组，与市财政局部分在职干部职工、离退休干部代表共103人分别进行个别访谈，对局长李雪荣依法履职的情况进行调查。

11月11日 为切实做好防控高致病性禽流感经费保障，确保全市不出现禽流感疫情，张家口市财政局向各县区财政局印发了《关于切实做好防控高致病性禽流感经费保障工作的通知》。

11月12日 市财政局包扶的宣化县李家堡村举行村中心小学落成剪彩仪式。市委常委、农工委书记周林，市政府副市长杨玉成到会祝贺，宣化县委、县政府主要领导出席了仪式。

11月29日—12月3日 由市纪检委、财政、审计等部门组成4个检查验收小组，分赴蔚县、阳原等8个县区，对各县区专项资金综合治理工作进行检查验收。

11月30日 市十一届人大常委会举行第十七次会议，市财政局局长李雪荣等6名市政府组成人员向大会作了述职报告。

12月2日 市十一届人大常委会第十七次会议对李雪荣局长等6名市政府组成人员的履职情况进行无记名投票测评。经与会代表全票通过，李雪荣局长被评为称职领导干部。

12月3日 市财政局党组书记李雪荣主持召开2005年第15次局党组会议，研究有关人事问题；研究优秀财政工作者评选事宜；研究2005年契税奖励发放事宜。

同日 在省财政厅举办的全省杰出会计工作者和优秀会计工作者表彰大会上，张家口市有4名同志获得河北省优秀会计工作者的殊荣：第一人民医院财务科科长庄晓玲、市运输集团总公司审计部部长房晋红、怀安县财政局国库股股长侯莉文、河北马利食品公司财务科长赵纪忠。张家口市财政局选送的小品和戏曲联唱节目在表彰大会上进行了精彩演出。

12月7日 市财政局邀请清华大学公共管理学院于安教授来局就我国政府采购现状及发展趋势作专题讲座。

同日 市财政局进行2005年度财政综合知识考试。考试采取闭卷形式，内容包括时事政治、财政业务、英语、计算机和写作等方面知识。全局125名干部职工参加考试。

12月9日 市财政局王大鹏副局长主持召开2005年第13次局长办公会议，通报人大对李雪荣局长述职评议情况；研究《张家口市行政事业单位国有资产管理暂行办法》和对市本级财政周转金贷款及各类暂付款债权进行清理确权的意见；通报全省决算工作会议情况，研究落实意见。

12月16日 王大鹏副局长主持召开2005年第16次局党组会议，传达市委八届六次全会精神；研究全市优秀财政工作者评选事宜；研究部分科级干部转正事宜。

12月22日 市政府召开常务会议，涉及市财政局的研究事项是提高城市最低保障标准有关问题；供热体制改革有关问题；几家医院搬迁问题；县区财政收入奖励办法。王大鹏副局长参加会议并作相关汇报。

12月25日 贯彻落实市委、市政府《关于切实做好城乡困难群众越冬生活安排，确保过好“两节”的通知》精神，市财政局向各县区财政局印发了《关于进一步加强专项救助资金和城镇低保资金管理的通知》，要求确保资金及时足额兑现，做到专款专用和安全有效运行。

12月26日 市委书记刘永瑞、市长高金浩、市人大常委会主任张宝义、常务副市长徐受棠、市委秘书长李建举、市人大副主任卢永庆、市政协副主席项续邦等市领导到市财政局慰问全市财税系统干部职工。李雪荣局长代表财税干部职工感谢市领导对财税工作的支持，重点汇报了2005年财政收入形势，对做好2006年财税工作表态，力争完成好2006年财政收入目标，实现财政收入的新跨越。国税、地税、人事、金融部门的负责同志和大型骨干企业代表参加了会议。随后，市领导与全市财税系统300多名干部职工代表一起观看了财税系统2006年新年晚会，刘永瑞书记发表了热情洋溢的讲话。张家口卷烟厂、宣钢、沙电、下花园电厂等全市十家重点纳税企业的领导出席了晚会。

同日 市财政局隆重举行主题为“凝聚·跨越”的市财税系统2006新年晚会。这是市财政局和市国税局、地税局为庆祝全市财政收入突破70亿而联合举办的。整场晚会由序幕、跨越春歌、跨越高歌、跨越欢歌、跨越飞歌和尾声六部分组成，晚会在市财政局百人大合唱《众人划桨开大船》和《祖国颂》中拉开序幕，大型歌舞《再创辉煌》更是将整场晚会推向高潮。晚会表达了在市委、市政府的正确领导下，全市 450 万人民在跨越式发展征程中的豪迈之举，抒发了财税人意气风发的豪迈胸怀，再现了全市财政收入四年走过的跨越之路。市政府评选全市财税系统 63 名先进工作者为“张家口市财税系统先进个人”，晚会上，市委书记刘永瑞、市长高金浩为其中的 30 名二等功获得者颁了奖。

12 月 27 日　市财政局纪检组长梁大维、副局长王小军、局机关党委专职副书记陈志参加全市民主评议免评单位质询听证会。

同日　市人大卢永庆副主任及人大财经委领导到市财政局听取我市医疗保险运行情况汇报。

12 月 28 日　市财政局与市畜牧局联合制定印发了《张家口市防治高致病性禽流感资金补助政策及管理暂行办法》。

12 月 31 日　市财政局机关党委书记李雪荣主持召开局机关党委会议，听取党委办关于支部换届选举情况的汇报；研究 10 名预备党员转正和发展 6 名同志为中共预备党员的事宜。

同日晚　市财政局全体干部职工欢聚一堂，共贺新年。活动由王大鹏副局长主持，李雪荣局长致热情洋溢的新年贺词，同志们一起观看了本局组织拍摄的反映 2005 年全市经济社会发展和财政工作成就的专题片《口碑》。

本月上旬，省专项资金综合治理检查验收组结束了对张家口市专项资金综合治理工作的检查验收，提出评价意见，市领导对省检查组意见高度重视，市委书记刘永瑞、市长高金浩等领导同志相继做出重要批示。12 月 19 日，市委副书记、市纪检委书记、市专项资金综合治理领导工作小组组长曹英忠批示：“今年工作有成效，明年任务也很繁重，仍需继续努力”；12 月 22 日，市长高金浩批示：“今年我市该项工作取得了很大成绩。要认真总结经验，查找问题，更好谋划，搞好明年的工作”；12 月 27 日，市委书记刘永瑞批示：“成效显著，应当继续发扬此作风，狠抓严管，实现优质管理。”

2005 年，全部财政收入历史性地突破 70 亿元大关，完成 724605 万元，增长 34.13%，完成预算的 114.08%，增收 184373 万元。其中：地方一般预算收入突破 20 亿元大关，完成 210434 万元，增长 37.69%，增收 57605 万元，完成预算的 123.12%；基金预算收入完成 94817 万元，增长 8.84%，增收 7704 万元，完成预算的 108.74%。全市财政累计支出 699632 万元，为调整预算的 89.49%，增长 12.86%，增支 79707 万元。其中：地方一般预算支出 586958 万元，为调整预算的 89.84%，增长 11.38%，增支 59979 万元；基金预算支出 112674 万元，为调整预算的 87.7%，增长 21.23%，增支 19728 万元。

（张家口市财政局供稿）

2005 年秦皇岛市财政大事记

1 月 13 日　市财政局召开 2004 年度考核述职大会

2005 年 2 月初至 6 月中旬，在全局党员中组织开展了保持共产党员先进性教育活动。历时 4 个月，扎实有效的完成了学习动员、分析评议、整改提高三个阶段的各项任务。

2 月 24 日　市财政局召开 2004 年度总结表彰暨经验交流会议。

3 月 30 日　召开全市财政工作会议，市委常委、常务副市长邢录珍作重要讲话。

4 月 1 日　市委考核组对 2004 年度市财政局领导班子任职情况进行考核，市财政局党组书记、局长胡田代表局领导班子作了述职报告。

5 月 20 日　召开局务会议，研究如何贯彻市委九届八次全会精神，加快县域经济发展。

7 月 19 日　召开局务会议，对全局上半年工作进行总结，安排部署下半年财政重点工作。

7 月 26 日　召开全市财政工作座谈会，各县区局长就上半年财政经济运行情况作了汇报，市财政局党组书记、局长胡田部署下半年全市财政重点工作。

11 月 21 日　市委常委、常务副市长邢录珍到财政局现场办公，听取市财政局关于 2005 年财政收支进度情况汇报。

12 月 6 日　市财政学会召开 2005 年财政学会年会暨财政理论研讨会。

（秦皇岛市财政局供稿）

2005年唐山市财政大事记

1月,莫连营局长在市十二届人大三次会议上作《关于唐山市2004年市本级预算及总预算执行情况和2005年市本级预算及总预算草案的报告》。

1月31日 召开全市财政工作会议,莫连营局长部署全年工作。

2月,为提高国库资金运转效率,唐山市财政局突出抓好网络建设,完善软件运行设计,很大程度上提高了国库集中支付的整体效率。

唐山市财政局开展农业财政专项资金检查工作,针对2003年、2004年市(含市)以上全部农业财政专项资金,认真扎实地组织自查自纠,把问题解决在基层,解决在系统和部门内部。

3月,唐山市财政局党组成员讨论保持共产党员先进性教育第二阶段方案及实施措施。

4月,召开全市经济分析会议,科学应对国家宏观调控政策对全市钢铁行业的影响,分析财政减收因素,提出下步工作目标。

5月19日 全省财政国库管理制度改革工作会议在唐山召开,市相关领导出席会议,莫连营局长作会议发言。

6月,唐山市率先在全省完成对种粮农民直补资金发放工作,认真落实中央对种粮农民直接补贴工作,受益农户138万户,受益农民488万人。

7月,唐山市财政局局绩效评价处制定并下发了《市本级财政支出绩效评价暂行办法》和《市本级预算项目支出绩效评价暂行办法》。

8月19日 唐山市召开农村税费改革试点工作会议,贯彻落实全省农村税费改革试点工作会议精神,总结全市几年来农村税费改革情况,安排部署深化农村税费改革工作。

9月,唐山市进一步落实再就业工作,将再就业资金纳入财政预算,落实下岗职工生活保障资金19198万元,落实促进再就业资金4680万元。

9月27日 召开各县(市)区财政局长座谈会,研究并分析当前经济形势、财政运行情况,安排部署下一阶段工作,莫连营局长作会议发言。

10月,莫连营局长向市人大常委会作市本级预算调整方案及备案事项的报告。

11月,莫连营局长在市人大常委会第二十九次主任会议上作《关于财政投资项目绩效评价情况的汇报》。

12月,全市全部财政收入226.4亿元,同比增长41.5%,总量继续位居全省各地市首位。总结2005年工作并谋划2006年思路。

(唐山市财政局供稿)

2005年廊坊市财政大事记

1月1日 启动国库集中收付制度改革试点。

2月2日 召开保持共产党员先进性教育活动动员大会,对全局开展先进性教育活动进行了充分动员和安排部署。

3月15日至20日 向社会各界广泛征求意见和建议,为分析评议阶段做好充分准备。

3月27日 召开保持共产党员先进性教育活动分析评议阶段动员会。

3月28日 出台了《廊坊市重点项目专项资金筹集使用和考核奖惩办法》

3月31日 财政收入实现"首季开门红"。

4月7日 召开2005年度会计管理工作会议。

4月19日 召开对种粮农民直接补贴和减免农业税工作会议,副市长石锡贵出席会议并提出要求。

4月20日至22日 举办村集体经济组织会计制度师资培训班。

4月23日 全国《行政政法财务管理》教材编写座谈会在香河县召开。

4月29日 启动推进行政权力公开透明运行试点工作。

同日 启动全市政府收支科目分类改革试点工作。

5月16日 召开先进性教育活动整改提高阶段动员大会。

5月27日 省委副书记、省保持共产党员先进性教育活动领导小组副组长刘德旺,省委副秘书长王国发,省委先教办副主任黄学林等省市领导对市财政局保持共产党员先进性教育活动开展情况进行督导检查。

6月12日 圆满完成对种粮农民直接补贴工作,

6月15日　召开全市中小学危房改造工作会议，常务副市长寇德松出席会议并提出具体要求。

6月28日　召开庆祝建党八十四周年暨保持先进性教育活动总结大会，全面部署巩固和扩大先进性教育活动整改成果工作。

6月30日　廊坊市财政收入实现“双过半”。

7月4日　召开党风廉政建设暨行风建设工作会议。

7月8日　廊坊市财政局积极参加“阳光投诉”活动。

7月14日　廊坊市本级财政全额拨款单位人员工资全部实行软件管理。

7月29日　廊坊市财政系统成功举办“财政之声”文艺晚会。

8月3日　市政协副主席袁绍祥莅临市财政局督办政协委员重点提案。

8月8日　召开全市财税工作会议，市长王爱民对做好财税工作提出了新要求。

8月17日　召开全市农村税费改革试点工作会议。

8月中旬　2005年会计信息质量检查工作全面展开。

8月23日　召开全市预算布置工作会议。

8月下旬　认真组织开展清理津贴补贴工作。

9月6日至8日　组织开展全市财政系统《实施纲要》知识竞赛。

9月23日　召开全市财政国库管制制度改革工作会议。

10月　全力做好G20财长和央行行长会议准备工作。

12月4日　积极组织开展“12·4”法制宣传日活动。

12月5日　全市财政系统开展网络安全管理和技术培训。

12月7日　召开学习贯彻落实市委三届九次全会精神专题报告会。

12月中旬　开展2005年度财政科研课题成果评审活动。

12月22日　召开廊坊市会计工作先进集体和优秀会计工作者表彰大会。

12月31日　廊坊市委书记王增力，市委副书记、市长王爱民等市领导莅临市财政局亲切慰问广大财政干部职工，并对2006年财政工作提出新要求。

同日　全市财政收入累计完成58.5亿元，同比增长27.1%，超额完成了2005年度财政收入任务。

（廊坊市财政局供稿）

2005年保定市财政大事记

1月4日　向市长王昆山、市委常委、常务副市长周立柱汇报2005年预算盘子。

1月5日　向市人大财经委员会汇报2004年度市本级预算及市总预算执行情况和2005年市本级预算及市总预算草案。

1月6日　参加全省财政工作会议。

1月7日　列席第二十一次市长办公会，汇报2005年市本级预算盘子。

1月9至15日　参加省十届人大三次会议。听取和审议了省人民政府省长季允石关于河北省人民政府工作报告，审议了省发展和改革委员会主任沈小平关于河北省2004年国民经济和社会发展计划执行情况与2005年国民经济和社会发展计划草案的报告，审议省财政厅厅长齐守印关于河北省2004年省本级预算草案的报告，听取和审议了省人大常委会副主任赵世居关于河北省人民代表大会常务委员会工作报告，听取和审了议省法院院长刘瑞川关于河北省高级人民法院工作报告，听取和审议了省检察长侯磊关于河北省人民检察院工作报告，审议了省十届人大三次会议关于设立河北省第十一届人民代表大会内务司法委员会的决定（草案），补选了河北省第十届人民代表大会常务委员会委员。

1月18日　参加市政府常务会，讨论了2004年市政府工作报告，研究了利用中央电视台天气预报节目宣传保定形象，调整城镇医疗保险的有关政策等相关事宜，听取了住房公积金管理情况的汇报。

1月20至22日　参加市十二届人大三次会议，听取审议市长王昆山代表市政府作的《2004年保定市政府工作报告》等。

2月17日　组织中共党员到38军军史馆参观，接受保持共产党员先进性教育。

2月21日　召开全局干部职工大会，以“更快、更高、更好，把新平台建设得更加坚实稳固”为主要内容，对全年财政工作提出具体目标和要求。

2月25日 参加市政府第二十七次常务会议，结合保持共产党员先进性教育活动安排部署了近期工作，讨论了市级储备粮管理办法。

3月7日 召开全市财政工作会议，以《更快、更高、更好，把新平台建设得更加坚实稳固》为主要内容，总结去年工作，部署今年主要任务。

3月23日 吕宝生局长随市委书记王斑玖，市长王昆山到阜平县城南庄冀察司令部原址现场办公。

3月24日 吕宝生局长随市长王昆山到定州市调研，重点考察了长安集、旭阳焦化厂两个企业，并听取了定州市委市政策的汇报。

3月29日 分析财政收入形势确定督导重点，制定兴具体措施以保证实现财政收入的开门红。

3月31日 召开全局保持共产党员先进性教育活动转段动员大会。

4月7日 召开党支部大会，对照保持共产党员先进性教育活动的要求，党员进行自我剖析。

4月13日 参加市政府第二十八次常务会议，讨论了加强诚信政府建设、《国有资产管理暂行办法》、《城镇士兵自谋职业实施细则》，听取了市驻外办事机构有关情况汇报。

4月18日 参加第二十九次市政府常务会，就第一季度财政收支情况进行汇报，专题分析研究全市一季度经济形势，安排部署下一步经济工作。

4月20日 参加市委常委(扩大)会议，研究全省创建文明生态村现场交流会筹备工作。

4月21日 召开局党组民主生活会，党组成员比照保持共产党员先进性教育活动要求进行党性自我剖析并进行了批评与自我批评。

5月11日 吕宝生局长随市委书记王斑玖、市委常委常务副市长周立柱等领导到北京参加北京·保定同乡联谊会暨投资说明会。

5月12日 参加全市粮食直补工作会议。

5月17至19日 派有关人员赴高阳、博野、顺平就县城财政经济发展及文明生态村建设情况进行调研。

5月20日 召开部分县(市)财政局长座谈会。

5月31日 参加市政府常务会议，汇报《关于解决市属困难企业及事业单位离休干部医药统筹补助经费的意见》。

6月2至4日 吕宝生局长随市委书记王斑玖、市委副书记王会平、市委常委、常务副市长周立柱、副市长高天民等领导赴广东参加 2005 年保定(东莞)项目招商洽谈会。

6月6日 陪财政部部长助理王军一行参观军校广场，汇报近期重点工作情况。

6月14日 召开全局干部职工大会，总结市局前一阶段保持共产党员先进性教育活动开展情况。组织部分党员座谈，就保持共产党员先进性教育活动开展情况征求意见。

6月16日 参加上半年主要经济指标调度会，向市委常委、常务副市长周立柱汇报上半年财政收支情况。

6月20日 参加第三十一次市政府常务会，分别听了全市防汛形势，三夏进展情况、安全生产形势、财政运行情况汇报。

6月25日 召集有关人员分析财政收入情况，研究确保完成“双过半”的措施。

6月27日 到涿州参加全市权力公开透明运行观摩会。

6月28至30日 参加市第十二届人大常委会十三次全体会议。期间主持召开全局保持共产党员先进性教育总结大会。

7月1日 召开全局党员大会，总结了上届机关党委工作，选举产生了新一届机关党委成员。

7月7日 参加第三十二次市政府常务会议，汇报了《市本级机关事业单位提高取暖补贴标准的意见》。

7月8日 召集有关人员，研究南水北调资金等事宜。

7月12日 召开全局干部职工大会，总结上半年工作，部署下半年重点工作并听取了部分干部述职。

7月21日 参加市政府第四次全会暨政府系统廉政建设会议。

7月26日 参加市政府第三十三次常务会议，汇报了全省农村税费改革试点工作会议精神，提出了我市贯彻落实意见。

8月5日 参加全市农村税费改革试点工作会议。

8月9日 参加市政府第三十四次常务会议，汇报保定市国外贷款监督管理办法。

8月24日 参加全省改革公务员工资制度和规范公务员收入分配秩序会议。

8月29日 参加全市改革公务员工资制度和规范公务员收入分配秩序工作会议。

8月30日 参加市人大常委会工作会议，汇报了《2004年度财政预算执行情况》。

9月14日 召开全市财政工作会议；参加第三十六次市政府常务会议，会议传达了全省法制工作会议精神，讨论了保定市安全生产风险抵押金征收、使用管理暂行办法和保定市生产安全事故及事故隐患举报奖励暂行办法。

9月21日 召集有关人员，研究东方家园业主与开发公司因契税纠纷上访问题。

9月23日 参加第三十七次市政府常务会议，听取了三位副市长就安全生产和社会稳定工作情况，国庆节市场供应和打击假冒伪劣工作情况以及市区十件实事进度和迎国庆市容市貌综合整治工作情况作的汇报。

10月20日 与天威集团企业有关领导就市级后备干部挂职锻炼事宜沟通情况。

10月24日 向省纪检委工作组汇报八达集团使用财政周转金情况。

10月25日 参加市政府第三十九次常务会议，讨论了关于建立和实施农村居民最低生活保障制度的意见和关于对申请自谋职业城镇退役士兵进行奖励的意见，听取了国有大型企业对外投资项目统计有关情况的汇报。

10月26日 参加市第十二届人大常委会第十五次会议，在会上吕宝生局长述职并接受人大代表评议。

10月27日 参加市第十二届人大常委会第十五次会议，在会上作关于保定市2004年市本级及全市决算的报告和关于保定市2005年市本级及全市预算调整方案(草案)的报告。

10月28日 吕宝生局长随市委书记王斑玖、市长王昆山到汽车零配件工业基地现场办公。

10月28日 参加市第十二届人大常委会十五次会议，表决通过了保定市2004年市本级及全市决算报告和保定市2005年市本级及全市预算调整方案的报告。

11月8日 参加市政府第四十次常务会议，传达了全省防控高致病性禽流感电视电话会议精神，研究我市贯彻落实意见，讨论了在全市事业单位试行人员聘用制度的实施意见，研究了规划局购买办公楼问题。

11月28日 组织收看中央第三批保持共产党员先进性教育活动电视电话会。

11月30日 研究2006年预算收支盘子并向市委书记王昆山和代市长于群汇报2005年财政收支情况及2006年预算收支盘子。

12月2日 参加全省领导干部电视电话会议，传达了中央经济工作会议精神。

12月8日 研究部署督导县级财政收入工作。

12月13日 参加全省经济工作会议，讨论河北省“十一五”规划草案。

12月19至20日 参加市委八届七次全体(扩大)会议暨全市经济工作会议。

12月21日 参加驻保全国、省、市人大代表在人大会前视察汇报会，在会上作了《保定市1—10月份财政预算执行情况的报告》。

12月25日 参加保定市“十一五”规划论坛会。

12月28日 到人大财经委就调整2005年预算收支盘子与有关人员交换意见。

(保定市财政局供稿)

2005年沧州市财政大事记

1月1日 根据河北省人民政府有关扩权强县的政策规定，省对沧州的任丘市、黄骅市实行财政直接结算，沧州市财政不再分享任丘和黄骅两市的各项税收收入。

1月6日 省财政厅通过网络召开全省财政工作会议，总结2004年财政工作，安排部署2005年财政改革与发展任务，张宇副市长出席会议。

1月10日 中共沧州市财政局机关党委发出通知，要求各党支部进一步开展好扶贫帮困“结亲”活动，对19户帮扶对象，一年要开展两次帮扶活动。

1月21日 沧州市财政局制定并印发了《沧州市财政局机关财务管理办法》。此办法的出台，对节约机关经费，预防奢侈浪费，提高资金使用效益都将产生积极影响。

1月22日 沧州市收费局召开全市收费管理工作会议。各县市收费局长及有关人员参加了会议。

市财政局党组成员收费局长李增普作了题为《以人为本,开拓进取,努力开创收费管理工作新局面》的讲话。收费局副局长杜义利对 2005 年全市收费管理工作进行了部署。

2月3日 市政府召开常务会议,研究 2005 年度市本级收支预算问题。副市长张宇、李志国、匡洪智、赵义山、宋文新分别从各自分管工作角度,提出了对本级收支预算安排的修改意见,市长孙瑞彬就 2005 年度本级收支预算安排工作提出五条意见:一是要充分挖掘税收潜力,努力实现财政增收;二是预算外收入要应收尽收,严格控制减免;三是要严格控制支出,坚持勤俭过日子;四是要积极争取上级财政支持;五是 2005 年支出要确保城市建设和国企改革这两个重点。

2月4日 市委常委会议研究通过《关于 2005 年市本级收支预算安排的意见》。根据该意见,2005 年,全市全部财政收入预算安排 703511 万元,按可比口径比上年增长 10.5%。其中市本级一般预算收入安排 104503 万元,按可比口径比上年增长 10.6%。2005 年,市本级个人部分支出安排 44341 万元、社会保障及抚恤和社会救济支出安排 3913 万元、公用经费安排 9492 万元、专项支出安排 16374 万元、其他支出安排 3154 万元、总预备费安排 2000 万元。

2月4日 按中共沧州市委的统一部署和要求,市财政局党组召开全局共 220 多名中共党员参加的,保持共产党员先进性教育活动动员大会。会上,局党组书记高健同志提出了四点要求:一是党员素质要有明显提高;二是基层党组织建设要有明显加强;三是党员为人民服务的宗旨观念得到明显增强;四是机关各项工作得到明显促进。

2月21日 市人大财经委对 2005 年市本级部门预算编制工作提出初步审查意见。对 2005 年度本级部门预算编制工作总体比较满意,认为政府对部门预算越来越重视,编制形式也有所创新。今后要进一步提高编制水平,一是部门预算要规范;二是对部门收入的合法性要加强审查;三是要坚持早编部门预算;四是要尽可能地压减预算中的机动财力数额;五是要加强部门预算的基础性工作;六是部门预算调整要及时报人大审批。

3月1日至23日 沧州市审计局对市局及市直部门财政收支情况进行同级审计。

3月1日 市十一届人大三次会议审议并通过了市财政局局长高健受市政府委托向大会所作的《关于沧州市 2004 年市本级预算及市总预算执行情况和 2005 年市本级预算及市总预算草案的报告》,批准了市政府提交的 2005 年市本级预算及市总预算草案。

3月18日 沧州市财政局被市委办公室、市政府办公室评为人口与计划生育工作先进单位。

3月23日至25日 沧州市财政系统总预算会计培训班在我市黄骅财政培训中心举办。

4月18日 市政府印发《关于鼓励到临港区域和沧州经济技术开发区兴办项目的办法》(沧政发[2005]14 号),规定各县(市、区)引进到两个区域的项目,税收实行属地征收。按现行财政体制,县(市、区)级分享的税收收入,10 年内全部归引进方,税收数额由税务部门提供给市财政,市财政通过年终结算予以划转。

5月11日 沧州市机构编制委员会办公室通知(沧机编办字[2005]11 号),根据工作需要,决定将市政府办公室所属“沧州市人民政府采购中心”整建制划转到市财政局,为市财政局所属相当科级规格的事业单位,编制仍为 5 名,科级领导干部职数 1 名,实有人员随之划转,经费仍为财政全额拨款。其主要职责是:贯彻落实《政府采购法》,执行政府采购计划,具体组织集中采购事宜,及时发布采购信息等。

5月11日 沧州市机构编制委员会办公室通知(沧机编办字[2005]15 号),根据需要,决定成立“沧州市财政局市直契税征收所”,为市财政局所属相当科级规格全额拨款的事业单位。编制 8 人,主要职责是:负责市直契税征收管理,接收契税减免申请、依据条例对符合减征、免征契税的项目进行审核并出具完征凭证;按照上级法规和有关政策,组织实施契税稽查,与国土资源管理部门和房产管理部门协作配合,加强征收管理,确保“先税后征”,有效控制税源。

5月24日 沧州市财政局成立国库管理制度改革领导小组,办公室设在国库科,负责全市国库管理制度改革工作的协调及制度的制定等有关工作。自 12 月 1 日起,在市本级 6 个部门开展财政国库零余额支付试点工作。

6月7日 沧州市人事局沧人干任字[2005]12 号文件,任命张江苓为市财政局企业财务管理科科长；韩丽萍（女）、刘增民、韩桂昌、吴香女（女）、黄震（女）、王欣、刘德云七名同志为市财政局主任科员。

6月7日　市财政局任命马晓玉为经济建设副科长，免去其副主任科员职务；任命李国兴为涉外科副科长，免去其编审中心副主任职务。

6月28日　市直工委“沧直发[2005]7号文”《关于表彰四个“十佳”和先进基层党组织、优秀共产党员、优秀党务工作者的决定》，中共沧州市财政局机关委员会评为十佳机关党组织。

7月4日　根据市政府领导指示，市财政局组织预算科有关同志赴山东省德州市考察学习财政体制及财政经济发展情况。

7月28日　以市委、市政府的名义召开了全市农村税费改革试点工作会议，参加会议的有各县（市、区）主管副书记和常务副县长及相关部门的负责人，会议由市委副书记潘东青主持，市委常委、常务副市长张宇同志作了重要讲话。

10月14日　市人事局沧人干任字[2005]22号文件，任命王炳华为市财政局市直契税征管所主任，免去其政府采购办公室主任职务；任命申学增为政府采购办公室主任，免去其培训中心主任职务；任命李冲为培训中心主任，免去其农税科副科长职务。

10月14日　市人事局沧人字[2005]92号文件，任命石延江为市财政支付中心副主任；任命于芹（女）为市财政局信息中心副主任。

10月20日—21日　沧州市财政集中支付工作会议在孟村召开。省财政厅支付中心主任张振川到会作了关于国库支付制度改革的专题讲座。市财政局局长高健、收费局局长李增普出席会议，各县市区财政局主管局长、支付中心主任参加了会议。会议总结了全市集中支付改革以来各项工作，传达了省国库改革工作会议精神，各县市区对工作运行中的经验和问题进行了充分讨论。

11月中旬　市财政支付中心组织人员分别赴省厅、唐山、衡水等地考察学习国库零余额账户改革工作，对改革中的经验和问题进行了交流，为我市国库管理制度改革的顺利进行夯实了基础。

11月21日　市财政局正式印发了《财政国库管理制度试点实施方案》，标志着全市财政国库管理制度改革的总体框架已正式确立。

11月28日　省委、省政府清理津贴补贴工作组莅沧核查我市津贴补贴清理结果。

12月1日　国库零余额账户业务正式运行，市财政局、审计局、人事局、林业局、外事办公室等五家单位作为前期试点纳入零余额管理。

12月7日　全市财政结算工作会议在孟村县召开。

12月31日　市人事局沧人字[2005]269号文件，任命崔增刚为市财政局涉外科副科长；乔凤淑（女）为农税科副科长；高俊明为稽查大队法规科副科长；王永昌为支付中心副主任；张春晓（女）为收费局副主任科员；姜淑霞为文行科副主任科员；李冬梅为社保科副主任科员；王秀萍为收费局副主任科员；马树岭为国库科副主任科员。

12月31日　市人事局沧人干任字[2005]35号文件，任命李国兴为收费局主任科员。

12月　中共沧州市委干部教育工作领导小组授予沧州市财政局2005年度“法律学历教育先进单位”，并颁发奖牌。

12月　根据沧州市财政经济管理工作的实际需要，为管理好信贷资金，经市机构编制委员会办公室研究，同意市财政局将“沧州市财政经济管理咨询服务中心”更名为“沧州市信贷资金管理中心”，仍为市财政局所属经费自理的相当科级规格的事业单位，编制4名，科级领导干部职数1名不变。该单位的职责任务调整为：负责信贷资金的管理和运作；负责办理信贷资金的有关手续；负责贷款还本付息以及信贷资金的跟踪问效和监管等事宜。

12月　沧直字[2006]5号文，中共沧州市财政局委员会评为“2005年度特色党建活动先进单位”。

12月　沧州市财政局荣获2004年度河北省财政总决算综合评比三等奖。部门决算综合评比二等奖。

12月　周儒青同志撰写的《我市国库管理制度改革进程中的问题及对策》一文，在河北省预算会计研究会2005年度论文评选活动中，被评为二等奖。

12月　沧州市全市财政收入首次突破80亿元，达到82.9亿元，同比增长27.3%；沧州市地方一般预算收入首次突破30亿元，达到31.2亿元，同比增长25.7%。

12月　2005年度沧州市会计管理工作受到省财政厅通报表扬，荣获“河北省2005年度会计管理一等奖”。

12月　根据省政府《关于深化农村税费改革试

点工作的通知》文件精神，沧州的东光县、盐山县、海兴县、南皮县、献县、孟村回族自治县取消农业税，可减轻农民负担8200万元；其他县（市）农业税税率在上年4%的基础上，2006年降为2%，可减轻农民负担8000多万元。国有农垦企业以及有农业收入的其他农业税纳税单位，执行所在地农业税减免政策。

12月　沧州市财政局被省财政厅"金财工程"建设领导小组办公室授予"2005年度全省'金财工程'建设软件应用推广优胜单位"荣誉称号。

（沧州市财政局供稿）

2005年衡水市财政大事记

1月6日　市局收听收看了全省财政工作电视电话会议，随即召开电视电话会，对财政工作进行部署安排。市委常委、常务副市长孙志人出席会议并讲话。各县市区相关负责同志收听收看了本次会议。

1月17日　赵敢齐副局长参加全国、全省安全生产电视电话会议。

1月20日　局纪检组长马金辉参加河北省经济责任审计电视电话会议。

1月23日　农税征收科获得省厅颁发的2004年度全省农业税收决算先进单位。

2月2日　市局保持共产党员先进行教育动员大会召开，全体干部职工参加了会议，韩石利局长作重要讲话，对先进行教育作出总体部署和具体要求。

2月3日　召开全省财政专项资金监督管理工作网络会议，以局长韩石利为首的班子成员，市局有关资金主管科负责人及各县区财政局长、主管监督工作的副局长、纪检组长参加了会议。

2月22日　全市第三届人民代表大会第三次会议隆重开幕，韩石利局长列席了会议，并作了《衡水市2004年市本级预算及市总预算执行情况和2005年市本级预算及市总预算（草案）的报告》。

3月起，在全市开展了财政专项资金清理检查工作。

3月13日　市局在《衡水日报》连续刊登招聘通知，在社会上公开选拔8名事业单位工作人员。

3月15日起　市局预算编审中心历时一个月，完成了我市《财政供养人员信息管理系统》2004年数据录入、修改和上报工作，为了解财政供养人员的结构和工资状况，为宏观管理和正确决策提供了可靠依据。

3月18日上午　全市财税工作调度会议在市迎宾馆召开。市委常委、常务副市长孙志人出席会议并讲话。

3月19日　由市人事局组织招录笔试，代为市局招录8名工作人员，此次考试报名踊跃，社会反响强烈，对市局的形象起到了很好的宣传作用。

3月22日　韩石利局长赴石家庄参加省财政厅扩权强县工作座谈会。

4月1日　局办公室组织编纂《衡水市财政局常用法规汇编》和《衡水市财政局内部管理制度汇编》。

4月7日　市局开展专项资金检查工作，工作范围主要是2003年以来由中央和省财政安排分配下达，并确定具体支出项目的各类专项资金，韩石利局长任专项资金检查领导小组组长，办公室设在局监督科。

4月20日　全市财税工作调度会议在市迎宾馆召开。市委常委、常务副市长孙志人出席会议并讲话，总结分析了2005年第一季度的财政税收情况，分析了当前的财税收入形势，安排部署了下一阶段的工作任务。

4月起，为切实掌握全市税源结构、税源底数、税源增长点情况，更加有效地指导财政经济快速、健康发展，我市从4月份开始，在全市范围内开展了财税执法检查及税源调查活动，税源调查办公室设在我局。

4月25日　市财政局与市防疫站、市三院签署利用日本政府贷款公共卫生项目转贷协议。

5月24日—26日　局纪检组长马金辉赴廊坊参加了省财政厅召开的纪检监察工作会议。

5月30日—6月5日　韩石利局长带领预算科相关同志参加市政府赴闽、浙、赣部分市财税考察团，参观学习了部分地区的先进财税管理工作经验。

6月9日　市局与人事局合作、公开招录的8名事业单位工作人员正式上班。

6月13日—22日　省厅领导来我市进行以7项财政资金为重点的专项资金检查，对我市财政专项资金工作予以肯定。

6月22日　全市财政收入调度会议在招待处召开，市委常委、常务副市长孙志人出席会议并作重要讲话。

6月27日　企业科荣获省厅颁发的2004年度国有控股及集体企业决算数据质量优胜单位奖牌。

7月5日　召开全市扶贫工作会议，市局被评为市行业扶贫工作先进单位，崔洪义、张忠同志被评为市扶贫开发先进个人。

7月5日　刘勇同志调入市局综合科任职。

7月7日　市局电子屏触摸查询系统正式启用，该系统的投入使用，将极大地提升我局的服务水平和宣传力度。

7月20日　全市种粮农民直补工作全面完成，7月30日，检查验收工作完成，直补工作档案完成收集装订工作。

7月26日　赵保勤同志正式办理退休手续。

7月27日至28日　市局组织举办了各县（市、区）部门预算编报系统培训班。

7月29日　市局召开局务会，党组书记、局长韩石利作了题为《提速工作进程，提高服务质量，确保完成全年任务目标》的讲话，总结上半年工作情况，谋划下半年工作思路。

7月29日　市人大三届十六次会议听取并审议了市财政局局长韩石利受市政府委托所作的《关于衡水市2004年市本级财政决算及市财政总决算情况的汇报》。

8月2日—3日　市局监督科组织了2期《财政违法行为处罚处分条例》集中培训，市直单位和下属县局相关负责同志参加了培训，取得了预期效果。

8月8日—9日　局党组书记、局长韩石利参加在秦皇岛举行的全省财政工作座谈会。

8月11日　市局举办财政国库管理制度改革知识培训班，邀请省财政厅国库处副处长张振川，以及省厅信息中心、支付中心的领导同志授课，市直9个实行零余额账户试点单位、人行、工行及我局各业务科室的部分干部参加了听课。

8月12日　市行政执法检查组一行4人，对市局行政执法工作进行检查，高度评价我局的行政执法工作。

8月16日　接市委组织部通知，李新全同志调入市局，担任党组成员、副局长职务。

8月17日上午　市局召开全体干部职工大会，韩局长作了题为《振奋精神，再鼓干劲，努力实现财政工作新跨越》的讲话。

8月18日　全市经济工作会议召开，市领导李俊渠、冀纯堂分别就财税工作作出专门部署，提出新的要求。

8月24日　全市津贴补贴办公室设在市局，开始津贴补贴清理工作，为下一步公务员工资制度改革打下数据基础。

8月29日　在衡水日报公示有关县市2005年老区补助资金安排项目，这在全省预算系统老区补助资金管理方式上尚属首次。

8月30日　衡水湖利用世界银行第五期技援项目获省财政厅批准，并上报财政部。

8月29日—9月1日　省厅四五普法检查验收小组来市局检查验收普法教育宣传工作，听取了汇报，充分肯定市局的普法宣传教育工作，并组织全局干部职工参加普法考试。

9月1日　河北电视台《新闻广角》对我局效能建设情况进行了专访，并作为先进典型在全省机关效能建设工作会议上播放，受到与会领导的一致好评。

9月1日　军转干部杨东海同志调入市局会计科任职。

9月6日　我市召开全市出口退税暨财税收入调度会议，市局对出口退税的有关政策变化等情况进行了解释和说明，部分县市区汇报了财税收入情况。市委常委、常务副市长孙志人作了重要讲话，对下阶段的出口退税工作和财税收入工作进行了安排部署。

9月24日　根据市委关于建立健全干部理论学习“三位一体”激励约束机制的要求和市直工委的统一安排，市局51名县科级干部参加了全市2005县科级干部政治理论考试，其中县级干部6人，科级干部45人。

10月1日　历时8个月的全市财税执法检查和税源调查全面结束，税源调查取得重要成果，为下一步加强税收征管、实现应收尽收提供了数据依据。

10月8日　省审计厅党组副书记、副厅长焦士谦同志，财政处副处长冯海燕同志等一行到我市检查指导清理津贴、补贴工作。

10月11日　报省有关部门批准，确定景县为全省2006年新型农村合作医疗试点县。

10月15日—21日　市局与人民大学联合举办财政高级管理人才培训班，40余名财政干部参加为期一周的培训,系统学习财税相关知识、理论。

10月27日　全市经济工作调度会召开,局长韩石利参加,并作了关于财政工作的汇报,市委书记李俊渠、副市长孙志人就做好后两个月的财税工作进行了部署。

10月28日　《衡水市农村居民最低生活保障制度实施办法》(衡办字[2005]77号)出台,并将于2005年12月1日起正式实施。

10月28下午　局全体干部职工开展集中学习,重点学习《十一五规划的建议》和温家宝《十一五规划的说明》,各科以科室为单位,加强组织学习,贯彻落实十六届五中全会精神。

11月1日　局党组书记、局长韩石利带领相关科室负责同志在市休闲广场参加市委市政府组织的"倾听民声集中接待日"活动。

11月1日　市直选取9个试点单位,开展"零余额清算方式"的试点工作。

11月起,预算科牵头谋划起草衡水市财政发展"十一五"规划。

11月8日　全局工会知识答题竞赛抽奖活动在局办公楼大厅举行,韩石利局长为获奖同志颁发了奖品。

11月10日　财政部科研所副所长、博士生导师白景明来市局讲授公共财政理论与支出管理讲座。

11月11日　召开全市预算科(股)长座谈会,研究部署县乡财政体制改革问题。

11月18日　受市政府委托,经市长办公会议研究同意,并报市委同意,就市委市政府办公室会议接待费报账方法进行改革,出台了《关于改革市直党政机关会议接待费报账办法的意见》(试行)

11月23日　国家农发办副主任宋志刚一行来我市进行农发工作调研,对对我市农发资金管理给予充分肯定。

11月25日　国库科获得省厅授予的2005年度预算执行分析工作二等奖。

11月30日　孙绯副局长到黄骅参加全省农村综合税费改革会议。

12月1日　全市农村居民最低生活保障制度正式实施。

12月5日　市局总工会荣获市总工会工会知识竞赛活动"优秀组织奖"。

12月6日　新调任财政局任副局长职务的李新全同志正式上班办公。

12月16日　市局举办国际形势报告会,邀请陆军指挥学院教授、情报研究室主任、国防大学国际战略博士王建华作专题汇报。

12月20日　社保科被省财政厅评为2004年度社会保障基金财务决算工作第二名、2005年度社会保障基金财务预算工作第一名,并颁发证书。

12月21日　市局综合科被省厅评为住房资金管理先进单位、国债管理先进单位、非税收入管理先进单位。

12月22日　赵敢齐副局长参加全市"十一五"规划讨论修改会。

12月22日　王世强副局长在政府参加全市第七届村委会换届选举会议。

12月23日　市人大财经委就今年财政经济运行情况来我局调研,韩石利代表我局作了《关于1—11月份财政预算执行情况和2006年预算编制情况的汇报》。

12月27日　宋立民、沈永清同志分别被市委组织部、市直工委授予"三增强、四热爱、比贡献、促发展"二等奖、三等奖。

12月28日　全市经济工作会议召开,市领导李俊渠、冀纯堂分别就财税工作作了重要讲话。

12月30日　赵敢齐副局长在招待处参加全市资本运营与上市工作座谈会。

12月31日　市局监督科被省厅评为财政专项资金综合治理工作先进单位。

(衡水市财政局供稿)

2005年邢台市财政大事记

2月17日　市局召开全体干部职工大会。会上,局党组书记、局长崔尽忠作了热情洋溢的讲话,全面回顾总结了2004年财政工作取得的成绩,提出了2005年我市财政工作奋斗的目标,并要求全局干部职工要以保持共产党员先进性教育活动为载体,全面提升财政干部队伍素质,以新的视野、新的精神、新的作风,抢抓新机遇,探索新思路,实施新举措,努力推动财政工作实现"五新"目标。即,全部财政收入再上新台阶,力争51.6亿元以上;财政改革实现新突破,力争走在全省前列;财政支出管理出台新举措,资金使用效益明显提高;干部精神风貌发生新变化,队伍素质逐步提升;机关建设取得新成绩,力争蝉联全国文明单位,向市委、市政府交出优异的财政答卷。

3月31日　市直部门财政财务工作会议在邢台召开。会上,局长崔尽忠,通报了2005年收支形势,部署了增收节支工作。要求各部门要牢记"两个务必",大力弘扬艰苦奋斗的精神,牢固树立长期过紧日子和苦日子的思想,在狠抓增收的同时,节支工作不放松。

3月9日至10日　全省县乡财政体制改革座谈会在我市召开。省财政厅厅长齐守印和预算处处长赵文海、副处长刘文洲、科长相德伟等参加了会议。参加会议的还有部分市的财政局长和特邀县县长、乡镇书记、乡镇长及县财政局长、财政所所长共50余人。齐厅长主持了会议,就县乡财政体制改革问题发表了重要讲话。市政府副市长张砚平、市政协副主席胡朝元到会并讲话。会议期间,市领导姜德果、刘鸿钦、石玉春、齐耀增、崔宝玉、王金廷、王离湘、戴占银等在崔尽忠局长的陪同下,亲切会见了齐厅长一行。会议结束后,与会人员到南和县贾宋镇、邢台县南石门镇进行考察。考察后,厅领导对我市的财政工作给予了肯定,特别是对我市村财乡管模式深表赞赏,并提出要推广这一做法和经验。

3月19日　局领导班子带领部分党员干部专程赶赴革命圣地—西柏坡接受传统教育。认真参观了西柏坡纪念馆,听取了辅导员关于毛泽东、刘少奇、周恩来等老一辈革命家在西柏坡时期工作生活情况介绍,举行了重温入党誓词仪式,局党组书记、局长崔尽忠作了重要讲话。

3月30日　全市财政工作会议在内邱县召开。会议期间,局党组书记、局长崔尽忠就2004年我市各项财政工作和2005年财政工作思路及措施作了重要讲话。

4月2日　按照市委和市委组织部的统一要求,4月2日,市局"双休日党校"正式开班。全局70余名正科级以上干部参加了首期培训班,市财政局党组书记、局长崔尽忠做了题为《坚持学习,不断提高,掀起建设学习型财政机关新高潮》的动员讲话并参加了学习培训。

4月8日　我市召开全市财政系统党风廉政建设暨效能与行风建设工作会议,局党组书记、局长崔尽忠在会上作重要讲话,对全市财政系统2005年党风廉政建设和效能与行风建设工作提出了明确要求;局党组成员、纪检组长薛建设,就2004年全市财政系统党风廉政建设和行风建设工作进行了总结,并对2005年党风廉政建设暨效能和行风建设工作进行了部署。

4月13日　市委副书记、市长姜德果在市长助理、市政府秘书长鞠朝武陪同下,带领市政府办有关人员到市财政局就财政工作和先进性教育活动开展情况进行调研。市局在家的领导班子成员参加了汇报,局党组书记、局长崔尽忠向姜德果市长汇报了近年来财政工作和财政部门开展保持党员先进性教育活动情况。姜市长听完汇报后,对我市财政工作和财政局保持党员先进性教育活动开展情况给予了充分肯定,并对做好下一步工作做了重要指示。

4月26日　全市"村财乡代管"工作现场会议在南和县召开。市局领导及有关科室、各县市区财政局长、预算股长和部分乡镇财政所长共120余人参加了会议。会议由市局领导韩明旋主持,市局党组书记、局长崔尽忠即兴发言,就全市推广"村财乡代管"的重要性、南和县的具体做法以及开展此项工作的要求和应注意的问题,发表了意见。

5月13日　市局举办《财政违法行为处罚处分条例》培训班。市局机关及所属事业单位共100余人参加此次学习培训。

6月30日　全市全部财政收入完成30.4亿元,占年任务的58.8%,超时间进度8.8个百分点,可比增长30.1%。全市财政收入、地方一般预算收入实现了两位数的高速增长,市县均实现了"双过半"。

7月24日　在邢台宾馆市局召开了"村财乡(代)管"高级研讨会,特邀嘉宾有中国社会科学院财贸所副所长、博士生导师高培勇教授,中央财经大学副校长、博士生导师王国华教授,财政部财政科研所副所长、博士生导师王朝才教授,省社会科学院党组副书记、常务副院长、博士生导师孙世芳教授,新华社《经济参考报》、《人民日报》、《经济日报》、《中国财经报》、《河北日报》派记者参加了研讨会,市局领导及有关科室和南和县有关人员参加了会议。会议结束后,市委书记董经纬、市政协副主席胡朝元、市长助理、市政府秘书长鞠朝武亲切会见了特邀嘉宾和记者,会议期间市委副书记、市长姜德国、市领导任吉胜看望了与会人员。

会议首先由市财政局党组书记、局长崔尽忠汇报我市“村财乡(代)管”试点运行情况，随后南和县领导、县财政局有关人员及部分农村支部书记介绍了情况。汇报结束后，专家们对我市“村财乡(代)管”模式进行了点评：认为，农村财务问题历来是农村工作的重点和难点，目前乡村财务管理在全国还没有一个统一模式，邢台市对这一问题进行了积极的探索，“村财乡(代)管”方式值得充分肯定，在全国具有典型示范意义，它显现出了明显的社会效果，不仅有利于贯彻落实“三农”政策，密切党群、干群关系，促进农村党风廉政建设；而且规范了村级财政的收入与支出，提升了财政管理水平。随后，他们对“村财乡(代)管”管理方式提出了意见和建议。

8月22日　市委书记董经纬、市委常委、常务副市长王金廷带领市委办公室、市政府办公室等有关部门负责同志来市局考察调研。崔尽忠局长向市领导汇报了市财政局各项工作完成情况。

9月9日　市局举办人大代表建议、政协委员提案“面复会”。会上，局党组书记、局长崔尽忠介绍了今年以来我市财政运行情况；王春瑞同志简要汇报今年市局承办工作情况；承办科室针对办理建议、政协提案向代表、委员当面答复。局党组副书记、副局长郭路芳局长主持了会议。

10月20日　《邢台市县级财政综合绩效评价办法》出台。共设置了四大类十三个指标，制定了评价的原则、办法，激励及配套措施。

10月26日　中央精神文明建设指导委员会授予我局为“全国文明单位”。

10月31日　我市全部财政收入完成518636万元，占年任务的100.5%，可比增长27.2%。其中，地方一般预算收入完成188038万元，占年任务的100.1%，可比增长31.7%。全市和平乡、宁晋、清河、高开区、内邱、临城、邢台县、桥东区、桥西区、任县、柏乡等11个县区已提前超额完成全年任务，收入进度和质量创历史最好水平。

11月28日　崔尽忠局长代市政府向市十二届人大常委会第二十次会议汇报市政府关于财政周转金逾期借款清收情况的报告。

12月13日　市局召开了全局干部职工作风集中整顿动员大会。会上，局党组书记、局长崔尽忠作了《转变作风，狠抓落实，努力为全市经济和社会和谐发展提供保障》的重要讲话。

12月15日　市文明办举行了全国精神文明建设先进集体和先进个人授奖仪式。崔尽忠局长代表财政局在会上进行了表态发言。

12月19日　按照市人大常委会的安排部署，崔尽忠局长向各位代表汇报邢台市2005年1—10月份全市总预算及市本级预算执行情况。

(邢台市财政局供稿)

2005年邯郸市财政大事记

1月1日　契税征收由委托部门代征改为财政部门直接征收。

1月27日　市委书记聂辰席到市财政局视察工作，并对开展保持共产党员先进性教育提出要求。

1月28日　邯郸市财政局开展保持共产党员先进性教育活动。整个活动分三个阶段，历时9个月。

2月28日　向市第十二届人大第三次会议上提交了市建设局、农业局、公安局等20个部门预算文本，标志着我市预算编制改革向前迈进了一大步。

3月25日至28日　我市申报的天下一品辣椒精制品加工、民旺公司15万吨无公害生物饲料加工、企美万吨芦笋加工出口、江森獭兔优种繁育基地等4个产业化经营项目通过了省农开办专家的论证。

4月22日—23日　国家税务总局农税局苏福华处长来邯郸市进行调研。

4月27日　《中国财经报》政府采购周刊主任贺利娟、记者柳青在省采购办主任赵宝贵的陪同下，对我市政府采购工作进行了采访。主管副局长薛成秀接受了采访。

5月8日　按照新的政府收支分类科目，模拟了2005年部门预算，高质量上报了我市政府收支分类科目模拟编制的2005年部门预算文本，受到了省厅领导的充分肯定。

5月13日　《邯郸市市级国有企事业单位改革专项资金管理办法》颁布执行。

6月中旬　国家农业开发办公室高永珍、付涛两位副处长在省农开办郝同信副主任的陪同下，到永年县等考察产业化项目区。

6月下旬　开展解放思想大讨论活动，历时6个月。

6月30日　受市政府委托召开了《邯郸市行政事业性收费票款分离办法》新闻发布会。

7月上旬　省农开办副主任郝同信带队到临漳县、成安县、魏县、大名县等地对产业化项目进行了实地考察。

7月中旬　邯郸县国家农业综合开发科技推广综合示范项目顺利通过了省(代国家)验收。该项目总投资2100万元,示范推广面积12.2万亩。

7月22日　市委书记聂辰席到汉光机械厂调研邯郸办公自动化耗材基地建设工作,对市财政支持耗材基地建设工作给予了充分肯定和高度评价。

7月下旬　省农开办对我市2004年土地治理项目和产业化经营项目进行了检查验收。验收项目得分均居全省前列,魏县、肥乡被评为全省"红旗县"。

8月15日　邯郸市政府采购公开透明运行网建成投入运行,标志着我市政府采购网络信息化建设迈上了一个新台阶。

同日　邯郸产权交易公开透明运行网建成投入运行。该项目已获国家版权局颁发的《计算机软件著作权登记证书》,并被市科技局列为"科学技术研究与发展计划项目"。

8月31日　市政府颁布了《关于进一步加强农业资金投入与管理的意见》。

10月初　完成了汉光机械厂等17家中央企业移交地方资产核对工作,完成分离学校12所、公安机关5个,分离人员1361人、资产4631万元。

10月中旬　省财政厅党组成员、农开办主任乔满带队到大名,对国家投资参股经营项目—邯雪集团进行了考察。

11月3日—6日　省财政厅党组成员、农开办主任乔满,副主任金树林,带领由各市农发办主任和省农开办有关处室负责同志组成的观摩组,到邯郸县、磁县等地对全省农业开发项目进行了观摩。

11月17日　省委书记白克明同志到魏县,对2004年棘针寨乡土地治理项目农业示范园区进行了调研,对魏县整合资金、集中财力,把农业综合开发与文明生态村建设、产业结构调整、村村通工程、扶贫开发相结合的做法,白书记给予了高度评价。

12月1日　邯郸市财政预算部门、国库支付部门、人民银行、商业银行之间建立了财、库、行联网系统,实现了财政与代理银行和人行之间数据的网上传递。

(邯郸市财政局供稿)

课 题 成 果

结合实际 勇于创新
认真做好新形势下的财政科研工作

——在河北省财政学会 2005 年年会暨财政理论讨论会上的讲话

（二〇〇五年八月九日）

齐守印

各位代表、同志们：

今天，全省财政学界的各位代表欢聚一堂，庆祝河北省财政学会成立二十五周年，这是我省财政学界的一次大事，我代表省财政厅党组对大会的召开表示热烈的祝贺，对中国财政学会常务理事、中国著名财政理论家、博士研究生导师、国家财政部科研所王朝才副所长、白景明副所长前来做学术报告、传播先进的财政理论表示热烈的欢迎和衷心的感谢！对省社科联的领导及各位专家学者的光临表示热烈欢迎！并借此机会，向全省财政理论工作者致以诚挚的问候！

几年来，我省财政学会和财政科研工作认真落实省委、省政府的决策部署，紧密结合财政工作实际，深入开展调查研究，大力支持我省的财政改革与发展，为繁荣我省财政事业做出了积极的贡献。当前，中国和河北经济社会与财政都处于多层面的转型期，各级财政如何贯彻落实科学发展观、有效发挥财政职能促进和谐社会的建设，如何深化财政体制和财政管理机制的改革等等，都亟需运用创新的思维加以认真研究，提出合乎理性的对策，用以指导实践。面对新形势、新任务，进一步加强和做好财政学会与科研工作，有着非常重大的意义。下面，我就当前我省的财政形势和财政科研工作，讲几点意见。

一、当前我省财政经济形势运良好，各项工作进展顺利

（一）财政收入持续快速增长，超额完成上半年收入任务。

今年以来，全省财政系统按照“讲科学、求规范、重创新，兴财政、促发展、为人民”的总体工作思路，积极贯彻为民理财、依法理财、民主理财、科学理财、高效理财、廉洁理财的现代理财六项原则，大力支持经济社会事业发展。上半年，我省经济保持持续稳定快速增长的势头，全省财政运行情况良好，各项财政工作取得了新进展。1—6 月份，全省全部财政收入完成 539.1 亿元（按可比口径完成 564.2 亿元），占年计划的 65%，同比增长 27%（按可比口径增长 32.9%）。其中，地方一般预算收入完成 268.9 亿元，占预算的 61.8%，增长 25.8%（居全国第五位）。全省政府基金收入完成 127.9 亿元，占预算的 68.3%，同比增长 28.5%。

财政收入增长主要有四个特点：一是在经济较快增长和运行质量提高的基础上，税务、财政部门依法加强征管，税收收入增长较快。1—6 月份，各项税收完成 507 亿元（未剔除出口退税因素，下同），完成年度计划的 64.8%，同比增收 125 亿元，增长 32.7%。二是冶金、采矿等行业仍是财政增收的主导行业。1—6 月份，冶金、采矿、电力、批发零售、建筑和房地产行业共增收 76 亿元，占全部收入增收总额的 55.9%，拉动增长 15.1 个百分点。三是民营经济对财政增收的贡献率明显提高。近年来，我省民营经济发展较快，使税收结构发生了较大变化。1—6 月份，全省股份公司、私营企业、港澳台投资企业和外商投资企业缴纳税收共增加 118.8 亿元，占财政增收额的 87.4%，拉动收入增长 23.6 个百分点。四是设区市收入进度快，扩权县收入增长迅猛。11 个设区市全部实现时间任务双过半，邯郸、唐山、衡水、张家口、承德、沧州等 6 市收入进度超过 60%；22 个扩权县地方一般预算收入平均增长 49.4%，其中 4 个县同比翻番，8 个县增幅超过 55%。

（二）财政管理改革进一步深化。一是积极推进预算管理改革。今年初省政府正式颁布实施《河北省省级预算管理规定》（河北省人民政府令[2005]第 3 号），成为全国第一部预算管理方面的地方政府规章，为规范预算管理、深化预算改革提供新的法制保障。为认真做好《规定》的贯彻落实工作，省厅组织举办了两期省直部门主管厅局长和财务处长培训班;在3月份召开的省直财政财务管理会议上,强调2006年预算编制需按照《规定》要求继续深化改革,进一步整合资金、集中财力办大事,切实提高项目预算、绩效预算、滚动预算的编制质量,并拟定了《关于进一步推进省级财政集中财力办大事的指导意见》和《河北省财政支出绩效评价试行方案》,研究开发了省级预算项目管理系统,对项目的提出、论证、决策、实施和评价标准等加以规范管理。目前省直各部门正按照有关规定和要求,编制2006年预算建议计划。同时按照财政部要求,积极开展政府收支分类改革模拟试点工作,模拟预算编制工作已经完成,模拟预算执行工作正在顺利进行,得到了财政部领导的充分肯定。二是财政国库集中收付制度改革进展顺利,范围规模不断扩大。在去年省级107个一级预算单位和38个基层预算单位试点的基础上,今年又选择11个政府组成部门的107个基层预算单位扩大试点,唐山、保定等6个试点市改革顺利推进。三是政府采购工作取得了新进展。今年的政府采购改革重点放在规范管理、扩大规模、提高采购效率、最大限度节约资金上。上半年,全省政府采购金额达27.15亿元,节约资金3.66亿元。四是积极创新财政监督方式。在省直有关部门的积极配合下,在省交通厅、国土资源厅、教育厅、林业局等四部门试行财政监察组委派制度,得到了财政部的积极关注和肯定。同时,配合监察、审计部门开展专项资金综合治理,重点清理"七种资金"项目6901个,涉及金额39.5亿元,查出有问题资金0.8亿元。五是积极深化"收支两条线"改革,研究制定了《河北省财政厅关于进一步加强执收执罚部门收支脱钩管理工作的通知》,强调彻底实行收支脱钩,优化发展环境。六是积极推进省直事业单位财政供给政策改革,按公共财政和综合预算的原则,分类制定事业单位财政供给政策及相关配套措施,努力从机制上变"以钱养人"为"以钱办事",增强事业单位发展活力。

(三)积极推进财政体制改革,促进经济加快发展。一是积极完善激励性财政体制,及时兑现对各市、县的激励政策,省财政比原体制多返还市县2004年"四税"收入17.4亿元,并将激励性财政体制延长至2007年。二是认真落实扩权强县改革政策。研究制发了《关于扩大部分县(市)管理权限后财政体制有关问题的通知》等文件,基本调整理顺了扩权县财政体制,并将属于非贫困县的17个扩权县(市)分成增长率降低到5%。三是着眼于破除县域经济发展和推进城镇化的体制障碍,研究拟定了《河北省深化县乡财政体制改革指导意见》、《缓解县乡财政困难奖励和补助办法》。其核心内容是,根据乡(镇)经济状况和发展潜力、财政收入水平和人均财力、人口和地域面积等因素,因地制宜,分类指导,对乡(镇)分别实行统收统支加激励和比较规范的分税制两类财政体制;将财政部实施的"三奖一补"政策扩展为"六奖二补",加大激励力度,着力缓解县乡财政困难。

(四)下半年财政经济运行还存在一些不利的影响因素。

今年以来,国家陆续出台一系列宏观调控措施,对我省财政收入的影响已开始显现,主要表现在以下几方面。一是新的出口退税政策对地方财政收入的影响比较明显。出口持续较快增长有利于经济增长和增加就业,但退税将减少财政收入,对部分市县影响较大。1—6月份,全省出口免抵退增值税27.9亿元,同比净增21.3亿元,预计下半年还要将净增29亿元以上。受影响较大的部分市县如石家庄辛集市,地方一般预算收入中增值税科目收入为负数,财政收入规模受到较大影响。二是部分建设性资金支出进度偏低。今年国家实行稳健的财政政策,国债资金减少较多,从而造成全省建设性支出进度偏低,增长慢甚至负增长。三是受调低农业税率影响,农业税将大幅度减收。四是财政管理改革进展中还存在一些问题。跨部门、跨单位的资金整合还有一定的阻力,项目安排上仍存在零星分散的问题。

二、做好财政科研工作意义重大、任务艰巨

财政是国家履行公共管理职能、实施方针政策、促进经济社会发展的主要物质基础,是维护、实现和发展广大人民利益的重要手段,也是发展社会主义民主政治的重要领域,涉及面广、政策性强、工作难度大。大力加强财政研究,做好财政科研工作,可以说是任务相当繁重。

(一)搞好财政研究和做好财政工作互为基础、不可分割。财政学会和财政科研的工作不同于一般的学术理论的研究,它与财政工作实践结合紧密,具有较强的应用性。因此,在财政研究过程中,一定要紧密结合财政工作实际,围绕财政工作来开展研究,不仅要研究财政工作中的重点、难点问题,还要从经济和社会发展的整体需要出发，研究财政工作目标任务、工作思路。与此同时，任何一项财政工作要想取得突破性进展，没有理论上的创新和突破是很难想象的。对于涉及方方面面利益的财政工作来讲尤其如此。

(二)财政科研是财政改革和发展的重要支撑。理论是行动的先导。近年来，我国财政改革之所以能够取得成功，我个人认为，与财政理论观念的创新——公共财政观的建立——密不可分，而以调查研究为主导方向的财政科研工作在其中的重要作用不可替代。调查研究是了解情况、解决问题的基本前提，财政科研工作往往以调研方式直接接触财政实践，从中得出的情况和数据具有较强的真实性。如果调查对象得准，数据处理方法得当，就可以从中发现问题、找出原因和解决问题的对策思路。调查研究是领导决策的重要依据。通过科学的调查研究得出的结论由于可信度高、代表性强，往往成为领导决策的重要依据。有时通过对调查情况的提炼加工，还可以发现一些规律，为解决有关的问题提供成功的范例和宝贵的经验。

(三)财政科研工作的任务要与宏观经济形势相适应，做到与时俱进、不断创新。财政不仅是一个经济范畴，更是一个政治范畴。财政自产生以来，无论任何时代，它的主体都是国家。财政始终是国家行使职能的重要物质基础，服从于国家的现实需要和发展目标。国家宏观形势的发展变化决定着财政工作目标的调整。研究财政工作、谋划财政改革，需要密切关注国家的发展形势和宏观政策的调整，使财政研究的方向始终与政府的工作目标相符合，始终与社会的发展趋势相适应。随着我国市场经济改革的逐步完善和科学发展观的确立，当前的财政科研工作要把握两个变化：一是从“建设性”财政向“公共性”财政的转变；二是从支持经济增长到支持社会发展的转变。进行财政研究应该认真了解这些变化，以确保不迷失研究方向。

三、对做好今后财政科研工作的几点希望

明年将开始实施“十一五”规划，从中央到地方都在对经济社会的发展制定战略规划。要在经济社会发展中充分发挥财政的职能作用，落实好党委、政府的决策部署，全省财政系统必须加强财政理论和政策研究，形成谋大局、抓大事、重研究的良好氛围。要围绕财政经济中的重点、难点问题，深入开展调查研究，拿出一批有情况、有分析、有观点、有对策的调研成果，供各级领导决策参考。每一个财政理论工作者应该认真思考这一问题。我认为，今后一个时期的财政科研工作需要认真把握以下几个方面。

(一)认真落实科学发展观，更新理财观念，创新理财思路。认真落实科学发展观，必须牢固树立“三种理财观念”，努力做到“六个更加重视”。三种理财观念：一是强化公共财政理念，把握财政的“公共性”内涵，合理安排支出顺序，优先履行好财政的公共服务和保障职能；二是强化统筹兼顾的科学发展理念，坚持有所为、有所不为，集中财力重点解决影响经济社会协调发展的薄弱环节和突出问题；三是强化以人为本、执政为民的理念，在预算安排上优先解决关系群众切身利益的问题，使广大人民群众从改革和发展中得到更多实惠。六个更加重视：一是更加重视促进人的全面发展；二是更加重视促进经济社会协调发展；三是更加重视促进统筹城乡经济社会发展，着力解决城乡公共物品供给失衡问题；四是更加重视促进人与自然的和谐发展；五是更加重视改善欠发达地区人民生产生活条件、促进区域间协调发展；六是更加重视为长远发展和对外开放创造良好的软硬环境。

(二)坚持围绕财政中心工作，加强财政政策和机制研究。今年上半年，郭庚茂常务副省长到省厅调研时提出，财政部门要谋大事、抓大事，加强政策和战略研究，注重从体制和机制上解决问题。郭省长的讲话指出了当前财政部门工作中的不足，也为今后的科研工作指出了方向。当前财政系统还在一定程度上和一定范围内存在片面重业务、轻研究的倾向，满足于收收支支、埋头算账。由于理论功底不深、政策把握不准，对许多大的财政问题缺乏深入研究，当面临各种尖锐的收支矛盾时，不是疲于应付，就是束手无策。这样的情况虽然不多，但是对财政工作造成的后果却是相当严重。大力加强财政政策研究，认真从体制机制上解决各种矛盾和问题，往往会收到事半功倍的效果。譬如我省在充分调查研究的基础上进行的政府采购改革、预算管理改革以及国库集中收付制度改革，使长期困扰财政工作的问题得到了较好的解决。

(三)有效地组织各方面力量，财政科研工作要形成合力、联合攻关。借助一切可以利用的资源和力量开展财政研究，是提高财政研究工作整体水平的重要途径。目前计算机网络等各种通讯技术和手段的普及使沟通变得非常便捷。这些现代化的通讯手段对于弥补分散研究力量的不足,为研究各方广泛联系,充分发挥各方优势,提供了充分的条件。财政研究要开展全方位的联合与协作,就要打破区域、系统的限制,不仅要加强省内外财政系统之间的合作,也要积极发展与省直各部门、高校、科研院所之间的合作。采取灵活多样的形式实现信息互通、资源共享。

(四)各级财政部门领导要高度重视科研工作。长期以来,全省财政系统一直把科研工作放在了重要位置,给予多方面的关心和支持。不少市、县的财政局领导亲自挂帅,主持、参加一些重大课题的调查研究,有力地推动了财政科研工作的开展。随着改革的不断深入,财政工作面临着更多的新情况、新问题。各级财政部门领导要更加重视财政科研工作,进一步加强财政科研力量,围绕公共管理、经济发展、社会进步和政治建设等重大问题深入开展调研活动,努力发挥财政科研在财政中心工作中的决策参谋作用,及时应对改革中出现的新情况和新问题。

同志们,财政改革离不开科研,财政发展更需要科研,财政科研工作任务光荣而艰巨。当前,财政理论与对策研究正处于大有可为的时期,关键要看我们是否有真才实学、是否有正确的学风、是否肯下功夫。希望新一届财政学会的理事们都能够真正热爱财政理论研究,发扬理论联系实际、求真务实的优良作风,紧密结合河北财政实际,围绕当前财政领域的重点难点问题,深入开展调查研究,积极进行财政理论创新,为财政改革与发展提出有真知灼见的对策建议。希望我省各级财政部门的领导都能够高度重视财政理论研究工作,重视发挥财政学会的作用,特别是重视发挥中青年财政干部在财政理论与政策研究中的中坚作用,通过紧密结合实际的理论研究,发挥聪明才智,锻炼增长才干;通过富有成效的财政理论与政策研究活动,多出成果,多出德才兼备的优秀人才。

预祝我省财政理论研究事业在新一届财政学会理事会的领导下获得新的生机与活力,充分发挥理论界与实务界的桥梁和纽带作用,促进河北财政理论研究的繁荣与发展,为河北财政的改革与发展做出突出贡献!

把握大局　深抓细研
努力推动财政学会与科研工作再上新台阶

——在河北省财政学会 2005 年年会暨财政理论讨论会上的讲话

(二〇〇五年八月九日)

高志立

各位理事、各位代表、同志们:

刚才,大会选举产生了新一届理事会。首先,我代表厅党组对新一届理事会的成立表示热烈祝贺!对上一届理事会同志们卓有成效的工作表示感谢!借这个机会,向多年来关心、支持河北财政工作与科研事业的财政部科研所、省社科联、各大专院校及社会各界表示衷心感谢!下面,我结合当前我省财政面临的新形势,就如何进一步做好财政调研和财政学会工作讲几点意见,供大家参考。

一、认清形势、准确定位,增强做好财政科研工作的紧迫感

在今天上午的全省财政工作会议上,齐厅长和几位厅长都讲到了一个问题:财政工作不能就财政论财政,财政要有全局观念和宏观思维。作为财政中心工作的重要支撑,财政科研的全局观和宏观性,就应该体现在要有更宽的视角、更高的站位、更强的预见性上。当前应该注意三个方面。

(一)正确把握财政面临的大环境

从当前国际环境来看,整体上对我国经济增长比较有利。世界经济出现了复苏迹象,经济全球化加快,特别是与我国经济联系比较紧密的亚洲一些国家和地区经济回升较快,将有利于我国抓住机遇,加快发展。虽然近期我国与西方国家贸易摩擦较多,但往往是政治成分多于贸易战的内容,且摩擦涉及的贸易量占贸易总量比重较小,不会对中国外贸和经济增长产生实质性影响。从国内形势看,由于连续实施正确的宏观调控政策,国内需求持续增长的机制正在逐步形成;经济发展的体制环境明显改善,经济发展的活力进一步增强;加入 WTO 后,对外开放程度进一步提高,近几年我国的外贸大幅度增长,国内经济发展与世界经济的联系不断加强。特别是党的十六大和十六届三中全会召开,提出全面建设小康社会、全面贯彻“五个统筹”、促进经济和社会全面协调可持续发展以及构建社会主义和谐社会的要求，这些将为今后经济和社会发展提供强大的动力。中国经济正处在经济结构快速调整时期。在产业结构方面，进一步的工业化已经走上轨道，居民消费结构正在从衣食温饱型消费向住、行、教育、保健、娱乐主导消费转变。工业化、城市化、住房教育医疗商品化、服务业发展、人口结构和消费观念变化以及融入全球经济步伐加速等诸多因素相互促进，将成为影响我国经济形势的主导因素，支持我国经济在今后一段时间继续保持较快增长。

从困难和挑战看，突出的有三个方面：一是经济发展遇到新的制约。这个制约我们可以从投资、出口、需求三大动力源来分析。投资中的重复建设与后劲不足同存，出口中的贸易壁垒与高依赖度共生，需求中的不平衡与增长疲软并显，发展中的突出问题正在显现。从财政来看，收入增幅很高，增长速度很快，但增长的机制还不稳固；支出中的结构不合理和浪费现象也比较严重。二是社会凸显许多矛盾。如城乡发展、地区发展不平衡；社会分配不公，居民收入差距进一步拉大；社会保障覆盖面和保障的程度还不够；政府对公共产品的提供与社会公众的需要有相当大的差距，特别是农村的义务教育和公共卫生差距更大。这些差距和问题带来了各个阶层心态的不平衡，使许多矛盾共生和交织，需要有相应的对策、预案。三是体制暴露出一些明显缺陷。如社会管理体制相对落后，跟不上经济社会事业发展的要求而导致各类事故频发；事业单位的体制改革没有实质性进展，与目前经济社会不适应的矛盾也越来越大；基层财政困难重重，虽然不全是体制的原因，但却是一个重要因素；城乡二元结构及户籍管理制度改革步伐比较慢，禁锢了人才、资金、技术的合理流动等等。

目前，我国经济和社会发展进入一个关键时期。2003 年我国人均 GDP 已达 1090 美元，就是一个阶段的标志。进入这一阶段以后，就进入了一个社会各方面矛盾容易激化、群发的时期。如果这个时期政策制度设计和安排得当，再加上有好多动力及动力源，就可以成为"黄金发展期"，即保持一个较长时期的经济持续快速增长和国民经济整体素质的明显提高，顺利实现工业化和现代化。因为该阶段人们的收入水平及其持续提高的趋势，将推动居民消费结构不断升级，进而推动产业结构加快调整，为经济的持续发展提供强大的动力，因此，可以保持一个较长时期的经济增长。同时，这也是一个矛盾凸显时期。随着工业化的发展，物质资源的消耗强度增加，污染物排放也将进入高增长时期，资源和环境压力将会越来越大，而且随着经济社会结构的快速变动，人口、就业、收入分配、公共服务、社会公正等社会问题将进一步突出。这一时期，对任何国家的发展来说都是一个极为关键的阶段，对我国这样一个发展中大国尤其重要。如果处理不当，各种经济社会矛盾就会激化，甚至引发社会动荡和倒退。这一特殊时期，也使财政面临许多重大课题。

从我省来看，省委、省政府特别是新一届政府做了许多重大的战略决策，比如"科教兴冀"、"一线两厢"、"一条主线两个支撑"，还有改革、发展、稳定的许多措施，这些战略决策都与我们财政直接相关，对财政工作提出了更高要求。因此，财政工作，特别是财政科研工作必须拓宽思路、拓展视角，学会把具体的问题放到国际国内的大背景中去思考。要站在经济全球化的角度，分析宏观形势，研究机遇和挑战所在；站在全国发展态势的角度，研究优势与劣势所在；站在经济和社会发展全局的角度，分析财政职能和作用，研究"到、越、错、缺"位的现状和对策。所以，认清形势非常重要。

（二）充分认识在新形势下财政的职能作用

新形势下财政职能定位的主线是科学发展观。落实科学发展观，落实省委、省政府的决策部署，财政部门肩负着重要的职责和任务。财政工作要坚持以人为本，把人民群众的利益放在首位，就要认真解决涉及群众切身利益问题，诸如增加城乡居民收入，增加教育、科技、卫生的投入，加强城市公共文化娱乐设施建设等等这些与人民群众利益密切相关的问题。财政工作要坚持全面协调可持续的发展观，落实"五个统筹"，不仅要支持城市发展，更要注重农业、农村发展，加大对"三农"的投入；不仅要支持发达地区发展，更要支持落后地区发展；不仅要支持经济发展，更要支持社会发展，同时注重资源、环境、生态保护，促进人与自然的和谐发展；还要注意国内发展和对外开放，把扩大内需和参与国际市场竞争结合起来，充分利用两个市场、两种资源。"五个统筹"的每一项具体内容，可以说都也与财政有很大的关系。因此，财政必须充分发挥职能，通过调整政策，有效地控制结构失衡，维护和完善市场秩序，重点解决好市场本身不能解决的社会发展问题，为社会全面协调发展创造一个宽松的环境。

财政既属于经济范畴，也属于政治范畴。它是上层建筑的一个重要组成部分，随着社会历史条件发生变化，财政职能和财政工作都面临着新的历史使命。在社会主义市场经济体制下，构建公共财政框架已成为共识，它要求政府财政活动以弥补市场失灵为基础进行运作，以"公共"的角度为财政定位。也就是说，资源主要由市场来配置，财政的职能范围主要体现在市场难以有效配置资源的这些方面，难以有效供给的这些方面，特别是在提供社会公共服务方面。在稳定经济方面，要以充分就业、物价稳定、经济增长和收支平衡为目标；在调控收入的分配上，通过税收、公共支出和转移支付等财政政策工具从宏观上调节分配，缩小收入分配差距，均衡各地区间基本公共服务水平，实现公平与效率的统一。同时，财政作为政府赖以存在的经济基础，其基本的职能是为政府机器的正常和有效运转提供财力上的保障。因此，我们必须从时代的要求和公共财政的角度来认识财政面临的职能，研究如何充分发挥职能。如果对财政职能没有新的认识，就不可能从新的视角发现问题、分析问题和解决问题。对财税政策、财税体制的调整和各项财政改革，就不可能有准确把握。所以，认识新形势下财政的职能作用也是做好财政科研工作的前提。

（三）准确定位地方财政科研工作

财政科研工作是财政工作的重要组成部分，也是财政工作的基础、先导。但是，由于管理级次的不同，财政科研工作在各个级次上应该有不同的定位。中央财政科研搞宏观政策研究、方向性的问题研究。而我们地方财政科研工作，由于受许多条件的限制，我们不可能研究得那么宏观，这是其一。第二，因为每级财政科研工作是为同级财政工作服务的。作为省一级财政科研来说，就要为省财政中心工作服务；作为市、县财政科研来说，为市、县财政中心工作服务。由于各个级次财政职能任务的不同，决定了科研的定位不能一样。省一级科研部门做研究，如果远离实际工作，搞财政科研就是发表文章，把研究出来的东西发表了就算拉倒了，那么，财政科研工作就不会有什么作为，也谈不上有地位。有为才有位，没有作为，就不会有地位。所以，对省以下的财政科研工作，在定位上一定要搞明白我们财政科研工作的基本职能是什么，它应该从事哪个层次的研究，研究什么。我认为省以下财政科研重点应侧重三个方面的研究：一是前瞻性研究。包括地方财政改革与发展战略的谋划，地方财政中长期发展规划。这些都是地方财政工作方向性问题，对此要做前瞻性、预测性、分析性研究。二是政策性研究。包括如何贯彻落实国家宏观调控政策、国家财政政策、国家财政体制、税收制度等，地方财政政策的制定，都需要我们财政科研工作者密切关注、重点研究。一项地方财政政策的出台，没有调研先行，没有科研先行，是没办法出笼的。一个时期以来，财政科研与财政业务工作存在着"两张皮"问题，往往制定政策的单位和处室没有力量、没有精力去搞研究，而我们有精力搞研究的同志离实际工作又很远，对政策不是不了解，就是对它的历史、现状、未来很难把握，纵向、横向很多事不明白，很难参与进去。下一步，在政策研究方面，在科研组织形式上，要好好琢磨。怎么样结合起来取长补短。我们科研所的同志学历都非常高，搞政策研究、理论研究都很有潜力，就是对业务工作不熟，介入得少。搞业务工作的同志整天忙得不行，没有时间。这两个结合起来，是我们将来需要研究解决的问题。三是对策性研究。就是针对财政经济运行中出现的一些问题有针对性地研究对策措施，提出解决问题的方案和建议。通过对财政经济运行现状和问题的分析，认识和把握财政运行客观规律和发展趋势，为领导决策和实际工作提供信息，提供思路，提供办法。同时也为领导和有关部门提供服务。当然我讲应用性对策研究并不是否认理论研究，从事科研工作的同志做做理论研究有好处，能够拓展思想的深度，但作为我们财政科研工作定位的时候，省以下地方财政科研工作还要以应用为主。

二、围绕中心、突出重点，有针对性地开展财政调研活动

现阶段开展财政调研活动，重点应在三个方面：一是要贴近省委、省政府战略部署开展重点研究；二是围绕财政中心工作开展研究；三是围绕财政工作中随时遇到的具体问题开展重点调查研究。

（一）贴近省委、省政府战略部署开展重点研究

从职能上讲，财政是综合管理部门，是省委、省政府的重要参谋机关。从研究角度讲，在政策咨询的前导性上，我们要为领导出主意、当参谋。同时，还要把省委、省政府做出与财政有关的决策部署落

到实处。不管是出主意、当参谋，还是抓落实，都需要我们认真地搞好调查研究。

1. 要围绕发挥财政的宏观调控作用搞好研究。一是改革省以下财政体制研究。重点要适应省委、省政府“科教兴冀”、“一线两厢”发展战略和建设和谐河北的要求，对现行的财政体制进行调研和效应分析，找出体制缺陷和不足，提出完善的意见。要围绕工业向园区集中、园区向城镇集中、农民向城镇集中的“三集中”思路开展重点调研。“三集中”的提出，对财政体制，特别是县以下财政体制提出了新的要求。那么怎么完善？省厅前一段时间搞了完善省以下财政体制意见，应该说对这个问题做了比较透彻分析。大家回去以后，要研究如何落实这个意见，落实过程中有什么问题，希望大家给省厅提出意见和建议。二是税收政策研究。重点研究如何运用税收政策促进我省经济增长方式的转变，这个方面有两个问题需要引起大家注意。今后出台的税收政策调整可能主要有两个。一个是增值税转型，再一个是内外资企业所得税两税的合并。这两项改革对地方经济发展的影响都比较大。原来大家对这个问题认识不足，财政需要做哪些准备工作，如何操作，需要做一些前期的研究。三是收入分配研究。要研究如何发挥地方财政宏观调控的作用，调节各阶层和行业的分配，解决分配不公，缓解社会矛盾。这个问题，我们原来搞了一半，省里组织了专门的一套班子搞阳光收入的研究。现在看来明年公务员制度要改革，公务员新的工资制度出台以后，阳光收入这项研究就要转到如何落实新的公务员工资政策上，同时，我们要把重点放到社会各个阶层的分配的研究上来。单从二次分配研究二次分配，分配问题是研究不透的。现在社会上许多分配上的问题，与收入的调控有很大的关系。对这个问题，我建议大家要立足于地方进一步研究，特别要关注怎样来调节各个阶层收入分配的差距，降低人们对收入增长的预期，缓解由于社会分配不公激发出的一些问题。这是一件大事。

2. 要围绕财政支持经济发展搞好研究。对财政支持经济社会发展，不能笼统地去研究，一定要细化。应该分行业、分产业研究。从第一产业看，核心是农民增收，关键是农业产业化。而影响产业化的主要因素是农村劳动力转移，需要认真研究如何促进农业社会化服务体系和技术推广体系建设、完善财政投入机制等问题，特别需要研究如何整合各级财政支农资金和技术推广的依托问题。从第二产业看，核心是增长方式，关键是技术创新。要重点研究如何改革、完善投融资体制促进“三集中”，支持国有企业改革，促进内引外联，促进企业技术创新。从第三产业看，核心是诚信，目前关键是建立公平的发展环境和提供廉洁高效的政府服务。把诚信看作是第三产业的研究核心，可能不太好理解，其实如果我们比较西方发达国家和我国的第三产业，大家会感觉到，我们搞的服务和贸易主要属于有形的，看得见摸得着的，诚信度要求不是那么高，大家可以通过视觉、知觉就能验证，不容易上当受骗。但是，象较高层次的服务产业，象期货、股票、金融服务等，都是视觉、听觉感受不到的，讲的就是诚信。现在股票市场为什么不行啊？就是没有诚信。我们说研究公平发展环境和政府的廉洁服务，首先应该研究如何建立诚信政府。前一段时间科研所搞了如何建设诚信财政，还要继续加强这方面的研究。对财政来讲，研究如何使经济警察真正履行职能。在诚信方面最直接的、最看得见的、最有作用的，现在就是我们的这些中介，特别是会计从业人员、财务人员在社会诚信方面担负着不可替代的职能作用。所以，财政要研究如何加强会计、财务从业人员及中介组织的诚信建设问题。

3. 要围绕公共财政建设搞好研究。在公共财政的基本框架下，当前要重点研究：一是支出的方向和重点。重点研究财政如何保证体现财政的公共性，为满足公共需要而提供足够的公共服务和公共产品等问题。二是支出结构。包括如何调整财政支出结构和投入方式，更好地支持经济和社会事业发展；如何落实“科教兴冀”战略，增加科教投入，支持公共卫生事业，促进社保体系建设等。三是界定支出范围。财政支出范围研究时间很长了。下一步重点研究一些可操作的东西。怎么去界定，界定后怎么去推动落实。

4. 要围绕和谐社会建设搞好研究。在这方面，需要我们研究的课题得更多。特别是要研究支持科技创新、循环经济、社会保障、公共卫生、公民素质教育、法制建设、市场机制完善等各项事业的发展，在和谐社会建设方面还有其他很多课题需要大家去发掘。如，调节城乡之间、地区之间、不同阶层之间的差距，如何实现各类经济体的国民待遇等问题。

（二）围绕财政中心工作开展研究

首先，要研究这次会议部署的各项工作任务，特别是重点任务、重点工作，大家回去以后都要作为财政科研的重点课题进行细化分解，组织专门人员进行分析论证，结合本地实际拿出具体的落实措施。第二，要围绕财政中心工作抓好政策性研究，原来行之有效的一些措施如何上升为政策，原来的一些政策如何上升为法规，要有针对性地进行研究。第三，要围绕财政中心工作大力开展财政运行机制和程序研究。财政工作中的许多问题，包括效率问题，都与程序密切相关。财政工作面临的许多矛盾问题也与程序有关。前一段时间，省厅曾经要求各处对当前各项财政业务运行的程序进行梳理，哪些程序是必须保留的，缺少这些程序要出问题；哪些程序是可有可无的，砍了之后，也不会出问题。对程序进行梳理、分析，把不必要的程序砍下去，便于提高财政运转效率。现在很多部门反映拨款程序多、项目申报程序多、办一件事跑好几个处，也反映政府采购程序多。现在到底我们的程序是多还是少，这些程序到底有没有存在的必要。我们现在运转的程序都是1998年预算改革以后重新设计的，本身就需要不断完善。财政运行机制无非两个方面，一个是制度，一个是程序。现在又面临着一个社会需求，希望大家加强这方面的研究。

（三）围绕财政工作中随时遇到的具体问题开展调查研究

由于地域不同、分工不同、市情县情不同，各个层次的具体情况也不一样。但是不管是哪个层次，遇到具体问题的时候，不管是大事小事都应该做一番调查研究。科学决策的前提，必须有调查研究，必须有调查研究的成果作为基础支撑，否则我们就会犯拍脑袋、拍桌子、拍屁股“三拍”的错误。所以，各市县财政部门的领导都要重视财政科研工作，真正把它列入议事日程。也希望我们每个级次的一把手每年都能牵头抓一两个重点课题。最近，省厅对财政科研激励机制作了进一步完善，厅内搞了一个激励办法，对于省委、省政府采纳的调研成果，经厅长办公会研究以后，加以重奖；调研成果被省级领导批示的，或者被厅长批示认为很重要的，也给予奖励，目的是进一步调动大家参与财政科研的积极性。

三、建设一支高素质的财政科研队伍

拥有一支高素质的财政科研队伍，是搞好财政科研工作的重要保证。财政科研人员只有具备较高素质，才能把握财政改革与发展的脉搏，才能保持较高的研究能力，产生高水平的研究成果。当然我所说的科研人员不单单是指我们财政科研所的同志，这个范围包括学会所有的理事、会员，甚至包括所有财政干部中有研究能力的同志。对素质方面，提这么几点：

（一）要加强“三风”建设。以正派的作风、良好的学风、严谨的文风，提高财政科研工作者的自律性、敬业度，培养职业自豪感、荣誉感、使命感和责任感。现在，人们感觉财政科研可有可无，谁也不愿意在科研所呆。这当然有两方面的原因。一方面科研所培养出高素质的同志就输送到业务处去；另一方面，个别同志搞科研没有积极性，干着没劲，没有自豪感，更没有荣誉感。我在科研所党员民主生活会上讲过，财政科研所应该是财政厅素质最高的处室，能力最强的处室，氛围最活跃的处室，因为科研所是研究机构，和业务处室不一样，相对来说应该有更开放的思想、更活跃的精神状态。科研创新来源于敏锐的观察和活跃的思想。如果思想不活跃，哪来创新，怎么研究啊。

（二）要关注学术前沿，不断提高理论素养。当前，财经理论和相关理论发展日新月异，财政科研人员不能只埋头于身边琐事，要与时俱进、跟上时代潮流，及时把握国内外财政最前沿理论。人家已讲过了，你还在研究，无形中已经落伍了一大截。不把握最前沿的东西，就不可能出高水平的科研成果。对于财政科研人员来说，要具备比从事实际工作同志更高的理论基础和修养，既要掌握当今财政界、学术界最前沿的理论观点，又要了解财政业务最新动态，如预算、体制、财政宏观调控政策方面的问题。对这些动态的、最前沿的东西要随时掌握。

（三）要培养良好的科研习惯。进一步弘扬讲团结、比奉献、肯吃苦、爱钻研的良好风气，养成“坐下来读书、静下来思考、沉下去调研、拿起笔写作”的习惯。另外，由于特殊职业的要求，财政科研人员思想上要活跃，要解放思想。没有活跃的思想，就不可能打开思路。只有思想活跃，才能提出新的观点。

（四）要加强科研人才队伍建设。加快建立和完善财政科研人才能进能出、能上能下的机制，更好地吸引人才、培养和发现科研人才，形成合理的人才梯队，培养一批德才兼备、通晓财政理论和实践的复合型人才。省厅要选调几个素质较高,文字水平、政策水平、理论功底比较强的干部,充实科研所队伍。也希望各市县财政部门加强科研机构建设,没有专职机构、没有科研所的,目前一定要有一些兼职的科研人员,要引进一些水平比较高的同志来从事政策研究。

(五)要注重协作配合,提高团队作战能力。政策研究涉及到方方面面,需要考虑的因素很多,而一个人的智慧和思路有限,要树立集体意识,集思广益,搞好配合,靠大家的智慧和集体的力量,发挥团队优势,提高科研整体水平和作战能力。团队水平提高了,个体的水平也会相应得到提高。

四、进一步做好财政学会各项工作

关于今后四年的学会工作,新一届理事会会长还要专门部署,这里我主要讲几点建议和要求。

(一)组织开展多种形式的学术研讨活动

财政学会作为群众性社会学术团体,是财政研究的重要依靠力量。组织广大财政工作者开展学术交流活动,是学会的一项重要工作。学会要有活动,不活动就感觉不到学会的存在。它不是正式的一级政府组织,而是群众性组织,如果没有动作、没有活动,那么这个学会就不会被社会所认识,甚至不会被财政部门的广大干部职工所认同。所以,学会一定要多搞活动。财政学会作为学术交流平台,要发挥好桥梁和纽带作用,围绕重点调研课题,创新组织机制,强化组织领导,开展多种形式的学术研讨交流活动。

有几种形式供参考:一是省财政学会要组织各市财政学会和财政科研人员广泛开展课题合作研究与联合攻关活动,积极推动群众性调查研究,并对活动实施督促检查。二是要发挥财政学会横向联合、纵向联合,与省外学术团体联系比较紧密的优势,多搞一些培训班,可以在省内搞,也可以到省外搞。特别是要多向财政部科研所去争取,争取财政部科研所的领导、专家来给我们组织培训班,给我们搞专题讲座。三是要注意主导和引领省内财政研究方向,改进和加强组织管理,对现行学术成果评审程序进行适当改革,建立专家评审制度和成果档案制度,从课题申报、立项、评比的各个环节认真组织成果评选活动,推动广大财政工作者参加财政调研和学术活动。四是要把握正确导向,重视科研成果的应用。我们的科研成果出来以后,不能只搞个汇编,大家评一评就放起来,或在某个刊物发表就拉倒了。今后,抓财政调研,从一开始就要抓领导关心的问题,围绕领导下一步要抓的事去组织调研,研究成果出来以后马上就可以变成财政政策或具体措施。哪怕是一项小的具体措施,一个程序的修改,我觉得都是财政科研的最好成果、最有用的成果。凡是有用的,我觉得都应该是评奖的。以后评奖我们把它是否被应用作为一项基本的评奖标准。这与财政科研的定位有关,你研究出来的东西没用,那你能评先进吗?怎么能说明你的成果有价值、有先进性、有前瞻性呢?所以,要把科研成果的应用作为基本标准,这是导向,刚才说的搞奖励也是导向。

(二)切实加强学会自身建设

财政学会要高度重视完善学会组织建设和内部管理工作,加强学会自身建设,努力做到纵向比有进位,横向上比有起色,在研究思路、工作作风、整体面貌上有新气象。一是加强政治建设。要以政治工作为动力来促进财政学会组织管理工作。学会领导机构和秘书处工作人员要具备较高的政治理论素质,不断增强事业心和责任感,把主要精力用于组织学会活动上。二是完善组织建设。进一步完善学会章程和各项规章制度,严格按照规章制度建立学会领导机构、办事机构、会员发展机制,形成较为完善的组织体系。现在各市基本都成立了财政学会,只有衡水市还没有成立组织,希望抓紧建立。扩权县建学会也好,建小组也好,要有一个科研组织,要有人来管这些事,开展好活动。三是注意搞好制度建设。进一步提高工作效率,每年要制定好学会的工作计划、科研选题,拓展横向联系,构建多层次科研联系网,组织好重大专题调研活动,充分调动大家的工作积极性和科研创造力,不断探索和发现财政学会管理工作的规律。四是要组织好活动。生命在于运动,学会在于活动。没有活动,学会工作就没有活力。最近几年,财政学会活动确实不多,今后要充分发挥作用,多想些办法,把学会工作活跃起来,把大家组织起来。另外,财政学会下面还有两个分会,一个是农村财政研究会,还有一个中青年财政理论研究会。这两个二级分会要把活动搞起来。这次会后,厅里要开一次中青年财政理论研究会,把今后活动的方式方法确定下来。我想,厅里的中青年研究会,每次就围绕一个题展开研讨,而且这个题是厅党组最关心的。对这个题作深层次研讨,最后形成的东西能够作为党组决策最有价值的参考，这样才算发挥了我们应有的作用。今后，中青年理论研究会一年要活动几次，每次都要有一个专题。希望学会的同志抓好这两个二级分会的有关工作。

同志们：财政在全面建设小康社会、落实科学发展观、促进经济社会发展中占有举足轻重的地位。目前，在进行和谐社会建设，促进经济社会全面协调可持续发展、全面推进公共财政建设的新形势下，财政科研、财政学会工作面临着重要的机遇和挑战。希望大家发挥好先导作用，站在财政工作全局的战略高度，用历史和发展的眼光来把握财政科研工作，耐心、踏实、勤奋、创造性地开展学会活动，为繁荣我省财政科研事业，促进财政改革与发展，促进我省经济和社会更快更好发展做出更大贡献！

谢谢大家！

河北省财政厅
关于 2005 年度财政科研课题成果
评审情况的通报

冀财办[2006]60 号　2006 年 7 月 26 日

厅内各处室、厅属各事业单位，各市财政局、各扩权县(市)财政局，省财政学会各会员单位：

根据《河北省财政厅关于印发〈河北省财政调研课题成果评审办法〉(修订稿)的通知》(冀财办[2001]42 号)，我们对今年提交的 2005 年度财政系统科研成果和 2003－2004 年度省财政学会研究成果，组织相关专家学者按照“作者隐名参评、评委公开打分”的原则，进行了评审。评审委员对提交的 223 项课题，围绕课题的选题、论证、创新、可操作性、实施效果等指标内容独立打出每一项课题的实际得分(百分制)，最终按平均得分情况排出获奖等次。现将有关评审情况通报如下：

一、评审程序

(一)工作人员将课题报告的作者单位、姓名隐去，连同制作的评审表一并交由评委评审。

(二)召开评委会议，宣布评审注意事项，确定评审标准等。

(三)评委独立打分。

(四)工作人员汇总评委打分并按每项课题的平均得分排序。

(五)请评审委员会主任委员审定课题评分情况。

(六)由厅领导审定评审结果。

二、评审奖项合并问题

由于从今年开始，省财政系统调研课题和省财政学会研究课题进行合并评审，同一作者的不同研究课题按原渠道分别申报调研课题和学会研究课题，在评审结果上出现了同一作者牵头的不同课题分别获得相关奖项的情况。对这种情况，按照厅领导批示，今年奖项评审允许一人(作为牵头人)最多有两篇成果获奖。从明年起恢复执行“一位作者只能牵头申报一项科研课题、参与一项课题研究”的科研课题管理办法。

三、评审结果

根据以上评审程序，现将评审结果通报如下：

2005 年度财政科研课题成果申报 223 项，经过河北省财政科研课题成果评审委员会评审，共评出等级奖 76 项(其中一等奖 11 项，二等奖 22 项，三等奖 43 项)；成果奖 42 项。现予以通报表彰。

河北省财政厅 2005 年度财政科研课题成果获奖名单

一　等　奖(11 项)

课题题目	承担单位	承担人
建立和健全预算决策机制研究报告	厅预算处	张拥军、武炜、蔡建军、贺志、牛利华
河北省社会保障资金管理实证分析研究	厅社保处(中心)	徐联中、杜义胜、李立新、张军、支莉
张家口财政跨越式发展研究报告	张家口市财政局	李雪荣
我省财政支出绩效评价体系与改革思路研究	厅预算处	赵文海、张拥军、林岐、武炜、蔡建军、贺志
公共财政调控土地资源管理的研究	厅经建处	李博、白鹤天、邢秋洁
河北省财政收入占 GDP 比重问题研究	厅科研所	胡德仁、刘丽、刘亮、张歆蕊

河北省县、乡政府债务的形成机制与化解对策	厅科研所	朱祥林、邢永春、陈国绪、郭宏、李延波、翟英哲
政府收支分类改革在预算执行中有关问题的探讨	厅国库处	高景良、李广春、张振川、刘宝贤、牛凌云
实行住房分配货币化中购房补贴政策研究	厅综合处	李树平、孟平英、范海秀、张兰君
"十一五"期间邢台市财政经济发展战略初探	邢台市财政局	崔尽忠、张永义
河北省间接利用外资情况调查及对策建议	厅涉外处	堵皆兵、刘俊业

二 等 奖(22 项)

课题题目	承担单位	承担人
河北省财政收入占 GDP 比重偏低问题分析与对策	厅国库处	周庆华、胡德仁、杨慧卿
完善农村义务教育投资体制问题的几点思考	邢台市财政局	崔尽忠、张永义
会计诚信探讨	厅会计处	贾秀申、赵邦宏、张学军
树立科学的发展观，调整我省财政支出范围优化支出结构研究	厅监督局	宋立根
农村税费改革与农村公共财政体系建设	厅税改办	胡宝民、姚绍学、王拥军、孟平英、范海秀
防范和化解县乡财政风险刻不容缓	厅督导组	张希儒、张献璞、高国柱、刘存福、高久长
河北省省级卫生支出绩效试点项目评价报告	厅社保处(中心)	冯建凯、李立新
我市县区财政综合绩效评价报告	唐山市财政局	马兰银、周凤松
关于加强和完善我省政法机关经费保障的几点思考	厅行政政法处	闫同湛、高云霄、赵晋进
会计信息失真问题研究及对策探析	衡水市财政局	王国弘
减免农业税后亟待制定配套改革政策	厅监督局	宋立根
企业改制过程中会计政策、会计处理的问题和对策	厅会计处	许亚琴、郭立田、孙国良、李桂荣
行政机关消耗性福利开支货币化改革探讨	邯郸市财政局	谷清恩
区域财政可持续发展的评价指标体系研究	保定市财政局	陈树存、王延杰、王占革、张进安
推进国有资产管理体制改革研究	省国富公司	徐洪杰、韩继普、张梅红、张颖
我国物业税改革中优惠政策的国际借鉴及过渡期相关问题探讨	省地税局	李胜良、李雪松、夏涛、尹绍铮
论产业集群在区域经济发展中的重要作用	张家口市财政局	李雪荣
促进城乡协调发展的财政政策研究	保定市财政局	吕宝生、王延杰
财政困难县乡走出困境的调研报告	厅督导组	张献璞、张希儒、高国柱
建立财政监督员制度的探索与实践	厅监督处	刘洪林
我国财政转移支付制度绩效的实证分析	厅科研所	王小朋
支持高新技术产业发展的公共财政政策研究	河北大学	孙健夫、马卫红

三 等 奖(43 项)

课题题目	承担单位	承担人
河北省财政利用外资的思考	厅涉外处	堵皆兵、刘俊业
行政事业单位会计基础规范工作存在的问题与对策	厅会计处	卢金霞、孙国良、张艳辉、马四海
调整财政支出结构，推进构建和谐社会	厅科研所	李小捧、曹春芳、贺颖
人民代表大会对预算审查制度的缺位之研究	厅人教处	曹铂
分税制财政体制：激励与均衡效应的实证分析	厅科研所	胡德仁、刘亮

河北省优质奶源产业化投资模式研究	省国富公司	韩继普
税收脉络	省地税局	李胜良
浅谈财政如何支持县域经济发展	唐山市财政局	莫连营、黎峰
为河北绩效预算管理改革"把脉"	厅人教处	杜彦卿、冯鸿雁
对十个省会城市财政工作的考察与研究	石家庄市财政局	李和平、赵汉增、焦树超
评估行业监管体制研究	省注协	张宪宁、李万军、赵翠云、周耀光
浅谈公用事业单位市场化改革	石家庄市财政局	刘生彦、王素敏
公共部门财务管理的市场性分析与运用	厅服务中心	高志勇、张歆蕊
公共财政框架下小城镇财政问题探讨	河北大学	宋凤轩、赵倩
CEPA 框架下的经济与税收格局	省地税局	张博书、王蕴瑭、李雪松
河北省地方财源体系建设与财政收入增长对策研究	厅科研所	成军
政府预算的契约结构:一个分析框架	厅行政政法处	孙仁宏
基于网络环境下社会保障基金管理电子政务研究	厅社保处(中心)	徐联中、杜义胜、蔡笑腾、张军
加强和完善非税收入管理研究	厅综合处	杨宗华、姚绍学、张兰君、王拥军
建立和完善我省农村社会救助体系的思考	厅社保处(中心)	冯建凯、刘建秀、卢平聚、李立新
财政支持农业防灾减灾体系建设的探讨	邯郸市财政局	刘平
出口退税对河北省财政经济运行的影响和政策建议	厅国库处	周庆华
对我市公务用车配备、使用和管理制度进行改革的调研	秦皇岛市财政局	李德军、郭勇兵
廊坊市宏观税负现状及相关问题分析	廊坊市财政局	左得江、王巨红
纳税评估:理论探讨和我省模式设计的思考	省地税局	王蕴瑭、李胜良、尹韶铮
美国两次绩效预算改革的启示	厅科研所	张歆蕊
承德市财政供养人员现状及控制办法探讨	承德市财政局	李炜
基于博弈论的财政预算管理研究	厅社保处(中心)	蔡笑腾
优化教育支出结构,实现城乡协调发展	河北经贸大学	刘连环、高维林
国库集中支付改革中现金管理模式研究	厅支付中心	王宏、刘新印、高虹、牛凌云、左晓渊、王大为
如何有效控制和化解乡镇债务	承德县财政局	吴占顺、任树森
关于我市差旅费改革的调研报告	邯郸市财政局	李少波、袁建强
全省交通财务管理体制调研报告	厅经建处	闫振武、牛显杰
社保基金运作模式的国际比较及其启示	厅行政政法处	段云飞
金财工程建设:服从整体,重视统一	厅信息中心	侯冰雪、吴雪贞
深化地方财政体制改革的思考	厅支付中心	曹春芳、张振川、王鹤霓
县乡财政困难的缓解之策	厅科研所	管荣开、胡德仁
河北地税收入凸显乘势而上新格局	省地税局	田祖荣、李利军
完善国库集中支付制度、构建公共财政框架	厅支付中心	张振川、吴会香、宋光远、程素婷、李东瑞、唐玮
国库集中支付制度改革环境下的会计核算研究	厅支付中心	张振川、马雪敬、部玉乔、潘志超、刘姗、乔毅飞
关于完善部门日常公用经费定额标准的研究	邯郸市财政局	李少波、袁建强
浅谈财政支持"三农"的理论与实践	安国市财政局	李敏、王巧英
浅谈"两个确保"与"低保"间的内在关系	承德市财政局	徐俊儒

成 果 奖(42项)

课题题目	承担单位	承担人
河北省新型农村合作医疗基金管理中存在的问题及建议	厅社保处(中心)	李立新等
CPA行业信誉机制研究	厅服务中心	高志勇、赵同剪、杨顺仓
廊坊市本级财政供养人员情况分析及应采取的控制措施	廊坊市财政局	刘礼斌、姚振辉
对深化农村税费改革的几点看法	秦皇岛市财政局	张玉文、王焕新、孙健
财政环境保护专项资金支出绩效评价分析研究	厅经建处	杨绍军、邢秋洁
关于宁晋县新型农村合作医疗工作的调研报告	宁晋县财政局	侯京会、马成敏、李会平
维护资金信用秩序监管机制中政府会计运行的研究	保定市财政局	王彦
对邯郸市出口创汇奖励政策的思考	邯郸市财政局	韩广兴、常鹤杰
完善县乡财政管理体制的探索与实践	清河县财政局	许涛、安顺
完善社会保障预算编制体系研究	张家口市财政局	韩开全、黄建军、郭志炜
关于唐山市财政经济发展与钢铁产业走势的研究与探讨	唐山市财政局	魏韶徽
财政支农与促进农民增收的对策研究	承德市财政局	张树民、张银、高嵩
财政支持项目建设的政策与措施	廊坊市财政局	杜澄泉
财政支持县域经济发展研究	平泉县财政局	张旭、闫锡杰、孟凡祥、卢炳文
加强我市退耕还林工作的思考	承德市财政局	李晓东、张建军、王晓光
对会计师事务所注册会计师人力资源管理的思考	省注协	关瑞兰、孙国良、郭颖、徐芳
建立促进就业长效机制是解决我省就业问题的必然选择	厅社保处(中心)	张烈、胡毅东、王振猛、蔡笑腾、李志银
市对区财政体制的实践与探索	邢台市财政局	胡海忠
如何完善乡镇财政体制	香河县财政局	马文龙
关于县乡财政体制的调研报告	宁晋县财政局	颜景献、邢怀恩、温同建
民营中小企业管理制度研究	厅企业处	黄朝文、高桂玲、董丽英
地方政府实施绩效预算的思考	承德市财政局	张树民、翟少春、员永利、马慧霞
“十一五”时期公共财政及其职能问题研究	保定市财政局	赵留强、刘文彬、石雯静
创造性地落实国家宏观调控政策	厅科研所	成军
财政农业专项资金绩效评价与项目预算编审刍议	邢台县财政局	闫聚陈
强化政府债务管理　完善政府债务预决算制度	承德市财政局	方青春
我省县域财源可持续发展的研究	定州市财政局	李克明、郄占伏
借鉴国际经验　深化我国农业税收制度改革	厅杂志社	陈国绪、李小捧、曹春芳
浅议农业财政资金管理中存在的问题与对策	秦皇岛市财政局	万裕增、李文学、姜军
增强市本级财政调控能力的宏观思考与对策	廊坊市财政局	李春山
城镇职工医疗保险制度存在问题及建议	清河县财政局	安顺、焦玉华
加强和规范非税收入管理的研究	承德市财政局	杨海峰
完善与深化财政统一发放工资工作的思考	厅支付中心	刘新印、王晓辰、李战强、程伟锋、赵志伟
妥善处理乡村债务问题的建议和对策	磁县财政局	桑振华、陈玉章
加强财政投资评审控制的思考	秦皇岛市财政局	张玉文、朱绵
关于我市财政经济发展的几点思考	廊坊市财政局	程广翔

关于经营城市提高区域竞争力的思考	唐山市财政局	莫连营
完善县乡财政体制研究	霸州市财政局	李卫东、杜建良、许书桩
完善农村义务教育财政投入机制	衡水市财政局	董魁宁、王藏君、张克新、刘风华
投融资体制改革问题与对策研究	石家庄市财政局	刘生彦
浅析财政困难县乡走出窘境的对策	泊头市财政局	韩进良
对建立农村居民最低生活保障制度的探索	宣化县财政局	马占军

2005 年度河北省财政科研
课题成果一等奖作品之一

建立和健全预算决策机制研究报告

张拥军　武炜　蔡建军　贺志　牛利华

党的十六大提出“改革和完善决策机制”。党的十六届四中全会《关于加强党的执政能力建设的决定》,则站在提高党的执政能力的高度进一步强调:“改革和完善决策机制,推进决策的科学化、民主化”。因此,改革和完善预算决策机制是贯彻落实党的十六大和十六届四中全会精神的具体措施,也是推进预算改革、提高集中财力办大事效果、实现科学民主理财的重要途径。2005 年,河北省财政厅党组将这一任务作为二十项突破性业务工作之一,列入工作日程。我们就这一课题进行了认真研究,研究成果推动预算改革取得了重大进展。

一、预算决策机制现状分析

1998 年以来,河北省预算改革取得了良好成效,实行了部门预算管理,在预算编制方面采用了零基预算、综合预算、标准定额预算、项目预算等比较科学的编制方法,在预算编制程序方面实现了早编预算,编制时间长达九个月,同时又探索试行了绩效预算、三年滚动预算等科学预算管理方法,预算分配的科学性、民主性有了显著增强,人大的监督作用得到更多体现。在决策方面,除了人员经费和公用经费由省财政厅根据标准定额核定以外,经济建设和社会事业发展资金实行了部门提出建议、财政厅根据收支预测确定各类专项资金支出限额,最后由省政府常务会确定、人大审批的决策方式。从预算资金的投入对象看,2003 年以来,河北省提出了集中财力办大事的理财方略,加大整合资金办大事的力度,省级财政在集中财力办大事方面取得了实质性的成果。但是,决策理论认为,预算决策的一般过程应当包括:(1)制定预算决策的目标,确定预算所要实现的社会价值;(2)明确制定并实现目标的主体,相应分配各主体应承担的职责;(3)搜集、整理决策信息,提出预算决策方案并计算每套方案的绩效目标;(4)比较筛选最佳预算方案。根据这一理性决策的范式要求,河北省目前的预算决策机制仍然存在一些缺陷。

一是预算安排的目标和所要实现的社会价值不具体清晰。尽管在宏观层面有全省的五年规划和年度的重点部署,但在中观层面各负责部门并非都制定了贯彻落实的部门规划或实施计划,预算安排的事项是临时拍定的项目。省委、省政府提出集中财力办大事要求后,各个部门认识参差不齐,对什么是重大事项,哪些算是重大事项,如何甄别识定,其认识程度并不整齐划一。中央确定的项目既缺乏明确的目标和价值体现,又难缺乏科学论证,致使政府的规划和战略部署得不到微观层面的支持,出现宏观和微观的断档。从而严重影响了财政资金的配置效益。

二是参与预算决策的主体职责分工不十分规范。从现实情况看,有三个类型的主体参与预算决策:第一个层面是人大和政府,第二个层面是财政部门,第三个层面是项目主管部门。这些主体分工虽各有规定,但较笼统,客观现实中也较混乱。如项目预算的决定权在政府,但实际却分散在各部门;各部门的职责是制定落实政府规划的实施计划,并据此提出项目建议,但实际上多数部门并不做规划,并基本上能够确定年度的预算项目;人大负责审查批准预算资金的使用方向、范围和用途,但实际上却热衷于参与具体预算项目的安排。此外,预算管理主体职责行使不规范、预算编制不认真、预算审查不严格、预算执行不严肃、预算监督不到位等问题也普遍存在,严重影响了预算管理的健康运行。

三是预算决策信息不充分。预算决策的过程实质上就是对预算决策信息收集、整理、分析和运用的过程。预算决策的信息包括资源信息和项目信息两类。在资源信息方面，尽管实现了严格的预算编制审核管理，各类人事、财产、财务信息纳入数据库管理，信息量比较充分，但事业发展规划乃至预算的战略计划信息并不充分。在项目信息方面，则更加不完整、不充分、不科学，大量的预算项目不是建立在占有大量信息、进行科学论证的基础之上，而是由相关部门在预算安排时凭主观仓促拍定的，十分随意，而且都是些概念项目。

四是预算决策方式有待改进。目前的方式是由财政厅给各部门下达专项资金的限额，然后以部门为主选定专项资金项目，财政部门进行审核，项目决策权分散在部门间，省政府最终只能“被动”决定。这种决策方式的直接后果首先是加剧了部门利益化程度，固化了财政支出结构，同时由于缺乏大局观念，造成了一些关系到整个经济社会发展的重大项目难以安排到位，跨部门资金更难整合，尤其是影响了省委、省政府战略部署的有效落实。而在项目筛选上，决策不民主的现象无法有效遏制，项目不科学、不具体、难执行的问题得不到有效解决，从而导致预算执行困难、项目调整频繁、资金支出进度缓慢等问题，致使财政资金难以发挥应有的效益。

二、健全完善预算决策机制的主要措施

完善的预算决策机制，要有一个健全、有序的预算管理运行机制，一个重大预算项目的筛选认定机制，以及一个最终的民主决策机制。

(一)完善预算管理运行机制

在整个预算管理方面，确保预算健康、顺畅运行的机制应当规范以下诸方面，这些方面彼此照应、相互协调，构成预算管理有机运行的系统结构。

一是预算管理责权。要明确突出责任和权力对称、责任为先的公共管理理念，对政府、财政、预算部门、预算收入征收部门、审计机关等各主体的预算管理责权进行明晰。政府的责权应重在决策，财政的责权应重在组织、审查、建议和监督，作为部门预算的管理主体，预算部门的责权应重在预算编制、执行、监督和财务管理环节。此外，还应当按照分层负责原则，明确预算部门、财政部门和政府对预算审查的内容和责权，强化预算编制的基础地位，以利于各自责任履行到位，权力行使不越位，从而保证预算编制质量和执行效率。

二是预算收入范围和支出分类。将所有财政性资金纳入预算管理是党的十六届三中全会以及全国人大和省人大有关决定的要求，也是强化财政管理的必然要求，是预算改革的发展方向。必须明确综合预算的收入范围，对预算收入实行全口径预算管理，将财政预算内、外收入和其他应纳入部门和单位预算的收入，全部纳入预算管理。在支出方面，为了同市场经济条件下的政府职能相适应，特别是适合于部门预算管理，便于预算编制、资金拨付与监督，便于宏观决策和明确绩效目标，根据政府收支分类改革方向，应当对预算支出按层次进行科学合理的分类：第一层次要将财政支出分为维持性支出和发展性支出；第二层次要将维持性支出分为个人经费、正常公用经费和专项公用经费，将发展性支出分为社会管理类、公共事业发展类、社会保障类、经济建设类和政策补贴类。

三是预算编制的方法。落实中央有关预算管理要求，将政府所有资金全口径纳入预算管理。按照零基预算的要求编制预算，其中，个人经费支出要按照规定的标准、政策和享受人员范围测算确定；正常公用经费要按标准定额方法测算，实行分类分档核定；专项公用经费及发展性支出要实行项目管理，按事项的轻重缓急程度编制项目预算；至于按类口对资金进行总体分配，则要由省政府根据部门预算建议计划和年度财力情况，按照零基预算和整合资金办大事的原则加以确定，充分体现绩效预算要求。

四是支出管理。为了加强资金管理，又便于资金使用，要加强国库集中支付、政府采购和收支两条线等三项改革。部门预算支出采取直接支付和授权支付两种方式，除部分不适合直接支付的资金外，其他资金都要实行直接支付。要编制和实施政府采购预算，推进政府采购；对各部门组织征收的行政事业性收费实行收支两条线管理，不与执受部门的利益挂钩，避免引起扰乱市场秩序的胡乱收费行为。要切实解决预算约束不强、支出管理不严的问题，对于预算变更、调整的程序和权限，非经批准不得变更；对于预算收入，征收部门要及时、足额征收并上缴，不得截留、占用或者挪用；要强调支出进度，对非客观原因支出进度达不到要求的，要给予一定的惩罚(如年终扣减预算等)；要强化预备费、预留配套资金、超收财力等资金的使用管理，非经法定、权限、程序，不得随意使用这些资金。

五是预算调整的权限和范围。严格预算约束，预算一经人大批准，便具法律效力，预算调整必须经过法定程序批准。同一部门不同预算科目间的预算资金需要调剂使用、支出预算项目需作调整的，应当确定财政部门和政府间的审批权限，这样既体现了政府的决策权，又可以提高行政效率。

六是预算评价、监督和法律责任。要充分体现绩效预算管理的理念，强调对预算支出的绩效评价，以提高资金使用效益。要进一步加强预算监督，完善和改进监督机制，与《预算法》和《审计法》等相关法律相配套，加强财政部门对预算实施监督，同时，借鉴国外和外省做法，实行财务总监制度，由省政府向部门派驻、省财政部门统一管理，负责对部门预算和财务管理实施直接监督。当然，没有法律责任追究，一切制度将难以彻底执行。要确立责任追究制度，保证在实施预算管理中可以违法追究，避免执法不严、违法不究等财经纪律松弛现象的发生。

（二）准确认定重大预算项目

对预算进行科学决策，首要的是对预算项目的重要性有个科学的认识，即要厘清所谓"重大事项"的内涵和特征，在决策时便于决策者客观地辨别识定哪些项目是科学的、重要的，而哪些不是，从而不至于使决策者确定的项目偏离客观需要，偏离经济社会发展的要求。

1、重大事项的内涵和基本特征。所谓重大事项，是指对国民经济和社会事业发展具有重大推进作用的事项，是广大人民群众最为关心、与他们的根本利益息息相关的事项。根据这一内涵，重大事项应该具有以下基本特征：首先，根本上讲，重大事项事关经济社会发展全局，与全省经济社会发展或某一行业发展战略紧密相关，具有广泛的经济社会影响，为人民群众所关注；属于重点领域和重点方面，或者对重大问题的解决能够起到关键的促进作用，或者属于能够影响全局、办不好可能造成重大损失、重大影响的要事。其次，进一步讲，重大事项鲜明地体现政府职能，能够满足社会保障、公共卫生、公共安全、公共设施、国民教育等公共事务方面的需要；而在经济建设领域，可以有效解决制约全省经济发展的具有公共性的关键领域、关键环节和关键技术问题，以改善经济结构，优化经济环境，提升经济运行质量。再次，相对结果而言，重大事项具有更高的绩效要求，其绩效目标更加突出，更加鲜明，更为量化，预期经济社会效益更高，对经济社会发展的影响程度更深，广大人民群众从中得到的实惠更多。

2、判断重大事项的具体标准。根据重大事项的内涵和基本特征，评判一个项目是否是重大事项，应当包括以下五项标准：(1)与经济社会事业中长期发展规划相符合，与国民经济和社会事业发展中长期规划的战略目标和重点相一致。(2)有明确的绩效目标，其绩效目标含有经济和社会两个方面，包括解决哪些问题，取得哪些成效，产生哪些影响等，并且是量化、可考核的。(3)一般而言，重大项目的资金集中度较高，具有资金、效益规模化特征，需要一定量资金做支撑，项目不"散"不"碎"，实施后发挥的效益显著。(4)从事后判断，一个部门安排的项目是否是重大项目，要看其是否符合省委省政府的工作部署，在各项工作中是否具有突出性；还要看项目资金整合效果如何，凡属重大项目的，一般能够将同类(口)中的预算内、预算外和政府基金，将分散在不同部门管理的相关资金整合到该项目上一起使用、共同发挥效益。

（三）改革和完善预算项目的决策机制

归根结底，改革和完善预算决策机制，就是要确保预算项目的科学性。做到这一点，既要有一套科学的项目遴选办法，又要有一套确保遴选项目具有科学性的民主决策制度，最终切实将有限的财政资金安排到这些项目上。

1、项目产生机制。首先要加强项目规划工作，在政府和部门两个层次上研究编制项目指南。项目的规划部门要在政府中长期规划和本部门(行业)中长期规划框架下，直接由部门决策层研究筛选重大项目。其次是改进项目筛选论证办法，项目的主管部门应成立相关的项目论证组织，对本部门所负责的专项资金预算安排项目进行审核论证，采取专家论证、咨询论证、中介机构论证、听证论证等形式和项目招标方法，充分体现科学与民主决策要求。最后要建立完备的项目储备库，经过严密的筛选论证后的项目要存入相关的项目库中。预算安排时只从项目库中按轻重缓急提取，不能直接安排没有入库——即没有经过科学论证，换言之可以认为是不合格的项目。

2、预算决策办法。首先要建立起部门建议、财政审核、专家论证、公众参与、党委政府集体决策和人大批准相结合、科学民主的预算决策制度，在政府和部门两个层次都采取集中研究定事、依事安排资金的方法，对关系全省经济和社会发展的重大项目，先由省委、省政府领导和综合经济部门主要负责人，根据全省经济社会发展全局需要和省委、省政府重大决策部署，对部门建议进行初步审查，认为符合重大事项范畴的，交付财政及有关方面进行深入研究论证，论证之后提交省政府常务会和省委常委会研究审定并在资金切块时优先保证，然后报省人大按法定程序审查批准预算。对关系部门、行业长远发展的重点和重大项目，由部门领导集体研究确定，再交由具体处室进一步研究论证。其次要建立一套科学选择项目的制度。主要是：决策咨询制度。成立由有关部门领导、行业专家、研究机构学者等组成的决策咨询机构，对全省战略发展规划和年度发展重点进行专门研究，必要时委托有关专业组织进行评估论证，为省政府决策提出咨询意见。部门可以比照这种形式，设立内部决策咨询组织，研究提出本部门、本行业发展规划和年度预算安排意见。听证决策制度。对关系广大群众切身利益的重大项目，省政府或有关部门可以举行听证会，听取有关方面的意见和建议。审查监督机制。省委省政府主管领导对分管部门编制的预算进行审查，省政府常务会对财政厅汇总提交的专项资金预算进行审查，层层把关，确保所选项目的科学性。

3、重大事项预算编制方法。首先要对发展性资金项目进行合理分类，在分类分口的前提下，对部门管理的发展性专项资金，根据使用的主要投向、领域或计划解决的突出问题等情况，将同一性质的具体预算项目再进一步归类，以便更清晰地体现部门年度预算安排所要办的重大事项。其次要规范“打捆”项目，对于同一项目在不同区域分散实施或同一项目由几个紧密相关的具体项目组成的，可以按照项目实施的整体绩效目标捆绑成一个项目，而不能将零星散碎、各部相关的项目打捆，以一个大的名称和较多的资金量包装成重大事项。最后要结合国家和全省经济社会发展中长期规划和省委、省政府重大战略部署，明确中长期发展目标、重点方向、重点领域和重点项目，进行中长期发展规划，编制三年或五年期滚动预算。

三、研究结果的运用及进一步的研究任务

健全和完善预算决策机制研究是项实践性十分强的课题，我们的研究成果在预算管理的实践中得到广泛的应用。一项成果是出台了《河北省省级预算管理规定》，并以政府规章的形式予以颁布执行，从而使河北省预算管理有了具有较强针对性的法律制度，与《预算法》及其《实施条例》相配套，构成了关于预算管理较为完善的法律体系。另一成果就是制定并由省政府发布了《关于进一步推进省级财政集中财力办大事的指导意见》。按照这两个文件的规定，编制了 2006 年河北省省级预算，这使河北省省级预算管理完全建立在法律政策规定的基础之上，增强了预算的依法性、合规性。

总体看，关于预算决策机制的总体框架已经建立起来，但就微观层面看，对如何进行预算决策——即其运行机制的认识还需进一步研究。下一步的任务，首要的是明确预算决策机制的总体框架，然后在这一框架下，研究具体的措施和办法。预算决策机制的总体框架应当包括以下内容：

一是决策主体。即具有预算决策主体资格的行为人，重要包括两类主体，一类是具有决定权的主体，包括各行政管理和事业发展主管部门、财政部门、政府、人民代表大会；另一类是参与决策，或是对决策发生重要影响的主体，包括参与决策的行为主体，包括有关方面的专家、社会中介组织和媒体、大众等。

二是决策原则。主要包括：科学性原则——即遵循客观规律、运用科学方法、实行专家论证以提高决策效率的原则。民主性原则——即各决策主体在各自职权内行使决策权、共同决定预算事项的原则。公开性原则——即预算决策的事项、依据和结果向社会公布、自觉接受社会和群众监督的原则。规范性原则——即按照规定程序、规定步骤实施决策的原则。责权明晰原则——即预算决策各主体要在规定的决策范围、决策权限内实施决策、并承担相应责任的原则。

三是决策责权。其中：政府的预算决策责权应当主要有审定预算战略、批准部门的公共事业发展规划、决定预算收支政策、规模及批准动用预备费和审定预算调整事项等。财政部门的预算决策责权有制定预算战略、审核部门公共事业发展规划及其项目预算建议、提出年度省级预算收支总规模、收支结构建议以及提出预备费动用和预算调整建议。部门的预算决策责权有制定本部门公共事业发展规划和提出本部门项目预算及预算调整建议。

四是决策范围。主要包括政府预算的政策目标、公共事业发展中的重大事项、预算收支政策、规模和结构、重大发展性项目预算及其绩效目标。

五是决策程序。主要是预算项目的决策过程按照规范的程序和规则进行,其中包括预算项目如何论证、听证,通过这些项目的科学民主产生机制,来保证预算的科学性。

2005年度河北省财政科研
课题成果一等奖作品之二

河北省社会保障资金管理实证分析研究(节选)

徐联中、杜义胜、李立新、张军、支莉

二、社会保障制度改革进程中的痼疾

(一)社会保障氛围在全社会还不够浓厚。社会保障制度的建立,需要社会方方面面的共同努力,需要一个良好的社会氛围。而目前由于人们的传统观念及宣传力度不够等原因,导致大多数人对社会保障制度理解不深,对其重要性缺乏足够的认识,最直接的表现为企业虚报、瞒报缴费基数,尤其是集体和私营企业签订劳动用工合同的还为数不多,这也为下一步扩面带来很大困难。

(二)社会保障覆盖范围较窄、保障水平较低,制约了保障功能的发挥。健全的社会保障制度应该覆盖全体公民,而目前我省社会保障制度的覆盖范围虽较以前有所扩大,但仍以机关事业单位、国有企业、集体企业为主,个体私营企业和广大农民绝大部分未真正纳入社会保障范围,许多低收入者得不到基本的社会救助。而且社会保障水平偏低,现行的社会保障项目除养老保险、失业保险、医疗保险外,工伤、生育等保险业务还未全面实行,尚处于试点阶段,未能使社会成员一生中可能遇到的风险都置于各种社会保障项目之下。社会保障制度覆盖面过小、保障水平偏低,导致社会保障资金积累不足,保障能力减弱,社会保障制度的规模效益难以发挥,而且不利于劳动力资源的合理流动,制约了经济的有序发展。

(三)社会保障管理体制分散,运作效率低。首先,由于受传统体制的影响,我省社会保障事业形成了多头管理的格局。几项社保资金分别归口劳动和社会保障、民政、卫生等部门,这些部门职能各异,自成体系。这种分散管理体制造成社会保障政策不统一,业务交叉,形成管理的脱节,加大了管理成本,降低了工作效率,削弱了保障的整体功能。其次,目前,我省实行的养老保险、失业保险、医疗保险、工伤保险、生育保险等5种保险由劳动保障部门管理,分别由不同的经办机构具体操作。由于经办机构不统一,使参加多项保险的企业和单位,需要多次办理相关手续,不仅加大了参保单位的工作量,也增加了经办机构的重复劳动,造成了一定的人力、财力的浪费,增加了工作成本。

(四)社会保障制度改革缺乏统一性。社会保障的项目在内容上有相互重叠现象。例如,(1)在一般情况下,医疗费用是由医疗保险项目支付的,但是在职工失业或女职工生育期间发生的医疗费用则要分别由失业保险或生育保险负担。(2)养老保险基金中有抚恤费和丧葬费,但在失业期间发生的抚恤费和丧葬费则由失业保险列支。(3)下岗职工基本生活保障和再就业资金、失业保险都列支用于职业介绍、培训机构的下岗失业人员再就业培训补助。(4)面向农村因疾病引发生活困难的医疗方面的社会保障项目有归口民政部门管理的"农村医疗救助"和归口卫生部门管理的用以反映支持农村合作医疗及贫困农民医疗救助的"农民医疗",这两者既有区别又有联系,如何统一管理有待研究。

(五)农村社会保障发展滞后。由于受经济和财力的制约,农村社会保障体系发展较城镇滞后。主要表现在养老、医疗卫生等方面,目前养老保险、医疗保险在我省广大农村尚未全面推开,新型农村合作医疗制度也正处于试点阶段,仅占全省总县数的26%。

三、完善我省社会保障制度改革的对策措施

通过剖析我省社会保障制度改革进程中存在的矛盾问题和原因,尤其是社会保障资金管理中的弊病,借鉴国外市场经济国家的成功经验以及兄弟省市的先进做法,特提出完善我省社会保障制度改革的对策措施。

（一）加大宣传力度，提高认识，不断扩大社会保障覆盖面。扩大社会保障覆盖面是增加保障基金调剂功能，增强抗风险能力的有效措施。有关部门和社会媒体应加大社会保障的普及和宣传力度，形成良好的舆论氛围，使广大民众充分认识建立健全社会保障制度的重要性，提高全社会的社会保障意识，调动公民个人参保的积极性，以推进社会保障制度的全面健康发展。近期应不断扩大社会保障覆盖面，尽快建立覆盖包括农村居民在内的全体劳动者的基本养老保险制度、大病统筹医疗保险制度，尤其应提高集体私营企业、个体劳动者、自由职业者和三资企业的参保率，提高社会保险的综合覆盖率，使全体劳动者得到平等的社会保障待遇。

（二）加大财政投入，建立稳定的社会保障资金筹资渠道。近几年，我省不断优化财政支出结构，加大社会保障支出，可这与建立完善的社会保障体系所要求的还相差甚远。因此，地方各级政府要在中央财政加大对地方转移支付的基础上，建立稳定的社会保障资金筹资渠道。一是加强部门间的协调、沟通，进一步核实缴费基数、人数，强化社会保险费税务征收工作，提高征缴率，这是比较规范和稳定的收入来源渠道；二是按照建立公共财政的基本要求，地方各级政府要大力调整支出结构，增加对社会保障资金的投入，不断提高社会保障支出占财政支出的比重；三是逐步建立完善的社会保障支出转移支付制度，加大对贫困地区社会保障资金的支持，提高统筹层次，缩小地区间社会保障差距，使各地的社会保障水平大体相同。同时，探索社会保障资金的其他筹集渠道，建立可靠稳定的多渠道筹资机制，保证社会保障制度改革的不断深入。

（三）健全制度，规范管理，提高社保资金的使用效益。

1. 编制社会保障预算，增强社会保障资金筹集与使用的计划性、科学性，减少随意性和盲目性。

2. 健全制度，规范资金运营。(1)建立社会保险基金收支自求平衡机制。一方面在加强税务征缴的基础上，继续深化改革，完善基本养老、失业和基本医疗等各项社会保险制度；另一方面加强待遇支出项目、范围和标准的控制，从制度和管理上确保各项社会保险基金收支自求平衡。(2)规范社保资金运行程序。一是完善资金拨付程序，在资金拨付时间和进度上要严格按有关制度规定执行，不准克扣截留。二是加强专户管理，各级财政部门要在年初将本级预算安排的社保专项资金拨入专户管理，专款专用，谨防列而不支和列而少支现象，坚决杜绝挤占挪用社保资金的行为发生。三是对部分社保资金调整现有的拨款方式和科目设置，如现行财政部门下拨优抚安置资金时，都是一笔将资金划拨到部门，民政部门也是在一个科目下列支部门办公经费和专门用于个人的抚恤和安置费，这样既不便于掌握抚恤和安置人员的保障待遇和标准，也给监督检查工作带来麻烦。因此，建议财政部门在划拨资金时应注明部门经费和用于个人的抚恤安置费各是多少，民政部门应分科目设账，这样可从制度上防止办公经费挤占抚恤安置专项资金的问题发生。另外，在下拨社保专项资金时，不允许直接扣除下级财政欠缴的其他款项，保证社保资金专款专用。(3)进一步完善省级社保资金转移支付政策，制定相对合理、稳定的省级以上社保资金分配办法，既要加大对困难地区的倾斜力度，又要对投入力度大的地区给予鼓励，以调动经济发展水平和财力状况相对较好地区增加本级社保资金投入的积极性。科学、合理、稳定的社保资金转移支付办法，可以使各市在年初对本辖区年度内的资金量有一个总体把握，便于安排资金，搞好本级社保预算和保证资金自求平衡机制的建立。

3. 建立社会保障资金效绩评价体系。建立社会保障资金效绩考评的目的是通过对目标与结果的比较，考评社会保障资金的使用效果，提高资金的使用效益。尤其在目前社会保障资金收支矛盾尖锐的情况下，建立效绩评价体系就显得尤为迫切和重要。绩效评价主要应包括定量和定性两种指标，所谓定量指标是运用具体数据如社会保障覆盖率、社会保险基金征缴率、再就业率等直接考核社保资金的使用效益；而定性指标则是无形的、不能简单地用数据来表示，需要运用比较分析方法如乡镇卫生院规模和设施的改善、参保人员实际生活水平的变化、灾害造成损失的大小等间接表明社保资金使用效果的。完善的跟踪问效机制和绩效评价体系，还应与各级政府、部门以及领导者的政绩挂钩，这样一方面有助于改变目前重分配、轻管理，重项目、轻分析的粗放式管理方式，集中有限的社保资金，解决真正困难的弱势群体的基本生活；另一方面有利于加强财政监督，规范部门的行政行为。

4. 加强监督检查力度。财政对社保资金不应是一拨了之，而应强化对资金事前、事中、事后全过程的监督。第一，加强制度建设，规范自身理财行为。加强财政财会部门内部控制制度建设和会计基础工作规范，对每笔社保资金从申请、审批、拨付直至使用都要严格按规定程序办理，及时公布有关社保信息，增强社保资金使用的公开性、透明度，自觉接受社会和公众的监督。第二，切实加大检查力度。可以采取上下联动、交叉检查、专项检查、重点抽查相结合的方式方法，强化检查效果，监督各级政府所属部门的社保资金管理使用情况，提高社保资金的使用效益。

（四）尽快开征社会保障税。社会保障已经成为社会主义市场经济体制的重要组成部分，是全民关注的热点和难点问题。如此重要的工作，无论是社会保障资金的收入还是支出，都应用较高的法律形式予以统一和规范。从收入方面来讲，实行社会保障税是必然的发展趋势，不应再以收费的形式筹措社会保障资金。以税法的形式统一制定社会保障税，对强化征收手段、明确纳税人的义务、规范资金的管理都有十分重要的作用。

（五）建立健全农村社会保障体系。农村社会保障制度是我省社会保障制度的重要组成部分，完善的农村社会保障制度可以使占全省总人口73%的农民在遭遇年老、疾病、伤残及其他突发事件致使其基本生活发生困难时，能够享受到和城市劳动者实质平等的社会保障待遇，这既是解决农民因病治贫、因病返贫和“三农”问题的关键，有利于深化农村经济的发展，也是社会文明和进步的重要标志。农村社会保障体系的建立必须符合我省实际、适应市场经济体制的需要，目前情况下，可在全省选择经济、财力相对较好的县市优先试点农村养老保险、农村低保和新型农村合作医疗制度，要探索研究这些改革与农村医疗救助、救灾救济等涉农社保资金的衔接和使用问题，及时总结试点县市的经验和教训，谨慎稳妥地推进改革，待时机成熟时，再在全省推广。

（六）提高社会保障资金的保值增值能力。世界各国保障基金的运用都是在保证投资安全的情况下，投向可获得高利润的项目以使其增值。我国社会保障基金的投资都是由国家社保基金理事会具体操作，地方尚无此权限。鉴于目前社保资金紧张的状况，应在保证社保资金安全完整的基础上，促其保值增值，因此，建议将基金投资权下放到省级，可将留足正常运转所需的周转和准备金之外的积累部分用于投资，以调动省级参与资金运作的积极性。根据我省实际，借鉴国外先进经验，应谨慎稳妥地推进此项工作，且不可盲目冒进，由于我省资本市场还不健全，未来预期不可测性，可委托专业投资管理机构进行投资运作，将基金投向那些投资时间短、见效快、效益好的项目，也可以长短期结合，投向港口、铁路、高速路等基础设施建设。同时可吸纳商业运作方式，公开招标选择有一定经济实力、经营业绩好、资信度高的企业作为担保，以降低投资风险。基金投资要有严格规范的程序，并且要和决策者的政绩和个人利益挂钩，确保资金在安全完整的基础上保值增值，以降低通货膨胀和物价上涨对资金的冲击，增强基金的抗风险能力。

（七）建设网络平台，实现信息化管理，建立高效、快捷的社保信息统计体系。社会保障工作涉及多个部门，为便于部门间沟通和信息交流，促进社会保障工作，要加强网络建设，实现信息化管理，建立比较准确、完整、及时的社保信息统计体系，为社会保障资金的筹集、管理、使用及其制度的制定和完善提供科学的依据。一是建立资源库。一方面将近年发布的社会保障方面的制度、规定、办法等文件进行分类整理，建立完善的社会保障制度体系；另一方面将近几年社保方面的基础数据如职工人数、失业人数、退休人数及其工资收入、缴纳的失业保险费、养老金以及低保人数等纳入数据库，健全社保统计数据指标体系。二是尽快建立社会保障网络系统。从技术上保证社保信息数据的准确、高效，实现部门间的资源共享。

（八）逐步探索社会保障统一管理模式，不断提高社会化服务水平。社会保障工作涉及面广，需要劳动、民政、卫生、财政等相关部门的共同参与、相互配合。尤其在街道和社区居（家）委会层面，劳动、民政等社会保障工作更是密不可分，不可能把劳动、民政工作绝对割裂开来。因此，下一步应探索实行社会保障统一管理的模式，由政府牵头协调、部门合作，建立社会保障社区服务平台，统一办理面向社区大众的服务项目，可在现有的劳动和社会保障事务站基础上，发展健全成办理所有社会保障事务的社区服务平台，提高社会保障社会化服务水平。

（九）降低成本，提高工作效率。针对我省社会保障机构重复、管理分散的现状，可逐步推行五保合一管理，即将目前分散管理的养老保险、失业保险、医疗保险、工伤保险、生育保险等 5 大险种，归并到一个经办机构管理，以减少参保企业和单位的重复劳动，提高经办机构工作效率，加快社保事业的发展。

（十）加强培训，增强服务意识。由于社会保障工作面向社会中的弱势群体，与个人的切身利益密切相关，且我省推行社会保障制度改革的时间不长，许多业务尚在探索完善阶段，故而要求从事社会保障工作的人员要具备较高的思想觉悟和过硬的政策业务水平，为此，要开展多种形式的培训、学习，使基层社保工作人员提高思想认识，增强服务意识，充分认识到社保工作的重要性和复杂性，增强责任感和使命感，带着感情做好社保工作，并努力提高自身理论水平和业务技能，提高工作效率，搞好服务。

不仅如此，还应配套其他改革，如加快发展、促进经济增长，广开就业渠道，实施多种灵活就业方式等也不失为较有效的措施。

四、我省社会保障制度改革的总体认知

通过对我省社会保障制度改革的实证分析，可以看出经过几年的改革实践，我省的社会保障制度改革取得初步成效，建立了较完善的社会保障体系，各级各部门能够正确处理改革、发展和稳定的关系，把支持社会保障制度建设、做好社会保障工作与保持社会稳定紧密结合起来，坚持“两个确保”，努力做好“三条保障线”的衔接工作，积极调整财政支出结构，增加社会保障支出，加强社会保障资金的管理和监督，为改革和发展营造了安定团结的政治局面，促进了地方经济的发展。

但在改革进程中也暴露出一些不容忽视的问题，如社会保障覆盖范围较窄、保障水平较低；基金筹集缺乏强制性，收缴难度大，征收不到位；资金拨付不及时、审核不严、管理不规范；资金监管滞后，效绩评价体系不健全，以及社会保障发展不平衡，农村社会保障发展滞后等。最突出的焦点问题是社会保障资金收支矛盾尖锐，资金缺口严重。尽管表面上看各项社保资金都有结余，有的结余还比较多（剔除因政策落实不到位形成的部分结余），也许会产生比较乐观的思想，但综合分析，结果却恰恰相反。一方面收入增长后劲不足，另一方面进入人口老龄化，我省离退休人员增幅越来越高，随着国有企业改革的深入，国有企业下岗职工基本生活保障逐步向失业保险并轨，必将增加养老保险、失业保险和最低生活保障资金的支出，收支矛盾尖锐。加之社会保障资金保值、增值手段单一，资金面临着贬值的风险，也将加剧这种矛盾，用不了几年这种潜在的支出和两者的矛盾就会显露出来。

若不能很好地解决此问题，必将危及社会稳定和经济的发展，当务之急是增收节支，即一方面扩大社会保障覆盖面，提高社会保障制度的规模效益，加强税务征缴，保证应征足征，加大地方财政支出力度，增加社会保障征收额；另一方面规范资金管理，加强待遇支出项目、范围和标准的控制，强化专户管理，专款专用；同时建立社会保障资金效绩评价体系，加强监督检查力度，提高社会保障资金的使用效益，以缓解资金紧张的窘况，深化我省社会保障制度改革。

通过调查还发现，我省的社会保障制度改革仍存在一些亟待研究、规范、明确的问题。

1. 如何充分利用国有企业下岗职工基本生活保障和再就业资金。按照现行规定，国有企业下岗职工基本生活保障和再就业资金，应在确保下岗职工基本生活的前提下，可用于促进下岗失业人员再就业，针对目前资金结余较多的状况，如何将这部分资金与失业保险资金、城镇最低生活保障资金、城镇职工基本医疗保险资金等更好地结合使用，既保证“三条保障线”的衔接和顺利并轨，又最大限度地发挥资金的使用效益。

2. 如何解决社会保障内容交叉问题。(1)失业保险和生育保险列支部分医疗费用；(2)养老保险和失业保险均列支抚恤费和丧葬费；(3)再就业资金和失业保险都列支再就业培训费；(4)农村医疗救助和新型农村合作医疗的有机结合问题等，都有待于研究探讨。

社会保障制度改革是一项系统工程，涉及方方面面，改革的进程一定要与我省的经济发展现状和人民生活水平息息相关，切不可高估冒进，照搬照抄西方国家经验，盲目提高我省社会保障水平，应在财力允许的情况下，谨慎行事，先试点后推广，将改革成本降到最低，保证弱势群体的基本生活，维护社会稳定。

2005 年度河北省财政科研
课题成果一等奖作品之三

张家口市 2005 年—2010 年财政跨越式发展研究报告

李雪荣等

2005 年—2010 年，是张家口财政发展十分重要的历史时期。按照市委八届五次全会提出的全市经济跨越式发展的战略要求，谋划和追求财政的跨越式发展，不仅是全市财政部门的首要政治任务，也应当成为全市财政系统干部职工的一种战略共识和历史责任。从近年来的财政发展情况看，全市财政收入由 2001 年的 19 亿元，发展到 2004 年的 54 亿元，三年三大步，迈上了一个新的台阶。展望"十一五"，在我市经济各领域中，财政最具备率先跨越的条件。因此，我们结合编制我市财政"十一五"规划，专门组织课题组，在对当前以及今后一个时期的宏观经济形势、经济政策和我市特有优势进行认真分析和科学预测的基础上，坚持以科学发展观为指导，按照构建和谐社会的要求，对全市财政跨越式发展的可行性及发展目标着手进行了较为深入的前瞻性研究，提出了《2005 年—2010 年财政经济跨越式发展研究报告》，旨在为各级领导和有关部门提供研究参考，同时作为财政部门未来一个时期工作的纲领和思路。

研究结果表明，今年及"十一五"期间，在国家宏观经济形势继续走强的大背景下，我市经济将又迎来一个新的高速增长期。在此基础上，财政收入的总量将迅速扩张，财政支出保障能力和水平将显著提高，财政运行机制将进一步完善，财政整体运行质量将实现新的跨越。

发展目标

2005 年—2010 年财政跨越式发展将经历三个阶段：

——2005 年，努力实现"7225"（即，全部财政收入达到 70 亿元，地方财政收入达到 20 亿元，人均财力达到 2.5 万元），财政经济实现新跨越的良好开局，财政状况基本好转

——2007 年，着力突破"1333"（即，全部财政收入达到 100 亿元，地方财政收入达到 30 亿元，人均财力达到 3.3 万元），财政经济实现阶段性跨越，财政状况明显改观

——2010 年，全力跨越"1755"（即，全部财政收入达到 170 亿元，地方财政收入达到 50 亿元，人均财力达到 5 万元），财政经济完成质的跨越，财政状况根本好转

2005 年—2010 年张家口市财政发展面临难得的机遇与优势

经济是财政的基础。经济发展的速度和质量决定着财政发展的方向。"十一五"期间，国家良好的宏观经济走势和稳定的宏观经济政策，将为张家口市财政经济的跨越式提供非常优越的外部环境，同时，张家口特有的各种优势将得到进一步发挥和显现。总的看，未来五年，张家口经济发展将面临十分难得的历史机遇。

从宏观经济形势看，据国家发改委预测，2005 年，全国经济的增长速度较去年虽将有所回落，投资和出口也将有所减弱，但从全年乃至一个时期的经济运行走势来看，"稳健型"的宏观经济政策将对中国经济的短期增长态势和长期增长趋势产生十分积极的影响，国民经济仍可保持较快增长水平，国民消费将继续保持平稳快速增长态势。从拉动经济增长的三大要素看，未来几年，我国经济增长的动力依然强劲，还有巨大的增长潜力和发展空间，仍将处在高速增长的平台上。一是未来投资规模仍将保持较高增速，投资需求仍有很大张力；二是未来消费需求将稳中有增，对经济增长的拉动作用将逐步增强；三是尽管存在影响出口扩大的负面因素，但出口需求对经济增长仍将保持较强的拉动作用。同时，高储蓄率、高投资率以及比较旺盛的市场需求，加上丰富的劳动力资源，都将支撑经济较快增长。预测表明，2005 年经济增长率可以达到 8.5%～9%，未来几年也有望保持 8%以上的强劲增长。

从宏观经济政策看，当前及今后一个时期，国家将继续实施适时适度的宏观调控政策，主要特点是实行"有保有压"的宏观调控措施，由单向(一路松或一路紧)型设计向复合型设计转变，加强对行业增长不平衡、地区增长不平衡、城乡增长不平衡等问题的调控，从而保持国民经济在一段时期内的持续稳定增长。从财政政策方面看，一方面以推进经济内生

增长为目标的稳健的财政政策，将进一步刺激投资和消费，拉动国内需求，促进经济和财政的可持续发展。另一方面，随着国家税权下放改革的酝酿，以及增值税转型、统一内外资企业所得税率、完善个人所得税制等税制改革的陆续出台，加之国家"十一五"期间还将开征燃油税、物业税、不动产税、遗产税、社保税等税种，未来一个时期国家税收政策将进一步完善，税收结构将进一步优化，有利于进一步扩大税基，稳定合理地提高财政收入在 GDP 中的比重。

从我市特有优势看，在前述良好的宏观经济走势背景下，我市可以充分利用和发挥特有的区位优势、交通优势、市场优势、工业基础优势、资源优势和后发优势六大优势，依托电力、钢铁、医药、煤化工、装备机械和汽车、奶业六大产业，进一步夯实财源基础。已经建成的宣大、京张高速，以及正在建设的丹拉、张石高速公路，和将在"十一五"期间谋划建设的张承、京大高速公路及京张高速扩建和新建项目，在全市将形成密集的高速公路网，集宁至张家口铁路和沙蔚铁路扩延等铁路项目也有望在"十一五"期间开工建设。以上交通线路的开通，将使我市的交通地位得到极大提升，有力地促进全市经济贸易、旅游和对外开放的发展，使我市同时处于京津冀和晋冀蒙"两大经济圈"的区位优势将更加凸显，为我市经济聚集更多的发展要素，对我市经济拉动的乘数效应也将日渐扩大，为我市经济在"十一五"期间的跨越式发展奠定坚实的基础。

从上述分析看，综合经济界主流观点对国家宏观经济发展的预期以及市发改委、统计局对我市"十一五"期间经济发展走势分析，我市未来五年的 GDP 增幅将比"十五"期间有较大幅度的提高，财政收入占 GDP 的比重仍会有稳定地增加，这一背景客观上决定了我市财政在"十一五"期间仍会承接"十五"期间良好的发展势头，继续保持快速增长，以下的研究都是建立在这一判断的基础之上。

据市发改委提供资料显示，"十一五"期间，我市各行业都将迎来一个迅速增长期。

我市机械制造、医药和煤化化工等传统行业将实现快速增长。

2007 年和 2010 年机械、医药、煤化工行业主要指标情况

年度	机械和汽车工业		医药行业		煤化工行业	
	销售收入（亿元）	实现利税（亿元）	销售收入（亿元）	实现利税（亿元）	产量（万吨）	实现利税（亿元）
2007 年	101	8	10	0.6	299	7
2010 年	180	15	13	1.2	330	20

同时，钢铁、电力等骨干行业也将继续发挥着经济支柱的作用。

2010 年钢铁、电力行业销售收入及利税预测情况　　单位：亿元

行业	钢铁行业		电力行业	
	销售收入	实现利税	新增销售收入	实现利税
金额	280	40	122	22

另外，我市的后发优势也决定了许多项目极具投资潜力。据发改委预测，今后一段时间内，我市投资总规模将达到 1480 亿元。

后几年重点行业投资情况　　单位：亿元

	钢铁	煤化工	煤电路开发	电力	道路建设
投资金额	100	100	180	800	300

在传统骨干行业和项目建设的强力拉动和支撑下，全市宏观经济将实现跨越式发展，经济规模跨上一个新台阶。据市统计局预测，到 2007 年，全市 GDP 将突破 700 亿元，到 2010 年，全市 GDP 将突破 1065 亿元。

2005 年—2010 年我市财政收入规模将实现历史性突破

财政收入是衡量和反映财政状况最重要的指标之一。财政的跨越式发展，首先要体现在收入的跨越上。因此，我们首先从历年财政收入发展形势和财政收入与经济发展相关联两个方面，对未来几年财政收入跨越式发展目标定位进行了理论分析和预测。

从财政收入年均增速角度预测。自 1994 年分税制财政体制改革以来到 2004 年的 10 年间，全市财政收入基本保持了一种前缓后扬的上升趋势，年均递增率为 14.84%。从今年全市财政经济运行情况看，2005 年全市财政收入预计可达到 70 亿元，较上年增长 29.6%。按照从 1994 年到 2005 年财政收入平均增速 16.1%测算，到 2007 年，全市财政收入规模预计可达到 94 亿元；到 2010 年，全市全部财政收入规模预计可达到 148 亿元。

运用经济数学模型方法预测。根据财政部开发的经济数学模型，按照预测年度财政收入与以前年度完成财政收入在时间序列上反向相关的原理（即预测年度和实际年度间隔越近关联度越大、间隔越远关联度越小），对预测年度前 12 年的财政收入增长情况赋予不同的权重，从而计算出预测年度的预测值。运用这个经济数学模型，按 2005 年全市全部财政收入完成 70 亿元计算，到 2007 年，全市全部财政收入预计可达到 100 亿元；到 2010 年，全市全部财政收入预计可达到 149 亿元。

从财政收入占 GDP 比重角度预测。2004 年，全市财政收入占 GDP 的比重达到 13.5%；2005 年，全部财政收入预计达到 70 亿元，占 GDP 的比重预计达到 14.5%（按照统计部门预计的 2005 年 GDP 规模 482.2 亿元测算）。从我市和全国历年情况看，财政收入占 GDP 比重总体上与国民经济增长正向相关。按照这个规律，“十一五”期间，随着我市经济跨越式发展，财政收入占 GDP 的比重将呈稳步提高趋势。因此，以后几年的财政收入占 GDP 的比重，我们按照全市 1994 年—2005 年十年来 2.74%的年均增幅进行了逐年递增，到 2007 年，全市财政收入占 GDP 的比重预计可达到 15.32%，较全国 2004 年 19.3%的比重低 3.98 个百分点，在全市 GDP 达到 700 亿元的前提下，财政收入预计可达到 107 亿元；到 2010 年，全市财政收入占 GDP 的比重预计可达到 16.62%，仍低于全国水平，在全市 GDP 达到 1065 亿元的前提下，财政收入规模可实现 177 亿元。

从财政收入弹性系数角度预测。财政收入弹性系数，即财政收入增长率与 GDP 增长率之比。从全国情况看，近几年全国财政收入弹性系数基本在 1.3 左右，而发达国家保持在 1.1 到 1.6 之间。具体到我市情况，从 1994 年到 2005 年 11 年间，我市财政收入的弹性系数平均为 1.34，与全国水平基本相当。因此，后几年财政收入弹性系数按我市近十年的平均水平 1.34 测算，预计到 2007 年，全市财政收入规模可达到 112 亿元；2010 年，全市财政收入规模可达到 192 亿元。

从上述四个层面的预测情况看，前两种预测方法依据的是历年财政收入数据，预测的收入增幅相对较为平缓；后两种方法，是建立在财政收入增长与国民经济发展密切相关的基础上的，在“十一五”期间全市经济跨越式发展的形势下，预测的收入增幅相对较高，但均显示了我市“十一五”期间财政收入超常规、跨越式发展的总体趋势。为了使财政收入预测结果更为合理，更贴近实际，我们在既考虑财政收入历史发展规律，又与经济跨越式发展相适应的角度，对以上四种测算结果按照一定权重进行了综合平衡，最终结果表明：

＊2005 年及今后五年，财政收入规模将实现历史性跨越。2005 年，全部财政收入规模达到 70 亿元，地方财政收入规模达到 20 亿元。到 2007 年，全部财政收入规模达到 100 亿元，地方财政收入规模达到 30 亿元，地方收入在全省的排位有可能由第 9 位上升至第 7 位；到 2010 年，全部财政收入规模达到 170 亿元，地方财政收入规模达到 50 亿元，全部财政收入和地方财政收入规模在全省排位均有可能跃升至第 5 位。

到 2010 年，我市地方一般预算收入规模可能超越的秦皇岛市、邢台市、廊坊市和沧州市的基本情况是：邢台市，2004 年的地方一般预算收入为 18 亿元，在全省排 8 位，“十五”期间的年均递增率为 7.6%，较我市同期低 8 个百分点；秦皇岛市，2004 年的地方一般预算收入为 19 亿元，在全省排 7 位，“十五”期间的年均递增率为 8.6%，较我市同期低 7 个百分点；廊坊市，2004 年的地方一般预算收入为 20 亿元，在全省排 6 位，“十五”期间的年均递增率为 14.2%，较我市同期低 1.6 个百分点；沧州市，2004 年的地方一般预算收入为25.8亿元，在全省排5位，“十五”期间的年均递增率为13.7%，较我市同期低1.9个百分点。

2005年及今后五年，县级财政实力显著增强。在全市财政跨越式发展的同时，县级财政状况实现根本改观。2005年，全部财政收入超亿元县区将达到12个，较2004年增加3个，收入规模最高的宣化区将达到5亿元；到2007年，财政收入亿元县将再增加一个，达到13个，其中宣化区将超过6亿元；到2010年，13个县和4个市辖区及高新区的财政收入将全部跨过亿元，5亿元以上的县区达到3个，收入规模最高的宣化区将达到8亿元以上。

根据以上预测，从纵向看，我市收入呈现出跳跃式增长的轨道，可以跨越一个别人普遍经历的历史阶段；从横向看，在相同发展水平或相邻地区的比较和竞争中，有明显的提升和进位。从这两种意义上讲，随着上述目标的实现，我们完全有理由说，张家口财政实现了跨越式发展。

2005年—2010年财政保障水平和能力将实现大幅提升

在财政收入规模大幅攀升的基础上，我市各级财政的财力水平也将实现快速提高。

——2005年，全市可用财力将达到39亿元，较2004年增长19.4%；人均财力达到2.5万元，达到目前全省财政中上等地区的水平；县级人均财力突破2万元，达到可以保障公教人员现有工资标准足额发放和机关正常运转的基本财力水平，人均财力超过2万元的县区将达到10个，较2004年翻一番。

——2007年，全市可用财力将达到51亿元，较2004年增长56.4%；人均财力达到3.3万元，达到目前全省财政状况较好市的水平；县级人均财力达到2.3万元，人均财力超过2万元的县区将增加到14个。

——2010年，全市可用财力将达到74亿元，是2004年的2.3倍；人均财力达到5万元，是2004年的2.4倍；县级人均财力达到3.6万元，所有县区人均财力均超过2万元。

随着全市各级财政可用财力的快速增长，财政支出保障水平也将得到显著提高，财政支出结构将发生明显变化，对经济和社会发展的支持力度不断加大，关系人民群众根本利益的问题得到有效解决，财政支持构建和谐社会的能力显著增强。到2007年，财政用自身财力安排的支持经济社会发展支出规模将达到27亿元，比重将达到52%，比2004年提高11个百分点；到2010年，自身财力支持经济社会发展支出规模将达到45亿元，比重将达到60%，比2007年提高8个百分点。

一是公教人员工资保障能力明显提高。预计到2007年，国家出台的所有工资政策可全部兑现，公教人员工资水平在现有基础上得到一定提高，并部分消化2002年以前陈欠的公教人员工资；到2010年，公教人员工资水平将实现大幅提升，跻身全省先进行列，全部消化2002年以前陈欠的工资。

二是社会保障体系日益完善。预计到2007年，地方财政安排的社会保障支出将达到2.6亿元；到2010年，地方财政安排的社会保障支出将达到7.1亿元，达到国家“十五”计划中规定的地方财政安排的社会保障支出占一般预算收入15%的要求。社会保障总支出将在2004年基础上翻两番，达到60亿元。

在城镇居民享受更全面、更高标准社会保障的同时，农村居民也将享受到前所未有的社会保障，全市城乡社会保障水平差距将进一步缩小。我市将基本建成“老有所养、病有所医、困有所济”的社会保障体系。一是各种所有制企业职工全部参加养老、失业、医疗、工伤、生育保险，实现五险统一，保障对象按时、足额领取社会保险费；二是农村医疗救助和农村合作医疗覆盖范围由目前尚未铺开，达到全市农村人口的80%，全面建成农村最低生活保障制度，保障标准达到我市目前城镇人均补助标准，确保低收入农民的基本生活；三是按照全省统一规划，完成所有乡镇卫生院的改扩建工程，达到部颁标准，保证全市农民方便、就近就医；四是根据城镇居民收入增长幅度，提高城镇居民最低保障标准，实现按标准据实补差，确保低保对象收入达到最低生活保障线；五是建立功能完善、反应迅速、运转协调的突发公共卫生事件应急机制和突出重点、因地制宜、统筹规划的消除地方病综合治理机制，健全覆盖城乡、灵敏高效、快速畅通的疫情、地方病情信息网络，改善疾病预防控制机构基础设施和实验室设备条件，提高流行病学和地方病调查、现场处置和实验室检测检验能力。

三是财政支持“三农”的力度大幅提升。到2007年，全市“三农”支出总规模达到7亿元；到2010年，“三农”支出总规模达到11亿元，比2004年增长1.4

倍。通过深化县乡财政体制改革，城镇化进程进一步加快，县乡自我发展能力明显增强。基本建立稳定的农业投入增长机制，财政对农村基础设施建设、扶贫开发、农村综合开发、农业产业化、农村公共卫生等环节的投入力度明显加大，农村规模化、现代化的进程进一步加快，农村经济结构优化升级，农业经济的竞争力得到加强，农业增效和农民增收成果显著。到 2010 年，全市 84.9 万贫困人口将稳定解决温饱，农民人均纯收入大幅度提高，将接近 4000 元水平，农村生产条件、生态环境和人居环境得到明显改善。

四是全市各级财政对教育投入将达到或超过国家法定增长比例。到 2007 年，地方财政安排的教育支出将达到 14 亿元，全市教育支出总规模将达到 17 亿元；到 2010 年，地方财政安排的教育支出将达到 21 亿元，全市教育支出总规模将达到 26 亿元，是 2004 年的 2.6 倍。在校学生人均教育费用和生均公用经费稳步增长，全市各类学校布局调整整合完毕，现有危房将得到全面改善，济困助学制度更加完善，教育质量和普及程度全面提高，人民群众有更多接受良好教育的机会。到 2010 年，我市基本实现从"普九"、"人人受教育"，到多媒体、网络化教学、"人人接受高质量教育"的跨越。

五是科技支持经济发展的能力显著提高。到 2010 年，地方财政安排的科技支出将达到 0.57 亿元，其中，市本级安排的科技三项费支出将突破 0.1 亿元。全市各级财政对科技投入将达到或超过国家法定增长比例。初步形成以财政投入为引导，企业投入为主体，银行贷款为支撑，社会筹资、引进外资为补充的多渠道、多层次、多元化科技投入机制。科技事业对经济的支撑能力得到加强，科技对经济的贡献率达到 50%以上。

六是财政对提高国民素质方面的投入力度进一步加大。到 2010 年，全市计划生育支出规模将达到 0.9 亿元，人均计划生育费接近 20 元。通过农村计划生育家庭奖励扶助制度，以及对手术减免、育龄妇女免费检查等配套制度的实施，人口自然增长率稳定地控制在 7‰左右。同时，将重点支持一批文化、广播、体育重点设施的建设，体育馆、文化艺术中心、报业大厦、电视演播大厅、展览馆"退商还文"、图书馆、少儿活动中心等一批文化体育工程，到 2010 年前将全部建设完工，并投入使用，将为全市人民群众提供良好的公共服务，我市的文化宣传及精神文明建设将上一个新的台阶。

财政跨越式发展不仅反映在收入规模的壮大上，同时，也一定意味着支出水平和社会保障能力的提高。从以上我们对支出框架进行的初步描述和构想来看，随着财政收入的跨越式增长和财力水平的显著提升，我市各级财政的支出保障水平和能力也将实现质的突破，财政在构建社会主义和谐社会的过程中所发挥的作用将越来越重要。

2005 年—2010 年财政管理水平将跨上一个新的台阶

财政跨越式发展，一方面需要财政有相应的推动和支持机制作为保障，同时，财政跨越式发展本身也需要财政管理水平有质的提升。按照科学发展观以及依法、科学、高效、民主理财的思路，到 2010 年财政应当逐步建立完善三个方面的工作机制。

第一，是有效的收入增长机制。科学规范的收入增长机制主要由收入激励机制、监控机制、投入机制和服务机制四个环节组成。一是激励机制。完善财政管理体制，对县区进一步明确收入范围，增强县区抓财政收入的主动性；以实行"奖补"和"超收全返"激励性财政政策为主要内容，建立对县区财政收入的增速等指标进行考核奖励机制，调动县区增加财政收入的积极性。二是监控机制。加紧建立并完善财源监控体系，加强对不同所有制企业的财源监控，强化对重点行业、重点税种和重点企业的征管，从源头上把紧税源管理关口，防止税收流失。三是投入机制。结合市情，发挥财政职能作用，通过体制调节、政策引导等多种手段，支持国有、民营企业发展，尤其支持技术创新、经济增长方式和经济运行质量提高，积极推进结构调整，努力优化财源结构体系，逐步提高财政收入占 CDP 的比重。四是服务机制。积极支持为市场经济活动主体投资经营创造良好的软硬环境和提供便捷高效的公共服务，包括建立健全产品质量检测、法律会计咨询、经济技术和公共政策信息等社会化服务体系，健全市场机制。

第二，是规范的财政管理机制。按照构建公共财政框架的要求，推进各项财政管理改革，努力实现依法理财、科学理财和规范理财。一是建立内容更加全面、形式更加规范、方法更加科学，以零基预算、综合预算、刚性预算、细化预算为特征的部门预算管理体系；积极推行预算绩效评价改革试点，逐步建立起科学、规范的预算绩效评价体系。二是按照以国库单一账户体系为基础、资金缴拨以国库集中收付为主要形式的现代国库管理制度的要求，建立适合我市财政改革的国库管理制度体系。三是建立“公开透明、公平竞争、公正交易、诚实信用、利益共享”的政府采购制度，完善政府采购工作机制，扩大采购范围和规模，提高采购效率和效果。政府非税收入全面实行严格的“收支两条线”管理，纳入法制化轨道。

第三，是严密的财政监督机制。紧紧围绕财政管理和财政改革，构建包括预算编制、预算执行和财政监督“三位一体”，事前审核、事中监管、事后检查评价相结合，涵盖财政收入、财政支出、财政政策执行、会计监督、财政内部监督等各个方面，财政管理和财政监督有机融合的新型财政监督体系。

综合上述所有的研究结果，未来五年，在国家大的宏观政策没有大的调整和变化的前提下，我市财政的跨越式发展经过各级各部门的共同努力是能够实现的，发展情景是可期的、光明的。但是，我们也同样应当认识到，在发展的过程中还面临着许多问题和困难，包括我市现阶段财源基础还不够牢固，后续项目的支撑作用还不够强；财政收入的结构还不尽合理，一般预算收入占全部财政收入的比重还偏小，财政收入过分依赖资源和能源的结构性矛盾还没有从根本上得到改变；同时，县域经济整体发展滞后、发展不平衡问题还比较突出，也会对财政跨越式发展造成影响。这些都需要我们付出巨大的努力。为此，我们既要充满信心，把握住这一历史机遇，更要客观冷静地正视困难和问题，瞄准优势，找准差距，真抓实干，把全市财政跨越式发展的战略目标落到实处。一是始终突出财政跨越式发展这一时代主题，树立牢固的大局观、落实科学的发展观、体现实事求是的理财观，咬定青山不放松，把思想和力量凝聚到财政跨越式发展上来。二是坚持有所作为，突出抓落实、抓细节、抓具体，以奋发有为、开拓进取的精神状态，努力做财政跨越式发展的推动者。三是狠抓干部队伍建设，突出抓学习、抓创新、抓素质，全面提高理财本领，为财政跨越式发展提供坚实的人力保障。

2005 年度河北省财政科研
课题成果一等奖作品之四

我省财政支出绩效评价体系与改革思路研究

赵文海　张拥军　林岐　武炜　蔡建军　贺志

近年来，随着财政收入规模的逐步增大和公共财政框架的确立，我国财政管理已进入以支出管理为重点的新阶段。“追踪问效”、提高财政资源的配置效率等支出绩效问题已逐步引起重视，作为支出绩效管理基本技术手段的绩效评价体系研究与实践在全国已经开始。2005 年结合我省预算改革情况，我们组织对财政支出绩效评价工作、构建财政支出绩效评价体系问题进行了初步研究与探索，并已将研究初步成果应用到我省预算管理实践。

一、财政支出绩效评价的作用和意义

财政支出绩效评价是市场经济和社会进步对政府财政支出管理提出的必然要求。在现代政府公共活动的管理中，基于结果的支出绩效管理在整个政府支出管理中占据了十分重要的地位，它既是提高公共部门运行效率、增强公共部门责任意识的需要，又是提高公共部门信息透明度、加强公众监督和推进社会民主建设的需要。对财政支出而言，绩效评价是整个绩效管理的核心和重要手段，也是政府编制绩效预算的前提。一个有效的支出绩效评价系统不仅能向公共服务的提供者揭示公众的满足程度和财政预期目标的实现程度，而且也能指明财政支出决策的改进空间和应采取的行动。具体而言，开展财政支出绩效评价可以起到以下作用：

(一)建立财政支出绩效评价体系为科学界定财政支出范围提供依据

政府与市场的分工，客观上界定了财政支出的范围。政府管好该管的事情是财政支出范围合理化的标志，而合理化的衡量尺度则是支出的绩效水平，即政府是否将有限的资金用于“该管的事情”，而且最低成本的“管好该管的事情”。我国正处于转型经济中，市场经济发展不成熟，政府和市场的分工存在着模糊和界区重叠的可能性。这使得财政职能的“越位”和“缺位”并存。通过编制战略规划，将各部门的职能和事业与公共支出的供给范围及规模紧密联系起来，可以科学界定公共支出范围，清理那些不属于财政资金保障范围的部分，确保财政资金的使用严格限定在提供公共物品方面，真正解决财政资金供给中存在的“越位”和“缺位”问题。

（二）建立财政支出绩效评价体系促进财政支出结构的改善

财政支出结构形成资源配置状态，而资源配置效率代表着财政支出结构的合理性。合理而规范的财政支出结构对于优化我国政府职能、提高政府的行为效率具有重要意义。在我国，随着经济体制改革的逐步深入，财政支出的结构性矛盾日益突出。改善财政支出结构首先应以科学界定财政支出范围为前提，其次是要实现单项支出效率相对优化，以此为基础，实现财政资金宏观配置（部门和社会综合绩效）效率的相对优化。因此，财政支出绩效是财政支出结构合理化的衡量尺度。

（三）建立财政支出绩效评价体系有利于建立公共财政支出管理新机制

随着经济体制改革的深入，迫切需要变革传统的财政支出方式。传统财政支出方式的弊端集中反映在资金分配过程不规范、不透明，缺乏科学合理的分配依据和标准，容易造成资金分配过程中的讨价还价，形成部门之间、支出项目之间的苦乐不均，以及资金分配数量与资金实际需求相脱节，资金不足与资金浪费并存，不仅降低了财政资金使用效率，而且影响了国家资源分配的公平、公正和合理。实现财政资金的规范分配，首先必须建立资金分配的科学标准和项目立项的科学依据。科学的标准和依据应当通过财政支出绩效评价来形成。通过编制年度绩效计划，将部门在年度内计划提供的公共物品及所需经费分解为可考核的绩效目标，比较分析各绩效目标的执行情况及最终完成情况，并作为编制下年度预算的重要依据。这样，通过财政支出绩效评价，可以促进财政支出方式的改进，提高财政支出及资金管理的规范化和透明化，从而提高财政支出的使用效率。

二、财政支出绩效评价的基本概念

所谓绩效是效益、效率和效果的统称，包括行为过程和结果两个方面。对于衡量财政支出结果，“绩效包含了效率、产品与服务质量及数量、机构所做的贡献与质量，包含了节约、效率和效果”。运用绩效概念衡量财政支出行为，所指的不单纯是一个政绩层面的概念，主要包括财政支出成本、支出效率、政治稳定、社会进步、发展前景等内涵。从衡量尺度上，财政支出绩效评价可从实物和价值两个方面去分析。

所谓评价，是指为达到一定目的，运用特定的指标、设定的标准和规定的方法，对事物发展结果所处的状态或水平进行分析判断的计量或表达的过程。评价必须具有以下特征：一是评价的依据具有合理性；二是评价的标准具有客观公正性；三是评价的方法具有科学性；四是评价的结果具有可比性。

财政支出绩效评价，是指运用科学、规范的绩效评价方法，对财政支出绩效目标实现程度的科学、客观、公正的衡量比较和综合评判。

三、财政支出绩效评价体系设计

财政支出绩效评价体系从评价对象上可分为政府、部门（单位）、项目三个层次。政府绩效评价以提高政府财政支出整体经济社会绩效水平为目标；部门（单位）绩效评价以提高部门（单位）支出所取得的业绩水平为目标；项目绩效评价以提高项目本身所应取得的效益效率为目标。

从评价工作程序上主要包括确立绩效目标、选定绩效指标、确定绩效评价方法、撰写绩效评价报告、利用绩效评价结果等五个阶段。

（一）确立绩效目标

绩效目标是指政府或政府公共部门根据政府战略规划或部门事业发展规划确定的、计划在一定期限内达到的明确具体的财政资金使用效果。

综合绩效目标是政府根据经济社会发展规划和政府年度战略目标、财政支出效果的平均水平以及社会公众对政府工作业绩的期望水平等因素确定的年度综合财政支出绩效目标。

部门绩效目标是政府公共部门根据部门事业发展规划、本部门或其他部门同类支出的平均绩效水平、本部门历年相关工作的绩效水平、社会对部门工作业绩的需求等因素确定的部门年度财政支出绩效目标。

项目绩效目标是政府公共部门根据部门事业发展或行业发展目标、同类项目的平均绩效水平、项目服务对象的需求等因素确定的财政支出项目绩效目标。

绩效目标的确立应当具备以下基本要求：

1、较强的针对性。年度绩效目标要与战略规划中的绩效目标相衔接，明确指向某一方面的政府战略目标或具体的部门事业发展目标；

2、清晰具体。要对目标进行定性定量的准确描述，一般用客观的、可以量化的形式来表述，确实不能以客观和量化的形式表述的，可以采用定性的分级分档形式描述；

3、充分细化。对综合性目标应当进行分解，从数量、质量、成本和时间等方面细化为相关绩效指标的年度和中长期目标；

4、科学可行。要根据实际情况，经过科学预测和调查研究制定目标，确定的目标通过努力应可以实现。

（二）选定绩效指标

绩效指标是反映财政支出绩效目标状况，衡量目标实现程度、揭示财政支出管理和使用中存在问题的可量化考核工具。根据评价对象的不同，绩效指标分为综合绩效指标、部门（单位）绩效指标、项目绩效指标三类。

绩效指标主要包括以下几个方面内容：(1)效果指标。反映与既定绩效目标相关的、财政支出预期结果的实现程度。(2)产出指标。反映部门根据既定绩效目标完成的产品和服务数量。(3)服务质量指标。反映部门提供服务达到的标准、水平和效果。(4)效率指标。反映部门根据既定绩效目标完成的产品数量与相应财政资金投入的比率。(5)成本效益指标。反映与财政支出效果相关的成本指标。(6)服务对象满意度指标。反映服务对象对财政支出效果的满意程度。

（三）确定绩效评价方法

绩效评价方法是指用于分析绩效数据，得出评价结论的各种经济分析、评估和评价方法。

绩效评价具体方法主要包括以下几种：(1)比较法。是指通过对绩效目标与执行结果、历史与当期、不同部门或地区同类支出的比较，综合分析评价绩效目标完成情况的评价方法。(2)因素分析法。是指通过分析影响目标、结果及成本的内外因素，综合分析评价绩效目标完成情况的评价方法。(3)公众评价法。是指通过专家评估、公众问卷及抽样调查，对各项绩效评价内容完成情况进行打分，并根据分值评价绩效目标完成情况的评价方法。(4)成本效益分析法。是指将一定时期内的成本与效益进行对比分析，来评价绩效目标完成情况的评价方法。

在实施绩效评价时，评价主体可以根据不同情况可以采用一种方法，也可以多种方法同时进行。采用何种方法或评价工具检验绩效目标的实现程度，需要考虑到各种绩效目标所反映的价值标准、领域维度以及相关利益群体的状况。在确定绩效评价方法时，必须考虑以下相关因素：(1)了解各种不同类型方法的价值；(2)考察其他相似评价对象的评价方法；(3)列出所有能够反映该领域或项目的备选评价方法；(4)选择一组稳定的方法进行监控、跟踪和报告；(5)限定评价方法的数量，筛选少数重要的；(6)建立当前财政支出绩效的标准；(7)确定相关受益对象或公众的影响效果；(8)由公共部门、公共服务受益者以及其他相关利益群体共同开发评价方法。

（四）撰写绩效评价报告

绩效评价报告是对财政支出绩效进行评价后形成的总结性结论文件。按照评价对象的不同，绩效评价报告分为综合绩效评价报告、部门绩效评价报告和项目绩效评价报告。

绩效评价报告的主要内容应当包括：

1、评价对象的绩效目标、绩效指标、绩效评价方法和评价过程等基本情况；

2、各项绩效目标的实现情况，包括提供的产品和服务情况、最终实施效果及相应的投入状况；

3、分指标与总指标（相关目标）之间的对应性分析，主要是各项分指标间的关联分析及其对总指标的贡献情况；

4、实际结果与绩效目标的一致性、差异性及其原因分析；

5、改进和提高绩效水平的措施和建议。

（五）利用绩效评价结果

绩效评价结果的应用领域主要包括决策、改进正在实施中的项目管理工作以及增强政府公共部门对政府和公众所负担的责任。如前所述，评价的目的不仅仅是得出成果，为决策者和管理者提供信息，更重要的是就评价结论和建议采取适当和必要的措施，改进财政支出的决策和管理。通过利用绩效评价结果，可以使政府了解公共部门（单位）的政绩状况，也可以便于相关部门实施监督，进一步加强对公共部门财政预算的监控力度，改进和加强部门预算和项目管理水平，有效的控制财政投资风险，同时也为及时调整、合理安排下年度预算提供重要依据。

四、财政支出绩效评价工作配套措施

（一）加强组织和协调

开展绩效评价是一项综合性强、涉及面广、技术含量高的工作，仅靠一个部门的力量难以做好，在组织实施过程中必须加强部门间的协调与配合。财政支出绩效评价工作由省财政厅统一组织管理，省财政厅和省直部门分别组织实施。省财政厅将承担起各部门间的协调责任，并为省直部门提供绩效评价工作相关服务。省直部门要切实重视这项工作，明确专人负责，搜集改革进展中的经验和存在的问题，与省财政厅加强沟通，共同研究解决的方法，确保改革顺利推进。

（二）加强对相关人员的培训

绩效评价工作内容复杂，专业性强，需要大量的数据统计和数理统计等相关知识，做好绩效评价工作要求工作人员具有较高的业务水平。为此，省财政厅和省直各部门要加强相关培训工作，组织有关人员开展学习和培训工作。

（三）建立奖惩制度

实施绩效评价是一项全新的工作，也给省直部门增加了很大的工作量，受部门现有人员及知识能力制约，有些部门可能还要借助外部力量。为支持省直部门做好此项工作，省财政厅将安排改革专项经费，对省直部门开展工作给予适当补助。补助经费既取决于部门改革工作量，也取决于部门工作成效。

（四）建立绩效评价信息管理制度

各级预算单位均应建立绩效评价信息基础数据库，将部门管理制度、绩效目标、绩效指标、绩效评价报告以及其他相关资料等基础信息，纳入数据库管理。省财政厅要做好省级绩效信息的搜集、整理和维护工作。预算部门要做好本部门绩效信息的搜集、整理等项工作。要逐步建立省级绩效信息网络，实现省级绩效信息的共享。

2005 年度河北省财政科研
课题成果一等奖作品之五

公共财政调控土地资源管理研究（节选）

李博　白鹤天　邢秋洁

二、我省财政土地收支现状和存在的主要问题

（三）我省财政土地收支管理存在的问题

1. 土地税制不合理，需要深化改革。以前我省由于没有建立土地一级市场体制，未实行熟地出让，而是将未经开发的生地划拨给国有房地产开发企业，由这些企业进行开发和转让造成了巨额土地增值收益的流失，由此造成各种炒卖行为的存在；同是相邻的两宗相同用途的出让土地，一宗由外资企业受让，一宗由内资企业受让，但两个企业承担的土地成本却不一样，外资企业因交纳了土地出让金，可以不再交纳外商土地使用费，只需交纳房地产税，而内资企业不仅交纳土地出让金，还要交纳城镇土地使用税和房产税。两个企业的出让金优惠政策也不一样，如果两宗地同时再进入二级土地市场转让，就可能扭曲地价信号，反过来再影响一级土地市场秩序。

2. 土地管理不规范，政府收益还有待挖潜。对土地管理者，县以上人民政府而言，土地出让金是政府出让使用权的收益，是政府对土地所有权的具体体现。但政府收益体现的还不充分。原因一是土地专项资金的征收标准，与沿海地区比较，土地出让标准过于偏低。而从全省范围来看，征收标准各地市又不同，即使在一个县内各村镇的征收标准都不一样，统一标准也的确存在一定现实困难。政府无法准确判断各地实际的地价水平，或难以确定应该收取的土地收益标准。二是有部分资金“体制外循环”，造成国家土地收益的流失。三是我省国企较多，目前正处于改制中，土地出让收益多数都用于填平企业净负债和企业破产、改制的职工安置，几乎没有纯收益，故出现了虽有出让项目，但收效甚微的局面。

3. 财政收支缺乏预算，地区结构差异明显，资金

使用的规模效益较差。一是土地资金的支出范围过于宽泛，不太集中，土地补偿、土地储备、城镇建设等应该以什么样的比例投入没有计划，土地资金分散投资，效果不是很明显。二是土地资金的地区投资结构有待于深化研究。一线地区经济发展较快，经济水平较高，土地的价值相对体现明显，而以农业为主的非一线地区土地价值显现的就不是很明显。按不同经济发展水平安排土地资金的区域投资也是很值得研究。通过编制土地预算可以将土地纳入我省统一价值体系管理中，为我省经济社会发展宏观决策、编制国民经济和社会发展计划、制定有关政策、进行科学决策等提供依据。可以体现土地供应情况和事权范围的一致性，提高土地供应的透明度和使用效益，防止和减少土地供应的随意性。还可以维护法定土地计划的严肃性。我省经过多年的国土资源管理工作的积累，继续改进土地预算编制是完全可行的。

4.土地专项资金的征收标准不统一，清算难度较大。土地出让金的清算是征管工作中的一个重要环节，这项工作的质量好坏，直接影响土地出让收入成果的多与少，入库时间的早与晚。目前，土地开发建设成本的核算范围全省尚未统一，在土地出让金的清算过程中，土地开发建设成本的“度”很难把握，即哪些属于土地开发建设成本范圈，哪些属于城镇建设的范围难以界定，给土地出让金的清算工作增加了难度。因此，明确土地开发建设成本范围，科学地制定土地开发建设成本的核算办法非常显得必要。

5.部分资金不能及时足额缴入专账，收支效率较低。各种相关征收法规规定，收取的费用必须及时足额缴入财政专户，封闭运行，这既有利于业务管理也有利于财政监督。但实际当中存在着缴款不足问题，如用于农业土地开发的土地出让金，2004年四季度到2005年一季度，全省应缴入专账4177.2万元，实际缴入1922.8万元，应缴未缴2254.4万元；其中省级应缴1253.1万元，实际缴入571.2万元，应缴未缴681.9万元，该缴数与未缴数差距很大。极个别市县国土部门和财政部门工作效率较差，不能积极主动执行相关政策。如征收土地出让金业务费部分很少有返还到县级的。又如耕地开垦费，即使在市县两级部分资金也存在截留现象。财政拨付和资金使用之间时滞超出正常政策运行时限，资金不能及时到位，直接影响了一些重点项目的实施和进度。

6.某些专项资金的监督工作存在盲区。耕地开垦费没能纳入省级预算，对专项资金的管理和监督工作都极其不利。省一级耕地开垦费提留的只有几百万左右，其他部分均停留在市县两级，土地出让金的绝大部分也停留在市县两级，收支管理缺乏监督。这些资金的使用大多采用粗放式分散式投入，明显缺乏宏观调控，只顾局部和眼前利益，不能从全局和长远利益出发，致使有限的财政资金没能发挥更大效力。

7.政策存在模糊的规定，有待完善。新增费征收使用管理办法规定“申请用地的市、县人民政府应缴的新增建设用地土地有偿使用费，由市县人民政府财政部门负责缴纳”。耕地开垦费征收管理办法规定，“根据国家占用耕地补偿制度，经批准的非农业建设占用耕地的区县政府、农村集体经济组织和建设单位，在没有条件开垦或者开垦的耕地不符合要求时，须依照本办法的规定缴纳耕地开垦费。”比如，从实际来看，石家庄地区市县新增费70－80%是用地单位缴，其余由政府承担。按照谁用地，谁交费的原则，理应强调由具体用地单位缴费，而文件法规里并没有明确规定是县政府交还是用地单位交，造成理解和执行上的偏差，给资金管理缴付工作带来一定阻碍，给地方政府增加了财政负担。

8.一些地方对折抵、置换概念和含义理解不准确，运用不当，造成土地资源和资金管理混乱。折抵政策是指土地整理新增耕地扣除补偿建设占用后，可按一定比例追加建设占用耕地指标，作为鼓励，其具体数量为折抵指标。折抵指标应视同为建设占用耕地计划指标，按用途管制的规定，只能在土地利用总体规划划定的建设用地范围内使用。置换政策是指将原建设用地复垦成耕地后，在符合规划的前提下，可以异地等量增加建设用地。具体数量为置换指标。土地置换包括两方面内容：一是将原村镇用地复垦成耕地的，可以在规划确定的新址建设；二是工矿企业用复垦原废弃地所造耕地与即将破坏或已经破坏的集体耕地交换，总的要求是先造地，后换地。一些地方由于历史上的原因，把土地整理增加耕地拆抵建设用地称为土地置换。这既不利于土地资金管理，也不利于全省建设用地的供给，造成不必要的麻烦。

四、我省公共财政调控土地管理的思路、原则和措施建议

（一）调控思路

我省公共财政调控土地管理的思路是：坚持以邓小平理论和“三个代表”重要思想为指导，认真贯彻党的十六届五中全会、省委六届八次全会精神，以科学发展观统领经济社会发展全局，紧紧围绕实现更快更好发展、推进和谐河北建设两大主要任务，建设节约型高效型财政，提高国土资源管理水平。以调控土地资源配置的总量与结构为中心，以财政土地收支调控为重点，完善我省土地生产要素配置机制，完善我省宏观调控体系。公共财政积极参与调控土地管理，拓宽收入来源，增加财政土地收入，调整地区财政土地收益；调控财政土地支出总量，优化产业支出领域，调整地区支出结构。创新土地专项资金的管理，加强土地专项资金绩效评价机制建设。深化财政和土地管理的各项改革，开创适应我省的经济发展阶段的财政调控土地管理的新思路。

（二）调控原则

财政调控土地管理应建立考核标准，主要从经济增长、收入分配和经济稳定三个方面考虑。重点关注是地价的变化、城乡综合效益的变化。

(1)坚持调控促进经济增长的原则。衡量经济增长的指标是GDP增长率，以土地收入增长与经济增长相关性的准则来度量指标。土地收入增长率明显高出GDP增长率，说明财政政策促进了土地收入的快速增长，促进了经济的增长。

(2)坚持调控改善收入分配的原则。在政府财力有限的情况下，用土地弥补所缺资金往往是政府的首选。财政土地调控要倾向于对低收入者收入水平（包括房产实物收入）的提升，改善低收入者居住条件。其中包括农村居民的收入改善。

(3)坚持调控促进经济发展稳定的原则。某些行业会影响到国民经济的稳定发展，那么必须对土地资源进行财政调控，平衡生产要素总供给和总需求，使经济发展回到正常的轨道上来。

(4)坚持调控促进地价合理的原则。地价是财政调控土地资源的综合反映，过高或过低都不好，都说明城市存在问题。地价变化平稳，与土地供应相协调，与社会经济发展指标总体协调，是财政调控土地资源的效果。很多地方以实行低价政策来吸引投资，再加上市场机制的盲目性，必使地价畸高畸低，不能真实反映土地的经济价值，从而扰乱土地市场，致使投机猖獗，因此地价控制显得尤为重要。

(5)坚持调控提升城乡综合效益的原则。城市市容是否较大改观，投资和居住环境是否得到较大改善，农村城镇经济是否充满活力，农村现代化进程是否明显加快，都是财政调控土地效果的直接反映。

（三）加强和优化我省公共财政对土地管理调控的政策措施

加强和优化公共财政土地管理调控，目的在于优化我省土地资源配置机制，完善宏观调控体系，而出发点必须立足于公共财政工作和土地行政管理工作相互融合相互支持，不断提高整体管理水平。

1. 深化土地管理体制改革

协调我省和国家在土地上的矛盾，争取国家土地收入分配补偿重点向我省倾斜。土地垂直化管理的改革解决了过度征用耕地的问题，但也侵削了我省的一项基本权利，使土地管理与地方经济与社会发展脱节。我省农用地总体质量并不高，耕地的盐碱化、沙化、污灌问题日益突出，显然发展其他产业比发展农业要合适。土地的农业产值远远低于城市建设和工业产值，而我省正处于城镇化和工业化加速进程中，建设用地需求及其迫切。这就需要国家宏观的利益调整分配机制，应该根据我国人口、资源分布不平衡，各地区经济社会发展水平差异的国情，对全国经济发展的空间布局进行大规模的统一规划，对各地区在全国发展过程中的功能重新定位，避免地区间经济发展不平衡加剧。

协调我省财政管理与土地管理的关系。要明确土地管理的财政意义，土地管理是实物财政的一部分，要与财政管理相呼应。财政要结合土地管理，对土地及时充分地投入，并进行考核和监督。土地管理配合财政政策，财政政策要考虑到土地管理的特殊性。首先树立“土地——财政系统协同”的理念，构筑“土地财政数据——土地财政信息——土地财政调控”完整加工链。其次加快土地财政管理之间标准化的建设。二者之间没有达到默契配合的作用，是与二者之间没有一套统一的管理标准，如土地管理注重数量管理，财政管理注重账款管理，之间应该建立价值管理体系，这是二者交融的管理平台。最后公共信息共享。信息是管理基础。只有做到信息共享，建立数据库，打造公共信息基础平台，才能充分发挥二者应有的宏观调控作用。

尽快统一我省建设部门和国土部门的地籍和房籍管理。国土资源部管理地籍，建设部管理房籍，省级政府可以决定房地由统一机构管理或由两个部门管理。目前四大直辖市中北京、上海、重庆都实行房地合管。我省实行规土合管，并且城市个人土地使用权权属证由房管局核发，由此割裂我省房地产市场，造成管理不到位，尤其权属管理，房管局为违法用地核发房产证，用地手续未办结，开发商就已拿到了房产证或预售证向市场出售房屋，因此，统一房地产管理机构和管理职能是房地产市场的内在要求。

2.调整全省土地供给总量与结构

调控我省土地供给总量要着眼于地价的变化。要加快我省综合地价测算工作。通过地价的变化决定总量的供给是否收缩或者放松。土地管理要从数量管理转变到数量、质量和价值并重管理。目前各项规划规划的是土地用途和面积，依然是低水平的实物数量管理，而不是价值量管理，无法纳入国有资产价值管理体系中，也就不能进行有效的核算、分析、比较、决策和监督评价，不利于提高土地使用效率。

根据用地类型调控土地供给结构。对国家机关用地和军事用地；城市基础设施用地和公益事业用地；国家重点扶持的能源、交通、水利等基础设施用地要无偿供地。对于混合性公共产品中的路桥等基础设施和基础产业以及高等教育等公益事业所占用的土地，需要政府给以满足的一些需要，其公共支出应实行以市场为主，政府资助为辅。竞争性工商企业所占用的土地属于非公共品，应完全由市场供应。

根据产业政策调控土地供给结构。从全省范围看，要向我省钢铁、医药、石油化工、装备制造、建筑建材、食品、纺织服装、信息、现代物流和旅游等主导产业倾斜。从地区角度看，要依据“十一五”各市县特色产业、支柱产业、主导产业调控土地供给。

根据不同地区城镇化水平调控土地供给结构。我省城镇经济实力不强，经济带动力明显不足，因此在地区结构上，应重点巩固保定、廊坊、唐山、秦皇岛一线城建投资；配合南厢黑龙港地区的发展战略，重点支持石家庄—衡水—沧州—黄骅城市带建设，为构建新的经济增长极提供土地要素支撑。

节约集约用地，转变用地方式。要严格执行土地利用总体规划；盘活和利用城市规划区内存量土地；加快城市规划区内“城中村”改造；加快旧城改造；加大农村“空心村”治理力度；加大各类开发区单位土地面积的投资强度；严格按照用地定额审批各类项目用地；严格控制工业项目厂区绿化率；加大土地开发整理力度和已关闭砖瓦窑等废弃土地的复垦力度；加大城乡结合处的土地管理。充分利用闲置土地，集约节约用地。

3.强化土地有偿收益管理

继续完善我省年度土地财政收支专项预算。收支专项预算编制的内容包括收入计划和支出计划。收入计划要反映各地块的出让面积、基准价、预计出让价款，以及出让时间等内容；支出计划要反映各出让地块的土地开发费用、提取和上缴税费及专项资金、土地出让金结余用于企事业单位改制安置费用，定向分配给各市国有投资开发单位的基本建设支出，政府财政统一分配项目支出等。强化土地出让金收支专项预算，保证专款专用。

进一步加强土地有偿收入的征收管理。随着经济的发展和土地让金收入的增多，需要对土地出让收入的管理做出相关政策调整。明确规定，土地出让金缴付由占地单位缴付；研究和制定土地出让标准，核定土地出让成本，加大土地出让收益份额；加大省级提留用比例；加大用于农业土地开发的出让金征收管理工作，及时足额缴入专户，严防拖欠；今年我省国企改革的进入攻坚阶段，为支持我省国企改革的顺利进行，应取消将国有企业改制的土地出让金计提用于农业土地开发的土地出让金基数等；加大新增费省级用于农业土地技术改造省级所用资金比例，适当提高征收标准，提高新增费收益。依据地区发展水平和发展重点，加强地区间土地专项资金的转移力度。

针对耕地开垦费管理的不规范性，建立省级耕地开垦资金。借鉴浙江省经验，为加快开发土地后备资源，确保全省耕地总量动态平衡，建立省级耕地开垦资金。各市、县政府、建设单位向省国土资源行政主管部门申报建设用地申请时，应按非农业建设占用耕地面积（包括非农业建设使用本集体经济组织的耕地以及通过易地和委托开发途径补充耕地的建设占用耕地）和相关规定标准，向省级缴纳20%的耕地开垦费。省政府授权由市县政府审批的非农业建设使用本集体经济组织耕地应上缴的省级耕地开垦资金，由各市土地行政主管部门在受理建设用地申请时代收，并按季汇缴省财政主管部门。缴纳的省级耕地开垦资金,仍用于上缴市县范围内的耕地开发、复垦、土地开发整理等。

4.强化税收手段,为土地税制改革做好准备

今后我省对市场的调控应逐步过渡到以税为主,以费为辅的轨道上来。土地税收基本上都是地方税,是我省政府有一定自主权的税收。我省政府可以在这方面有所作为,更多地利用税收手段,更规范地管理好城市土地。一是要改进土地税制。目前我省土地税收比较混乱,存在明显对内对外差别待遇的问题,税种也比较杂。对此,最好能够逐渐统一,规范地征收土地保有税、转让税,在保有环节合并城镇土地使用税、房产税、房地产税、外商场地使用费为土地使用税;在转让环节开征赠与税和遗产税,完善土地增值税。二是要调整土地税收结构。现行税制各个税种的出台都有特定的背景,所以各个税种税制要素的配置一般只考虑到本税种所担负的功能,很难考虑到同其他税种税制要素的协调。这就不可避免地造成税种之间的税制要素配置相互矛盾,造成相互调节功能的冲突,以致相互抵消。新税制应尽量对各税种之间的要素配置应综合平衡,特别避免税种要素相互扭曲的情况。三是要设计好税制内在的调控机制。运用税收手段调控宏观经济通常有两种具体的操作方式:一是靠税制内在的调控功能。这就是通过税收立法,在税收建设中依一定的调控需要如调节收入分配、促进可持续发展、促进科技进步和开发利用等,构建起内在的税收宏观调控体系,实现我省的宏观调控目标。这是经常和一贯起作用的调控体系。二是在税法之外,用税收手段相机发布各种税收优惠政策,起补充调控作用。发达国家由于法制较为健全,前一种方式是主要方式,后一种方式只是必要时的补充。我省目前正在完善法制之中,为提高宏观调控的稳定性和科学性,改革各个税种或出台新的税种应尽可能有前瞻性,对经济发展中可能出现的新情况和新问题,税法中应能有较大的适应性规定。

5.强化土地预算管理

我省的土地预算应该结合各地经济发展情况有所区别,城市与农村、各市与各市间,都要有所差别。要坚持集中财力办大事的原则,保证省委省政府经济和社会发展重点需要。要积极推行土地价值化管理,具体体现就是编制土地预算。根据用地性质和地价指数,测算土地的预算价值量,明确用地计划的价值含义,对不同的供地方式进行经济核算,使土地管理由单纯数量管理,上升到数量和价值双重管理的新平台上。借鉴财政预算的原理和编制方法编制土地预算,是对土地管理的升级和深化,是土地财政的重要基础性工作。支出预算安排顺序应当是:首先安排必保的人员经费和政权机关运转支出;其次,保证社会保障及保稳定支出;第三,增加教育、支农、科技支出;第四,统筹预算内外财力安排生产建设和事业发展支出。

6.加强土地的财政投入体系建设,建立财政对土地投入的资金渠道

一是对土地开发建设方面予以资金保障。使土地本身处于良性循环利用状态,保证永续获得土地资产收益。最主要的是协调基础条件建设与土地开发规划,通过土地收购储备计划与市政建设计划的有机结合,既可围绕市政建设开展土地储备工作,又可围绕市政建设迅速改善储备地块的基础设施配套情况,迅速提高土地附加值,从而在供地过程中实现更多的土地收益,政府因此获得更多的城市建设资金投入基础设施和公共配套设施建设,形成市政建设和土地资产经营工作的良性互动。

二是对土地管理方面资金的支持。只有高效率的管理工作才能使土地成为经济社会发展的资源和资产。应该保证土地管理的工作经费,尤其是在预算中保证土地规划经费。土地事业费、土地规划、土地收购储备、土地供应纳入到财政预算统一核算,建立土地规划、土地调查评价、科技建设等财政预算支出体系和土地收购储备(开发整理)的运行成本、土地资产置换投入体系。

建立财政对土地投入的资金渠道重点在土地收购储备机制的建设。政府必须加强土地一级市场的垄断,用税收方式调控土地二级市场。争取到2006年100%的县市建立储备中心,11个设区市要建立起功能齐全、服务完善、交易规则健全的土地有形市场,城镇土地供应、二级市场交易要全部进入市场运作,实行市场化配置。对于公益性土地收购储备,以公益性为目的,提供公共或部分公共土地产品,应该由财政出资或政府补助并纳入财政预算;对于盈利性储备,以赢利性为目的,可以在执行规划要求的前提下贷款、发行债券或募集股本取得的土地收购储备活动资金。

7.切实改进我省规划工作

要根据国家关于土地利用总体规划修编的要求和部署，认真做好我省各市县土地利用规划修编前期工作。着眼于解决土地利用中重大矛盾问题(如今年和明年制约我省建设用地的主要矛盾是国家在我省的重点项目如高速公路建设等占用省内建设用地指标的一半左右，达到 10 万亩)，积极协调，尽快修正年度用地规划指标方式。认真做好土地利用现状调查，详细查实土地实际用途、类型和面积，纠正原土地利用规划中不切实际的耕地和基本农田。必须衔接好影响我省经济发展的国民经济和社会发展规划、土地利用总体规划、城市总体规划。应该想办法将上述多部综合规划统一为一部规划，在此基础上理清政府相关部门的职能定位，避免部门之间职能的重叠和交叉，按国际惯例编制土地利用规划，集中人力、财力编制高水平、高起点的土地利用规划，更好地满足各方需求。加强规划编制的科学性，注重规划指标与目标的配套，注重规划的项目支撑，要继续加大规划与同级财政预算结合度。按照国土资源部土地规划修编工作进度安排和要求，把新时期的土地利用总体规划编制成为既能保证耕地总量的动态平衡，又能满足各项建设用地要求的规划。

8.集中财力抓好耕地占补平衡工作

要做好耕地占补平衡工作，大力开发我省后备土地资源，提高土地利用率。解决土地开发的资金问题，重点向我省土地资源丰富的黑龙港地区倾斜。鉴于国家关于土地开发“谁投资、谁收益”的原则不利于该区土地资源的综合利用，省里应明确制定“以我为主”的投资方针，依靠自己的财力解决省内的土地开发问题。要用活用好折抵和置换等国土资源管理政策，要进一步督促国土部门推进政策的完善。建设用地指标可以全省有偿使用，可以转让，努力盘活建设用地指标。将河滩地开发纳入开发重点，争取在河滩地治理上有所作为。

9.加强监督检查工作力度，抑制土地投机

进一步提高资金使用效益，对省级土地开发整理专项资金安排的全成本项目进行定期的全面绩效评价，写出评价报告，总结经验，发现问题，提出意见，完善办法，为进一步做好年度预算编制工作打好基础。要切实加强财政资金和账户管理，监督单位执收执罚行为，防止收支脱钩后应收不收、应罚不罚，确保预算安全稳健运行；要严肃查处违反“收支两条线”管理规定的单位和个人；打击土地投机，创造公平的土地市场环境；加大对土地增值税的征管，要严厉清理土地隐形市场；规范土地使用行为，防止政府土地收益流失。

2005 年度河北省财政科研
课题成果一等奖作品之六

河北省财政收入占 GDP 比重问题研究(节选)

胡德仁　刘丽　刘亮　张歆蕊

二、河北省财政收入占 GDP 比重较低的原因分析

(一)河北省产业结构不合理

河北省 2004 年人均 GDP 为 12918 元，已经超过 1000 美元，产业结构为 15.63：52.86：31.51。根据国际产业结构演进的一般水平，在人均 GDP 达到 1000 美元阶段，三次产业的比重为 10.9：48.4：40.7。比较而言，河北省第一产业比重要比国际产业结构演进的一般水平高 4.73 个百分点，第二产业比重要比国际产业结构演进的一般水平高 4.46 个百分点，而第三产业比重要比国际产业结构演进的一般水平低 9.19 个百分点。

由于国民经济各产业从事的生产经营活动存在差异，不同产业增加值中税收含量是不同的。一般来说相同的经济总量第一产业对地方财政收入的贡献最小，第二产业对地方财政收入的贡献较大，第三产业对地方财政收入的贡献最大。也就是说，在地方财政收入中第一产业税负最低，第二产业税负较高，第三产业税负最高。从以上的分析可以看出，税负最低的第一产业比重较高，税负最高的第三产业比重较低是河北省财政收入占 GDP 比重较低的重要原因。

2.河北省产业结构与国际产业结构演进的一般规律的比较

国际经验表明，不同国家或地区由于经济基础和发展水平不同，再加之自然条件和政策取向不同，产业结构演变的进程和水平会有很大差异，但却有一个共同的趋势：随着一个国家或地区经济发展水

平的提高，第一产业的比重持续较大幅度下降，第二产业的比重先升后降(在人均 2000 美元以前表现为上升，但上升的幅度越来越小)，第三产业则不断上升。2004 年河北省人均 GDP 已超过 1000 美元，但第一产业比重比国际产业结构演进的一般水平高 4.73 个百分点，第二产业比重要比国际产业结构演进的一般水平高 4.46 个百分点，而第三产业比重要比国际产业结构演进的一般水平低 9.19 个百分点，这就是河北省三大产业结构的不合理之处。

3. 河北省第三产业比重较低的原因分析

河北省第三产业比重较低的原因是城镇化率较低。主要是因为过去河北省农业劳动力转移实行的是农村工业“离土不离乡”的政策，由于农村人口对服务业的需求很低，大量服务性劳务都采取自助方式，难以带动服务产业的发展，使经济结构调整中第三产业这一巨大的空间没有释放出来。这种转移模式直接导致了城镇化没能随着工业化的迅速推进而发展。根据世界各国经济发展的经验，一般来讲，城镇化率与工业化率的比值在 1.4－2.5 之间，城镇化超前或同步于工业化，而河北省的城镇化率与工业化率的比值一直在 0.40－0.74 之间，说明河北省城镇化长期滞后于工业化。2003 年河北省城镇化水平比工业化水平要低 11.79 个百分点。

根据李善同、侯永志从世界银行 2000 年《世界发展指标》中选择的 26 个标本，估算了城镇化发展的经验公式，即：

RURBAN＝－51.44＋13.82In(PGDP)＝－51.44＋13.82In1314＝47.80(RURBAN 代表城镇化水平，PGDP 为人均 GDP，单位为美元)，计算得出河北省城镇化水平应为 47.80%，而 2003 年河北省城镇化率只有 33.51%。河北省城镇化水平比国际经验要低 14.29 个百分点。

(二)主要税种对财政收入的贡献率不高

从 1994－2004 年河北省财政收入结构情况看，我省财政收入的主要依靠增值税、营业税、企业所得税，这三大税种占财政收入的比重平均为 54.00%，其中增值税、营业税、企业所得税的比重分别为 20.14%、19.41%、14.44%。可以说目前这三大税种仍然是我省财政收入的主要税种。

1. 增值税占工业增加值和批发零售贸易增加值的比重不高

一般来讲，在我国现行税制下，工业增加值和批发零售贸易业增加值越大，提供增值税相应就越多。但 2003 年河北省增值税(地方分成部分)占其税源的增加值之间的比重仅为 1.80%，在全国排第 28 位(倒数第四)，比全国平均水平(2.59%)低 0.79 个百分点。主要是因为目前河北省第二产业中传统产业比例过大，而高附加值高科技的产业比例过低，制约了财政收入的增长。2003 年河北省高新技术产业产值占 GDP 比重仅为 5.85%，与人均 GDP 相近的省份比较仅比新疆高，比辽宁省要低 8.16 个百分点，比全国平均水平要低 17.69 个百分点。目前我省的支柱产业如冶金、化工(医药)、建材等多属科技含量低的低附加值产品，没有实现由传统向新兴发展方向的转变，对财政收入的贡献率低。

2. 企业所得税占工业增加值的比重不高

我省企业所得税主要来源于工业，但是我省工业总体经济效益水平低，反映企业总体经济效益的工业经济效益综合指数一直未能跨跃全国平均水平。2003 年，经济效益综合指数比全国平均水平低 2.1 个百分点，在全国居第 13 位，比上年后移 1 位，而增加值总量、资产总量、销售收入、利税总额均居前 10 位，总量和效益指数的位次不协调。构成经济效益综合指数的七项指标中，有三项指标与全国平均水平有一定差距，其中，资本保值增值率低 2.6 个百分点，资产负债率高 3.9 个百分点，全员劳动生产率低 9380 元/人(不变价格)。从位次上看，以上三项指标仅居全国第 21 位、22 位和 16 位，高负债、低效率是制约全省工业总体经济效益水平提高的关键因素。导致 2003 年我省来自工业的企业所得税占工业增加值的比重仅为 0.89%，在全国排第 30 位。全国平均水平为 1.84%，我省只有全国平均水平的 48.59%。

3. 营业税占第三产业增加值和建筑业的比重不高

在我国现行税制下，第三产业(批发零售贸易除外，下同)和建筑业增加值越大，提供营业税就越多。2003 年河北省营业税占第三产业和建筑业增加值的比重为 2.95%，在全国排第 31 位(倒数第一)，比全国平均水平(5.72%)要低 2.78 个百分点。营业税占第三产业增加值和建筑业增加值的比重太低，主要是河北省第三产业的内部结构和全国及其其他省份相比，存在基础型、传统型产业比重偏大，现代化、高科技型产业比重的结构偏小的结构缺陷。2003 年全国比较来看,交通运输、仓储及邮电通讯业增加值的比重比全国平均水平高出 6.07 个百分点,在全国排第 3 位。而新兴的房地产业、金融保险业的比重分别比全国平均水平低 3.89、1.88 个百分点,分别在全国排第 25 位、第 20 位。2003 年各地区通运输、仓储及邮电通讯业的营业税税负为 3%左右,而各地区金融保险业和房地产业的营业税税负为 7%左右。在第三产业内部存在税负高的行业比重低,而税负高的行业比重低的现象,造成营业税占第三产业增加值和建筑业的比重不高。

(三)财政体制对我省财政收入占 GDP 比重的影响

1. 营业税划分为地方税对我省财政收入占 GDP 比重的影响

1994 年分税制改革把营业税划归地方税,这在客观导向上有利于发达地区从初次分配上多分得蛋糕。一般来说,从产业结构演进的规律看,经济发展水平高的地区,第三产业比重越高。而根据我国现行税制,营业税的税源主要集中在第三产业。因此,第三产业比重越高,营业税对地方财政收入的贡献率越高。以 2003 年为例,2003 年北京和上海的人均 GDP 分别为 32061 元和 46718 元,其营业税对地方财政收入的贡献率分别达到 44.50%和 37.50%,我省由于城镇化水平较低,第三产业的比重也较低,营业税对地方财政收入的贡献率仅为 19.46%,在全国排第 30 位。比全国平均水平(28.10%)要低 8.64 个百分点。因此,可以说,把营业税划归地方税,使得我省与发达地区在财政收入的分配上拉开了很大差距,造成我省财政收入占 GDP 的比重不高。

2. 2003 年所得税分享改革对所得税收入的影响

2001 年财政收入的快速增长主要是由于所得税快速增长造成的。2001 年底中央决定实行所得税分享改革,改革的基本原则是“保证地方既得利益”。在这样的制度设计下,2001 年的所得税收入直接关系到地方以后年度的财力。受扩大地方既得利益的驱动,很多地方采取了一些不规范的手段来虚增所得税收入,以致 2001 年的所得税收入出现了超常增长。河北省也存在争基数现象,2001 年的财政收入比 2000 年增长了 34.74 亿元,其中企业所得税增长了 18.64 亿元(比上年增长 52.52%),对当年财政收入增长的贡献率达到 53.66%,个人所得税增长了 6.31 亿元(比上年增长 37.16%),对当年财政收入增长的贡献率达到 18.16%,所得税的非正常增长对当年财政收入增长的贡献率达到 71.82%,因此,可以说当年财政收入的增长主要是所得税收入的非正常增长造成的。造成当年财政收入占 GDP 的比重达到 5.09%,为 1994 年以来最高的水平。从 2002 年开始,中央调整了中央与地方的所得税分享体制,改变过去按企业隶属关系划分企业所得税的做法,实行中央与地方按比例分享。2002 年度企业所得税、个人所得税收入中央与地方各分享 50%;2003 年后中央分享 60%,地方分享 40%。此次改革直接导致所得税占地方财政收入的比重明显下滑。从全国的情况看,改革前企业所得税占地方财政收入的平均比例为 16.10%,改革后,其占地方财政收入的平均比例为 9.58%,比改革前下降了近 7 个百分点。改革前,所得税从总体上看增长较快,平均每年增速为 17.46%,改革后平均每年增速仅为 6.84%,比改革前下降了 10.62 个百分点。就河北省而言,改革前个人所得税由 1994 年的 2.43 亿元增加到 2001 年的 23.31 亿元,平均每年增加 38.06%,改革后由 2002 年的 21.57 亿元增加到 2004 年的 22.16 万元,平均每年增长 1.34%。所得税是地方财政收入的重要组成部分,所得税收入分享体制的变化对地方财政收入的高速增长产生了一定的阻碍作用,某种程度上造成我省财政收入占 GDP 的比重从 2002 年开始呈现逐年下降的态势。

不过,如果考虑到中央对地方实行所得税基数返还政策,河北省所得税收入占地方财政收入的比重还比较高,所得税分享改革对河北省财力的影响不大,2002 年所得税收入和所得税基数返还收入占地方财政收入的比重为 30.07%,但由于中央的政策是要集中增量并对中西部地区进行一般性转移支付,这一比重将呈现逐年下降的态势,到 2004 年已下降为 21.06%。

进一步分析我们认为由于所得税收入分享改革建立了一般性转移支付总量增长机制,一般性转移支付规模会逐年扩大。中央因所得税改革增收部分将全部支援中西部地区。并且按照 2002 年的所得税新规定,中西部地区超基数部分上缴中央的数额比东部要小得多,因而新制度对中西部地方政府触动较小,更何况中央要将增加的收入全部转移到中西部,因此,中西部的地区将成为这项改革的最大的受益方。北京、天津、上海、广东、福建、浙江、江苏、大连、青岛做出了贡献，其余省份则可通过中央的转移支付享受改革成果。2002—2004 年所得税、一般性转移支付增量、所得税基数返还的总和分别达到 956490、965274、948249 万元，分别占地方财政收入的 31.64%、28.74%、23.25%，比改革以前的比重有所提高。

（四）河北省财政收入结构不合理

从财政与经济的关系分析，在其他因素不变的情况下，财政收入的增幅也不会与 GDP 的增幅保持同比，因为财政收入的来源（税基）与 GDP 核算内容不是完全对应的。增值税、营业税与 GDP 中的二、三产业增加值基本对应，有较高的相关性，一定量的增加值应该产生一定量的税收，如果没有其他因素，两者之间具有稳定的增长弹性关系。而企业所得税等主要税种，只是对部分经济含量的再征税，与 GDP 的关系不是直接对应的，相关性较弱。

企业所得税的多少对财政收入占 GDP 比重的大小影响颇大。由于企业所得税是在课征了增值税或营业税的基础上课征的，如果企业所得税数额大，将直接增加财政收入占 GDP 比重公式中的分子，同时分母不变，从而提高财政收入占 GDP 比重。我们以 2003 年各地区企业所得税占财政收入的比重与财政收入占 GDP 的比重做相关分析，两者的相关系数 R＝0.59，存在中度相关。2003 年河北省企业所得税占全部财政收入的比重只有 8.54%，比全国平均水平（10.59%）要低 2.05 个百分点。企业所得税占财政收入的比重偏低也是造成我省财政收入占 GDP 比重偏低的一个重要原因。

（五）预算外资金和基金收入过渡膨胀，直接削弱了财政收入能力

预算外资金是根据机关、事业单位和社会团体为履行或代行政府职能，根据国家法律、法规或具有法律效力的规章而收取、提取或安排的未纳入国家财政管理的各种财政性资金。预算外资金的存在虽有必要，但其数额过大必然挤占预算资金，影响财政收入的增长。从纵向来看，我省预算外资金由 1996 年的 118.62 亿元增加到 2003 年的 147.33 亿元，平均每年增长 3.14%，占同期一般预算收入的比重由 1996 年的 78.15%下降到 2003 年的 43.87%。但从横向比较来看，我省预算外资金占地方一般预算收入的比重较高，2003 年我省预算外资金占地方一般预算收入的比重为 43.87%，而同期的新疆、云南、内蒙古、黑龙江的比重分别为 37.75%、37.00%、35.00%、34.61%。2003 年我省基金收入达到 158.07 亿元，从总量上看，在全国排第 5 位，而我省的全部财政收入和地方一般预算收入的排名在全国分别为第 8 位和第 10 位。从相对上看，2003 年基金收入占全部财政收入的比重为 24.90%，比全国平均水平高 11.59 个百分点，基金收入占地方一般预算收入的比重为 47.07%，比全国平均水平高 21.65 个百分点，均在全国排第 5 位。

（六）非国有制经济对财政收入的贡献率较低

近年来，经过国有企业改革，全省所有制结构发生了很大变化。国有经济所占比重快速下降，非国有经济成分所占比重快上扬。1988 年到 2002 年，全部工业总产值中，国有经济所占比重由 58.6%下降为 18.7%；非国有经济比重由 41.4%上升为 81.3%。但从税收收入的所有制构成来看，非国有经济提供的税收并未如其产值一样大幅度增长。2002 年，我省国有经济提供的税收仍占税收总量的 32.7%，非国有经济占 67.3%。这说明，我省非国有经济对税收增长的贡献率低于国有经济，财政收入的来源结构改变滞后于所有制结构的改变。特别是个体私营经济的产出与其税收贡献非常不对称，2002 年全省个体私营经济实现增加值占全省 GDP 的 35.3%，但其提供的税收只占税收增额的 15.7%。这说明我省个体私营经济税收负担明显偏低，对税收的贡献有待提高。

此外河北省 GDP 在统计中存在一定水分也是河北省财政收入占 GDP 比重较低的一个重要原因。

三、提高河北省财政收入占 GDP 比重的战略研究

（一）推进城镇化发展战略，促进我省产业结构的优化升级

我省城镇化水平偏低，2004 年我省城镇化水平比全国平均水平要低 7.26 个百分点。我省大城市辐射带动能力不强、中等城市数量偏少、小城市和小城镇发展水平不高，城镇化进程滞后，已成为制约经济社会发展的“瓶颈”，不但影响产业的聚集效应，也制约了第三产业的发展。因此必须推进我省城镇化的进程，推动我省产业结构调整，降低第一产业的比重，提高第三产业的比重，提高经济增长对财政收入的贡献率。

（二）推进科教兴冀战略，走新型工业化道路，逐

步提高科技进步对财政收入的贡献率

2003 年我省经济总量(GDP)居全国第 6 位,财政收入居第 8 位,人均 GDP 居第 11 位,而综合科技进步水平指数则居第 20 位,科技发展滞后已经成为制约我省进一步发展的瓶颈。因此必须充分发挥科学技术作为第一生产力的重要作用,建设科技创新体系,完善科技成果转化机制。围绕产业结构调整和升级,培育构筑科技和人才高地,实现跨越式发展。积极促进传统工业改造,走新型工业化道路。支持传统行业研究开发一批具有自主知识产权的主导产品,提高产品的科技含量。支持高科技园区建设,孵化高科技型企业和产品,促进科技成果转化,做强做大高新技术企业。支持研究开发第三代数字移动通信设备、宽带无线综合信息系统、新型显示器件与应用、智能化小区管理系统和环保监测产品、光电一体化设备等推进国民经济和社会信息化,逐步提高科技进步对财政收入的贡献率。

(三)推进新兴服务业发展战略,提高第三产业对财政收入的贡献率

我省在传统服务业稳步发展的同时,现代和新兴服务业得到较快发展,但与一些沿海省份相比,我省第三产业竞争力不高。根据《中国 31 省市服务业竞争力评价报告》,我省第三产业综合竞争力在全国排 12 位。针对我省第三产业结构的现状,应大力发展信息、金融、保险、社区服务和会计、律师、咨询等现代服务业。加快区域性物流中心建设,培育跨区域商贸集团,发展连锁经营、物流配送、电子商务等新型业态和现代流通方式。积极开发红色旅游、特色旅游、休闲健身旅游,加快旅游景点升级改造。大力支持发展新兴服务业,提高第三产业对财政收入的贡献率。

(四)推进财政收入占 GDP 比重的目标考核战略

财政是经济的“晴雨表”,财政收入占 GDP 的比重和税收占地方财政收入的比重,是反映各市经济发展状况的重要指标。今后,我省考核省内各市的经济工作,不仅要考核财政收入规模和增幅,而且要考核财政收入占 GDP 的比重。针对我省税收收入占财政收入的比重较低的现状,还应该考核税收占财政收入的比重。同时,要加大依法治税力度,尤其要抓好重点行业、重点部门的税收清理,严厉打击偷、逃、骗税行为,促进税收收入快速增长。规范收费管理,有效约束非税收入的非正常增长。通过制定地方财政状况考核评价制度,运用科学合理的指标体系,将财政收入占 GDP 比重列入各级政府工作职责的重点考核目标,以此作为评定政府宏观经济管理实效的重要尺度,确保财政收入不折不扣地反映经济增长成果,并且从根本上惩治那些在 GDP 数字上弄虚作假的腐败现象。

(五)推进非公有制经济成长战略,逐步提高非公有制经济对财政收入的贡献率

我省在发展非公有制经济方面已有了很大进步,但与发达省市相比仍有不小的差距。2003 年我省非公有制经济增加值占 GDP 的比重约为 37%,比浙江的 52%、福建的 46%、江苏的 42%都低。非公有制经济发展慢是我省与先进省份拉开差距的主要因素。随着国有经济布局调整的推进,随着国有资产管理体制改革的推进和国有企业改革的深化,随着财政体制向公共财政体系的转轨,非公有制经济将会是越来越重要的税源。尽管国有经济目前在整体上仍然是政府最大的税收来源,但非公有制经济直接和间接创造的税收将占有越来越大的比重,特别是在增量上会占有越来越大的比重。因此,我省必须大力推进非公有制经济成长战略。由于目前非公有制经济对财政收入的贡献率不高,在推进非公有制经济成长战略的同时,还有必要加强对非公有制经济的税收征管工作。

2005 年度河北省财政科研
课题成果一等奖作品之七

河北省县、乡政府债务的形成机制与化解对策(节选)

朱祥林　邢永春　陈国绪　郭宏

二、河北省县、乡政府债务形成的机制

关于我省县、乡政府负债的原因,大多数解释都会提到如下四点:一是 1994 年分税制改革后,在省以下各级政府间财政收入和支出责任的划分不对称,上级政府转移支付不到位,导致县、乡政府普遍

财力紧张;二是县、乡政府不负责任的政绩工程投资;三是县、乡行政、事业单位机构膨胀、冗员过多;四是市场低迷,乡镇企业效益欠佳,县、乡政府收入锐减。实际上,不同地域的县、乡政府的债务状况和债务成因是不同的,因此也就不可能有统一的、系统的解释。在上述几种解释中,有的确实指出了县、乡财政困难和债务形成的根源,但有的与其说是原因,还不如说是表现。比如,收入上移、支出下移反映了目前县、乡财政紧张的直接原因,但却没有解释这种体制形成的原因。至于县、乡政府政绩工程、机构膨胀尽管确实存在,但这些并非一定就会造成县、乡政府债务积累。至于市场低迷,乡镇企业效益欠佳,更不应该成为县、乡政府举债的理由。

仔细分析,我省县、乡政府债务形成的机制有三个组成部分。一是财政体制上,收入上移支出下移之后缺乏规范的政府间转移支付制度,致使县、乡财政陷于困境。二是缺乏硬预算约束的国有金融体系为县、乡政府过度举债提供了可乘之机。三是县、乡政府间财政竞争中,相互都存在机会主义倾向,导致财政行为与风险的不对称分布。

(一)财政体制:收入上移与支出(责任)下移

1. 五级政府体制和财政体制

按照"一级政权、一级财政"的原则,现行的财政体系由五级财政构成,即中央、省、市、县、乡;其中,县、乡财政属于基层财政。1994 年的财政体制改革的主要目的是解决中央财政与省级财政体制的关系。省级以下财政体制由地方根据实际情况制定,基本上是"一个省一种模式"。特别是乡级财政,在全省各地差别较大,大致可以分为三类模式:一是核定收支、收支包干,总额分成,分级包干;二是核定收支、收入上缴、支出下拨、超收奖励;三是不完全分税制体制,主要特点是:划分收入、核定支出、转移支付调节。

从预算管理的角度看,经济发达县的乡一级财政实际执行的是独立预算,同时设有国库;而经济不发达县,大部分的乡财政预算由县财政代编,乡级财政实际上只是执行机构。

2. 财力向上集中

1994 年建立的财政管理体制重新界定了中央和我省政府之间的财权和事权范围,着眼点是增强中央政府的宏观调控能力,明确各级政府的责、权、钱。当时尚做不到配套确定市、县、乡政府之间财力分配框架,原本寄希望于通过逐步深化体制改革,在动态中解决此问题。但由于省以下体制改革的深化近年并未取得明显进展,财权划分模式与事权划分模式出现了两相背离格局。这在很大程度上加剧了县、乡基层政府财政困难。实行分税制的主要意图之一是扭转过去中央财政收入占全部财政收入比重过低的局面,从而使中央财政能较充分地发挥自上而下转移支付的调节功能,这符合分级财政体制正常运行的基本要求。然而现在的问题是这种趋向被盲目推广和延伸,形成了省、市政府都应集中资金的思维逻辑。1995 年以来,省级政府为增强对全省的调控能力,年均提高 0.5%,从 1995 年的 19.58%提高到 2001 年的 22.86%,市一级政府同样存在集中财力的情况。从全省财力的分布状态看,2001 年省本级占 22.86%,11 个市本级占 24.02%,136 个县(市)仅占 53.12%,平均每县(市)仅占 0.38%,2001 年我省地方财政净结余 0.83 亿元,而净结余为赤字的县就有 23 个,金额达 0.81 亿元。这些说明财力向省、市过度集中。

因此,县、乡政府必须求助于省、市政府拨款,省、市向县、乡的转移支付成了县、乡政府预算收入的重要项目。在全省范围内,财力匮乏的县、乡一直是典型的"吃饭财政"、"讨饭财政",经常为提供辖区基本公共服务而负债。

3. 事权(责任)向下分解但转移支付不规范

省、市政府层层向上集中资金,基本事权却有所下移,特别是县、乡两级政府,履行事权所需财力与其可用财力高度不对称,成为现在的突出矛盾。按照事权划分规则,区域性公共产品由相应级次的政府提供。近年省、市政府向上集中资金的过程中,县、乡两级政府仍一直要提供义务教育、本区域内基础设施、社会治安、环境保护、行政管理、"农基会"历史债务、粮食补贴挂账等多种地方公共产品,同时还要在一定程度上支持地方经济发展,而且县、乡两级政府所要履行的事权,大都刚性强、欠账多,所需支出基数大、增长也快,无法压缩。不仅如此,省、市政府往往对自己应该下拨的转移支付款也不能及时到位。如有不少乡镇反映,他们要及时拿到从上级的拨款并不容易。即使按规定应该正常的经费拨款,也常常因与下达给乡镇的其他任务(如计划生育、招商引资或 GDP 完成数)挂钩而拖延。很显然,改革开放的转轨时期,县、乡两级政府,承担着宽广、具体的政治责任和经济责任。在这种背景条件下，亟需在明确各级政府合理职能分工和建立科学有效的转移支付制度的配套条件下，使基层政权的事权、财权在合理化、法治化框架下协调，职责与财力对称。这本是“分税分级”财政体制的“精神实质”所在，一旦不能落实，则成为县乡财政困难和负债的重要原因。

现在用以规范财政转移支付制度的是1995年财政部制定的《过渡期财政转移支付办法》。这个办法直到2002年才被改为一般性财政转移支付办法。1994年实行分税制财政管理体制改革后，为了解决地区收支均衡问题，国家开始试行转移支付制度，1999年，对中央与地方的税收和财政分工做了调整后，中央对省、省对市、县转移支付的财政投入逐年增加。面对庞大的转移支付数字，我们现在依据的只是一个部门的规章。除了规范的层次过低导致的稳定性差、权威性低外，这部规章还存在着很多问题：行政色彩非常浓厚，支付范围的随意性很大。中央与省、省与市、县、乡政府间的事权、财权划分不清，上下级政府的支付责任难以区分，并且也没有标准可行，这对于各级领导的工作绩效考评和各县、乡关系的协调都是不利的。

总之，在我省目前的政府机构中，直接接触4900多万农民的是乡镇政府。直接为公众承担的服务，有70%是由县、乡(镇)两级政府完成。在上级政府转移支付不到位的情况下，乡镇政府只有“创造”超支办法。比如挪用专款、向上一级政府借款、提前支出下一年的预算收入等等。这些款项往往都无法偿还，在财政越来越吃紧的情况下，乡镇政府只好走赖账之路。

(二)金融体系缺乏硬预算约束为县、乡政府举债提供了可乘之机

在县、乡政府债务中，几乎有90%的部分是当年在特殊的金融体制下，县、乡政府从国有银行或农村信用社、农村合作基金会借支的。这成了目前化解县、乡债务工作中无法绕开的“历史遗留问题”。尽管经过多年的金融改革和地方金融机构的清理整顿，目前在县、乡级政府债务的新增部分，仍然出自这一来源。

实际上，县级政府往往通过种种“创新”进行债务融资。有的由县政府出面担保或提供变相担保(如以县人大会议通过《决议》的形式)，要么直接为县基础设施融资，要么为所属企业向银行贷款提供方便。这些虽属或有债务，但规模最大；此外还有因征收不足或挪用资金等原因，造成的社会保障资金缺口(属于隐性债务)、粮食企业亏损挂账、拖欠中小学教职工工资(直接债务)、地方政府部门拖欠企业工程建设项目施工款等各种“白条”。

我国《预算法》第28条规定，地方财政必须保持平衡，不得自行举债。实际上，一些县、乡政府通过种种方法总是能够规避法律风险。但是由此造成的财政风险却逐渐积累起来了。问题是，那些以政府为背景建立的银行或非银行金融机构，曾经或者正在向县、乡政府借债，它们因为缺乏相应的市场主体特征，仍然承担着软预算约束资金供应者角色。这种未彻底改制的金融体制，正是在财力上移、支出责任下移后县、乡政府青睐的对象。

(三)政府间财政竞争：收益与风险的不对称分布

在省内调研资料中，近几年不断出现关于各级财政风险的课题研究。但是，如果说县、乡财政真的存在风险的话，它们会是什么样的风险？面对这种风险，这些县、乡政府为什么没有改变行为方式(比如说本着“有多少钱办多少事”的原则行事)？人们说县、乡干部为了追求政绩，不得不举债发展县、乡经济，但自2002年以来各地都对县、乡干部增加了考核化解不良债务的指标，为什么县、乡债务仍稳步增长？干部们为什么宁可牺牲债务化解政绩而追求扩大投资的政绩？

要解答全省多数的县、乡政府为什么要使自己陷于“高风险状态”，我们可能需要分析政府的效用函数。这里简述如下：政府总是有着两大目标：一是长治久安，一是财政收入最大化。但这两个目标在不同级次政府中权重是不一样的。长治久安往往是上一级，或者省、市政府的首要目标。在长治久安这一目标下，省、市政府既要避免本地经济剧烈波动，又要监督辖区内县、乡政府能够提供足够的公共物品，从而避免合法性危机。但它对县、乡政府来说却有着外部性，县、乡政府更关心的是财政收入最大化。

关于县、乡政府间财政竞争已经有许多有价值的文献。总的思想是：不同地域、不同级层的政府之间为争夺可支配资源，总会产生机会主义行为。问题的关键是，在省、市、县、乡政府间财政、金融体系和司法等方面的制度安排是否能避免这些行为。一

旦存在制度方面的漏洞，省、市政府可能充分利用自身的优势制定规则，使自己“日子过得宽裕”，任由县、乡政府处于不利状态；而竞争中的县、乡政府也要设法利用制度漏洞，扩大资源的使用规模，并将由此引起的不利后果——包括全省经济受冲击、自然资源的破坏、周边辖区的衰落等等——推卸出去，多数情况下推卸给省、市政府解决。

有了上述理解，我们就可以观察在目前财政、金融、公有资产等制度安排中，省、市和县、乡政府存在着财政收益与风险的不对称分布问题。具体地，尽管省、市在1994年的分税制改革后通过制定收入范围上移和支出责任下移让自己财政上很宽裕，同时要求各级财政中预算外资金一律纳入预算内管理，但县、乡政府并没有放弃对可支配资源的竞争：从对辖区内居民的随意征取，到变卖公用资源（土地使用权）筹集收入；从竞相优惠招商引资，到自办金融机构融资，最后到从国家金融系统借款，不一而足。

上述行为引发的外部性风险，由全省承担的有如下几项：全省经济受到冲击、社会治理环境恶化、市场信用损害、自然资源的破坏、周边辖区的衰落等等。其中由省政府不得不承担的两大风险：一是全省经济受到冲击，二是社会治理环境恶化，即合法性基础的破坏。

1. 全省经济受到冲击

县、乡政府向辖区公众、国有银行和资本市场举借的大量债务，最终会通过特有的财政——货币传导机制影响全省经济稳定。其中的财政传导机制在于：由于县、乡政府举债过程没有破产之虞，实质上相当于它们默认了省政府对其隐含承担的无限责任。作为县、乡地方政府，传统上一直是省政府的地方代理人，代表省政府去“造福一方”，更相信省政府不可能听任县、乡政府因债务问题而瘫痪。因此，县、乡政府任何财政扩张行为都可以看作省财政行为的组成部分。在这种情况下，省政府的对策有两种：一是不给予援助，听任县、乡政府瘫痪或破产，这在现实中不可能；二是主动解决，在严禁债务增加的同时提供帮助。其途径也有两种：一是通过财政援助，即自己承担起县、乡债务的偿还义务——即便有此财力，必然使得自身财政开支扩张。这种财政危机的兜底策略实质上使县、乡财政风险最终向省财政集中；二是通过债务重组，省内国有银行系统再当一次“冤大头”，挂账停息甚至豁免。这相当于县、乡政府自发地创造信用，变相获得了货币的发行权，而且使得县、乡财政风险转化为社会金融风险。

第二种途径即县、乡政府对货币政策冲击的传导机制。货币是一种利益分配和利益竞争的工具。在货币经济中，谁掌握了货币发放权力，谁就可以通过货币发放，扩大自己的利益，改变利益的分配。货币发放权是中央政府的权力，地方是无此权力的。地方一旦拥有了实际的货币发放权，就会运用这一权力来实现自己的目标。在传统直接控制机制下，地方没有投资自主权，虽可就投资计划指标进行讨价还价，但仍无法自行扩大投资规模。同样，银行的地方分支行虽可就信贷计划指标进行竞争，但不能自行扩大贷款规模。分权化改革后，中央虽未将货币发放权力放给地方，金融改革又使地方分支行有了经营自主权，可以自行扩大贷款规模。在这种情况下，地方分支行对县、乡政府的遵从，也就意味着地方有了实际的货币发放权力。只要地方分支行按照地方当局的意图，突破信贷计划给地方企业贷款，中央银行事后认可地方分支行的行为，并增发货币进行弥补，地方也就实际行使了自己的货币发放权力，扩大了流通中的货币量。比如，经济紧缩时，由于信贷计划控制较严，难以突破，县、乡政府会通过地方分支行改变贷款投放方向，优先保证县、乡企业的货币供给，从而改变资源分配，保证县、乡地方收入。在经济扩张时，县、乡政府会借机影响地方分支行扩大信贷规模增加县、乡建设项目抢夺更多的资源，以扩大自己的收入基础。此外，国有银行的地方分支行可以提前完成信贷投放计划，迫使上级银行事后追加信贷额度或者现金发放。

今天我们仍在重复着县、乡政府扩张——省政府救援——全省经济遭受冲击的故事。县、乡商业银行不良资产、农村信用合作基金坏账积累等等，大部分是县、乡政府借贷的结果。只不过目前表现为两种形式：一是严重的拖欠；二是省政府（通过财政部门）“专项借款”进行救助。1997年以来，在清理整顿信托投资公司、城市信用社、农村基金会、城市“三乱”（即乱批设金融机构、乱从事金融业务、乱集资）过程中，为解决被撤销金融机构支付个人合法债务和外债的资金缺口，以地方财政作担保，总计向中国人民银行申请了巨额的再贷款。其中，清理集中在乡镇的农村基金会。尽管有政府还款的明确规定，但大多已不能主动按时偿还中央专项借款，中央财政只得通过体制结算扣款的方式来归还人民银行的再贷款。

无论是发达国家还是发展中国家,基层政府竞争引发财政风险问题都是客观存在的,而且在某些情况下还表现得较为突出,具有一定的普遍性。例如在巴西,近几十年来,也先后发生了3起较严重的地方政府债务危机。这些都曾一度使当地政府陷入了难以正常运转的困境,并造成了较大的损失。20世纪80年代和90年代,巴西州一级政府的债务分别花去了联邦政府190亿美元和550亿美元。有些还直接引发了全国性的经济动荡。我省如果发生金融危机,肯定是省以下各级政府在现行金融体制下不负责任的财政行为的结果。

2.县、乡政府债务危及基层政权的合法性

财政体制健康与否影响到一个省的发展进程。霍夫曼和罗森塔尔(《新制度经济学前沿》经济科学出版社,2003)开发过一个近代早期欧洲的战争税收模型,讲的是当时欧洲国家的战争竞争迫使各个国家设计不同的筹集战争经费的方法。不同体制下筹集经费的效率是不同的,同时对一个国家公民产权的保护和侵害程度也不同。书中称,英国光荣革命产生于当时的君主债务危机。正是债权人为制止肆意拖欠和财政挥霍而采取的联合行动,英国率先建立了保护产权的宪政制度。宪政后英国的税收负担比法国高出三分之一。但有了保护财产权的宪法承诺,人们愿意向国家交税,也愿意购买国债,国家就可以集中更多的财富用于公共设施建设和对外扩张。相反,一个贫困的政府是危险的,无论对统治者还是臣民来说都是这样。一个债务压力下的政府不可能提供足够的公共物品,反而可能运用权力侵犯公众利益。其方式包括:滥发货币,随意征取、变卖公共资产,或者拖欠债务等等。

根据西方经济学者分析,看不见的手其实是两只,一是看不见的右手,即市场;另一只是看不见的左手,即政府伸出的"扶持之手"或"掠夺之手"。一个原本应该帮助公众、提供基础设施、维护市场秩序的看不见的左手,由扶持变为掠夺,由社会进步的促进力量变为反动力量,是很可怕的。

综上所述,县、乡政府债务的形成机制主要在于三个方面:一是政府间财政关系尚未理顺,收入上移、支出下移以后没有建立规范的政府间转移支付制度;二是国有金融体制仍缺乏硬预算约束,为县、乡政府举债融资提供了可乘之机;三是存在县、乡政府间收益与风险的不对称分布,处于竞争中的县、乡政府会将举债所带来的风险转嫁给上级政府。只要这些问题没有解决,我省县、乡政府的债务风险就会进一步积累。

三、重建县、乡财政,提高执政能力

(一)以立法形式限制县、乡政府债务规模

我们认为,应该通过采取短期对策和长期对策相结合的办法,解决县、乡政府债务问题。短期对策即清理存量、控制增量。目前能够做到的是,每年要求县、乡干部化解债务的任务至少与GDP增长一样成为考核指标。

那么县、乡政府债务的数量界限应如何确定?但到目前为止,我省还没有关于这方面的指标。要通过立法形式限制县、乡政府赤字和欠债数量,俄罗斯和我国台湾省的实践都可以借鉴。

1996年以来,为保证宏观经济稳定并加强地方政府的财政责任,俄罗斯政府颁布了一些法律法规限制地方政府的借款要求。1996年的《证券市场法》规定了联邦授权许可下,地方政府发行债券必须注册并严格披露。1997年9月出台的《俄罗斯联邦地方政府财政基础法》规定,地方政府借款的上限为预算支出15%。该法还包括其他几项重要的限制:只能以投资为目的(不得为经常性支出)发行债券;为了避免联合借款和贷款带来的道德风险,地方自有银行不得为地方政府提供借款;中央政府不为地方债券进行担保。然而,财政基础法仅适用于地方政府,不包括州政府。俄罗斯1998年批准的《预算法》将州政府和地方政府预算赤字分别限制在转移支付和借款之前的预算收入的5%和3%以内。通过规定每年用于支出的借款不超过预算支出15%。《预算法》限制了州政府和地方政府的总体债务水平后,不遵守这些规定将引致预算审计或上级政府对预算实施进行控制。该法还进一步将地方政府借款用途限定为资本性投资,并只允许联邦政府有权举借外债。1997和1998年的一系列总统法令授权少数地方政府发行欧洲债券。这些法令规定了与1998年《预算法》相类似的借款限制,要求地方政府的融资要向财政部注册登记并规定了披露要求。

我国台湾《公共债务法》对各级政府债务也作了明确的规定。其《公共债务法》第四条规定:中央及各地方政府在其总预算、特别预算及在营业基金、信托基金以外之特种基金预算内，所举借之一年以上公共债务未偿余额预算数，合计不得超过行政院主计处预估之前三年度名义 GDP 平均数的 48%；其分配如下："中央"为 40%，"直辖市"为 54%（其中台北市为 36%，高雄市为 18%），县（市）为 2%，乡（镇、市）为 6%。中央及各地方政府所举借之公共债务，如有超过本条所规定之债限者，于恢复到符合债限前，不得再行举借。

（二）探索市场经济中政府的职能和行政框架，界定各级政府收支范围

改制重于放权，监管重于宽免。化解县、乡政府债务的长期对策包括：改革全省辖区设置和行政区划，减少政府级次；引入"省管县"模式；增加政务公开力度，制定财政信息披露制度；加强各级立法部门和社会公众对政府行为的监督能力，建立地方问责制度。更重要的是，政府级次的设置应考虑到治理传统和当代加入全球化、市场化和现代化过程中总体目标的结合，恰当界定各级政府的职责，处理好省政府与各市、县、乡级政府之间的财政关系。在此基础上，建立规范的转移支付制度。

就财政债务控制来说，要引入上级政府对下级政府财政紧急控制的机制。一旦县、乡政府债务状况恶化超过某种数量界限，则由上级政府委托的专门机构对该县、乡政府的财政进行直接管制。

当然，要保证债权人权益，防范债务积累构成全省经济隐患；建立政府破产制度、对不负责任的举债行为进行司法追究的制度是不可缺少的。"地方财政破产"在一些发达市场国家或地区是以立法形式确定的。比如，一旦确认某一级地方政府财政破产，该级政府的财政就由上一级政府接管，并由政府组织各方面经济专家成立专门的委员会，接管这级破产政府的财政——控制其税收等财政收入来源，用于偿还财政债务。在这方面，美国地方政府的做法也值得我们借鉴。

美国对州一级政府的财政紧急状况制定了一系列的客观标准。例如，通过信息披露或审计，一旦发现地方政府连续两年无法支付债务或没有充足的资金弥补预算赤字，就可以视为"财政紧急状况"。此时上级政府建立一个委员会对州或地方政府进行监管，并提供技术上的帮助。地方政府和监管委员会联合制定计划，支付所有债务、养老金和其他必须履行的支付项目，同时通过减少相对次要的预算项目削减支出。与州政府和市政府破产程序相比，州紧急委员会使地方政府丧失了更多的地方控制权。这一方式更加注重教育地方官员进行负责的财政行为。同时，紧急委员会被授权改变地方确定的优先顺序和经过地方政治过程产生的财政决策，可能比破产程序更使地方政府受到制约。实际上，这相当于"既然上级赋予的自主权没有被正确地行使，上级政府就有权收回这种权力"。当然，无论破产程序还是财政紧急控制，一个必要内容是对相关官员的责任追究和失误惩罚。

最后，深化国有金融体制改革，硬化金融领域的预算约束，财政管理的进一步创新是从源头上控制县、乡政府举债行为的关键。

2005 年度河北省财政科研
课题成果一等奖作品之八

政府收支分类改革在预算执行中有关问题的探讨（节选）

高景良　李广春　张振川　刘宝贤　牛凌云

三、政府收支分类在科目设置方面的问题和建议

（一）增加地方需要的科目

收支科目对中央层次适用科目考虑得较全面，对地方层次适用科目相对考虑不足，建议政府收支分类科目应充分考虑地方预算管理需求，相应增加地方的收支项目，做到中央和地方统筹兼顾。

收入分类建议增加如下科目

1.01010130"国内增值税退税"，省级国内增值税退税，由财政专员办和国家税务局两家分别办理，国税系统在统计税收收入时不扣减专员办的退税，如果仍沿用目前的统计口径，使用一个科目难以统计各自的退税额，给税收收入的统计造成一定困难，建议设国家税务局退税和财政专员办理退税两个退税科目，以区分国家税务局的退税和专员办的退税。

2.10105"企业所得税"都是按照中央隶属的大型企业集团划分的税目，地方企业的所得税只有一

个"其他",无法明晰反映征收项目。建议对项目作如下细化:

(1)在 05 款 02 项采矿业所得税下,增设"煤炭开采和洗选业所得税"、"黑色金属矿采矿业所得税"和"有色金属矿采矿业所得税"细目。

(2)在 05 款 03 项制造业所得税项下,增设"褐色金属冶炼及压延加工业所得税"、"化学原料及化学制品制造业所得税"和"医药制造业所得税"细目。

3.增加地方出台的非税收入项目适用科目。在非税收入科目中,反映中央统一的收入项目比较充分,没有充分考虑地方收入项目,有待于进一步细化补充。

建议给地方预留一些非税收入科目,并在每项行政事业性收费下设置"其他",以满足地方收费管理的需要,完整反映部门非税收入情况。

4.增加地方财政债务适用科目。地方财政以各种形式承担着部分债务,既有国债资金、世行贷款、清理基金会贷款等,也有以城市建设投资公司、国有资产经营公司为承债主体向金融机构贷款。建议地方可以使用债务收支相关科目或单独增设有关地方债务科目,以更加完整地反映基层财政收支活动。

支出功能分类按职能设置类级科目覆盖面较全,但款级科目对地方而言包括的部门仍偏少,不能满足实际需要。建议增加如下科目:

1.交通厅机关事务归属问题。214 类"交通运输"下没有专门设置的"交通管理事务"款,01 款"公路水路运输",不能完全反映交通部门的职能,我省交通厅管理事务内容与交通部不完全一致,公路、水路、铁路都是交通厅管理事务,因此将交通厅机关列入 01 款不太恰当。建议专门增设"交通管理事务"款,包括"行政运行、机关服务、专项服务、专项业务活动、其他"5 项。

2.针对地方政府专门设有中小企业管理专职机构,且一般为行政单位的情况,建议在 215 大类"工业商业金融事务","中小企业发展"款下,增设"行政运行"或"运行经费"项级科目,以反映地方中小企业管理专职机构的日常运转支出。

3.其它没有科目归属的部门或支出。如地方的法制办、仲裁委、优化经济发展环境办公室、金融办、政法委、城市治安综合治理办公室、经贸局、对外开放办公室、精神文明指导办公室、军供站等部门,以及信访事务、农村工作事务、防范邪教和有害气功、机要管理业务、党史政策研究等事务,均没有专门对应的款级科目,建议增加相关款、项级科目。

(二)增加体现国家政策导向的科目

科目设置政治性强,导向作用大。政府收支分类科目应充分考虑国家的政策导向,对国家鼓励和支持的支出方向科目进一步细化。

1.突出涉及"三农"方面的支出,以充分、详细反映政府的投入。新科目中,城市支出方面的比较多,而农村事务和城市社区事务方面的比校少。

(1)建议在 208 类"社会保障和就业"、209 类"社会保险基金支出"等科目下增设反映县财政针对农村的一些补贴、补助、救济、公益金等支出款级科目,如"农村老党员老干部补贴"、"农村干部保险补贴"、"农村税费改革补助"、"农村特困学生救助基金"等。

(2)212"城乡社区管理事务"下,增设解决欠发农民工工资问题支出。

(3)213"农林水事务"下:增设水利建设移民、拆迁支出;在"农业"下,增设农村财务及农经管理经费支出、民营经济发展局经费科目;取消 213 类 01 款 26 项"乡镇企业"科目,随着社会主义市场经济的确立,投资主体的日益多样化,乡镇企业早已不承担支援农业的义务,乡镇企业的概念也被"民营企业"所取代。

(4)关于乡财县管账务处理问题。地方一些乡镇目前还不具备一级财政条件,县把乡镇作为一个部门来编制预算,乡财县管。在支出功能分类科目相关款下,没有单独反映基层支出的科目,难以区分县级还是乡级,如乡镇政府机关、财政所、计生站、文化站、农业技术站、林业技术站、水利服务站等,在相应的类、款下没有相对应的反映基层单位预算的项级科目。建议在 201 类 03 款"政府办公厅(室)及相关机构事物"、06 款"财政事物"、12 款"人口与计划生育事物"、207 类 01 款"文化"、213 类 01 款"农业"、02 款"林业"、03 款"水利"下各增设 1 个项级科目,以反映乡镇级政府各类的支出。

2.突出社会保障方面的支出,以充分、详细反映政府在这方面的投入。对社会保障方面近期有增长态势的较大额资金应考虑单列科目。如新型合作医疗基金、大病统筹基金建议在收支分类中给予考虑。新型合作医疗基金虽然不属于社会保险基金的范围,但具有社会保障救助资金的性质。大病统筹基金与基本医疗保险基金联系密切,应当对其单独设置科目,用以反映大病医疗费用统筹基金收支。

3.突出教育方面的支出,以充分、详细反映政府在这方面的使用。鉴于地方财政支出中,教育支出占总支出的一半以上,建议参照国防支出单独设立教育支出的经济分类科目,细化相关科目。

(三)尽量体现综合预算和部门预算原则

政府收支分类科目应尽量贯彻综合预算、部门预算原则,统一反映支出项目。

1.增加事业单位经营性收支科目《政府收支分类改革方案》中没有考虑事业单位的经营收支情况,很多单位在编制预算时提到经营性收支没有科目归属。应增加事业单位经营性收支科目。

2.行政事业性收费收入是按部门还是按使用性质划分的问题

在行政事业性收费收入中,科目说明中各“项”是按照部门划分的,在这里“部门”没有明确是指实际的预算部门还是具有同一性质的单位。我们理解,部门应该是指预算部门,各部门的收费应列在本部门下,但部门所属的基层单位情况各有不同,最普遍的是很多部门下面都有技工学校和幼儿园,对于这些单位的收费,是按照部门所属“项”列、还是按使用性质列在教育“项”下,需要做出明确解释。

在模拟预算编制中,考虑行业主管部门举办的技工学校与部门行使职能紧密联系,我们在有技工学校的部门“项”下添加了相应收费科目,如在劳动厅添加 83 目“技工学校收费”;并在所有部门下都添加了“幼儿园保育费、杂费、取暖费”。

3.科目按经费性质和政府职能双重标准设置问题

新的政府收支分类科目在形式上打破了原先按照经费性质划分支出的分类原则,但专项支出和基金支出依然在科目中,出现科目按经费性质和政府职能双重标准设置的问题,导致科目使用可能交叉,一个项目按经费性质和职能划分可以同时使用两个科目。如 201 类 18 款“国土资源与地质勘查事务”下,16 项“新增建设用地土地有偿使用费支出”主要用于国土资源规划工作、地籍调查工作、土地分等级与评估等相关工作,与 03－06 项内容有交叉,此外还有矿产资源补偿费支出、排污费支出、海域使用金、公路养路费支出、公路客货运附加费支出、城市教育附加支出、文化事业建设费支出等等也是如此。按照改革的意图支出功能分类应取消按经费性质划分支出,改为根据政府职能划分支出,由于经费管理形式没有改革,造成按双重标准设置科目。我们理解用专项或基金收入安排的支出列在按经费性质划分的相应科目中,其他资金安排的支出列在按职能划分的相应科目中,建议对此类科目使用做明确的说明,从长远来看,建议按照综合预算、部门预算的原则不再按收费项目设置支出科目,以实现彻底的综合预算。

(四)进一步细化科目

为适应科学管理和决策的需要,方便数据查询和进行统计分析,应进一步细化资金量大的收支科目。

对收入科目部分建议细化如下:

1.在收入分类中,参照国民经济分类和行业分类标准,对几个主体税种设置了相关明细分类科目,较好地解决了财政收入分类统计问题。但是国内增值税(10101)的明细分类略显简单粗糙,在统计分析财政总收入时,不能与按行业分类设置明细的其他税种相匹配。建议按照国民经济分类对国内增值税细化科目设置。

2.出口退税机制改革后,出口退税对地方经济、财政运行的影响日益显著,但新的收入分类中涉及出口退税的科目仍然没有进行明细分类,以致不能对出口退税进行分类统计和分析,既不利于加强出口退税管理,也不利于对地方经济、财政运行进行分析、监控。建议比照细化后的国内增值税科目设置细化出口退税所涉及的科目设置。

3. 30109 资源税划分较粗,建议按税目划分细目:原油资源税、天然气资源税、煤炭资源税、其他非金属矿原矿、黑色金属矿原矿资源税、有色金属矿原矿资源税、盐资源税、其他资源税。其他建议按税目设置细目的有:12 款 01、02 项房产税和城市房地产税、13 款 19 项其他印花税、16 款 01 项、02 项车船使用税和车船使用牌照税。

4. 3011101 城市维护建设税,建议按坐落区域划分细目,如城市、建制镇、农村。

5. 102 类社会保险基金收入,在 01 款 01 项基本养老保险费收入下,增设企业基本养老保险费收入和行政事业单位基本养老保险费收入科目。我省有 5 个市搞行政事业单位养老保险试点。

支出功能分类中有些科目不能全面涵盖部门的重要业务,有些业务支出在各部门的支出中都占有相当比例，如不单独列项目，会影响对部门预算数据的分析和项目的理解。部分细化建议如下：

1. 在 20106“财政事务”下，根据财政部门职能，建议增设预算编制业务项级科目，用以反映财政部门用于预算编制方面的支出。

2. 在 20107“税收事务”下，根据税务局职能和比重较大的支出，建议增设宣传费、协税护税报酬、有奖发票支出、办税服务厅费用等相级科目。

3. 在 20111“纪检监察事务”下，只有“大案要案查处”和“派驻派出机构”两个专项支出科目，除此之外发生的纪检办案支出均列入“行政运行”科目中反映，有可能加大“行政运行”支出数额，建议增设必要的项级科目。

4. 在 20123“民族宗教和港澳台侨事务”下，根据民族宗教厅的职能，少数民族事务占有重要的位置，建议增设“少数民族事务”。

5. 建议将 201 类 25 款“党派团体事务”分为“共产党事务”、“民主党派事务”和“社会团体事务”3 个款，可以更清晰反映各机构支出。

共产党事务下设 9 项：行政运行、机关服务、专项服务、专项业务、组织事务、宣传事务、统一战线事务、对外联络事务、其他；

民主党派事务下设 4 项：行政运行、机关服务、专项业务、参政议政、其他；

社会团体事务下设 8 项：青年事务、妇女事务、新闻工作者事务、国际贸易促进事务、劳动模范、厂务公开、工会疗养休养、其他。

在模拟改革方案中，我们感到填列专项项目对应的支出经济分类是最大的难点，虽然经济分类较以前的目及细目细化了很多，但仍然不能满足需要，很多项目的主要支出内容无法找到对应科目。建议对部分科目进一步细分，并对经济分类科目作更详细明确的解释和界定，便于实际操作和经济分析。

1. 经济分类需进一步体现事业单位特点问题。改革方案中经济分类对行政单位支出特点关注多，对事业单位支出特点体现不充分，比如事业单位的科研费、相关业务费、学校的学生实习费、毕业设计费、招生录取费、聘请外教费、外聘教师或专家授课和讲座费等等，很难找到对应的经济分类。建议针对事业单位特点再增设一些经济分类科目，如在商品和服务支出中增设“劳务费”等。

2. 建议增加款级科目或扩展部分款级科目内涵

(1)社会保险基金支出属于对个人和家庭的补助，但支出经济分类“303”类相关款级科目反映的均是未参加社会保险的行政事业单位的有关支出，建议扩大其科目内涵或增加相应的款级科目。

(2)在 302“商品劳务支出”中，建议单独反映服装购置费。

(3)在“对个人和家庭补助”下，建议增设“社会奖励”款级科目，反映政府对财政供养单位以外的社会各界人员的奖励补助。

(4)对城乡道路投入形成的交通资本性支出建议设立适当的科目反映。

3. 其它没有合适经济分类科目的支出。如：看守所发生的犯人伙食费、药费；福利院、救助站发生的收养、救助人员服装费、伙食补助、医疗补助、上学费用等支出；老干部局等单位发生的慰问老干部支出；财政预算安排的政府奖励支出，如：个体私营经济奖励、计划生育责任目标资金等；行政事业单位购买电脑软件等单位价值低于固定资产规定标准的支出；行政事业单位支付给企业的费用，如学校支付给实习企业的学生实习费用；用于农业方面的项目支出，如植树造林、优质农产品示范推广、新品种引进、科技服务进村等支出。

(五)进一步规范科目名称

在新科目中，有的名称与其内涵不尽吻合，与实际需要也有一定差距。如：

1. 202“外交”，无论从名称上还是解释上都偏重部门代表国家对外交往的事务，地方政府部门(外事办公室)使用感觉不太贴切，建议改为“外交外事”，并相应调整科目说明内容，增加地方政府外事活动的有关内容。

2. 207“文化娱乐”，从名称上偏重文艺的多，没有体现体育的概念，建议改为“文化体育”等可以体现体育含义的名称。

3. 考虑工作性质归属，建议将法院、检察院的“行政运行”款级科目修改为“司法运行”。

4. 经济分类中 308“资本性支出”，一般是指能够带来经济收益的支出，带有投资的性质。对于行政事业单位来说，购置的固定资产不是带有公益性质就是自己使用。建议将其改为“资产性支出”。

(六)进一步明确科目的适用范围及口径

1. 收入科目 301 类 05 款 30 项“企业所得税退税”是各项所得税各种形式的退税均在这个科目反

映，还是单指财政部门按“先征后退”政策退库的企业所得税在这个科目反映，应予以明确。在税务系统操作中，各项所得税退税一般仅作为各科目减项处理，不使用现行科目中的“企业所得税”科目。建议明确具体使用口径。

2.收入科目政府间转移收入中“税收返还收入”应当明确究竟是单指中央增值税、消费税返还收入，还是泛指按照分税制体制所有下级政府收到的上级政府的税收返还收入。建议进一步明确解释说明。

3.206类07款01项“科普活动”，科目说明是“反映各级科协开展科普活动的支出”，只限于科协使用，但实际上科普活动经费涉及到科技管理部门和社会科学等各相关部门，其他部门的科普专项经费无处填列。因此，建议对科普活动科目说明进行调整，扩大科普活动科目的使用范围。

4.215大类“工业商业金融事务”，“商业流通事务”款的科目说明针对范围偏窄，应不局限于各级供销社方面，建议在“供销社专项补贴支出”文字说明后，加入“以及地方招商引资活动专项支出等”内容。相应地，建议在此款级科目下，增加“地方招商引资”项级科目。

5.考虑地方政府一般均设有安全生产委员会，建议将215大类“工业商业金融事务”中13款“安全生产”下的“国务院安委会专项”名称，去掉“国务院”三字，并相应修改该科目的说明文字。

6.支出经济分类中301款下的提租补贴(30105)、购房补贴(30106)、福利费(30107)科目使用范围是否包括离退休人员应予以明确。我们理解这些科目只反映对在职职工发放的租金补贴和用于购买住房的补贴及按在职职工工资总额提取的福利费，而并不包括离退休人员的提租补贴、购房补贴和按离退休人员计提的福利费，如果离退休人员的租金补贴、购房补贴、福利费支出也使用上述科目，将会造成在职人员的工资福利支出与离退休人员的费用统计不准确的现象。建议对这几项科目进一步做出准确界定。

7.支出经济分类305类转移支付，没有明确此类科目用途，说明也比较笼统，在预算模拟编制过程中不便于对照支出功能分类按照此类科目进行预算编制(例如同级政府、单位间转移支付问题)，而且此类科目与其他支出经济分类科目在使用范围上存在交叉(例如一些专项转移支付的对应科目问题)，建议重新详细明确此类科目适用范围。

8.建议对支出经济分类的“资本性支出”下的“专用设备购置”的款级科目说明中，增加“各类学校教学及公寓设备”的说明文字。因为各类学校购置教学及公寓设备是一项大型支出，且必须计入固定资产核算范围，此处应加以明确。

9.“不同级政府间转移支付”科目的使用范围问题。目前各级政府对下级政府有指定用途的专项转移支付资金还比较多，如果统一使用一个转移支付经济分类，汇总后就掩盖了资金的实际用途。

(七)其它科目设置方面的问题及建议

1.将上年结余收入和调入资金列入非税收入易混淆非税收入概念。上年结余收入和调入资金与其他的非税收入性质不同，属于非征收收入，列入非税收入后一是不利于非税收入统计，二是不利于非税收入概念的科学界定。建议将上年结余收入和调入资金单独设置为类级科目。

2.科目设置应前后衔接一致。原来分类科目设置的基金预算收入改革后归入了非税收入，以政府性基金列示。但新科目中仍保留了基金预算转移收入、基金预算补助收入、基金预算上解收入等款项。现在的非税收入中有许多收入项目与省市有上解任务。建议调整增加非税收入转移收入、非税收入补助收入、非税收入上解收入等科目。

3.个别收支科目还没有完全打破原来的框架，归类不清，重复设置。如教育费附加收入，政府基金中设置农村教育费附加收入、地方教育费附加收入、地方教育基金收入，在专项收入中设置城市教育费附加收入，无法统一计算教育费附加总数。类似情况还有公路养路费、水资源费、运输管理费和矿产资源补偿费等。建议合并重复设置的科目。如教育费附加收入在行政性收费中设置项级科目，统一反映此项收入情况，下设目级科目反映城市教育费附加、农村教育费附加、地方教育费附加等。

4.社会保障基金和非税收入应当考虑资金结余问题。鉴于社会保障基金收支和非税收入收支纳入整体收支分类，存在有基金滚存结余和财政专户结余，建议增设结余类收入科目。

5.行政性和事业性收入建议分开反映。行政性收费是政策性的，事业性收费带有经营性的，二者有一定区别，同在一个科目中不便于区分两者收费的规模，建议将行政性收费和事业性收费分开，分别设置为类级或款级科目。

6.一般公共服务涵盖内容问题。我们理解一般公共服务是指对整个社会公民提供一般性服务。就此而言，18款"国土资源与地质勘查事务"主要是反映土地、矿产、资源和开发、勘查利用及保护等方面的支出，大部分支出都有特定的支出对象，是不是作为一般公共服务部门还有待研究。建议并入211类"环境保护"，并将名称改为"国土资源开发保护与环境保护"。

7.关于对某些功能分类科目升级的问题。功能分类一般是按部门来划分的，但有些比较重要的部门没有独立设专门的功能分类科目，或只设置一个"项"级科目，不便于完整反映部门的职能活动，如信息产业科目。

建议对215"工业商业金融等事务"05款"信息产业"单列一类，分设4款：信息产业管理事务、无线电管理事务、信息化工作管理事务、其他。其中：①信息产业管理事务分设9项：行政运行、机关服务、信息产业发展政策规划与标准制定、信息产业展览宣传培训、电子信息产品市场监管、软件及计算机系统集成资质认证、信息产业支持、信息技术推广应用、其他。②无线电管理事务分设9项：行政运行、机关服务、频谱资源管理、无线电台站审批管理、无线电基础技术设施建设、法规建设、查处违章与干预矛盾协调、无线电技术培训与宣传、其他。③信息化工作管理事务分设7项：行政运行、机关服务、推进资源整合、重点应用系统和数据库建设、共建共享信息基础设施、信息化支撑体系、其他。

8.科目归属问题。

(1)贸促会支出，在模拟中按新目列入"2012512"国际贸易促进会，根据其单位性质，建议将其列入"20126"政府委托协会支出下项级科目。

(2)红十字事业支出，新科目设在208类社会保障和就业，根据其单位性质，建议列"210"医疗卫生类下相关科目。

(3)210类03款医疗保障是属于社会保障还是属卫生的范畴，建议此次调整预算科目时进一步论证后确定。

(4)国土资源厅提出212类08款02项"耕地开发专项支出"是国土资源部门承担的任务，建议调到201类18款"国土资源与地质勘查事务"下。

2005年度河北省财政科研
课题成果一等奖作品之九

实行住房分配货币化中购房补贴政策研究(节选)

李树平　孟平英　范海秀　张兰君

二、城镇居民住房制度沿革

(一)我国城镇居民住房制度沿革

七十年代末，一些理论工作者和住房建设者从当时住宅建设不能适应城镇建设发展的需要出发，开始探讨传统住房制度的弊端，探讨住房究竟是消费资料还是生产资料，社会主义条件下的住房究竟是商品还是福利，探讨住房制度改革的可能性。1980年小平同志关于住房改革问题的讲话拉开了住房改革的序幕。住房制度改革大约经历了国家、企业、个人三者共同负担、提高租金、出售公房、住房公积金和安居工程、停业实物分房总体攻坚五个阶段。

1.1980年—1985年，国家、企业、个人三者共同负担购买住房的试点

七十年代末，由于十年文革造成的整个国民经济凋敝和国家财政紧张，国家财政已无力满足城镇发展所必需的住房投资。为了解决城镇住宅投资来源，住房制度改革首先从国家包干的住房投资体制开刀。1982年，国家正式批准常州、郑州、沙市、四平四市进行住宅补贴出售试点，具体做法是国家、单位和个人各出资三分之一购买住房。试点的四个城市共补贴出售住宅1797套，国家投入的1400万元仅收回了270万元。1984年10月，国务院决定在全国扩大城市公有住宅补贴出售试点，期望通过这种三三制的做法，收回一部分资金以解决住房投资的不足。由于当时职工的收入过低，又无其他金融借贷等措施配套，即使是三三制，也很少有人能买得起，同时，由于国家和单位的补贴量大，资金不能实现自我循环，这一做法未能达到预期的效果。尽管这一阶段的改革未能收到实质性的效果，但它从理论上、认识上打破了传统住房制度的束缚，为住房商品化、分配货币化作了必要的前提准备和舆论宣传。

与住房制度改革的起步相适应,1980 年,中共中央国务院在批转《全国基本建设工作会议汇报提纲》中正式指出:准许私人建房,私人买房,准许私人拥有自己的住宅。1983 年 12 月 7 日国家颁布的《城市私有房屋管理条例》中明确指出:国家依法保护公民城市私有房屋的所有权。任何单位或个人都不得侵占、毁坏城市私有房屋。这就从实践上打破了社会主义条件下城市房屋应实行公有的理论禁区,为住房制度改革提供了理论前提。

2. 1986—1990 年,以提高住房租金为突破口的住房体制改革

八十年代初随着国民经济的恢复和发展,新建住宅大量增加,但由于低租金的福利住房制度,住宅建设越多,财政负担越大,正是在这种背景下,国务院有关领导人提出要集中力量研究租金改革问题。1985 年 3 月,全国住房租金改革领导小组成立。提高租金成为住房制度改革的突破口。1986 年烟台市提出"提租发券,空转起步"的提租改革方案,即有计划地提高租金,同时为了不过多增加居民负担,由政府和企业发券补贴,经过一年零四个月的准备,国务院正式批准从 1987 年 8 月 1 日起试行。1987 年,唐山、蚌埠等城市也加入了房改试点的行列。此后,各地根据自身的条件,因地制宜地采取了多种提租形式推进房改,如小步提租,只提不补,即放慢提租的步伐,但不给予补贴,使居民逐步提高租金;提租发贴超标加租,即提高租金的同时给予一定补贴,变暗贴为明贴,同时对超标准住房部分不给予补贴;新房新制度;收取租赁保证金以息补租等等。

1986 年 1 月,国务院成立了住房制度改革领导小组,1988 年 1 月,全国住房制度改革工作会议在北京召开,会上宣布将房改正式纳入中央和地方的改革计划,并提出在 3 年或多一点的时间内在全国基本推开,为住房制度改革深化创造了条件。

3. 1991—1993 年,以公房出售为重点,住房制度改革全面铺开 1991 年 6 月,国务院发出《关于继续积极稳妥地进行城镇住房制度改革的通知》(国发[1991]30 号),国务院办公厅转发了国务院住房制度改革领导小组《关于全面推进城镇住房制度改革的意见》。文件中对住房制度改革的目标、原则、有关政策、明后两年的总体部署等问题作了具体规定,提出城镇住房制度改革是经济体制改革的重要组成部分,要逐步实现住房商品化,发展房地产业,提出从改革公房低租金制度着手,将现行公房的实物福利分配制度逐步转变为货币工资分配制度,使住房这种特殊商品进入消费品市场,实现住房资金投入产出的良性循环。在国务院文件中,正式提出了住房商品化、分配货币化、租金市场化的改革方向。

1991 年 10 月,全国第二次住房制度改革工作会议吹响了全面开展住房制度改革的号角,各地响应中央的号召,先后出台了城镇住房制度改革实施方案,住房制度改革由少数试点城市扩展到全国。各地在继续实施提租改革的同时,出售公房成为这一阶段的重点。目前全国按标准出售的公房,绝大部分集中在这一阶段。

与住房制度改革相适应,这一阶段在小平同志南巡讲话的鼓舞下,房地产业呈现发展高潮,房地产市场初现雏形。围绕住宅商品化这一目标,投资多元化、分配货币化、租金市场化、管理社会化已为社会广泛认可和接受,住房制度改革取得了突破性的进展。

4. 1994—1997 年,住房公积金、安居工程,住房制度改革全面推进

党的十四届三中全会作出的《中共中央关于建立社会主义市场经济体制若干问题的决定》,确立了社会主义市场经济体制的基本框架,与之相适应的城镇住房制度改革也更为明确。1993 年底,全国第三次房改工作会议召开,1994 年 7 月 18 日,国务院发出了《国务院关于深化城镇住房制度改革的决定》,提出房改的根本目的是建立与社会主义市场经济体制相适应的新的城镇住房制度,并明确提出城镇住房制度改革的基本内容是:把住房建设投资由国家、单位统包的体制改革为国家、单位、个人三者合理负担的体制;把各单位建设、分配、维修、管理住房的体制改变为社会化、专业化运行的体制;把住房实物福利分配的方式改变为以按劳分配为主的货币工资分配方式;建立以中低收入家庭为对象、具有社会保障性质的经济适用住房供应体系和以高收入家庭为对象的商品房供应体系;建立住房公积金制度;发展住房金融和住房保险,建立政策性和商业性并存的住房信贷体系;建立规范化的房地产交易市场和发展社会化的房屋维修、管理市场,逐步实现住房资金投入产出的良性循环,促进房地产业和相关产业的发展。

九十年代以来的住房制度改革大大推进了住宅

商品化的进程，与之相适应，国家颁布了一系列管理法规，对房屋的买卖、租赁、抵押、典当和其他有偿转让房屋产权等经营活动以及房地产交易市场各类经营性服务实行规范化管理；对经济适用房、安居工程的规划、建设、出售、管理等实行规范化管理；对城市住宅小区内的房屋建筑及其设备、市政公共设施、绿化、卫生、交通、治安以及环境容貌等项目的维护、修缮、整治等实行规范化管理。这一切表明房地产市场逐渐形成，与社会主义市场经济相适应的投资多元化、交易市场化、管理社会化的住房制度初现雏形。但同时，传统的实物分配住房仍在相当一部分企事业单位内实行，事实上形成了住房制度上的双轨制。双轨制的存在使得相当一部分群众寄希望于企事业单位分配住房，然后通过公房出售的改革方式获得住房，这样购房成本仅及商品房的几分之一甚至十分之一。因此传统实物分配的存在很大程度上阻碍了城镇住房新制度的建立。

5.1998年至今，切断实物分配的实物分房制度，住房制度改革进入攻坚阶段

随着社会主义市场经济体制的形成，与之相适应的住房制度也初步形成。同时，住房制度改革的配套条件也日益具备。如随着职工收入大幅度提高，可用于住房消费的能力大大增强；随着住房公积金的建立和个人住房贷款业务的开展，个人购房的能力极大提高；随着房地产业的迅速发展，新的住房投资体制和多层次的住房供应体系逐步形成；随着住房交易市场的建立与完善，住房商品化的条件基本具备；随着住宅小区的建设和大量物业管理公司的出现，住房管理社会化的条件逐渐成熟。正是在这么一种背景下，住房制度改革进入了彻底切断传统住房制度的最后攻坚阶段。

1998年7月，国家颁布了《国务院关于进一步深化城镇住房制度改革加快住房建设的通知》，通知明确指出：深化城镇住房制度改革的目标是停止住房实物分配，逐步实行住房分配货币化；建立和完善以经济适用住房为主的多层次城镇住房供应体系；发展住房金融，培育和规范住房交易市场。并明确提出1998年下半年开始停止住房实物分配。通知要求继续推进现有公有住房改革，按照《国务院关于深化城镇住房制度改革的决定》(国发[1994]43号)的规定，继续推进租金改革，要求进一步搞好现有公有住房出售工作，规范出售价格。从1998年下半年起，出售现有公有住房，原则上实行成本价，并与经济适用房价相衔接。对已购公有住房和经济适用房的上市交易实行准入制度。通过提租、出售等方式，把现有公有住房纳入新的住房制度之中。

住房制度改革的攻坚不仅表现在结束传统住房度制度，而且表现在与社会主义市场经济相适应的新的住房制度的建立与完善。住房制度改革本身不是目的，目的是要通过改革不适应经济社会发展需要的旧制度，建立适应经济社会发展需要的新制度，从而促进住房建设的发展，满足城镇居民日益增长的住房需求。当前，停止住房实物分配，推进现有公有住房的改革还有大量艰巨的工作需要进行，而完善住房新制度更是任重而道远。回顾住房制度改革的历程，正是为了更好地推进住房制度改革，不仅使住房制度更好的为满足人民住房需求服务，而且通过满足人民的住房需求，使房地产业成为国民经济的新的增长点，促进经济社会的持续发展。

(二)河北省城镇居民住房制度改革及特征

改革开放以后，我省房改方案的演变可以大致分为以下四个阶段：

1.第一阶段：1980—1985年，住房改革政策学习、宣传与试点酝酿阶段。

为了筹集房改资金、解决住房困难，中国城镇住房制度改革拉开了。在常州、郑州、四平、沙市进行“三三”制出售公房试点，方案的主要内容是：职工购买住房时，国家补贴1/3，职工所在单位补贴1/3，个人支付房价的1/3。

对这一制度人们存在一些疑义，而且实施中遇到了一些阻力。首先这种改革未联系低租金制的改革，售房价格相对租金来讲过高，买房不如租房，居民缺乏买房动力；二是因为新建住房价格偏高，大多数居民负担不起，而旧有公房优惠比例太大，回收资金太少，国家和企业负担太重，无法进行新一轮循环；加之人们有不同的认识，未能全面推开。后来中央有关领导指示停止这类贱价售房，主管部门发文停止在全国扩大试点，我省基本没有推行。我省在这段时期主要进行住房制度改革政策的学习、宣传，并开展了住房制度改革的大讨论，为改革试点与酝酿方案。

2.第二阶段：1986—1993年，“提租补贴”和“标准价”优惠售房。

这一阶段的标志是《河北省人民政府关于实施

唐山市城市住房制度改革试行方案的通知》冀政传[1988]3号和《国务院关于唐山市城市住房制度改革试行方案的批复》国函[1988]10号(1988年1月11日)。《唐山市城市住房制度改革试行方案》1988年1月试行,这一方案的指导思想是改革现行的低租金、福利性的住房制度,逐步把住房的生产、交换、分配、消费纳入有计划的商品经济轨道,促进消费结构和产业结构的合理化,实现住房建设资金良性循环;采取经济手段抑制住房的不合理需求和不正之风,更好地满足人们对住房日益增长的需要。

改革的基本做法是:"提租补贴(发券),劳人(职工)结合,建立基金,分步实转"。即在分步提高租金的同时,以职工工资为基数,发放相应比例的住房补贴,对超过现行住房标准的面积和改革后新出租的公有住房,收取新标准租金。个人领取的住房补贴用于交新增租金,节余部分存入银行,纳入个人购建房基金,不冲击其它消费品市场。

住房补贴的计算基数:(1)参加1985年工资改革,执行企业工资标准的职工(含离退休职工),以基础工资、职务工资、工龄津贴之和为基数;(2)参加一九八五年工资改革,执行企业工资标准的职工(含离退休职工),以标准工资加五元副食品补贴之和为基数;(3)未参加1985年工资改革的离退休职工,以离退休时的标准工资加五元副食补贴及十七元生活补贴之和为基数;(4)按照国发〔1978〕104号文件规定享受40%生活补贴未重新就业的退职职工,以原标准工资为基数;(5)带工资服现役的战士和带工资上学的职工以其原标准工资为基数;(6)被聘用的停薪留职人员以其原标准工资为基数;(7)劳动教养人员以其劳教前的标准工资为基数;(8)在国外工作的人员、中外合资企业的中方人员,以其原国内标准工资为基数。

租金、补贴及实施步骤:公有住房每平方米使用面积的平均月租金(准成本)暂定为一元零八分,同时按住房的环境、层次及室内设施等因素,适当拉开差价。全市职工平均住房补贴系数为24%,按照"劳人(职工)结合"原则,其中18%按职工工资挂钩发放,6%按定额每个职工发四元八角。租住公有住房的职工,由所在单位发给住房补贴。为使改革顺利起步,在总的租金水平和补贴系数不变的前提下,在三年内分三步实施。

第一步:从1988年1月份开始,在现行住房租金的基础上,每平方米使用面积月租金提高二角四分,同时按补贴计算基数的6%发给职工住房补贴。住房标准、层次及设施等调剂因素,以及房租补贴办法,仍按原规定执行;取消原规定的住房未达控制标准的奖励办法和超标准住房收费办法;超过住房标准的部分,一律按每平方米月标准租金一元零八分计收。改革后新租住公有住房的职工(不含改革后新分配的军队转业干部和上级分配等人员)按工资的6%发给住房补贴,并执行原规定的房租补贴办法,但其所租住的住房,每平方米使用面积月标准租金按一元零八分计收。

第二步:在第一步的基础上实行"劳人结合"。每平方米使用面积月租金累计平均达到八角四分;住房补贴发放系数增加6%,累计达到12%,同时按月发给每个职工四元八角定额补贴;取消原承租人所在单位发放的房租明贴;调整设备、层次等因素的差价,增加环境差价。

第三步:在第二步的基础上,每平方米使用面积月租金增加二角四分,累计月平均租金水平达到一元零八分;住房补贴发放系数增加6%,累计达到18%,加上定额补贴四元八角从全市总量上计算,补贴系数相当于职工平均工资的24%。

二、三两步的实施,在第一步实施后,根据实际情况,可作适当调整。

改革后由承租人单位同产权单位签订合同,租金由承租人所在单位统一收缴,产权单位以托收无承付方式与承租人所在单位结算。改革范围内的职工在本方案实施后,购买住房和自建住房者,发给相当于工资18%的住房实贴和四元八角的定额补贴。

按本方案规定发放的住房补贴资金来源,主要从原有住房资金(包括建房、维修,企业已进成本的折旧和大修理基金,及出售公有住房回收资金等)中筹集解决,并从企业留利的后备基金和其它留成资金中筹集一部分资金;不足部分,行政事业单位列入经费支出,企业可有控制地少量进入成本。

本方案对住房售价也作了一定规定,积极鼓励个人买房。(1)出售给职工的住房,新房按单方工程造价计算,旧房按原造价和重置价的平均价格成新折扣计价;(2)职工个人买房首次付款不低于房价的30%,其余部分可向银行申请长期低息抵押贷款;有条件的单位,可以给职工贴息。

"提租补贴"方案的主要内容是:(1)合理调整公

房租金,租金标准根据住房的折旧费、维修费、管理费、投资利息和房产税五项因素计算。(2)发住房券进行补贴。房租提高后,按照工资的一定比例发住房券。住房券进行定向使用,只能用于个人建房买房,交纳房租,不得冲击消费品市场。节余的住房券,可存入银行。(3)积极组织住房出售,进行财政、金融和信贷方面的配套改革。

该试点的实践看,取得了明显成效,一是租金大幅度上涨,是对主张“小步提租”方案的重大突破;二是价格机制调整住房需求合理化,出现了多占房的退房、大房换小房、合理配置住房资源的现象,抑制了膨胀扩房的不合理、不公平需求;三是改善了房地产业经营机制,奠定了住房商品化、资金投入和产出良性循环的初步基础;四是实现住房资金由积累资金变为消费资金,由暗贴变为明补,通过财政调控手段,开辟了住房消费资金的筹资运作途径。应当说,我省的城镇住宅制度改革,自此才开始进入实质性阶段。

1991 年上半年,国务院发布了《关于继续积极稳妥地进行住房制度改革的通知》,在继之召开的第二次全国住宅改革会议后,国务院住房改革领导小组又颁发了《关于全面推进城镇住房制度改革的意见》。在这一系列政策决定后,我省按照国家确定的住宅改革的四条基本原则:坚持政府、企业、个人三者共同分担原则;坚持提租、售房、广开渠道建房并举的原则;坚持全国统一政策下各地方可因地制宜、分散决策的原则;坚持转换机制推进“提租补贴”和“标准价”优惠售房工作,继续推进住房制度改革。

3.第三阶段:1994—1997 年,“公积金”方案。根据《国务院关于深化城镇住房制度改革的决定》(国发[1994]43 号)精神,我省于 1994 年召开了河北省第三次房改工作会议,全面贯彻国务院关于住房制度改革的精神,出台了《河北省深化住房制度改革总体方案》(冀政[1995]10 号)。同年 12 月,上海召开全国住房制度改革工作经验交流会,为贯彻上海全国房改工作经验交流会精神,加快全省城镇住房制度改革步伐,尤其是推动全省公房出售进程,通过沧州、邯郸市深化房改试点,1996 年 3 月 29 日出台了《关于加快城镇住房制度改革工作的通知》(冀政[1996]23 号。是继总体方案后的又一次突破。

《河北省深化住房制度改革总体方案》(冀政[1995]10 号)的重点是深化城镇住房制度改革,其主要内容是:全面建立住房公积金制度;逐年提高房租;积极稳妥出售公有住房;新分房和已住房缴租赁保证金;大力发展经济适用住房建设,继续实行集资建房、合作建房,加快解危解困进程;建立住房基金,加强住房资金的管理。

全面推行住房公积金制度。所有行政和企事业单位及其职工均应按照“个人存储、单位资助、统一管理、专项使用”的原则交纳住房公积金,建立住房公积金制度。

住房公积金由在职职工个人及其所在单位,分别按职工工资总额的 5%逐月交纳,归个人所有,存入个人公积金账户,已经超过这个比例的可以不变。经济比较困难的县(市),经省批准缴交比例可适当降低。外商投资企业及其中方职工的住房公积金缴交率,由各市、县人民政府确定。今后,住房公积金的缴交率和交纳额度将根据经济状况进行调整。

公积金个人承担的部分由个人支付;企业计提部分从住房的折旧费和其他划转资金中解决,不足部分经财政部门核定,在成本费用中列支;行政事业单位为职工交纳的住房公积金,首先立足于原有住房资金的划转,不足部分,全额预算单位由财政预算拨付;差额预算单位按差额比例由财政预算拨付;自收自支单位比照企业开支渠道列支。

公积金的使用只限用于购、建房的个人资金,不得挪作他用。个人使用限于支付购、建自住住房,房屋翻建和大修等费用,直系亲属可以调剂使用。如资金不足,可向住房资金管理部门申请贷款。职工离退休时,所结存的公积金本息一次结算清退还给职工。职工调动,由单位代为办理转储手续。职工在职期间去世,其结余的住房公积金转入继承人或被馈赠人名下,住房公积金本息免征个人所得税。

改革现行的低租金制度,逐年达到成本租金,是住房制度改革的重要内容。租金标准在省政府冀政[1992]27 号文件规定的基础上,各市、县要在 1995 年 6 月底以前,每平方米使用面积月租金增加 0.4 元。依据城镇居民的收入和物价指数,以后租金建立动态调整机制,到 2000 年,住房租金原则上应达到占双职工家庭平均工资的 15%左右。具体提租幅度和次数,由各市、县根据本地实际做出规划,报省政府批准后执行。

有条件的市、县或单位,可结合本地本单位实际情况,应较快实现向成本租金商品租金的过渡。

对建国前参加革命工作的老干部、五保户及社会救济户，在不超过住房规定面积的范围内，各市、县可根据情况减、免、补的具体办法，给予适当照顾。

积极稳妥出售公有住房。政府鼓励职工购买自住住房。城镇公房，除已列入旧城改造规划地段的住房，地处临街宜改造为营业用房的住房，代管房屋，产权尚有争议的和因其它原因不能出售的外，均可出售。职工购买公有住房坚持自愿的原则。新建公有住房和腾空的旧住房实行先售后租，并优先出售给住房困难户。公有住房的出售，在坚持先评估后出售的原则，根据所处地段、结构、层次、朝向、设施等因素区别计价。

成本价应包括住房的征地和拆迁补偿费、勘探设计和前期工程费、建安工程费、住宅小区基础设施建设费(小区级非营业性配套公建费是否列入成本，由各地自行确定)、管理费、贷款利息和税金等 7 项因素。一般住用 5 年后可依法进入市场，按规定交纳有关税费后，收入归个人所有。

职工以标准价购买的住房，拥有部分产权，即占有权、使用权、有限的收益权和处分权，可以继承。产权比例按售房当年标准价占成本价的比重确定。职工以标准价购买的住房，一般住用 5 年后方可依法进入市场，在同等条件下，原售房单位有优先购买、租用权，原售房单位已撤销的，当地人民政府房地产管理部门有优先购买、租用权。售、租房收入在按规定交纳有关税费后，单位和个人按各自的产权比例进行分配。

公房出售的标准价按负担价和抵交价之和测定。一套 56 平方米建筑面积新房的负担价，应为所在城市或地区双职工平均工资的 3 倍，双职工年平均工资按当地统计部门公布的上年职工平均工资乘以 2 计算。抵交价按双职工 65 年内积累的由单位资助的住房公积金贴现值的 80%计算。

旧房的负担价按买房当年新房的负担价成新折扣(折扣年限为 50 年)计算；使用年限超过 30 年的，按 30 年计算；经过大修或设备更新的，应按规定评估后确定。旧房的抵交价，可根据使用年限适当降低，但最多不能低于新房抵交价的 80%。职工购买已住公房按负担价的 5%给予优惠折扣，以后逐年减少，2000 年全部取消。

职工按标准价购房中的抵交价，各市、县应按建立公积金制度前的工龄给予工龄折扣。每年工龄折扣的数额，按抵交价除以 65 年计算。超过 65 年后的工龄折扣数额计抵负担价。离退休职工购房计算工龄折扣的时间，按国家规定的离退休年龄计算。

职工购买住房，一次性付款折扣率应参考当地购房政策性贷款利率与银行储蓄存款利率的差额，以及分期付款的控制年限确定；分期付款的，首次付款不得低于 30%，按标准价购房的付款期限不得超过 5 年。分期交纳部分要计收利息，单位不得贴息，利率按政策性抵押贷款利率确定。经办政策性住房金融业务的银行，应充分利用政策性住房资金，向购房职工提供政策性抵押贷款。

自当地房改实施起，新分的住房和调换住房一律实行租赁保证金制度。新房保证金按房屋成本价不得低于七分之一计算，新分旧住房按重置价成新折扣计算。已租住房各地结合本地情况在原规定基础上适当提高。

住房保证金由产权单位收取并专项存入指定金融机构，只能按规定作为周转资金用于建设住房，不得挪作他用，住房保证金按法定半年期存款利率计息，满 10 年将本息返还本人。当解除租赁关系或达到成本租金时，本息亦一次返还本人。

大力发展经济适用住房，继续实行集资建房、合作建房，加快建房步伐和解危解困进程充分利用房改资金建设经济适用住房，多渠道筹资实行集资建房、合作建房，是建立以中低收入家庭为对象，不断满足居民的住房需要，建立社会保障性质的住房供应体系的基本手段。各级政府要立足于实现住房机制转换，加快城镇居民住房解危解困，切实抓好这项工作。

本阶段的主要特征是提出了四个方面的举措：(1)发展由城市政府管理的住房公积金；(2)租金改革(实际上是提高住房租金)；(3)将现有的公房按成本价出售给职工；(4)加速“安居工程”建设。

1996 年《关于加快城镇住房制度改革工作的通知》(冀政[1996]23 号特征是情调：(1)加强领导，建立健全房改工作机构，省政府调整河北省住房制度改革领导小组，下设办公室，负责全省住房制度改革工作。要求各市(地)都要按照国务院的有关规定和要求，规范地建立住房制度改革委员会，设立办公室，健全住房资金管理中心和经济适用住房发展中心，形成房改“一条龙”工作体系，保证住房制度改革工作的顺利推进。全面建立住房公积金制度；(2)全面建立住房公积金制度，要求全省所有行政部门企事业单位目前尚未建立住房公积金制度的，都必须在今年5月底以前建立起来。要抓好亏损企业住房公积金缴交工作，单位和个人的缴交比例可以适当降低一些，但制度必须建立。各省辖市1996年住房公积金归集率要达到90%以上，各县(市)要达到60%以上。力争到1998年，住房公积金制度覆盖到全体职工，使大多数职工通过积累，能够购买一套经济适用的住房；(3)认真执行公房出售的有关政策，积极推进公房出售工作。为加快公有住房出售，出售的公有住房价格提出了鼓励政策，如职工购买现住房，1996年执行5%的优惠；积极鼓励职工购买住房一次性付清房款，对一次性付清购房款的，可以减交20%的购房款；职工集资建房款可以抵交购房款；允许职工家庭用住房租赁保证金、房改债券、住房公积金购买住房，旧房出售年折旧率可以执行2%的比例；职工购买现住房和安居工程住房，市场交易管理费按评估价1‰由产权单位交纳；产权产籍登记手续费按房价的2‰计收，产权单位和购房职工各承担一半，其他费用一律免缴。(4)加大租金改革力度，逐年提高住房租金。要求今后房租以职工平均工资2%逐年提高，到本世纪末，住房租金原则上应达到占双职工家庭平均工资的15%左右。具体提租幅度和次数，各市(地)根据本地实际作出规划，报省政府房改办批准后执行。

这一系列政策的发布实施，极大地完善了房改政策，推动了我省房改的进程。但从其实施至今，所取得的效果和预想目标仍相距甚远，从根本上来看，主要是住房供应上的双轨制影响了房改的效果，这主要表现在："公积金"方案虽然提出了建立新的体制，但旧的福利性分房体制仍未完全打破。房改就是要改变住房实物福利分配的方式，而以按劳分配为主的货币工资分配方式取而代之，以实现住房的商品化和社会化。"公积金"方案未建立以货币工资为主的住房分配方式，大量新建住房仍在按福利性体制分配，即使是采取"只售不租"，单位以市场价购建的新房，以公房的"房改价"(即按当地政府发布的房改成本价，加上各项优惠折扣)转售给职工，这类售房本质上未改变福利实物分配的旧体制，仅是从"低租金"变换为"低房价"福利。大量出售的公房，仍然陷于福利暗贴之中，没有越出单位包下来的福利公房旧体制，因而国家和单位用于住房的暗贴，随着住宅建设的加快正在日益扩大。

4.第四阶段：逐步完善住房分配货币化的政策体系、稳妥扎实做好实施货币化的基础工作、继续提高住房租金和有计划分步骤稳妥启动和落实住房补贴工作阶段。

自1998年12月15日全省停止住房实物分配实行住房分配货币化后，根据全省实际情况，省政府和省住房制度改革领导小组分别于1999年出台《关于深化城镇住房制度改革加快住房建设若干问题的通知》、2000年出台《关于深化国有企业住房制度改革加快职工住房建设问题的通知》的基础上，2002年又出台了《河北省人民政府关于进一步加强住房公积金管理的通知》和《河北省人民政府住房制度改革领导小组关于加强集资合作建房管理的通知》，2004年出台《河北省人民政府关于促进全省房地产市场持续健康发展的通知》和《河北省省直已购公有住房上市交易管理暂行办法》，形成了比较完善的政策体系，保证了在停止住房实物分配后，货币化分配能够有效启动和不断推进。

从2004年10月1日起，公有住房每套月租金标准，提高到上年度当地在岗职工月平均工资2倍的15%(每套住房计租面积按60平方米测算)，之后逐步向市场租金过渡，提高公有住房租金。

除下列公有住房经当地房改部门认定不予出售外，其他公有住房要全部出售给职工个人：列为县级以上文物保护单位的；由两个或多个家庭共同居住的；已被鉴定为危险房屋的；已被当地政府确定为廉租住房的。在可出售范围内但产权有争议、短期内无法确定产权人的公有住房，因各种原因造成产权人缺失的公有住房，由市、县政府房产部门代理产权人直接出售，从而加快公有住房出售。

向职工出售自住公有住房，要严格执行届时的房改成本价，取消原规定的购买现住房优惠和一次交清购房款优惠等政策。1998年12月15日以后腾空的旧住房，一律按经济适用住房价格向职工出售。按房改成本价或经济适用住房价格购买公有住房后，房屋产权全部归职工个人所有。

职工原来按标准价所购的住房，要全部按届时成本价向成本价过渡。从2004年10月1日起，对没有过渡的标准价房的公有产权部分计收房屋租金。各单位出售公有住房的收入，在按规定留足住宅共用部位共用设施设备维修基金和房管所转制资金后，要全部用于发放购房补贴。在满足上述用途的前提下，也可用于为职工交纳住房公积金。任何单位和个人不得将售房款挪作他用。对过去挤占、挪用的资金及违规发放、逾期未还的项目贷款，要在2004年底前全部收回。各级财政部门要加强对公有住房出售收入使用的监督，确保其合理使用。

对城镇职工家庭住房状况进行普遍调查摸底，分级建立职工家庭住房档案。各市房改办会同纪检、工会、统计等部门，组织专人，分单位、分系统进行数据汇总为住房补贴发放奠定基础。其次，对住房补贴对象进行了确认，确保应补尽补。对补贴资金需求作了预测，并通过多种渠道积极筹措所需资金。第三，有计划分步骤稳妥启动住房补贴工作。各地应积极实施购房补贴政策。确定实行购房补贴政策的市、县，要组织进行摸底测算，制定购房补贴计划并尽快落实。

目前，我省以货币化分配为特征的城镇住房新体制基本确立。原有可售公房的90%已售给个人，新建和腾空旧公房全部进入新的住房分配体制，职工自有房屋产权比例达85%以上，比1997年提高一倍。初步建立满足不同收入家庭需求的住房供应新体系。以经济适用住房为主，商品房和廉租房并存的住房供应新体系逐步形成并日臻完善。5年来，全省经济适用住房年均开工1000多万平方米，竣工500多万平方米，累计竣工2500万平方米。城镇房地产开发，年均竣工近千万平方米。廉租房供应开始启动，秦皇岛市建成2万平方米，沧州、邯郸两市腾空旧房1.2万平方米，其他市正在积极运作之中。

住房公积金制度基本建立。全省11个设区城市和92个县，共343万职工建立了住房公积金。目前，全省城镇累计归集公积金117亿元，比1997年增加97亿元。与此同时，各商业银行发放经营性个人住房贷款160亿元，比1997年增长34倍。住房二级市场全面开放。5年来，全省已购公房和经济适用住房纷纷上市交易，累计完成交易36905套，成交金额23.6亿元，面积达220万平方米。住房交易手续费和房屋所有权登记费均呈大幅度降低趋势。但仍存在许多问题：

一是住房分配货币化推进进程比较缓慢。主要原因在于多数企业、事业单位经济效益差，住房补贴资金不到位，有的甚至没有住房补贴资金来源；党政机关与企事业单位之间、行业之间经济状况不平衡，住房补贴的发放中有畏难、观望甚至怕职工闹事的情况。

二是住房公积金机构调整工作发展不平衡。其原因在于省召开住房公积金管理工作会议后，前期各市领导忙于日常事务后期又忙于"十六大"精神的贯彻学习、换届工作准备等大事，影响了调整方案的及时研究和报送；另外各市与编制办公室之间工作协调尚需一段时间，对在规定时限内完成住房公积金机构调整工作也有一定影响。

四、完善购房补贴政策的对策

(一)现行购房补贴政策的完善措施

1.健全组织，明确责任

要求各单位成立主要领导任组长的职工购房货币化工作领导小组，加强领导，搞好政策宣传，使职工知情明理，消疑解惑，支持改革，参与改革。为切实加强工作的进度，应实行职工购房货币化工作责任目标制度，并采取了一系列的组织措施，如召开问题咨询会、重点单位现场办公会、进度检查汇报会，开展效能监察活动，实行月报统计、进度通报等措施，引起各单位领导的高度重视，也切实有效地加强房改工作人员的责任感，使工作的进度明显提高。

2.尽快制定机关事业单位住房补贴资金筹集、拨付、管理办法

房改的主要政策是促进住房的商品化和市场化。一方面是关于存量公有住房如何向市场化逐步过渡的问题，主要措施是通过提高租金和出售公有住房来增加城镇居民家庭住房消费的支出占家庭总消费支出的比重，使比例逐步趋于合理化。另一方面是住房增量分配制度的改革，目标是实现住房货币化分配。要将以前财政和单位买房和建房的资金尽快转换为住房补贴；同时对出售公有住房回收的资金进行清理，在留足房屋共用部位和共用设施、设备维修基金及房管所转制资金后，将剩余的资金在今后两年集中用于发放住房补贴；加强对企事业单位住房分配货币化工作的分类指导，确保补贴资金尽快发到职工手上，提高职工买房的支付能力。

尽快制定机关事业单位住房补贴资金筹集、拨付、管理办法，推进住房补贴发放管理的规范化、科学化、研究制定住房补贴资金专户管理办法，加强财政监督，保证住房补贴专项用于职工住房消费支出。财政部门要按照效率优先、兼顾公平的原则，科学有序地分配住房补贴，严格监督有关部门向符合条件

的职工发放住房补贴。

3.规范购房补贴工作的程序

建立严格的工作程序,不仅有利于明确工作要求,而且能有效地强化政策观念和纪律观念,规范工作行为,使省直行政事业单位住房分配货币化工作做到全市统一政策、统一步调,顺利地向前推进。

一是摸清住房家底,建立职工住房档案,为执行政策奠定基础。可委托省城调队对省直行政事业单位职工住房状况进行调查摸底,在此基础上,从省财政局、省机关事务管理局、省监察听、省房委办、省国资委抽调人员组成几个普查核实小组,逐个单位对无房和住房未达标职工的住房情况进行普查核实,对普查核实结果,要本人签字,主管签字,单位负责。通过普查核实,摸清了省直行政事业单位职工住房情况,将核实结果按系统按单位编号,逐个建立职工住房档案,并输入名职工建立了职工个人住房档案。职工住房档案要通过配偶单位证明、住房情况公榜、重点问题复查、经办人员签字、责任过错追究等措施,保证其准确性、真实性和全面性。

二是确定补贴对象。各单位根据统一规定,对职工现住房性质进行认定,将住房“已达标职工”、“无房职工”、“住房未达标职工”进行分类统计,并对确定的住房补贴对象张榜公示。

三是测算补贴资金。各单位根据无房和住房未达标职工的住房情况、职务级别、工作年限等因素,按照规定的住房补贴测算公式,计算出职工的住房补贴额度。

四是报批补贴方案。各单位根据确定的住房补贴对象和补贴资金情况,制作职工住房补贴清册,拟定申请核定职工住房补贴报告,报省房改办审批。省房改办下达批复意见后,各单位结合本单位住房补贴资金的来源情况,再向省财政部门送交关于申请核定住房补贴资金的报告,由省财政部门审批。

五是核拨补贴资金。各单位根据职工购建住房使用补贴资金的申请,按年度向市财政部门报送使用住房补贴资金的计划,财政部门根据财力状况和各单位的实际,进行综合平衡,下达拨款计划,并将补贴资金划拨到单位在承办银行为职工开设的“个人住房补贴”账户。

六是支用住房补贴。职工购建住房和遇特殊情况时,按规定申报支取住房补贴。

4.结合市场抓重点,抓好住房补贴发放这一关键环节

有了政策和住房补贴资金,那么如何将这些补贴资金发放到购房职工手中,这是住房补贴最关键的问题。要从以下几个方面着手:

一是抓重点单位的住房补贴发放。从省财政厅的调查汇总情况看,省国资委、省公安厅、省统计局等机关和部分省直财政供养事业单位职工住房比较紧缺,补贴发放对象比较集中,要针对这一情况,深入至这些单位向职工宣传住房补贴政策,帮助指导这些单位高好年度住房补贴申报计划。

二是举行供需见面会,加快住房补贴发放。利用多种场合,现场举行住房补贴政策讲座,指导符合条件的职工利用住房补贴去购房;发挥房地产中介公司桥梁作用,将商品房、二手房房源信息印发给大家,向购房职工介绍经济适用房和商品房、二手房房源,对利用住房补贴购房的进行现场登记。

三是与经济适用住房相结合,搞好住房补贴发放。将住房补贴与经济适用住房紧密地结合起来,组织有关单位的职工到经济适用住房小区实地参观。对凡是利用住房补贴购买经济适用房的,应优先批准兑现。同时,学习外地先进经验,省房改委应成立置业担保公司,对想利用住房补贴购买经济适用房而资金又不足的,由置业担保公司进行担保向银行贷款,通过这种形式圆职工的住房梦。

5.实行表格化、电脑化管理为使住房分配货币化工作规范操作,抓紧制定《省直行政事业单位职工住房补贴申请审批发放工作流程》和《省直行政事业单位职工住房补贴申请表》等表格进行规范。同时,由省房委办委托电脑公司开发《省直住房公配货币化管理信息系统》,与省财政厅建立电脑联网,使各单位职工住房档案、住房补贴指标的下达、职工申请住房补贴审核审批、住房资金的发放、职工利用住房补贴再购房情况等均实行电脑化管理。

(二)购房补贴应有的配套政策

以住房分配制度改革为中心的住房制度改革是一项巨大的系统工程,需要有工资、价格、税收、土地、金融、国企改革等多方面相关制度的配套改革,共同推进,这些配套改革的滞后,会大大束缚房改的进程,也加大了房改的难度。

1.继续加大经济适用住房建设力度

中央明确提出要大力发展以经济适用住房为重点的房地产业。加快经济适用住房建设,对改善居

民消费结构，扩大住房消费，平抑房价，防止出现新的房地产过热，有重要作用。当然，经济适用住房建设也要按照市场经济规律来办，防止盲目建设，造成新的积压。应尽快落实经济适用住房的各项优惠政策，确保经济适用住房的低价位和高质量；同时，要加快规范经济适用住房的销售政策，促进经济适用住房规范发展并重视对市场的分析研究，加强总量调控，谨防新的过热。新建的经济适用住房出售价格实行政府指导价，按成本（7 项因素）和不超过 3% 利润确定。要采取有效措施，取消各种不合理收费，特别是降低征地和拆迁补偿费，切实降低经济适用住房建设成本。

2. 发展住房金融，改革融资体制

实行住房分配货币化，一是要实行住房商品化，二是要实行住房资金信用化，这两者相互相存，共同发展。住房资金的信用化是指把无偿使用的资金转化为有偿使用，其主要内容是把住房资金循环的各个环节、各个阶段分步逐步纳入信用轨道，发展各种信用，最大限度地动员住房资金潜力，形成以银行为中心的多种信用并存的住房金融融资体系。经过多年的改革，目前我国已经初步形成个人住房消费的信贷体系。住房抵押贷款业务的发展有力地促进了住房制度改革的进程。但与住房制度改革相比，我国的住房金融还处于起步阶段。住房抵押贷款规模小，在整个金融体系中占有的份额仍很少，不能满足居民各种住房消费信贷的需求。随着住房分配货币化改革的深入，对于住房抵押贷款及相关业务的要求将越来越高，从而必须完善住房金融体制，更好地为住房制度改革服务。

3. 放宽财税政策，引导房价降低

政府要引导房价降低，放宽财税政策。降低商品房价格尤其是增量商品房价格下降，是适应住房货币化的供给政策，有助于住房货币分配的推行。目前商品房价格的行政性收费项目还偏多，存在费用设置不合理、费挤税的不规范现象，税费削减仍具备一定的空间。政府有关部门应不遗余力地进行这项工作，以使商品房的价格降下来。同时，政府应放宽财税政策，认真贯彻国家税务总局下发的《关于调整房地产市场若干税收政策的通知》和财政部、国家税务总局和建设部联合下发的《关于个人出售住房所得征收个人所得税有关问题的通知》等文件要求。机关事业单位因住房货币化而增加的个人住房工资（补贴）和补充公积金旨在补偿过去住房工资的不足，应由财政予与补充，企业遇到同样情况，则应准予其进入成本，并且，这部分劳动者收入属于住房消费资金的转化，不应缴纳个人所得税。

4. 提高住房公积金管理的法制化、规范化水平

近年来，我国住房公积金制度得到进一步发展。一是归集数额大幅度增加。二是调整了贷款投向。各地基本上停止了住房建设专项贷款和单位购建住房贷款的发放，加大了个人住房贷款的发放力度。三是管理工作逐步规范，基本实现住房公积金专户管理，记账到职工个人。四是社会监督机制逐步完善。多数地级以上城市对管理中心实行了定期审计，向职工发放了缴存公积金的有效凭证，定期与单位和职工对账，并开通了个人账户的磁卡查询和电话查询系统，增强了管理透明度，加强了社会监督，维护了职工的合法权益。我省应借鉴其省（市）的有关做法，适当提高职工个人和单位住房公积金的缴交率；职工个人和单位住房公积金按职工法定退休年龄缴交。继续按照“房委会决策，中心运作，银行专户，财政监督”的原则，加强住房公积金管理工作。

2005 年度河北省财政科研
课题成果一等奖作品之十

“十一五”期间邢台市财政经济发展战略初探（节选）

崔尽忠　张永义

四、“十一五”时期邢台市财政经济发展对策及措施

（一）适应国家财税体制政策，大力搞好地方财源建设

财源建设是地方经济发展的基础。目前我国实行的是分税制财政体制政策。在确保国家利益的前提下，发展经济，培植地方财源，充裕地方财力，是摆在我们面前的一个重要课题。现在的分税制财政体制是，中央采取主体税种上划的办法保证了中央收入，资源型、效益型和分散型的财源留给了地方。增

量部分中央集中了大头，存量部分按包干制的体制运行。具体到我市来说，不同行业、不同税种和不同企业对我市地方财政的“回报率”是不同的。因此，在保证中央财政收入稳定增长的前提下，我们要重点培植有利于地方增收的财源。需要指出的是，财源建设不是短时间的突击性活动，而应作为财政部门的一项长期工作。要在结合本地实际，深入调查研究的基础上，自上而下，自下而上的制订财源建设规划。

1.调整产业结构。根据目前的形势和实行分税制财政体制政策的现实，要求我们在产业结构上必须遵循“第一产业求稳定、第二产业讲效益、第三产业大发展”的准则。就第一产业而言，无论从近几年每年中央一号文件的要求，还是从社会稳定的角度来看，农业都必须保持相对稳定，民以食为天。第二产业讲效益，虽然由于分税制的实施，中央拿走消费税的 100%、增值税的 75%和企业所得税的 60%，但工业发展效益仍是制约财政收入规模的关键因素，用足用好用活政策支持国有企业改革和民营经济发展，筹措资金支持大项目建设，在经济效益上狠下功夫，仍是我们工作的重中之重。第三产业投资少、周期短、见效快，且在分税制下，第三产业除商品零售和批发环节的增值税地方与中央分成外，营业税是地方固定收入，换句话说，营业税的多少直接影响着地方财政收入，同时，第三产业也是地方最有增长潜力的财源。所以，积极培植这部分财源，对于地方具有重要的现实意义和深渊的战略意义。我市有独特的自然条件、地理环境和资源优势，有发展第三产业的“土壤”。建议财政筹措一部分资金，发挥“酵母”作用，坚持市场化、产业化和社会化方向，努力促成三产系列化发展的新格局。

2.打桩立柱，优化财源结构。根据我市实际情况，宜突出抓好以下三种财源：

第一种：骨干财源。我市有近 70%的财政收入来自工业，虽然增值税的 75%归中央财政，但从总体上看，目前增值税在产品价格中所占比重较低，中央只拿走企业创造价值的小部分，况且地方还可以分享总量的 25%和增量的 30%，此外，所得税、城建税等收入又都归地方，再加上工业对整个地方经济发展具有强烈的辐射和带动作用，所以，地方政府没有理由不把搞好工业尤其是骨干企业放在首要位置上。目前，我市应充分发挥资源禀赋和产业基础较好两大优势，突出抓好优势骨干企业再造工程、项目建设和信息化带动工业化三大重点，努力培育壮大工业支柱产业，构筑对我市经济发展的强力支撑，争取到“十一五”末全市工业化水平达到 60%以上。

(1)培育壮大工业支柱产业。依托传统优势产业和新兴潜力产业，采取多种措施打造高增长产业群，到 2010 年，力争培育成多个在全省乃至全国具有较强竞争力，对全市经济社会发展具有较强带动作用的工业支柱产业。

一是钢及钢制品业。依托邢钢、德龙、龙海等重点企业，按照“提升质量、延伸产业链条和错位竞争”的原则，整合钢铁生产资源，扩大规模，增加品种，提高质量。以优质线材、棒材、板带材和特钢为重点，做特、做精、做专，提升钢铁产业的竞争力和产品附加值。大力发展钢制品业，重点搞好“一区多园”建设，“一区”即开发区钢制品加工基地，“多园”即分布平乡、临西、隆尧、任县、清河等县的不同品种的钢制品加工园区。通过努力，力争把我市建成国内最大的优质线材、船用球扁钢、电梯导轨钢生产基地，北方最大的紧固件和标准件生产基地。

二是煤及煤化工业。以整合资源，强化管理，安全生产，调整结构为原则，发挥动力煤和炼焦煤资源优势，适度发展开采业，加快东庞矿井煤电路一体化建设。坚持高起点、高技术、高水平的“三高”方针，不断延伸煤炭产业链条，加快发展煤化工业。重点支持中煤旭阳、内邱建滔两大煤化工企业，搞好焦碳、甲醇、煤焦油深加工、粗苯精制等项目建设，积极开发能替代石油化工产品的基础化工原料及其下游产品，提高产品附加值，并带动相关产业发展，逐步把我市建成华北重要的煤化工生产基地。

三是建材工业。按照“调整结构、提高质量、保护环境”的原则，加快高品质建材工业发展步伐。水泥行业大力发展新型干法水泥生产，逐步淘汰机立窑。玻璃行业完善浮法玻璃技术、安全装饰玻璃、中空玻璃、汽车玻璃等高技术含量和高附加值玻璃深加工产品。加快新型建材业发展，重点支持晶牛集团的微晶玻璃和金牛能源的池窑拉丝玻璃纤维及制品的产业化。搞好石膏、瓷土、石墨等特色产业的开发和深加工，重点抓好隆尧石膏工业园建设，形成产业发展的独特优势，逐步把我市建成全省新型建材基地。

四是电子信息业。主要抓好重点园区和重点企业的发展，加快系列产品和新产品开发。加快宁晋单晶硅科技园区建设步伐，加速规模扩张和产业链条延伸，加强产品研发和技术创新，不断提升产品的质量和市场竞争力。加快建设由思达电子公司和华商科技开发公司及清华大学等科研院校合资合作的自动化工业园项目，力争建成国内重要的防爆变频器规模化生产基地。

(2)实施骨干企业再造工程。依托邢钢、邢矿、邢机、电厂等现有优势骨干企业，实施再造工程，扩大规模，增强实力，使优势更优，龙头更强，带动传统产业升级上档。邢钢，加大投入和技术改造力度，延长产业链条，增加钢材品种，提升产品质量，经过3—5年的努力，再造一个邢钢。邢矿，坚持地上地下并举，大力发展非煤产业，扩大玻纤和碱离子膜生产规模，向新的领域进军，再造一个邢矿。电厂，重点推进七期工程建设，大幅度提高发电能力，在在一个电厂。邢机，积极寻找、引进战略投资者，切实加快改革改制改造步伐，再造一个邢机。其他优势骨干企业也要根据自身发展优势和特色加大投入，加强联合，加快发展，做大做强。通过实施优势骨干企业再造工程，逐步实现对我市工业的再造，提升竞争力。

(3)集中力量抓好项目建设。把项目建设作为富民强县兴市和经济社会发展的战略重点来抓。坚持大中小并举，突出建设一批产业关联度高、带动能力强、能够兴市强县的重大项目。通过项目建设和增加投入，推进结构调整，优化产业产品结构，转变经济增长方式，把存量调活，增量调优，总量调大。进一步加强协调调度，建立土地、规划、环保、金融、电力等部门协调联动机制，合力解决建设中的实际问题，确保项目建设的顺利实施。项目建设要与本地发展相协调，与资源条件相适应，与环境容量相匹配，与产业特色相结合。

第二种：绿色财源。邢台市是个农业大市，以种植业为主。从地势上看，既有山地、丘陵，也有大面积的平原；从地质上看，既有易垦的山场，又有便于开发的沙荒地，还有大量的肥沃土壤，对于发展绿色财源建设有着得天独厚的自然资源条件。绿色财源建设，应以农民增收为核心。认真贯彻中央的各项支农惠农政策，提高农业综合效益和农产品质量，促进传统农业向现代农业转变，实现农业持续稳定发展。(1)优化农业产业结构和布局。以稳定粮棉、做强畜牧、扩大蔬菜、优化林果、突出特色为原则，加快农业科技进步，调整农业产业结构、品种品质结构和区域布局，大力推广复合生产经营模式，转变农业增长方式，提高农业综合生产能力，引导优势农产品向特色区域集中，突出搞好粮棉、肉蛋奶、干鲜果品三大基地建设，促进专业化生产、规模化经营，建设现代农业产业体系。(2)推进农业产业化经营。以现有农业产业化龙头企业和生产基地为基础，培育扶持建设畜禽屠宰加工、奶制品加工、板材加工、果品储藏加工、食用菌加工等一批市场前景好、产业优势明显、与农民增收关联度高的产业化龙头项目。按照“公司＋农户＋标准＋基地”的模式，大力实施农业标准化生产。实施农产品创名牌工程，培育一批品质好、效益高、市场前景广阔、具有较强竞争力的名牌农产品。加强农业专业合作组织、行业协会和中介服务组织建设。建立龙头企业与农户风险共担、利益共享的机制，以农业产业化带动农业发展，促进农民增收。(3)加强农业服务体系建设。按照先急后缓、先易后难、系统构建、逐步推进的原则，建立健全农业六大服务体系，为农业生产提供全方位服务。建立健全以农、林、牧各业优良品种研究、引进、繁育、推广应用以及当地品种改良提高为主的良种繁育体系；建立健全以农产品产前、产中、产后各个环节的标准制定、监测检验、认证为主的农业生产标准化体系；建立健全以市、县农畜产品和林果质量检验监测中心、检测站以近资质认证等为主的农产品质量检验检测体系；建立健全以防汛抗旱、动植物疫病防治、森林防火和关键组织网络系统为主的农业安全生产保护体系；建立健全以农业信息采集、整理、发布及组织建设和基础设施建设为主的农业信息服务体系；建立健全以组织建设、师资建设和基础设施建设等为主的农民培训教育体系。

第三种：后续接替型财源。这类财源是地方财政增强后劲的主体财源，地方财政应制定中长期财源发展规划，重点增值第三产业和高效低耗的行业和企业。从邢台市实际看，2004年第三产业占全市生产总值的比重为25%，比发达国家的65%低40个百分点，不仅不能满足第一、第二产业发展的需要，也不适应科学技术日新月异发展和人民生活水平提高后的消费需要，更跟不上目前的改革步伐。“十一五”期间，我市服务业发展应坚持市场化、产业化、社会化方向，深化改革，拓宽领域，扩大总量，优化结构，规范市场，进一步提高其发展水平。

(1)大力发展生产性服务业。重点发展现代物流、信息服务、商务服务、金融保险业,为加速工业化进程提供配套服务。现代物流业,推广现代物流管理技术,积极引进国内外著名物流企业,发展第三方物流,加速物流园区的规划建设步伐,构筑现代物流基础设施平台和信息平台,逐步把邢台市建设成为重要的区域物流中心。积极发展信息服务业,壮大基础电信企业,促进相互融通和规模化经营,拓展服务领域,鼓励发展电信增值服务。积极发展会计、审计、咨询、租赁、评估、营销等商务服务业,培育一批能承接国际国内业务的中介机构。

(2)改造提升生活性服务业。提高餐饮旅馆、批发零售、文化娱乐、房地产和社区服务等生活性服务业质量,逐步实现集团化、网络化和规模化经营。发展提升商贸服务业,普及和创新连锁经营、特许经营、代理制、多式联运等组织形式和服务方式。加快大型商品市场改造,进一步完善功能,提升档次,提高市场的知名度和影响力。

(3)努力扩大消费需求。改善消费环境,引导消费结构升级,发展新的消费方式,拓宽消费领域,努力培植新的消费热点。大力发展住房、耐用消费品、汽车等信用消费,逐步扩大消费信贷的规模和种类,推动消费方式从自我积累型向信用支持型转变。积极开拓农村消费市场。增加与人民群众密切相关的住房、教育、医疗、保险等各项改革措施的透明度,稳定居民消费预期,提高即期消费。

(4)加快市场体系建设。集中力量建设功能齐全、辐射力强、具有地方特色的专业批发市场,进一步规范完善土地、人才、资本、劳动力、产权交易等市场,加快建立和发展技术、信息等市场,构筑现代市场体系。大力发展资本市场,积极促进企业的上市工作。进一步加快土地市场建设,稳步推进土地征收征用制度改革,健全土地收购储备制度,加强土地市场调控。加快建设城乡统一的劳动力市场,促进农村富余劳动力合理有序转移。加快推进社会信用体系建设,继续整顿和规范市场秩序,进一步打破行业垄断和地区封锁,促进形成统一、开放、竞争、有序的市场体系。

(5)做大做强旅游业。充分发挥我市自然和人文旅游资源特色,按照发展大旅游的思路,坚持政府主导、多渠道筹资、多形式建设,以"五个统一"为重点,搞好太行山自然景观和全市文化旅游资源开发,加快旅游业发展。统一建设目标。以西部山区为依托,建设"百里太行生态旅游区"。统一打造品牌。整合全市旅游资源,以市区和邢沙临内四县(市)为核心共同打造"山水太行、古都邢台"旅游品牌,增强竞争力和影响力。统一整合利用旅游资源。以市区和临城岐山湖的餐饮、住宿、娱乐等设施为依托,整合全市旅游资源,打造精品线路。统一规划建设。坚持高质量、高标准建设景区,加强基础设施建设,重点搞好山区四县(市)景区的道路建设,促进西部山区景区一体化。统一开拓市场。对人文、自然景观进行统一策划、统一包装、统一营销,以"郭守敬文化节"、"扁鹊文化节"为载体,大力开拓旅游市场,推动旅游业快速发展。"十一五"期间,重点开发太行奇峡群、前南峪、临城国家地质公园等5大明星产品,创建3个国家级度假区和5个4A级旅游景区,形成以临城国家地质公园、太行奇峡群、前南峪等为主体的西部太行山自然和红色资源为主的旅游区域,以市区及东部地区为主的人文、民俗旅游景区。力争把我市建成全国优秀旅游城市和国家级历史文化名城。

(二)加大税收征管力度

1. 坚持依法治税。一是严格执行各项税收法律和政策。正确处理规范执法与组织收入、支持经济发展之间的关系,既不能人为调节收入进度违规批准缓税,也不能寅吃卯粮收过头税;既不能非法和越权减免税,擅自扩大政策执行范围,又不能不按政策擅自审批减免税。要大力推行税收执法责任制,认真开展税收执法检查,加的税收执法过错责任追究力度。二是加强税源管理,强化征管,堵漏增收。搞好税收分析,加强对重点税源的分析和应用。加强与公安、工商、统计等部门的协调配合,积极推进信息交换网络化,做到信息共享,联合治税,联合堵漏。加强分税种、分行业税收管理,积极探索新的征管机制,强化征管手段。三是加大税收稽查力度,以查促管,以查促收。稽查的关键是态度要坚决,手段要过硬,确保取得实效。要严厉打击重大涉税案件,发现一起,处理一起,曝光一起,加大整顿和规范税收征管秩序的力度。

2. 实行科学化管理。一是加强重点税种和税源监控。加大对重点纳税大户的监控力度,对年纳税在一定数量以上的企业纳入市监控范围,使全市税源监控面达到收入总量的80%以上。二是健全各项基础管理制度，进一步规范征、管、查等环节职责，建立健全科学的岗责体系。三是加强信息化管理，提高管理效能。充分利用现代信息技术，建立健全网络监控机制，加强税收数据的综合利用，随时掌握税收征管动态。

3. 搞好税收服务，积极为经济发展提供良好的税收环境。良好的税收环境应该是：依法行政、公开透明、方便快捷。依法行政就是规范执法，严格执法，秉公执法，为纳税人创造平等的竞争环境。公开透明主要是实行“阳光政务”，打造透明政府，通过增强办税透明度，扩大纳税人知情权和监督权，让纳税人明白怎么交税、交明白税。方便快捷就是要提高办事效率、降低办税成本、节约办事时间。

（三）继续深化财政改革，逐步建立激励和保障并重的新型财政体制

1. 在全面推广“村财乡代管”运作模式的基础上，进一步研究“乡财县管”工作。在坚持预算管理权不变，资金所有权和使用权不变以及财务审批权不变的前提下，按照县乡预算共编、账户统设、集中收付、采购统办和票据统管的基本思路，对乡镇财政管理体制进行较大动作改革。

2. 积极推进预算管理改革。深化零基预算、综合预算、定额预算、部门预算、国库集中收付和政府采购制度等项改革，重点探索财政支出绩效考核方法。同时，按照上级要求，结合我市实际，研究制定县乡财政体制改革方案，完善激励性财政体制，落实好中央财政缓解县乡财政困难的“三奖一补”政策，缓解县乡财政困难。?

3. 着眼于长远，将一部分优势明显、发展势头良好的县（市区），明确为县域经济发展的重点县，在政策上给予重点倾斜，在财力上给予重点扶持，力争在几年后形成一批经济强县。

（四）进一步加强财政支出管理

调整财政支出结构，减少财政对一般竞争性领域的直接投资，逐步转移到基础设施、社会保障、科学教育、文化卫生、环境保护等公共领域。全面实施绩效预算和绩效评价管理办法，对财政资金安排由“重收入”向“重支出”转变，由“重分配”向“重管理”转变，由“重拨款”向“重监督”转变。特别是对办事业的专项资金安排，今年要建立绩效评价办法和评价指标体系，对使用财政性资金安排的项目，要求有立项报告、项目预算等资料，按程序批准后方能拨款，项目结束后，财政要组织有关人员或社会中介机构进行考评，考评结果作为以后安排专项资金的一项内容，以提高预算资金的使用效益。把硬化预算执行的约束作为加强财政支出管理的一个重要方面来抓。各级政府部门在预算年度内必须严格执行，不得随意改变，如有变动，数额较小的，要经财政部门批准，数额较大的，必须经立法部门审议、批准。对于必要的追加支出，要经过严格的审批程序。对于财政支出预算的执行，公众均可加以监督。

同时，认真做到四个严格控制：一是严格控制财政直接向经营性和竞争性领域的投资。二是严格控制非公益性事业单位经费。对非公益性事业单位经费要按照公共财政要求，逐步推向市场。三是严格控制财政供养人员。结合机构改革，切实合理定编定岗，压缩财政供养人员。四是严格控制一般性支出。厉行节约，严格控制和大力压缩非生产性建设项目支出；严格控制会议费、差旅费、电话费、接待费等公用经费；严格控制一般性出国考察；严格控制党政机关更新和购买小汽车、修建楼堂馆所。

目前财政支出的重点应放在以下几个方面：

1. 确保公教人员工资发放和政权机关正常运转。调整优化支出结构，严格财政支出顺序，继续完善工资发放长效机制，加强工资数据库管理，实现工资发放银行化和实时监控。

2. 确保社会保障支出需要。继续健全和完善社会保障预算编制体系，提高预算编制的准确性、严肃性和预算执行的约束性。加大社会保障基金征缴力度，确保离退休人员养老金和国有企业下岗职工基本生活费按时足额发放，确保城市居民最低生活保障费及时足额发放，维护社会和谐稳定。

3. 确保党委政府机关正常运转。同时，确保重点工作、重点事情以及救灾救济、突发性事件资金需要。

4. 确保计生、科教事业投入，支持计生、科教事业发展。继续支持农村中小学危房改造和布局调整，建立和完善专项资金监督机制，确保“两项工程”资金的安全。同时，稳步扩大农村计划生育奖励扶助工作试点范围，完善奖励扶助制度，促进计生事业发展。

（五）创新财政监督机制，切实规范理财行为

适应当前形势，转换财政监督重心，提升财政监督效果。尽快完成由事后监督向过程监督的转变，

建立起事前审核预警、事中监督控制、事后评价反馈的多重监督模式。强化事前监督，对财政经济行为的合法性、合规性和合理性依法进行审核，及时发现问题苗头，将其消灭在萌芽阶段，保障经济事项步入预定轨道。同时，健全事中防范机制，狠抓事中跟踪监督，切实加强对财政收支过程的监督，发现问题及时纠正，尽快堵住漏洞，促进财政工作正常运转。事后监督作为完善财政监督的补充形式，在财政监督中也是十分必要的，对在检查中发现的违轨违纪问题，要敢于揭露，敢于查处，切实做到执法必严，违法必究。

适应财政职能转变的要求，财政监督检查不能只局限于突击性的专项治理方式，要把财政日常监督工作提升到一个突出位置，逐步过渡到以经常性的审查、稽核与检查为主，愚财政监督检查于财政管理中，发现问题及时纠改。针对财政管理中的薄弱环节、社会关注的热点、难点问题，辅之于必要的专项监督检查，并注意将经常性监督与集中性监督有机的结合起来，发挥出各自的优势，逐步形成对财政资金运行全过程进行监测、分析和矫正多功能的监督运行方式，编织出严密的财政监督控制网，确保财政资金安全、有效运行，最大限度的防范违法违纪问题的发生。

对财政资金支持的大项目，实行财政监察员派驻制度。实行专项资金项目公开制度，将与专项资金管理使用有关的政策依据、资金来源、投资方向、项目确定、项目金额、执行进度和资金使用等信息，以及项目审核、管理、执行的责任人及其责任，予以公开，自觉接受群众监督。实行专项资金预算执行情况年度报告制度。结合年度财务决算工作，资金使用部门要向财政部门报送专项资金预算执行及履行本部门监督职责情况的报告；实行对下督察制度，市对县、县对乡实行逐级对下督察，重点督察财政专项资金管理使用情况，发现问题，及时查处。要依法加强监督，加大查处力度。按照国务院颁发的《财政违法行为处罚处分条例》，强化依法监督，遏制各种财政违法违规行为的发生。

（六）多措并举，加强财政机关和干部队伍建设

“十一五”期间，邢台市财政系统干部队伍建设总体思路是：确立一种理念，即“财政工作无小事”；树立两种精神，即“开拓创新、事争一流”；落实三抓举措，即“抓素质、抓规范、抓落实”。抓素质。在全系统继续开展“大兴五种风气，争做五个模范”活动，围绕“用好权，管好钱”，要求财政干部要经常思考两个问题，一个是手中的权力是谁给的，一个是管的钱是谁的，使大家正确运用手中的权力，履行好自己的职责，进一步提升理财境界。努力建设学习型机关，加强广大干部的财政理论、业务、技能的教育培训，不断提高理财本领，高质量、高效率地做好各项财政工作。抓规范。建立规范的决策机制，针对财政部门工作实际，把各项工作建立在规范和严格的基础上，进一步修订完善已有制度，将改革的成果以制度形式固定下来，不断提高财政管理的制度化水平。要坚持抓好党风廉政建设和行风建设，落实党风廉政建设责任制，增强广大干部防腐拒变的能力。抓落实。进一步加强和改进干部队伍作风建设，按照“行政提速、服务提质”的要求，完善机制、强化督导，在抓落实上下功夫，大力推行政务公开，实行公开办事制度，提高政策透明度，方便群众办事，努力为经济建设服好务。

同时，进一步深化机关文明创建工作。以开展各种活动为载体，教育广大党员干部坚定理想信念；以实现“两个提高”为目标，以开展评选为手段，进一步激励党支部和党员干部与时俱进，开拓创新。努力建设学习型机关，加强广大干部的财政理论、业务、技能的教育培训，不断提高理财本领，高质量、高效率地做好各项财政工作。进一步加强和改进干部队伍作风建设。切实增强服务意识，始终把人民群众的利益放在首位，要实事求是，转变作风，做到重实际、说实话、办实事、求实效。加强信息化机构和专业技术队伍建设。加强计算机及相关设备的管理与维护工作，提高设备使用效率，为财政改革和财政管理工作提供一流的技术服务。

2005年度河北省财政科研
课题成果一等奖作品之十一

河北省间接利用外资情况调查及对策建议(节选)

堵皆兵　刘俊业

四、制约我省间接利用外资因素分析

(一)国际因素分析

——国际资本市场的波动性和高风险性。世界经济虽然从2002年开始缓慢复苏,但增长的基础十分脆弱,发达国家尤其是美国经济不可预测的变数因素加大,一时难以进入经济增长的良性循环,企业利润和投资处于较低水平,经济低增长滞缓外资的流出,跨国公司企业购并陷入低潮。再加上战争和恐怖活动不断发生,世界经济发展的政治风险加大,造成国际资本市场波动加大,风险增加。

——国际金融组织和发达国家提供优惠贷款的规模下降。从1997年7月起,世行停止对我国提供软贷款。近年来日本政府也不断缩小对华贷款规模,减少投资领域,英国、澳大利亚等国甚至终止了对我国的政府贷款。此外,国际金融组织和外国政府贷款筹资成本的增加以及繁琐的评估程序,都增加了我省间接利用外资的难度。

——国际资本市场门坎加高。由于少数国内企业在海外证券市场融资时存在虚假陈述、欺诈上市、过度包装等现象,以及擅自改变募集投向,造成投资回报率低,影响了中国企业的整体形象。由此,国外证券市场也提高了进入门坎,使中国企业融资和再融资的难度加大。

(二)国内因素分析

——内资挤出效应。从当前情况看,我国国内居民高储蓄率以及银行贷款的低利率水平将会持续下去,国内资本市场的发展,民间投资的壮大,融资渠道的多样化,使国内投资者有较大的选择空间,各地及项目业主对不同筹资渠道的比较、选择将更加重视,使一些项目存在着内资替代外资的可能。

——地方财力紧张,配套能力和还贷能力有限。我省财政收入占国内生产总值的比重不高,地方财力紧张,配套资金难以足额到位。按惯例,国际金融组织贷款资金通常只占项目总预算的50%,其余资金由国内配套。外国政府贷款一般只提供项目需要引进的设备,所需流动资金也要由借款单位配套。我省地方配套资金不足的现象较为严重,导致外债项目建设进展缓慢,制约了还贷和再融资能力。近年来又逐渐进入还本付息的高峰期,外债偿还压力普遍较大。

——市场化投融资机制尚未形成。我省融资运作机制上市场力量小于行政性力量,虽然在金融体制和融资制度很不完善的情况下,政府运用行政力量解决企业融资难的问题是一种现实的选择,但由于政府财力有限,以财政资金为保障的政策,不可能是普惠性的,在本质上是违背投资活动客观规律的,造成我省间接利用外资结构单一、缺乏层次。

——企业融资主体地位不突出,普遍存在资信、实力、管理方面的制约。国际资本市场对融资主体财务管理和公司制度等方面要求严格,而我省无论国有企业、还是民营企业,都不同程度存在着运作不规范,现代企业制度不完善,财务造假,信息披露不真实、不透明等一系列问题,尤其是民营企业和中小企业,资信差,实力弱,管理落后,成为拓展国际资本市场的突出障碍。

——缺乏与国际市场有效沟通的中介组织。我省企业要走向国际资本市场,除了自身具备足够条件外,还需要和国际金融市场有良好的沟通,而这离不开会计(审计)师事务所、律师事务所、资产评估师事务所、国有资产经营投资公司等中介机构的桥梁作用。需要有一批熟悉国际金融市场游戏规则、懂专业、有技术的高素质复合型人才从事中介服务,严格按照国际金融规则和各种法律法规的要求,独立、客观、公正地开展中介活动。但我省社会中介组织人才匮乏,专业水平不高,且其中有一部分是从行政部门分流出来的,年龄结构、知识结构很不合理,对国际金融市场及国际财团的相关信息和国际惯例缺乏全面了解。国外中介机构在融资服务中拥有丰富的经验、各种资源优势和先进的技术装备和咨询服务手段,与国际投融资市场联系紧密,但我省与之保持良好合作关系的国外中介机构几乎没有。

——项目储备及谋划力度不够。部分行业市场需求不足,影响了利用外资项目的进展,如基础设施领域吸引外资仍然落后。某些投资项目的失败使投资主体投资愿望降低,投资行为谨慎。前期准备工作不充分,招商引资大项目储备不足。一是项目的来源不够广泛,后备资源不充足,制约了项目筛选、推荐的有效性与时效性。二是项目包装深度不够,不同层次制作的项目资料也不规范,同时无财力对项目进行可研论证和包装,难以做到与国际惯例接轨。三是项目论证不充分,资料不全,数据不准确,市场调查不全面。四是对外洽谈项目的方案准备比较薄弱,谈判过程中往往多变,跟踪、跟进的意识差。这些都制约了项目招商引资成功率的提高。

五、对策措施

拓展我省间接利用外资渠道,开创我省间接利用外资工作新局面,关键是解放思想,转变观念,尽快实现"融资主体由政府向企业的战略转变,融资方式由政府主导向市场主导的战略转变",逐步形成投资主体由单一到多元、资金渠道由封闭到开放,"政府引导、企业主体、市场运作"的间接利用外资格局。

(一)稳固传统渠道,拓宽合作空间

——稳固国际金融组织和外国政府贷款在我省间接利用外资中的主渠道地位。世、亚行等国际金融组织和外国政府贷款一直是我国和我省间接利用外资的主要渠道。去年以来,世、亚行对华贷款政策出现了积极变化,在经历连续两年的贷款规模低潮后,我国利用世、亚行贷款规模回到了规划的10—15亿美元的较为适中的年度贷款规模。另一方面,目前世、亚行贷款利率比较透明,且处于历史低位,是借款的较好时机。我省目前城市化水平还比较低,贫困人口绝对数量仍比较多,这些问题的解决与国际金融组织和发达国家对华发展援助战略在很大程度上是一致的。我省应抓住机遇,努力保持和扩大上述渠道贷款资金的利用份额,稳固其在我省间接利用外资中的主渠道地位。

——重视发挥国际金融公司、亚行私营部门业务局等国际金融组织对私人部门业务窗口的作用。为贯彻落实十六届三中全会关于鼓励、支持和引导非公有制经济发展的精神,要转变利用国外贷款在公共部门内部自我循环的传统观念,重视发挥世、亚行等对私人部门业务窗口的作用,积极寻找和推荐合适的项目与之合作,通过贷款和股本投资等方式,促使其有效带动国内外资本进入法律法规未禁人的基础设施、公用事业及其它行业和领域,在帮助我省非公有制企业做大做强的同时,避免因政府债务余额不断上升造成的巨大还款压力。

(二)加强融资主体建设,构建新型融资格局

——培育企业的国际市场融资主体地位

一是重点推进国有企业股份制改造和民营企业制度建设。建立符合国际惯例的财务制度,从深层次上推动产权制度及经营体制改革,真正把企业推向市场,在按市场规则及国际惯例主动参与竞争中逐步确立自己的优势,从根本上具备在国际资本市场进行持续融资的能力。

二是按照权利、义务、责任相统一和管资产、管人、管事相结合的原则,改革和完善国有资产管理体制。从建立科学的法人治理结构入手,把现代企业制度落到实处,切实提高经营和管理水平。同时加快"四分离"和剥离辅业、精干主体的国有企业改革步伐,使国有企业能够轻装上阵,增强国际竞争力和对国际投资者的吸引力。

三是加强国有资产管理部门对资本运营机构和授权经营企业的管理。试行国有资产经营预算制度,完善审计、考核、奖惩制度,增强资本运营能力,提高经济效益。

四是改变民营企业忽视科学规范财务准则的痼疾,鼓励有条件的企业按照国际会计准则编制财务报表。积极引导民营企业加快制度创新、管理创新和技术创新,形成持续快速发展的机制,促进产权结构的变革,由单一化家庭股东向社会股东拓展,引入独立董事,并按现代企业制度运作。

——鼓励国有企业通过各种途径进行海外融资

一是在国家政策允许范围内,在一般竞争性领域,甚至在某些重要部门,放宽股权控制等限制,鼓励国有企业通过向境外投资者转让产权、股权、债权实现融资目的,引导外资参与国有、集体企业的改组改造。

二是支持我省企业通过收购股票市场"壳资源"等方式,到香港、纽约、新加坡等地主板和创业板证券市场上市融资,整合国内资产,不断扩大在国际资本市场的影响力。

——疏通民营企业的海外融资渠道

一是我省有关部门要尽快协助建立民营企业经济信用库,加快建立旨在服务民营企业的信用评估制度,为民营企业从国际金融机构获得担保贷款和信用贷款建立信用基础。

二是通过启动“民营企业金融支持工程”等措施，设立“担保补偿基金”，政府拿出种子基金，引导民营企业按照自愿入股原则成立“信用担保公司”，坚持市场化运作，化解民营企业境外上市信用难题。

三是政府出资或引导成立民营企业海外上市扶植专项基金，对民营企业海外上市的前期费用予以补助。

四是积极培育优质上市公司后备资源。在行业选择、创业投资、重点区域突破方面做好引导工作，积极创造条件，支持龙头骨干企业发展成为优质上市公司。

五是有关职能部门或证券中介机构应积极与境外上市公司和上市中介机构广泛开展合作，组织召开多种形式的民营优势企业上市推介活动，并建立民营企业上市备选库。

六是鼓励境外有实力的战略投资者和机构投资者，对我省市场前景和成长性好的中小企业进行风险投资入股。

七是各级政府要对拟上市公司在改制设立时涉及的税收、土地、资产界定、有关服务收费等政策性问题和历史遗留问题，在不构成上市障碍的前提下，做出支持性的妥善处理。

八是做好股份公司规范设立和股权统一登记托管两项基础性工作。各发起人要严格按照法律规范进行公司设立，省业务主管部门要根据实际情况进行具体指导。建立全省股份有限公司股权的统一登记托管制度。

(三)加快体制改革，优化融资环境

——加快基础设施及城市建设投融资体制改革进程

一是把投融资方式从以政府注资和建立举债机制为主，转向建立项目法人制、市场化融资为主。投融资管理从投资为主转向投资与管理并重，建立从资金到资本、从资本到资产、从资产到资金再投入的良性流动机制，扩大资金滚动放大效应。进一步扩大资本市场融资和利用外资，多渠道吸引社会投资。

二是把投融资重点从以挖掘土地级差效益等城市自然性资源为主，转向挖掘大规模投资形成的存量资产，盘活国有资产存量，实施国有资产的战略性调整。将有盈利的基础设施项目推向市场，积极尝试和拓展BOT、TOT等大工程项目融资方式。对已建成的项目如高速公路等以公司方式上市，吸引外资参与。

三是改变财政资金投入方式。所有建设项目，都以项目公司方式实行市场化运作。同时，在建设过程中，严格推行招投标制度。

四是全省统一协调，每年集中力量推介30个左右对我省经济结构调整、经济社会发展有较大影响并对外资有较强吸引力的城市基础设施、危旧房改造等重点项目。

——加强中介组织建设，改善投资软环境

一是建立符合国际水准的中介服务体系。培养熟悉和掌握国际惯例的会计师、律师和公证人员，建立和完善资产评估、投资咨询等机构，通过提供国际公认的科学方法和手段等中介服务，实现与国际接轨。

二是按照市场经济规则，更多地利用国内外金融机构和社会中介机构进行引资招商活动。

三是与四大国有资产管理公司加强合作，以其为中介平台，为外资以并购形式介入不良资产处置提供便利条件。

四是按照国际规则和惯例，加快涉外政策法规、经济运作方式、社会服务体系、企业管理制度等方面的建设，提高涉外部门工作效率。

五是加强行政监察和审计监督，继续深化行政审批制度改革，强化主动服务、创新服务、真诚服务的意识。针对长期存在的外资管理各环节不平衡，重前期引进、轻后续管理的问题，切实加强对引资项目的管理，使之贯穿于外资引进、生产经营、再投资的全过程。

六是做好企业经营情况的信息统计和监测等基础工作，加强对国际融资环境、外资重点来源国家和地区的调研，逐步建立外资来源的信息库和交流网络，建立定期的信息反馈和情况交流机制，利用科学手段提高管理水平和效率。

(四)促进方式创新，加快市场开拓

——创新招商方式，加强招商网络建设

一是选择若干国际知名度高的投资顾问公司、银行以及中介机构，委托其推介我省企业国外上市和进行间接利用外资项目国外招商。

二是在重点国家和地区建立招商网络，采取走出去举办河北投资洽谈会等方式直接与国外战略投资者见面。发挥友好城市和经济合作城市的作用，通过经济文化交流，寻找合作的最佳结合点。

三是成立我省优秀企业国外上市推介服务机构，定期筛选一批股权结构合理、法人治理机制规范的企业，组织其与纽约、香港、新加坡证券交易所对接，通过与国际金融机构的接触，加深对国际资本市场的了解，结合自身情况寻求多种海外融资途径。

——加大间接利用外资项目谋划力度

一是抓好项目谋划和储备工作，加强引资项目库建设。根据国家产业政策和我省实际，按照“五个统筹”的要求，精心筛选和储备一批适合外资以间接方式进入的大项目、好项目。着力做好项目前期准备工作，按照国际惯例搞好项目包装。

二是模仿国家和其它省市的做法，制定地方性的三年滚动规划，力争使更多的项目列入国家三年滚动规划中，防止项目断档。

三是抓好行业规划编制工作，编制全省城市供水、供热、道路交通工程规划和污水处理、垃圾处理、绿化工程建设实施计划，从总体上把握建设项目的准备和实施进度。

四是针对不同外资渠道的政策变化特点，有针对性地谋划一批环境保护和生态建设项目。

五是进行我省贫困地区现状调查，为争取国际组织和外国政府无偿援助和优惠贷款创造有利条件。

——积极拓展国外债券市场

根据国家对国际商业贷款置换的鼓励和支持政策，并考虑国内外金融市场资金充裕、融资成本低的新形势，借鉴国内其它省市经验，以市政建设投资公司为主体，发行市政专项建设债券（准市政债券）对老项目通过“借低还高”进行贷款置换，减轻利息负担，最大限度降低融资成本，提高运营效益。

理 财 经 验

2005 年全国财政厅(局)长座谈会材料

精心谋划 细致操作 高质量地做好政府收支分类改革试点工作

河北省财政厅预算处

政府收支分类是财政管理的一项基础性工作。财政部将河北省作为政府收支分类改革模拟试点省份,是对我们的信任,也是对我们工作的鞭策,更为我省深化预算管理改革提供了新的机遇。省政府对这项改革十分重视,省长亲自听取汇报,并指示我们一定要把这项改革试点工作认真搞好。厅党组认真贯彻落实财政部的要求和省领导的指示,既把试点工作当成检验方案、完善设计的重要环节,又把模拟运行作为熟悉新科目体系、做好新旧科目衔接、提高财政管理水平的大练兵。在时间紧、任务重、难度大的情况下,我们深入研究、周密部署、扎实推进,经过4个多月的努力,基本上完成了模拟试点工作任务。

一、认真学习和研究政府收支分类改革方案,准确理解改革意图,为做好模拟试点打好基础

接受模拟试点改革任务后,我们认为要扎扎实实搞好试点的第一件事就是要认真学习和研究改革方案,吃透改革精神,全面、准确地理解和把握改革意图,掌握新旧科目体系之间的变化。这是搞好模拟试点工作的关键环节。

通过学习理解,我们感到,与现行科目相比,新科目体系在分类方法有重大变化。现行科目的分类方法是计划经济时期参照原苏联财政管理模式确定的。而新的政府收支分类是按照公共财政管理理念和部门预算改革的要求建立起来的,在体系结构、分类方法以及分类标准等方面都有很大的改进。

首先是与部门预算改革相结合,扩大了收支分类范围。把预算外资金、政府性基金等各项财政收支活动都包括在内,同时也界定了非税收入范围,解决了长期以来我们在统一预算内外管理、编制综合预算、做大财政蛋糕等工作中遇到的基础性障碍问题。

其次是将支出进一步区分为功能分类和经济分类,更好地体现了收支科目在预算管理中的不同作用。具体说来,支出功能分类反映政府职能活动,说明了政府究竟做了什么,比如是办了教育,还是兴修了水利等。同时打破了过去按经费性质划分支出的方法。不再按基建费、行政费、事业费的方法设置科目,而是与部门预算管理相适应,按政府职能进行分类。拿"教育"方面的支出举例,过去的"教育支出"只反映教育事业费,不包括教育部门开支的基建、行政费等方面的支出,要想知道完整的教育支出,必须将教育事业费支出与行政管理费、科技三项费用、基本建设支出、企业挖潜改造支出以及政府性基金等科目中用于教育方面的支出全部加起来才能得到。改革后的科目把所有用于教育方面的支出统一在"教育支出"中反映。在教育支出类下再分"普通教育"、"职业教育"等款项科目,这样就能更准确地反映支出政策和支出结构,从而解决长期以来预算编制"内行说不清、外行看不懂"的问题。

支出经济分类对各项支出的具体用途进行了划分,说明了政府的钱究竟是怎么花出去的,是付了人员工资、会议费还是买了办公设备等,弥补了过去我们无法从具体的经济性质角度去分析和管理各项财政支出的重大缺陷。现行的目级科目只反映部分行政事业经费开支的人员经费和公用经费,许多支出,包括对企事业单位的补贴,用于各类项目的资本性支出,债务支出、转移支付支出都没有明细科目反映。新的经济分类可以更好地剖析支出的经济性质,为预算编制、执行、监督以及单位财务管理的细化打下了良好基础。

二、按照财政部的总体布署和具体要求,认真落实、精心组织,不折不扣地做好模拟试点工作

由于新的科目体系变化大,涉及面广,是一项重大的基础性改革,本着积极稳妥的精神,财政部党组决定对这项改革进行模拟试点,我们认为是十分必要的。2月25日财政部下发了《关于进行政府收支分类改革模拟试点的通知》，确定包括我省在内的5个省市和6个中央部门作为试点，要求于今年3月至6月模拟《政府收支分类改革方案》所设分类科目在预算编制和执行等环节的使用情况，并明确提出，试点的目的是要验证方案的科学性和可行性，实现预算编制、执行、报告、软件等各个环节与新科目的衔接，同时广泛听取参与预算管理的财政部门、预算单位，以及人大对方案的看法。

为落实部里的要求，确保模拟试点的预期效果，在省政府直接领导，省人大常委会大力支持下，以及人行国库、税务、统计等兄弟部门的积极配合下，我们对这次模拟试点工作进行了精心组织，周密设计，扎实推进。我们加强了对这项工作的组织领导，成立了政府收支分类改革试点工作领导小组和工作办公室；建立了各成员单位相互协作、全力配合的协调机制以及信息沟通机制；精心研究制定了试点工作实施方案；积极组织了深入细致的培训；对疑难问题组织力量进行了重点攻关。按照范围全、程序全、资金全的要求，不折不扣地开展了模拟试点工作，并达到了模拟试点预期效果。主要工作包括：

(一)按照“范围全”的要求，精心选定试点单位和试点地区

一是将省、试点市县所有纳入预算管理的部门都列入模拟预算编制的范围。省级124个一级预算部门和试点市所有一级预算部门都参加了模拟预算编制的工作；二是按照一个预算主管处选择一个典型部门的办法，确定民政厅、林业局、环保局等7个预算科目包含面广、能够基本全面反映预算执行情况的单位进行预算执行试点；三是本着积极稳妥的原则，选择预算编制和执行情况、软件使用情况等方面比较规范的秦皇岛市、邯郸市、廊坊市和秦皇岛市海港区、涉县、三河市三个县(市、区)为试点地区，保证了试点范围的代表性。

(二)按照“程序全”、“资金全”的要求，对预算编制、执行等预算管理的全过程、各环节进行了模拟

一是全面、认真、细致地模拟了预算编制过程。我们按新的分类科目以2005年预算批复数编制省、试点市、县(区)本级政府预算(包括部门预算)。在预算编制过程中，我们本着“程序全、资金全”的原则，组织省直124个部门和试点市、县模拟编制了2005年预算，在编制中特别强调新旧口径的对接和转换要准确。为了提高效率，省级采取了集中编制和分散研究相结合的方式，预算部门与财政厅内各有关处室一起编制预算，各司其职、层层把关，随时解决部门在预算编制中遇到的问题，切实将编制工作做实做细，避免走过场。从程序上看，我们模拟了预算编制“二上二下”的全过程，包括各部门、各预算单位编制预算和向财政厅局报送预算的过程，财政厅局内部的预算审核、指标管理过程以及非税收入的编制管理过程。重点是针对各项资金和项目进行了认真细致的新旧科目转换，确保数据口径对接，同时也模拟了向省人大提交政府预算和部分部门预算草案的过程。试点市、县财政局，在省厅的指导下，结合自身的特点、采取多种形式积极进行试点，也按要求完成了模拟预算编制工作。

二是严格业务流程，规范具体操作，扎实模拟了预算执行的全过程。模拟预算执行主要是对省直7个试点部门以2005年5月实际开支，根据新的政府收支分类编制的预算，逐笔模拟财政拨款的申请、审核、支付过程以及财政总预算会计、单位预算会计核算情况，并编报了支出旬报和月报。在模拟预算执行阶段，我们采取搭建模拟环境，分配角色(包括预算部门、财政部门、代理银行，人行)，进行实验室模拟的方式工作。模拟的主要业务流程包括：预算指标管理系统与国库集中支付系统的对接方法；用款计划上报、批复、下达的全过程；财政部门向代理银行下达授权支付用款额度，向清算银行下达授权支付汇总清算额度，财政支付中心进行审核，国库和代理银行办理支付，人行办理清算的全过程；代理银行、财政部门进行记账、数据核对生成报表的全过程等等。

在模拟过程中，我们还集中研究开发了相关计算机软件系统，为保证模拟试点工作顺利开展提供了技术支持。我们开发了试点专用版的《预算编报支持系统》、《预算编审支持系统》、《预算指标管理系统》、《国库集中支付系统》和《总预算会计核算系统》等计算机支持系统，各系统均针对试点工作设定了特别的功能。预算编报支持系统加强了科目库和数据审核功能，增加了科目设置的功能，保证了科目的正确性和数据的一致性，适应了科目添加的需要，简化了用户操作程序，减轻了单位的工作量；预算指标管理系统和国库集中支付系统增加了经济分类科目字段；总预算会计核算系统灵活设置了科目和相应

的辅助核算，从科目体系设置、记账凭证处理，到查询账表，贯彻了"多维分析"的思想，使总预算会计的辅助决策作用在软件中得到实现。

三、认真查找问题，研究解决方案，提出修改意见

从我省的模拟情况看，整个方案是可行的，预算编制过程中科目转换比较顺利，预算执行过程中各个环节都能比较顺利地运行，软件系统较好地满足了业务需要。但在模拟试点过程中，试点部门、地区和单位也提出了一些具体意见和建议。这些意见和建议，有的是对新科目的理解还不够，有的是一些地方和单位对管理的要求不同，有的是要对科目进行完善。对这些意见和建议，我们结合实际，逐条认真地进行了研究、解决和答复。主要方面：一是根据地方财政管理的特点增加了部分科目。目前的方案考虑基层业务收支方面的科目还不够充分、细致。地方特点的部门支出，如经委、城市综合治理办、精神文明办等单位的支出得不到单独反映。在试点过程中，我们已经根据科目体系中预留的空间对一些科目进行了添加，但科目全面推行还需要财政部作出一定的修改和调整。二是修改了软件系统。试点中涉及预算编制和预算执行各方面的软件系统需要按照新科目体系要求进行修改完善，对此我们已经集中力量对软件系统进行了突击升级，保障了模拟的顺利运行，还有一些系统整合和增强系统的数据分析能力等问题需要再进一步研究。三是重新设计了预算文本。新科目体系的优势最终要体现在预算文本中。我们在模拟中重新设计了预算文本，添加了部门功能分类和经济分类的交叉汇总表、部门支出经济分类汇总表、人员经费和正常公用经费经济分类汇总表，文本格式有所改进。配合新科目正式出台，预算文本还可进一步完善，以便给各界提供更翔实、准确的基础信息。四是明确了新科目的财政预算会计核算原则。总预算会计核算内容、科目如何设置会对宏观决策的分析及预算管理具有重要影响。核算到经济分类，虽然预算约束力增强，但业务操作复杂，反之，又弱化了预算约束力。在模拟中，我们以功能分类科目作为支出明细科目，经济分类科目作为总预算会计核算的辅助核算信息，资金支付及记账均到经济分类类级科目，实际证明这种方法在软件中是合适的，也是可行的。但今后财政预算会计如何核算还需财政部给予明确的规定。

在此基础上，我们专门召开了政府收支分类改革专题研讨会，邀请省委、省政府、省人大、省政协，有预算分配权的部门等，从决策层需求、宏观经济管理和社会监督等角度，对改革方案进行论证。试点市县也反复征求人大、政府领导的意见。

在对改革方案进行论证的过程中，各方面普遍对新科目体系持肯定态度。财政部门的反映是，新科目体系对政府收支活动的划分更加科学、合理和细化。这项改革对全面反映政府收支全貌，深化部门预算、国库制度和政府采购等财政改革，提高财政资金的有效性和安全性，进一步实行绩效预算管理改革创造了更好的条件。但是对各项法律与预算挂钩问题有所担心。预算单位反映，虽然改革初期工作量会有明显增加，但是按新科目编制预算，单位干事花钱更加明确，核算更加方便清晰，管理更加有序严密，领导更加放心。只要软件设计更合理、更方便，工作和管理效率会大大提高。发改委等有预算分配权的单位反映，科目改革对这些单位的资金分配和管理权限并没有太大影响。人大政协、纪委等监督管理部门对科目改革非常支持，认为新的科目体系能更好地体现政府职能活动，完整、准确地反映政府收支全貌，有利于实现预算公开、透明和法制化进程，有利于加强人大和社会各界的监督。

四、对全面推行政府收支分类改革的几点建议

政府收支分类改革要求全面、规范、明细地反映政府各项收入来源，清晰、准确反映政府职能活动的支出总量、结构与方向，明确反映政府各项支出的具体用途，因此实行政府收支分类改革对财政管理工作提出了更新、更高的要求。同时政府收支分类作为财政工作的基础，它的变动必然引起财政预算管理方法的相应变化。在正式推行政府收支分类改革前，应充分做好包括制度建设、技术支持、宣传等方面的准备工作。为此，我们建议：

一是清理原有法规制度，相应建立和完善新的规章。对原有与政府收支分类科目相关的法规制度认真进行清理，相应修改、建立和完善适应政府收支分类改革的规章。如建立新的行政事业单位财务会计准则、制度，预算外资金管理方面的制度等。

二是对相关财务会计制度进行修改完善。按照经济分类设置行政事业单位会计科目，便于预算编制和预算执行过程中的科目衔接，减少因科目口径不一致带来的统计分析中数据转换的困难。

三是改革的出台要给地方和部门预留一定的准

备时间。由于新科目的推广涉及报表、软件修改，大规模的培训等大量细致的准备工作，新科目正式确定后，应尽可能给地方和部门充分的准备时间。

四是修改完善软件支持系统。按照新科目的要求修改完善有关软件支持系统，包括预算编制和执行相关软件，行政事业单位财务软件，人行、税务系统等与政府收支分类有关的软件支持系统，为政府收支分类改革提供技术保障。

五是加大对政府收支分类改革的宣传力度。新的政府收支分类无论从结构设置，还是具体内容上都有很大变动，打破了原来科目设置的基本原则，收入从按企业性质划分转变为按行业标准划分，不再存在国有、集体、股份制、私营等企业的税收数据，相应转变成各个行业的税收数据；支出从按经费性质划分支出转变为按政府职能划分，不再有行政费、事业费、基建等方面的支出数据，而是相应转变成反映政府各项职能的支出数据。领导决策层的观念也要相应转变，使用新的口径考虑、分析问题，实施科学决策。因此，要加大宣传力度，争取多方面支持。

从我省的模拟试点总体情况看，新科目体系基本实现了"体系完整、反映全面、分类明细、口径可比、便于操作"的改革目标，能够比较清晰地反映政府职能活动，适应了转变政府职能，构建公共财政体系的需要。通过模拟试点验证，新旧科目和一些重要的数据口径基本能够实现顺利转换，预算部门能够较好地领会科目改革内容，完成的预算文本较好地体现了新科目的特点。采用新科目进行部门申请用款、财政部门围绕集中支付的流程办理各项具体支付业务和会计核算等各个环节也基本顺畅，模拟中没有发现绕不过去的障碍。各有关方面对政府收支分类改革是支持的，因此，我们认为在认真总结模拟试点经验、不断修改完善方案的基础上，本着积极稳妥的原则，应择机早日推进这项改革。

2005年财政部收支分类改革会议材料

政府收支分类改革预算执行模拟试点工作总结

河北省财政厅国库处

财政部确定在我省进行政府收支分类改革试点，对全面促进我省部门预算、收支两条线、国库集中支付、政府采购等方面的改革，进一步提高财政管理水平和财政资金使用效益，对逐步完善公共财政管理框架，促进我省政府职能转变有着十分重要的意义。模拟预算执行是改革试点工作的重要环节，时间紧、任务重、难度大。对此，我省高度重视，充分准备，按照财政部收支分类改革的总体部署和安排，我们积极认真的开展工作，确保了预算执行试点工作在我省的顺利开展并取得了一定成效，现将有关情况总结如下：

一、开展预算执行试点工作基本情况

按照财政部统一部署和河北省收支分类改革领导小组的分工，国库处主要负责收支分类改革预算执行环节的模拟。为了确保这项工作在我省顺利开展并取得明显成效，我们主要在以下几个方面开展工作：一是对改革方案进行深入的学习和研究。多次组织有关人员进行学习座谈讨论，对方案设计思想、设计的思路、变化在哪里进行深入细致的研究，为正式模拟试点创造了有利条件。二是根据财政部、中国人民银行、国家税务总局"关于进行政府收支分类改革模拟试点的通知"和"河北省政府收支分类改革模拟试点实施方案"的有关要求，制定了我省预算执行模拟试点实施方案，明确了试点范围、试点内容、试点工作程序和时间安排，对试点工作进行了详细部署，明确了试点工作的具体要求。三是制定了预算执行模拟中需要的各种报表，包括预算执行中的旬报、月报等。四是研究制定了计算机技术支持方案。按试点要求组织技术人员对预算指标管理系统，国库集中支付系统和总预算会计核算系统进行修改完善，在正式模拟之前进行了测试，为收支分类改革试点提供了技术支撑。五是对功能支出科目按资金类别进行了划分，划分出了一般预算支出科目和基金预算支出科目。六是加强业务培训工作。政府收支分类改革涉及面广、政策性强、业务操作具体，不仅预算科目体系发生了变化，模拟操作的软件，用款计划的申报内容、支付凭证的填写内容、记账的核算科目都发生了变化，业务培训工作十分重要。我们主要从两个方面加强业务培训工作，一是多次召开由财政部门业务人员、技术人员、人行清算业务人员参加的座谈会，把培训和学习座谈结合起来，边学习边讨论，边研究。二是召集参与预算执行模拟试点的省直7个部门和实施会计核算试点的7个基层预算单位有关人员进行培训，使参加预算执行试点工作的同志系统的了解、掌握政府收支分类改革的具体内容、意义和支付业务的具体操作，明确预算单位试点的工作任务。七是扎实推进模拟预算执行工作。我省采取实验室模式模拟预算执行工作。通过搭建模拟环境，对预算执行的各个环节都进行了角色设置，在试点部门，信息技术人员，人行国库的密合配合下，我们利用 6 月 22 日至 24 日三天的时间，对试点部门 5 月份实际发生的业务数据，按照新的政府收支分类科目，认真模拟了财政拨款的申请、审核、支付、清算、核算过程，模拟工作取得预期效果。八是试点部门完成了对所属预算单位 1—5 月份的支出数据科目转换工作，试点预算单位完成单位会计核算模拟工作。

二、按试点要求修改完善应用软件，为试点工作提供技术支撑

我省模拟试点运行需要预算编报系统、预算指标管理系统、国库集中支付系统、总预算会计核算系统等 4 个软件系统支持。上述软件均由我厅统一开发，指导原则是各系统软件尽量维持目前框架，按试点要求进行修改完善。其中预算指标管理系统，国库集中支付系统增加了经济分类科目字段。

总预算会计核算系统其它两个软件比较，由于业务处理更复杂一些，修改内容比较多，业务的复杂性主要体现在政府收支分类改革对总预算账务系统提出了崭新的需求，在收支业务的处理上，我们的设想是总预算会计核算能满足从功能分类科目和经济分类科目两个不同的角度来反映政府预算支出情况，目前会计系统中的旧科目体系无法体现这两个层面，软件功能上也无法按这两个方面进行账务处理，所以必须有相应的升级方案才能保证改革的需求，经过反复分析研究，提出了如下解决方案：

一是重新设计科目体系。科目体系是账务核算软件的核心数据，其它的业务数据几乎都是围绕科目进行存储加工的，设计良好的科目体系是会计核算软件的中心任务。总预算会计五大类科目(资产，负债，净资产，收入，支出)中，需要重点考虑的是收入和支出类科目，我们的解决方案是将新科目方案中的“收入分类”的科目列入现有科目表中的“401 一般预算收入”科目下，替换原有的所有下级科目；将“支出功能分类”科目按资金类别分别列入现有科目表中的“501 一般预算支出”“505 基金预算支出”科目下，替换掉原有的“501”，“505”下的所有支出科目，“支出经济分类”科目不再列到科目列表中，而将之作为一种辅助核算。

二是增加科目辅助核算。会计系统中的“辅助核算”是在使用科目体系反映业务时的有力补充，它由“核算类型”和“核算信息”两部分构成，“核算类型”可以自由定制，用来增加对业务数据分析的维度，“核算信息”用来体现明细，如现有账套中的“部门辅助核算”，就是通过这种设置来反映每笔支出业务具体的去向的，“支出经济分类”与“支出功能分类”科目间也存在着这种“层次”关系，所以使用辅助核算来体现“支出经济分类”在软件中是合适的，也是可行的，而且系统中通过适当的修改就能够满足记账的要求和查询报表的要求。所以我们将“支出经济分类”作为一种辅助核算类型，其下列示支出经济分类科目的类级科目作为辅助核算信息，保留原有的“部门”核算类型。

三是对记账凭证的处理。记账凭证也是账务系统的核心数据，它由凭证分录构成，每条分录都体现出一项财政资金的运作，众多的分录完成了对财政业务数据的存储，分录是以科目体系为中心开展的，为了增强对业务的表达能力，软件中可以对任意科目辅以辅助核算中定义的核算类型，然后在分录上记录辅助信息，用来反映明细。本次分类改革中我们为“功能支出科目”关联“部门”和“经济分类”两种核算类型，录入凭证时，分录一旦用到了功能类支出科目，系统自动提示用户录入相应的部门和经济分类科目。如果凭证有多条分录，用户在浏览每条分录时，窗口上能够相应显示出功能类支出科目所对应的部门和经济分类用途，即同时体现一笔支出的去向，所属部门，以及它的用途。

四是对账表的处理。新的科目体系增强了对数据分析的维度，也对账表提出了新的要求，如支出功能分类，经济分类交叉表，支出分类与部门分类，项目分类的联合表等新型的报表。账务软件中的报表数据来源就是凭证分录，因为我们在记账凭证录入的环节上，对分录进行了各类型辅助核算信息的录入，所以这些全面的详尽的数据就足够满足查询统计和数据挖掘的需要，数据存储的问题得到了解决后，接下来就是运用数据库的查询技术进行有效的数据提取了。

其它的报表也可以通过上图所示的数据存储提取，如：我们除了按“功能分类”提取收支旬月报外，现在还可以按"经济分类"来提取支出旬月报，进一步还可以将支出数据详细到每个部门。

通过以上几个处理步骤，我们可以看到在新版软件中只要我们灵活设置了科目和相应的辅助核算，就能够满足本次政府收支分类改革的需求，从科目体系设置，记账凭证处理，到查询账表，我们基本上贯彻了多维分析的思想，当然，我们仍需进一步对数据的潜力进行挖掘，以提供更多，更灵活的报表，进一步使总预算会计的辅助决策作用在软件中得以体现。

三、制定预算执行试点实施方案，确保试点工作按计划进行

根据财政部《关于进行政府收支分类改革试点的通知》要求，我省做为试点地区，要按照新的政府收支分类科目模拟 2005 年预算编制和支出预算执行过程。为按时完成模拟预算执行试点任务，我省制定了政府收支分类改革模拟预算执行试点实施方案，对预算执行模拟工作提出了具体求，并就实施方案内容于 4 月 28 日对参与预算执行试点的部门进行了培训，对下一步政府收支分类改革模拟预算执行试点工作进行了部署。政府收支分类改革模拟预算执行试点实施方案主要内容如下：

(一)明确了预算执行模拟试点工作目标，资金范围和内容通过对预算支出模拟，检验新的政府支出分类在预算指标管理，分月用款计划的编制、批复，用款额度下达支用，财政直接支付，财政授权支付，总预算会计核算，单位预算会计核算，以及预算执行报表和决算报表体系各环节的运行情况。通过支出模拟过程，发现和解决政府支出分类改革设计方案对支出预算执行中存在的主要问题，对改革方案设计及实施步骤等提出有价值的意见和建议。资金范围为列入部门预算的一般预算支出，基金预算支出及预算外支出。模拟预算执行工作的主要内容是对试点的 7 个部门以 2005 年 5 月实际开支为基础，根据新的政府收支分类编制的预算，逐笔模拟财政拨款的申请，审核，支付过程以及财政总预算会计，单位预算会计核算情况，并编报支出旬报和月报。

(二)规定了模拟预算执行的方式

为了保证模拟效果，同时避免模拟数据和真实数据交叉，保证资金安全和便于协调，我省决定采取实验室模拟形式，模拟环节不通过目前实际应用的网上支付系统及人行国库，代理银行支付及清算系统，而是于 6 月上旬由国库处将参与试点的部门和有关单位集中到一起，对 5 月份预算单位实际发生业务数据，通过搭建模拟环境，分配角色，按照新的政府收支分类科目模拟财政拨款申请、审核、支付、清算等过程。届时各试点部门来一名业务人员带着部门所有支出数据集中参与模拟。

在模拟环境中试点预算单位完成分月用款计划的编制，用款支付申请；财政部门分角色模拟计划审批、代理银行支付、人行清算、完成审核和支付工作。模拟预算执行的主要原则是财政拨款的申请、审核、支付等主要实务流程不变，财政拨款申请，审核，支付过程所需各种表格凭证按新的分类科目增加有关内容。

由于参与试点的部门全部实行了国库集中支付改革，因此模拟支出预算执行也主要围绕集中支付的流程进行，对五月份每一笔实际支出，试点预算单位，财政部门在实际办理支付业务时，还要按新的收支分类逐笔模拟填制各种凭证，财政部门，预算单位、代理银行、人行等不同环节采取不同的方式操作。

(三)对会计核算提出了统一的要求

1. 单位会计核算

省直七个试点部门各选择一个预算单位，模拟一个月的单位预算会计核算。预算单位要按经济分类科目设置会计科目，完成建账工作。支出的总账科目仍定为"经费支出"，"事业支出"等，支出明细科目按新收支科目的经济分类"款"级科目设置。

对于财政直接支付的支出，试点预算单位根据加盖财政付讫章的《河北省预算单位财政直接支付申请书》相关联及原始凭证入账。

借：经费支出(或事业支出)——有关经济分类科目

贷：拨入经费(或财政补助收入，拨入专款)——财政直接支付

对财政授权支付，试点预算单位根据财政部门下达的《河北省省级财政授权支付额度通知单》记账

借：零余额账户用款额度

贷：拨入经费(或财政补助收入，拨入专款)——财政授权支付

转账支用额度时

借：经费支出(或事业支出)——有关经济分类

科目

贷:零余额账户用款额度

记账工作完成后,要打印出一套总账和明细账和五月份记账凭证,编报单位收支情况表,支出明细表。

2. 总预算会计核算

支出的总账科目定为"一般预算支出","基金预算支出","预算外支出"。以功能分类科目作为支出的明细科目。设置经济分类科目,作为总预算会计核算的辅助信息,资金支付及记账均到经济分类类级科目。

四、认真做好实验室模拟工作

从6月21日开始,我省预算执行开始实验室模拟阶段的工作。财政厅国库处、支付中心、财政厅信息中心、试点部门、省人行国库处有关人员参加了实验室模拟阶段工作。搭建模拟环境,分配角色,角色有预算部门、财政部门、代理银行、人行国库。在模拟过程中主要做了以下业务,一是将试点部门的部门预算导入预算指标管理系统,在系统中按支付方式和资金类型对资金进行分类,在此基础上导入国库集中支付系统。二是预算部门上报分月用款计划,财政部门批复,下达分月用款计划;三是财政部门向代理银行下达授权支付用款额度,向清算银行下达授权支付汇总清算额度,代理银行按预算单位生成授权支付额度到账通知书,通知预算单位;四是预算单位通过国库集中支付系统生成直接支付用款申请表,财政支付中心进行审核,提出审核支付,代理银行支付,代理银行生成直接支付划款凭证和直接支付划款清单交人行办理清算;预算单位填写授权支付凭证,交代理银行办理支付,代理银行将每天授权支付数据汇总后生成授权支付划凭证和授权支付划款清单交人行办理清算;五是代理银行财政部门提供支付日报表,并进行数据核对,六是财政部门进行总预算会计账务处理,生成旬报和月报。试点预算单位进行单位会计核算,打印记账凭证,总账明细账,编制并打印单位收支情况表。

在预算执行模拟工作中,我们要求要做到两点:一是在保持业务流程不变,支付方式不变的情况下,首先要想办法让工作转起来,同时还要能发现问题,最后提出有价值的建议。二是虽然采取实验室模拟方式,但必须严格工作流程,规范进行预算执行模拟操作,虚转实做,不就虚论虚。从申报计划,支付申请,额度下达,具体支付等环节都依次进行模拟,不省掉一个环节。

在预算执行模拟过程中,从预算处接收7个试点部门按新分类科目列示的预算指标2123条,其中一般预算1971条,基金预算2条,预算外150条(经统计,7个试点部门按旧科目编制的预算指标为2462条,其中一般预算2246条,基金预算2条,预算外214条。)。执行过程中,共发生预算执行业务386笔,其中直接支付业务225笔,授权支付业务161笔。涉及功能支出科目51个(涉及旧支出科目45个)。模拟执行结果显示,7个试点部门在使用方向上用于一般公共服务62万元,外交91万元,公共安全209万元,教育1638万元,科学技术508万元,文化娱乐7769万元,社会保障和就业4432万元,医疗卫生1131万元,环境保护2921万元,农林水事务4146万元,工业商业金融等事务30万元;在具体用途上,用于工资福利支出12389万元,商品和服务支出5696万元,对个人和家庭的补助3697万元,对企事业单位的补贴47万元,转移支付840万元,资本性支出269万元。

五、完成单位会计核算和历史数据转换工作

为了及时,准确的完成单位会计核算的模拟工作及1—5月份新旧科目数据转换工作,试点部门均召开了会议部署试点工作,向所属预算单位传达省财政改革精神,部署改革实施方案。由于我省对2005年预算按新科目重新进行了编制,因此部门1—5月份新旧科目转换工作比较顺利。

试点预算单位在会计核算模拟中做了大量工作,在完成本职工作的同时,也圆满的完成了承担的试点工作任务。各试点单位按要求按经济分类科目"款"级科目设置支出明细科目,以"经费支出","事业支出"设置支出的总账科目,同时设置其它会计科目,录入期初数据,完成建账工作。对五月份的支出数据按新的收支分类科目逐笔进行了录入,编制记账凭证,记账工作完成后,各试点单位均打印出了总账,明细账,记账凭证,编制了单位收支情况表,支出明细表。通过单位会计核算试点,对了解新的收支科目设置的合理性及在预算单位会计核算适用性提供了依据。

六、问题和建议

(一)财政会计核算是否核算到经济分类科目问题。要实现财政对经济的宏观调控和制定财政政策,必须及时掌握可靠的信息。而我国财政管理信息,其基础数据主要是来自财政总预算会计和行政事业会计系统,因此政府收支分类改革中总预算会计核算内容,科目如何设置,对向宏观决策提供预算收支数字,对预算约束机制产生重要影响。如核算到经济科目,在执行中控制和反映信息的时效较强,预算约束强化,但业务操作复杂,反之如不核算到经济科目,要反映完整的支出情况需要大量的统计数据或通过其它途径,时效性要差,同时预算约束较弱。

(二)分段平衡问题。对基金预算,预算外收支管理的原则主要有以下几方面:先收后支,专款专用,在预算上单独编列,自求平衡。现行管理体制要求从资金类别上还是要分开,按现行平衡方法要划分一般预算,基金预算,预算外。基金收入必须与基金支出一一对应,没有收入没有支出,不能相互调剂。政府收支分类改革后,所有的财政资金统一使用一套预算科目,有利于财政资金的统一管理,但无法满足现行的一些管理要求。如基金收支,预算外收支科目无对应关系,基金支出科目是分散在支出功能各类科目中,从支出功能分类科目中不能一目了然的看出哪个科目是基金科目,如果科目名称再发生变化更无法判断是不是基金科目,如果要求划分资金类别,在收支科目中应有一个明显标记能直观的看出科目的资金类别是基金支出科目,一般预算支出科目还是预算外支出科目。

(三)历史数据问题。由于涉及历史数据对比问题,因此需要将财政收支数据转换成新科目下收支数据。从模拟情况看,指标管理系统中已支付项目对应功能科目和经济科目,由于 2005 年按新的分类科目编制了本级政府预算和部门预算,部门数据转换比较容易做到。没有按新科目编制的部门预算,旧科目数据转换成新科目数据,从模拟情况看比较复杂。

(四)收支挂钩问题。政府收支分类体系扩大了财政收支范围,将政府预算外收支纳入政府预算体系,更加全面准确的反映政府财政收支活动。由于预算外资金有其特殊性,有些预算外收入不能简单的由缴入预算外专户改为缴入国库,由于缴入国库的收入难以确认到具体单位,而预算外资金事实上存在收支挂钩的情况,我们省的管理是没有收入或没有完成收入指标的是不能安排支出的。比如教育系统收取的教材费,必须是河北大学收取的要用于河北大学的支出,而不能用于医科大学支出。但收入科目只是一个,目前人行国库收入核算模式对收入难以确认到具体单位,无法确认入库总数中河北大学收取多少,医科大学收取多少。

(五)项目支出预算细化问题。在试点工作中,部门普遍反映项目支出预算按经济分类科目划分以后,如果在预算执行中严格按预算很困难。分析原因,我们认为是项目支出预算尽管按照经济分类科目进行了细化,明确了支出的最终用途,做到了细编预算,但预算编制不准确,预算编制不准确的原因是由于项目做的不细,项目不细就强行归类,归类不准确在执行中就会出现困难,造成在实际工作中难以完全按照项目支出预算执行。

(六)科目涵盖范围和科目交叉问题。我们认为经济分类科目做为一套完整,统一的支出科目体系,应能明晰的反映政府职能活动的具体支出构成,应予以充分细化,以充分满足细化预算编制,加强预算单位财务核算和经济分析等方面的要求。在模拟过程中,有部门提出在新科目中,"福利费","社会保险缴费","公积金"等科目都单独列示,但"工会费"作为性质相似的一项常规性的,必须提取的费用没有单独列示出来。体育部门提出,在"商品和劳务支出"经济分类中,新科目取消了"劳务费",新设了"咨询费"和"手续费"科目,由于竞技体育技术性,规则性很强,专家讲学,临聘人员等劳务费支出业务较多。

(七)单位会计核算问题。支出经济分类科目设"类","款"两级,是在 2002 年支出"目"级科目改革的基础上进一步的细分。通过试点单位模拟会计核算,我们认为经济分类科目体系比较完整,比较充分的考虑到了行政事业单位支出的特点,基本上涵盖了政府各个方面的支出,能基本上满足预算单位财务核算的要求。存在的问题主要有:款级科目设置较粗,不能完全满足预算的需要和单位会计核算的要求;会计科目的名称和内容,不够准确,实用,通俗易懂;会计科目应按实际需要适当进行分类编码,以利于会计电算化需要。

(八)对政府收支分类科目设置建议

1. 支出功能科目对中央层次适用科目考虑比较全面,对地方层次适用科目相对考虑不足,建议增加地方的收支项目,做到中央和地方统筹兼顾。一是增加地方需要的科目。比如交通厅事务应增设“交通管理事务”款级科目，包括“行政运行、机关服务、专项服务、专项业务服务、其它”等项；以反映交通部门职能；针对地方政府专门设有中小企业管理专职机构，建议在 215 类“工业商业金融事务”，“中小企业发展”款下，增设“行政运行”项级科目，以反映中小企业管理机构日常运转支出；在有些省市单独设有物价局情况，单独设置“物价事务”款级科目似有必要。二是增加体现国家政策导向的科目。政府收支科目应充分考虑国家的政策导向，对国家鼓励和支持的支出方向从科目上进一步细化。新科目中对城市支出有关的科目设置比较多，对农村事务和城市社区事务所设科目比校少，而在地方不同的地区和基层差距巨大，比如我省迁安县一个乡镇财政收入亿元以上，张家口一个乡镇财政收入几百万元。因为科目设置政治性强，有很强的导向作用，同时也是一项基础性的工作，对基础性的东西应设细，这样反映在管理，决策，分析上才能更准确。建议在 208 类“社会保障和就业”、209 类“社会保险基金支出”等科目下增设反映县财政针对农村的一些补贴、补助、救济、公益金等支出款级科目；212 类“城乡社区管理事务”下，增设解决欠发农民工工资问题支出；213 类“农林水事务”下增设水利建设移民、拆迁支出；在“农业”下增设农村财务及农经管理经费支出、民营经济发展局支出等科目。三是进一步规范功能科目名称。“文化娱乐”科目从名称上偏重文艺较多，没有体现体育的概念，建议改为“文化体育”等可以体现体育含义的名称；考虑工作性质归属，建议将法院、检察院的“行政运行”款级科目修改为“司法运行”科目。

2. 为适应部门预算编制和单位财务管理要求，经济分类科目按经济用途进行了细化。尽管如此，在填列专项项目时，很多项目的主要支出内容无法找到对应科目。建议对部分科目进一步细分，并对经济科目作更详细明确的解释和界定，便于实际操作和经济分析。一是建议经济分类进一步体现事业单位特点。改革方案中经济分类对行政单位支出特点关注多，对事业单位支出特点体现不充分，如事业单位的科研费、相关业务费、学校的学生实习费、毕业设计费、招生录取费、聘请外教费、专家授课和讲座费等，很难找到对应的经济分类科目。二是进一步规范某些科目名称，比如“资本性支出”不符合我国对资本含义的理解，是否可修改为“资产性支出”或称之为“建设性支出”。三是进一步明确有关科目的适用范围及口径以确保正确使用分类科目。如“提租补贴”、“购房补贴”、“福利费”科目使用范围是否包括离退休人员应予以明确；305 类转移支付，没有明确此类科目用途，说明也比较笼统，建议重新详细明确此类科目适用范围。四是建议增加款级科目或扩展款级科目内涵。如社保基金支出在经济分类中的反映需增加相应的科目；建议对“资本性支出”下的“专用设备购置”的款级科目说明中，增加“各类学校教学及公寓设备”的说明文字。五是建议对行政事业单位会计科目的科目编号进行重新界定，以便于单位会计电算化的开展。

2005 年财政部建立和完善社保预算座谈会材料

创新理财模式
建立社会保障预算管理新机制

河北省财政厅社保处

随着市场经济体制和公共财政体制的建立，社会保障工作已成为社会稳定和国家长治久安的重要保证，成为全社会的热点和焦点问题、成为财政的重点和难点工作。我省由于人口多、经济欠发达、财政承受能力有限，在社会保障体系的构建过程中遇到的困难更多、工作量更大，但在中央财政的大力支持下，在社保司的悉心指导和亲切关怀下，使我们顺利地渡过了难关，各项社保事业都有了较快发展。我们只有更加努力地工作，不断探索适合我省实际情况的社保资金管理模式，才能不负社保司各位领导的希望，才能提升社保资金管理层次，为健全社会保障体系提供强有力的资金支撑。经过研究和思考，我们认为建立社会保障预算管理机制是实现上述目标的有效途径。我省从 2002 年就开始探索编制社会保障预算工作，到 2004 年初，以建立全省统一的社保预算科目、统一的社保预算收支体系、统一的社保预算编制办法为标志，使我省的社会保障预算编制工作步入较规范、较科学轨道。现将我们建立社会保障预算管理制度的一些作法和思考向各位领导、专家汇报如下：

一、为什么要建立社会保障预算管理制度？

目前，各级财政社保部门，工作任务十分繁重，工作千头万绪，编制社保预算无疑大大增加了工作量，为什么还要搞这项工作。我们认为有以下几方面的原因：

（一）建立社会保障预算制度是党和国家的重大决策。党的十四届三中全会通过的《关于建立社会主义市场经济体制若干问题的决定》指出："建立政府公共预算和国有资产经营预算，并可根据需要，建立社会保障预算和其他预算。"此后，党的十五大、十五届五中全会也都提出要逐步建立社会保障预算。《中华人民共和国预算法实施条例》规定："各级政府预算分为政府公共预算、国有资产经营预算、社会保障预算和其他预算。"由此可见，对建立社保预算管理机制、编制社保预算，党中央和国务院早有部署，有法可依。

（二）建立社会保障预算制度的客观条件基本具备。就建立社保预算制度的前提条件而言，大家有不同看法，大多数人认为开征社会保障税是最重要的条件。我们认为社会保障税只是一种形式，其本质在于收入来源的固定，即在没有开征社会保障税的情况下，只要具备以下条件，也可建立社会保障预算制度。

1. 具备较稳定的收入来源。社会保障税是收入来源最稳定的一种形式，但不是唯一的形式。仅就我省的情况讲，社会保障较稳定的来源渠道，一是政府公共预算每年安排一定数额的社保资金；二是中央财政通过转移支付给予的专项补贴；三是通过地税或经办机构征收的各项社会保险基金；四是各项社会保险基金的积累。可见，这些渠道都较稳固，只要工作到位，其收入来源相对稳定。

2. 具备较明确的支出范围。尽管我们的社会保障体系还不尽完善，但其基本框架，经过几十年的发展也已成型，以五项社会保险为基础的社保体系日渐清晰，每一类社保对象也相对固定，各类社保资金的支出范围基本明确。

3. 具备较规范的保障标准。目前，全省社保工作可分为十五大类，每一类保障工作都有相对固定的保障内容，同时具有较规范的保障标准，如果工作细致到位，可以明确到人，可以对社保资金支出进行定量分析研究。

4. 具备较先进的技术支撑。由于金财工程和金保工程的建设，各类社保工作基本实现了网络管理，大量的基础数据、原始资料可以较便捷的获得，同时，大量的预算指标也可通过计算机网络来处理，为建立社保预算制度打下了基础。

（三）建立社保预算制度是社保工作现实需要。从目前社保工作的情况看，全省各类社保对象已达1300万人以上，涉及15大类社保资金，资金总规模达530亿以上。由于保障任务的不断加重，各级财政社保管理人员在实际工作中，存在工作底数不清、过度依赖部门问题。同时，在各级财政压力都很大的情况下，市县财政不同程度地存在等靠要的思想。我们认为编制社会保障预算是解决上述问题的有效途径。

（四）建立社保预算制度是省领导和厅党组赋予的艰巨任务。2003年2月11日郭庚茂常务副省长在全省财政工作会议讲话中，首次提出在全省范围内试编社会保障预算。省厅党组将编制社会保障预算列为2003年全厅25件大事之一；将完善社会保障预算管理，建立社会保障资金的有效管理机制列为2004年全厅14项突破性业务工作之一；将提高社会保障预算编制的科学性、准确性、严肃性列为2005年全厅20项突破性工作之一。同时，我厅成立了以郭秀堂副厅长为组长的全省社会保障预算编制领导小组，具体负责推动这项工作。

二、建立社会保障预算管理制度的重要意义

在新的历史时期建立社会保障预算管理模式的重要性，主要体现在以下几个方面：

（一）社保预算，是完善社会保障体系的客观要求。社会保障体系的一个重要环节就是筹资机制，只有各类社保资金到位，才能保证各项社会保障制度的顺利运行。通过编制社保资金预算，可以明确各级筹资责任，确定不同的资金来源渠道，建立筹资管理责任制，更好地落实各类社保资金，为逐步完善社会保障体系打下良好基础。

（二）社保预算，是加强管理、把握全局的重要手段。近年来，社会保障工作成为全社会的热点和难点问题，保证社保对象的生活是维护社会稳定的需要。为了加强社保资金的管理做到应保尽保，必须要摸清各类保障对象的分布情况，并针对不同的群体采取不同的保障手段。通过编制社保预算，可以全面了解本地区社保对象的人员结构和资金状况，并根据管理中存在的问题，加大社会保险基金的征缴力度，堵塞管理中的漏洞，逐步完善社会保障体系，为经济和社会协调发展的全局服务。

(三)社保预算,是预算改革的重要组成部分。党的十五大报告和《中华人民共和国预算法实施条例》规定:"各级政府预算分为政府公共预算、国有资产经营预算、社会保障预算和其他预算。"这充分说明,社保预算就是预算管理体系的重要组成部分。逐步建立起社保预算管理制度,这本身就是创新预算管理模式,是预算改革的重要内容。

(四)社保预算,是财政监督的重要形式。社会保障涉及面广,政策性强、资金量大,管好用好每一分钱是财政部门的重要责任。建立全面、准确的社保资金预算,有利于对资金的筹措、管理、使用和分配实施全过程、全方位的监督,提高资金的使用效益,确保资金顺利发放到保障对象手中。

三、社会保障预算编制体系的选择

编制社保预算对于我们来讲是新事物,建立起较规范合理的编制体系需要不断的探索。经过较长一段时期的思考,我们结合全省社保资金的管理实际,从有利于管理出发,初步建立了社保预算编制体系。

(一)社保预算收支科目体系。建立这一体系的目的,不仅在于统一收支范围、统一编制口径,而且对所有社会保障的政策规定进行全面梳理,提高各级财政社保人员的政策水平,为今后加强管理打下基础。

1. 社会保障预算收入科目的设计。第一,各类社会保险基金收入科目设计。主要依据《社会保险基金会计制度》有关收入会计科目来设定,如果会计制度中没有明确规定的,如生育保险和机关事业养老保险处于试点阶段,根据我省有关制度规定并参考企业养老保险、失业保险有关科目设定;第二,各类社会保障专项资金科目,主要指下岗再就业资金、低保资金和残疾人就业保障金等,根据我省有关筹资规定,并考虑管理需要来设定;第三,政府公共预算安排的各类社会保障资金科目,根据政府预算收支科目中有关科目设置,预算安排的社会保障资金支出,就视为社会保障预算的收入来源科目。

2. 社会保障预算支出科目的设计。无论是社会保险基金支出科目,还是社会保障专项资金科目,设计原则与其相关的收入科目相同。政府公共预算安排的各类社会保障资金支出科目,就是根据政府预算收支科目中有关社会保障资金支出科目设置,其具体的科目名称也与政府公共预算的有关科目一致。

3. 关于政府公共预算安排的科目与社会保险、专项社会保障资金重复问题的处理。如政府公共预算安排的城市居民最低生活保障资金就是城市居民最低生活保障专项资金的主要来源;政府公共预算安排的国有企业下岗职工基本生活费和就业补助,是国有企业下岗职工基本生活费和就业专项资金的主要来源等。为了避免重复,采取保持社会保险基金和社会保障专项资金的完整,而在有关政府公共预算中扣除的方式解决。如政府公共预算中安排的城市居民最低生活保障资金、医疗保险基金、国有企业下岗职工和就业资金,以及预算对养老保险、失业保险等的补助,都不在政府公共预算的有关科目中反映或不体现有关科目,其内容在相关基金或专项资金中反映。

4. 关于科目编码设计。参照政府预算科目的编码形式,设为类、款、项。按照社会保险基金、社会保障专项资金、政府公共预算安排的社会保障资金顺序排列。

(二)社保预算收支指标体系。社保预算指标体系设计要体现以下理念:

1. 满足两个需要。一是满足公共需要,即简明扼要地反映社保资金情况,无论内行、还是外行一看就懂,给各级政府和管理者提供一套明白账。为了达到这一要求,应该建立一套社保预算收支总表。二是满足管理需要,即较详细地反映各类基金情况,为管理者提供信息,为决策者提供依据。为了达到这一要求,应该建立一套社保预算收支明细表。根据这一理念,我们设计了一套社会保障预算收支总表,将社会保障的主要资金指标纳入总表体系。同时,我们按社会保险基金和专项社保资金分类,设计了 9 张社会保障预算收支明细表。这 9 张明细表全面反映了各项资金的收入来源渠道、支出使用方向,以及资金结余情况。通过各项补充资料的设计,使财政部门特别是省财政对各市县、各类社保资金基础管理工作有一个全面、深入了解,同时,通过对基础数据的分析和测算,进一步增强预算指标编制的准确性,提高管理水平,有针对性的解决有关矛盾。

2. 体现社保资金运动全过程。为了全面完整,宜采用预算收入(可用资金)、预算支出、累计结余,三栏式的表格设计。主要考虑是,如果参照政府公共预算的形式,只反映收入和支出,不能体现出部分积累式社保资金的特点，可能会出现当年部分社保资金难以做到收支平衡现象，影响政府和财政领导对社保工作的判断。而采用三栏式，则可解决此问题。

3. 体现社保资金分块管理特点。社保资金的一个突出特点是分块分类管理。如养老保险与失业保险及再就业资金等，都有自己不同的筹资原则和使用范围，资金单独管理，不能互相占用。为了体现这一特点，在指标体系设计中，对各项重点资金，进行分类设计，单独反映，并突出各项资金的完整性。

（三）社保预算编制规范。程序规范是做好工作的重要前提，对于社保预算管理制度来讲，在有了预算科目、预算收支指标体系之后，需要重点研究的是如何制定编制规范。这一规范应该明确社保预算编制原则、规定编制内容、确定编制程序，对社保预算执行、调整、管理和监督都应有所规定。根据这一思路，我们出台了《河北省社会保障预算编制管理暂行办法》。

（四）社保预算支撑体系。首先是计算机管理软件支撑。社保预算涉及指标 300 多个，涉及 199 个省、市、县（区）编制单位，表内、表间数字关系上百个，如果没有计算机管理软件支撑，难以用手工汇总编制完成。我们完成了社会保障预算编制管理软件的设计工作。该系统，实现了从各县（区）直接完成各设区市和全省社保预算的汇总，并设定了表内、表间逻辑关系审核公式，能够快捷完成一般逻辑关系审核，提高了工作效率。其次是远程财务监控系统支撑。社保预算不能与日常社保资金的运动脱节，为了检验社保预算编制的水平，实行预算执行分析，强化资金监督，我们建立了全省远程财务管理系统。

四、编制好社会保障预算需抓住的关键环节

编制社保预算是建立社保预算管理制度的重要内容，为了使各项指标更切合实际，应把握以下几点：

（一）明确指导思想。我们编制社保预算应坚持的指导思想是：以“三个代表”重要思想为指导，以《中华人民共和国预算法实施条例》为依据，以社会保障预算总揽工作全局，积极探索各类社保资金的筹资新机制，扎实推进支出改革，不断强化社保资金的预算约束，切实提高资金使用效益，确保各类社保对象得到应有的保障。

（二）坚持编制的五项原则。一是规范统一原则。社会保障预算要将各类用于社会保障对象个人性质的资金全部纳入预算，统一政策依据、统一收支范围、统一编制口径、统一工作程序。二是利于管理原则。社会保障预算要有利于加强社会保障资金的管理和监督，不仅要全面反映社会保障资金收支，及时提供社会保障资金缺口情况，还要有利于通过资金收支分析国家各项社会保障政策的执行情况。三是分级负担原则。按管理体制规定，应由各级政府安排和筹集的社会保障资金必须足额到位，如果资金出现缺口，要立足自身通过加大征缴力度、加强支出管理、调整财政支出结构等综合措施加以解决，克服等、靠、要的思想。四是收支平衡原则。各级在考虑上级补助的情况下，要科学测算各类社保资金收支，依法强化征收，合理筹措资金，确保各类资金收支平衡，对于积累式基金，争取有较多的结余。五是专款专用原则。严格按照各类社保资金的收支用途安排预算，不能互相挤占挪用，也不能用于平衡政府公共预算。

（三）运用合理方法保证社保预算各类指标的准确性和有用性。由于社保预算编制过程中有一些指标具有不确定性，如需经省政府批准的社会保险费的征收收入、中央的转移支付数额、待遇水平的调整等，给准确编制各项指标带来一定困难。如何解决这一难题，主要思路是：首先建立规范的预算科目体系，统一口径，避免预算指标概念不清；其次是制定社保预算编制办法，明确编制方法和编制程序，避免人为因素的影响；三是采取分析、对比、测算方式，核实各项指标，避免简单汇总。即分析数据的合理性；对比上年实际执行情况、对比国家有关政策规定；测算各指标的可行性。为了达到这一目的，社保预算不仅有资金收支，还要有基本数据情况，以便分析、测算。四是可对已编制的社保预算进行必要的调整。即对省、市、县各职能部门难以控制的指标，如在执行过程中有大的变化，可采取适当的程序进行必要的调整。

（四）树立社保预算是一种管理手段观。编制社保预算的目的在于加强管理，因此，要将编制社保预算作为一种手段。一方面是摸底数、理思路的手段。通过预算编制，不仅使省财政全面真实的了解情况，也督促各市全面梳理当地的社保工作，同时，还为各级政府交一本明白账，为进一步做好工作打基础。另一方面是寻找差距、发现问题的手段。通过预算编制，要发现在社保政策执行中存在的差距，发现在社保资金管理中存在的不足。三是扩大费源促增收、堵塞漏洞保发放的手段。通过预算编制，建立起增收、节支目标责任制，通过扩大各项保险的覆盖面，做到应收尽收，保收入的增长；通过堵塞支出管理中的漏洞，确保将各项社保资金及时足额发放到保障对象手中。

五、利用社会保障预算不断提高管理水平

建立社会保障预算管理制度有两层含义，一是编制好社保预算，其是这一制度体系的重要前提条件；二是运用好社保预算提高社保财务管理水平，其是这一制度体系的关键。运用已编制的社保预算促进社保事业的发展、提高理财水平是我们面临的长期任务，近年来我们在这方面也进行了一些探索，收到了一定成效：

（一）运用社保预算，提高了宏观决策能力。目前，我们设计的这套预算，包括的信息量较大，既有各类社会保障资金的收支，又有各项重要社保工作的基础数据，基本上反映了全省、各市、县社会保障工作的全部内容。通过全面了解社保工作现状、摸清各类社保资金底数、发现社保资金预算安排中存在的问题，使我们为进一步完善社保制度理清了思路，找到了有效解决问题的方法，为宏观决策打下了较好基础。

（二）运用社保预算，建立了筹资机制。落实社保预算的关键在于落实各项资金收入指标，如果收入指标不落实，支出难以保证，困难群体的生活就没有着落，就会引发社会问题。因此，为了确保完成收入指标，我们初步建立了不同形式的筹资机制。一是进一步完善了税务征收社保费制度。通过市、县级政府，建立社保费征收责任制，强化税务部门的征收责任，促使社保经办机构扩面、核基、续保。运用财政手段，千方百计调动地税、经办机构两个积极性。二是开通了各种筹资渠道。社保资金来源多渠道，是社保工作的一个重要特点，只有多方筹资才能满足工作需要。围绕如何完成社保资金收入计划，我们建立了多方筹资制度，如国有企业下岗职工基本生活保障和再就业资金筹资渠道达8条。三是落实财政安排的资金。财政安排是社保收入的重要来源，我们以社保预算指标为依据，落实财政资金。即包括本级预算安排，也包括上级财政补助。

（三）运用社保预算，建立了支出管理责任制。支出管理是社保资金管理的一项重点内容，无论对于财政社保部门，还是社保经办部门，都是重点工作。一是落实了支出目标。依据社保预算支出计划，根据资金不同的使用方向，分别建立财政支出目标、社保经办机构支出目标责任制，确保各项社保资金发放到社保对象手中。二是加快了支出进度。根据支出计划，我们制定了支出进度目标，对于各类社会保险基金，按月及时足额发放，重要节日期间提前一个月发放；对于其他各项社保事业发展支出，都超过了时间进度。三是堵塞了支出漏洞。特别是对入不敷出的各项社会保险基金，责成有关部门清理享受保障人员，核实生存状况，减少支出。

（四）运用社保预算，建立了分析制度。我们要求各级财政部门建立社保预算定期分析制度，通过分析收入进度，研究今后采取的增收措施；分析支出进度，研究今后采取的节支方案；分析不同险种参保人数，研究社会保险覆盖面问题；分析缴费工资基数，研究收缴率问题；分析保障水平，研究制度衔接问题等等。

（五）运用社保预算，建立了监督平台。社保预算与远程财务管理系统相结合，形成了我省社保资金监督管理平台，能够便利地对各类社保资金进行全过程监督，有利于各项社保政策的贯彻落实。

（六）运用社保预算，发现了社保工作中存在的不足和问题。2005年全省社保预算已于今年3月份编制完成，全省当年社保资金收入达到345亿元，其中各级政府公共预算安排的资金达到140亿元，当年社保资金支出达到314亿元，从总体上看，总资金量收支基本平衡，如果各项工作到位，全省社保工作能较平稳运行。但也发现了工作中存在的一些不足，突出的问题是：

1. 在企业养老保险方面，有的市县基金入不敷出，当地财政补助较少，而人均养老金发放标准又较高。这说明养老保险费征收力度不够，支出控制不力，存在依赖上级的思想。

2. 在失业保险方面，存在覆盖面不广，部分事业单位没有按规定参加失业保险；另外，参保职工工资总额明显偏低，存在漏缴失业保险费现象。

3. 在医疗保险方面，大部分市县基本医疗保险基金结余较多，说明参保患者负担相对较重，在收支管理上，还没有找到平衡点。

4. 在国有企业下岗职工基本生活保障和促进就

业方面，存在重生活保障轻促就业问题，有的地方两项资金没有分开管理。

5. 在低保方面，有部分市县财政安排资金很少，甚至有的不安排，存在过度依赖上级补助的问题；也有个别地方该项资金存在缺口，难以做到应保尽保。

如何解决上述问题，就是我们今后工作的重点。

六、社会保障预算管理制度建立过程中存在的问题和建议

尽管我们在建立社会保障预算管理制度方面做了一些探索，但在实际工作中感到仍存在不少的问题和不足：

（一）存在重编制，轻运用的问题。特别是市县，大家对社保预算的编制都很重视，各项指标也相对较准确，但如何运用社保预算来实现加强管理目标研究不够。分析出现这个问题的原因主要是两个方面：第一，运用社保预算是社会保障预算管理制度的更高层次问题，对人的素质要求更高，日常工作量更大，再加各级财政社保部门的工作人员较少，应付日常工作都困难，在这种情况下，如果不是领导高度重视，在运用社保预算上很难有所突破。第二，社保预算本身的约束性还不强，各项社保预算指标与政府公共预算指标比，相对要软，不确定性更大，这在客观上造成大家更注重实际资金收支，忽视运用社保预算提升管理水平。

（二）存在与社保管理部门编制的社保基金预算衔接不够问题。实际上也就是如何处理与社保主管部门的关系问题，一些社保主管部门认为其编制的社保基金预算是按国家有关规定执行的，财政再提出一套社保预算编制体系，既增加了工作量，又冲击了其为主体编制的基金预算。因此，如何使两个预算更好衔接确实是一个问题，同时，如何与社保主管部门搞好配合，争取部门的大力支持也需要很好地研究。

（三）存在社保预算如何定位问题。实际上也就是如何处理社保预算与政府公共预算关系问题，从理论上讲，社保预算是政府预算的组成部分，是与政府公共预算并行的预算，应该经人大批准，成为有法律约束力的文本。但在我们的实际工作中，将这套社保预算，定位于加强社保资金管理的手段，从属于政府公共预算。之所以这样定位，主要是目前试编社保预算还缺乏法律上的依据。

（四）存在上下级财政之间管理权限还不太清晰问题。由于社保资金的种类太多，各项资金的管理体制又不尽一致，有的社会保险费实行省级统筹，有的实行市、县级统筹，有的资金由财政社保部门管，有的由财政的其他处室管，在这种情况下，将所有社保资金纳入统一的预算管理体系，建立社保预算管理制度，就会存在财政部门之间管理权限如何界定问题。从目前的情况看，我们对这个问题研究的还不够。

除此之处，我们现行的社保预算编制体系设计本身也还存在大量的不足，预算科目设置的多、少，预算编制范围的大、小，预算编制程序的上、下等等问题，都有待进一步研究论证，不再一一列举。

从以上问题看，我们认为其涉及较多的深层次问题，有一些不是一个省或一个部门能解决的，因此，我们建议：在全国建立社保预算管理制度，并将其定位于与政府公共预算并行的预算，中央财政通过下达社保预算编制纲要指导各省的编制工作，为了配合这一制度，也应对中央财政的专项补助进行改革，提高地方使用资金的自主权。

2005 年政府非税收入管理国际研讨会材料

我省"收支两条线"管理改革情况介绍

河北省财政厅综合处

我省各级政府十分重视"收支两条线"改革工作，加强组织领导，精心安排部署，强化工作措施，狠抓规范管理。在认真落实中央要求的同时，还结合我省实际，扩大实施范围，加大工作力度。1998 年，将实施范围延伸到所有设区市的公检法和工商部门；1999 年，扩大到省、市 40 个执收执罚部门；2000 年，延伸到了县级执收执罚部门；2001 年，抓了全省所有执收执罚部门的落实工作。2002 年省政府下发了《关于进一步深化收支两条线改革的通知》，提出全方位深化我省"收支两条线"改革；2003 年以省政府名义印发了《执收执罚部门收支脱钩预算管理办法》，从源头上规范了执收执罚部门收支管理；2004 年起围绕全面健全执收执罚部门支出标准定额管理，逐步均衡部门支出水平，有效遏制"乱收乱罚"内在动因。经过几年来扎实有效的工作，对促进全省社会经济发展，推进党风廉政建设和遏制腐败等方面都取得了良好效果。

一、"收支两条线"管理制度改革回顾

(一)我省深化"收支两条线"管理改革工作进展情况和主要做法

1. 切实重视,认真部署和组织实施,工作常抓不懈。省委、省政府每年都要召开全省和省直部门会议,进行动员部署,明确目标任务,提出措施要求,强调工作责任。为加强组织领导,1999 年初成立了由省政府分管省长任组长,纪检监察、财政、物价、审计、人行部门主要负责人和分管负责人参加的落实"收支两条线"工作领导小组,设立具体办事机构,认真开展日常工作。实行了由财政部门牵头,纪检监察部门组织协调,成员单位支持配合的部门分工责任制和联席会议制度,定期沟通情况,研究布置工作。随后,各地也都建立了相应的组织领导和工作机构。各执收执罚部门主要负责人对本单位收支两条线工作负全责,分管负责人突出抓,财务、审计机构具体抓。在各级党委、政府的统一领导下,全省形成了上下左右齐抓共管的工作局面。

2. 加强收费管理,强化社会监督。一是严格收费项目审批。始终坚持了省级审批收费项目和标准,省以下一律不准设立收费项目和调整收费标准。停止了涉农、涉企行政事业性收费审批,将下放到各市的中小学收费标准审批权收回省政府,对贫困地区的学杂费实行了"一费制"。二是对 1992 年以来设立的行政事业性收费进行了全面清理,先后取消收费 152 项,降低收费标准 112 项,共减轻社会负担 1.85 亿元;取缔违规收费 664 项、违规罚没 80 项。三是继 2000 年在 14 个县进行农村税费改革试点后,今年又在全省范围推开这项重大改革,取消所有专门面向农民的行政事业性收费,预计减轻农民负担 22.4 亿元。四是公开收费项目和标准,接受公众监督。将已经取消和现行合法收费,通过媒体和互联网向社会公布;执收单位普遍制作了收费公示牌,公开收费项目、标准和依据;设立收费罚款监督电话 600 多部。根据举报线索,全省对 340 起违规收费罚款进行了查处。

3. 大力推行票款分离,强化收费罚没收缴管理。1999 年在保定市率先进行了以"单位开票,银行代收,财政统管"为内容的票款分离试点,2000 年全省全面推开。目前,全省实行票款分离的收费项目已达 303 个,占全部收费项目的 41%。省直已对 60 个单位的 107 项收费实行了票款分离办法。11 个设区市和 170 多个县、区,实行票款分离的收费罚款项目达到 70%以上,其中邯郸、邢台、保定、沧州等市的市直单位达到了 90%以上。随着票款分离办法的普遍推行,2001 年全省收费和罚没收入缴库率分别提高到 97.2%和 98%。对暂时难以纳入票款分离范围的零散收入,各级也都加强了收缴管理。衡水、保定市对乡镇执收执罚单位实行零户管理,收费、罚没收入当日全部汇缴入库。各级还对罚没物资实行集中统一管理,避免了单位自行处理罚没物资造成的资产流失现象。

4. 规范和加强收费资金使用管理。一是全面清理整顿单位银行账户。按一个单位一般只开设一个经费账户的要求,由财政部门核定后人民银行重新核发开户许可证。不符合条件的账户一律取消,没有经过审批登记的,财政不予办理拨款手续。四年来,全省共清理检查单位 19989 个,取消不按审批程序开户、多头开户、非财务机构管理账户、临时账户 22748 个,遏制了执收执罚单位坐收坐支现象。二是通过实行财政集中支付改革,监督制约单位资金使用。目前,全省已建立财政集中支付机构 140 个,推行面达到了 77%,已将 5049 个预算单位纳入集中支付范围,月平均集中支付资金 4 亿多元。通过实行财政集中支付,强化了对单位资金拨付环节的监督管理,有效控制了执收执罚单位的不合理支出。2001 年,各级共审减不合理支出 4000 多万元。三是主管部门普遍加强了本系统的财务支出监管。省工商局、质量技术监督局、公安厅积极开展系统内部审计,促进各项财务制度的落实。2003 年对全省 103 个公路收费项目和 19 个城市道桥收费项目进行清理整顿,重新核定收费标准和年限;清理教育收费 127 项,拟取消市及市以下人民政府及有关部门设立的 20 项教育收费;并对省级设立的 47 项收费项目在报请财政部、国家发改委、教育部批准后向社会公布。经过几年的整顿和规范,各执收执罚单位基本上做到了财务机构统一管理财务收支。

5. 建立健全制度,促进规范管理。在推进收支两条线工作中,各级注意总结带有普遍性和规律性的情况,不断探索规范管理的新办法,从制度上约束执收执罚单位的收支行为。一是适应形势发展和情况变化,及时提请省人大修订、完善了《河北省预算外资金管理条例》。二是制定了《河北省行政事业性收费票款分离管理规定》和《河北省罚款代收代缴暂行办法》,统一和规范了收费罚款项目代码、资金缴库级次、缴库清算时间。对条件不成熟、暂时难以纳入票款分离范围的收费和罚没项目,各级也都完善了收缴管理办法。三是制定实施了《河北省行政事业单位银行账户管理办法》,使单位银行账户管理制度化,从源头上遏制了执收执罚单位多头开户、公款私存和坐收坐支问题的发生。2003 年通过年度稽查,全省撤销违规开设的银行账户 1956 个,查处各种违纪资金 3.02 亿元,其中取消小金库金额 1647 万元。四是修订了《河北省收费罚没票据管理办法》,使收费、罚没票据的管理和使用进一步规范。五是制定了《关于对预算外资金管理实行三项责任追究制度的规定》,明确了工作责任和违规行为处分办法。各执收执罚部门也都结合系统特点,建立健全了有关管理制度。

6.加强监督检查,认真查处违规行为。这几年,各级在组织单位自查自纠的基础上,专门抽调人员,对执收执罚单位进行专项检查,主要实行"五查五看"。一查收费、罚没情况,看是否按规定项目和标准收费,是否擅自扩大收费范围、提高收费标准,是否按规定将收费和罚没收入及时足额上缴国库或财政专户;二查票据情况,看是否按规定使用了财政部门统一印制或监制的票据;三查账户情况,看单位开设和使用账户是否符合有关规定;四查财务管理情况,看财务收支是否纳入单位财务机构统一管理,是否建立健全了内部财务管理制度;五查报销凭证和账目,看开支是否符合财务制度。在专项检查中,各地还注意总结经验,摸索出了一些好的做法。石家庄、保定、邢台采取集中调账、封闭进行的检查办法,防止了工作干扰,保证了查处质量;衡水等地采取逆向检查的办法,从收罚对象和基层单位财务收支活动查起,发现问题,追查到底。1998 年以来,全省先后检查了 28500 个执收执罚单位,查出有问题单位 6150 个,累计查出各种违规资金 18.91 亿元,追缴财政性资金 5.8 亿元,对 3177 个违规单位予以经济处罚 4941 万元,并追究了有关负责人和当事人的责任,有 194 人受到党纪政纪处分。

7. 全面推行综合预算和零基预算。2000 年以来,我省直、设区市和绝大部分县实行了部门预算和综合预算,将公安、工商、法院、计划生育、劳动、人事等 35 个重点部门的 140 项行政事业性收费纳入了财政综合预算管理。一是把各部门各项收入全面纳入预算管理,行政性收费和罚没收入直接上缴国库,预算外资金全面实行了财政专户管理。部门所有收入包括行政性收费、罚没收入、预算外资金和其他收入均编列入部门预算,保证部门公开、透明。二是统筹部门综合预算收入合理安排各项支出,按照个人部分、公用部分、事业发展的顺序,依据有关标准、定额核定。并对人员和公用经费,分类分别核定了定额和标准,按定额和标准测算确定预算。个人经费支出按照规定、标准、政策和享受人员范围测算确定。正常公用经费按标准定额方法测算,实行分类分档核定。既确保部门基本支出需要,也严格控制部门不合理的支出水平。

8.2003 年以来,我们围绕贯彻落实国家和省关于深化收支两条线改革的要求,为进一步优化经济和社会发展环境,2003 省政府印发了《执收执罚部门收支脱钩预算管理办法》,严格按照收支两条线的管理规定,对执收执罚部门组织收入和部门预算支出实行彻底脱钩管理,执收执罚部门组织的各项行政性收费和罚没收入全部纳入财政预算内管理。部门各项支出(不含经营性支出)实行部门预算管理。从预算管理这个源头上斩断"乱收乱罚"的内动力,釜底抽薪地解决"乱收乱罚"问题,进一步净化经济和社会发展环境。同时,在 2004 年预算编制过程中,对工商局、质量技术监督局、公安交管局等省直垂直管理的执收执罚部门的预算直接编制到县级,正常经费支出定额核定到县级机构,进一步均衡部门、单位之间正常支出水平,打破了对部门以及部门内部各单位之间的收支挂钩。

(二)落实"收支两条线"管理改革中仍存在的一些问题

1. 部门和单位对收支两条线工作认识不足,落实政策规定的自觉性不高。过去长期实行的是行政事业性收费所有权、使用权归单位所有,现在虽然明确是国家财政性资金,但有些单位原来认识上的惯性并没有完全消除,还认为自已收费应该自已用。有的借口经费不足,坐支收费、罚没收入;也有的从小团体利益出发,隐瞒截留收入,设法避开统一管理和监督。

2. 乱罚款行为还时有发生,将改革措施彻底落到实处仍需下大气力。少数地方和部门擅自设立收费项目和提高收费标准,一些基层单位乱收乱罚问题不时发生，在一定程度上影响了党和政府的形象。究其原因，一是一些基层单位经费紧张，为了保开支，仍存在分解下达收费任务和罚款指标现象，刺激了乱收乱罚行为的发生；二是受利益驱动，一些单位和个人在执收执罚过程中设法多收多罚，有的甚至收罚不开票据而中饱私囊；三是少数执收执罚人员素质低下、法制观念淡薄，随意收费罚款。由于执收执罚单位点多、执收执罚人员面广，使得乱收乱罚行为不容易有效控制和约束。

3. 有些部门和单位收罚收入缴库不及时。主要是对目前还难以纳入票款分离、罚缴分离范围的收费和罚没收入，单位缴款不主动，既拖延了收入缴库时间，也影响了预算资金及时拨付使用。

4. 受到财力紧缺等因素的制约，实现执收执罚单位收支彻底脱钩尚需进一步努力。由于各级特别是县乡财政非常困难，限于组织财政收入的压力，财政部门对部分执收执罚部门仍存在不同程度的收支变相挂钩问题，进一步深化和完善改革的任务还很重。财政管理上的欠缺，客观上也导致个别执收执罚部门仍存在将一部分收费和罚没收入用于单位经费或福利性开支等问题，单位之间行政开支、人员收入差距较大、苦乐不均问题尚未能得到根本解决。

二、进一步推进“收支两条线”管理改革的主要措施

（一）继续完善和规范非税收入管理。一是在落实已经取消收费项目的基础上，继续清理整顿和规范现行收费，取消不合法和不合理的收费项目，降低有些偏高的收费标准，将不体现政府行为的收费转为经营服务性收费，并依法征税。同时，坚持省级审批收费项目和标准，禁止市、县设立收费项目和调整收费标准，严格控制新设收费项目；全面实行收费公示制度和亮证收费制度，并通过媒体公布、网上查询等有效办法，公开已取消收费和合法收费项目，充分发挥社会监督作用，让各方面都来抵制乱收乱罚行为。二是继续结合全面贯彻《行政许可法》，对全省行政机关、履行行政职能的事业单位有关行政审批事项和行政许可事项的收费进行全面清理，对各部门的收费项目、标准、依据、收费资金征用使用管理等情况进行了逐项审核，规范部门执法执收行为。截止目前全省已经清理审核行政事业性收费 851 项，决定公布取消 103 项，预计每年可减轻企业负担 2400 多万元。

（二）进一步加大实施票款分离力度。一是省直实行票款分离的范围要扩大到驻省会以外单位和垂直管理的工商、技术监督、公安交通管理等部门，各市重点抓好县、乡两级票款分离工作。对暂时难以实行票款分离的项目，也将健全监督管理办法，明确收费和罚款解缴时间、方式、程序和责任，促使执收执罚单位将收入按时上缴国库或财政专户。二是取消执收执罚单位收入过渡户，收罚收入直接上缴财政。暂时难以直接缴入财政的零星收费和当场罚款，缴给执收执罚单位后及时缴入财政。

（三）完善财政改革，加大推进执收执罚部门收支彻底脱钩改革力度，健全收支两条线落实机制。一是对执收执罚部门，不制定下达强制性收入计划，严格按收费政策据实收费，单位经费预算不与收费完成情况挂钩，取消按收入完成情况提取经费的办法，实行经费供给实行全额纳入预算管理。同时要求部门要做到依法应收尽收，不因为收支脱钩而放松执法管理。对单位收取的政府性基金和其他具有明确特定用途的行政事业性收费，如排污费、矿产资源补偿费等，要按规定用途使用，支出预算安排到具体项目，不得用于规定项目以外的开支。二是在全省全面推行部门预算和综合预算的基础上，规范支出预算管理，确保各部门履行职权的基本支出需要。通过进一步健全财政支出标准体系，规范部门预算编审，均衡部门支出水平，探索逐步建立和完善正常公用经费支出定额、专项业务经费支出定额、县乡基本支出保障定额等三大支出标准体系。省级将完善行政、事业及垂直管理系统等三项正常公用经费支出定额，分类制定支出标准和定额，各级县乡将结合缓解县乡财政困难工作，制定全省统一的县乡基本支出保障定额，从而进一步提高部门收支水平的公平和透明程度。三是加快财政集中支付改革进程，扩大财政集中支付项目和资金量，堵塞部门违规资金渠道，监督制约单位不合理支出。四是大力推进政府采购改革，扩大采购范围，完善管理制度，规范运作行为。通过政府采购管好执收执罚单位的大宗支出，减少漏洞，提高资金使用效益。

（四）加强对收支两条线规定执行情况的监督检查。一是各级继续开展收支两条线工作综合检查，查处乱收乱罚、截留收入、设立“小金库”、乱用资金等违规行为。省本级将重点检查垂直管理部门、多年未经检查的死角单位和以前违规问题较多的单位;市、县重点检查公安、教育、交通、城建、计划生育等执收执罚收入较多的单位。二是继续进行收费和罚款专项治理。明确职能部门工作任务,强化落实责任,促使其加强本系统的执收执罚管理。三是严肃查处社会反映强烈的乱收费、乱罚款问题,加大对违规违纪行为的经济处罚和责任追究力度。

2005年全国部分地区政府非税收入管理工作座谈会材料

努力开拓创新 不断完善政府非税收入管理

河北省财政厅非税收入管理局

加强政府非税收入管理,是市场经济条件下理顺政府分配关系、健全公共财政职能的客观要求。推进非税收入管理创新,就是要按公共财政体制建设的要求,明确政府非税收入管理范围,深化政府非税收入收缴改革,强化政府非税收入预算管理,健全政府非税收入运行机制,打造政府非税收入信息管理平台,加快政府非税收入法规制度建设,初步建立起公共财政体制下的政府非税收入管理新体制,实现政府非税收入管理的科学化、规范化和法制化,促进经济持续协调健康发展和社会全面进步。

一、河北省非税收入管理情况

为全面落实国家和我省有关政府非税收入管理的各项政策规定,我省各级财政非税收入管理部门认真履行职责积极探索,大胆实践,创造性地开展工作,逐步完善管理体制,为规范我省非税收入管理,促进全省综合预算改革,落实"收支两条线"规定,从源头上防止、治理腐败,确保全省经济建设和各项社会事业发展,发挥了重要作用。

(一)非税收入征管系统建设。目前,我省省级非税收入管理机构设置和职能分工是,综合部门负责非税收入管理政策及监督检查、收支两条线管理,非税收入管理局负责征缴,预算部门负责预算计划的编制,国库部门负责非税收入专户资金管理核算和年终决算。为强化财政职能,加强政府非税收入管理,1996年成立的河北省收费管理局(2004年更名为河北省非税收入管理局),在确保政府非税收入应收尽收,加大财政部门对政府非税收入监督力度上,发挥了重要作用。目前,全省自上而下设有相应的政府非税收入征管机构,实行"统一领导,分级管理"的体制。

(二)收费管理制度建设。

一是建立收费目录管理制度,对符合规定设立的收费项目,实行收费目录和收费公告制度,接受社会监督。

二是修订《河北省预算外资金管理条例》,制定了《河北省预算外资金管理实施办法》,制发了《河北省纳入预算管理的行政性收费和预算外资金征收管理办法》和河北省行政事业性收费直接征收、申报缴费、委托征收、"票款分离"征管办法和罚没收入"罚缴分离"征管办法等制度,改进和深化了收费和罚没收入征管体制,推进了"收支两条线"制度的落实,有效地遏制了财政收入被截留、挪用和"三乱"等行为,从源头上治理和预防了腐败现象的发生。

三是初步制定了《河北省非税收入管理办法》,进一步完善后,将发布实施。下一步在认真学习《财政部关于加强政府非税收入管理的通知》(财综[2004]53号),吃透文件精神,全面理解要求的同时,研究制定《河北省政府非税收入管理条例》,做到依法加强非税收入管理,依法查处乱收费行为。

四是不断完善收入征管信息化建设。紧密联系工作实际,努力研究开发适合实际工作需要的信息化管理系统,开发使用了相应的票据管理软件,非税收入征缴管理软件。今后将通过不断完善非税收入征收网络建设,逐步实现全省非税收入征收信息管理网络化,实现全省非税收入征收信息资源共享。在此基础上,力争尽快与财政部非税收入信息平台实现对接。

五是积极创造条件,不断扩大"票款分离"、"罚缴分离"实施范围,印发了《河北省行政事业性收费实施"票款分离"统一项目表》,将300多项行政事业性收费项目纳入"票款分离"范围。到目前为止,行政事业性收费收入实行"票款分离"的范围已达到90%以上。

六是完善票据管理,强化源头控制作用。票据管理是非税收入管理的一项基础性工作,是非税收入管理最主要、最直接、最有效的手段。为此,我们制定并不断完善了《河北省财政票据管理办法》,强化和规范了财政票据在非税收入中的源头控制作用。改进和完善了财政票据印制过程中的防伪技术,提高票据管理质量。完善了票据领用管理办法,实行了"限量发放、验旧领新、票款同行"管理办法,保证了非税收入的及时、足额入库。坚持票据年检制度，通过年度审验，发现并纠正票据使用中存在的问题。通过强化票据管理，堵塞了收入征管工作中存在的漏洞。

七是积极推行综合财政预算。实行部门预算改革，将部门及其所属单位的收支全部编入预算，所有资金按基本支出预算和项目预算分别编制。支出与其执收的政府非税收入脱钩，统一由同级财政部门按照部门和单位履行职能的需要核定预算。

八是制定并完善了《河北省非税收入征管稽查办法》，对非税收入的稽查对象、程序、办法、违纪处理等进行了规范。同时，加大了监督稽查力度，促进了政府非税收入及时、足额解缴入库，有效地遏制了"三乱"现象，净化了经济和社会秩序。

二、完善政府非税收入管理政策，做大财政收入蛋糕

政府非税收入是政府财政收入的重要组成部分。加强政府非税收入管理是市场经济条件下理顺政府分配关系、健全公共财政职能的客观要求。近几年来，各级财政部门在加强政府非税收入管理，建立健全监督管理制度等方面进行了有益探索，对于规范政府收入分配秩序，从源头上防范腐败起到了积极作用。但是，由于目前各方面认识不尽一致，有关政府非税收入的界限不够明确，加之体制改革与法制建设滞后等原因，政府非税收入还存在管理不够规范，运行效率偏低等问题。在新形势下，为加强政府非税收入管理，健全公共财政职能，加强宏观调控，规范分配行为，提高财政性资金使用效益，根据有关法律、法规，结合我省实际，研究制定了《河北省政府非税收入管理办法》。

首先，明确了政府非税收入是指除税收、债务收入以外，由各级政府、有关国家机关、事业单位、社会团体依法利用政府权力、政府信誉、国有资源取得收入并用于满足社会公共需要或准公共需要的财政资金。

其次，明确了管理范围和纳入财政统一管理方式：有行政事业性收费；政府性基金（含附加，下同）；国有资源有偿使用收入；国有资本经营收益；彩票公益金；罚没收入；以政府名义接受的捐赠收入；主管部门集中的收入；财政资金产生的利息收入；其他非税收入等。行政性收费、罚没收入、国有资源有偿使用收入，纳入一般预算管理；政府性基金（附加）纳入基金预算管理；事业性收费、彩票公益金、国有资本经营收益和其他各项非税收入，依照国家有关规定纳入一般预算管理或者财政专户管理。

明确了各级政府财政部门是非税收入的主管部门，根据有关法律、法规和国务院、财政部、省政府规定，制定各项非税收入管理的具体实施办法，编制非税收入年度计划，统一管理非税收入资金。

《办法》从加强项目管理、征收管理、票据管理、预算管理、监督管理等方面，予以规范。

在当今我国各级政府都存在大量的非税收入，非税收入在政府全部收入中占据了很大的比重，其对微观经济运行和国家财政宏观调控有着重大影响财政预算内资金紧张的情况下，如何加大非税收入的调控力度，不断提高各项收费、基金的使用效益，是各级政府和财政十分关心和重视的一个问题。进一步转变思想观念，拓展管理领域，逐步用非税收入概念取代预算外资金，深化非税收入"收支两条线"管理改革，大力推进非税收入管理的规范化、法制化，做大财政收入"蛋糕"，将为建立稳固强大的国家财政奠定基础。

三、加强政府非税收入管理的几点建议

（一）明确职责范围，实行政府非税收入统一管理。财政部关于加强政府非税收入管理的通知对政府非税收入管理范围进行了明确界定，下一步要积极创造条件，逐步将全部政府非税收入纳入一个部门统一管理，确保非税收入实现统一征收、依法征收，提高征收效率。

（二）加快法规制度和信息化建设。一方面，要加快法规的立法进程，制定相应的法规，就政府非税收入的性质、范围、分类、立项、征收、管理等作出明确的规定。另一方面，在管理信息化建设上，以"财金工程"为依托，根据政府非税收入管理的内容，兼顾与其他财政业务管理系统相衔接，设计开发出政府非税收入监管子系统为核心，银行代收子系统为前台，票据管理子系统、会计核算子系统、单位执收台账子系统、单位兑账子系统为辅助的政府非税收入管理信息系统，为实现政府非税收入管理透明、运转高效提供技术支撑。

（三）推进两项改革。一是票据管理改革。针对现行政府非税收入票据种类繁多的现状，改革票据使用种类和使用办法，建立起票证合一的"政府非税收入一般缴款书"为主体、专用票据为辅助的新型非税收入票据体系,充分发挥票据的源头控管作用,实现“以票管收,以票促收”,督促单位依法收取。二是收缴管理改革。进一步清理银行账户,统一财政专户管理,开设政府非税收入汇缴结算专户,取消单位过渡账户,从账户管理上堵塞执收单位转移截留政府非税收入和私设“小金库”、账外账的漏洞。同时,按照“收支两条线”管理改革的要求,大力推行“单位开票、银行代收、财政统管”的征管办法,实行票据与执收项目相结合,票据发放与专户管理相结合,票据管理与稽查相结合,扩大“票款分离”的实施范围,切实做到“收缴分离、罚缴分离”。

(四)政府非税收入实行统一归口管理。鉴于政府非税收入多头管理的现象,对于政府非税收入的规范管理,产生诸多不利影响,致使政府非税收入管理政策执行起来不尽一致,如以纳入预算管理的非税收入,有的地方仍作为预算外资金管理;也使得政府非税收入容易出现统计口径不一致,容易造成统计数据不完整的情况。为了加强政府非税收入管理,提高政府非税收入统计数据的质量,建议政府非税收入统一归口财政一个部门统一管理。

2005年全国财政监督工作会议材料

完善财政监督机制 创新财政监督方式 努力做好财政监察组委派制度试点工作

河北省财政厅监督局

财政监督是财政部门履行法定职能,维护公共利益,确保财政资金规范管理、安全运行和有效使用的重要保障。2004年以来,我省深入研究,积极探索,从完善机制和创新方式入手,在学习借鉴国内外财政监督先进经验的基础上,经省政府批准,于今年4月启动了在省直部门实行财政监察组委派制度试点工作。下面,就我省在省直部门实行财政监察组委派制度试点工作作一简要汇报。

一、财政监察组委派制度的出台背景及重要意义

(一)河北省财政管理改革实践及存在问题

近年来,在财政部的指导、支持和省委、省政府的正确领导下,我省在完善财政运行机制、构建公共财政体系方面迈出了重要步伐,进一步深化了预算、国库、政府采购、收支两条线、农村税费等各项财政管理改革。这些改革,使得财政资金的分配使用更加公开、公正、规范,强化了财政资金拨付环节的监督和管理。但目前省级部门及其所属单位的财政财务管理,尤其是预算管理方面仍然存在不少问题和薄弱环节,影响了改革和管理措施的效果。

为摸清存在问题及薄弱环节,推进财政管理与监督改革,2004年4至7月份,我厅组织开展了对省政府办公厅等23个省政府部门2003年度预算执行及财政财务管理情况的综合性检查,并延伸抽查了上述部门所属28个二级预算单位的专项资金管理使用情况。8至10月份,我们与交通厅共同组织开展了全省农村公路建设资金管理使用情况的专项检查。通过上述检查,我们发现政府部门财政财务管理存在着三个方面的突出问题:一是项目预算编制缺乏准确性和真实性,存在虚报项目争资金现象;二是预算执行随意性较大,擅自调整预算、行政经费超支、虚列支出、年终突击细化项目等现象较为普遍,有的甚至挪用专款;三是预算项目管理不规范,重项目轻管理,重资金轻监督,财政资金使用效率低下,部门年终结转资金过多与财政收支矛盾日益尖锐形成强烈反差,隐性浪费较为严重。这些问题产生的原因,从部门角度看,主要是财经法制观念淡薄,一味追求部门利益,公共权力约束乏力;从财政部门监督管理角度分析,主要是监督机制不完善,监督方式落后。

第一,公共财政监督机制不完善。《预算法》构建了人大、财政、审计等多层次的预算监督体系,财政部门和审计机关负有对本级各部门及其所属单位预算执行监督检查和审计监督职能。但是,财政部门对预算执行的监督检查,是对预算部门在预算执行过程中进行的同步跟踪性监察督导,审计部门则是对部门预算执行结果的审查核实,两者应各有侧重、相互衔接。目前突出的问题是财政部门对预算执行的监督机制不健全,监督检查也多在事后进行,容易与审计监督发生重叠,致使财政资金使用过程的同步监督严重缺位,对预算执行中出现的问题不能及时发现和纠正。

第二,财政监督滞后于财政管理。目前财政部门实施财政监督检查,从过程节点来看,侧重于事后检查,事前审核、事中监控相对弱化;从监督范围来看，仅限于对个别财政专项资金使用情况进行检查，对各部门预算执行情况的监督严重缺位，存在监督盲点；从监督方式、手段来看，主要采取集中性、突击性的专项检查方式，通过账簿账表查找问题，检查方式过于单一。在目前这种情况下，财政监督与财政管理脱节，财政部门无法对各部门的预算运行进行同步监察督导，很多监督检查流于形式，缺乏及时性和有效性。

第三，财政监督力量和方式与财政监督职能不匹配。按照财政部门内部职责分工，业务主管机构和监督检查专职机构都负有监督职责，但从实际情况来看，业务主管机构在人力、时间上都难以做到经常深入部门进行监督检查。监督检查专职机构限于人员少且远离监督对象，工作精力多用于组织系统性专项检查和接待有关部门的检查，也难以对本级部门、单位的预算编制及执行实施经常性监督。审计作为事后监督，面对省本级 100 多个一级预算部门和 2500 多个二级以下预算单位，需要几年才能审查一遍；即使查出问题，“生米已做成熟饭”，资金损失往往难以挽回。

综上所述，我们认为财政监督机制不健全、部门预算运行监督严重缺位，是目前财政管理中迫切需要解决的重大问题。要解决这些问题，必须从完善财政监督机制、创新财政监督方式入手，适应深化和完善部门预算管理改革需要，加强对部门预算运行、资金管理使用的跟踪监控和督导检查，建立健全预算编制、执行、监督相互分离、相互制衡的财政运行机制。

(二)实行财政监察组委派制度的必要性和重要性

1. 实行财政监察组委派制度符合公共财政管理改革的趋势。目前，我国正在按照结构合理、配置科学、程序严密、制约有效的要求，建立财政预算、执行和监督相互分离、相互制约的公共财政运行机制。从当前财政管理的三个环节来看，预算编制与执行得到了普遍重视，相关改革不断推进，而财政监督仍然是薄弱环节。财政监察组委派制度的核心就是要走出事后集中性检查的套路，既使财政监督与预算编制、执行密切联系，又与预算编制与执行相对独立，形成财政内部制衡机制，以有效减少预算编制、执行中的盲目性和随意性。因此，实行财政监察组委派制度不仅为深化预算管理改革提供了新思路，也符合公共财政管理总体机制改革的内在要求。

2. 财政监察组委派制度充分体现了财政管理特色。财政部门监督与财政收支管理有机结合，贯穿于财政收支管理资金运行全过程，这是审计监督无法替代的特色所在。如何强化这一特色，应当成为财政部门监督改革的出发点和落脚点。实行财政监察组委派制度，将监督延伸和细化到部门具体的财政财务管理工作之中，财政监察组通过经常性调查了解，深入部门预算决策、执行和资金使用过程，强化了财政监督与管理的有机融合。

3. 实行财政监察组委派制度是严肃财经纪律，从源头上、制度上预防和惩治腐败行为的重要举措。党中央、国务院非常重视从源头上治理腐败。十五届六中全会通过的《中共中央关于加强和改进党的作风建设的决定》，提出要深化财政改革，加强财政监督，防止源于财政资金管理使用的腐败现象发生。2005 年 1 月，中共中央在印发的《建立健全教育、制度、监督并重的惩治和预防腐败体系实施纲要》中明确指出：“加强对财政资金运行的监督。健全公共财政体制，规范财政资金分配行为。监督检查部门预算、国库集中收付制度、政府采购和收支两条线管理的落实情况。”2005 年 2 月，温家宝总理在国务院廉政工作会议上指出：“完善预算编制、执行的制衡机制，强化对预算执行的监控”。从这个角度来讲，实行财政监察组委派制度，集中体现了对政府各预算部门财政事务方面所拥有的自由裁量权的监督和制约，对于加强对公共权力的监督和制约，从财政源头上防范腐败行为必将发挥重要作用。

二、财政监察组委派制度的总体设想和基本内容

(一)财政监察组委派制度的设计思路

1. 学习借鉴国内外财政监督管理先进经验，转变财政监督思路，创新财政监督方式。针对财政监督工作中存在的突出问题，我们对当前国内外加强监督管理的经验做法进行了系统的考察和研究。综观国外发达国家的公共财政监管机制，实行财政监察员委派制度是较为通行的做法，中央财政部门向中央各部门和各大区委派财政监察专员，并赋予其确定的责任和权力，代表政府对其财政财务活动，尤其是预算执行实施就地监督，以防止财政资金的滥用浪费和源于财政性资金的腐败行为。在国内一些兄弟省、市，也有与此类似的做法，如湖北、山东、山西等省财政部门向设区市财政部门委派财政监督机构的做法，取得了较好成效。我省在借鉴国内外先进经验的基础上，经过深入研究论证，认为向同级预算部门委派财政监察组实施就地监督，可能是更为有效的财政监督方式。

2. 履行法定职能，重点解决部门预算运行监督不力问题。《预算法》第 71 条和《预算法实施条例》第 51 条，明确规定对部门预算执行实施监督检查，是财政部门必须履行的法定职责，这也为我们实行财政监察组委派制度提供了法律依据。同时，根据我们对全省财政收支资金结构的分析，在省级和中央下达的经济建设及事业发展专项资金中，通过省直部门直接分配管理的占 80%以上。因此，省直部门的预算运行是财政资金、尤其是专项资金监督管理的源头。针对目前情况，我们的设计思路是：通过委派财政监察组，重点加大对省级预算部门，特别是资金量较多的政府部门财政财务管理活动的监督力度，将监督触角直接延伸到预算部门，对部门预算运行实施全方位、经常性监督，以彻底解决财政监督缺位问题。

3. 明确分工，相互制衡，增强政府财政监督整体效能。在我国财政监督体系中，审计机关和财政部门同属于政府序列的综合性监督主体，由于没有明确划清两者在实际工作中的职责范围，致使两家在监督工作方式、时间、内容、对象上存在交叉和重叠，削弱了政府财政监督的整体效能。我们认为，实行财政监察组委派制度，对于明晰两家职责分工，提高政府财政监督的综合效能，不失为一个有益尝试。在此模式下，财政部门通过向同级预算部门委派财政监察组实施监督，能够充分发挥自身的业务优势，强化事前决策型监督和事中控制型监督，尽量把问题解决在萌芽状态，突出财政监督的管理特色。审计机关则重点对政府部门和下级人民政府的预算执行结果实施事后监督，着力揭露严重违法违规问题和经济案件，发挥警戒作用。这样，就可以形成两部门各有侧重、各负其责、相互配合的政府财政监督格局。

（二）财政监察组委派制度的工作规划及试点单位选择

财政监察组委派制度的工作规划是：对掌管财政性资金 10 亿元以上的部门，单独委派财政监察组；对掌管财政性资金 10 亿元以下、1 亿元以上的，每 2 至 3 个部门委派 1 个财政监察组采取巡回方式监管。以上这些委派财政监察组的部门，财政性资金总额大约占省级预算部门财政性资金总量的 60%左右。对于其他部门，只选择重点建设项目或重点支出项目委派财政监察组或财政监察员。

对于试点单位的选择，主要考虑三方面因素：一是掌管财政性资金数量较大；二是省市系统管理体制较为复杂；三是社会各界较为关注。依据以上原则，我们选择了省交通厅、省国土资源厅、省教育厅和省林业局等四个部门为首批试点单位。

（三）财政监察组委派制度的基本内容

1. 财政监察组的工作性质和职责任务。财政监察组是经省政府批准，由省财政厅委派到省直部门专司财政监督职责的工作机构。其职责任务是：监督派驻部门（包括所属单位）贯彻执行国家财政法律、法规和财务会计制度情况，预算编制的程序和内容，财政收入的征收、缴纳和财政性资金的管理、使用，财务管理、会计核算和各项财政、财务制度执行，预算执行结果和专项资金使用绩效情况。通过监督检查发现问题，及时向省财政厅报告有关情况及处理意见、建议。

2. 财政监察组的监督方式和程序。财政监察组采取列席部门相关会议、参与专项资金项目立项活动、调阅相关文件和检查会计资料、查询金融机构账户以及对专项资金进行跟踪检查等方式，对派驻部门进行经常性监督和重点检查，并作出工作报告。对于检查中发现的问题，由省财政厅依法做出处理、处罚决定，必要时，向省政府报告；对检查中发现的违纪问题，及时移交纪检监察机关调查处理。其工作规则是发现问题、报告情况，并负责监督落实省政府和财政厅处理意见，不干预派驻部门工作、不直接处理问题。

3. 财政监察组的委派和管理。财政监察组的委派和管理工作由省财政厅具体负责。财政监察组设正、副组长各 1 人，实行组长负责制，人员由省财政厅按照规定程序和审批权限选任。需要委派财政监察组的省直部门，实行一年一定，由省财政厅提出委派工作方案，报经省政府批准后执行。

4. 派驻部门的监督责任。财政监察组的监督既不代替审计监督，也不代替派驻部门自身监督。各预算部门仍然负有对所辖机关事业单位财政、财务的监督管理责任，对本部门财政资金分配、使用的安全、规范和绩效负责。如果部门在财政、财务管理方面发生了违法违纪问题，造成了损失，按照《财政违法行为处罚处分条例》规定，首先追究的还是部门领导的责任、部门财务管理机构负责人以及直接责任人的责任。但财政监察组如果没有发现客观存在的较大财政违纪违规问题，或未能监督落实省政府和财政、审计部门的处理意见，也要承担连带责任。

三、财政监察组委派制度试点工作进展情况

2004 年以来，我厅在省委、省政府领导的支持关怀下，认真谋划，制定办法，积极运作，于今年 4 月份正式启动向省直部门实行财政监察组委派制度试点工作。

2004 年 6 月份，我厅在向省委、省政府主要领导汇报以及与省政府有关部门多次沟通协调的基础上，向省政府正式呈报了《关于借鉴国内外财政监督经验在省直部门进行财政监察员制度试点的请示》。同时，广泛搜集整理并及时报送了《财政监察员有关资料》、《法国财政监督体系及其借鉴意义》、《财政监督与审计监督之区别》、《财政监察员派驻制度若干问题研究》等近三万字的论证资料，为省编办研究意见提供了比较详尽的参考依据。2004 年 10 月中旬，省编办正式批复财政厅成立两个财政监察组，并相应增加 2 名处级职数。随后，我厅研究起草了《向省直部门委派财政监察组工作办法（试行）》和拟在省交通厅、省国土资源厅、省教育厅和省林业局 4 个部门进行试点的工作意见，于 2005 年初正式呈报省政府。今年 3 月份，省政府批准了试点方案并以办公厅名义正式印发《河北省财政厅向省直部门委派财政监察组工作办法（试行）》，财政监察组委派试点工作取得实质性进展。在此期间，我厅按照省编办《关于在省直部门开展财政监察组派驻制度试点工作的通知》精神，设立了两个财政监察组，从有关业务处室推荐选拔了委派人员；着手建立工作机制、研究工作方案，起草了《河北省财政厅财政监察组工作规则》和《财政监察组委派制度试点工作实施方案》，进一步明确了财政监察组的职责任务、组织领导、工作方式和廉政纪律等，确定了财政监察组进驻部门后的工作方案，提出了 2005 年的工作目标和要求。2005 年 4 月 7 日，省政府召开了财政监察组委派制度试点工作会议。4 月 18 日，财政监察组正式进驻省交通厅、省国土厅、省教育厅和省林业局。目前，两个财政监察组已分别按照工作方案开展工作。

四、目前试点工作的缺陷以及下一步工作措施

虽然我省向省直部门委派财政监察组试点工作已正式启动，但我们感到还有需要进一步研究解决的问题：一是财政监察组的执法手段有待强化。向省直部门推行财政监察组委派制度涉及面比较广，各部门也比较敏感，基于谨慎稳妥地考虑，目前，财政监察组的职责定位是旁站监督、观察监督，不处理问题，不发表意见，对发现的问题，及时向省财政厅或省政府报告，由省政府或省财政厅对发现的问题提出处理意见。因此，财政监察组仅具有知情权、报告反映权和对处理结果的监督权，对于派驻部门并无资金支付审签权、制止纠正权、资金账目冻结权和行政处罚权等硬性制约手段，监督执法的力度受到局限。二是财政部门内部关系有待进一步理顺。目前，财政监察组委派制度的实行，虽然明确了财政监察组对部门预算运行进行监督检查，负直接监督责任。但是，从财政部门内部各机构管理职责的划分和调整来看，财政部门内部各业务机构仍负有部门预算运行监督职责。因此，随着试点工作的逐步推进，应不断完善科学合理的程序办法，对财政监察组和各业务机构的职责划分加以明确界定。

为积极稳妥地推进试点工作，我们将重点抓好以下工作：

（一）积极探索，大胆实践，确保试点工作取得实效

一是认真分析部门在预算编制、执行及财政资金管理使用中的主要问题和薄弱环节，研究提出完善制度、规范管理的措施建议，确保试点工作取得实效。二是加强对内、对外协调，不断完善财政监察组工作的运行机制。三是加强调研，为深化和完善财政监察组委派制度提供理论支持。

（二）及时总结经验，完善相关制度办法，为财政监察组委派制度的全面推开打下坚实基础

按照积极推进与稳妥实施的原则，结合试点工作实践，针对工作中出现的新情况、新问题，及时总结经验，完善相关制度办法，为财政监察组委派制度在省级其他部门以及重点建设项目的全面推开打下坚实的基础。按照目前设想，暂不向各市财政部门委派财政监察组，但要积极引导各市财政部门按照我厅《关于加强省级财政专项资金监督管理的通知》中确定的，财政专项资金实行“分级管理、分级监督、各司其职、各负其责”的原则，根据各地实际情况，参

照省厅做法，向市直预算部门委派财政监察组，逐步形成省、市两级部门预算运行的监督网络。

（三）加快地方性财政监督立法步伐，为财政监察组依法行政提供法制保障

以国务院颁布实施《财政违法行为处罚处分条例》为契机，抓紧《河北省财政监督办法（草案）》的研究、修改、论证工作，争取年内颁布执行。重点是划分各级政府和财政、审计等执法部门以及预算部门（单位）的监督管理责任，明确省级财政部门派出监督机构的执法地位及权限，规范财政监督方式和程序，保障和促进财政监察组工作以至全省财政监督工作向法制化、规范化方向更快、更好地发展。

近两年，我省的财政监督工作虽然取得了一些新的进展，但与兄弟省市相比，还有很大差距。今后我们将认真学习兄弟省市先进经验和做法，以更加积极的工作态度、务实的工作作风和科学的工作方法，进一步抓好财政监察组委派制度试点工作和其他各项财政监督工作，努力开创我省财政监督工作的新局面。

2005年全国财政社会保障工作会议材料

充分发挥公共财政职能 建立和完善农村社会救助体系

河北省财政厅社保处

近年来，我们在省委、省政府的正确领导下，在财政部的指导支持下，认真贯彻落实国务院关于加快建立城乡特殊困难群众社会救助体系的重大决策，切实把为民理财的执政理念和“兴财政、促发展、为人民”的理财思路落实到实际工作中，进一步建立和完善我省农村社会救助体系，形成了基本健全的农村社会救助制度和管理机制，有效保障了农村贫困群众的基本生活，确保了农村社会的安全稳定。

一、提高思想认识，切实增强做好农村社会救助体系工作的紧迫感和自觉性

改革开放以来，我省的经济建设取得了辉煌成就，农村发生了翻天覆地的变化，农民的平均生活水平有了较大幅度提高，农村各项社会事业得到了长足发展。但是，由于自然条件、天灾人祸等原因，我省尚有48万户、110万的农村贫困人口需要政府常年救济；五保供养人数达19.4万多名；还有为数不少的失地农民、特困学生和遭遇疾病或特殊事故的特困家庭等，他们在生活、医疗、住房、教育等方面面临着很多困难，急需得到政府的救助和关怀。与此同时，城乡经济社会体制变革所带来的社会保障、医疗、教育等福利制度的根本性变革，使贫困群众对社会救助工作提出了更高的要求。

在经济转轨和社会转型的新形势下，面对这样的实际情况，在财政工作的摆布上，对建立和完善农村社会救助体系如何定位，已经成为我们实践“三个代表”、落实科学发展观和建设“和谐河北”的一个重要标准。正是从这样的认识高度出发，我们提出要切实增强紧迫感和自觉性，在财力有限的情况下，充分发挥公共财政职能，努力建立起救助制度完备、运行机制顺畅、财政支持有力、困难群众满意的农村社会救助体系。

（一）建立和完善农村社会救助体系，是实践“三个代表”重要思想的具体体现。我们体会，学习实践“三个代表”重要思想，有两点十分关键：一是财政如何促进实现最广大人民群众的根本利益，二是财政如何促进实现经济社会的稳健发展。因此，我们把加快农村社会救助体系建设作为实践“三个代表”重要思想的突破口，努力做好各项财政社会保障工作。一方面，建立和完善农村社会救助体系，真正想困难群众之所想，急困难群众之所急，办困难群众之所需，才能保证人民群众老有所养，病有所医，业有所就，失有所补，弱有所助和安居乐业，把党和政府对人民群众的关怀落到实处。另一方面，建立和完善农村社会救助体系，保障劳动者的基本生活，可使其不因年龄、疾病、自然灾害等原因而妨碍劳动力的生产和再生产，从而保证经济社会发展所需的劳动力供给。为农村困难群众谋利益和促进农村经济社会发展这两件事情做好了，财政社会保障工作才能把“三个代表”落实到位。

（二）建立和完善农村社会救助体系，是落实科学发展观的必然要求。科学发展观的本质和核心是坚持以人为本，不断满足人的多方面需求和实现人的全面发展。这就要求我们通过发挥公共财政职能，优化国民收入分配关系，加快社会救助体系建设，努力解决好农村困难群众的生产生活问题。这不仅是我们树立以人为本执政理念的要求，而且是我们发挥公共财政职能，支持农村经济社会发展，统筹城乡协调的重要手段。

（三）建立和完善农村社会救助体系，是建设“和谐河北”的重要内容。建设“和谐河北”，不仅要有经济的发展，而且要有社会的进步。建立和完善农村社会救助体系，保障农村贫困人口的基本生活，使其与全体公民共享改革发展的成果，可以调节和减少社会矛盾，维护社会稳定的大局；可以形成互相关心、互相帮助的社会风气，提高社会公德水平；可以营造团结和谐的人际关系，形成良好的社会秩序。这些方面都为建设“和谐河北”所急需，需要通过农村社会救助体系的建立与完善来实现。

二、发挥财政职能，初步建立了较为完善的农村社会救助体系

面对困难群众的“生活难、医疗难、住房难、就学难”等实际问题，我们对照建立市场经济体制过程中出现的新情况，首先分析了传统的救助方式存在的问题和不足：一是救助层次低、范围小、覆盖面窄；二是社会化程度低，救助功能差；三是农村社会救助资金筹措难度大，尤其是贫困地区资金更加难以保障；四是农村社会救助资金管理缺乏制度保障。为解决这些问题，建立适应社会主义市场经济需要的农村社会保障体系，我们在农村社会救助体系方面重点抓了以下几方面工作：

（一）全面实施了农村居民最低生活保障和特困救助制度。从今年5月份开始我省实施农村低保制度以来，162个涉农县（市、区）全部建立了农村低保制度，截止2005年底共保障24.1万户、54.2万人，发放保障金6812万元。

（二）进一步巩固了农村五保供养制度。首先，确立了供养资金保障渠道。将原由集体负担的供养费用、敬老院工作人员工资和日常业务经费改由财政负担，全省年供养经费达21254万元；其次，明确了供养关系。全省现有敬老院1720所，五保对象集中供养4.3万人，年均供养标准为1716元；分散供养15.1万人，年均供养标准917元；第三，不断加强敬老院建设。各县（市、区）统筹经济社会发展，将敬老院建设纳入当地经济与社会发展规划，不断适应今后老龄化社会和满足社会对养老的需求。唐山、石家庄等市所辖部分县（市、区）正在兴建规模适用、功能齐全、设备先进，集敬老与福利于一体的综合性敬老院。

（三）进一步规范了农村医疗救助制度。在去年全面建立农村医疗救助制度的基础上，积极配合新型农村合作医疗制度的实施，大大缓解了农村困难群众就医难的突出矛盾。全省有18万名农村困难群众得到了医疗救助，发放医疗救助金2952万元。

（四）进一步完善了农村特困群众住房救助制度。针对农村特困群众住房条件差的实际，今年省政府决定帮助农村特困户建设和修缮一批住房，逐步缓解其住房困难。对享受低保的农村残疾人住房，列入国家和省级危房改造计划，2004年以来共为1760户进行新建或维修改造，使残疾人生存状况得到较大程度的改善。

（五）进一步确立了农村教育救助制度。我省制定了2004—2007年资助农村义务教育阶段贫困生规划，每年安排专项资金3000—5000万元用于资助农村贫困地区义务教育。今年，省财政已下达农村义务教育阶段中小学生贫困生资助经费控制额度12980万元，用于资助133万名农村义务教育阶段贫困学生免费提供教科书；拨付贫困地区困难家庭学生资助资金5000万元，用于减免贫困县义务教育阶段学生杂费；对考入中高等院校的残疾特困学生实施一次性资助1000—3000元。

（六）进一步完善了农村应急救助制度。一方面认真做好突发困难的临时救助工作，解决农村困难群众因重大疾病、天灾人祸等造成家庭突发性、临时性生活困难；另一方面切实做好重大自然灾害的紧急救援工作。近两年，我们会同省民政厅下发了《救灾工作管理规范》、《救灾储备物资管理办法》、《救灾工作方案》，使救灾工作逐步走上了制度化、规范化轨道。全年省级发放救灾资金13004万元，救济灾民51万多人，维护了受灾群众的基本权益，保障了灾区的社会稳定。

同时，我们还建立和完善了农村特困群众法律援助、就业援助、贫困残疾人康复、社会帮扶和捐助等制度。

通过上述几方面的努力，我们切实加快了以城乡最低生活保障和农村五保供养为基础，以医疗、教育、住房、法律等专项救助为辅助，以其他救助和社会帮扶为补充的，覆盖全省城乡的社会救助体系的建设步伐。

三、基础工作先行，财政支持跟上，确保了农村社会救助体系建设各项工作顺利进行

农村社会救助体系建设是一项复杂的社会系统工程，涉及面广，工作量大，既要做好社会救助体系内部各系统、各项目间的协调推进,也要做好社会保障制度中社会救助与社会保险、社会福利工作的共同发展,还要做好社会救助与就业、分配、公共卫生以及人口政策等的统筹安排。因此,我们本着"政府主导、社会参与,制度统一、标准有别,依法救助、管理规范,城乡统筹、协调发展"的原则,稳步推进农村社会救助体系建设各项工作。

(一)加强组织领导,密切部门合作。为加快我省农村社会救助体系建设,省委、省政府高度重视,省长季允石同志和主管副省长柳宝全同志多次作出批示,并多次召集有关部门协调,研究部署建立适合我省省情的农村社会救助体系工作。省、市、县(市、区)三级政府都建立了由政府主管同志任组长,财政、民政、卫生、教育、经济建设、劳动保障、残联等部门为成员单位的社会救助体系建设工作领导小组,明确了各自职责,强化了各级责任,并定期研究调度相关措施落实情况,解决农村社会救助工作中遇到的困难和问题,保证了我省农村社会救助体系建设的顺利进展。

(二)广泛调查研究,掌握第一手资料。近两年,我们针对农村社会救助工作的有关情况,进行了深入细致的调查研究。一方面,为制定建立农村社会救助体系方案,我们在广泛征求各市县和有关部门意见的基础上,组织人员赴其他省市进行了考察,学习建立农村社会救助体系的经验。另一方面,为了进一步掌握我省农村,尤其是贫困地区群众实际生活情况,为政府决策提供准确、翔实的第一手资料,我们与省民政厅一起从 2004 年 10 月份开始,分三批次深入基层、深入农村、深入农户对实施农村特困群众救助工作进行调研,倾听农村特困群众的呼声和愿望。通过调研,对需要救助的农村特困现状有了进一步了解,做到了底数清,情况明,为全面建立农村社会救助体系打下了良好基础。

(三)典型示范引路,搞好总结推广。我们本着结合实际、平稳运作、以点带面、有序推进的原则,将唐山、廊坊两市部分县(市、区)列为农村社会救助试点县。在试点过程中,一是在认真做好普查登记、数据采集、摸底测算、构建信息平台的基础上,对农村社会救助情况进行重点分析研究,合理确定救助对象,科学测算救助标准和经费总量;二是制定和完善具体操作措施,建立各种规章制度,准确界定财政补助范围,落实地方配套资金,逐步探索实施农村社会救助的新方法、新机制、新途径;三是强调积极稳妥,注重质量,不搞一哄而上,成熟一个启动一个;四是在救助方法上不搞一刀切,不强求统一模式,走自我发展、自我完善的道路。《唐山市农村居民最低生活保障暂行办法》实现了以下六个方面的创新:以保障农村困难群众的最低生活为基本原则确定保障标准;保障范围覆盖所有低收入群体;对特殊困难人员又有所侧重;实行社会救助与鼓励劳动生产相结合的保障机制;保障资金由市、县两级财政按 5:5 比例分担;在政策的关联度方面与农村五保供养、灾民救济、社会扶助和临时性社会救助实现了较好衔接。

(四)建立健全制度,规范救助工作。2004 年以来,我省先后建立和完善了《农村居民最低生活保障制度》、《农村五保供养工作制度》、《农村医疗救助制度》、《扶助贫困残疾人工作制度》、《关于建立健全城乡社会救助体系建设的意见》等多项制度和文件,构筑了我省社会救助体系的主体框架,从制度上保证了整体推进全省农村社会救助工作规范、有序地展开。

(五)合理调整财政支出结构,多渠道筹集农村社会救助资金。各级财政部门按照建立公共财政的要求,进行资金整合和合理配置,根据当地经济状况和地区贫困情况,科学测算、合理确定资金分担比例,确保了救助资金筹措渠道畅通。在筹措农村五保供养资金方面,邯郸市财政局在财力非常困难的情况下,合理调度资金,筹措五保供养经费 3885 万元。另外,我们还通过发挥社会力量和捐助帮扶等形式筹集农村社会救助资金,有效增强了农村社会救助的整体经济实力,扩大了农村社会救助的覆盖面。

(六)切实加强农村社会救助资金的监督管理,努力提高财政社保资金使用效益。由于救助对象人数多,救助内容各有区别,加之基层工作长期缺乏规范性,资金监督管理的难度相当大。为了保证救助资金的安全,确保资金能真正落实到每个救助对象手中,我们先后下发了《农村医疗救助基金管理试行办法》和《农村居民最低生活保障资金财务管理办法》,从制度上规范了农村社会救助资金运作程序,确保了财政社保资金的安全运行。

在建立农村社会救助体系工作中,我们亲眼看到了农村困难群众的生活境况,我们深深感到,他们是广大农村群众中最为困难的群体,是无法通过开发式扶贫摆脱困境的群体，是必须依靠政府和社会救助才能生存的群体。我们深深感到，对待这部分农村人口，我们必须设身处地地想一想他们的难处，必须把对他们的救助作为树立和落实科学发展观、构建"和谐河北"的一项重要工作，作为切实保障困难群众基本生活的一项重大决策，来发自内心地、认认真真地、一丝不苟地做扎实，让他们切实感受到党和政府的温暖。我们深深感到，只有社会关注、领导重视，才能加快农村社会救助体系建设步伐；只有完善制度、加大投入，才能切实保障农村社会救助体系建设开展；只有循序渐进、稳步推进，才能实事求是地做好农村社会救助体系各项工作。因此，我们建议中央加强对农村社会救助工作的政策导向，并给予地方政府以宽松的优惠政策；建议中央在研究分析贫困家庭的成员结构、收入水平、生活费支出、致贫原因等情况的基础上，分类别、分情况地确定规范统一的救助范围和救助标准；建议中央财政建立农村社会救助体系专项补助资金制度。同时，调整福利彩票公益金的支出结构，逐步向农村社会救助工作倾斜。

2005 年全国利用国际金融组织贷款座谈会材料

亚行技援赠款河北省发展战略研究项目实施情况汇报

河北省财政厅涉外处

首先感谢部领导为我们提供这次与兄弟省市交流经验、相互学习的宝贵机会。近年来，针对国际国内利用外资政策环境发生较大变化的实际情况，我省在做好国际金融组织传统贷款业务工作的同时，适时将重点向利用技术援助贷（赠）款转移。截至目前，全省共有世、亚行技援贷（赠）款项目 5 个（世行技援三期河北供水与环境项目准备技援、世行技援四期邯郸数字化城市建设研究和省级扶贫机构能力加强、亚行赠款海滦河流域污染防治项目准备技援、亚行赠款河北省发展战略研究），协议贷（赠）款总额 325 万美元。其中 3 个项目已经执行完毕，2 个项目尚在执行之中。上述项目的实施，为有效利用国际金融组织的智力优势和国际发展经验，加快贷款项目前期准备，促进管理和体制创新及机构能力建设，加强区域经济发展规划研究，服务全省经济和社会事业发展大局发挥了积极作用。下面重点就亚行技援赠款河北省发展战略研究项目的有关情况向大家做一简要汇报。

一、项目基本情况和研究成果评价

根据 2001 年初省领导在接待亚行艾肯伯格副行长时达成的意向，2001 年 6 月，省政府就如何发挥环京津、环渤海区位优势，加速河北经济和社会发展向财政部递交了技援项目建议书。在财政部大力支持下，该项目被列入 2002 财年亚行国别援助规划。2002 年 11 月，亚行执董会批准向中国政府提供 60 万美元赠款，用于实施该项目。在完成咨询专家选聘、合同谈判等前期准备工作后，该项目于 2003 年 8 月正式启动。经过近一年的努力，咨询专家提交了中英文总报告和九个专题报告，并于 2004 年 8 月组织召开了最终报告研讨会。

环京津环渤海发展战略，是河北省经济和社会发展四大主体战略之一，也是最具河北特色的一大战略。利用亚行技术援助资金开展省级发展战略研究，在我国是第一次；由中外专家学者对河北省"两环"战略进行系统研究，在我省也是首次。在最终报告研讨会上，研究成果得到了我省领导、财政部领导和亚行方面的一致好评。我省领导对有关研究成果予以高度评价，认为报告是多年来我省在经济发展战略研究方面比较全面系统、不可多得的研究成果，并明确要求有关部门在编制"十一五"规划时作为重点参考材料。财政部国际司梁子谦副司长指出，该项目在很多方面都具有创新性，其成功实施为将来开展类似项目积累了宝贵经验。亚行驻华代表处主要官员也对研究成果给予了充分肯定。

二、主要经验和做法

河北省发展战略研究项目涉及全省经济社会众多领域，具有综合性强、跨行政区划等特点。经省政府批准，项目管理办公室设在省财政厅，主管厅长任项目办主任，涉外处具体负责项目组织实施。回顾项目前期准备和执行整个过程，我们主要有以下几点体会。

（一）领导重视和相关各方积极参与是项目成功的重要保障

该项目自始至终得到了省政府领导、财政部领导和厅领导的高度重视。常务副省长统一领导和协调项目执行中的重大问题，多次与中外咨询专家会面座谈，一方面结合省委、省政府的战略部署和发展重点对研究提出指导性意见，一方面鼓励专家不要受原有战略、规划和思路的局限，要以独特的视角和先进的技术手段，通过“第三只眼睛”看河北，真正达到指导河北经济社会发展的目的。财政部国际司领导亲自莅临项目启动会和最终报告研讨会给予全面、深入的指导和帮助。主管厅长对项目谋划、准备和执行过程中的每一个重要环节都亲自抓，对项目办在不同阶段的工作提出明确、具体的要求，并多次陪同咨询专家深入省直有关部门和市县进行座谈调研。正是由于领导重视，加上项目办的周密组织，使得前期的专家考察调研和后期的报告论证修改均得到了相关部门和市县的密切配合。中外咨询专家先后深入我省 11 个设区市和部分县进行调研，省直 20 多个部门参加历次座谈和 4 次研讨会的代表达 200 多人次。

（二）研究框架的科学论证和适当调整是项目成功的基本前提

技援项目的特殊性，要求一方面要在项目开始招标前编制一个全面、科学、明晰的任务大纲，以此作为选聘咨询专家和检验研究成果的重要依据，另一方面要结合实际情况的变化，适时调整完善研究思路，以满足新形势的需要。为此，在 2001 年上半年编制项目建议书阶段，我们就在省政府领导下，组织有关部门和专家学者，结合河北经济社会发展面临的突出问题和战略规划进行认真研究，初步确定将推进两环开放带动战略面临的机遇、挑战和下一步政策措施作为研究重点。2002 年 6 月，我们又在亚行北京代表处组织召开了任务大纲论证会，邀请国务院发展研究中心、国家计委、建设部、中国社会科学院、清华大学等单位的专家学者及省内专家对任务大纲从不同侧面提出修改意见，最终确定了消除环京津贫困带、环境保护、传统工业改造及发展民营经济、城市化、沿海地区发展、高科技、旅游、投融资体制改革、财政改革等 9 个专题进行重点研究。随着科学发展观的提出和宏观调控政策的实施，我们会同亚行项目经理，适时要求咨询专家在报告中充分体现中央的政策要求，并请吴敬琏等国内知名专家对中期报告提出修改意见。鉴于消除环京津贫困带专题涉及面较广，2004 年 4 月，我们专门在北京组织召开了有国家发改委和京、津二市发改委代表及部分专家学者参加的论证会，使课题成果的受认可程度和可操作性得到了增强。

（三）加强宣传、扩大影响是确保项目成功的关键

技援项目与传统贷款项目的最大不同，在于它的最终交付物是研究报告，而不是土建工程和物资设备。如果研究成果不能被相关各方，特别是决策者所认可并用于指导实践，即使其理论水平和学术价值再高，也很难说项目是成功的。所以，按照厅领导的要求，我们根据项目进展情况，注意把每个阶段的最新研究成果通过不定期编发简报等形式及时向领导和部门进行通报。在项目执行的一年间，累计编印简报 28 期，每期发送份数均在 200 份以上，在省领导、省直部门和各市中间产生了积极影响。在中期报告完成后，为了提高项目的知名度，吸引更多的领导和部门关注此项事关全省发展大局的研究课题，我们组织省内专家对研究成果进行浓缩，撷取观点精华，撰写了“河北省发展战略前沿报告”并报送省委省政府。在今年 7 月份召开的省委理论学习中心组扩大会议上，根据省委白克明书记批示，该报告作为重要参阅材料印发全体与会代表并引起了强烈反响。此外，在项目启动会和最终报告研讨会召开期间，我们均邀请省内新闻单位到会进行采访报道，部分媒体还刊发了专题报道，收到了很好的宣传效果。

（四）加大国内专家的参与力度是技援项目的改革方向

与其它技援项目不同，该项目在咨询专家选择上重点强调了资金使用国的主导作用和国内专家的参与。在咨询专家组 22 名成员中，来自上海和省内的专家有 15 人，占 2/3 以上。这种结构，既有利于借鉴西方市场经济国家的经验做法和国外专家先进的研究方法及技术手段，也便于学习上海及江浙等国内发达省份更具指导意义和操作性强的做法。特别是省内专家的加盟，一方面有助于省外和国外专家尽快熟悉省情，另一方面为他们开展调研、搜集资料提供了便利。随着国内咨询行业整体水平的日益提高，有必要进一步发挥资金使用国在项目设计、专家选择和资金使用中的主导作用，不断加大国内专家的参与程度。相比之下，省级技援项目较国家级重大改革研究项目更适合选用较大比例的国内专家。

三、存在问题及建议

虽然亚行技援河北省发展战略研究项目执行情况较好，但也存在着一些有待改进的方面。结合我

省其它技援项目执行中暴露出来的问题，提出以下几点建议。

(一)缩短前期准备周期，加快项目执行进度

对发展战略研究而言，研究成果的时效性对能否最大限度地发挥项目效益具有重要意义。河北省发展战略研究项目从提交项目建议书到正式启动用了两年多的时间，项目执行期也从原定的10个月延长到12个月。咨询性技援项目大多涉及宏观层面的战略规划问题，但这一特性恰恰决定了它容易受到决策者人事变动、对重大问题认识不一致、寻求国内资金渠道等因素的影响，并由此给项目的顺利实施带来潜在的风险。河北省发展战略研究项目之所以能够取得预期成果，与主管省领导的一贯重视有密切关系。反观我省的另一个项目，曾一度因市政府领导换届而考虑退出，后因引起市长重视才得以重新启动并使项目进度大大加快。因此，如何缩短项目准备周期，提高研究成果的时效性是需要认真研究的一个主要问题。

(二)加强对技援项目相关政策和程序的宣传

虽然我国利用国际金融组织贷款已有20多年的历史，但从实际情况看，用款人，尤其是基层各级领导对利用技援贷(赠)款的相关政策和程序仍不是很熟悉，大多错误地认为资金的使用可以由自己来支配，咨询单位可以由自己来选定。此外，对整个项目的周期及每个环节所需时间长度也缺乏充分认识，制定的时间进度安排因此往往不切实际。我省有一个项目最终申请退出，虽然与找到其它资金来源有一定关系，但主管领导对政策和程序不甚了解是主要原因之一。

(三)对咨询公司的管理和控制模式有待进一步完善

从亚行技援项目来看，由于贷(赠)款资金的审核拨付由亚行具体负责，咨询公司提交的票据只需项目经理认可后即可申请提款，财政部门和业主在项目执行期间缺乏有效的制约手段。建议将相关程序修改为先由财政部门确认后再将提款申请提交项目经理审核。此外，随着中标的中外咨询公司联合体越来越多，如何对咨询团队实施有效管理也有待进一步探讨。在河北省发展战略研究项目执行过程中，就存在牵头的外方咨询公司对中方专家管理协调不力的问题。建议财政部和世、亚行加强这方面的管理，建立科学的机制来确保牵头一方和专家组长的权威。

以上是我省开展国际金融组织技术援助工作的简要汇报，请各位领导和同志们多提宝贵意见，以便我们更好地改进工作。

谢谢大家。

2005年全国农发投资经营试点工作现场会议材料

坚持依法行政　强化项目监管
搞好投资参股经营试点

河北省农业开发办公室

尊敬的国家农发办各位领导，尊敬的兄弟省市的各位同仁，现将河北省在农业综合开发投资参股经营试点工作中的作法和体会，做简要汇报，敬请批评指正。

一、吃透政策，转变思想，勇于创新

投资参股经营试点，是农业综合开发投资机制的创新。河北省是国家农发办选定的第一批试点省。一开始，我省不少同志对试点工作持怀疑态度：一是担心国家农发办投资政策形成“两张皮”，对省级财政按固定汇报、有偿使用进行管理；对下又要求按投资操作，投资风险全部集中在省级。二是担心参股企业不讲诚信，资产经营机构难以掌控，投资风险大，将来难以向各级领导交代。由于认识不到位，造成试点工作进展迟缓，操作不规范，试图通过定期回收、固定回报等方式规避投资风险。经过反复学习《中华人民共和国公司法》(下简称公司法)、《国家农业综合开发投资参股经营试点管理暂行办法》，特别是今年四月份参加国家农发办召开的试点座谈会，听了金人庆部长的指示精神和刘世江副主任的讲话，对试点工作有了全新的认识，吃透了精神，转变了思想，加快了试点工作进度。截止6月份，2004年四个试点项目投资工作全部结束，效果良好；2005年成功申报三个试点项目，可望为全省农村经济的发展和农民增收再作贡献。

我省体会，要搞好投资参股经营试点工作，需要实现“三个转变”：一要转变思想观念。投资参股经营是适应WTO规则、公共财政政策、特别是我国农业发展现状的财政支农方式，是农业综合开发产业化经营项目投资方式的创新，是关系到农业综合开发能否加大投入力度，能否为解决“三农”问题做出

更大贡献的大事,我们必须摈弃观望和怀疑态度,积极完善管理办法,努力提高管理水平,大胆地闯,大胆地试。二要转变管理方式。我们已经适应了有无偿项目的管理方式,习惯于按计划投资,用行政手段管理。投资参股经营赋予我们的职责是作国有股出资人,并要通过资产委托经营的方式将财政资金投入龙头企业,与龙头企业一道带动农民增收。在投资管理上有"隔山打虎"的感觉,计划指令失灵了,要求我们必须按照公司法规范自己的投资行为,约束资产经营机构的行为,通过法律手段维护出资人权益。三要转变责任意识。有无偿项目在资金回收上实行财政逐级承诺制度,财政风险主要在基层,可以通过抵押、担保等手段适当规避。投资参股经营只有通过投资盈利和产权转让实现资金的滚动发展。要求我们必须强化投资责任意识,把项目前期准备做得更加深入科学,把参股运作过程做得更加合法有效。

二、依法行政,规范操作,维护权益

财政资金投资参股经营,意味着以投资行为完成财政资金支农的政府扶持。需要严格按照公司法和其它基础法律行事。只有依法行政,规范操作,才能真正维护国有出资人的权益。

(一)把好立项关,为试点夯实基础

没有好的项目,没有诚信度高的合作伙伴,搞好试点工作就是一句空话。2004 年在项目申报条件高、时间紧、任务重的情况下,我省通过四个渠道广泛征集项目:一是与省农业产业化办公室座谈,了解省级龙头企业哪些具备条件,是否有适合的项目。二是各市农发办、财政局申报项目。三是通过财政系统 2 家资产经营机构项目库中筛选项目。四是将全省重点扶持的 10 家粮食企业列入优选范围。经过以上渠道的筛选,全省总计入围了 28 个项目。我们组织有关专家和资产经营机构,对照国家办规定的申报条件,共同进行了认真筛选,最后有 6 家企业通过了省级考察和专家评审。经国家农发办项目评审和资产评估确定立项 4 个项目。分别是河北玉峰 V_{B12} 加工;承德避暑山庄 GGDS 蛋白饲料加工;河北梅花味精淀粉加工;大名邯雪面粉加工。2005 年立项的 3 个项目是从 16 个项目中精选出来的,其中河北明惠生猪养殖、河北怡达果品加工为国家级产业化龙头企业,河北药都集团为省级龙头企业。这些精挑细选的项目均具有"好、高、大"的共同特点:即经营业绩好,企业年度经营利润在 200 万元到 1 个亿之间,诚信度较好;科技含量高,玉锋公司 V_{B12} 加工、霸州味精加工、避暑山庄 GGDS 饲料加工、河北怡达果品加工等项目科技含量均居国内领先水平,市场前景好,竞争能力强;企业规模大,玉锋公司可望在五年内发展成世界最大的 V_{B12} 加工厂家,霸州梅花味精今年将成为全国最大的味精厂家,邯雪面粉生产规模全国排第五位,河北怡达果品加工是全国最大的山查制品加工企业。

(二)健全基础制度,为试点规范监管行为

作为第一批试点省,我省对试点工作采取了既积极又慎重的态度,着重做好基础制度建设。

1. 规范规章制度,维护国有出资人权益

按照《公司法》和《国家农业综合开发投资参股经营试点管理暂行办法》的有关规定,结合我省实际,制订了《河北省农业开发投资参股经营试点管理暂行办法》,为试点奠定了制度基础。《参股经营试点管理暂行办法》严格按照公司法有关条款,规范国有股东、国有出资人、参股企业之间的法律责任和法律义务,将公司法赋予股东的权益在农发部门和国有资产运营机构之间进行合理划分。所有法律文书均经过律师审定,确保规章制度的合法性。实际工作中,我省将涉及股东直接利益的权益,如利润分配,公司扩股、合并、解散,公司章程和协议等权利,集中在省办,确保基本权利不失控;其它股东权利放给参股企业,增加企业经营自主权。二是督导资产运营机构依法办事,从委派高管人员到合资协议与公司章程的制定等方面,帮助企业严格把关。

2. 依法委托经营,规范委托关系

在完善制度的基础上,我办拟订了投资参股经营项目《委托经营协议》,以此协议为基本法律约束实施资产委托经营工作。根据我省情况,委托 2 家资产经营机构代表国家参股企业,全权履行国有股东的权利和义务,与参股企业现有股东组成新的企业法人治理机构,共同经营管理新组建的企业事务,实现国有资产的保值增值。

3. 法律手段与行政手段并用,确保项目顺利实施

农发部门在参股项目中,一方面是股东行为,需要按照公司法行事;另一方面我们又是项目主管部门,负有项目监督管理的行政责任。因而在参股项目的管理中必须法律手段与行政手段并用。在实际

运用中，我省将作为国有股东的权利，通过公司章程和协议等法律文件明确下来；项目监督检查、参股企业继续立项的奖励措施、资产经营公司的被委托资格等行政权利，则通过管理办法明确下来，运用行政手段进行干预。

（三）规范委托经营，为试点提供根本保证

投资参股经营的本质是资产委托经营，规范委托经营是其根本要求。我省财政系统有两家国有资产经营机构，河北省国富公司属财政厅管理，河北省农业投资公司属农发办管理。我们的体会是，关系越直接，管理越方便，效果也越明显。同时我们也体会到，选择两家以上的资产运用机构，有利于形成竞争局面，便于好中选优，是可取的。在规范资产委托经营方面我省主要把好以下环节：一是明确委托事项；二是规范省农发办和资产经营机构的基本权利与义务；三是建立定期报告制度；四是建立健全制约机制。资产委托经营最怕被委托单位负盈不负亏，管理不尽心。对此，我省采取以下措施：第一，在利润分配和溢价收益上，与资产经营机构实行比例分成制，调动其积极性；第二，建立考核奖惩机制；第三，地方财政出资部分，80%由省财政筹集，20%由参股企业投入。这样，就使参股企业与国有股份结成了利益共同体，使其既负盈也负亏。

三、健全机制，强化监管，重在实效

委托经营不是放手不管。必须适应新机制的要求创新监管机制，有效制约资产经营机构和参股企业自觉地维护国有股权益。

作为委托方，省农发办对资产经营机构有权直接监管，主要监管以下方面：一是监督财政资金及时拨付到位。凡有违反规定挤占、挪用的，省农发办按有关规定严肃查处。二是审核资产经营机构提出参股企业的利润分配方案，向资产经营机构收取投资收益。三是省农发办依法对国有股权管理经营进行监督检查，对资产经营机构监管不力和恶意损害国有股权益的行为进行干预，直至取消其受托资格。造成严重损失的，按有关规定追究相关人员的经济责任、行政责任和法律责任。四是省农发办对资产经营机构经营管理的能力、履行监管职责情况和经营业绩每年进行考核。依据考核情况，对资产经营机构进行奖惩。对经营监管能力强、履行职责情况好、经营业绩突出的，给予表彰，在利润分配中给予奖励，并加大以后年度委托任务；对不具备经营监管能力，不认真履行监管职责的，提出警告，半年内仍不改进的，取消受托资格。因监管不力造成严重损失的，追究相关的行政责任和法律责任。考核奖惩情况通报其上级主管部门。

参股企业具有独立的经营自主权，省农发办只能对其进行间接监管，主要监管以下方面：一是参股企业必须接受省农发办委托的资产经营机构派出的董事、监事、财务总监和监管人员。二是参股企业要严格执行项目计划，建立项目专账，确保按照规定用途使用财政资金，不得违反项目管理规定，擅自变更项目建设内容、改变资金用途。三是参股企业能够认真执行项目计划、自觉维护国有股权益的，省农发办在以后年度安排产业化经营项目（含参股项目、有无偿项目、贴息项目）中优先立项；擅自变更项目计划、故意损害国有股权益并造成严重损失的，取消三年以上立项资格，建议有关部门撤消其省级重点农业产业化龙头企业的资格。对参股企业的监管内容都明确在管理办法之中，作为参股企业申报项目的前提条件，不能接受这些条件的不予立项。

有效的监管制约机制，打消了资产经营机构的临时思想和参股企业的侥幸心理，大家都能够自觉地履行职责。霸州梅花味精集团董事长孟庆山感慨地说，我真诚地希望国有股的进入，因为这是企业的荣誉，也是提高企业管理水平的机遇。我们不会为骗取1000多万元毁了自己的企业。由于项目筛选比较严格，选项比较准确，监管比较得力，我省2004年四个项目企业整体运行情况较好，发展前景广阔。河北玉峰公司 V_{B12} 项目科技含量高，产品竞争力强。目前建设内容除完成本年度项目的实施以外，还为扩建新的流水线打好了土建基础，力争5年内将产量提高到20吨，实现世界产量第一的发展目标。霸州味精是1999年投产的新企业，经过6年时间的发展，今年可望成为全国最大的味精生产企业，淀粉加工项目的销售有可靠保证。避暑山庄饲料边建设边生产，今年已经实现利润1000多万元；邯雪面粉在同行业中也是比较好的，发展比较稳健。四家企业年加工转化粮食47000万公斤，带动30万亩小麦、80万亩玉米种植，测算年新增产值69979万元，新增利税7465万元，基地农户增收1760万元，安排农村劳动力1240人，直接经济效益和社会效益都很可观。

2005年在全国财政系统纪检监察会议上的典型发言

创新廉政宣教工作
狠抓廉洁自律规定的落实

河北省财政厅纪检组

近几年,我们坚持标本兼治、综合治理、惩防并举、注重预防的方针,借鉴兄弟省市有效做法和成功经验,创新教育内容和方式,把反腐倡廉宣传教育作为实践“三个代表”重要思想,加强党风廉政建设的一项重要基础性工作来抓,不断提高干部的思想政治素质和反腐倡廉意识。在加强宣传教育的同时,注重抓好领导干部廉洁自律各项规定的落实,进一步规范了干部从政行为,取得了明显效果。下面就我们的主要做法作一简要汇报:

一、着眼于提高党员干部的思想政治素质,积极探索廉政宣传教育的新路子

机关的党风廉政建设,教育是基础,制度是保障,监督是关键。一年多来,我们采取多种形式,多种渠道,对党员干部进行了反腐倡廉宣传教育,广泛开展了理想信念教育、廉洁理财教育、党纪党规教育、先进典型的激励教育以及反面典型的警示教育等。在教育内容、方式、方法上力求开拓创新,坚持做到“三个结合”。

(一)经常性的宣传教育与集中的主题教育相结合。反腐倡廉的宣传教育是一个长期的、潜移默化的过程,仅靠抓一阵子是不行的,需要坚持不懈地长期努力。平时,我们要求各党支部充分运用“三会一课”制度,把反腐倡廉教育贯穿其中,并采取举办政治、经济形势报告,参观烈士陵园,到革命老区请老党员上传统教育课,到破产企业请下岗职工讲艰苦奋斗、再创就业机会的经历以及重温入党志愿书和入党誓词等多种形式,把宣传教育寓于日常工作和学习之中。同时,我们还建立了学习笔记制度,支部、党委学习交流制度。仅今年1—3月份,全厅干部职工就写出心得笔记518篇,并择优在机关内网刊出311篇。支部每月组织一次学习交流,全厅每季度组织一次交流。通过这些经常性的、形式多样的宣传教育活动,有效地增强了广大党员干部的廉洁自律和廉洁理财的自觉性。我们在组织党员干部参观华北烈士陵园时,左绍伟副厅长就深有感触地说:是烈士们浴血奋战,用鲜血和生命换来了今天,面对他们的英灵,我们还能再起任何贪欲、贪念吗?

在加强经常性宣传教育的同时,我们还结合实际开展了一些集中的主题宣传教育。去年三月份,我们重点开展了为期三个月的以“立党为公、执政为民”为主题的教育活动,这次活动我厅党组非常重视,进行了专门研究,下发了《关于认真开展“立党为公、执政为民”主题教育活动的通知》。之后,纪检组组织召开支部书记会议,进行了周密部署,并进一步明确这次活动的目的和要求。学习中,我们坚持求真务实、整体推进,积极引导干部以学习实践“三个代表”重要思想为主线,以“立党为公、执政为民”为主题,紧密联系工作实际,带着目标学、带着问题学,增强针对性、避免空对空,我们充分利用网络的便利条件,用学习辅导光盘,在网上对全厅党员进行专题辅导;齐守印厅长在中央党校学习期间,利用周末时间,以“牢固树立马克思主义的世界观、人生观和价值观”为题,给全厅干部职工上了一堂生动的党课。厅党组将专题教育纳入中心组学习日程,安排了一次集中讨论。各处室单位也根据布置的10个专题进行了集中讨论,对要求必学的内容,要求干部沉下心通读、静下心思考,坐下来记笔记、写体会。据统计,本次活动全厅干部写出体会文章250多篇,在机关网上择优刊登130多篇。为督促学习、检验成效,我们还组织全厅干部进行了一次党的基本理论和知识专题考试。

这次教育活动有力地促进了党员干部政治素质、业务素质、服务意识和服务水平的提高,增强了讲政治、顾大局,努力践行“立党为公、执政为民”的自觉性和主动性。

(二)正面典型宣传教育和反面典型警示教育相结合。在党风廉政宣传教育中,正面典型的宣传教育是主要的,具有明显的示范效应。去年以来,在组织全厅党员干部认真学习孔繁森、郑培民、梁雨润、牛玉儒等先进人物事迹的基础上,我们还着重用身边的人、身边的事教育广大党员干部,先后三次召开先进事迹报告会,请大家熟知的先进人物来现场演讲。去年2月份,我们首先请厅机关的3名二等功获得者介绍他们的工作业绩和体会,他们那种默默无闻,不追逐名利、乐于奉献的“孺子牛”精神,博得了一阵又一阵的热烈掌声。去年底,我们又从全省财政系统近百名先进典型中,筛选出有代表性的4

名优秀财政干部，介绍他们在平凡的岗位上无私奉献的事迹，他们的感人事迹再次使大家受到了一次深刻的爱岗敬业、勤政廉政教育。今年二月份，我们又邀请全省财政系统先进工作者、河北省优秀共产党员、第三届中国杰出青年卫士，鸡泽县财政局长岳苏霞同志，介绍她牢记宗旨、为民理财的先进事迹。鸡泽县是个农业小县，又是财政困难县，就是这样一位女局长，以自己的本职岗位为平台，代表了最广大人民群众的根本利益，替百姓想问题、办实事，解决群众燃眉之急，以自己点点滴滴的“小事情”，奏出了一曲财政干部践行“三个代表”的动人乐章。报告会结束时，会场响起一片经久不息的掌声。

在抓正面典型教育的同时，我们还适时组织了一次针对性很强的反面典型警示教育活动。去年9月份，省委通报了原省外经贸厅副厅长兼省机电办主任李友灿、省委党史研究室原主任王运芳等四起重大违纪违法案件。其中：李友灿在短短的三年时间内，利用手中审批权大肆收受贿赂4744万元，堪称迄今为止全国个人受贿金额之最；王运芳虽在“清水衙门”，但也为钱色毁了自己。这四起案件非常典型，是一本很好的反面教材，具有深刻的警示教育意义。为充分利用这次难得的教育机会，结合我厅前一时期在财政专项资金管理中存在的一些问题隐患，厅党组研究决定，从9月20日起至10月20日止，利用一个月的时间，在厅机关集中开展一次以“严肃财经纪律，加强财政监督”及反腐倡廉为主题的“警示教育月”活动。活动中，我们还组织全厅党员干部集中收看了警示教育片《王怀忠的两面人生》。为进一步丰富警示教育内容，为大家购买了《地狱门前一与李真的对话实录》，将《共和国反贪风云》以及“立党为公、执政为民”先进事迹报告等影视材料放在机关网页上，在机关内网开辟了《机关作风》专栏，主要刊登党员干部在教育活动中的体会文章，供大家学习交流，据统计，活动中共刊登支部或个人体会文章92篇。活动期间，各支部还认真组织召开民主生活会，以案为鉴，引导干部紧密联系财政系统实际和自身工作的实际，查找在党风廉政建设和财政资金管理工作中存在的一些问题和不足，针对工作中出现的失误或问题，进行深入地反思和纠正。一名副处长还深刻检查了自己因工作责任心、原则性不强，而导致扶贫资金被不法分子侵吞的问题。

为进一步增强全体干部职工廉洁理财的自觉性，纪检组长——以“懂规矩、守法纪，做一个合格称职的财政干部”为题，与全厅干部职工进行了一次集体廉政谈话。大家纷纷表示，要以李家庚为镜子，以李友灿等人为反面教材，艰苦奋斗、淡薄名利、两袖清风、一尘不染，在党风廉政建设和反腐败斗争中经受住考验，向党和人民交一份合格满意的答卷。针对财政管理的薄弱环节和制度漏洞，我们还制定了《河北省财政厅关于加强财政专项资金监督管理的意见》。

这次活动得到省委主要领导的充分肯定，省委书记白克明在我厅《关于开展“警示教育月”活动的总结报告》上批示：“财政厅这个做法很好，建议商省纪委用适当方式转发各厅局委办”；省委常委、省委秘书长张力同志批示：“财政厅党组‘警示教育月’活动搞得扎实，紧紧联系本部门业务工作特点，有针对性地引导活动的深入开展，有深度、也有广度，能向下延伸到整个系统，应该说是很有特点的”。

（三）宣传教育、党风廉政建设和厅中心工作相结合。宣传教育是党风廉政建设的基础性工作，是党风廉政建设和反腐败工作的有机组成部分，也可以说是党风廉政建设和反腐败工作这个大棋盘中一个重要的棋子，必须把它摆在党风廉政建设和厅中心工作上来安排。我们坚持了“三个注重”：一是注重把宣传教育和财政管理制度改革结合起来，通过宣传教育推动、促进财政改革及制度的建立和完善。二是注重把宣传教育同落实党风廉政建设责任制结合起来。今年初，厅党组准备与厅内各处室签订党风廉政暨效能建设责任书，我们建议采用召开全厅党员干部大会的形式，这样，既营造了气氛，对广大党员干部也是一次很好的廉洁从政教育。在全厅党员干部大会上，厅党组书记齐守印同志逐一与各处室（单位）一把手签订了《党风廉政建设暨效能建设责任书》，让大家共同体验其中的压力、责任和动力，取得了较好地宣传教育效果。三是注重把宣传教育与加强财政监督结合起来。针对少数同志对加强财政监督存在的一些模糊认识，认为内部监督、离任责任审计是对领导干部的不信任等。宣传教育积极跟进配合，调动了广大干部职工支持、配合监督工作的积极性和主动性。去年，我们对23个厅（局）和7个处室进行了财务监督检查和内部审计，取得了较好的效果。实践证明，财政制度的改革，党风廉政建设责任制的进一步落实，财政监督工作的全面开展，都得益于宣传教育工作的引导。

二、领导带头、制度规范，狠抓廉洁自律各项规定的贯彻落实

在抓好宣传教育工作的基础上，我们还狠抓了领导干部廉洁自律规定的落实。

(一)领导带头，率先垂范。厅党组书记、厅长齐守印同志在机关廉政建设会议上强调："遵守廉洁自律规定，厅党组要带好头，做表率"。在实际工作中，厅党组一班人也是坚持从点滴做起，要求机关党员干部做到的，党组成员首先做到；要求党员干部不做的，党组成员首先不做。下基层、搞调研，党组成员都坚持轻车简行，严于律己，从不进营业性歌舞厅或营业性娱乐场所；齐守印厅长唯一的儿子结婚，没有大摆宴席，更没有惊动厅机关一个干部，只是两家亲人在一起吃了一顿团圆饭。一位副厅长的爱人退休后入股会计师事务所，当他得知违反了中纪委的有关规定后，立即责令退出，并主动向纪检组写出书面报告。榜样的作用是无穷的，截止目前，我厅没有发现一起党员干部为儿女婚事大操大办的问题，没有发现党员干部借婚丧嫁娶之机敛财等违纪问题。

(二)制度规范，真抓实查。没有规矩，不成方圆，去年以来，为保证廉洁自律规定落到实处。我们以党组或纪检组名义制定下发了《严格查处和制止领导干部送钱收钱、跑官要官等"四股歪风"的通知》、《关于制止奢侈浪费行为严禁公款吃喝玩乐的规定》、《关于春节期间严格遵守廉洁自律规定反对奢侈浪费行为的通知》、《关于加强财政专项资金监督管理的意见》、《河北省财政厅关于加强内部审计工作的意见》等一系列制度规定。为进一步加强对党组成员的监督，还相继制定和完善了党组成员个人重大事项报告制度、党组成员工作日程报告制度。去年以来，纪检组列席参加了所有党组会、厅长办公会，两次听取了各处室的党风廉政建设责任制落实情况汇报，多次深入省直有关部门，市、县财政机关调查了解省厅干部工作作风和廉政情况。在监督的时空上，不仅做到了对工作活动全过程的监督，而且加强了对社交圈、生活圈的监督。去年以来，纪检组两次组织了对党员干部八小时以外活动的"明查暗访"，没有发现大的问题。

(三)抓住重点，从严治理。中纪委、中组部《关于严禁党员和干部赌博的通知》以及河北省委批转省纪委、省委组织部《关于严肃查处领导干部送钱收钱、跑官要官等违纪违法问题的意见》下发后，我们随即召开党组会，研究贯彻落实意见。一是及时召开了全厅副处级以上干部大会，认真传达学习了以上文件精神，并迅速组织党员干部进行学习和专题讨论，认真查找和解决党员领导干部在遵守中纪委和省委有关规定方面存在的苗头性、倾向性问题，作好自查自纠工作。二是将查处"四股歪风"工作列入下半年党风廉政建设的工作重点。9月9日印发了《关于认真学习贯彻省纪委、省委组织部〈严肃查处领导干部送钱收钱、跑官要官等违纪违法问题的意见〉的通知》，10月20日，在全省财政系统先进事迹报告暨警示教育学习交流网络会议上，在全系统又进一步传达学习中纪委、中组部《关于严禁党员和干部赌博的通知》。三是纪检组加大对落实《通知》精神的监督检查力度，开展了多次重点检查和明察暗访。目前，狠刹"四股歪风"规定在我厅得到有效落实。

(四)把握时机，抓好节假日。元旦、春节是我国的传统节日，也是腐败现象的易发期，为切实做好两节期间廉洁自律工作，我们坚持了早动手、早安排。元旦刚过，召开的第一次厅务会就是研究春节期间制止请客送礼问题，下发的第一个红头文件就是《关于春节期间严格遵守廉洁自律规定反对奢侈浪费行为的通知》，及时向各级财政部门提出了"六不准"和"三禁止"的要求，即：不准收受管理和服务对象、主管范围内的下属单位和个人以及其他与其行使职权有联系的单位和个人的礼品、礼金、有价证券和支付凭证；不准接受下属单位或有关部门用公款安排的私人旅游；不准在与其行使职权有联系的单位或部门报销应由本人及其亲属支付的费用；不准接受与行使职权有关系的单位和个人提供的各种奖励和赞助；不准用公款大吃大喝，组织和参加用公款支付的高消费娱乐活动；不准参与任何形式的赌博活动；禁止机关各处室或个人以节日名义宴请厅领导，禁止厅内各处室之间互相宴请，禁止接受下级部门的土特产品。针对往年机关门口和主要宿舍区车水马龙、礼品堆积的问题，厅机关门卫严格执行礼品登记制度，与此同时，纪检组也侧重对机关大门口和主要宿舍区进行重点检查。使全厅党员干部过了一个清廉、祥和的春节，为全年的党风廉政建设工作开了个好头。

三、抓好教育和廉洁自律工作的几点体会

(一)必须准确地确定纪检组的工作方向,才能充分发挥其应有的职能作用。纪检组作为纪检监察机关派驻财政部门的工作机构,其主要职责就是要履行监督检查职能,弥补纪检监察机关“鞭长莫及”的不足,把中央、省关于加强党风廉政建设的各项措施和规定落实到部门具体工作中去。今年初颁布的《建立健全教育、制度、监督并重的惩治和预防腐败体系实施纲要》,为我们派驻部门纪检组提供了一个更好地履行监督检查职能的平台。我们认为,财政部门的纪检组不是一个专司案件查处工作的机构,不能单纯地用查办案件的多少来衡量纪检组的政绩,而主要是把我们的监督检查工作和财政工作实际相结合,转化为具体实在、生动活泼的思想教育、制度建设和监督检查措施,使我们监督检查的“关口”前移,把发生的违纪违法问题件数降到最低限度,保证我们的干部不犯错误或少犯错误,或者不使小问题酿成大错误。这是新形势下财政部门纪检组职责内涵的内在所在,当然,一旦发生了案件决不能姑息迁就,必须坚决查处。

(二)纪检组只有当好党组抓党风廉政建设的参谋助手,才能使纪检监察工作取得事半功倍的效果。纪检组是省纪委的派驻机构,但必须在财政厅党组的领导下,才能更好地发挥作用。即使在省纪委对派驻机构实行统一管理的情况下,纪检组的工作同样要在厅党组的领导下进行,当好厅党组抓党风廉政建设和反腐败工作的参谋助手,为厅党组抓党风廉政建设出主意、想办法,献计献策。去年以来,纪检组的重大活动和工作,都是我们积极建议,以厅党组的名义组织实施的。如警示教育月活动,全省财政系统先进事迹报告活动,专项资金合规性自查自纠工作,与各处室一把手签订《党风廉政建设暨效能建设责任书》等。我们感到,只有厅党组的重视和支持,党风廉政建设和反腐败工作才有地位、有成绩、有效果,才能相应提升纪检组的权威和威信,纪检组的监督检查工作也才能收到事半功倍的效果。

(三)厅党风廉政建设工作必须围绕厅党组的中心工作,为中心工作服务,关键要在“结合、渗透、贯穿”上下功夫。所谓结合,就是要紧密结合财政工作实际;所谓渗透,就是要把党风廉政的各项规定要求渗透到各项财政具体业务环节中去;所谓贯穿,就是要把党风廉政建设工作贯穿财政工作的始终。不能“抓一下、放一下”,“紧一阵、松一阵”。这就对纪检组的干部提出了新的更高要求:一方面,财政战线的纪检监察干部,不能当财政工作的“门外汉”,必须熟悉财政工作,了解掌握财政工作最容易在哪个环节出问题、出纰漏,以增强教育、制度和监督的针对性和有效性;另一方面,财政战线的纪检监察工作不能单打一,不能把纪检监察工作和具体财政工作割裂开来,如果独立地就纪检监察工作抓纪检监察工作,纪检组的工作也就没有生命力。

(四)必须创新教育内容和方式。《建立健全教育、制度、监督并重的惩治和预防腐败体系实施纲要》的颁布,对我们教育内容和方式、制度建设和监督措施都提出了新的更高要求。除了在宣传教育形式上要采取报刊、网络、会议报告等全方位的立体形式外,我们感到,大力弘扬财政系统的正面典型,是我们贯彻《实施纲要》中要着力抓好的一个重要问题。两年来进行正面典型教育的实践也给了我们深刻启示:用身边鲜活生动的人和事进行教育,看得见、摸得着,感染力最强,也最有说服力。因此,在抓正面教育中,我们应挖掘身边的典型,弘扬财政系统“立党为公、执政为民、廉洁理财”的正气。持之以恒,必见成效。

四、关于做好今明两年党风廉政建设工作的思路

一是认真抓好《建立健全教育、制度、监督并重的惩治和预防腐败体系实施纲要》的学习、宣传和贯彻,初步构建河北省财政系统贯彻《实施纲要》的框架。二是抓好对《财政违法行为处罚处分条例》和《河北省省级预算管理规定》的宣传、培训,增强社会对“两法”的认知度,同时,进一步加大财政执法力度,维护财经秩序。三是以省委、省政府,省纪委组织的行政权力公开透明运行试点工作为契机,推进财政系统的行政权力公开透明运行工作,今年先行确定农业处为我厅行政权力公开透明运行试点处室,为明年在全厅推行行政权力公开透明运行积累经验。

全国财政系统干部教育培训工作会议材料

立足服务　转变职能 不断开创会计教育工作新局面

河北省中华会计函授学校

根据财政部干教中心(总校)的规划意见,我校从2000年开始逐步将工作重点由学历教育转向会计人员继续教育,在财政部干教中心的正确指导和省财政厅党组及有关处室的大力支持下,比较顺利地实现了职能转变,并在2003年初加挂了“河北省财政厅会计人员服务中心”的牌子,明确了相关的工作职能。依靠全体职工的共同努力,以会计人员继续教育为主要内容的各种会计教育工作得以顺利开展,并呈现出蒸蒸日上的喜人气象。下面,将我们的基本思路和做法向干教中心的领导和兄弟省校作一简要汇报,不当之处请批评指正。

一、强化服务,规范管理,巩固会计人员继续教育的基础阵地

(一)树立服务意识,一切为了学员

在创造和谐社会和服务型机关的原则指导下,作为财政部门的“窗口”,我们强调服务意识的重要作用。一是强调“微笑”服务,规范礼貌用语,树立“我就是函校,我代表中心形象”的思想,尽可能地满足学员的服务需求。二是提高服务质量,想方设法为学员提供便利条件。如在培训教室安装了热水器,在洗手间放置洗手液,在电算化教室安装空调并准备一次性拖鞋,调剂搭配学员午餐,保证卫生可口。一系列举措为学员创造了温暖舒适的学习环境。三是在细微处下功夫,设身处地为学员着想。如函校分二楼和六楼两个办公区,为方便会计人员,在一楼设置了办公室标志牌,在二楼和六楼设置了工作流程图,使前来函校办事的同志,对会计人员继续教育和学历教育及各项业务工作一目了然,彻底杜绝了“门难进,脸难看,事难办”的现象,为财政部门在社会上赢得了极好的口碑。

(二)加强联络,沟通感情

为了促进省直、中直驻石单位的会计继续教育培训工作健康发展,增进省直单位财务部门的相互沟通与协作,我校每年年初都要组织召开由省直、中直驻石单位的财务处长和会计培训的主管人员参加的会计继续教育工作座谈暨表彰会,主管厅长到会讲话,并向在年度会计继续教育工作中积极主动、成绩突出的单位颁发奖牌及证书。厅会计处处长在会上发言,介绍新年度会计继续教育的培训内容。为巩固会计教育阵地、改进培训工作打下基础。

(三)规范管理,扩大影响

我们把每一期培训班都当成一次宣传自己,教育会计人员提高学习自觉性的机会。一是所有的培训班都由主任或副主任进行开班动员,从理论和实际、宏观和微观等角度介绍会计人员参加继续教育的必要性,并提出具体的要求,使学员开阔视野,重视培训。二是每期都安排专职班主任负责不定期点名,克服了学员请假、迟到、早退等缺勤现象,对不能出全勤者,安排免费参加下期培训。三是为鼓励学员端正态度,完成年度继续教育培训任务,对认真学习、表现突出的学员免费赠送《中华会计学习》杂志。四是出台奖励政策。为了调动各单位组织会计继续教育的积极性,我们制定了《河北省财政厅省直、中直单位会计人员继续教育评比办法》,每年年终对各单位的继续教育工作进行评比。根据自评得分、教师评价和会计服务中心的监督检查情况,评出年度会计人员继续教育先进单位,财政厅给予一定的奖励。

由于我们办班程序规范,要求严格,服务周到,扭转了学员的应付思想,提高了参训学员的出勤率,保证了培训质量和效果。

(四)稳定师资搞教研,夯实基础保质量

教师是教学的主导,教研是教学的基础。为稳定师资队伍,我们注意做好以下几方面工作:一是广开渠道扩大兼职教师队伍。我们原来仅有兼职教师4人,随着培训范围和培训规模的不断扩大,经过慎重考察和试讲,陆续增聘了16名具有丰富教学经验的兼职教授。同时,我们还特邀厅内14位处长兼任教师,今年又特聘了2名退休的厅级干部兼任教师,加强了师资队伍的力量,也使培训教育更加贴近财政中心工作。二是强化对师资队伍的管理。建立兼职教师的考核评比制度,引入优胜劣汰的激励机制。较好地坚持了问卷调查,不论是新聘教师还是兼职多年的老教师,都要参加由学员打分评判的问卷调查活动,通过填表对授课教师的教学水平、教学艺术、教学效果给予客观公正的评价。2004年,根据培训班的问卷调查情况,淘汰了两名兼职教师。三是每年举办一次“会计继续教育管理者暨师资培训班”,培训范围涵盖省、市、县三级办学单位。四是组织兼职教师参加财政部、省厅组织的培训学习,补充知识,开阔思路。五是随行就市,随时调整兼职教师的课时费标准,从1996年开始实施会计人员继续教育至今,我校先后四次对课时费标准进行调整提高,目前执行的继续教育课时费标准为60元/课时。六是每年至少召开一次会计教育教学研讨会,交流教学经验,研究解决教学工作中存在的问题,检查教案和多媒体课件制作情况。七是每年组织兼职教师过好“教师节”,增强教师的向心力和归宿感。

(五)适应形式发展,创新培训方式

针对会计工作相对封闭的特点,我们除了组织好课堂内的学习培训外,还开展了培训和考察相结合的省外培训活动。近几年先后去过青岛、大连、上海、厦门等地开展继续教育培训。一方面请当地的专业教师授课,丰富会计人员继续教育的内容,另一方面到经济发达地区参观考察,开阔眼界,给常年在会计岗位工作的同志,创造一个既能进行专业学习又可放松身心的机会。各单位也把这项活动作为对积极参加在职学习的会计人员的奖励政策,极大地调动了大家的学习积极性和工作热情。最近三年,参加省外培训的会计人员达到1380人次。采用培训与考察相结合的培训方式,一是满足了会计人员的要求,取得了学员的理解和信任;二是丰富了培训内容,改善了学习的方式:三是方式的改变带来质量的提高和学习主动性、自觉性的加强;四是增进各单位会计人员之间互相取长补短的广泛交流和联系,拓展了会计人员的思路和视野。

由于我们的服务热情周到,函校已成为学员心目中的“会计之家”,每年都主动联系继续教育的报名和培训事宜,培训规模非常稳定。2003年举办继续教育培训班123期,培训会计人员16800人;2004年举办继续教育培训班130期,培训会计人员16538人;2005年举办继续教育培训班122期,培训会计人员14737人。

二、抓住机遇,主动出击,开创会计服务新领域

由于社会大气候的影响,函校的职能不断弱化,为适应形势发展的要求,我们主动出击,积极谋划,想方设法丰富和充实单位职能。

(一)抓住机遇,开创会计从业资格考试工作新局面

近几年,我们一直组织省直考区会计从业资格考试,每年的考生规模均在1000人左右。根据财政部的规定,自2005年开始,会计从业资格考试实行“凡进必考”,彻底取消免试办证,并将“一年一考”改为“一年两考”。为抓住这一难得的机遇,我们坚持以人为本的原则,从宣传发动开始,在考试组织工作的各个环节都力求周到、细致,为考生提供全方位的服务。

为扩大影响,我们制定了详细的宣传方案,召开了全体员工动员会,统一部署,分组包片,上门服务,分别深入到20多所院校宣传新的会计从业资格管理办法,提供现场报名服务,取得了报名人数的历史性突破,省直考区2005年报名人数达到6310人,占全省报名总人数的15%。

为确保考试顺利进行,我们联系了5个学校作为考点,共设211个考场,调度了550人参与考务工作。按照层层负责、责任到人的原则,分别签署了责任书,确保了考试工作的顺利进行。在8月13日进行的全省统考中,省直考区出考率为95%,及格率达到56%,在全省名列前茅。

今年11月,我们又组织了2006年上半年的从业资格考试报名工作,截止目前,报名人数已经达到8205人。

作为获取会计从业资格证书的“配套工程”,考生必须首先通过会计电算化考试,我校是财政厅指定的会计电算化考点,近三年,共组织电算化考试12905人次。

(二)精心组织,认真审核,编辑出版会计人员继续教育培训等教材

按照《行政许可法》的要求,行政部门不再编辑出版收费性教材。为此,2004年,我们与会计处联合修订并出版了《会计从业资格考试培训教材》,满足了全省开展会计从业资格考试培训的需要。

会计人员继续教育一直没有专门的培训教材,为填补这一空白,根据多年来开展会计人员继续教育的实践经验,我校从2004年开始搜集、整理现行财会制度,每年整理两本汇编,作为会计继续教育教材,受到全省会计人员的好评和欢迎。2004年出版的《行政事业单位现行财会制度汇编》发行了13000册。2005年出版的《行政事业单位现行财会制度汇编(二)》和《公司企业现行财会制度汇编》共发行32000册。

(三)聘名师,高站位,做好高级会计师考前辅导工作

自2004年开始,我省被财政部确定为高级会计师考评结合试点省份,为配合高级会计师资格考试,提高参考人员的考试通过率,在厅会计处的指导下,我们积极谋划,认真准备,当年成功地组织了三期高级会计师考前辅导班,395名应试人员参加了培训。2005年,举办了两期培训班,共291名学员自愿报名参加了培训。为了准确把握培训的重点,提高辅导质量,针对开卷考试的特点,确定了"结合考试大纲,利用案例教学的方法,以高级会计实务为重点,帮助学员掌握解题思路和解题方法"的辅导原则。为提高辅导质量,聘请了省内会计专业应试教育的著名专家、教授进行面授辅导,编辑印制了"2005年高级会计师辅导资料",发放了历次高级会计师考试试题。在管理方面,每一期都安排两名工作人员作为班主任24小时盯在班上,随时解决学员提出的任何问题,为教授和学员提供最优质的服务。连续两年的考前辅导都取得了很好的效果,经过全国统一考试,2004年通过率为81.4%,2005年达到81.5%。

(四)体现分级培训原则,开展财务负责人培训

为实施分级分类培训会计人员的原则,我校于2005年10月26—27日、11月9—10日相继举办了两期省直、中直驻石单位财务负责人培训班,共有来自64个单位的125位财务负责人、高级会计师参加了培训。

为了体现因材施教的原则,达到指导工作、开阔眼界的目的,我们特别聘请了省政协委员、财政厅党组副书记、副厅长陈金城同志为培训班作了全省经济形势报告,省财政厅监督处处长、预算处处长分别就财政违法违规处罚条例、绩效预算、财务负责人的法律责任等专题进行了精彩生动的讲解。

参训人员普遍反映,培训内容和形式都很好,很有必要。在座谈讨论中收集到许多很有参考价值的意见和建议,一是希望了解国际会计规则和技术上的情况;二是要求讲解税收策划和报表分析利用;三是要求讲解会计前沿的焦点和难点问题;四是希望开展案例分析课程。学员的建议也开阔了我们的思路,为不断改进会计服务中心的各项教育培训工作提供了很大帮助。

三、内强素质,外树品牌

常言说:打铁还要自身硬。树立服务意识,提高服务质量,首先要提高本单位职工的总体素质。为此,我校大力提倡和鼓励大家参加会计业务学习,尽量为职工学习深造提供方便。一是让他们参加省内外财政系统组织的培训,二是在工作中严格要求,让全体职工从每一件小事和每一项具体任务中锻炼自己的能力,三是要求他们参加单位平时组织的各种培训班,没有会计证的要考会计证,没有职称的要考职称,利用函校独有的方便条件,提高自身素质和工作水平,四是在工作中及时总结发现和了解自己的成绩和不足,激励工作热情,打造团队精神,充分发挥个人潜能。

在提高职工素质方面我们还先后组织了几项特色活动。一是2003年上半年,利用抗击"非典"期间不能开展培训活动的机会,组织全体员工进行计算机操作比赛和讲课比赛,极大的调动了职工的学习热情和工作积极性,提高了单位现代化办公的水平,锻炼了队伍。二是通过修定河北省中华会计函授学校、河北省财政厅会计人员服务中心《工作手册》,使全体同志了解并掌握了函校的各项工作要求,明确了各岗位的职责和办事程序,建立和健全了内部管理制度。三是2005年"国庆"前夕,为进一步锻炼员工队伍,配合事业单位机构改革,举办了一场别开生面的"模拟竞聘演讲比赛"。厅纪检组长、监察专员徐立海同志亲临现场观摩指导,原主管厅领导郭长悟同志担任评委,并对演讲活动提出了要求,有关处室的六位处长应邀担任演讲比赛的评委。包括会计服务中心主任、副主任在内的全体员工16人参加了演讲。演讲比赛准备充分,组织严密,气氛热烈。通过这次活动,锻炼了干部职工的写作和演讲能力,强化了竞争意识和危机意识,检验了筹划与协调能力,增强了单位的凝聚力。

热情的服务,规范的管理,换来了广大会计人员的理解和信任,创出了河北省财政厅会计人员服务中心自己的品牌。我们已成为会计处信得过的培训、考务基地,同时,也是省直和省会会计人员热心向往的"会计之家"。

2005年全省农业财政工作经验交流会材料

发挥财政资金整合作用 集中财力支持重点产业发展

承德市财政局农业科

承德市位于河北省东北部，燕山山脉东段，长城北侧，背靠辽宁、内蒙，面向京津，辖八县三区，206个乡镇，2571个行政村，总人口360万人，其中农业人口287.6万人。近几年来，承德市各级党委和政府认真落实“中央一号文件”和省、市农村工作会议精神，以农民增收为核心，以结构调整为主线，积极发挥财政资金整合作用，集中财力支持重点产业发展，使全市农业结构进一步优化，农业综合生产能力大大提高，农业产业化得到加强，促进了全市农村经济的协调、快速、健康发展。

一、从项目谋划入手，为财政资金整合奠定基础

发挥财政资金整合作用，项目谋划是关键。近年来，我们紧紧围绕市委、市政府确定的全市农业发展规划，充分发挥财政部门综合协调能力，坚持从项目谋划入手，整合项目，明确财政资金的扶持方向。

一是科学规划项目。根据国家和省确定我市的优势农产品和优势产业区域布局，我们主动与农口有关部门配合，在考察、论证的基础上，立足本地优势，积极谋划项目，制定了“承德市优势农产品和优势产业区域布局规划”，初步确定了全市以“绿色”蔬菜、食用菌、马铃薯、玉米制种、奶牛、肉牛（羊）、瘦肉型猪、优质苹果、板栗、仁用杏等为主的十大主导产业。根据我市地域面积广阔，南北气候相差较大的特点明确了近期发展方向：北部县区以丰宁、围场、隆化和双滦区为重点，着重发展奶牛、肉牛、肉羊等畜牧养殖业项目，围绕三鹿乳业、天辰乳业和御泉乳业等重点龙头企业，扩大养殖规模，形成“公司＋农户”，产供销一条龙的生产格局。同时根据气候特点在丰宁、围场县的坝上地区重点发展无公害时差菜项目；南部县区以宽城、兴隆、承德县为重点，着重发展林果产业，注重现有品种的提质增效。另外，在滦平、平泉、承德县和隆化、围场县，实施三个“百里长廊”设施菜项目。食用菌产业重点围绕平泉县省级的润隆和绿源两个龙头企业，改善和提高产品加工能力，辐射和带动基地的全面发展，进一步做大做强。目前，我市已初步形成了“一县一业为主导产业、多业并举”的农业发展态势，确立了各个产业的发展目标，明确了投资渠道，为促进财政资金整合奠定了基础。

二是建立项目评审制度。为了提高项目整合质量，根据项目分属不同部门管理的情况，在项目申报过程中，我们抽调全市相关部门具有高级职称的专业技术人员，建立了专家评审委员会，按照各个项目建设内容不同，逐一进行论证。对不符合要求的项目，提出限期完善意见，对完善后仍不能达到规定要求的，取消申报资格。既严肃了项目申报纪律，又体现了公平、公正、公开的原则。同时对投资额较大的重点农业项目，我们还聘请中国农大、省农科院、林勘院等单位专家进行论证，确保了项目整合和申报质量。

三是部门密切配合。为了克服部门利益、单打一的问题，我们主动协调农口各部门之间的关系，定期或不定期的召开部门协调会，解决项目上报分散和重复投资问题，调动了部门统一编制项目的积极性，同时也提高了项目整合的质量。如2003年编制的扶贫、以工代赈、人畜引水、畜牧、农业、林业、水利、农业开发等专项资金项目，在省厅编制预算的同时，我们就及时沟通情况，对市级上报的项目实行部门分工、统一编制，突出重点产业，增强项目合力，解决了重复立项、重复投入问题，确保了各个项目的及时上报。

2004年我们共谋划农业项目50多个，投资近30多亿元，其中已完工项目17个，在建项目37个。项目的整合突出了承德的优势产业，明确了财政资金的扶持方向。

二、明确支持环节，促进产业发展

支持产业发展，需要明确各产业的支持环节，根据产业支持环节，明确资金使用方式，进而起到财政资金引导作用，带动产业发展。近两年来，我们围绕全市主导产业，着重扶持重点产业的关键环节。

（一）突出扶持奶牛业。我市林地、草场资源比较丰富，具有发展奶牛及肉牛产业的得天独厚的条件。我们把发展奶牛作为重点扶持项目。在资金上主要扶持三个环节：一是对良种繁育科技项目实行政府投入与引导农民投入相结合的办法。我市奶牛主要集中在围场、丰宁、隆化、滦平等接坝地区，这些县的大部分乡镇均适合发展奶牛业，但是由于资金、技术力量不足，近年来这个产业发展较慢。通过整合扶贫、畜牧、农业综合开发等资金作为引导，重点推广了胚胎移殖技术，通过政府资金的投入给农民起到了示范作用，取得了较好的效果。2003年以来整合资金720万元在隆化县推广了胚胎移殖技术，并聘请技术专家现场指导，政府资金的投入解除了老百姓的后顾之忧，农民自发投入资金近500余万元，胚胎移殖的准胎率达到35%，该县当年完成胚胎移殖1320枚；二是圈舍建设实行政府投入与社会投入相结合的办法。为了提高奶牛的饲养能力，重点扶持了奶牛小区建设。通过整合京津风沙源治理资金、农业综合开发资金、扶贫资金等近1200万元，集中支持了丰宁、围场、滦平等县的奶牛小区建设。小区建成后，由分户饲养到集中规模养殖，提高了产奶率也增强了防疫能力，深受老百姓的欢迎。通过这些小区的带动，全市12个养殖大户筹集资金1550万元建小区12处，带动了周边农民养牛的积极性。近两年全市共建成奶牛养殖小区30处，其中800头奶牛养殖规模小区4个，机械化挤奶大厅4个，百头奶牛繁育场21处，存栏规模在500头养殖专业村30个。三是采用政府贴息与引导借贷相结合的办法提高存栏量。同时我们通过采取贴息的方式引导农民贷款买牛，共投入贴息资金400万元，并指定专业银行与农民签定贷款合同，达到了奶牛扩群的目的。截止2004年底，全市奶牛存栏8.36万头，同比增长117.7%。

（二）大力发展林果业。林果业是我市具有比较优势的传统产业，全市农民人均拥有8亩林地、半亩果树，发展优质林果业前景广阔。在林果业的扶持环节上：一是抓优质种苗建设。我们结合生态建设项目，坚持财政资金与京津风沙源治理资金打捆使用，与“一退双还”资金打捆使用，重点支持山杏、板栗、山楂、优质苹果、速生丰产林、刺槐林等优质种苗。种苗购进实行政府采购，确保了质量和成活率；二是抓好水利配套工程。通过整合农业开发、扶贫、水利资金1700多万元，对宽城、兴隆、承德县的优质果品基地的水利配套项目给予扶持，取得了明显的效果。目前承德县注册的“山庄”牌苹果获得国家AA级绿色食品认证，并远销北京、天津、石家庄等大中城市，农民年实现收入5000多万元，户均收入3200元，实现了“基地规模状大、产品质量调优、综合效益显著”的目标，提高了果品市场占有率和科技含量。

（三）重点发展蔬菜业。一是在产地规模上实行设施扶持的方式。我市不断加大蔬菜业扶持力度，着眼于引进名、优、特、新品种，加快构建环京、津、唐及周边地区的绿色农产品生产基地步伐。集中财力重点扶持了滦平、平泉、承德县设施菜的规模建设。在资金支持上采取与农村信用社联合的方式，财政资金定额补贴，引导农村信贷资金注入，迅速扩大了基地规模。截止2005年上半年，全市设施菜面积达20多万亩；二是采取政府补助与农民自筹的方式发展保鲜库。时差菜和食用菌是我市蔬菜业的两大优势产业，近年来，由于产区保鲜库少，直接影响了外销，使农民收入受到影响。因此我们以财政资金为引导通过农民自筹和信贷资金相结合，重点支持了保鲜库建设。以平泉县食用菌产业为例，2003年以来共整合资金200多万元，吸引农民自筹和信贷资金300余万元，发展保鲜库近1000平米，解决了老百姓的燃眉之急，目前该县食用菌总量已达到7595万盘袋，形成11个食用菌专业乡镇，150个食用菌专业村，2004年农民户均纯收入3200多元，产品远销欧美和东南亚国家和地区，食用菌产业已发展成为拥有三十多家龙头企业经营，年产值达6.1亿元的县域经济支柱产业。

（四）优先扶持龙头企业。我市确立了突出整合资金优势，加快扶持重点龙头企业发展的战略。近两年来共整合农业开发等项资金3500余万元，重点扶持了营子怡达果品公司、平泉县润隆公司、绿源公司、承德长城种子公司、承德光大蔬菜公司等六家省级和一家市级龙头企业，壮大了龙头企业规模，同时也带动了基地发展，增加了农民收入。

三、强化管理水平，规范财政资金整合

整合财政资金也是适应公共财政管理的要求，在整合资金中，我们对不同性质的资金按照“渠道不乱、性质不变、各负其责、各记其功”的原则，坚持专款专用、打捆使用，规范整合资金管理。

（一）规范制度建设。近几年我市先后出台了《承德市财政支农资金管理办法》、《承德市财政扶贫资金县级财政报账管理办法》、《承德市农业综合开发资金县级财政报账管理办法》、《承德市农业产业化项目管理办法》等一系列规章制度，为充分发挥财政整合资金作用，集中财力支持重点产业提供了制度保障，真正达到了有章可循、依法理财、规范管理的目的，提高了资金运行质量。

（二）抓试点，以点带面推定全市支农资金加强管理。确定支农资金较规范的宽城县为试点，试行财政支农专项资金村账乡管办法，利用四、五两个月的时间，与县财政一起研究管理办法，适用的会计制度，会计核算方法，计账程序，报账审核手续，项目验收办法，支农项目财政报账的公告、公式制度等等，并制定了培训方式、范围和时间。我科派三人于 6 月 16—17 日与宽城县财政局共同举办了支农资金村账乡管培训班。县直相关 10 个部门、全县 18 个乡镇的分管领导、会计和第二批 41 个重点贫困村的村干部共 180 人参加了此次培训。讲解了支农资金村账乡管和财政报账等有关制度、办法等相关内容。通过培训，提高了县直有关部门和乡镇领导对试行村账乡管加强支农专项资金管理认识，统一了思想，为进一步规范和加强专项资金管理奠定了基础。

（三）规范效益评价指标体系。为了确保项目管理科学化。我们建立健全了以保值增值为主导的投资活动评价体系和以效益为核心的资金考核机制，健全用资责任制，做到在“质”上可考核，在“量”上可测定。我们整合资金支持承德长城种业公司花卉产业发展时，在完善项目管理的基础上，资金投放过程中采取了以保值增值为主导的投资活动评价体系和以效益为核心的资金考核机制，取得了显著的效果。截止到 2004 年底，该项目带动 2000 多花农发展花卉种植，基地扩大到石家庄藁城、甘肃临城、青海西宁、新疆昌吉、山西侯马等 13 个省市，公司年实现收入 400 多万元，利税 200 多万元，花农户均收入 2 万元，不仅为财政增收开辟了财源，也增加了农民收入。

（四）硬化约束机制。我们本着齐抓共管、上下协力，内外结合的方针，建立了以财政、审计、会计监督为主，检察、司法、舆论监督为辅，全方位、多层次、多形式的检查监督体系，进一步拓展了检查监督的广度和深度，逐步由事后监督向事前、事中、事后三结合监督转变，由资金投入监督向资金投入、资金效益、内控制度相结合的形式转变，由单项监督、突击性监督向综合监督、经常性监督转变，提高了检查监督质量和工作水平。近两年来分别对各县区资金使用情况进行了综合性检查，并就存在的问题提出了整改意见。同时，为了减少项目资金频繁检查的矛盾，每年我们主动协调审计和农口相关部门，对重点项目进行联查，采取以查代验、查验结合的方法，节省了时间，提高了工作效率。2004 年我们先后接待了国家审计署驻京津冀特派办、财政部驻河北专员办、国家部委和省直部门的多次检查，得到了上级领导的高度评价。

四、农业农村经济发展中的突出问题

（一）生产资料价格上扬，农业生产成本增加。1—5 月份，我市主要生产资料种子、化肥的涨幅均在 20%以上。仅化肥一项，农民种植 1 亩玉米将增加支出 20 多元，使农业生产成本增加，农民获纯利润减少，国家补贴被农资价格上涨所抵消。部分地方的农民对农资上涨的市场因素，错误地理解为国家通过价格途径把发放的补贴回收回来。客观上制约了农民种粮的积极性。

（二）农业产业化程度低，龙头企业规模小，辐射带动能力弱。

从总体看，我市龙头企业规模小、农产品深加工程度低、带动和辐射能力有限。截止到去年底，全市 36 家龙头企业年实现销售收入 21.06 亿元，超亿元的只有四家，分别是露露、怡达、避暑山庄、兴隆北区工业园，其他 32 家的年销售收入比重仅占 28.1%。产业类型重复，36 家企业中，林产品（以山杏为基础原料）12 家、蔬菜 6 个、食用菌 6 个、乳品 5 个、水果 4 个，而我市具有规模优势的猪牛羊禽肉仅有 5 个，且规模小，药材等深加工龙头企业缺乏，严重制约我市农业产业化进程。龙头经营组织联系农户 30.91 万户，占全市农户的 37.7%；其中龙头企业（集团）联系户数 19.79 万户，仅占全部农户的 24.1%。

（三）农民收入进一步增长的空间有限。农民增收是农业农村工作的核心，也是农村稳定和实现小康的基础。但由于我市山地较多，农民对结构调整的兴致不高，调整难度大。同时农民专业合作组织建设不健全，农产品市场销售渠道不畅；农村二、三产业发展不均衡，就地吸纳农村剩余劳动力就业能力有限；外出务工人员素质和劳动技能有待提高等，成为制约农民收入增长的主要原因。

五、完善财政支农政策建议

（一）加大投入力度，支持欠发达地区农业基础设施建设和生态环境建设，提高农业的防震抗灾能力。我市是经济欠发达地区，财政收入位次始终在全省末位徘徊。由于全市可用财力有限，投向农业方面的资金虽呈逐年递增之势，但增长的绝对数并不高。如 2005 年与 2004 年相比，市本级支农资金增长了 4865 万元，增长 6.5%，但如果扣除工资增长及人员经费等因素，实际投入到农业生产方面的资金并不大。因此，省级以上财政应加大对地方财政的支持力度，通过种粮补贴、农业综合开发、水土保持、人畜饮水等专项资金重点向农业基础设施和生态环境建设的投入，进一步改善农村生产生活条件。

（二）支持农业产业化建设。按照省委省政府确定的重点产业区域布局的要求，依托本地区位和资源优势，大力发展食用菌时差和设施菜、肉奶牛及果品深加工企业，建立一批优质深加工农产品基地，培育以基地为依托的主导产业和龙头企业，从而带动农民增收和财政增长。

（三）支持社会化服务体系和农村经济合作组织建设。要集中部分资金对已经成型的农村合作组织进行产前、产中、产后社会化服务体系建设，突出对农产品质量标准体系建设、检验检测体系建设、病虫害防治体系建设。

（四）支持农业科技进步。要大力支持良种和农业技术的研究、引进、推广，加大对农民的科学技术和劳动技能培训，加快科技成果转化，促进科技进步。

2005 年全省财政系统政风行风建设会议材料

把握重点　强化服务　行风建设出实效

秦皇岛市财政局

今年以来，我局在抓行风建设过程中，始终着眼于我市经济提速发展和建立和谐社会的目标，着眼于解决人民群众普遍关心的财政热点、焦点、难点问题，着眼于改进机关作风、提高机关效能，不摆花架子，踏下身子谋事、干事、干成事，努力将行风建设贯穿于各项财政工作的始终。

一、以行风建设力促发展

全局广大干部职工坚决冲破一切影响经济发展的思想障碍，坚持与时俱进，创新思维方式，创新工作方法。结合今年开展的保持共产党员先进性教育活动，进一步提高立党为公、执政为民的自觉性，牢固树立科学的发展观和政绩观。把行风建设融入财政工作，融入支持全市经济发展中来。围绕新世纪经济社会发展的大局，从建立社会主义公共财政体制的高度出发，按照重点突破、阶段推进、全面提高的整体部署，先后推出了部门预算、财政集中收付、政府采购、收支两条线、财政投资评审等多项改革措施，初步建立了与社会主义市场经济相适应的财政管理运行新机制，改革促进了发展，全市财政收入在持续保持良好增长势头的同时，财政支持经济建设的力度进一步加大。全市财政用于经济建设的支出逐年递增，全市粮棉油等基本农产品生产、农业科技推广和农业产业化建设取得长足发展，公共医疗卫生、基础教育、生态环境等基础设施建设得到显著改善。今年 1—5 月份，全市经常性支出完成 135347 万元，同比增长 17.6%，较好地保证了机关正常运转、公教人员工资发放、两个确保等重点支出，维护了政治稳定和社会安定，促进了各项社会事业发展。今年到目前，局党组已规划出落实科学发展观、促进县域经济发展、加快财政体制改革的具体措施 13 项。

二、以行风建设力促服务

突出为领导服务、为部门服务、为基层服务的“三服务”意识，自觉把“人民欢迎不欢迎、关心不关心、高兴不高兴、满意不满意”作为想问题、干工作的出发点和落脚点。对照今年的评议规则、内容和要求，全局下功夫深查真找突出问题。局党组成员及县级干部分别带领有关科室的负责人走访四县五区财政部门、市县区委、市县区政府、市县区人大、政协、纪委及与财政部门业务联系比较多的 17 个市直部门征求意见。分别召开财政行风监督员、局离退休老干部代表、局各科室、局属单位负责人、部分群众代表座谈会。发放征求意见函、在局机关大厅设立征求意见箱，公开电话、网上电子邮箱、以各党支部为单位召开了较高质量的专题生活会等多种形式共查找、征求到意见、建议 18 条。主要包括落实科学发展观、财政体制改革、财政管理机制创新、机关队伍建设等方面的问题。这些问题抓住了症结，为活动取得实效奠定了基础。针对工作中存在的薄弱环节，我局“五项整改措施”相继出台。一是其中针对政府采购中服务单位多次反映中低值易耗品质次价高、集中采购繁琐等问题，立即整改，于今年初已取消了政府采购中低值易耗商品定点采购；针对全市财会从业人员业务素质不均衡，会计信息失真问题，会计科、财政监督科、农业科已制定了为加强全市会计基础工作，财会从业人员培训计划，并已开始实施。二是进一步强化政务公开，健全规章制度。进一步扩大政务公开的范围，将局内各科室（局属单位）工作职责、办事程序、时限要求和科室（单位）联系电话等内容公开上墙，辑印成册发放社会各界，方便服务对象。充分利用秦皇岛市财政信息网站，积极推行网上政务公开。三是推行办事时限制。对部门和基层提出的资金申请等有关事项，认真研究，主动反馈，做到件件有回音、事事有着落。对符合政策规定的审批事项，在规定的时限内办结；对政策没有规定或由于财力困难暂时无法解决的，耐心解释，保证服务对象满意。今年以来，我市房屋交易市场呈现出前所未有的繁荣景象，契税征收窗口每天纳税市民达到百余人。为此，我局契税窗口积极采取措施，全面提高工作效率，于年初，窗口正式启动了微机出票方式，一式五联，一点即出，彻底告别手工填单的历史。实现了契税纳税申报、审核、出证全程计算机管理。同时还承诺，凡海港区范围内房屋产权转移缴纳契税手续一次性办清，不让纳税人因同一套产权跑第二趟，户均办理时间缩短至3分钟，做到了当日接件，当日办完，受到全社会普遍赞扬。三是建立定期走访制，不断改进工作作风和工作方式。局党组提出党员领导干部要发扬理论联系实际、密切联系群众的优良作风，每人每年下基层不少于45天，至少抽查10个项目，了解实情，为重大事项科学决策、为政府当好参谋、服好务。全局党员干部要破除“钱老大”思想，做到主动服务、热情服务、高效服务，设身处地地帮助群众解决实际问题。四是改革行政审批制度。清理、减少审批事项，简化审批环节，缩短审批时间，提高办事效率。五是建立完善奖励约束机制，提高财政队伍整体素质。人教科、党办、办公室完善了干部职工学习培训、加强队伍建设、奖励约束机制及调研工作计划。截止目前，我局已出台促进经济发展、优质服务措施20余项。

三、以行风建设力促队伍建设

围绕“建设一流队伍、争创一流业绩”的总思路，以培养“六强”干部（政治上强、业务上强、组织协调能力强、参谋意识强、团结协作精神强、服务意识强）为标准，不断强化财政干部的三项能力。

注重培养财政干部的理论知识学习能力。开展“三讲”、“三观”教育活动，帮助和引导全体干部树立正确的世界观、人生观和价值观。狠抓财政干部的业务技术能力。在全局开展公文写作、计算机应用和外语“三项学习”活动。加强了市场经济理论、财政业务知识等方面的培训，全方位优化干部的知识结构。不断提高财政干部的拒腐防变能力。开展警示教育活动，进一步增强全体党员干部廉洁自律意识和遵纪守法意识，教育全体财政干部牢固树立正确的权力观、地位观和金钱观，过好配偶关、子女关和苦乐关。

四、抓行风建设成效明显

全局上下抓行风建设活动进一步突出围绕中心、服务大局的特点，把行风建设活动的成效体现到促进各项工作、解决突出问题上，用推动各项工作的实际成果，衡量和检验行风建设的成效。

一是在团结干事上见成效，财政改革有新的亮点。全局领导班子和干部职工更加团结一致、同心同德、求真务实、扎实工作。在财政改革已取得显著成绩的基础上，进一步深化了国库集中收付、政府采购、预算管理、收支两条线、产权交易、投资评审等财政体制改革。农村税费改革在去年北戴河、山海关、海港区、市开发区、青龙县已全面取消农业税的基础上，今年其他三县又降低了2个百分点。全市粮食直补资金1206万元，已全部发放到农民手中，受益农户达41.17万户，无一例信访；二是在思想解放上见成效，财政管理有新的突破。大胆开拓，与时俱进，进一步完善了扶贫支农、文教卫生、社会保障等专项资金的管理，代政府出台了《财政支持经济社会发展资金管理办法》，确保了各项财政专项资金的分配、管理、使用更加规范、安全、有效。积极探索出口退税、教育一费制、农村保障体系、医疗卫生体系等事关民生问题投入的新方式；三是在工作业绩上见成效，组织财政收入有新的招数。在加大财税征管力度的同时，加强与各职能部门的协作配合，重点加强企业及个人所得税、土地盘活以及房产交易税收的征收，挖掘和培植新的财源增长点，1—5月份全市累计完成财政收入21亿元，比去年同期增长22.4%。社会保障等涉及群众利益的问题得到较好解决。四是作风转变上见成效，项目争取和管理上有新的进展。干部职工牢固树立起勤政为民的意识，切实把“三个代表”落到实处。采取各种措施，把握国家产业发展方向，密切注视国家项目投入信息，认真研究财政资金的投入方式，探索项目发展、壮大地方财力的新路子。尤其为加大项目建设争取力度，各相关科室已分别建立项目库，每个项目库每年新储备项目不少于10个。同时建立健全项目管理办法。五是在精神面貌上见成效，文明创建有新的举措。广大党员荣誉感、使命感明显增强，精神振奋。为进一步优化经济发展环境，积极探索市场经济条件下文明创建的新途径、新方式。认真主动地抓好“三城同创”、廉政文化建设、行政效能建设、行风建设工作；六是党员及财政干部素质有新的提高。广大党员干部牢记“一身正气爱岗敬业，两袖清风为民理财”的警句。在增强党员的宗旨观念、廉洁自律和干部服务基层、服务群众、开拓创新、争创一流、团结和谐、科学发展等方面，树立新意识、新观念，展示出了新的风貌。

2005年全省农业财政工作会议材料

给群众明白　还干部清白
实行“村财乡代管”
努力构建和谐农村

邢台市财政局

为认真贯彻落实党的十六大提出的“健全基层自治组织和民主管理制度，完善公开办事制度，保证人民群众依法直接行使民主权利，管理基层公共事务和公益事业，对干部实行民主监督”的要求，适应农村发展的新形势，进一步推动和谐农村建设，近年来，我们积极探索并推行农村财务管理改革，将村级财务由乡镇统一（代）管理，实行“村财乡（代）管”，取得了一些好的效果。

一、实行“村财乡（代）管”的起因

（一）动力

今年的十届全国人大三次会议，温家宝总理在政府工作报告中提出了建设社会主义和谐社会的目标。为认真贯彻落实中央精神，我市主要领导认为，建设社会主义和谐社会应从农村抓起，因为农村和谐是全社会和谐的基础。而实现农村社会的和谐，解决好农村财务管理混乱问题是重要工作之一。为此，在听取了市财政局的工作汇报后，市委董经纬书记明确要求，要把“村财乡代管”工作与全市正在进行的农村税费改革结合起来，加快进展速度，务必取得实效。市政府姜德果市长批示：在全市范围内推广南和县贾宋镇“村财乡代管”试点经验很好，希望你们抓紧抓好、抓出成效。常务副市长王金廷批示：乡镇要借鉴南和县贾宋镇经验，逐步推行“村财乡代管”，积极探索新形势下乡镇财政职能定位问题。王市长还在全市财政工作会议上对这项工作作了重点部署。市主要领导的意见，为我们做好这项工作奠定了坚实的基础。

（二）启因

一是近年来，从我市信访排查中发现，在群众上访案件中，因农村账务不清上访的占了60%，因宅基地纠纷上访的占了30%，其他上访仅占10%，村级财务管理不善导致党群、干群关系紧张的问题引起了市、县两级领导的高度重视。二是在财务大检查中，发现乡村在财务管理中不同程度地存在一些问题：会计人员随村双委班子调整而频繁更换，新老会计由于种种原因不互相交接账务，形成“节节账”问题比较严重；随意支出问题比较突出；债权债务不清，应收不收或收入不上账，应支未支，财务公开不及时、不规范。三是在纪检、检察部门近年来处理的村干部中，大部分是因为经济问题。虽然村干部受到应有的处理，但造成的人力、财力的浪费是无法挽救的，群众的切身利益受到严重损害。四是乡（镇）财政职能面临重新定位的问题。过去乡镇财政所承担着收支两大任务。但是，随着农业税的减免直至取消以及农村教师工资上划县级统一发放，乡镇财政所现有工作量锐减。将乡镇财政工作职能转移到为村级财务服务上来，既可以发挥乡镇财政人员的素质相对较高，业务比较熟的优势，同时又可为村级财务管理提供优质、高效地服务。

针对上述情况，市、县两级财政部门从保持党员、干部先进性出发，从保护干部出发，从反腐倡廉源头抓起出发，决定创新管理模式，进一步规范乡村的财务管理。实行“村财乡（代）管”就是在保持村级集体财产所有权、审批权、使用权、收益权不变的前提下，由乡镇对村级资金和账务实行“双代管”。

在机构的定位上考虑到村级财务属集体财产，我们按照《中共中央办公厅、国务院办公厅在农村普遍实行村务公开和民主管理制度的通知》（中办发[1998]9号）、《中华人民共和国村民委员会组织法》、《村集体经济组织会计制度》和《河北省村级财务收支管理暂行办法（试行）》，并同组织、农业、审计、纪检等部门共同协商，结合乡村实际，通过广泛深入调研，反复论证，于2003年在南和县贾宋镇探索建立了农村财务服务中心，由服务中心代管村级资金，为村民提供专业化的无偿服务。为使其制度化、经常化，2004 年南和县委、政府先后制定了《关于在乡镇推行会计集中核算的指导意见》和《关于农村财务服务中心暂行管理办法》。

同时，从当地实际出发，分类进行，区别对待，不搞一刀切。村经济发达，财务管理比较好的，仍由村里管理；一般的村纳入服务中心；时机不成熟的村，创造条件，逐步纳入。2005 年在南和试点的基础上，已在全市逐步推开。截止目前，全市已有南和、柏乡、临西等 5 个县及其它县的 42 个乡镇实行了“村财乡(代)管”，2006 年底以前可望全部推行。

二、实行“村财乡(代)管”的具体操作程序

(一)建立专门机构，配备专门人员

建立了“服务中心”，明确服务中心主要职责是根据《会计法》等有关法律法规，认真做好会计核算工作，及时记录和反映村级资金变动情况和结果；协助各村做好财务管理工作；指导和帮助各村建立健全内部财务管理制度。明确“服务中心”人员全部由乡财政所人员兼任，设主任 1 名(镇长兼任)、记账会计 1 名、出纳 1 名。县农村合作经营管理部门和财政部门，负责对“服务中心”业务人员的管理和培训。

(二)尊重群众意愿，坚持依法办事

按照《村集体经济组织会计制度》要求，“村集体经济组织可以按照民主、自愿的原则，委托乡(镇)经营管理机构及代理记账机构代理记账、核算”。《河北省村级财务收支管理暂行办法(试行)》规定，“村级集体财务收支，实行村集体经济组织核算管理和村级所有、委托乡镇代管的双层财务管理体制”。贾宋镇依照法律程序，履行委托手续，将“村财乡(代)管”定位为服务型理财，代管村级财务。在管理原则上，受村委托，“服务中心”与各村鉴定了委托书，做到了既要依法办事，又要尊重民意，为民服务。在管理主体上，坚持“四个不变”，即乡镇不改变村级资金的所有权、使用权、审批权和收益分配权。通过发挥“服务中心”的作用，帮助村民管好财、用好财，让群众明白、放心、满意。

(三)完善工作机制，提高理财水平

一是明确界定村级资金管理范围。纳入“服务中心”管理的资金覆盖村级所有收入，包括农业税附加及减免、村级转移支付、村集体直接经营收入、发包、租金、拍卖收入等属于村集体的所有资金及其他收入。二是分村设户建账。在不改变村资金所有权、使用权的前提下，受村委托，由“服务中心”为各村分别设立银行账户，分村建账、核算、报表和保管会计档案。三是定期报账，委托计账。各村撤消会计和出纳岗位，只设一名报账员，负责现金的代收代付工作。各村报账员持原始凭证定期到“服务中心”报账，“服务中心”为各村提供委托记账服务。四是严格支出审批。实行“四级审批”：200 元以内的，由村支书、村主任审批；200－1000 元由双委班子研究，村支书、村主任审批；1000 元以上由村理财小组和监督小组审核，村支书、村主任审批。村级审批完成后，再由服务中心计账会计、主任对票据进行审签。

(四)加强建章监督，确保高效运转

建立了相关规章制度，对财务管理、核算、签批，以及白条下账等做了具体规定，从根本上规范和约束了“服务中心”和村级涉财人员工作行为。同时，坚持“五监督”，增加村级财务工作透明度。即“服务中心”接受县审计、监察等部门监督；镇成立检查小组，定期检查村级财务，接受镇的监督；明确镇包村干部为各村财务监督员，发现违纪违规问题，交由镇进行处理，接受包村干部的监督；实行“服务中心”与村双方印鉴共同管理，做到相互监督；“服务中心”每季度为各村编制财务公开明细表，由各村于每季度终了 3 日内向村民公布每季度财务收支情况，接受村民的监督。

三、实行“村财乡(代)管”收到了较好效果

近两年，南和县贾宋镇通过实行“村财乡(代)管”，规范了农村财务管理，收到了较好效果。一是实行“村财乡(代)管”有利于农村和谐社会的建设。实行村财乡管后，农村的财务行为进一步规范，从而可以给群众一个明白，还干部一个清白，农民也不必为财务问题而上访，干部也不必因财务管理而费心，干群关系将更加密切，也从根本上消除了农村一大不稳定因素，为农村和谐社会的建设创造有利的条件。二是实行“村财乡(代)管”有利于乡镇财政职能的转变。三是实行“村财乡(代)管”有利于提高资金的使用效益。实行“村财(乡)代管”后，村级的各项收入、财政对农村的转移支付和部门对农村拨付的资金，都要统一缴付到“村财乡(代)管”部门，使村级收入管理得到加强，可有效遏止乱收费、乱摊派行为，进一步减轻农民负担。村级各项支出均在村财乡管部门的全程监督下使用，小额支出按法定程序审批，大额支出须经村民理财小组审批，关系到全村群众重大利益的支出，须经村民代表大会讨论通过。由于资金使用进一步规范和透明，不仅可避免资金使用的盲目性，还可有效地杜绝挤占、挪用等违纪现象的发生，从而提高资金的使用效益，确保资金安全完整。贾宋镇自“服务中心”运行以来，未发生一起涉财上访事件。拒付不合理、不合法村级财务开支累计达9.6万元，节约资金3万余元。省级劳模、市人大代表、贾宋镇韩牌村党支部书记孔聚申说：“村财由乡代管，干部之间避免了矛盾，群众之间解除了疑虑，报账员省心，村民放心，村干部安心。”

2005年全省财政投资评审工作会议材料

强化财政评审职能 提高政府投资效益

霸州市财政局

霸州市财政投资评审中心自2004年10月成立以来，在市委、市政府的正确领导下，在局党组及省、市财政投资评审中心的大力关怀和支持下，中心全体评审人员扎实工作，齐心协力，紧紧围绕财政支出预算管理改革，认真搞好政府性建设资金的评审工作，狠抓评审质量，为国家节约了大量财政资金，在公共财政的改革和管理中发挥了重要作用。截止到目前为止，不到一年的时间共审核建设项目39个，审核金额1.37亿元，审减资金0.36亿元，平均审减率为21.89%。

回顾近一年来的评审工作，有以下五点体会和收获：

一、领导重视是做好评审工作的基础

为适应公共财政预算体制改革，强化财政资金支出预算管理，我市领导充分意识到财政支出管理的难点是以基本建设为主要内容的项目支出管理，而严把基本建设投资关将是控制财政开支的重要手段，为此，2004年10月成立了霸州市财政投资评审中心，履行财政性投资建设项目的评审职能，为财政支出服务。在当时机构编制和办公经费非常困难得的情况下，局党组压缩其他办公经费为评审中心安排出五万元的开办费，购置了微机和办公软件，并配备了一支精干的审计队伍投入工作，为评审工作的顺利开展创造了良好条件。局长郑海生同志多次强调指出：要加强财政投资评审工作，积极与财政相关部门配合，为财政支出服好务。常务副市长董文才同志在项目投资会议上也多次强调：财政投资评审工作应该前移，从预算入手，把好投资控制关。为进一步明确财政投资评审中心的工作，市政府于2005年5月还以政府文件的形式下发了《霸州市政府性建设项目资金管理办法》，对评审工作的职责、内容作了详细的规定。同时，在评审中心组建的过程中无论从技术方面，还是人员方面都得到了省、市财政投资评审中心的大力支持，有力地推动了我市评审工作的顺利开展。

二、扎实苦干是做好评审工作的关键

财政投资评审工作是一项集政策性、专业性、技术性很强的工作，对于每个报审的工程项目我评审中心本着从源头开始，提前介入，贯穿始终，实施事前、事中、事后全过程评审，从而有效地增强了对政府性投资项目的监管。

（一）预算评审。项目工程在勘查、设计、施工、监理等招标前必须由财政评审中心做出最高限价，合理控制该工程项目的招投标价格，降低政府工程项目的建设成本。

（二）过程评审。工程施工过程中，由我中心派专业工程师跟踪现场，根据施工具体情况，严格控制现场签证的真实性、有效性、合理性。对工程涉及的大量特殊建筑材料及设备，我们及时进行询价，并给出最高限价，有效地控制了工程造价，节约了大量财政资金。

（三）结算评审。在工程结算时，中标价格不再调整，评审中心对已经确认的有效变更签证进行审核，确定科学、合理的工程结算价款，保证了工程结算的客观、合理、准确、公正。建设单位以此作为工程结算的依据。

（四）决算评审。在工程竣工决算时，评审中心对所有与工程有关的费用，如征地补偿费、设计费、监理费、设计费、建设单位管理费等进行审核，控制各类费用的合理性，最终得出准确、完整、科学的审核结论，并出具详实的审核报告。财政部门以此决算结果作为决算资金批复和国有资产移交的依据。

三、协调联动是做好评审工作的纽带

为了切实履行好财政投资评审职能，强化支出预算管理，我们财政投资评审中心与机关其他科室协调联动，紧密配合，做到五个结合。

（一）与预算编审中心相结合。充分利用评审中心专业人员和技术手段，为预算编制提供基础技术性和专业性服务，配合财政预算编制部门搞好财政投资基建项目预算的编审工作，使基建项目预算编制更加科学规范，提高基建项目预算编制的准确性，从源头上加强基建资金的监管。对项目变更坚持先评审后追加预算的原则，有效控制建设规模和建设投资，硬化预算约束，维护预算的严肃性。

（二）与各资金支出职能科室相结合。围绕财政国库集中支付制度的改革，对基建工程拨款，我们中心严把安全关，提高拨付资金的准确性，并依据“按计划、按预算、按合同、按进度”的原则对资金的使用情况和工程实施情况进行评审，建立了评审专业人员全程监督追踪问效制度，使财政部门对项目的进展情况心中有数，合理控制和调整财政资金的流量，流向，提高各职能科室拨付资金的准确性。

（三）与政府采购中心相结合。凡属政府性投资的所有建设工程项目，其勘测、设计、施工、监理以及与工程建设相关的重要设备、材料的采购，必须通过政府采购进行招投标。同时，评审中心对市本级政府性投资项目确定工程造价，以此价格作为项目工程的最高限价，为财政部门安排基本建设项目支出预算和采购部门控制建设项目招投标提供依据，使政府工程采购招投标工作和基建项目管理程序相衔接，达到节约财政建设资金，提高投资使用效益的目的。

（四）与财政监督科室相结合。通过对财政投资项目预、决算的评审，合理的确定财政投资项目的工程成本和各项费用的开支，切实发挥对基建工程进行审核管理的职能。财政监督部门按照财政评审中心的审查结论，作为对基建项目审计、监督的重要依据。

（五）与国有资产管理部门相结合。国有资产管理部门在办理项目单位产权移交手续时，应首先验证是否有财政投资评审中心出具的竣工决算报告，对未经财政投资评审中心审查竣工决算的建设项目不予办理产权登记手续。

四、评审质量是确立财政评审地位的根本

霸州市财政投资评审中心成立一年来，大大小小的工程项目共计审核了 39 个，大的工程项目有投资六千多万的霸杨路工程、三千多万的兴港园区道路工程等，小的有几千元的市政设施的修缮工程，市政设施搬迁工程等，工程项目范围涵盖了土建、市政、园林、水利、公路等多个专业。我评审中心所有人员都是以高度的责任心对待每个项目的评审，接到任务后都尽心尽力多次实地考察和核实，对项目进行跟踪，在工程竣工时，逐项审核竣工资料，认真核对工程纪录。例如，霸州市霸杨线公路工程是今年市政府重点工程，我们组织了技术过硬的评审队伍，对报审金额 6893.9 万元的预算进行了审核，经过我们现场核实、发现无论工程量清单还是综合单价普遍偏高，我们据实进行了调整，经过多次核对，出具了此工程最高限价，审定限价金额为 4874.3 万元，共审减资金 2019.6 万元，得到了建设单位的认可，同时更树立了财政投资评审中心在工程造价领域的信誉，对于各类小型装修工程，虽然数额不大，但我们都认真对待，如霸州展馆装修工程报审金额 88.1 万元，我们根据装修施工工艺说明，对工程量认真核实，并对材料单价进行了市场咨询并与采购办协调，对用量大的材料进行了政府采购，受到了良好的评审效果，审定最高限价为 51.5 万元，审减了 36.6万元，节约了大量的财政资金。得到了市政府的好评。目前，霸州市各部门对基建工程评审过程都给予充分的认可并主动要求评审，财政投资评审中心的地位通过出色的工作业绩得到了进一步加强，使财政性投、融资基建项目的投资行为走向规范化道路。

五、队伍建设是做好评审工作的保证

财政投资评审工作专业性很强，没有一支专业化的队伍是无法开展工作的。在用人机制上，我市评审中心除三名常设人员外，各专业人才走社会聘任路子，既有长期在岗的，也有短期聘任的，并实行能上能下的全员聘任制，同时，对重大工程我们将邀请省、市专家进行论证把关。在做好日常评审工作的同时，我们认真抓好评审人员业务的学习，一方面组织评审人员参加省市组织的业务培训，还定期聘请省、市的专家来我市进行现场培训，结合具体工程培训评审技巧，另一方面我们还狠抓了评审人员的业绩考评制度，包括评审质量、评审业绩、评审金额等多个方面，有力的促进了评审人员评审效益的提高。经过一年来的努力，霸州市投资评审中心已形了一支年轻、精干的专业化评审队伍，为高效、高质量完成评审工作提供了有力保障。

一年来，我市投资评审工作初步的运转，有力证明了评审工作的开展不仅提高了政府性资金支出的合理性和透明度，还顺应了市场经济的要求，使政府投资项目的合理性和客观性得到了进一步加强，更为深化财政体制改革提供了有力的技术保障。一年来的评审实践，也使我们认识到刚刚起步的投资评审工作任重而道远，我们工作中还存在许多缺点和不足，在今后的工作中我们将以服务求有为，以服务求有位，坚持服务的思想，积极做好评审工作，努力做好政府的好参谋、人民的好公仆。

2005 年全省农业财政业务管理培训班材料

提高财政支农资金效益 助推“三农”快速发展

冀州市财政局

财政支农资金是国家支持农业发展最重要的手段之一，管好用好财政支农资金，使之发挥最佳效益，是提高财政支农工作整体水平，加快农业现代化进程的客观需要。近年来，在省市财政部门的支持帮助下，我们认真落实各项惠农政策，不断加强各项基础管理工作，充分发挥支农资金效益，促进了“三农”事业的健康发展。现将有关情况向领导和同志们汇报如下：

一、冀州市农业特色产业和财政经济概况

冀州市地处河北省东南部黑龙港流域，总面积 960 平方公里，辖 11 个乡镇 412 个行政村，总人口 36.5 万人，其中农业人口 32 万人，耕地面积 92.5 万亩，农业人口人均耕地 2.8 亩。

我市属于典型的农业县级市，小麦、棉花、辣椒、食用菌、速生林等农业资源丰富，在此基础上，逐步发展形成了林板家具、棉花加工、食品加工三大农业特色产业。2004 年，全市小棉种植面积 20.5 万亩，总产 8229 万公斤；棉花面积 38 万亩，总产 232.5 万公斤；辣椒面积 10 万亩，食用菌大棚 3 万个，产量分别达到 2.25 万吨和 6 万吨。全年造林 5.5 万亩、植树 550 万株。林板家具产业，目前全市共有林板家具工业企业 25 家，家具制造企业 16 家。龙头企业华林公司先后荣获“省林业龙型经济十佳企业”、“省农业产业化经营重点龙头企业”、“国家级农业产业化龙头企业”称号。食品加工产业，目前共有各类食品加工企业 126 户，建成了华北地区最大的挂面生产基地、全国最大的姬菇生产基地和干制辣椒产销中心。“冀州小椒”是河北省名牌产品，周村辣椒市场被确定为农业部定点市场，是“中国辣椒之乡”。“玉姬”牌姬菇被评为全国食用菌行业十佳名牌产品，姬菇生产标准化示范区被确定为国家级农业标准化示范区，是“中国食用菌之乡”。龙头企业永生食品公司的挂面生产规模列全国第 9 位。棉花加工产业，我市是全国优质棉生产基地，棉花色白、绒长、含糖低，有较强的市场竞争力。共有棉花购销加工企业 36 家，皮棉加工量达到 2 万吨，几家大型加工企业年生产能力达 10 万纱锭。

2004 年，全市全部财政收入完成 19660 万元，可比增长 5.8%。其中，地方级一般预算收入 6872 万元。财政支出 22564 万元，比上年增长 20.8%。因地方可用财力较少、财政供养负担较重，发展性支出比重很小，属典型的“吃饭财政”。

二、实行“一二三四”管理机制，确保财政支农资金安全、规范、高效运行

（一）牢固树立财政环节“一盘棋意识”。为从源头上加强各项支农资金管理，预算科、国库科、经建科、支付中心、农业科、农发办等财政内部职能科室，在支农资金拨付、报账制资金审核、支农物资招标采购方面，坚持做到各司其职、相互配合、环环相扣、程序严谨，发现问题及时纠正，最大限度地强化了财政环节的监管效能。

（二）严把项目报批和资金拨付“两个关口”。一是严把支农项目报批关。对需要报请上级资金帮扶的农业项目，无论规模大小，一律从严把关，实行“三不报制度”，即：不符合地方产业结构调整规划的不报，项目可行性前期论证不充分的不报，弄虚作假、存在套取上级资金倾向的不报。二是严把资金拨付关。从支农专项资金管理方式、报账制审批程序、资金拨付手续等方面，建立健全资金管理台账，设计了制式卡片和申请书，对支农资金实行“三卡一书文本格式化”管理。“三卡”，即：支农专项资金到账登记卡，用于记录上级指标文到账情况，并根据资金性质相应界定为“国库科直接拨付”、“支付中心专项支付”和“县级报账制支付”三种资金管理方式；支农专项资金报账制运行登记卡，用于逐项逐笔记录资金报账情况，并按项目投资构成等报账内容进行明细登记；支农专项资金专项支付登记卡，用于明细记录报账制资金以外、由财政支付中心专项支付账户核拨的项目资金的拨付和结存情况。“一书”,即:项目实施单位专项资金报账申请书,作为项目单位报账时汇总、签字的书面文本,用于反映项目建设各类费用的使用情况。

(三)切实加强事前事中事后“三步监管”。一是加强事前审核。项目实施前,除了严把论证报批关外,还要对项目预算、施工进度安排以及招标投标等数据资料进行详细审核,发现不符合要求的责令及时改正。二是加强事中监控。在项目实施过程中,坚持定期或不定期深入实地检查,察看项目实施进度与资金使用情况是否对应,账实是否相符,管理中是否存在挤占、挪用和跑冒滴漏。三是加强事后检查。项目竣工后,会同有关部门及时进行竣工验收。对资金额度较大的项目,邀请市审计局进行项目财务专项审计,严防违规问题的发生。

(四)努力做到财务管理“四个规范”。一是规范会计行为。坚持经常组织农口单位、乡镇财政所和项目单位、项目村的会计人员进行业务培训,宣讲财经法规,不断提高其政策水平和业务技能,增强依法理财意识,改进支农项目财务管理。二是规范账目管理。按照专人专账管理的要求,从财政部门到项目单位,坚持做到支农专项资金专门账目核算,一个项目一本账,一个项目一套会计资料档案,严禁挤占、挪用和项目之间调剂使用。三是规范法律责任。项目主管部门和实施单位负责做好项目资金的财务管理和会计核算,并对支付申请书及报账原始凭证的真实性、合法性负责;财政部门的农业科、农发办等主管科室负责对资金用途和额度进行审核把关、签署拨付意见,对项目实施进行监督和评价;财政支付中心负责审核报账票据的合规性,办理资金支付业务;采购办负责对纳入政府采购目录范围内的事项进行招标采购,并由支付中心将资金直接拨付供应商或劳务提供者。四是规范资金划转方式。严禁以提现方式违规大额提取项目资金,除项目实施过程中的人员工资等个人劳务支出外,其他事项一般都要使用转账方式结算,不得随意采用现金支付方式。

三、加大支农投入力度,优化支农资金结构,财政支农工作取得明显成效

近年来,在财力非常紧张的情况下,全市财政支农投入始终保持了逐年增长态势,2002—2004年累计达4155万元,占同期财政支出的6.6%。其中支援农村生产支出、农业综合开发支出、农口事业费支出由843万元增长到2302万元。财政资金的导向作用和“乘数效应”逐步积蓄和扩大,为全市农业和农村经济的发展壮大发挥了不可替代的作用。

(一)加强水利基础设施建设,提升农业生产保障能力。农业生产,水利先行。我们注重把水利基础设施建设作为公共财政支农投入的重点,先后筹措资金195万元,修建中型桥梁2座、小型桥梁3座、闸涵2处;大力发展节水增效项目,投入资金162万元,为7个乡镇新增管道控制面积2.5万亩;投资592万元,帮助2个乡镇推广棉田膜下滴灌1万亩;组织实施咸淡混浇与管道输水一体化项目,总投资165万元,完成咸淡混浇井组180个,延伸加密管道4.3万米,实现咸淡混浇控制面积7.1万亩,大大改善了农业生产条件。

(二)扶持产业龙头做大做强,充分发挥辐射带动作用。几年来,我们立足全市农业特色产业,在财政资金和政策方面给予重点倾斜,由小到大,由弱到强,积极扶持壮大农业产业化龙头企业。2002年,华林公司率先在国内提出了“林板一体化”发展思路,目前已达到20万立方米生产能力,完成15万亩速生林基地建设,林板家具城项目也在筹建之中。此外,还建成了以永生公司为龙头的小麦加工群体、以华鑫公司为龙头的食用菌生产出口基地、以周村辣椒市场为龙头的辣椒种植、加工、销售基地,有效带动了农业增效和农民增收。

(三)加快社会化服务体系建设,促进农业科技进步。我们重视对农业技术推广和农业社会化服务体系建设的支持,先后投入资金200多万元,完成了辣椒新品种繁育及标准化无公害示范基地建设项目,完成了市农业高新技术示范园棉花、辣椒、食用菌新品种对比试验和选育,支持建立了市级农技协会5个,乡级协会60个,村级协会192个,参与农户2.5万户,占全市总农户数的31%。种子工程的实施和协会组织的壮大,为全市农业发展插上了腾飞的翅膀。

(四)加大农业综合开发力度,提高农业综合生产能力。近年来,共完成农业综合开发投资2446万元,修建桥梁12座,涵洞273个,新打机井129眼,维修机井139眼,安装地下防渗管道55万米,新装变压器133台,农田输电线路16万米,整修田间路51万米,平整土地11446公顷,深耕土地10314公顷，秸秆还田 9990 公顷，农技推广和示范田 2050 公顷，培训农民 2664 人次。使公共财政的阳光更多地照耀到农村，项目建成区的农业生产条件得到大大改善，农民群众真正得到了惠农政策的实惠和好处。

以上是我们的一些粗浅做法，与省厅的要求和兄弟市县的工作相比还存在一定差距，今后，我们将继续创新管理机制和工作方法，不断改进和加强支农资金管理，为农业增产、农民增收、农村发展做出更大的贡献。

统 计 资 料

2005 年全省财政收入分级分系统完成情况表

单位：万元

项　　目	计划数	实际完成	占计划 %	上年同期	比上年同期 +－%
一、全部收入	8300000	10352010	124.7	7783310	33.0
1.中央四税收入	3946650	5194993	131.6	3705037	40.2
增值税 75%	2627250	3631050	138.2	2499177	45.3
消费税 100%	348000	357506	102.7	322114	11.0
企业所得税 60%	609600	782832	128.4	551475	42.0
个人所得税 60%	361800	423605	117.1	332271	27.5
2.地方一般预算收入	4353350	5157017	118.5	4078273	26.5
省级收入	1105503	1368953	123.8	1052927	30.0
市及市以下收入	3247847	3788064	116.6	3025346	25.2
二、分系统入库情况	8300000	10352010	124.7	7783310	33.0
1.国税系统	5200000	5995747	115.3	4727038	26.8
增值税	4218000	4896677	116.1	3843800	27.4
消费税	348000	357506	102.7	322114	11.0
涉外企业所得税	126000	172113	136.6	109460	57.2
企业所得税	315000	373070	118.4	272714	36.8
个人所得税	193000	196381	101.8	178950	9.7
2.免抵退及专员办退税	－715000	－55277	7.7	－511564	－89.2
免抵、退增值税	－675000			－460244	－100.0
专员办退税	－40000	－55277	138.2	－51320	7.7
3.地税系统	2440000	2949903	120.9	2255137	30.8
4.财政系统	1360000	1449849	106.6	1299292	11.6
组织收入	1375000	1463749	106.5	1311837	11.6
企业亏损补贴	－15000	－13900	92.7	－12545	10.8
5.中央财政分配所得税	15000	11788	78.6	13407	－12.1

注：本表比上年同期增长均为自然口径，未考虑出口退税负担机制及农业税降率的调整因素。

2005年全省一般预算收入完成情况表

单位:万元

项　　目	预算数	实际完成	占预算%	上年同期	比上年同期+-%
1.增值税	1183500	1210350	102.3	833059	45.3
2.营业税	1040000	1052787	101.2	855106	23.1
3.企业所得税	528600	533676	101.0	381060	40.1
其中:国税系统所得税		149228		109086	36.8
地税系统所得税		303815		214783	41.5
国税系统涉外所得税		68845		43784	57.2
跨省经营企业所得税		11788		13407	－12.1
4.企业所得税退税				－2	－100.0
5.个人所得税	270800	282403	104.3	221514	27.5
一般个人所得税		203851		149934	36.0
利息个人所得税		78552		71580	9.7
6.资源税	110300	110339	100.0	81144	36.0
7.固定资产投资方向调节税	200	208	104.0	368	－43.5
8.城市维护建设税	289200	292508	101.1	229806	27.3
9.房产税	110000	110808	100.7	95302	16.3
10.印花税	50500	51499	102.0	32126	60.3
11.城镇土地使用税	43300	44924	103.8	39373	14.1
12.土地增值税	7600	8537	112.3	2664	220.5
13.车船使用和牌照税	9018	9122	101.2	7461	22.3
14.屠宰税		7			
15.农业税	43060	47206	109.6	135580	－65.2
16.农业特产税		558		776	－28.1
17.耕地占用税	27000	27779	102.9	23155	20.0
18.契税	147200	148179	100.7	104314	42.1
19.国有资产经营收益	105000	108704	103.5	71622	51.8
20.国有企业计划亏损补贴	－13000	－13900	106.9	－12545	10.8
21.行政性收费收入	387000	384858	99.4	342481	12.4
22.罚没收入	350000	346519	99.0	322612	7.4
23.海域场地矿区使用费收入	5741	4049	70.5	5696	－28.9
24.专项收入	322000	328512	102.0	226207	45.2
25.其他收入	101000	67385	66.7	79394	－15.1
收入合计	5118019	5157017	100.8	4078273	26.5

2005 年全省一般预算支出完成情况表

单位:万元

项　目	预算数	实际完成	占预算%	上年同期	比上年同期+－%
1.基本建设支出类	846735	735846	86.9	618577	19.0
2.企业挖潜改造资金	222966	211320	94.8	149016	41.8
3.地质勘探费类	26402	26123	98.9	25474	2.5
4.科技三项费用类	76134	74044	97.3	68231	8.5
5.农业支出	336538	322693	95.9	242201	33.2
6.林业支出	221442	217046	98.0	266509	－18.6
7.水利和气象支出	99003	92937	93.9	77190	20.4
8.工交等部门事业费	160920	156451	97.2	131799	18.7
9.流通部门事业费类	16581	16204	97.7	11631	39.3
10.文体广播事业费	257782	252154	97.8	194480	29.7
11.教育事业费类	1749027	1705374	97.5	1423523	19.8
12.科学事业费类	38968	35192	90.3	29857	17.9
13.医疗卫生支出	478715	450870	94.2	351422	28.3
14.其它部门事业费	721700	639754	88.6	553749	15.5
15.抚恤和社救费	305249	283309	92.8	214497	32.1
16.行政事业离退休	477661	470734	98.5	417532	12.7
17.社会保障补助支出	757066	725068	95.8	485292	49.4
18.国防支出	11708	11700	99.9	10892	7.4
19.行政管理费	1004402	974398	97.0	802101	21.5
20.外交外事支出	8969	8429	94.0	8360	0.8
21.武警部队支出类	4995	4937	98.8	4482	10.2
22.公检法司支出	718314	688198	95.8	554549	24.1
23.城市维护费	472846	460698	97.4	315047	46.2
24.政策性补贴支出	212964	210332	98.8	214981	－2.2
25.支援不发达地区支出	63255	61418	97.1	55916	9.8
26.海域开发建设和场地使用费支出	2682	2231	83.2	2787	－19.9
27.车辆税费支出	61007	45332	74.3	1468	2988.0
28.债务利息支出	234	234	100.0	119	96.6
29.专项支出	311865	263773	84.6	200899	31.3
30.其他支出	1068214	644836	60.4	423010	52.4
31.总预备费					
支出合计	10734344	9791635	91.2	7855591	24.6

2005年全省基金预算收支完成情况表

单位:万元

科　　目	预算数	实际完成	占预算%	上年同期	比上年同期+－%
一、工交部门基金收入	601621	617433	102.6	605879	1.9
二、商贸部门基金收入					
三、文教部门基金收入	39431	48422	122.8	36014	34.5
四、社会保险基金收入	1424800	1424802	100.0	1189563	19.8
五、农业部门基金收入	32937	44222	134.3	31158	41.9
六、土地有偿使用收入	358555	358555	100.0	295052	21.5
七、政府住房基金收入	312	4763	1526.6	6410	－25.7
八、其他部门基金收入	88798	98183	110.6	111559	－12.0
九、地方财政税费附加收入	63536	66067	104.0	60526	9.2
基金收入合计	2609990	2662447	102.0	2336161	14.0
一、工交部门基金支出	793446	758302	95.6	455920	66.3
二、商贸部门基金支出	6358	3643	57.3	2533	43.8
三、文教部门基金支出	67850	45318	66.8	25566	77.3
四、社会保险基金支出	1453575	1425389	98.1	1181440	20.6
五、农业部门基金支出	62513	43634	69.8	30588	42.7
六、土地有偿使用支出	439638	343775	78.2	335054	2.6
七、政府住房基金支出	10986	3363	30.6	241	1295.4
八、其他部门基金支出	114651	96241	83.9	107038	－10.1
九、地方财政税费附加支出	107284	60390	56.3	51441	17.4
基金支出合计	3056301	2780055	91.0	2189821	27.0

2005 年省级一般预算收入完成情况表

单位:万元

项　　目	预算数	实际完成	占预算 %	上年同期	比上年同期 +－%
1.增值税	473400	484140	102.3	333224	45.3
2.营业税	183200	179887	98.2	162880	10.4
3.企业所得税	274200	276297	100.8	200672	37.7
其中:国税系统所得税		74614		54543	36.8
地税系统所得税		155472		110830	40.3
国税系统涉外所得税		34423		21892	57.2
跨省经营企业所得税		11788		13407	－12.1
4.企业所得税退税				－1	－100.0
5.个人所得税	67700	70601	104.3	55379	27.5
一般个人所得税		50963		37484	36.0
利息个人所得税		19638		17895	9.7
6.资源税					
7.固定资产投资方向调节税					
8.城市维护建设税					
9.房产税					
10.印花税					
11.城镇土地使用税					
12.土地增值税					
13.车船使用和牌照税					
14.屠宰税					
15.农业税					
16.农业特产税					
17.耕地占用税					
18.契税					
19.国有资产经营收益		2657			
20.国有企业计划亏损补贴					
21.行政性收费收入	222902	198420	89.0	182316	8.8
22.罚没收入	65764	63262	96.2	66506	－4.9
23.海域场地矿区使用费收入	1491	2017	135.3	2323	－13.2
24.专项收入	45843	86020	187.6	40482	112.5
教育费附加收入				2	－100.0
排污费收入	24700	27533	111.5	17537	57.0
水资源费收入		8			
矿产资源补偿费收入	10000	17609	176.1	10234	72.1
探矿权使用费	11143	36983	331.9	8732	323.5
公路运输管理费收入		3887		3977	
25.其他收入	7000	5652	80.7	9146	－38.2
收 入 合 计	1341500	1368953	102.0	1052927	30.0

2005年省级一般预算支出完成情况表

单位:万元

项　目	预算数	实际完成	占预算 %	上年同期	比上年同期 +－%
1.基本建设支出类	171422	169729	99.0	130403	30.2
2.企业挖潜改造资金	67988	66719	98.1	46227	44.3
3.地质勘探费类	26127	25948	99.3	25201	3.0
4.科技三项费用类	8901	8901	100.0	8998	－1.1
5.农业支出	40979	36737	89.6	18834	95.1
6.林业支出	149742	149199	99.6	205635	－27.4
7.水利和气象支出	11243	9229	82.1	11310	－18.4
8.工交等部门事业费	75635	73494	97.2	60867	20.7
9.流通部门事业费类	811	614	75.7	426	44.1
10.文体广播事业费	44120	41061	93.1	30373	35.2
11.教育事业费类	150199	139123	92.6	119861	16.1
12.科学事业费类	18754	15533	82.8	12864	20.7
13.医疗卫生支出	117677	103580	88.0	65267	58.7
14.其它部门事业费	312130	295017	94.5	280954	5.0
15.抚恤和社救费	17524	16314	93.1	11784	38.4
16.行政事业离退休	92778	89691	96.7	88169	1.7
17.社会保障补助支出	403995	402827	99.7	172871	133.0
18.国防支出	11173	11173	100.0	10316	8.3
19.行政管理费	65949	60564	91.8	53007	14.3
20.外交外事支出	3961	3603	91.0	3762	－4.2
21.武警部队支出类	4152	4152	100.0	3770	10.1
22.公检法司支出	203522	190311	93.5	144159	32.0
23.城市维护费	1044	1044	100.0	866	20.6
24.政策性补贴支出	196484	196326	99.9	199119	－1.4
25.支援不发达地区支出	1048	1047	99.9	843	24.2
26.海域开发建设和场地使用费支出	1401	1343	95.9	1514	－11.3
27.车辆税费支出					
28.债务利息支出					
29.专项支出	18376	18146	98.7	20512	－11.5
30.其他支出	295011	66888	22.7	45778	46.1
31.总预备费					
支出合计	2512146	2198313	87.5	1773690	23.9

2005 年省级基金预算收支完成情况表

单位：万元

科　目	预算数	实际完成	占预算 %	上年同期	比上年同期 ＋－%
一、工交部门基金收入	598432	614080	102.6	602658	1.9
二、商贸部门基金收入					
三、文教部门基金收入	39500	48400	122.5	35483	36.4
四、社会保险基金收入	500000	507290	101.5	439745	15.4
五、农业部门基金收入	27196	38080	140.0	25909	47.0
六、土地有偿使用收入	48100	51913	107.9	48295	7.5
七、政府住房基金收入					
八、其他部门基金收入	80962	85133	105.2	100598	－15.4
九、地方财政税费附加收入					
基金收入合计	1294190	1344896	103.9	1252688	7.4
一、工交部门基金支出	764240	732286	95.8	442452	65.5
二、商贸部门基金支出	3357	2574	76.7	871	195.5
三、文教部门基金支出	19864	9208	46.4	1035	789.7
四、社会保险基金支出	510072	517522	101.5	436963	18.4
五、农业部门基金支出	14361	3236	22.5	6415	－49.6
六、土地有偿使用支出	19172	7629	39.8	4584	66.4
七、政府住房基金支出					
八、其他部门基金支出	89807	82615	92.0	96596	－14.5
九、地方财政税费附加支出	19789				
基金支出合计	1440662	1355070	94.1	988916	37.0

2005年各市全部财政收入完成情况表

单位:万元

单位	实际完成	上年同期	比上年同期+－%	比上年同期+－%(可比口径)
石家庄市	1656416	1297680	27.6	13.8
唐山市	2264548	1614386	40.3	37.2
邯郸市	1211028	923893	31.1	31.3
张家口市	634682	456806	38.9	37.2
保定市	867124	714447	21.4	17.6
沧州市	830091	656873	26.4	23.6
秦皇岛市	556534	424347	31.2	23.3
邢台市	600621	468617	28.2	24.2
廊坊市	537132	429205	25.1	22.2
承德市	454666	287675	58.0	55.4
衡水市	311747	171039	82.3	31.1
市合计	9924590	7444968	33.3	27.2

注:1.各市全部财政收入包括:地方一般预算收入、上划中央四税(增值税75%、消费税100%、企业所得税60%、个人所得税60%)、上划省四税(增值税10%、营业税10%及省专享营业税100%、企业所得税20%、个人所得税10%)。

2.可比口径增长,是指考虑了出口退税政策调整和降低农业税率后财政收入比上年的增长率。

2005年各市地方一般预算收入完成情况表

单位:万元

单　　位	预算数	实际完成	占预算%	上年同期	比上年同期+-%	比上年同期+-%(可比)
石家庄市	589253	658796	111.8	561644	17.3	14.1
唐 山 市	691094	776137	112.3	581269	33.5	34.3
邯 郸 市	374804	432148	115.3	340510	26.9	30.9
张家口市	170920	211136	123.5	152828	38.2	40.7
保 定 市	357105	372628	104.3	336010	10.9	14.8
沧 州 市	269267	311724	115.8	258550	20.6	24.1
秦皇岛市	215175	257879	119.8	190322	35.5	34.0
邢 台 市	188008	218518	116.2	180005	21.4	24.3
廊 坊 市	224140	242965	108.4	202792	19.8	21.2
承 德 市	129126	172945	133.9	120274	43.8	45.7
衡 水 市	115248	133188	115.6	101142	31.7	30.7
各市合计	3247847	3788064	116.6	3025346	25.2	26.2

注:1. 地方一般预算收入本年实际完成和上年同期数均为决算数。
　2. 可比增长考虑了出口退税和农业税降率影响因素。

2005年扩权县地方一般预算收入完成情况表

单位:万元

单　　位	预算数	实际完成	占预算%	上年同期	比上年同期+－%	比上年同期+－%(可比)
辛集市	22382	22382	100.0	13,420	66.8	24.0
平山县	20666	20693	100.1	11,962	73.0	29.3
迁安市	105754	105754	100.0	71,700	47.5	47.5
遵化市	59830	59830	100.0	38,198	56.6	62.3
武安市	64001	80698	126.1	41,834	92.9	23.7
大名市	4320	4320	100.0	3,076	40.4	179.3
怀来县	10422	11109	106.6	7,700	44.3	18.5
张北县	4112	4112	100.0	2,780	47.9	51.6
涿州市	27044	27755	102.6	20,927	32.6	20.5
定州市	26100	26183	100.3	27,388	－4.4	－7.0
安国市	8940	8940	100.0	9,239	－3.2	－5.0
任丘市	65498	70617	107.8	42,928	64.5	19.0
黄骅市	20785	20878	100.4	10,875	92.0	35.0
昌黎县	10791	12221	113.3	10,575	15.6	14.2
清河县	10795	10795	100.0	6,156	75.4	49.7
宁晋县	17200	17200	100.0	12,572	36.8	27.0
三河市	50603	51068	100.9	33,246	53.6	53.1
霸州市	26210	27816	106.1	21,025	32.3	12.8
承德县	12386	12386	100.0	6,064	104.3	47.1
丰宁县	10069	10069	100.0	4,320	133.1	93.7
冀州市	8726	8726	100.0	6,872	27.0	26.8
安平县	10085	10085	100.0	6,925	45.6	46.4
扩权县合计	596719	623637	104.5	409782	52.2	31.6

注:1. 地方一般预算收入本年实际完成和上年同期数均为决算数。

2. 可比增长考虑了出口退税和农业税降率影响因素。

2005 年各市及扩权县一般预算支出完成情况表

单位:万元

项　　目	预算数	实际完成	占预算%	上年同期	比上年同期+－%
石家庄市	1110975	1081627	97.4	929683	16.3
其中:辛集市	47663	47663	100.0	35,811	33.1
平山县	43283	43283	100.0	34511	25.4
唐山市	1334032	1277866	95.8	975576	31.0
其中:迁安市	147767	144514	97.8	105866	36.5
遵化市	103472	100288	96.9	71654	40.0
邯郸市	910950	838438	92.0	636700	31.7
其中:武安市	111892	109851	98.2	75,740	45.0
大名市	40324	37791	93.7	22168	70.5
张家口市	656792	586958	89.4	526979	11.4
其中:怀来县	34817	29731	85.4	22,426	32.6
张北县	28923	27035	93.5	21586	25.2
保定市	982940	861124	87.6	691413	24.5
其中:涿州市	52623	50901	96.7	35800	42.2
定州市	68277	60568	88.7	54,588	11.0
安国市	23007	21406	93.0	20,505	4.4
沧州市	665772	629702	94.6	501998	25.4
其中:任丘市	75679	71883	95.0	57505	25.0
黄骅市	37739	36543	96.8	28405	28.6
秦皇岛市	466300	440826	94.5	342841	28.6
其中:昌黎县	39844	36087	90.6	30512	18.3
邢台市	571929	518765	90.7	411611	26.0
其中:清河县	29411	27972	95.1	23064	21.3
宁晋县	40989	40878	99.7	31612	29.3
廊坊市	520443	479809	92.2	396387	21.0
其中:三河市	81673	78469	96.1	65398	20.0
霸州市	55780	53489	95.9	46140	15.9
承德市	561583	485209	86.4	378111	28.3
其中:承德县	45512	45512	100.0	30,869	47.4
丰宁县	49731	49731	100.0	35,531	40.0
衡水市	413267	392998	95.1	290602	35.2
其中:冀州市	28273	28273	100.0	22,564	25.3
安平县	26630	25651	96.3	18,626	37.7
11 个市合计	8194983	7593322	92.7	6081901	24.9
其中 22 个扩权县合计	1213309	1167519	96.2	890881	31.1

2005年全省财政供养人员增减变化情况表

项目	2005年财政供养人员(人)					比上年增减(人)					比上年增减(%)				
	合计	在职人员	离休人员	退休人员	其他人员	合计	在职人员	离休人员	退休人员	其他人员	合计	在职人员	离休人员	退休人员	其他人员
全省总计	2260829	1708826	48498	450885	52620	−19491	−42908	−2394	29739	−3928	−0.9	−2.5	−4.9	6.6	−7.5
省本级	252057	180902	6306	56839	8010	2271	−1330	−337	3626	312	0.9	−0.7	−5.3	6.4	3.9
市合计	2008772	1527924	42192	394046	44610	−21762	−41578	−2057	26113	−4240	−1.1	−2.7	−4.9	6.6	−9.5
石家庄市	252561	195560	5388	49372	2241	−9780	−13194	−599	3530	483	−3.9	−6.7	−11.1	7.1	21.6
唐山市	228737	163302	5290	56024	4121	−7111	−11401	−164	4067	387	−3.1	−7.0	−3.1	7.3	9.4
邯郸市	226571	179325	3259	37006	6981	5038	2105	−220	2303	850	2.2	1.2	−6.8	6.2	12.2
张家口市	152981	112900	4513	34332	1236	−2875	−5166	479	886	926	−1.9	−4.6	10.6	2.6	74.9
保定市	285570	211341	6496	53607	14126	−2920	−4973	−463	2730	−214	−1.0	−2.4	−7.1	5.1	−1.5
沧州市	212963	167942	4210	39616	1195	3099	2068	−248	2824	−1545	1.5	1.2	−5.9	7.1	−129.3
秦皇岛市	94754	72486	1955	18445	1868	478	2060	−428	578	−1732	0.5	2.8	−21.9	3.1	−92.7
邢台市	169543	133832	3421	30892	1398	−1092	−3084	−102	2239	−145	−0.6	−2.3	−3.0	7.2	−10.4
廊坊市	125893	99893	1782	21489	2729	−8384	−8838	−159	2627	−2014	−6.7	−8.8	−8.9	12.2	−73.8
承德市	127572	93292	3147	24498	6635	2044	−790	22	3228	−416	1.6	−0.8	0.7	13.2	−6.3
衡水市	131627	98051	2731	28765	2080	−259	−365	−175	1101	−820	−0.2	−0.4	−6.4	3.8	−39.4

2005 年度河北省财政一般预算收支决算总表(一)

单位:万元

预算科目	调整预算数	决算数	预算科目	调整预算数	决算数
一、增值税	1,183,500	1,210,346	一、基本建设支出	846,735	735,846
二、营业税	1,040,000	1,052,792	二、企业挖潜改造资金	222,966	211,320
三、企业所得税	528,600	533,681	三、地质勘探费	26,402	26,123
四、企业所得税退税			四、科技三项费用	76,134	74,044
五、个人所得税	270,800	282,403	五、流动资金		
六、资源税	110,300	110,338	六、农业支出	336,538	322,693
七、固定资产投资方向调节税	200	208	七、林业支出	221,442	217,046
八、城市维护建设税	289,200	292,508	八、水利和气象支出	99,003	92,937
九、房产税	110,000	110,806	九、工业交通等部门的事业费	160,920	156,451
十、印花税	50,500	51,500	十、流通部门事业费	16,581	16,204
十一、城镇土地使用税	43,300	44,924	十一、文体广播事业费	257,782	252,154
十二、土地增值税	7,600	8,539	十二、教育支出	1,749,027	1,705,374
十三、车船使用和牌照税	9,018	9,128	十三、科学支出	38,968	35,192
十四、屠宰税		7	十四、医疗卫生支出	478,715	450,870
十五、筵席税			十五、其他部门的事业费	721,700	639,754
十六、农业税	43,060	47,204	十六、抚恤和社会福利救济	305,249	283,309
十七、农业特产税		558	十七、行政事业单位离退休支出	477,661	470,734
十八、牧业税			十八、社会保障补助支出	757,066	725,068
十九、耕地占用税	27,000	27,780	十九、国防支出	11,708	11,700
二十、契税	147,200	148,178	二十、行政管理费	1,004,402	974,398
二十一、国有资产经营收益	105,000	108,702	二十一、外交外事支出	8,969	8,429
二十二、国有企业计划亏损补贴	−13,000	−13,901	二十二、武装警察部队支出	4,995	4,937
二十三、行政性收费收入	387,000	384,858	二十三、公检法司支出	718,314	688,198
二十四、罚没收入	350,000	346,513	二十四、城市维护费	472,846	460,698
二十五、海域场地矿区使用费收入	5,741	4,050	二十五、政策性补贴支出	212,964	210,332
二十六、专项收入	322,000	328,512	二十六、支援不发达地区支出	63,255	61,418
二十七、其他收入	101,000	67,383	二十七、海域开发建设和场地使用费支出	2,682	2,231
			二十八、车辆税费支出	61,007	45,332
			二十九、债务利息支出	234	234
			三十、专项支出	311,865	263,773
			三十一、其他支出	1,104,238	644,836
			三十二、总预备费		
本年收入合计	5,118,019	5,157,017	本年支出合计	10,770,368	9,791,635

2005年度河北省财政一般预算收支决算总表(二)

单位:万元

预算科目	决算数	预算科目	决算数
本年收入	5,157,017	本年支出	9,791,635
免抵未调库归还收入	42,911	上解上级支出	301,101
中央补助收入	4,804,741	原体制上解	206,623
消费税和增值税税收返还	1,170,518	专项上解	64,152
所得税基数返还	309,139	出口退税专项上解	30,326
原体制补助		扩权县上解设区市支出	
专项补助	1,367,560		
一般性转移支付补助	323,000		
民族地区转移支付补助			
调整工资转移支付补助	605,971		
农村税费改革转移支付补助	197,196		
其中:中小学教师工资转移支付补助	33,513		
取消农业特产税降低农业税率转移支付补助	262,634		
缓解县乡财政困难转移支付补助	69,819		
增发国债补助	305,057		
结算补助	94,739		
农业税灾歉减免及企事业单位预算划转补助	83,185		
其他补助	15,923	增设预算周转金	4,780
省补助计划单列市收入			
国债转贷收入	62,556	拨付国债转贷资金数	69,280
国债转贷资金上年结余	26,854	国债转贷资金结余	20,130
国债转贷转补助			
上年结余收入	1,007,403	调出资金	2,929
调入资金	87,232	年终结余	998,859
其中:1、预算外调入	36,147	其中:省本级	328,631
2、政府性基金调入	20,627	减:结转下年的支出	965,875
3、其它资金调入	30,458	其中:省本级	328,631
		净结余	32,984
		其中:省本级	
总计	11,188,714	总计	11,188,714

2005年度河北省财政一般预算收入决算明细表(一)

单位:万元

预算科目	决算数	预算科目	决算数
一、增值税	1,210,346	十一、城镇土地使用税	44,924
国有企业增值税	173,340	十二、土地增值税	8,539
集体企业增值税	48,908	十三、车船使用和牌照税	9,128
股份制企业增值税	489,693	十四、屠宰税	7
联营企业增值税	4,338	十五、筵席税	
港澳台和外商投资企业增值税	172,248	十六、农业税	47,204
私营企业增值税	240,332	十七、农业特产税	558
其他增值税	52,842	十八、牧业税	
增值税税款滞纳金、罚款收入	3,338	十九、耕地占用税	27,780
福利企业增值税退税	−22,381	二十、契税	148,178
软件集成电路增值税退税	−2,004	二十一、国有资产经营收益	108,702
三线搬迁增值税退税	−6,669	二十二、国有企业计划亏损补贴	−13,901
民贸企业增值税退税	−29	二十三、行政性收费收入	384,858
宣传文化单位增值税退税	−1,423	烟草行政性收费收入	16
森工综合利用增值税退税	−1,207	国土资源行政性收费收入	28,265
其他增值税退税	−5,698	建设行政性收费收入	19,321
免抵调增增值税	64,718	铁道行政性收费收入	
二、营业税	1,052,792	商贸行政性收费收入	24
金融保险业营业税(地方)	151,362	文化行政性收费收入	50
一般营业税	899,596	海洋行政性收费收入	
营业税税款滞纳金、罚款收入	1,834	广播电影电视行政性收费收入	
营业税退税		公安行政性收费收入	90,328
三、企业所得税	533,681	司法行政性收费收入	778
其中:跨地区经营企业所得税	11,788	卫生行政性收费收入	5,639
四、企业所得税退税		食品药品监督行政性收费收入	365
五、个人所得税	282,403	民政行政性收费收入	687
其中:利息所得税	78,555	农业行政性收费收入	4,378
六、资源税	110,338	水利行政性收费收入	16,483
七、固定资产投资方向调节税	208	旅游行政性收费收入	
八、城市维护建设税	292,508	税务行政性收费收入	50
九、房产税	110,806	劳动保障行政性收费收入	250
十、印花税	51,500	工商行政性收费收入	83,388
证券交易印花税		信息产业行政性收费收入	1,356
其他印花税	50,733	口岸行政性收费收入	
印花税税款滞纳金、罚款收入	767	人口和计划生育行政性收费收入	16,452

2005年度河北省财政一般预算收入决算明细表(二)

单位:万元

预算科目	决算数	预算科目	决算数
知识产权行政性收费收入		教育费附加收入	145,240
林业行政性收费收入	631	矿产资源补偿费收入	17,609
环保行政性收费收入	1,992	探矿权采矿权使用费及价款收入	40,421
法院行政性收费收入	31,599	内河航道养护费收入	
民航行政性收费收入		公路运输管理费收入	24,511
人事行政性收费收入	3,487	水路运输管理费收入	151
质量技术监督检验检疫行政性收费收入	20,895	二十七、其他收入	67,383
财政行政性收费收入	1,122	利息收入	22,147
人防行政性收费收入	9,288	国库存款利息收入	17,084
新闻出版行政性收费收入		其他利息收入	5,063
教育行政性收费收入	4,163	基本建设贷款归还收入	
交通行政性收费收入	34	基本建设收入	
体育行政性收费收入		捐赠收入	383
电力行政性收费收入		动用国储棉、糖、肉上交财政收入	
其他行政性收费收入	43,817	动用国家储备粮油上交差价收入	
二十四、罚没收入	346,513	其他收入	44,853
铁道罚没收入			
交通罚没收入	36,145		
质量技术监督罚没收入	19,876		
物价罚没收入	10,683		
公安罚没收入	104,469		
检察院罚没收入	23,704		
法院罚没收入	6,054		
卫生罚没收入	1,387		
工商罚没收入	26,916		
海关罚没收入			
烟草罚没收入	472		
缉私罚没收入			
新疆棉罚没收入			
税务部门其他罚没收入	2,412		
食品药品监督罚没收入	3,518		
其他罚没收入	110,877		
罚没收入退库			
二十五、海域场地矿区使用费收入	4,050		
二十六、专项收入	328,512		
排污费收入	61,522		
水资源费收入	39,058	本年收入合计	5,157,017

2005 年度河北省财政一般预算收入决算明细表(三)

单位:万元

预算科目	合计	企业所得税	企业所得税退税	国有资产经营收益	国有企业计划亏损补贴	预算科目	合计	企业所得税	企业所得税退税	国有资产经营收益	国有企业计划亏损补贴
国有冶金工业	10,520	10,520				国有非银行金融企业					
国有有色金属工业	312	312				国有保险企业					
国有煤炭工业	14,240	7,860		6,388	−8	国有文教企业	3,012	3,012			
国有电力工业	19,290	18,540		750		国有水产企业					
国有石油和化学工业	4,932	4,932				国有森工企业					
国有机械工业	117	67		50		国有电信企业	25,407	25,407			
国有汽车工业	2	2				国有农垦企业	56			56	
国有核工业	32	32				国有商业企业	−263			27	−290
国有航空工业	21	21				国有粮食企业	−5,515			10	−5,525
国有航天工业						其他国有企业	61,370	30,168		35,917	−4,715
国有电子工业	4	4				国有事业单位	6,823			6,823	
国有兵器工业						集体企业	27,207	27,207			
国有船舶工业						股份制企业	262,683	262,571		112	
国有建筑材料工业	22	22				联营企业	577	577			
国有烟草企业	26,374	26,374				港澳台和外商投资企业	69,417	69,417			
国有纺织企业	12	16			−4	私营企业	30,620	30,620			
国有铁道企业	89	89				其他企业	13,044	13,044			
国有交通企业	−3,359				−3,359	滞纳金、罚款收入小计	2,437	2,437			
国有邮政企业						国有资产出售、转让收入	58,510			58,510	
国有民航企业						国有股减持收入	59			59	
国有外贸企业	430	430									
国有银行						合计	628,482	533,681		108,702	−13,901

2005年度河北省财政一般预算支出决算明细表(一)

单位:万元

部门	基本建设支出	企业挖潜改造资金	地质勘探费	科技三项费用	流动资金	工业交通等部门的事业费	流通部门事业费
合计	735,846	211,320	26,123	74,044		156,451	16,204
一、工业部门小计	34,088	51,439	6,463	17,574		3,562	
冶金工业	21289	4754	90	707		48	
有色金属工业		272		72		1,100	
煤炭工业	8961	1454	6373	275		769	
电力工业		5074		558		22	
石油和化学工业	298	9,424		1619		229	
机械工业	862	1280		2520		588	
汽车工业		3,925		41			
核工业							
航空工业							
航天工业							
电子工业	840	6571		4663		93	
船舶工业							
兵器工业							
建筑材料工业	240	3324		521		78	
轻工业	478	6,087		2,213		586	
烟草工业							
纺织工业		2,464		255		49	
医药企业	970	6,810		4130			
地质	150						
二、建筑工程企业		522		159			
三、交通、邮电部门小计	17,817	1,347		613		36,542	
铁道				8			
交通	17,817	1,347		605		36502	
邮电						40	
民航							
四、流通部门小计	1,775	5,516		150		1	14,478
物资管理				74			809
物资储备							

2005 年度河北省财政一般预算支出决算明细表(二)

单位:万元

部门	基本建设支出	企业挖潜改造资金	地质勘探费	科技三项费用	流动资金	工业交通等部门的事业费	流通部门事业费
粮食	441	915		14			5677
商贸	1284	801		36			5173
其他	50	3,800		26		1	2,819
五、文体部门小计	21,909	118		305			
文化	9021						
出版	2,126						
文物	2093	118		35			
体育	4,041						
档案	52						
地震	700			10			
海洋				219			
通讯							
广播电影电视	2671			25			
人口和计划生育	1,205						
其他				16			
六、教育部门	49765	665		268			
七、科学部门小计	1,482	33		10,978			
自然科学	237			7030			
科协				21			
社会科学	600			3			
其他	645	33		3,924			
八、卫生部门小计	43,676			399			
卫生	43212			249			
中医	434			150			
食品和药品监督管理							
其他	30						
九、农林水气象等部门小计	157,945	686		12,725			
农垦				10			
农业	10971	415		8100			
畜牧	8798	120		2327			

2005年度河北省财政一般预算支出决算明细表(三)

单位:万元

部　　门	基本建设支出	企业挖潜改造资金	地质勘探费	科技三项费用	流动资金	工业交通等部门的事业费	流通部门事业费
农机	350			10			
林业	76897			1,454			
水利	57899	151		290			
水产	2091			353			
气象	829			48			
其他	110			133			
十、旅游部门小计	1,496	105					
旅游局	666	12					
旅行企业	830	93					
十一、其他部门小计	405,893	150,889	19,660	30,873		116,346	1,726
环境保护部门	50617			822		12833	
测绘部门	493					1905	
质量技术监督部门	100					62710	
武装警察部队	4195						
公安	11810						
安全	1892			3		68	
司法	1,547						
检察院	8924						
法院	4,574						
民政	1532	10		4			
华侨	100						
监狱企业	3800						
劳教企业	3093						
统计部门							
税务部门	20						
国土资源部门	701		1925	63		4333	
建设部门	85,230	1,027		40		10968	
知识产权部门							
物价部门						10276	
地质勘探部门			17215			10	28
其他	227265	149852	520	29941		13243	1,698

2005年度河北省财政一般预算收支决算分级表

单位：万元

预算科目	决算数合计	省级	地级	其中：地级直属乡	其中：地级直属镇	县级	乡镇级	其中镇	预算科目	决算数合计	省级	地级	其中：地级直属乡	其中：地级直属镇	县级	乡镇级	其中镇
一、增值税	1,210,346	484,140	282,683			298,741	144,782	111,401	一、基本建设支出	735,846	169,729	219,471			337,757	8,889	6,887
二、营业税	1,052,792	179,887	252,957			478,871	141,077	107,220	二、企业挖潜改造资金	211,320	66,719	72,946			66,410	5,245	4,282
三、企业所得税	533,681	276,297	113,021			113,031	31,332	24,084	三、地质勘探费	26,123	25,948	165			10		
四、企业所得税退税									四、科技三项费用	74,044	8,901	19,834			44,978	331	226
五、个人所得税	282,403	70,601	59,451			113,676	38,675	29,696	五、流动资金								
六、资源税	110,338		14,569			44,817	50,952	38,031	六、农业支出	322,693	36,737	43,446			211,492	31,018	19,171
七、固定资产投资方向调节税	208					60	148	148	七、林业支出	217,046	149,199	8,675			53,789	5,383	3,007
八、城市维护建设税	292,508		105,590			158,602	28,316	21,895	八、水利和气象支出	92,937	9,229	21,024			60,283	2,401	1,411
九、房产税	110,806		20,917			77,602	12,287	9,955	九、工业交通等部门的事业费	156,451	73,494	28,811			53,731	415	221
十、印花税	51,500		4,441			34,789	12,270	9,198	十、流通部门事业费	16,204	614	6,031			9,559		
十一、城镇土地使用税	44,924		5,180			32,482	7,262	5,927	十一、文体广播事业费	252,154	41,061	56,834			117,897	36,362	22,742
十二、土地增值税	8,539		198			7,761	580	469	十二、教育支出	1,705,374	139,123	196,615			1,082,280	287,356	180,599
十三、车船使用和牌照税	9,128		359			6,134	2,635	2,073	十三、科学支出	35,192	15,533	12,152			7,499	8	4
十四、屠宰税	7					7			十四、医疗卫生支出	450,870	103,580	125,118			211,745	10,427	7,362
十五、筵席税									十五、其他部门的事业费	639,754	295,017	100,401			218,487	25,849	16,926
十六、农业税	47,204					11,109	36,095	22,438	十六、抚恤和社会福利救济	283,309	16,314	39,839			205,159	21,997	14,220
十七、农业特产税	558					208	350	231	十七、行政事业单位离退休支出	470,734	89,691	84,066			261,761	35,216	22,291
十八、牧业税									十八、社会保障补助支出	725,068	402,827	170,895			150,564	782	507
十九、耕地占用税	27,780		81			20,494	7,205	4,240	十九、国防支出	11,700	11,173	104			423		
二十、契税	148,178		85,559			57,492	5,127	3,356	二十、行政管理费	974,398	60,564	160,054			503,097	250,683	153,084
二十一、国有资产经营收益	108,702	2,656	35,432			70,366	248	10	二十一、外交外事支出	8,429	3,603	2,603			2,223		
二十二、国有企业计划亏损补贴	−13,901		−11,220			−2,681			二十二、武装警察部队支出	4,937	4,152	573			212		
二十三、行政性收费收入	384,858	198,420	59,879			124,909	1,650	1,227	二十三、公检法司支出	688,198	190,311	191,339			304,377	2,171	1,356
二十四、罚没收入	346,513	63,262	115,229			167,924	98	63	二十四、城市维护费	460,698	1,044	149,100			299,227	11,327	6,840
二十五、海域场地矿区使用费收入	4,050	2,017	1,025			1,001	7		二十五、政策性补贴支出	210,332	196,326	6,929			7,011	66	43
二十六、专项收入	328,512	86,021	105,313			131,758	5,420	3,521	二十六、支援不发达地区支出	61,418	1,047	1,328			58,315	728	262
二十七、其他收入	67,383	5,652	18,012			40,243	3,476	2,337	二十七、海域开发建设和场地使用费支出	2,231	1,343	673			215		
									二十八、车辆税费支出	45,332		28,848			16,484		
									二十九、债务利息支出	234		43			136	55	15
									三十、专项支出	263,773	18,146	112,612			131,128	1,887	1,194
									三十一、其他支出	644,836	66,888	129,802			339,919	108,227	66,025
本年收入合计	5,157,017	1,368,953	1,268,676			1,989,396	529,992	397,520	本年支出合计	9,791,635	2,198,313	1,990,331			4,756,168	846,823	528,675

2005年度河北省民族自治地区财政一般预算收支决算表

单位:万元

预算科目	合计	自治州	自治县	预算科目	合计	自治州	自治县
一、增值税	8,393		8,393	一、基本建设支出	18,165		18,165
二、营业税	9,531		9,531	二、企业挖潜改造资金	578		578
三、企业所得税	2,901		2,901	三、地质勘探费			
四、企业所得税退税				四、科技三项费用	722		722
五、个人所得税	4,117		4,117	五、流动资金			
六、资源税	11,165		11,165	六、农业支出	9,747		9,747
七、固定资产投资方向调节税				七、林业支出	6,749		6,749
八、城市维护建设税	1,915		1,915	八、水利和气象支出	8,130		8,130
九、房产税	758		758	九、工业交通等部门的事业费	6,196		6,196
十、印花税	691		691	十、流通部门事业费	804		804
十一、城镇土地使用税	342		342	十一、文体广播事业费	5,284		5,284
十二、土地增值税	74		74	十二、教育支出	48,294		48,294
十三、车船使用和牌照税	133		133	十三、科学支出	345		345
十四、屠宰税				十四、医疗卫生支出	6,231		6,231
十五、筵席税				十五、其他部门的事业费	5,338		5,338
十六、农业税	110		110	十六、抚恤和社会福利救济	7,179		7,179
十七、农业特产税				十七、行政事业单位离退休支出	1,915		1,915
十八、牧业税				十八、社会保障补助支出	3,581		3,581
十九、耕地占用税	313		313	十九、国防支出			
二十、契税	955		955	二十、行政管理费	27,851		27,851
二十一、国有资产经营收益				二十一、外交外事支出			
二十二、国有企业计划亏损补贴	−8		−8	二十二、武装警察部队支出			
二十三、行政性收费收入	1,977		1,977	二十三、公检法司支出	11,209		11,209
二十四、罚没收入	5,019		5,019	二十四、城市维护费	6,820		6,820
二十五、海域场地矿区使用费收入				二十五、政策性补贴支出	335		335
二十六、专项收入	3,362		3,362	二十六、支援不发达地区支出	6,651		6,651
二十七、其他收入	310		310	二十七、海域开发建设和场地使用费支出	20		20
				二十八、车辆税费支出	6,105		6,105
				二十九、债务利息支出	36		36
				三十、专项支出	4,394		4,394
				三十一、其他支出	15,584		15,584
本年收入合计	52,058		52,058	本年支出合计	208,263		208,263

2005 年度河北省地(市)县级财政一般预算收支及平衡情况表(一)

单位:万元

地区	编码	收支部分																					
		收入										支出											
		收入合计	增值税	营业税	企业所得税	个人所得税	城市维护建设税	农牧业税、农业特产税	耕地占用税	契税	其他各项收入	支出合计	基本建设支出	农业支出	林业支出	水利和气象支出	教育支出	科学支出	医疗卫生支出	社会保障补助支出	行政管理费	公检法司支出	其他各项支出
河北省地市县合计	A	3,788,064	726,206	872,905	257,384	211,802	292,508	47,762	27,780	148,178	1,203,539	7,593,322	566,117	285,956	67,847	83,708	1,566,251	19,659	347,290	322,241	913,834	497,887	2,922,532
河北省地市本级合计	B	1,268,676	282,683	252,957	113,021	59,451	105,590		81	85,559	369,334	1,990,331	219,471	43,446	8,675	21,024	196,615	12,152	125,118	170,895	160,054	191,339	841,542
河北省县级合计	C	2,519,388	443,523	619,948	144,363	152,351	186,918	47,762	27,699	62,619	834,205	5,602,991	346,646	242,510	59,172	62,684	1,369,636	7,507	222,172	151,346	753,780	306,548	2,080,990
石家庄市小计	0	658,796	102,170	197,599	45,264	44,066	54,149	6,753	3,455	31,863	173,477	1,081,627	69,281	33,056	8,351	9,243	240,891	4,519	53,050	44,417	134,622	79,874	404,323
石家庄市本级	1	58,142	4,258	448	5,000					23,245	25,191	339,694	15,291	7,248	1,293	4,254	39,790	3,625	26,753	30,343	37,144	32,542	141,411
石家庄市县级小计	2	600,654	97,912	197,151	40,264	44,066	54,149	6,753	3,455	8,618	148,286	741,933	53,990	25,808	7,058	4,989	201,101	894	26,297	14,074	97,478	47,332	262,912
赞皇县	3	4,582	811	1,272	198	177	76		153	110	1,785	18,355	1,082	895	421	209	4,498	48	926	97	2,464	707	7,008
平山县	3	20,693	7,046	4,546	593	645	2,256		34	127	5,446	43,283	2,391	2,044	1,131	809	9,327	39	1,464	264	3,516	1,644	20,654
灵寿县	3	6,439	766	1,837	330	386	143	180	60	50	2,687	24,838	2,689	878	579	395	5,631	29	765	117	2,779	1,120	9,856
行唐县	3	7,746	659	1,484	133	395	958	391	128	53	3,545	24,710	406	1,024	515	423	8,402	4	1,170	263	3,409	1,379	7,715
井陉县	3	17,493	2,225	4,664	396	805	740		50	50	8,563	30,798	1,050	541	428	249	9,320	6	980	245	5,911	1,494	10,574
鹿泉市	3	25,269	4,944	7,043	1,831	990	1,671	302	46	1,292	7,150	44,359	2,833	2,944	447	330	12,174	59	2,256	382	5,507	2,333	15,094
正定县	3	17,460	2,135	6,900	538	975	695	588	87	820	4,722	36,160	290	1,758	421	422	11,794	216	705	1,371	4,724	2,443	12,016
栾城县	3	12,910	2,293	2,709	622	578	457	508	706	680	4,357	27,554	130	1,427	680	212	7,996	23	1,124	407	4,086	1,795	9,674
辛集市	3	22,382	4,385	4,660	1,268	1,232	1,733		249	717	8,138	47,663	2,397	1,815	247	146	10,698	38	590	3,073	4,696	1,845	22,118
晋州市	3	13,977	1,758	2,048	771	1,238	607	669	213	258	6,415	31,615	272	1,893	220	171	9,984	73	1,510	408	4,805	2,294	9,985
深泽县	3	6,295	496	2,589	108	421	129	182	65	94	2,211	17,070	820	370	91	167	4,428	40	454	710	3,881	1,014	5,095
无极县	3	10,436	1,216	2,172	331	1,010	659	470	47	900	3,631	26,477	1,105	1,165	116	128	8,888	13	366	1,640	4,340	1,887	6,829
藁城市	3	32,295	4,730	6,339	1,666	1,634	4,006	1,237	738	559	11,386	54,013	745	2,730	296	337	13,600	21	2,999	445	6,731	2,486	23,623
赵　县	3	10,405	958	3,059	258	768	319	1,136	270	53	3,584	30,237	1,740	1,090	198	304	9,773	53	1,385	305	4,716	1,701	8,972
新乐市	3	13,285	1,531	3,451	407	954	994	475	30	120	5,323	29,448	1,460	1,286	345	85	7,373	23	1,130	221	2,867	1,417	13,241
高邑县	3	6,528	570	1,981	246	209	231	158	62	100	2,971	14,923	130	456	152	74	3,459	32	446	352	1,857	930	7,035
元氏县	3	9,390	1,265	3,205	782	379	354	457	54	74	2,820	24,176	1,488	1,072	443	374	8,077	47	661	261	3,647	1,452	6,654
长安区	4	86,493	18,090	30,719	8,121	6,475	8,638				14,450	31,168	2,022	158	75	2	10,274	16	1,279	614	3,186	3,619	9,923
桥东区	4	45,145	6,250	20,387	1,690	4,666	3,501				8,651	28,080	380	142	6		9,403	12	1,427	760	3,257	2,872	9,821
桥西区	4	78,847	10,534	29,224	9,448	5,497	11,751		96		12,297	31,956	2,813	92	20		10,061	34	1,262	569	3,870	3,042	10,193
新华区	4	56,187	7,474	20,904	5,201	7,843	4,551		204		10,010	37,098	2,915	215	53	16	11,662	9	613	676	5,447	4,268	11,224
裕华区	4	51,162	6,813	22,082	2,675	4,293	4,902		163		10,234	33,820	1,108	420	23		9,640	31	1,978	594	7,389	3,227	9,410
矿　区	4	8,738	2,591	2,018	228	275	1,108			291	2,227	15,742	224	1,258	151	134	2,989	28	388	200	2,271	869	7,230
高新区	4	36,497	8,372	11,858	2,423	2,221	3,670			2,270	5,683	38,390	23,500	135		2	1,650		419	100	2,122	1,494	8,968
唐山市小计	0	776,137	197,276	145,068	59,566	42,382	67,173	5,002	4,039	25,213	230,418	1,277,866	106,252	52,515	5,062	14,099	208,213	2,508	71,281	84,181	124,730	64,503	544,522
唐山市本级	1	229,443	66,776	29,522	23,253	7,343	29,230			8,151	65,168	318,299	55,478	5,551	297	4,392	18,432	1,645	22,954	40,200	10,933	23,699	134,718
唐山市县级小计	2	546,694	130,500	115,546	36,313	35,039	37,943	5,002	4,039	17,062	165,250	959,567	50,774	46,964	4,765	9,707	189,781	863	48,327	43,981	113,797	40,804	409,804
滦　县	3	21,821	4,545	3,615	1,338	873	894	400	208	600	9,348	46,000	363	2,340	443	381	10,201	221	3,184	3,399	4,799	2,075	18,594
滦南县	3	24,703	5,706	5,778	1,215	1,041	1,504	749	240	1,513	6,957	57,233	954	3,996	187	568	13,965	96	3,388	3,648	6,160	2,373	21,898
乐亭县	3	26,782	3,486	4,646	256	1,519	1,095	877	570	1,209	13,124	53,877	1,770	4,797	362	1,219	10,317		2,316	3,171	5,224	2,070	22,631
迁西县	3	42,492	12,110	4,588	6,016	4,122	2,730		261	111	12,554	76,471	15,261	3,907	1,063	1,026	13,221	23	4,162	1,912	8,503	2,890	24,503
唐海县	3	12,307	1,660	5,199	210	601	724	241		1,250	2,422	24,098	2,505	2,566	15	501	3,406	14	1,503	2,397	1,755	1,338	8,098
迁安市	3	105,754	23,347	16,799	5,053	8,909	5,125	480	560	2,791	42,690	144,514	786	3,285	978	812	22,112	36	6,084	7,413	21,942	4,901	76,165

2005 年度河北省地(市)县级财政一般预算收支及平衡情况表(二)

单位:万元

地区	编码	收入合计	增值税	营业税	企业所得税	个人所得税	城市维护建设税	农牧业税、农业特产税	耕地占用税	契税	其他各项收入	支出合计	基本建设支出	农业支出	林业支出	水利和气象支出	教育支出	科学支出	医疗卫生支出	社会保障补助支出	行政管理费	公检法司支出	其他各项支出
		收支部分																					
		收入										支出											
玉田县	3	21,325	3,463	3,143	1,030	1,532	571	883	300	800	9,603	54,602	2,830	2,806	113	811	14,202	57	4,099	731	5,800	2,164	20,989
遵化市	3	59,830	18,232	8,440	3,356	2,405	3,799	21	252	618	22,707	100,288	985	6,338	748	908	19,848	118	4,761	4,284	16,363	4,080	41,855
路南区	4	15,089	2,498	5,707	648	979	1,599	22		300	3,336	27,164	442	154		10	4,861	24	1,433	2,777	4,809	2,351	10,303
路北区	4	29,521	2,973	14,621	1,999	3,119	2,291	22	171	500	3,825	49,984	50	350	5	15	13,109	44	2,607	2,810	3,189	3,673	24,132
古冶区	4	17,147	4,954	2,879	576	1,097	2,638	75		310	4,618	38,463	349	605	46	93	11,558	4	1,780	4,023	4,249	2,279	13,477
开平区	4	21,659	7,880	3,836	554	857	3,258	15	798	378	4,083	35,765	120	668	47	164	9,529	10	1,961	764	4,494	2,081	15,927
丰润区	4	34,155	5,820	7,279	2,135	2,756	2,942	1,032	102	2,435	9,654	68,695	784	4,164	461	940	16,482	43	4,877	1,091	12,229	3,823	23,801
丰南区	4	66,362	25,679	11,039	8,604	3,155	3,661		358	1,985	11,881	119,679	2,358	9,504	295	2,100	23,687		4,850	1,766	8,133	3,454	63,532
高新开发区	4	15,565	3,175	5,565	2,383	830	970		219	351	2,072	19,944	9,771	359			315	173	154	248	1,241	242	7,441
海港开发区	4	18,623	3,529	8,253	563	331	1,987			1,587	2,373	20,252	7,750	315			550		185	27	1,295	146	9,984
南堡开发区	4	8,295	343	2,239	155	411	1,867			153	3,127	9,288	3,521	30		20	589		573	2	1,500	94	2,959
芦台开发区	4	1,595	363	384	100	126	77	91		63	391	6,122	151	209	1	36	772		222	2,337	617	341	1,436
汉沽管理区	4	3,669	737	1,536	122	376	211	94		108	485	7,128	24	571	1	103	1,057		188	1,181	1,495	429	2,079
邯郸市小计	0	432,148	100,199	71,466	38,583	20,179	33,035	3,126	6,020	9,459	150,081	838,438	71,453	29,668	6,135	9,853	170,240	1,948	35,942	38,554	81,379	50,120	343,146
邯郸市本级	1	194,012	57,786	26,941	27,856	8,917	16,631			5,574	50,307	235,548	22,028	6,711	1,479	2,549	17,850	901	13,896	19,670	10,409	21,081	118,974
邯郸市县级小计	2	238,136	42,413	44,525	10,727	11,262	16,404	3,126	6,020	3,885	99,774	602,890	49,425	22,957	4,656	7,304	152,390	1,047	22,046	18,884	70,970	29,039	224,172
大名县	3	4,320	254	953	96	249	102		360	288	2,018	37,791	2,951	1,068	94	207	11,363	9	1,502	619	6,183	922	12,873
魏县	3	4,712	144	1,044	48	207	88		105	6	3,070	37,322	809	2,044	128	190	14,082	41	1,304	773	6,896	2,081	8,974
曲周县	3	3,214	170	585	75	124	116	625	788	24	707	22,455	1,643	1,427	200	277	6,406	165	1,655	538	2,351	932	6,861
邱县	3	2,567	123	375	33	76	66	192	37	157	1,508	13,558	1,242	562	90	175	4,083	4	625	236	2,601	924	3,016
鸡泽县	3	1,848	133	449	51	110	66	284	178	31	546	16,710	1,138	983	105	146	5,711	20	335	402	1,490	644	5,736
肥乡县	3	2,582	125	820	20	92	51	161	350	26	937	17,921	1,113	1,163	90	139	5,437	61	520	334	2,940	995	5,129
广平县	3	4,478	226	587	68	100	59		1,158	725	1,555	19,549	702	1,114	74	153	4,442	52	711	344	2,413	802	8,742
成安县	3	3,785	364	1,111	28	88	106	73	32	31	1,952	21,711	1,111	1,265	98	387	6,631	22	1,283	363	2,049	1,203	7,299
临漳县	3	3,580	143	1,005	47	172	71	395	382	357	1,008	27,561	1,541	1,694	250	237	8,205	16	821	451	3,326	1,636	9,384
馆陶县	3	2,951	134	670	28	124	87	363	292	96	1,157	18,060	597	892	30	214	4,242	36	335	863	3,128	732	6,991
磁县	3	18,850	2,794	1,329	2,115	785	1,011		317	73	10,426	43,591	7,939	845	326	302	12,009		1,840	972	6,157	2,566	10,635
涉县	3	21,585	5,383	3,869	243	636	2,690		168	269	8,327	44,828	5,051	1,072	858	694	9,490	89	954	2,118	4,779	1,794	17,929
永年县	3	15,594	1,325	2,227	653	653	255	817	27	203	9,434	40,716	886	2,968	161	425	12,738	84	985	817	3,287	2,016	16,349
邯郸县	3	21,002	2,159	7,805	590	704	879	216	811	734	7,104	37,430	2,969	2,306	540	399	9,541	309	1,359	519	3,925	2,555	13,008
武安市	3	80,698	26,530	8,413	6,222	3,983	5,490		122	331	29,607	109,851	12,842	2,506	1,318	3,173	18,469	73	4,679	6,545	8,389	4,805	47,052
邯山区	4	5,020		2,158		414					2,448	12,633	58	206		1	2,283	7	603	281	1,491	653	7,050
丛台区	4	8,915		3,200		1,233					4,482	17,574	737	103		2	2,828	13	313	727	2,583	868	9,400
复兴区	4	3,790		1,139		166			710	1	1,774	10,419	582	47	8	5	1,616	12	390	91	2,130	766	4,772
矿区	4	21,025	2,076	3,676	94	1,024	3,732		18	410	9,995	43,072	1,636	399	247	178	12,133	34	1,711	1,888	3,324	1,866	19,656
开发区	4	4,579	330	2,523	202	25	426		165	123	785	6,545	2,805	146	39		350				980	269	1,956
马头工业园区	4	3,041		587	114	297	1,109				934	3,593	1,073	147			331		121	3	548	10	1,360
张家口市小计	0	211,136	45,890	50,343	9,858	8,927	27,617	1,842	698	13,950	52,011	586,958	85,340	19,511	12,647	3,650	89,840	1,492	24,230	33,088	75,806	30,611	210,743
张家口市本级	1	117,474	30,452	29,526	6,967	5,324	14,953			11,044	19,208	184,645	57,207	3,207	1,079	746	12,065	1,007	8,428	17,179	20,139	9,952	53,636

2005年度河北省地(市)县级财政一般预算收支及平衡情况表(三)

单位:万元

地区	编码	收支部分																					
		收入										支出											
		收入合计	增值税	营业税	企业所得税	个人所得税	城市维护建设税	农牧业税、农业特产税	耕地占用税	契税	其他各项收入	支出合计	基本建设支出	农业支出	林业支出	水利和气象支出	教育支出	科学支出	医疗卫生支出	社会保障补助支出	行政管理费	公检法司支出	其他各项支出
张家口市县级小计	2	93,662	15,438	20,817	2,891	3,603	12,664	1,842	698	2,906	32,803	402,313	28,133	16,304	11,568	2,904	77,775	485	15,802	15,909	55,667	20,659	157,107
蔚县	3	7,902	1,178	1,936	125	219	372	350	150	860	2,712	30,339	1,265	1,267	811	181	7,196	58	1,794	677	4,037	1,235	11,818
阳原县	3	5,579	1,761	2,296	65	69	610	151	11	124	492	24,253	1,263	624	518	241	4,876	31	1,042	542	2,465	916	11,735
张北县	3	4,112	577	1,130	289	261	146		53	350	1,306	27,035	1,014	1,545	1,242	207	5,524	45	943	533	4,071	1,487	10,424
康保县	3	1,041	102	455	14	39	66			53	312	19,380	1,164	940	1,328	199	4,692	33	630	519	2,505	659	6,711
沽源县	3	1,383	72	460	4	38	43			51	715	18,569	1,209	1,167	1,206	98	4,159	28	604	254	2,599	878	6,367
尚义县	3	1,126	132	374	7	38	66			38	471	16,143	1,272	935	1,124	231	3,926	20	603	417	1,893	580	5,142
怀安县	3	3,993	1,254	1,132	28	71	522	40	15	98	833	25,083	2,006	954	539	342	3,768	35	847	468	3,830	948	11,346
赤城县	3	7,614	939	875	14	306	167		31	177	5,105	27,285	2,567	906	1,385	217	4,636		1,352	492	4,237	933	10,560
崇礼县	3	2,673	154	562	104	58	71		1	20	1,703	12,890	546	351	586	139	2,303		856	133	2,336	709	4,931
万全县	3	3,187	544	1,163	100	96	176		144	305	659	19,093	631	1,987	389	158	3,817	41	612	457	3,489	805	6,707
宣化县	3	5,997	1,228	1,395	131	137	500	157	236	101	2,112	23,030	759	1,162	389	198	5,536	31	1,238	665	3,126	1,572	8,354
怀来县	3	11,109	2,294	2,784	1,275	679	534	397		500	2,646	29,731	5,082	1,114	300	233	5,892	31	1,254	998	3,544	1,919	9,364
涿鹿县	3	4,457	640	1,095	135	93	195	572	2	202	1,523	30,280	7,219	868	992	187	4,600	20	821	1,032	3,449	1,210	9,882
宣化区	4	21,371	1,603	1,937	125	642	8,371	23	51		8,619	41,584	621	542	148	93	7,681	61	1,651	2,659	4,613	2,897	20,618
下花园区	4	2,872	303	153	35	97	777	33			1,474	9,138	335	160	162	67	2,185		355	470	1,625	931	2,848
桥东区	4	4,224	1,415	1,473	142	439					755	18,765	50	68	137		2,312	27	465	1,766	3,000	1,305	9,635
桥西区	4	2,087	552	855	170	230					280	18,350	591	170	24	68	2,886	24	446	2,881	2,302	1,226	7,732
高新区	4	1,529	562	546	97	83		32	4		205	6,424	247	285	21	31	1,293		205	703	1,440	374	1,825
察北管理区	4	787	90	140	20	5	37	87		25	383	3,117		520	207	5	410		60	136	838	60	881
塞北管理区	4	619	38	56	11	3	11			2	498	1,824	292	739	60	9	83		24	107	268	15	227
保定市小计	0	372,628	52,649	71,012	22,935	20,054	20,793	6,658	3,555	12,983	161,989	861,124	44,629	29,114	4,751	7,679	185,077	1,231	40,406	33,057	103,244	60,010	351,926
保定市本级	1	148,611	26,800	32,695	9,932	8,516	13,035		81	8,458	49,094	208,442	16,484	3,208	941	1,858	14,514	754	17,018	19,070	9,154	23,922	101,519
保定市县级小计	2	224,017	25,849	38,317	13,003	11,538	7,758	6,658	3,474	4,525	112,895	652,682	28,145	25,906	3,810	5,821	170,563	477	23,388	13,987	94,090	36,088	250,407
清苑县	3	9,001	944	1,644	440	359	242	741	153	101	4,377	32,199	1,047	2,120	222	266	8,533	13	979	79	5,166	1,776	11,998
满城县	3	8,829	1,065	1,388	282	324	545	185	488	45	4,507	26,493	2,593	908	251	128	8,271	2	632	763	4,187	1,509	7,249
安新县	3	6,960	922	876	230	377	218	202	41	37	4,057	22,600	416	883	56	248	5,908	26	918	234	4,000	1,131	8,780
唐县	3	5,578	286	621	105	255	128		176	79	3,928	29,164	758	962	319	318	6,951	8	1,173	535	4,166	1,349	12,625
顺平县	3	3,009	353	321	86	121	87		239	41	1,761	19,773	1,049	588	129	380	4,926	14	623	358	3,269	1,136	7,301
博野县	3	2,435	255	307	82	189	85	138	50	10	1,319	13,210	155	739	19	121	3,825	6	344	166	2,377	745	4,713
曲阳县	3	5,014	659	1,324	24	297	315	74			2,321	22,833	396	1,099	224	286	7,009	2	483	162	2,285	1,149	9,738
涞源县	3	11,238	2,383	1,370	903	256	1,088		23	167	5,048	28,054	1,981	856	416	289	5,259	30	1,650	371	4,203	1,223	11,776
阜平县	3	4,228	319	630	110	112	58		1	16	2,982	19,851	734	487	553	352	4,913		417	467	2,370	757	8,801
易县	3	7,035	512	1,312	311	326	203	182	92	70	4,027	32,825	2,299	1,082	469	834	7,735	38	854	183	4,873	1,704	12,754
定兴县	3	7,266	685	819	869	333	332	810	111	150	3,157	26,377	496	924	11	90	7,942	4	1,070	1,179	2,825	1,544	10,292
徐水县	3	11,665	1,318	1,919	426	728	563	586	4	600	5,521	30,929	723	2,721	109	482	8,449	4	1,142	493	3,779	1,738	11,289
容城县	3	5,820	777	562	149	420	275	234	138	41	3,224	16,169	625	973	5	226	5,544	109	786	684	1,318	1,116	4,783
涿州市	3	27,755	5,696	5,402	2,443	1,497	780	370	886	1,945	8,736	50,901	2,309	2,187	146	347	8,456	16	2,407	1,746	6,154	2,753	24,380
涞水县	3	4,219	488	769	72	168	208	69	16	158	2,271	21,550	766	401	344	174	5,582	30	800	361	3,347	1,607	8,138

2005年度河北省地(市)县级财政一般预算收支及平衡情况表(四)

单位:万元

地区	编码	收支部分																					
		收入										支出											
		收入合计	增值税	营业税	企业所得税	个人所得税	城市维护建设税	农牧业税、农业特产税	耕地占用税	契税	其他各项收入	支出合计	基本建设支出	农业支出	林业支出	水利和气象支出	教育支出	科学支出	医疗卫生支出	社会保障补助支出	行政管理费	公检法司支出	其他各项支出
高碑店市	3	20,643	970	1,581	737	807	475	298	101	376	15,298	37,155	1,726	974	13	181	12,390	39	1,100	248	3,835	2,343	14,306
雄县	3	6,339	495	726	376	250	175	184	98	88	3,947	18,357	427	1,137	27	212	5,512	32	168	382	3,904	1,102	5,454
望都县	3	3,078	242	377	73	217	75	88	42	19	1,945	16,175	306	597	81	83	4,907	20	695	561	2,897	876	5,152
高阳县	3	7,134	948	960	400	662	219	169	18	114	3,644	21,877	1,428	896	56	72	4,740	21	631	881	2,418	1,307	9,427
蠡县	3	7,242	988	969	615	472	361	210		100	3,527	24,350	406	1,220	53	156	6,697	17	1,067	359	3,767	1,232	9,376
安国市	3	8,940	784	978	372	571	377	439	23	107	5,289	21,406	998	826	67	99	5,992		1,162	354	2,016	1,159	8,733
定州市	3	26,183	4,760	3,328	3,898	1,244	949	1,425	85	181	10,313	60,568	361	2,634	235	457	18,320	35	1,720	2,536	9,156	3,606	21,508
南市区	4	4,626		1,929		256		76	94		2,271	17,358	164	301		5	4,769		956	263	3,569	1,031	6,300
北市区	4	8,500		3,150		276		56	410	80	4,528	16,595	406	255	3	10	3,590		724	224	2,384	1,038	7,961
新市区	4	9,117		3,736		664		122	132		4,463	16,915	311	133	2	5	4,234	11	887	312	4,662	1,066	5,292
高新区	4	2,163		1,319		357			53		434	8,998	5,265	3			109			86	1,163	91	2,281
沧州市小计	0	311,724	61,593	70,781	12,296	15,695	32,889	6,539	1,122	9,896	100,913	629,702	27,014	28,599	3,068	7,176	162,541	2,223	32,180	18,570	82,369	47,307	218,655
沧州市本级	1	96,464	21,695	19,281	6,066	5,905	6,528			4,901	32,088	136,634	7,600	3,793	461	1,353	28,106	1,356	8,650	7,146	8,318	16,780	53,071
沧州市县级小计	2	215,260	39,898	51,500	6,230	9,790	26,361	6,539	1,122	4,995	68,825	493,068	19,414	24,806	2,607	5,823	134,435	867	23,530	11,424	74,051	30,527	165,584
肃宁县	3	8,421	655	4,045	260	257	602	435	33	124	2,010	26,859	1,432	1,195	150	169	7,708	78	1,364	469	5,344	1,430	7,520
献县	3	5,158	260	1,229	115	277	305		32	155	2,785	28,703	1,148	1,434	306	261	9,614	76	1,354	329	5,684	1,802	6,695
盐山县	3	3,993	333	839	153	211	323			20	2,114	28,400	755	1,794	156	365	7,974	72	1,464	419	3,985	1,592	9,824
孟村县	3	2,920	274	468	161	148	154		54	66	1,595	18,996	1,261	1,177	173	222	4,252	51	1,102	351	3,363	1,376	5,668
沧县	3	16,982	1,996	2,511	216	603	2,062	1,066	95	116	8,317	34,827	418	1,978	133	584	12,600	4	1,489	757	5,590	2,537	8,737
青县	3	9,922	916	1,583	355	611	542	1,296		760	3,859	29,288	476	1,318	207	417	7,503	31	1,940	790	4,113	1,927	10,566
南皮县	3	4,089	700	582	102	226	515		44	57	1,863	27,991	983	1,274	177	285	9,602	77	1,298	415	4,700	1,653	7,527
河间市	3	13,172	641	2,095	380	631	556	1,087	32	823	6,927	38,698	640	1,760	223	425	13,099	67	1,786	1,323	5,744	2,278	11,353
任丘市	3	70,617	24,577	7,955	1,040	2,676	18,111	451	36	1,047	14,724	71,883	4,204	3,233	239	968	13,734	83	3,371	977	7,919	3,871	33,284
海兴县	3	2,622	233	650	25	83	89		20	7	1,515	18,278	1,081	1,359	51	206	3,688	31	607	350	2,655	1,199	7,051
东光县	3	4,239	428	738	320	212	327		25	67	2,122	25,038	1,015	933	97	252	7,610	28	964	563	2,789	1,402	9,385
泊头市	3	9,683	672	1,694	270	446	893	981	75	410	4,242	37,135	138	1,795	359	394	10,454	81	1,547	1,465	5,359	2,918	12,625
吴桥县	3	3,217	171	573	72	149	167	698	100	117	1,170	21,691	1,980	913	52	429	7,079	49	971	561	3,206	1,379	5,072
黄骅市	3	20,878	4,474	4,984	416	1,208	1,170	456	327	642	7,201	36,543	1,506	2,835	276	492	8,790	72	1,642	912	6,443	2,556	11,019
新华区	4	9,820	1,400	4,362	556	547		19	4		2,932	9,833	43	160	6	73	2,486	29	623	288	1,551	987	3,587
运河区	4	15,856	1,519	8,898	1,496	1,100		42	106		2,695	13,865	195	356	1	120	4,732	38	1,146	453	1,917	600	4,307
开发区	4	1,471	109	388	14	30	158		128	252	392	2,421	311	6	1		215		13	70	1,367	47	391
港口区	4	8,327	35	6,772	146	218	123			228	805	10,171		276			377		571	26	794	348	7,779
南大港	4	1,729	214	457	23	72	184	8	5	62	704	4,643	40	379		105	1,463		183	399	506	239	1,329
临港区	4	2,144	291	677	110	85	80		6	42	853	7,805	1,788	631		56	1,455		95	507	1,022	386	1,865
秦皇岛市小计	0	257,879	30,034	86,744	14,597	13,330	14,167	1,463	1,780	21,465	74,299	440,826	27,979	12,721	3,849	3,758	80,718	618	16,522	16,424	57,877	33,819	186,541
秦皇岛市本级	1	121,014	9,206	37,582	6,472	4,766	10,046			13,725	39,217	150,498	15,117	3,151	535	1,258	11,074	472	5,083	13,600	19,227	13,593	67,388
秦皇岛市县级小计	2	136,865	20,828	49,162	8,125	8,564	4,121	1,463	1,780	7,740	35,082	290,328	12,862	9,570	3,314	2,500	69,644	146	11,439	2,824	38,650	20,226	119,153
青龙县	3	14,277	2,399	2,375	275	736	353		192	362	7,585	37,999	889	1,373	1,528	581	10,434	47	1,506	253	5,575	2,502	13,311
昌黎县	3	12,221	2,078	3,430	880	854	355	637	307	486	3,194	36,087	1,010	1,423	256	213	10,709	9	2,193	331	4,220	2,873	12,850

2005年度河北省地(市)县级财政一般预算收支及平衡情况表(五)

单位:万元

地区	编码	收支部分																					
		收入										支出											
		收入合计	增值税	营业税	企业所得税	个人所得税	城市维护建设税	农牧业税、农业特产税	耕地占用税	契税	其他各项收入	支出合计	基本建设支出	农业支出	林业支出	水利和气象支出	教育支出	科学支出	医疗卫生支出	社会保障补助支出	行政管理费	公检法司支出	其他各项支出
卢龙县	3	6,961	1,504	1,788	77	618	130	466	2	142	2,234	30,221	1,714	1,599	303	443	10,551		1,360	224	6,424	1,539	6,064
抚宁县	3	19,360	4,658	6,680	577	1,108	679	360	25	785	4,488	45,543	1,082	2,407	487	351	12,730	49	2,753	486	5,795	2,714	16,689
山海关	4	7,740	1,253	3,219	231	620			3	299	2,115	19,755	1,324	809	262	473	4,277	15	657	447	3,045	1,736	6,710
海港区	4	23,282	1,954	9,485	1,736	1,904			121		8,082	43,817	952	977	352	230	14,646	18	820	612	5,694	3,925	15,591
北戴河	4	12,135	748	7,424	653	589			204	497	2,020	23,015	4,667	690	126	78	3,379	8	1,175	185	3,331	2,081	7,295
开发区	4	40,889	6,234	14,761	3,696	2,135	2,604		926	5,169	5,364	53,891	1,224	292		131	2,918		975	286	4,566	2,856	40,643
邢台市小计	0	218,518	48,839	39,303	17,336	12,956	12,646	5,528	2,220	4,350	75,340	518,765	27,084	23,093	4,809	5,163	119,773	921	20,391	14,550	73,903	35,936	193,142
邢台市本级	1	105,295	24,841	16,156	10,046	6,568	7,417			2,431	37,836	113,459	5,477	2,660	543	1,282	13,455	466	5,761	5,584	11,400	14,862	51,969
邢台市县级小计	2	113,223	23,998	23,147	7,290	6,388	5,229	5,528	2,220	1,919	37,504	405,306	21,607	20,433	4,266	3,881	106,318	455	14,630	8,966	62,503	21,074	141,173
南宫市	3	4,326	483	1,219	80	289	193	632	205	88	1,137	24,296	1,156	1,069	98	131	6,605	5	757	815	3,594	1,102	8,964
沙河市	3	14,646	5,295	1,977	702	755	993	347	87	478	4,012	39,347	4,922	1,274	507	544	10,477	62	1,358	465	4,323	1,920	13,495
邢台县	3	14,117	4,936	1,642	961	530	708			149	5,191	39,206	768	2,124	1,194	545	7,059	54	1,857	880	5,783	1,516	17,426
临城县	3	3,320	492	606	282	147	131				1,662	18,833	1,531	1,156	547	169	3,672	29	819	472	2,434	852	7,152
内邱县	3	7,083	1,736	1,554	1,086	359	297		32	106	1,913	20,466	2,643	902	508	169	5,401	44	553	448	4,922	1,217	3,659
柏乡县	3	2,083	169	313	66	107	71	308	49	32	968	11,571	244	736	159	87	3,867		409	140	2,616	857	2,456
隆尧县	3	8,416	1,066	1,434	556	211	583	496	101	105	3,864	24,112	886	1,305	131	107	7,016	2	937	567	3,811	1,123	8,227
任　县	3	1,785	136	391	57	130	42	353	2	25	649	14,845	659	842	72	49	4,679	34	542	510	1,750	911	4,797
南和县	3	1,715	129	617	68	137	64	374	5	7	314	15,196	589	958	87	104	4,937	1	564	378	1,661	801	5,116
宁晋县	3	17,200	2,543	2,251	1,431	684	550	908	487	210	8,136	40,878	1,853	1,942	181	149	9,572	48	1,469	559	3,429	2,000	19,676
巨鹿县	3	2,403	392	721	232	144	123		60	60	671	18,893	1,074	1,323	59	139	4,280	20	780	368	1,795	839	8,216
新河县	3	1,391	121	530	20	101	54	231	134	21	179	12,734	257	1,303	90	267	3,668	18	457	464	2,438	924	2,848
广宗县	3	1,305	82	355	31	89	35		19	3	691	15,437	1,301	494	150	114	4,527	13	687	407	2,348	928	4,468
平乡县	3	2,491	264	608	130	203	68	292	143	85	698	15,599	307	1,031	76	124	5,482	7	569	235	2,764	828	4,176
威　县	3	3,253	167	877	41	178	85	823	169	48	865	22,782	1,116	695	67	294	6,070	21	714	655	3,159	1,124	8,867
清河县	3	10,795	4,118	1,498	1,122	983	522	298	159	91	2,004	27,972	1,334	1,825	143	195	7,049	43	757	470	6,562	1,725	7,869
临西县	3	3,127	266	957	110	184	90	396	220	69	835	16,288	295	951	137	526	5,816	32	624	302	1,979	671	4,955
桥东区	4	4,645	557	2,138	93	485	145		2		1,225	9,801	117	123	1	118	2,333	12	361	308	3,136	869	2,423
桥西区	4	5,140	667	2,042	115	549	215		258		1,294	9,986	166	139		45	2,393	10	283	62	2,203	798	3,887
高新区	4	3,461	329	1,345	92	108	249	18	88	317	915	5,312	379	88	59		961		117	372	1,389	49	1,898
大曹庄管理区	4	521	50	72	15	15	11	52		25	281	1,752	10	153		5	454		16	89	407	20	598
廊坊市小计	0	242,965	31,542	72,394	17,802	13,872	12,443	3,954	3,886	13,307	73,765	479,809	30,856	20,047	2,881	6,709	119,977	2,124	18,993	14,213	62,764	36,583	164,662
廊坊市本级	1	70,097	10,659	27,091	6,679	4,098	371			5,027	16,172	114,471	9,636	4,497	725	2,140	26,866	924	6,538	4,170	11,930	12,606	34,439
廊坊市县级小计	2	172,868	20,883	45,303	11,123	9,774	12,072	3,954	3,886	8,280	57,593	365,338	21,220	15,550	2,156	4,569	93,111	1,200	12,455	10,043	50,834	23,977	130,223
三河市	3	51,068	6,186	17,632	4,332	2,309	2,912		2,513	3,819	11,365	78,469	7,022	4,298	432	1,460	24,936	114	3,399	3,295	6,673	3,742	23,098
大厂县	3	4,731	624	1,134	262	282	229	110	13	224	1,853	15,719	641	1,163	27	229	3,360	76	775	323	2,654	1,249	5,222
香河县	3	15,224	1,243	5,380	489	661	518	416	20	800	5,697	34,877	319	1,877	163	474	7,654	275	1,681	543	4,753	2,705	14,433
永清县	3	4,354	475	825	58	190	160	631	38	17	1,960	23,914	640	1,287	333	276	6,645	56	1,013	335	4,750	1,787	6,792
固安县	3	7,372	568	1,967	135	253	259	760	301	329	2,800	21,194	160	869	160	129	5,659	50	477	542	3,562	1,737	7,849

2005年度河北省地(市)县级财政一般预算收支及平衡情况表(六)

单位:万元

地区	编码	收支部分																					
		收入										支出											
		收入合计	增值税	营业税	企业所得税	个人所得税	城市维护建设税	农牧业税、农业特产税	耕地占用税	契税	其他各项收入	支出合计	基本建设支出	农业支出	林业支出	水利和气象支出	教育支出	科学支出	医疗卫生支出	社会保障补助支出	行政管理费	公检法司支出	其他各项支出
霸州市	3	27,816	5,621	5,589	1,751	1,938	2,196	273	116	1,305	9,027	53,489	8,575	1,549	243	373	13,367	427	1,320	1,910	9,122	5,310	11,293
文安县	3	11,664	1,472	2,155	338	1,091	749	559	247	164	4,889	33,216	1,605	1,529	355	575	8,763	44	692	1,155	5,482	2,476	10,540
大城县	3	8,742	1,106	1,409	274	505	293	498	100	210	4,347	31,556	1,231	1,178	137	355	10,742	48	1,349	560	4,541	1,531	9,884
安次区	4	4,303	359	1,083	64	142	502	416	28	268	1,441	19,062	802	795	132	501	4,422	53	926	573	3,486	844	6,528
广阳区	4	20,731	1,165	5,850	1,193	1,488	2,947	243	210	244	7,391	20,447	75	918	171	197	5,233	57	688	723	3,779	669	7,937
开发区	4	16,863	2,064	2,279	2,227	915	1,307	48	300	900	6,823	33,395	150	87	3		2,330		135	84	2,032	1,927	26,647
承德市小计	0	172,945	34,273	43,977	11,577	12,901	11,224	196	242	2,492	56,063	485,209	56,418	18,768	13,995	10,068	100,157	1,122	18,288	16,564	62,437	25,532	161,860
承德市本级	1	81,532	19,900	24,099	6,771	5,987	7,379			950	16,446	103,379	10,978	1,645	795	398	9,393	565	5,293	11,423	9,162	5,990	47,737
承德市县级小计	2	91,413	14,373	19,878	4,806	6,914	3,845	196	242	1,542	39,617	381,830	45,440	17,123	13,200	9,670	90,764	557	12,995	5,141	53,275	19,542	114,123
宽城县	3	16,805	3,189	1,856	1,350	2,032	676		48	10	7,644	47,453	3,013	1,621	834	5,943	10,166	54	1,021	1,277	4,740	2,064	16,720
滦平县	3	10,015	2,434	2,398	537	547	343		17	165	3,574	37,426	3,863	2,900	1,071	301	9,640	66	1,541	203	5,664	1,094	11,083
丰宁县	3	10,069	1,588	2,200	801	686	307		2	126	4,359	49,731	6,887	2,143	2,454	303	10,599	62	952	764	4,969	2,409	18,189
隆化县	3	5,040	709	1,752	49	253	302		16		1,959	37,142	3,911	2,485	2,541	437	9,522	70	1,903	603	6,449	1,676	7,545
围场县	3	3,256	319	1,498	52	233	196		4	167	787	38,365	5,474	2,270	1,733	852	9,483	55	875	613	6,550	1,609	8,851
承德县	3	12,386	2,017	1,867	704	752	608	196	27	288	5,927	45,512	7,404	2,150	1,529	344	10,686	81	2,778	537	5,663	2,428	11,912
兴隆县	3	7,768	1,264	1,628	114	477	824		24	206	3,231	32,904	4,210	883	1,102	261	7,210	61	791	494	6,386	1,120	10,386
平泉县	3	8,605	1,295	1,598	556	281	589		20	41	4,225	44,917	3,534	1,918	1,656	630	14,672	78	1,862	181	6,272	2,388	11,726
双桥区	4	8,493	509	2,919	362	969			50	1	3,683	16,406	1,409	234	76	67	3,475	4	346	360	1,970	2,575	5,890
双滦区	4	5,562	487	1,328	128	415			30	508	2,666	18,422	2,718	394	90	512	3,612	6	627	46	2,278	1,483	6,656
营子区	4	1,680	377	136	31	153			4	30	949	8,197	359	40	114	20	1,699		299	58	1,585	686	3,337
开发区	4	1,734	185	698	122	116					613	5,355	2,658	85				20		5	749	10	1,828
衡水市小计	0	133,188	21,741	24,218	7,570	7,440	6,372	6,701	763	3,200	55,183	392,998	19,811	18,864	2,299	6,310	88,824	953	16,007	8,623	54,703	33,592	143,012
衡水市本级	1	46,592	10,310	9,616	3,979	2,027				2,053	18,607	85,262	4,175	1,775	527	794	5,070	437	4,744	2,510	12,238	16,312	36,680
衡水市县级合计	2	86,596	11,431	14,602	3,591	5,413	6,372	6,701	763	1,147	36,576	307,736	15,636	17,089	1,772	5,516	83,754	516	11,263	6,113	42,465	17,280	106,332
武邑县	3	3,924	362	1,050	71	219	138		2	157	1,925	23,722	1,220	1,675	172	371	7,652	56	616	132	3,883	1,184	6,761
饶阳县	3	4,743	242	884	45	212	112	527	63	120	2,538	20,469	571	1,236	126	259	4,239	41	854	269	2,814	1,455	8,605
安平县	3	10,085	1,679	1,186	671	597	357	351	240	61	4,943	25,651	831	1,713	95	349	6,315	34	960	612	3,057	1,551	10,134
冀州市	3	8,726	1,546	1,432	483	761	747	[illegible]	87	85	2,889	28,273	1,224	1,321	199	262	9,612	60	1,753	393	3,430	2,176	7,843
枣强县	3	6,961	2,591	878	112	330	367	873	59	20	1,731	35,283	4,471	1,018	77	2,154	9,218	36	1,771	606	4,686	1,752	9,494
深州市	3	8,804	801	1,082	206	409	324	1,198	170	37	4,577	33,280	2,120	2,405	254	280	9,408	39	792	1,250	4,916	1,493	10,323
武强县	3	3,329	338	682	99	165	103		20	23	1,899	17,585	1,016	1,223	61	215	4,693	25	678	341	2,452	1,235	5,646
故城县	3	5,509	680	902	91	302	185	1,013		55	2,281	28,088	995	1,300	77	501	7,346	32	930	391	5,313	1,686	9,517
景　县	3	8,521	1,050	1,345	413	369	414	1,041		63	3,826	35,190	829	2,250	319	393	11,252	63	1,514	589	3,948	1,620	12,413
阜城县	3	5,024	406	787	45	251	185	811	24	32	2,483	19,933	1,418	1,059	149	246	3,854	35	570	244	2,583	1,251	8,524
桃城区	4	18,773	1,619	3,280	1,317	1,763	3,292	189	43	63	7,207	35,706	941	1,889	243	486	9,761	95	801	1,286	4,524	1,865	13,815
高开区	4	2,197	117	1,094	38	35	148	2	55	431	277	4,556					404		24		859	12	3,257

2005年度河北省地(市)县级财政一般预算收支及平衡情况表(七)

单位：万元

地区	编码	平衡部分 收入 收入总计	本年收入	免抵未调库归还收入	消费税和增值税税收返还	所得税基数返还	原体制补助	专项补助	一般性转移支付补助	民族地区转移支付补助	调整工资转移支付补助	农村税费改革转移支付补助	中小学教师工资转移支付补助	取消农业特产税降低农业税率转移支付补助	缓解县乡财政困难转移支付补助	增发国债补助	结算补助	农业税灾歉减免及企事业单位预算划转补助	其他补助	省补助计划单划市	上年结余收入	调入资金	国债转贷收入、上年结余及转补助数
河北省地市县合计	A	8,732,469	3,788,064		715,385	256,375	1,463	859,056	595,277		551,136	198,502	33,513	263,034	105,164	259,735	387,337	10,852	43,370		556,666	87,232	53,821
河北省地市本级合计	B	2,213,120	1,268,676		279,397	37,765	−9,420	165,158	−77,799		75,022	234		−171	523	98,548	5,387	1,616	−54,160		372,342	23,011	26,991
河北省县级合计	C	6,519,349	2,519,388		435,988	218,610	10,883	693,898	673,076		476,114	198,268	33,513	263,205	104,641	161,187	381,950	9,236	97,530		184,324	64,221	26,830
石家庄市小计	0	1,246,741	658,796		101,679	57,103		115,869	25,874		66,493	20,200	3,631	32,132	9,920	22,979	65,018	3,129	−45,035		105,273	1,063	6,248
石家庄市本级	1	201,962	58,142		41,442	15,010	−138	34,105	−2,022		9,899					5,147	15,199	921	−71,384		93,020	1,063	1,558
石家庄市县级小计	2	1,044,779	600,654		60,237	42,093	138	81,764	27,896		56,594	20,200	3,631	32,132	9,920	17,832	49,819	2,208	26,349		12,253		4,690
赞皇县	3	23,940	4,582		1,590	267	17	4,818	2,346		2,563	1,124	270	573	300	822	559		262		4,117		
平山县	3	47,234	20,693		2,528	371		7,025	3,868		4,217	2,075	441	1,127		2,230	714		2,306				80
灵寿县	3	26,962	6,439		1,248	816	74	5,946	2,699		2,446	1,620	900	1,079	802	1,415	708		402		798		470
行唐县	3	25,667	7,746		1,309	605	47	4,047	3,046		3,153	1,511	344	1,773	1,088	300	780	127	135				
井陉县	3	34,591	17,493		5,097	773		3,447	706		2,142	1,113		534	147	700	1,614		303		522		
鹿泉市	3	50,545	25,269		6,836	3,407		4,090	1,186		2,307	592		1,108	300	798	3,894	48	304		406		
正定县	3	40,558	17,460		3,903	1,220		4,561	322		2,525	587		2,022	555	1,005	2,617		2,976		805		
栾城县	3	32,136	12,910		2,654	1,388		2,863	431		1,897	445		1,555	860	1,345	2,048		2,949		191		600
辛集市	3	56,004	22,382		6,026	2,504		4,512	911		4,147	1,119	180	3,448	933	82	3,876	95	5,849				120
晋州市	3	34,886	13,977		3,192	1,723		3,091	580		2,833	1,120		2,412	1,078	880	2,325	163	896		536		80
深泽县	3	17,734	6,295		1,043	652		3,077	683		1,603	671	189	947	300	820	956	126	261				300
无极县	3	28,849	10,436		1,255	2,100		3,089	1,337		3,122	1,303	157	2,054	605	950	1,471	218	409				500
藁城市	3	57,386	32,295		4,882	1,823		4,867	727		3,666	1,079		3,835	763	655	1,578	1,034	74		108		
赵县	3	32,490	10,405		1,603	971		3,264	2,029		3,895	2,101	330	3,663	876	1,595	986	82	343		17		660
新乐市	3	31,258	13,285		2,253	1,777		2,754	604		2,283	1,456		2,210	411	1,290	1,484	143	270		538		500
高邑县	3	16,037	6,528		1,047	679		2,139	521		1,468	492		901	519	115	620	112	414		402		80
元氏县	3	26,656	9,390		1,567	1,582		3,052	751		3,171	826	409	1,696	383	1,375	1,652	52	114		325		720
长安区	4	99,063	86,493		−29	3,080		2,670	438		1,445	209		402		80	5,110		−1,702		867		
桥东区	4	59,612	45,145		2,306	2,364		2,077	1,025		1,567	131	80	43		80	1,808		3,008		58		
桥西区	4	94,701	78,847		1,243	2,988		3,170	1,510		1,942	146	146	119		80	2,554		1,610		92		400
新华区	4	72,321	56,187		1,424	4,947		2,456	732		1,713	185	185	162		500	3,397		−698		1,136		180
裕华区	4	70,129	51,162		4,278	2,126		1,776	460		1,511	207		321		245	2,486		5,138		419		
矿区	4	17,008	8,738		1,924	395		1,156	761		700	65		107		70	2,731		215		146		
高新区	4	49,012	36,497		1,058	3,535		1,817	223		278	23		41		400	3,851	8	511		770		
唐山市小计	0	1,408,799	776,137		139,064	49,887		89,033	68,045		57,825	19,242	818	27,177	7,276	14,160	84,011	1,248	13,914		48,141	9,611	4,028
唐山市本级	1	351,456	229,443		56,087	18,914		1,239	10,964		9,201			−12		2,758	−3,077	263	2,963		20,625		2,088
唐山市县级小计	2	1,057,343	546,694		82,977	30,973		87,794	57,081		48,624	19,242	818	27,189	7,276	11,402	87,088	985	10,951		27,516	9,611	1,940
滦县	3	52,775	21,821		4,371	1,227		5,196	3,157		4,256	1,699	239	1,845	2,231	685	2,541	202	172		2,450	922	
滦南县	3	63,159	24,703		4,225	2,495		7,094	3,316		4,277	1,780		3,520	539	735	4,012	95	445		4,348	1,505	70
乐亭县	3	58,702	26,782		3,257	967		6,497	2,367		4,055	2,273		3,822	2,617	1,248	2,419	201	969		1,082	36	110
迁西县	3	80,763	42,492		7,523	2,803		6,465	4,750		2,860	1,306		1,498		430	7,861		678		1,097	1,000	
唐海县	3	25,400	12,307		1,804	361		4,234	1,353		1,275	1,017	467	340	320	219	1,709		162			299	

2005 年度河北省地(市)县级财政一般预算收支及平衡情况表(八)

单位:万元

地区	编码	平衡部分																					
		收入																					
		收入总计	本年收入	免抵未调库归还收入	消费税和增值税税收返还	所得税基数返还	原体制补助	专项补助	一般性转移支付补助	民族地区转移支付补助	调整工资转移支付补助	农村税费改革转移支付补助	中小学教师工资转移支付补助	取消农业特产税降低农业税率转移支付补助	缓解县乡财政困难转移支付补助	增发国债补助	结算补助	农业税灾歉减免及企事业单位预算划转补助	其他补助	省补助计划单列市	上年结余收入	调入资金	国债转贷收入、上年结余及转补助数
迁安市	3	160,466	105,754		11,803	2,923		4,372	8,923		3,461	2,076		1,995		347	12,670	107	729		5,228	78	
玉田县	3	59,888	21,325		7,073	2,404		6,721	1,981		4,829	1,544		3,822	604	2,730	3,220	152	476		192	1,795	1,020
遵化市	3	110,442	59,830		14,179	2,869		5,646	6,214		4,141	2,098		3,149		764	7,568	106	555		3,323		
路南区	4	31,569	15,089		1,778	1,093		4,569	994		2,075	179	112	68		490	3,420	1	258		1,317	68	170
路北区	4	53,483	29,521		1,611	38		9,680	1,932		3,150	201		86		130	5,314	11	1,128		681		
古冶区	4	40,853	17,147		1,942	565		6,518	2,628		2,807	420		300		260	6,162	20	665		1,349		70
开平区	4	38,619	21,659		1,028	1,411		2,652	546		1,845	504		304		123	5,566		1,279		1,002	700	
丰润区	4	79,426	34,155		7,993	2,489		9,007	3,286		6,089	1,882		3,754	488	264	4,924	56	560		1,971	2,508	
丰南区	4	130,613	66,362		14,390	4,843		5,836	10,494		3,344	1,619		2,473	477	2,277	13,160		1,934		2,493	411	500
高新开发区	4	23,937	15,565			3,067		511	1,047		64	44		8			2,781		475		375		
海港开发区	4	22,927	18,623			758		6	1,172		46			3			2,235		59		25		
南堡开发区	4	10,017	8,295			230		107	230		10					600	377		165		3		
芦台开发区	4	6,333	1,595			119		1,163	1,422		18	409		119		76	339		205		579	289	
汉沽管理区	4	7,971	3,669			311		1,520	1,269		22	191		83		24	810	34	37		1		
邯郸市小计	0	974,363	432,148		78,502	25,179		96,519	85,521		51,586	21,530	4,337	32,695	10,764	20,814	31,285	1,573	8,515		66,404	5,540	5,788
邯郸市本级	1	277,103	194,012		32,895	6,106	−669	18,007	−14,498		7,700					6,131	−15,808	518	−836		40,415		3,130
邯郸市县级小计	2	697,260	238,136		45,607	19,073	669	78,512	100,019		43,886	21,530	4,337	32,695	10,764	14,683	47,093	1,055	9,351		25,989	5,540	2,658
大名县	3	39,514	4,320		1,276	710		6,473	11,310		3,573	2,261	814	4,154	956	1,485	146		944		1,906		
魏　县	3	38,291	4,712		533	1,027	249	6,436	9,656		4,906	2,484	877	4,901	1,160	789	535		275		628		
曲周县	3	24,422	3,214		877	539	78	3,983	5,637		2,317	1,280	419	2,106	1,155	1,168	619		150		899		400
邱　县	3	17,821	2,567		549	638	74	1,608	4,432		1,186	721	166	1,390	811	788	564	102	303		2,008		80
鸡泽县	3	18,421	1,848		437	810	54	2,287	5,550		1,527	798	227	1,329	673	1,118	564	96	227		423		680
肥乡县	3	20,267	2,582		414	477	70	2,571	5,591		1,839	990	309	1,890	991	205	325	88	406		1,299	529	
广平县	3	23,480	4,478		777	1,127	41	5,804	4,549		1,168	697		1,534	417	672	474		−420		2,082		80
成安县	3	23,172	3,785		605	530	20	2,831	6,375		2,373	1,097	372	1,882	1,137	1,111	487	136	303				500
临漳县	3	29,550	3,580		826	443	56	4,377	8,419		3,336	1,797	638	2,688	1,816	1,074	667	172	299				
馆陶县	3	19,961	2,951		774	520	27	3,414	4,809		2,216	919	251	1,540	745	442	332	38	352		882		
磁　县	3	50,023	18,850		4,137	1,854		4,454	6,198		2,752	1,557	151	1,856		941	3,999		166		3,259		
涉　县	3	54,864	21,585		6,602	1,218		5,561	8,250		2,406	1,003		871	463	1,094	1,889		145		3,697		80
永年县	3	45,791	15,594		3,437	1,871		5,507	3,242		4,275	2,157	113	3,367	440	506	2,851	128	1,282		1,123	11	
邯郸县	3	42,280	21,002		3,230	1,398		3,375	3,586		1,818	889		1,184		513	3,170	135	386		1,594		
武安市	3	131,821	80,698		13,769	2,719		5,623	5,797		3,334	1,665		1,405		826	7,316	160	1,254		2,255	5,000	
邯山区	4	16,035	5,020		791	848		2,225	694		792	54		7		30	4,573		236		765		
丛台区	4	23,569	8,915		603	390		2,999	2,433		857	121		19		305	3,758		40		2,991		138
复兴区	4	12,555	3,790		312	437		1,509	1,302		646	112		21		30	3,694		383		319		
矿　区	4	54,355	21,025		5,275	1,482		6,280	1,007		2,525	642		326		1,586	10,282		1,964		1,261		700
开发区	4	6,786	4,579		383	35		1,071	1,036		22	101		123			723		115		−1,402		

2005年度河北省地(市)县级财政一般预算收支及平衡情况表(九)

单位:万元

地区	编码	平衡部分																				
		收入																				
		收入总计	本年收入	免抵未调库归还收入	消费税和增值税税收返还	所得税基数返还	原体制补助	专项补助	一般性转移支付补助	民族地区转移支付补助	调整工资转移支付补助	农村税费改革转移支付补助	中小学教师工资转移支付补助	取消农业特产税降低农业税率转移支付补助	缓解县乡财政困难转移支付补助	增发国债补助	结算补助	农业税灾歉减免及企事业单位预算划转补助	其他补助	省补助计划单列市	上年结余收入	调入资金	国债转贷收入、上年结余及转补助数
马头工业园区	4	4.282	3.041					124	146		18	185		102			125		541				
张家口市小计	0	682.883	211.136		71.491	6.785		97.711	81.063		49.335	19.420	3.259	11.730	9.052	76.912	9.428	301	5.673		28.156	2.391	2.299
张家口市本级	1	229.456	117.474		43.155	−19.782	−2.037	13.693	5.797		7.672			−163	523	55.949	−5.751	3	741		11.542		640
张家口市县级小计	2	453.427	93.662		28.336	26.567	2.037	84.018	75.266		41.663	19.420	3.259	11.893	8.529	20.963	15.179	298	4.932		16.614	2.391	1.659
蔚县	3	38.442	7.902		2.788	3.753		5.585	2.381		4.224	2.165		1.895	1.832	974	432		83		4.163	185	80
阳原县	3	25.899	5.579		2.231	1.127	207	4.131	5.138		2.769	1.400	439	805	70	850	330		43		1.219		
张北县	3	29.004	4.112		1.114	191		6.587	6.271		3.280	1.918	130	1.231	183	2.104	876		722		225	190	
康保县	3	20.940	1.041		636	141	275	6.002	5.127		2.808	1.676	525	761	482	960	212		76		473	210	60
沽源县	3	21.053	1.383		224	152	366	5.941	4.884		2.672	1.270	330	819	403	885	338		88		1.568		60
尚义县	3	17.387	1.126		461	101	329	5.418	4.505		2.069	1.075	408	505	407	974	180		113		124		
怀安县	3	27.354	3.993		2.243	539	232	5.043	6.677		2.448	1.205	389	789	1.671	865	286		318		398	567	80
赤城县	3	28.732	7.614		1.532	860	269	6.048	4.777		2.837	1.290	413	655	1.598	648	271		144		189		
崇礼县	3	13.819	2.673		437	492	239	3.396	3.153		1.547	695	169	293	639	275	195		97		−312		
万全县	3	19.859	3.187		1.364	1.273	120	4.222	4.236		2.253	1.250		685		435	630		143		−116	177	
宣化县	3	23.644	5.997		2.882	1.280		3.076	3.385		2.894	1.279		808	65	377	659	60	114		410	358	
怀来县	3	37.533	11.109		3.020	707		2.952	3.756		2.628	1.445		956		6.116	411	135	874		2.885	360	179
涿鹿县	3	33.130	4.457		2.090	770		7.083	4.602		2.817	1.490	456	1.144	1.112	4.235	759	70	270		1.735	96	400
宣化区	4	50.769	21.371		4.177	10.408		4.497	1.294		2.282	375		96		186	4.045		608		790	240	400
下花园区	4	11.371	2.872		835	929		1.674	1.622		689	185		66		152	693	8	601		1.045		
桥东区	4	22.045	4.224		910	1.822		3.825	6.117		1.642	19		2		50	2.002		219		1.213		
桥西区	4	20.130	2.087		1.111	1.557		5.424	5.014		1.728	90		3	37	580	1.463		228		408		400
高新区	4	7.099	1.529		97	465		1.217	1.730		36	494		238	20	272	697	25	83		196		
察北管理区	4	3.265	787		163			992	411		38	99		92	10		634		39				
塞北管理区	4	1.952	619		21			905	186		2			50		25	66		69		1	8	
保定市小计	0	1.028.795	372.628		68.362	27.436		110.061	70.890		84.286	30.484	5.829	37.585	14.877	33.749	49.755	2.025	10.443		98.624	7.876	9.714
保定市本级	1	280.026	148.611		26.957	4.942	−2.630	33.278	−20.582		10.193	234				15.421	−3.380	−146	578		59.091	2.359	5.100
保定市县级小计	2	748.769	224.017		41.405	22.494	2.630	76.783	91.472		74.093	30.250	5.829	37.585	14.877	18.328	53.135	2.171	9.865		39.533	5.517	4.614
清苑县	3	36.600	9.001		2.206	699		2.913	4.263		4.998	1.514	593	3.121	852	1.446	3.275	146	199		1.467		500
满城县	3	28.601	8.829		2.511	670		3.043	2.369		2.873	1.144		1.048	708	544	3.252	139	248		1.203	20	
安新县	3	24.375	6.960		1.162	891	166	2.000	4.731		2.317	1.326	408	1.336	810	219	1.346	4	224		883		
唐县	3	32.709	5.578		775	230	473	5.256	7.184		4.111	2.030	598	1.338	795	455	639	5	314		3.526		
顺平县	3	21.289	3.009		802	395	337	2.998	4.800		2.357	1.122	309	1.190	1.016	961	385	2	320		1.595		
博野县	3	13.900	2.435		544	255	205	1.522	3.367		2.175	745	433	925	403	79	538	122	52		457	76	
曲阳县	3	28.874	5.014		1.023	425	173	3.784	7.344		3.174	1.831	587	920	903	250	558	34	151		3.289	1	
涞源县	3	35.163	11.238		1.598	450	326	4.275	5.775		2.561	1.519	261	372		1.999	837	2	482		3.239		490
阜平县	3	20.707	4.228		569	40	393	4.274	3.794		2.879	1.105	424	743	448	523	424	1	157		1.129		
易县	3	37.318	7.035		1.331	1.106	228	5.943	6.270		4.582	2.060	666	1.616	993	1.695	917	196	518		2.308		520

2005年度河北省地(市)县级财政一般预算收支及平衡情况表(十)

单位:万元

地区	编码	平衡部分 收入 收入总计	本年收入	免抵未调库归还收入	消费税和增值税税收返还	所得税基数返还	原体制补助	专项补助	一般性转移支付补助	民族地区转移支付补助	调整工资转移支付补助	农村税费改革转移支付补助	中小学教师工资转移支付补助	取消农业特产税降低农业税率转移支付补助	缓解县乡财政困难转移支付补助	增发国债补助	结算补助	农业税灾歉减免及企事业单位预算划转补助	其他补助	省补助计划单划市	上年结余收入	调入资金	国债转贷收入、上年结余及转补助数
定兴县	3	28,881	7,266		1,079	651	58	2,816	4,503		3,287	1,322	166	3,212	707	333	1,388	195	403		1,541		120
徐水县	3	33,314	11,665		2,842	1,205		3,407	1,882		3,237	1,397	164	2,345	574	522	2,678	3	378		759	286	134
容城县	3	19,163	5,820		1,296	1,028	14	1,589	1,786		2,143	674		910	963	231	1,151	76	474		993	15	
涿州市	3	57,759	27,755		4,519	856		3,736	3,780		2,730	1,386		2,275	555	2,085	2,803	100	732		656	2,771	1,020
涞水县	3	23,560	4,219		890	234	183	3,710	5,718		2,544	1,458	455	828	694	738	528	144	333		1,339		
高碑店市	3	45,494	20,643		2,346	1,742		2,460	1,435		2,950	1,398		2,499	738	1,690	2,761	227	148		3,577		880
雄　县	3	20,956	6,339		1,130	934	40	1,731	2,344		2,415	1,009	175	1,117	771	95	1,291	187	185		1,300	68	
望都县	3	17,382	3,078		918	328	34	2,149	3,997		3,019	830	453	956	404	265	693	79	148		484		
高阳县	3	23,697	7,134		1,773	1,227		2,815	2,794		2,446	868		1,370	582	200	1,600	203	243		225	137	80
蠡　县	3	27,210	7,242		2,777	3,140		2,296	1,106		3,152	1,114		1,996	734	379	2,574	129	390		181		
安国市	3	23,912	8,940		1,775	898		2,777	680		2,976	896		1,600	493	536	1,088	85	233		260	675	
定州市	3	71,450	26,183		5,536	1,176		6,469	4,353		7,063	2,473	137	5,035	734	2,703	3,845	90	630		2,992	1,468	700
南市区	4	22,801	4,626		734	1,691		1,398	2,729		1,361	317		263			6,548	1	665		2,468		
北市区	4	22,843	8,500		302	565		1,213	2,480		1,367	244		199		380	3,612		1,180		2,631		170
新市区	4	19,764	9,117		413	1,243		1,651	517		1,376	463		356			4,472	1	155				
高新区	4	11,047	2,163		554	415		558	1,471			5		15			3,932		903		1,031		
沧州市小计	0	707,545	311,724		50,770	14,582		65,620	57,008		56,715	19,480	2,350	31,431	10,824	14,327	29,284	167	6,714		22,235	12,004	4,660
沧州市本级	1	138,316	96,464		9,757	1,298	−1,009	4,945	−8,795		6,722					2,583	18,182	−487	−3,290		9,911	685	1,350
沧州市县级小计	2	569,229	215,260		41,013	13,284	1,009	60,675	65,803		49,993	19,480	2,350	31,431	10,824	11,744	11,102	654	10,004		12,324	11,319	3,310
肃宁县	3	30,981	8,421		2,223	615	270	3,047	7,923		2,743	1,042		1,418	393	215	936	63	358		1,236	78	
献　县	3	30,948	5,158		1,520	609	292	4,816	5,796		4,257	1,607		3,243	1,023	845	1,160	20	227		−187	562	
盐山县	3	29,552	3,993		1,525	397	115	5,311	7,083		4,276	1,586	450	2,403	769	629	721	11	337		350	46	
孟村县	3	19,418	2,920		1,141	606	141	3,367	4,776		2,130	696	213	984	587	900	643	9	192		−11	257	80
沧　县	3	41,358	16,982		3,100	1,739		3,904	1,590		3,794	1,518		3,253	603	478	2,443	149	334		1,196	215	60
青　县	3	34,643	9,922		3,281	1,629		3,644	2,940		3,064	1,158		1,811	1,273	476	3,328	15	520		1,112	470	
南皮县	3	28,891	4,089		1,518	871		3,157	6,001		2,943	1,193	359	2,618	773	810	679	8	192		−316	4,355	
河间市	3	43,608	13,172		3,785	1,288		3,208	2,170		4,899	2,246		3,183	605	979	4,343	49	277		1,654	1,630	120
任丘市	3	94,198	70,617		6,531	586		4,029	3,202		3,820	1,371		2,736	493	851	−8,831		2,481		5,068	444	800
海兴县	3	18,856	2,622		1,482	185		3,969	4,346		2,093	795	270	758	334	705	1,033	7	283		−116	305	55
东光县	3	27,300	4,239		1,944	909		3,818	5,959		3,409	1,215	324	2,547	927	994	1,209	21	233		−124		
泊头市	3	42,679	9,683		3,978	1,519		3,653	5,550		4,323	1,569	591	3,131	1,746	687	3,117	56	339		1,389	1,639	300
吴桥县	3	23,893	3,217		1,308	283		3,333	4,618		2,720	1,073		1,980	1,170	1,325	1,108	37	282		811	118	510
黄骅市	3	45,700	20,878		5,780	874		5,189	2,455		2,831	1,702	137	1,073		289	2,386		2,088				155
新华区	4	13,392	9,820		771	449		1,313	−615		892	166		58	40	42	−1,067	159	456		188	720	
运河区	4	16,207	15,856		963	429	191	1,798	−2,960		1,725	482		206	56	45	−3,633	19	653		−103	480	
开发区	4	2,577	1,471		118	94		150	246		31	18		21	8		337		74		9		
港口区	4	11,222	8,327		42	89		243	1,491		35	18	6	8	8		916		22		23		
南大港	4	4,714	1,729		2	91		863	1,622		4	10			8	40	134	16	25		170		
临港区	4	9,092	2,144		1	22		1,863	1,610		4	15			8	1,434	140	15	631		−25		1,230

2005 年度河北省地(市)县级财政一般预算收支及平衡情况表(十一)

单位:万元

地区	编码	平衡部分 收入																					
		收入总计	本年收入	免抵未调库归还收入	消费税和增值税税收返还	所得税基数返还	原体制补助	专项补助	一般性转移支付补助	民族地区转移支付补助	调整工资转移支付补助	农村税费改革转移支付补助	中小学教师工资转移支付补助	取消农业特产税降低农业税率转移支付补助	缓解县乡财政困难转移支付补助	增发国债补助	结算补助	农业税灾歉减免及企事业单位预算划转补助	其他补助	省补助计划单列市	上年结余收入	调入资金	国债转贷收入、上年结余及转补助数
秦皇岛市小计	0	505,273	257,879		45,062	11,918		43,317	15,177		22,888	7,900	1,032	7,671	4,056	7,178	36,057	404	5,019		24,125	9,797	6,825
秦皇岛市本级	1	180,152	121,014		19,890	−157	−692	8,849	−3,206		3,320					1,380	4,660	208	2,434		15,040	1,087	6,325
秦皇岛市县级小计	2	325,121	136,865		25,172	12,075	692	34,468	18,383		19,568	7,900	1,032	7,671	4,056	5,798	31,397	196	2,585		9,085	8,710	500
青龙县	3	40,062	14,277		1,784	596	692	6,662	4,887		3,563	2,430	492	1,246	2,267	1,108	815		119		−405	21	
昌黎县	3	44,008	12,221		3,904	1,306		5,086	1,761		4,355	1,600	540	2,980	398	1,423	2,575	58	393		3,183	2,265	500
卢龙县	3	30,814	6,961		2,761	281		5,636	5,347		3,610	1,910		1,554	1,363	894	729	75	154		−461		
抚宁县	3	49,883	19,360		7,091	1,954		6,144	2,454		3,578	1,540		1,541		880	2,583	63	114		1,077	1,504	
山海关	4	23,550	7,740		2,859	344		2,910	377		1,129	120		108		738	3,427		78		1,913	1,807	
海港区	4	48,997	23,282		2,014	2,940		5,031	999		2,209	230		149		305	10,804		383		551	100	
北戴河	4	25,890	12,135		1,031	1,276		1,496	1,000		863	70		48		50	3,491		58		1,359	3,013	
开发区	4	61,917	40,889		3,728	3,378		1,503	1,558		261			45	28	400	6,973		1,286		1,868		
邢台市小计	0	613,773	218,518		50,178	21,584		65,932	51,764		50,759	19,950	4,691	25,683	11,352	13,202	23,232	510	18,128		36,620	2,641	3,720
邢台市本级	1	165,877	105,295		18,483	4,074	−1,150	12,604	−17,772		6,890			1		2,537	−665	5	12,820		21,492	563	700
邢台市县级小计	2	447,896	113,223		31,695	17,510	1,150	53,328	69,536		43,869	19,950	4,691	25,682	11,352	10,665	23,897	505	5,308		15,128	2,078	3,020
南宫市	3	26,493	4,326		2,773	315		3,476	4,410		3,362	1,565	375	2,102	875	945	1,248	66	378		132		520
沙河市	3	42,394	14,646		4,178	2,307		3,688	7,270		2,702	1,254	298	917	15	1,327	3,161		71		98		760
邢台县	3	47,895	14,117		6,138	1,002		4,127	7,317		3,207	1,777	432	1,251	315	405	2,463		158		4,021	997	600
临城县	3	19,706	3,320		975	580		4,474	3,668		2,059	911	215	745	736	802	764		84		576	12	
内邱县	3	22,504	7,083		1,574	1,209	70	1,678	3,905		1,994	856	199	874	30	620	1,446		96		989		80
柏乡县	3	12,281	2,083		545	377		1,392	3,135		1,527	634	143	1,039	794	111	399		141		104		
隆尧县	3	30,333	8,416		1,568	1,273		2,485	2,844		3,142	1,074	253	2,295	756	130	1,579	79	71		4,621		
任　县	3	15,259	1,785		754	371	207	2,173	3,570		2,107	916	209	1,232	876	631	543		91		3		
南和县	3	16,432	1,715		469	437	257	2,141	3,799		2,337	833	185	1,288	991	366	535	23	124		813	304	
宁晋县	3	44,521	17,200		2,893	1,585		4,507	1,858		4,363	1,242	282	3,387	968	1,578	2,822	157	1,314		147		500
巨鹿县	3	20,322	2,403		1,155	560		4,118	4,148		2,447	1,181	282	1,834	476	589	756		83		572		
新河县	3	13,092	1,391		734	162		2,568	3,161		1,587	748	175	745	589	230	384	2	109			602	80
广宗县	3	16,154	1,305		230	285	360	3,233	4,001		1,925	1,227	295	1,459	401	889	380		106		273		80
平乡县	3	16,270	2,491		502	906	207	2,400	3,698		1,840	937	209	908	642	301	795	55	236		200	152	
威　县	3	23,538	3,253		728	744	49	3,615	4,763		3,135	2,030	489	2,604	1,442	310	720	30	66		49		
清河县	3	32,944	10,795		3,571	3,289		2,007	1,307		2,289	1,162	283	900	310	872	3,114		1,788		1,140		400
临西县	3	18,537	3,127		1,116	914		1,695	3,567		1,906	1,019	238	1,600	844	271	903	93	104		1,378		
桥东区	4	10,728	4,645		591	470		1,743	877		905	233	52	58	237	110	751		108				
桥西区	4	11,023	5,140		735	421		1,342	961		941	309	71	125	25	159	752		113				
高新区	4	5,649	3,461		326	250		165	875		62	42	6	115	10	9	276		35		12	11	
大曹庄管理区	4	1,821	521		140	53		301	402		32			204	20	10	106		32				
廊坊市小计	0	558,457	242,965		40,581	20,210		36,788	21,852		34,237	11,490	2,378	15,418	5,022	8,659	34,227	489	5,413		45,413	34,103	1,590
廊坊市本级	1	128,764	70,097		7,653	3,221		1,413	−2,825		4,543					609	−2,614		175		29,261	16,931	300
廊坊市县级小计	2	429,693	172,868		32,928	16,989		35,375	24,677		29,694	11,490	2,378	15,418	5,022	8,050	36,841	489	5,238		16,152	17,172	1,290
三河市	3	89,954	51,068		5,708	3,184		4,603	889		3,219	750		1,608	328	1,573	5,084	68	392		2,706	8,074	700

2005年度河北省地(市)县级财政一般预算收支及平衡情况表(十二)

单位:万元

地区	编码	平衡部分																				
		收入																				
		收入总计	本年收入	免抵未调库归还收入	消费税和增值税税收返还	所得税基数返还	原体制补助	专项补助	一般性转移支付补助	民族地区转移支付补助	调整工资转移支付补助	农村税费改革转移支付补助	中小学教师工资转移支付补助	取消农业特产税降低农业税率转移支付补助	缓解县乡财政困难转移支付补助	增发国债补助	结算补助	农业税灾歉减免及企事业单位预算划转补助	其他补助	省补助计划单列市	上年结余收入	调入资金	国债转贷收入、上年结余及转补助数
大厂县	3	17,095	4,731		1,943	984		2,638	865		1,575	600		508		415	1,511	49	337		819		120
香河县	3	40,468	15,224		3,247	2,711		4,073	1,207		2,723	820		1,297		518	3,643		756		2,492	1,757	
永清县	3	27,598	4,354		2,267	295		3,306	4,049		3,379	1,750	386	2,304	804	582	1,033	43	495		2,224	643	70
固安县	3	27,738	7,372		1,607	839		2,672	2,667		3,143	1,530	442	2,238	954	106	1,491		489		2,131	499	
霸州市	3	62,439	27,816		7,295	2,785		3,422	2,663		3,887	1,000		1,996	192	2,065	3,789	322	328		1,520	2,959	400
文安县	3	37,562	11,664		3,968	2,194		3,318	2,399		3,910	1,050	167	1,720	1,313	1,252	3,360		210		422	782	
大城县	3	35,273	8,742		2,698	691		3,869	3,722		3,397	1,560	610	1,573	1,431	946	2,052		636		1,890	2,066	
安次区	4	21,643	4,303		1,507	343		2,936	3,565		2,168	1,500	401	1,284		516	1,816	7	298		1,022	378	
广阳区	4	31,129	20,731		2,244	528		2,837	−552		2,261	900	372	755		77	304		120		910	14	
开发区	4	38,794	16,863		444	2,435		1,701	3,203		32	30		135			12,758		1,177		16		
承德市小计	0	577,582	172,945		39,293	9,570	815	92,282	73,032		40,582	16,876	5,188	9,834	7,700	37,258	6,443	537	2,577		62,152	886	4,800
承德市本级	1	177,630	81,532		15,636	2,119	−1,743	30,866	−21,469		5,088			3		3,815	69	329	−3,156		61,541		3,000
承德市县级小计	2	399,952	91,413		23,657	7,451	2,558	61,416	94,501		35,494	16,876	5,188	9,831	7,700	33,443	6,374	208	5,733		611	886	1,800
宽城县	3	49,112	16,805		3,023	739	324	4,316	15,474		2,909	1,620	423	590	195	2,729	360		28				
滦平县	3	38,937	10,015		2,843	335	363	4,675	10,968		3,343	1,624	514	841	145	3,016	417		33		−90	409	
丰宁县	3	50,032	10,069		1,829	682		14,605	8,287		4,101	1,730	698	1,100	1,097	3,979	251		2,302				
隆化县	3	38,334	5,040		1,431	328	297	6,637	10,862		4,474	1,951	770	1,257	1,281	3,551	620		95		269	161	80
围场县	3	39,944	3,256		1,679	279	579	7,008	10,168		5,021	2,526	615	1,913	1,176	5,410	427		86			316	100
承德县	3	48,712	12,386		2,973	1,498		8,217	5,096		4,332	2,073	705	1,140	1,685	5,464	867	82	1,867		32		1,000
兴隆县	3	34,637	7,768		3,984	498		3,804	6,122		3,402	2,582	568	925	79	3,965	885	93	37		93		400
平泉县	3	46,273	8,605		4,037	412		6,968	11,532		5,104	2,013	895	1,881	1,983	3,060	691		81		−94		
双桥区	4	18,580	8,493		917	648	798	1,598	2,726		1,513	355		67	59	1,092	221	18	24		51		
双滦区	4	20,487	5,562		406	930	197	1,703	8,574		729	267		48		868	647	13	472		1		70
营子区	4	9,082	1,680		522	262		1,855	2,048		556	135		69		309	784	2	710				150
开发区	4	5,822	1,734		13	840		30	2,644		10						204		−2		349		
衡水市小计	0	428,258	133,188		30,403	12,121	648	45,924	45,051		36,430	11,930		31,678	14,321	10,497	18,597	469	12,009		19,523	1,320	4,149
衡水市本级	1	82,378	46,592		7,442	2,020	648	6,159	−3,391		3,794					2,218	−1,428	2	4,795		10,404	323	2,800
衡水市县级合计	2	345,880	86,596		22,961	10,101		39,765	48,442		32,636	11,930		31,678	14,321	8,279	20,025	467	7,214		9,119	997	1,349
武邑县	3	25,861	3,924		1,296	463		5,048	5,268		2,724	1,072		3,559	610	1,025	243		56		488	5	80
饶阳县	3	22,561	4,743		1,051	453		3,493	5,288		2,463	879		2,057	1,114	505	187		112		48	168	
安平县	3	27,747	10,085		1,364	1,560		2,980	1,803		2,108	838		1,731	1,088	377	1,767		1,012		1,034		
冀州市	3	30,368	8,726		2,962	1,749		2,620	3,919		2,931	990		2,989	993	215	1,821		450		3		
枣强县	3	38,390	6,961		4,620	721		3,308	5,677		3,775	1,108		3,058	2,075	1,310	2,860	41	1,419		70	787	600
深州市	3	40,537	8,804		2,955	964		4,602	3,768		4,394	1,709		4,898	1,872	1,749	1,758	94	388		2,033		549
武强县	3	20,428	3,329		1,288	300		3,545	4,842		1,700	761		2,078	626	763	153		157		826		60
故城县	3	30,397	5,509		1,959	612		3,381	6,632		3,159	1,445		3,342	1,901	495	1,294	31	498		79		60
景县	3	37,181	8,521		2,326	997		3,120	3,134		3,451	1,304		3,781	2,852	794	3,201	106	153		3,441		
阜城县	3	23,276	5,024		1,187	322		3,118	4,526		2,458	1,064		2,501	649	975	112	162	142		1,036		
桃城区	4	44,517	18,773		1,877	1,745		3,800	3,225		3,364	740		1,674	541	71	6,030	33	2,644				
高开区	4	4,617	2,197		76	215		750	360		109	20		10			599		183		61	37	

2005年度河北省地(市)县级财政一般预算收支及平衡情况表(十三)

单位:万元

地区	编码	平衡部分 支出 支出总计	本年支出	原体制上解	专项上解	出口退税专项上解	计划单列市上解省	增设预算周转金	调出资金	国债转贷拨付数及年末结余	年终结余	其中:净结余
河北省地市县合计	A	8,062,241	7,593,322	191,716	203,486	12,187		4,780	2,929	53,821	670,228	32,984
河北省地市本级合计	B	1,804,526	1,990,331	98,015	-320,070	4,130		2,200	2,929	26,991	408,594	18,564
河北省县级合计	C	6,257,715	5,602,991	93,701	523,556	8,057		2,580		26,830	261,634	14,420
石家庄市小计	0	1,166,039	1,081,627	52,187	20,624	3,241		1,112	1,000	6,248	80,702	2,970
石家庄市本级	1	137,631	339,694	36,509	-242,444	1,314			1,000	1,558	64,331	502
石家庄市县级小计	2	1,028,408	741,933	15,678	263,068	1,927		1,112		4,690	16,371	2,468
赞皇县	3	19,021	18,355		624	42					4,919	56
平山县	3	48,793	43,283		5,366	64				80	-1,559	-1,559
灵寿县	3	25,918	24,838		609	1				470	1,044	85
行唐县	3	25,667	24,710		956	1						
井陉县	3	34,056	30,798	2,095	1,156	7					535	9
鹿泉市	3	48,736	44,359	2,825	1,411	141					1,809	666
正定县	3	38,310	36,160	1,308	785	57					2,248	125
栾城县	3	29,737	27,554	514	831	26		212		600	2,399	176
辛集市	3	56,004	47,663		7,639	582				120		
晋州市	3	33,721	31,615	1,204	686	136				80	1,165	5
深泽县	3	17,734	17,070		363	1				300		
无极县	3	28,849	26,477		1,851	21				500		
藁城市	3	57,207	54,013	947	2,134	113					179	68
赵　县	3	32,481	30,237	210	1,341	33				660	9	
新乐市	3	30,691	29,448		740	3				500	567	567
高邑县	3	15,438	14,923	90	334	11				80	599	2
元氏县	3	25,852	24,176	90	839	27				720	804	804
长安区	4	98,787	31,168	845	66,549	225					276	167
桥东区	4	59,436	28,080	535	29,859	62		900			176	176
桥西区	4	94,550	31,956	1,101	60,892	201				400	151	151
新华区	4	72,059	37,098	94	34,604	83				180	262	262
裕华区	4	69,961	33,820	2,997	33,121	23					168	88
矿　区	4	16,831	15,742	668	416	5					177	177
高新区	4	48,569	38,390	155	9,962	62					443	443
唐山市小计	0	1,351,537	1,277,866	38,021	29,712	1,910				4,028	57,262	1,535
唐山市本级	1	328,693	318,299	23,593	-15,861	574				2,088	22,763	62
唐山市县级小计	2	1,022,844	959,567	14,428	45,573	1,336				1,940	34,499	1,473
滦　县	3	48,767	46,000	951	1,830	-14					4,008	-200
滦南县	3	58,942	57,233	588	1,026	25				70	4,217	
乐亭县	3	57,310	53,877	487	2,816	20				110	1,392	
迁西县	3	77,614	76,471	411	712	20					3,149	69
唐海县	3	25,400	24,098	900	395	7						

2005 年度河北省地(市)县级财政一般预算收支及平衡情况表(十四)

单位:万元

地区	编码	平衡部分										
		支出										
		支出总计	本年支出	原体制上解	专项上解	出口退税专项上解	计划单列市上解省	增设预算周转金	调出资金	国债转贷拨付数及年末结余	年终结余	其中:净结余
迁安市	3	157,213	144,514		12,504	195					3,253	219
玉田县	3	59,670	54,602	1,447	2,599	2				1,020	218	128
遵化市	3	106,615	100,288		6,114	213					3,827	643
路南区	4	30,663	27,164	2,187	1,103	39				170	906	
路北区	4	52,681	49,984	1,224	1,387	86					802	
古冶区	4	40,038	38,463	373	1,076	56				70	815	
开平区	4	37,793	35,765	501	1,467	60					826	120
丰润区	4	77,154	68,695	3,644	4,808	7					2,272	226
丰南区	4	124,072	119,679	1,715	1,651	527				500	6,541	150
高新开发区	4	22,735	19,944		2,742	49					1,202	61
海港开发区	4	22,902	20,252		2,645	5					25	25
南堡开发区	4	9,986	9,288		698						31	31
芦台开发区	4	6,160	6,122			38					173	
汉沽管理区	4	7,129	7,128			1					842	1
邯郸市小计	0	899,586	838,438	26,303	28,606	451				5,788	74,777	3,806
邯郸市本级	1	238,989	235,548	16,553	−16,230	−12				3,130	38,114	2,000
邯郸市县级小计	2	660,597	602,890	9,750	44,836	463				2,658	36,663	1,806
大名县	3	36,981	37,791		−811	1					2,533	
魏　县	3	38,291	37,322		969							
曲周县	3	23,708	22,455		840	13				400	714	
邱　县	3	14,598	13,558		955	5				80	3,223	1
鸡泽县	3	17,844	16,710		446	8				680	577	
肥乡县	3	18,948	17,921		1,027						1,319	
广平县	3	20,819	19,549		1,153	37				80	2,661	84
成安县	3	23,150	21,711		933	6				500	22	
临漳县	3	29,520	27,561		1,959						30	
馆陶县	3	18,810	18,060		750						1,151	
磁　县	3	46,902	43,591	699	2,609	3					3,121	99
涉　县	3	47,810	44,828	1,394	1,495	13				80	7,054	
永年县	3	45,128	40,716	1,048	3,350	14					663	98
邯郸县	3	39,373	37,430	408	1,506	29					2,907	9
武安市	3	129,780	109,851		19,618	311					2,041	
邯山区	4	14,098	12,633	567	898						1,937	1,512
丛台区	4	20,466	17,574	885	1,869					138	3,103	
复兴区	4	11,460	10,419	231	810						1,095	3
矿　区	4	51,843	43,072	4,518	3,550	3				700	2,512	
开发区	4	6,786	6,545		221	20						
马头工业园区	4	4,282	3,593		689							

2005年度河北省地(市)县级财政一般预算收支及平衡情况表(十五)

单位:万元

地区	编码	平衡部分										
		支出										
		支出总计	本年支出	原体制上解	专项上解	出口退税专项上解	计划单列市上解省	增设预算周转金	调出资金	国债转贷拨付数及年末结余	年终结余	其中:净结余
张家口市小计	0	613,895	586,958	15,158	9,173	307				2,299	68,988	−527
张家口市本级	1	192,357	184,645	10,848	−3,998	222				640	37,099	356
张家口市县级小计	2	421,538	402,313	4,310	13,171	85				1,659	31,889	−883
蔚　县	3	31,049	30,339	165	465					80	7,393	−150
阳原县	3	24,528	24,253		244	31					1,371	−355
张北县	3	27,449	27,035		411	3					1,555	−333
康保县	3	19,598	19,380		156	2				60	1,342	
沽源县	3	18,799	18,569		170					60	2,254	
尚义县	3	16,299	16,143		136	20					1,088	−97
怀安县	3	25,360	25,083		197					80	1,994	1,587
赤城县	3	27,519	27,285		234						1,213	−380
崇礼县	3	13,051	12,890	161							768	−312
万全县	3	19,476	19,093		383						383	−327
宣化县	3	23,485	23,030	26	429						159	−210
怀来县	3	32,359	29,731		2,447	2				179	5,174	88
涿鹿县	3	31,240	30,280	302	258					400	1,890	−226
宣化区	4	48,993	41,584	2,022	4,987					400	1,776	41
下花园区	4	10,342	9,138	359	845						1,029	66
桥东区	4	20,771	18,765	876	1,103	27					1,274	−82
桥西区	4	19,647	18,350	399	498					400	483	−193
高新区	4	6,599	6,424		175						500	
察北管理区	4	3,135	3,117		18						130	
塞北管理区	4	1,839	1,824		15						113	
保定市小计	0	910,767	861,124	12,758	24,933	1,178		1,060		9,714	118,028	−2,300
保定市本级	1	219,152	208,442	7,126	−2,238	722				5,100	60,874	−3,726
保定市县级小计	2	691,615	652,682	5,632	27,171	456		1,060		4,614	57,154	1,426
清苑县	3	33,858	32,199	102	1,052	5				500	2,742	
满城县	3	27,525	26,493	212	816	4					1,076	
安新县	3	23,325	22,600		723	2					1,050	
唐　县	3	29,913	29,164		747	2					2,796	
顺平县	3	20,272	19,773		487	12					1,017	
博野县	3	13,756	13,210		543	3					144	−120
曲阳县	3	23,861	22,833		1,028						5,013	
涞源县	3	29,039	28,054		495					490	6,124	
阜平县	3	20,272	19,851		421						435	
易　县	3	33,971	32,825		619	7				520	3,347	
定兴县	3	27,562	26,377		759	6		300		120	1,319	
徐水县	3	32,885	30,929	955	835	32				134	429	47
容城县	3	17,618	16,169		680	59		710			1,545	

2005年度河北省地(市)县级财政一般预算收支及平衡情况表(十六)

单位:万元

地区	编码	平衡部分										
		支出										
		支出总计	本年支出	原体制上解	专项上解	出口退税专项上解	计划单列市上解省	增设预算周转金	调出资金	国债转贷拨付数及年末结余	年终结余	其中:净结余
涿州市	3	56,037	50,901		4,050	66				1,020	1,722	
涞水县	3	22,000	21,550		446	4					1,560	
高碑店市	3	40,213	37,155	1,052	1,119	7				880	5,281	
雄　县	3	19,111	18,357		749	5					1,845	547
望都县	3	16,854	16,175		670	9					528	
高阳县	3	23,398	21,877	654	688	49		50		80	299	106
蠡　县	3	27,200	24,350	480	2,328	42					10	
安国市	3	22,311	21,406		900	5					1,601	550
定州市	3	63,741	60,568		2,336	137				700	7,709	
南市区	4	19,068	17,358	631	1,079						3,733	
北市区	4	18,050	16,595	361	924					170	4,793	
新市区	4	19,764	16,915	1,104	1,745							
高新区	4	10,011	8,998	81	932						1,036	296
沧州市小计	0	671,415	629,702	18,739	14,952	907		2,055	400	4,660	36,130	2,840
沧州市本级	1	126,222	136,634	9,670	−24,319	487		2,000	400	1,350	12,094	181
沧州市县级小计	2	545,193	493,068	9,069	39,271	420		55		3,310	24,036	2,659
肃宁县	3	28,286	26,859		1,316	111					2,695	−457
献　县	3	29,532	28,703		824	5					1,416	−187
盐山县	3	29,014	28,400		613	1					538	−92
孟村县	3	19,429	18,996		347	6				80	−11	−11
沧　县	3	38,675	34,827	1,923	1,857	8				60	2,683	
青　县	3	32,014	29,288	1,512	1,214						2,629	13
南皮县	3	29,207	27,991	572	638	6					−316	−316
河间市	3	41,811	38,698	1,344	1,635	14				120	1,797	
任丘市	3	87,625	71,883		14,869	73				800	6,573	3,402
海兴县	3	18,971	18,278	258	377	3				55	−115	−115
东光县	3	26,268	25,038	525	698	7					1,032	−106
泊头市	3	40,991	37,135	2,080	1,460	16				300	1,688	95
吴桥县	3	23,043	21,691	262	580					510	850	120
黄骅市	3	44,504	36,543		7,712	94				155	1,196	
新华区	4	12,280	9,833	581	1,838	28					1,112	677
运河区	4	15,988	13,865		2,089	34					219	−408
开发区	4	2,550	2,421	8	112	9					27	27
港口区	4	11,211	10,171	4	981			55			11	11
南大港	4	4,708	4,643		64	1					6	
临港区	4	9,086	7,805		47	4				1,230	6	6
秦皇岛市小计	0	477,747	440,826	17,395	10,584	1,330			787	6,825	27,526	2,052
秦皇岛市本级	1	162,769	150,498	6,418	−1,705	446			787	6,325	17,383	4,196

2005年度河北省地(市)县级财政一般预算收支及平衡情况表(十七)

单位:万元

地区	编码	平衡部分 支出 支出总计	本年支出	原体制上解	专项上解	出口退税专项上解	计划单列市上解省	增设预算周转金	调出资金	国债转贷拨付数及年末结余	年终结余	其中:净结余
秦皇岛市县级小计	2	314,978	290,328	10,977	12,289	884				500	10,143	−2,144
青龙县	3	38,746	37,999		746	1					1,316	−2,643
昌黎县	3	40,251	36,087	1,870	1,752	42				500	3,757	
卢龙县	3	31,275	30,221	390	613	51					−461	−461
抚宁县	3	49,031	45,543	2,167	1,182	139					852	5
山海关	4	22,193	19,755	2,219	183	36					1,357	100
海港区	4	48,729	43,817	3,628	1,045	239					268	196
北戴河	4	24,521	23,015	698	799	9					1,369	94
开发区	4	60,232	53,891	5	5,969	367					1,685	565
邢台市小计	0	558,343	518,765	951	33,453	389		323	742	3,720	55,430	2,382
邢台市本级	1	132,039	113,459	−3,068	20,052	154			742	700	33,838	
邢台市县级小计	2	426,304	405,306	4,019	13,401	235		323		3,020	21,592	2,382
南宫市	3	26,183	24,296	811	556					520	310	9
沙河市	3	42,326	39,347	1,282	936	1				760	68	
邢台县	3	41,173	39,206	482	836	49				600	6,722	
临城县	3	19,187	18,833	41	313						519	
内邱县	3	21,566	20,466		1,001	19				80	938	
柏乡县	3	12,171	11,571	60	540						110	28
隆尧县	3	25,511	24,112	347	726	3		323			4,822	18
任县	3	15,255	14,845		405	5					4	4
南和县	3	15,615	15,196		419						817	
宁晋县	3	44,401	40,878		2,919	104				500	120	9
巨鹿县	3	19,397	18,893	74	427	3					925	6
新河县	3	13,092	12,734	42	231	5				80		
广宗县	3	15,822	15,437		304	1				80	332	
平乡县	3	16,005	15,599		372	34					265	7
威县	3	23,390	22,782		608						148	12
清河县	3	29,231	27,972		859					400	3,713	2,274
临西县	3	16,832	16,288	140	401	3					1,705	
桥东区	4	10,728	9,801	360	565	2						
桥西区	4	11,023	9,986	359	675	3						
高新区	4	5,634	5,312	21	298	3					15	15
大曹庄管理区	4	1,762	1,752		10						59	
廊坊市小计	0	504,400	479,809	10,204	12,274	523				1,590	54,057	19,522
廊坊市本级	1	95,421	114,471	−3,232	−16,297	179				300	33,343	14,812
廊坊市县级小计	2	408,979	365,338	13,436	28,571	344				1,290	20,714	4,710
三河市	3	86,378	78,469		7,099	110				700	3,576	597
大厂县	3	16,459	15,719	85	535					120	636	229
香河县	3	37,528	34,877	1,734	896	21					2,940	1,041

2005年度河北省地(市)县级财政一般预算收支及平衡情况表(十八)

单位:万元

地区	编码	平衡部分:支出:支出总计	本年支出	原体制上解	专项上解	出口退税专项上解	计划单列市上解省	增设预算周转金	调出资金	国债转贷拨付数及年末结余	年终结余	其中:净结余
永清县	3	25,326	23,914	761	576	5				70	2,272	646
固安县	3	23,188	21,194	667	1,320	7					4,550	416
霸州市	3	60,128	53,489		6,183	56				400	2,311	1,135
文安县	3	37,257	33,216	3,066	941	34					305	28
大城县	3	34,555	31,556	1,692	1,307						718	
安次区	4	20,612	19,062	208	1,316	26					1,031	
广阳区	4	29,321	20,447	1,682	7,192						1,808	51
开发区	4	38,227	33,395	3,541	1,206	85					567	567
承德市小计	0	500,523	485,209		10,162	122		230		4,800	77,059	685
承德市本级	1	101,075	103,379	−607	−4,941	44		200		3,000	76,555	181
承德市县级小计	2	399,448	381,830	607	15,103	78		30		1,800	504	504
宽城县	3	48,924	47,453		1,470	1					188	188
滦平县	3	38,937	37,426		1,511							
丰宁县	3	50,032	49,731		294	7						
隆化县	3	38,334	37,142		1,112					80		
围场县	3	39,944	38,365		1,478	1				100		
承德县	3	48,672	45,512		2,160					1,000	40	40
兴隆县	3	34,479	32,904	163	1,009	3				400	158	158
平泉县	3	46,367	44,917	247	1,182	21					−94	−94
双桥区	4	18,519	16,406		2,080	33					61	61
双滦区	4	20,487	18,422		1,965			30		70		
营子区	4	9,082	8,197	96	639					150		
开发区	4	5,671	5,355	101	203	12					151	151
衡水市小计	0	407,989	392,998	—	9,013	1,829				4,149	20,269	19
衡水市本级	1	70,178	85,262	−5,795	−12,089					2,800	12,200	
衡水市县级合计	2	337,811	307,736	5,795	21,102	1,829				1,349	8,069	19
武邑县	3	25,097	23,722	628	661	6				80	764	
饶阳县	3	22,262	20,469	435	1,358						299	
安平县	3	26,768	25,651		846	271					979	19
冀州市	3	30,368	28,273		2,071	24						
枣强县	3	38,296	35,283	1,110	942	361				600	94	
深州市	3	36,439	33,280	881	1,671	58				549	4,098	
武强县	3	19,686	17,585	411	1,611	19				60	742	
故城县	3	30,287	28,088	1,005	1,066	68				60	110	
景　县	3	37,171	35,190	383	1,587	11					10	
阜城县	3	22,303	19,933	550	1,809	11					973	
桃城区	4	44,517	35,706	392	7,456	963						
高开区	4	4,617	4,556		24	37						

2005年度河北省财政决算年终资产负债表

单位:万元

资产部类					负债部类				
会计科目名称	期初数		期末数		会计科目名称	期初数		期末数	
	合计	其中:省本级	合计	其中:省本级		合计	其中:省本级	合计	其中:省本级
资产	3,757,297	1,863,280	3,744,160	1,595,089	负债	1,913,024	896,275	2,012,947	877,865
国库存款	1,246,179	505,403	1,096,395	81,807	暂存款	1,037,807	21,058	1,202,637	67,555
其他财政存款	348,702	275,075	362,574	268,526	其中:国债转贷还本付息资金	5,306		4,514	
有价证券	37		35		国库集中支付年终结余			63,661	62,436
在途款	-10,867	-7,949	-10,807	6,846	与上级往来	875,217	875,217	810,310	810,310
暂付款	2,151,536	527,417	2,268,236	500,590	其中:上级拨付国债转贷资金	850,418	850,418	880,649	880,649
其中:代付国债转贷资金利息	6,324		4,648						
与下级往来		558,856		724,166	净资产	1,844,273	967,005	1,731,213	717,224
预拨经费	6,673		15,854	8,676	预算结余	1,007,403	450,737	998,859	328,631
基建拨款	15,037	4,478	11,873	4,478	基金预算结余	381,205	202,718	270,365	85,592
					专用基金结余	301,186	275,075	302,730	264,526
					预算周转金	154,479	38,475	159,259	38,475
待核销预算拨款									
待核销基金拨款									
总计	3,757,297	1,863,280	3,744,160	1,595,089	总计	3,757,297	1,863,280	3,744,160	1,595,089

2005年度河北省财政基金预算收支决算总表

单位:万元

预　算　科　目	调整预算数	决算数	预　算　科　目	调整预算数	决算数
一、工业交通部门基金收入	601,621	617,433	一、工业交通部门基金支出	793,446	758,302
二、文教部门基金收入	39,431	48,422	二、商贸部门基金支出	6,358	3,643
三、社会保险基金收入	1,424,800	1,424,802	三、文教部门基金支出	67,850	45,318
四、农业部门基金收入	32,937	44,222	四、社会保险基金支出	1,453,575	1,425,389
五、土地有偿使用收入	358,555	358,555	五、农业部门基金支出	62,513	43,634
六、政府住房基金收入	312	4,763	六、土地有偿使用支出	439,638	343,775
七、其他部门基金收入	88,798	94,133	七、政府住房基金支出	10,986	3,363
八、地方财政税费附加收入	63,536	66,067	八、其他部门基金支出	104,678	94,420
九、其他		4,050	九、地方财政税费附加支出	107,284	60,390
			十、其他	9,973	1,821
本年基金收入合计	2,609,990	2,662,447	本年基金支出合计	3,056,301	2,780,055
上年结余收入		381,205	上解支出		
补助收入		24,466	计划单列市上解省支出		
市补助扩权县收入			调出资金		20,627
调入资金		2,929			
其中:1、城建税划转水利建设基金		2,929			
2、预算外调入					
3、其它调入					
			年终结余		270,365
基金收入总计		3,071,047	基金支出总计		3,071,047

2005年度河北省各部门基本数字表(一)

单位:人

部门	年末机构数(个)	年末人数					其中:										年末学生人数
							财政预算拨款(补助)开支人数					自收自支单位人数					
		合计	在职人员	离休人员	退休人员	其他人员	合计	在职人员	离休人员	退休人员	其他人员	合计	在职人员	离休人员	退休人员	其他人员	
合计	44,912	2,466,788	1,878,886	49,892	473,602	64,408	2,260,829	1,708,826	48,498	450,885	52,620	205,959	170,060	1,394	22,717	11,788	11,514,296
行政部分小计	9,492	472,309	362,621	17,396	82,159	10,133	472,309	362,621	17,396	82,159	10,133						1,910
一、行政管理部门	7,991	319,118	233,976	14,418	63,458	7,266	319,118	233,976	14,418	63,458	7,266						82
人大	313	9,279	6,619	557	1,876	227	9,279	6,619	557	1,876	227						
政府机关	5,276	238,228	170,420	9,150	52,822	5,836	238,228	170,420	9,150	52,822	5,836						82
政协	175	6,169	4,319	367	1,343	140	6,169	4,319	367	1,343	140						
共产党机关	1,594	56,853	46,116	4,028	5,781	928	56,853	46,116	4,028	5,781	928						
民主党派机关	93	1,525	1,235	37	224	29	1,525	1,235	37	224	29						
社会团体机关	540	7,064	5,267	279	1,412	106	7,064	5,267	279	1,412	106						
二、公检法司部门	1,501	153,191	128,645	2,978	18,701	2,867	153,191	128,645	2,978	18,701	2,867						1,828
公安	654	87,920	75,318	1,286	9,340	1,976	87,920	75,318	1,286	9,340	1,976						
安全	13	1,617	1,343	3	271		1,617	1,343	3	271							
检察院	192	15,366	13,058	302	1,779	227	15,366	13,058	302	1,779	227						
法院	212	20,828	17,843	369	2,152	464	20,828	17,843	369	2,152	464						
司法	381	9,003	7,508	203	1,092	200	9,003	7,508	203	1,092	200						
监狱	33	15,430	11,270	734	3,426		15,430	11,270	734	3,426							1,828
劳教	16	3,027	2,305	81	641		3,027	2,305	81	641							
缉私警察																	
事业部分小计	35,420	1,994,479	1,516,265	32,496	391,443	54,275	1,788,520	1,346,205	31,102	368,726	42,487	205,959	170,060	1,394	22,717	11,788	11,512,386
一、农林水气象等部门	3,700	146,130	113,553	1,929	21,904	8,744	123,431	94,265	1,892	20,621	6,653	22,699	19,288	37	1,283	2,091	7,154
农业	1,963	71,024	55,909	1,008	10,702	3,405	62,474	48,536	992	10,238	2,708	8,550	7,373	16	464	697	4,171
林业	687	25,028	18,588	274	4,624	1,542	21,975	16,091	264	4,338	1,282	3,053	2,497	10	286	260	
水利	655	33,633	25,727	512	4,962	2,432	25,325	18,796	502	4,526	1,501	8,308	6,931	10	436	931	
气象	20	684	545	13	126		684	545	13	126							
其他	375	15,761	12,784	122	1,490	1,365	12,973	10,297	121	1,393	1,162	2,788	2,487	1	97	203	2,983
二、工业交通等部门	1,200	109,123	91,358	1,392	13,216	3,157	36,082	29,955	417	4,571	1,139	73,041	61,403	975	8,645	2,018	3,524
工业	23	1,432	969	69	371	23	1,258	809	68	358	23	174	160	1	13		2,060
交通	457	77,001	64,564	1,058	9,141	2,238	7,900	6,720	90	666	424	69,101	57,844	968	8,475	1,814	1,464
其他	720	30,690	25,825	265	3,704	896	26,924	22,426	259	3,547	692	3,766	3,399	6	157	204	
三、流通部门	192	7,871	5,372	453	1,873	173	7,383	5,018	444	1,798	123	488	354	9	75	50	1,636
商业	45	1,806	1,211	90	455	50	1,573	1,045	84	420	24	233	166	6	35	26	230
物资管理	12	423	258	21	143	1	388	235	21	131	1	35	23		12		
粮食	91	3,801	2,600	211	908	82	3,607	2,449	208	883	67	194	151	3	25	15	1,406
外贸	11	263	217	1	42	3	263	217	1	42	3						
其他	33	1,578	1,086	130	325	37	1,552	1,072	130	322	28	26	14		3	9	
四、文体广播部门	2,808	92,915	77,091	1,029	9,465	5,330	81,932	68,012	1,012	9,107	3,801	10,983	9,079	17	358	1,529	31,551

2005年度河北省各部门基本数字表(二)

单位:人

部门	年末机构数(个)	年末人数					其中:										年末学生人数
							财政预算拨款(补助)开支人数					自收自支单位人数					
		合计	在职人员	离休人员	退休人员	其他人员	合计	在职人员	离休人员	退休人员	其他人员	合计	在职人员	离休人员	退休人员	其他人员	
文化	777	18,327	13,815	389	3,367	756	16,437	12,297	379	3,172	589	1,890	1,518	10	195	167	783
出版	7	193	147	8	30	8	192	146	8	30	8	1	1				
文物	97	2,516	1,799	62	331	324	2,133	1,529	60	306	238	383	270	2	25	86	
体育	110	4,640	3,944	57	588	51	4,591	3,901	57	588	45	49	43			6	6,671
档案	132	2,742	2,129	72	468	73	2,742	2,129	72	468	73						
地震	34	1,260	880	25	349	6	1,255	875	25	349	6	5	5				
海洋	1	71	71				39	39				32	32				
通讯																	
广播电影电视	440	21,555	18,355	112	1,466	1,622	16,046	13,741	108	1,344	853	5,509	4,614	4	122	769	
计划生育	1,028	34,791	31,028	90	1,349	2,324	31,770	28,525	89	1,333	1,823	3,021	2,503	1	16	501	
党政群干部训练	152	5,741	4,225	172	1,243	101	5,741	4,225	172	1,243	101						22,097
其他	30	1,079	698	42	274	65	986	605	42	274	65	93	93				2,000
五、教育部门	19,059	1,003,367	814,706	8,006	163,400	17,255	999,471	812,589	8,003	163,249	15,630	3,896	2,117	3	151	1,625	11,432,720
六、卫生部门	3,580	250,259	206,856	2,943	31,712	8,748	194,491	155,992	2,779	29,485	6,235	55,768	50,864	164	2,227	2,513	27,133
卫生	3,065	212,562	175,049	2,507	27,561	7,445	165,088	132,100	2,355	25,519	5,114	47,474	42,949	152	2,042	2,331	25,685
中医	127	21,852	18,952	139	1,949	812	15,028	12,429	131	1,805	663	6,824	6,523	8	144	149	
食品药品监督管理	160	3,406	2,674	108	483	141	3,406	2,674	108	483	141						
其他	228	12,439	10,181	189	1,719	350	10,969	8,789	185	1,678	317	1,470	1,392	4	41	33	1,448
七、科学部门	307	11,175	6,607	334	4,101	133	10,932	6,406	333	4,082	111	243	201	1	19	22	
自然科学	160	7,473	4,306	208	2,882	77	7,354	4,200	208	2,878	68	119	106		4	9	
科协	87	1,333	1,014	36	259	24	1,239	946	35	244	14	94	68	1	15	10	
社会科学	13	653	491	30	119	13	647	485	30	119	13	6	6				
其他	47	1,716	796	60	841	19	1,692	775	60	841	16	24	21			3	
八、抚恤社保部门	760	36,569	15,117	3,926	16,749	777	35,489	14,322	3,924	16,509	734	1,080	795	2	240	43	
民政部门	526	27,703	12,070	2,357	12,603	673	27,092	11,500	2,356	12,579	657	611	570	1	24	16	
其他	234	8,866	3,047	1,569	4,146	104	8,397	2,822	1,568	3,930	77	469	225	1	216	27	
九、城建部门	787	72,531	57,403	424	8,651	6,053	55,727	43,486	353	7,218	4,670	16,804	13,917	71	1,433	1,383	1,209
十、其他部门	3,027	264,539	128,202	12,060	120,372	3,905	243,582	116,160	11,945	112,086	3,391	20,957	12,042	115	8,286	514	7,459
税务	225	20,334	18,364	59	1,447	464	20,334	18,364	59	1,447	464						
统计	199	3,636	3,288	25	194	129	3,600	3,256	25	194	125	36	32			4	
财政	673	12,638	11,754	20	338	526	12,425	11,551	20	336	518	213	203		2	8	1
审计	57	1,603	1,330	7	226	40	1,517	1,244	7	226	40	86	86				
工商管理	211	37,772	29,653	794	7,276	49	37,577	29,467	794	7,267	49	195	186		9		9
劳动和社会保障	462	104,236	8,950	9,146	85,786	354	96,175	8,181	9,073	78,594	327	8,061	769	73	7,192	27	6,418
国有资产监管	3	334	334				334	334									
地质勘探	22	19,599	11,808	246	7,545		19,599	11,808	246	7,545							
其他	1,175	64,387	42,721	1,763	17,560	2,343	52,021	31,955	1,721	16,477	1,868	12,366	10,766	42	1,083	475	1,031

2005 年度河北省地(市)县级主要经济指标情况表(一)

单位:万元、人

地区	编码	地方财政一般预算收入	国内增值税75%	国内消费税	预算内基金收入	预算外财政专户收入	地区生产总值	第一产业增加值	第二产业增加值	第三产业增加值	财政供养人口(人) 小计	在职人员	离休人员	退休人员	其他人员	自收自支单位年末人数
河北省地市县合计	A	3,788,064	3,631,049	357,506	1,317,551	1,059,079	106,573,417	18,252,656	53,140,820	35,179,941	2,008,772	1,527,924	42,192	394,046	44,610	139,890
河北省地市本级合计	B	1,268,676	735,994	135,514	723,670	500,626	8,340,752	154,074	4,129,073	4,057,605	284,270	202,889	11,983	65,400	3,998	30,404
河北省县级合计	C	2,519,388	2,895,055	221,992	593,881	558,453	98,232,665	18,098,582	49,011,747	31,122,336	1,724,502	1,325,035	30,209	328,646	40,612	109,486
石家庄市小计	0	658,796	510,850	105,651	266,669	204,968	18,520,000	2,470,000	9,270,000	6,780,000	252,561	195,560	5,388	49,372	2,241	23,181
石家庄市本级	1	58,142	21,290		184,802	123,752	3,478,098	154,074	1,204,362	2,119,662	40,539	27,344	1,784	9,927	1,484	5,048
石家庄市县级小计	2	600,654	489,560	105,651	81,867	81,216	15,041,902	2,315,926	8,065,638	4,660,338	212,022	168,216	3,604	39,445	757	18,133
赞皇县	3	4,582	4,056		484	881	240,000	66,000	104,000	70,000	6,045	5,096	111	838		784
平山县	3	20,693	35,231		4,543	2,814	714,017	129,294	400,744	183,979	13,661	10,626	469	2,566		261
灵寿县	3	6,439	3,829		1,388	1,666	314,577	49,575	175,839	89,163	8,498	7,168	204	1,126		305
行唐县	3	7,746	3,292	46	1,419	1,300	436,000	97,000	216,000	123,000	11,188	9,262	125	1,801		74
井陉县	3	17,493	11,123		1,969	3,088	543,368	51,954	321,727	169,687	7,823	6,219	112	1,481	11	1,455
鹿泉市	3	25,269	24,720	480	4,548	4,229	1,304,506	126,453	798,393	379,660	10,206	8,378	152	1,676		1,480
正定县	3	17,460	10,677	4	4,150	4,949	850,000	160,000	409,000	281,000	11,558	9,575	133	1,849	1	1,691
栾城县	3	12,910	11,464	52	2,778	4,026	770,000	173,000	361,000	236,000	7,730	6,497	98	1,135		1,641
辛集市	3	22,382	21,925	3	7,217	4,900	1,278,538	260,480	601,463	416,595	13,765	10,711	209	2,845		2,884
晋州市	3	13,977	8,789	2	2,648	3,982	889,656	139,682	438,519	311,455	12,804	10,595	183	2,002	24	870
深泽县	3	6,295	2,482		772	1,464	279,065	58,672	127,519	92,874	6,066	4,840	134	1,092		120
无极县	3	10,436	6,080		1,725	2,492	619,130	109,895	337,221	172,014	9,814	7,829	230	1,675	80	1,022
藁城市	3	32,295	23,649	39,751	3,304	6,097	1,550,000	317,000	698,000	535,000	14,950	12,319	156	2,475		1,398
赵　县	3	10,405	4,790	4	2,197	3,708	674,424	160,706	299,050	214,668	11,652	9,732	260	1,660		1,067
新乐市	3	13,285	7,653	583	2,701	3,345	833,699	160,918	427,333	245,448	10,405	8,081	130	1,864	330	1,164
高邑县	3	6,528	2,850		1,149	1,668	307,438	61,768	154,338	91,332	6,195	4,934	115	1,146		
元氏县	3	9,390	6,327	1	1,284	3,160	608,690	111,506	313,263	183,921	8,929	7,588	137	1,204		47
长安区	4	86,493	90,452	26	4,500	4,066	402,326	20,203	262,559	119,564	7,288	4,860	150	2,209	69	740
桥东区	4	45,145	31,248	867	4,277	3,084	259,260	4,070	141,460	113,730	7,049	4,816	149	2,084		32
桥西区	4	78,847	52,670	63,715	6,421	6,208	252,870	10,822	119,760	122,288	8,116	5,137	113	2,707	159	333
新华区	4	56,187	37,372	101	4,084	4,621	448,000	20,000	280,000	148,000	8,217	5,974	119	2,124		5
裕华区	4	51,162	34,065	16	9,380	5,819	311,560	19,450	146,050	146,060	5,873	4,597	81	1,112	83	714
矿　区	4	8,738	12,956		1,800	1,376	124,778	5,878	80,000	38,900	2,991	2,295	33	663		13
高新区	4	36,497	41,860		7,129	2,273	1,030,000	1,600	852,400	176,000	1,139	1,087	1	111		33
唐山市小计	0	776,137	986,381	8,829	277,241	152,527	20,468,830	2,558,930	11,613,700	6,296,200	228,737	163,302	5,290	56,024	4,121	20,303
唐山市本级	1	229,443	321,825	1	101,608	57,135	3,287,292		2,536,049	751,243	28,799	18,809	1,572	8,308	110	10,389

2005年度河北省地(市)县级主要经济指标情况表(二)

单位:万元、人

地区	编码	地方财政一般预算收入	国内增值税75%	国内消费税	预算内基金收入	预算外财政专户收入	地区生产总值	第一产业增加值	第二产业增加值	第三产业增加值	财政供养人口(人) 小计	在职人员	离休人员	退休人员	其他人员	自收自支单位年末人数
唐山市县级小计	2	546,694	664,556	8,828	175,633	95,392	17,181,538	2,558,930	9,077,651	5,544,957	199,938	144,493	3,718	47,716	4,011	9,914
滦　县	3	21,821	22,886	2,625	4,360	3,500	952,942	154,000	486,338	312,604	15,878	12,475	298	3,105		
滦南县	3	24,703	28,530	73	7,443	5,550	1,349,900	285,000	670,400	394,500	17,476	12,387	428	3,702	959	190
乐亭县	3	26,782	17,431	195	19,757	5,919	1,132,000	404,000	363,000	365,000	15,871	10,422	422	3,848	1,179	1,021
迁西县	3	42,492	60,549	8	9,362	3,193	1,469,500	93,700	965,800	410,000	11,160	8,153	175	2,364	468	2,005
唐海县	3	12,307	8,302	2	7,131	2,629	285,401	101,135	94,875	89,391	4,990	3,711	94	1,185		55
迁安市	3	105,754	116,738	121	55,704	16,742	2,280,000	163,000	1,350,000	767,000	18,109	14,592	273	3,244		817
玉田县	3	21,325	17,314	2,608	3,734	6,463	1,238,100	280,000	543,000	415,100	17,021	13,226	325	3,470		37
遵化市	3	59,830	91,160	201	8,620	9,086	2,126,019	190,832	1,185,156	750,031	17,778	13,265	403	4,109	1	2,818
路南区	4	15,089	12,490	13	2,858	1,948	256,969	6,800	51,157	199,012	7,537	5,013	151	2,371	2	
路北区	4	29,521	14,865	2,191	2,888	2,433	343,400	18,000	103,100	222,300	12,601	8,020	236	4,285	60	
古冶区	4	17,147	36,662	2	4,459	3,849	505,500	47,700	335,700	122,100	12,277	7,181	204	4,880	12	770
开平区	4	21,659	39,400	1	3,074	4,185	981,000	290,000	469,000	222,000	8,125	4,801	153	2,039	1,132	539
丰润区	4	34,155	29,100	104	12,265	7,300	1,570,000	229,000	891,500	449,500	22,274	16,530	341	5,329	74	665
丰南区	4	66,362	128,394	658	23,237	20,965	1,860,000	266,000	1,079,000	515,000	14,997	11,515	187	3,238	57	225
高新开发区	4	15,565	15,875	1	2,246	98	261,495	545	205,253	55,697	273	273				13
海港开发区	4	18,623	17,645		2,217	197	202,195	245	30,697	171,253	255	188			67	42
南堡开发区	4	8,295	1,715		3,920	1,007	150,829		125,914	24,915	448	431		17		122
芦台开发区	4	1,595	1,816	25	1,284	228	98,000	12,500	58,000	27,500	1,571	1,013	28	530		141
汉沽管理区	4	3,669	3,684		1,074	100	118,288	16,473	69,761	32,054	1,297	1,297				454
邯郸市小计	0	432,148	500,998	595	128,545	94,294	11,665,543	1,599,269	5,889,029	4,177,245	226,571	179,325	3,259	37,006	6,981	22,968
邯郸市本级	1	194,012			89,206	44,662					33,848	25,547	1,034	7,149	118	3,005
邯郸市县级小计	2	238,136	500,998	595	39,339	49,632	11,665,543	1,599,269	5,889,029	4,177,245	192,723	153,778	2,225	29,857	6,863	19,963
大名县	3	4,320	1,270	71	877	1,083	463,230	110,217	168,883	184,130	16,315	13,754	254	2,135	172	303
魏　县	3	4,712	1,081		805	2,619	494,240	124,516	155,340	214,384	13,814	10,672	175	2,787	180	2,229
曲周县	3	3,214	1,266	3	1,375	2,539	323,125	104,820	130,449	87,856	9,889	8,514	92	1,283		441
邱　县	3	2,567	926	3	1,146	796	242,844	68,800	107,844	66,200	6,642	5,287	82	1,132	141	239
鸡泽县	3	1,848	999	5	350	782	243,521	78,641	79,310	85,570	7,124	4,323	41	1,346	1,414	372
肥乡县	3	2,582	941		1,567	598	263,020	84,938	85,660	92,422	7,427	6,133	124	1,170		26
广平县	3	4,478	1,692		848	949	262,384	101,283	85,705	75,396	7,868	6,596	63	884	325	660
成安县	3	3,785	2,731	1	668	590	342,594	122,198	126,921	93,475	9,533	7,772	90	1,671		1,528
临漳县	3	3,580	1,070		459	2,394	381,298	135,180	133,231	112,887	12,612	9,609	89	2,272	642	1,021

2005 年度河北省地(市)县级主要经济指标情况表(三)

单位:万元、人

地区	编码	地方财政一般预算收入	国内增值税75%	国内消费税	预算内基金收入	预算外财政专户收入	地区生产总值	第一产业增加值	第二产业增加值	第三产业增加值	财政供养人口(人)					自收自支单位年末人数
											小计	在职人员	离休人员	退休人员	其他人员	
馆陶县	3	2,951	1,005	34	536	2,333	256,300	87,217	99,923	69,160	7,518	6,516	80	922		392
磁县	3	18,850	20,954	6	3,148	2,595	700,104	81,000	335,104	284,000	13,040	10,878	151	1,719	292	2,105
涉县	3	21,585	40,373	1	4,218	6,808	701,853	88,500	388,453	224,900	10,665	6,867	122	1,389	2,287	5,827
永年县	3	15,594	9,941	13	3,145	5,021	788,919	195,403	341,832	251,684	15,767	13,766	159	1,808	34	2,742
邯郸县	3	21,002	16,192		1,808	2,870	821,964	59,648	533,055	229,261	10,200	8,595	118	1,359	128	330
武安市	3	80,698	132,649	130	11,470	7,383	2,356,016	78,016	1,742,000	536,000	18,053	15,383	222	2,302	146	1,051
邯山区	4	5,020	20,080	19	1,116	955	446,450	2,132	272,138	172,180	3,559	2,557	71	931		44
丛台区	4	8,915	71,790	305	1,528	1,224	612,025	1,056	255,189	355,780	4,469	3,139	103	1,165	62	
复兴区	4	3,790	111,595		979	738	986,694	1,480	366,955	618,259	3,259	2,452	26	478	303	34
矿区	4	21,025	61,965	4	3,103	7,119	978,962	74,224	481,037	423,701	14,068	10,215	158	2,996	699	606
开发区	4	4,579	2,478		193	135					365	362		3		13
马头工业园区	4	3,041				101					536	388	5	105	38	
张家口市小计	0	211,136	229,450	96,268	94,817	72,137	4,142,273	656,000	1,846,584	1,639,689	152,981	112,900	4,513	34,332	1,236	12,354
张家口市本级	1	117,474	120,839	90,669	57,934	38,366					27,912	16,902	2,080	8,866	64	1,338
张家口市县级小计	2	93,662	108,611	5,599	36,883	33,771	4,142,273	656,000	1,846,584	1,639,689	125,069	95,998	2,433	25,466	1,172	11,016
蔚县	3	7,902	8,834	7	2,972	1,906	321,288	52,554	126,188	142,546	12,394	10,007	195	2,192		1,008
阳原县	3	5,579	13,204		968	855	187,492	36,104	57,033	94,355	7,439	5,666	105	1,660	8	2,158
张北县	3	4,112	2,887	17	1,708	1,712	200,379	91,918	48,066	60,395	8,396	6,327	123	1,839	107	579
康保县	3	1,041	769	18	1,257	1,188	117,781	53,306	23,685	40,790	7,168	5,678	94	1,374	22	417
沽源县	3	1,383	540	11	510	623	86,546	42,917	13,408	30,221	6,295	5,278	104	913		193
尚义县	3	1,126	987		796	652	74,692	31,820	13,700	29,172	5,823	4,740	102	981		31
怀安县	3	3,993	9,406	27	2,072	1,010	125,520	35,309	30,423	59,788	7,306	5,448	151	1,663	44	958
赤城县	3	7,614	7,040	2	1,622	4,583	145,678	47,690	49,029	48,959	7,276	5,627	332	1,311	6	1,101
崇礼县	3	2,673	1,151		1,715	785	86,437	19,448	42,973	24,016	4,397	3,603	83	699	12	338
万全县	3	3,187	4,078	4	1,796	1,680	126,413	28,189	50,149	48,075	6,107	4,774	106	1,198	29	371
宣化县	3	5,997	9,210		2,313	2,921	228,066	52,488	86,739	88,839	8,362	6,650	179	1,501	32	154
怀来县	3	11,109	11,469	5,469	3,620	4,557	373,859	45,984	128,463	199,412	8,578	6,659	229	1,690		1,000
涿鹿县	3	4,457	4,800	4	2,379	2,415	227,902	70,821	72,715	84,366	9,947	7,986	145	1,810	6	233
宣化区	4	21,371	12,023	17	5,160	4,169	511,166	300	310,764	200,102	10,260	6,578	243	2,617	822	1,336
下花园区	4	2,872	2,276		1,404	447	188,357	2,156	42,566	143,635	2,594	1,966	27	601		54
桥东区	4	4,224	10,615	12	2,522	1,997	127,710	14,486	47,514	65,710	4,957	3,454	100	1,403		558
桥西区	4	2,087	4,137	11	2,616	1,169	886,480	12,015	631,307	243,158	5,254	3,472	108	1,672	2	454
高新区	4	1,529	4,218		1,036	985	101,530	5,386	65,521	30,623	1,592	1,311	7	274		73

2005年度河北省地(市)县级主要经济指标情况表(四)

单位:万元、人

地区	编码	地方财政一般预算收入	国内增值税75%	国内消费税	预算内基金收入	预算外财政专户收入	地区生产总值	第一产业增加值	第二产业增加值	第三产业增加值	财政供养人口(人)					自收自支单位年末人数
											小计	在职人员	离休人员	退休人员	其他人员	
察北管理区	4	787	680		235	117	16,392	8,138	4,163	4,091	613	561		52		
塞北管理区	4	619	287		182		8,585	4,971	2,178	1,436	311	213		16	82	
保定市小计	0	372,628	263,244	51,703	154,062	108,787	12,873,965	5,425,464	3,303,713	4,144,788	285,570	211,341	6,496	53,607	14,126	23,939
保定市本级	1	148,611	78,137	44,564	89,478	30,675					34,280	23,947	1,547	8,695	91	1,547
保定市县级小计	2	224,017	185,107	7,139	64,584	78,112	12,873,965	5,425,464	3,303,713	4,144,788	251,290	187,394	4,949	44,912	14,035	22,392
清苑县	3	9,001	7,075		1,801	5,104	509,542	215,697	130,373	163,472	14,258	9,101	300	2,385	2,472	1,181
满城县	3	8,829	7,989	1	2,585	5	545,599	274,836	118,780	151,983	11,194	9,135	200	1,859		232
安新县	3	6,960	6,911		631	2,565	471,867	213,227	116,074	142,566	11,166	8,554	202	2,054	356	247
唐　县	3	5,578	2,148	1	1,200	2,391	240,382	95,387	64,261	80,734	10,564	8,347	241	1,946	30	516
顺平县	3	3,009	2,648		621	1,277	161,980	63,498	43,768	54,714	8,220	5,690	145	1,344	1,041	566
博野县	3	2,435	1,913		746	1,379	164,002	56,285	49,939	57,778	5,979	4,285	136	1,243	315	10
曲阳县	3	5,014	4,944		1,492	2,563	397,018	157,233	108,386	131,399	11,406	8,193	251	1,300	1,662	614
涞源县	3	11,238	17,875		2,099	8,129	267,430	134,217	59,271	73,942	8,226	6,795	128	1,303		17
阜平县	3	4,228	2,390		1,134	4,388	159,981	50,193	50,510	59,278	6,881	5,117	156	1,105	503	584
易　县	3	7,035	3,836	5	3,785	6,092	399,007	141,734	115,916	141,357	14,184	8,548	236	2,702	2,698	987
定兴县	3	7,266	5,139	2,692	1,430	3,780	695,895	260,881	197,253	237,761	12,376	9,859	142	2,375		526
徐水县	3	11,665	9,888	333	3,514	7,078	828,074	344,352	217,844	265,878	14,190	9,627	223	2,308	2,032	267
容城县	3	5,820	5,831		502		324,195	197,863	52,298	74,034	8,102	6,755	264	1,083		1,186
涿州市	3	27,755	28,480	10	8,706	9,675	1,370,870	424,738	473,066	473,066	10,466	7,911	191	2,364		3,105
涞水县	3	4,219	3,659		1,424	1,667	208,453	52,642	71,987	83,824	9,785	7,499	243	1,800	243	1,613
高碑店市	3	20,643	7,274	225	8,053	2,695	1,072,843	502,000	256,000	314,843	12,293	9,297	150	2,107	739	2,120
雄　县	3	6,339	3,712	1	2,307	1,824	455,927	216,083	106,818	133,026	8,383	6,649	116	1,601	17	849
望都县	3	3,078	1,812	1	775	1,892	182,988	98,025	35,572	49,391	6,990	5,383	189	1,418		938
高阳县	3	7,134	7,107	3	1,274	2,902	481,299	274,258	89,398	117,643	8,216	6,478	200	1,538		1,524
蠡　县	3	7,242	7,411		1,107	3,865	894,044	462,980	189,849	241,215	12,751	9,995	381	2,172	203	1,054
安国市	3	8,940	3,920	71	2,361	2,909	577,495	207,835	184,830	184,830	10,551	8,543	216	1,584	208	
定州市	3	26,183	23,801	1,688	8,928	3,643	1,153,000	503,000	325,000	325,000	20,074	15,049	344	3,673	1,008	2,722
南市区	4	4,626			2,146	454	264,405	130,000	60,000	74,405	5,299	3,396	112	1,334	457	535
北市区	4	8,500			1,433	1,446	166,749	38,500	36,520	91,729	4,371	2,908	124	1,291	48	622
新市区	4	9,117			1,794	304	238,504			238,504	5,176	4,098	59	1,016	3	372
高新区	4	2,163	19,344	2,108	2,736	85	642,416	310,000	150,000	182,416	189	182		7		5
沧州市小计	0	311,724	307,971	75,483	94,646	87,011	11,203,706	1,327,923	6,644,845	3,230,938	212,963	167,942	4,210	39,616	1,195	4,224
沧州市本级	1	96,464			36,220	40,664					27,270	21,665	781	4,635	189	1,138
沧州市县级小计	2	215,260	307,971	75,483	58,426	46,347	11,203,706	1,327,923	6,644,845	3,230,938	185,693	146,277	3,429	34,981	1,006	3,086

2005年度河北省地(市)县级主要经济指标情况表(五)

单位:万元、人

地区	编码	地方财政一般预算收入	国内增值税75%	国内消费税	预算内基金收入	预算外财政专户收入	地区生产总值	第一产业增加值	第二产业增加值	第三产业增加值	财政供养人口(人)					自收自支单位年末人数
											小计	在职人员	离休人员	退休人员	其他人员	
肃宁县	3	8,421	9,827	1	1,483	2,147	517,000	108,000	229,000	180,000	9,986	7,474	233	2,279		25
献县	3	5,158	3,898	24	1,606	2,902	500,000	99,000	281,000	120,000	13,364	10,890	296	2,178		
盐山县	3	3,993	5,001	3	970	1,260	309,446	63,513	147,475	98,458	12,183	9,458	245	2,480		103
孟村县	3	2,920	4,104	1	864	689	180,030	27,247	116,015	36,768	7,760	6,281	78	1,401		
沧县	3	16,982	29,944	2	2,271	4,031	1,002,269	136,999	528,914	336,356	13,555	10,429	230	2,301	595	148
青县	3	9,922	13,742	5	2,957	4,890	576,310	152,228	300,188	123,894	11,345	9,370	149	1,826		
南皮县	3	4,089	10,501	1	1,616	6,465	273,616	74,826	108,583	90,207	10,254	7,097	374	2,601	182	
河间市	3	13,172	9,623	15	7,579	3,609	1,041,159	116,107	584,856	340,196	18,525	15,596	258	2,671		
任丘市	3	70,617	122,885	38,694	9,950	8,427	3,013,859	102,578	2,435,085	476,196	17,855	14,678	297	2,712	168	1,154
海兴县	3	2,622	3,497	25	1,025	1,431	123,209	32,130	55,064	36,015	7,544	5,754	140	1,650		394
东光县	3	4,239	6,428		2,185	820	414,800	100,766	198,970	115,064	10,948	7,867	293	2,788		316
泊头市	3	9,683	10,076	82	8,065	4,813	763,227	115,010	412,138	236,079	17,207	13,724	310	3,173		742
吴桥县	3	3,217	2,569	2	3,007	738	296,811	94,960	100,631	101,220	9,523	6,831	194	2,498		
黄骅市	3	20,878	22,372	17	6,456	1,906	715,895	77,322	341,947	296,626	12,952	11,072	142	1,727	11	170
新华区	4	9,820	21,002	36,306	1,050	838	615,710	1,590	405,500	208,620	3,655	2,728	39	888		
运河区	4	15,856	22,785	84	1,388	649	582,795	2,510	221,200	359,085	4,766	3,828	51	887		
开发区	4	1,471	1,629	2	166	25	90,000	800	63,500	25,700	179	164		15		
港口区	4	8,327	520		12	200	69,500	7,800	39,500	22,200	387	374		11	2	
南大港	4	1,729	3,207		2,567	265	54,972	7,971	29,947	17,054	1,944	1,390	42	512		
临港区	4	2,144	4,361	219	3,209	242	63,098	6,566	45,332	11,200	1,761	1,272	58	383	48	34
秦皇岛市小计	0	257,879	150,170	7,819	103,368	59,146	5,014,300	539,213	2,007,100	2,467,987	94,754	72,486	1,955	18,445	1,868	7,786
秦皇岛市本级	1	121,014	26,488		67,496	31,032	1,278,549		158,435	1,120,114	14,419	10,796	544	3,010	69	4,969
秦皇岛市县级小计	2	136,865	123,682	7,819	35,872	28,114	3,735,751	539,213	1,848,665	1,347,873	80,335	61,690	1,411	15,435	1,799	2,817
青龙县	3	14,277	11,995	10	1,428	3,385	290,000	65,000	145,000	80,000	12,332	9,959	216	2,040	117	217
昌黎县	3	12,221	10,391	6,809	3,808	4,275	621,000	171,000	280,000	170,000	16,955	13,414	366	3,175		1,117
卢龙县	3	6,961	7,522	543	1,768	3,999	429,931	89,701	200,413	139,817	12,423	9,503	205	2,400	315	622
抚宁县	3	19,360	23,287	83	5,111	4,539	654,329	160,441	354,765	139,123	14,113	10,821	267	3,020	5	255
山海关	4	7,740	6,265	5	1,497	4,282	214,000	24,800	70,300	118,900	4,734	3,387	123	1,170	54	48
海港区	4	23,282	29,312	118	1,769	5,957	470,000	16,000	185,000	269,000	12,785	8,946	146	2,429	1,264	276
北戴河	4	12,135	3,740	200	14,515	1,090	136,000	9,500	31,300	95,200	4,351	3,322	83	929	17	282
开发区	4	40,889	31,170	51	5,976	587	920,491	2,771	581,887	335,833	2,642	2,338	5	272	27	
邢台市小计	0	218,518	244,193	1,094	74,165	59,228	6,826,600	1,010,279	3,980,600	1,835,721	169,543	133,832	3,421	30,892	1,398	6,290
邢台市本级	1	105,295	83,925	280	43,671	31,314	296,813		230,227	66,586	27,357	21,675	821	4,820	41	1,000
邢台市县级小计	2	113,223	160,268	814	30,494	27,914	6,529,787	1,010,279	3,750,373	1,769,135	142,186	112,157	2,600	26,072	1,357	5,290

2005年度河北省地(市)县级主要经济指标情况表(六)

单位:万元、人

地区	编码	地方财政一般预算收入	国内增值税75%	国内消费税	预算内基金收入	预算外财政专户收入	地区生产总值	第一产业增加值	第二产业增加值	第三产业增加值	财政供养人口(人)					自收自支单位年末人数
											小计	在职人员	离休人员	退休人员	其他人员	
南宫市	3	4,326	3,623		1,355	2,713	375,544	84,050	197,436	94,058	10,430	7,840	193	2,106	291	85
沙河市	3	14,646	39,711	3	1,843	1,150	820,000	50,000	560,000	210,000	9,977	8,518	145	1,314		1,307
邢台县	3	14,117	37,022	5	5,518	3,349	558,000	56,000	382,000	120,000	9,804	7,805	166	1,748	85	156
临城县	3	3,320	3,690		944	1,869	201,149	23,186	122,440	55,523	5,232	3,952	158	1,122		142
内邱县	3	7,083	13,021	3	1,571	3,237	405,538	35,034	255,542	114,962	6,293	4,987	156	1,138	12	
柏乡县	3	2,083	1,267		813	634	176,371	41,248	96,335	38,788	4,818	3,604	78	1,136		194
隆尧县	3	8,416	7,995	3	1,731	3,665	560,000	100,000	300,000	160,000	10,017	8,028	139	1,792	58	231
任县	3	1,785	1,019	1	693	1,184	174,500	44,000	70,000	60,500	6,200	4,936	107	1,157		347
南和县	3	1,715	964		410	295	178,241	61,004	71,314	45,923	6,172	4,595	124	1,328	125	104
宁晋县	3	17,200	12,717	785	2,310	3,254	759,970	131,177	458,858	169,935	12,956	10,215	172	2,421	148	741
巨鹿县	3	2,403	2,940	2	1,261	689	202,654	34,451	111,460	56,743	8,186	6,237	140	1,809		335
新河县	3	1,391	912	1	2,792	414	99,000	25,570	46,650	26,780	4,746	3,259	75	1,412		
广宗县	3	1,305	616		792	316	139,560	48,147	55,996	35,417	5,857	4,665	84	1,108		
平乡县	3	2,491	1,975		663	511	192,000	31,000	106,000	55,000	6,460	5,393	126	941		329
威县	3	3,253	1,250	10	1,403	906	227,000	120,000	47,000	60,000	9,532	7,660	179	1,693		16
清河县	3	10,795	20,587		1,281	1,983	785,960	40,200	564,360	181,400	8,981	7,431	106	1,438	6	955
临西县	3	3,127	1,997		1,235	220	288,400	62,100	121,400	104,900	8,117	6,866	345	906		
桥东区	4	4,645	2,788		525	633	130,000	3,900	36,100	90,000	2,918	1,788	58	547	525	238
桥西区	4	5,140	3,337	1	454	464	155,000	7,700	71,500	75,800	3,706	2,848	40	719	99	110
高新区	4	3,461	2,466		2,650	324	76,900	4,512	63,982	8,406	983	823	8	144	8	
大曹庄管理区	4	521	371		250	104	24,000	7,000	12,000	5,000	801	707	1	93		
廊坊市小计	0	242,965	157,712	1,157	47,768	136,348	7,174,052	913,988	4,209,719	2,050,345	125,893	99,893	1,782	21,489	2,729	9,931
廊坊市本级	1	70,097	3,695		14,190	64,404					15,048	11,934	401	2,623	90	1,275
廊坊市县级小计	2	172,868	154,017	1,157	33,578	71,944	7,174,052	913,988	4,209,719	2,050,345	110,845	87,959	1,381	18,866	2,639	8,656
三河市	3	51,068	30,928	5	10,479	9,078	1,361,878	172,896	782,789	406,193	14,120	11,555	195	2,325	45	1,266
大厂县	3	4,731	4,683		2,034	1,921	243,000	45,000	130,000	68,000	5,427	4,378	82	930	37	260
香河县	3	15,224	9,323	70	4,176	7,757	684,990	104,940	406,034	174,016	11,026	8,553	166	2,307		1,508
永清县	3	4,354	3,562	100	863	2,742	360,000	110,000	120,000	130,000	9,663	7,596	117	1,733	217	660
固安县	3	7,372	4,260	2	1,228	2,969	440,000	130,000	170,000	140,000	11,122	8,840	124	2,158		815
霸州市	3	27,816	28,104	12	2,828	6,176	1,130,000	95,000	719,000	316,000	15,549	11,630	145	2,409	1,365	1,193
文安县	3	11,664	11,043	6	1,884	4,314	784,375	72,033	496,140	216,202	14,927	11,190	202	2,590	945	1,197
大城县	3	8,742	8,298	4	2,766	3,826	463,269	70,417	238,141	154,711	13,603	11,806	166	1,605	26	1,072
安次区	4	4,303	5,383	605	1,513	1,702	274,465	63,267	133,063	78,135	7,272	5,803	89	1,380		184
广阳区	4	20,731	17,477	18	1,265	3,680	802,075	48,935	604,552	148,588	7,105	5,633	94	1,378		436

2005 年度河北省地(市)县级主要经济指标情况表(七)

单位:万元、人

地区	编码	地方财政一般预算收入	国内增值税75%	国内消费税	预算内基金收入	预算外财政专户收入	地区生产总值	第一产业增加值	第二产业增加值	第三产业增加值	财政供养人口(人)					自收自支单位年末人数
											小计	在职人员	离休人员	退休人员	其他人员	
开发区	4	16,863	30,956	335	4,542	27,779	630,000	1,500	410,000	218,500	1,031	975	1	51	4	65
承德市小计	0	172,945	171,375	4,570	46,420	47,213	3,600,000	650,000	1,850,000	1,100,000	127,572	93,292	3,147	24,498	6,635	2,661
承德市本级	1	81,532	60,903		26,958	20,670					20,989	13,691	1,005	4,551	1,742	462
承德市县级小计	2	91,413	110,472	4,570	19,462	26,543	3,600,000	650,000	1,850,000	1,100,000	106,583	79,601	2,142	19,947	4,893	2,199
宽城县	3	16,805	23,918	1	2,046	778	503,121	40,002	362,649	100,470	7,817	6,074	143	913	687	
滦平县	3	10,015	18,255	4	3,353	2,886	300,065	60,000	142,774	97,291	9,118	6,372	164	1,952	630	321
丰宁县	3	10,069	7,940	81	1,633	3,319	300,015	97,001	116,035	86,979	12,233	9,328	427	2,397	81	177
隆化县	3	5,040	5,318	40	2,620	1,950	256,000	79,242	87,914	88,844	13,646	9,494	281	3,739	132	392
围场县	3	3,256	2,393	5	1,663	4,061	249,802	82,408	78,240	89,154	14,038	11,500	218	2,320		292
承德县	3	12,386	10,085	3,217	2,445	2,260	334,910	90,324	146,586	98,000	13,401	9,639	171	2,870	721	521
兴隆县	3	7,768	9,480	51	3,220	5,350	335,690	60,000	184,180	91,510	11,691	8,953	310	1,810	618	
平泉县	3	8,605	9,713	1,148	1,947	1,635	338,339	94,140	149,067	95,132	14,571	10,699	279	2,034	1,559	102
双桥区	4	8,493	7,635	22	69	978	436,656	38,210	120,476	277,970	4,595	3,263	82	950	300	7
双滦区	4	5,562	7,305		276	2,312	442,289	6,500	384,843	50,946	3,091	2,440	36	529	86	111
营子区	4	1,680	5,655	1	122	1,002	103,113	2,173	77,236	23,704	2,296	1,756	31	430	79	276
开发区	4	1,734	2,775		68	12					86	83		3		
衡水市小计	0	133,188	108,705	4,337	29,850	37,420	5,084,148	1,101,590	2,525,530	1,457,028	131,627	98,051	2,731	28,765	2,080	6,253
衡水市本级	1	46,592	18,892		12,107	17,952					13,809	10,579	414	2,816		233
衡水市县级合计	2	86,596	89,813	4,337	17,743	19,468	5,084,148	1,101,590	2,525,530	1,457,028	117,818	87,472	2,317	25,949	2,080	6,020
武邑县	3	3,924	2,716		1,535	1,011	271,494	100,519	117,076	53,899	8,285	5,903	146	2,236		
饶阳县	3	4,743	1,814	31	1,603	2,689	330,596	142,175	120,730	67,691	8,055	5,771	259	1,633	392	73
安平县	3	10,085	8,394	79	1,302	2,959	502,000	60,029	291,171	150,800	10,288	7,376	232	1.661	1,019	252
冀州市	3	8,726	7,728	2	1,989	2,122	510,016	81,487	299,428	129,101	11,982	8,075	195	3.391	321	350
枣强县	3	6,961	19,434	1	1,013	710	469,508	89,651	274,277	105,580	11,256	8,717	180	2,359		
深州市	3	8,804	6,011	23	2,843	3,265	666,894	158,607	312,552	195,735	13,685	10,510	333	2,841	1	874
武强县	3	3,329	2,537	2	912	2,725	198,241	45,252	108,474	44,515	6,471	4,881	113	1,223	254	379
故城县	3	5,509	5,099	45	1,378	1,115	402,229	147,010	127,311	127,908	12,268	9,497	223	2,548		1,679
景县	3	8,521	7,876		1,765	560	557,582	124,883	281,595	151,104	13,155	9,654	265	3,236		893
阜城县	3	5,024	3,046	19	659	1,254	306,612	69,196	172,961	64,455	8,178	6,043	177	1,958		1,399
桃城区	4	18,773	24,284	4,135	2,560	1,058	868,976	82,781	419,955	366,240	13,734	10,588	194	2,859	93	121
高开区	4	2,197	874		184						461	457		4		

2005 年度河北省增发国债资金使用情况表

单位:万元

项目	中央补助地方				中央转贷地方				
	中央拨付补助款	上年结转数	实际支出数	补助资金结余	中央拨付转贷资金	上年结转数	国债转贷转补助	拨付转贷资金数	转贷资金结余
一、农林水、生态	141318	49665	137240	53743	1810	1654		1844	1620
1、农业	11918	3220	7796	7342		34		34	
2、林业	72478	25863	75047	23294					
3、水利	47061	20188	48217	19032	790	1620		790	1620
4、生态	2135	21	638	1518	1020			1020	
5、其他	7726	373	5542	2557					
二、技术进步和产业升级	28874	4320	30123	3071	689	308		709	288
1、技术改造贴息	21312		20422	890	380	308		400	288
2、高科技产业化工程	2100		1500	600					
3、设备国产化									
4、其他	5462	4320	8201	1581	309			309	
三、能源建设	801	1470	1940	331	1250	990		2240	
四、教育、文化、卫生、科技	41993	6812	43991	4814					
1、高等教育		270	270						
2、基础教育	10540	2036	11011	1565					
3、卫生	29863	4506	31370	2999					
4、文化	940		940						
5、科技	650		400	250					
五、交通	730	3068	3148	650		3404		3104	300
1、铁路						3000		3000	
2、公路	730	3068	3148	650		404		104	300
3、民航									
4、其他									
六、城市基础设施	22941	13873	29783	7031	6400	17583		14265	9718
七、环保	46927	4010	43547	7390	19410	2295		16094	5611
八、公检法司	9	150	129	30					
九、其他	21464	11628	26222	6870	32997	620		31024	2593
合计	305057	94996	316123	83930	62556	26854		69280	20130

2005 年度河北省乡镇财政基本情况表

单位：个\人\万元

项目	合计	乡	镇	项目	合计	乡	镇	项目	合计	乡	镇
一、本年乡镇数	1995	1044	951	十一、乡镇财政一般预算收支平衡				十三、预算外收支情况			
其中：实行"乡财县管"的乡镇数	419	219	200	收入总计	1179989	396357	783632	收入总计	59019	15082	43937
二、乡镇财政机构数	1955	1022	933	本年本级收入	529992	132472	397520	本年本级收入	61733	17132	44601
其中：财税所数	577	297	280	其中：税收收入	519341	128969	390372	1、行政事业单位收入	20529	7123	13406
三、体制形式和类型				上级补助收入	642467	264824	377643	2、乡镇自筹统筹收入	37705	8138	29567
上解乡镇数	552	227	325	其他收入	9821	3502	6319	3、其他收入	3499	1871	1628
补助乡镇数	1299	745	554	上年结余收入	−2291	−4441	2150	上年结余收入	−2714	−2050	−664
自收自支乡镇数	144	72	72	支出总计	1176466	397070	779396	支出总计	61509	16449	45060
四、已建立乡镇国库的乡镇数	211	93	118	本年本级支出	846823	318148	528675	本年本级支出	59432	16068	43364
五、税务所机构数	1819	531	1288	上解上级支出	328023	77322	250701	其中：行政事业支出	48482	13056	35426
国家税务所数	872	250	622	其他支出	1620	1600	20	基本建设支出	32		32
地方税务所数	947	281	666	年终结余	3523	−713	4236	调出资金	2077	381	1696
其中：一乡(镇)一所数	252	88	164	其中：净结余	−2304	−609	−1695	年终结余	−2490	−1367	−1123
六、乡镇财政所总人数	12532	4886	7646								
1. 行政编制实有人数	3583	1458	2125	十二、乡镇财政基金预算收支平衡							
2. 事业编制实有人数	8189	3149	5040	收入总计	8819	3070	5749				
3. 以工代干人数	613	221	392	本年本级收入	1855	1011	844				
4. 集体财务人员人数	147	58	89	上级补助收入	6841	2068	4773				
七、乡镇财政供养人口	361566	149405	212161	其他收入	10		10				
1. 财政预算拨款开支人数	99775	42874	56901	上年结余收入	113	−9	122				
2. 财政补助开支人数	261791	106531	155260	支出总计	8687	3060	5627				
其中：教师	199916	80214	119702	本年本级支出	8025	2399	5626				
八、赤字乡镇个数	246	128	118	其他支出	662	661	1				
九、乡镇年末总人口	53930591	22160198	31770393	年终结余	132	10	122				
其中：农村人口	47917418	21666253	26251165								
十、乡镇财政一般预算收入分档											
100 万元以下的乡镇数	917	643	274								
100 万元－500 万元的乡镇数	763	324	439								
500 万元－1000 万元的乡镇数	153	39	114								
1000 万元以上的乡镇数	162	38	124								

2005年河北省企业职工基本养老保险基金收支表

单位:万元

项目	金额	项目	金额
一、基本养老保险费收入	1,362,682	一、基本养老金支出	1,266,593
单位缴费	939,553	基础性养老金	114,287
个人缴费	423,129	个人账户养老金	24,651
二、利息收入	19,019	过渡性养老金	108,917
三、财政补贴收入	291,937	离休金	62,099
四、其他收入	8,155	退休金	832,182
其中:滞纳金	216	退职金	7,827
	×	补贴	116,630
	×	二、医疗补助金支出	
	×	三、丧葬抚恤补助支出	33,686
	×	四、其他支出	
五、转移收入	3,360	五、转移支出	6,983
六、上级补助收入	262,250	六、补助下级支出	262,250
七、下级上解收入	5,350	七、上解上级支出	5,350
八、本年收入合计	1,952,753	八、本年支出合计	1,574,862
	×	九、本年收支结余	377,891
九、上年结余	1,023,841	十、年末滚存结余	1,401,732
总计	2,976,594	总计	2,976,594

2005 年河北省失业保险基金收支表

单位:万元

项　目	金　额	项　目	金　额
一、失业保险费收入	111,420	一、失业保险金支出	49,128
单位缴费	76,237	二、医疗补助金支出	5,269
个人缴费	35,183	三、丧葬抚恤补助支出	45
二、利息收入	2,232	四、职业培训和职业介绍补贴支出	1,879
三、财政补贴收入	648	职业培训补贴支出	1,614
四、其他收入	3,356	职业介绍补贴支出	265
其中:滞纳金	190	五、基本生活保障补助支出	19,012
×	×	六、其他费用支出	1,884
×	×	其中:农民合同制工人生活补助金	1,859
×	×	七、其他支出	214
五、转移收入	4	八、转移支出	15
六、上级补助收入	15,119	九、补助下级支出	15,119
七、下级上解收入	8,177	十、上解上级支出	8,177
八、本年收入合计	140,956	十一、本年支出合计	100,742
×	×	十二、本年收支结余	40,214
×	×	十三、按规定核减基金结余数	5
九、上年结余	213,061	十四、年末滚存结余	253,270
总　计	354,017	总　计	354,017

2005年河北省城镇职工基本医疗保险基金收支表

单位:万元

项目	合计	统账结合			单建统筹基金	项目	合计	统账结合			单建统筹基金
		小计	基本医疗保险统筹基金	医疗保险个人账户基金				小计	基本医疗保险统筹基金	医疗保险个人账户基金	
一、基本医疗保险费收入	406,093	404,072	224,971	179,101	2,021	一、基本医疗保险待遇支出	301,633	300,190	172,468	127,722	1,443
单位缴费	319,603	317,582	224,971	92,611	2,021	二、其他支出	1,376	1,375	432	943	1
个人缴费	86,490	86,490	×	86,490			×	×	×	×	×
二、利息收入	3,940	3,929	2,931	998	11		×	×	×	×	×
三、财政补贴收入	175	175	175	×			×	×	×	×	×
四、其他收入	195	195	195	×			×	×	×	×	×
其中:滞纳金	52	52	52	×			×	×	×	×	×
五、转移收入	2	2	×	2	×	三、转移支出	1,711	1,711	×	1,711	×
六、上级补助收入				×		四、补助下级支出				×	
七、下级上解收入				×		五、上解上级支出				×	
八、本年收入合计	410,405	408,373	228,272	180,101	2,032	六、本年支出合计	304,720	303,276	172,900	130,376	1,444
	×	×	×	×	×	七、本年收支结余	105,685	105,097	55,372	49,725	588
九、上年结余	259,565	257,713	129,678	128,035	1,852	八、年末滚存结余	365,250	362,810	185,050	177,760	2,440
总计	669,970	666,086	357,950	308,136	3,884	总计	669,970	666,086	357,950	308,136	3,884

2005年河北省工伤保险基金收支表

单位:万元

项　　目	金　　额	项　　目	金　　额
一、工伤保险费收入	38,024	一、工伤保险金支出	10,837
二、利息收入	221	二、劳动能力鉴定费支出	170
三、财政补贴收入	168	三、其他支出	3,830
四、其他收入	3,420		×
其中:滞纳金	1		×
五、转移收入		四、转移支出	
六、上级补助收入	917	五、补助下级支出	917
七、下级上解收入	529	六、上解上级支出	529
八、本年收入合计	43,279	七、本年支出合计	16,283
	×	八、本年收支结余	26,996
九、上年结余	15,212	九、年末滚存结余	42,208
其中:储备金	60	其中:储备金	3,376
总　　计	58,491	总　　计	58,491

2005年河北省政府非税收入分类完成情况表

单位:万元

项　　目	年初计划	累计完成	累计入库	占年度计划%	上年同期	比上年同期(+,-)%
合　　计	3095148	4154163	4124289	133.3	3447610	19.6
(一)纳入预算的非税收入	1319208	1801417	1781808	135.1	1422028	25.3
1.行政性收费	350690	416270	409679	116.8	372062	10.1
2.基金、附加	869151	1217513	1204658	138.6	969970	24.2
3.专项收入	99367	167634	167471	168.5	79996	109.3
(二)罚没收入	228076	330146	328162	143.9	288546	13.7
(三)预算外管理的非税收入	1547864	2022600	2014319	130.1	1737036	16.0
1.行政事业性收费收入	1483562	1756616	1748781	117.9	1582877	10.5
2.专项收入	45585	237776	237742	521.5	131477	80.8
3.其它收入	18717	28208	27796	148.5	22682	22.5

2005 年河北省政府非税收入分级完成情况表(一)

单位:万元

项目	年初计划	累计完成	累计入库	占年度计划%	上年同期	比上年同期(+,-)%
合计	3095148	4154163	4124289	133.3	3447610	19.6
省级	1775867	2248251	2230678	125.6	2051280	8.7
市小计	1319281	1905912	1893611	143.5	1396330	35.6
石家庄市	268908	338727	338727	126.0	202651	67.1
其中:辛集市	6173	7176	7176	116.2	5997	19.7
平山县	4100	10061	10061	245.4	6797	48.0
唐山市	206258	307112	304544	147.7	210086	45.0
其中:迁安市	41532	70351	70351	169.4	35719	97.0
遵化市	9000	15227	14997	166.6	12034	24.6
邯郸市	137949	179941	179941	130.4	133892	34.4
其中:武安市	12200	16897	16897	138.5	11469	47.3
大名县	1100	2292	1682	152.9	2524	−33.4
张家口市	81329	116306	116306	143.0	71109	63.6
其中:张北县	2670	3642	3642	136.4	2471	47.4
怀来县	3670	7081	7081	192.9	4748	49.1
保定市	175863	268007	268007	152.4	224434	19.4
其中:涿州市	9530	11954	11954	125.4	6605	81.0
定州市	5500	12192	11601	210.9	9835	18.0

2005年河北省政府非税收入分级完成情况表(二)

单位:万元

项目	年初计划	累计完成	累计入库	占年度计划%	上年同期	比上年同期(+,-)%
安国市	5176	6109	6109	118.0	5529	10.5
沧州市	106726	151611	151611	142.1	125426	20.9
其中:黄骅市	4140	5145	5145	124.3	4080	26.1
任丘市	7500	11329	11329	151.1	12566	−9.8
秦皇岛市	88121	141845	141845	161.0	92454	53.4
其中:昌黎县	4350	5731	5731	131.7	4289	33.6
邢台市	74715	125248	125248	167.6	92300	35.7
其中:清河县	2500	2837	2837	113.5	2938	−3.4
宁晋县	1852	5117	5117	276.3	4736	8.0
廊坊市	92503	145656	145656	157.5	130790	11.4
其中:三河市	8524	12363	12363	145.0	12431	−0.5
霸州市	5500	5747	5747	104.5	3698	55.4
承德市	40253	63220	53487	132.9	54471	−1.8
其中:承德县	1840	3496	2331	126.7	2361	−1.3
丰宁县	2400	3600	3600	150.0	2300	56.5
衡水市	46656	68239	68239	146.3	58717	16.2
其中:冀州市	3017	4337	4337	143.8	3649	18.9
安平县	2750	5672	5672	206.3	3362	68.7

2005 年河北省政府非税收入分类分级完成情况表(一)

单位:万元

单位	纳入预算的非税收入									
	合计				其中					
					行政性收费		基金、附加收入		专项收入	
	年初计划	累计完成	上交国库金额	占计划%	累计完成	上交国库金额	累计完成	上交国库金额	累计完成	上交国库金额
合计	1319208	1801417	1781808	135.1	416270	409679	1217513	1204658	167634	167471
省级	892202	1149114	1131541	126.8	206807	201724	857292	844802	85015	85015
市小计	427006	652303	650267	152.3	209463	207955	360221	359856	82619	82456
石家庄市	114872	131867	131867	114.8	33142	33142	89640	89640	9085	9085
唐山市	71772	118839	117292	163.4	35407	34263	74830	74465	8602	8564
邯郸市	33924	43014	43014	126.8	20124	20124	15276	15276	7614	7614
张家口市	29180	28843	28843	98.8	6149	6149	15442	15442	7252	7252
保定市	62175	124463	124463	200.2	42426	42426	53773	53773	28264	28264
沧州市	29500	33163	33163	112.4	24897	24897	6237	6237	2029	2029
秦皇岛市	37699	80517	80517	213.6	8376	8376	68708	68708	3433	3433
邢台市	19405	44796	44796	230.8	13239	13239	23301	23301	8256	8256
廊坊市	12564	22947	22947	182.6	10995	10995	5841	5841	6111	6111
承德市	7143	10605	10116	141.6	6172	5808	3398	3398	1035	910
衡水市	8772	13249	13249	151.0	8536	8536	3775	3775	938	938

2005年河北省政府非税收入分类分级完成情况表(二)

单位:万元

单位	罚没收入			
	年初计划	累计完成	累计入库	占计划%
合　　计	228076	330146	328162	143.9
省　　级	52000	62839	62839	120.8
市小计	176076	267307	265323	150.7
石家庄市	28871	36660	36660	127.0
唐山市	19519	27995	27094	138.8
邯郸市	22551	32011	32011	141.9
张家口市	13017	17412	17412	133.8
保定市	27261	43757	43757	160.5
沧州市	15536	29515	29515	190.0
秦皇岛市	8347	10170	10170	121.8
邢台市	15085	21373	21373	141.7
廊坊市	11979	20105	20105	167.8
承德市	5993	12546	11463	191.3
衡水市	7917	15763	15763	199.1

2005年河北省政府非税收入分类分级完成情况月报表(三)

单位:万元

单位	预算外管理的非税收入									
	合计				其中					
					行政事业性收费收入		专项收入		其他收入	
	年初计划	累计完成	上交财政专户金额	占计划%	累计完成	上交财政专户金额	累计完成	上交财政专户金额	累计完成	上交财政专户金额
合　计	1547864	2022600	2014319	130.1	1756616	1748781	237776	237742	28208	27796
省　级	831665	1036298	1036298	124.6	867687	867687	168611	168611	0	0
市小计	716199	986302	978021	136.6	888929	881094	69165	69131	28208	27796
石家庄市	125165	170200	170200	136.0	166996	166996	2820	2820	384	384
唐山市	114967	160278	160158	139.3	146866	146746	7445	7445	5967	5967
邯郸市	81474	104916	104916	128.8	101366	101366	27	27	3523	3523
张家口市	39332	70051	70051	178.1	67518	67518	80	80	2453	2453
保定市	86427	99787	99787	115.5	99487	99487	201	201	99	99
沧州市	61690	88933	88933	144.2	81314	81314	2946	2946	4673	4673
秦皇岛市	42073	51158	51158	121.6	48930	48930	0	0	2228	2228
邢台市	40225	59079	59079	146.9	55934	55934	30	30	3115	3115
廊坊市	67959	102604	102604	151.0	42956	42956	54744	54744	4904	4904
承德市	26920	40069	31908	118.5	39297	31582	80	46	692	280
衡水市	29967	39227	39277	130.9	38265	38265	792	792	170	170

机 构 人 员

提高公文写作水平
推进机关效能建设

——在全厅公文写作轮训动员大会上的讲话

厅党组书记、厅长 齐守印

同志们：

为深入贯彻省委、省政府开展机关效能建设的要求，全面提高我厅干部公文写作与处理水平，厅党组决定从现在起到明年六月份，利用半年多的时间对全厅干部进行公文写作轮训。今天我们利用周末时间召开全厅大会，主要目的是对提高我厅公文写作水平工作进行动员部署。同时，我们还很荣幸地邀请到了国务院秘书一局成小军副局长，成局长将就如何提高公文写作水平、机关公文写作与处理中常见问题及解决方法做专题讲座。成局长在百忙之中牺牲休息时间给大家讲课，是对我厅工作的大力支持。在此，我代表厅党组和全厅干部职工表示衷心的感谢！下面，我就提高全厅干部公文写作水平讲几点意见：

一、统一思想，提高认识，切实增强提高公文写作水平的责任感和紧迫感

公文是国家机关实施行政管理的重要工具，代表着制发单位的法定职权和工作威信，起着公务联系、书面指导工作等重要作用。全面提高厅机关干部的公文写作水平，对于提高干部综合素质、推进机关效能建设、提升科学理财水平具有重要意义。

(一)公文是保证机关工作正常运转的重要工具。我国从古至今都非常重视公文工作。三国时期魏文帝曹丕在著名的文学评论书籍《典论》中说："文章乃经国之大业，不朽之盛事"。南朝梁代文论家刘勰在《文心雕龙》中也说"章表奏议，经国之枢机。"把公文看作是治理国家的纽带和关键。我们党和国家历代领导人更加重视公文写作工作。毛主席曾说过，革命靠两杆子，一是枪杆子，一是笔杆子；小平同志也讲过，作为干部光能说还是不够的，还应该学会拿笔杆，凡不会写的要学会写，能写而不精的要慢慢地精。在全面建设小康社会、和谐社会的新时期，国家机关部署工作、反映情况、协调联动，"笔杆子"是重要的手段之一。特别是财政机关，作为政府重要的综合经济管理部门，在加强财政管理、推进财政改革、协调社会经济发展的过程中，许多新问题的研究和解决，许多新情况的总结和反映，许多新决策的沟通和制发，都离不开高质量、高效率的公文写作与流转。没有高水平的公文写作、没有高质量的公文处理，我们为民理财、科学理财、依法理财的目标就难以实现。这些都要求我们每一位财政干部必须很好地驾驭公文这一重要工具。

(二)加强公文写作的学习与实践是提高财政干部综合素质的重要途径。公文写作能力是国家机关工作人员必备的基本技能之一。公文写作水平的高低，在一定程度上反映了干部综合素质的高低。一篇公文，用词准确、行文流畅，反映出写作者认真仔细、条理性强；层次清楚、文字严谨，反映出写作者思路明晰、逻辑严密；立意新颖、内容深刻，反映着写作者深厚的政策功底和较强的思维创新能力。公文写作过程也是提高自身理论水平、政策水平和工作能力的过程。第一，起草公文的过程是深入学习各方面知识的过程。写好公文材料，需要坚持不断地学习财经理论和财经政策，坚持不懈地读书看报、博览群书、思考问题。长此以往，我们的眼界就会更加开阔、知识储备更加丰厚。第二，起草公文的过程是感性认识向理性认识转化的过程。撰写公文材料需要对许多零碎、分散、片断的原始材料进行分析、归纳和综合，从中揭示出事物的本质及其发展规律。在这个认识转化过程中，干部的综合思维能力、分析问题能力就会大大提高。第三，起草公文的过程是运用理论解决现实问题的过程。写好财政公文，不仅要掌握最新的财经理论，更要不断地深入实际、掌握实情，通过理论指导工作实践。因此，我们财政干部一定要高度重视公文写作工作，在不断的学习和实践中努力提高个人的综合素质。

（三）加快提高公文写作水平是加强财政机关效能建设的迫切要求。今年年初，省委、省政府组织开展了以“提速、提质，为人民、促发展”为主题的机关效能建设活动。这项活动是省委、省政府从战略全局出发，着眼于推进政府职能转变，加强党的执政能力建设做出的重大决策。为深入落实这一活动要求，我厅做了大量工作，机关工作效率和质量有了进一步提高。提高公文写作水平是机关效能建设的重要内容。多年来，我厅一直比较重视公文写作工作，总体水平在省直部门也是比较好的，但近年来有所下降，与实际工作需要相比，仍然有不小的差距，主要表现在：一是有些同志文字工作能力不能适应工作的需要，有的同志在机关工作十几年了，起草公文仍比较吃力，一个文稿需要反复修改才能通过，甚至一个简单的工作安排、会议通知也被领导改得面目全非，牵扯了很大精力。还有的个别处级干部既写不了稿子也改不了稿子，影响了工作的开展。二是起草公文的质量不够高。有的属于对法律法规和财政政策把握不准，起草的文件超越法律权限或与现行政策有冲突；有的公文语言累赘，逻辑性差，叙事不清；有的站位不高，就财政论财政，就数字论数字；有的工作不细心，错字、落句、数字错误的现象时有发生；有的把关不严，经过层层审核把关后，送到厅长手里仍然存在错误。三是公文处理效率低，有的文件传到自己的手里，既没有提出意见又没有反馈，压在手里；有的拖来拖去迟迟提不出意见，处理不出去，等等。这些问题虽然发生在个别处室、个别人身上，但却严重影响了机关效能建设，影响了机关的形象，迫切需要改进和提高。

二、克服思想障碍，掌握科学方法，苦练公文写作起草基本功

公文写作能力是一种个人修为，提高公文写作水平主要应从自身努力做起。目前，从我厅情况看，提高公文写作水平要着重把握好以下四个方面：

（一）必须克服认识上的误区。我厅少数干部在对公文的认识上有一些误区，有的同志认为公文就是简单的文通字顺，没必要费尽心思地抠来抠去；有的认为公文就是把事说清楚，没有必要那么较真。其实这些认识都是不正确的。在经济社会快速发展的今天，各级各部门每天都要接收大量的信息，在这种情况下，能否让阅文单位尽可能快、尽可能准确、尽可能全面地理解我厅公文所要表达的信息，直接影响着财政工作的顺利开展。而要做到这三个“尽可能”，我们的公文单单文通字顺、把事说清楚是远远不够的。第一，公文语言还要简练，能用一页纸表述清楚的不用两页；第二，说理要透彻，层次要清晰，语言要准确，在内容上不能颠三倒四；第三，要密切联系实际，要与现实工作密切相关，防止与客观情况脱节。达到这三点要求，决不是一个简单的文通字顺问题，需要财政干部具有精益求精的工作态度、扎扎实实的文字功底和深入基层、深入实际的工作作风。因此，希望大家认真克服思想认识上的误区，按照专业性、政策性、准确性、效能性的要求来起草公文，起草精品公文。

（二）必须克服惰性思想。总的来讲，我厅干部队伍的学历层次、综合素质还是比较高的，但为什么一些干部写不了材料，我看主要是思想浮躁、怕吃苦，愿意做一些分钱、算账方面的工作，不愿意在写材料上下功夫。因为做一些具体的说说、算算的工作比较容易，而写材料相对而言难度大，不仅需要综合知识和逻辑思维能力，还要经常熬夜加班，绞尽脑汁，冥思苦想。这种思想是危险的，长此以往不仅影响财政工作，更会毁掉自己的前途。在这里，我要向大家讲明，既然选择了在财政厅工作，就不能怕吃苦，特别是在业务处室和综合处室工作的同志，一定要在写材料上下功夫。如果你不愿意写材料，本人可以提出来，组织上帮助你调整工作，腾出位置来，让肯吃苦、愿意在文字材料上下功夫的同志去做。写材料是偷不得懒、省不得劲的，一分功夫一分水平。一篇文字材料，如果在你这个环节上省了劲或者写不好，在下一个环节上修改的同志就得多费劲。会不会写是能力问题，能写不写或能写好而不努力写好则是对工作的态度问题，是思想觉悟问题。写材料是件苦差事，但辛苦与磨练同在，汗水与成绩共生。希望我们的干部克服懒惰思想，在工作中苦练公文写作起草基本功，不断提高自身综合素质。

（三）必须加强传帮带。个别处室的处级干部，在文字材料上大甩手，既不对年轻同志培养指导又不认真审核修改公文，影响了公文写作与处理的质量与效率。有的处长用惯了某个同志，对新同志指导缺乏耐心，认为让年轻同志写不如老同志放心、改稿子还不如自己重新写省劲，缺乏传帮带的责任感。

要知道教育培养年轻同志是领导干部的重要责任和义务，年轻同志能力上不去，领导干部有一半的责任。我希望我们的处级干部在公文写作方面千万不要放松对自己的要求，不要当"甩手掌柜的"，因为你甩手，甩的不仅是本处的业务工作，更是个人的能力和水平，不仅是对工作同时也是对个人不负责任的态度。希望我们的处级干部发挥个人文字方面经验丰富的优势，加强对年轻同志的帮助和指导，不仅要给他们压担子，还要手把手地教，认真修改或共同修改他们起草的公文，讲解修改的原因，使年轻同志逐步掌握公文起草的规律，不断提高公文写作水平。年轻同志更要虚心学习，悉心揣摩，留心比较，不放过任何可供学习与锻炼的契机，不断地进步和成长。

（四）必须掌握写作方法。除了解决好思想上的问题外，提高公文写作水平还要掌握方法。我的体会是持之以恒地学习和研究是科学执政、理性执政的基础，也是提高文字水平的关键所在。具体来讲我们每一位干部都要做到"五多"。一要多学习。财政干部要适应形势的变化，不断学习新知识，掌握新本领。要学理论、学写作知识、学正确的思维方法。对于写作知识和技巧，仅仅靠书本或别人讲授是不行的，要善于通过分析研究别人文字材料来学习，扬长避短。要善于从别人改过的材料中去体会、总结提高。特别是对领导同志改过的材料，一定要用心去体会，日积月累，写作能力就会与日俱增。二要多思考。孔子说过"学而不思则罔，思而不学则殆"。撰写文字材料要在坚持学习的同时，联系实际进行独立思考，发现问题、分析问题，提出解决问题的思路。久而久之，我们就会有左右逢源之感。三要多动手。宋代改革家、思想家和文学家王安石曾经问他的老师杜子野先生，人世间有没有生花之笔。杜子野先生就拿来一大捆毛笔，对王安石说："这里九百九十九枝毛笔，其中有一枝是生花之笔，究竟是哪一枝，连我也辨不清楚，还是你自己寻找吧。"王安石按照杜子野先生的教导，每日苦读诗书，勤练文章，把老师送给他的九百九十八枝毛笔都写秃了，仅剩一枝。一天深夜，当他提起第九百九十九枝毛笔写文章时，突然觉得文思潮涌，行笔如云，一篇颇有见地的《策论》一挥而就。这个经典的故事告诉我们，写文章没有捷径可走，只有经常动笔才能妙笔生花。四要多总结。在文字写作上提高快的人，每写完一份材料都要总结一下，找出经验和问题。相反，提高慢的人，写完就完，应付差使，不动脑子，不总结，马马虎虎，稀里糊涂，最后结果是知其然不知所以然，写作水平只能原地踏步。五要多调研。起草公文的目的不是反映问题就是解决问题。反映的问题是不是准确全面，解决问题的方法是否切实可行，都要求我们深入基层、深入实际调查研究。同样，也只有掌握第一手材料，我们起草的公文才更有可读性、更有实际作用。以上五个方面，核心的是个"多"字。俗话说功夫不负有心人，只要大家肯吃苦，肯下功夫、肯投入时间和精力，就一定能写出一手好文章来。

三、突出重点，多措并举，努力提高财政干部公文写作水平

公文写作是一种综合性能力，提高公文水平是一项综合性的工作，除了广大干部个人的努力外，还必须从外部环境、内在机制上入手，采取多种措施予以大力推动。今年五月初，我厅印发了《关于提高机关干部公文写作水平的实施意见》，提出了明确的目标要求。近期，厅党组又研究制定了具体的工作计划，主要思路是以训帮学、以考督学、以评促学、以用人引导学：

（一）以训帮学。从现在起到 2006 年上半年，要对全体机关干部分层次进行公文写作轮训，通过轮训帮助全厅干部掌握公文写作的基本方法和技巧，在高强度写作训练中，提高公文写作水平。公文写作轮训每个干部都必须参加，任何人、任何处室不能以工作忙、业务骨干离不开为理由不参加培训；要分层次培训，不同年龄段、不同职务的同志参加不同层次、不同重点的公文写作培训，确保培训的针对性和实效性；要改进培训方法，坚持以写作训练为主，专家案例式讲座、讲评指导为辅，在实践中提高写作技能；每次培训前、培训结束后都要组织考试测验，考试成绩记入干部学习档案。从明天开始，公文写作轮训的第一期培训班就要开始了。在年底前各项财政工作都比较紧张的情况下挤时间举办这期培训班，充分体现了厅党组提高干部公文写作水平的决心。我希望参加第一期培训班的同志珍惜学习机会，踏下心来，专心致志听讲，认认真真学习，没有特殊原因不得请假。人教处（培训中心）要精心组织，严格管理，确保培训目标的实现。

（二）以考督学。轮训结束后，我厅将委托国家行政学院，对我厅机关干部公文写作能力进行考试测验。通过考试检验学习实践的成效，督促大家更有针对性地学习公文写作、练习公文写作。考试方式将参考职称考试模式，按照我厅《关于提高机关干部公文写作水平的实施意见》中提出的四个标准，考出不同的级别来。同时，我们还要将日常公文写作与处理情况作为年终考核的重要内容。通过考试考核督促各单位更加重视公文工作。

(三)以评促学。从今年开始，厅里将举办包括调研报告、领导讲话、政策文件、新闻简报、情况报告、总结材料等各种文体在内的优秀公文评选活动，对评选出的优秀公文所在处室给予表彰、奖励，同时结合优秀公文评选结果、公文写作考试成绩及平时公文写作与处理工作情况，在全厅范围评选公文写作能手。通过评优表彰活动，鼓励大家勤学习、多积累、常动笔。

(四)以用人引导学。今后财政厅再进人，只会算账不行，只懂财会理论不行，要把有没有文字工作基础作为必要条件。提拔干部要把文稿起草能力和水平作为重要条件，职位要与文字工作水平成正比，职务升了水平也得长，文字工作不过硬的不能当处长，不能担任处级领导职务。要形成一个在财政厅不写材料就没有出路，文字水平不高就不能重用的导向，促使大家重视文字工作，在提高文字工作水平上下真功夫、下苦功夫。

四、加强领导，精心组织，确保提高公文写作水平的各项活动真见实效

采取多种措施、有计划地提高财政干部公文写作水平，是厅党组做出的一项重要决策部署，希望各处室、各单位和全厅干部高度重视，积极行动，确保取得明显成效。

(一)成立提高公文写作水平领导小组，加强对提高公文写作水平活动的组织协调。领导小组组长由我担任，副组长由左绍伟、高志立同志担任，办公室、人教处(培训中心)、科研所、编辑部为成员单位。领导小组办公室设在人教处(培训中心)，负责各项活动的组织协调工作。各职能处室要密切协作，狠抓落实。要建立定期联系制度，及时研究解决我厅干部公文写作中的问题，要结合我厅实际，制定提高干部公文写作水平的具体工作计划，并认真组织实施。人教处(培训中心)要研究制定相关激励机制，树立重视、重用写作人才的用人导向；创新培训方法，组织好公文写作知识的培训。厅办公室要发挥职能作用和人才优势，严把公文关，对不合格公文坚决退回去，同时要组织好优秀公文的评选展览活动。科研所要组织好我厅课题调研活动，对在正式刊物、报纸上发表文章的给予奖励，要借助于相关课题的研究活动指导机关干部提高写作水平。编辑部要利用好河北财会内刊这个阵地，对好的文章加强宣传。

(二)处室、单位要迅速行动，采取有力措施努力提高干部的公文写作水平。一是在工作中要对本处室、单位的公文严格要求、认真把关，促使干部养成良好的写作习惯。二是要积极组织参加各项培训、评比活动，合理安排人员，确保每一位干部都参加轮训。三是在处室内开展公文写作末位把关活动，一般干部起草的公文主管副处长负责，处长对本处室公文负全责，每一个层次都把自己这个环节当作文稿的最后一关，以高度的责任心处理好公文写作工作。另外，还可以开展象传递一篇好公文、交叉修改公文这样切实有效的学习交流活动。四是各处室、单位的领导干部要发挥表率示范作用，勤于动手，亲自撰写、修改公文，高标准要求自己，并在写作方法、写作技巧等方面悉心指导其他同志，促进本处室、单位写作水平的整体提高。

(三)建立学习交流平台，加大学习交流力度。虽然说我厅在公文写作与处理方面存在着一些不容忽视的问题，但是不少处室还是比较重视公文工作的，文字水平也比较高，在抓干部文字材料方面有不少好的经验。有不少同志肯于在文字材料上下功夫，写作水平进步很快，积累了不少好的做法。这些情况厅党组是比较清楚的。对这些处室、这些同志的经验和做法要加大宣传力度，要利用好机关局域网和厅机关创建学习型机关简报，宣传各处室在提高公文写作水平方面的好经验，宣传个人在公文写作方面的好方法，营造一个人人重视公文写作、人人参与写作练习的浓厚氛围。

同志们，党的十六届五中全会描绘了我国未来五年的宏伟发展蓝图，提出了今后五年经济社会发展和改革开放的主要任务。省委六届八次全会审议通过了我省国民经济和社会发展第十一个五年规划的建议和构建“和谐河北”若干重要问题的指导意见，指出了未来五年我省经济社会发展的目标和任务。这些都对我们财政工作提出了新任务、新要求。全厅干部职工要进一步增强责任感和使命感，以提高公文写作水平为重点，不断提高综合素质，努力做好各项财政工作，为支持全省社会经济发展做出新的贡献。

河北省财政厅关于建设学习型财政机关的实施方案

为深入贯彻党的十六届四中全会和省委六届六次全会关于加强党的执政能力建设的要求，努力建设一支政治坚定、业务精通、团结进取、务实高效、勤政廉政、人民满意的财政干部队伍，根据省直工委《关于省直建设学习型机关的意见》和厅党组《关于创建学习型财政机关的意见》，特制定本实施方案。

一、指导思想和目标原则

建设学习型财政机关的指导思想是：以邓小平理论和“三个代表”重要思想为指导，紧紧围绕党的十六届四中全会加强五个方面能力建设的要求和全省财政改革与发展的需要，以改善机关作风、提高工作质量为核心，以提高财政干部的业务能力和综合素质为目标，更新学习理念、创新学习方式、完善学习机制，不断增强干部职工的学习力、创新力和竞争力，为我省财政改革与发展提供强有力的组织保障和智力支持。

建设学习型财政机关的总体目标是：通过创建活动，树立人人学习、终身学习的学习理念，营造浓厚的学习氛围；建立多层次的学习网络，健全有效的学习机制，提升干部的学习力；创新学习方法，加强组织推动，提高干部科学理财、民主理财、依法理财、高效理财的能力，推进全省财政事业的持续健康发展。建设学习型财政机关要认真遵循以下原则：

（一）全员参与原则。全厅上下合力推动，全体干部职工积极参与，形成全员学习、终身学习、团队学习的组织机制。

（二）与时俱进原则。紧跟时代发展和财政改革新形势、新任务的要求，确定学习内容，改进学习方式，活化学习载体，确保建设学习型机关活动始终充满生机和活力。

（三）学以致用原则。坚持学习工作化，工作学习化，形成学以致用、用以促学、学用相长的良性互动，以学习成果指导工作实践，以工作成效检验学习效果。

（四）分类指导原则。针对不同年龄、不同学历、不同职务、不同岗位特点，分层次、分阶段、分类别加强指导，探索提高学习的针对性、实效性。

（五）自学为主原则。坚持以个人自学为主，组织推动为辅，努力把干部自学与处室组织的团队学习、厅里组织的集体学习密切结合起来，形成学习合力，增强学习成效。

二、学习内容

按照加强党的执政能力建设的要求，紧密结合社会经济发展的新趋势、财政改革的新问题、机关干部知识更新和素质提高的新需要，着重抓好以下五个方面的学习。

（一）学习政治理论知识，提高思想政治素质和政策水平。要深入学习马列主义、毛泽东思想、邓小平理论和“三个代表”重要思想，以科学理论定位财政职能、指导财政实践、更新理财思路、提升理财境界。要深入学习党的路线方针政策，当前要把学习贯彻党的十六届四中全会《决定》和省委六届六次全会《意见》作为重要任务，迅速兴起学习热潮。要深入开展以实践“三个代表”重要思想为主要内容的保持共产党员先进性教育活动，贯彻党章要求，坚定理想信念，坚持党的宗旨，增强党的观念，牢固树立“立党为公、执政为民”意识，保持党员队伍的先进性和纯洁性。要加强爱国主义教育、思想道德和职业道德教育，树立正确的世界观、人生观、价值观，切实解决好权力观、地位观、利益观问题，不断提高财政干部的政治理论水平和思想政治素质。

（二）学习宏观经济和管理知识，提高财政干部的执政能力。着眼于提高财政干部把握现代化建设规律的能力，努力学习市场经济理论知识；着眼于提高财政干部把握全局的能力，组织干部学习了解国内外政治经济形势，财经理论的新观念、新理念，西方国家财政管理的先进经验和做法，不断拓宽理财视野；

着眼于提高战略思维、开拓创新、科学领导能力，组织处以上领导干部学习领导科学和领导艺术；着眼于提高科学决策和行政管理能力，树立科学的发展观，组织干部学习公共财政理论及公共管理相关知识。

（三）学习业务知识，提高科学理财水平和创新能力。组织学习财政改革与发展中的新知识、新业务、新观念、新思路、新方法，使财政干部更全面、更及时地了解财政改革，更积极地参与财政改革，更主动地实践财政改革。认真开展岗位学习，结合本处室、单位和本岗位的要求，做到干什么学什么，缺什么补什么，真正做到精通本职工作，熟悉全处工作，了解全厅工作。坚持理论联系实际，紧紧围绕全省经济社会发展的重大问题、财政改革中的热点、难点问题，深入基层调查研究，把理论学习与解决实际问题结合起来，研究探索财政工作新方法、新途径，推进全省财政工作再上新台阶。

（四）学习法律法规和党纪政纪知识，提高依法理财和廉洁从政能力。依法治国是社会主义市场经济的内在要求，是党执政的基本方式，财政作为政府实现职能的基本手段也必须依法管理。财政干部要牢固树立法制观念，认真学习和熟练掌握市场经济的各项法律法规，定期组织法律法规知识讲座和法律知识考试，搞好普法培训，努力提高依法理财水平。按照"党要管党、从严治党"的要求，加强思想道德和纪律教育，加强党性修养。认真学习《中国共产党党内监督条例（试行）》、《中国共产党纪律处分条例》及其他党纪政纪条规，经常开展党风党纪教育和警示教育，引导广大干部筑牢拒腐防变的思想道德防线，自觉经受住改革开放和发展社会主义市场经济条件下长期执政的考验。

（五）学习科学文化知识，努力提高综合素质。要认真学习科学文化知识，不断改善知识结构。要认真学习公文写作、英语、计算机等知识，努力提高公文处理与写作水平，巩固提高英语日常会话和资料阅读能力，提高计算机常用软件应用及硬件维护能力。

三、组织形式

在组织形式上，要建立健全多层次良性互动的学习体系，以学习型领导班子带学习型处室，以学习型处室带学习型小组，以学习型小组带学习型干部。

（一）党组中心组学习。厅党组中心组学习，采取扩大会的形式，带领部分处级干部学习，扩大学习成果。每次学习分专题进行，请有关专家辅导或收看专家讲座多媒体资料。在专题学习前，中心组成员和有关处参加学习的同志要提前进行自学，并做好交流发言的准备。学习中，中心组成员围绕主题做重点发言，其他处级干部配合发言。另外，中心组成员还要与有专长的一般干部结对子，有针对性地学习相关技能或专业知识。

（二）各处室、各单位学习。各处室、各单位要根据各自工作实际，制定分阶段学习方案，明确具体的学习任务和学习责任人。坚持经常性学习制度，结合工作中难点、热点问题，每次围绕一个主题，组织大家学习。要跳出"一人念，大家听"的旧框框，采取研讨式、交流式、解剖式、恳谈式等多种学习形式，必要时请业务骨干或有关专家进行辅导，提升学习效果。要通过集中学习交流，锻炼干部的语言表达能力，提高干部分析问题、解决问题的能力，激发干部自学的积极性。

（三）各业余小组学习。组建公文写作、公共管理、英语、财务管理、计算机、法律和课题攻关等经常性学习小组。公共管理小组主要开展宏观经济、公共管理、演讲、辩论等方面的知识及技巧的学习和训练，提高干部的综合素质和能力。课题攻关小组主要开展跨部门、跨处室的人才合力攻关，着力解决财政工作中的热点、难点问题。每个小组由一名厅领导担任学习顾问，指导小组学习活动的开展，办公室、人教处、涉外处、会计处、条法处、信息中心、科研所作为责任处室，分别协助各小组研究制定各自活动办法，确定小组学习计划。各小组主要以自学为主，定期组织集中学习交流、讨论或聘请专家进行指导，还可以通过竞赛、学习成果展示等方式促进学习。

四、学习形式

在学习形式上，坚持个人自学与集中学习相结合，以个人学习为主，机关、处室、单位、小组要有计划地组织专家讲座、研讨会、知识竞赛、辩论会、学习沙龙等集体学习；坚持业余学习与脱产培训相结合，以业余学习为主，同时要分类、分层次、多渠道地组织干部参加脱产培训，集中时间对某些专题或某一领域的专业知识进行培训。

（一）干部个人学习。每位干部都要增强学习的紧迫感和自觉性，树立终身学习的意识，重点提高学习能力、实践能力和创新能力。坚持向书本学习，围绕岗位工作需要，制定个人学习计划，有选择、有重点、有步骤地进行学习。坚持在工作实践中学习、锻炼，注重学习老同志的工作经验；深入基层，注重调查研究；开拓创新，注重工作上不断自我超越，通过实践不断提升自己的整体能力。坚持参加集体学习，积极参加相关学习小组的活动，积极参加厅里组织的培训与辅导，提高自己的学习效果。

（二）组织脱产培训。我厅将继续加大干部教育培训力度，紧紧围绕财政改革与发展和提高干部综合素质，着力建立富有生机和活力的培训机制。要做好培训需求分析，增强培训的针对性；要制定科学的培训方案，创新培训方式，采用案例式、研讨式、互动式、体验式等教学方式，增强培训的感染力；要按照年度培训计划认真组织好脱产培训，强化培训管理，确保培训取得应有效果。按照中组部大规模培训干部的要求，每位同志每年脱产培训时间不少于14天。

（三）组织专题报告会或学习交流会。组织专家讲座或学习交流会，聘请国内外专家学者就政治理论、政治经济形势、财政经济工作中的热点、难点问题进行专题辅导，拓宽干部视野，开阔工作思路。有计划地组织机关博士、硕士及有关同志，联系财政工作实际或工作岗位实践为机关干部举办专题讲座，促进学以致用。

（四）组织知识竞赛、辩论会。每年至少要组织一次规模不等的业务考试、知识竞赛或辩论会活动，通过竞赛促进单位和个人的学习。

（五）发挥网络学习功能。要不断丰富学习资料，加载在线考试、网上论坛等自助式、互动式和监督式学习功能，为干部职工学习交流创造更好的条件。设立“建设学习型机关”网页，介绍学习型组织的相关理论，交流各处室、单位创建活动情况和经验，展示机关干部学习体会和成果，指导机关创建活动。

五、学习制度

为了确保学习型财政机关建设的顺利开展，要在实践中逐步建立一整套学习制度，健全完善激励约束机制。

（一）建立经常性学习制度。一是坚持好党组中心组学习制度。根据省直工委要求，坚持每年集中学习不少于12天，做到有计划、有记录、有考勤、有笔记、有学习体会。二是坚持处室、单位集体学习制度。各处室、单位要提高认识，加强领导，妥善处理工学矛盾，每周至少要安排半天时间组织集体学习。要于每年年底前将处室当年学习总结和下一年度学习计划报送厅干部培训中心上网、备案。三是建立干部学习档案制度。各处室单位要督导本单位人员认真制定年度学习计划，经处室负责人签字后，于每年一月底前连同上年参加培训情况、学习成果一起，分纸质和电子版两种报送厅干部培训中心，存入干部个人学习档案。干部学习档案将作为我厅评价和使用干部的重要参考依据之一。四是建立学习小组学习制度。各学习小组年度学习计划和学习总结，经责任处室、小组顾问审核后，报送厅干部培训中心上网、备案。五是建立调查研究制度。各处室、实行公务员管理的事业单位，每个干部每年至少写出一篇与财政工作联系紧密的调研报告，其他事业单位也要积极参与。

（二）健全机关干部培训工作管理办法。进一步规范我厅初任培训（或岗前培训）、任职培训、业务培训、技能培训和更新知识培训管理，建立培训质量评估制度和培训登记制度，逐步实行不培训不上岗、不培训不评聘、不培训不提拔的制度。

（三）建立机关干部学习考试考核制度。为激发干部学习动力，要研究制定机关干部学习考试考核制度，建立科学合理的学习测评标准体系，每年对处室和干部学习效果进行一次全面的考核评估，考核结果与处室评先和干部的职称评定、职务晋升挂起钩来。考核采取分层次考试与平时考核相结合的办法，对45岁以下中青年干部进行公共财政经济理论和本处室业务考试，45岁以上干部主要考核日常学习情况。对于考试或考核不合格的当年不得评为优秀等次，考试考核结果作为职称评定、选拔任用干部的重要依据之一。

（四）开展专家型人才、学习先进处室（单位）、学习先进分子评选活动。修订完善《河北省财政厅“专家型”人才选拔管理试行办法》，按照德才兼备、群众公认、公开择优的原则，在全厅范围内开展评选专家型人才活动，给予物质和精神奖励。要结合建设学习型财政机关活动，从组织领导、学习实效、考试考核等方面，评选学习先进处室（单位）及学习先进分子，给予一定奖励，并通过总结交流学习经验，促进全厅干部学习。

（五）实行建设学习型财政机关活动责任制。创建学习型机关领导小组在厅党组的领导下负责对我厅创建工作进行指导、督促检查和考评。人教处（培训中心）、机关党委、办公室等成员单位要积极发挥好职能作用，负责制定年度学习计划、确定学习要点、组织机关内部学习交流等日常学习活动，并负责整个创建活动的组织实施和综合协调。各处室、单位主要负责人对本处室学习负责，计划好、组织好、督导好集体和个人的学习。各业余学习小组组长及责任处室负责落实各小组的学习组织、指挥、协调。

中共河北省财政厅党组关于印发《河北省财政厅关于建设和谐型财政机关的意见》的通知

冀财组[2005]30号　　2005年9月2日

各党支部、党总支，投资公司党委，厅内各处室、各直属事业单位、农开办：

为贯彻落实党的十六届四中全会精神和省委提出的构建和谐河北、建设和谐机关的要求，进一步加强机关建设，巩固和扩大先进性教育成果，厅党组研究制定了《河北省财政厅关于建设和谐型财政机关的意见》，现印发给你们，请尽快组织干部职工认真学习，并结合自身实际，按照建设和谐型财政机关的各项要求，精心组织，多措并举，确保取得实效，同时将贯彻实施过程中的有关情况及时向机关党委反馈。机关党委将适时进行检查。

附：河北省财政厅关于建设和谐型财政机关的意见

河北省财政厅关于建设和谐型财政机关的意见

为贯彻落实党的十六届四中全会提出的构建社会主义和谐社会和省委提出的构建和谐河北的要求，全面推进机关建设，根据我厅创建"六型"机关的总体部署，结合我厅实际，现就建设和谐型财政机关提出如下意见：

一、建设和谐型财政机关是形势发展的要求

建设和谐型财政机关，是贯彻落实构建社会主义和谐社会的具体体现，是构建社会主义和谐社会的重要组成部分，必须充分认识建设和谐型财政机关的重要性。

（一）建设和谐型财政机关是构建和谐社会的需要。建设和谐型机关是构建和谐社会的有机组成部分，没有和谐的国家机关，就不会有和谐的社会。财政机关是政府的重要综合经济管理部门，在社会经济运行中发挥着经济调控、资源配置、收入分配等重要职能作用，肩负着为构建和谐社会提供坚实的财力保障和优质公共服务的重任，建设和谐型财政机关，对促进和谐社会的构建有着十分重要的意义。

（二）建设和谐型财政机关是构建社会主义公共财政的迫切需要。进一步建立和完善社会主义公共财政体制，是财政机关面临的一项重要任务，是社会主义市场经济的内在要求，是对传统的财政管理体制、管理模式进行彻底的改革，必将涉及社会各方面的利益调整，需要协调处理社会各方面的关系，需要通过建设和谐型财政机关，为财政改革创造出有利的内外部和谐环境。

（三）建设和谐型财政机关是加强机关建设的需要。近年来，我厅狠抓机关建设，认真落实"三服务"，机关面貌取得了新变化，干部队伍素质有了全面提高。但是，用构建和谐社会的要求来衡量，同新形势、新任务的要求相比较，个别同志还存在不适应、不符合党和人民要求的问题，机关建设中还存在不和谐的地方，需要通过建设和谐型财政机关加以解决。

二、建设和谐型财政机关的指导思想和目标

建设和谐型财政机关的指导思想和目标：以邓小平理论和"三个代表"重要思想为指导，高扬"树正气、讲团结、求发展"主旋律，紧密围绕贯彻执行"六项理财原则"、提高科学理财能力的要求，处理好人与人之间的关系，实现人与人之间和睦友爱；处理好处室之间的关系，实现处室之间相互尊重、相互支持；处理好效率与公平的关系，实现效率与公平并重，激发活力，主持公道，努力把财政机关建设成为依法行政、科学理财、发扬民主、公平正义、诚信友爱、安定有序、团结奋进、开拓创新的和谐机关，为开创财政工作新局面创造良好的内外部环境。

三、建设和谐型财政机关的指导原则

（一）坚持以人为本的原则

在实现财政改革与发展中，高素质的财政干部职工队伍是基本依靠力量。以人为本乃是构建和谐型财政机关的核心，是重中之重，是创建和谐型财政机关的根本保证，必须始终予以坚持。

（二）坚持自我教育、自我提高、自我完善的原则

建设和谐型财政机关的过程，就是干部职工自身素质全面提高的过程。要充分发挥其主观能动性，自觉接受教育、充实自己、融洽关系、摆正位置、完善自我、全面升华。

(三)坚持以巩固扩大先进性教育成果为动力的原则

先进性是建设和谐型财政机关的内在要求,运用保持共产党员先进性教育成果推进和谐型财政机关建设必将收到事半功倍的效果。要在巩固和扩大保持共产党员先进性教育成果中推进和谐型财政机关建设跃上新台阶,在建设和谐型财政机关中进一步巩固和扩大保持共产党员先进性教育成果。

(四)坚持内外并重的原则

要在注重自身建设和谐型财政机关的同时,注重营造好和谐的外部环境,使其纵横延伸,协调联动,全面推进。

(五)坚持调动一切积极因素的原则

要大力加强思想政治工作,晓之以理、动之以情、循循善诱、说服教育、耐心引导、沟通思想、化解矛盾、理顺关系、激发热情,化消极因素为积极因素,充分调动各方面的积极性。

四、建设和谐型财政机关的基本内容

和谐型机关有着丰富的内涵,建设和谐型财政机关,至少要包括以下基本内容:

(一)精诚团结,增强凝聚力和向心力

团结就是力量,团结出凝聚力、出战斗力。全厅干部职工都要举团结之旗、说团结之话、做团结之事、行团结之举;要在思想上同心、目标上同向、行动上同步;要相互尊重、相互信任、相互关心、相互学习、相互帮助;要胸襟坦荡、虚怀若谷、宽容待人、谈心交心、沟通思想、化解矛盾;要大事讲原则、小事讲风格、求大同、存小异,增进团结和友谊。

(二)发扬民主,增强亲和力

厅处两级领导班子要认真坚持民主集中制原则。凡涉及人员变动、预算安排、项目确定、资金划拨、职级晋升、福利待遇等重要事项都要经集体研究决定,不搞"一言堂"、"家长制"、少数人说了算。正职要谋大事、抓关键、驾驭全局,敢于放权不独揽,支持副职工作。副职要摆正位置不越权,恪尽职守、大胆工作、出谋划策,当好正职的参谋和助手。所有班子成员遇事都要广开言路、集思广益、纳谏如流,虚心听取来自干部职工的意见和建议,营造畅所欲言、心情舒畅、亲密无间、生动活泼的和谐工作环境。

(三)弘扬民族精神,强化精神动力

民族精神是建设和谐型财政机关的精神依托。要大力培育和弘扬民族精神,使广大干部职工继承和发扬艰苦奋斗、自强不息、追求进步、自觉维护民族尊严和国家主权的光荣传统,更加热爱祖国、忠于人民、爱岗敬业,与时俱进、开拓创新、坚韧不拔地为振兴河北财政,促进全省经济、政治、文化、社会更快更好发展而奋斗。

(四)增强党性,坚定理想信念

加强党性修养和党性锻炼,坚定共产主义理想信念,是建设和谐型财政机关的精神支柱。要通过巩固和扩大保持共产党员先进性教育成果,始终不渝地用邓小平理论和"三个代表"重要思想教育广大党员、干部职工,使其树立正确的世界观、人生观、价值观,用《党章》统一思想、规范行为,强化党员意识,加强党性锻炼,坚定理想信念,在实际工作中实践党的先进性,体现党的先进性,保持党的先进性,要自觉牢记党的宗旨,严守党的纪律,献身党的事业,从而为建设和谐型财政机关注入活力。

(五)加强道德建设,履行社会主义道德义务

道德是一定社会中调整人们之间及个人和社会之间的关系行为规范的总和,是促进安定团结的基础。要大力加强思想道德教育,使广大干部职工牢固树立共产主义道德观,继承发扬爱国、诚信、明礼的中华民族优良品质,自觉履行社会主义道德义务。在对待事业上,要把共产主义远大理想同现实工作结合起来,爱岗敬业,开拓创新,干一行、爱一行、钻一行、精一行,特别是要正确对待手中的权力,想事、谋事、办事要讲党性、讲原则,做到公正、公平、公道、正派、浩然正气、不谋私利、甘为公仆。在对待同志上,要关心他人,对同志的缺点、错误,从爱护的观点和团结的愿望出发开展批评,帮助其克服和改正;要乐于为困难的同志献爱心、送温暖,主动为其排忧解难;要团结大多数,搞五湖四海,不搞小圈子,不搞山头,不搞宗派主义。在对待家庭上,要孝敬父母、尊重爱人、爱护子女、帮助兄弟姐妹,重亲情、负责任、讲美德,从而营造一个蓬勃向上、诚信友善、安定祥和、高效工作的浓厚和谐氛围。

(六)提高服务质量,树立良好形象

各处室、单位在推进和谐型财政机关建设中,要切实注意使其向纵横延伸。对省、部上级机关要尊重,勤请示、勤汇报,认真执行上级部门下达的指令、指示和决定,高起点搞好服务;对省直部门单位等平行机关,要和睦相处、以诚相待、相互支持、积极补台、携手并进,高质量搞好服务;对各市县财政部门

等下级机关要关心爱护，知其所想、察其所虑、思其所求，扎扎实实为其办好事、做实事，竭尽全力搞好服务，以良好形象、优质服务创造出和谐的外部环境。

五、建设和谐型财政机关的组织和措施

（一）高度重视，加强领导

和谐是一种美，是人类一种永恒追求的社会目标。建设和谐型财政机关是贯彻落实党的十六届四中全会提出构建社会主义和谐社会思想的重要举措，也是深化财政改革，推进财政工作的需求，因此要高度重视，切实加强领导。此项工作在厅党组统一领导下进行，由机关党委具体负责实施，各处室、单位也要将此项工作列入重要议事日程，当做一件大事狠抓不放，要高起点谋划，全方位运作，精心组织，真抓实干，扎实工作，稳步推进。并且要建立责任追究制，各处室、单位一把手为主要负责人，主管领导为直接负责人，承办人为具体责任人，一级抓一级，哪一级出了问题就追究哪一级责任，确保建设和谐型财政机关健康发展，收到良好成效。

（二）要把建设和谐型财政机关同“三个文明”建设有机结合起来

建设社会主义物质文明、政治文明和精神文明与构建社会主义和谐社会的本质价值指向和最终归宿是一致的。因此，抓好“三个文明”建设是建设和谐型财政机关的题中之义，必须把建设和谐型财政机关同“三个文明”建设有机结合起来，以抓好“三个文明”建设为建设和谐型机关提供物质基础、政治保障和精神支撑，通过建设和谐型财政机关来提升“三个文明”建设的内涵和质量，使二者相辅相成、相得益彰。

（三）与时俱进，创新建设和谐型财政机关载体

与时俱进地创新载体是推进建设和谐型财政机关的有效途径。因此，从实际出发，借鉴外地经验，决定在全厅范围内深入开展“和谐在我心”有奖征文活动，组织“构建和谐社会”研讨会，开展基层党组织“创先争优”活动等。各处室、单位要在建设和谐型财政机关中不断探索新形式，赋予新内容，推出新举措，创出新载体，卓有成效地推进和谐型财政机关建设，使其不断跃上新台阶，创出新水平。

（四）充分发挥党员模范带头作用

党员特别是党员领导干部发挥带头作用，为广大干部职工作出表率，是建设和谐型财政机关的关键。厅党组成员和各级领导班子成员要率先垂范，以身作则，带头宣传建设和谐型机关的重要意义、指导思想；带头强素质、树形象，用和谐标准规范自己行为；带头耐心细致地做好思想政治工作，化消极因素为积极因素，促进安定团结；带头献爱心、送温暖、助人为乐、无私奉献；带头识大体、顾大局，自觉维护和谐环境和氛围。广大党员也要站在建设和谐型财政机关前列，当好排头兵，按照党员先进性标准、和谐机关要求，以实际行动促进和谐型财政机关建设，巩固和扩大先进性教育成果。通过党员模范带头作用，影响和带动广大干部职工积极投身到和谐型财政机关建设之中。

中共河北省财政厅党组关于印发《河北省财政厅关于进一步加强思想政治工作的意见》的通知

冀财组[2005]31号　　2005年9月2日

各党支部、党总支、投资公司党委，厅内各处室、各直属事业单位、农开办：

为巩固保持共产党员先进性教育活动成果，进一步改进和加强我厅思想政治工作，促进财政改革及其它各项工作顺利开展，近日，厅党组研究制定了《河北省财政厅关于进一步加强思想政治工作的意见》，现印发给你们，请集中时间认真组织学习，并结合本单位思想政治工作情况进行检查，采取有效措施以确保《意见》落到实处，厅机关党委将适时进行检查。

附件：河北省财政厅关于进一步加强思想政治工作的意见

河北省财政厅关于进一步加强思想政治工作的意见

为进一步巩固保持共产党员先进性教育活动成果，加强日常思想政治工作，促进财政改革及其它各项工作顺利开展，就我厅进一步加强思想政治工作提出如下意见。

一、充分认识加强思想政治工作的重要意义

高度重视思想政治工作，是我们党的优良传统，是加强党的执政能力建设、永葆共产党员先进性的根本保障。长期以来，我厅思想政治工作坚持以邓小平理论为指导，围绕全厅中心工作，认真宣传党的路线方针政策，积极进行形势任务教育，在统一思想，凝聚力量，促进思想解放和观念更新，推动财政改革与发展等方面发挥了重要作用。但我们必须清醒地看到，当前我厅思想政治工作与新时期赋予我们的任务、财政改革与发展的要求还有不太适应的地方：有的单位党组织对思想政治工作重视不够，思想政治工作不深入；个别基层党组织工作不力、方法滞后，思想政治工作没有发挥应有的作用；个别党员还存在“不适应”、“不符合”党和人民要求的问题，思想觉悟和政治理论水平还有待提高。因此，需要进一步加强思想政治工作，充分发挥思想政治工作在统一思想、凝聚力量、增强和谐、振奋精神、激发活力、争先创优等方面的作用，继续高扬“树正气、讲团结、求发展”旗帜，使全厅党员干部紧紧把握“讲科学、求规范、重创新；兴财政、促发展、为人民”的理财思路，为推动我厅各项工作做出更大贡献。

二、深入进行思想政治教育，不断提高党员干部的政治素质

提高全厅党员干部的思想政治素质、党性意识、服务意识和政策水平，是加强机关思想政治工作的基本要求，按照“提高党员素质、加强基层组织、服务人民群众、促进各项工作”和建设“六型机关”的要求，要进一步强化对政治理论学习的组织和督导。

（一）进一步加强政治理论学习。按照“党员受教育，永葆先进性”要求，探索建立政治理论学习的长效机制。一是按照党组中心组政治理论学习计划，切实抓好党组中心组的政治理论学习。二是按照省直工委统一部署，组织好处级以上党员领导干部的轮训。三是继续坚持每周学习日制度，搞活学习形式，提高学习效果。要有计划地组织全厅广大党员干部系统学习党的基本理论、基本路线、基本纲领和党的宗旨、党的优良传统以及新时期共产党员先进性基本要求。认真学习省委、省政府的各项重大决策，研究落实科学发展观和构建和谐河北的理论与实践。要通过系统学习，进一步强化广大党员干部的党员意识、宗旨意识和党员先进性意识；进一步坚定广大党员干部的理想信念，增强全局观念，更好地发挥党员先锋模范作用；进一步激发广大党员干部的活力，强化争先创优意识，将大家的创造性和积极性发挥出来，创造性地开展工作；进一步凝聚广大党员干部的集体智慧和力量，使大家心往一处想、劲往一处使，切实增强贯彻执行中央、省委的路线、方针、政策和厅党组的决定、决议的自觉性。

（二）进一步加强形势任务教育。开展形式多样的形势任务教育是保持共产党员先进性的有效方式，也是广大干部职工了解大局、明确任务、增强信心、振奋精神的有效措施，要把形势任务教育作为思想政治工作的重要内容。一是机关党委要不定期地组织形势报告会。请有关专家学者就财政改革和经济社会发展进程中的热点、难点以及广大群众关注的问题等，向全厅党员干部作形势报告。二是采取内部局域网等方式，及时传达党的先进理论、中央和省重要会议、重要文件精神以及先进的理财观念、理财方法等。要通过形势任务教育，进一步提高党员干部特别是党员领导干部的理论思维和战略思维水平，切实把大家的思想统一到中央和省委、省政府的决策部署上来，统一到厅党组各项工作布置上来，统一到各支部工作目标上来。

（三）深入开展艰苦奋斗教育。各级党组织要高度重视对党员干部的艰苦奋斗教育，通过开展形式多样的国情、省情教育和革命传统教育，使广大党员干部充分认识艰苦奋斗的重要性，时刻牢记我党的光荣传统，在任何时候都耐得住艰苦，抗得住诱惑，使广大党员干部时刻树立过紧日子思想，不断强化资金使用效益意识，不断提高科学理财能力。严格按照“讲科学、求规范、重创新；兴财政、促发展、为人民”的理财思路，在安排预算、使用资金方面，精打细算、力求节约，把钱用在刀刃上，用在群众最关心的事情上，着力促进和谐河北的构建，确保我省经济健康、稳步发展。

（四）加强对党员学习情况的监督检查和考核。为保证学习教育效果，机关党委要加强对党员学习情况的监督检查和考核，要把各支部班子成员的理论学习情况作为考核重点，并将考核结果作为评价支部工作业绩和使用干部的重要依据。各支部要加强对本支部党员学习情况的检查和考核，并作为公务员年度考核的重要依据。

三、狠抓各项党建制度的落实

严格落实党内各项制度，对加强党的建设、健全党的组织生活、严格党员管理、充分发挥党员先锋模范作用,以及提高党组织战斗力具有十分重要的意义,是机关思想政治工作制度化、规范化的重要标志。

(一)认真坚持"三会一课"制度。各党支部要定期召开支部党员大会、支部委员会、党小组会,按时上好党课。根据工作需要,适时召开支部党员大会,主要是学习上级党组织有关文件、传达会议精神;通报支部工作情况、听取党员意见和建议,部署工作;讨论通过党员发展、转正事宜。要定期召开支部委员会,主要是学习党的路线、方针、政策,讨论研究决定重大事情,总结部署工作,研究党员发展、转正和自身建设问题。按时召开党小组会,由党小组长主持,学习上级组织有关文件、汇报党员个人思想和工作情况、开展批评与自我批评、酝酿党员发展、转正情况。上党课由机关党委或各支部每半年组织一次。对党员进行党的基本知识、党的路线、方针、政策教育,结合我厅中心工作对党员进行形势任务教育。机关党委要加强对各支部"三会一课"制度坚持情况的检查,对不能很好坚持的党支部,在年度评选先进党支部中取消评先资格。

(二)认真坚持党员领导干部民主生活会制度和党员组织生活会制度。党员领导干部民主生活会每年至少召开一次,党员组织生活会每半年召开一次,党员领导干部都要以普通党员身份参加所在支部召开的组织生活会,向组织汇报思想,交换意见,认真开展批评与自我批评。要通过思想交流、互相帮助,达到统一思想、增强团结、相互监督、共同提高的目的。

(三)认真坚持民主评议党员制度。民主评议党员工作,要在机关党委领导下以支部为单位有计划、按步骤进行,一般每年进行一次。主要在以下五个方面进行评议:一是是否具有坚定的共产主义信念,在思想、政治上同中央保持一致,能否坚持四项基本原则,全心全意为人民服务;二是是否坚决贯彻执行中央、省委的各项方针、政策和厅党组的各项决定、决议,为推动我省经济社会快速发展以及在促进我厅各项工作开展等方面做出了贡献;三是是否站在改革的前列,维护改革的大局,正确处理国家、集体、个人利益之间的关系,做到个人利益服从党和人民利益,局部利益服从整体利益;四是是否坚决执行党的决议,严守党纪、政纪、国法,坚决做到令行禁止;五是是否密切联系群众,关心群众疾苦,艰苦奋斗,廉洁奉公。各党支部要高度重视民主评议党员工作,认真组织好学习教育、自我评价、民主评议、组织考察、表彰处理五个环节的各项工作。通过民主评议,评出团结、评出干劲,达到提高党员整体素质,激发党员干部工作积极性,增强党组织的凝聚力和战斗力的目的。

(四)认真坚持党建责任人汇报制度。各支部书记为支部党建第一责任人。为加强对机关思想政治工作的领导,强化对基层领导班子的监督检查,及时发现、解决基层党建工作中存在的问题,机关党委每年要听取一至两次各基层党组织第一责任人关于党建工作开展情况的汇报,结合支部业务工作和党建工作实际进行具体指导,发现问题,及时研究解决。

四、不断探索新形势下思想政治工作的新方法

坚持继承与创新相结合,以改革的精神研究新形势下思想政治工作出现的新情况、新问题,探索建立适应新形势需要的新方式新方法,是思想政治工作永葆生机与活力的关键。

(一)转变工作作风,加强调查研究。进一步转变工作作风,坚持理论联系实际,防止空对空,切实增强思想政治工作的针对性。机关各级党组织要采取走出去、请进来等方式,深入各处室、单位和党员干部中间进行调查研究,了解基层党组织建设情况和党员干部思想状况,发现并推广好的做法和经验,及时了解存在的问题。专职党务干部要积极参与业务处室、单位的调研活动,熟悉了解财政工作的重点、热点和难点,增强党建工作的针对性。认真开展党建专题调查研究,每年要组织一次厅内外或财政系统基层党组织的调查研究活动,借鉴其它单位基层党组织的好做法、好经验,进一步提高我厅党建工作水平。

(二)密切联系群众,建立党内谈心对话制度。为有效提高我厅思想政治工作的预见性、针对性和实效性,增强思想政治工作亲和力,建立和完善党员联系群众、党内民主参与机制,加强党内沟通,建立党内谈心对话制度。党员领导干部要同普通党员谈心,普通党员之间也要谈心,处级以上领导干部特别是厅级领导干部要重视同党员干部的谈心交流。厅级领导每年要同分管处室、单位的处级干部谈心一次,处级领导干部每年要同本支部党员干部谈心一次,倾听他们的呼声,了解他们的意愿,听取群众的意见和建议,认真研究分析党员干部思想状况,及时发现带有苗头性、倾向性的问题，把解决思想问题同解决群众最关心的实际问题有机结合起来，将思想政治工作做到群众的心坎上。要通过谈心对话，谈出感情，谈出信任，谈出干劲，谈出正气，不断增强机关党组织的凝聚力、战斗力和号召力。

（三）发挥先进典型作用，建立激励约束机制。要综合运用正面教育机制、批评与表扬机制和典型示范机制。各级党组织要注重树立和宣传涌现出来的先进人物和模范事迹，对那些党性强、工作突出、成绩显著的党员干部，各支部要及时报机关党委，大张旗鼓地表扬和宣传，用身边的人和身边的事激励广大党员群众。对歪风邪气要及时发现，及时批评压制，要敢抓敢管。要通过激励约束机制树全厅正风正气，激发和调动广大党员干部的学习、工作热情，推动我厅各项工作的健康发展。

（四）充分发挥群团组织在思想政治工作中的作用。机关党委要加强对群团组织工作的指导，要在人、财、物等方面，大力支持群团组织围绕财政中心工作和党的中心任务创造性地开展活动，充分发挥机关工会、机关团委和妇委会等群团组织联系面广的优势，为党组织发挥作用提供群众基础和外部环境。要通过群团组织开展丰富多彩、形式多样的群众性活动，活跃机关气氛，提高党、工、团组织的影响力和凝聚力，促进党组织和群团组织联动发展。

五、加强基层党组织的班子建设

各级党的组织负责人是新时期机关党建工作的组织者、实施者，是推动我省财政改革与发展、完成各项财政工作任务的中坚力量。按照党要管党、从严治党的方针，必须加强各级党组织领导班子建设。

（一）选配一个好的领导班子。机关党委要根据《党政领导干部选拔工作条例》和《中国共产党党和国家机关基层组织工作条例》有关规定，按照群众公认、注重实绩、公开、平等、竞争、择优的原则，将那些党性强、组织协调能力强、工作业绩突出、党建知识丰富、重视思想政治工作、群众威信高的同志选派到党建工作领导班子中来，着力建设一支高素质、能战斗的党务干部队伍。各级党的组织要不断加强自身建设，严格按照我厅“六个模范”要求，不断强化立党为公、执政为民意识，不断提高全局观念，互相尊重、互相理解、互相支持，团结一致形成合力；要严格坚持民主集中制，对于支部重大事项，必须经过支部集体讨论后决策，坚决反对独断专行、一言堂；要率先垂范、言传身教，做到观念上领先、工作上争先、作风上率先，充分发挥模范带头作用；要不断加强理论素养，切实提高政策理论水平和组织、协调、领导能力。

（二）强化培训，不断提高班子整体素质。不断加强对基层党组织领导班子进行全方位、多方面、形式多样的政治理论和政策培训。通过培训、研讨和交流，进一步增强处级党员干部的思想、政治觉悟和“一岗双责”意识；进一步提高处级党员干部的党建理论水平和领导能力；进一步拓展处级党员干部的视野、增强创新意识。同时，机关党委要配合省直工委对党员干部的集中培训，有计划地对支部班子成员进行党建知识轮训，以提高基层党组织的整体素质和党建工作水平。

（三）坚持“两手抓、两手都要硬”的方针。各单位一把手既要抓好本处室、单位的业务工作，也要对本处室、单位的党建工作负起领导责任，坚持“两手抓、两手都要硬”，切实落实“一岗双责”，坚决纠正和防止忽视思想政治工作的错误倾向。要把思想政治工作当做首要任务来抓，经常研究本支部党员干部的思想动态，分析干部群众的思想状况，绝不能把思想政治工作仅仅停留在会议上、文件上、口头上，务必要落到实处。

（四）严格落实党建工作责任制。根据《中国共产党党和国家机关基层组织工作条例》的有关规定，严格落实机关党建工作责任制。各级党组织一把手为第一责任人，其他领导成员要有明确分工，明确具体任务。机关党委要加强对支部党建工作责任制落实情况的检查，要把党建责任制落实得是否到位、抓思想政治工作是否有力、开展党建工作是否扎实、有效，作为衡量各级党组织工作好坏的首要内容，作为考核评价班子和处级干部的重要依据。对因忽视思想政治工作酿成问题、造成严重后果的，要追究有关领导的责任。

2005年河北省财政系统职工统计综合表

（一）

项目	合计	分布				
		部直属	省级直属	地级直属	县级直属	所级直属
合计	25867		490	3533	11232	10612
%	100.00		1.89	13.66	43.42	41.03

（二）

行政职务							专业职务				
合计	部级	厅级以上	处级	科级	一般干部	工勤人员	合计	高级	中级	助理级	员级
25867		8	403	2906	17909	4641	9979	424	3137	4404	2014
100.00		0.03	1.56	11.23	69.23	17.94	100.00	4.25	31.44	44.13	20.18

（三）

性别		民族		政治面貌			
男	女	汉	其它	党员	团员	民主党派	其他
16321	9546	24301	1566	16529	1799	46	7493
63.10	36.90	93.95	6.05	63.90	6.95	0.18	28.97

（四）

年龄					学历				
35岁以下	36—45岁	46-54岁	55—59岁	60岁以上	大学本科以上	大专	中专	高中	初中以下
11606	9420	4327	514		6027	10203	6446	2417	774
44.87	36.42	16.73	1.99		23.30	39.44	24.92	9.34	2.99

（五）

参加工作时间							
49年9月以前	49年10月—57年	58-65年	66—70年	71—80年	81-90年	91—2000年	2001年以后
	1	123	901	5452	9514	8510	1366
	0.00	0.48	3.48	21.08	36.78	32.90	5.28

（六）

项目	变化情况				
	上年实有人数	本年实有人数	增加或减少总数	绝对增加数	绝对减少数
合计	25933	25867	—66	760	826
省厅级	493	490	—3		3
地市局	3470	3533	63	111	48
县市局	10944	11232	288	454	166
乡镇所	11026	10612	—414	195	609

（七）

项目	人员性质										
	行政		事业				企业	聘用制			
		其中：公务员数	合计	全额拨款单位	差额拨款单位	自收自支事业单位		合计	行政	事业	企业
合计	12459	9404	12180	9884	482	1814	11	1217	403	811	3
省厅级	244	242	246	135		111					
地市局	1633	1387	1889	1209	237	443	11				
县市局	5801	4529	5263	4111	115	1037		168	39	126	3
乡镇所	4781	3246	4782	4429	130	223		1049	364	685	

补充说明：乡镇财政所机构数为 2145 个。

2005 年河北省财政系统职工基本情况年报表(一)

项目		总计	性别		民族		学历										
							研究生		大学本科	大学专科	中专	高中			初中及以下		
			男	女	汉	其他		其中：博士				人数	其中:35岁以下	其中:36岁至45岁	人数	其中35岁以下	其中36岁至40岁
总计	合计	25867	16321	9546	24301	1566	376	4	5651	10203	6446	2417	453	916	774	142	111
	厅(局)级	8	8		8		2	1	4	2							
	地市局(处)级	403	333	70	386	17	75	2	195	109	19	4			1		
	县局(科)级	2906	2216	690	2713	193	179		1298	1099	233	80	1	5	17		1
	一般干部	17909	10548	7361	16761	1148	117	1	3919	7880	4721	1057	165	390	215	35	28
	工勤人员	4641	3216	1425	4433	208	3		235	1113	1473	1276	287	521	541	107	82
省厅局	合计	490	357	133	469	21	139	3	241	70	10	28	7	6	2	1	
	厅(局)级	8	8		8		2	1	4	2							
	处(局)级	171	144	27	164	7	46	2	86	30	7	2					
	科级	132	84	48	126	6	53		69	9		1					
	一般干部	123	75	48	119	4	37		74	11	1						
	工勤人员	56	46	10	52	4	1		8	18	2	25	7	6	2	1	
地市局	合计	3533	2161	1372	3332	201	137	1	1718	1079	257	199	47	60	143	13	23
	局级	232	189	43	222	10	29		109	79	12	2			1		
	科级	1352	935	417	1247	105	75		733	430	81	27		2	6		
	一般干部	1332	615	717	1266	66	33	1	800	388	89	13		2	9		
	工勤人员	617	422	195	597	20			76	182	75	157	47	56	127	13	23
县市局	合计	11232	6743	4489	10595	637	92		2712	5118	2130	863	182	291	317	78	54
	局级	1422	1197	225	1340	82	51		496	660	152	52	1	3	11		1
	股级	3138	2208	930	2944	194	23		920	1574	496	112	8	35	13		2
	一般干部	4866	2173	2693	4592	274	17		1186	2369	1009	222	55	67	63	20	10
	工勤人员	1806	1165	641	1719	87	1		110	515	473	477	118	186	230	58	41
乡镇所	合计	10612	7060	3552	9905	707	8		980	3936	4049	1327	217	559	312	50	34
	所级	2494	2123	371	2326	168	6		318	1017	878	241	10	95	34	2	1
	一般干部	5956	3354	2602	5514	442	1		621	2521	2248	469	92	191	96	13	15
	工勤人员	2162	1583	579	2065	97	1		41	398	923	617	115	273	182	35	18

2005年河北省财政系统职工基本情况年报表(二)

项目		总计	政治面貌				年龄									
			党员	团员	民主党派	其他	25岁及以下	26岁至30岁	31岁至35岁	36岁至40岁	41岁至45岁	46岁至50岁	51岁至54岁	55岁至59岁 人数	55岁至59岁 其中:女	60岁以上
总计	合计	25867	16529	1799	46	7493	1784	4601	5221	5074	4346	3154	1173	514	13	
	厅(局)级	8	8								1		4	3		
	地市局(处)级	403	397			6			3	54	88	118	102	38	4	
	县局(科)级	2906	2602	11	18	275	5	36	222	691	856	727	284	85	2	
	一般干部	17909	11195	1545	27	5142	1577	3999	3984	3449	2477	1614	531	278	6	
	工勤人员	4641	2327	243	1	2070	202	566	1012	880	924	695	252	110	1	
省厅局	合计	490	404		3	83	22	35	93	122	91	88	28	11	1	
	厅(局)级	8	8								1		4	3		
	处(局)级	171	167			4			3	34	51	58	20	5	1	
	科级	132	111			21	1	7	43	51	20	10				
	一般干部	123	70		3	50	21	26	32	23	12	4	2	3		
	工勤人员	56	48			8		2	15	14	7	16	2			
地市局	合计	3533	2102	251	28	1152	125	386	589	802	689	541	305	96	4	
	局级	232	230			2				20	37	60	82	33	3	
	科级	1352	1101	11	13	227	2	18	116	383	384	304	124	21		
	一般干部	1332	552	200	14	566	104	301	317	280	163	91	55	21	1	
	工勤人员	617	219	40	1	357	19	67	156	119	105	86	44	21		
县市局	合计	11232	6908	837	12	3475	821	1712	2266	2259	2037	1445	480	212	7	
	局级	1422	1390		5	27	2	11	63	257	452	413	160	64	2	
	股级	3138	2628	33	4	473	20	190	635	920	747	479	118	29		
	一般干部	4866	2107	687	3	2069	702	1268	1133	752	499	295	125	92	5	
	工勤人员	1806	783	117		906	97	243	435	330	339	258	77	27		
乡镇所	合计	10612	7115	711	3	2783	816	2468	2273	1891	1529	1080	360	195	1	
	所级	2494	2265	19		210	22	287	534	583	491	421	111	45		
	一般干部	5956	3573	606	3	1774	708	1927	1333	891	565	324	120	88		
	工勤人员	2162	1277	86		799	86	254	406	417	473	335	129	62	1	

2005 年河北省财政系统职工基本情况年报表(三)

项目		总计	参加工作时间								劳模(先进工作者)		
			1949 年 9 月以前	1949 年 10 月至 1957 年	1958 年至 1965 年	1966 年至 1980 年	1971 年至 1980 年	1981 年至 1990 年	1991 年至 2000 年	2001 年以后	地市厅局级	省部级	全国
总计	合计	25867		1	123	901	5452	9514	8510	1366	48	19	5
	厅(局)级	8				5	2	1					
	地市局(处)级	403			8	90	180	114	11		2	1	
	县局(科)级	2906			17	216	1093	1311	259	10	28	13	1
	一般干部	17909		1	84	437	2847	6038	7245	1257	18	5	4
	工勤人员	4641			14	153	1330	2050	995	99			
省厅局	合计	490				37	116	201	100	36			
	厅(局)级	8				5	2	1					
	处(局)级	171				23	73	67	8				
	科级	132				2	10	72	43	5			
	一般干部	123				5	10	30	47	31			
	工勤人员	56				2	21	31	2				
地市局	合计	3533			14	246	889	1357	883	144	7	1	
	局级	232			8	67	107	47	3		2	1	
	科级	1352			2	89	448	662	146	5	3		
	一般干部	1332			1	53	157	419	565	137	2		
	工勤人员	617			3	37	177	229	169	2			
县市局	合计	11232		1	50	380	2694	4084	3348	675	39	16	5
	局级	1422			15	125	635	577	70		25	13	1
	股级	3138		1	11	90	853	1489	681	13	10	1	2
	一般干部	4866			23	121	669	1306	2134	613	4	2	2
	工勤人员	1806			1	44	537	712	463	49			
乡镇所	合计	10612			59	238	1753	3872	4179	511	2	2	
	所级	2494			22	78	590	1121	665	18	2	1	
	一般干部	5956			27	90	568	1673	3153	445		1	
	工勤人员	2162			10	70	595	1078	361	48			

2005年河北省财政系统职工基本情况年报表(四)

项目		专业技术人员						特贴专家
		合计	高级	其中:正高	中级	助理级(含初级)	员级	
总计	合计	9979	424	4	3137	4404	2014	
	厅(局)级							
	地市局(处)级	146	68	1	67	10	1	
	县局(科)级	1466	137		871	415	43	
	一般干部	8367	219	3	2199	3979	1970	
	工勤人员	—	—	—	—	—	—	—
省厅局	合计	140	67	2	36	9	28	
	厅(局)级							
	处(局)级	30	26	1	4			
	科级	23	14		8	1		
	一般干部	87	27	1	24	8	28	
	工勤人员	—	—	—	—	—	—	—
地市局	合计	1648	304	1	916	364	64	
	局级	116	42		63	10	1	
	科级	760	108		484	156	12	
	一般干部	772	154	1	369	198	51	
	工勤人员	—	—	—	—	—	—	—
县市局	合计	5038	51	1	1817	2436	734	
	局级	683	15		379	258	31	
	股级	2072	19	1	825	1026	202	
	一般干部	2283	17		613	1152	501	
	工勤人员	—	—	—	—	—	—	—
乡镇所	合计	3153	2		368	1595	1188	
	所级	1060	1		152	587	320	
	一般干部	2093	1		216	1008	868	
	工勤人员	—	—	—	—	—	—	—

2005 年河北省财政系统女职工基本情况年报表

项目		总计	学历							政治面貌				年龄					专业技术人员			少数民族
			研究生	其中:博士	大学本科	大学专科	中专	高中	初中及以下	党员	共青团员	民主党派	其他	30岁以下	31岁至40岁	41岁至50岁	51岁至59岁	60岁以上	高级	中级	初级	
总计	合计	9546	111		2430	4236	2167	506	96	4671	1005	25	3845	3054	4183	2096	213		191	1211	1754	539
	厅(局)级																					
	地市局(处)级	70	3		47	16	2	2		66			4		8	33	29		12	20	2	3
	县局(科)级	690	55		370	211	41	13		559	7	3	121	16	280	345	49		50	262	88	68
	一般干部	7361	50		1882	3510	1648	232	39	3644	881	21	2815	2738	3183	1311	129		129	929	1664	420
	工勤人员	1425	3		131	499	476	259	57	402	117	1	905	300	712	407	6					48
省厅局	合计	133	39		74	16	1	3		92		3	38	25	65	34	9		17	4	2	2
	厅(局)级																					
	处(局)级	27	1		19	5	1	1		25			2		4	15	8					
	科级	48	23		22	3				37			11	7	31	10						
	一般干部	48	14		30	4				22		3	23	18	23	6	1		17	4	2	1
	工勤人员	10	1		3	4		2		8			2		7	3						1
地市局	合计	1372	45		772	399	96	45	15	632	144	14	582	265	616	397	94		157	435	167	93
	局级	43	2		28	11	1	1		41			2		41	18	21		12	20	2	3
	科级	417	21		252	109	25	10		309	7	1	100	6	170	202	39		44	180	52	47
	一般干部	717	22		446	195	44	4	6	256	117	12	332	223	340	120	34		101	235	113	37
	工勤人员	195			46	84	26	30	9	26	20	1	148	36	102	57						6
县市局	合计	4489	25		1153	2199	874	199	39	2020	480	6	1983	1336	1929	1137	87		17	634	991	238
	局级	225	11		96	99	16	3		213		2	10	3	79	133	10		6	82	36	21
	股级	930	5		320	455	139	9	2	702	11	2	215	57	456	394	23		5	276	275	67
	一般干部	2693	8		680	1379	514	92	20	947	404	2	1340	1134	1085	421	53		6	276	680	129
	工勤人员	641	1		57	266	205	95	17	158	65		418	142	309	189	1					21
乡镇所	合计	3552	2		431	1622	1196	259	42	1927	381	2	1242	1428	1573	528	23			138	594	206
	所级	371	1		73	195	95	7		333	3		35	58	222	89	2			35	98	27
	一般干部	2602			333	1282	856	120	11	1384	346	2	870	1248	1057	281	16			103	496	159
	工勤人员	579	1		25	145	245	132	31	210	32		337	122	294	158	5					20

2005年河北省财政系统少数民族职工基本情况年报表

项目		总计	学历							政治面貌				年龄					专业技术人员		
			研究生	其中:博士	大学本科	大学专科	中专	高中	初中及以下	党员	共青团员	民主党派	其他	30岁以下	31岁至40岁	41岁至50岁	51岁至59岁	60岁以上	高级	中级	初级
总计	合计	1566	25		434	688	317	75	27	967	95	1	503	413	670	438	45		11	252	303
	厅(局)级																				
	地市局(处)级	17	2		8	5	2			16			1		3	9	5			4	
	县局(科)级	193	17		101	61	12	1	1	155		1	37	3	82	97	11		7	74	27
	一般干部	1148	6		314	558	234	29	7	704	90		354	383	485	259	21		4	174	276
	工勤人员	208			11	64	69	45	19	92	5		111	27	100	73	8				
省厅局	合计	21	7		11	3				18			3	1	12	6	2		1	1	1
	厅(局)级																				
	处(局)级	7	2		4	1				6			1		2	4	1			1	
	科级	6	4		2					5			1		5	1			1		
	一般干部	4	1		2	1				4				1	2		1				1
	工勤人员	4			3	1				3			1		3	1					
地区级	合计	201	1		104	71	18	3	4	114	19	1	67	31	91	66	13		5	63	25
	局级	10			4	4	2			10					1	5	4			3	
	科级	105	1		63	34	6		1	75		1	29	1	54	45	5		4	50	15
	一般干部	66			36	22	5	1	2	24	18		24	29	21	12	4		1	10	10
	工勤人员	20			1	11	5	2	1	5	1		14	1	15	4					
县市级	合计	637	17		214	263	98	32	13	376	52		209	141	254	218	24		5	145	145
	局级	82	12		36	27	6	1		75			7	2	23	51	6		2	24	12
	股级	194	2		79	91	18	3	1	143	4		47	18	86	85	5		2	73	56
	一般干部	274	3		93	121	47	9	1	127	44		103	110	97	57	10		1	48	77
	工勤人员	87			6	24	27	19	11	31	4		52	11	48	25	3				
乡镇所	合计	707			105	351	201	40	10	459	24		224	240	313	148	6			43	132
	所级	168			36	89	38	5		149	1		18	19	102	47				14	30
	一般干部	442			68	234	126	11	3	257	23		162	206	177	58	1			29	102
	工勤人员	97			1	28	37	24	7	53			44	15	34	43	5				

2005 年河北省财政系统国家公务员基本情况年报表

项目		总计	女	少数民族	学历							政治面貌				年龄								
					研究生	其中：博士	大学本科	大学专科	中专	高中	初中及以下	共产党员	共青团员	民主党派	其他	30岁及以下	31岁至35岁	36岁至40岁	41岁至45岁	46岁至50岁	51岁至54岁	55岁至59岁	女	60岁及以上
总计	合计	9404	3140	897	243	3	2736	4259	1890	243	33	7253	393	20	1738	1652	1779	2124	1812	1376	513	148	5	
	厅(局)级	8			2	1	4	2				8							1		4	3		
	地市局(处)级	273	51	10	54	2	125	77	13	3	1	269			4		3	36	61	83	70	20	3	
	县局(科)级	2472	581	179	155		1026	996	216	68	11	2243	9	10	210	41	185	600	732	637	224	53		
	科员级	6463	2433	693	26		1551	3119	1584	162	21	4632	363	10	1458	1519	1550	1461	999	648	214	72	2	
	办事员级及其他人员	188	75	15	6		30	65	77	10		101	21		66	92	41	27	19	8	1			
省厅局	合计	242	63	11	88	3	119	28	6	1		223			19	15	37	64	51	46	22	7	1	
	厅(局)级	8			2	1	4	2				8							1		4	3		
	处(局)级	129	25	6	33	2	67	22	6	1		126			3		3	25	36	44	17	4	1	
	科级	95	36	5	47		45	3				81			14	8	34	38	13	2				
	科员级																							
	办事员级及其他人员	10	2		6		3	1				8			2	7		1	1		1			
地市局	合计	1387	450	120	80		761	442	79	22	3	1043	45	10	289	106	144	369	333	273	137	25	2	
	局(处)级	144	26	4	21		58	55	7	2	1	143			1			11	25	39	53	16	2	
	科级	935	297	92	56		494	308	56	19	2	753	9	6	167	14	69	282	265	222	77	6		
	科员级	308	127	24	3		209	79	16	1		147	36	4	121	92	75	76	43	12	7	3		
	办事员级及其他人员																							
县市局	合计	4529	1499	339	69		1399	2207	719	112	23	3525	137	8	859	532	714	1043	1019	829	293	99	2	
	局(科)级	1310	215	78	50		458	619	130	44	9	1285		4	21	10	58	237	427	390	142	46		
	科员级	3161	1259	260	19		928	1569	570	61	14	2214	130	4	813	494	647	801	584	431	151	53	2	
	办事员级及其他人员	58	25	1			13	19	19	7		26	7		25	28	9	5	8	8				
乡镇所	合计	3246	1128	427	6		457	1582	1086	108	7	2462	211	2	571	999	884	648	409	228	61	17		
	科级	132	33	4	2		29	66	30	5		124			8	9	24	43	27	23	5	1		
	科员级	2994	1047	409	4		414	1471	998	100	7	2271	197	2	524	933	828	584	372	205	56	16		
	办事员级及其他人员	120	48	14			14	45	58	3		67	14		39	57	32	21	10					

2005年河北省财政系统职工培训教育情况年报表

项目		总计	培训内容							培训部门	
			政治经济理论培训	初任培训	任职培训	专门业务培训	更新知识培训	学历教育培训	其他	财政系统	地方培训
总计	合计	83212	27008	203	835	28040	18027	2849	6250	57574	25638
	厅(局)级	26	10			6	7		3	18	8
	地市局(处)级	2688	979		70	775	674	139	51	1538	1150
	县局(科)级	19091	6575	39	262	5825	5212	430	748	13948	5143
	一般干部	51440	15831	159	473	18248	9916	2000	4813	35674	15766
	工勤人员	9967	3613	5	30	3186	2218	280	635	6396	3571
省厅局	合计	1488	471	9	22	505	325	64	92	1283	205
	厅(局)级	26	10			6	7		3	18	8
	处(局)级	541	169		13	198	105	21	35	468	73
	科级	455	131		9	159	98	28	30	399	56
	一般干部	397	112	9		128	115	15	18	360	37
	工勤人员	69	49			14			6	38	31
地市局	合计	26783	9272	14	130	8205	8120	724	318	18883	7900
	局级	2147	810		57	577	569	118	16	1070	1077
	科级	13686	4438	1	73	4437	4239	289	209	10503	3183
	一般干部	8054	2812	13		2319	2619	238	53	5051	3003
	工勤人员	2896	1212			872	693	79	40	2259	637
县市局	合计	34699	12332	143	528	10830	6367	1286	3213	23156	11543
	局级	4950	2006	38	180	1229	875	113	509	3046	1904
	股级	10348	3802	39	285	3243	1741	308	930	7050	3298
	一般干部	15342	5075	63	48	5150	2787	762	1457	10798	4544
	工勤人员	4059	1449	3	15	1208	964	103	317	2262	1797
乡镇所	合计	20242	4933	37	155	8500	3215	775	2627	14252	5990
	所级	5308	1332	20	87	2118	874	179	698	3804	1504
	一般干部	11991	2698	15	53	5290	1780	498	1657	8611	3380
	工勤人员	2943	903	2	15	1092	561	98	272	1837	1106

2005年河北省财政厅副处级以上干部名单(一)

单位	姓名	职务	性别	政治面貌	出生年月	文化程度	任职时间	免职时间	备注
河北省财政厅	齐守印	厅长	男	中共党员	1951.08	博士研究生	2003.01		
河北省财政厅	陈金城	副厅长	男	中共党员	1945.07	大学	1999.10	2005.9	省九届政协委员
河北省财政厅	左绍伟	副厅长	男	中共党员	1949.11	大专	2000.04		
河北省财政厅	郭秀堂	副厅长	男	中共党员	1953.03	大普	1999.10		
河北省财政厅	高志立	副厅长	男	中共党员	1962.10	硕士	2001.09		
河北省财政厅	徐立海	纪检组长、监察专员	男	中共党员	1951.06	大专	2004.06		副厅级
河北省财政厅	尹立敏	助理巡视员	员	中共党员	1947.10	本科	2003.03		副厅级
河北省财政厅	郭长悟	助理巡视员	男	中共党员	1945.04	大专	1999.10	2005.06	副厅级,2005.06退休
办公室	王秋民	主任	男	中共党员	1948.08	本科	1998.10		正处级
办公室	胡宝民	调研员	男	中共党员	1962.08	大学	2004.05		正处级
办公室	李 毅	副主任	男	中共党员	1963.09	硕士	2004.02		副处级
办公室	赵 然	助理调研员	男	中共党员	1967.09	硕士	2003.06		副处级
人事教育处	杜彦卿	处长	男	中共党员	1963.06	本科	2004.11		兼任河北财政干部培训中心(河北省财会干部教育中心)主任
人事教育处	刘建秀	副处长	女	中共党员	1958.04	本科	1999.11		
人事教育处	刘玉梅	副处长	女	中共党员	1953.11	大专	2001.05		
预算处	赵文海	处长	男	中共党员	1965.07	硕士研究生	2002.02		2004.3兼任预算编审中心主任
预算处	张拥军	副处长	男	中共党员	1969.09	博士研究生	2000.06		
预算处	刘文州	副处长	男	中共党员	1965.08	硕士	2001.07		
预算处	李杰刚	副处长	男	中共党员	1969.07	硕士	2004.03		
财政监督处	刘洪林	处长	女	中共党员	1952.11	本科	2003.09		
国库处	高景良	处长	男	中共党员	1964.10	硕士研究生	2004.03		兼任省级财政支付中心主任
国库处	李广春	调研员	男	中共党员	1959.11	本科	2001.05		正处级
国库处	张振川	调研员	男	中共党员	1965.01	硕士研究生	2003.06		正处级,兼任省级财政支付中心副主任
国库处	张承东	副处长	男	中共党员	1968.04	硕士	2003.01		
国库处	罗丽娜	助理调研员	女	中共党员	1957.10	本科	2000.05		副处级

2005 年河北省财政厅副处级以上干部名单(二)

单位	姓名	职务	性别	政治面貌	出生年月	文化程度	任职时间	免职时间	备注
国库处	周庆华	助理调研员	女	中共党员	1965.10	硕士	2002.02		副处级
国库处	张 杰	助理调研员	男	中共党员	1964.09	大学	2004.03		副处级
行政政法处	高云霄	处长	女	中共党员	1964.04	本科	2003.09		
行政政法处	孙淑文	调研员	女	中共党员	1949.08	中专	2002.10		正处级
行政政法处	闫同湛	副处长	男	中共党员	1965.10	硕士	2002.10		
行政政法处	孙仁宏	副处长	男	中共党员	1970.10	博士研究生	2004.03		
教科文处	王振东	处长	男	中共党员	1960.05	硕士	2004.03		
教科文处	高德义	调研员	男	中共党员	1957.01	硕士	2001.05		正处级
教科文处	刘 允	副处长(正处级)	女	中共党员	1953.06	大专	2000.05		
教科文处	马 学	副处长	男	中共党员	1964.02	硕士	2001.05		
社会保障处	徐联中	处长	男	中共党员	1958.02	本科	2003.02		兼任社会保障资金审核服务中心主任
社会保障处	王清民	调研员	男	中共党员	1962.03	本科	2004.05		正处级
社会保障处	冯建凯	副处长	男	中共党员	1963.03	硕士	2000.06		
社会保障处	张 烈	副处长	男	中共党员	1965.10	本科	2001.07		
社会保障处	马 杰	助理调研员	女	中共党员	1964.03	大学	2004.12		副处级
农业处	石树鹏	处长	男	中共党员	1956.01	大学	2003.09		
农业处	范海秀	副处长	女	中共党员	1956.12	本科	2001.05	2005.03	2005.03 调综合处
农业处	王 伟	副处长	男	中共党员	1957.12	本科	2000.05		
农业处	和 辉	助理调研员	男	中共党员	1963.10	硕士研究生	2001.07		副处级
农业处	张铁池	助理调研员	男	中共党员	1963.10	硕士	2004.03		副处级
经济建设处	李 博	处长	男	中共党员	1960.11	硕士研究生	2004.03		
经济建设处	闫振武	副处长	男	中共党员	1958.02	双专	2004.02		
经济建设处	杨绍军	副处长	男	中共党员	1962.11	硕士	2004.12		
经济建设处	白鹤天	助理调研员	男	中共党员	1963.12	硕士	2002.02		副处级
涉外处	堵皆兵	处长	男	中共党员	1958.11	硕士研究生	2001.07		
涉外处	方 明	副处长	女	中共党员	1957.04	大专	2002.10		

2005年河北省财政厅副处级以上干部名单(三)

单位	姓名	职务	性别	政治面貌	出生年月	文化程度	任职时间	免职时间	备注
涉外处	沙泼麟	助理调研员	男	中共党员	1964.03	硕士	2000.05		副处级
涉外处	吴国起	助理调研员	男	中共党员	1968.08	硕士研究生	2002.10		副处级
企业处	曹建和	处长	男	中共党员	1957.07	大学	2003.09		
企业处	沈诚君	副处长	男	中共党员	1964.10	硕士	2001.07		
企业处	薛忆萍	副处长	女	中共党员	1962.05	大学	2004.12		
企业处	吕申国	助理调研员	男	中共党员	1964.12	硕士研究生	2004.03		副处级
综合处	姚绍学	处长	男	中共党员	1961.06	博士	2004.03		
综合处	孟凡乐	副处长	男	中共党员	1949.04	大专	2000.05		
综合处	杨宗华	副处长	男	中共党员	1962.09	大学	2000.05		
综合处	范海秀	副处长	女	中共党员	1956.12	本科	2005.03		
综合处	孟平英	助理调研员	女	中共党员	1953.12	本科	2001.05		副处级
农税处	王中敏	处长	男	中共党员	1953.10	大学	2004.03		
农税处	赵九云	调研员	男	中共党员	1950.02	中专	2002.10		正处级
农税处	赵振刚	调研员	男	中共党员	1954.08	本科	2001.05		正处级
农税处	李 忠	副处长	男	中共党员	1959.03	本科	2000.05		
会计处	许亚琴	处长	女	中共党员	1952.01	大普	1998.12		
会计处	卢金霞	副处长	女	中共党员	1962.02	大学	2003.09		
会计处	贾秀申	副处长	男	中共党员	1960.04	硕士	1997.12		
条法处	张鹏柱	处长	男	中共党员	1954.01	大专	2004.03		
条法处	王克若	调研员	男	中共党员	1958.02	大学	2000.05		正处级
条法处	潘建国	副处长	男	中共党员	1950.12	大专	2004.12		
税政处	邢永春	处长	男	中共党员	1959.10	大学	2004.12		
税政处	刘崇玲	调研员	女	中共党员	1950.04	大普	2004.12		正处级
机关党委	郝炳新	专职副书记(正处级)	女	中共党员	1954.12	本科	2003.09		
机关党委	谷明印	机关工会专职副主席(副处级)	男	中共党员	1952.10	本科	2004.03		

2005年河北省财政厅副处级以上干部名单(四)

单位	姓名	职务	性别	政治面貌	出生年月	文化程度	任职时间	免职时间	备注
纪检组(监察专员办公室)	朱平	副组长、主任	男	中共党员	1956.11	大专	2001.05		正处级
纪检组(监察专员办公室)	薛国军	副处级纪检 监察员	男	中共党员	1964.06	本科	2005.01		
老干部处	张藏惠	处长	女	中共党员	1955.02	大普	2002.10		
老干部处	赵立新	副处长	男	中共党员	1954.03	双专	2002.10		
老干部处	郭顺	助理调研员	男	中共党员	1950.04	大专	1999.02		副处级
省政府采购办公室	赵宝贵	主任	男	中共党员	1951.01	大专	2004.11		正处级
省政府采购办公室	吕志林	调研员	男	中共党员	1954.10	本科	2004.11		正处级
省政府采购办公室	韩孟玉	副主任	男	中共党员	1958.01	硕士	2004.11		副处级
省政府采购办公室	任同肖	副主任	男	中共党员	1954.03	本科	2004.12		副处级
省政府采购办公室	刘桂荣	助理调研员	女	中共党员	1953.01	大普	2004.11		副处级
省政府采购办公室	郑桂媛	助理调研员	女	中共党员	1958.10	本科	2004.12		副处级
省非税收入管理局	吕国新	局长	男	中共党员	1952.09	大普	2004.09		正处级
省非税收入管理局	孙尚云	调研员	男	中共党员	1954.11	第二学士	2004.09		正处级
省非税收入管理局	刘文通	副局长	男	中共党员	1955.01	本科	2004.09		副处级
省非税收入管理局	鄂学育	副局长	男	中共党员	1957.03	大专	2004.09		副处级
省非税收入管理局	谢秋林	助理调研员	男	中共党员	1958.07	本科	2004.09		副处级
财政监督检查局	张强	副局长（正处级）	男	中共党员	1950.09	大专	2002.10		
财政监督检查局	王新庄	调研员、副局长	男	中共党员	1958.07	本科	2004.12		正处级
财政监督检查局	郑勇	正处级监察员	男	中共党员	1948.06	大专	2001.05		
财政监督检查局	刘惠渊	正处级监察员	男	中共党员	1953.06	中专	2003.09		
财政监督检查局	李树平	正处级	男	中共党员	1960.09	本科	2002.10		
财政监督检查局	吉喜全	副处级监察员	男	中共党员	1957.01	中专	2000.05		
财政监督检查局	吴士如	副处级监察员	男	中共党员	1957.06	本科	2001.05		
财政监督检查局	吕新芳	助理调研员	男	中共党员	1960.06	本科	2001.05		副处级
财政监督检查局	刘运通	助理调研员	男	中共党员	1964.12	硕士	2004.12		副处级
财政监督检查局	张爱民	副处级	男	中共党员	1954.10	本科	2004.03		

2005 年河北省财政厅副处级以上干部名单(五)

单　位	姓　名	职　务	性别	政治面貌	出生年月	文化程度	任职时间	免职时间	备　注
财政监察组第一组	黄振平	组长(正处级)	男	中共党员	1956.06	大专	2004.12		
财政监察组第一组	宋　华	副组长	女	中共党员	1963.03	本科	2004.12		副处级
财政监察组第二组	吴建明	组长(正处级)	男	中共党员	1962.09	本科	2004.12		
财政监察组第二组	解建国	副组长	男	中共党员	1954.12	中专	2004.12		副处级
预算编审中心	车殿宝	调研员、副主任	男	中共党员	1964.12	本科	2003.06		正处级
预算编审中心	杨焕族	调研员	男	中共党员	1959.04	本科	2004.05		正处级
预算编审中心	赵　森	副主任	男	中共党员	1963.12	硕士	1999.04		副处级
预算编审中心	张青柳	副主任	男	中共党员	1966.10	硕士	2001.06		副处级
预算编审中心	李　新	副主任	男	中共党员	1966.10	大学	2004.06		副处级
预算编审中心	于瑞申	助理调研员	男	中共党员	1955.11	大专	2002.10		副处级
预算编审中心	杨伟春	助理调研员	男	中共党员	1963.08	本科	2003.06		副处级
河北省财政厅	贾学谦	助理调研员	男	中共党员	1957.09	大专	2000.03		副处级,内退
河北省财政厅	刘云祥	助理调研员	男		1958.06	大专	2000.05		副处级,内退
河北省财政厅	傅亿峰	助理调研员	男	中共党员	1960.04	本科	2000.05		副处级.内退
河北省财政厅	张　玲	助理调研员	女	中共党员	1960.04	本科	2000.07		副处级,内退
《河北财会》编辑部	郑立会	副总编(正处级)	男	中共党员	1956.11	大学	2000.05		
《河北财会》编辑部	王建平	副总编	男	中共党员	1959.10	本科	1999.04		副处级
《河北财会》编辑部	白志平	副总编	男	中共党员	1967.06	硕士	2003.01		副处级
《河北财会》编辑部	金燕平	总编助理	男		1957.11	大专	2004.03		副处级
财政科学研究所	段国旭	所长	男	中共党员	1965.02	硕士	2004.12		正处级
财政科学研究所	宋立根	副所长(正处级)	男	中共党员	1952.10	大普	2004.04		
财政科学研究所	陈国绪	副所长	男	中共党员	1957.06	本科	2004.04		副处级
财税信息中心	王洪卫	主任	男	中共党员	1966.11	硕士研究生	2003.05		正处级
财税信息中心	赵增群	副主任	男	中共党员	1969.12	硕士研究生	2003.01		副处级
省中华会计函授学校	徐　静	校长	女	中共党员	1954.10	大专	2003.01		正处级,兼任省财政厅会计人员服务中心主任

2005 年河北省财政厅副处级以上干部名单(六)

单　位	姓　名	职　务	性别	政治面貌	出生年月	文化程度	任职时间	免职时间	备　注
省中华会计函授学校	黄英辉	副校长	男	中共党员	1963.05	硕士	2000.05		副处级,兼任省财政厅会计人员服务中心副主任
经济开发投资公司	徐洪杰	总经理	男	中共党员	1959.07	大学	1999.11		正处级
经济开发投资公司	郭德信	副总经理(正处级)	男	中共党员	1963.09	大学	2002.10		
经济开发投资公司	马国栋	副总经理	男	中共党员	1966.03	硕士研究生	1995.12		副处级
经济开发投资公司	韩继普	副总经理	男	中共党员	1964.08	大专	1995.12		副处级
经济开发投资公司	蔡洪武	副总经理	男	中共党员	1952.04	双专	2000.05		原正团级
注册会计师协会秘书处	郭志军	处长	男	中共党员	1957.11	大专	2003.09		
注册会计师协会秘书处	李建设	省人才交流服务中心流动人员党委注协党总支书记	男	中共党员	1954.05	本科	2003.01	2005.03	正处级,2005.03 任中共河北省注册会计师协会委员会书记
注册会计师协会秘书处	张宪宁	副处长	男	中共党员	1957.11	本科	2003.09		
注册会计师协会秘书处	于永春	副处长	男	中共党员	1963.06	硕士研究生	2003.09		
机关服务中心	王晓轩	主任	男	中共党员	1960.06	大学	2003.02		正处级,兼任省财政厅票证文印中心主任
机关服务中心	孟占起	副主任	男	中共党员	1956.08	中专	2004.12		副处级
机关服务中心	冯志强	副主任	男	中共党员	1964.10	硕士	2000.05		副处级
机关服务中心	高志勇	副主任	男	中共党员	1961.04	本科	2004.03		副处级
机关服务中心	付景堂	副处级	男	中共党员	1949.10	高中			
机关服务中心	刘福生	副处级	男	中共党员	1960.08	本科			
财政投资评审中心	王进同	主任	男	中共党员	1960.02	本科	2003.05		正处级
财政投资评审中心	周建民	副主任	男	中共党员	1956.06	本科	2002.10		副处级
财政投资评审中心	崔青山	副主任	男	中共党员	1958.04	本科	2001.05		副处级
省政府外债项目管理服务中心	靳海增	主任	男	中共党员	1963.09	硕士研究生	2001.07		正处级
省政府外债项目管理服务中心	崔盼来	副主任	男	中共党员	1965.11	硕士	2003.01		副处级

2005 年河北省财政厅副处级以上干部名单(七)

单　位	姓　名	职　务	性别	政治面貌	出生年月	文化程度	任职时间	免职时间	备　注
河北财政干部培训中心	孟祥群	副主任	男	中共党员	1967.10	硕士	2001.07		副处级
河北财政干部培训中心	冯鸿雁	副主任	男	中共党员	1965.04	博士研究生	2004.02		副处级
河北财政干部培训中心涿州基地	赵全起	副主任	男	中共党员	1952.08	中专	1998.12		副处级
省级财政支付中心	刘新印	副主任	男	中共党员	1959.09	硕士	2001.05		副处级
社会保障资金审核服务中心	杜义胜	副主任	男	中共党员	1957.04	本科	2002.10		副处级
社会保障资金审核服务中心	王占虎	副主任	男	中共党员	1962.07	大学	2004.03		副处级

2005 年河北省农业开发办公室副处级以上干部名单(一)

单　位	姓　名	职　务	性别	政治面貌	出生年月	文化程度	任职时间	免职时间	备　注
省农业开发办公室	乔　满	主任	男	中共党员	1951.10	本科	2000.03		
省农业开发办公室	金树林	副主任	男	中共党员	1957.12	研究生班	2003.06		正处级
省农业开发办公室	郝同信	副主任	男	中共党员	1953.02	本科	2004.10		
综合处	王文才	处长	男	中共党员	1957.12	大专	2004.09		
综合处	刘树中	调研员	男	中共党员	1964.02	本科	2003.03		正处级
综合处	闫明珠	副处长	男	中共党员	1954.08	大学	2000.09		
综合处	马　兰	助理调研员	女	中共党员	1963.06	大学	2003.03		副处级
土地治理项目处	李丙申	处长	男	中共党员	1956.05	本科	2004.09		
土地治理项目处	贲　育	副处长	男	中共党员	1956.11	大专	2004.09	2005.10	2005.10 调外资和多种经营项目处
土地治理项目处	张文杰	副处长	男	中共党员	1963.04	本科	2004.09		
土地治理项目处	范国锋	副处长	男	中共党员	1963.02	大学	2005.10		
土地治理项目处	毛俊岐	助理调研员	男	中共党员	1964.08	大学	2004.09		副处级
外资和多种经营项目处	张安生	处长	男	中共党员	1956.05	双专	2000.09		

2005 年河北省农业开发办公室副处级以上干部名单(二)

单位	姓名	职务	性别	政治面貌	出生年月	文化程度	任职时间	免职时间	备注
外资和多种经营项目处	李青海	副处长	男	中共党员	1961.10	大学	2000.09		
外资和多种经营项目处	范国锋	副处长	男	中共党员	1963.02	大学	2000.09	2005.10	2005.10 调土地治理项目处
外资和多种经营项目处	贲　育	副处长	男	中共党员	1956.11	大专	2005.10		
坝上生态农业项目处	朱国发	处长	男	中共党员	1957.12	双专	2004.09		
坝上生态农业项目处	陈　健	副处长	男	中共党员	1963.05	本科	2004.09		
坝上生态农业项目处	康凤君	助理调研员	男	中共党员	1962.10	硕士	2004.09		副处级
农发资金管理办公室	于　力	主任	男	中共党员	1961.02	本科	2002.10		正处级
农发资金管理办公室	袁永川	副主任	男	中共党员	1958.10	本科	2000.05		副处级
农发资金管理办公室	王　寅	副主任	男	中共党员	1963.07	硕士研究生	2004.09		副处级
农业投资公司	孙绍乾	总经理	男	中共党员	1957.04	双专	2001.05		正处级 2004.07 兼任省农业开发项目评审中心主任
农业投资公司	齐连君	副总经理	女	中共党员	1961.02	大学	2000.01		副处级 2004.07 兼任省农业开发项目评审中心副主任
农业开发服务中心	侯焕成	主任	男	中共党员	1953.10	大专	2001.05		正处级
农业开发服务中心	于怀水	副主任	男	中共党员	1955.11	大专	2001.05		副处级

河北省机构编制委员会办公室关于设立河北省农村税费改革工作办公室的批复

冀机编办[2005)130 号　　2005 年 11 月 4 日

省财政厅：

你厅《关于核定河北省农村税费改革领导小组办公室人员编制和处级领导职数的请示》(冀财人教[2005]16 号收悉。为深入推进我省农村税费改革，扎实做好各项工作，经省编委研究，同意设立河北省农村税费改革工作办公室，设在省财政厅，为处级规格，承担省农村税费改革领导小组的日常工作。其主要职责是：负责起草调研提出我省农村税费改革方案和有关政策建议；组织拟定有关农村税费改革配套文件，协调推动农村税费改革的各项配套措施；组织督查和具体指导各地农村税费改革工作；跟踪调研农村税费改革开展情况；进行农村税费改革工作宣传和培训；接待群众来信来访。河北省农村税费改革工作办公室行政编制 6 名，由省财政厅机关内部调剂 3 名，新增 3 名，处级领导职数 2 名。

此复

2005年石家庄市财政局副局级以上干部名单

姓名	职务	性别	政治面貌	出生年月	文化程度	任免职时间	办公电话	系统IP电话	邮编
李和平	局长兼政府投资办主任	男	中共党员	1953.08	大专		0311—6687615	3116203	050011
赵志卿	副局长兼支付中心主任	男	中共党员	1952.05	中专		0311—6687613	3116202	050011
郭怀备	纪检组长	男	中共党员	1952.02	大学		0311—6687612	3116301	050011
徐树兵	副局长	男	中共党员	1952.05	大专		0311—6687616	3116205	050011
王彦勤	副局长	男	中共党员	1951.09	大学		0311—6687617	3116206	050011
王铁英	副局长	男	中共党员	1952.07	大学		0311—6688586	3116207	050011
王秋旺	副局长兼收费局长	男	中共党员	1951.10	大专		0311—6688832	3116401	050011
赵悦贞	调研员	男	中共党员	1948.02	大专		0311—6687611	3116201	050011
王志良	助理调研员	男	中共党员	1947.05	大专		0311—6687518	3116302	050011
赵清法	助理调研员	男	中共党员	1946.11	大专		0311—6687619	3116303	050011
杜占贞	农业开发办公室主任	男	中共党员	1952.06	大学		0311—6689301		050011
安绍平	副县级员	男	中共党员	1948.04	中专		0311—6688550	3116419	050011
李生玲	副县级员	女	中共党员	1953.02	中专		0311—6687628	3116208	050011
王志凤	副县级员	女	中共党员	1952.08	大专		0311—6687660	3116405	050011
张军翠	副县级员	女	中共党员	1953.01	大专		0311—6687633	3116327	050011
王志宽	监督办主任	男	中共党员	1952.04	大专		0311—6687718	3116408	050011
李月华	监察室主任	男	中共党员	1953.12	大专		0311—6687614	3116318	050011
贾二丑	副县级员	男	中共党员	1949.06	高中		0311—6012314		050011
阎彦如	副县级员	男	中共党员	1948.09	高中		0311—6012327		050011
高建堂	副县级员	男	中共党员	1955.09	大学		0311—6111647		050011
梁凤超	支付中心副主任	男	中共党员	1953.08	大专		0311—6030656		050011
卢　坚	支付中心副主任	男	中共党员	1956.11	大专		0311—6031125		050011
吴北龙	支付中心副主任	男	中共党员	1958.02	大学		0311—6075841		050011
赵秀生	支付中心副主任	男	中共党员	1954.08	大学		0311—6075841		050011
阎国平	支付中心总会计师	男	中共党员	1956.01	大专		0311—6039971		050011
邵卫东	政府投资办副主任	男	中共党员	1961.12	研究生		0311—8626175		050011

姓　名	职　　务	性别	政治面貌	出生年月	文化程度	任免职时间	办公电话	系统 IP 电话	邮　编
潘明利	政府投资办副主任	男	中共党员	1966.03	研究生		0311－8626176		050011
赵汉增	政府投资办副主任	男	中共党员	1965.12	大学		0311－6688518	3116209	050011
黄建纲	政府投资办副主任	男	中共党员	1960.03	大学		0311－8626177		050011
陈士智	政府投资办副主任	男	中共党员	1962.12	大学				50011
赵建国	政府采购服务中心主任	男	中共党员	1953.04	中专		0311－6688585	3116524	050011
曹文海	国有资产事务中心主任	男	中共党员	1952.11	中专		0311－8626201		050011
孙国良	市证券公司经理	男	中共党员	1954.04	大专		0311－8626200		050011
王颖杰	农业开发办公室副主任	男	中共党员	1950.02	大学		0311－6687590		050011
石文更	农业开发办公室副主任	男	中共党员	1957.02	大学		0311－6689302		050011
戚忠奎	农业开发办公室副主任	男	中共党员	1958.12	大学		0311－6689305		050011

2005 年承德市财政局副局级以上干部名单

姓　名	职　　务	性别	政治面貌	出生年月	文化程度	任免职时间	办公电话	系统 IP 电话	邮　编
宋玉君	局　长　党组书记	男	中共党员	1953.02	中专		0314－2256698	6511	067000
刘文龙	副局长　党组副书记	男	中共党员	1951.04	本科	1999.02	0314－2256226	6503	067000
王承华	副局长　培训中心主任	女	中共党员	1953.02	大专	1999.02	0314－2255386	6501	067000
王文元	副局长　国资办主任	男	中共党员	1955.10	大专	2002.07	0314－2255261	6507	067000
姜凤祥	副局长　农开办主任	男	中共党员	1954.06	大专	2002.07	0314－2256206	6505	067000
单庆林	党组成员　城市信用社董事长	男	中共党员	1950.11	大专	1992.02	0314－2255262	6510	067000
李晓东	副局长	男	中共党员	1956.12	大普	1997. 11	0314－2255303	6509	067000
尹云峰	纪检组长	男	中共党员	1951.02	大专	2002.06	0314－2255336	6506	067000
裴　越	副局长	男	中共党员	1960.06	大专	2005.01	0314－2255369	6504	067000
张树民	副局长	男	中共党员	1959.07	本科	2005.01	0314－2255590	6502	067000
司玉和	总会计师	男	中共党员	1950.10	大专	1993.04	0314－2256316	6613	067000
李金华	收费局局长	男	中共党员	1966.10	大学	2003.09	0314－2256072	6801	067000
王淑琴	助理调研员	男	中共党员	1949.02	高中	1996.03	0314－2255220	6615	067000
韩志伟	财达公司总经理	男	中共党员	1952.05	大专	1996.03	0314－2021402		067000

姓　名	职　　务	性别	政治面貌	出生年月	文化程度	任免职时间	办公电话	系统 IP 电话	邮　编
崔宝友	副处级	男	中共党员	1954.09	大专	1999.08	0314—2037556		067000
胡庆川	助理调研员　综合科科长	男	中共党员	1954.12	大专	2003.09	0314—2255187	6313	067000
刘德涛	助理调研员　办公室主任	男	中共党员	1966.07	大学	2003.09	0314—2256313	6605	067000
杨海燕	培训中心副主任　文行科科长	女	中共党员	1958.11	本科	2004.04	0314—2256265	6403	067000
张建军	助理调研员　经济建设科科长	男	中共党员	1964.04	本科	2004.06	0314—2256025	6707	067000
司瑞安	监督局局长	男	中共党员	1962.05	大专	2004.08	0314—2255011	6716	067000
杨雁群	培训中心副主任　党委副书记　办公室副主任	女	中共党员	1968.06	大学	2005.08	0314—2255278	6611	067000
于国臣	农开办副主任	男	中共党员	1958.12	大专	2002.07	0314—2256017		067000
李源林	农开办副主任	男	中共党员	1954.06	大专	2002.07	0314—2255003		067000
刘伟民	农开办副主任	男	中共党员	1956.12	本科	2002.07	0314—2255922		067000
李　浩	农开办副主任	男	中共党员	1970.04	本科	2003.09	0314—2255922		067000

2005 年张家口市财政局副局级以上干部名单

姓　名	职　　务	性别	政治面貌	出生年月	文化程度	任免职时间	办公电话	系统 IP 电话	邮　编
李雪荣	局　长	男	中共党员	1963.06	研究生	2002.04	2025308	3136688	075000
王大鹏	副局长	男	中共党员	1953.06	大学本科	1993.09	2016258	3136499	075000
梁大维	纪检组长	男	中共党员	1952.09	大学专科	1993.09	2033215	3136402	075000
王小军	副局长	男	中共党员	1967.07	研究生	2003.10	2031335	3136408	075000
王效林	副局长	男	中共党员	1956.12	大学本科	2005.07	2033246	3136401	075000
陈　志	党委副书记	女	中共党员	1954.07	大学本科	2002.04	2033219	3136406	075000
姚　溢	助理调研员	男	中共党员	1957.08	研究生	2001.05	2017495	3136504	075000
马福海	助理调研员	男	中共党员	1954.01	大学专科	2002.04	2033241	3136403	075000

2005 年秦皇岛市财政局副局级以上干部名单

姓　名	职　　务	性别	政治面貌	出生年月	文化程度	任免职时间	办公电话	系统 IP 电话	邮　编
胡　田	党组书记、局长	男	中共党员	1949.09	研究生		0335—3218536	335—8801	066000

姓名	职务	性别	政治面貌	出生年月	文化程度	任免职时间	办公电话	系统IP电话	邮编
张树江	党组副书记、副局长；农开办党组书记、主任	男	中共党员	1954.10	大专证		3028274	8601	066000
张玉文	党组成员、副局长	女	中共党员	1954.09	大学		3031219	8501	066000
万裕增	党组成员、副局长	男	中共党员	1958.02	大学		3025089	8001	066000
田鸿彦	党组成员、副局长（正县）	男	中共党员	1964.09	研究生		3039333	8005	066000
程浩	党组成员、副局长	男	中共党员	1968.08	大学		3219493	8401	066000
郎雅娟	党组成员、纪检组长	女	中共党员	1951.12	大专		3212190	8701	066000
李怀玉	党组成员、调研员	男	中共党员	1955.02	大专		3035561	8003	066000
蒋龙山	党组成员、助理调研员	男	中共党员	1951.04	大学		3039818	8301	066000
戴令梅	农开办党组成员、副主任	女	中共党员	1955.01	大学		3024348	8011	066000
张建华	农开办党组成员、副主任	男	中共党员	1962.08	大学		3035552	8066	066000
张惠芳	助理调研员	女	中共党员	1963.04	大学		3035558	8068	066000
冯瑞平	助理调研员	男	中共党员	1965.12	大学		3255592	8069	066000

2005年唐山市财政局副局级以上干部名单

姓名	职务	性别	政治面貌	出生年月	文化程度	任免职时间	办公电话	系统IP电话	邮编
莫连营	局长	男	中共党员	1952.10	研究生		2828885	8308	063000
孟德增	调研员	男	中共党员	1954.01	大本		2815034	8212	063000
樊晓清	副局长	女	中共党员	1954.11	大本		2840737	8208	063000
田云普	副局长	男	中共党员	1961.06	研究生		2815054	8310	063000
鲁凤云	纪检组长	女	中共党员	1950.05	研究生		2845440	8210	063000
张加力	副局长	男	中共党员	1959.05	研究生		2844314	8201	063000
马兰银	副局长	女	群众	1965.10	研究生		2855262	8305	063000
魏文忠	副局长	男	中共党员	1965.01	研究生		2815014	8301	063000
陈华沙	助理调研员	男	中共党员	1955.08	大专		2222678	8202	063000
佟振英	助理调研员	女	中共党员	1952.01	中专		2238758	8318	063000
陈龙传	助理调研员	男	中共党员	1952.05	大本		2815028	8214	063000

姓名	职务	性别	政治面貌	出生年月	文化程度	任免职时间	办公电话	系统 IP 电话	邮编
张国庆	助理调研员	男	中共党员	1950.10	大专		2812209	8204	063000
韩素宁	助理调研员	女	中共党员	1956.01	大本		2817730	8608	063000

2005 年廊坊市财政局副局级以上干部名单

姓名	职务	性别	政治面貌	出生年月	文化程度	任免职时间	办公电话	系统 IP 电话	邮编
李春山	局长	男	中共党员	1959.12	大学	2003.04	0316－2180188	8818	65000
李德华	副局长	男	中共党员	1957.03	大学	1995.06	2180469	8838	65000
张毅明	副局长	男	中共党员	1955.07	研究生	1996.12	2180428	8858	65000
张环录	副局长	男	中共党员	1953.08	大学	2000.05	2180458	8868	65000
左得江	副局长	男	中共党员	1963.09	大学	2004.05	2180418	8878	65000
邢凤华	纪检组长	女	中共党员	1955.06	大学	2001.02	2180438	8898	65000
苏连会	助理调研员	男	中共党员	1951.03	大学	2000.07	2180408	8998	65000
赵志英	收费局长	女	中共党员	1954.09	大学	2001.02	2020966		65000

2005 年保定市财政局副局级以上干部名单

姓名	职务	性别	政治面貌	出生年月	文化程度	任免职时间	办公电话	系统 IP 电话	邮编
吕宝生	党组书记、局长	男	中共党员	1959.09	研究生		5063966	3126666	071000
康爱民	党组副书记、副局长	男	中共党员	1963.08	大学		5028688	3126678	071000
陈树存	党组成员、副局长	男	中共党员	1962.09	大学		5026799	3126618	071000
张宗社	党组成员、副局长	男	中共党员	1963.04	大学		5089138	3126668	071000
李照力	党组成员、副局长	男	中共党员	1962.10	大学		5089266	3126632	071000
翟彦更	党组成员、纪检组长	男	中共党员	1954.08	大学		5026959	3126679	071000
崔义祥	党组成员、农开办主任	男	中共党员	1953.02	大专		3088598	3126676	071051
赵留强	党组成员、非税收入管理局局长	男	中共党员	1967.05	大学		5056229	3126568	071000
康凤琴	调研员	女	中共党员	1950.12	大学		5026596	3126986	071000
姜扬	助理调研员	女	中共党员	1961.01	大学		5056596	3126652	071000
杨胜伟	农开办副主任	男	中共党员	1954.08	双专科		3088835		071051

姓　名	职　　务	性别	政治面貌	出生年月	文化程度	任免职时间	办公电话	系统 IP 电话	邮　编
陈景江	农开办副主任	男	中共党员	1955.08	大学		3088326		071051
游剑虎	农开办副主任	男	中共党员	1962.12	大学		3088838		071051
臧振生	非税收入管理局副局长	男	中共党员	1953.12	中专		5026773	3126612	071000

2005 年沧州市财政局副局级以上干部名单

姓　名	职　　务	性别	政治面貌	出生年月	文化程度	任免职时间	办公电话	系统 IP 电话	邮　编
高　健	局　长	男	中共党员	1948.08	大本		2090066	6209	61001
张淑萍	副 局 长	女	中共党员	1954.08	大专		2023165	6315	61001
朱振国	副 局 长	男	中共党员	1954.11	大本		2017207	6309	61001
李增普	收费局长	男	中共党员	1952.03	中专		2022318	6219	61001
张崇元	纪检组长	男	中共党员	1954.07	大专		2081675	6405	61001
魏克智	副 局 长	男	中共党员	1957.03	大本		2015098	6205	61001
李长周	调 研 员	男	中共党员	1951.09	大专		2017140	6705	61001
张焕坤	助理调研员	男	中共党员	1957.07	大本		2012022	6403	61001
郭坤彦	稽查大队长	男	中共党员	1962.10	大本		2018890	6203	61001
张志平	助理调研员	男	中共党员	1951.11	大专		2022329	6213	61001

2005 年衡水市财政局副局级以上干部名单

姓　名	职　　务	性别	政治面貌	出生年月	文化程度	任免职时间	办公电话	系统 IP 电话	邮　编
韩石利	局长、党组书记	男	中共党员	1953.09	大专	1996.11	2168168	3189968	053000
赵敢齐	副局长	男	中共党员	1952.12	中专	1993.03	2168938	3189938	053000
王世强	副局长	男	中共党员	1957.02	大专	1996.07	2168288	3189988	053000
崔洪义	副局长	男	中共党员	1963.05	大本	1998.04	2169889	3189989	053000
孙　绯	副局长	男	中共党员	1969.06	大专	1998.03	2129936	3189936	053000
杨新丽	副局长	女	群 众	1964.01	大本	2000.02	2158669	3189969	053000
李新全	副局长	男	中共党员	1955.05	大本	2005.08	2183866	3189066	053000
马金辉	纪检组长	男	中共党员	1956.05	大本	1996.02	2195859	3189959	053000

姓 名	职 务	性别	政治面貌	出生年月	文化程度	任免职时间	办公电话	系统 IP 电话	邮 编
赵保勤	督导员	男	中共党员	1945.07	大本	2005.08 退休	2121949	3189949	053000
赵孟凯	督导员	男	中共党员	1947.02	大本	2004.03	2101088	3189088	053000
袁荣三	督导员	男	中共党员	1946.03	大专	2003.03	2169938	3189938	053000
曹瑞祥	督导员	男	中共党员	1948.11	大本	2004.03	2168686	3189986	053000

2005 年邢台市财政局副局级以上干部名单

姓 名	职 务	性别	政治面貌	出生年月	文化程度	任免职时间	办公电话	系统 IP 电话	邮 编
崔尽忠	局长、党组书记	男	中共党员	1954.08	研究生班毕业		2219172	6801	054000
王淑珍	副局长、党组成员	女	中共党员	1954.12	大学		2256198	6803	054000
杨贺力	副局长、党组成员	男	中共党员	1963.03	大学		2216136	6805	054000
赵玉琦	副局长、党组成员	男	中共党员	1953.01	大专		2212378	6806	054000
王兰云	副局长、党组成员	女	中共党员	1958.02	本科		2219818	6808	054000
薛建设	纪检组长、党组成员	男	中共党员	1956.07	大专		2222879	6809	054000
姚明新	调研员、党组成员	男	中共党员	1951.04	大普		2218665	6810	054000
王春瑞	收费局长、党组成员	男	中共党员	1957.02	本科		2131626	6811	054000
郭路芳	调研员	男	中共党员	1963.08	研究生班毕业		2221461	6802	054000
贾金平	助理调研员	男	中共党员	1956.08	大专		2219173	6812	054000
王增平	助理调研员	男	中共党员	1950.01	大专		2224872	6813	054000
高玉香	助理调研员	女	中共党员	1951.01	大专		2219170	6815	054000

2005 年邯郸市财政局副局级以上干部名单

姓 名	职 务	性别	政治面貌	出生年月	文化程度	任免职时间	办公电话	系统 IP 电话	邮 编
李少波	局长	男	中共党员	1953.09	大专		0310－3027666	3106666	056002
井俊芳	调研员	女	中共党员	1953.12	大专		0310－3055546	3106616	056002
薛成秀	副局长	男	中共党员	1956.01	大专		0310－3055761	3106636	056002
李曙光	副局长兼纪检组长	男	中共党员	1956.07	大专		0310－3055035	3106656	056002
闫国玺	副局长	男	中共党员	1955.03	大学		0310－3051615	3106676	056002

姓名	职务	性别	政治面貌	出生年月	文化程度	任免职时间	办公电话	系统 IP 电话	邮编
王存	预外局局长	男	中共党员	1950.10	大专		0310—3017128		056002
李广华	农开办主任	男	中共党员	1956.01	大学		0310—3112432		056002
王学生	助理调研员	男	中共党员	1958.12	大专		0310—3212568	3106696	056002
宋进民	助理调研员	男	中共党员	1966.03	大专		0310—3210766		

2005 年辛集市财政局副局级以上干部名单

姓名	职务	性别	政治面貌	出生年月	文化程度	任免职时间	办公电话	系统 IP 电话	邮编
冯文彪	局长	男	中共党员	1953		2002.05	83265429	7001	052360
范建兴	党组书记	男	中共党员	1953		2004.10	83265428	7003	052360
种占信	国资局局长	男	中共党员	1963		2004.10	83222948	7005	052360
杨印堂	副局长、农税局局长	男	中共党员	1956		1990.03	83222942	7004	052360
刘建章	副局长、清欠办常务副主任	男	中共党员	1959		1993.04	83216832	7053	052360
张丽萍	副局长、支付中心主任	女	中共党员	1960		1995.01	83221567	7007	052360
谢占良	副局长、非税局局长	男	中共党员	1960		1995.01	83238906	7006	052360
张瑞	清欠办副主任	男	中共党员	1963		2001.03	83265469	7008	052360
王堪	工会主席	男	中共党员	1959		2001.10	83265416	7009	052360
马文辉	纪检组长	男	中共党员	1963		2004.10	85396268	7012	052360
张润	国资局副局长	男	中共党员	1956		2001.10	83233201	7010	052360
李银建	国资局副局长	男	中共党员	1955		2002.05	83222620	7000	052360
王清林	国资局副局长	男	中共党员	1962		2004.10	83216723	7052	052360
田志斌	支付中心副主任	男	中共党员	1963		2002.05	83221471		052360
尚玉林	农税局副局长	男	中共党员	1958		2002.05	85396259	7017	052360
刘晓存	收费局副局长	男	中共党员	1964		2004.10	85396258	7028	052360

2005 年平山县财政局副局级以上干部名单

姓名	职务	性别	政治面貌	出生年月	文化程度	任免职时间	办公电话	系统 IP 电话	邮编
权林山	县政协副主席、局长	男	中共党员	1951.01	大专	1996.10	82931728	5601	050400

姓名	职务	性别	政治面貌	出生年月	文化程度	任免职时间	办公电话	系统 IP 电话	邮编
吴梅生	党组副书记、副局长	男	中共党员	1954.09	大专	1997.08	82931001	5602	050400
何书明	党组副书记、副局长	男	中共党员	1959.06	大专	1905.08	82933021	5603	050400
高　见	副局长	男	中共党员	1961.11	大专	1995.12	82931495	5605	050400
李兰兵	副局长	男	中共党员	1957.08	大专	1995.12	82931002	5606	050400
秘志芹	纪检组长	女	中共党员	1953.09	大专	1997.09	82931003	5607	050400
梁　山	党组成员	男	中共党员	1963.04	大专	1903.08	82938320	5608	050400
康海香	副局长	男	中共党员	1965.10	大本	1997.09	82934794	5609	050400
刘二更	国资办副主任	男	中共党员	1957.09	大专	1997.09	82931003	5611	050400

2005 年承德县财政局副局级以上干部名单

姓名	职务	性别	政治面貌	出生年月	文化程度	任免职时间	办公电话	系统 IP 电话	邮编
孙德功	局党组书记、局长	男	中共党员	1962.07	本科	2003.08	0314—3011693	314——9693	67400
吴占顺	副局长	男	中共党员	1960.02	本科	1999.01	0314—3019210	314——9621	67400
刘兰枝	副局长	女	中共党员	1963.04	本科	2005.04	0314—3019688	314——9688	67400
孟令钧	副局长	男	中共党员	1967.11	本科	2005.04	0314—3019668	314——9668	67400
袁柏成	纪检组长兼财政监督稽查局局长	男	中共党员	1963.04	本科	2002.06	0314—3019130	314——9613	67400
黄建敏	政府采购办主任	男	中共党员	1966.02	本科	2004.12	0314—3019133	314——9630	67400
孟凡东	农税局局长兼预算股股长	男	中共党员	1972.03	本科	2004.03	0314—3011917	314——9618	67400

2005 年丰宁县财政局副局级以上干部名单

姓名	职务	性别	政治面貌	出生年月	文化程度	任免职时间	办公电话	系统 IP 电话	邮编
于占民	党组书记　局长	男	中共党员	1954.06	中专	2003.07	0314—8012770	8558	68350
高明军	党组副书记　副局长	男	中共党员	1955.03	大专	2004.06	0314—8010410	8519	68350
李树山	党支部书记　副局长	男	中共党员	1957.07	中专	1991.03	0314—8012018	8518	68350
孙仕林	副局长　罚没收费局局长	男	中共党员	1964.03	中专	2002.03	0314—8010449	8559	68350
马玉民	副局长　财政监督局局长	男	中共党员	1966.01	中专	2002.09	0314—8012001	8588	68350
张志华	纪检组长	女	中共党员	1963.09	大专	2004.06	0314—8010103	8515	68350

2005 年张北县财政局副局级以上干部名单

姓　名	职　　务	性别	政治面貌	出生年月	文化程度	任免职时间	办公电话	系统 IP 电话	邮　编
李　勇	局　长	男	中共党员	1958.12	大专	1993.12	5222994	9501	076450
曹　军	书　记	男	中共党员	1960.01	大专	2002.06	5220299	9502	076450
郝海斌	副局长	男	中共党员	1964.12	大专	1998.04	5220399	9503	076450
郑若峰	副局长	男	中共党员	1962.08	大专	2002.08	5223998	9504	076450

2005 年怀来县财政局副局级以上干部名单

姓　名	职　　务	性别	政治面貌	出生年月	文化程度	任免职时间	办公电话	系统 IP 电话	邮　编
薛瑞祥	局长	男	中共党员	1960.11	本科	2004.03	0313－6223380	7818	075400
单正祥	主任科员	男	中共党员	1955.09	本科	2004.06	0313－6222068	7828	075400
韩士香	怀威公司经理	女	中共党员	1957.06	大专	2005.11	0313－6223054	7858	075400
周全旺	副书记	男	中共党员	1956.01	本科	2001.03	0313－6223780	7838	075400
赵巨萍	副局长	女	中共党员	1964.11	本科	2001.03	0313－6223848	7868	075400
杨　忠	副局长	男	中共党员	1956.11	中专	2004.07	0313－6223780	7903	075400
侯向东	副局长	男	中共党员	1969.03	本科	2006.04	0313－6223780	7839	075400
郭进海	收费局局长	男	中共党员	1961.07	本科	2006.04	0313－6220331	7832	075400

2005 年昌黎县财政局副局级以上干部名单

姓　名	职　　务	性别	政治面貌	出生年月	文化程度	任免职时间	办公电话	系统 IP 电话	邮　编
王晓虹	局长	男	中共党员	1959.02	本科	2003.05	2024073	9699	66600
李建成	副局长	男	中共党员	1957.05	专科	1996.04	2023123	9623	66600
张兆红	副局长	男	中共党员	1954.04	专科	2003.03	2024091	9691	66600
曹国旺	副局长	男	中共党员	1953.06	中专	1996.04	2024087	9687	66600
朱孟林	副局长	男	中共党员	1954.01	专科	1999.08	2039658	9658	66600
李明军	副局长	男	中共党员	1963.07	专科	1999.11	2984406	9638	66600
李振富	副局长	男	中共党员	1961.09	专科	2004.12	2980560	9660	66600
董祝敏	副局长	男	中共党员	1960.09	专科	2004.12	2988552	9652	66600

姓名	职务	性别	政治面貌	出生年月	文化程度	任免职时间	办公电话	系统 IP 电话	邮编
刘洪兴	纪检组长	男	中共党员	1956.01	中专	1999.08	2988903	9696	66600
金伟忠	副局长	男	中共党员	1962.04	专科	2004.12	2980850	9650	66600
于洪兴	会计中心主任	男	中共党员	1956.11	专科	2000.06	2986610	9607	66600
万若舜	新开口开发区分局长	男	中共党员	1956.09	本科	2003.07	2989030	9601	66600
张志彬	副主任	男	群众	1964.06	专科	1997.01	2986403	9669	66600
李本君	副主任科员	男	中共党员	1953.09	中专	1997.01	2023513	9632	66600

2005 年迁安市财政局副局级以上干部名单

姓名	职务	性别	政治面貌	出生年月	文化程度	任免职时间	办公电话	系统 IP 电话	邮编
玄　武	局长	男	中共党员	1953.05	大专	1996.07	0315－7637219	3155619	064400
宋　印	书记	男	中共党员	1950.07	大专	1999.05	7637229	5629	064400
宋志勇	副局长	男	中共党员	1959.12	大本	2003.08	7637228	5609	064400
张贵田	副局长	男	中共党员	1951.05	大本	1999.05	7637226	5626	064400
李文波	副局长	男	中共党员	1957.03	大专	1995.06	7637209	5628	064400
李晓明	副局长	男	中共党员	1965.05	研究生	2003.08	7637206	5606	064400
刘　江	纪检组长	男	中共党员	1963.10	大专	2000.03	7637218	5618	064400
韩　兴	开发办主任	男	中共党员	1955.08	大本	2002.01	7637215	5616	064400
马桂存	收费中心主任	男	中共党员	1965.01	大本	2003.08	7601065	5680	064400
沈艳和	支付中心主任	男	中共党员	1965.01	大本	2003.08	7601062	5661	064400

2005 年遵化市财政局副局级以上干部名单

姓名	职务	性别	政治面貌	出生年月	文化程度	任免职时间	办公电话	系统 IP 电话	邮编
毛成海	局长	男	中共党员	1965.09	大学本科	2003.03	6651655	7288	064200
陈景海	书记	男	中共党员	1954.01	大学专科	2005.01	6613302	7286	064200
何晓东	副局长	男	中共党员	1963.12	大学本科	1997.06	6612995	7268	064200
毛　军	副局长	男	中共党员	1960.03	大学本科	2001.12	6618556	7218	064200
张雪娜	副局长	女	中共党员	1975.09	大学本科	2003.07	6614207	7222	064200

姓 名	职 务	性别	政治面貌	出生年月	文化程度	任免职时间	办公电话	系统 IP 电话	邮 编
潘 伟	纪检组长	男	中共党员	1972.04	大学本科	2004.01	6612985	7252	064200

2005 年三河市财政局副局级以上干部名单

姓 名	职 务	性别	政治面貌	出生年月	文化程度	任免职时间	办公电话	系统 IP 电话	邮 编
符宝生	局长	男	中共党员	1956.07	大本	1998.02	3212682	9608	65200
陈秀萍	副局长	女	中共党员	1959.01	大本	1998.02	3212181	9618	65200
雷大庆	副局长	男	中共党员	1965.07	大本	2000.05	3213230	9658	65200
袁普金	副局长	男	中共党员	1958.11	大本	2000.05	3213289	9628	65200
王伟光	纪检书记	男	中共党员	1963.07	大本	2005.06	3212323	9638	65200
李长城	收费局局长	男	中共党员	1964.05	大本	2005.06	3218439	9662	65200
杨江涛	财政监督稽查局局长	女	中共党员	1964.12	大本	2005.06	3218409	9663	65200
史鹏宇	副主任科员	男	中共党员	1961.11	大本	2005.06	3218489	9637	65200

2005 年霸州市财政局副局级以上干部名单

姓 名	职 务	性别	政治面貌	出生年月	文化程度	任免职时间	办公电话	系统 IP 电话	邮 编
郑海生	局长	男	中共党员	1958.10	本科	2002.04	7867333	6001	065700
张志光	副局长	男	中共党员	1958.06	大专	1997.06	7867036	6002	065700
卢玉惠	副局长	男	中共党员	1966.10	本科	2002.07	7867556	6018	065700
李卫东	副局长	男	中共党员	1967.01	本科	2002.07	7867016	6003	065700
李铁军	纪检组长	男	中共党员	1963.04	中专	2002.07	7867028	6020	065700
靳宝平	农税局局长	男	中共党员	1963.09	本科	2002.05	7867026	6022	065700
高春利	收费局局长	男	中共党员	1963.11	本科	2002.07	7867516	6021	065700

2005 年涿州市财政局副局级以上干部名单

姓 名	职 务	性别	政治面貌	出生年月	文化程度	任免职时间	办公电话	系统 IP 电话	邮 编
谷书玉	局长	男	中共党员	1954.05	大专	2002.04	3852698		072750
赵学军	党组书记	男	中共党员	1959.08	大专	2004.12	3850613		072750
王占龙	副局长	男	中共党员	1965.12	本科	1998.05	3850612		072750

姓名	职务	性别	政治面貌	出生年月	文化程度	任免职时间	办公电话	系统 IP 电话	邮编
邵军	副局长	男	中共党员	1960.02	中专	2002.05	3850610		072750
王伟	副局长	男	中共党员	1957.09	初中	2002.05	3867143		072750
郑炳兴	纪检组长	男	中共党员	1959.07	高中	2004.05	3850611		072750

2005 年定州市财政局副局级以上干部名单

姓名	职务	性别	政治面貌	出生年月	文化程度	任免职时间	办公电话	系统 IP 电话	邮编
李克明	市政协副主席财政局局长	男	中共党员	1963.03	大专	1999.01	2331301	8188	073000
刘贵贞	国资办主任副局长	男	中共党员	1954.09	大专	1986.07	2331308	8108	073000
崔兰柱	副局长	男	中共党员	1959.01	大专	1995.01	2331305	8158	073000
刘军来	副局长	男	中共党员	1960.01	大专	2001.07	2331306	8166	073000
马青山	副局长	男	中共党员	1957.09	大专	2004.03	2331307	8168	073000
史国平	纪检组长	男	中共党员	1966.05	大专	2004.03	2331309	8156	073000

2005 年安国市财政局副局级以上干部名单

姓名	职务	性别	政治面貌	出生年月	文化程度	任免职时间	办公电话	系统 IP 电话	邮编
韪子明	局长	男	中共党员	1965.02	大学	2003.08	0312－3550618	2618	071200
张林刚	副局长	男	中共党员	1956.04	中专	1991.07	0312－3513066	2628	071200
焦占敏	副局长	男	中共党员	1957.06	中专	1996.01	0312－3513066	2616	071200
田建章	纪检组长	男	中共党员	1958.07	大学	1996.10	0312－3525639	2676	071200
杨志敏	农开办副主任	男	中共党员	1965.02	大学	2002.09	0312－3552265	2638	071200
宋建军	副主任科员	男	中共党员	1956.09	中专	1999.04	0312－3525639	2658	071200

2005 年任丘市财政局副局级以上干部名单

姓名	职务	性别	政治面貌	出生年月	文化程度	任免职时间	办公电话	系统 IP 电话	邮编
檀润卿	局长	男	中共党员	1956.01	本科	2005.03.25	2235885	7666	062550
张红岗	副局长	男	中共党员	1966.01	本科	2000.06.02	2221410	7622	062550
郝霞	副局长	女	中共党员	1962.12	本科	1999.12.10	2218558	7655	062550

姓名	职务	性别	政治面貌	出生年月	文化程度	任免职时间	办公电话	系统 IP 电话	邮编
宋同喜	副局长	男	中共党员	1954.02	大专	2001.06.01	2218568	7677	062550
杜建参	纪检组长	男	中共党员	1965.02	本科	2004.04.06	2265690	7633	062550

2005 年黄骅市财政局副局级以上干部名单

姓名	职务	性别	政治面貌	出生年月	文化程度	任免职时间	办公电话	系统 IP 电话	邮编
刘家伟	局长	男	中共党员	1963.04	本科	2004.03	5229958	9901	061100
王学农	副局长	男	中共党员	1963.11	本科	2000.03	5214105	9903	061100
张凤岐	副局长	男	中共党员	1955.11	大专	1996.05	5212873	9902	061100
孙义兴	副局长	男	中共党员	1956.11	大专	1996.06	5223756	9904	061100
赵树栋	副局长	男	中共党员	1964.06	大专	2004.03	5222005	9905	061100
方建新	副局长	男	中共党员	1971.02	大专	2005.05	5909009	—	061100
姜建港	副局长	男	中共党员	1966.06	大专	1999.03	5223911	9907	061100
任建新	国资办主任	男	中共党员	1958.07	本科	1999.03	5223769	9908	061100
刘金凯	国资办副主任(兼预算科长)	男	中共党员	1956.10	大专	2004.03	5229308	9922	061100
夏永阁	工会主席(兼国库科长)	女	中共党员	1950.10	本科	2004.03	5215866	9925	061100

2005 年安平县财政局副局级以上干部名单

姓名	职务	性别	政治面貌	出生年月	文化程度	任免职时间	办公电话	系统 IP 电话	邮编
李光辉	县委常委、局长	男	中共党员	1957.08	中专	县委常委任职 2005.06	7512786	7201	53600
魏占中	副局长	男	中共党员	1962.11	大本	1998.12	7512768	7202	53600
宋进同	副局长	男	中共党员	1957.08	中专	1995.05	7522246	7203	53600
刘成义	副局长	男	中共党员	1964.09	大专	1996.12	7523086	7206	53600
蔡彦博	副局长	男	中共党员	1962.08	大专	1998.12	7525872	7205	53600

2005 年冀州市财政局副局级以上干部名单

姓名	职务	性别	政治面貌	出生年月	文化程度	任免职时间	办公电话	系统 IP 电话	邮编
甄瑞杰	党组书记、局长	男	中共党员	1960.09	本科	2002.08	8612046	3266	053200
秦圣民	党组副书记、副局长	男	中共党员	1954.07	大普	1999.12	8612262	3268	053200

姓名	职务	性别	政治面貌	出生年月	文化程度	任免职时间	办公电话	系统IP电话	邮编
程久亨	党组成员、副局长	男	中共党员	1958.01	大专	1994.12	8612772	3269	053200
孙国林	党组成员、监督局长	男	中共党员	1954.06	大专	1994.12	8612652	3258	053200
张大海	党组成员、农税局长	男	中共党员	1955.02	中专	1996.01	8616659	3236	053200
朱清江	党组成员、国资局长	男	中共党员	1963.08	大本	2002.08	8612018	3256	053200
李广英	党组成员、预外局长	男	中共党员	1963.10	大本	2002.08	8623032	3259	053200
李映丽	党组成员、纪检组长	女	中共党员	1960.11	大本	2004.04	8624198	3238	053200
方鸿安	党组成员、工会主席	男	中共党员	1970.05	大本	2004.04	8613651	3226	053200
刘素洁	副局级科员	女	中共党员	1956.03	大专	2002.08	8624198	3229	053200
李玉林	督导员	男	中共党员	1949.07	初中	2002.08			053200
王宪淼	督导员	男	中共党员	1951.07	大专	2004.12			053200
李来春	督导员	男	中共党员	1952.03	大专	2004.04			053200
李英豪	督导员	男	中共党员	1952.01	大专	2005.01			053200

2005年宁晋县财政局副局级以上干部名单

姓名	职务	性别	政治面貌	出生年月	文化程度	任免职时间	办公电话	系统IP电话	邮编
邢怀恩	县政协副主席、党组书记、局长	男	中共党员	1956.09	研究生	1992.09	0319－5892895	8601	055550
石明居	党组副书记、常务副局长	男	中共党员	1957.04	大专	2005.07	0319－5892795	8602	055550
张新	党组成员、副局长、收费管理局局长	男	中共党员	1958.10	大专	2006.02	0319－5892199		055550
李彦敏	党组成员、副局长	女	中共党员	1957.11	本科	1996.08	0319－5892113	8605	055550
马成敏	党组副书记	男	中共党员	1962.06	本科	2002.05	0319－5892623	8608	055550
刘忠良	党组成员、纪检组长	男	中共党员	1964.06	本科	2002.05	0319－5892199		055550
吕英康	党组成员、工会主席	男	中共党员	1961.05	本科	2002.05	0319－5892637	8655	055550

2005年清河县财政局副局级以上干部名单

姓名	职务	性别	政治面貌	出生年月	文化程度	任免职时间	办公电话	系统IP电话	邮编
许涛	局长	男	中共党员	1963.12	大学	2005.04	(0319)8165996	(319)8996	54800
马俊跃	常务副局长	男	中共党员	1958.01	大学	2005.04	(0319)8165989	(319)8989	54800
王勇军	副局长	男	中共党员	1972.09	大学	2005.04	(0319)8165919	(319)8919	54800
任文涛	副局长	男	中共党员	1972.08	大学	2005.04	(0319)8165918	(319)8918	54800

姓名	职务	性别	政治面貌	出生年月	文化程度	任免职时间	办公电话	系统 IP 电话	邮编
陈保禄	副局长兼收费局局长	男	中共党员	1958.01	大学	2005.04	(0319)8165959	(319)8959	54800
陈海涛	副局长兼农税局局长	男	中共党员	1966.12	大学	2005.04	(0319)8165939	(319)8939	54800
李全厚	局长	男	中共党员	1954.01	大学	(免)			54800

2005 年大名县财政局副局级以上干部名单

姓名	职务	性别	政治面貌	出生年月	文化程度	任免职时间	办公电话	系统 IP 电话	邮编
申昆峰	局长	男	中共党员	1963.08	本科	2005.04	0310－6569338		056900
吴国平	党支部书记	男	中共党员	1957.02	大学	2002.05	6571523	7623	056900
曹月华	副局长 支付中心主任	女	中共党员	1961.12	本科	1996.11	6571505	7605	056900
张魁铎	副局长	男	中共党员	1961.11	中专	2002.07	6571524	7624	056900
李新安	副局长	男	中共党员	1957.08	大专	2004.09	6571506	7606	056900
郭秀姣	副局长	女	中共党员	1967.03	大专	2004.09	6571528	7628	056900
程善忠	副局长	男	中共党员	1958.09	大学	2005.12	6571503	7603	056900
叶营生	副局长 预外局局长	男	中共党员	1975.01	本科	2005.11	6571525	7625	056900
王海风	纪检组长	女	中共党员	1976.08	本科	2005.11	6571529	7629	056900
张俊伟	支付中心副主任	男	中共党员	1963.02	大专	2004.09	6571504	7604	056900
闫保坤	农税局局长	男	中共党员	1968.12	本科	2005.11	6571502	7602	056900

2005 年武安市财政局副局级以上干部名单

姓名	职务	性别	政治面貌	出生年月	文化程度	任免职时间	办公电话	系统 IP 电话	邮编
高举良	局党总支书记、局长	男	中共党员	1953.05	大专	1992.12	5689058		056300
李永祥	副局长	男	中共党员	1953.03	中专	1988	5688126		056300
李丙安	副局长	男	中共党员	1959.09	大专	1997.10	5688165		056300
郝军书	政府采购办主任	男	中共党员	1966.09	大学	1997.10	5688106		056300
李长林	收费局局长	男	中共党员	1957.04	大专	2002.09	5689068		056300
杨淑杰	财政监督稽查局局长	女	中共党员	1955.05	大专	2002.09	5689008		056300

2005 年通过评审的高级会计师名单

市别/主管部门	姓名
石家庄市	高青春
石家庄市	穆敬尧
石家庄市	于凤珠
石家庄市	刘要军
石家庄市	张立梅
石家庄市	赵秀丽
石家庄市	佐向红
石家庄市	张淑敏
石家庄市	王新全
石家庄市	杨素华
石家庄市	谢芳华
石家庄市	张衡军
石家庄市	翟会利
石家庄市	舒红黔
石家庄市	许彦珍
石家庄市	毛思雨
石家庄市	刘　朝
石家庄市	王树民
石家庄市	盖彦芳
石家庄市	程俊杰
石家庄市	刘红翠
石家庄市	刘晓青
石家庄市	王敬节
石家庄市	焦　瑛
石家庄市	郝翠珍
石家庄市	张绍红
石家庄市	孔祥英
石家庄市	付黎音
石家庄市	郑京平
石家庄市	秦　毅
石家庄市	郑燕军
石家庄市	刘书俊
石家庄市	王　欣
石家庄市	高来君
石家庄市	范维红
石家庄市	张　彬
石家庄市	王素敏
石家庄市	赵明欣

市别/主管部门	姓名
石家庄市	盖淑娟
石家庄市	张争芬
石家庄市	翟素英
石家庄市	侯　婷
石家庄市	杨　柳
石家庄市	李瑜玲
承德市	刘军微
承德市	吕日红
承德市	孟庆虹
承德市	谢志刚
承德市	王春青
承德市	刘常国
承德市	梁玉洁
承德市	李　立
承德市	叶晓文
承德市	潘晓光
承德市	尹秀青
张家口市	刘岩梅
张家口市	李　静
张家口市	李　锋
张家口市	高建荣
秦皇岛市	张淑新
秦皇岛市	周丽芳
秦皇岛市	赵秀清
秦皇岛市	魏　飞
秦皇岛市	薛　强
秦皇岛市	孙亚杰
秦皇岛市	周书燕
秦皇岛市	刘　敏
秦皇岛市	张　雷
秦皇岛市	李平霞
秦皇岛市	孟慧战
秦皇岛市	王云莲
秦皇岛市	王桂恒
秦皇岛市	万东敏
秦皇岛市	李汉伟
秦皇岛市	姜铁军
秦皇岛市	张　兰

市别/主管部门	姓名
唐山市	付立新
唐山市	乔彩英
唐山市	赵志伟
唐山市	刘宽清
唐山市	韦　莉
唐山市	薄志英
唐山市	张　伟
唐山市	刘永东
唐山市	董连喜
唐山市	李向茹
唐山市	崔长军
唐山市	李洪春
唐山市	张迎春
唐山市	刘昌秋
唐山市	杨晓敏
唐山市	兰燕红
唐山市	伦淑华
唐山市	周会云
唐山市	卢玉荣
唐山市	孙宝良
唐山市	王宏雁
唐山市	李　军
唐山市	李秀芬
唐山市	张丽红
唐山市	张远英
唐山市	董　琳
唐山市	常秀文
唐山市	王玉红
唐山市	樊大军
唐山市	李顺平
唐山市	李卫兵
唐山市	杨宝臣
唐山市	荣会福
廊坊市	杨福宝
廊坊市	郝文华
廊坊市	李咏梅
廊坊市	王庆祥
廊坊市	宋金林

市别/主管部门	姓名
廊坊市	詹立军
廊坊市	王宏云
廊坊市	梁　军
廊坊市	何炳荣
廊坊市	刘淑华
廊坊市	张俊杰
廊坊市	陈秀萍
廊坊市	杨洪侠
廊坊市	张素英
廊坊市	薛宝红
廊坊市	李卫红
廊坊市	马凤琴
廊坊市	莒　旗
廊坊市	佟明慧
廊坊市	王文汉
保定市	赵常义
保定市	董贯福
保定市	王国新
保定市	贾　宁
保定市	张远宁
保定市	刁　娟
保定市	闫晓丽
保定市	康红玲
保定市	杜喜平
保定市	冯海霞
保定市	刘亚男
保定市	刘玉河
保定市	贾静茹
保定市	王运良
保定市	王　君
保定市	成淑芬
保定市	赵喜印
保定市	郭海峰
保定市	张雪松
保定市	田惠东
保定市	成翠茹
保定市	苏　虹
保定市	翁国利
保定市	张彤馨

市别/主管部门	姓名
衡水市	吕黎娜
衡水市	孙殿志
衡水市	李玲玲
衡水市	李鹏恩
衡水市	周树成
衡水市	贡文庄
衡水市	郑志平
衡水市	张希望
衡水市	贾振军
衡水市	刘海长
衡水市	刘元敬
衡水市	蔡英品
衡水市	王建欣
沧州市	田立杰
沧州市	王红英
沧州市	何瑞金
沧州市	高洪芬
沧州市	边志成
沧州市	杨庆中
沧州市	曲宏第
沧州市	艾印波
沧州市	任秀凤
沧州市	黄　立
邢台市	刘明亮
邢台市	王希英
邢台市	薛庆志
邢台市	张　青
邢台市	李英利
邢台市	贾　娜
邢台市	梁爱民
邢台市	郭梅芳
邢台市	姚桂红
邯郸市	王　敏
邯郸市	金文英
邯郸市	单继祥
邯郸市	周　静
邯郸市	谷清恩
邯郸市	张敬东
邯郸市	孙国丽

市别/主管部门	姓名
邯郸市	刘现祥
邯郸市	李洪彬
邯郸市	刘志军
邯郸市	李　红
邯郸市	刘彩丽
邯郸市	曹东霞
邯郸市	姜维玲
邯郸市	冯海霞
邯郸市	周杰川
邯郸市	范书平
邯郸市	杜佳民
邯郸市	王建革
邯郸市	魏红花
河北电力集团	赵玉仓
河北省气象局	王淑巧
中国联通	郑　丽
河北省卫生厅	梁国文
河北省卫生厅	高宪甫
河北省卫生厅	王秀华
河北省监察厅	王　剑
河北省发改委	宋先明
河北省发改委	王伟岭
河北省发改委	王学饶
河北省发改委	丁　鹏
省总工会	高丽娟
石家庄市	吕新芬
石家庄市	林彦芬
石家庄市	周凤茹
华北制药	王东群
华北制药	孙向宁
华北制药	李喜盼
华北制药	王立平
华北制药	李建军
华北制药	刘　强
华北制药	孙彦春
省国资委	王志峰
省国资委	赵玉芝
省国资委	靳亚明
省国资委	刘　凡

市别/主管部门	姓名
省国资委	易向彬
省国资委	王淑英
省国资委	夏学英
省国资委	张少民
省国资委	乔新玲
省国资委	张　英
省国资委	张东宁
省国资委	王玉江
省国资委	杨海静
省国资委	冯常洪
省国资委	张　铭
省国资委	张文红
省国资委	王晓星
省国资委	赵红梅
省国资委	侯顺义
省国资委	潘海青
省国资委	马　瑜
省国资委	李　洁
省国资委	乔安华
省国资委	马敬川
省国资委	牛泽晗
省国资委	刘春伶
省国资委	袁志学
省国资委	侯春梅
省国资委	刘增富
省国资委	张爱民
省国资委	郭明举
省国资委	付利荣
省国资委	李卫东
省国资委	刘东浩
省国资委	李永清
省国资委	薛　军
省国资委	郭健刚
省国资委	范合斌
省国资委	郑新建
省司法厅	钱小宁
省司法厅	周瑞英
省司法厅	罗燕航
省司法厅	杨彤臻

市别/主管部门	姓名
省司法厅	张　洁
省司法厅	陈秀娥
省教育厅	赵绍光
省教育厅	王明远
省教育厅	李海燕
省教育厅	安贵谦
省教育厅	秦志飞
省教育厅	张玉双
省教育厅	张凤霞
省教育厅	常　青
省教育厅	李燕凌
省教育厅	杨凤孝
省教育厅	王桂荣
省教育厅	潘康月
省教育厅	李翠霞
省教育厅	贾丽红
省教育厅	张凤香
省教育厅	孙德岳
省教育厅	吴新莉
省教育厅	李晓银
省文化厅	史　勇
河北移动通信	李文宇
河北省林业局	陈　永
河北省林业局	李婉丽
省国土资源厅	刘永起
省国土资源厅	于文革
省国土资源厅	闫国红
省国防工办	王艳荣
省国防工办	田进龙
河北省交通厅	陈　杰
河北省交通厅	冀永刚
河北省交通厅	孟凌云
河北省交通厅	魏现波
河北省交通厅	姜万庆
河北省交通厅	甄　玉
省人才中心	刘　莉
省人才中心	高新雪
省人才中心	姚志军
省人才中心	王领占

市别/主管部门	姓名
省人才中心	杜爱英
省人才中心	曹　蕾
省人才中心	王秋虹
省人才中心	李俊凤
省广播电视局	李　梅
省广播电视局	许俊玲
省广播电视局	刘晓梅
省广播电视局	闫冬和
秦皇岛港务	邵长雁
秦皇岛港务	王丽君
秦皇岛港务	于　涛
河北省供销社	李　萍
河北出版集团	窦为恒
河北出版集团	杜晓润
河北日报报业集团	李　东
河北省建投	张飞燕
省农林科学院	周　颖
河北省水利厅	黄仕荣
河北省水利厅	张　炜
河北省水利厅	王素娟
河北省民政厅	李建虎
河北省审计厅	马建平
河北省审计厅	刘秀清
河北省审计厅	王　贞
河北省体育局	赵艳荣
中化河北	汪春松
省劳动保障厅	王丽华
省地方税务局	李利军
省煤田地质局	张素文
河北省财政厅	高景良
河北省财政厅	周庆华
河北省财政厅	刘红伟
河北建工集团	常书忠
河北建工集团	周淑欣
河北建工集团	刘　爽
河北建工集团	杜江凯

（会计处供稿）

2005 年
通过年检的注册会计师名单
（2646 人）

北京正和信会计师事务所石家庄分所：

张　昊　王晓莉　陈　雯　刘英民

中喜会计师事务所石家庄分所：

石长海　耿银双　刘立侠　杨继梅　苏玉珍
任　红　滕玉祥　宋保成　辛荣亮　王和平
侯卫星　李保祥　周京燕　武清荣　刘　敏
杜丽艳　王爱英　米国军　马　燕　郝素花
马　静　史艳萍　万　琴　孟从敏　吴建玲
王建宾　包乃文　杨建芝　张　晋　高桂玲
魏　娜　陈杰超　金华鹏　甘文涛　张海燕
白靖华　刘淑君　孙增敏　刘新培　王英伟
李　力　赵桂芳　吴伶伶　刘新学

中磊会计师事务所河北分所：

贾志坡　王立先　卢毅刚　段迎秋　齐　力
张　齐

北京中企华君诚会计师事务所河北分所：

姚志军　张世民　陈　琰　盖忠志　王俊利
张云霞　封红艳　冀爱军　冯光杰　石俊平
张　娟　赫月英　霍志彬　杨　广　曹晓华
张锦致　杜运东　赵云鹏　高香珍　吴瑞芝
袁会珍　范志江　赵建斌　付雪丽　韩　洪
马海涛　范　琳　孔祥发　赵　娟　赵翠芬
闫晓恩　赵玉敏　李亚进　潘兴宇

天津中审联会计师事务所河北顶誉分所：

张志茹　刘玉鹏　王春英　刘　畅　王振梅
陈新宇　朱宏梅　王建荣　吴俊怀　高巧云
李双越　寇　鑫　李云虹　荀明茹　王运良
穆绍禹　邹红宣　徐立杰　张倩茹　郭红霞
丁　淳　李　娜　徐建斌　张立苹

河北华安会计师事务所：

齐正华　王　飞　杜爱英　孙静琴　艾廷生
赵财顺　李　钰　郭朝军　张玉秀　关玉芹
张建文　王津艳　潘志辉　杨爱芬　王建设
杨　凯　李宗芳　邱淦泳　王秀敏　高惠杰
刘军峰　杜玉涛　蔡中伏　史璐明　侯淑娟
房永峰　陈永毡　郝红革　闫海舰　马　卉
刘正华　王　颖　刘　红　边华涛　李领军
高　辉　申保清　张文清　表建庆　杨永久
刘　华　刘月田　张猛勇　石云峰　白海燕
杨　冰　李东启　马志敏　单丽晖　白晓燕
袁　蕾　窦　聪　马义涛　谢志南　李　娜
周　宁　赵　鉴　陆　畅　孙云坦　刘丽杰
王领占　刘丽平　张青柳　朱保成　刘景文
高彦琴　贾玉玲　张文玉　和立群　郭向英
王飞雁　郭华伟　王长胜　王和春

河北天华会计师事务所：

李艳生　王宝山　赵锡复　李世冬　赵鸿琪
张富乾　王　瑾　吴贺民　孙桂珍　李　薇
梁兴录　王景美　刘　莉　雒立从　唐建然
杨军伟　韩江保　赵艳凯　周光启　杨春娟
武永生　李世涛　王培东　王素贤　李　萍
焦翠娟　张文和　庞瑞敏　王桂琴　何秀英
刘喜祥　高新雪　崔　征　滕树品　刘济平
秦明利　曹晓敬　杨　毅　史静敏　张军浩
董　梅　张荣梅　刘小宜　刘丽娟　姚　林
韩永清　崔金荣　折合群

河北中兴会计师事务所：

刘广义　张　鹏　丰树成　杜善旭　李书耀
徐小英　刘　曼　刘东菊　田淑静　郑晓晓
师玉春　梁立忠　李智玮　郭占平　安景然
韩　洁　吴立娟　杨宣英　赵瑞余　邢志红
裴安遥　马跃华　孔令俊　白志坚　赵　健
张军英　张建松　温海英

河北光大会计师事务所：

姚庚春　孟凤淑　李　杰　鲁长海　张吟村
崔凤琴　王凤岐　马敬民　马　莉　秦卫国
叶淑义　向济贵　吕志林　白俊敏　徐　欣
郝海涛　李秀华　闫梦游　王立竹　邸秀景
倪　勤　齐旭海　潘敬雪　王　芳　杨世宗
曹彩哲　朱敏肖　梁云鹏　刘伯军　马永波
王秋荣　张玉梅　韩　洁　左文军　王书堂
张瑞花　田　凌　郭振文　田保兴　靳　辉
李永良　张雪云　崔庆敏　朱晓蓉　张云慧
田　想　郭丽静　胡玉军　张聚英　李津庆
王兵林　卜欣辉　张丽娜　吴明香

河北天勤会计师事务所：

高丽芬　高香辰　刘会文　杜国鸿　张秀环
徐金萍　王莉薇　谷国君　安威力　葛　红
康仲英　刘占玲　米宏斌　王春峰　徐兰文

张红英 卞文敏 孙永会 王洪智 丁 伟
吴素梅 张 宏 杜新迈 桑海彬 杨鹏祥
张军格 王彩云

河北仁达会计师事务所：

曹忠志 刘荣恒 李瑞卿 范玉景 解占魁
张丙珍 王艳玲 齐永进 李惠平 周蓓蓓
鲁 贞 刘继志 李鸿雁 李慧敏 杜新光
刘文平 张 宁 李爱华 翟丽萍 康兰亭
刘桂红 杨义东 韩丙云 徐 进 邢建荣
李曼丽 闫明根 张淑霞

河北正祥会计师事务所：

李秀华 郭凤兰 黄振国 乔五安 李国风
汪明振 刘兰中 梁聪慧 闫京田 许乐亭
吴振芳 岳英坤 冯姝娟 赵海金 陈 玲
于玲芳 张会君 秦义城 李晓凤 张晓燕
田贺敏 马立成 任鹤莲 朱 伟 李向英
许丽辉 王景奇 赵文章 张淑敏 李荣芬

河北立信会计师事务所：

张连顺 韩明书 邱恒新 牛光煜 刘大双
郑丰雪 孟天明 李学广 鲍立肖 孟永荣
李 明 霍 军 李保华 吴德金 耿俊恒
屈 和 李忠恕 曹君昌 秦贵山 孙伶坤
尹学静 张宝林 马志民 封淑丽 张广波
陈素芳 韩风梧 于小平

河北永正得会计师事务所：

杨海龙 武尚瑛 何国征 王志永 孙班军
李秀莲 马金锋 曹 斌 张宪民 韩生保
张秀莲 霍巧红 田敬超 张兰君 李 明
王玉茹 刘 霞 胡立萍 赵静慧 张培军
李 鑫 王 辉 谷建新

河北鸿翔会计师事务所：

薛海深 杨翠双 呼占起 徐玉志 张藏军
赵秀贞 张俊月 范振华 陈玉琴 刘红玉
柴彦龙 裘星浩 刘 宇 李慧如 苏会贞
刘会格 赵建国 相金先 徐如雷 窦杰峰

河北冀祥会计师事务所：

赵庆辰 苏 毅 马小鹏 张兰田 王丽洁
赵长英 孟令止 郝 晶 谭承科 刘 智
邓 戈

河北友谊会计师事务所：

陶卫国 王亚东 封 丽 崔 茹 刘 欣
庞斌斌

河北华诚会计师事务所：

殷铁华 王修全 孙增合 时录辰 韩法行
汪竹生 孟庆玲 王建彬 张冬梅 赵惠娟
郝惠萍 高桂金 王云燕 侯志义 王广勤
郭树新 崔华子 张惠英 张秀兰 杨全祥
梁铁树 胡良芳 吴汉华 李艳丽 刘艳文
赵晓华 范革平 唐海茹 邓 莉 张 玺

河北世纪恒信会计师事务所：

宇文建议 张香竹 史文学 闫建华 刘军霞
宋玉梅 杜秀英 谢丽丽 翟素芳 郝 奎
张振宇 杜金梅 李德川

河北信源会计师事务所：

刘 朝 蒋宏岭 李金燕 王 旭 李仁生
崔志强 马运建 田建华 高玉军 张育新
霍慧琴 张艳彩 吴秀英 杨 力 张 健
白鸿雁 王丽娟 李秀霞 杨敏贞 吴晓丽

河北康龙德会计师事务所：

邢艳红 张文刚 赵双珍 郑义明 赵文合
张兆英 赵振清 陈艳玲 王凤红 刘 强
李兴瑞 王润成 何爱钦 张美荣 邢淑清
李永振 王志雄 赵 毅 李国俊 张 维
靳莲英

河北中勤万信会计师事务所：

孙刘太 杨兴邦 杨 宾 刘晓玲 张立中
张 媛 冯秀茹 宇文凯 郑伟锋 董 静
杨旭巍 孙英哲 赵立新 王丽丽

河北阳光会计师事务所：

刘志英 马 娴 冯恩泽 梁 彤 董振方
周秀娟 杜 飞 陈建微 袁润霞 张俊生
耿 静 吕贵兰 张 杨 龚云岭 杨 颖
李秀兰 贺云枝 王 睿 李国良 崔景慧

河北信永达会计师事务所：

张 萍 乔永平 程惠贤 集立保 艾 武
刘世云 赵树杰 郝新雁 陈 朝 仲 伟
王珊丛 刘芳丽 陈应高 单 婷 张 娴

河北天时会计师事务所：

王 巍 张瑞芳 张民珠 雷引娟 张立霞
娄树峰 孟宪凯 周福光 王慧斌 王文化
郭惠玲 王洪洲 曹丽敏 韩 飞 赵桂华
李新力 李 燕 阎运虎 杨喜山 王荣贞

河北挚信会计师事务所：

张国英 李连果 王 若 刘胜利 史秀琴

马福元　周绪凯

河北中实会计师事务所：

刘海英　张秀敏　张宝琴　薛秉忠　姚洪利

焦月琴　孟文戬　李英姿　张书文　董平栓

王文平　田英彬　张艳军　王建房　潘金学

王凤喜

河北华辰会计师事务所：

刘秉廷　孟令杰　郭兰肖　李晓丽　高春会

芦晓宇

河北金诺达会计师事务所：

杜瑞堂　王运瑞　冯兴旺

河北中瑞会计师事务所：

孙素娟　翟俊改　王淑琴　顾淑华　周彦军

吴国梅　杨新华　侯蕴兰　陈　莺　王敬仁

高志强　刘克军　石永乔　赵立峰

河北华泰联合会计师事务所：

季志友　王书华　焦惠芬　杨怀拴　尹运哲

吴秀敏

河北中源会计师事务所：

张　红　范新改　张建民　聂瑞凤　吴秀荣

田宝才　张淑芬　姚　铎　陈曙华　朱丽霞

米清洁　孟淑寰　张明仲　陈永民　朱朝素

秦晓莉　武俊斌　樊有玲　李立海　林彦芳

王秋梅

河北金鑫会计师事务所：

牛振江　马　志　王传忠　赵雪松　胡丽英

宋胜利　张彩虹　刘英敏　霍万魁

河北金桥会计师事务所：

祁　悦　刘　煜　崔　顷　秦宝立　崔东旭

于万龙　李江村　张秀芳

河北天健会计师事务所：

王树新　何文贞　刘国堂　王嘉俐　刘京华

李建筠　李俊凤　陈　永　刘少强　梁淑青

朱艳梅　杜淑阁　敦彦福　张志远　马淑敏

赵会芬　张宝灵　刘耀择　胡英献　贾彦平

王淑格　支凤云　张德海

河北圣诺会计师事务所：

代　珍　狄晓伟　郭凤凯　李立学　董平稳

王春燕　李新军　穆　倩　刘明哲　赵丽红

胡建青　蒋谊颖　陈　曦　郭新立　贾小彦

陈光辉　姜月梅　谷荣敏　姚　辉　赵仁书

河北大众会计师事务所：

秦明生　李桂英　张云秀　岳　辉　赵宪皋

邢云霞　郜　志　刘雪萍　王秀珍　王宗臣

李守栋　程喜庭　宋翠娥　李敬慈　卞长林

李秋香　李　娟　杨　斌　张凤芬　贺祖庆

陈昌荣　滕树荣　韩如新

河北德信会计师事务所：

丁　迅　王铁根　郑桂兰　穆秀娥　郭保建

宋百科　焦俊会　马志明

河北宏泰会计师事务所：

程常德　孟百增　贾利辉　杨洪武　邢秀娥

陈丽君　梅成芹　郝淑珍

河北中君汇会计师事务所：

陈建欣　刘成森　王书丰　冯　凤　刘保轩

张振琪　王惠荣　王玫淑　康建华　彭小燕

邹树香　张芳冰　宗发银　刘　斌　王丽欣

戴丽萍　房银志　李家桐

河北瑞和会计师事务所：

杜卿贞　赵梦兰　张金玲　李仁华　金玉芝

潘建兴　蔺彦明

河北勤越会计师事务所：

许焕力　曹煜贤　赵慧峰　郭仙梅　彭荫轩

石家庄冀鸿会计师事务所：

王志国　李汝萍　刘树新　刘玉民　曾志军

黄　武　张巧娥　乔丽军　王文学　王振改

赵建国　张　静　张海洋　季　玲　刘文秀

郑兰春　裘建华　杨秀芳

石家庄运昌会计师事务所：

姚文熙　毕振学　尚刚铭　张尧莉　王青山

于凤珍　李兰茹

石家庄洪源会计师事务所：

王林茹　张剑英　赵培韧　卢玉芳　徐幼华

杨　瑜　何进民　王大刚　叶　坪　唐新民

石家庄天永大会计师事务所：

张墨雄　王增田

石家庄中天会计师事务所：

孙建西　张仁明　刘凤梅　赵秀芬

石家庄顺捷会计师事务所：

陈鸿钧　高建津　魏书瞟

石家庄永信会计师事务所：

王庆平　刘明文　李广平

石家庄平正会计师事务所：

吴俊唐　刘汝楫　贾秋花　王荣平　张增巧

石家庄正信会计师事务所：
李东喜 梁 彦 段东海 李晓光 李振超 董世军 席秀然

石家庄德诚会计师事务所：
马虎庭 张连秀 王学名 王永庭 张文雪 张国荣

石家庄财信会计师事务所：
穆敬尧 王 静 李 环 张 峰 李 健 叶 红 陈贵聚 王科军 梁鸿杰

石家庄五洲会计师事务所：
王庆义 胡东西 黄俊英

无极中昌会计师事务所：
安丽丽 张炳来 刘庆昌 孙巧欣 周 强 戈敏英 米立杰

高邑凤城会计师事务所：
冯占瑞 王金梅 杨会杰 温敬宇 吕行贞 李淑媛 冯连瑞

赞皇光明会计师事务所：
栗僧玉 张俊彦 高占京 陈 健 张锡月

新乐新兴会计师事务所：
高爱国 刘福贵 秦俊荣 郝彦格 张喜爱 赵 伟 张立洪 张 军 祁国英

张家口华正会计师事务所：
耿之华 阎美荣 王存贵 孟宪芝 古延令 马汉炫 张玉枝 李跻翔 马彦丽 岳彭年 王 萍 于九玫 朱玉英 李 立 马舒兰 张素连 朱永江 祁菊丽 段淑升 张 峻 陈明霞 李树田

张家口张垣会计师事务所：
李文海 田凤英 何 诚 安伯莘 聂庆忠 杨忠利 王金玉 任立英 胡宇辉 张春慧 渠 波 王树槐 夏燕妮 齐 斌 孔祥庆 郑丽琴

张家口诚信会计师事务所：
官永东 贾秉德 赵建林 邢勇仕 武淑莉 苏洪斌 付振东 董 杰 张文萍 高春萍 刘艳霞 高建军 曲秀英 张义莲 李惠义 逯志光

张家口鑫正会计师事务所：
武桂荣 李志军 廉瑞华 李春玲 王凤国 杜雅兰

张家口宣兴会计师事务所：
李福亮 李天德 张文胜 谢作洪 刘本梅

张家口荣强会计师事务所：
郭利荣 王桂香 弭玉荣 张世梅 苏丽琴 马连治 刘国壮

张家口众兴会计师事务所：
鄂梅英 姜继红 尹新梅 马俊德 杨凤兰 付振林 闫守林

张家口鑫达会计师事务所：
宋进富 闫 发 冯成仁 陈敬先 田仲奎 翁德胜 李小梅 李海军 袁俊华

张家口宏宇会计师事务所：
郭有财 王秉直 蔡广森 张成福 章玉宝

涿鹿轩辕会计师事务所：
靳云阁 张 建 张贵禄 郭玉香 吕玉香 李 荣

怀来新兴会计师事务所：
张 英 王 平 郑兴义 王 富 曹有杰 刘丰辰 李惠元

康保正信会计师事务所：
李振明 张 杰 王庆智

承德热河会计师事务所：
张弘炜 崔宝友 康 林 周国永 郝占秘 鲁国印 于永成 佟贺君 方兴民 徐富贵

承德正元会计师事务所：
孙占喜 陈淑荣 杨俊杰 石连东 张国学 刘彩琴 张红武 高桂荣 刘 莉 李文荣 张宝会 曾淑芹 范桂贤 荀国林 王翠玲 赵海龙 孙永洪 孙丽梅 裴海燕 史晨阳 姜若明 艾红艳 万瑜壮

承德北方会计师事务所：
李春来 李江娟 王振伟 李翠芬 张海峰 王 萌 刘永城 王英云 闵景福 刘兰英

承德中通联合会计师事务所：
杨宇杰 胡炳林 王宝轩 徐立萍 文世刚

河北华威会计师事务所：
王海泉 王乃菊 张振弟 王桂琴 牛炳坤 董仕永 杨桂英 刘彦东 孙晓华 刘永全 张兴木 王云萍

承德燕山会计师事务所：
李本芳 范增怀 苑惠琴 吴占国 王晓慧 肖丽莉 封欣然

承德永兴会计师事务所：

赵文斌　刘淑芹　胡峻理　李焕林　夏　钢
李国臣　王玉琴

承德宏远会计师事务所：
王亚光　张志宇　杨林光　刘海军　李廷彬
刘福民　刘国锋　刘艳丽

承德方正会计师事务所：
邢海峰　张清武　刘秀良　于培东　周会义
高俊臣　崔春华　姚洪文　秦树安　邹淑文

隆化鑫正会计师事务所：
韩立新　王国斌　李占国　李庆芳　侯保政
张铁军　王继广　杨丽玲

北京正和信会计师事务所秦皇岛分所：
张道春　邢晓勇　陈　睿　孙立成　肇　佳

河北衡信会计师事务所：
周志强　王志远　杨忠余　曹淑文　柴文霞
宋曼萍　卢婉秋　孙艳玲　刘秀芝　王淑敏
叶丽敏　肖占杰　陆　嵩　王景海　李　晔
王启明　刘振平　宋丽华　王玉玲　周金娣
党　辉　周书燕　王金红　宋学峰　王广田
赵素梅　边素英　马军民　江　萍　侯　钢
刘　帅　刘　克　柯汉生　刘　丹　和立华
艾淑娇　赵　辉　刘大治　张树平　张　雷

秦皇岛星日阳会计师事务所：
梅　丽　胡小力　张守文　陈立影　王晔家
邵永坡　赵建华　法瑞兰　郑为民　霍冬梅
李学宏　马晓宁　彭素欣　王金玲　刘美琴
龙　新

秦皇岛正源会计师事务所：
张贵江　李秀茹　谢桂珍　李　华　姜大明
车桂琴　李秀英　陆永新　侯秀仙　阳　华
霍东玲　刘志民　王　辉　王宏霞　刘梦玲
郑　敏　代　宏　沈庆红　于晓慧　韩忠民
乔海军　陈润喜　赵丽丽

秦皇岛求实会计师事务所：
牛彦新　王殿武　曹东兴　邢志勇　肖　礼
郭海霞　祝宏伟　辛海英　李兴泉　田富珍

秦皇岛天宇联合会计师事务所：
炼梦兰　桑　林　王春凡　赵玉玲

秦皇岛吉源会计师事务所：
靳淑君　李慧颖　夏金英　刘玉珍　杨丽敏
杨小祥

秦皇岛天华联合会计师事务所：
刘锡芹　程源源　张怀信　王介显

秦皇岛信宇会计师事务所：
李　果　张美兰　张淑贤　郭景林　白东丽
齐海权　倪广东　李　生

秦皇岛至诚会计师事务所：
卢锡民　张家岐　石志民　龙丽娟　张晓梅
杜春玲　张秀波　龙慧平　苏程华

唐山正信会计师事务所：
王成金　刘振英　李文绮　杨　岚　王振国
陈振生　窦玉兰　刘桂云　董慧娟　么俊英
李学哲　孙淑兰　孙宝荣　董会祥　李其力
王利英　李洪革　解　颀　谢武臣　王桂荣
王秀芝　刘建伟

唐山大众会计师事务所：
陈希良　李一兴　齐向贤　潘秀林　柳秀文
徐硕洲　赵彩芹　阮红民　田　佳　张淑敏
石秀华　李向茹　孙淑英　卜丽杰　王淑明
吴志华　李彦敏　司文茹　赵宝云　王玉环
赵学智　孙　彬　韦　莉　范田水　李景香
亢丽俊

唐山天华会计师事务所：
孙秀义　夏锡民　胡春义　裴尊奎　么民俊
张翠兰　梁福正　陈治宏　夏　洁　国成宣
李守焕　李海军　张恩厚　孙北宁　卢丽华
代亚军　付永辉　赵　剑　刘　婷　李　君
闫　强

唐山大唐会计师事务所：
李振强　王庆国　郭爱军　张金贵　孙立明

唐山瑞达会计师事务所：
郑香芬　郝兆生　王立仁　高翠荣　董秀云
钱春芝　卞亚芹　郑　营　李艳东　张秀艳
杨景春　郑志军　赵金柱　周金玲　叶永青
崔延岗　晏建安

唐山宏利会计师事务所：
霍　星　方儒周　陈秉芙　王子春　王　兵
王秀红　赵淑新　梁　军　王文会　吴小艳
李卫成　于秀荣　曹崇亮　张佳荣　户艳芬

唐山华信会计师事务所：
马凤芹　刘连祝　李凤兰　刘淑雯　张慧玲
刘慧军　张树法　胡文炳　艾秀荣　张鸿骞
徐兆军　周震解　任建宏　李丽红　赵平易
邵立忠　吴景琴　程子英　齐绍华　王淑云

唐山丰信会计师事务所：

耿向英　张克成　张建华　章立波　王丽芝

毕金芝　杨春霞

唐山中元精诚会计师事务所：

郑敏旺　王向顺　张蕊祥　李国胜　温宝田

张淑敏　张树波　张硕兰　李大宏　刘抚本

唐山永安联合会计师事务所：

张亚东　张瑞兰　张兴无　杨海龙　栾树林

朱玉兰　吴立新　李维玲　刘宝英　许长云

李拥军　马安斌　刘军林　张玲玲　曾凡梅

张东明　孙艳平　赵志新　石文川　侯　萍

王凤云　许大静　王春莉

唐山正大会计师事务所：

耿如波　费国祥　周秀海　石永学　刘利民

李兰芬　刘春珍　王学锋　任轶群　李建禹

赵金来

河北金谷会计师事务所：

赵勤敏　张继志　葛焕艳　陈忠智　张士福

杨会刚　商咏春　常秀文　徐　宽　刘春山

桑润锁　刘玉兰　张桂英　杨立君　玄兆祥

宋双亭　刘　祥　白英杰　赵玉柱

唐山天信会计师事务所：

吴　敏　李伯青　薄淑芬　郑希勃　曹月如

王煜华　刘士海　姜晶林　丁　华

唐山永华会计师事务所：

宋滨勇　刘凤兰　杨艳秋　赵淑芬　王秀兰

韩秀生　杨子明

河北中元诚信会计师事务所：

吕金壮　吕元华　王永阁　潘立东　李大永

王亦萱　张贵喜　宋立娟　王国军　高　林

吴玉泉

唐山明正会计师事务所：

王文生　齐守臣　商立权　臧玉然　徐丽君

冯海江　张爱民　赵新生

唐山阳光会计师事务所：

王彩凤　古凤珍　高德新　李子恒　肖桂珍

史东明　裴艳敏　靳翠娟　赵少川

滦县信誉会计师事务所：

张　维　李继英　马东玲　田永利　徐秋晨

张金梅　张建华　卢金福　韩书平　刘建文

迁安弘信会计师事务所：

李富庭　代小玲　虞　祥　刘香莲　张　相

纪会元　李小宇　郭清胜

玉田宏信会计师事务所：

石国章　赵　英　薛　亮　王文玲　范延宏

霍建华　刘建忠

北京正和信会计师事务所保定分所：

李长青　徐艳芹　孙秀芬　王玉平　田明霞

苏金玲　房秀欣　戚全友　李连江

河北东方会计师事务所：

赵晓超　于增彪　张泉宝　肖　静　刘桂英

任　强　付志民　陈爱珠　王建慧　杨福生

冉惠娟　刘伯润　胡俊英　田海良　线玉苗

王　鹏　刘海英

保定大雁会计师事务所：

杨树义　田云峰　王丽岩　张云贵　李桂华

刘振芳　朱雅君　白　瑾　李晓杰　佟　娆

武志学　杜存利　韩志卿　梁立新　田和静

刘丽双　张立军　展永超　刘洪彬　高彦霞

王文远　苏　娟　王红艳　杨小平　段立新

吕秀华　杨洪利　孙　杜　孙建良　许　清

李苏平　杜葆欣　解文英　王　杰　李金波

河北正源会计师事务所：

薛志平　王素英　彭彦华　李书茂　宋慧茹

韩志平　贾玉珠　田俊武　付　浩　石荣华

孙桂娥　孟立英　戴鹏飞　蒋志华　虞雪莉

何秀荣　杨常丽　张　静　张　蕾　韩艳菊

邸爱民　臧淑惠　孙彦君　刘建军　田海英

赵明华

河北中鑫会计师事务所：

尹万臣　刘丽平　赵秀君　马小宽　杨宝琴

张庭会　崔秀云　李　芳　贾俊强　吴宪志

李　玲　段汉长　张海滨　高水亭　王桂珍

刘群英　张淑英　董洛红　杜瑞亭　岳国英

赵德卿　赵淑婷　朱林燕

河北阜源会计师事务所：

贾银士　苑志珍　王　武　王祥龙　张玉德

孟心明　李建兴　杨海山　赵建飞　杨存金

刘新凯

河北蓝天会计师事务所：

冯筱玲　于国忠　张玉德　张秋云　黄桂敏

郄德祥　王金祥　赵淑君　王增柱　杨　凯

姜学谦　郑　蓉　韩金花

保定永振会计师事务所：

崔振勇　靳紫生　孙永利

保定恒兴会计师事务所:

李吉庆　刘彦苓

保定华诚会计师事务所:

王庆河　王才英　王丽娜　刘娟娟　刘金锁　杨振云　王淑秀

保定恒天会计师事务所:

马书敖　王惠娟　李红丽

保定恒泰会计师事务所:

安春秋　席坤娟　高秀茹　王增彦　孙存强　李保柱　符军来　夏淑青　朱会英　刘其祥

望都飞达会计师事务所:

何荣来　廉计先　李彦平　葛玉芬　刘全水　许　平

涿州博友会计师事务所:

臧秀萍　张　颖　杨德龙　李桂琴　朱希琴　王学君　杨　芳

高阳冀中会计师事务所:

任芬桂　胡章启　李玉婷　霍亚洲　王吉宗

雄县定远会计师事务所:

张爱民　刘长生　赵爱君　李文霞　赵建华

涞水纪新会计师事务所:

杨惠春　王　奎　宋树民　杨宝旗　李　富　万金国

安国祁华会计师事务所:

史建柱　焦英群　吕荣彦　朱杏然　王秀卿

易县众信会计师事务所:

吴文忠　杜红娟　杨景艳　赵秀芬　邸兰花

博野求实会计师事务所:

田德英　刘锁柱　郝庆余　杨占寇　苑录英

河北地天泰会计师事务所:

梁瑞芹　张　贵　牛春生　刘焕瑞　任宗玉　铁淑英　庞　华

徐水宏运会计师事务所:

芦凤华　王季茹　张喜田　李树林　米云生　霍飚华

高碑店荣达会计师事务所:

张伯荣　王俊英　张金霞　李淑贤　张忠臣　杜学芳　田小明

满城宏信会计师事务所:

路伟林　刘玉宝　魏敬祖　于占鳌　杨艳玲　刘建坤　张凤仙　冉志远

曲阳祥实会计师事务所:

王长会　王增科　韩香英　刘增科　阮文秀　刘建儒

容城容兴会计师事务所:

张春生　文连树　刘喜占　李宝玉　刘春生

廊坊益华会计师事务所:

蔡福涛　刘佩珍　岳淑臣　李海山　刘子明　张克俭　陈　迎　张文瑞　李　欣　王文起　杨令兵　张　燕　梁　雷　徐贺学

廊坊至信会计师事务所:

王路明　祝玉训　郝吉祥　冯国泽　马云龙　马志华　张振杰　张志明　刘广玲　王贺云　赵洪富　刘文燕　藏树贵　邢恩峰　李　蕾　何连兴　李书卿　王俊生　付瑞祥　张玉海　刘桂合　刘淑霞

廊坊正大会计师事务所:

宋　文　胡林德　王　先　姚　斌　董亚明　刘长田

河北金诚会计师事务所:

李书伟　段兴亮　张伟明　孙伯威　李素兰　沈达庆　唐子荣　夏季凤　殷越川　苏双河　冯立宏　刘金义　汤淑蓉　李庆宾　许艳宁　王景勋　孙立敬　喻晓蕾　李湘宁　韩国成　李存起　周文津　程俊英　龚　利　张福民　张海霞　陈德昌

廊坊天元会计师事务所:

田　明　谷凤来　王万立　张万俊　李恩庆　张金侠　王仲福　林国庆　郭长生　张士彦

廊坊华安达会计师事务所:

齐振华　陈东光　刘明柱　王广福　杨　刚　何述杰　刘济杰

廊坊中天建会计师事务所:

李学儒　宋宗兰　贾振江　何文瑞　张景茂

香河诚信会计师事务所:

张　起　闫励学　康宪英　李明富　姬德富　李燕霞　陈迎朝　张淑清　李文秀　李　霞

文安志诚会计师事务所:

王永臣　徐　枫　秦化民　马春玲　陈绍清　赵俊格

大城华强会计师事务所:

邓平舒　于国山　李西青　孙玉章　刘泽远　肖瑞华

三河诚成会计师事务所：

朱玉华　刘　昆　李桂芝　杜玉敏　海兴发
杨振敏

河北燕华会计师事务所：

马振范　易应莪　石宏林　李　军　曹相江
董有水　王玉厚　李淑芬　杨凤岐　赵玉文
王若芳　李凤甲　余克军　毛政锡　江柏元
盛　江　左光硕　王德松　陈登平　张慕玲
崔海英　梁　艳　吴秀梅　粟东海　常恕侠
黄杏华　杨文富　干述亚　侯暾辉　史国庆

河北华狮会计师事务所：

袁丽萍　吕光宇　张金凤　张志宏　吕增雨
贾建国　姜文年　张文芳　伦金刚　倪凤阁
马俊丽　刘秀梅　姜义华　李金桂　李怀进
李桂玲　黄淑余　刘云强　尹香苓　田厚福
史印祥　买文秀　高永峰　李晓政　周连桂
申树德　胡庆亮　刘丙刚　杨全想　周坤生
赵玉新

沧州欣达会计师事务所：

孟宪华　刘宝芹　杨学礼　刘洪如　王金华
贾启云　郭福兴　任　英　张俊明　刘金柱

河北众泰会计师事务所：

王　琦　刘建新　张秀兰　牛清桥　李　政
吴秀芬　杨冰莹　赵丽红　邹桂芝　杨树慧
范华敏　牛凤云　陈泽明

沧州金源会计师事务所：

刘双强　高树苍　张基贵　李素芬　曹相棋
张　缨　赵　冀　张淑华

沧州精诚会计师事务所：

申俊刚　韩玉华　刘凤池　张书俊　侯增福

沧州荣信会计师事务所：

周垣桂　段长德　田恩生　王培武　孙国华
常福印　刘治洞

沧州新宇会计师事务所：

赵学威　李聚琴　王大仿　李明方　李东旭

沧州骅源会计师事务所：

康立春　刘金祥　高兴忠　张忠仁　刘宝山
孙宏志　丁桂普　刘晓芬　董传凯　孟祥福
刘之军　蔡　娟　贾玉民　刘金明

泊头荣丰会计师事务所：

崔秀真　李根荣　叶杰丰　高胜义　张树志
温树杰

任丘裕华会计师事务所：

周文峰　贝树楷　纪福进　纪守信　张根生
杜连经　张艳芳　王鹤飞　刘根良　纪香梅
李保柱

青县诚信会计师事务所：

周凤琦　刘兰贵　赵玉章　徐忠礼　时国华

东光发达会计师事务所：

谭宝霞　沈玉普　袁洪泉　杨志刚　王清侠

盐山时代会计师事务所：

邵明德　赵茂祥　杜振清　郭子臣　王树行
石宝林　吴　健

衡水中则会计师事务所：

句志明　常玉赞　王玉芬　刘秀亭　郝卫华
吕　福　张德金　杨颜霞　徐金强　邢俊英
李志浩　张国防　刘海长

衡水开元会计师事务所：

吴桂荣　井玲段　张朝国　王祝玲　刘国华
郭书平

衡水金正会计师事务所：

张世文　苏玉忠　耿秋向　刘福凯　刘金林
李纪珍　杨立春　王藏巧　吴世谦　刘树德
周炳君　邱秀贞　李孟周　翟国章　何广才
李　源　王淑娣　杨志敏　孙铁军　冯闻力
张艳宁　宋兆祥　王永年　赵栋海　李伯臻
张长乐　刘文兴　翟荣海　付丽娟

衡水方圆会计师事务所：

苏子广　王书玉　刘长顺　王兰芝　杨书印
张新春　董方斌　王明辉　赵灵皋　刘德海
王伟生　王　辉　陈燕平　戚岩青　刘景辉
梁洪涛

河北德源会计师事务所：

耿万清　伊亚丽　周　石　南桂波　刘志君
于洪宾

河北天成会计师事务所：

刘　环　褚金榜　王爱党　程　英　刘铁志
马全顺　赵振平　杨　立　孙莉君

冀州冀欣会计师事务所：

赵连峰　丁建民　李保收　李如增　耿殿英
刘云朋

故城正信会计师事务所：

刘中奎　刘有顺　赵德岭　王俊英　刘培基
李金祥

景县方正会计师事务所：

王滨春　李俊玲　苏子兰　李建合　姜焕生

安平誉正会计师事务所：

田文杰　染立英　付会赏　张桂英　闫振启

河北新世纪会计师事务所：

尹现方　史毅生　李秋森　蒋爱荣　曹春云
赵梅芝　张英杰　杨　羽　霍风森　王国强
刘　敏　刘文俊　李增其　耿彦伟　张士杰
刘吉利　杨德录　冯同江　要平芳　梁小剑
赵子敏　胡玉震　刘　超　王玉巧　董从如
甄德俭　韩世忠　张凤燕　李同和　武玉柱
张小平　李世新　高　岩　赵　华　王秋红
韩劲飞　刘银亮　吴琳琳　金　燕　翟根田
王春霞　申春峰　郑海雁　张小虎　李会山

邢台华信会计师事务所：

张永各　赵连芬　刘军学　陈　坤　杨　英
贺正和　刘清智　李少辉　张廷广　吴建章
贺鸿根　李均国　蔡军志　张运周　范海洲
王修忠　韩海军　金灵月

邢台顺德会计师事务所：

赵双法　周治平　王喜东　付春风　李同刚
刘朝栋　郭建为　马贵芬　袁　志　甄志祥

邢台金正会计师事务所：

郝景海　张绍文　张存泽　刘明华　张德生
张廷苏

邢台友信会计师事务所：

刘会会　唐兰新　冯江锦　成栋坡　张学宽
张京文　杨三军　王坚强　孙国林　武贵梅
南景中

邢台正大会计师事务所：

刘树田　路万龙　孙长发　袁海臣　檀会芳
赵房彬　王兴福　魏爱云

邢台亨昌会计师事务所：

王惠军　武昆元　罗来甫　赵青杰　李泰祥
陈福群　王建廷　张佩喜　张巨锋　徐冬洁
王爱玲

邢台天健会计师事务所：

张有钰　许英进　邵福生　王雅路　姜玲玲
李增寿　刘　真　梁　琦　徐云萍　王志民

邢台方正会计师事务所：

吴怀庆　焦继福　马玉芳

邢台同和会计师事务所：

付巧菊　李庆阳　董京敏　张发清　闫为民

巨鹿宏远会计师事务所：

李智华　李文杰　张志兴　马奎文　马恒瑞

清河东方会计师事务所：

葛春齐　沈志普　刘振岐　李殿林　赵书廷
包永军　张慧丽　李　安　王玉瑞

临西宏毅会计师事务所：

陈冬青　蒿忠文　巩立江　王玉贵　时庆田
刘兴亚

隆尧象城会计师事务所：

王纪军　李庆辰　程云霞　苗立平　郭世芹

平乡天平会计师事务所：

张现平　刘善修　马同盘　赵振华　彭连法
马密彩　张　娟

新河利源会计师事务所：

刘兆谦　翟国振　翟香琴　张翠珍　付秀岩

沙河中达会计师事务所：

姚建民　张福兴　王建龙　张书兰　陈莲凤
赵素霞　李江平　张观奇　李　军　董业龙
韩洪波　白泽普

中喜会计师事务所邯郸分所：

李鸿志　王书坤　刘艳红　田心宽　赵美荣
韩万禄　夏月华　侯瑞敏　张如军　王道松
苗巧凤　王玉兰　宋俊英　李小兆　阎　东
刘俊龙　马国林　郑　睿　洪红青　张　健
朱耀军　刘文军　常　伟　沈立强　张英强
赵俊卿

河北太行会计师事务所：

胡志强　丁世萍　康英琪　牛真连　陈秀格
师桂云　申学文　史　佩　王　平　刘　勇
张尔器　蔡德兰　柳万超　贾群福　董秀亭
张秀会　张秀珍　孔庆红　周　萍　麻学刚
杨群芳　柳　明　霍文利　陈　刚

邯郸通达会计师事务所：

李卫鸽　陈广涛　朱绍璋　索思连　只　瑞
魏振江　安翠华　秦玉学　彭　昱　王秀梅
赵文生　张书兰　马英军　杨　杰　尚丽华
王德祥　刘志诚　刘凤朝

邯郸正泰会计师事务所：

贾双环　程炳武　冯健英　谭春源　吴常海
靳保杰　杨美英　冷锡如　王新岭　闫俊霞
黄思楠　苗志华　高　素

河北盛华会计师事务所：

刘　春　赵怀花　李兴亮　张秀珍　李永福
索树英　佘和平　王　旋　徐玉民　孙洪哲
吴润兰　杨文录　周育东　郭连宝　贾桂生
蔺永叶　焦丽萍　韩英莲　李艳永　李　静
袁贵怀　何献东　周玉芳　范兴国　丁建琴
王　芳　赵献华

河北中恒会计师事务所：

商民英　姬朝阳　李　栋　康树兰　徐明生
谷新英　夏淑艳　窦秀章　冯学刚　陈瑞珍
刘秋梅

河北中正信会计师事务所：

周金霞　王金生　杜绪海　赵玉林　石艳君
钱美玲　刘金朝　王克朝　陈玉庆　李奇祥
张志堂　赵云芳　丰明芝　贾春霞　李修炼
闫　娜　张　霞　邓美阳　张书民

河北正通会计师事务所：

柳国兰　王在仁　顾金武　路如飞　王振山
刘玉芬　裴树清　李运芳　赵子壁　王西林
李立军　白潭香　李海涛　李文英　程红彬

邯郸兴华会计师事务所：

卢志江　崔秋菊　谢炳军

邯郸长城会计师事务所：

金洪茹　张书海　杜新华　王立斌　吴树才
郝崇富　郭　杨　杜志敏

河北博远会计师事务所：

李运华　马俊巧　段鹏宵　李化忠　高树珍

河北中诚会计师事务所：

郝群英　徐桂林　赵先增　刘志民　甄永惠
刘志毅

邯郸大光明会计师事务所：

王文龙　李建明　李海明　王好志　徐　伟

河北天昊会计师事务所：

张　书　付森林　武克勤　韩俊英　孙福来

邯郸中信会计师事务所：

胡培勤　王中洲　吴　彬

邯郸恒信会计师事务所：

孙瑞金　牛寅生　孙林生　宗彦云　刘秀桂
潘社芳　刘红君

邯郸中兴会计师事务所：

程玉保　于登波　田　兴　张国需

武安诚士会计师事务所：

吴林侠　王丽霞　白变英　安　强　田利军
李季坤　马丽华

涉县永利会计师事务所：

杨庆祥　高文河　李保泰　崔长寿　张河旺
李艳芳

成安乾元会计师事务所：

李海仲　赵学臣　王振岭　李志强　康锡舜

磁县正信会计师事务所：

王秋云　赵秀英　董志英　王合堂　李玉花

肥乡中信会计师事务所：

任守国　赵兰东　牛士如　程志坤　王英奎
张志强　徐志强

大名永和会计师事务所：

孙国屏　李洪润　李书才　宋西亮　申月英

曲周德信会计师事务所：

王秀荣　张治华　王寅辰

协会代管：

侯景蕊　闫家谦　侯志录　高进其　张求慧
李雅丽　赵鹏年　杨淑芬　王忠林　王洪兵
左清甲　宋忠树　池翠红　刘清梅　赵玉莲
王彦平　冯玉珍　庞淑珍　安金凤　冯树辰
牛新朝　王玉生　张　生　霍连法　霍文秀
邢建华　贾晓辉　敖亚义　杜智良　刁莉品
崔　薇　顾春蕊　张风和　赵俊峰　杨施霖
荆春林　郭修思　郝云巧　游梅兰　张　哲
刘丽娟　张俊芬　董海英　李桂菊　张　敏
刘建瑞　刘合军　张树东　张惠花　刘瑞起
刘福恒　龚壬午　刘治国　和联奎　张月娥
赵　斌　程建瑞　陈宝忠　张惠民　金洪星
宫士杰　王　霞　魏群英　段方来　孙宗刚
王魁柱

（省注协秘书处供稿）

2005 年
通过年检的注册资产评估师名单
（768 人）

北京京都资产评估公司河北分公司：

马　涛　王婕　王旭光　李凤民　袁晓蕊
牛振江　尉京红　贾永跃

河北光大会计师事务所：

张　浩　孟凤淑　孙志肖　闫梦游　王建平
吴　磊　李秀华　吕志林　纪连贵　王秋荣
马永波　李德慧　韩　洁　董英梅　张亚红
李永良

河北天华会计师事务所：
王　瑾　吴贺民　宋　倩　刘丽娟　刘小宜
杨春娟　常敏红　唐建然　王伟岭　吴占杰
刘　莉　赵艳凯　孙桂珍　秦明利　张长辉
折合群

中喜石家庄分所：
吕小云　王英伟　王秋虹　苏晓鹏　张艳荣
张海燕　高庆华　田平雪　孙珍果　杨建芝

河北华诚会计师事务所：
殷铁华　王建彬　赵慧峰　雷建欣　邓　莉
刘淑敏　张冬梅　王　巍　赵惠娟　孙永文

河北仁达会计师事务所：
曹忠志　施韵波　齐艳军　苏艳英　李惠平
王艳玲　高春会　李瑞卿　孙月亭　李爱华
张淑霞　徐　进

河北中兴会计师事务所：
刘广义　丰树成　孔令俊　白志坚　韩志强
武明志　戎秀拴

河北金桥华益德资产评估公司：
周学奎　李巧然　柏　琳　张立强　马彦芬
张玉芝　刘合军　田占武　张丽卿　秦　毅

河北华安会计师事务所：
李　钰　王建设　高惠杰　白海燕　刘正华
闫海舰　郭朝军　丁　宇　李　涛　杜爱英
王秀敏　邱滏泳　李宗芳　朱保成　刘丽平
蔡中伏　刘军锋　高彦琴

河北立信会计师事务所：
张连顺　米巧梅　王建房　孟永荣　成秀录
殷春阳　王学梅

天津中审联河北顶誉分所：
王春英　陈俊峰　韩海永　石　也　李双越
李保军

河北大众资产评估公司：
于晨晖　李　燕　杜彩萍　李亚军　王泽昊
陈秀文　郝克勤　杜彦斌　张海燕

石家庄冀鸿会计师事务所：
蔡俐丽　王志国　王桂芳　王　茹　刘根良
黄　武

河北永正得会计师事务所：
张立霞　马小安　甄慧卿　于　宏　刘　霞
马　丽　牛利峰　范国林

河北康龙德会计师事务所：
邢艳红　杨翠敏　赵振清　闫家谦　周子英
李兴瑞　刘　刚　董　军　陈艳玲

河北冀祥会计师事务所：
赵庆辰　苏　毅　郭兰肖　王丽洁　马小鹏
张　超

河北阳光会计师事务所：
张景全　王彦平　吕贵兰　李秀兰　李　强
李拥军

河北正祥会计师事务所：
刘兰中　张晓燕　罗建军　冯姝娟　于玲芳

石家庄正信会计师事务所：
高　峰　崔琰辉　刘志丽　侯敏茹　曹生波
马新景　华晓晖　聂永川　陈桂香

河北信源会计师事务所：
刘　朝　周施恩　王　旭　田建华　张荣君
蒋宏岭

河北新世纪红盾资产评估事务所：
郭运芳　魏　星　周　岩　张素珍

石家庄财信会计师事务所：
穆敬尧　李文芳　赵新荣　李文志　张　峰
邰凤华

河北金益德资产评估事务所：
陈春元　董素军　王　欣　翟发源　徐众尧
韩荣才

井陉苍山资产评估事务所：
王密清　侯　力　李玉亭

石家庄中勤万信资产评估事务所：
张桂英　梁世静　李建敏

深泽兴达资产评估事务所：
刘建平　刘天娇　刘会敏

鹿泉正元资产评估事务所：
孙卫红　朱玉珍　张胜海

无极极翔资产评估事务所：
赵宏毅　兰永召　马占科　孙　雅

河北中和神州资产评估事务所：
韩金萍　张翠珍　段义兴　王会杰　苏绍清
李鸣凤　薛秉忠

石家庄天衡资产评估事务所：

冯立英 韩彩霞 李琴焕 吴维明 贾义平
赵文杰

藁城宏拓资产评估事务所：

纪海彬 于雪芬 杜雪峰

河北中源厚德资产评估公司：

孟淑寰 吕旭英 张 红 张振生 韩丽芹
陈敬红 王玉峰 王志宾 聂惠珠

张家口鑫正会计师事务所：

薛连春 赵 燕 付 昊 王 玉 王凤国

张家口张垣会计师事务所：

李文海 刘虹英 任立英 李 力 王存福
王崇喜

怀来新兴会计师事务所：

王 平 李 季 武桂梅 牛海宏 王建华

张家口诚信会计师事务所：

赵建林 张义莲 付振东

张家口宣兴会计师事务所：

宋建军 刘晓龙 张辉龙

承德天元资产评估公司：

樊如祥 韩继民 刘 昌 兆明辉 闫姬阳
郭 廓 吴国军 孟昭稳

承德北方会计师事务所：

李江娟 闵景福 王振伟 张海峰 王淑珍

承德方兴资产评估公司：

刘国生 王淑芳 常玲娥 连金玉 陈金娥
林春秀 王月贤 刘 颖 周立友 李玉坤

承德宏远会计师事务所：

魏荣红 崔秀荣 王亚茹 郭永旺 刘炳廷

承德热河会计师事务所：

张宏伟 鲁国印 徐富贵 周国永 佟贺君
方兴民 于永成

承德正元会计师事务所：

史晨阳 张文红 张红武 彭兴利 刘 莉

秦皇岛正源资产评估公司：

陆永新 宫士杰 刘志民 谢桂珍 乔海军
邱慧波 赵爱武 林长河 李 勇 王 霞
霍东玲 王雅琴 肖丽莉

河北衡信会计师事务所：

胡 旭 任伯宁 李 晔 冯桂荣 刘 森
刘 炯 刘玉慧 刘秀芝 周金娣 陆 嵩
曾红云

秦皇岛星日阳会计师事务所：

杨沛田 刘永忠 邵永坡 霍冬梅 于 涛

秦皇岛至诚会计师事务所：

卢锡民 杜春玲 郭慧峰

唐山中惠资产评估公司：

朱 琨 刘希会 安鸿文 沙 彬 雷向阳
姚 峰 李 哲 施 涛 王甲均 董秀波

唐山天华会计师事务所：

赵 剑 邢希瑜 付永辉 刘里江 金昭阳
贾宝柱 李 君 王海生 刘 婷 方 杰
王静娜 周晓媛

唐山万春资产评估公司：

刘绍安 刘新军 葛焕艳 商咏春 郑军峰
王海青 王立民 刘昌秋

唐山中元诚信资产评估事务所：

裴冬梅 何义海 刘素芹 常安全

唐山永安资产评估公司：

刘军林 袁 超 严惠艳 陈树君 郑志军
赵树勇 李 冰 赵 静 徐 昆

唐山华信会计师事务所：

马凤芹 孙育新 周晓阳 娄爱兵 赵平易
刘慧军 徐兆军 周震解 吕金壮

遵化公正资产评估事务所：

解贵勤 尹 燕

唐山正信会计师事务所：

杨 岚 韩宝利 姜 峰 姚常明

唐山大众会计师事务所：

李忠彬 王焕刚 李大永 孙淑英 李向茹
阮红民 李景香

唐山衡信资产评估公司：

林志明 周仲元 张宝东 陈玉俊 王国栓

滦县信誉会计师事务所：

刘秀华 王振生 刘 强 赵文武 张金梅
王子春 刘建文

唐山吉祥资产评估公司：

孙继香 龙胜兵 缪 伟 马力强 杨小宁
任静涛 江 海 杨智勇 郑 军

玉田宏信会计师事务所：

董俊丽 卢朝辉 田 磊

唐山明正会计师事务所：

王晓光 裴素平 付国清 冯海江

唐山中颐达资产评估事务所：

张 杰 马广田 吴艾华 李广江 陈金龙

保定华鹏资产评估公司：

史学良　唐玉等　刘晓东　刘立军　高　萍　陈　宇　李海勇　赵晓宇　白丽芹

河北东方会计师事务所：

刘红军　尉来军　郭丽华　付志民　李彦敏　肖　杰　肖　静

保定诚信资产评估公司：

朱克鸿　王建忠　张悦玲　史永利　耿常英　李　莉　吴金年　李志福

保定大雁会计师事务所：

李苏平　段立新　杨小平　王丽岩　杜葆欣　郭春花　孙　柱　杨洪利　张云贵　张玉德　杨　欣

保定恒泰会计师事务所：

刘永胜　张玉英　刘立华　张耀军　阮为秀　张利军　陈义锋

河北正源会计师事务所：

宋慧茹　张　静　芦建军　周　薇　张洪锟　朱清江　匙　伟　孙彦君　付　浩

涿州博友会计师事务所：

朱希芹　毕福金　刘宏义　孙立君　臧秀萍　李　明

满城宏信会计师事务所：

李永强　高连雨　陈六成　刘玉宝

徐水宏运会计师事务所：

宋艳敏　商艳云　张　莉

涿州立信资产评估事务所：

沈晓玲　张素珍

易县宏莉资产评估事务所：

解秀芳　柳俊霞　张　齐

河北金诚会计师事务所：

龚　利　白芳兰　冯立宏　王景勋　程俊英　王　强　李庆宾

廊坊天元会计师事务所：

刘　澜　王金霞　田　野

廊坊至信会计师事务所：

王路明　马　力　靳力强　李书卿

廊坊益华会计师事务所：

张文瑞　刘子明　张克俭　李海山　李　欣　陈　迎　徐贺学

三河诚成会计师事务所：

孙爱平　杨振敏　刘　昆

三河华信资产评估公司：

历宝国　黎文鹏　徐金凤

河北华狮会计师事务所：

袁丽萍　倪风阁　周坤生　贾建国　段文臣　卢秋凯　高永峰　刘丙刚

沧州骅源会计师事务所：

康立春　孙宏志　刘宝山　崔荣霞　刘晓芬

沧州中评资产评估事务所：

刘树芹　于　洁　李庆新

沧州狮城资产评估公司：

张　洁　陈艳梅　刘根良　曹宝玉　李文通　王彩卓　郭　锋　孙　晔　沈红星　吴玉锡　卢东苓

青县江华资产评估事务所：

朱连江　时国华　吕爱民

河北昌泰资产评估事务所：

王慧敏　赵志锋　刘红录　白贞芹　边强华　赵丽红　张晓曦

任丘信达资产评估事务所：

李文玉　苏红丽　边发强

衡水金正会计师事务所：

张　玲　张春燕　杨志敏　徐艳哲　张文昌　邱秀贞　王淑娣　马　燕

衡水方圆会计师事务所：

苏子广　董艳玲　戚岩青　戴　宁　李苏川

衡水正财资产评估事务所：

于红兵　郑国建　武志军

衡水开元会计师事务所：

王祝玲　刘彦菊　刘国华　李淑文

河北天成会计师事务所：

刘　环　王爱党　程英　康晓兰　杨　立　赵　会　田文杰　张桂英

邢台华信会计师事务所：

张永各　刘军学　贺鸿根　任雅丽　李军国　赵　军　张运霞　田国丽　梁红云

河北新世纪会计师事务所：

尹现方　杨　羽　耿彦伟　邵杰英　周　静　陈慧敏　刘　敏　马小灿　刘爱红　范云燕　张玉冬　耿秀月　朱丽静　黄佩华　张利辉　徐文勇

邢台金华资产评估公司：

王进才　王进才　吴小密　许存格　王冬艳

任浩明

邢台卓勤资产评估事务所：

陈振国 刘九梅 王香芬 霍志宏 赵志山

沙河中达会计师事务所：

郭爱民 樊庆斌 张幸敏 段会人

清河东方会计师事务所：

王存杰 黄启昆 郑桂书

邢台顺德会计师事务所：

刘朝栋 颜迎红 康 丽 张 丽 郭建为 刘 晔

邢台鑫源资产评估事务所：

李文清 李焕萍 李庆德 马维霞 王会刚

邢台友信会计师事务所：

王 勇 赵湛斌 王 伟 王书军 张英瑞 王坚强 唐兰新

邢台正大会计师事务所：

檀会芳 魏爱云 赵彬菲 逯和平 靳竹霞 张金良

河北太行会计师事务所：

李红利 路如飞 耿振华 卢恩平 杨群芳 张志永

邯郸光明资产评估公司：

吴力远 栗安章 李 琛 叶丽丽 陈克利 李 静 张 敏 王晓梅 于英志 柳韦江 秦永旺 李建明 徐 伟 张俊萍

中喜会计师事务所邯郸分所：

王双印 阎钟峰 杨瑞芳 姬瑛斌 张邯波 闫天伟 赵美荣 郑 睿 洪红青 张 健

邯郸中信资产评估事务所：

李长新 张增风 姚全心 侯永军 温印升 郭光复 李敬改

武安中策资产评估事务所：

刘俊峰 张爱军 郭学立

涉县永利会计师事务所：

赵永全 赵守勇 杨寿堂 豆海峰

邯郸恒信会计师事务所：

孙瑞金 徐桂英 汲才友

邯郸中正信联合资产评估事务所：

张忠宝 韩永杰 张维森 常建光 臧军川 郭艳军

河北正通汇达资产评估事务所：

杜春玲 李 明 李 丽 延引甫 杨振宇

协会代管：

沈兰英 王晓慧 刘文建 温书民 郭连昌 孟祥兰 梁聪慧 雷引娟 杨宏屹 李桂兰 刘 丹 祁菊丽 吕金壮 苏 虹 王怀忠 姜玲玲 范国敏 段淑升 商彦恒 王庆义 胡东西 王永阁 王金强 赵献华 齐振华 王广福 刘明杜 赵艳朋 王文龙 栗海云 袁桂槐 安保国 张玉芹 张淑英 刘 壮 卢朝辉 赵 毅 滕 飞 王桂红 李 芳 李晓钟 刘小召 李 玲 贾俊强

（省注协秘书处供稿）

荣誉专版

抓落实　见成效
再创财政工作新局面

——在厅机关 2005 年度总结表彰暨 2006 年度工作动员大会上的讲话(摘录)

齐　守　印

(2006 年 2 月 5 日)

同志们：

节后上班第一天，我们召开这次会议，主要任务是，总结 2005 年工作，表彰先进；统一思想，鼓舞干劲，动员全厅干部职工做好今年各项工作的落实。刚才，郭秀堂同志宣读了《关于表彰 2005 年度先进集体和先进个人的决定》，对 2005 年度先进集体、先进个人进行了表彰。在此，我代表厅党组向受到表彰的先进集体和先进个人致以热烈的祝贺！下面，我讲三点意见。

一、2005 年各项工作可圈可点，令人振奋

2005 年，在省委、省政府的正确领导下，全厅干部职工深入开展保持共产党员先进性教育活动，牢固树立和积极落实科学发展观，求真务实，扎实工作，年初确定的各项目标任务全面完成，为"十五"财政工作画上了圆满的句号。

这个句号，体现在财政收入实现历史性突破上。2005 年，全省全部财政收入完成 1035.2 亿元，实现历史性突破。财政收入从建国初期的 1.9 亿元增加到 100 亿元，用了 42 年时间；从 100 亿元到 500 亿元(2002 年为 544.8 亿元)，用了 10 年时间；从 500 亿元到 1000 亿元，仅用了 3 年时间。近三年的增量相当于 2002 年前五十多年的增量。预算处、国库处积极协调税务部门，依法严格征管，加强收入分析调度，及时解决征收中存在的问题，为完成全年收入任务做了大量工作。农税处进一步强化征管措施，超额完成农业税收收入任务，契税和耕地占用税收入再上新台阶。税政处在 2260 户企业开展了企业所得税税源调查工作。非税收入管理局与有关部门积极协调，落实责任，强化征管，超额完成了各项非税收入任务。2005 年，全省一般预算支出完成 962.2 亿元。国库处建立并坚持专项资金支出进度通报制度，会同有关业务处切实加快省级支出进度，当年达 96.7%；财政总决算获全国评比优胜奖。

这个句号，体现在支持经济发展的显著效果上。一年来，我们注重发挥财政职能作用，有力推动了全省经济更快更好发展。着眼增强市县加快经济发展的动力，预算处进一步完善了激励性财政体制，省对市县预计多返还 20 多亿元。着眼优化经济发展环境，预算处研究制发了《关于进一步加强执收执罚部门收支脱钩管理工作的通知》；综合处公布取消 32 项行政审批收费项目，取消和降低 8 项涉企行政事业性收费项目；非税收入管理局在清理省本级收费项目的基础上，对所有项目实行"票款分离"征管办法，全面落实"收支两条线"规定；会计处认真组织贯彻实施《会计法》，切实加强会计人员管理；注协秘书处会同监督处(局)、条法处、会计处深入开展注册会计师行业清理整顿工作；会计人员服务中心积极组织开展各类会计人员培训，荣获全国会计教育培训工作二等奖。着眼加快县域经济发展，预算处调整对扩权县(市)的财政体制，制定《关于深化县乡财政体制改革试点工作的指导意见》和《关于促进县域经济发展、切实缓解县乡财政困难的意见》，筹措资金 10.5 亿元，兑现了"五奖二补"政策，并筹措 31.7 亿元一般转移支付资金用于增强县乡财政基本保障能力。着眼扩大投资，经济建设处争取国债等资金 42 亿多元，重点支持农业、城市等基础设施建设，集中资金 3.5 亿元支持曹妃甸等一批立省项目建设；财政投资评审中心在完善制度和评价指标体系的基础上，完成评审项目 1058 个，送审金额 37 亿元，审减 3 亿元。着眼推进国有企业改革，企业处在完成省属企业和做好第二批中央在冀企业分离办社会职能工作的同时，积极争取中央破产补助资金 17.6 亿元，解决了 8 户企业 2 万多名职工的安置问题。着眼促进民营经济发展，企业处积极督导担保机构落实资本金、支持中小企业服务体系和信用担保体系建设。着眼扩大对外开放，预算处及时完善出口退税负担机制，调整了省市负担比例，较好地解决了个别市县负担过重问题；涉外处、外债中心积极谋划外国政府和国际金融组织贷款新项目，实现财政利用外资 9200 万美元，还积极争取财政部对我省国外贷款项目汇率风险补贴、利息减免 1.4 亿元；企业处积极争取中央外贸发展资金，支持农产品、机电产品出口企业开拓境外市场；税政处认真组织开展了对 161 户出口企业的重点产品国际竞争力调查工作。

这个句号，体现在理财为民的突出成效上。一年来，我们坚持以人为本，充分运用财政资金和政策措施，办成了一批事关人民群众切身利益的实事，支持了"和谐河北"建设。在"三农"方面，农开办积极争取国家农业综合开发投入，进一步提高农业综合生产能力和农业产业化建设，在增加投入、突出重点、提高效益、创新机制和规范管理等方面实现了新突破；农业处整合资金，支持实施动物疫病防治体系、农业结构调整和产业化、基础设施建设、绿色生态环境建设、扶贫等"五大工程"；综合处、农税处加大农业税减免力度，继续深化农村税费改革，并确定 12 个县(市)开展农村综合改革试点；经济建设处、农业处认真组织落实粮食直补、良种补贴和农机具补贴政策，粮食直补工作受到财政部通报表彰；经济建设处安排资金 35 亿元，支持农村公路等工程建设；社会保障处及时拨付 3438 万元补助资金，支持新型农村合作医疗试点，并出台了农村医疗救助、农村低保、农村合作医疗等一系列资金、财务和会计管理办法；教科文处支持扩大计划生育奖励扶助试点，使 7.6 万农村群众受益；企业处争取补贴资金 16.1 亿元，积极推进农村信用社改革；投资公司积极建设奶牛养殖小区、良繁项目和草业公司"三大工程"，带动了农民增收；高德义同志积极组织协调做好阜平县"四帮一"扶贫工作，为当地经济社会发展和群众脱贫致富做出了贡献。在就业再就业和社会保障方面，社会保障处围绕"民心工程"建设，在征收养老、失业两费收入 137 亿元和争取中央资金 53 亿元的基础上，支出 4 亿元，保证了就业再就业目标提前超额完成，全省基本实现并轨；支出 200 多亿元，确保了企业退休人员、下岗职工、低保人员和受灾群众的基本生活，为 19 万人次提供了医疗救助；农业处紧急拨付资金 4000 多万元，支持高致病性禽流感防治工作。在社会事业发展方面，教科文处争取中央资金 7 亿元，试行农村义务教育财政投资项目"奖补结合"和科技资金招投标管理，支持解决贫困生就学难问题，推进义务教育"两项工程"和高等教育"双重工程"建设，支持建成省美术馆、省科技馆等 4 个大型公益文化科技场所和村村通广播电视工程；社会保障处、经济建设处支出 3.3 亿元，支持建成 139 个疾控中心、97 个医疗救治项目，对 539 个乡镇卫生院进行了标准化改造；综合处积极筹集彩票公益金 10 多亿元，支持青少年校外活动场所等社会公益事业项目建设。与此同时，预算处在时间紧、任务重的情况下，昼夜奋战，完成了清理津贴补贴工作，并筹措 14 亿元资金，做好落实工资改革的准备工作。

这个句号，体现在财政运行机制的日趋完善上。一年来，我们坚持深化改革，不断创新财政管理体制和运行机制。一是预算管理改革又有新突破。预算处起草并以省政府令印发了《省级预算管理规定》，拟订并由省政府印发了《关于进一步推进省级财政集中财力办大事的指导意见》。预算处、预算编审中心积极推进支出标准体系建设，完善了省级个人经费、正常公用经费和部分专项经费支出标准。预算处会同教科文处、农业处、经济建设处、社会保障处、行政政法处、企业处、涉外处、投资评审中心研究制定《省级财政支出绩效评价暂行办法》及其实施方案，指导省农科院和文物局试编了部门绩效预算，着手开展了义务教育"两项工程"、水土流失综合治理、环保、信息、省校科技合作开发等方面资金的绩效评价工作。同时，预算处、国库处、信息中心较好地完成了政府收支分类改革试点工作，得到财政部领导充分肯定。二是财政国库管理制度改革又有新进展。国库处、支付中心积极拓展改革范围，将省级全部一级预算单位和 107 个基层预算单位纳入改革范围，11 个设区市全部启动改革试点；国库集中支付规模进一步扩大，省级财政直接支付 276 亿元，比上年增长 34.2%。三是政府采购制度改革又有新提高。政府采购办公室围绕贯彻落实《政府采购法》，相继出台 14 项监管制度，规范了政府采购管理；制定政府采购预算编制办法，全年完成采购金额 85.1 亿元，比上年同期增长 18%，资金节约率达 11.8%。四是财政监督试行新举措。财政监督处（局）精心谋划，起草并由省政府印发了《财政厅向省直各主管部门委派财政监察组工作办法的通知》，并正式启动委派工作试点；财政监察一组、二组以高度负责的精神，对 4 个派驻部门及其所属单位的银行账户、预算执行、非税收入征缴、专项资金管理等情况进行了核实清理和跟踪监督，探索了实施旁站监督的新路子，得到财政部领导的积极肯定。财政监督处（局）组织开展全省专项资金综合治理工作，积极宣传、学习、贯彻《财政违法行为处罚处分条例》，研究起草《河北省财政监督规定》，并以省政府规章形式颁布实施。农业处开展了农业专项资金政策公开透明运行试点工作，通过《河北日报》，对节水浇灌等 15 个项目向社会公开，接受社会监督。五是"金财工程"建设又有新成效。信息中心在优化网络性能、健全制度体系的同时，与有关业务处通力合作，按照新的政府收支分类改革要求，对预算编制和执行环节的各个软件系统进行了整合升级；研究开发了"项目库管理系统"、"财政监督管理信息系统"、"契税征管系统"、"非税收入统计系统"等，得到财政部的充分肯定。六是行政政法支出管理改革又有新起色。行政政法处研究制定了《省级大型活动经费管理办法（试行）》，出台了《省直机关公务移动通讯费用补贴管理办法》，执行了新的县级公安机关公用经费保障指导标准，并规范了伤残干警资助资金、少数民族发展资金管理。七是事业单位财政供给机制改革迈出新步伐。教科文处起草了《省直事业单位财政供给政策改革方案》，改革财政对事业单位供给方式，变"以钱养人"为"以钱办事"，并在 10 所骨干大学 2006 年预算编制中试行。

这个句号，体现在树立财政机关良好形象上。我们坚持"两手抓，两手都要硬"的方针，"六型"机关建设初见成效。一是加强学习。机关党委、办公室、人教处、科研所与其它处室单位一道，认真扎实地开展保持共产党员先进性教育活动，积极组织完成了四个阶段 25 个规定环节的工作，教育活动成果得到季允石省长的高度评价。机关党委协助党组中心组围绕科学发展观、构建和谐社会等专题开展学习，带动了全厅政治理论学习。人教处、培训中心不断增强培训针对性，举办了扩权县（市）财政管理与改革、公文写作、公共管理及行政能力等培训班，并配合有关处室举办了绩效预算国际研讨会等专题讲座。二是依法理财。条法处制定了《厅行政执法过错责任追究办法》，审查规范性文件 148 件，对市县财政局"四五"普法工作进行了检查验收，并配合监督处反复修改完善《财政监督规定》，配合综合处起草了《河北省非税财政收入管理条例》。办公室重新修订了《厅工作规则》等相关管理制度。农税处修订并以政府令颁布施行了《河北省契税实施办法》。会计处认真贯彻落实《行政许可法》，严格会计中介机构市场准入。法规编写组认真完成了厅规范性文件汇编工作。三是提质提速。办公室制定了《关于开展机关效能建设、实施"双提"工程的意见》和《加强督查督办工作的意见》，积极协调有关处室、单位按期保质地落实省委、省政府和厅党组的各项决策部署；制定了《加强机关公文办理工作、提高公文运转效率的规定》；组织完成了人大代表建议和政协提案 273 件；在机要保密、档案管理和承办工作方面被省委、省政府评为先进单位。四是注重服务。办公室起草各类综合性材料 130 余篇，参谋助手作用进一步增强；制定了《加强政务协调工作的规定》，进一步强化全局观念，改善服务质量。国库处、支付中心主动服务部门，解决改革中遇到的各种问题，支付中心获省直"青年文明号"称号。离退休干部管理处积极热情地为老干部搞好各方面服务，得到了老干部们的称赞。机关服务中心努力改善就餐、行车、维修、安全等各方面服务工作，解决了干部职工的后顾之忧。票证文印中心认真做好各类文件材料的印制工作。涿州培训基地、北戴河培训基地为各类会议、培训等提供了优质的服务。尤其需要指出，涉外处以其在 G—20 会议服务方面的优异表现，得到了财政部的表扬和省政府的通报表彰。五是转变作风。每位厅领导都结合分管工作，带头深入基层开展调查研究。科研所紧紧围绕中心工作，组织开展调查研究，并召开了省财政学会年会；配合预算处开展省以下财政支出责任研究工作，提出了初步划分意见。办公室、财会编辑部、信息中心、年鉴办公室大力强化财政信息和宣传工作，利用报纸、杂志、电视、广播、网络等多种媒体宣传财政良好形象。预算处组织完成了《河北省财政发展"十一五"规划》的调研起草工作。督导组在推动改革措施落实上发挥了重要作用。六是勤政廉政。人教处积极建立新的人教管理制度体系，组织开展我厅事业单位清理整顿工作，在事业单位编制、职数、职称等方面做了大量艰苦细致的工作，调动干部职工工作积极性。纪检组认真组织协调全厅党风廉政建设和反腐败工作，对党风廉政建设工作责任进行了分解，开展了系统征集廉政警语警句活动；组织参加5次“阳光热线”，推进了民主评议行风工作。办公室努力规范机关部门预算和财务管理，被省审计厅赞称为全省会计工作的楷模。预算编审中心印发了《关于改进财政财务管理、建设节约型财政财务的通知》。机关服务中心研究办法、完善制度，在保障机关正常运转前提下，努力挖潜、厉行节约，取得明显成效。企业处完成了清理清退全省党政机关和事业单位用公款为职工购买商业保险工作。纪检组开展了全省党政领导干部拖欠公款清缴工作。需要特别强调的是，由尹立敏、孟占起等同志组成的厅团购办不辞辛苦、协调各方，团购住房工作进展顺利；援助西藏阿里地区工作的李新同志，抽调到香港和澳门工作的李树平、尚立军同志，认真负责地做好所担负的工作，得到了受援单位的充分肯定；以徐联中同志为队长，刘福盈、王大为、刘海河同志为队员的第三批先进性教育宣讲队，冒着严寒，深入巨鹿县、沙河市乡村，高质量地完成了宣讲任务；到村任职的张兴红、吕强同志积极为群众办实事、办好事，受到当地干部群众的好评；曹建和、沈诚君等同志为完成2005年国企改革做出了贡献，受到省国有企业改革领导小组的表扬；抽调到省专项资金综合治理办公室工作的吴士如同志，省总控办的杨伟春、王小朋同志，以其优秀的表现，得到相关单位的表扬；张青柳同志荣获省“五四”青年奖章，杨桂彩同志被评为全省保密系统先进工作者并记二等功，刘新军同志被评为全省“人才兴冀工程”先进工作者，宋华同志被审计署评为全国内部审计先进工作者，金树林同志被省政府评为民族团结进步模范个人，康凤君同志被省委评为扶贫开发先进个人。离退休老干部、提前离岗同志，离岗不离心，退职不退色，依然热情关心支持财政事业，为财政改革与发展贡献了力量。

这个句号，标志着我们全面完成了省委、省政府交给的全年任务，较好实现了2005年工作要点和20项突破性业务工作确定的工作目标，既是“十五”财政工作计划的圆满结局，也是“十一五”财政工作的良好开端。回顾党的十六大以来的财政工作，全省财政人又铸就了新的辉煌：财政收入连年迈上新台阶，并突破1000亿元大关；围绕落实科学发展观，集中财力办了一些经济社会发展领域多年想办而没有办成的大事；财政体制、政策和机制进一步完善，健全了财政履行职能的制度基础。全厅多项工作得到省委、省政府、财政部等上级机关的表彰奖励。厅党组深知，在争取这些成绩的实践中，每一个处室、单位都做了大量艰苦细致的工作，每一位干部职工都付出了辛勤的汗水。经过测评，有15个处室单位被授予先进集体称号，胡宝民、张拥军、王寅、张会军等4名同志荣记三等功，有90名同志受到表彰奖励。厅党组不仅感谢这些评先受奖单位和个人，更要向那些未受奖的处室单位和默默贡献才干的同志们致以最崇高的敬意和最诚挚的感谢！

河北省财政厅
关于2005年度财政信息工作
考核评比情况的通报

冀财办[2006]16号　　2006年2月27日

各市财政局、扩权县(市)财政局、省厅信息重点联系县(市)财政局：

2005年，在各级财政部门领导的关心、支持和有关方面的配合、帮助下，财政系统广大信息工作人员充分发挥主观能动性，恪尽职守，兢兢业业，上报了许多高质量的信息，省厅信息工作分别被财政部、省委、省政府评为优胜单位，许多市县财政局也被本级党委、政府评为信息优胜或先进单位。卓有成效的财政信息工作，为领导科学决策，为促进全省财政改革与发展发挥了重要作用。为表彰先进，省厅根据《河北省财政信息工作考核评比办法》对2005年度财政信息工作进行了全面考核，决定对6个信息工作优胜和先进市财政局、11个信息工作优胜和先进扩权县(市)财政局、7个信息工作优胜和先进联系县(市)财政局、14个信息工作先进处室(单位)、13名信息工作先进组织者、50名优秀信息工作者和20条优秀信息予以通报表彰。2006年，各地要根据财政改革与发展的新形势，进一步改进和加强信息工作，不断提高信息质量和水平。要切实加强对信息工作的领导，从抓信息队伍建设入手，抓信息源、抓深层次综合加工、抓网络建设，使财政信息工作更好地为领导科学决策服务、为财政改革与发展服务。

特此通报。

附件：1.2005 年度全省财政信息工作优胜和先进市财政局名单

2.2005 年度全省财政信息工作优胜和先进扩权县(市)财政局名单

3.2005 年度全省财政信息工作优胜和先进联系县(市)财政局名单

4.2005 年度省厅财政信息工作先进处室、单位名单

5.2005 年度全省财政系统信息工作先进组织者名单

6.2005 年度全省财政系统优秀信息工作者名单

7.2005 年度优秀财政信息条目

附件 1：

2005 年度全省财政信息工作优胜和先进市财政局名单

优胜单位：石家庄市财政局
沧州市财政局
邯郸市财政局
承德市财政局

先进单位：衡水市财政局
唐山市财政局

附件 2：

2005 年度全省财政信息工作优胜和先进扩权县(市)财政局名单

优胜单位：承德县财政局
黄骅市财政局
冀州市财政局
定州市财政局
清河县财政局
张北县财政局

先进单位：安国市财政局
遵化市财政局
丰宁县财政局
辛集市财政局
霸州市财政局

附件 3：

2005 年度全省财政信息工作优胜和先进联系县(市)财政局名单

优胜单位：盐山县财政局
围场县财政局
正定县财政局

先进单位：涿鹿县财政局
唐县财政局
邢台县财政局
唐山市丰润区财政局

附件 4：

2005 年度省厅财政信息工作先进处室、单位名单

预算处(预算编审中心)
国库处(支付中心)
社保处(社保中心)
教科文处
人教处
监督处(局)
经济建设处
农业处
综合处
会计处
行政政法处
企业处
涉外处
省财政投资评审中心

附件 5：

2005 年度全省财政系统信息工作先进组织者名单

石家庄市财政局	田卫东
沧州市财政局	张志平
承德市财政局	刘德涛
邯郸市财政局	宋进民
承德县财政局	刘学民
黄骅市财政局	周延勇
冀州市财政局	翟丙礼
定州市财政局	郎立功
清河县财政局	王勇军

张北县财政局	郑若峰
盐山县财政局	陈延兴
围场县财政局	马玉文
正定县财政局	郝志敏

附件6：

2005年度全省财政系统优秀信息工作者名单

石家庄市财政局	霍　强　梁永文
沧州市财政局	刘增民　车宗文
邯郸市财政局	宋新琪　郭俊杰
承德市财政局	杨雁群　唐　恬
衡水市财政局	杜建政　于家旺
唐山市财政局	金　毅　姚淑妍
张家口市财政局	徐正中
秦皇岛市财政局	仇　旭
廊坊市财政局	尹永强
保定市财政局	王占革
邢台市财政局	董国栋
承德县财政局	孙竞潇
黄骅市财政局	孙海峰
冀州市财政局	高　伟
定州市财政局	郄占伏
清河县财政局	安　顺
张北县财政局	赵浴黎
安国县财政局	刘文涛
遵化市财政局	崔占巍
丰宁县财政局	柳晓军
辛集市财政局	萧世谨
霸州市财政局	韩海龙
围场县财政局	寻志东
盐山县财政局	李　兵
正定县财政局	梁金贵
涿鹿县财政局	王　富
唐县财政局	马　浩
唐山市丰润区财政局	王景生
省财政厅人教处	赵新海
省财政厅预算处	宋华军
省财政厅行政政法处	段云飞
省财政厅经济建设处	牛显杰
省财政厅农业处	郭京华
省财政厅综合处	王拥军
省财政厅企业处	吴红智
省财政厅社保处	胡毅东
省财政厅教科文处	孟航鸿
省财政厅国库处	周庆华
省财政厅会计处	张学军
省财政厅涉外处	纪彦君
省财政厅监督处(局)	王新庄
省财政投资评审中心	陈　兵
省注册会计师协会	王书江
省政府采购办	李淑娜

附件7：

2005年度优秀财政信息条目

1. 河北财政鼎立支持十项“民心工程”(财政部《财政信息》)

2. 河北省将“三奖一补”扩大为“五奖二补”(财政部《特供信息》)

3. 我省对种粮农民补贴力度大、效果好(省委办公厅《河北快报》)

4. 河北省深化农村税费改革促进农业和农村发展(省委办公厅《每日重要动态》)

5. 我省集中财力近350亿元“办大事”促发展、惠百姓(省政府办公厅《专报信息》)

6. 石家庄市着力提高财政资金使用效益(财政工作简报第15期，石家庄市财政局提供)

7. 张家口市财政多措并举大力支持项目建设(财政工作简报第6期，张家口市财政局提供)

8. 承德市财政局严把“四关”确保教育“两项”工程资金的安全有效(财政工作简报第9期，承德市财政局提供)

9. 秦皇岛市海港区坚持“两个统一”“五项审核”加强资金监管(财政工作简报第32期，秦皇岛市财政局提供)

10. 威县财政局加大农发资金管理力度提高资金使用效益(财政工作简报第13期，邢台市财政局提供)

11. 廊坊市教科文部门财政资金管理坚持“五个强化”(财政工作简报第19期，廊坊市财政局提供)

12. 保定市财政局认真贯彻落实全省财政工作座谈会精神(财政工作简报第29期，保定市财政局提供)

13. 衡水市委书记李俊渠对财税工作提出具体

要求(财政工作简报第 11 期,衡水市财政局提供)

14. 唐山市从四个方面认真落实惠农政策(财政工作简报第 6 期,唐山市财政局提供)

15. 涉县粮食直补工作突出“快、准、全”(财政工作简报第 20 期,邯郸市财政局提供)

16. 沧州市完善“四个机制”加大对农村义务教育投入力度(财政工作简报第 21 期,沧州市财政局提供)

17. 丰宁县以“扩权强县”为契机努力实现跨越式发展(财政工作简报第 6 期,丰宁县财政局提供)

18. 冀州市推出财政专项资金拨付管理新举措(财政工作简报第 17 期,冀州市财政局提供)

19. 邢台县财政局发挥职能作用支持县域经济发展(财政工作简报第 34 期,邢台县财政局提供)

20. 正定县五项措施强化财政专项资金管理(财政工作简报第 21 期,正定县财政局提供)

河北省财政厅关于表彰 2004 年部门决算先进单位的通知

冀财库[2005]16 号　　2005 年 5 月 27 日

省直各单位:

在省直各部门的大力支持下,我省圆满完成了部门决算报表工作,数据质量较上年又有新的提高。2004 年是由行政事业单位决算向部门决算过渡的第一年,报表体系做了很大调整,各单位财务人员努力克服时间紧、任务重等困难,按时报送了决算报表,较好地保证了数据的全面、真实、准确,为全省部门决算工作的圆满完成做出了贡献。为推动部门决算工作再上新台阶,经研究,决定对 2004 年部门决算先进单位进行表彰。

根据 2004 年省直单位部门决算报表工作的组织落实、上报时间、编制质量等方面任务的完成情况,经认真考核评比,以下 40 个单位被评为 2004 年部门决算先进单位:省教育厅、省卫生厅、省民政厅、省地勘局、省农业厅、省水产局、省文化厅、省统计局、省安全厅、省交通厅、省水利厅、省法院、省旅游局、省地税局、省人防办、省体育局、省发改委、省广电局、省国资委、省环保局、省建设厅、省科技厅、省林业局、省质量技术监督局、省食品药品监督局、省公安交通管理局、省高速交警总队、省信息产业厅、省农科院、省科学院、省人事厅、省妇联、省机关事务管理局、省科协、省委办公厅、省政府办公厅、省审计厅、省畜牧局、省司法厅、省贸促会。

希望各单位继续发扬吃苦耐劳、任劳任怨的部门决算优良传统,进一步加强部门决算工作组织,不断提高报表质量,促进我省部门决算工作取得更好的成绩。

河北省财政厅关于表彰 2004 年度财政总决算工作先进单位的通报

冀财库[2005]27 号　　2005 年 11 月 25 日

各设区市财政局:

2005 年,全省财政国库部门按照“真实、准确、全面、及时”的八字方针,圆满完成了 2004 年度财政总决算编审工作。各市决算报表报送及时、数据准确,并结合经济运行的特点,较为深入地分析了财政经济形势及政策变化对预算收支的影响,内容较为丰富,财政总决算的整体水平进一步提高。经综合评比,共评选出 2004 年度财政总决算工作先进单位 6 个,分别是:

一等奖:保定市

二等奖:邢台市　张家口市

三等奖:石家庄市　沧州市　廊坊市

望各市财政国库部门继续发扬优良传统,认真总结经验,全面贯彻落实决算工作八字方针,不断提高决算编审质量,使 2005 年财政总决算编审工作再上一个新台阶。

河北省财政厅 关于表彰 2005 年预算执行及分析工作先进单位的通报

冀财库[2005]28 号　　2005 年 11 月 25 日

各设区市财政局：

2005 年，在全省各级财政国库部门的共同努力下，全省财政预算执行及分析工作水平又有新提高。各市按照要求准确、及时报送旬报、月报数据，报送的执行分析要点简明扼要，月度和季度预算执行分析情况全面、内容丰富，专题材料重点突出、问题分析透彻。按照各市旬报、月报、预算执行要点、预算执行分析以及专题材料报送的及时性、准确性和分析水平的高低，经综合评比，共评选出了 6 个预算执行及分析工作先进单位，分别是：

一等奖：唐山市

二等奖：石家庄市　衡水市

三等奖：邯郸市　张家口市　承德市

望各市继续总结经验，提高水平，在今后的预算执行及分析工作中不断取得新成绩。

河北省财政厅 关于表彰 2004 年度部门决算工作先进单位的通报

冀财库[2005]29 号　　2005 年 11 月 25 日

各设区市财政局：

2005 年，各地经过精心组织、周密安排、群策群力、共同奋斗，圆满完成了 2004 年度部门决算的布置和编审工作。

为表彰先进，促进工作，经综合评比，共评选出 2004 年度部门决算工作先进单位 6 个，分别是：

一等奖：承德市

二等奖：保定市　沧州市

三等奖：邢台市　廊坊市　秦皇岛市

2006 年，希望各市积极理顺工作关系，继续加强团结协作，再接再厉，争取部门决算工作取得更好成绩。

河北省财政厅 关于 2005 年度各市财政监督检查工作考核评比情况的通知

冀财监[2005]53 号　　2005 年 12 月 31 日

石家庄、承德、张家口、廊坊、邯郸市财政局：

2005 年，你局财政监督检查机构坚持以“三个代表”重要思想为指导，紧紧围绕财政管理改革中心工作，认真学习贯彻《财政违法行为处罚处分条例》，努力改进监督检查方式方法，依法行政，依法监督，各项工作取得了较好成绩。经考核评比，你局财政监督检查机构被评为全省财政监督检查工作先进单位，现予以表彰。

河北省财政厅 关于表彰 2005 年度财政涉外管理工作先进单位的通报

冀财外[2005]106 号　　2005 年 12 月 29 日

各市财政局：

为更好地做好财政涉外管理工作，鼓励先进，争创佳绩，省厅对 2005 年度国外贷款管理、外汇管理等项工作进行了综合评比，现将评比结果通报如下：

一等奖：廊坊市财政局

承德市财政局

保定市财政局

二等奖：石家庄市财政局

衡水市财政局

沧州市财政局

三等奖：邯郸市财政局

张家口市财政局

邢台市财政局

国外贷款及债务管理优秀奖：唐山市财政局

外汇管理优秀奖：秦皇岛市财政局

希望各市继续努力，进一步做好财政涉外管理工作，争取更大成绩。

河北省财政厅
关于表彰教科文财政专项资金管理工作先进单位的通知

冀财教[2005]125 号　　2005 年 12 月 21 日

市财政局：

根据我们对各市 2005 年度各项教科文财政专项资金管理工作考核情况，你市财政局在工作中，严格落实有关政策要求，积极筹措资金，注重制度建设，强化管理措施，努力提高资金使用效益，工作成效显著。经研究决定，兹授予你局教科文(文行)科(处)“教科文财政专项资金

管理先进单位”，特通报表彰，以资鼓励。

附件：教科文财政专项资金管理工作先进单位名单(分项目下发)

附件：

教科文财政专项资金管理工作先进单位名单
(分项目下发)

项　　目	先　进　单　位
义务教育阶段贫困生“两免一补”工作	邯郸市财政局教科文处 石家庄市财政局教科文处 保定市财政局教科文处 廊坊市财政局教科文处
中小学危房改造和布局调整工程	唐山市财政局文行处 承德市财政局文行科 沧州市财政局文行科
科技财政管理	石家庄市财政局教科文处 廊坊市财政局教科文科
计划生育奖励扶助工作	承德市财政局文行科 衡水市财政局教科文科 张家口市财政局文行科 邢台市财政局教科文科
文化信息资源共享工程	邯郸市财政局教科文处 秦皇岛市财政局文行科 唐山市财政局文行处

河北省财政厅
关于 2005 年度重点产品国际竞争力调查工作情况的通报

冀财税[2005]93 号　　2005 年 12 月 6 日

各市财政局：

2005 年，我省继续在全省范围内开展了重点产品国际竞争力调查工作，各市财政局在时间紧、任务重的情况下，积极努力，克服困难，认真开展了布置培训、情况调查、数据填报、微机录入、审核汇总等工作，圆满完成了调查任务。

本次调查范围涉及全省所有 11 个市和 80 个区县，选择了包括各种类型企业在内的 161 户出口企业的 177 个重点产品，其中完成财政部要求调查的产品 136 种，根据我省情况补充调查的产品 41 种，涉及冶金建材、服装制造、设备制造、食品生产等行业。保定市、邢台市财政局还针对本地出口企业开拓国际市场、寻求更好发展的需要，就一些具体产品的关税税率、税目调整提出了建议。通过调查，各级财政部门初步建立了本地重点产品和生产企业基础情况数据库，并就现行关税政策对我省的产业、整体经济发展和相关企业的影响，以及内外资企业税收政策差异等，做出分析研究，向国家提出相关关税政策调整建议。需要引起注意的是，在调查中也存在一些问题：有的地方对调查工作认识不到位，重视程度不够；有的审核把关不严，造成漏户、漏表、漏项和错误填报，严重影响了调查数据质量；有的没有对关税税率、税目调整提出意见。希望这些地方认真改进不足，切实做好以后年度的调查工作。

经过对各市 2005 年度重点产品国际竞争力调查工作的综合评比，有 7 个市和 11 名同志被评为为 2005 年度河北省重点产品国际竞争力调查工作先进单位和先进个人(名单附后)。

附件：1. 2005 年度河北省重点产品国际竞争力调查工作先进单位

2. 2005 年度河北省重点产品国际竞争力调查工作先进个人

附件 1:

2005 年度河北省重点产品国际竞争力调查工作先进单位

邢台市财政局　保定市财政局　唐山市财政局
秦皇岛市财政局　张家口市财政局　沧州市财政局
衡水市财政局

附件 2:

2005 年度河北省重点产品国际竞争力调查工作先进个人

秦皇岛市财政局	范劲松
石家庄市财政局	任国辉
邢台市财政局	刘亚丽
承德市财政局	马慧霞
保定市财政局	孙　杰
廊坊市财政局	丁　勇
邯郸市财政局	张晓东
张家口市财政局	郭雪冬
衡水市财政局	孟九国
唐山市财政局	张　颖
沧州市新华区财政局	李学军

河北省财政厅关于 2005 年度企业所得税税源调查工作情况的通报

冀财税[2005]92 号　　2005 年 12 月 5 日

各市财政局:

在 2005 年度企业所得税税源调查中,各市财政局及时布置工作,积极落实任务,认真进行业务培训,提出工作要求,争取国税、地税等部门的配合与支持,深入了解企业调查情况,广泛搜集数据,严格审核把关,开展综合情况分析,并努力克服时间紧、任务重、人员少和缺乏调查渠道等困难,较为圆满地完成了调查工作任务。

2005 年企业所得税税源调查共调查样本企业 2260 户(各市实际上报样本户数详见下表),涉及全部 11 个省辖市的 121 个县(区),占全省县(区)的 88.3%。全部样本企业实现销售营业收入 4605 亿元、利润 301 亿元,应缴所得税 110 亿元,综合税率水平为 31.11%。扣除按政策规定享受的所得税抵免、减免、再投资退税和所得税返还后的实纳所得税额为 87 亿元,企业所得税实际负担水平为 24.77%。本次调查为了解掌握企业所得税税收政策执行情况和企业所得税税源分布、税收负担等情况提供了依据。

根据《河北省财政厅关于印发〈河北省企业所得税税源调查工作考核评比办法(试行)〉的通知》(冀财预[2002]95 号)的有关规定,我们对各市 2005 年度企业所得税税源调查工作进行了逐项考核,经过综合评比,有 6 个市和 11 名同志被评为 2005 年度河北省企业所得税税源调查先进单位和先进个人(名单附后)。

2005 年企业所得税税源调查工作也存在一些问题。有的对调查重视不够,工作开展不力;有的存在漏户、漏项和指标填报不符等问题,调查数据缺乏代表性、完整性和准确性;有的对调查软件不够熟悉,没有充分发挥软件数据审核、分析等功能;有的撰写的调查分析报告过于笼统简单,调查数据的分析应用工作有待进一步加强。这些方面,都需要在今后的工作中切实加以注意和认真改进。

企业所得税税源调查工作,是财政部门研究财税改革方案、制定财税政策、加强税政分析的基础,是财政工作的重要组成部分。希望各市财政部门进一步重视税源调查,加强领导,认真总结经验,改进工作不足,努力做好税源调查工作,圆满完成任务。

附件:

1. 2005 年度河北省企业所得税税源调查工作先进单位
2. 2005 年度河北省企业所得税税源调查工作先进个人

附件 1:

2005 年度河北省企业所得税税源调查工作先进单位

秦皇岛市财政局　承德市财政局　邯郸市财政局
保定市财政局　石家庄市财政局　廊坊市财政局

附件 2：

2005 年度河北省企业所得税税源调查工作先进个人

秦皇岛市财政局	樊旭东
石家庄市财政局	范淑芬
邢台市财政局	马树春
邯郸市财政局	王学生
沧州市财政局	王　刚
衡水市财政局	谢学明
承德市财政局	翟少春
廊坊市财政局	朱雅东
张家口市财政局	郭雪冬
唐山市财政局	韩青才
保定市地方税务局	王红卫

河北省财政厅关于 2004 年度国有及国有控股企业城镇集体企业财务会计决算评比结果的通报

冀财企[2005]88 号　　2005 年 6 月 27 日

各市财政局，省直有关部门、省直有关企业：

在各市财政局、省直有关部门及省直有关企业的共同努力下，我省圆满地完成了 2004 年度国有及国有控股企业、城镇集体企业财务会计决算的审核、汇总、编报工作。根据各单位决算编报情况，我厅对国有及国有控股企业、城镇集体企业财务会计决算进行了总结和评比。现将评比结果通报如下：

一、2004 年度国有及国有控股企业、城镇集体企业财务会计决算通报表扬名单

（一）通报表扬的省直部门（排名不分先后）

河北省交通厅、河北省水利厅、河北省国防科工办、河北省监狱管理局、河北省劳教局、河北省农林科学院、河北省供销合作总社

（二）通报表扬的省直企业（排名不分先后）

峰峰集团有限公司、河北旅游集团、河北物产（集团）公司、井陉矿物局、兴隆矿物局、唐山钢铁（集团）公司

（三）通报表扬的各市财政局

保定市财政局、石家庄市财政局、邢台市财政局、廊坊市财政局、邯郸市财政局

二、2004 年度国有及国有控股企业、城镇集体企业财务会计决算数据、决算分析质量优胜单位及先进个人名单

（一）决算数据质量优胜单位

保定市财政局、张家口市财政局、秦皇岛市财政局、唐山市财政局、承德市财政局、沧州市财政局、衡水市财政局

（二）决算分析质量优胜单位

邯郸市财政局、廊坊市财政局、邢台市财政局、石家庄市财政局

（三）决算工作先进个人（排名不分先后）

黄岱、黄立新、冯华、郝兰贵、张亮、张宏、李月姝、郭仲林、侯玉辉、王彦、崔根超、杜怀奇、宋彩霞、谢明言、王伟铭

河北省财政厅关于 2004 年度金融企业财务会计决算评比结果的通报

冀财金[2005]10 号　　2005 年 10 月 25 日

各市财政局：

在各市财政局的共同努力下，我省圆满完成了 2004 年度金融企业财务会计决算的编报、汇总、审核和上报工作。为了进一步激励各市做好 2005 年度财务决算工作的积极性，推动财务决算工作再上一个新台阶，根据各市的决算编报情况，我厅对此次编报工作进行了评比。现将评比结果通报如下：

一、2004 年度金融企业财务会计决算表彰名单（排名不分先后）

邢台市财政局、沧州市财政局、廊坊市财政局、邯郸市财政局，石家庄市财政局，唐山市财政局、承德市财政局

二、2004 年度金融企业财务会计决算数据、分析质量优胜单位及先进个人（排名不分先后）

（一）决算数据质量优胜单位

石家庄市财政局、唐山市财政局、张家口市财政局、保定市财政局、沧州市财政局、秦皇岛市财政局、

衡水市财政局

（二）决算分析质量优胜单位

承德市财政局、邯郸市财政局、廊坊市财政局、邢台市财政局

（三）决算工作先进个人

王志明、郑运平、张宏、冯华、郭仲林、齐艳峰、崔根超、田义、郭劲松、黄岱、宋彩霞、王伟茗、张俊丽

河北省财政厅
关于2004年度外商投资企业财务会计决算评比结果的通报

冀财企[2005]185号　　2005年10月18日

各市财政局、省属外商投资企业：

在各市财政局、省属外商投资企业的共同努力下，我省圆满完成了2004年度外商投资企业财务会计决算的编报、汇总、审核和上报工作。为了进一步激励各单位做好2005年度财务决算工作的积极性，推动财务决算工作再上一个新台阶，根据各单位的决算编报情况，我厅对此次编报工作进行了评比。现将评比结果通报如下：

一、2004年度外商投资企业财务会计决算表彰名单（排名不分先后）

（一）通报表彰的各市财政局

沧州市财政局、张家口市财政局、廊坊市财政局、保定市财政局、石家庄市财政局、唐山市财政局、承德市财政局

（二）通报表彰的省属外商投资企业

河北冀岱棉种技术有限公司、华北制药集团维灵保健品有限公司、华北制药威可达有限公司、河北阿鸥环境技术有限公司、石家庄贝克采矿运输设备有限公司

二、2004年度外商投资企业财务会计决算数据、分析质量优胜单位及先进个人（排名不分先后）

（一）决算数据质量优胜单位

沧州市财政局、邯郸市财政局、廊坊市财政局、秦皇岛市财政局、衡水市财政局、邢台市财政局

（二）决算分析质量优胜单位

石家庄市财政局、唐山市财政局、张家口市财政局、保定市财政局、承德市财政局

（三）决算工作先进个人

黄立新、黄岱、鲍春雪、张亮、周志存、王玲玲、马伟、王立冬、王淑芝、黄金柱、杜怀奇、栾淑华

河北省财政厅
关于表彰2005年财政综合管理工作先进单位的通知

冀财综[2005]55号　　2005年12月21日

非税收入管理先进单位：

石家庄市财政局　承德市财政局
唐山市财政局　衡水市财政局
邢台市财政局　邯郸市财政局
迁安市财政局　昌黎县财政局
安国市财政局　安平县财政局
霸州市财政局　清河县财政局

土地收入管理先进单位：

承德市财政局　张家口市财政局
廊坊市财政局　沧州市财政局
邢台市财政局　邯郸市财政局

国债管理先进单位：

石家庄市财政局　秦皇岛市财政局
唐山市财政局　保定市财政局
衡水市财政局　邯郸市财政局

住房资金管理先进单位：

石家庄市财政局　承德市财政局
秦皇岛市财政局　唐山市财政局
廊坊市财政局　衡水市财政局
邢台市财政局

彩票及青少年活动场所建设资金管理先进单位：

石家庄市财政局　承德市财政局
廊坊市财政局　沧州市财政局
衡水市财政局　邢台市财政局

河北省财政厅
关于表彰 2005 年度政府采购
工作先进单位的通报

冀财采[2006]2 号　　2006 年 2 月 9 日

各市财政局，各扩权县(市)财政局：

2005 年，在全省各级财政部门的共同努力下，我省政府采购工作在扩大规模、规范管理、提高效率、加大监管力度等方面取得了明显成效，2005 年全省政府采购金额达 85.11 亿元，与 2004 年相比增长 18.02%，节约资金 11.43 亿元，资金节约率为 11.84%。

为表彰先进，促进全省政府采购工作进一步开展，省厅对各市政府采购规模、制度体系建设、机构设置情况等方面的工作进行了综合考评。通过考评，以下单位被评为先进单位(按考评得分排名)：保定市财政局获一等奖；张家口市财政局、邯郸市财政局获二等奖；唐山市财政局、廊坊市财政局、秦皇岛市财政局获三等奖。

希望各市和各扩权县(市)以先进单位为榜样，按照财政部和省厅要求，进一步扩大政府采购规模，积极探索政府采购制度改革，提升政府采购工作水平，推动我省政府采购工作再上新台阶，取得新突破。

河北省财政厅
关于表彰 2005 年度政府采购信息统计工作先进单位的通报

冀财采[2006]3 号　　2006 年 2 月 9 日

各市财政局，各扩权县(市)财政局：

2005 年，在各级财政部门的共同努力下，全省政府采购信息统计工作质量和水平进一步提高，政府采购信息统计工作连续两年受到了财政部的表扬。

为表彰先进，进一步推动政府采购信息统计工作的开展，省厅根据各市上报的 2005 年政府采购信息统计报表及分析报告，综合报送时间、报表质量、分析报告水平等因素，对各市政府采购信息统计工作进行了考评。经过考评，以下单位被评为先进单位(按考评得分排名)：沧州市财政局、石家庄市财政局、张家口市财政局、邢台市财政局、承德市财政局、衡水市财政局。

希望各市及各扩权县(市)以上述单位为榜样，按照省厅的统一部署进一步加大政府采购信息统计工作力度，继续提高信息统计工作的质量和统计报告的分析水平，为政府采购制度改革和宏观经济决策服务。

河北省财政厅
关于表彰河北省杰出会计工作者和河北省优秀会计工作者的通报

冀财会[2005]66 号　　2005 年 8 月 25 日

各市财政局、省直各部门：

根据河北省财政厅《关于评选表彰杰出会计工作者的通知》(冀财会[2005]35 号)精神，经专家评委会评选，并报河北省评选表彰杰出会计工作者领导小组审核同意，通过媒体公示，以下 83 名会计人员被评选为河北省杰出会计工作者和河北省优秀会计工作者，其中，河北省杰出会计工作者 10 名、河北省优秀会计工作者 73 名，名单如下：

河北省十大杰出会计工作者：

郭景瑞　邯郸钢铁股份有限公司
高栋章　河北省建设投资公司
王四平　河北医科大学第二医院
郑建福　河北宝硕集团有限公司
曹忠志　河北仁达会计师事务所有限责任公司
刘会玲　中国耀华玻璃集团公司
刘贞锁　石家庄钢铁有限责任公司
徐纪芳　石家庄常山纺织股份有限公司
王耀忠　石家庄铁道学院
李增社　河北省食品药品监督管理局

河北省优秀会计工作者(73 名)：

董咸德　秦皇岛港务集团有限公司
王　安　唐山钢铁集团
王大勇　河北师范大学

刘惠萍　华北制药股份有限公司
尤树元　河北物产企业(集团)公司
康书生　河北大学
宓履万　河北建设集团有限公司
刘现祥　邯郸市交通局
刘要军　石家庄学院
王民杰　河北省盐业专营总公司
郭立田　河北经贸大学会计学院
马志贤　邢台矿业(集团)有限责任公司
段晓芝　保定天威集团有限公司
杨书江　河北省人民医院
许海景　临漳县中医院
李丽华　唐山百货大楼集团有限责任公司
王林昌　河北工程学院
马敬川　河北机场管理集团有限公司
孙　玲　沧州市市政工程公司
杨国星　沧州市农业局
李红现　邯郸市紫山特钢有限公司
张敬东　邯郸市教育局
姚庚春　河北光大会计师事务所有限责任公司
石长海　中喜会计师事务所有限责任公司石分所
袁丽萍　河北华狮会计师事务所有限责任公司
刘凤朝　峰峰集团有限公司
张贵辰　河北医科大学
谷成玲　河北省承德市交通局
王凤秀　河北省政府国资委
王古恭　河北晶牛集团有限责任公司
吕俊藏　衡水市地方税务局
李新芳　建设银行衡水分行
那　红　承德市农业局
刘　捷　开滦(集团)有限责任公司
田书安　衡水学院
白云霞　承德市地方税务局
沙　彬　唐山学院
滑西献　河北省煤矿安全监察局
岳凤霞　河北科技大学
王延军　河北丰维机械制造有限公司
莫苏芳　无极县财政局
房银志　河北省石家庄北郊监狱
回月光　孟村回族自治县电力局
孟梅素　河北医科大学第三医院
郭志强　沧州市地方税务局
郝文华　廊坊市明珠集团
蒋慧青　秦皇岛渤海物流控股股份有限公司
仝立娜　正定县新安镇财政所
张新儒　隆化县卫生局
申丽荣　河北省工贸资产经营有限公司
杨建欣　河北省质量技术监督局
赵春荣　秦皇岛职业技术学院
刘景蒲　保定市建设局
房晋红　张家口运输集团有限公司
曹彦明　河北省地方税务局
张丽娜　河北省商务厅
曹占青　保定市地方税务局
朱连生　北华航天工业学院财会金融系
吴红梅　华北地质勘查局综合普查大队
陈红霞　河北省民政厅
王立红　河北省商务厅
房静敏　衡水市教育局
马淑棉　河北省工商行政管理局
路坤峰　邢台县供电有限责任公司
李艳生　河北天华会计师事务所有限责任公司
庄晓玲　张家口第一医院
孟　强　河北国华沧东发电有限公司
刘雅君　迁西县电力局
侯利文　怀安县财政局
孔素云　邢台市交通局财务科
孙　宏　唐山市工人医院
赵纪忠　河北马利食品有限公司
张俊杰　霸州市社会保险事业管理所

各市、各部门要广泛宣传会计工作者的先进经验和事迹,认真组织学习杰出和优秀会计工作者的先进经验和先进事迹,弘扬正气,树立新风,引导广大会计工作者依法执业,为发展社会主义市场经济作出新的贡献。

河北省财政厅关于表彰 2005 年度省直、中直驻石单位会计继续教育先进单位及个人的通报

冀财办[2006]12 号　2006 年 2 月 24 日

省直、中直驻石单位财务处(计财处)：

根据《中华人民共和国会计法》、《会计从业资格管理办法》(财政部令第 26 号)有关规定，结合我省《关于加强会计人员继续教育的通知》(冀财会[2005]36 号)文件精神，省直、中直驻石单位认真完成了 2005 年度会计继续教育培训任务，取得了显著成绩，会计人员的综合素质进一步提高，自觉学习的积极性进一步加强，充分发挥了会计人员继续教育的龙头作用。

为更好的贯彻落实《中共中央国务院关于进一步加强人才工作的决定》，培养适应社会主义市场经济发展需要的会计人才，努力做好 2006 年度省直、中直单位的会计继续教育培训工作，对以下 36 个在 2005 年度会计继续教育工作中取得突出成绩的单位及个人给予表彰。

先进单位：(排名不分先后)

河北省卫生厅
河北省新闻出版集团
河北省交通厅
河北省粮油集团有限公司
中国石油河北省分公司
工商银行河北省分行营业部
河北省体育局
中国银行河北省分行
河北省电力公司
建设银行平安大街支行
河北省科学院
交通银行石家庄分行
河北省地勘局
建设银行和平东路支行
华北制药集团有限责任公司
建设银行河北省分行
中化河北进出口公司
中国银行省分行裕东支行
河北汽车集团有限责任公司
河北省质量技术监督局
河北省冶金研究院
河北省广播电视局
河北路桥集团有限公司
中国网通河北省分公司
河北省委
河北省机械工业供销会计学会
河北证券公司
河北省直机关事务管理局
河北省国资委
河北省信息产业厅
石家庄市烟草公司
河北省地税局
石家庄热电公司
河北省农林科学院
河北省水利厅
河北省公安厅

先进个人：(排名不分先后)

智薇　工商银行河北省分行营业部
赵晓红　中行河北省分行
程运祥　建设银行河北省分行
梁国文　河北省卫生厅
吴俊桥　河北省地勘局
铁宝山　华北制药集团有限责任公司
吴志军　中国人寿保险石家庄分公司
刘亚平　河北路桥集团有限公司
肖造林　河北汽车集团有限责任公司
张立岩　河北省测绘局
王江平　河北省农业厅
刘秀荣　河北省委
王翠萍　十二化建公司
梁振山　石家庄铝业有限公司
张瑞彩　冀星高速公路管理局
陈红霞　河北省民政厅
刘晓梅　河北省广播电视局

河北省中华会计函授学校关于表彰2004、2005年度会计教育工作先进分校的决定

冀函校[2006]1号 2006年3月10日

各市分校：

2004、2005年，各分校认真学习贯彻财政部第七、八次干教会议精神，围绕财政中心工作和会计制度改革，以科学发展观统揽全局，与时俱进，抢抓机遇，努力开拓会计教育培训工作新领域，有力地推进了我省会计教育工作的健康发展。根据《河北省中华会计函授学校评奖办法》(冀函校[2004]22号)的有关规定，经研究，决定对我省在2004、2005年度会计教育工作中取得优异成绩的分校给予表彰。名单如下：

会计教育工作一等奖：保定市分校

会计教育工作二等奖：邯郸市分校、衡水市分校

会计教育工作三等奖：沧州市分校、唐山市分校

2006年是会计教育宣传年，希望各分校要以这次评比表彰为契机，以先进分校为榜样，积极谋划、扎实工作，努力开创会计教育工作新局面，为我省会计队伍建设做出更大的贡献。

中共河北省财政厅机关委员会关于表彰2005—2006年度先进党支部、优秀共产党员、优秀党务工作者的决定

冀财党办[2006]16号 2006年6月23日

各党支部、党总支，投资公司党委：

2005年以来，全厅各级党组织和全体共产党员、党务工作者，继续巩固和扩大保持共产党员先进性成果，自觉践行“三个代表”重要思想，认真学习贯彻党章，树立和落实科学发展观，紧紧围绕全厅中心工作，开拓进取，锐意创新，取得了可喜成绩。今年以来，各支部深入开展学习贯彻党章和树立社会主义荣辱观教育活动，广大党员的党性观念明显增强，政治理论修养进一步提高，服务宗旨意识更加牢固，党组织的战斗力、凝聚力和创造力得到进一步提高，为财政各项任务的完成提供了强有力的思想和组织保障。

一年来，全厅广大党员干部脚踏实地，恪尽职守，勤政廉政，无私奉献，充分发挥了共产党员的先锋模范作用，为财政改革与发展做出了突出贡献。为表彰先进，弘扬正气，经各支部评选、党委研究，并报经厅党组同意，决定对人教处(培训中心)等18个先进党支部、马长增等75名优秀共产党员和杜彦卿等18名优秀党务工作者予以表彰。

各党支部和全体共产党员要以受表彰的先进典型为榜样，学习他们认真贯彻落实中央、省委和厅党组的各项决策、部署的坚定性；学习他们认真履行党员义务，把党和人民的利益放在第一位，吃苦在前、享受在后的无私奉献精神；学习他们爱岗敬业、锐意改革、自我加压、负重奋进、勤政廉政的务实作风。希望受表彰的党支部和个人珍惜荣誉、勤勉敬业，永葆党的先进性，大力发扬求真务实的作风，继续拼搏进取，埋头苦干，为构建和谐河北，实现河北更快更好发展做出更大贡献！

附：河北省财政厅2005—2006年度先进党支部、优秀共产党员、优秀党务工作者名单

河北省财政厅2005—2006年度先进党支部、优秀共产党员和优秀党务工作者名单

一、先进党支部名单(18个)

人教处(培训中心)党支部

机关党委办公室党支部

预算处(编审中心)党支部

办公室党支部

社保处(社保中心)党支部

农业处党支部

注协秘书处党支部

行政政法处党支部

经济建设处党支部

信息中心党支部

投资评审中心党支部

教科文处党支部

纪检组党支部

监督处(监督局、监察一、二组)党支部

老干部处党支部

农开办土地处党支部

农开办生态处党支部

离休干部党支部

二、优秀共产党员名单(75 名)

马长增、马淑英、马雪敬、方明、毛俊岐、王文才、王永义、王印祥、王建平、王拥军、王新庄、王晓轩、王静、卢平聚、卢金霞、宁喜宽、田晓光、冯全海、冯鸿雁、闫同湛、吕申国、成军、齐连君、齐玲玲、朱彦彬、刘好平、刘丁雷、刘荣显、刘玲、刘宝贤、李明、李江、李香玉、李藏表、李德宝、李万军、孟吉清、孟凡乐、孟继军、孟祥群、陈虹、陈健、陈焕忱、陈保善、陈润书、许金元、吴会香、宋晓华、邸智彬、张丽莉、张南、张梅红、张献璞、张炬、张希儒、杨增华、周建民、郭京华、贲育、赵志东、赵宏亮、赵丽、侯冰雪、郎宝珠、袁永川、曹丽娟、曹志龄、谢银起、韩玲茹、董继增、靳海增、梁永东、路宝瑞、阚清峰、薛国军

三、优秀党务工作者名单(18 名)

杜彦卿、郝炳新、赵文海、姚绍学、徐联中、石树鹏、郭志军、高云霄、李博、王洪卫、王进同、王振东、朱平、刘洪林、张藏慧、李丙申、朱国发、曹志龄

中共河北省财政厅党组
关于表彰 2005 年度先进集体
和先进个人的决定

2006 年 1 月 18 日

厅内各处室、厅属各事业单位,农开办:

2005 年,全厅广大干部职工以“三个代表”重要思想为指导,高扬“树正气、讲团结、求发展”主旋律,认真落实科学的发展观,紧紧围绕省委、省政府的重大决策部署,发扬锐意进取、开拓创新、求真务实、无私奉献的精神,坚持依法理财,努力做到应收尽收、不搞虚收,全省全部财政收入突破千亿元大关,实现历史性跨越;坚持改革创新,积极深化各项财政改革,完善财政机制,支持全省经济社会协调发展,财政宏观调控作用得到更好发挥;坚持科学理财,不断加大社会事业投入,全面落实各项惠农政策,努力保稳定、促运转,有力地促进了“和谐河北”建设,圆满完成了各项工作任务,为促进我省经济社会健康持续发展做出了新的贡献,涌现出了一批先进集体和先进个人。为表彰先进,弘扬正气,激励全厅广大干部职工以更高的热情做好本职工作,在各处室、单位总结述职和民主测评的基础上,厅党组研究决定:

授予人教处(培训中心)、预算处(编审中心)、监督处(监督局)、国库处(支付中心)、行政政法处、教科文处、经济建设处、机关党委、离退休干部管理处、外资和多种经营项目处、信息中心、省注协秘书处、投资公司、财政投资评审中心、农发项目评审中心 15 个单位“先进集体”称号。

授予胡宝民、张拥军、王寅、张会军 4 名同志优秀公务员称号,并记三等功。

授予厅机关和农开办正处级领导干部杜彦卿、赵文海、刘洪林、高景良、高云霄、徐联中、石树鹏、李博、张安生 9 名同志和刘启生、刘新军、贺志、赵景林、董树志、胡雅宁、吴鸾、吴士如、唐世民、刘子钧、胡毅东、祝永革、白鹤天、刘俊业、黄朝文、王拥军、李忠、张学军、潘建国、宋炜、马树凯、薛国军、赵立新、李淑娜、李香玉、宋华、刘运通、康凤君、赵振全、周永贵 30 名同志优秀公务员称号,并给予行政嘉奖;给予王振东、郝炳新、张藏惠、赵宝贵、齐宁格、杨桂彩、赵宏亮、赵晋进、孟航鸿、邢秋洁、张兰君、谢秋林、李青海 13 名同志行政嘉奖;授予朱加利、石晓焕同志优秀工作人员称号,并给予行政嘉奖。

授予厅和农开办直属事业单位主要负责人王洪卫、徐洪杰、郭志军、王进同 4 名同志和陈国绪、赵增群、李振江、杨世英、刘福盈、张宪宁、岳有志、苗永生、张俊香、黄奎、刘芙生、姜云生、吴雪莲、何文志、苏文江、王建宏、吴志刚、崔青山、王晓辰、王宏、曹春芳、张军、邸志彬、张玫、霍祥、孟丽萍、董津环、王正、刘晓平、于怀水 30 名同志优秀工作者称号,并给予嘉奖奖励;给予黄英辉、石瑞卿同志嘉奖奖励。

希望受表彰的先进集体和先进个人珍视荣誉,发扬成绩,谦虚谨慎,戒骄戒躁,在新的一年里,为推进全省财政改革与发展做出新的更大贡献。

全厅广大干部职工要以先进集体和先进个人为榜样,学习他们顽强拼搏、争创一流的进取精神,学习他们克己奉公、任劳任怨的高尚品质,学习他们恪尽职守、求真务实的工作作风,努力实践“三个代表”

重要思想，积极落实科学发展观，坚持"讲科学、求规范、重创新，兴财政、促发展、为人民"，深入开展创建"六型"机关活动，与时俱进，开拓创新，振奋精神，扎实工作，为开创我省财政工作新局面而努力奋斗！

2005年河北财政厅 荣获省部级及以上表彰的先进集体登记表

获奖单位	奖项名称	颁发单位	获奖日期
国库处	2005年度地方财政总决算三等奖	财政部	2005年10月12日
政府采购办	政府采购信息统计工作先进单位	财政部	2005年11月
企业处	2004年度企业财务会计决算工作优胜单位	财政部	2005年8月
企业处	2004年度金融企业财务决算报表工作先进单位	财政部	2005年11月
社保处	河北省按比例安排残疾人就业工作先进单位	省残疾人工作协调委	2005年3月
社保处	2004年度社会保障基金财务决算第一名	财政部	2005年10月
机关服务中心	卫生绿化先进单位	省直爱卫委会/绿化委员会	2005年11月
机关服务中心	卫生先进单位	省爱卫会	2005年11月
厅纪检组	全省纪检监察信息工作先进单位	省纪委	2005年
厅文明办	全省文明办系统先进单位	省文明办	2005年1月
厅机关工会	模范职工之家	省总工会	2005年12月
教科文处	全国职业教育先进单位	财政部、教育部、发改委等	2005年
教科文处	全国农村科普工作先进集体	中国科协	2005年10月18日
厅办公室	河北省党委系统督查工作先进集体	省委督查室	2005年12月30日
厅办公室	公费医疗管理先进单位	省公费医疗办	2005年12月30日
厅办公室	优秀承办单位	省政府	2005年
涉外处	表彰通报	财政部、省政府	2005年11月1日
扶贫工作组	全省扶贫工作先进集体	省委、省政府	2005年6月3日
省函校	2004年度教育培训工作二等奖	中华会计函校	2005年7月

2005年石家庄市财政系统 荣获市(厅)级及以上表彰的先进集体登记表

获奖单位	奖项名称	颁发单位	获奖日期
石家庄市财政局	保工资发放工作先进单位	省财政厅	2005年4月5日

获奖单位	奖项名称	颁发单位	获奖日期
石家庄市财政局	扶贫开发工作先进集体	省委、省政府	2005 年 5 月 31 日
石家庄市财政局	扶贫开发对口帮扶先进单位	市委、市政府、警备区	2005 年 6 月 20 日
石家庄市财政局	复退军人安置工作先进单位	市政府	2005 年 8 月 18 日
石家庄市财政局	农作物秸秆禁烧工作先进集体	市委、市政府	2005 年 11 月 16 日
赵县财政局	市级文明单位	市委、市政府	
藁城市财政局	帮扶共建先进单位	市委、市政府	2005 年 5 月 2 日

2005 年承德市财政系统
荣获市(厅)级及以上表彰的先进集体登记表

获奖单位	奖项名称	颁发单位	获奖日期
承德市财政局	承德市再就业先进工作单位	市人民政府	2005 年 2 月 23 日
承德市财政局	劳务经济工作先进单位	市人民政府	2005 年 8 月 24 日
承德市财政局	承德市卫生先进单位	市人民政府	2005 年
承德市财政局	按比例安排残疾人就业工作先进单位	市残疾人工作协调委	2005 年 4 月 11 日
承德市财政局	2004 年社会保障基金财务预算工作一等奖	省财政厅	2005 年 12 月
承德市财政局	计划生育家庭奖励扶助先进单位	省财政厅	2005 年 12 月 30 日
承德市财政局	教育“两项”工作先进单位	省财政厅	2005 年 12 月 30 日
承德市财政局	财政监督稽查工作先进单位	省财政厅	2005 年 12 月 31 日
承德市财政局	内部审计工作先进单位	省审计厅	2005 年 3 月 1 日
承德市财政局	全省企业财务决算工作先进单位	省财政厅	2005 年 6 月 28 日
承德市财政局	全省外商投资企业财务决算工作先进单位	省财政厅	2005 年 10 月 18 日
承德市财政局	全省金融企业财务决算工作先进单位	省财政厅	2005 年 10 月 25 日
承德市财政局	综合管理工作先进单位	省财政厅	2005 年 12 月 21 日
承德市财政局	全省财政涉外管理工作一等奖	省财政厅	2005 年 12 月 29 日
承德市财政局	扶贫开发先进单位	市人民政府	2005 年 6 月
承德市财政局	社会保障基金财务决算第一名	省财政厅	2005 年 12 月
承德市财政局	建设单位决算报表先进单位	省财政厅	2005 年 12 月 7 日
承德市财政局	全省财政系统信息工作先进单位	省财政厅	2005 年 3 月
承德市财政局	全省“金财工程建设”优胜单位	省财政厅	2005 年 3 月
承德市财政局	信息工作优胜单位	市人民政府	2005 年 4 月
承德市财政局	信息工作先进单位	承德市委	2005 年 4 月

获奖单位	奖项名称	颁发单位	获奖日期
承德市财政局	提案工作先进单位	市人民政府	2005年4月
承德市财政局	督办工作先进单位	市人民政府	2005年4月
承德市财政局	《中办通讯》先进单位	承德市委	2005年12月
承德市财政局	部门决算一等奖	省财政厅	2005年11月
承德市财政局	预算执行及分析工作三等奖	省财政厅	2005年11月
承德市财政局	河北省卫生先进单位	省爱卫委会	2005年11月
承德市财政局	全国群众体育先进单位	国家体育总局	2005年1月
承德市农业开发办公室	全省农业综合开发土地治理项目评比一等奖	省农业开发办公室	2005年11月
承德市农业开发办公室	全省农业综合开发土地治理项目计划编制评比第二名	省农业开发办公室	2005年11月
平泉县财政局	市文明单位	省委、省政府	2005年
兴隆县财政局	市文明单位	市人民政府	2005年1月
宽城县财政局	十佳效能标杆单位	市委、市政府	2005年3月20日

2005年张家口市财政系统荣获市(厅)级及以上表彰的先进集体登记表

获奖单位	奖项名称	颁发单位	获奖日期
张家口市财政局	“青年文明号”称号	团省委	2005年6月
张家口市财政局	国有及国有控股企业、城镇集体企业财务会计决算数据质量优胜单位	省财政厅	2005年6月
张家口市财政局机关党委	先进基层党组织	市委	2005年6月
张家口市财政局	扶贫开发工作先进单位	市委、市政府	2005年7月
张家口市财政局财政支付中心	张家口市人民满意得公务员集体	市政府	2005年7月
张家口市财政局	注册会计师考试组织工作先进单位	省注册会计师协会	2005年8月
张家口市财政局	财政新闻宣传工作先进集体	省财政厅	2005年9月
张家口市财政局	全省开发利用档案优秀服务成果一等奖	省档案局	2005年10月
张家口市财政局	河北省卫生先进单位	省爱国卫生运动委员会	2005年11月
张家口市财政局	企业财务会计决算数据质量优胜单位奖	省财政厅	2005年11月
张家口市财政局	财政总决算工作先进单位	省财政厅	2005年11月
张家口市财政局	预算执行及分析工作先进单位	省财政厅	2005年11月
张家口市财政局	河北省第一次经济普查先进集体	省第一次经济普查领导小组	2005年12月

获奖单位	奖项名称	颁发单位	获奖日期
张家口市财政局	河北省外商投资企业财务决算报表工作决算分析质量优胜单位	省财政厅	2005年12月
张家口市财政局	社会保障基金财务预算工作第一名	省财政厅	2005年12月
张家口市财政局	国有建设单位决算报表工作先进单位	省财政厅	2005年12月
张家口市财政局	粮食直补工作先进单位	省财政厅	2005年12月
张家口市财政局综合科	土地收入管理先进单位	省财政厅	2005年12月
张家口市财政局文教行政科	计划生育奖励扶助工作管理先进单位	省财政厅	2005年12月
张家口市财政局财政监督科	全省财政监督检查工作先进单位	省财政厅	2005年12月
怀来县财政局	粮食直补工作先进单位	省财政厅	2005年12月
张北县财政局	全市扶贫开发工作先进单位	市委、市政府	2005年7月
张北县财政局	粮食直补工作先进单位	省财政厅	2005年12月

2005年秦皇岛市财政系统
荣获市(厅)级及以上表彰的先进集体登计表

获奖单位	奖项名称	颁发单位	获奖日期
秦皇岛市财政局	全省财政新闻宣传工作先进集体	省财政厅	2005年9月
秦皇岛市财政局	财政信息优秀集体	省财政厅	2005年4月
秦皇岛市财政局	预算管理综合评比先进单位	省财政厅	2005年12月
秦皇岛市财政局	全省重点产品竞争力调查先进单位	省财政厅	2005年12月
秦皇岛市财政局	全省企业所得税税源调查先进单位	省财政厅	2005年12月
秦皇岛市财政局	全省财政专项资金综合治理工作先进单位	省财政厅	2005年12月
秦皇岛市财政局	财税法律法规知识竞赛组织奖	省财政厅	2005年12月
秦皇岛市财政局	部门决算工作先进单位	省财政厅	2005年11月
秦皇岛市财政局	文化资源信息共享工程资金管理先进单位	省财政厅	2005年11月
秦皇岛市财政局	外汇管理工作优秀单位	省财政厅	2005年12月
秦皇岛市财政局	金融企业财务会计决算优胜单位	省财政厅	2005年10月
秦皇岛市财政局	国有集体企业财务会计决算优胜单位	省财政厅	2005年6月
秦皇岛市财政局	外商投资企业财务会计决算优胜单位	省财政厅	2005年10月
秦皇岛市财政局	国债管理先进单位	省财政厅	2005年12月
秦皇岛市财政局	住房资金管理先进单位	省财政厅	2005年12月

获奖单位	奖项名称	颁发单位	获奖日期
秦皇岛市财政局	全省粮食直补先进单位	省财政厅	2005年11月
秦皇岛市财政局	全省国有建设单位基建决算报表先进单位	省财政厅	2005年11月
秦皇岛市财政局	全省会计管理工作三等奖	省财政厅	2005年3月
秦皇岛市财政局	政府采购工作先进单位	省财政厅	2005年3月
秦皇岛市财政局	政府采购信息统计工作先进单位	省财政厅	2005年3月
秦皇岛市农开办	利用世行贷款加强灌溉农业二期项目管理先进集体	省农开办	2005年12月
秦皇岛市农开办	省农业综合开发产业化经营项目管理优秀市	省农开办	2005年12月
秦皇岛市农开办	土地治理项目计划编报先进单位	省农开办	2005年12月
秦皇岛市农开办	农业开发系统信息调研工作优秀单位	省农开办	2005年12月
秦皇岛市财政局	社区共驻共建先进单位	市委、市政府	2005年6月
秦皇岛市财政局	扶贫开发工作先进单位	市委	2005年6月
秦皇岛市财政局	社会治安综合治理先进单位	市委	2005年10月
秦皇岛市财政局	安全生产先进单位	市政府	2005年3月
秦皇岛市财政局	生态家园富民工程建设先进单位	市政府	2005年11月
秦皇岛市财政局	创建文明生态村先进单位	市政府	2005年9月
秦皇岛市财政局	企业改革工作先进单位	市政府	2005年8月
秦皇岛市财政局	全市村村通电话工程先进单位	市政府	2005年12月
秦皇岛市财政局	全市第四届运动会公务员组奖牌榜第一名、团体总分第二名	市委、市政府	2005年8月
秦皇岛市财政局	全市第四届运动会优秀组织奖	市委、市政府	2005年8月
秦皇岛市财政局	全市第四届运动会贡献奖	市委、市政府	2005年8月
秦皇岛市产权交易中心	企业改革工作先进单位	市政府	2005年8月
昌黎县财政局	行政综合管理工作先进单位	省财政厅	2005年12月
昌黎县财政局	粮食直补工作先进单位	省财政厅	2005年12月

2005年唐山市财政系统
荣获市(厅)级及以上表彰的先进集体登记表

获奖单位	奖项名称	颁发单位	获奖日期
唐山市财政局	全国文明单位	中央文明委	2005年10月26日
唐山市财政局	全省民族团结进步模范集体	省人民政府	2005年12月5日

获奖单位	奖项名称	颁发单位	获奖日期
唐山市财政局纪检组监察室	全省纪检监察系统先进集体	省纪委、省委组织部、省人事厅、省监察厅、省总工会	2005 年 1 月 27 日
唐山市财政局	优秀领导班子	市委	2005 年 6 月 15 日
唐山市财政局	全市再就业工作先进集体	市政府	2005 年 4 月 27 日
唐山市财政局	创建文明行业竞赛群众评议优秀行业	市精神文明建设委员会	2005 年 1 月 6 日
唐山市财政局	市文明生态村镇建设先进单位	唐山市委、市政府	2005 年 4 月 5 日
唐山市财政局	全省财政信息化建设先进单位	省财政厅	2005 年 3 月 1 日
唐山市财政局	财政涉外管理工作先进单位	省财政厅	2005 年 1 月 21 日
唐山市财政局	调研工作先进单位	市政府	2005 年 1 月
唐山市财政局	农发资金决算工作先进单位	省财政厅	2005 年 1 月 4 日
唐山市财政局	全省财政信息优胜市局	省财政厅	2005 年 4 月 22 日
唐山市财政局	财政科研组织工作先进单位	省财政厅	2005 年 5 月 31 日
唐山市财政局	决算数据质量优胜单位	省财政厅	2005 年 6 月 27 日
唐山市收费局	非税收入管理工作先进单位	省财政厅	2005 年 4 月 28 日
唐山市财政局机关党委	先进基层党组织	唐山市委	2005 年 6 月
唐山市财政局	财政综合管理工作先进单位	省财政厅	2005 年 12 月 11 日
唐山市财政局	农业综合开发资金决算工作先进单位	省财政厅	2005 年 1 月 10 日
唐山市财政局	国有建设单位决算工作先进单位	省财政厅	2005 年 12 月 7 日
唐山市财政局	外商投资企业会计决算先进单位	省财政厅	2005 年 10 月 31 日
遵化市财政局	粮食直补工作先进单位	省财政厅	2005 年 12 月

2005 年廊坊市财政系统
荣获市(厅)级及以上表彰的先进集体登记表

获奖单位	奖项名称	颁发单位	获奖日期
廊坊市财政局	全国精神文明建设工作先进单位	中央文明委	2005 年 11 月
廊坊市财政局	文明生态村创建工作先进单位	市委、市政府	2005 年 4 月
廊坊市财政局	河北省卫生先进单位	省爱国卫生运动委员会	2005 年 12 月
廊坊市财政局	全省企业所得税税源调查工作先进单位	省财政厅	2005 年 1 月
廊坊市财政局	预算管理综合评比第二名	省财政厅	2005 年 2 月
廊坊市财政局	“十佳”诚信文明单位	市直文明委	2005 年 1 月
廊坊市财政局	20 国集团财长和央行行长会议筹办工作先进单位	市政府	2005 年 12 月

获奖单位	奖项名称	颁发单位	获奖日期
廊坊市财政局	科技财政管理先进单位	省财政厅	2005 年 11 月
廊坊市财政局	财政涉外管理工作一等奖	省财政厅	2005 年 12 月
廊坊市财政局	5.18 会务接待工作先进单位	市委、市政府	2005 年 6 月
廊坊市财政局	承办第九届中国(廊坊)农产品交易会暨 2005 中国国际农业博览会工作先进单位	市委、市政府	2005 年 11 月
廊坊市财政局	彩票及青少年活动场所建设资金管理先进单位	省财政厅	2005 年 9 月
廊坊市财政局	全省“金财工程”网站建设优胜单位	省财政厅	2005 年 8 月
廊坊市财政局	义务教育阶段贫困生“两免一补”工作先进单位	省财政厅	2005 年 10 月
廊坊市财政局	财政信息工作优胜单位	省财政厅	2005 年 5 月
廊坊市财政局	财政总决算工作三等奖	省财政厅	2005 年 6 月
廊坊市财政局	部门决算工作三等奖	省财政厅	2005 年 6 月
廊坊市财政局	社会保障基金财务预算工作评比第二名	省财政厅	2005 年 12 月
廊坊市财政局	社会保障基金财务决算工作评比第一名	省财政厅	2005 年 1 月
廊坊市财政局	廊坊市敬老先进集体	市委、市政府	2005 年 9 月
廊坊市财政局	会计管理工作一等奖	省财政厅	2005 年 2 月
廊坊市财政局	项目管理先进单位	市委、市政府	2005 年 4 月
廊坊市财政局	廊坊市先进集体	市政府	2005 年 4 月
廊坊市财政局	全省民族团结进步模范集体	省政府	2005 年 12 月
廊坊市财政局	财政科研组织工作先进单位	省财政厅	2005 年 7 月
廊坊市财政局	金融企业财务会计决算分析质量优胜单位	省财政厅	2005 年 3 月
廊坊市财政局	国有及国有控股企业、城镇集体企业财务会计决算分析质量优胜单位	省财政厅	2005 年 8 月
廊坊市财政局	外商投资企业财务会计决算数据质量优胜单位	省财政厅	2005 年 11 月
廊坊市财政局	全省纪检监察系统先进集体	省纪委、省委组织部、省人事厅、省检察厅	2005 年 1 月
廊坊市财政局	全市纪检监察系统先进集体	市纪委、市监察局	2005 年 2 月
廊坊市财政局	贯彻《建立健全教育、制度、监督并重的惩治和预防腐败体系实施纲要》制度建设组织工作先进单位	市纪委、市监察局	2005 年 11 月
廊坊市财政局	政府非税收入管理工作先进单位	省财政厅	2005 年 4 月

获奖单位	奖项名称	颁发单位	获奖日期
廊坊市财政局	全省财政监督检查工作先进单位	市纪委、市监察局	2005 年 8 月
文安县财政局	敬老先进集体	市委、市政府	2005 年 10 月
香河县财政局	敬老先进集体	市委、市政府	2005 年 10 月
霸州市财政局	财政综合管理工作先进单位	河北省财政厅	2005 年 12 月
霸州市财政局	粮食直补工作先进集体	河北省财政厅	2005 年 12 月

2005 年保定市财政系统
荣获市(厅)级及以上表彰的先进集体登记表

获奖单位	奖项名称	颁发单位	获奖日期
保定市财政局	财政总决算先进单位一等奖	省财政厅	2005 年 11 月
保定市财政局	部门决算工作先进单位二等奖	省财政厅	2005 年 11 月
保定市财政局	财政新闻宣传工作先进集体	省财政厅	2005 年 9 月
保定市财政局	国有及国有控股企业、城镇集体企业财务决算通报表扬	省财政厅	2005 年 6 月
保定市财政局	金融企业决算数据质量优胜单位	省财政厅	2005 年 10 月
保定市财政局	财政涉外管理工作一等奖	省财政厅	2005 年 1 月
保定市财政局	全省财政信息工作优胜单位	省财政厅	2005 年 4 月
保定市财政局	财政科研组织工作先进单位	省财政厅	2005 年 5 月
保定市财政局	全省会计管理工作先进单位一等奖	省财政厅	2005 年 3 月
保定市财政局	全省金财工程建设进步奖	省财政厅	2005 年 3 月
保定市财政局	预算管理工作三等奖	省财政厅	2005 年 2 月
保定市财政局	企业所得税税源调查工作先进单位	省财政厅	2005 年 1 月
保定市财政局	社会保障基金财务决算工作第一名	省财政厅	2005 年 12 月
保定市财政局	外商投资企业财务会计决算分析质量优胜单位	省财政厅	2005 年 10 月
保定市财政局	国有建设单位决算报表工作通报表彰	省财政厅	2005 年 12 月
保定市财政局	全省档案工作优秀集体	省档案局	2005 年 1 月
保定市财政局	河北省企业所得税税源调查工作先进单位	省财政厅	2005 年 12 月
保定市财政局	河北省重点产品国际竞争力调查工作先进单位	省财政厅	2005 年 12 月
保定市财政局	财政专项资金综合治理工作先进单位	省财政厅	2005 年 12 月
保定市财政局	义务教育阶段贫困生"两免一补"工作资金管理先进单位	省财政厅	2005 年 12 月
保定市财政局	国债管理先进单位	省财政厅	2005 年 12 月

获奖单位	奖项名称	颁发单位	获奖日期
保定市财政局	财政涉外管理工作一等奖	省财政厅	2005年12月
保定市财政局	帮建文明生态村先进单位	市委、市政府	2005年2月
保定市财政局	造林绿化先进单位、2004年度城镇绿化先进集体	市委、市政府	2005年3月
保定市财政局	全市维护稳定工作先进集体	市委、市政府	2005年2月
保定市财政局	大事实事互看联查受表彰单位	市委、市政府	2005年1月
保定市财政局	信访工作好的单位	市委、市政府	2005年4月
保定市财政局	重大动物疫病防治工作先进集体	市政府	2005年4月
保定市财政局	优化环境金玉兰杯先进集体	市委、市政府	2005年2月
保定市财政局	县级领导班子工作考核实绩突出单位	市委、市政府	2005年2月
保定市财政局	社区建设共驻共建先进单位	市委、市政府	2005年3月
保定市财政局	民主评议行风免排单位	市委、市政府	2005年2月
保定市财政局	社区建设共驻共建先进单位	社区建设工作指导委员会	2005年3月
保定市财政局	提案承办工作先进单位	市委	2005年1月
保定市财政局	承办人大代表建议、政协提案工作优秀承办单位	市政府	2005年4月
保定市财政局	督查工作先进集体	市委、市政府	2005年1月
保定市财政局	先进调研单位	市政府	2005年2月
保定市财政局	2004年度“创建学习型家庭”优秀组织单位	市委、市政府	2005年2月
保定市财政局	2004年度人口与计划生育综合治理先进单位	市委、市政府	2005年6月
保定市财政局	2005年度老龄工作先进单位	市委、市政府	2005年12月
保定市财政局	2005年度创建文明生态村工作先进单位	市委、市政府	2005年12月
保定市财政局	2005年度全市维护社会稳定工作先进集体	市委、市政府	2005年12月
保定市财政局	信访工作好的单位	市委、市政府	2005年12月
涿州市财政局	粮食直补工作先进单位	省财政厅	2005年
涿州市财政局	决算先进单位	省财政厅	2005年
涿州市财政局	外商投资企业财务会计决算工作先进单位	省财政厅	2005年
涿州市财政局	经济建设口快报先进单位	省财政厅	2005年
定州市财政局	粮食直补工作通报表彰	省财政厅	2005年12月7日

2005 年沧州市财政系统
荣获市(厅)级及以上表彰的先进集体登记表

获奖单位	奖项名称	颁发单位	获奖日期
沧州市财政局	全市就业再就业工作先进单位	市人民政府	2005 年 4 月
沧州市财政局社会保障科	全省按比例安排残疾人就业工作先进单位	省人民政府	2005 年 3 月
沧州市财政局社会保障科	残疾人就业保障金征收工作实绩突出单位	市人民政府	2005 年 4 月
沧州市财政局	全省社保基金决算第一名	省财政厅	2005 年 12 月
沧州市财政局	全省社保基金预算工作第一名	省财政厅	2005 年 12 月
海兴县财政局	沧州市扶贫开发工作先进单位	沧州市委、市政府	2005 年 7 月
吴桥财政局	人民满意的公务员集体	沧州市人民政府	2005 年 5 月
沧州市财政局经济建设科	种粮食农民直接补贴工作优秀奖	省财政厅	2005 年 11 月 6 日
沧州市财政局经济建设科	基本建设单位财务决算优秀奖	省财政厅	2005 年 11 月 6 日
沧州市财政局农业科	世行二期项目会计核算先进集体	省农业开发办公室	2005 年 12 月
盐山县财政局	沧州市人民满意的公务员集体	市政府	2005 年 5 月
盐山县财政局	沧州市扶贫开发工作先进单位	市委、市政府	2005 年 7 月
任丘市财政局	沧州市委、市政府授予先进集体称号	沧州市委、市政府	2005 年
任丘市财政局	任丘市委、市政府授予先进集体称号	任丘市委、市政府	2005 年

2005 年衡水市财政系统
荣获市(厅)级及以上表彰的先进集体登记表

获奖单位	奖项名称	颁发单位	获奖日期
衡水市财政局	工作实绩突出单位	衡水市委、市政府	2005 年 3 月
衡水市财政局	“以工强市”争取资金先进单位	衡水市委、市政府	2005 年 2 月
衡水市财政局	创建文明生态村工作先进帮建单位	衡水市委、市政府	2005 年 3 月
衡水市财政局	全市支农工作先进单位	衡水市委、市政府	2005 年 2 月
衡水市财政局	全市重点项目建设先进单位	衡水市委、市政府	2005 年 2 月
衡水市财政局	全市计划生育工作先进单位	衡水市委、市政府	2005 年 3 月
衡水市财政局	全市行业扶贫工作先进单位	衡水市委、市政府	2005 年 7 月

获奖单位	奖项名称	颁发单位	获奖日期
衡水市财政局	衡水市文明单位	衡水市委、市政府	2005 年 11 月
衡水市财政局	全省农业税收决算先进单位	省财政厅	2005 年 1 月
衡水市财政局	住房资金管理先进单位	省财政厅	2005 年 12 月
衡水市财政局	国债管理先进单位	省财政厅	2005 年 12 月
衡水市财政局	非税收入管理先进单位	省财政厅	2005 年 12 月
衡水市财政局	预算执行分析工作二等奖	省财政厅	2005 年 11 月
衡水市财政局	财政专项资金综合治理先进单位	省财政厅	2005 年 12 月
衡水市财政局	全省工会工作先进集体	省总工会	2005 年 11 月
桃城区财政局	衡水市文明单位	市委、市政府	2005 年 11 月
武邑县财政局	第一次全国经济普查工作先进单位	国务院	2005 年 7 月
武邑县财政局	衡水市文明单位	衡水市委、市政府	2005 年 11 月
武邑县财政局	扶贫开发先进单位	衡水市委、市政府	2005 年 6 月
饶阳县财政局	全市支农工作先进单位	衡水市委、市政府	2005 年 2 月
故城县财政局	衡水市文明单位	市委、市政府	2005 年 11 月
阜城县财政局	扶贫开发先进单位	市委、市政府	2005 年 6 月
冀州市财政局农业科	河北省利用世行贷款二期项目资金管理先进集体	河北省农业开发办公室	2005 年 12 月
冀州市财政局经建科	粮食直补工作通报表彰	省财政厅	2005 年 12 月
安平县财政局	依法行政先进单位	衡水市人大常委会	2005 年 12 月
安平县财政局	粮食直补工作先进集体	省财政厅	2005 年 12 月

2005 年邢台市财政系统
荣获市(厅)级及以上表彰的先进集体登记表

获奖单位	奖项名称	颁奖单位	获奖日期
邢台市财政局	全国文明单位	中央精神文明建设指导委员会	2005 年 10 月 26 日
邢台市财政局	优秀领导班子	邢台市委	2005 年 3 月
邢台市财政局	农发资金决算工作先进单位	省财政厅	2005 年 1 月 4 日
邢台市财政局	干部教育培训工作先进单位	市委组织部	2005 年 1 月 24 日
邢台市财政局	预算管理综合考评三等奖	省财政厅	2005 年 2 月 28 日
邢台市财政局	全省财政系统信息化建设先进单位	省财政厅	2005 年 3 月 1 日
邢台市财政局	政府采购信息统计工作二等奖	省财政厅	2005 年 3 月 21 日

获奖单位	奖项名称	颁奖单位	获奖日期
邢台市财政局	全省理论教育工作先进单位	市委理论领导小组办公室	2005年3月26日
邢台市财政局	行风建设综合管理部门先进单位	市委、市政府	2005年4月13日
邢台市财政局	民主评议优秀窗口单位	市委、市政府	2005年4月13日
邢台市财政局	民主评议先进窗口单位	市委、市政府	2005年4月13日
邢台市财政局	民主评议工作优秀评议办	市委、市政府	2005年4月13日
邢台市财政局	政府非税收入管理工作先进单位	省财政厅	2005年4月28日
邢台市财政局	政府系统承办人大代表建议政协提案工作先进单位	市政府	2005年4月5日
邢台市财政局	防范和处理邪教问题先进集体	市委办、市政府办	2005年6月2日
邢台市财政局	邢台市扶贫开发工作先进集体	市委．市政府	2005年7月29日
邢台市财政局	邢台市扶贫开发工作先进集体	市委．市政府	2005年7月29日
邢台市财政局	邢台市老干部工作先进集体	市委	2005年9月29日
邢台市财政局	全省消防工作先进单位	省政府	2005年9月30日
邢台市财政局	财政总算工作先进单位	省财政厅	2005年12月1日
邢台市财政局	河北省重点产品国际竞争力调查工作先进单位	省财政厅	2005年12月12日
邢台市财政局	粮食直补工作先进单位	省财政厅	2005年12月7日
邢台市财政局	教科文财政专项资金管理工作先进单位	省财政厅	2005年12月21日
邢台市财政局	市敬老助教先进单位	市委．市政府	2005年12月15日
邢台市财政局	土地收入管理先进单位	省财政厅	2005年12月21日
邢台市财政局	青少年活动场所建设资金管理先进单位	省财政厅	2005年12月21日
邢台市财政局	非税收入管理先进单位	省财政厅	2005年12月21日
邢台市财政局	全省财政专项资金综合治理工作先进单位	省财政厅	2005年12月31日
邢台市财政局	农业综合开发资金决算工作先进单位	省财政厅	2005年1月10日
威县财政局	档案工作先进集体	省档案局	2005年12月
威县财政局	扶贫工作先进集体	市委、市政府	2005年7月
南宫市财政局	档案工作先进集体	省档案局	2005年12月
宁晋县财政局	粮食直补工作先进单位	省财政厅	2005年12月
宁晋县财政局支付中心	邢台市文明服务示范窗口	市精神文明建设委员会	2005年4月
清河县政府集中支付中心	文明服务窗口	市精神文明建设委员会	2005年4月
清河县财政局	粮食直补工作通报表彰	河北省财政厅	2005年12月

获奖单位	奖项名称	颁奖单位	获奖日期
清河县财政局	非税收入管理先进单位	河北省财政厅	2005年12月

2005年邯郸市财政系统
荣获市(厅)级及以上表彰的先进集体登记表

获奖单位	奖项名称	颁奖单位	获奖日期
邯郸市财政局	全省民族团结进步模范集体	省政府	2005年12月
邯郸市财政局	全省按比例安排残疾人就业工作先进单位	省政府	2005年3月
邯郸市财政局	河北省社会治安综合治理先进集体	省综治委、省人事厅	2005年7月
邯郸市财政局	重点项目建设工作先进单位	市委、市政府	2005年4月13日
邯郸市财政局	开放工作先进单位	市委、市政府	2005年8月15日
邯郸市财政局	农民增收先进单位	市委、市政府	2005年3月
邯郸市财政局	发展民营经济先进单位	市委、市政府	2005年5月30日
邯郸市财政局	支持农民专业合作经济组织建设先进单位	市委、市政府	2005年5月
邯郸市财政局	任职干部先进派出(帮扶)先进单位	市委	2005年10月27日
邯郸市财政局	社会治安综合先进单位	市委	2005年2月23日
邯郸市财政局	村村通公路先进单位	市政府	2005年3月
邯郸市财政局	农业产业化工作先进单位	市政府	2005年3月5日
邯郸市财政局	支持畜牧强市建设先进单位	市政府	2005年6月
邯郸市财政局	扶残助残先进集体	市政府	2005年1月
邯郸市财政局	全市纪检监察系统先进集体	市纪委	2005年2月23日
峰峰矿区财政局	粮食直补先进集体	市政府	2005年4月
峰峰矿区财政局	政务公开工作先进单位	市政府	2005年4月
武安市财政局	省级文明单位省收费管理先进单位	省收费局	2005年
大名县财政局	直补先进单位	省财政厅	2005年12月12日

2005年河北省财政厅
荣获省部级及以上表彰的先进个人登记表

获奖人	工作单位	奖项名称	颁发部门	获奖日期
杨桂彩	办公室	河北省保密系统先进工作者并给记二等功	省保密局、省人事厅、省总工会	2005年12月
赵志东	办公室	先进个人	中国财经报社	2005年9月

获奖人	工作单位	奖项名称	颁发部门	获奖日期
刘清亮	办公室	全省党委督查系统优秀督查工作者	河北省委督查室	2005 年 12 月 30 日
卢宗荣	办公室	先进个人	省档案局	2005 年 12 月
马树凯	机关党委	河北省优秀团务工作者	团省委	2005 年 5 月
谷明印	机关党委	纪念中华全国总工会成立 80 周年职工知识竞赛二等奖	省总工会	2005 年 11 月
黄险峰	纪检组	优秀信息工作者	省纪委办公厅	2005 年
李　博	经建处	一等功	省政府	2005 年 4 月
张丽莉	经建处	全国军粮供应管理先进个人	国粮局、财政部	2005 年 7 月
冯建凯	社保处	老龄工作先进个人	省老龄委	2005 年 11 月
马　杰	社保处	河北省按比例安排残疾人就业工作先进个人	省政府残工委	2005 年 3 月
薛忆萍	企业处	省整规工作先进个人	省整规领导小组	2005 年
薛忆萍	企业处	省直经济创新积极分子	省直工会	2005 年

2005 年石家庄市财政系统
荣获市(厅)级及以上表彰的先进个人登记表

获奖人	工作单位	奖项名称	颁发部门	获奖日期
陈　平	市局行政政法处	防范和处理邪教问题先进个人	省防范办、省人事厅	2005 年 9 月
王志明 郑运平	市局综合处	地方金融企业会计决算先进个人	省财政厅	2005 年 10 月 25 日
王成军	市局条法处	财税法律法规知识竞赛先进个人	省财政厅	
范淑芬	市局税政处	企业所得税税源调查工作先进个人	省财政厅	2005 年 12 月
任国辉	市局税政处	重点产品国际竞争力调查工作先进个人	省财政厅	2005 年 12 月
田凯峰	桥东区财政局	爱国卫生工作先进个人	省爱委会	
莫苏芳	无极财政局	省优秀会计工作者	省财政厅	
左国方	行唐财政局	省扶贫开发工作先进个人	省委、省政府	
杨竹青	行唐财政局	市扶贫开发工作先进个人	市委、市政府	
陈宪民	市农业处	扶贫开发工作先进个人	市委、市政府、警备区	2005 年 6 月 20 日
王彦勤 耿彦雪	市局社保处	复退军人安置先进个人	市政府	2005 年 8 月 18 日
李和平 刘生彦 张桂桦 冯英录	市财政局	农作物秸杆禁烧工作先进个人	市委、市政府	2005 年 11 月 16 日

获奖人	工作单位	奖项名称	颁发部门	获奖日期
张东喜	藁城市财政局	二等功	市政府	2005 年 9 月

2005 年承德市财政系统
荣获市(厅)级及以上表彰的先进个人登记表

获奖人	工作单位	奖项名称	颁发部门	获奖日期
尹云峰	承德市财政局	先进性教育工作先进个人	承德市委	2005 年 6 月
杨雁群	承德市财政局	争杯创佳三好工作标兵	承德市委	2005 年
杨雁群	承德市财政局	全省财政信息工作先进组织者	河北省财政厅	2005 年 3 月
唐　恬	承德市财政局	河北省财政信息工作优秀信息员	河北省财政厅	2005 年 3 月
唐　恬	承德市财政局	全国财政信息工作优秀信息员	中华人民共和国财政部	2005 年
刘　琳	承德市财政局	全市政府系统优秀信息工作者	承德市人民政府	2005 年 4 月
刘　琳	承德市财政局	市委优秀信息工作者	承德市委	2005 年 4 月
刘　琳	承德市财政局	承德市提案工作先进个人	承德市委	2005 年 4 月
杨近明	承德市财政局	劳务经济工作先进个人	承德市人民政府	2005 年 8 月
翟少春	承德市财政局	企业所得税税源调查先进个人	河北省财政厅	2005 年 12 月
马慧霞	承德市财政局	省重点产品国际竞争力调查先进个人	河北省财政厅	2005 年 12 月
杨海燕	承德市财政局	人口和计划生育工作先进个人	省人口与计划生育领导小组	2005 年 12 月 1 日
袁瑞新	承德市财政局	财政好新闻作者	河北省财政厅	2005 年 5 月 8 日
袁瑞新	承德市财政局	优秀信息工作者	河北省财政厅	2005 年 12 月 30 日
黄　岱	承德市财政局	全省企业财务决算工作先进个人	河北省财政厅	2005 年 6 月 28 日
黄　岱	承德市财政局	全省外商投资企业财务决算工作先进个人	河北省财政厅	2005 年 10 月 18 日
黄　岱	承德市财政局	全省金融企业财务决算工作先进个人	河北省财政厅	2005 年 10 月 25 日
宋会东	承德市财政局	扶贫工作先进个人	承德市委、市政府	2005 年 6 月
高　嵩	承德市财政局	全省财政新闻宣传工作先进个人	河北省财政厅	2005 年 9 月 27 日
高光庆	承德市财政局	优秀共产党员	承德市人民政府	2005 年
王丽娟	承德市财政局	再就业工作先进个人	承德市人民政府	2005 年
钱大海	承德市财政局	“十五”期间退耕还林先进个人	河北省林业局	2005 年 12 月
李　志	承德市财政局	项目工作先进个人	承德市人民政府	2005 年 5 月
刘柏华	围场县财政局	全省民族团结进步模范个人	河北省人民政府	2005 年 12 月 5 日
李志文	兴隆县财政局	记二等功	承德市人民政府	2005 年 8 月
李志文	兴隆县财政局	承德市劳动模范	承德市人民政府	2005 年 4 月

获奖人	工作单位	奖项名称	颁发部门	获奖日期
郝海东	兴隆县财政局	河北省第一次经济普查省级先进个人	河北省第一次经济普查领导小组	2005年12月
王　军	承德市鹰手营子矿区财政局	人民满意的公务员	承德市人民政府	2005年11月
付延民	承德市财政局	人民满意的公务员	承德市人民政府	2005年11月
叶振军	宽城县财政局	扶贫开发工作先进个人	承德市委、市政府	2005年6月

2005年张家口市财政系统
荣获市(厅)级及以上表彰的先进个人登记表

获奖人	工作单位	奖项名称	颁发部门	获奖日期
王大鹏	市财政局	扶贫开发工作先进个人并记二等功	市委、市政府	2005年7月
侯秉登	市财政局	扶贫开发工作先进个人	市委、市政府	2005年7月
刘喜江	市财政局	财政新闻宣传工作先进个人	省财政厅	2005年9月
黄立新	市财政局	国有及国有控股企业、城镇集体企业财务会计决算工作先进个人,企业财务会计决算先进个人,河北省外商投资企业财务决算工作先进个人	省财政厅	2005年6月 2005年11月
王　涛	市财政局	财税系统先进个人并记二等功奖励	市政府	2005年12月

2005年秦皇岛市财政系统
荣获市(厅)级及以上表彰的先进个人登记表

获奖人	工作单位	奖项名称	颁发部门	获奖日期
樊旭东	秦皇岛市财政局	2005年全国企业所得税税源调查工作先进个人	财政部	2005年12月
仇　旭	秦皇岛市财政局	财政新闻宣传工作先进个人	省财政厅	2005年9月
仇　旭	秦皇岛市财政局	全省财政系统优秀信息工作者	省财政厅	2005年4月
王海波	秦皇岛市财政局	市政府系统人大代表建议、政协委员提案先进承办工作者	市人大、市政府、市政协	2005年4月
陈洪霜	秦皇岛市财政局	省职工羽毛球运动会第二名	省总工会	2005年9月
柳　荣	秦皇岛市财政局	市政府记二等功	市政府	2005年9月
柳荣、成卫东	秦皇岛市财政局	财政调研课题成果三等奖	省财政厅	2005年6月
宋眴公	秦皇岛市财政局	市政府系统人大代表建议、政协委员提案先进承办工作者	市人大、市政府、市政协	2005年4月

获奖人	工作单位	奖项名称	颁发部门	获奖日期
范劲松	秦皇岛市财政局	省财政厅重点产品国际竞争力调查先进个人	省财政厅	2005 年 12 月
樊旭东	秦皇岛市财政局	省财政厅企业所得税税源调查工作先进个人	省财政厅	2005 年 12 月
冯健宝	秦皇岛市财政局	财税法律法规知识竞赛个人二等奖	省财政厅	2005 年 12 月
李文学	秦皇岛市财政局	生态家园富民工程建设先进个人	市政府	2005 年 3 月
李文学	秦皇岛市财政局	生态家园富民工程建设先进个人	市政府	2005 年 11 月
李文学、姜军	秦皇岛市财政局	财政调研课题成果奖	省财政厅	2005 年 6 月
姜　军	秦皇岛市财政局	省利用世界银行贷款加强灌溉农业二期项目资金管理先进工作者	省农开办	2005 年 12 月
高　嵩	秦皇岛市财政局	全市企业改革工作先进个人	市政府	2005 年 8 月
张赞松	秦皇岛市财政局	全市企业改革工作先进个人	市政府	2005 年 8 月
冯　华	秦皇岛市财政局	金融企业财务会计决算先进个人	省财政厅	2005 年 1 月
冯　华	秦皇岛市财政局	国有集体企业财务会计决算先进个人	省财政厅	2005 年 6 月
黄金柱	秦皇岛市财政局	全市外商投资企业财务会计决算评比先进个人	省财政厅	2005 年 1 月
范　宇	秦皇岛市财政局	全市整顿和规范市场经济秩序工作先进个人	市政府	2005 年 4 月
朱　勉	秦皇岛市财政局	全市财政调研课题成果三等奖	省财政厅	2005 年 6 月
董铁良	秦皇岛市财政局	利用世行贷款加强灌溉农业二期项目管理先进个人	省农开办	2005 年 12 月
董铁良	秦皇岛市财政局	全省农业开发系统调研文章获二等奖	省农开办	2005 年 2 月
汪虎、董铁良	秦皇岛市财政局	全省农业开发系统调研文章获二等奖	省农开办	2005 年 2 月
徐立红	秦皇岛市财政局	全省农业开发系统调研文章获三等奖	省农开办	2005 年 2 月
李贺先	秦皇岛市财政局	河北省农工民主党优秀党员	农工民主党河北省委员会	2005 年 8 月

2005 年唐山市财政系统荣获市(厅)级及以上表彰的先进个人登记表

获奖人	工作单位	奖项名称	颁发部门	获奖日期
闫晓明	唐山市财政局	市文明生态村镇建设先进个人	市委、市政府	2005 年 4 月 5 日
张贺青	唐山市财政局	重点建设先进工作者	市政府	2005 年 1 月 18 日
肖其放	唐山市财政局	重点建设先进工作者	市政府	2005 年 1 月 18 日
张　颖	唐山市财政局	企业税源调查工作先进个人	省财政厅	2005 年 1 月 14 日
翟福至	唐山市财政局	唐山市再就业先进工作者	市政府	2005 年 4 月 27 日

获奖人	工作单位	奖项名称	颁发部门	获奖日期
金　毅	唐山市财政局	省财政系统信息工作先进组织者	省财政厅	2005 年 4 月 22 日
姚淑妍	唐山市财政局	省财政系统优秀信息工作者	省财政厅	2005 年 4 月 22 日
黎　峰	唐山市财政局	省财政系统优秀信息工作者	省财政厅	2005 年 4 月 22 日
杨　泉	唐山市财政局	优秀党组织书记	市直机关工委	2005 年 6 月
李济萍	唐山市财政局	安全生产先进工作者	市安全生产委员会	2005 年 2 月
王永勤	唐山市财政局	学会先进工作者	市社科联合会	2005 年 2 月
张　宏	唐山市财政局	决算工作先进个人	省财政厅	2005 年 6 月 27 日
姚淑妍	唐山市财政局	省财政系统优秀新闻宣传工作者	省财政厅	2005 年 9 月
黎　峰	唐山市财政局	省财政系统优秀信息工作者	省财政厅	2005 年 9 月
金　毅	唐山市财政局	省财政系统信息工作先进组织者	省财政厅	2005 年 9 月

2005 年廊坊市财政系统
荣获市(厅)级及以上表彰的先进个人登记表

获奖人	工作单位	奖项名称	颁发部门	获奖日期
李春山	廊坊市财政局	廊坊市百名诚信文明标兵	市政府	2005 年 7 月
李春山	廊坊市财政局	20 国集团财长和央行行长会议筹办工作先进个人	市政府	2005 年 12 月
李春山	廊坊市财政局	第九届中国(廊坊)农产品交易会暨 2005 中国国际农业博览会会务保障处先进个人	市委、市政府	2005 年 11 月
李春山	廊坊市财政局	“5 · 18”国际商务节承办工作优秀组织奖	市委、市政府	2005 年 6 月
李德华	廊坊市财政局	20 国集团财长和央行行长会议筹办工作先进个人	市政府	2005 年 12 月
李德华	廊坊市财政局	第九届中国(廊坊)农产品交易会暨 2005 中国国际农业博览会会务保障处先进个人	市委、市政府	2005 年 11 月
李德华	廊坊市财政局	第九届全省优秀财政理论研究成果三等奖	省财政厅	2005 年 8 月
李德华	廊坊市财政局	“5 · 18”国际商务节承办工作优秀组织奖	市委、市政府	2005 年 6 月
张毅明	廊坊市财政局	全省财政系统信息工作先进组织者	省财政厅	2005 年 4 月
张毅明	廊坊市财政局	全省爱国卫生工作先进个人	省爱卫会	2005 年 11 月
左得江	廊坊市财政局	调研文章获省财政厅财政调研课题成果三等奖	省财政厅	2005 年 8 月
刘树发	廊坊市财政局	优秀共产党员	市直工委	2005 年 9 月
李晓鹏	廊坊市财政局	立三等功	市政府	2005 年 3 月
王增波	廊坊市财政局	第七届二十国集团财长和央行行长会议筹办工作先进工作者	市政府	2005 年 12 月

获奖人	工作单位	奖项名称	颁发部门	获奖日期
尹永强	廊坊市财政局	优秀信息工作者	省财政厅	2005年4月
尹永强	廊坊市财政局	全省财政系统优秀新闻宣传工作者	省财政厅	2005年9月
尹永强	廊坊市财政局	第七届二十国集团财长和央行行长会议筹办工作先进工作者	市政府	2005年12月
闫汉东	廊坊市财政局	全省优秀档案工作者	省档案局	2005年1月
宋大鹏	廊坊市财政局	优秀信息工作者	省财政厅	2005年4月
丁　勇	廊坊市财政局	全省企业所得税税源调查工作先进个人	省财政厅	2005年1月
丁　勇	廊坊市财政局	河北省重点产品国际竞争力调查工作先进个人	省财政厅	2005年12月
陈　琨	廊坊市财政局	全省企业所得税税源调查工作先进个人	省财政厅	2005年1月
陈　琨	廊坊市财政局	投资暨项目工作先进个人	市委、市政府	2005年6月
陈　琨	廊坊市财政局	河北省优秀共青团员	共青团河北省委员会	2005年5月
陈宏信	廊坊市财政局	承办第九届中国(廊坊)农产品交易会暨2005中国国际农业博览会工作会务保障先进个人	市委、市政府	2005年11月
陈宏信	廊坊市财政局	立三等功	市政府	2005年3月
王巨红	廊坊市财政局	第七届二十国集团财长和央行行长会议筹办工作先进工作者	省财政厅	2005年12月
莒　旗	廊坊市财政局	承办第九届中国(廊坊)农产品交易会暨2005中国国际农业博览会工作会务保障先进个人	市委、市政府	2005年11月
靳增兵	廊坊市财政局	承办第九届中国(廊坊)农产品交易会暨2005中国国际农业博览会工作会务保障先进个人	市委、市政府	2005年11月
张　剑	廊坊市财政局	承办第九届中国(廊坊)农产品交易会暨2005中国国际农业博览会工作会务保障先进个人	市委、市政府	2005年11月
张　剑	廊坊市财政局	国土绿化先进个人	市委、市政府	2005年3月
赵金亭 高晓丽	廊坊市财政局	第七届二十国集团财长和央行行长会议筹办工作先进工作者	市政府	2005年12月
赵金亭 高晓丽	廊坊市财政局	承办"5.18"东北亚暨环渤海国际商务节工作先进个人	市委、市政府	2005年6月
李鹏松 张宝娟	廊坊市财政局	第七届二十国集团财长和央行行长会议筹办工作先进工作者	市政府	2005年12月
马东坡	廊坊市财政局	全省财税法律法规知识竞赛个人一等奖	省财政厅	2005年12月

获奖人	工作单位	奖项名称	颁发部门	获奖日期
张继臣	廊坊市财政局	承办第九届中国(廊坊)农产品交易会暨 2005 中国国际农业博览会工作会务保障先进个人	市委、市政府	2005 年 11 月
张继臣	廊坊市财政局	承办"5.18"东北亚暨环渤海国际商务节工作先进个人	市委、市政府	2005 年 6 月
张继臣	廊坊市财政局	廊坊市劳动模范	市政府	2005 年 5 月
张继臣	廊坊市财政局	立二等功	市政府	2005 年 3 月
李欣洁	廊坊市财政局	承办第九届中国(廊坊)农产品交易会暨 2005 中国国际农业博览会工作会务保障先进个人	市委、市政府	2005 年 11 月
李伯生	廊坊市财政局	全省财税法律法规知识竞赛个人二等奖	省财政厅	2005 年 12 月
蔡根生	廊坊市财政局	市直文明标兵	市直文明委	2005 年 1 月
王永来	廊坊市财政局	立三等功	市政府	2005 年 3 月
杨广志	廊坊市财政局	承办第九届中国(廊坊)农产品交易会暨 2005 中国国际农业博览会工作会务保障先进个人	市委、市政府	2005 年 11 月
李文明	廊坊市财政局	投资暨项目工作先进个人	市委、市政府	2005 年 6 月
戴金波	廊坊市财政局	投资暨项目工作先进个人	市委、市政府	2005 年 6 月
王立冬	廊坊市财政局	外商投资企业财务会计决算先进个人	省财政厅	2005 年 8 月
王伟名	廊坊市财政局	国有及国有控股企业、城镇集体企业财务会计决算工作先进个人	省财政厅	2005 年 8 月
王伟名	廊坊市财政局	金融企业财务会计决算分析工作先进个人	省财政厅	2005 年 10 月
张殿峰	廊坊市财政局	承办第九届中国(廊坊)农产品交易会暨 2005 中国国际农业博览会工作会务保障先进个人	市委、市政府	2005 年 11 月
杜慧康	廊坊市财政局	全市优秀共青团员	团市委	2005 年 1 月
白　浩	大厂县财政局	全市先进工作者	市委、市政府	2005 年 4 月
马文龙	香河县财政局	廊坊市优秀人民公仆	市委、市政府	2005 年 9 月
马文龙	香河县财政局	廊坊市劳动模范	市政府	2005 年 12 月
符宝生	三河市财政局	先进工作者	河北省政府	2005 年 9 月 1 日
符宝生	三河市财政局	敬老好领导	市委、市政府	2005 年 10 月
杨宏生	三河市财政局	敬老好子女	市委、市政府	2005 年 10 月

获奖人	工作单位	奖项名称	颁发部门	获奖日期
陈金河	三河市财政局	敬老好子女	市委、市政府	2005年10月
张　忠	三河市财政局	投资暨项目工作先进个人	市委、市政府	2005年6月1日
郑海生	霸州市财政局	廊坊市先进工作者	市政府	2005年4月
郑海生	霸州市财政局	敬老好领导	市委、市政府	2005年10月
郑海生	霸州市财政局	二等功	市政府	2005年5月

2005年保定市财政系统
荣获市(厅)级及以上表彰的先进个人登记表

获奖人	工作单位	奖项名称	颁发部门	获奖日期
孙　杰	预算处	企业所得税税源调查工作先进个人	省财政厅	2005年1月14日
李大开	财经稽查办	帮建文明生态村优秀工作队员	市委、市政府	2005年2月24日
赵留强	非税收入管理局	保定市十大杰出青年	市委	2005年5月19日
冯建虎	办公室	全省财政系统信息工作先进组织者	省财政厅	2005年4月22日
张进安	办公室	财政新闻宣传工作先进个人	省财政厅	2005年9月22日
张志伟	办公室	全省财政系统优秀信息工作者	省财政厅	2005年4月22日
王占革	办公室	全省财政系统优秀信息工作者	省财政厅	2005年4月22日
贺　颖	农业处	重大动物疫病防治工作先进个人	市政府	2005年4月13日
祖　红	农业处	重大动物疫病防治工作先进个人	市政府	2005年4月13日
吕宝生	财政局	社科团体先进个人	市社科联	2005年1月21日
高祥青	国库处	社科团体先进个人	市社科联	2005年1月21日
姚淑青	妇委会	河北省“巾帼建功”先进个人	省妇联	2005年1月
贺　颖	农业处	河北省扶贫开发工作先进个人	省扶贫办	2005年4月
赵荣萍	非税收入管理局	市直机关优秀共产党员	市直机关工委	2005年6月
孙　杰	预算处	重点产品国际竞争力调查工作先进个人	省财政厅	2005年12月
王淑芝	涉外处	外商投资企业财务会计决算工作先进个人	省财政厅	2005年10月
田　义	涉外处	金融企业财务会计决算工作先进个人	省财政厅	2005年10月
吕宝生	财政局	全市维护社会稳定工作先进个人	市委、市政府	2005年2月23日
李　庆	教科文处	帮建文明生态村工作先进个人	市政府	2005年11月
张进安	办公室	承办人大代表建议、政协提案先进工作者	市政府	2005年4月8日

2005 年沧州市财政系统
荣获市(厅)级及以上表彰的先进个人登记表

获奖人	工作单位	奖项名称	颁发部门	获奖日期
李广波	沧州市财政局	全市就业再就业工作先进个人,记二等功	市政府	2005 年 4 月
邹殿华	沧州市财政局	全市就业再就业工作先进个人,记三等功	市政府	2005 年 4 月
邢　烟	文行科	人口与计划生育工作先进个人	省人口与计划生育领导小组	2005 年
崔亚明	文行科	职业教育先进个人	省教育厅	2005 年
郭长青	海兴县财政局	记二等功	沧州市委、市政府	2005 年 2 月
王文臣	吴桥县财政局	人民满意公务员	沧州市政府	2005 年 7 月
姜淑霞	市财政局	人民满意公务员	沧州市人民政府	2005 年 7 月
李晓晨	市财政局	市级二等功	沧州市政府	2005 年
郑士豪	“盐山县杨集乡财政所”	河北省人民满意的公务员	省政府	2005 年 4 月
檀润卿	任丘市财政局	记三等功	市委	2005 年
宋同喜	任丘市财政局	嘉奖	市政府	2005 年
吕宝清	任丘市财政局	先进个人	市政府	2005 年
李玉强	任丘市财政局	先进个人	市政府	2005 年
周永峰	任丘市财政局	先进个人	市政府	2005 年
李国申	任丘市财政局	先进个人	市政府	2005 年
付成群	任丘市财政局	先进个人	市政府	2005 年
王中华	任丘市财政局	先进个人	市政府	2005 年
赵丙辰	任丘市财政局	先进个人	市政府	2005 年
朱文胜	任丘市财政局	先进个人	市政府	2005 年
付二中	任丘市财政局	先进个人	市政府	2005 年
郑士豪	盐山县扬集乡财政所	人民满意公务员	省委、省政府	2005 年

2005年衡水市财政系统
荣获市(厅)级及以上表彰的先进个人登记表

获奖人	工作单位	奖项名称	颁发部门	获奖日期
李梦华	衡水市财政局	工会工作先进工作者	省总工会	2005年11月
李长忠	衡水市财政局	全省财政系统优秀信息工作者	省财政厅	2005年2月
崔洪义	衡水市财政局	全市扶贫开发工作先进个人	衡水市委、市政府	2005年7月
张　忠	衡水市财政局	全市扶贫开发工作先进个人	衡水市委、市政府	2005年7月
张稳座	桃城区财政局	人民满意的公务员	衡水市政府	2005年2月
江　玲	枣强县财政局	市政府二等功	衡水市政府	2005年12月
王保常	故城县财政局	农业开发世行二期先进个人	省财政厅	2005年7月
郝东强	阜城县财政局	全市扶贫开发工作先进个人	衡水市委、市政府	2005年7月
赵志平	阜城县财政局	全市扶贫开发工作先进个人	衡水市委、市政府	2005年7月
甄瑞杰	冀州市财政局	第五届衡水市“优秀人民公仆”	衡水市委	2005年6月
程久亭	冀州市财政局	河北省利用世行贷款二期项目资金管理先进工作者	河北省农业开发办公室	2005年12月
张晓宁	冀州市财政局	全省第一次经济普查省级先进个人	省第一次经济普查领导小组	2005年12月
刘成义	安平县财政局	公务员年度考核二等奖	衡水市政府	2005年
赵　靖	安平县财政局	公务员年度考核二等奖	衡水市政府	2005年

2005年邢台市财政系统
荣获市(厅)级及以上表彰的先进个人登记表

获奖人	工作单位	奖项名称	颁发部门	获奖日期
崔尽忠	市财政局	三等功	市委	2005年3月
崔尽忠	市财政局	行风建设先进个人	市委、市政府	2005年4月13日
薛建设	市财政局	行风建设先进个人	市委、市政府	2005年4月13日
胡海忠	市财政局	第九届河北青年五四奖章提名奖,省政府记二等功	省人事厅、共青团河北省委	2005年6月
徐升强	市财政局	行风建设先进个人	市委、市政府	2005年4月13日
畅兴国	市财政局	行风建设先进个人	市委、市政府	2005年4月13日
畅兴国	市财政局	文明服务标兵	市文明委	2005年4月28日
尹玉峰	市财政局	文明服务标兵	市文明委	2005年4月28日

获奖人	工作单位	奖项名称	颁发部门	获奖日期
周绍川	市财政局	行风建设先进个人	市委、市政府	2005 年 4 月 13 日
段继红	市财政局	文明服务示范标兵	市文明委	2005 年 4 月 28 日
郝晓兰	市财政局	邢台市扶贫开发工作先进个人	市委、市政府	2005 年 7 月 29 日
张立杭	南宫市财政局	河北省人民满意的公务员	省政府	2005 年 4 月
范敬岭	威县财政局	邢台市扶贫开发工作先进个人	市委、市政府	2005 年 7 月 29 日
王占彬	威县财政局	邢台市社会治安综合治理先进个人	市社会治安综合治理委员会	2005 年 4 月
贺长江	威县财政局	文明服务示范标兵	市文明委	2005 年 4 月
常志义	新河县财政局	邢台市扶贫开发工作先进个人	市委、市政府	2005 年 7 月
程增涛	新河县财政局	文明服务示范标兵	市文明委	2005 年 4 月

2005 年邯郸市财政系统荣获市(厅)级及以上表彰的先进个人登记表

获奖人	工作单位	奖项名称	颁发部门	获奖日期
李瑞龄	邯郸市财政局	生态家园建设先进个人	省政府	2005 年 9 月
张才学	邯郸市财政局	生态富民先进个人	市政府	2005 年 12 月
郝　桦	邯郸市财政局	生态富民先进个人	市政府	2005 年 12 月
赵伟峰	邯郸市财政局	农民合作经济组织先进个人	市政府	2005 年 12 月

邢台市财政局荣获全国文明单位事迹简介

近年来，我局以“三个代表”重要思想为指导，按照树立和落实科学发展观的要求，高举发展大旗，实施人本战略，以建设学习型、服务型、创新型、清廉型、和谐型文明机关为载体，积极探索新形势下加强精神文明建设的有效途径和方法，深入开展创建文明单位活动，有力地促进了财政改革发展，实现了财政工作和精神文明建设的双丰收。

一、抓认识，强领导，保障精神文明建设顺利运行

从提高财政干部的思想认识入手，加强领导，科学规划，建立机制，保障精神文明建设顺利实施。

(一)教育引导抓认识。为了提高广大财政干部对精神文明建设重要性的认识，增强广大财政干部特别是各级领导干部对搞好精神文明建设的责任感和使命感，局党组明确提出，是否重视精神文明建设，是对新时期财政干部科学的发展观树立牢固与否的重要检验，是对各级领导干部执政理财能力和领导水平的重要评判。为此，在财政干部中开展了“四从四看”活动。即，从财政部门树立和落实科学的发展观上，看加强精神文明建设的重要性；从建立“和谐社会”和“和谐财政机关”上，看加强精神文明建设的必要性；从推进作风建设抓落实上，看加强精神文明建设的紧迫性；从保持财政党员干部先进性上，看加强精神文明建设的长期性。通过开展“四从四看”活动，使广大财政干部认清了形势，统一了思想，增强了投身精神文明建设的自觉性和主动性。

(二)科学规划抓实施。邢台市财政局党组把精神文明建设摆上重要位置，列入了重要议事日程，科学规划，定期分析，经常研究，制定了《邢台市财政系统精神文明建设三年规划》、《邢台市财政局创建文明单位实施意见》等，将文明建设的规划目标按年度、按月份、按岗位分解落实，分步实施，梯次推进，虚功实做。

（三）建立机制抓落实。成立了以"一把手"为组长的邢台市财政系统精神文明建设工作领导小组，其主要负责制定规划，协调、指导邢台市财政系统的文明建设。同时，认真坚持"一岗双责"制，把精神文明建设和财政工作同谋划、同部署、同检查、同考核、同奖惩，一级抓一级，一级带一级。充分发挥群团组织的职能作用，齐抓共管，形成完善的精神文明建设工作网络，保障了精神文明建设的有效运行。

二、抓载体，强活力，提升精神文明建设的质量和水平

精心谋划文明建设活动，以活动为载体，不断为文明建设注入活力，提升文明建设的质量和水平。

（一）以提高财政干部执政理财能力为目标，开展"双学"（学理论、学业务）活动。以建设学习型财政机关活动为载体，组织广大干部职工深入学习党的十六大、十六届三中、四中、五中和省、市委全会精神，深入学习胡锦涛等领导同志关于科学发展观的重要论述，把学习理论同开展"树、讲、求"教育活动结合起来，同开展求真务实作风教育和作风集中整顿活动结合起来，同开展理想信念教育结合起来，同开展革命传统教育结合起来，同开展思想道德结合起来，同开展党员先进性教育结合起来，并通过召开学习经验交流会，举办"三个代表"报告会，组织党员到西柏坡等革命圣地参观学习，开展向冀志国同志学习活动等有效形式，不断深化学习效果，引导财政干部着力领会"三个代表"重要思想的精神实质，树立科学世界观、人生观、价值观，深入思考手中的权力是谁给的，管理的钱是谁的等重大问题，不断提高思想道德素质和政策理论水平。在此基础上，大力发扬理论联系实际的学风，不断用"三个代表"重要思想分析财政形势，研究财政问题，指导财政实践。几年来，我局每年就有近60篇调研文章在市以上新闻媒体刊发，其中，《发挥财政职能作用，推进经济跨越式发展的探索》一文获全省财政系统调研评比一等奖。在加强学习理论的同时，还突出抓了干部职工的业务技能培训，开展了"三项知识"（英语、计算机、WTO）的学习教育活动，并组织财政干部刻苦钻研现代财会、税收、金融、证券等知识，举办了微机网络知识、WTO知识、公文写作知识、《行政许可法》等各类培训班50多期。通过教育培训，财政干部的政治业务素质明显提高深化财政改革，加快财政发展提供了坚强的组织保证。

（二）以树立良好的财政形象为目标，开展行风建设活动。围绕树立良好的财政形象，以开展行风评议为动力，狠抓财政干部的思想道德教育，制定了财政干部道德规范；认真落实"双提"，推行了首问人责任制和"三办、三制、一站"的高效运行工作机制；认真执行文明办公"五步曲"；加强机关效能建设，设立了"高效工作榜"和"低效曝光台"，对全局所属科室、单位工作完成情况坚持每季统计一次，在全局通报，并与评比文明科室、文明单位挂钩，切实提高机关工作效率；大力实施财政政务公开、党务公开，以群众关注的收费管理、会计职称报考、政府采购等热点为服务重点，引导群众前来接受服务，自觉接受群众监督；狠抓机关硬环境建设，围绕建设"花园式"机关的目标，不断加大"三化"（绿化、美化、亮化）力度，达到"四季常青，三季有花"。认真落实市区环境卫生责任制，确保所包街道整洁干净。因此，在邢台市创建文明行业评比中一直名列前茅。

（三）以振奋干部职工精神为目标，开展大兴"五种风气"，争做"五个模范"活动。结合开展"树正气、讲团结、求发展"教育活动，积极倡导全市财政干部大兴"五种风气"（大兴勤于学习的良好风气、大兴奋发向上的风气、大兴精诚团结的风气、大兴艰苦奋斗的风气、大兴开拓进取的风气），争做"五个模范"（争做讲学习的模范、争做服务发展的模范、争做团结共事的模范、争做廉洁从政的模范、争做与时俱进的模范）活动。通过开展此项活动，极大地解放了财政干部思想，振奋了财政干部精神，鼓舞了财政干部士气。中共邢台市委书记董经纬对此活动做了重要批示："应倡导机关干部的良好精神状态"，并被《邢台研究》第15期刊发推广。

（四）以构建"和谐机关"为目标，开展了群众喜闻乐见的文娱活动。充分运用重要节日、重要纪念日、重大活动蕴藏的宝贵道德教育资源，有的放矢地开展群众性文娱活动。为迎庆"五一"、"十一"，组织干部职工开展了拔河、乒乓球、书法摄影大赛等文体活动；为纪念党的生日，开展了党史知识竞赛活动，举办了"党在我心中"主题活动；为深化党员先进性教育，组织了56名党员干部利用双休日，集中时间、集中精力开展了"大唱革命歌曲、促进财政发展"活动，在邢台市直机关保持党员先进性教育大唱革命歌曲比赛中获得一等奖。通过文体活动开展使干部职工在先进文化的氛围中更新理念，陶冶情操，提高素质。

（五）以提升服务质量为目标，开展了"财政服务在市直活动。积极响应市直工委的号召，结合干部作风集中整顿学习教育，大力开展"财政服务在市直活动"，引导财政干部树立"财政工作无小事"的理念，弘扬"拼搏进取、事争一流"敬业精神，深入实施抓素质、抓规范、抓落实的举措，建立完善"办事备忘表"制度，落实服务承诺，不断提升服务基层、服务群众的水平。精心实施为弱势群体送温暖和"志愿者"服务活动，仅 11 月 30 日半天时间，全局干部职工就为弱势群体捐款 3280 元，救助 15 名困难老党员和长期有病人家庭。

四、抓结合，搞服务，实现精神文明建设与财政经济和谐发展

（邢台市财政局供稿）

唐山市财政局
荣获全国文明单位事迹简介

唐山市财政局认真贯彻"三个代表"重要思想，树立和落实科学发展观，坚持"两手抓、两手都要硬"的方针，把精神文明建设贯穿各项财政工作，全局 266 名干部职工大力弘扬抗震精神，廉洁理财，文明办公，高效服务，促进了各项工作的开展。财政收入从 2000 年 48.1 亿元猛增到 2005 年的 226.4 亿元，年均递增 36.3%，为振兴老工业基地，促进经济社会协调发展发挥了重要保障作用。几年来，全局有 260 项工作和 350 余人次受到国家、省、市的表彰和奖励，连续 9 年被市委、市政府评为市级文明单位和实绩突出单位；连续两次被省委、省政府评为文明单位；2002 年被人事部、财政部评为"全国财政系统先进集体"；2005 年被中央文明委评为全国文明单位。

（一）强化思想道德教育，提高干部队伍素质。一是抓教育，强素质。完善机关干部终身学习机制，建立了学习讲评和考核办法，开展了每周一课网上业务培训，鼓励干部继续教育，目前有 35 人取得了研究生学历，大专以上学历达到 100%。二是抓规范，树形象。局党组开展了"规范服务、满意服务"竞赛，各办公室统一悬挂了"公务员行为规范及行风建设准则"两幅镜匾，规范了 30 句文明用语和 20 句工作忌语，机关面貌焕然一新。三是抓廉政，保本色。加强"艰苦奋斗、廉洁从政"教育，教育干部牢记宗旨，树立正确权力观。实行一岗双责，推行阳光工程，强化源头治理，提高自我约束能力，实现了连续九年无一人违法违纪。

（二）服务经济社会发展，促进精神文明建设。一是支持加快经济社会发展。坚持从经济到财政的理财思路，加大资金投入，五年投入资金 64 亿元，做大做强支柱产业，着力打造聚集生产力要素、促进加快发展的支撑平台。争取国债资金 74 亿元，支持国有企业改革和民营经济发展。二是统筹城乡协调发展。为广大人民群众解决热点难点问题，完善公共服务、教育、卫生、科技和社会保障体系。全面落实惠农政策，投入 40.6 亿元，支持农业发展，促进农民人均增收 212 元，促进了城乡协调发展。三是优先为全市精神文明建设提供财政保障。加大财政资金倾斜，先后拨付 5.5 亿元，积极支持农村文明生态村镇建设、末成年人思想道德教育、社区文化建设，有效地推动了我市精神文明建设的开展。

（三）发挥活动载体功能，提升创建工作内涵。一是抓好岗位创建。在服务窗口开展了"共产党员示范岗"、"星级服务竞赛"、"评选最佳、最差公务员"等活动，将创建目标、服务对象和公务员工作实绩三者有机地结合起来，让大家在活动中自觉增强创建意识。二是发挥辐射作用。局党组成员开展了"一帮一"扶贫，14 名领导干部每人帮扶一户贫困家庭，资助学生完成学业，帮助脱贫致富。支部组织了"一个党员一面旗"活动，团员青年组织了"一对一"助残活动，陶冶了思想道德情操。三是抓好细胞建设。推行了"进百家门、管百家事、解百人忧、暖百人心"为主题的"送温暖"工程，把干部职工"生、老、病、死、难，喜、乐、哀、忧、烦，奖、惩、升、调、免"15 个环节列入创建活动视野，组织送生日蛋糕到家庭，开展百户和睦家庭评选，增进了家庭融合，增强了全局干部职工的凝聚力和向心力。

（唐山市财政局供稿）

北京中兴源资产评估有限公司

董事长：王加春

总经理：高春山

北京中兴源资产评估有限公司是一家实力雄厚的资产评估机构。公司设立以来，恪守独立、客观、公正、科学之执业作风，诚实守信，尽职尽责，赢得了广大客户和社会各界的赞誉和认可。

公司内设资产评估部、业务开拓部、质量控制部、财务审计部、综合办公室等四部一室，各司其职。

公司业务范围包括从事各类单项资产评估、企业整体资产评估、市场所需的其他资产评估或者项目评估。公司现有从业人员58名，其中注册资产评估师19名，注册会计师18名。注册房地产估价师6名，土地估价师3名，注册造价师6名，注册结构师1名，证券审计师1名，证券分析师1名。上述人员均具有大专以上学历，其中博士生导师1名，博士1名，硕士1名；具有高级职称的12名，其中教授1名，高级会计师5名，高级经济师1名，高级审计师2名，高级工程师3名，形成了年龄结构、知识结构、技术结构合理的人才优势。懂事长王加春20世纪90年代中后期，长期担任国家国有资产管理局资产评估中心主任、中国资产评估协会秘书长、会长，并曾任中共中央财经领导小组办公室副局长，在资产评估领域享有极高的声誉和丰富的实践经验，曾被国务院授予有突出贡献专家称号，并获得国务院特殊津贴。总经理高春山长期以来从事资产评估工作并担任所在机构的主要负责人，具有较为丰富的组织、协调、管理和评估工作实践经验，主持了企业改制、破产清算、抵押贷款等评估项目近千项，参与组织了天津、河北、河南、山西等省市的中国网通、建材、热电、工商银行等拟上市房地产评估业务，曾被农业部授予全国乡镇企业资产评估先进个人。

公正为舟，诚信为桨，在未来的日子里，公司愿与更多的朋友携手，以更加出色的业绩为更多的客户提供更加优质的服务。

地址：北京宣武区白纸坊西街20号圣都大厦805室

邮编：100054　传真：010-83539129　电话：010-83539128

王加春　13601074425；010-88137825　高春山　13910796286；13700357286

电子信箱：bjzhongxingyuan@163.com

河北省人事厅

厅长 宋太平

河北省人事厅财务处在人事厅党组和主管厅长的领导下，坚持以邓小平理论和“三个代表”重要思想为指导，全面落实科学的发展观，认真践行“以人为本、以德为先”建厅理念，紧紧围绕实施“人才兴冀工程”，大力加强“三项建设、一项监督”（即思想建设、能力建设、制度建设、审计监督），不断开创财务工作新局面，为人事编制工作的顺利发展提供了坚强的保证。河北省人事厅在财务预算、决算、收费管理、国有资产管理、医疗保险管理等方面连续6 年被评为省直先进单位。

一、加强思想建设，提高财务工作队伍的政治素养。坚持以马列主义、毛泽东思想、邓小平理论、“三个代表”重要思想和科学的发展观武装头脑，引导大家树立正确的人生观、价值观和世界观，提高思想道德修养和政治觉悟，增强拒腐防变的能力，切实把心思用在事业上，把精力用在工作上，把干劲用在创新上，努力作勤俭节约、廉洁自律、克己奉公的模范。2005 年，财务处处长被评为省级优秀共产党员，一名同志被评为省直机关后勤工作先进个人。

二、加强能力建设，提高财务工作队伍的业务素质。利用集中学习、分散自学、听取讲座、送出培训和经验交流等形式，组织财务工作人员认真学习财经理论、财政金融政策和经济、法律、现代管理知识，树立依法理财、科学管理的理念，增强运用新技术、新手段开展工作的水平，使财务人员更新知识结构，提高业务技能，严格遵守财经纪律，理财能力和工作质量不断提高。

三、加强制定建设，提高财务管理的科学化、规范化水平。先后研究制定《河北省人事厅财务管理办法》、《河北省人事厅办公经费管理办法》，《河北省人事厅财务报销制度》等17 项财务管理制度，深入开展以预算管理和支出管理为核心的多项改革，探索出“计划、规划、预算”三位一体的财务管理模式，严格按照预算执行资金拨付划转工作，强化财务工作岗位责任制，建立国有资产管理明细帐，健全领导干部经济责任审计制，真正实现了靠科学管理增效益，向勤俭节约要效益，有效增强了财务管理的科学化、规范化水平。

四、加强审计监督，确保财务工作健康顺利发展。开展财务工作审计监督，是加强财务管理的重要组成部分。为此，制定了《河北省人事厅财务审计暂行办法》，变被动审计为主动审计，变单一审计为全方位审计。每年都要请具有相应资质的审计事务所对全厅各单位的帐务进行一次审计，及时补救和改正在工作中可能出现的一些问题和疏漏，同时对财务工作的实际问题进行审计咨询，提高工作的预见性、主动性和准确性，促使财务工作沿着健康正确的轨道运行，为全省人事编制工作的顺利发展提供了可靠的财力、物力保证。

巩学杰副厅长到财务处现场指导工作

河北教育出版社

河北教育出版社成立于1986年12月，经过20年的努力奋斗，现已成长为一家年出书800余种，发行量约900多万册，辖有6个职能部门，9个编辑室，3家杂志社，4家文化公司，1家音像出版社和1家印刷公司的国内一流出版社。出书类别涵盖教育、文学、艺术、社科、儿童、辞书等几大门类。发行范围以国内为主，辐射亚、欧、美、澳等20多个国家和地区。其中，《中华文明史》、《教育投入与产出研究》、《梅兰芳藏戏曲史料图画集》、《二十世纪中国史学名著》、《加缪全集》等21种图书获得了中宣部“五个一工程”图书奖、国家图书奖和中国图书奖等。《梅兰芳藏戏曲史料图画集》荣获德国莱比锡“2004世界最佳图书设计评奖”金奖。图书印刷质量连续多年获全国金奖。1998年，该社被国家出版署命名为“全国优秀出版社”。

该社坚持教育立社，突出抓好系列教材建设。有小学英语、初中英语、高中英语、小学数学、初中数学、小学语文、小学体育与健康、初中体育与健康、高中体育与健康等9套新课标教材通过了全国中小学教材审查委员会的审查，在全国出版社中名列前茅。特别是学英语系列教材，发行已突破500余万册，有22个省份学生使用。还开发了《新世纪幼儿素质教育活动丛书》、《综合理论与实践》、《信息技术》、《飘扬的红丝带》（小学、初中、高中、大学）等多种地方教材，以及《大学语文》、《市场营销学》等数十种高等教育、职业教育教材等，为我国大中小学教材改革和河北省教育事业发展做出了积极贡献。

该社的奋斗目标是建设成为全国重要的教材出版基地和一流的华文出版社。

社长兼总编辑　　邓子平

地址：　河北省石家庄市联盟路705号　　邮编：050061

电话：　0311—88643538（办）　87731224（书友俱乐部）

传真：　0311—87755716

E-mail：　wfbooksell@vip.163.com

网　址：　www.hbep.com

沧州临港经济 技术开发区(中捷友谊农场)

中捷友谊农场位于河北省东部渤海湾西岸，北距北京240公里、天津120公里，西距沧州市60公里，南距黄骅港口30公里。全区面积268平方公里（约40.3万亩），其中耕地10万亩，总人口4.2万人，职工1.8万人。农场处于沿海密集的交通网络中心地带，1个港口、3条国道、2条高速、3条铁路交会于此，成为冀、晋、豫、陕、蒙等省区新的出海通道。区域内土地、石油、盐、地热水等资源丰富，是环渤海经济圈中发展潜力巨大的黄金宝地。

2003年7月，经省委、省政府批准，中捷友谊农场与沧州邻港化工园区合并建立沧州邻港经济技术开发区（中捷友谊农场的名称继续保留），实现了由农垦经济向开发区经济的历史性跨越。改制三年来，经济和社会发生了翻天覆地的变化。

目前，已形成石油化工、精细化工、建筑材料食品加工、五金机械等十多个规模产业，3A企业3家，双A企业20多家；化工产业成为全区的主导产业。

临港开发区建立了养老、事业、医疗、工伤、机关事业独立养老保险五大保险体系，在河北农垦系统独树一帜，年支出保险金额达到2800万元，惠及了多数的的干部职工。2006年，临港开发区将实行新型农村合作医疗制度，使医疗保障政策惠及全区居民。全区建立了横向到底的全覆盖的社会保障网络 ；创建了七种新型救助模式，真正让开发区所有的人“吃得上饭，看得上电视，上得起学，交起养老金”。

2005年，全场完成总产值30亿元，GDP6.5亿元，引进外资520万美元，用电量达2.2亿度，出口创汇1200万美元，一个产业基础雄厚、城镇特色显著、社会功能完善、生态环境优美的极具魅力的滨海新城正在迅速崛起。

捷克和斯洛伐克大使访问中捷农场

乡谣乳业系列产品

国家级罗非鱼良种场

金太阳无公害蔬菜基地

大名县财政局

局长 申昆峰

大名县财政局是县政府的重要经济职能部门，全局内设12个股室，共有干部职工63人；下辖20个乡镇财政所。承担着全县组织收入、严控支出、深化财政改革、加强财政监督及其他工作任务等重要职责。

近年来，特别是大名县被确定为扩权县以来，全县财政系统干部职工抢抓机遇，积极进取，开拓创新，求真务实，各项财政工作呈现出良好的发展势头。

一、财源建设稳步推进。努力培育县域经济财源，财源结构趋于合理。同时，加大税收征管力度，严格依法治税，有效地提高了税收占财政收入的比重，财政收入在务实中得到稳定增长。

二、财政支出结构进一步优化，有重点地保证了全县财政供养人员工资按时发放，确保了国家机关正常运转和社会保障支出需要。

三、财政改革取得成效。2005年，财政集中支付中心共受理业务5100多笔，纠正不合理票据670多张，涉及金额560多万元，在很大程度上规范了单位的会计核算行为，财政资金得到有效监控；政府采购共采购物品涉及金额489万元，节约财政资金56万元，节资率为13.3%；非税收入等其他改革稳步推进，并取得了较好成效。

四、国家惠农政策得到全面落实，财政支农成果显著。农业税全部取消，并对全县种粮农民进行了现金补贴，2004、2005.2006三年共筹资金4426万元，用于发放全县农民粮食补贴及综合直补，在减轻农民负担的同时，增加了农民收入。

五、全力以赴引资金、上项目。在做好以上工作的同时，我局把引资金、上项目放在了突出位置。积极学习上级财政政策，了解财政资金投向，明确专人，全力以赴争跑资金，有效缓解了我县财力不足的问题；2005年引进总投资2000多万元的饲料加工项目一个，为全县养殖业的发展注入了活力。

由于工作扎实，成绩突出，我局多次被评为市级文明单位，连年被县委、县政府评为实绩突出单位。2004年度被省财政厅、省人事厅评为先进集体。申昆峰同志本人2005年被邯郸市委评为维护社会稳定先进个人，被大名县人大常委会评为“代表评论满意公仆”等。

团结奋进的大名财政人正在以崭新的面貌，向上的热情继续谱写大名财政新的篇章。

遵化市财政局

遵化市财政局党组书记、局长 岳树存

2005年，我市财政工作在市委、市政府的正确领导下，以科学发展观为统领，深入贯彻市委三届四次全会、市四届人大三次会议精神，紧紧抓住扩权强县的有利机遇，坚持以经济建设为中心，大力组织财政收入，调整优化支出结构，深化财政改革，加强财政监督，各项财政工作均取得显著成绩，有力地促进了全市经济和社会事业的全面协调健康发展，为全市改革发展稳定和争先进位做出了重要贡献。近年来，连续被遵化市委、市政府评为实绩突出单位和行风建设优胜单位，还被唐山市委、市政府评为“文明单位”。

2005年，我们始终把组织收入放在财政工作的首位，采取了一系列有效措施，保证和促进了财政收入稳定快速增长，2005年全市财政收入完成18.33亿元（不含基金收入0.86亿元），完成预算18.3亿元的100.2%，增长52.8%。财政收入增幅之高、进度之快均创历史同期最好水平。按照“保工资、保运转、保重点、保急需”的要求，大力优化支出结构，科学合理调度资金，有效保证了各项重点支出的需要。一是保工资、保运转。安排资金3.84亿元，保证了全市公教人员工资补贴按时足额发放和党政机关正常运转。二是加强社会保障工作。安排资金1.92亿元，认真贯彻上级统一规定的社保政策，较好地落实了国有企业下岗职工基本生活保障、失业保险和城镇居民最低生活保障等“三条保障线”；安排拨付资金728万元，全面落实了农村低保政策，救助农村贫困农民34800人次，修复贫困户危房909间，对城乡低保户大病实施了救助，保证了农村弱势群体的基本生活；拨付专项资金298.5万元，免费培训下岗失业人员1430人，安置“4050”人员406人，帮助1000名下岗失业人员实现了再就业。2005年，乡镇财政收入完成7.78亿元，占全市财政收入的42.4%，比上年增长17.8%，其中：遵化镇、建明镇、苏家洼镇、候家寨乡、崔家庄乡等5个乡镇财政收入均超过亿元。在新的一年里，积极响应市委提出的“跻身全国双百强，建设中等城市”的号召，求真务实，努力工作，以更加优越的成绩圆满完成2006年的财政工作。

涿州市财政局

涿州市政协副主席财政、局长 谷书玉

涿州市财政局位于涿州市开发区建设东路84浩。全体财政局干部职工在市政协副主席、财政局局长谷书玉同志的带领下，以建立公共财政框架为目标，不断深化财政体制改革，努力增收节支，实现了涿州财政收入逐年稳步增长，且做到了收支平衡，略有结余，为涿州市的城市建设、社会稳定和经济发展做出了应有的贡献。

市财政局机关实有行政编制27名，事业编制38名。设局长1名，副局长2名，工勤人员2名。股级干部职数12名。

现有在职干部职工67人，其中干部57人，职工10人；有会计师18人助理会计师27人，会计员4人。局机关设有办公室、预算科、国库科、财政监督科、社会保障科、农业科、涉外科、企业科、会计科、综合科等行政科室；另有国资办、收费管理局、政府采购中心、会计结算中心、农开办等事业科室。

局党政班子成员情况：局党政班子成员共有6名，其中，大专以上文化程度的2人，中专以上文化程度4人；年龄在45岁以下2人。

市财政局主要职能：负责制定全市财政发展战略和中长期规划；负责编制全市和市本级年度财政预算草案，执行市人大批准的财政预算，并编制市本级年度财政决算；负责管理市级各项财政收入和市级预算外资金和财政专户；负责管理有关政府性基金、行政事业性收费和史记财政社会保障资金；负责农业税收征收管理和稽查工作；负责管理市级财政公共支出、经济发展支出；管理和指导全市会计工作，指导、监督和管理社会审计；负责监督检查各类财政性资金的使用情况。

涿州市财政局连续多年被市委、市政府评为“实绩突出单位”，得到了各级领导的充分肯定，连续被保定市委评为“市级文明单位”，局内各科室工作均在保定市局名列前矛。局长谷书玉同志被涿州市人大常委会评为“人民满意的好公仆”。

沙河市财政局

沙河市政协副主席、财政局党组书记、局长刘对良

沙河市财政局始终以经济建设为中心，坚持科学发展观，深化财政改革，狠抓增收节支，加强财政监督，使全市财政运行保持了良好的态势。2005 年累计完成财政收入 70118 万元，占年任务的 101.18%，同比增收 8750 万元，增长 14.26%。

积极培育财源，狠抓增收节支。一是突出抓项目，不断培育壮大后备财源。二是建立财政收入联席会议制度，促进财政收入平稳快速增长。三是牢固树立过紧日子的思想，进一步优化支出结构，确保预算平衡。

深化财政改革，完善理财机制。一是严格票据管理，强化“收支两条线”。继续推行和完善涉企收费“一口清”，为企业发展创造良好环境。二是以综合预算为重点，按照“早、细、零、综”的编制原则，不断提高预算编制的科学性、准确性和可操作性。三是强化财政集中支付，确保财政资金安全、高效运转。四是进一步的扩大政府采购规模和范围。2005 年，累计完成政府采购额 3716.83 万元，节约财政资金 575.74 万元，节约率 15.49%。

落实惠农政策，促进农民增收。认真落实中央 1 号文件精神，切实减轻农民负担，全年共发放粮食直补资金 341.81 万元，使全市 98788 户农户得到了实惠。共投入农村低保资金 150 万元，使 3000 名农村弱势群体人员享受到了党和政府的温暖。强化村级财务管理，大力推进“村财乡代管”，村级资金实现了规范化运作。

保障重点支出，创建和谐沙河。一是保证公教人员工资和机关正常运转所需经费按时足额发放。二是加大对社会保障的投入力度，享受低保的城镇居民超过了 7 %。三是按时发放养老保险金，全年累计拨付企事业职工养老保险金 2121.1 万元。四是加大对农业、教育、科技、安全生产和计划生育的支持力度，有力地促进了经济和社会的和谐发展。

提升监督水平，构建效益财政。一是加强内审，对财政资金的分配、拨付管理严格审查，全程监控。二是拓宽外查，监督对象延伸到财政资金覆盖的各行业、领域。三是重点对专项资金进行检查，防止财政资金被挤占挪用，增强了监督实效。

加强队伍建设，树立财政新风。深入开展保持共产党员先进性教育，加强精神文明建设。将“提速、提质，为人民、促发展”作为主要内容，抓学习、抓评议、抓服务、抓整改，在促进财政工作的同时，向社会展示了财政干部队伍的良好形象。财政局连续四届（8 年）荣获省级文明单位，连年荣获邢台市财政工作先进单位、沙河市行风评议第一名、实绩考核先进单位等多项荣誉。

沙河市财政局深入开展行风建设，连年荣获沙河市行风评议第一名

沙河市财政局狠抓农村财务管理，推行“村财乡代管”，密切了干群关系。图为村干部在桥东财政所集中审票、记帐

黄骅市财政局

局长 刘家伟

2005年黄骅市财政收入累计完成51288万元，占年初预算的120.7%，同比增长34.2%（按可比口径，下同），增收超过亿元，达到13065万元，增量和增幅均创历年最高水平，全部财政收入迈上5亿元新台阶，实现了历史性跨越。在收入总量快速增长的同时，收入质量也有了新提升，地方一般预算收入完成20878万元，占年初预算的124.9%，同比增长35%，高于全部财政收入增幅0.8个百分点。进一步做好社会保障工作。安排资金190万元，落实了4278名企业退休人员养老金人均月补助20元政策；筹措资金111万元，提高了934名在乡优抚对象和3557名城镇低保对象补助标准；落实公益岗位补贴23万元，使185名下岗职工重新得到就业安置；对城镇最低收入家庭落实住房补贴优惠政策，205人次受益；筹集企业老干部医疗费基金14.8万元，较好保证了企业老干部就医治病需要。全年社会保障方面支出2215万元，同比增长21.6%，全市社会弱势群体得到了有效救助。支持“三农”工作方面，认真落实农业税税率下调2个百分点政策，减轻农民负担583万元。向农民群众发放粮食直补资金470万元、优质小麦良种推广补贴100万元、退耕还林粮食补助320万元。由于“两个文明”建设取得良好成效，我局被市文明办推荐为沧州市级文明单位，受到市委组织部表彰。

蠡县财政局

局长 张会敏

蠡县财政局现有干部职工69人，局机关下设9个行政股室。以张会敏局长为首的局领导班子，团结和带领财政局全体干部职工，认真实践“三个代表”重要思想，坚持“以改革找出路、管理求实效、增收补缺口、节支保平衡”的总体思路，使全县财政工作沿着民主理财、依法理财、科学理财、规范理财的轨道推进，各项财政工作取得了可喜成绩。

一、2005年财政收入完成22006万元，比上年增长21.7%；地方一般预算收入完成7242万元，比上年增长13.7%。两项收入增幅分别超出全市平均增幅6.7和2.7个百分点。

二、财政支出保障了各项重点需要。坚持“有所为，有所不为”的理财思想，积极调度资金，加强支出管理，优化支出结构，确保了全县公教人员工资发放、机关正常运转和社会稳定。多方筹措资金，加大对社会保障、科技文教、农业、公共卫生、乡村道路建设等领域的投入，支持了全县经济持续健康发展。

三、财政支持“三农”力度继续加大。坚持“多予、少取、放活”的方针，财政更多地向“三农”倾斜。一是严格落实了粮食直补政策，共发放补贴资金535万元，亩均补贴9.1元，补贴面积58.7万亩，受益户数11.6万户，保护了全县粮食生产能力，受到了全县广大农民的一致好评。

四、财政改革取得了新进展。继续推进综合预算、国库集中支付、政府采购等项改革，并取得突破性进展，进一步提高了财政管理水平。

五、财政队伍建设再上新台阶。通过深入开展机关作风建设，机关作风明显转变，财政干部做到了“五个强化”：强化了履行规章制度思想，强化了勤政为民思想，强化了争先创优意识，强化了学习创新意识，强化了为领导和部门服务意识。2005年蠡县财政局被县委、县政府授予“精神文明建设先进单位”、“维护社会稳定先进集体”、“下基层工作先进集体”、“造林绿化先进单位”等荣誉称号；在民主评议行风工作中名列前茅；张会敏局长本人也多次被评为“优秀共产党员”和“先进个人”。

局领导班子成员

南和县财政局

南和县财政局领导班子成员

2005年在县委、县政府的正确领导下，全局干部职工团结一致，扎实工作，财政事业保持了持续平稳健康和谐发展的良好态势，财政管理更加规范，财政支出更加有效，促进了全县经济和社会的发展，为全县工作大局目标的实现提供了有力的保障。

（一）财政收入完成4008万元，占年预算的103.7%，剔除不可比因素同比增长8.3%。全县一般预算收入实现1715万元，占年初计划的110.5%，剔除农业税下调因素后，同比增长13.4%

（二）财政支出完成15196万元，工资支付水平明显提高，重点支出得到保障。

（三）支持经济力度加大，筹措经济建设专项经费200万元，支付经济建设专项资金710万元。

（四）大力支持农村经济，支农投入1528万元，农民直接减负增收1387万元，惠及全县7万多户农民，间接受到实惠848万元，切实维护了农民利益。

（五）财政创新有突破，“村财乡代管”经验得到广泛推广，资金支付程序更加快捷。

（六）财政监督进一步加强，对五年来的专项资金使用情况进行了检查，资金使用效益进一步提高。

（七）干部队伍素质得到加强，办事效率进一步提高，服务意识进一步增强。

迁安市财政局

迁安市财政局党总书记、局长 玄武

2005年，迁安财政局在市委、市政府的正确领导下，围绕落实科学发展观和建设全面小康社会目标，努力践行“三个代表”重要思想，积极推进“钢铁迁安、中等城市”建设，坚持抓发展、抓收入、抓改革、抓管理、抓队伍建设不放松，同心同德，开拓进取，圆满完成了所承担的任务目标，谱写了迁安财政发展史上的辉煌篇章。

一、财政收入实现跨越式增长，支出结构得到优化

迁安财政始终把加强财源建设、促进增收列为支持经济发展的首要任务，围绕“钢铁迁安、中等城市”建设目标，不断调整理财思路，狠抓财源建设，全部财政收入从2000年的34315万元迅速增至2005年的336745万元，以年均57.9%的速度递增。综合经济实力连续三年位居我省县级30强之首，全部财政收入、地方财政收入、一般预算收入、基金预算收入四项指标连续五年军列全省第一。2005年全国最发达百强县（市）综合实力评比第52位，全国县域经济基本竞争力百强县（市）第43位。不断强化支出管理，优化支出结构，在保证公教人员工资发放、政权机关正常运转和全面落实三条保障线的基础上，通过妥善调度资金全市财政用于经济社会建设的支出达到201310万元。在有力地支持经济社会各项事业健康发展的同时，支出结构不断优化，公共财政体系得到了健全。

二、不断深化财政各项改革，提高财政管理水平

随着财政改革的不断深化，结合“阳光行动”的开展，迁安财政不断完善财政管理水平，积极调整镇乡财政体制，完成镇乡超收分成奖励办法；强化财政监督，不断健全“收支两条线”管理办法，认真落实票款分离和罚缴分离，严格执收执罚行为，有效维护了全市财经秩序；继续深化政府采购制度改革，不断扩大政府采购的范围，充分发挥了政府采购对节约财政资金的有效作用。通过政府采购，比预算节约资金2647万元，节支率为12.23%

三、不断加强财政队伍建设水平，精神文明建设取得丰硕成果

坚持两手抓、两手硬的方针，努力加强财政队伍建设，塑造队伍良好形象。一是强化对财政干部职工的教育。牢固树立正确的人生观和价值观，二是加强制度建设，从规范基础工作入手，建立健全各项行之有效的规章制度。三是强化对财政干部的监督，健全完善的管理体系，保证财政队伍连续多年不出问题。财政队伍廉政、勤政、高效、务实的形象在全社会得到牢固树立，连续两年被唐山市委、政府评为文明单位，连续多年被我市市委、市政府命名为实绩突出单位、精神文明建设先进单位、先进基层党组织，行风建设获连续三年优胜、两年免评的荣誉，支持经济发展、促进开放、计划生育、综合治理等方面的工作也多次受到市里表彰，部分科室所也分别受到过省厅和唐山市财政部门的表彰。

民主评议行风机关效能工作大会

磁县财政局

磁县政协副主席、财政局局长王立明深入基层调研粮食直补工作开展情况

“十五”期间，我们按照上级财政部门和县委、县政府的总体部署，不畏艰险，迎难而上，团结一致，开拓创新，取得了一系列重大历史性成就。2005年全县财政收入完成66188万元，比2000年的15723.5万元增长了320.95%，翻了两番还多，净增了50464.5万元。其中，县级一般预算收入由2000年的11729万元，猛增到2005年的18849.81万元，增长了60.71%。而且，发展速度越来越快，步伐越来越大，特别是近两年，财政收入由2003年的22776万元猛增到2004年的41968万元，直接超越3亿元跨入4亿元台阶，2005年达到66188万元，两年上了四个大的台阶，全面改写了过去几十万元、上百万元一个台阶的历史，保持了强劲的发展势头。

在学习外地经验，结合我县实际方案的基础上，2004年9月10日我县成功实行了财政集中支付制度改革，全县135个一、二级预算行政机关、事业单位全部纳入，所有财政性资金全部纳入，是继部门综合预算、收支两条线管理体制改革之后的又一项重大改革。政府采购稳步推进，契税征管实行直接征收。财政监督实现了由集中大检查向日常监督、专项监督、跟踪监督的转变，更加注重依法、依规、依纪理财。按照“减轻、规范、稳定”的原则，经过调查研究，反复测算，2002年顺利在全县推开了被称为“农村第二次革命”的农村税费改革，之后又逐步调整政策直到全部取消。这些改革都在我县财政发展史上画上了浓重的一笔。

随着经济的发展和财政实力的增强，在保证人员工资的前提下，我们不断加大对经济建设和社会事业的支持力度。村村通公路工程提前完成，“普九”工作顺利通过省三轮复检，计划生育基础设施全市一流。以北二环为标志的城市道路建设、服务设施建设、文化设施建设等翻开了我县城市建设新的一页。中小企业信用担保体系建设、公教人员医疗保障体系建设，促进下岗再就业工作和退耕还林等支持“三农”工作，从无到有，从小到大，填补了多项空白。同时，注重用邓小平理论和“三个代表”重要思想武装头脑，深入开展文明单位创建活动，2004年民主评议行风全县第一，并获得免评两年的奖励。我局连续10年被邯郸市政府命名为市级“文明单位”，连续8年被河北省委、省政府命名为省级“文明单位”。还连续12年在全县综合考核中，被县委、县政府授予“实绩突出单位”和“先进领导集体”的光荣称号。

邯郸市财政局局长李少波到磁县调研财政收入和财政改革运行情况

磁县财政局领导在开展民主评议行风宣传活动现场

邯郸县财政局

吴斌 局长在全省人民满意的公务员集体表彰会上

近年来，邯郸县财政局在财政工作中坚持一年一台阶，三年大跨越，全县财政工作实现了新突破、新发展。全部财政收入由2003年的23372万元。增加到2005年的50333万元，年均递增46.8%。其中，地方一般预算收入由2003年的13218万元，增加至2005年的21002万元¥年均递增26.1%，全部财政收入占GDP的比重由2003年的4.7%，提高到2005年的6.1%，提高了1.4个百分点，财政收入近三年来，年均增收1亿元以上，财政增收创改革开放以来增量最大、增幅最快、预算执行最好的时期。

（一）落实惠农政策，支持"三农"发展。通过深化农村税费改革，降低农业税税率，三年共减免农民负担1396万元，2005年，农民人均负担由改革前的85元减低到14.3元，降幅达到83%，加大对农业的投入，三年来，用于农业方面的支出达到7758万元（其中2003年2220万元，2004年2293万元，2005年3245万元），年平均递增20.9%，重点支持了农业综合开发、土地治理、节水灌溉、生态农业、退耕还林、人畜饮水、良种补贴、农机具补贴、农民专业合作组织、农业产业化龙头企业贷款贴息等项目，促进了农民增收，农村发展。积极开展粮食直补和综合直补工作，两年来，共支付补贴资金1107万元，全县6.9万种粮农业户从中受益。

（二）大力促进社会事业发展。三年来，用于教育事业的支出达24988万元，用于卫生方面的支出达3689万元，用于科技事业的支出722万元，重点支持了中小学危房改造和布局结构调整、"普九"、"义务教育资金贫困生两免一补工程"、促进了社会事业与经济的协调发展。

（三）努力涵养财源，支持经济建设的力度进一步加大。三年来，我县为支持企业发展，共安排企业挖潜改造资金80万元、科技三项费1071万元，支持企业提高产品科技含量和附加值。安排1387万元建立重点项目建设资金，支持高新技术产业发展和县重点项目建设；筹措资金1172万元用于企业分离办社会工作，切实减轻企业负担；加大对科技型、规模型民营企业资金支持力度，财政注入资金1000万元，积极筹建了中小企业信用担保中心，有力地推动了民营经济快速发展；多方筹措资金，大力开展基础设施建设，培育壮大新的经济增长点，实现了经济发展与财政增收的良性循环。

局领导班子成员：（左起郭树华、田丽彬、韩成、马桂明、吴斌、常震、赵风洲、李玉萍、付一平）

南宫市财政局

党组书记局长 张立杭

我局在上级财政部门的指导下，按照市委、市政府的安排部署，以组织收入为中心，坚持培源壮财与强化征管两手抓，扎实推进财政各项改革，财政工作呈现持续发展势头。

截至2005年十月底财政一般预算收入累计完成9084.3万元， 占预算10788万元的84.29%， 同比增收223万元，增长2.52%，可比增长10.96%。财政一般预算累计支出13014.7万元，同比增支2859.1万元，增长28.2%。

从2005年2月初开始，在全局党员中开展保持共产党员先进性教育活动。现在已顺利完成各个阶段的活动任务，全局党的建设出现了一个新气象。在行风建设上保持思想不懒、力度不减、工作不断，继续按照市委要求严格做好每一个规定动作，先后对社会进行了承诺和践诺公示，在市商贸文化广场进行了咨询宣传，使财政系统的行风建设提到一个新高度，真正实现理财为民，服务复兴。在邢台市财政局的指导下，经过南宫市档案局大力协助，历时将近1年，实现了财政档案晋升省一级标准，为进一步提高财政管理水平奠定了基础。财政信息化建设不断推进，满足了财政管理改革的需要。机关办公条件有所改善。积极参加上级财政部门组织的各类活动。在邢台市财政系统开展保持共产党员先进性教育征文活动中，获三等奖论文1篇、纪念奖1篇，并获优秀组织奖。按时解答了省财政厅组织的财税法律法规知识竞赛。组队参加了首届“财政杯” 乒乓球比赛，获优秀组织奖。

迁西县财政局

党总支记局长 张志会

迁西县财政局在县委、县政府的正确领导下，局领导班子带领广大干部职工坚持以科学观统领全局，围绕县委、县政府提出的全面“力争全县上游”目标，强化收支管理，大力推进各项财政改革，使财政工作保持了旺盛的生机和活力。2004年实现全部财政收入11.5亿元，2005年达到14.56亿元，创历史最高水平，2006年预计突破15亿元大关，再续新高；积极构建公共财政体系，扎实推进政府收支分类改革、政府采购改革、涉企收费“一票制”改革，理财水平和监管水平不断得到提高，实现了向建设型财政的转轨，财政的社会化功能显著增强；坚持“两手抓、两手都要硬”的工作方针，全方位、多层次推进机关精神文明建设，在社会上树立了廉洁、勤政、务实、高效的良好形象。多次被市县评为实绩突出单位、文明单位，2003-2004年荣获省财政系统先进集体、唐山市“人民满意的公务员集体”荣誉称号，2004-2005年度省级文明单位。

石家庄高新技术产业开发区

截至2005年底，进区科技型企业1737家，经认定的高新技术企业380家，外商投资企业115家。2005年，完成营业收入380亿元，国内生产总值103亿元，工业总产值310亿元，实现利税32亿元，完成财政收入10亿元，出口创汇2.0亿美元。与建区初期相比，全区技工贸总收入增长了260倍，工业总产值增长了151倍，财政收入增长了434倍，上交利税增长了103倍。全区工业总产值占石家庄市区工业总产值的比例由建区初期的1.4%增长到14%，高新技术企业总产值占全区总产值的比例由建区初期的12%增长到75%，高新技术产业增加已占到全市份额的82%。

在2004年科技部公布的国家高新区技术创新评价中，石家庄高新区在全国53个国家高新区中技术创新综合加权排名第15位，其中，发展规模排名第22位，增长幅度排名第9位，增长速度排名第4位。共引进和实施各类项目1300多个，这些项目中经认定的高新技术项目及产品610项。全区项目建设总投资已突破200亿元，累计利用外资7.26亿美元。一些国际知名公司，如日本的富士通公司、日商岩井株式会NEG公司日绵公司，美国的休斯公司、哈里斯公司、孟山都公司，德国的赫斯特公司，英国的汇丰银行，意大利的萨普拉斯公司等均在区内投资建设了企业。产业集聚和产业优势逐渐显现，初步形成了以通信电子和化工医药及中药为支柱的特色产业。

2005年，全区科技活动人员8200多人，占从业人员17%左右，其中，高级职称人才2370人，硕士以上学历664人，大专以上学历24883人，占职工总数的39%，RED人员数占企业员工总数4.9%。

藁城市财政局

藁城市财政局现有干部职工76人，局机关共设12个业务科室，二个局级事业单位。副局级以上干部11人，股级干部22人，该局注重干部职工文化水平及业务素质的提高，全局中专以上学历67人，占全局总人数的88%。取得会计专业技术资格证书61人，其中高级职称1人，中级职称30人，助理职称30人。

该局在藁城市市委、市政府及上级财政部门的正确领导和大力支持下，在党组书记、局长张东喜同志的带领下，高举邓小平理论的伟大旗帜，认真学习和忠诚实践“三个代表”重要思想，始终把发展兴业作为第一要务，把开拓创新作为事业兴旺发达的根本之道，以科学发展观为统领，按照构建公共财政基本框架要求，积极组织财政收入，坚持抓财政增收与节支并重，全面推进财政改革，大力扶持经济和社会事业发展，使全市财政收入连年持续较快增长。建立了“管理规范、运转协调、监管有力、效益良好”的财政管理新机制，为全市经济和社会各项事业发展做出了突出贡献。2005年，全市财政收入达到70530万元，位居全市前列，位居全省综合评比十强县之一。

近年来，先后被授予“全省财政系统文明财政局”、“河北省财政支农及农税工作先进单位”、“石家庄市财政系统文明财政局”“石家庄市市级文明单位”、“石家庄市综合治理先进单位”、“行风评议先进单位”、“先进基层党组织”等荣誉称号。

交通银行金融快线·企业网银九大功能

一、账务查询

企业可实时查询账户余额、交易明细、贷款信息和票据信息等，方便企业及时了解资金情况。

二、企业付款

企业能够进行日常结算业务，可以进行单笔付款，也可以批量付款。交行系统内实时到账，异地跨行两小时到账，同城跨行一个工作日到账。

三、财务服务

企业能够通过网银发放工资、报销差旅费。

四、现金管理

集团现金管理提供集团账户多维查询、内部资金自动和主动调拨、自动请款、集团对外支付和现金池管理功能。

五、国际业务

为客户提供国际业务查询服务，帮助客户全面了解本企业外汇业务项下的汇款、信用证、托收等所有业务信息。已开通网上开证申请、网上汇出汇款申请以及网上信用证通知等新功能。

六、客户服务

包括到账通知、离线客户端软件及企业信息下载、证书更新、计费明细查询、用户信息和密码修改、操作演示、联系银行等功能。

七、企业管理

企业可根据自身需要灵活建立操作用户，赋予不同的操作权限，建立配对账户，并可以控制付款额度。企业还可以在网上申请业务功能，省却跑银行的时间和麻烦。

八、离岸业务

为离岸业务客户远程提供资金账户相关查询服务，便于离岸业务客户及时、全面、直观地了解账户往来情况。

九、境内外联动查询

境内行客户查询境外行的客户存贷款账户余额及活期账户交易历史；境外行的客户通过境外行查询境内行的客户存贷款账户余额及活期账户交易历史的业务。

石家庄市新华区财政局

局长 闫文柳

2005年是全区财税改革和发展不断深化的一年。全区财政收入累计完成140018万元，完成调整预算132259万元的105.87%，超收7759万元，同比增收21929万元，增长18.57%。从收入级次看，地方一般预算收入完成56187，完成调整预算55555万元的101.14%，增收632万元，同比增收3778万元，增长7.21%；省级以上收入完成83831万元，完成调整预算76704万元的109.29%，超收7127万元，同比增收18152万元，增长27.64%。财政收入增幅位居市内第二名，完成了区委区政府下达的“保三争一”的目标。

财政支出首先保证了机关事业单位工资支出，全区教职员工及无军籍职工按国家政策调资全部到位，全区做到了按实际执行标准发放公教人员工资。在就业资金、最低生活保障资金、职工医疗保险等专项支出全部到位，“三条保障线”制度和“两个确保”都得到全面落实。按规定标准补发了企业离退休人员生活补贴；在保工资发放和社会保障支出的同时，科技三费、计生经费、教育支出投入力度逐步加大，努力支持各项事业发展。

局领导班子成员

新乐市财政局

2005年全市财政收入完成27067万元，占预算的101%，可比增长19.7%。在过去一年里，我们把促进财政增收作为全年工作的首要任务，强化收入征管，财政收入实现了较快增长。一是进一步完善了工资保障机制，全市公教人员工资按政策标准及时足额发放，共计发放工资13700万元；想方设法筹措资金落实了乡镇公教人员100元误餐费和全市公教人员人均增加100元职务津贴政策，公教人员工资保障能力进一步提高。二是努力增加社会保障投入，财政筹集社会保障资金9175万元，确保了离退休人员基本养老金、下岗职工基本生活费和城市居民最低生活保障金的按时足额发放；同时，筹集资金解决了企业和军转干部养老保险和医疗保险等问题，并提高了抗战前参加工作的企业离休人员的工资标准。三是加大财政扶贫投入力度，共计筹措安排扶贫、救济资金287万元，保证了困难群众的基本生活。四是进一步深化农村税费改革，全市农业税降低2个百分点，共减免农业税768.9万元，人均减负18.8元，全市广大农民得到了实惠。五是认真落实对种粮食农民实行直接补贴、良种补贴和农机购置补贴政策，523.5万元粮食补贴资金全部兑现到农民手中，中央惠农政策惠及农民10万多户。

三河市财政局

三河市财政局位于三河市建设路9号，成立于1993年6月，前身为三河市财财政局，现有干部职工77人。机关所属2个二级局，13个职能股室，3个契税征收所，6个管理中心。是市政府负责财政收支于政策管理的职能部门。

近年来，三河市财政局在市委、市政府的正确领导下，财政收入由1993年的0.9亿元增长到2005年的12.27亿元，年均增长24.3%，为三河的经济发展和社会稳定做出了贡献。1993年被评为全国财政系统先进集体，1993—1997年被评为全省十佳文明财政局，1996年以来连续8年被评为省级文明单位，2000年被评为全省财政系统文明财政局、县级财政综合改革试点先进单位，连续多年被评为廊坊市财政系统先进集体，在2004年的行风建设及行风评议活动中，连续两年在同类单位中获得第一名的成绩，被市行风办确定为免评单位。

局领导班子成员（中为局长符宝生）

巨鹿县财政局

局长　张民

巨鹿县财政局创新“生财、聚财、用财”之道，以构建公共财政框架为目标，通过深化以增收节支为核心的预算管理、国库集中支付、政府采购、农村税费改革、“收支两条线”等一系列改革取得显著成效，建立了收支管理规范的财政运行机制。自2002年起财政收入连续四年实现两位数增长，财政“蛋糕”不断做大。在圆满完成“保工资、保运转、保平衡、保稳定、促发展”目标的基础上，公教人员工资发放水平逐年提高，人均工资由2002年的597元增至2005年的1127元。2003年在全省率先建立了农村低保机制，使公共财政阳光照耀到农村。

为破解“三农”难题，以“多予、不取、放活”为方针，2005年全县免除农业税，实现农民零税负。对支农专项资金实行报帐制，大大提高了资金的使用效益，使项目区农民人均增收800元。今年以来，“积极利用全省农村综合改革试点县”和“全省农业财政资金整合试点县”的契机，制定和完善了新的乡镇财政体制，建立了集中支付乡镇分中心，实行“乡财县管”模式。对于农业财政资金以集中财力办大事为原则，利用本地是全省银花药材基地的优势，上大项目，搞精加工，带领农民快速走上致富路。

长期以来，财政局党支部以“建一流班子、带一流队伍、创一流业绩、树一流形象”为目标，带出了一支“风正、心齐、劲足”的财政干部队伍。巨鹿县财政局连续四年被省委、省政府授予“省级文明单位”，“全省财政系统先进集体”；张民局长被授予河北省“劳动模范”、省财政系统“劳动模范”等荣誉称号。

武安市财政局

居中者为党总支书记、财政局长高举良，其他人从左至右依次为李长林（收费管理局局长）、李丙安（副局长）、温顺廷（副局长）、李永祥（副局长）、郝军书（政府采购办主任）、杨淑杰（财政监督稽查局局长）

武安市财政局现有干部职工115人，下设办公室等13个科室、三个二级局和两个经济实体。局机关设立党总支，下设3个党支部，共有党员75名。

近年来，该局在党总支书记、局长高举良同志的带领下，高举邓小平理论的伟大旗帜，认真学习和忠诚实践“三个代表”重要思想，始终把发展兴业作为第一要务，把开拓创新作为事业兴旺发达的根本之道，围绕武安市委、市政府提出的建设中等城市的发展目标要求，以科学发展观为统领，按照构建公共财政基本框架要求，积极组织财政收入，坚持抓财政增收与节支并重，全面推进财政改革，大力扶持经济发展，使全市财政收入连年持续稳定较快增长，初步建立起了“管理规范、运转协调、监管有力、效益良好”的财政管理新机制。为全市经济和社会各项事业发展做出了突出贡献。2005年，全市完成生产总值235亿元，财政总收入达到30.24亿元，综合经济实力在2003年跻身全省“十强”，2004年晋位全省第三、并首次跨入全国“百强”县（市），2005年继续在全省名列第三。局领导班子连续六年被武安市委、市政府授予“先进领导集体”，该局连续多年被武安市委、市政府授予“实绩突出单位”，连续五次荣获“邯郸市级文明单位”，连续四次荣获“省级文明单位”。局长高举良同志多次被武安市委、市政府授予优秀领导干部荣誉称号；被河北省、邯郸市授予劳动模范称号。

衡水市财税学校

校长 吕福

衡水财政税校位于育才街398号，成立于1978年。担负着我市财政、地税、国税、社财会人员的岗前培训、职称考前培训、继续教育等会计事务工作。我校现有教职员工32人，其中具有高级专业技术职务资格的4人，中级专业技术任职资格的15人。学校占地面积15.39亩，教学楼4200平方米，计算机260台等其他教学设备，可同时容纳800人学习、就餐、生活。

我校在全省函校工作总结大会上2001、2002年度取得校务工作奖、2004、2005年度取得会计教育工作二等奖。学校规模不断扩大，教学质量扎实、稳定，教师队伍素质不断提高，社会服务意识增强。

今年3月初，全省2006年会计教育总结表彰暨分校校长工作会议在我市举行。会上财政部总校常务副校长李赤、省财政厅副厅长郭秀堂、省校校长徐静讲话，河南省、江苏省函校校长做经验介绍，我校校长秘秀禄做工作发言，大会圆满成功。

我们决心借这次会议的东风，理顺和局内相关部门的关系，成立与省校相应的机构，适应社会需要，争取更大成绩，我们的口号是发扬函校光荣传统，再创函校辉煌，明天会更好。

红十字会

省长季允石向河北新奥集团颁发慈善荣誉证书

河北新奥集团慈善基金会为救助农村贫困患病儿童捐助100万元人民币

河北省红十字会名誉会长、河北省省长季允石与六位捐髓英雄合影留念

石家庄市社会保险局

局长董义存在民主评议会上

石家庄市社会劳动保险事业管理局成立于1985年3月，是市劳动和社会保障局下属的正县级事业单位。下设办公室、综合计划处、基金管理处、社会保险登记处、在职职工管理处、个体参保人员管理处、离退休职工管理处、社会化管理服务处、稽核处、县（市）区处、工伤保险处等15个处室，编制人数100人。主要负责石家庄市行政区划内的企业养老、工伤保险经办工作。

20年来，经过几代社保人的不懈努力，我市社保事业取得了长足发展，为本地经济、改革和社会稳定做出了积极贡献。1995年以来，连续10被河北省劳动保障部门评为先进单位。2003、2004、2005年连续三年被评为石家庄市行风建设优秀单位和先进单位。2005年被劳动保障部授予“全国劳动保障系统2004－2005年度优质服务窗口单位”荣誉称号。部、省、市级领导多次到我局视察指导工作，对我局工作给予了充分肯定。

截至2005年12月底，我市企业基本养老保险参保单位5396个，参保职工67.2万人。工伤保险参保单位4365个，参保职工56万人；企业离退休人员21.9万人，发放养老金16.02亿元，社会化发放率和按时足额发放率均达到100%。；企业退休人员21.4万人，实行社会化管理服务20.4万人，社会化管理服务率为95.5%，其中，纳入社区管理16.8万人，社区管理率为78.8%。

河北省残疾人联合会

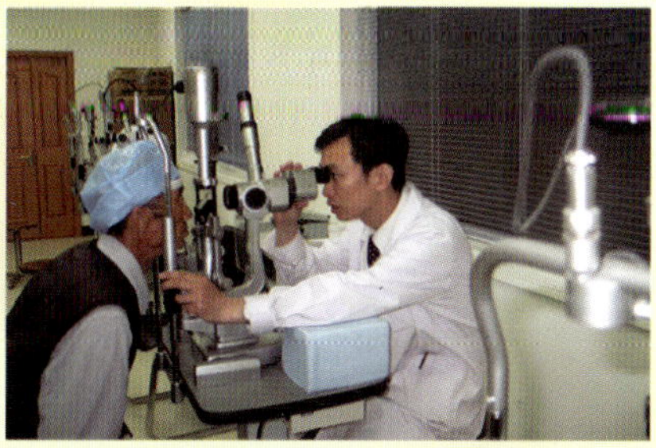

为贫困白内障患者做手术前后检查

2005 年，各级财政进一步加大对残疾人事业的支持力度，残疾人的状况得到了较大改善。

3 万多名残疾人享受了康复服务。全年共免费为2520 名贫困白内障患者实施了复明手术；为1555 名低视力患者配用了助视器；为681 名肢残人装配了假肢；装配矫形器565 件，供应用品用具32906 件。

保障残疾人受教育的权益。对义务教育阶段贫困残疾家庭学生实行“两免一补”，加大资助考上大中专的残疾人和残疾人子女的力度，全年共资助专科、本科学生256 名，资金达64.3 万元。

在残联的帮助下残疾人用学到的一技之长工作

解决残疾人最迫切、最直接、最现实的问题。城镇安排12534 名残疾人就业，农村残疾人从事辅助性劳动等就业累计840910 人。截至2005 年底，全省城镇42910 名残疾人参加了社会保险；共有100823 名残疾人享受到最低生活保障；共有12803 名残疾人在各类福利院、养老院享受集中供养、五保供养。共扶持贫困残疾人104292 名，70829 人基本解决了温饱；帮助1806 户残疾人进行了危房改造，改善了住房条件。

残疾人基础设施建设、无障碍、宣传文体等事业也有所发展。

任丘市财政局

局长　檀润卿

2005年，任丘市生产总值完成300亿元，全社会固定资产投资完成40亿元，全部财政收入完成26亿元。实现了城市化率全省第一，综合实力第二，财政实力第三的目标。一年来，任丘市财政局围绕全市经济建设、工资发放、各项重点支出管理等项工作，开拓创新，奋力拼搏，圆满难成了各项财政工作任务。

一是财政收入持续快速增长，财政实力进一步增强。全年完成全部财政收入26亿元。二是财政支出结构进一步优化，各项重点支出得到较好保障，全年累计支出7.2亿元。有力支持了“三农”、基础设施、教育科技文化事业发展、社会保障、民心工程等重点方面，对保证运转、推进改革、促进发展、维护稳定发挥了积极作用。三是财政支农力度进一步加大，党的惠农政策得到严格落实。重点支持了扶贫开发、动植物疫病防治体系建设、生态家园工程、农业产业化、农业综合开发等。四是财政支持经济发展力度加大，经济发展环境不断优化，财政经济步入良性循环轨道。五是财政支持社会事业发展效果显著，人民群众切身利益得到较好保障，促进了和谐任丘建设。六是财政改革进一步深化，体制机制创新迈出新步伐，为财政资源安全高效运用提供了制度保障。七是财政系统机关建设力度加大，干部职工精神面貌和机关形象进一步提升。实现了让领导、部门和群众都满意。

河北电视台

省委书记白克明、省长季允石来我台考察

河北电视台是河北省电视传媒的龙头，也是中国较有影响的省级电视台之一。英文简称HEBTV。

河北电视台1969年2月16日正式开播，现有正式职工633人。内设4个职能部门：办公室、总编室、人事部、财务部，4个中心：新闻中心、技术中心、广告信息中心、节目评议中心，7个频道：新闻综合频道、经济生活频道、都市频道、影视剧频道、少儿科教频道、公共频道、农民频道，一个视频点播频道，另设有播音部、精品创作室和党总支。新闻综合频道即用卫星传送，覆盖全国及亚洲部分国家和地区；经济生活频道、影视剧频道和农民频道等实现微波和有线混合覆盖，覆盖河北全省及北京、天津和周边省区部分地区；都市频道、少儿科教频道、公共频道用有线电视网络传输，覆盖河北全省各市、县城区。视频点播节目以数字压缩为传输手段，以数字机顶盒为用户终端，可播出十几套视频节目供用户选择。在中国新闻奖、中国广播电视新闻奖、全国星光奖、金鹰奖、飞天奖、金童奖等全国性大奖评比中，获奖数量和规格位居省级台前列。2005年完成广告创收4.74亿元。摄录、制作、播出等各系统基本实现了数字化，其中，10讯道数字电视转播车、数字化播出系统等技术水平全国领先。河北电视台与全国各级电视台和影视文化机构建立了广泛的联系与合作，与世界上18个国家和地区的电视机构建立了友好合作交流关系。

台　　址：河北省石家庄市建华南大街100号
邮　　编：050031
电　　话：0311-87116114（总机）
网　　址：WWW.HEBTV.COM

澳门电视周签约仪式

十佳栏目颁奖

承德县财政局

承德县财政局局长孙德功

2005 年，全系统干部职工以科学发展观统领财政改革与发展，坚持为民理财、依法理财、科学理财的公共财政理财原则，紧紧围绕富民强县目标，狠抓增收节支，推进财政改革，强化监督管理，充分发挥了财政在促进经济发展与构建和谐社会中的职能作用。

——超额完成财政收入目标任务，收入增量和增幅再创历史新高。全年全部财政收入累计完成 3.2 亿元，比上年增加 8500 万元，完成年初预算的 106%，同比增长 36.2%。

——以公共财政理念为指导，促进了财政经济的协调发展。坚持实施“工业立县、产业富民”的发展战略，充分发挥公共财政职能，不断优化经济发展环境，集中力量支持了乾隆醉酒业、帝贤针纺集团等对经济发展具有支撑和拉动作用的重点行业、支柱企业及兴县立县的重点项目建设。

——财政保障能力进一步增强，有力地促进了和谐社会建设。一是确保了全县公教人员及离退休人员工资的及时足额发放。二是全年累计拨付城镇低保资金 388.3 万元，进一步了加大社会保障工作力度。三是落实补助资金 238.8 万元，进一步增加对教育的投入，推进了科教兴县战略。四是积极落实计划生育各项政策，有力地推进了农村计划生育服务体系建设和完善。

——关注和支持“三农”，党的惠农政策得到全面落实。一是从 2005 年起，全县农民从事农业生产实现了税费零负担。二是严格落实各项涉农补助政策，确保补助资金及时发放到农民手中。三是筹措和争取资金 160 万元对“村村通”工程建设予以了补助，进一步改善了农村交通条件。

——财政各项改革扎实推进，财政管理水平进一步提高。做好扩权改革，积极推进、完善乡镇财政体制、“收支两条线”改革、新型农村合作医疗试点改革、财政集中支付和政府采购等多项财政改革，规范了财政运行机制。

2005 年，局共获县以上表彰奖励 32 项，全体干部职工以过硬的工作作风、较高的整体素质和优质高效的服务树立了良好的财政形象。

河北省交通厅

沧黄高速公路

廊涿高速公路开工奠基仪式

畅、洁、绿、美的唐港高速公路

青银高速冀鲁界至铜冶段通车典礼

有了路，山村变的更美更富

京港新貌

晋州市财政局

局领导班子成员从左至右：宋建辉、雷增田、李春杰、赵增来、曹平剀、周锁敬、郑月芝

近年来，晋州市财政局抓住新一轮经济发展机遇，立足自身优势，积极探索生财、聚财、理财新机制，努力做大财政蛋糕，财政综合实力显著提高。2005 年，财政总收入完成 30248 万元，增长 18.6%，财政收入呈现持续快速增长的良好势头。

财政收入持续增长得益于稳固的财源基础和经济财政协调发展的长效机制。晋州市财政局积极支持工业园区基础设施建设，为大项目入驻、产业集聚及优化升级搭建平台；同时先后扶持上千万元项目 34 项，超亿元项目 5 项，财源基础逐步壮大。另一方面，他们大胆实践了以信息技术为支撑的综合治税工作，通过运用现代技术手段和现代管理方法，科学分析和掌控税源，改革税务公开，推行综合治费，优化了经济发展环境，实现了财政收入与经济的同步增长。

在财政支出方面，晋州市财政局紧紧围绕该市市委政府提出的“七市”发展战略，及时调整思路，切实保障重点支出需要，有力支持了全市经济社会各项事业发展。支持新农村建设，先后支持农业中低产田改造、葡萄基地建设、鸭梨改良、奶牛养殖等多个农业产业化项目，以及修筑乡村道路、农村中小学改造。支持科技事业发展，科技支出占财政支出比重达到 1.2%。支持城市基础设施建设，改善群众居住环境。严格控制财政支出，出台了 12 项节支新措施，极大地缓解了财政支出压力，保证了公教人员工资及时足额发放。

在全面推进公共财政体制改革的道路上，晋州市财政局不断取得喜人成绩，积极推行部门预算、加强收支两条线管理、完善政府采购制度、乡镇财政体制改革、实行综合治税和综合治费、国库集中收付制度等各项财政改革都走在了同行业的前列。

近年来，晋州市财政局始终坚持以人为本，三个文明一起抓，建设了一支思想端、作风正、素质过硬的财政干部队伍。1998 年以来，他们连续五届被省委、省政府命名为省级文明单位，先后被省文明委、省财政厅命名为文明财政局和十佳文明财政局，被财政厅、人事厅命名为全省财政系统先进集体。连续三年被石家庄市委命名为“三讲”文明机关，被石家庄市委、市政府命名为社会治安综合治理先进单位。党支部连续十二年被晋州市委命名为红旗单位。现在他们正扎实推进“六型”财政机关建设，进一步提高机关服务、管理水平。

迅速崛起的廊坊财政

廊坊市财政局党组书记、局长李春山

近几年，廊坊市财政局坚持统筹兼顾，积极促进全市经济发展。以招商引资为抓手，优化财力资源整合，大力支持项目攻坚。建立了大项目引进财政支持机制，专门设立了重点项目建设专项资金，用于纳税大户、项目建设和招商引资奖励支出，并对“5.18”、“10.18”两个大型招商活动积极提供资金保障，对园区建设在体制和资金上尽力给予倾斜照顾，为一批立市立县大项目顺利落户廊坊创造了良好条件。以软硬环境为依托，努力拓宽融资渠道，精心打造环境平台。并认真落实“收支两条线”管理，取消和降低了多项行政审批收费项目，为完善城市功能、改善投资环境提供了有力保证。以民营经济为重点，综合运用财政杠杆，积极扶持企业发展。对外贸企业认真办理出口退税，对中小企业协助破解融资难题，对农户小额贷款提供财政贴息，对从事个体经营的下岗失业人员和大中专毕业生免除部分收费，进一步增强了经济发展的内在动力。

突出执政为民，不断强化公共财政职能。按照以人为本的要求，千方百计调度资金，确保了公教人员工资按时足额发放。加强社会保障预算管理，做好“两个确保”和低保工作，确保各类保险资金需要，对弱势群体给予了及时救助。按照以城带乡的要求，支持了农业基础设施、农业科技推广、生态环境建设及农业社会化服务体系建设等重点项目，使全市农民共享了发展的成果。全面取消了农业税，实现了农民农业税收零负担，人均减少税费负担123元。认真落实粮食直补和综合补贴政策，惠及全市67万农户、285万种粮农民。按照和谐发展的要求，重点支持了“两免一补”政策，农村中小学“两项工程”、现代远程教育工程。同时，对科技、卫生、文体广播等其他社会事业也尽力增加投入，把执政为公、理财为民化作了群众看得见、摸得着的实际行动。

省委副书记刘德旺同志到该局检查指导工作

市委、市政府领导到该局检查指导工作

邱县财政局

邱县政协副主席、财政局长贾群英

邱县财政局以科学发展观为指导，紧紧围绕依法理财促进经济建设这个中心，积极发挥财政职能，狠抓财源建设，深化财政改革，强化财政管理，各项工作取得了显著成绩。

一、强化征管，财政收入实现持续增长。在大力培植财源的基础上，积极与税务部门搞好协调，形成合力，下大力加强税收征管，深挖增收潜力，严防跑冒滴漏，财政收入实现稳步增长。

二、优化支出结构，财政保障能力进一步增强。按照增收节支和整合资金办大事的要求，硬化预算约束，强化支出管控，在保证公教人员工资、党政机关运转和社会稳定等重点支出需要的同时，千方百计引筹资金，支持了经济和社会各项事业的发展。

三、抓改革、攻难点，财政管理迈上新水平　。一是全面推行综合财政预算和部门预算，将预算细化到部门到人头，实现了预算管理体制创新；二是财政集中支付管理制度改革取得新的进展，将所有财政拨款单位全部纳入财政集中支付监管，通过完善财务报账、票据管理等项制度和规定，2005 年共纠正和拒付不合理开支 75.7 万元，有效地提高了财政资金使用效益；三是扎实推进政府采购改革，编制采购预算，规范采购程序，扩大政府采购范围；四是加强“收支两条线”管理，严格票款分离、罚缴分离制度，非税收入征管水平逐年提高。

四、强化财政监督检查，努力规范财经秩序。一是加强内部监督，对财政资金的分配、拨付、管理实施全程监控；二是拓宽监督范围，坚持监督跟着资金走，实现了对财政资金的全覆盖；三是重点加强了财政专项资金监督检查，提高了专项资金效益。

五、认真落实惠农政策，切实减轻农民负担增加农民收入。一是严格执行农业税全免政策；二是认真落实粮食直补政策，增加农民收入，2005 年发放粮食直补资金 225 万元，调动了农民种粮积极性。

张家口市宣化区财政局

团结务实、求实创新的张家口市宣化区领导班子成员

2005 年，宣化区财政局坚持以“三个代表”重要思想和科学发展观为指导，紧紧围绕区委、区政府的经济发展战略，抓住当前难得的经济发展机遇，科学把握全区财政经济形势，扎实工作，锐意进取，全面落实全年财政经济工作的各项目标任务，财政实力进一步壮大，财政支持事业发展的力度进一步加强，财政社会保障能力进一步提高，有力促进了全区的经济发展，宣化区全部财政收入完成 5.56 亿元。地方财政收入实现 26531 万元，完成年初预算的 106.8%，比上年增长 19.9%。地方一般预算收入实现 21371 万元，完成年初预算的 104.8%，比上年增长 21.1%。局集中支付中心被市、区妇联评为“巾帼建功示范岗位”；局办公室、预算科、经济建设科被授予“青年文明号”光荣称号；局党支部连续第 5 次被区委、区政府授予“实绩突出领导班子”称号。

丰宁财政局

丰宁财政局局长于占民

丰宁满族自治县财政局始终坚持贯彻落实科学发展观，紧紧围绕县委、县政府确定的“建设工业经济强县，特色农业大县，生态旅游名县”的战略目标，以促进全县经济社会持续快速发展、构建和谐社会为己任，牢牢把握财政改革与发展这一主线，坚持“依法理财、规范理财、科学理财”。大力支持财源建设，依法加强收入监管，努力做大收入“蛋糕”，财政收入实现了持续快速增长。2005 年全部财政收入完成 2.4 亿元，比上年翻了一番。2006 年预计完成财政收入 3.2 亿元，比 2005 年增长 33.33%。财政支出结构逐步优化，财政运行质量和保障能力不断提高，支持财源建设、基础设施建设、社会公共事业和社会主义新农村建设的力度不断加大，政府收支分类、乡镇财政体制、预算管理、国库集中收付等项改革进一步深化，财政监督进一步加强。2005 年全部财政支出完成 5.2 亿元，保证运转、推进改革、维护稳定、促进发展的作用进一步增强，较好地维护了干部职工和广大人民群众的根本利益。深入开展社会主义荣辱观教育，党风廉政建设和政风行风建设扎实有效，“金财工程”建设和“六型机关”建设步伐加快，努力建设一支“政治强、业务精、作风正、工作实、为政廉、效率高”的财政干部队伍。2005 年粮食直补、非税收入征管、新闻宣传和财政信息等多项工作受到省财政厅的表彰，被县委县政府评为“目标考核实绩突出单位”、“纪检监察工作先进单位”、“行风建设免评单位”。在社会各界树立了“求真务实、开拓创新、廉洁高效”的良好财政形象。

唐山钢铁股份有限公司

唐山钢铁股份有限公司董事长 王义芳

唐山钢铁股份有限公司党委书记、总经理 王子林

唐山钢铁股份有限公司为深圳证券交易所上市公司的蓝筹股。公司地处“三大铁矿带”之一的冀东地区，已有63年历史，是我国碱性侧吹转炉炼钢的发祥地。钢材产品为板、棒、线、型等四大类，共140多个品种、400多种规格。近年来，唐钢坚持贯彻落实科学发展观，通过大力调整产品结构，对标挖潜降成本，注重抓好清洁生产和循环经济，市场竞争能力显著提高。2005年产钢1007万吨，实现销售收入302亿元，实现利税38.14亿元，其中实现利润18.65亿元，产品产销率和货款回收率均达到100%。在河北省2005年百强企业评选中，唐钢名列第一名，公司近年投资24亿元建设的超薄热带项目，产品产量已超过设计能力，酸洗、冷轧、镀锌、彩涂等深加工项目也陆续投产。200项技改项目相继竣工。

面对日益激烈的市场竞争，唐钢着手制定了长远规划，开始实施“三级支撑”发展战略，在曹妃甸港区与首钢联合打造精品板材基地项目已进入实施阶段。

公司地址：河北唐山滨河路9号

邮编：063016　　公司电话：0315-2702409

销售电话：0315-2702231　　传　真：0315-2702449

唐钢炼铁厂高炉群外景

热轧板卷

正定县财政局

局长：刘胜军

正定县财政局现有干部职工52人，下属职能科（室）、单位10个，下辖财政所10个，全县财政系统干部职工81人。多年来。该局始终坚持三个文明一起抓，文明创建成果显著。按照建设“经济强县、文化名县、旅游大县”目标，县财政充分发挥职能作用，促进了县域经济持续、快速、健康发展，为财政增收奠定了坚实基础。2005年全县财政收入完成34760万元，同比增长18.44%。该局在全体干部职工中推行“三位一体”管理，实现了自动化办公，整个机关办公室环境安全、整洁优美、井然有序。干部职工文化生活丰富多彩，健康向上。各项工作在省、市、县连年全部获奖，综合评比在全市同行业夺魁，实现了局党组倡导的各项工作“争一保二不出三”的奋斗目标。局领导班子历年均被评为实际突出先进集体，局长刘胜军被授予全国先进工作者、省级劳模、市级人民满意公务员和巾帼建功明星等荣誉称号，并被推选为党代表出席省、市党代会。团结务实、拼搏争先的领导班子带出了一支在省、市、县具有较高声誉的一流干部队伍，树立起良好的财政人风范。该局分别连续20年、16年、8年被命名为县、市、省级文明单位，同时被命名为省、市财政系统文明财政局。

无极县财政局

无极县财政局长 靳建刚

近年来，无极县财政局全体干部职工在局长、党组书记靳建刚同志的带领下，以邓小平理论和“三个代表”重要思想为指导，按照“创新征管机制，确保财政增收；调整支出结构，保证重点支出；深化财政改革，提高工作效益，多方筹措资金，支持经济事业发展”的工作思路，经过全体干部职工的共同努力，实现了财政收入连年大幅度增长。综合治税、收入准入制、政府采购、财政集中支付等工作得到了上级有关部门领导的充分肯定。努力加强班子建设，强化财政干部素质教育，讲政治、重大局、讲奉献、重廉洁。被石家庄市委、市政府授予“文明单位”称号，“行风评议免评单位．。“行风评议连续十年被县委县政府评为“实绩突出单位”。

河北省农业综合开发办公室

省农开办领导在听取农业开发项目现场汇报

2005年以来，全省农业开发工作以“三个代表”重要思想为指导，紧紧围绕省委省政府农业和农村工作的总体部署坚持科学发展观，以提高农业综合生产能力为首要任务，以中低产田改造为重点，加强农业基础设施建设，改善农业生产条件和生态环境，推进农业结构调整和农业产业化建设，创新机制，突出重点，强化管理，完成了年初制定的各项目标任务。全年共投入农业开发资金9.73亿元，其中，中央财政投入4.28亿元，地方财政配套1.99亿元（其中省级配套1.4亿元）项目单位和群众自筹3.46亿元。重点实施了海河平原土地治理项目、产业化经营项目和坝上生态农业工程项目。改造中低产田89万亩，进行生态综合治理16万亩，扶持多种经营项目30个，投资参股经营项目3个，都取了较好的经济效益和良好的社会效益。主要经验做法：一是加强农业基础设施建设，提高项目区农业综合生产能力；二是扶持农业特色主导产业和优势农产品基地，推进农业结构调整；三是突出开发重点，集中资金投入，进一步提高农业开发成效；四是创新机制，增强开发活力；五是稳步推进投资参股经营项目试点工作；六是严格项目管理，不断提高项目建设质量和水平；七是加强资金管理，保证农发资金的安全运行；八是进一步加强宣传和业务培训工作。

农开办支持的农业开发项目一角

支持绿色农业节水喷灌增效益